World Book 139
William Cuthbert Faulkner
THE SOUND AND THE FURY
LIGHT IN AUGUST
음향과 분노/8월의 빛
포크너/오정환 옮김

동서문화사

디자인 : 동서랑 미술팀

음향과 분노/8월의 빛
차례

음향과 분노

1928년 4월 7일…17

1910년 6월 2일…88

1928년 4월 6일…190

1928년 4월 8일…272

부록—콤프슨 일족…325

8월의 빛

8월의 빛…347

포크너의 사상과 작품세계…791

포크너 연보…807

일러두기

《음향과 분노》 원작을 우리 말로 옮기면서 지은이의 의도를 존중하여 원작을 충실히 따랐음을 밝혀둡니다.

1. 이를테면 이 번역본 본문에서 부분적으로 쉼표(,), 마침표(.), 물음표(?) 등 문장 부호가 생략된 곳이 있습니다. 경우에 따라서는 10여 쪽에 걸쳐 문장 부호를 하나도 사용하지 않은 대목도 있습니다.
2. 문장 서술에서 경우에 따라 같은 문장이나 같은 어휘를 단순히 반복 사용한 곳도 있습니다.
3. 고딕체로 된 부분은 과거에 일어난 일을 서술한 대목입니다. 시점이 마구 뒤섞여 있어서 혼란스러우므로, 독자의 이해를 돕기 위해 서체로 구별한 것입니다.
4. 독자 여러분께서 갑자기 이런 대목을 만나면 고개를 갸우뚱하실 것 같습니다. 그러나 본디 이것은 원작자의 의도를 그대로 따른 것이니 이 점을 이해하시어 착오 없기를 바랍니다.

The Sound and The Fury
음향과 분노

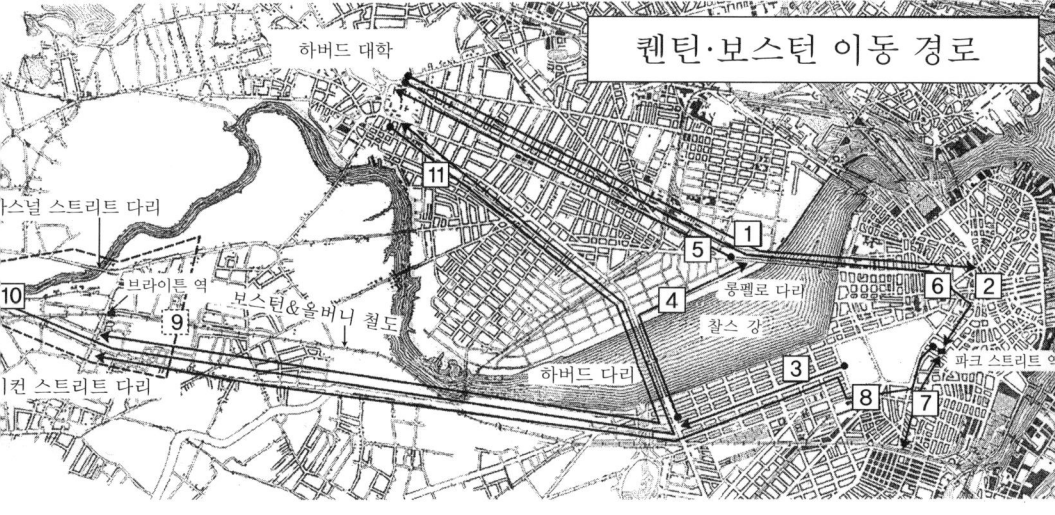

1 아침을 먹으려고 보스턴 시내에 있는 파커 호텔로 간다.
2 → 3 식사를 마치고 엽궐련 구입. 시계방과 철물점에 들렸다가 노면 전차를 탄다.
3 노면 전차를 타고 강가로 이동.
4 5 하버드 다리를 걸어서 건넌다. 제럴드의 모습을 보고 나서 동쪽으로 걸어가 다시 노면 전차를 타고 대학으로 돌아간다.
6 대학에서 정오를 맞이하고 싶지 않았던 퀜틴은 노면 전차를 타고 다시금 보스턴 시내로 간다.
7 교외로 가는 전차가 막 떠난 뒤라서 다음으로 온 시내 전차에 올라탄다. 한동안 타고 가다가 어느 역에서 내린다. 그리고 거기서 교외 전차가 다니는 역(파크 스트리트 역)으로 돌아가는 전차를 타고 되돌아온다.
8 교외에 가는 전차로 갈아타고 브라이튼 지구로 이동.
9 오후의 일련의 사건이 일어난다. 그동안 퀜틴은 점선으로 둘러싸인 지역 안에서 이리저리 왔다 갔다 한 듯하다.
10 제럴드 부인 일행과 헤어지고 나서 시내로 가는 전차를 탄다. 한 번 환승하여 하버드 다리를 건너 대학으로 돌아간다.
11 마지막 이동. 노면 전차를 타고 브라이튼 지구로 간다. 그리고 역에서부터 걸어서 낮에 추를 숨겨 두었던 다리(아스널 스트리트 다리)로 향한다.

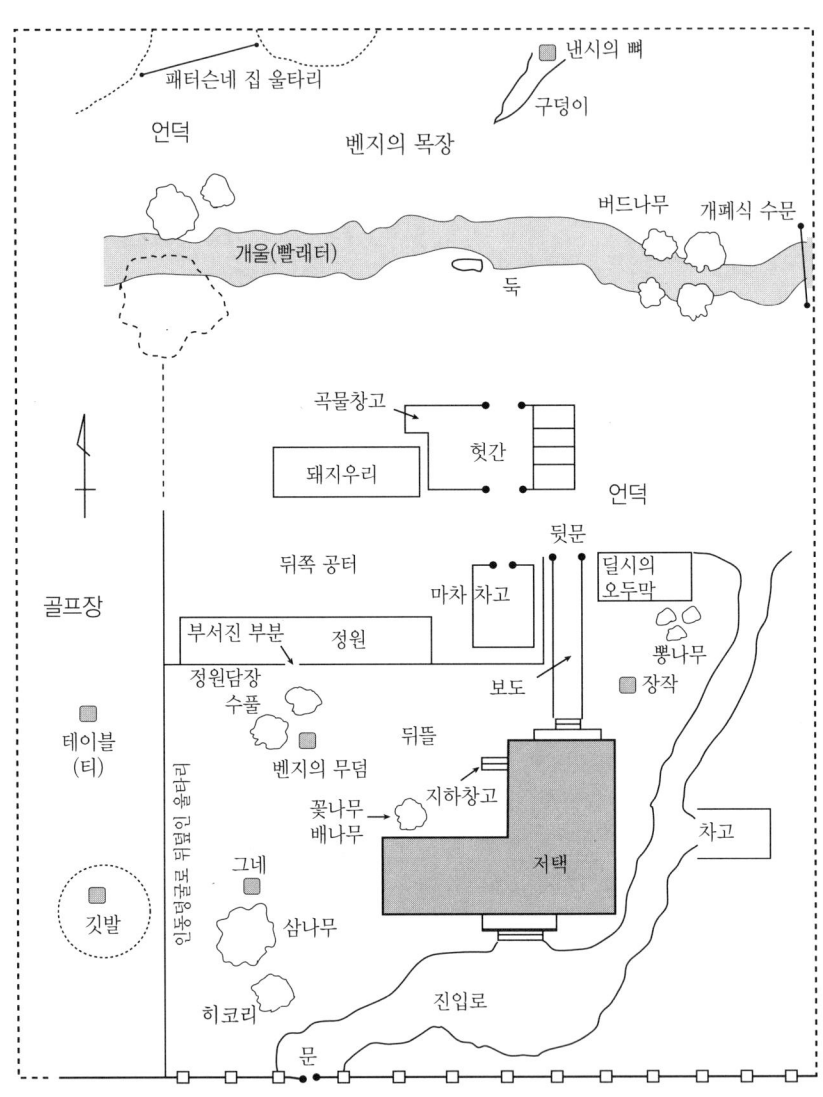

콤프슨 저택 약도

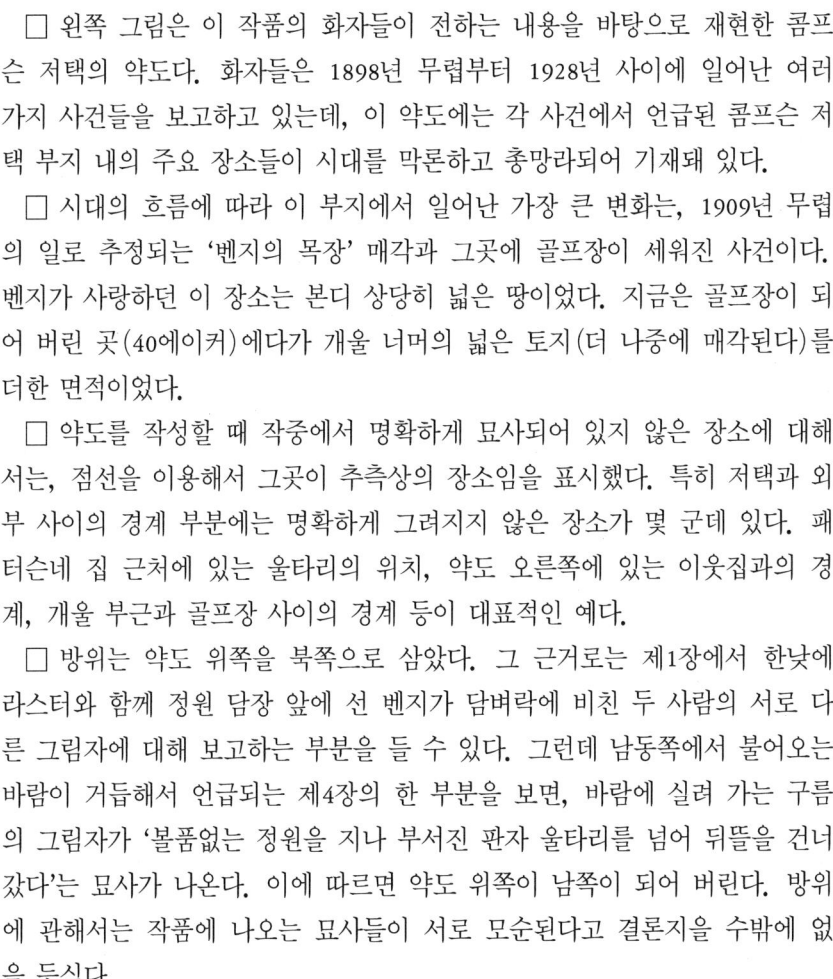

☐ 왼쪽 그림은 이 작품의 화자들이 전하는 내용을 바탕으로 재현한 콤프슨 저택의 약도다. 화자들은 1898년 무렵부터 1928년 사이에 일어난 여러 가지 사건들을 보고하고 있는데, 이 약도에는 각 사건에서 언급된 콤프슨 저택 부지 내의 주요 장소들이 시대를 막론하고 총망라되어 기재돼 있다.

☐ 시대의 흐름에 따라 이 부지에서 일어난 가장 큰 변화는, 1909년 무렵의 일로 추정되는 '벤지의 목장' 매각과 그곳에 골프장이 세워진 사건이다. 벤지가 사랑하던 이 장소는 본디 상당히 넓은 땅이었다. 지금은 골프장이 되어 버린 곳(40에이커)에다가 개울 너머의 넓은 토지(더 나중에 매각된다)를 더한 면적이었다.

☐ 약도를 작성할 때 작중에서 명확하게 묘사되어 있지 않은 장소에 대해서는, 점선을 이용해서 그곳이 추측상의 장소임을 표시했다. 특히 저택과 외부 사이의 경계 부분에는 명확하게 그려지지 않은 장소가 몇 군데 있다. 패터슨네 집 근처에 있는 울타리의 위치, 약도 오른쪽에 있는 이웃집과의 경계, 개울 부근과 골프장 사이의 경계 등이 대표적인 예다.

☐ 방위는 약도 위쪽을 북쪽으로 삼았다. 그 근거로는 제1장에서 한낮에 라스터와 함께 정원 담장 앞에 선 벤지가 담벼락에 비친 두 사람의 서로 다른 그림자에 대해 보고하는 부분을 들 수 있다. 그런데 남동쪽에서 불어오는 바람이 거듭해서 언급되는 제4장의 한 부분을 보면, 바람에 실려 가는 구름의 그림자가 '볼품없는 정원을 지나 부서진 판자 울타리를 넘어 뒤뜰을 건너갔다'는 묘사가 나온다. 이에 따르면 약도 위쪽이 남쪽이 되어 버린다. 방위에 관해서는 작품에 나오는 묘사들이 서로 모순된다고 결론지을 수밖에 없을 듯싶다.

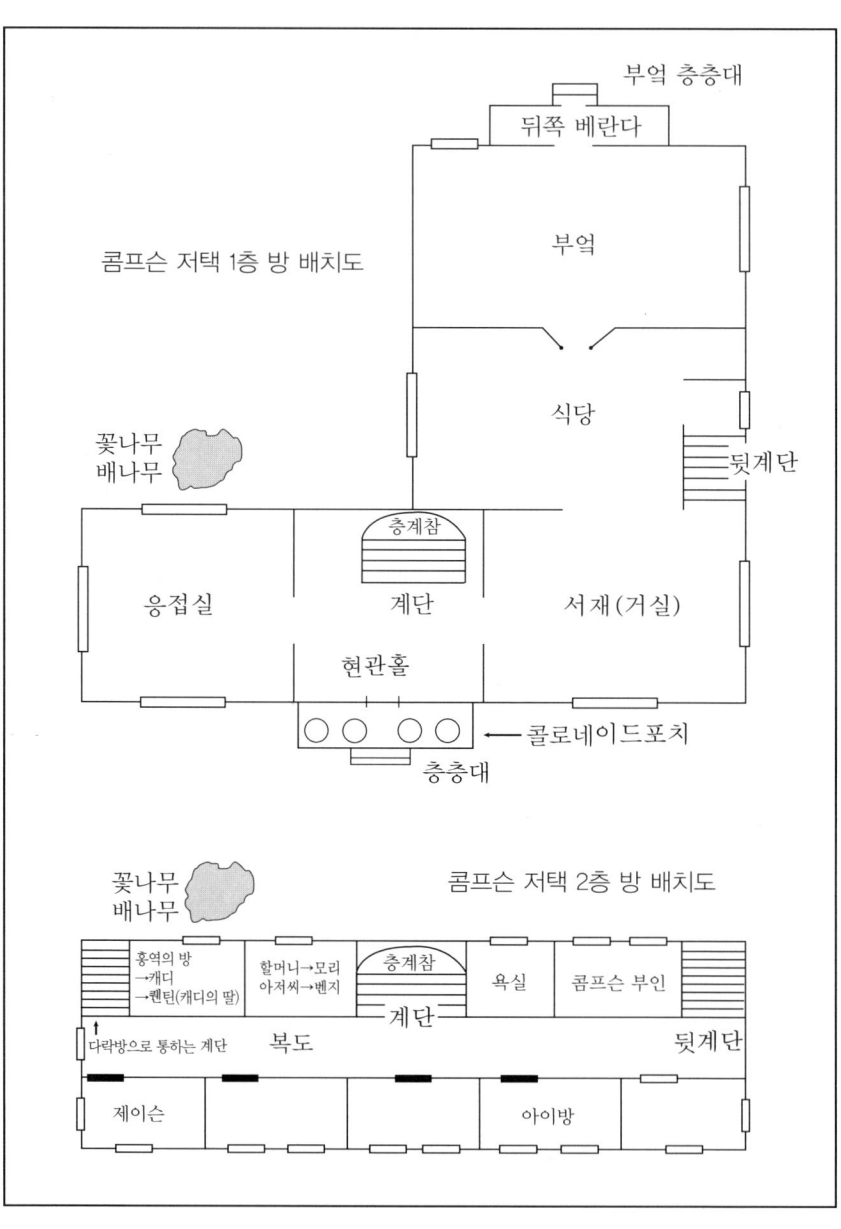

□ 왼쪽 그림은 콤프슨 저택 내부의 방 배치를 재현한 그림이다. 이야기가 진행되는 30여 년 동안 저택 구조가 바뀐 적은 없으므로 기본적인 방 배치는 변함이 없다. 다만 2층의 몇몇 방들은 그림에 표시했듯이 시대의 흐름과 함께 사용자가 바뀐 것으로 보인다.

　□ 각방의 창문은 화자가 언급했는지 여부와는 상관없이 문맥과 통례에 비추어서 적당히 표시해 보았다. 이 작품에서는 캐디의 딸 퀜틴이 가출하는 창문 외에도 그 가출 장면을 지켜보는 벤지의 방 창문, 유리창이 깨진 제이슨의 방 창문, 캐디가 밖에서 엿보는 응접실의 창문 등등, 창문이 자주 이야기에서 중요한 역할을 하고 있다.

　□ 서재(the library)는 난로와 소파가 있어서 가족들이 모이는 장소로 쓰인다. 이 방을 제이슨이 '거실(the living room)'이라고 부르는 장면이 있는데, 여기서는 그것을 괄호 안에 넣어서 표시해 두었다.

　□ 다락방과 그곳으로 통하는 계단에 관해서는 그 장소를 확실히 밝혀 줄 만한 묘사가 없다. 그림에 표시된 위치는 어디까지나 하나의 가능성일 뿐이다.

1928년 4월 7일

　울타리를 기어 올라간 꽃 사이로 사람들이 공을 치고 있는 모습이 엿보였다. 그들은 깃발 있는 곳으로 가고 있었으며, 나는 울타리를 따라 걸어갔다. 라스터가 꽃나무 옆 풀숲을 뒤졌다. 그들은 깃발을 빼고 공을 쳤다. 그러고는 깃발을 다시 꽂아 놓고 탁자가 있는 쪽으로 갔다. 한 사람이 공을 치고 또 한 사람이 공을 쳤다. 그들은 다시 앞으로 걸어가고, 나는 울타리를 따라 움직였다. 라스터는 꽃나무에서 물러나오고 우리 둘은 울타리를 따라 걸었으며 그들이 발을 멈추자 우리도 발을 멈췄고, 라스터가 풀숲에서 공을 찾고 있을 때 울타리 틈으로 나는 건너편을 바라보고 있었다.
　"자, 간다, 캐디." 한 사람이 공을 쳤다. 그들은 목장을 지나 사라졌다. 나는 울타리를 꼭 붙잡고 그들이 가는 것을 바라보았다.
　"당신 목소리 좀 들어 보지." 라스터는 말했다. "서른셋 먹고서도 잘도 그런 소릴 내네. 난 너한테 그 케이크를 사다 주려고 시내를 온통 쏘다녔는데. 그 앓는 소리 좀 그만둬. 25센트 동전이나 같이 찾아보자고. 그 돈으로 오늘 밤 쇼 구경 좀 가게 말이야."
　목장 건너편에서 조그마해진 그들은 공을 치고 있었다. 나는 울타리를 따라서 깃발 있는 곳으로 다시 갔다. 깃발은 눈부신 풀과 나무 위에서 펄럭거렸다.
　"이리 와." 라스터가 말했다. "거긴 다 찾아봤어. 그치들 곧 돌아오지는 않을 거야. 샛강으로 내려가서 25센트짜리 동전을 찾아보자고. 검둥이 녀석들이 주워 가기 전에 말이야."
　깃발은 목장 위에서 붉게 펄럭이고 있었다. 새가 비스듬히 다가와 깃대 위에 비껴 앉았다. 라스터가 던졌다. 깃발은 눈부신 풀과 나무 위에서 펄럭거렸다. 나는 울타리를 꼭 붙잡았다.
　"앓는 소리는 그만두라니까." 라스터가 말했다. "저치들이 이쪽으로 안 오는데 우리가 무슨 수로 부르겠어. 그만 입 다물지 않으면 할머니가 네 생일 안 챙겨 줄걸. 입 다물지 않으면 어떡할지 알아? 네 케이크를 몽땅 먹어 버릴 거야. 초까지 모조리. 33개 다 먹어 치워야지. 자, 같이 강으로 내려가자. 우린 25센트 동전을 찾아야 한다고. 어쩌면 저 녀석들 공도 찾을 수 있을지 모르지. 자, 저 녀석들이 있다. 저 멀리. 보이냐." 라스터는 울타리로 다가와 손을 들어 가리켰다. "보라고. 이제 안 돌아올 거야. 자, 이리 와."

우리는 울타리를 따라 걸어 우리의 그림자가 진 정원 담장 쪽으로 왔다. 담장에 기어오른 내 그림자가 라스터 그림자보다 길었다. 우리는 담장이 부서진 곳에 와서 그곳을 뚫고 들어갔다.

"잠깐만." 라스터가 말했다. "너 또 못에 걸렸구나. 못에 걸리지 않고선 여길 기어들지 못한다니까."

캐디는 내가 못에 걸린 걸 떼어 주었고, 우리는 거길 기어 나왔다. 모리 아저씨 말이 아무에게도 안 들키려면 몸을 최대한 숙이는 게 좋다더라고 캐디가 말했다. 몸을 숙여, 벤지. 자, 이렇게. 몸을 숙이고 정원을 건너갔을 때 꽃이 우리 몸을 스치며 바스락거렸다. 땅바닥은 딱딱했다. 우리가 철망을 넘으니 거기엔 돼지들이 꿀꿀대며 콧김을 식식거리고 있었다. 한 놈이 오늘 잡아먹혔으니까 이놈들은 슬펐겠다고 캐디가 말했다. 땅바닥은 딱딱하고 우둘투둘 덩어리가 져 있었다.

주머니에 손을 넣고 있으라고 캐디가 말했다. 안 그러면 손이 얼어 터질 거라고. 크리스마스 때 손이 얼기를 바라지 않는다면.

"밖은 너무 추워요." 버쉬가 말했다. "도련님도 못 나갈걸요."

"그게 무슨 소리니?" 어머니가 말했다.

"애가 밖에 나가려고 해요." 버쉬가 말했다.

"가게 내버려 두렴." 모리 아저씨가 말했다.

"너무 추운데." 어머니가 말했다. "방에 있는 게 좋아. 벤자민, 그러지 마."

"괜찮을 거야." 모리 아저씨가 말했다.

"애 벤자민." 어머니가 말했다. "너 착하게 굴지 않으면 부엌으로 쫓아 버린다."

"엄마가 갤 오늘은 부엌에 들이지 말라고 그랬어요." 버쉬가 말했다. "그 요리를 오늘 다 만들어야 한다고."

"가게 내려 둬요, 캐롤라인." 모리 아저씨가 말했다. "걔 때문에 속 썩다간 병나고 말겠어."

"나도 알고 있어요." 어머니가 말했다. "이건 내게 내린 천벌이야. 난 때론 그런 생각이 들어요."

"알아요, 알아." 모리 아저씨가 말했다. "기운을 차려야지. 맛난 술 한 잔 만들어 드리리다."

"그럼 괜히 내 정신만 흐려지게." 어머니가 말했다. "그것도 모르시나."

"좋아질 거라니까." 모리 아저씨가 말했다. "자, 그 아이를 옷으로 꽁꽁 싸매서 잠깐 밖에 내보내자고."

모리 아저씨는 가버리고 버쉬마저 물러갔다.

"제발 잠자코 있어." 어머니가 말했다. "우린 너를 되도록이면 얼른 내보내려고 하고 있어. 널 병나게 하고 싶진 않으니깐."

버쉬가 내게 덧신과 외투를 입혀 주고 모자를 머리에 씌웠다. 방을 나갔다. 모리 아저씨는 식당 찬장에 병을 집어넣고 있었다.

"애, 걔를 30분만 밖에서 데리고 있어라." 모리 아저씨가 말했다. "마당 안에서만 놀게 해."

"네." 버쉬가 대답했다. "절대로 이곳을 못 벗어나게 할게요."

우리는 밖으로 나갔다. 햇살은 눈부시고 공기는 차가웠다.

"어디 가요." 버쉬가 말했다. "설마 시내로 가진 않겠지." 우리는 바스락거리는 낙엽 사이로 지나갔다. 대문은 차가웠다. "주머니 속에 손을 넣어요." 버쉬가 말했다. "대문에 손이 얼어붙으면 어쩌려고. 집 안에서 기다리는 게 낫지 않으요." 그는 내 손을 주머니에 넣어 주었다. 나는 그가 낙엽 사이로 바스락거리면서 걸어가는 소리를 들었다. 찬 공기의 냄새를 맡을 수 있었다. 대문은 차갑게 얼어붙어 있었다.

"히커리 열매가 있군! 야아. 저 나무에 올라가. 다람쥐 좀 봐요, 벤지."

나는 문이 어떤 줄은 전혀 느낄 수 없어도 신선한 냉기는 맡을 수 있었다.

"손이랑 주머니 속에 도로 넣는 게 좋아요."

캐디는 걷고 있었다. 등에 멘 책가방을 덜렁대며 달려가고 있었다.

"다녀왔어, 벤지." 캐디가 말했다. 그리고 대문을 열고 들어와 허리를 굽했다. 캐디는 나뭇잎 같은 냄새를 풍겼다. "날 마중 나왔구나. 캐디를 마중하러 와줬어. 버쉬, 어쩌다 애 손을 이렇게 얼도록 내버려 둔 거야."

"손을 주머니 속에 넣고 있으라고 말했는데." 버쉬가 말했다. "걔는 저 쇠문을 잡고 있었어요."

"캐디를 마중 나왔지." 그녀는 내 손을 비비면서 말했다. "뭐야. 캐디에게 뭘 말하려는 거야." 캐디는 나무 같은 냄새와, 그리고 그녀가 우리는 자고 있었다고 얘기할 때와 같은 냄새를 풍겼다.

뭘 그리 앓는 소리를 내, 라스터가 말했다. 샛강에 가면 또 그네들을 볼 수 있는데. 여기 봐, 여기 네 나팔꽃이 있어. 라스터가 내게 꽃을 주었다. 우리는 담장 밑으로 기어 뒤쪽 공터로 나왔다.

"뭐야. 캐디에게 뭘 말하려는 거야. 모두 애를 쫓아낸 거니, 버쉬."

"나갈 거라고 자기가 우겼어요." 버쉬가 말했다. "하도 졸라 대서 내보내 줬더니 곧장 여기 와서 대문 틈만 내다보던걸요."

"뭐야." 캐디가 말했다. "내가 학교에서 돌아올 쯤이면 크리스마스가 될 거라고 생각했지. 그렇게 생각한 거지. 크리스마스는 모레야. 산타클로스야, 벤지. 산타클로스. 자, 집에 들어가서 몸이나 녹이자." 캐디는 내 손목을 잡고 환히 빛나는 바스락거리는 낙엽을 밟으며 달려갔다. 우리는 층계를 뛰어올라서 다사로운 한기(寒氣) 속에서 나와, 그늘진 한기 속으로 들어갔다. 모리 아저씨는 찬장에 병을 집어넣고 있었다. 그는 캐디를 불렀다. 캐디는 말했다.

"이 애를 난롯가로 데리고 가, 버쉬야. 너 버쉬와 함께 가거라. 나도 금방 갈게."

우리는 난롯가로 갔다. 어머니는 말했다.

"이 애가 추워하더냐, 버쉬야?"

"아뇨." 버쉬가 대답했다.

"외투랑 덧신을 벗겨 주어라." 어머니가 말했다. "이 애를 덧신 신은 채로 집 안에 들이지 말라고 몇 번이나 더 말해야 알아듣겠니?"

"네, 마님." 버쉬가 말했다. "자, 가만있어요." 그는 내 덧신을 벗기고 외투 단추를 끌렀다. 캐디가 말했다.

"잠깐, 버쉬. 어머니, 이 애 또 나가지 못하나요. 나 애하고 또 나가고 싶은데."

"그 앤 여기 두는 게 좋겠다." 모리 아저씨가 말했다. "오늘 밖에 오래 나가 있었어."

"너희 둘 다 집 안에 있는 게 좋겠구나." 어머니가 말했다. "딜시 말로는 날씨가 추워진단다."

"상관없어요, 엄마." 캐디가 말했다.

"쓸데없는 소리." 모리 아저씨가 말했다. "그 앤 온종일 학교에 꼼짝 않고 있었어. 신선한 공기를 마셔야 해요. 다녀오렴, 캔더스야."

"쟤도 가게 해 줘요, 엄마." 캐디가 말했다. "허락해 주세요. 안 그럼 울음을 터뜨릴 걸요."

"그럼 왜 그 애 앞에서 그따위 소릴 하는 거야." 어머니가 말했다. "왜 방에 들어왔어. 이 애에게 또 내 속 썩일 핑곗거리를 주려고. 너도 오늘 실컷 나가 있었으니, 여기 앉아서 애하고 같이 노는 편이 낫겠다."

"애들 나가게 내버려 둬요, 캐롤라인." 모리 아저씨가 말했다. "좀 추운 건 괜찮을 거예요. 좀 튼튼해져야 하니깐요."

"나도 알아." 어머니가 말했다. "내가 얼마나 크리스마스를 싫어하는지 아무도 모르지. 아무도 몰라. 난 인내심이 강한 그런 여편네가 아냐. 제이슨과 애들을 생각해서 마음 단단히 먹으려고 하지만."

"최선을 다해서 그들이 걱정하지 않도록 해야죠." 모리 아저씨가 말했다. "너희 둘은 나가서 놀아라. 그래도 이번엔 밖에 오래 있지 마라. 어머니가 걱정하실 테니."

"네." 캐디가 말했다. "가자, 벤지야. 우리 다시 밖에 나간다." 캐디가 내 외투 단추를 채우고 나서 우리는 현관으로 갔다.

"너 저 애 덧신도 신기지 않고 데리고 나가는 거냐?" 어머니가 말했다. "너 그 애 감기 걸리게 하고 싶으니? 손님이 잔뜩 오시는데."

"잊었어요." 캐디가 말했다. "덧신을 신고 있는 줄 알았어요."

우리는 도로 들어왔다. "신중히 생각할 순 없겠니." 어머니가 말했다. 자 가만있어요, 버쉬가 말했다. 그는 나에게 덧신을 신겨 주었다. "내가 죽고 나면, 넌 그 애를 돌봐 줘야 할 거야." 자 꽉 신어 봐요, 버쉬가 말했다. "이리 와서 엄마한테 키스해 줘, 벤자민."

캐디는 나를 어머니 의자로 데려갔고, 어머니는 두 손으로 내 얼굴을 붙들고는 나를 꼭 껴안았다.

"아이구 가엾어라." 어머니는 말하고 나를 놔주었다. "너하고 버쉬가 저 앨 잘 돌봐 줘야 돼."

"그럴게요, 엄마." 캐디는 말했다. 우리는 방 밖으로 나갔다.

"넌 갈 필요 없어, 버쉬. 이 앤 내가 잠깐 데리고 있을게." 캐디가 말했다.

"알겠어요." 버쉬가 말했다. "이렇게 추워서야 아무 재미도 없으니 저도 안 나갈래요." 그는 가 버렸고 우리는 현관홀에서 멈췄다. 캐디는 무릎을 꿇고 두 팔로 나를 안더니 그 차고 생기 있는 얼굴을 내게 갖다 댔다. 캐디는 나무 냄새를 풍겼다.

"넌 불쌍한 애가 아냐, 그렇지. 네겐 캐디가 있잖아, 캐디가. 너의 캐디가 있잖아."

그 낑낑 앓는 소리랑 침을 게게 흘리는 짓 좀 그만두지 못해, 라스터는 말했다. 시끄럽게 칭얼대는 게 창피하지도 않나. 우리는 차고 앞을 지나갔다. 그 안엔 마차가 있었다. 마차에는 새 바퀴 하나가 달려 있었다.

"자, 마차에 타세요. 그리고 엄마가 올 때까지 가만히 앉아 있는 거예요." 딜시가 말했다. 그녀는 나를 마차에 밀어 넣었다. 티 피가 고삐를 잡았다.

"도대체 왜 제이슨은 새 마차를 사지 않나 몰라." 딜시가 말했다. "이건 언젠가 사람을 태우고 가다 산산이 부서지고 말 거야. 저 바퀴 좀 보라고."

어머니가 베일을 드리우며 나왔다. 어머니는 꽃을 손에 들고 있었다.

"로스카스는 어떻게 된 거야?" 어머니는 말했다.

"로스카스는 오늘 팔을 쳐들지 못해요." 딜시가 말했다. "티 피도 마차를 꽤 잘 몰아요."

"하지만 맘이 안 놓여." 어머니가 말했다. "한 주일에 하루쯤은 진짜 마부를 마련해 줌직도 한데. 정말이지, 그다지 큰 부탁도 아닌 것을. 하늘도 무심하시지, 원."

"아시다시피 로스카스는 류머티즘에 지독하게 걸려서 꼭 해야 할 일 아니면, 무리해선 안 된다는 것을 잘 알고 계실 텐데요, 캐롤라인 마님." 딜시가 말했다. "자 어서 오르세요. 티 피가 로스카스에 못지않게 잘 태워 드릴 테니까요."

"그래도 난 맘이 안 놓이는데." 어머니가 말했다. "저 어린 것도 데려가는데."

딜시가 계단을 올라왔다. "그래, 저런 사람을 어린애라고 부르시는군요." 딜시는 말하고 어머니의 팔을 잡았다. "티 피만큼이나 덩치가 큰 사람을 가지고. 자, 갑시다, 가시려면요."

"그래도 난 맘이 안 놓인대도." 어머니는 말했다. 두 사람은 계단을 내려왔다. 그리고 딜시는 어머니를 부축해서 마차에 태웠다. "그렇지만 이렇게 하는 편이 우리 모두를 위해 가장 좋을지도 모르지." 어머니는 말했다.

"그런 말씀을 하시다니 부끄럽지 않으세요." 딜시가 말했다. "18살 검둥이가 부추기는 정도론 이 퀴니란 놈의 말이 날뛰지 않는다는 걸 아시잖아요. 티 피와 벤지의 나이를 합친 것보다 더 늙은 말인걸. 그리고 넌 퀴니를 너무 얕잡아보고 무리하게 부리지 말아. 티 피야, 알겠지. 만일 마님의 맘에 들도록 마차를 몰지 않으면 로스카스를 시켜서 네놈을 혼내 줄 테니. 늙은이라도 그쯤 해낼 기력은 있으니까."

"알겠습니다." 티 피가 말했다.

"무슨 일이 꼭 일어날 것만 같아." 어머니가 말했다. "조용히 하렴, 벤자민."

"그 아기에게 꽃 한 송이만 건네줘요." 딜시가 말했다. "아기는 꽃을 갖고 싶어하는데요." 딜시가 마차 안으로 손을 디밀었다.

"아서, 그만둬." 어머니가 말했다. "꽃잎을 모두 흩뜨려 놓으려고."

"마님, 그걸 꼭 잡고 계세요." 딜시가 말했다. "내 하나만 아기에게 빼 줄 테니까요." 딜시가 나에게 꽃 하나를 주자 손은 마차 밖으로 사라졌다.

"자, 이제 가요. 퀜틴의 눈에 띄면 데려가 달라고 보챌 테니까요." 딜시가 말했다.

"그 애는 어디 있지?" 어머니가 말했다.

"그 애는 저 아래 집에서 라스터와 함께 놀고 있어요." 딜시가 말했다. "자, 떠나지, 티 피. 로스카스가 가르쳐 준 대로 마차를 몰아야 해."

"예." 티 피가 대답했다. "이랴, 퀴니."

"퀜틴 말인데." 어머니가 말했다. "조심해야 해, 걔한테……."

"아무렴요, 조심하고 있는걸요!" 딜시가 말했다.

마차는 대문 앞 차도 위를 삐걱삐걱 흔들거리며 나아갔다.

"퀜틴을 두고 가는 게 맘에 걸리는데." 어머니가 말했다. "역시 이대로는 못 가겠어, 티 피." 우리가 대문을 통과하니 마차는 더 이상 흔들리지 않았다. 티 피는 말채찍으로 퀴니를 갈겼다.

"얘, 티 피야." 어머니가 말했다.

"이놈을 달려가게 해야 되거든요." 티 피가 말했다. "우리가 헛간에 돌아갈 때까진 이놈의 말이 정신을 바짝 차리도록 해야 돼요."

"돌려세워라." 어머니가 말했다. "퀜틴을 떼놓고 가는 게 맘에 걸린다니까."

"여기선 돌려세울 수 없는데요." 티 피가 말했다.

더 나아가자 길은 좀 넓어졌다.

"여기서도 돌 수 없다는 거냐?" 어머니가 말했다.

"여기선 가능해요." 티 피가 말했다. 우리 마차는 오던 길로 돌기 시작했다.

"얘, 티 피야." 어머니는 나를 꽉 껴안으며 말했다.

"여기서 어떻게 좀 돌려세워야겠는데요." 티 피가 말했다. "워워, 퀴니." 우리 마차는 멈추어 섰다.

"넌 우릴 둘러 메어칠 셈이로구나." 어머니가 말했다.

"그럼 어떻게 하라는 겁니까?" 티 피가 말했다.

"난 네가 마차를 돌려세우려는 게 안심이 안 돼서 그래." 어머니가 말했다.

"이랴, 퀴니." 티 피가 소리쳤다. 우리는 앞으로 나아갔다.

"내가 없는 동안 딜시만 있어서는 분명히 퀜틴에게 무슨 일이 일어날 거야." 어머니가 말했다. "어서 서둘러 돌아가야 해."

"이랴, 이랴." 티 피가 독촉한다. 그는 말채찍으로 퀴니를 갈겼다.

"얘, 티 피야." 어머니가 나를 꽉 껴안으며 말했다. 나는 퀴니의 발굽 소리를 들을 수 있었고, 산뜻한 모양이 반들반들 매끄럽게 양편으로 스르르 움직이는 것이 보였으며, 그 그림자는 퀴니의 등을 비껴 지나가고 있었다. 그 모양은 반짝이는 마차바퀴 위에서 움직이며 흘러가고 있었다. 그런데 빛은 한 병사의 조각상이 있는 높다란 흰 기둥 앞에까지 와서 멈췄다. 그러나 반대편에선 여전히 반들반들 매끄럽게 움직여 갔으나, 그 움직임은 좀 느려졌다.

"무슨 일이에요?" 제이슨이 말했다. 그는 손을 주머니에 넣고 귀에는 연필을 꽂고 있었다.

"우린 성묘하러 가고 있단다." 어머니가 말했다.

"거참, 좋군요." 제이슨이 말했다. "난 물론 말릴 생각은 없어요. 그래, 제게 볼일이란 고작 그것뿐인가요, 그런 말을 하려고 왔단 말입니까."

"네가 가지 않으리란 걸 내 빤히 알고 있다만." 어머니는 말했다. "혹여 네가 가 준다면 너무 안심이 되겠는데."

"뭐가 안심이 된다는 거죠?" 제이슨이 말하였다. "아버지도 퀜틴도 다 죽은 걸 애태워 뭘 해요."

어머니는 손수건을 베일 안에 넣었다. "그만두세요, 어머니." 제이슨이 말했다. "저 미치광이를 이 마을 한복판에서 고래고래 울어대게 할 참이람. 말을 몰아, 티 피."

"이랴, 퀴니." 티 피가 외쳤다.

"이건 내게 내린 천벌이야." 어머니가 말했다. "하지만 나도 오래잖아 죽을 텐데."

"세워." 제이슨이 말했다.

"워." 티 피가 마차를 세웠다. 제이슨이 말했다.

"모리 아저씬 어머니 계좌에서 50달러를 빼내려 하고 있어요. 어떡하실 참이죠?"

"왜 내게 묻는 거냐." 어머니가 말했다. "난 아무 할 말도 없단다. 난 너나 딜시를 괴롭히지 않으려고 할 뿐이야. 난 머잖아 죽을 테고, 그러면 너는……."

"이제 가, 티 피야." 제이슨이 말했다.

"이랴, 퀴니." 티 피가 마차를 몰았다. 그 반짝이는 모양이 흘러가고 있었다. 반대쪽에 멈췄던 빛도 다시 반짝이고, 빠르고 반들반들 매끄럽게 움직이기 시작했다. 마치 캐디가 '우리는 자려고 해' 하고 말할 때처럼.

울보, 라스터가 말했다. 넌 창피하지도 않니. 우리는 헛간 안을 지나갔다. 칸마다 모두 비어 있었다. 네가 지금 타고 싶어도 탈 새끼 말이 한 마리도 없어, 라스터가 말했다. 바닥은 말라붙어 먼지투성이였다. 지붕은 낡아 허물어지고 있었다. 구멍으로 들이비치는 햇살엔 빙글빙글 맴을 도는 누르스름한 빛이 가득 차 있었다. 너, 뭣하러 그쪽엔 가는 거야. 그치들 공에 얻어맞아 대갈통을 깨고 싶어.

"손은 주머니에 넣고 있어." 캐디가 말했다. "안 그러면 손이 얼어 버린다고. 크리스마스에 손이 얼고 싶진 않겠지, 안 그래?"

우리는 헛간 모퉁이를 돌았다. 큰 소와 작은 소가 문간에 서 있었고, 프린스와 퀴니와 팬시가 헛간 안에서 발을 구르는 소리가 들렸다.

"날만 그다지 춥지 않다면 우린 팬시란 놈을 타고 놀 수 있을 텐데." 캐디가 말했다. "하지만 오늘은 너무 추워서 배겨 낼 수가 없단 말이야." 그 다음 우리 눈에 보인 것은 샛강으로, 그곳에선 연기가 피어오르고 있었다. "저기가 돼지 잡는 곳이야." 캐디가 말했다. "돌아가는 길에 근처를 지나가면 볼 수 있어." 우리는 언덕을 내려갔다.

"너 그 편지 가져가고 싶은 거지." 캐디가 말했다. "너 이거 가지고 가." 캐디는 자기 주머니에서 편지를 꺼내어 내 주머니에 넣었다. "그건 크리스마스 선물이야." 캐디가 말했다. "모리 아저씨는 그걸로 패터슨 아줌마를 깜짝 놀라게 해주려는 거야. 그러니까 아무도 모르게 그걸 그 아줌마에게 주어야 해. 자, 주머니에 손을 잘 넣어." 우리는 샛강에 도착했다.

"얼어 있어." 캐디가 말했다. "이것 좀 봐." 캐디는 얼음을 깨뜨려 손에 들고 그 얼음 조각을 내 얼굴 앞에 내밀었다. "얼음이야, 이것만 봐도 날씨가 얼마나 추운지 알 수 있지." 그녀는 나를 거들어 강을 건네주고, 우리는 언덕을 올라갔다. "어머니나 아버지께 말하면 안 돼. 너도 내가 이걸 어떤 편지라고 생각하는지는 알고 있지. 이건 어머니와 아버지 그리고 패터슨 아저씨에게도 깜짝 놀랄 만한 선물이야, 정말, 패터슨 아저씨가 네게 사탕을 보내 주셨잖아. 지난 여름이었던가, 패터슨 아저씨가 네게 선물을 보낸 일 생각나니?"

거기엔 울타리가 있었다. 덩굴나무의 잎은 말라붙고, 마른 잎은 바람에 바스락거렸다.

"근데 이해할 수 없는 건 말이야, 왜 모리 아저씨가 버쉬를 보내지 않았냐는 거야." 캐디가 말했다. "버쉬는 아무한테도 고자질하지 않거든." 패터슨 아주머니는 창밖을 내다보고 있었다.

"넌 여기서 기다려." 캐디가 말했다. "꼭 여기서 기다리는 거야. 곧 돌아올게. 그 편지 좀 줄래." 캐디는 내 주머니에서 편지를 꺼냈다. "손은 주머니에 넣고 있어." 캐디는 편지를 손에 쥐고 울타리를 넘어서, 갈색으로 말라 바스락거리는 꽃나무 사이를 빠져나갔다. 패터슨 아주머니가 현관까지 나와서 문을 열고 그곳에 서 있었다.

패터슨 아저씨는 연둣빛 꽃나무 사이에서 잔풀을 뽑고 있었다. 그는 풀을 뽑다가 말고 나를 쳐다보았다. 패터슨 아주머니가 정원을 달려 내 쪽으로 왔다. 나는 아주머니 눈과 마주치자 울음을 터뜨렸다. 이 천치야, 패터슨 아주머니가 말했다. 다시는 널 혼자 보내지 말랬는데. 그거 이리 내, 빨리. 패터슨 아저씨가 괭이를 든 채 서둘러 이쪽으로 왔다. 패터슨 아주머니는 손을 뻗어 울타리에 덮칠 듯 올라탔다. 아주머니는 울타리에 올라가려고 했다. 그거 내게 다오, 하고 아주머니는 말했다. 그걸 날 줘. 패터슨 아저씨가 울타리를 넘어왔다. 그는 편지를 가로챘다. 패터슨 아주머니의 드레스 자락이 울타리에 걸렸다. 나는 아주머니의 눈을 한 번 다시 보고 언덕을 달려 내려갔다.

"저 너머엔 집밖에 아무것도 없어." 라스터가 말했다. "우린 저 샛강으로 내려가는 거야."

그 아래 샛강에서는 부인네들이 빨래를 하고 있었다. 그중 한 여인이 노래를 부르는 중이었다. 나는 펄럭이는 빨래의 냄새와 건너 샛강에서 퍼지는 연기 냄새를 맡을 수 있었다.

"넌 여기서 기다리는 거야." 라스터가 말했다. "저 건너엔 볼일 없어. 공으로 얻어맞는 게 고작이겠지, 정말이야."

"이 녀석 뭘 하겠다는 거야."

"얘는 제가 뭘 하고 싶은지도 몰라." 라스터가 말했다. "이 애는 저 너머서 공들을 치고 있는 델 가려고 하거든. 넌 여기 앉아 나팔꽃 가지고 노는 거야. 뭘 보고 싶거든, 저 샛강에서 노는 애들이나 바라보라고. 어째서 넌 딴 사람들같이 예의바르게 행동하지 못할까." 나는 여인네들이 빨래를 하고 파란 연기가 피어오르는 강둑에 앉았다.

"당신들 이 근처에서 25센트짜리 동전 하나 못 봤어?" 라스터가 말했다.

"25센트?"

"내가 오늘 아침 여기서 갖고 있던 동전 말이야." 라스터가 말했다. "그걸 어디선가 잃어버렸어. 여기 구멍난 주머니에서 빠졌단 말이야. 그걸 못 찾으면 오늘 밤 하는 쇼를 구경 못해."

"이봐, 너 그 25센트 어디서 났니. 백인들이 보지 않는 틈에 그들 주머니에서 훔쳐냈구나."

"빼낼 곳에서 빼냈지." 라스터가 말했다. "그거 하나만 아니라 더 잔뜩 있어. 그래도 난 요놈 하나만 꺼내올 수 있었어. 너희는 아직 아무것도 찾아내지 못했지."

"난 25센트 같은 거 찾지 않을래. 내 일이 따로 있으니까."

"자, 얼른 이쪽으로 와." 라스터가 말했다. "함께 그걸 좀 찾아보자고."

"그 앤 그걸 찾는다 해도 그게 25센트란 걸 못 알아봐."

"그래도 찾는 덴 마찬가지로 도움이 되는 거야." 라스터가 말했다. "너희 모두 오늘 밤 구경 가는 거야?"

"구경 얘긴 내 앞에서 꺼내지도 마. 난 여기서 빨래를 해치우고 나면 손들 기운도 없이 피곤해서 아무것도 못해."

"뭘, 넌 꼭 보러 갈 거야." 라스터가 말했다. "너 간밤에도 거기 갔었지. 천막을 열기만 하면 너희는 꼭 거기에 모여 있던데 뭐."

"내가 안 가도 거긴 검둥이로 가득 차거든. 간밤에도 그랬으니."

"검둥이 돈도 백인 돈이나 마찬가지니깐 말이지."

"백인들은 검둥이들에게 돈을 주지. 왜냐하면 백인들은 밴드를 데리고 와서 그걸 모두 되찾아 갈 수 있으니까. 그러면 흑인들은 다시 벌려고 아득바득 일하러 나서게 된단 말이야."

"아무도 네게 쇼 구경시켜 주려고 하지 않을걸."

"아직은 아무도. 거기까진 생각 안 했을 거야."

"당신, 뭣 땜에 백인들하고 틀어진 거야?"

"그런 거 없어. 난 나 할대로 하는 거고, 백인들은 저희 멋대로 하는 것뿐이야. 난 그따위 쇼 같은 건 거들떠보지도 않아."

"거기엔 톱날로 곡을 연주하는 사람이 있는데, 정말 밴조처럼 타거든."

"당신들, 간밤에 갔었구나!" 라스터가 말했다. "난 오늘 밤에 갈래. 혹시 그 25센트를 찾게 되면."

"너 쟬 데려가려고?"

"내가?" 라스터가 말했다. "쟤가 소리 지르고 울면 아무래도 데려가야 한다고 생각하는구나."

"정말이지 쟤가 소리 지르고 울기라도 하면 어떡하지?"

"채찍으로 갈겨 주지 뭐." 라스터가 말했다. 그는 앉아서 작업복을 걷어 올렸다. 아이들은 샛강에서 놀고 있었다.

"너희 아직 아무 공도 찾지 못했냐?" 라스터가 말했다.

"잘도 건방진 소릴 하는구나. 네 할머니 귀에 들어가는 날엔 혼쭐 날 소릴 하는구나."

라스터는 아이들이 놀고 있는 샛강으로 들어갔다. 그는 둑을 따라 걸으며 강물 속을 헤집고 다녔다.

"우리가 아침에 여기 내려왔을 땐 그걸 가지고 있었는데." 라스터가 말했다.

"어디쯤서 잃어버렸니?"

"바로 이 주머니 구멍으로 빠뜨렸거든." 라스터가 말했다. 모두 샛강 물속을 들여다보며 찾아다녔다. 다음엔 모두 잽싸게 일어나 찾는 걸 멈추고는, 물을 끼얹으며 물싸움을 해댔다. 라스터가 그것을 잡았다. 그러곤 모두 물속에 움츠리고 앉아서 우거진 떨기나무 사이로 언덕을 올려다보고 있었다.

"그치들 어딨지?" 라스터가 말했다.

"아직 보이지 않는걸."

라스터는 그걸 주머니에 넣었다. 그 사람들이 언덕을 내려왔다.

"공 한 개 여기로 굴러 내려왔지?"

"틀림없이 물속으로 떨어졌을 거야. 너희 가운데 누가 공을 보았거나 그게 떨어지는 소리 못 들었니?"

"이쪽에선 아무것도 듣지 못했는걸요." 라스터가 말했다. "저쪽에서 무엇이 나무에 부딪치는 소리가 났는데요. 어디로 날아갔는진 몰라요."

그들은 샛강을 들여다보았다.

"빌어먹을. 샛강을 따라가 보자. 이리 내려왔는데. 내가 봤거든."

그들은 샛강을 따라 내려가며 찾아보고, 그러고는 언덕을 올라 돌아갔다.

"네가 그 공 주웠지." 소년이 말했다.

1928년 4월 7일 29

"그걸 뭣 하러 내가 주워." 라스터가 말했다. "난 공 따위 보지도 못했는걸."

소년은 물속으로 들어가 공을 찾아다녔다. 소년은 돌아서서 라스터를 다시 쳐다보고는 샛강의 하류로 내려갔다.

언덕 위에 있는 사람이 "캐디" 하고 불렀다. 소년은 강에서 나와 언덕으로 올라갔다.

"나 참, 소리 한번 고약하네." 라스터가 말했다. "쉬잇."

"그 앤 왜 또 낑낑거리는 거야?"

"누가 알아." 라스터가 말했다. "앤 꼭 이렇게 느닷없거든. 아침부터 내내 이 지랄이야. 오늘이 제 생일이라 그런가 보지."

"걔 몇 살이야?"

"서른셋이다." 라스터가 말했다. "오늘 아침에 꼭 서른셋이 됐지."

"서른하고도 셋이나 더 됐단 말이지?"

"난 할머니가 말한 대로 얘기하는 거야." 라스터가 말했다. "난 몰라. 어쨌든 케이크엔 초를 서른세 개 꽂을 참이야. 조그만 케이크니까 다 꽂진 못하겠지. 뚝 그쳐. 이리 돌아와." 라스터가 다가와 내 팔을 잡았다. "이 늙은 미치광이야." 그는 말했다. "나한테 얻어맞고 싶은 모양이군."

"진짜로 때릴 것 같네."

"전에도 때렸지. 이봐, 그치라니까." 라스터가 말했다. "넌 거기 올라갈 수 없다고 내가 늘 말했잖아. 저치들이 공으로 쳐서 네 대갈통을 날려 버릴 거라니까. 자, 이리 와." 라스터는 나를 뒤로 끌어당겼다. "앉아." 내가 앉으니까 그는 내 신을 벗기고 바지를 걷어 올렸다. "좋아, 이제 저 물속에 들어가서 놀아 봐. 그러면서 침이랑 앓는 소리 좀 그쳐 보란 말이야."

나는 뚝 그치고 물속에 들어가고, 로스카스가 와서 저녁 먹으러 오라고 말했다. 그러자 캐디가 말했다.

아직 저녁때가 안 됐어. 난 안 갈래.

캐디는 젖어 있었다. 우린 샛강에서 놀고 있었고, 캐디는 쭈그리고 앉아서 옷을 적시고 있었다. 버쉬가 말했다.

"옷을 적시면 마님한테 맞을 텐데요."

"엄마는 안 그래." 캐디가 말했다.

"어떻게 알지?" 퀜틴이 말했다.

"어떻게 알건, 그건 그러기로 돼 있는 거야." 캐디가 말했다. "오빤 어떻게 알지?"

"어머니가 그런다고 했으니깐." 퀜틴이 말했다. "더구나 난 너보다 나이가 많으니깐."

"난 일곱 살이야." 캐디가 말했다. "나도 다 안다고."

"난 그보다 많거든." 퀜틴이 말했다. "난 학교도 다니고. 안 그래, 버쉬?"

"나도 내년이면 학교 가는데 뭐." 캐디가 말했다. "학기가 시작되면. 그치, 버쉬?"

"아가씨도 옷을 적시면 엄마한테 맞는다는 걸 알면서 그래요." 버쉬가 말했다.

"이거 젖지 않았어." 캐디가 말했다. 그녀는 물에서 일어나서 옷을 들여다보았다. "이거 벗어 버릴 테야." 캐디는 말했다. "그럼 마르겠지."

"진짜로 벗진 않을걸." 퀜틴이 말했다.

"진짜로 벗을 테야." 캐디가 말했다.

"진짜로 벗지 않는 게 나아." 퀜틴이 말했다.

캐디는 버쉬와 나에게 다가오더니 돌아서서 등을 보였다.

"단추 좀 끌러 줘, 버쉬." 캐디가 말했다.

"하면 안 돼, 버쉬." 퀜틴이 말했다.

"이건 내 옷이 아닌데요 뭐." 버쉬가 말했다.

"끌러 줘, 버쉬." 캐디가 말했다. "안 그러면 어제 네가 한 짓을 딜시에게 이를 테야." 그러니까 버쉬는 단추를 끌러 주었다.

"너 진짜, 어디 벗기만 해 봐." 퀜틴이 말했다. 캐디는 옷을 벗어서 방죽에 내던졌다. 이제 그녀는 보디스와 드로어즈밖에 입은 게 없었고, 퀜틴은 그녀를 찰싹 갈겼다. 그녀는 미끄러져 물속으로 넘어졌다. 그녀가 일어서자 퀜틴에게 물을 끼얹었다. 퀜틴도 캐디에게 물을 끼얹었다. 그 물방울이 얼마간 버쉬와 나에게도 튀어 왔다. 버쉬는 나를 잡아다가 방죽에 올려놓았다. 그는 캐디와 퀜틴더러 이르겠다고 말했다. 그러니까 퀜틴과 캐디는 버쉬에게 물을 끼얹기 시작했다. 버쉬는 떨기나무 뒤에 숨어 버렸다.

"어머니에게 다 일러바칠 거예요." 버쉬가 말했다.

퀜틴은 방죽을 기어 올라와서 버쉬를 붙잡으려고 했으나 버쉬가 도망쳐서 잡지 못했다. 퀜틴이 돌아오자 버쉬는 도망치다 말고 멈춰 서서 일러바치겠다고 소리소리 쳤다. 캐디는 만일 이르지 않겠다고 하면 받아들여 주겠다고 버쉬에게 말했다. 버쉬는 이르지 않겠다고 말했으므로 둘은 그를 다시 받아들여 주었다.

"자, 이만하면 넌 만족하겠구나." 퀜틴이 말했다. "우리 둘 다 사이좋게 매 맞을 테니깐."

"난 겁 안 나." 캐디가 말했다. "가출할 거니까."

"그래 너라면 그럴 테지." 퀜틴이 말했다.

"가출해서 다시는 돌아오지 않을 테야." 캐디가 말했다. 나는 울음을 터뜨렸다. 캐디는 돌아서서 말했다. "뚝 그쳐." 그래서 나는 그쳤다. 그 다음 다 같이 샛강에서 놀았다. 제이슨도 놀고 있었다. 그는 샛강 저 아래에서 혼자 있었다. 버쉬는 관목 그늘에서 나와 나를 안고 물속으로 다시 들어갔다. 캐디는 온통 젖었고, 엉덩이도 흙투성이였다. 내가 훌쩍거리자 그녀는 다가와서 물속에 쭈그리고 앉았다.

"자, 뚝 그쳐." 캐디는 말했다. "나 가출하지 않을게." 그래서 나는 그쳤다. 캐디는 비에 젖은 나무 냄새를 풍겼다.

도대체 넌 어찌 된 놈이냐? 라스터가 말했다. 낑낑대는 소리 좀 그치고 다른 애들처럼 샛강에서 놀지 못해.

그 애를 집으로 데려가지 그래. 저택을 떠나지 않도록 하란 말 듣지 않았니.

이 애는 아직도 이 목장을 저희 집 것이라고 생각하거든, 라스터가 말했다. 어차피 여기 있으면 그 집에선 아무도 애를 못 볼 테고.

우리가 보고 있잖아. 그런데 사람들은 모두 미치광이를 보기 싫어한단 말이야. 재수가 없으니까.

로스카스가 와서 저녁 먹으러 오라고 말했다. 캐디는 아직 저녁 식사 시간이 아니라고 했다.

"아냐, 저녁때가 됐어." 로스카스가 말했다. "딜시가 너희 모두 집으로 오랬어. 다들 데리고 와, 버쉬." 로스카스는 언덕으로 올라갔다. 거기에선 소가 음매음매 울고 있었다.

"아마 집에 도착할 때까진 마르겠지." 퀜틴이 말했다.

"이건 모두 오빠 잘못이야." 캐디는 말했다. "우리는 맞아도 싸." 캐디는 옷을 입었고 버쉬가 단추를 끼워 주었다.

"젖은 거 다들 모를 거예요." 버쉬가 말했다. "척 봐선 모르겠거든요. 나하고 제이슨이 이르면 또 몰라도."

"너 이를 거야, 제이슨?" 캐디가 말했다.

"누구를 일러?" 제이슨이 말했다.

"제이슨은 안 이를 거야." 퀜틴이 말했다. "안 그래, 제이슨?"

"꼭 이를걸, 뭐." 캐디가 말했다. "앤 할머니한테 이를 거야."

"할머니한텐 이르지 못해." 퀜틴이 말했다. "할머닌 아프니까. 천천히 걸어가면 그새 어두워져서 아무도 못 볼 거야."

"모두 보건말건 난 겁 안 나." 캐디가 말했다. "난 나서서 말할 테야. 이 애를 언덕까지 업어 가 줘, 버쉬."

"제이슨은 이르지 않을 거야." 퀜틴이 말했다. "너 내가 활이랑 화살이랑 만들어 준 것 생각나지, 제이슨아."

"그거 지금은 다 부서진걸 뭐." 제이슨이 말했다.

"마음껏 일러바치라지." 캐디가 말했다. "하나도 신경 안 쓸 테니깐. 모리를 언덕까지 업고 가, 버쉬." 버쉬는 쭈그리고 앉았고, 나는 그의 등에 업혔다.

그럼 모두 오늘 밤 쇼에서 보자고, 라스터가 말했다. 자, 가자. 우린 그 25센트짜릴 찾아내야 해.

"천천히 걸으면 집에 닿을 때쯤엔 어두워질 거야." 퀜틴이 말했다.

"난 천천히 걷지 않을래." 캐디가 말했다. 우리는 언덕을 올라갔으나, 퀜틴은 오지 않았다. 우리가 돼지 냄새가 나는 곳까지 닿았을 때 그는 저 아래 강가에 있었다. 돼지들은 구석에 놓인 구유에 코를 박고 꿀꿀대며 식식거리고 있었다. 제이슨은 손을 주머니에 찌르고 우리 뒤를 따라왔다. 로스카스는 헛간 문간에서 쇠젖을 짜고 있었다.

소들이 헛간에서 뛰어나왔다.

"자, 어서 해 봐." 티 피가 말했다. "다시 소리 질러 대. 나도 소리칠 테니까. 이야!" 퀜틴은 티 피를 또 한 번 찼다. 퀜틴이 티 피를 돼지들이 밥 먹는 구유에 차 넣으니까 티 피는 거기에 벌렁 나자빠졌다. "끝내 주네." 티 피가 말했다. "그놈이 날 찼지. 야, 아까도 백인이 날 차는 거 봤지? 이야!"

나는 울지 않았으나, 가만히 있을 수 없었다. 나는 울지 않았으나 땅바닥이 가만있지 않았다. 그래서 나는 울고 있었다. 땅바닥은 둥둥 떠올랐고 소들은 언덕 위로 달려갔다. 티 피는 일어나려고 했다. 그러나 그는 다시 넘어졌고, 소들은 언덕을 뛰어 내려왔다. 퀜틴이 내 팔을 잡고 우리는 헛간으로 갔다. 그런데 헛간은 그곳에 없었다. 그래서 우리는 그것이 돌아올 때까지 기다려야만 했다. 그러나 난 그것이 돌아오는 것을 보지 못했다. 헛간은 우리 뒤에 나타났고, 퀜틴은 소들이 먹이를 먹는 구유에 나를 내려놓았다. 나는 구유에 꼭 달라붙었다. 구유도 사라지려고 해서 나는 꼭 달라붙었다. 소들이 다시 언덕을 뛰어내려와 문간을 지나쳐 갔다. 나는 가만히 있을 수 없었다. 퀜틴과 티 피는 다투면서 언덕을 올라왔다. 티 피가 언덕에서 떨어지니 퀜틴은 그를 끌고 올라왔다. 퀜틴은 티 피를 갈겼다. 나는 가만히 있을 수 없었다.

"일어서." 퀜틴이 말했다. "넌 여기 있어. 내가 올 때까지 달아나지 마."

"나하고 벤지는 결혼식에 갈 거야." 티 피가 말했다. "이야!"

퀜틴이 티 피를 또 갈겼다. 다음에 그는 티 피를 벽에 대고 쿵쿵 짓찧기 시작했다. 티 피는 웃고 있었다. 퀜틴이 벽에 쿵 밀칠 때마다 그는 '이야' 하고 말하려고 했다. 그러나 그는 웃음이 나와서 말하지 못했다. 나는 울음을 그쳤으나 가만히 있을 수 없었다. 티 피가 내 위에 넘어지고 헛간 문짝이 달아났다. 문짝은 언덕 밑으로 달아나고 티 피는 혼자서 승강이하다가 다시 넘어졌다. 그는 아직도 웃고 있었고, 나는 가만히 있을 수 없었다. 나는 일어나려고 하다가 넘어지고, 가만히 있을 수 없었다. 버쉬는 말했다.

"너 완전히 사고 쳤구나. 아니라곤 말 못하겠지. 그 시끄러운 소린 좀 그만둬."

티 피는 아직도 웃고 있었다. 문짝에 쿵 하고 부딪치며 웃어 댔다. "이야!" 그는 말했다. "나하고 벤지는 결혼식에 가 볼 테야. 사르사 술(酒) 만세!" 티 피가 말했다.

"닥치지 못해." 버쉬가 말했다. "그 술 어디서 났냐?"

"저 지하실에서." 티 피가 말했다. "이야!"
"썩 닥쳐." 버쉬가 말했다. "지하실 어디서?"
"아무데서든지." 티 피가 말했다. 그는 더 웃어 댔다. "백 병은 더 남아 있어. 백만 병도 더. 야, 이 검둥아, 난 소리칠 테야."
퀜틴이 말했다. "개 좀 일으켜 줘."
버쉬는 나를 일으켜 세웠다.
"이걸 마셔, 벤지야." 퀜틴이 말했다. 유리잔은 뜨거웠다. "이제 울음은 그치고." 퀜틴이 말했다. "이거나 마셔."
"사르사 술 만세!" 티 피가 말했다. "나도 좀 마시게 줘요, 퀜틴 도련님."
"넌 입 좀 닥쳐." 버쉬가 말했다. "퀜틴 도련님이 널 묵사발로 만들어 주려고 한단 말이야."
"이 애를 꼭 붙들어, 버쉬." 퀜틴이 말했다.
그들은 나를 붙들었다. 그것이 흘러 나의 턱과 셔츠에 닿으니 뜨거웠다. "마셔." 퀜틴이 말했다. 그들은 내 머리를 잡았다. 그것은 내 배 속에서도 뜨겁게 느껴져서 나는 다시 울기 시작했다. 나는 울고 있었는데, 내 속에서 뭐가 꿈질꿈질해서 더욱 울어 댔다. 그들은 나를 붙들고 있었다. 그러는 새 그 꿈틀거림이 멎었다. 그래서 나는 울음을 그쳤다. 그것은 아직 움직이고 있었고, 그 번쩍이는 형상들이 나타났다. "곡물 창고 문을 열어, 버쉬." 번쩍이는 것들은 서서히 움직이고 있었다. "저 빈 자루들을 마루에 펴지." 그것들은 좀더 빨리, 다음엔 더욱 빨리, 심하다 싶을 만큼 빨라졌다. "자, 다리를 들어." 번쩍이는 것들은 반들반들 번쩍번쩍 잇따라 움직였다. 티 피가 웃는 소리가 들렸다. 나는 번쩍이는 형상과 함께 눈부신 언덕을 올라 자꾸만 갔다.

언덕 마루에서 버쉬는 나를 내려놓았다. "빨리 와요, 퀜틴 도련님." 버쉬가 언덕 아래를 돌아보며 불렀다. 퀜틴은 아직도 샛강 옆에 있었다. 그는 샛강을 덮은 어둠 속으로 팔매질을 하고 있었다.

"저런 능청꾸러기는 내버려 두고 가자." 캐디가 말했다. 캐디는 내 손을 잡았고, 우린 헛간 앞을 지나 뒷문을 통과했다. 개구리 한 마리가 보도 한 가운데에 움츠리고 앉아 있었다. 캐디가 그 위를 건너 디디고 나를 잡아당겼다.

1928년 4월 7일

"자, 가자, 모리." 캐디는 말했다. 개구리는 제이슨이 발끝으로 꼭 찌를 때까지 거기에 그저 쭈그리고 앉아 있었다.

"그러다가 개구리 얼룩 옮아요." 버쉬가 말했다. 개구리는 팔딱팔딱 뛰어가 버렸다.

"가자, 모리." 캐디가 말했다.

"오늘 밤 손님들이 온 모양인데." 버쉬가 말했다.

"어떻게 알지?" 캐디가 말했다.

"불을 다 켰으니깐요." 버쉬가 말했다. "온 창에 불빛이 밝아요."

"불이야 켜고 싶으면, 손님이 없어도 켤 수 있지 뭐." 캐디가 말했다.

"틀림없이 손님들이 온 거예요." 버쉬가 말했다. "모두 살짝 뒤로 돌아서 위층으로 올라가는 게 좋겠어요."

"겁낼 거 없어." 캐디가 말했다. "난 곧장 사람들이 있는 응접실로 들어갈 테야."

"그랬다간 아씨 아버지한테 진짜로 매 맞을걸요." 버쉬가 말했다.

"겁날 게 뭐람." 캐디가 말했다. "난 곧장 응접실로 들어갈 테야. 식당에도 당당히 들어가서 저녁을 먹을 테야."

"자리는 어디로 잡을래요?" 버쉬가 말했다.

"할머니 의자에 앉을까 봐." 캐디가 말했다. "할머니는 자리에 누워서 밥을 잡수시거든."

"나 배고파." 제이슨이 말했다. 그는 우리를 지나쳐 보도를 뛰어갔다. 그는 손을 주머니에 찌르고 있다가 넘어졌다. 버쉬가 가서 일으켜 주었다.

"손을 빼고 있었더라면 안 넘어졌을 텐데." 버쉬가 말했다. "도련님 같은 뚱뚱이는 넘어질 때 허둥지둥 손을 빼 봤자 소용없다고요." 아버지는 부엌 층층대에 서 계셨다.

"퀜틴은 어디 있니?" 아버지가 말했다.

"지금 보도를 올라오고 있어요." 버쉬가 말했다. 퀜틴은 천천히 오고 있었다. 그의 셔츠는 희미한 흰색이었다.

"그래, 왔군." 아버지는 말했다. 불빛이 층층대를 굴러 내려와 아버지한테 부딪쳤다.

"캐디하고 퀜틴이 서로 물을 끼얹었어요." 제이슨이 말했다.

우리는 기다리고 있었다.

"그랬어?" 아버지는 말했다. 퀜틴이 오니깐 아버지는 말했다. "너희 오늘 저녁밥은 부엌에서들 먹어라." 아버지가 말을 마치고 나를 안아 들자, 계단을 굴러 내려오는 불빛이 내게도 쏟아졌다. 나는 캐디와 제이슨과 퀜틴과 버쉬를 내려다볼 수 있었다. 아버지는 계단 쪽으로 돌아섰다. "조용히 해야 된다."

"왜 조용히 해야 되는데요, 아버지?" 캐디가 물었다. "손님들이 계셔서?"

"그래." 아버지는 말했다.

"내가 손님이 계시다고 그랬잖아요." 버쉬가 말했다.

"네가 안 그랬어." 캐디가 말했다. "손님이 계시다고 말한 건 나야. 그래서 내가……."

"쉬잇." 아버지가 말했다. 모두 조용히 하니까 아버지는 문을 열었고, 우리는 뒤쪽 베란다를 거쳐 부엌으로 들어갔다. 거기엔 딜시가 있었다. 아버지는 나를 의자에 내려놓고 턱 받침대를 대 주더니, 식탁 앞까지 의자를 바싹 당겨 주었다. 그곳엔 음식이 있었다. 무럭무럭 김이 오르고 있었다.

"자, 모두 딜시가 하는 말을 잘 들어라." 아버지가 말했다. "애들 될 수 있는 대로 떠들지 않도록 해야 돼, 딜시."

"네." 딜시가 말했다. 아버지는 나가셨다.

"알겠니, 딜시 말 잘 들어." 아버지가 우리 등 뒤에서 말했다. 나는 저녁 상 위로 얼굴을 기울였다. 내 얼굴까지 김이 무럭무럭 올랐다.

"애들 오늘 밤 내 말 듣게 해 줘요, 아버지." 캐디가 말했다.

"난 안 들을 테야." 제이슨이 말했다. "난 딜시 말 들을 테야."

"아버지가 내 말 들으라면 그렇게 해야지 뭐." 캐디가 말했다. "다들 내 말 듣게 해 줘요, 아버지."

"난 듣지 않을래." 제이슨이 말했다. "난 누나 말 같은 건 듣지 않을 테야."

"조용히 해." 아버지가 말했다. "그럼 너희 모두 캐디 말 들어라. 애들 식사 다 끝나면 뒤 층계로 올려 보내, 딜시."

"네." 딜시가 말했다.

"거봐." 캐디가 말했다. "자, 이제 너도 내 말 듣는 거야."

"자, 다들 조용히 해요." 딜시가 말했다. "오늘 밤은 조용히들 하는 거예요."
"왜 오늘 밤은 조용히 해야 한담." 캐디가 소곤댔다.
"그런 건 신경 쓸 필요 없고요." 딜시가 말했다. "언젠가 주님이 허락하시는 때에 알게 될 테니깐." 그녀는 내 그릇을 가져왔다. 거기에선 김이 올라와 내 얼굴을 간질였다. "이리 좀 와, 버쉬야." 딜시가 말했다.
"주님이 허락한 때가 언제야, 딜시?" 캐디가 말했다.
"주일날이지." 퀜틴이 말했다. "넌 아무것도 모르는구나."
"쉬쉬쉬잇." 딜시가 말했다. "제이슨 나리께서 다들 조용히 하라시잖아요. 어서 저녁들 먹어요. 이봐, 버쉬야, 애 스푼 좀 갖다 줘." 스푼을 쥔 버쉬의 손이 그릇 속으로 들어갔다. 스푼이 내 입으로 다가왔다. 김이 근질근질하게 내 입속으로 들어왔다. 그때 우리는 식사를 멈추고 서로 마주 쳐다보며 조용히 했다. 그러자 그 소리가 다시 들려 나는 울음을 터뜨렸다.
"무슨 소리였지?" 캐디가 말했다. 그녀는 손을 내 손 위에 올려놓았다.
"어머니 소리였어." 퀜틴이 말했다. 스푼이 다가와서 나는 먹었다. 그러고는 또 울었다.
"쉬잇, 그쳐." 캐디가 말했다. 그래도 내가 그치지 않으니까 그녀가 와서 두 팔로 나를 감싸 안았다. 딜시가 가서 양쪽 문을 닫았다. 이제 그 소리는 들리지 않았다.
"자, 뚝 그쳐." 캐디가 말했다. 나는 울음을 그치고 밥을 먹었다. 퀜틴은 먹지 않고 있었으나 제이슨은 먹고 있었다.
"그건 어머니였어." 퀜틴이 말했다. 그는 일어섰다.
"똑바로 앉아 있어요." 딜시가 말했다. "저기서 손님을 모시고들 있으니깐. 너흰 흙투성이 옷을 입고 있잖아. 캐디도 앉아요, 식사를 끝내야지."
"어머닌 울고 계셨어." 퀜틴이 말했다.
"그건 누가 노래하는 소리였어." 캐디가 말했다. "안 그래, 딜시?"
"자, 저녁들이나 먹어요, 제이슨 나리께서 말씀하신 대로." 딜시가 말했다. "언젠가 주님이 허락하신 때에 알게 될 테니까." 캐디는 다시 자리에 앉았다.
"그건 파티라고 내가 말했잖아." 캐디는 말했다.

버쉬가 말했다. "이 도런님 다 먹었는데."

"그럼 그 그릇 이리 가져와." 딜시가 말했다. 그릇이 눈앞에서 사라졌다.

"딜시." 캐디가 말했다. "퀜틴이 저녁을 안 먹고 있는데. 퀜틴도 내 말 듣게 돼 있잖아?"

"저녁 먹어요, 퀜틴." 딜시가 말했다. "다들 얼른 식사를 끝내고 부엌에서 나가야 해."

"난 저녁 안 먹을래." 퀜틴이 말했다.

"그래도 내가 먹으라면 먹어야지." 캐디가 말했다. "안 그래, 딜시?"

그릇에선 내 얼굴까지 김이 올라왔다. 버쉬 손은 스푼을 그 안에 담갔고 김은 내 입속으로 간지럽게 들어갔다.

"난 안 먹을래." 퀜틴이 말했다. "할머니가 아픈데 어떻게 파티를 할 수 있을까."

"아래층에선 할 수 있지 뭐." 캐디가 말했다. "할머니도 층계참에 와서 구경할 수 있단 말이야. 나도 잠옷 갈아입고 나서 그러려고."

"어머니가 울고 계셨어." 퀜틴이 말했다. "울고 계셨지, 딜시."

"귀찮게 굴지 말아요." 딜시가 말했다. "다들 먹고 나가는 대로 저분들한테도 저녁상을 차려 올려야 하니깐."

얼마 뒤에 제이슨도 다 먹었다. 그리고 울음을 터뜨렸다.

"이번엔 도련님이 터뜨릴 차례인가요." 딜시가 말했다.

"이 앤 할머니가 병나고부터 매일 밤 이 꼴이야. 할머니하고 같이 잘 수가 없어서 그러거든." 캐디가 말했다. "울보 같으니."

"난 누나 일러바칠래." 제이슨이 말했다. 그는 울고 있었다.

"넌 벌써 다 고자질하고서 뭘 그래." 캐디가 말했다. "이젠 더 고자질할 것도 없으면서."

"모두 이제 자러 가야죠." 딜시가 말했다. 그녀는 이쪽으로 와서 나를 의자에서 내려 주고 내 얼굴과 손을 따뜻한 헝겊으로 닦아 주었다. "버쉬야, 너 애들 좀 조용히 뒤 층계로 데리고 올라가 주련? 제이슨, 울음 좀 그쳐요."

"자러 가긴 너무 이른데." 캐디가 말했다. "이상해. 이렇게까지 일찍 자러 갈 게 뭐람."

"오늘 밤에는 그래야 해요." 딜시가 말했다. "아버지가 저녁 다 먹으면 모두 곧 2층으로 가라고 하셨으니깐. 못 들었어요?"

"아버지는 모두 내 말 들으라고 하셨어." 캐디가 말했다.

"난 듣지 않을 테야." 제이슨이 말했다.

"들어야만 해." 캐디가 말했다. "자, 알겠니? 넌 내가 하라는 대로 해야 돼."

"다들 조용히 시키렴, 버쉬." 딜시가 말했다. "모두 조용히 해요, 알겠죠?"

"뭣 땜에 오늘 밤은 조용히 하라는 거야?" 캐디가 말했다.

"어머니가 기분이 좋지 않으셔요." 딜시가 말했다. "자, 모두들 버쉬를 따라 올라가요."

"엄마가 울고 계시다고 내가 말했잖아." 퀜틴이 말했다. 버쉬는 나를 안아 들고 뒤쪽 베란다로 통하는 문을 열었다. 우리가 베란다로 나오자 버쉬는 문을 뒤로 닫았다. 사방이 캄캄했다. 나는 버쉬의 냄새를 맡고 그를 만져 볼 수 있었다. "그럼 모두 조용히 해요. 우린 아직 2층에 올라가지 않을 거야. 제이슨 나리께선 모두 곧바로 2층에 올라가라고 하셨는데요. 아버진 모두 내 말 들으라고 말씀하셨어. 난 누나 말은 듣지 않을래. 하지만 아버지가 그렇게 말씀하셨으니깐. 그렇지, 퀜틴?" 나는 버쉬의 머리를 만져 볼 수 있었다. 나에겐 모두가 얘기하는 소리가 들렸다. "그렇지, 버쉬?" "그래, 그랬어요. 그러니까 우리 잠깐 밖에 나가자고, 내 명령이야. 이리들 가요." 버쉬는 문을 열고 우리는 밖으로 나갔다.

우리는 계단을 내려갔다.

"우리 버쉬네 집으로 가는 게 좋겠어. 그래야 조용하게 있을 수 있지." 캐디가 말했다. 버쉬는 나를 내려놓고 캐디는 내 손을 잡았으며, 우리는 보도를 걸어갔다.

"자, 가자." 캐디가 말했다. "아까 그 개구리 없어졌네. 지금쯤 저 정원을 건너 깡충 뛰어가 버렸겠군그래. 하지만 다른 놈이 하나 보일지도 몰라." 저쪽에서 로스카스가 우유 양동이를 들고 왔다. 그는 지나가 버렸다. 퀜틴은 우리와 같이 오지 않았다. 그는 부엌 계단에 앉아 있었다. 우리는 버쉬네 집으로 갔다. 나는 버쉬네 집 냄새를 좋아했다. 그 안엔 불이 피워져 있었고 티 피가 그 앞에 셔츠자락을 늘어뜨린 채 불길을 돋우며 쭈그리고 앉아 있었다.

그때 내가 일어서니까 티 피가 내 옷을 입혀 주고 우리는 부엌으로 가서 밥을 먹었다. 딜시가 노래 부르고 있었다. 내가 울기 시작하니 그녀는 노래를 그쳤다.

"애를 저택으로 데려가면 안 된다." 딜시가 말했다.

"어차피 우리는 거기에 못 가요." 티 피가 말했다.

우리는 샛강에서 놀았다.

"그쪽엔 갈 수 없다니까." 티 피가 말했다. "못 간다고 엄마가 말씀하신 거 몰라?"

딜시는 부엌에서 노래하고 있었으며 나는 울기 시작했다.

"조용히." 티 피가 말했다. "자, 가자. 우리 헛간에 가자."

로스카스가 헛간 앞에서 우유를 짜고 있었다. 그는 한 손으로 젖을 짜면서 끙끙거리고 있었다. 새 몇 마리가 헛간 문간에 앉아서 그를 쳐다보고 있었다. 그중 한 마리가 내려와서 소들과 함께 먹이를 먹었다. 티 피가 프린스와 퀴니를 먹이는 동안, 나는 로스카스가 젖 짜는 것을 바라보고 있었다. 송아지가 돼지우리에 있었다. 그놈은 음매음매 울면서 철망에 코를 비벼 댔다.

"애, 티 피야." 로스카스가 말했다. 티 피가 헛간에서 말했다. "왜요." 팬시가 문짝 너머로 머리를 내밀었다. 티 피가 아직 먹이를 주지 않았기 때문이다. "그거 빨리 끝내라." 로스카스가 말했다. "네가 젖을 짜야겠어. 나는 더 이상 오른손을 못 쓰겠으니깐."

티 피가 다가와서 젖을 짰다.

"왜 의사에게 뵈지 않으세요?" 티 피가 말했다.

"의사도 소용없어." 로스카스가 말했다. "이 저택에 있는 한은."

"이 집이 뭐 어때서요." 티 피가 말했다.

"이곳은 재수가 없으니까." 로스카스가 말했다. "끝나거든 저 송아지 몰아 들여라."

이곳은 재수가 없어, 로스카스는 말했다. 로스카스와 버쉬 뒤에서 불길이 일었다 스러졌다 하고, 그 불빛은 둘의 얼굴 위에서 번쩍였다. 딜시가 나를 자리에 누였다. 침대에서도 티 피와 같은 냄새가 풍겼다. 나는 그 냄새가 좋았다.

"재수니 뭐니, 그런 것에 대해서 뭐 아시는 거라도 있어요?" 딜시가 물었다. "신내림이라도 받았남."

"신내림이 다 뭐야." 로스카스가 말했다. "재수 없다는 증거가 바로 저 침대에 누워 있잖어. 이럭저럭 15년간이나 여기 나타나 있었잖어."

"그렇다고 하더라도." 딜시가 말했다. "그게 당신이나 자식들을 해치기라도 했나요. 버쉬는 일하고 있고, 프로니는 결혼해서 슬하를 떠나고, 티 피는 자라서 당신이 류머티즘으로 일을 못하게 되면 대신 들어설 수 있겠고."

"이게 두 명째야." 로스카스가 말했다. "머잖아 한 명 더 나올 게야. 내가 그 징조를 봤어. 그리고 당신도 봤지."

"난 그날 밤 부엉이 우는 소릴 들었어요." 티 피가 말했다. "댄이란 짐승도 와서 저녁을 먹으러 들지 않았죠. 헛간보다 더 가까이 오려 들지 않더라고요. 어두워지자 곧 짖어 대기 시작하고요. 버쉬도 그 소릴 들었어요."

"이거 한 명도 아니고 더 죽어 나갈 모양이군그래." 딜시가 말했다. "죽지 않는 인간이 있으면 보여 주세요, 오오 주여."

"죽는 게 다가 아냐." 로스카스가 말했다.

"내 당신이 뭘 생각하고 있는지 알아요." 딜시가 말했다. "그 이름 입에 담아 봤자 좋을 게 없다니까. 얘가 울어 젖힐 때 당신이 옆에 붙어 있어 준다면 또 몰라도."

"여기는 재수가 없어." 로스카스가 말했다. "애초에 눈치채고는 있었지만 쟤 이름을 갈았을 때 그걸 확실히 알았지."

"자, 그만해 둬요." 딜시가 말했다. 딜시는 이불을 끌어올려 주었다. 이불은 티 피 같은 냄새를 풍겼다. "얘가 잠들 때까지 모두 조용히 해요."

"난 징조를 보았어." 로스카스가 말했다.

"징조라니, 당신을 대신해서 티 피가 당신 일을 모두 해야 한다는 징조 말이에요?" 딜시가 말했다. 얘하고 퀜틴을 우리 집에 데려가서, 프로니가 볼 수 있는 곳에서 라스터하고 놀게 해 줘 티 피야. 그리고 넌 가서 아버지나 도와 드리렴.

우리는 식사를 끝냈다. 티 피는 퀜틴을 안아 들고 우리는 티 피네 집으로 내려갔다. 라스터는 흙탕 속에서 놀고 있었다. 티 피가 퀜틴을 내려놓자 그녀도 역시 흙탕에서 놀았다. 라스터는 실패를 가지고 있었다. 그와 퀜틴은 싸웠고 퀜틴이 그 실패를 빼앗았다. 라스터가 울어 대니까 프로니가 와서 가지고 놀 깡통을 라스터에게 주었다. 그 다음에 내가 그 실패를 뺏으니까, 퀜틴이 내게 덤벼들어 나는 울었다.

"그쳐." 프로니가 말했다. "부끄럽지도 않니, 애들 장난감이나 뺏구." 그녀는 내게서 그 실패를 뺏어서 퀜틴에게 돌려주었다.

"자, 그쳐." 프로니가 말했다. "그치라니까. 뚝 그쳐. 매 맞고 싶니? 바로 매가 맞구 싶어서 우는 거지." 그녀는 라스터와 퀜틴을 안아 들었다. "이리 와." 그녀는 말했다. 우리는 헛간으로 갔다. 티 피는 쇠젖을 짜고 있었다. 로스카스는 상자 위에 앉아 있었다.

"걔가 이번엔 또 어쨌냐?" 로스카스가 말했다.

"이 애를 여기에 좀 놔둬야겠어요." 프로니가 말했다. "애들하구 또 싸웠거든요. 애들 장난감을 뺏으면서. 자, 넌 티 피하구 여기 있어, 그리고 울음 좀 그쳐 봐."

"이제는 쇠젖을 잘 닦아라." 로스카스가 말했다. "너 지난 겨울에 저 어린 소의 젖을 쪽 짜 버렸지. 이 쇠젖까지 쪽 짜내면 젖을 다시는 얻지 못할 거야."

딜시는 노래하고 있었다.

"저쪽으론 못 간다니까?" 티 피가 말했다. "저쪽엔 가지 말라는 엄마 말 못 들었어?"

모두 노래하고 있었다.

"자, 가자." 티 피가 말했다. "우리 퀜틴과 라스터와 함께 놀자. 자, 얼른."

퀜틴과 라스터는 티 피네 집 앞에 있는 흙탕에서 놀고 있었다. 집 안에선 불길이 일었다 스러졌다 했고, 로스카스가 거기에 등을 돌리고 앉아 있어서 검게 보였다.

"이것으로 세 명째야, 대단하지." 로스카스가 말했다. "내가 2년 전에 말해 줬잖어. 이 집구석은 재수가 없다니깐."

"왜 그럼 나가질 않죠?" 딜시가 말했다. 그녀는 내 옷을 벗기고 있었다. "당신이 재수 없다고 하도 떠들어 대서 버쉬가 멤피스 같은 데로 가 버린 거라구요. 그래 당신은 만족하겠군요."

"멤피스에 가는 정도로 버쉬가 액운에서 벗어난다면야." 로스카스가 말했다.

프로니가 들어왔다.

"다 끝났니?" 딜시가 말했다.

"티 피가 뒷정리하고 있어요." 프로니가 말했다. "캐롤라인 마님이 퀜틴을 재우라는데요."

"내 되도록 빨리 갈게." 딜시가 말했다. "그분도 이제 슬슬 아시면 좋겠구먼. 나한테 날개가 달려 있지 않다는 것쯤은."

"내 말이 그 말이야." 로스카스가 말했다. "자기 자식 이름을 부르지 못하는 그런 집에 재수가 있을 턱이 없어."

"쉬잇." 딜시가 말했다. "이 애를 또 발작시킬 참이세요?"

"제 어미 이름도 모르게 이 애를 기른단 말이야." 로스카스가 말했다.

"그 애를 가지구 당신이 골치 썩일 건 없어요." 딜시가 말했다. "내가 이 집 애들을 모두 길렀으니깐, 그러니깐 하나쯤 더 기를 수 있겠죠. 하여간 잠자코 있어요, 애가 자려고 하는데 자게 해 줘야죠."

"이름을 말해 봤자……" 프로니가 말했다. "애는 그게 누구 이름인지 모르죠."

"그럼 네가 말해 보렴. 그리고 아나 모르나 보란 말이야." 딜시가 말했다. "애가 잠들었을 때 말해 봐, 그래도 틀림없이 듣고 있을 테니."

"그 애는 우리 생각보다 훨씬 많은 것을 알지." 로스카스가 말했다. "걔는 저 사냥개 포인터처럼 사람들이 운명할 시간이 닥쳐오는 것도 알고 있어. 그놈은 말만 할 수 있다면 제가 죽게 될 시간도 말할 수 있을 거야. 그리고 네 차례도 또 내 차례도."

"엄마, 라스터를 침대에서 들어내세요." 프로니가 말했다. "애랑 붙여 놨다간 우리 애마저 마법에 걸리겠어요."

"입 좀 다물어." 딜시가 말했다. "저렇게도 생각이 없을까. 헛소리나 하고. 도대체 넌 몇 땜에 아버지 말 같은 걸 들으려는 거냐. 침대에 들어가렴, 벤지."

딜시는 나를 밀어 넣고 나는 침대로 들어갔다. 거기엔 이미 라스터가 들어가 있었다. 그는 잠들어 있었다. 딜시는 긴 나무 막대기를 가져다가 라스터와 나 사이에 놓았다. "자, 여기 네 자리에만 있는 거야." 딜시가 말했다. "라스터는 꼬마니깐, 건드려서 다치게 하면 안 돼."

아직은 못 가, 티 피가 말했다. 기다려.

우리가 집 모퉁이에서 살짝 보니 마차들이 떠나가는 것이 보였다.

"자, 가자." 티 피가 말했다. 그는 퀜틴을 안아 들었으며 우리는 울타리 모퉁이까지 달려 내려가서 마차들이 지나가는 것을 보았다.

"저 봐, 출발했어." 티 피가 말했다. "유리창이 있는 마차 좀 보란 말이야. 제이슨 나리라고. 저 안에 누워 계시군그래, 저것 좀 봐."

자, 가자, 라스터가 말했다. 나 이 공 집으로 가져갈 테야, 거기 가면 안 잃어버리거든. 아니 이것 봐, 도련님, 너한텐 못 줘. 만일 네가 이걸 가지고 있는 걸 저치들이 보면 훔쳐 냈다고 생각할 거야. 그만 조용히. 이건 못 준대두. 이걸 가지고 뭘 할 건데. 공놀이 같은 건 하지도 못하면서.

프로니와 티 피는 현관 옆 진흙탕에서 놀고 있었다. 티 피는 병 속에 개똥벌레를 가지고 있었다.

"어떻게 모두 빠져나왔어요?" 프로니가 말했다.

"손님들이 와 있어." 캐디가 말했다. "아버지가 오늘 밤은 모두 내 말 들으라고 우리한테 말씀하셨어. 프로니도 티 피도 내 말 들어야 하는 거야."

"난 누나 말 같은 건 듣지 않을 테야." 제이슨이 말했다. "프로니도 티 피도 들은 거 없어."

"내가 그러라면 티 피도 프로니도 그러는 거야." 캐디가 말했다. "어쩌면 이 두 사람에겐 그러라고 하지 않을지도 모르지만."

"티 피는 누구 말도 듣지 않는걸요." 프로니가 말했다. "장례식은 시작됐어요?"

"장례식이 뭐야?" 제이슨이 말했다.

"엄마가 이 아이들한텐 말하지 말랬잖어." 버쉬가 말했다.

"모두 어디서 울고 있는 거지." 프로니가 말했다. "뷸라 클레이 언니 때는 모두 이틀씩이나 울어 댔는데."

모두 딜시네 집에서 울고 있었다. 딜시도 울고 있었다. 딜시가 울고 있으니깐 라스터가 그만해요, 하고 말했다. 그래서 모두 그쳤으나, 나는 소리내며 울기 시작했다. 블루는 부엌 계단 아래서 소리쳐 울어 댔다. 이윽고 딜시가 울음을 그쳤으므로 우리도 그쳤다.

"어머나." 캐디가 말했다. "그건 검둥이들 얘기지. 백인한텐 장례식 같은 거 없어."

"엄마가 이 아이들한텐 얘기하지 말랬지, 프로니?" 버쉬가 말했다.

"뭘 말하지 말라는 건데." 캐디가 말했다.

딜시는 울고 있었다. 그 울음소리가 한참 높아지자 나도 울고 블루는 계단 아래서 소리치고 울기 시작했다. 라스터, 그 아이들 모두 헛간으로 데려가, 프로니가 창문 안에서 말했다. 시끄러워서 요리고 뭐고 할 수가 있어야지. 그 개도 데려가, 전부 몰아내.

난 거기 안 갈 테야, 라스터가 말했다. 거기 가면 할아버질 만날지도 모르는걸. 지난밤에 할아버지가 팔을 휘두르며 거기에 계신 걸 봤어.

"왜 백인한텐 장례식이 없을까, 궁금하네." 프로니가 말했다. "백인들도 죽는데. 아씨네 할머니두 다른 흑인들 못지않게 죽는다고 생각되는데."

"개는 죽지." 캐디가 말했다. "그래서 말이야, 낸시가 구렁에 떨어지고 로스카스가 쏴 버리니까, 독수리들이 와서 낸시를 홀랑 쪼아 먹었어."

덩굴로 뒤덮여 컴컴한 구렁에서, 예의 그 형태가 정지해 있는 모양처럼 뼈다귀들이 달빛 속으로 반짝반짝 떠올랐다. 다음엔 그 형태들이 모두 정지하고 사방은 어두워졌다. 그래서 내가 다시 울음을 터뜨리려고 잠깐 멈칫하고 있을 때 어머니의 음성이, 이어 멀어져 가는 다급한 발소리가 들렸고, 나는 냄새를 맡을 수 있었다. 다음엔 방이 나타났다. 그러나 내 눈은 감겼다. 나는 울음을 그치지 않았다. 나는 냄새를 맡을 수 있었다. 티 피가 내 침대보를 끌었다.

"쉿." 티 피는 말했다. "쉬이이이이잇."

그러나 나는 냄새를 맡을 수 있었다. 티 피가 나를 끌어올리고 나에게 재빨리 옷을 입혔다.

"그쳐, 벤지." 그는 말했다. "우리는 우리 집으로 갈 거야. 너 우리 집으로 가고 싶지. 프로니도 있으니까. 그쳐, 쉬이이잇."

그는 내 구두끈을 매 주고 모자를 씌우고, 우리는 방을 나왔다. 복도엔 불이 켜져 있었다. 복도 건너 어머니 음성이 들렸다.

"쉬이이잇, 벤지." 티 피가 말했다. "금방 나갈 거야."

안쪽 문이 열렸다. 그러자 나는 아까보다 더 강하게 냄새를 맡을 수 있었고, 거기서 사람 얼굴이 하나 나타났다. 그건 아버지가 아니었다. 아버지는 아파서 그 안에 누워 계셨던 것이다.

"너 그 앨 집 밖으로 데리고 나가 줄 수 없겠니?"

"지금 나가려구 하는데요." 티 피가 말했다. 딜시가 층계로 올라왔다.

"그쳐." 딜시가 말했다. "그쳐요, 좀. 애를 우리 집으로 데려가, 티 피야. 프로니가 이 애 자리를 펴고 있으니깐. 자, 모두 다 같이 애를 잘 보살펴 줘. 그쳐요, 벤지. 티 피와 함께 가는 거야."

딜시는 어머니의 음성이 들린 곳으로 갔다.

"쟤는 한동안 그쪽에 있는 게 좋겠어." 그 소린 아버지의 음성이 아니었다. 그 말 한 사람이 문을 닫았다. 그러나 아직도 나는 냄새를 맡을 수 있었다.

우리는 뒤쪽 층계로 내려갔다. 그 층계는 어둠 속으로 뻗쳐 있었고, 티 피는 내 손을 잡았다. 그리고 우리는 어둠을 지나 문밖으로 나왔다. 댄이 뒤곁에 앉아 짖고 있었다.

"개는 그 냄새를 맡거든." 티 피는 말했다. "너두 냄새를 맡아서 그걸 알아챈 거니?"

우리는 계단을 내려갔는데, 거기엔 우리 그림자가 비쳤다.

"네 코트 잊어 먹고 왔구나." 티 피가 말했다. "네게 입혔어야 했는데. 그래도 다시 돌아갈 순 없지."

댄이 짖었다.

"자, 조용히." 티 피가 말했다. 우리 그림자가 움직였다. 그러나 댄의 그림자는 짖을 때밖엔 움직이지 않았다.

"너같이 울어 대는 애는 우리 집으로 데려갈 수 없어." 티 피가 말했다. "넌 옛날부터 끔찍하게 시끄러웠는데, 이제는 아주 개구리 목청을 뽑고 앉았구나. 자, 가자."

우리는 우리 그림자와 함께 보도를 걸어갔다. 돼지우리에선 돼지 냄새가 풍겼다. 뒤쪽 공터에선 소가 우리를 보며 입을 우물거리고 있었다. 댄이 짖었다.

1928년 4월 7일

"너 온 동네 사람들을 깨울 참이냐." 티 피가 말했다. "닥치지 못해?"

우리는 샛강에서 먹이를 먹고 있는 팬시를 보았다. 우리가 거기에 다다랐을 때 달빛은 물 위에서 반짝반짝 빛났다.

"안 돼." 티 피가 말했다. "아직 너무 가까워. 여기에 있을 순 없어. 자, 좀더 가자. 이봐, 네 꼴 좀 봐. 다리가 온통 젖었잖아. 가자." 댄이 짖었다.

바스락거리는 풀 속에서 구덩이가 나타났다. 뼈다귀들이 거무죽죽한 덩굴 속에서 떠올랐다.

"자." 티 피가 말했다. "그렇게도 울고 싶으면 목이 떨어지도록 실컷 울어 봐. 밤새도록 이 넓은 목장에서 말이야."

티 피는 구덩이에 벌렁 눕고 나는 앉아서 뼈다귀들을 바라보고 있었다. 그곳에서 독수리들이 낸시를 쪼아 먹고는, 검고 육중한 날개를 펄럭이며 구덩이 밖으로 날아갔다.

아까 우리가 여기 와 있을 때는 그 돈 가지고 있었는데, 라스터가 말했다. 나한테 보여 주었잖아. 바로 여기서, 내가 주머니에서 그걸 꺼내어 보여 주잖았어.

"넌 독수리들이 할머니도 홀랑 벗겨 쪼아 먹으리라고 생각하니?" 캐디가 말했다. "넌 미쳤구나."

"누난 심술쟁이야." 제이슨이 말했다. 그는 울기 시작했다.

"넌 멍텅구리야." 캐디가 말했다. 제이슨은 울었다. 두 손을 주머니에 찌르고 있었다.

"제이슨 도련님은 부자가 될 거야." 버쉬가 말했다. "언제나 돈을 쥐고 놓지 않으니깐 말이에요."

제이슨은 울었다.

"아이참, 애까지 울음을 터뜨렸잖아." 캐디가 말했다. "그쳐, 제이슨. 어떻게 독수리들이 할머니 계신 곳엘 들어갈 수 있다는 거야. 아버지가 못 들어가게 할 텐데. 너 독수리한테 홀랑 쪼아 먹히지 않도록 해야지. 자, 그만 뚝."

제이슨은 그쳤다. "프로니가 장례식이라잖아." 그는 말했다.

"실은 그렇지 않아." 캐디가 말했다. "그건 파티야. 프로니는 아무것도 모른단 말이야. 티 피야, 애가 네 개똥벌레 갖고 싶어한다. 잠깐 애한테 빌려 줘 봐."

티 피는 나에게 개똥벌레가 든 병을 주었다.

"정말, 응접실 창문 근처에 가면 안을 들여다볼 수 있을 거야." 캐디가 말했다. "그러면 너희도 내 말을 믿게 되겠지."

"난 벌써 알고 있는데요 뭐." 프로니가 말했다. "난 뭐 볼 것도 없어요."

"좀 잠자코 있어, 프로니." 버쉬가 말했다. "그러다 엄마한테 맞는다."

"뭐야?" 캐디가 말했다.

"난 다 안다는 거죠." 프로니가 말했다.

"자, 가자." 캐디가 말했다. "저 앞으로 돌아가자."

우리는 출발했다.

"티 피가 저 개똥벌레 돌려받고 싶어하는데요." 프로니가 말했다.

"얘가 좀 갖고 있게 해 줘, 티 피야." 캐디가 말했다. "나중에 꼭 돌려줄게."

"그런 거 잡아 보지도 못했나 보죠." 프로니가 말했다.

"내가 프로니도 티 피도 따라와도 된다고 하면 애한테 그걸 갖고 있게 해 주겠니?" 캐디가 말했다.

"아무도 나나 티 피에게 캐디 아씨 말 들으라고 하지 않았어요." 프로니가 말했다.

"그럼 내가 너희는 내 말 들을 필요 없다고 하면 그걸 애가 갖고 있게 해 주겠니?" 캐디가 말했다.

"그래, 좋아요." 프로니가 말했다. "쟤가 갖고 있게 해 주자, 티 피야. 우린 사람들이 우는 걸 보러 가니깐."

"그 사람들 울고 있진 않은데." 캐디가 말했다. "파티를 하고 있대도 그래. 그 사람들 울고 있니, 버쉬?"

"이런 데 서 있는데 사람들이 뭘 하는지 어떻게 알아요." 버쉬가 말했다.

"가자." 캐디가 말했다. "프로니하고 티 피는 내 말 안 들어도 돼. 그렇지만 그 나머지는 들어야 해. 걜 안고 가는 게 좋겠는데, 버쉬. 날이 어두워졌으니깐."

버쉬는 나를 안고 우리는 부엌을 돌아서 갔다.

우리가 집 모퉁이에서 살짝 보았을 때 불빛이 찻길로 비쳐 오는 게 보였다. 티 피가 지하실 문 쪽으로 돌아가서 문을 열었다.

이 아래 무엇이 있는지 아니, 티 피가 말했다. 소다수야. 제이슨 나리께서 한 아름 안고 오시는 걸 봤거든. 여기 잠깐만 기다려 봐.

티 피가 가서 부엌문을 들여다보았다. 딜시가 말했다. 넌 왜 여길 엿보구 있는 거냐, 벤지는 어딨어.

밖에 있어요, 티 피가 말했다.

가서 그 애나 봐, 딜시가 말했다. 지금은 집에 들이지 마.

네, 티 피가 말했다. 이제 시작했나요.

넌 얼른 걔나 챙겨서 뵈지 않는 곳에 데려가, 딜시가 말했다. 난 바빠 죽겠으니.

뱀 한 마리가 집 밑에서 기어 나왔다. 제이슨이 뱀 따위는 무섭지 않다고 말하니까, 캐디는 쟤는 무서워하지만 자기는 무서워하지 않는다고 말하고, 버쉬는 둘 다 무서워한다고 말했다. 그러자 캐디가 아버지 말씀처럼 조용히 들 하라고 말했다.

이제 엉엉 울어 대면 안 돼, 티 피가 말했다. 너도 이 사르사 술 마시고 싶지.

마시려고 하니까 그것은 내 코와 눈을 자극했다.

안 마실 거면 나나 줘, 티 피가 말했다. 아 알았어, 자, 줄게. 아무도 보지 않을 때 한 병 더 가져오는 게 좋겠군. 자, 넌 조용히 해.

우리는 응접실 창가의 나무 밑에 멈춰 섰다. 버쉬는 축축한 풀밭에 나를 내려놓았다. 풀은 차가웠다. 모든 창문에 불빛이 비쳤다.

"저기가 바로 할머니 계신 데야." 캐디가 말했다. "할머닌 요새 날마다 앓으셔. 할머니가 나으면 우리는 소풍 갈 거야."

"난 다 알고 있어요." 프로니가 말했다.

나무들은 바스락거리고 풀도 바스락거렸다.

"그 옆방은 우리가 홍역을 앓는 곳이야." 캐디가 말했다. "프로니, 너하고 티 피는 어디서 홍역을 앓니?"

"아무 데서나, 그때 우리가 있는 데서 하죠 뭐." 프로니가 말했다.

"아직 시작들 안 했는데." 캐디가 말했다.

다들 시작할 준비를 하고 있었는데, 티 피가 말했다. 내가 저 상자 가지고 올게 여기 서 있어. 그래서 저 유리창 안을 들여다보게 말이야. 자, 우리 이 사르사 술 다 마셔 버리자. 이걸 마시면 배 속에 부엉이가 든 것처럼 되거든.

우리는 사르사 술을 마시고 티 피는 그 병을 집 아래쪽 살창문 사이에 밀어 넣고 가 버렸다. 응접실에 있는 사람들의 목소리가 들렸다. 나는 두 손으로 벽을 할퀴었다. 티 피가 상자를 질질 끌고 왔다. 오다가 넘어졌다. 웃어 댔다. 그는 풀밭을 향해 웃으며 거기에 누워 있었다. 그러다 일어나서 웃음을 참으며 상자를 창 밑으로 끌어 왔다.

"나 큰 소릴 내고 웃음이 터져나올까 겁나." 티 피가 말했다. "상자에 올라가서 시작들 했나 안 했나 봐요."

"밴드가 아직 안 왔으니깐 시작하지 않았어." 캐디가 말했다.

"밴드 같은 건 오지도 않을 거예요." 프로니가 말했다.

"어떻게 알지?" 캐디가 말했다.

"난 다 알아요." 프로니가 말했다.

"너 같은 게 뭘 알아." 캐디가 말했다. 그녀는 나무로 다가갔다. "날 밀어 올려 줘, 버쉬."

"아씨 아버지께서 그 나무에 올라가지 말랬잖아요." 버쉬가 말했다.

"그건 벌써 오래된 얘기야." 캐디가 말했다. "아마 잊으셨을 거야. 게다가 오늘 밤은 모두 내 말 들으라고 하셨다고. 안 그래, 내 말 들으라 하셨잖아?"

"난 누나 말 같은 거 듣지 않을 테야." 제이슨이 말했다. "프로니도 티 피도."

"날 밀어 올려 줘, 버쉬." 캐디가 말했다.

"좋아, 밀어 주죠." 버쉬가 말했다. "매 맞을 사람은 바로 아씨니까, 내가 아니라." 그는 나무로 가서 캐디를 맨 아래 가지까지 밀어 올려 주었다. 우리는 엉덩이 부분에 흙탕물이 묻은 캐디의 속바지를 봤다. 다음 그녀는 보이지 않았다. 나뭇가지가 몹시 흔들리는 소리가 들렸다.

"혹시 나뭇가지를 분지르면 제이슨 나리께서 때려 준댔어요." 버쉬가 말했다.

"나두 누나 일러바칠 테야." 제이슨이 말했다.

나무가 흔들리는 소리는 멎었다. 우리는 조용한 나뭇가지를 올려다보았다.

"뭐가 보이려나." 프로니가 중얼거렸다.

모두가 보였다. 그리고 캐디가 꽃을 머리에 꽂고 번쩍거리는 바람과 같은 긴 베일을 드리운 게 보였다. 캐디, 캐디.

"쉿." 티 피가 말했다. "저 사람들이 듣겠다. 빨리 내려와." 그는 나를 잡아당겼다. 캐디. 나는 두 손으로 벽을 할퀴었다. 캐디. 티 피는 나를 잡아당겼다. "쉿." 그는 말했다. "조용히 해. 빨리 내려와." 그는 나를 잡아당기고 있었다. 캐디. "뚝 그쳐 벤지. 너 저이들에게 네 울음소리를 들리게 할 참이야? 자 가자, 우리 사르사 술 좀더 마시고, 그러고 나서 이리 돌아오자. 네가 울음 그치면 말이야. 우리 한 병 더 마시는 게 좋겠다. 그렇잖으면 우리 둘 다 엉엉 울어 대든지. 댄이란 놈이 그걸 다 마셔 버렸다고 하면 돼. 퀜틴 도련님은 늘 그 개가 꾀가 많다고 얘기하니깐. 그 개가 사르사 술 마시는 개라고 해도 곧이들을걸."

달빛이 지하실 계단 아래로 내려왔다. 우리는 사르사 술을 더 마셨다.

"넌 내가 뭘 바라고 있는지 알지?" 티 피가 말했다. "난 저 지하실 문간에서 곰이나 한 마리 걸어 들어왔으면 좋겠어. 그러면 내가 어떻게 할지 알아? 난 말이야, 곧장 달려들어 그놈 눈에 침을 뱉어 줄 거야. 내 웃음이 터져 나오기 전에 입 좀 틀어막게 그 병 좀 이리 줘."

티 피는 쓰러졌다. 그는 웃음을 터뜨렸다. 그리고 지하실 문짝과 달빛은 뒤흔들리며 멀어져 가고, 뭣인가가 나에게 탁 부딪혔다.

"뚝 그쳐." 티 피는 웃음을 참으면서 말했다. "제기랄, 다들 우리 목소리 듣겠는데, 일어나. 자, 일어서, 벤지, 빨리." 그는 대굴대굴 구르며 웃고 있었고, 나는 일어나려 했다. 지하실 계단이 달빛 속에서 언덕으로 달려 올라가고, 티 피가 언덕을 데굴데굴 구르면서 올라 달빛 속으로 들어갔다. 나는 달리다가 담장에 부딪치고, 티 피는 내 등 뒤에서 말하면서 달렸다. "뚝 그쳐, 뚝 그쳐." 그 다음에 그는 웃어 대면서 꽃밭에 넘어졌다. 그리고 나는 상자로 달려가 부딪쳤다. 내가 그 위에 기어오르려 할 때 상자가 번쩍 튀어 달아나 내 뒤통수를 갈겼으므로 내 목구멍은 꺽 소리를 냈다. 내 목구멍은 다시 소리를 냈으며, 나는 일어나려던 것을 그만두었다. 목구멍은 다시 소리를 냈으므로 나는 울기 시작했다. 티 피가 나를 잡아당기는 동안에도 내 목구멍은 계속 소리를 내고 있었다. 목청은 계속 소리 내고 있었으므로 나는 내가 우는 것인지 그렇지 않은지 알 수 없었고, 티 피는 내 위로 웃어 대면서 쓰러졌다. 목청은 계속해서 소리를 내고 있었고, 퀜틴은 티 피를 발로 탁 차고 캐디는 두 팔과 번쩍이는 베일로 나를 감쌌다. 나는 더 이상 나무 냄새를 맡을 수 없어서 울기 시작했다.

벤지, 캐디가 말했다. 벤지. 그녀는 두 팔로 나를 다시 감싸 안았다. 그러나 나는 달아났다. "왜 그래, 벤지?" 캐디는 말했다. "이놈의 모자 때문이군." 캐디는 모자를 벗고 다시 가까이 왔다. 나는 다시 달아났다.

"벤지." 캐디는 말했다. "왜 그래, 벤지? 캐디가 어쨌다는 거야?"

"걔는 멋쟁이 누나 드레스가 맘에 안 드는 거야." 제이슨이 말했다. "누나는 어른이 됐다고 생각하는 거지. 그렇지. 누난 누구보다도 잘났다고 생각하지, 안 그래, 시건방진 누나야."

"주둥이 닥쳐." 캐디가 말했다. "못된 꼬맹이가. 애, 벤지야."

"누난 열네 살이 됐다고 해서 어른이 된 거라고 생각하는 거지?" 제이슨이 말했다. "누난 자기가 뭐나 된 줄 알지, 그렇지?"

"울지 마, 벤지야." 캐디가 말했다. "엄마를 괴롭히잖. 뚝 그쳐."

그러나 나는 그치지 않았다. 캐디가 나가자 나도 뒤따라 나갔다. 그리고 그녀가 뒤쪽 층층대 위에서 기다리므로 나도 멈추고 기다렸다.

"왜 그러니, 벤지야?" 캐디가 말했다. "캐디한테 말해 봐. 그럼 뭐든지 해 줄 테니까. 말해 봐."

"켄더스야." 어머니가 말했다.

"네." 캐디가 말했다.

"왜 그 애를 성가시게 굴고 있니?" 어머니가 말했다. "그 애를 이리 데려오렴."

우리는 어머니 방으로 갔는데, 어머니는 병으로 머리엔 헝겊을 두르고 누워 계셨다.

"도대체 왜 그러니?" 어머니가 말했다. "벤자민."

"벤지야." 캐디가 말했다. 캐디는 다시 나에게로 왔다. 그러나 나는 달아났다.

"너 애한테 무슨 짓 했구나." 어머니는 말했다. "왜 이 애를 가만 내버려 두지 못하니, 내 맘 좀 편안하게 말이다. 애한테 그 상자를 주려무나. 그리고 제발 애 좀 혼자 있게 내버려 둬."
 캐디는 상자를 가져다가 마루에 놓고 열었다. 그 속에는 별이 가득 차 있었다. 내가 가만히 있으니깐 별들도 가만히 있었다. 내가 움직이니깐 별들도 얼른거리며 반짝였다. 나는 울음을 그쳤다.
 그 다음 나는 캐디가 멀어져 가는 소릴 듣고 다시 울음을 터뜨렸다.
 "벤자민." 어머니가 말했다. "이리 온." 나는 문으로 갔다. "애, 벤자민." 어머니가 말했다.
 "어쩐 일이야?" 아버지가 말했다. "넌 어딜 가니?"
 "그 애를 아래층으로 데리고 가서 누가 좀 봐 주도록 해요, 제이슨." 어머니가 말했다. "당신도 내가 몸이 아픈 것쯤은 알고 계시죠……."
 아버지는 문을 닫았다. 어머니 목소리는 이제 들리지 않았다.
 "티 피야." 아버지가 말했다.
 "네." 티 피는 아래층에서 말했다.
 "벤지가 내려간다." 아버지가 말했다. "넌 티 피한테 가거라."
 나는 목욕실 문 앞으로 걸어갔다. 물소리가 들렸다.
 "벤지." 티 피가 아래층에서 말했다.
 물소리가 들렸다. 나는 듣고 있었다.
 "벤지." 티 피가 아래층에서 말했다.
 나는 물소리를 듣고 있었다.
 물소리가 들리지 않게 되고, 캐디가 문을 열었다.
 "아, 벤지야." 캐디는 말했다. 그녀는 나를 들여다보았다. 내가 가까이 가니까 그녀는 두 팔을 내 몸에 둘렀다. "캐디를 다시 찾아냈지." 그녀는 말했다. "캐디가 영 달아난 줄 알았니?" 캐디한테서 나무 같은 냄새가 났다.
 우리는 캐디 방으로 갔다. 그녀는 거울 앞에 앉았다. 그녀는 손을 멈추고 나를 쳐다보았다.
 "어, 벤지야. 왜 그러니?" 캐디는 말했다. "울면 못써. 캐디는 도망가지 않을게. 봐, 여기 있잖아." 그녀는 말했다. 병을 들고 마개를 잡아 빼고 그것을 나의 코끝에 갖다 댔다. "달콤하지, 맡아 봐. 근사해."
 나는 달아났다. 울음을 그치지 않았다. 그녀는 병을 손에 든 채 나를 바라보고 있었다.

"아 그래." 캐디는 말했다. 병을 내려놓고 다가와서 두 팔로 나를 끌어안았다. "그래, 이 냄새가 싫단 말이지. 캐디에게 그걸 말하려고 했지만 못했단 말이지. 말하고 싶었지, 그렇지만 못했지, 그렇지. 물론 캐디는 다시는 이딴 거 안 뿌릴게. 캐디는 물론 다시는 안 그래. 나 옷 입을 때까지 잠깐만 기다려 줘."

캐디는 옷을 입고 병을 다시 들었다. 우리는 부엌으로 내려갔다.

"딜시." 캐디가 말했다. "벤지가 선물 가져왔어." 캐디는 허리를 굽히고 내 손에 병을 쥐여 주었다.

"자, 이걸 딜시에게 줘." 캐디가 내 손을 내밀어 주자 딜시가 병을 받았다.

"이거 굉장한걸." 딜시가 말했다. "우리 도련님이 딜시에게 향수 한 병을 다 주고. 여기 좀 봐요, 로스카스 영감."

캐디는 나무 같은 냄새를 풍겼다. "우린 향수 같은 건 좋아하지 않아." 캐디가 말했다.

캐디는 나무 같은 냄새를 풍겼다.

"자, 가자." 딜시가 말했다. "도련님은 이제 너무너무 커서 다른 사람들하곤 같이 못 자요. 더 이상 애가 아니니까. 열세 살이나 됐거든. 모리 아저씨 방에서 혼자 잘 만큼 자랐단 말이에요." 딜시가 말했다.

모리 아저씨는 편치 않았다. 눈도 병이 나고 입도 병이 나 있었다. 버쉬가 아저씨의 저녁을 쟁반에 받쳐 가지고 갔다.

"모리는 그 악한을 쏴 죽인다는데." 아버지가 말했다. "난 그럴 거면 미리 떠들고 다녀서 패터슨 귀에 들어가게 하면 안 되지, 하고 그에게 일렀지." 아버지는 술을 마셨다.

"여보, 제이슨." 어머니가 말했다.

"누굴 쏴요, 아버지?" 퀜틴이 말했다. "왜 모리 아저씨는 그 사람을 쏘려고 하죠?"

"왠고 하니, 아저씨는 하찮은 농담도 참지 못하니깐 그래." 아버지는 말했다.

"제이슨." 어머니가 말했다. "당신은 어쩜 그렇게 태연하세요. 모리가 기습당해서 총 맞아 죽는 걸 봐도, 당신은 거기 가만히 앉아 웃고만 있을 거죠?"

"그럼 모리도 기습할 생각은 이제 버리는 게 좋겠지." 아버지가 말했다.

"쏘다니 누굴 쏴요, 아버지?" 퀜틴이 말했다. "모리 아저씨가 누굴 쏘려는 거죠?"

"아무도 아냐." 아버지가 말했다. "난 권총이 없어서 그한테 못 빌려 주거든."

어머니는 울기 시작했다. "여보, 모리에게 밥 주는 게 아까우면, 왜 떳떳하게 그 앞에서 그렇게 얘기하지 못해요? 애들 앞에서 뒷구멍으로 그를 비웃다니."

"아까울 리가 있나." 아버지가 말했다. "난 지금 모리를 칭찬하는 거야. 그야말로 나의 인종적 우월감을 확인하는 데 그는 꼭 필요한 존재거든. 난 모리를 한 쌍의 말하고도 바꾸지 않겠어. 그래 왜 그런지 알겠니, 퀜틴?"

"모르겠는데요." 퀜틴이 말했다.

"에트·에고·인·아르카디아 (나 역시 아르카디아에 있고)—이런, 건초가 라틴어로 뭐였는지 잊어버렸군. 그래그래. 그냥 농담이야." 아버지는 술을 마시고 잔을 내려놓더니 어머니한테 가서 어머니의 어깨에 손을 올려놓았다.

"농담이 아니잖아요." 어머니가 말했다. "우리 친정 집안도 당신 집안 못지않게 훌륭해요. 단지 모리의 건강이 나쁠 뿐인데."

"물론이지." 아버지가 말했다. "나쁜 건강이란 온 생명의 가장 중요한 원리가 되거든. 질병으로 태어나서 한껏 부패해 멸망하고 마는 거지. 애, 버쉬."

"네, 나리." 버쉬가 내 의자 뒤에서 대답했다.

"이 유리병 가져다 술을 가득 채워 오너라."

"그리고 딜시더러 와서 벤자민을 데리고 올라가 재우라고 해라." 어머니가 말했다.

"도련님은 이제 애가 아니잖아요." 딜시가 말했다. "캐디 아씨도 도련님과 함께 자는 데 질렸거든요. 뚝 그쳐요, 그래야 잠들 수 있으니깐." 방은 사라졌다. 나는 울음을 그치지 않았다. 그러자 방이 다시 돌아오고, 딜시가 와서 침대에 앉아 나를 바라보았다.

"뚝 그치고 착한 도련님이 되고 싶지 않아?" 딜시가 말했다. "되고 싶지 않구나, 응. 자, 그럼, 조금만 참아 봐요."

딜시는 가 버렸다. 문간에는 아무도 없었다. 그런데 그곳에 캐디가 나타났다.

"쉿." 캐디가 말했다. "내가 왔으니까."

나는 울음을 그쳤다. 딜시는 침대보를 들쳤고 캐디는 침대보와 담요 사이로 들어왔다. 그녀는 목욕 가운을 벗지 않고 있었다.

"자." 캐디는 말했다. "어때?" 딜시가 담요를 가지고 와서 캐디 위에 펼쳐 그녀의 몸을 푹 감싸 주었다.

"얘는 곧 곯아떨어질 거예요." 딜시가 말했다. "아씨 방 불은 그대로 켜 둘게요."

"그래, 좋아." 캐디가 말했다. 그녀는 머리를 베개 위 내 머리 곁에 바싹 갖다 댔다. "잘 자, 딜시."

"잘 자요, 아씨." 딜시가 말했다. 방은 캄캄해졌다. 캐디는 나무 같은 냄새를 풍겼다.

우리는 캐디가 올라간 나무를 쳐다보았다.

"캐디는 뭘 보고 있을까, 버쉬?" 프로니가 속삭였다.

"쉬이이잇." 캐디가 나무 위에서 말했다.

"다들 이리 와." 딜시는 집 모퉁이를 돌아서 왔다. "왜 모두 나리께서 말씀하신 대로 얼른 2층에 올라가지 않죠? 나 모르게 살금살금 빠져나가기나 하고. 캐디와 퀜틴은 어딨어요?"

"난 누나더러 나무에 올라가지 말랬어." 제이슨이 말했다. "난 누나 일러바칠 테야."

"누가 어느 나무에 올라갔다고요?" 딜시가 말했다. 그녀는 가까이 와서 나무 위를 쳐다보았다. "캐디요." 딜시가 말했다. 나뭇가지가 다시 흔들리기 시작했다.

"이 개구쟁이 녀석." 딜시가 말했다. "거기서 내려와요."

"쉿." 캐디가 말했다. "아버지가 조용히 하란 것을 잊었어?" 캐디의 다리가 나타났다. 딜시는 손을 뻗쳐서 그녀를 나무에서 안아 내렸다.

"넌 애들이 이런 데 오면 안 된다는 것도 모르니?" 딜시가 말했다.

"캐디 아씬 말릴 도리가 없는걸요." 버쉬가 말했다.

"너네는 여기서 뭘 하고 있는 거지?" 딜시가 말했다. "누가 저택까지 오라고 했어?"

"캐디 아씨가 그랬지." 프로니가 말했다. "저 애가 우리 보고 따라오랬어요."

"아씨가 하란 대로 하라고 누가 그랬어." 딜시가 말했다. "이제 그만 집으로 가." 프로니와 티 피는 돌아갔다. 그들은 점점 멀어져 가다가 어느새 우리 눈에 안 보이게 되었다.

"밤중엔 이런 데 나오지 말아요." 딜시가 말했다. 딜시는 나를 안았고 우리는 부엌으로 갔다.

"나 모르게 살짝 빠져나오다니." 딜시가 말했다. "잠잘 시간이 지난 줄 알면서도."

"쉬이, 딜시." 캐디가 말했다. "그렇게 크게 말하지 마. 우린 조용히 해야 한단 말이야."

"그럼 아씨부터 입 다물고 조용히 해요." 딜시가 말했다. "퀜틴은 어디 있지?"

"퀜틴은 오늘 밤 내 말 들어야 하기 때문에 화났어." 캐디가 말했다. "어, 벤지, 아직도 티 피의 개똥벌레가 든 병을 갖고 있네."

"티 피는 그런 거 없어두 괜찮을걸요." 딜시가 말했다. "넌 가서 퀜틴을 좀 찾아봐, 버쉬야. 저 헛간 쪽으로 가는 걸 네 아버지가 봤대." 버쉬는 갔다. 그의 모습이 보이지 않게 되었다.

"모두 응접실에선 아무것도 하지 않고 있던데." 캐디가 말했다. "의자에 앉아서 쳐다만 보고 있을 뿐."

"그 사람들이 뭘 하든지 아이들 도움은 절대로 필요 없을 거예요." 딜시가 말했다. 우리는 부엌 모퉁이를 돌았다.

이번엔 또 어딜 가려는 거야, 라스터가 말했다. 그치들이 공 치는 것을 또 보러 가는 거지. 저긴 다 찾아보았어. 어이 잠깐만, 나 저 공 주워 올 동안 여기서 그대로 기다려. 나한테 좋은 생각이 있으니깐.

부엌은 어두웠다. 나무들은 하늘로 검게 솟아 있었다. 댄이 층계 밑에서 기어 나와 내 복사뼈를 깨물었다. 내가 부엌 모퉁이를 돌자 달이 보였다. 댄은 비칠비칠 쫓아와 달빛 속으로 걸어 들어갔다.

"벤지." 티 피가 집 안에서 불렀다.

응접실 창가에 있는 꽃나무는 검지 않았으나 무성한 나무들은 검게 보였다. 내 그림자가 풀밭을 걸어가자 풀밭은 달빛 속에서 바스락거리고 있었다.

"이봐, 벤지." 티 피가 집 안에서 불렀다. "어디 숨었어. 살살 빠져 다니고, 난 다 알아."

라스터가 돌아왔다. 잠깐만, 하고 말했다. 여기 있어. 저쪽으로 가지 마. 퀜틴 아씨하구 그 놈팡이가 저기서 그네 침대에 올라 있다고. 이리 와. 이리 돌아와, 벤지.

나무 밑은 컴컴했다. 댄은 오려고 하지 않았다. 달빛 속에 멈춰 서 있었다. 그 다음 그네 침대가 보이고, 나는 울음을 터뜨렸다.

거기 가면 안 돼, 돌아와, 벤지, 라스터가 말했다. 퀜틴 아씨가 불같이 화낼 거야, 너도 알잖아.

그네 침대엔 처음엔 둘이 있었는데 다음엔 하나가 되었다. 캐디가 부랴부랴 이쪽으로 왔다. 어둠 속에서 하얗게 보였다.

"벤지." 캐디는 말했다. "너 어떻게 빠져나왔니. 버쉬는 어디 있지?"

그녀는 두 팔로 나를 껴안았다. 그래서 난 뚝 그치고 그녀의 옷에 매달려 그녀를 끌어당기려고 했다.

"왜, 벤지야." 캐디는 말했다. "어찌 된 거야, 티 피?" 그녀는 소리쳤다.

그네 침대에 있던 사람이 일어나서 가까이 왔다. 나는 울며 캐디의 옷을 끌어당겼다.

"벤지야." 캐디가 말했다. "이 사람은 찰리잖아. 찰리 몰라?"

"애 보는 검둥인 어디 있지?" 찰리가 말했다. "왜 애를 혼자 멋대로 돌아다니게 하는 거야?"

"그쳐, 벤지야." 캐디가 말했다. "저리 가요, 찰리. 이 애는 당신을 좋아하지 않아." 찰리가 저리 가 버려서 나는 울음을 그쳤다. 나는 캐디의 옷자락을 끌어당겼다.

"있지, 벤지야." 캐디가 말했다. "나 여기서 잠깐 찰리하고 얘기하게 해주지 않을래?"

"검둥이를 불러." 찰리가 말하면서 다시 왔다. 나는 더 큰 소리로 울며 캐디의 옷자락을 잡아당겼다.

"저리 가, 찰리." 캐디가 말했다. 찰리가 두 손을 캐디에게 얹었다. 나는 더 큰 소리로 울어 댔다. 목이 터져라 울었다.
"안 돼, 안 돼." 캐디가 말했다. "안 돼, 안 돼."
"앤 아무한테도 말 못하는데 뭐." 찰리가 말했다. "캐디."
"미쳤나 봐." 캐디가 말했다. 그녀의 숨이 가빠졌다. "애도 볼 수는 있단 말이야. 그러지 마, 그러지 마." 캐디는 반항했다. 그들은 둘 다 숨을 가쁘게 쉬었다. "그만둬, 제발." 캐디가 속삭였다.
"이 앨 보내 버려." 찰리가 말했다.
"보낼게." 캐디가 말했다. "날 놔줘."
"정말 앨 보내겠어?" 찰리가 말했다.
"응." 캐디가 말했다. "그러니까 놔줘." 찰리는 멀어져 갔다. "그쳐." 캐디가 말했다. "그인 갔어." 난 그쳤다. 나는 그녀의 가쁜 숨소리를 듣고 가슴이 뛰는 것을 느낄 수 있었다.
"이 앨 집으로 데려다 줘야겠어." 캐디는 말했다. 나의 손을 잡았다. "곧 올게." 그녀는 속삭였다.
"잠깐." 찰리는 말했다. "검둥이를 부르지."
"안 돼." 캐디가 말했다. "곧 돌아올게. 가자, 벤지야."
"캐디." 찰리는 힘주어 속삭였다. 우리는 걸어갔다. "꼭 돌아와야 해, 알겠지?" 캐디와 나는 뛰어갔다. "캐디." 찰리가 불렀다. 우리는 달빛 속으로 달려 나와서 부엌을 향해 갔다.
"캐디." 찰리가 또 불렀다.
캐디와 나는 달렸다. 우리는 부엌 층층대를 뛰어올라 베란다로 들어갔다. 그리고 캐디는 어둠 속에서 무릎을 꿇고 나를 껴안았다. 나는 그녀의 숨소리를 듣고 뛰는 가슴을 느낄 수 있었다. "나 이제 안 그럴게." 그녀는 말했다. "나 다시는 절대로 그런 짓 안 할게, 벤지, 벤지." 캐디는 울고 있었다. 나도 울었다. 우리는 서로 부둥켜안았다. "이젠, 그치렴." 그녀는 말했다. "그쳐, 나 다시는 안 그럴 테야." 그래서 나는 울음을 그치고, 캐디는 일어서서 부엌으로 들어가 불을 켜고 개수대에서 비누를 집어 들더니 입을 싹싹 닦았다. 캐디는 나무와 같은 냄새를 풍겼다.
거기 가까이 가지 말라고 내가 늘 얘기했는데 하고 러스터가 말했다. 그들은 재빨리 그네 침대에서 자세를 고쳐 앉았다. 퀜틴은 두 손으로 머리를 매

만졌다. 남자는 빨간 넥타이를 매고 있었다.
 이 늙은 미치광이야, 퀜틴이 말했다. 너는 내가 가는 곳마다 이놈이 쫓아다니게 하지. 딜시한테 이를 테야. 딜시가 널 마구 때려 주게 할 테야.
 "나로선 막을 도리가 없는걸요." 라스터가 말했다. "이리 와, 벤지."
 "막을 수 있고말고." 퀜틴이 말했다. "막으려 들질 않은 거지. 너희 둘 다 날 살금살금 따라다닌 거야. 할머니가 날 엿보라고 보내던?" 퀜틴은 그네 침대에서 뛰어내렸다. "이놈을 당장 저리 데려가지 않으면 제이슨 아저씨더러 때려 주라고 할 테야."
 "내가 이 사람을 어떻게 다룰 수가 있어야지." 라스터가 말했다. "다룰 수 있다구 생각하면 어디 좀 해 봐요."
 "입 다물어." 퀜틴이 말했다. "이 녀석 안 쫓아낼 거야?"
 "아냐, 그냥 내버려 둬." 남자가 말했다. 그는 붉은 넥타이를 매고 있었다. 햇빛이 그 위에 붉게 비쳤다. "자, 잘 보라고." 그 남자는 성냥을 한 개비 켜서 입 속에 넣었다. 그리고 다음엔 입에서 그 성냥개비를 꺼냈다. 그것은 아직 타고 있었다. "한번 해 볼래?" 그는 말했다. 나는 그에게 다가갔다. "입 벌려." 그는 말했다. 나는 입을 벌렸다. 퀜틴이 손으로 성냥을 탁 쳤다. 성냥은 사라져 버렸다.
 "나쁜 사람 같으니." 퀜틴이 말했다. "이 사람을 발작시킬 참이야? 이 사람이 한 번 울음을 터뜨리면 온종일 고래고래 울어 대는 걸 몰라? 딜시에게 일러바칠 테야." 그리고 퀜틴은 달려가 버렸다.
 "이봐." 그 남자는 말했다. "어이, 돌아와. 이 사람 놀리지 않을게."
 퀜틴은 그대로 집까지 달렸다. 그녀는 부엌 모퉁이를 돌았다.
 "너 때문에 쫄딱 망했군." 그는 말했다. "안 그래?"
 "이 사람은 당신이 말하는 걸 몰라요." 라스터가 말했다. "귀머거리고 벙어리니깐."
 "정말?" 그 남자는 말했다. "언제부터 그 꼴이 됐지?"
 "오늘까지 33년 됐죠." 라스터가 말했다. "천치로 태어났거든요. 당신은 저 쇼 곡예사들하고 한패죠?"
 "그건 왜?" 그는 말했다.
 "이 동네에서 당신을 본 적이 없으니깐." 라스터가 말했다.

"그래, 그런데 왜 묻나?" 그는 말했다.

"아무것도 아닙니다." 러스터가 말했다. "나두 오늘 밤엔 쇼 구경 가려구요."

그는 나를 바라보았다.

"당신이 저 쇼에서 톱날을 켠 사람은 아니겠죠?" 러스터가 말했다.

"그걸 알려면 25센트가 필요하지." 그 남자는 말했다. 그는 나를 바라보았다. "왜 이 집에선 이 녀석을 가둬 두지 않을까?" 그는 말했다. "뭣 하러 이 녀석을 데리고 나왔어?"

"내게 말해봤자 소용없죠." 러스터가 말했다. "난 이 사람을 어떡할 도리가 없어요. 난 잃어버린 25센트 동전을 찾으러 왔을 뿐이에요. 그래야 오늘 밤 쇼에 구경 갈 수 있으니깐요. 지금 같아선 못 갈 것 같지만." 러스터는 땅을 내려다보았다. "당신, 혹시 25센트 남는 거 없어요?"

"없어." 그 남자는 말했다. "난 가진 게 없어."

"그럼 잃어버린 25센트를 찾아야겠는데." 러스터가 말했다. 그는 손을 주머니에 넣었다. "당신 공도 사지 않겠죠?" 러스터가 말했다.

"무슨 공?" 그는 말했다.

"골프공요." 러스터가 말했다. "난 25센트만 있으면 돼요."

"어쩌라고?" 그 남자가 말했다. "내가 그걸 사서 뭐 하겠어?"

"필요 없을 줄 알았지." 러스터가 말했다. "이리 와, 이 멍텅구리야." 그는 말했다. "가자, 그치들 공 치는 것을 보러 말이야. 옳지, 여기 나팔꽃 말고 네가 가지고 놀게 있군." 러스터는 그걸 주워서 나에게 주었다. 그것은 번쩍번쩍 빛났다.

"너 그거 어디서 났지?" 그 남자가 말했다. 그가 걷자 그의 넥타이는 햇빛 속에서 빨갛게 빛나며 흔들렸다.

"이 밑의 잡초 속에서 주웠죠." 러스터가 말했다. "처음엔 내가 잃어버린 25센트 동전인 줄만 알고."

그 남자가 가까이 와서 그것을 뺏어 갔다.

"울지 마." 러스터가 말했다. "보고 나서 돌려줄 테니까."

"아그네스·마벨·베키 (콘돔의 캔 뚜껑에 쓰인 상표명)." 그는 말하고서 집 쪽을 바라다보았다.

"뚝 그쳐." 러스터가 말했다. "이제 돌려줄 거야."

그 남자가 그걸 돌려줘서 나는 울음을 그쳤다.

"누가 간밤에 저 아가씨를 보러 왔지?" 그는 말했다.

"난 몰라요." 라스터가 말했다. "아가씨가 저 나무를 타고 내려오는 날 밤이면 반드시 누가 오죠. 그 발자취를 어떻게 하나하나 확인하겠어요?"

"그중 한 놈은 발자취를 남겨 버렸지만." 그 남자는 말했다. 그는 집 쪽을 바라다보았다. 다음에 그네 침대에 가서 드러누웠다. "저리 가." 그 남자는 말했다. "성가시게 하지 말고."

"그만 가자." 라스터가 말했다. "넌 큰일 저질렀어. 지금쯤 퀜틴 아가씨가 널 고자질하고 있을 거야."

우리는 울타리로 가서 감겨 올라간 꽃 사이로 저쪽을 바라다보았다. 라스터는 풀숲을 뒤지고 있었다.

"바로 여기선 갖고 있었는데." 그는 말했다. 나는 깃발이 팔락이는 것을 보았다. 해가 넓은 목장 위로 기울고 있는 것을 보았다.

"곧 사람들이 올 거야." 라스터가 말했다. "봐, 몇 사람 오고 있잖아. 근데 저쪽으로 가 버리는걸. 이리 와, 좀 같이 찾아 줘."

우리는 울타리를 따라 나아갔다.

"울지 마." 라스터가 말했다. "그치들이 오지 않는 걸 낸들 무슨 수로 부르겠어. 잠깐만, 좀 있으면 몇 사람 올 거야. 저 봐, 저 건너. 이리로 오고 있잖아."

나는 울타리를 따라 문 쪽으로 갔다. 계집애들이 책가방을 메고 지나가고 있었다. "이봐, 벤지." 라스터가 말했다. "이리 돌아와."

문틈으로 훔쳐본들 소용없어, 티 피가 말했다. 캐디 아씨는 멀리멀리 가 버렸다구. 결혼해서 널 두고 떠났거든. 문짝에 들러붙어 울어 봤자 아무 소용도 없단 말이야. 캐디 아씨가 들을 리가 있어야지.

얘는 뭣 땜에 이러니 티 피야, 어머니가 말했다. 얘 데리고 놀면서 조용히 시키지 못하겠니.

도련님은 밖에 나가서 문으로 밖을 내다보고 싶어해요, 티 피가 말했다.

그래, 하지만 안 돼, 어머니가 말했다. 비가 오니까. 하여튼 얘 좀 조용히 데리고 놀렴. 얘, 벤자민.

조용히 하게 할 도리가 없습니다, 티 피가 말했다. 자기가 그 문까지 마중

1928년 4월 7일 63

나가면 캐디 아씨가 돌아올 줄 알구 있는데요.
쓸데없는 소릴, 어머니가 말했다.
나는 둘이서 얘기하는 소리를 들을 수 있었다. 문밖으로 나가 보니 얘기 소리는 들리지 않았다. 나는 문 쪽으로 갔다. 거기엔 가방을 멘 계집애들이 지나가고 있었다. 그 계집애들은 나를 보더니 얼굴을 저쪽으로 돌리고 걸음을 재촉했다. 나는 말을 걸려고 했다. 그러나 그들은 그대로 지나가 버렸으므로 나는 울타리를 따라가면서 말을 걸려고 했고, 그들은 더욱 빨리 걸어갔다. 다음에 그들은 달려갔다. 울타리 모퉁이에 다다르자 나는 더 갈 수 없으므로, 울타리를 꼭 붙들고 그 계집애들 뒤를 바라다보며 말을 걸려고 했다.
"어이, 벤지." 티 피가 말했다. "몰래 빠져나가서 뭘 하고 있는 거지. 우리 어머니한테 매 맞으려구."
"울타리 사이로 침 흘리고 울어 봤자 아무 소용도 없단 말이야." 티 피가 말했다. "어린애들 놀라기나 하고. 쟤들 좀 봐요, 길 건너편으로 걸어가고 있는걸."
걔가 어떻게 밖에 나갔지, 아버지가 말했다. 너 들어올 때 대문 빗장 안 걸었구나, 제이슨.
그럴 리가 있나요, 제이슨이 말했다. 그런 짓을 할 만큼 멍청하진 않아요, 잘 아시면서. 이따위 일이 생기길 바라는 줄 아세요. 그렇잖아도 이 집안 평판은 바닥을 치는데. 정말이지 전부터 아버지한테 얘기하려고 했는데요, 이젠 걔를 잭슨 정신병원에 보내자고요. 물론 버제스 씨가 그 전에 걔를 쏴 죽인다면 얘기는 달라지겠지만 말이에요.
그만둬라, 아버지가 말했다.
난 전부터 얘기하려고 했지만, 하고 제이슨이 말했다.
내가 만져 보니 문빗장은 걸려 있지 않았다. 나는 석양 속에서 그것을 꽉 붙잡았다. 나는 울고 있지 않았으며, 소리를 죽이고는 석양 속에 집으로 돌아오고 있는 계집애들을 바라보며 서 있었다. 나는 울고 있지 않다.
"그 사람 저기 있다."
계집애들은 걸음을 멈췄다.
"저 사람은 못 나와. 하여튼 우릴 해칠 순 없어. 자, 가자."
"난 무서워서 못 가겠어. 난 무서워. 길을 건너서 갈 테야."

"못 나온대도."

나는 울고 있지 않았다.

"겁먹지 마, 애, 가자."

계집애들은 석양 속을 걸어오고 있었다. 나는 울고 있지 않았으며 문을 꽉 붙잡고 있었다. 계집애들은 천천히 걸어왔다.

"난 무서워."

"저 사람은 해치지 않는대도. 난 여길 매일 지나다니는데 뭐. 저 사람은 울타리 안쪽을 뛰어다닐 뿐이라니까."

계집애들은 다가왔다. 내가 문을 여니까 그 애들은 멈춰 서서 고개를 돌렸다. 나는 말을 걸려고 계집애를 붙잡았다. 그 애는 비명을 질렀다. 나는 말을 걸려고 했다. 그런데 그 번쩍이는 형상들이 멈추기 시작했고 나는 나오려고 했다. 나는 내 눈앞에 얼른거리는 것을 떨어 버리려고 했으나 그 눈부신 형상들은 다시 움직여 가고 있었다. 그 형상들은 언덕으로 올라갔고, 그러자 언덕이 사라져서 나는 울려고 버둥거렸다. 그러나 내가 숨을 들이켜서 울려고 하니 숨이 내쉬어지지 않았다. 나는 언덕에서 굴러떨어지지 않으려고 했는데 언덕에서 굴러 내려, 빙글빙글 소용돌이치며 반짝이는 형상 속으로 떨어지고 말았다.

이봐 백치, 라스터가 말했다. 몇 놈이 온다. 이제 게게 침 흘리고 우는 거 뚝 그쳐.

그들은 깃발이 있는 곳으로 왔다. 한 사람이 깃발을 잡아 치우자 다른 사람들이 쳤다. 그러자 그 사람이 다시 깃발을 꽂아 놓았다.

"여보세요, 아저씨." 라스터가 말했다.

그 사람은 돌아다보았다. "왜?" 그는 말했다.

"골프공 하나 사시죠." 라스터가 말했다.

"거 좀 보자." 그 사람은 말했다. 그 사람이 울타리로 다가오니까 라스터는 공을 울타리 사이로 내밀었다.

"이거 어디서 났지?" 그 사람은 말했다.

"내가 발견했죠." 라스터는 말했다.

"그건 나도 알아." 그 사람은 말했다. "어디서 발견했냐고. 누구 골프 가방 속에서 찾았나."

"이 정원에 떨어져 있는 걸 발견했죠." 라스터가 말했다. "25센트만 받으려는데요."

"어째서 이게 네 거라는 거야?" 그는 말했다.

"그야 내가 찾아냈으니깐요." 라스터는 말했다.

"그럼 하나 더 찾아내." 그는 말했다. 그는 그것을 주머니에 넣고 갔다.

"난 오늘 밤 쇼 구경 가야 하는데." 라스터가 말했다.

"그러냐." 그 사람은 말했다. 그는 흙이 소복한 쪽으로 갔다. "자, 간다, 캐디." 그는 말하고서 공을 쳤다.

"정말 기가 차는구먼." 라스터가 말했다. "넌 저 사람들이 보일 때나 안 보일 때나 칭얼거리는구나. 왜 그치질 못할까. 1년 내내 네 우는 소릴 듣다가 다들 질려 나자빠진 것도 모르냐. 이것 봐, 나팔꽃도 떨어뜨렸군." 라스터는 그것을 주워서 나에게 주었다. "새 놈 하나 갖고 싶지. 그건 네가 다 비벼서 내버렸으니깐." 우리는 울타리 옆에 서서 그 사람들을 바라보고 있었다.

"저 백인은 상대하기 힘든 사람이야." 라스터가 말했다. "너도 저치가 내 공 뺏는 거 봤지?" 그들은 가고 있었다. 우리는 울타리를 따라갔다. 우리는 담장까지 이르자 더는 갈 수 없었다. 나는 울타리에 달라붙어 꽃 사이로 바라다보았다. 그들은 멀리 가 버렸다.

"자, 이제 넌 칭얼대며 바랄 것도 없지." 라스터가 말했다. "뚝 그쳐. 진짜 칭얼거릴 사람은 네가 아니라 나란 말이야. 이것 봐. 왜 나팔꽃을 꼭 쥐고 있지 않는 거야. 다음엔 꽃이 없다면서 엉엉 울려고." 라스터는 꽃을 나에게 주었다. "이제 어딜 갈 건데?"

우리 그림자는 풀밭에 늘어져 있었다. 우리가 닿기 전에 그림자들이 나무에 닿았다. 내 것이 먼저 거기에 닿았다. 이어 우리가 나무 아래 다다르자, 그림자들은 사라졌다. 병 속엔 꽃이 하나 들어 있었다. 그 속에다 나는 다른 꽃을 하나 더 넣었다.

"이젠 넌 어른이 되잖았어." 라스터가 말했다. "병에 꽃을 두 송이 넣어 가지고 놀고 말이야. 캐롤라인 마님께서 돌아가시면 사람들이 널 어떻게 할지 알아? 널 잭슨에 보낼 거야. 거기가 너한테 어울린다고. 제이슨 나리께서 그렇게 말했거든. 거기 가면 말이야, 넌 다른 미치광이들하고 같이 온종일 쇠창살에 들러붙어서 침을 게게 흘리구 있을 수 있어. 넌 그거 어떻게 생각해?"

라스터는 손으로 병에 든 꽃을 채뜨려 떨어뜨렸다. "네가 잭슨에 가면, 사람들이 네가 울 땐 바로 이렇게 한다고."

나는 꽃들을 주우려고 했다. 라스터가 그것들을 주워서 꽃들은 사라졌다. 나는 울기 시작했다.

"얼마든지 울어 봐." 라스터가 말했다. "맘껏 울어 대란 말이야. 넌 울 건더기가 필요하지? 그래 좋아, 캐디." 그는 속삭였다. "캐디. 자, 울어 봐. 캐디."

"라스터." 딜시가 부엌에서 불렀다.

꽃이 되돌아왔다.

"울지 마." 라스터가 말했다. "자, 여기 꽃이 있어. 자, 봐. 처음 그대로 돌아왔지. 그만 그쳐."

"얘, 라스터." 딜시가 말했다.

"네." 라스터가 말했다. "지금 가요. 넌 무슨 개지랄이야, 일어나." 그는 내 팔을 잡아챘다. 그래서 나는 일어났다. 우리는 나무 숲을 빠져나왔다. 우리 그림자는 이미 사라졌다.

"울지 마." 라스터가 말했다. "봐, 모두 널 쳐다보잖아. 그쳐."

"갤 이리로 데려 온." 딜시가 말했다. 그녀는 층계를 내려왔다.

"이번엔 또 뭘 했니." 딜시가 말했다.

"아무 짓도 안 했는데요." 라스터가 말했다. "그냥 느닷없이 울더라구요."

"안 하기는 무슨." 딜시가 말했다. "네가 건드렸지 뭐. 어디 갔었니?"

"저 너머 삼나무 밑에요."

"퀜틴을 부아나게 하면서 말이지." 딜시가 말했다. "왜 넌 애를 퀜틴 곁에 못 가게 하질 못하는 거냐. 퀜틴은 제 옆에서 애가 알짱대는 걸 싫어해, 것도 모르냔 말이야."

"퀜틴도 나와 마찬가지로 이 애를 봐 줄 시간은 있는데요 뭐." 라스터가 말했다. "이 사람은 퀜틴에겐 삼촌뻘이나 되지, 나에겐 삼촌도 뭣도 안 되는데요 뭐."

"그따위 불손한 말은 그만둬, 이 검둥이 녀석아." 딜시가 말했다.

"난 이 애에게 아무 짓도 안 했어요." 라스터가 말했다. "이 애는 저기서 놀고 있는데 갑자기 울기 시작했어요."

"이 애가 만든 무덤 가지고 장난친 건 아니고?" 딜시가 말했다.

"이 애 무덤 같은 건 건드리지도 않았어요." 라스터가 말했다.

"거짓말 마, 이놈." 딜시가 말했다. 우리는 층층대를 올라 부엌으로 들어갔다. 딜시는 아궁이 문을 열고 그 앞으로 의자 하나를 끌어냈다. 나는 거기에 앉았다. 나는 울음을 그쳤다.

무엇 땜에 마님이 슬퍼하실 짓을 하는 거예요, 딜시가 말했다. 왜 얘를 거기에 데려갔어.

얘는 불만 바라보고 있었을 뿐인데, 캐디가 말했다. 어머니가 얘에게 새 이름을 가르쳐 줬어. 우린 어머니를 슬프게 할 생각은 없었는데.

그건 나도 알고 있어요, 딜시가 말했다. 나 참, 이쪽엔 얘가 있고 저쪽엔 마님이 계시는구먼. 모두 부엌 물건 건드리지 말아요, 내가 돌아올 때까지 아무것도 건드리지 마.

"넌 부끄럽지도 않냐." 딜시가 말했다. "이 애를 괴롭히고 말이다." 그녀는 케이크를 식탁에다 놓았다.

"난 괴롭히지 않았어요." 라스터가 말했다. "이 앤 들꽃이 든 병을 가지고 놀다가 그냥 갑자기 울던데요 뭐. 할머니도 들으셨잖아요."

"그 꽃은 안 건드렸고?" 딜시가 말했다.

"난 무덤도 건드리지 않았어요." 라스터가 말했다. "얘가 가진 그따위 잡동사니는 건드리지 않아요. 난 그저 그 25센트짜리 돈만 찾고 있었다고요."

"너 그걸 잃어버렸구나." 딜시가 말했다. 그녀는 케이크 위에 세운 초에다 불을 붙였다. 그중 몇 개는 작은 초들이었다. 그리고 다른 몇 개는 큰 초를 작은 토막으로 자른 것들이었다. "그래 내 널더러 잘 간수하라고 말했잖아. 이제 내가 프로니에게서 다시 얻어 주길 바라는 거지."

"난 쇼를 구경 가야겠어요, 벤지가 있든 없든." 라스터가 말했다. "낮이나 밤이나 얘만 따라다니진 않을래요."

"넌 그냥 이 애가 원하는 대로 해 주기만 해. 이 검둥이 녀석아." 딜시가 말했다. "알아듣겠냐?"

"난 언제나 그러잖아요." 라스터가 말했다. "난 언제나 이 애가 원하는 대루 해 준다고요. 그렇지, 벤지?"

"어디 내내 해 봐라." 딜시가 말했다. "이 앨 엉엉 울린 채 데려와서 주인 마님마저 발작시키는 짓거리를. 자, 이제 제이슨이 오기 전에 너희 이 케이크 먹어라. 내 돈 주고 산 케이크다만, 그 사람한테 잔소리 듣긴 싫으니깐. 부엌으로 들어오는 계란이란 계란은 다 헤아리는 제이슨은 말이지, 내가 여기서 케이크를 굽거나 하면 법석을 떨 거야. 자, 넌 애 건드리지 말고 있어. 오늘 밤 쇼 구경 가고 싶거든."

딜시는 나가 버렸다.

"넌 촛불 하나도 못 끄지." 라스터가 말했다. "내가 끄는 걸 보라구." 그는 몸을 굽히고 훅 불었다. 촛불이 꺼졌다. 나는 울음을 터뜨렸다. "그쳐." 라스터가 말했다. "내가 케이크를 자르는 동안 불을 쳐다보고 있어."

시계 소리가 들렸다. 캐디가 등 뒤에 서 있는 소리가 들렸다. 그리고 지붕에서 나는 소리가 들렸다. 아직 비가 오네, 캐디가 말했다. 난 비가 싫어. 이젠 전부 다 싫어. 그리고 그녀는 머리를 내 넓적다리에 올려놓고 날 끌어안고 울었다. 나도 울음을 터뜨렸다. 그리고 나는 다시 불을 쳐다보았다. 그러니까 그 반짝이고 매끄러운 형상들이 다시 움직이기 시작했다. 시계 소리와 지붕에서 나는 소리와 캐디의 소리가 들렸다.

나는 케이크 한 조각을 먹었다. 라스터의 손이 와서 또 한 조각을 집어갔다. 라스터가 먹는 소리가 들렸다. 나는 불을 쳐다보았다.

긴 철사 막대기가 내 어깨 너머로 뻗어왔다. 그것은 아궁이로 갔다. 그러자 불이 없어졌다. 나는 울음을 터뜨렸다.

"뭣 땜에 엉엉 울어 대는 거야?" 라스터가 말했다. "저기 좀 봐." 거기엔 불이 타고 있었다. 나는 울음을 그쳤다. "할머니 말대로 가만히 앉아서 불을 쳐다보면서 조용히 하지 못하겠니?" 라스터가 말했다. "정말 창피한 줄 알아라. 자, 여기 케이크 더 줄게."

"애한테 또 뭘 했냐?" 딜시가 말했다. "애를 정 내버려 두지 못하겠니?"

"난 애 울음을 그치게 해서 캐롤라인 마님을 괴롭히지 않으려구 했을 뿐인데요." 라스터가 말했다. "무엇인가가 이 애 울음보를 터뜨렸나봐요."

"그런데 난 그 무엇이 무엇인지 다 알지." 딜시가 말했다. "내 버쉬가 돌아오면 실컷 때려 주도록 할 테다. 넌 왜 매를 버니. 온종일 그따위 짓 하구 있는 거지. 너 애를 저 샛강에 데려갔었지?"

"아뇨." 라스터가 말했다. "우린 온종일 바로 이 뜰 안에 있었어요, 할머니 말씀대로."

그의 손은 또 케이크를 한 조각 집으러 왔다. 딜시가 그 손을 찰싹 때렸다. "손 한 번만 더 내밀어 봐라, 내 가만히 놓아두지 않을 거야." 딜시가 말했다. "애는 아직 한 조각도 안 먹었는데."

"아아뇨, 먹었어요." 라스터가 말했다. "애는 벌써 내 두 배나 먹었는데요. 거짓말 같으면 애한테 물어봐요."

"다시 한 번만 내밀어 봐라." 딜시가 말했다. "시험 삼아 해 보라구."

그래 맞아, 딜시가 말했다. 다음엔 내가 울 차례로구나. 나도 모리 무릎에다 대고서 울어야겠어.

얘 이름은 이제 벤지야, 캐디가 말했다.

어째 그리 됐누, 딜시가 말했다. 아직은 타고난 이름이 그렇게 낡아 빠지지 않았을 텐데.

벤자민은 성경에서 따온 이름이야, 캐디가 말했다. 모리보다 그쪽이 이 애에겐 좋은 이름이야.

그건 어째서 그래요, 딜시가 말했다.

어머니가 그렇다니깐, 캐디가 말했다.

흥, 딜시가 말했다. 이름 같은 게 무슨 소용이람. 하기야 해로울 것도 없겠지만. 이름을 바꾼다고 뭐가 나아질 리는 없어요. 내 이름은 내가 알기 전부터 딜시였고, 다들 날 잊어 먹은 먼 나중에도 딜시일 거예요.

모두가 잊어버렸는데 아줌마 이름이 딜시란 건 어떻게 알아, 딜시? 캐디가 말했다.

하느님의 명부에 들어 있을 테니깐 말이죠 아씨, 딱 써 놓거든.

그거 읽을 수 있어? 캐디가 말했다.

읽을 필요 없어요, 딜시가 말했다. 그쪽에서 읽어 주시니깐. 나야 나 여기 있습니다 하고 대답하면 그뿐이지.

긴 철사 막대기가 내 어깨 너머로 지나가고, 불이 없어졌다. 나는 울음을 터뜨렸다.

딜시와 라스터가 싸웠다.

"다 봤다." 딜시가 말했다. "아암, 네놈이 하는 짓을 봤고말고." 그녀는 라스터를 방구석에서 끌어내 마구 흔들었다. "이러고도 애를 하나두 건드리지 않았단 말이지, 천만에. 아버지가 돌아올 때까지 각오하고 기다려. 내가 예전처럼 젊었으면 벌써 네놈 귀를 대갈통에서 확 뽑아 버렸을 텐데. 그래, 내 네놈을 저 지하실에 꼭 가둬 두고 오늘 밤 쇼에 구경 가지 못하게 할 테다, 이놈아."

"제발, 할머니." 라스터가 말했다. "제발, 할머니이이."

나는 불이 있었던 곳으로 손을 내밀었다.

"쟤 붙잡아." 딜시가 말했다. "붙잡아!"

내 손이 뒤로 홱 잡아채졌다. 내가 손을 입에 넣으니깐 딜시가 나를 붙잡았다. 내 울음소리 사이사이로 시계 소리가 들렸다. 딜시가 손을 뒤로 뻗쳐 라스터의 머리를 갈겼다. 내 목소리는 점점 커졌다.

"저 소다 이리 가져와." 딜시가 말했다. 그녀는 내 손을 입에서 잡아 뺐다. 그때 내 목소리는 더욱 커졌고, 내 손은 입으로 도로 들어가려고 했다. 그러나 딜시가 그걸 붙잡았다. 내 목소리는 한껏 커졌다. 딜시는 소다를 내 손에 뿌렸다.

"저장고에 가서 못에 걸린 헝겊 한 조각 찢어 가지고 와." 딜시는 말했다. "이제 그만 그쳐요. 도련님도 엄마를 다시 병나게 하고 싶지 않잖아요, 그렇지. 자, 불 좀 쳐다봐요. 도련님 손이 아픈 건 딜시가 금방 낫게 해 줄 테니. 저 불을 좀 봐요." 그녀는 아궁이 문을 열었다. 나는 불을 쳐다보았다. 그러나 내 손의 아픔은 그치지 않았고, 난 울음을 그치지 않았다. 내 손은 입으로 돌아가려고 했으나 딜시가 그걸 잡고 있었다.

그녀는 헝겊을 손 둘레에 감았다. 어머니가 말했다.

"왜들 그래. 난 편안히 좀 누워 있지도 못하니. 다 큰 검둥이가 둘이나 붙어 있는데도 내가 애 돌보려고 자리에서 일어나 내려와야 한단 말이냐."

"이젠 괜찮습니다." 딜시가 말했다. "이젠 그치려고 하는데요. 손을 좀 뎄을 뿐이죠."

"다 큰 검둥이가 둘이나 있는데도, 애를 엉엉 울려서 집에 데리고 들어오니 원." 어머니가 말했다. "너희 개를 일부러 발작시켰지. 내가 아픈 것을 알고선." 어머니는 가까이 와서 내 옆에 섰다. "울지 마." 어머니가 말했다.

"당장 그쳐, 할멈이 애한테 이 케이크 주었나?"

"제가 사 줬어요." 딜시가 말했다. "절대로 제이슨 도련님의 저장고에서 나온 게 아녜요. 내가 이 사람 생일을 좀 챙겨 줬죠."

"할멈은 그따위 값싼 가게 빵을 먹여 이 애를 독살할 참이우?" 어머니가 말했다. "그러려는 거지. 난 단 한순간도 맘 놓고 있을 수 없다 이거지."

"2층으로 올라가서 누우세요." 딜시가 말했다. "도련님은 쓰라린 게 가시면 곧 울음을 그칠 겝니다. 어서 올라가세요."

"너희가 또 뭔 짓을 저지르도록 얘를 놔두고 가란 말이지." 어머니가 말했다. "이 애는 아래층에서 울고 있는데 낸들 어떻게 위층에서 누워 있을 수 있겠어? 벤자민, 어서 그쳐."

"도련님을 달리 데려갈 데가 없어요." 딜시가 말했다. "전에 쓰던 방도 없고. 이웃 사람들이 쳐다보는 데서 울고 서 있도록 뜰 안에 둘 수도 없고요."

"알았어, 알았어." 어머니가 말했다. "이게 모두 내 잘못이지. 난 이제 곧 없어지고 말걸 뭐, 그러면 할멈하고 제이슨 둘이서 보다 잘 살겠지." 어머니는 울음을 터뜨렸다.

"아유, 그만두세요." 딜시가 말했다. "또 몸 상하시려고. 위층으로 돌아가세요. 라스터가 이 도련님을 서재로 데려가서 놀 테니깐요. 그동안 전 저녁 준비를 마칠게요."

딜시와 어머니는 나갔다.

"뚝 그쳐." 라스터가 말했다. "야, 뚝 그쳐. 다른 손까지 데고 싶냐. 이제 안 아프잖아. 그쳐 봐."

"자, 옳지." 딜시가 말했다. "그만 울어요." 그녀는 나에게 슬리퍼를 주었다. 나는 울음을 그쳤다. "도련님을 서재로 데려가라." 그녀가 말했다. "도련님 울음소리가 다시 나면 넌 나한테 얻어맞을 줄 알아."

우리는 서재로 갔다. 라스터가 불을 켰다. 창문이 캄캄해지고, 벽에 어둡고 기다란 부분이 나타났다. 나는 가까이 가서 그것을 만져 보았다. 그것은 문처럼 보였지만 문이 아니었다.

불이 내 등 뒤에 나타났다. 나는 그 불이 있는 곳으로 가서 슬리퍼를 껴안은 채 마룻바닥에 앉았다. 불은 점점 높이 솟아올랐다. 어머니 의자의 방석이 있는 데까지 솟아올랐다.

"울지 마." 라스터가 말했다. "잠깐 쉴 줄도 모르냐. 너 보라고 불도 펴 놨는데 쳐다보려고도 않고 말이야."

네 이름은 벤지가 됐어, 캐디가 말했다. 내 말 듣고 있니. 벤지야, 벤지야.

그런 식으로 부르지 마, 어머니가 말했다. 걔 좀 이리 데려오렴.

캐디가 내 겨드랑이 아래를 껴안았다.

일어나, 모오―아니 벤지야, 캐디가 말했다.

걔를 안아 오려고 하는 거냐, 어머니가 말했다. 그냥 손잡고 데려오면 되잖니. 그런 생각도 못한단 말이니.

난 안고 갈 수 있어요, 캐디가 말했다.

"내가 걔를 안고 올라가도 될까? 딜시."

"어디 해 봐요, 꼬마 아씨." 딜시가 말했다. "벼룩 한 마리도 못 들 만큼 작으면서. 자, 제이슨 나리께서 말씀하신 대로 빨리 가서 조용히 있어야 해요."

층층대 꼭대기엔 불이 켜져 있었다. 와이셔츠를 입은 아버지가 계셨다. 아버지는 조용히 하라는 듯한 표정을 짓고 있었다. 캐디가 속삭였다.

"엄마는 아픈가요?"

버쉬는 나를 내려놓고 우리는 어머니 방으로 들어갔다. 그곳엔 불이 있었다. 불길은 벽 위에서 커졌다 작아졌다 했다. 거울 속엔 불이 또 하나 있었다. 내게는 병의 냄새가 풍겼다. 그것은 어머니의 머리에 감긴 헝겊에서 나는 냄새였다. 어머니의 머리털은 베개 위에 펼쳐져 있었다. 불은 그곳까지 미치지는 않았으나 어머니의 손을 비췄고, 그 속에서 어머니의 반지가 뛰놀았다.

"이리 와서 어머니에게 '안녕히 주무세요' 하고 인사해." 캐디가 말했다. 우리는 침대로 다가갔다. 거울 속의 불이 사라졌다. 아버지가 침대 곁에서 일어나 나를 안아 들었고 어머니는 손을 내 머리 위에 얹었다.

"몇 시예요?" 어머니가 말했다. 어머니의 눈은 감겨 있었다.

"7시 10분 전." 아버지가 말했다.

"얘 잠재우긴 아직 이르네요." 어머니가 말했다. "얘는 새벽같이 깰 거예요. 그러면 오늘 같은 하루가 또 반복될 텐데, 난 도저히 배겨 낼 수 없을 거예요."

"그래요, 그래." 아버지가 말했다. 그는 어머니의 얼굴을 매만졌다.

"나도 당신겐 짐이 될 뿐이란 것을 알고 있어요." 어머니가 말했다. "하지만 난 머잖아 가 버리고 말 텐데요 뭐. 그렇게 되면 성가신 일도 다 사라지겠죠."

"그만둬요." 아버지가 말했다. "애 좀 아래층으로 데려갈게." 아버지는 나를 안아 들었다. "가자, 애야. 잠깐 아래층으로 내려가자. 자, 퀜틴이 공부하는 동안 조용히 해야 돼."

캐디는 어머니의 침대에 가서 그 위로 고개를 숙였다. 어머니의 손이 불빛 속에 나타났다. 어머니의 반지가 캐디의 등에서 뛰놀았다.

엄마는 아프시다, 아버지가 말했다. 딜시가 너희를 재워 줄 거야. 퀜틴은 어디 있지.

버쉬가 데리러 갔어요, 딜시가 말했다.

아버지는 서서 우리가 지나가는 것을 보고 있었다. 어머니 방에서는 어머니가 무슨 말 하는 소리가 들렸다. 캐디가 "쉿" 하고 말했다. 제이슨은 아직 층층대를 올라오고 있었다. 주머니에 두 손을 찌르고서.

"너희 모두 오늘 밤은 얌전히 굴어." 아버지가 말했다. "그리고 조용히들 해라. 어머니가 걱정하시지 않게."

"우리 조용히 할게요." 캐디가 말했다. "알았니? 조용히 해야만 해, 제이슨." 우리는 까치발을 하고 걸어갔다.

우리는 지붕에서 나는 소리를 들을 수 있었다. 거울 속 불을 볼 수도 있었다. 캐디가 나를 다시 안아 올렸다.

"자, 가자." 캐디는 말했다. "나중에 또 불 피운 곳으로 돌아올 수 있으니깐. 그만 그쳐."

"캔더스." 어머니가 말했다.

"그쳐, 벤지." 캐디가 말했다. "어머니가 잠깐만 보재. 착하지. 나중에 또 올 수 있으니깐, 벤지야."

캐디가 나를 내려놓았다. 나는 울음을 그쳤다.

"이 애를 여기 좀 있게 해 줘요, 어머니. 애가 저 불을 다 쳐다본 다음에 얘기해도 되잖아요."

"캔더스." 어머니가 말했다. 캐디는 몸을 굽히고 나를 들어올렸다. 우리는 비틀거렸다. "캔더스." 어머니가 말했다.

"울지 마." 캐디가 말했다. "아직 불을 볼 수 있잖아. 그쳐."

"그 애를 이리 데려온." 어머니가 말했다. "그 애는 너무 커서 넌 이제 못 들어. 애쓸 것 없이 그만둬라. 그러다 허리 다칠라. 우리 집 여자들은 다들 맵시가 좋다고 자랑들을 해 왔는데. 넌 세탁부처럼 보이고 싶으니?"

"이 앤 별로 무겁진 않아요." 캐디가 말했다. "안아 들 수 있어요."

"그래도 난 네가 그 애를 안아 오도록 하고 싶진 않다." 어머니가 말했다. "벌써 5살인데. 안 되지, 안 돼. 엄마도 이젠 안아 주지 않아요. 그 애를 일으켜 세워."

"안아 주면 울음을 그칠 텐데." 캐디가 말했다. "그만 뚝. 금방. 돌아갈 수 있어. 자, 여기 네 방석 있다, 봐 봐."

"그러지 마라, 캔더스." 어머니가 말했다.

"이걸 보여 주면 이 애는 조용히 할 거예요." 캐디가 말했다. "어머니, 조금만 비켜 주세요. 빼내게. 여기 있다, 벤지야. 자, 봐."

나는 그것을 쳐다보고 울음을 그쳤다.

"넌 그 애 비위를 너무 맞춰 주는구나." 어머니가 말했다. "너랑 네 아버지랑 둘이서 말이야. 그 뒷감당을 해야 할 사람은 나란 것도 모르고서. 할머니가 제이슨을 그 모양으로 버려 놔서, 내가 그 버르장머리를 고치는 데 이태나 걸렸지. 그런데 벤자민을 데리고 같은 짓을 해낼 만큼 엄마는 기력이 좋지 못해요."

"애 걱정은 하지 마세요." 캐디가 말했다. "난 애 봐 주는 걸 좋아하거든요. 안 그래, 벤지야."

"캔더스." 어머니가 말했다. "그 애를 그렇게 부르는 게 아니래도. 아버지는 널 캐디니 뭐니 하는 별명으로 부르길 끝까지 고집했지. 그걸로도 이미 질렸어. 난 애마저 그따위 이름으로 부르진 못하게 할 거다. 애칭 같은 건 점잖지 못해. 상스런 사람들이나 그런 이름을 쓰는 거야. 벤자민." 어머니가 말했다.

"날 좀 쳐다보렴." 어머니는 말했다. "벤자민." 어머니는 두 손으로 내 머리를 잡고 자기 얼굴 쪽으로 돌렸다.

"벤자민." 어머니는 말했다. "방석은 제자리에 갖다 둬라, 캔더스."
"애가 울걸요." 캐디가 말했다.
"엄마 말대로 갖다 둬." 어머니가 말했다. "얘도 말 듣는 버릇을 배워야지."

방석이 사라졌다.
"울지 마, 벤지야." 캐디가 말했다.
"넌 저기 가서 앉아라." 어머니가 말했다. "벤자민." 어머니는 내 얼굴을 자기 얼굴에 갖다 댔다.
"울음 그치렴." 어머니가 말했다. "뚝 그쳐."
그러나 나는 그치지 않았다. 어머니는 두 팔로 나를 꽉 끌어안고 울음을 터뜨렸다. 그래서 나도 울었다. 그때 방석이 되돌아왔다. 캐디가 그것을 어머니 머리 위로 쳐들고 있었다. 그녀는 어머니를 살짝 일으켜서 의자에 그것을 도로 놓았고, 어머니는 그 붉고 노란 방석에 기대서 울고 있었다.
"어머니 울지 마세요." 캐디가 말했다. "2층에 가서 누우세요. 편안히 누워서 앓아야 하니깐요. 딜시를 불러올게요." 캐디는 나를 불 피운 곳으로 데려갔으며, 나는 그 번쩍이고 매끄러운 형상을 보았다. 불이 타는 소리와 지붕에서 나는 소리를 들을 수 있었다.
아버지가 나를 안아 들었다. 아버지는 비 냄새를 풍겼다.
"벤지." 아버지는 말했다. "오늘은 얌전히 놀았니?"
캐디와 제이슨은 거울 속에서 다투고 있었다.
"얘, 캐디." 아버지가 말했다.
그들은 싸우고 있었다. 제이슨이 울음을 터뜨렸다.
"캐디." 아버지가 말했다. 제이슨은 울고 있었다. 제이슨은 이제 싸우지 않았으나 캐디가 거울 속에서 싸우는 것이 우리 눈에 보였다. 아버지는 날 내려놓고 거울 속으로 들어가서 역시 싸워 댔다. 아버지는 캐디를 들어 올렸다. 그녀는 몸부림쳤다. 제이슨은 울면서 마룻바닥에 쓰러져 있었다. 그는 손에 가위를 쥐고 있었다. 아버지는 캐디를 붙잡고 있었다.
"저 애가 벤지의 인형을 다 갈가리 잘라 놨단 말이에요." 캐디가 말했다.
"난 저 애 배때기를 째 버릴 테야."
"캔더스." 아버지가 말했다.

"째 버릴 테야!" 캐디가 말했다. "쩰 거라니까!" 캐디는 몸부림쳤다. 아버지는 그녀를 붙잡고 있었다. 그녀는 제이슨을 발길로 찼다. 그는 구석으로 굴러가 거울 속에서 나왔다. 아버지는 캐디를 불가로 데려왔다. 그들은 모두 거울 속에서 나왔다. 불만이 그 안에 있었다. 그 불은 마치 문짝에 있는 것처럼 보였다.

"그만해 둬." 아버지가 말했다. "그래 너는 어머니를 병나게 해서 방에 드러눕게 하고 싶으냐?"

캐디는 발악을 멈췄다. "제이슨은 모오— 아니 벤지에게 내가 만들어 준 인형을 전부 잘라 놨다고요." 캐디가 말했다. "걔는 일부러 심술부리려고 그따위 지랄을 한 거예요."

"안 그랬어요." 제이슨이 말했다. 그는 울면서 일어나 앉았다. "난 그게 얘 것인 줄은 몰랐어요. 그냥 낡은 종잇조각인 줄 알았는데 뭐."

"몰랐을 리가 없어." 캐디가 말했다. "넌 다 알면서도 일부러······."

"그만둬. 제이슨." 아버지가 말했다.

"내일 내가 몇 개 더 만들어 줄게." 캐디가 말했다. "우리 잔뜩 만들자. 이봐 봐, 저기 방석도 보이지."

제이슨이 들어왔다.

그렇게 줄기차게 울어댈 거야, 라스터가 말했다.

이번엔 무슨 일이야, 제이슨이 말했다.

"괜히 칭얼대는 거예요." 라스터가 말했다. "온종일 이 짓 하구 있어요."

"그럼 그냥 내버려 둬." 제이슨이 말했다. "조용히 시키지 못하겠음 부엌으로 쫓아낼 수밖에. 얘는 우리 어머니처럼 방구석에 처박혀 있진 못하니까."

"할머닌 저녁이 될 때까진 이 사람을 부엌에 들이지 말라고 했는데요." 라스터가 말했다.

"그럼 네가 개하고 같이 놀아 주면서 떠들지 못하도록 해." 제이슨이 말했다. "난 종일 일하고서 미치광이 병동에 돌아와야만 한단 말이지. 나 참." 그는 신문을 펴들고 읽었다.

불하고 거울하고 방석이 다 보이지, 캐디가 말했다. 자, 저녁밥이 될 때까지 방석을 쳐다봐선 안 될 이유 따윈 없어. 지붕에서 소리가 들렸다. 벽 저쪽에서 목 놓아 우는 제이슨의 목소리도 들렸다.

딜시가 말했다.

"다녀오셨어요, 제이슨 도련님. 라스터, 벤자민 도련님은 혼자 내버려 두려무나."

"네." 라스터가 말했다.

"퀜틴은 어디 있지?" 딜시가 말했다. "저녁이 거의 다 됐는데."

"모르겠어." 라스터가 말했다. "난 보지도 못했어."

딜시가 사라졌다. "퀜틴 아씨." 딜시가 현관홀에서 말했다. "퀜틴 아씨, 저녁 준비 다 됐어요."

지붕에서 소리가 들렸다. 퀜틴도 비 냄새를 풍겼다.

제이슨이 무슨 짓 했니, 그는 말했다.

걔가 벤지의 인형을 모두 조각내 버렸어, 캐디가 말했다.

어머니가 얘를 벤지라고 부르지 말랬잖아, 퀜틴이 말했다. 그는 우리와 함께 융단에 앉았다. 비가 오지 말았으면 좋겠는데, 그는 말했다. 아무것도 할 수 없단 말이야.

싸우고 들어왔구나, 캐디가 말했다. 그렇지?

별일 아니었어, 퀜틴이 말했다.

말해도 괜찮아, 캐디가 말했다. 아버지도 알게 될걸 뭐.

알든 말든 겁날 건 없어, 퀜틴이 말했다. 비나 좀 안 왔으면.

퀜틴이 말했다. "딜시가 저녁밥 다 됐다고 하지 않았어?"

"됐대요." 라스터가 말했다. 제이슨이 퀜틴을 쳐다보았다. 그리고 그는 다시 신문을 읽었다. 퀜틴이 들어왔다. "거의 다 됐다는데요." 라스터가 말했다. 퀜틴은 어머니의 의자에 털썩 앉았다.

"제이슨 도련님." 라스터가 말했다.

"왜?" 제이슨이 말했다.

"25센트만 주십쇼." 라스터가 말했다.

"뭣 하게?" 제이슨이 말했다.

"오늘 밤 쇼 구경 가게 말이죠." 라스터가 말했다.

"딜시가 프로니한테서 25센트를 얻어 주는 줄 알았는데." 제이슨이 말했다.

"얻어 줬지만." 라스터가 말했다. "그걸 잃어 버렸거든요. 나하고 벤지는 온종일 그걸 찾아다녔어요. 벤지한테도 물어봐요."

"그럼 걔한테서 하나 꾸려무나." 제이슨이 말했다. "난 나대로 돈 벌어서 쓸 데가 있으니." 그는 신문을 읽었다. 퀜틴은 불을 들여다보았다. 불빛이 그녀의 눈 속과 입 위에 비쳤다. 그녀의 입은 붉었다.

"난 이 사람 거기 가까이 못 가게 했는데요." 라스터가 말했다.

"입 좀 못 닥쳐?" 퀜틴이 말했다. 제이슨은 퀜틴을 바라보았다.

"만일 네가 다시 그놈의 곡예사랑 같이 다니는 걸 들키기만 하면 내 어쩐 댔지?" 그는 말했다. 퀜틴은 불을 들여다보고 있었다. "내 말 듣는 거냐?" 제이슨이 말했다.

"들었어요." 퀜틴이 말했다. "그럼 아저씨 하고픈 대로 하시죠?"

"그래, 걱정 마라." 제이슨이 말했다.

"걱정 안 해요." 퀜틴이 말했다. 제이슨은 다시 신문을 읽었다.

지붕에서 소리가 들렸다. 아버지는 앞으로 몸을 굽히고 퀜틴을 바라보았다.

어허, 아버지는 말했다. 누가 이겼니?

"아무도." 퀜틴이 말했다. "중간에 말렸는걸요. 선생님들이."

"상대는 누구였지?" 아버지가 말했다. "말해 보렴."

"꽤 상대가 되는 놈이었어요." 퀜틴이 말했다. "그 자식은 나만큼이나 큰 놈이었으니깐요."

"그럼 좋아." 아버지가 말했다. "뭣 때문에 그랬나 말해 주겠지?"

"별거 아니었어요." 퀜틴이 말했다. "그 자식이 여선생님 책상에 개구릴 넣어 둬도 선생님은 그놈을 감히 갈기지 못할 거라고 말했거든요."

"오, 그래." 아버지가 말했다. "여선생님이란 말이지. 그래, 그 다음엔 어떻게 했지?"

"네." 퀜틴이 말했다. "그래서 내가 그놈을 쳤죠."

우리는 지붕 소리와 불타는 소리와 문밖에서 훌쩍대는 소리를 들을 수 있었다.

"11월 달에 그놈은 어디서 개구리를 잡아 올 생각이었을까?" 아버지가 말했다.

"전 모르겠어요." 퀜틴이 말했다.

소리들이 들렸다.

"제이슨." 아버지가 말했다. 제이슨의 울음소리가 들렸다. "이리 들어오렴. 울음은 그치고."

지붕 소리와 불타는 소리와 제이슨이 훌쩍대는 소리가 들렸다.

"이제 그만해." 아버지가 말했다. "넌 또 매 맞고 싶으냐?" 아버지는 제이슨을 들어 올려 가까운 의자에 앉혔다. 제이슨은 훌쩍거렸다. 지붕 소리와 불타는 소리가 들렸다. 제이슨은 조금 더 크게 훌쩍거렸다.

"어디 계속 울어만 봐라." 아버지가 말했다. 불타는 소리와 지붕 소리가 들렸다.

딜시가 말했다. 다 됐습니다. 모두 저녁 식사 하러 오세요.

버쉬는 비 냄새를 풍겼다. 그는 또 개 비린내도 풍겼다. 불타는 소리와 지붕 소리가 들렸다.

우리에겐 캐디가 빨리 걸어가는 소리가 들렸다. 아버지와 어머니가 문을 바라보았다. 캐디는 빨리 걸어서 그곳을 지났다. 캐디는 돌아보지 않았다. 그녀는 빨리 걸어갔다.

"캔더스." 어머니가 말했다. 캐디는 걸음을 멈췄다.

"왜요, 어머니?" 캐디는 말했다.

"조용히 해요, 캐롤라인." 아버지가 말했다.

"이리 온." 어머니가 말했다.

캐디는 문으로 다가와서 아버지와 어머니를 보았다. 캐디의 눈초리가 내게로 번쩍 했다가 사라졌다. 나는 울음을 터뜨렸다. 울음은 점점 커졌다. 나는 일어났다. 캐디가 들어와서 벽을 등지고 선 채 나를 쳐다보고 있었다. 나는 울면서 캐디한테 갔다. 캐디는 주춤주춤 뒷걸음질하다 벽에 등이 부딪쳤다. 나는 그녀의 눈을 들여다보고 더 크게 울며 그녀의 옷자락을 잡아당겼다. 그녀는 두 손을 내뻗쳤다. 그러나 나는 그녀의 옷자락을 잡아당겼다. 그녀는 눈길을 피했다.

버쉬가 말했다. 도련님 이름은 이제 벤자민이 됐대요. 어째서 그렇게 됐는지 알아요? 모두 도련님을 요술쟁이로 만들려는 거죠. 엄마 말로는, 옛날에 도련님 할아버지가 검둥이 한 놈의 이름을 갈았대요. 그래 그치는 설교자가 됐다지 뭐예요. 게다가 그놈을 잘 보니깐 요술쟁이가 됐더래요. 전엔 요술쟁이도 설교자도 아니었는데. 그리고 애 밴 여자가 보름달 아래서 그놈 눈을 쳐다보면 요술쟁이 애를 낳는대요. 그래 어느 날 저녁에 그렇게 태어난 열 놈이나 되는 요술쟁이 애들이 그 근처에서 뛰어다니고 있었는데, 그놈이 집에 돌아오지 않은 거예요. 나중에 주머니쥐 사냥꾼들이 그놈을 숲 속에서 봤는데, 그놈은 깨끗이 잡아먹혔더라죠. 누가 그놈을 먹었는지 알겠어요? 그 요술쟁이 애들이 잡아먹었단 말이에요.

우리는 현관홀에 있었다. 캐디는 아직 나를 쳐다보고 있었다. 그녀는 손을 입에 대고 있었고, 나는 그녀의 두 눈을 보고 있었다. 우리는 2층으로 올라갔다. 그녀는 다시 멈춰 서더니 벽에 기대고서 나를 쳐다보았다. 나는 울었다. 캐디가 멀어지자 나는 다가갔다. 나는 울고 있었다. 캐디는 뒷걸음질해서 벽에 등을 대고 나를 쳐다보았다. 그녀는 방문을 열었다. 나는 그녀의 옷자락을 끌어당겼다. 다음 우리는 목욕실로 갔다. 그리고 그녀는 나를 쳐다보며 문에 기대어 섰다. 그 다음 그녀는 손으로 얼굴을 가렸다. 나는 울면서 캐디한테 매달렸다.

너 걔한테 뭘 하고 있는 거야, 제이슨이 말했다. 왜 걔를 내버려 두지 못하는 거야.

난 건드리지 않았어요, 라스터가 말했다. 이 사람은 온종일 이러고 있는걸요, 매를 좀 맞아야 해요.

그보다 이 정신병자는 잭슨으로 보내야 해, 퀜틴이 말했다. 누가 이런 집에서 살아갈 수 있담.

이 집이 싫거든 나가면 되잖아 아가씨야, 제이슨이 말했다.

나갈 거예요, 퀜틴이 말했다. 걱정 말아요.

버쉬가 말했다. "뒤로 좀 비켜요, 내 다리 좀 말리게." 그는 나를 좀 뒤로 밀쳤다. "울어 대지 말아요. 그래도 불은 보이잖아. 도련님이 할 일이라곤 고작 쳐다보는 것뿐이죠. 나처럼 비 맞으며 밖에 나다닐 것은 없지. 도련님은 진짜 상팔자로 태어났는데. 그런 것도 모르나." 그는 불 앞에 벌렁 누웠다.

"도련님 이름이 왜 벤자민이 됐는지 알아요?" 버쉬가 말했다. "도련님 어머닌 그런 근사한 이름을 지어 줬다구 자랑하신다네요. 우리 어머니가 그러던데요."

"거기 좀 가만히 앉아서 내 다리 좀 말리게 해 줘요." 버쉬가 말했다. "안 그러면 내가 어떡할지 알죠? 껍질을 벗겨 버릴 테니까."

우리에겐 불과 지붕과 버쉬의 소리가 들렸다.

버쉬는 재빨리 일어나서 자기 다리를 급히 끌어당겼다. 아버지가 말했다. "괜찮다, 버쉬."

"오늘 밤은 내가 애 밥 먹여 줄래요." 캐디가 말했다. "버쉬가 먹여 줄 땐 가끔 울거든요."

"이 쟁반 올려 가라." 딜시가 말했다. "그리고 빨리 돌아와서 벤지를 먹여 줘야 한다."

"너도 캐디가 먹여 주길 바라지?" 캐디가 말했다.

저 정신병자는 왜 저 낡은 슬리퍼를 식탁에 올려놓는지 몰라, 퀜틴이 말했다. 저인 부엌에서 밥 먹이면 되잖아. 저이하고 먹는 건 돼지하고 먹는 거나 같아.

우리 식사하는 품이 싫으면 식탁에 오지 말든가, 제이슨이 말했다.

로스카스에게선 김이 무럭무럭 났다. 그는 스토브 앞에 앉아 있었다. 가마솥 뚜껑이 열려 있었고, 로스카스는 그 속에 발을 넣고 있었다. 김이 그릇 속에서 솟아 나왔다. 캐디는 스푼을 내 입에 살며시 넣었다. 그릇 안쪽에 검은 금이 하나 나타났다.

자, 그만들 해요, 딜시가 말했다. 도련님은 다신 아씨를 귀찮게 하지 않을 테니깐.

음식은 그릇의 금 아래로 줄어들었다. 이어 그릇은 텅 비었다. 그릇은 사라졌다. "애 오늘은 꽤 배고픈가 봐." 캐디가 말했다. 그릇이 다시 돌아왔다. 나는 그 금을 볼 수 없었다. 좀 있으니까 금이 다시 보였다. "애 오늘 밤 배가 곯았는데." 캐디가 말했다. "얼마나 잘 먹나 좀 봐."

아냐, 분명히 할 텐데 뭐, 퀜틴이 말했다. 모두 날 엿보라구 이놈을 내보내면서도. 난 이 집이 싫어. 나가 버릴 테야.

로스카스가 말했다. "밤새 비가 오겠는데."

그야 넌 나가긴 하지, 그러나 식사 시간에 맞춰 돌아오지 못할 정도로 멀리 나간 적은 없거든, 제이슨이 말했다.

내가 나가나 못 나가나 두고 봐요, 퀜틴이 말했다.

"이렇게 계속 비가 오면 난 어쩌란 게지." 딜시가 말했다. "허리가 아파서 꼼짝도 못하겠고. 저녁 내내 저놈의 층층대를 오르내렸으니."

오, 난 놀랄 것도 없어, 제이슨이 말했다. 네가 무슨 짓을 하든 난 놀라지 않는단 말이야.

퀜틴은 냅킨을 식탁에 던졌다.

입 좀 다물어요, 제이슨 도련님. 딜시가 말했다. 그녀는 가까이 가서 퀜틴을 껴안았다. 앉아요, 응, 딜시는 말했다. 저분은 마땅히 부끄러워해야 해요, 아씨 잘못도 아닌데 이것저것 아씨한테 다 뒤집어씌워 책망하곤 하니깐.

"주인마님은 또 기분이 나쁘신가 보군." 로스카스가 말했다.

"입 좀 다물어요." 딜시가 말했다.

퀜틴은 딜시를 밀쳤다. 그녀는 제이슨을 쳐다보았다. 그녀의 입은 붉었다. 그녀는 물이 든 유리잔을 집어 들고 제이슨을 바라보며 팔을 뒤로 휘둘렀다. 딜시가 그 팔을 잡았다. 둘이선 싸워 댔다. 유리잔은 식탁 위에서 깨지고, 물이 식탁 위에 흘렀다. 퀜틴은 달아나고 있었다.

"어머니는 또 병이 났어요." 캐디가 말했다.

"맞아요." 딜시가 말했다. "이런 날씨는 누구든 병이 나게 하거든. 어, 이 도련님은 대체 언제까지 밥을 드시려고 그러나."

제기랄, 퀜틴이 말했다. 제기랄. 우리는 그녀가 층층대를 달려 올라가는 소리를 들을 수 있었다. 우리는 서재로 갔다.

캐디가 나에게 방석을 주었다. 그래서 나는 방석과 거울과 불을 볼 수 있었다.

"퀜틴이 공부하고 있는 동안은 다들 조용히 해야 한다." 아버지가 말했다. "제이슨, 넌 뭘 하고 있니?"

"아무것도 안 해요." 제이슨이 말했다.

"그럼, 이리 오지 그러니." 아버지가 말했다.

제이슨이 방구석에서 나왔다.

"넌 뭘 씹고 있니?" 아버지가 말했다.

"아무것도 아녜요." 제이슨이 말했다.

"애 또 종이를 씹고 있어요." 캐디가 말했다.

"이리 온, 제이슨." 아버지가 말했다.

제이슨은 불 속에 뭘 내던졌다. 그것은 칙칙 소리를 내고 검게 변하면서 퍼졌다. 그것은 회색이 되었다. 그 다음 그것은 사라지고 말았다. 캐디와 아버지와 제이슨은 어머니의 의자에 앉아 있었다. 제이슨의 두 눈은 부어올라서 감겨 있었고, 입은 맛을 보는 것처럼 우물우물 움직였다. 캐디의 머리는 아버지의 어깨에 놓여 있었다. 그녀의 머리칼은 불꽃같이 보였고, 그녀의 눈 속엔 작은 불꽃의 반점들이 들어 있었다. 내가 가까이 가니까 아버지는 나도 함께 의자에 앉혔다. 그리고 캐디는 나를 끌어안았다. 캐디에게선 나무 같은 냄새가 났다.

나무 같은 냄새가 났다. 방구석은 캄캄했다. 그러나 나는 창문을 볼 수 있었다. 나는 슬리퍼를 들고 그곳에 쭈그리고 앉아 있었다. 나는 슬리퍼를 볼 순 없었다. 그러나 내 손은 그것을 볼 수 있었다. 그리고 나는 밤이 돼 가는 것을 귀로 들을 수 있었다. 나의 손은 슬리퍼를 보고 있었으나 나 자신은 그걸 볼 수 없었다. 하지만 내 두 손은 슬리퍼를 볼 수 있었고, 나는 어두워져 가는 소릴 들으며 그곳에 쭈그리고 앉아 있었다.

너 여기 있었구나, 라스터가 말했다. 자, 이거 좀 봐. 그는 그걸 나에게 보여 주었다. 이거 어디서 났는지 아냐. 퀜틴 아가씨가 준 거야. 날 끝까지 무시할 순 없다는 걸 나도 알고 있었지. 넌 이런 데서 혼자 뭘 하고 있는 거야. 난 네가 밖에 살짝 빠져나간 줄 알았다니까. 이런 텅 빈 방에 혼자 숨어서 투덜투덜 중얼거리지 않아도 오늘 넌 실컷 칭얼거리기도 했고, 침 흘리기도 했고, 울기도 했잖어. 자, 자러 가자. 그래야 내가 쇼 시작하기 전에 구경 갈 수 있지. 오늘 밤 밤새도록 너하고 따분한 짓만 할 순 없단 말이야. 저 나팔이 빵 하고 첫마디만 내 보라지, 난 썩 가 버릴 테니깐.

우리는 우리 방으로 가지 않았다.

"여긴 우리가 홍역을 앓는 방인데." 캐디가 말했다. "왜 우린 오늘 밤 여기서 자야 하는 거지?"

"어디서 자건 무슨 걱정이우." 딜시가 말했다. 그녀는 문을 닫고 앉아서 내 옷을 벗기기 시작했다. 제이슨은 울음을 터뜨렸다. "쉿." 딜시가 말했다.

"난 할머니하고 잘래." 제이슨이 말했다.

"할머닌 아파." 캐디가 말했다. "할머니가 나으면 다시 함께 잘 수 있지.

안 그래, 딜시?"

"자, 그만 조용히." 딜시가 말했다. 제이슨은 울음을 그쳤다.

"우리 잠옷이 여기 있네. 전부 다." 캐디가 말했다. "이거 이사하는 것 같은데."

"그럼 다들 그거 입어요." 딜시가 말했다. "아씨는 제이슨 도련님 옷 단추 끌러 주고."

캐디는 제이슨의 단추를 끌러 주었다. 제이슨은 울음을 터뜨렸다.

"매 좀 맞고 싶어요?" 딜시가 말했다. 제이슨은 울음을 그쳤다.

퀜틴, 어머니가 복도에서 불렀다.

뭐예요, 퀜틴은 벽 저쪽에서 대답했다. 어머니가 문 잠그는 소리가 들렸다. 어머니는 우리 방 문틈으로 들여다보고는 들어와서 침대에 몸을 굽히고 내 이마에 키스했다.

얘를 재우고 나면 가서 딜시에게 내가 탕파 좀 써도 되느냐고 물어봐라, 어머니가 말했다. 혹 안 된다면 괜찮으니 그냥 자도록 해 보겠다고 해라. 그냥 써도 되는지만 알고 싶다고 해.

네, 라스터가 말했다. 자, 어서 바지 좀 벗자구.

퀜틴과 버쉬가 들어왔다. 퀜틴은 얼굴을 돌려 우리를 외면했다. "오빤 왜 우는 거야?" 캐디가 말했다.

"조용히." 딜시가 말했다. "자, 모두 옷을 벗어요. 넌 집에 가도 돼, 버쉬."

옷이 벗겨진 나는 나 자신을 내려다보았다. 나는 울음을 터뜨렸다. 그쳐, 라스터가 말했다. 열심히 찾아 봤자 소용없어, 그건 옛날에 사라졌다고. 자꾸 이러기만 하면 우린 다시는 네 생일을 챙겨주지 않을 테야. 그는 나에게 가운을 입혔다. 나는 울음을 그쳤다. 라스터는 얼굴을 창문 쪽으로 향하더니 그대로 멈췄다. 다음 그는 창가로 가서 밖을 내다봤다. 그는 돌아와서 내 팔을 잡았다. 저 봐, 퀜틴 아씨가 나간다, 라스터는 말했다. 자, 조용히 해. 우리는 창가로 가서 내다보았다. 그림자는 퀜틴 방 창문에서 나타나 나무로 건너갔다. 우리는 나무가 흔들리는 것을 쳐다보았다. 흔들림은 나무 아래로 차차 내려갔다. 우리는 그 그림자가 나무 속을 빠져나와 풀밭을 건너가는 걸 보았다. 그 다음엔 그 모습을 볼 수 없었다. 이리 와, 라스터가 말했다. 자,

들어 봐, 저 나팔 소리. 내가 아직 두 발을 가만두고 있는 동안에 넌 저 침대로 들어가는 거야.

침대는 두 개가 있었다. 퀜틴은 반대편 침대로 들어갔다. 그는 벽을 향해 얼굴을 돌렸다. 딜시는 제이슨을 퀜틴 옆에 누였다. 캐디는 옷을 벗었다.

"세상에, 속바지 좀 봐요." 딜시가 말했다. "엄마한테 들키지 않은 게 다행이지 뭐야."

"내가 벌써 일렀는걸 뭐." 제이슨이 말했다.

"그야 어련하시려구." 딜시가 말했다.

"그래 넌 그래서 뭘 얻어먹었냐." 캐디가 말했다. "이 알랑방귀쟁이야."

"뭘 얻어먹었냐고!" 제이슨이 말했다.

"아씬 빨리 잠옷이나 갈아입어요." 딜시가 말했다. 그녀는 가서 캐디의 보디스와 드로어즈를 벗겨 주었다. "꼴 좀 보라지." 딜시는 드로어즈를 둥글게 말아 캐디의 엉덩이를 닦아 주었다. "물에 푹 젖어서 얼룩이 몸에 뱄구먼. 하지만 오늘 밤 목욕은 못해요. 자." 그녀는 캐디에게 잠옷을 걸쳐 주고 캐디는 침대로 올라갔다. 그리고 딜시는 문 쪽으로 가서 전등 스위치에 손을 대고 서 있었다. "이젠 모두 조용히 해요, 알아듣겠죠."

"응." 캐디가 말했다. "오늘 밤 어머닌 안 오시는구나. 그러니까 모두 내 말을 들어야 하는 거야."

"그렇지." 딜시가 말했다. "그만들 자야지."

"어머니는 아프신 거지." 캐디가 말했다. "어머니하고 할머니하고 둘이 다 아프신 거지."

"쉿." 딜시가 말했다. "잠이나 자요."

문만 남고 방 안은 캄캄해졌다. 이어서 문도 어두워졌다. 캐디가 손을 내게 올려놓으며 말했다. "쉿, 모리야." 그래서 나는 가만히 있었다. 우리는 우리 숨소리를 들을 수 있었다. 어둠을 귀로 들을 수 있었다.

어둠이 사라지고, 아버지가 우리를 쳐다보고 있었다. 아버지는 퀜틴과 제이슨을 쳐다보고, 다음에 이쪽으로 다가와서 캐디에게 키스하고 손을 내 머리에 얹었다.

"어머니는 많이 아픈가요?" 캐디가 말했다.

"아아니." 아버지가 말했다. "모리를 잘 돌봐 주겠니?"

"네." 캐디가 말했다.

　아버지는 문으로 가서 우리를 다시 쳐다보았다. 그 다음 어둠이 다시 돌아왔고, 아버지는 까만 모습으로 문간에 서 있었다. 그리고 다음에 다시 문이 캄캄해졌다. 캐디는 나를 끌어안았고 내겐 우리 모두의 소리가 들렸다. 어둠 소리가 들렸고 또 무언가의 소리가 들리고 냄새가 났다. 그리고 다음엔 창문이 보였는데, 거기에선 나무가 수런거리고 있었다. 그 다음 어둠은 매끄럽고 눈부신 형상으로 변해 움직이기 시작했다. 평소에 잠들 때처럼, 또 캐디가 너 자고 있었어 하고 말할 때처럼.

1910년 6월 2일

창틀 그림자가 커튼에 나타나 7시에서 8시 사이임을 깨달았다. 나는 다시 시간 속에 존재하며 시계 소리를 듣고 있었다. 그것은 할아버지의 회중시계였는데, 아버지가 그것을 나에게 주실 때 이렇게 말씀하셨다. 퀜틴아, 너에게 모든 희망과 욕망의 묘비를 주마. 너는 이것을 갖고 모든 인간의 경험이란 결국 무의미함을 깨닫게 되겠지. 경험은 할아버지나 증조할아버지의 요구에 부합되지 못했듯이, 너 개인의 요구에도 부합되지 못할 테니까. 이런 식으로 귀류법의 논리를 익히는 건 네게 괴로울 만큼 잘 어울리지 않니. 나는 이것을 시간을 기억하라고 주는 것이 아니다. 때로는 잠시 시간을 잊으라고, 시간을 정복하려는 노력으로 삶을 헛되이 보내 버리지 말라고 주는 것이다. 왜냐하면 시간과 싸워 이기는 일은 없으니깐 말이다. 뿐만 아니라 애초에 싸움 자체가 불가능하지. 그러한 싸움터는 단지 사람에게 자신의 어리석음과 절망을 보여 줄 뿐이고, 그런 싸움에서 승리란 한낱 철학자와 바보들의 환상에 지나지 않아.

시계는 옷깃 상자에 받쳐 세워져 있었고, 나는 그 소리를 들으며 누워 있었다. 말하자면 그 소리가 들렸다. 회중시계나 괘종시계에 일부러 귀를 기울이는 사람이 있으리라고는 생각하지 않는다. 그럴 필요는 없다. 우리는 오랫동안 그 소리를 잊어버릴 수도 있다. 그러나 째깍 소리가 들리는 순간에 그 소리는 우리 마음속에, 우리가 듣지 못한 사이에도 점점 가늘어지면서 끝없이 이어져 온 시간의 행렬을 고스란히 그려 낼 수 있는 것이다. 그것은 아버지가 말씀하셨듯이, 기나긴 빛의 길을 예수가 쓸쓸히 걷고 있는 모습이 보이는 것과 같다. 그리고 죽음을 어린 누이라고 불렀던 저 선량한 성 프란체스코도. 하지만 그에겐 누이가 없었다.

벽을 통해서 나는 쉬리브의 침대 스프링 소리와, 이어 그의 슬리퍼가 마루에 끌리는 소리를 들었다. 나는 일어나 화장대로 가서 내 손을 살그머니 가져다가 그 시계를 집어서 엎어 놓고 침대로 되돌아왔다. 그러나 창틀 그림자는 아직도 보였다. 그 위치를 보면 나는 지금이 몇 시인지, 심지어 몇 분인지까지 맞힐 수 있었다. 그래서 내가 창을 등지고 돌아누우니, 뒤통수 위쪽에 두 눈이 달린 그 옛날 짐승들의 흔적 같은 게 느껴져서 간지러웠다. 네가 몸에 익히는 그 게으른 습관을 너는 후회하게 될 게다, 아버지가 그렇게 말씀하셨다. 그리고 그리스도는 십자가에 못 박힌 게 아냐. 그는 작은 톱니바퀴의 째깍거리는 소리로 말미암아 차츰 사라져 없어진 거야. 그 예수에게도 누이는 없었지.

나는 시계가 보이지 않는 것을 알자마자 곧 몇 시인가 궁금해졌다. 인위적인 글자판 위에 있는 시곗바늘 두 개의 위치 같은 문제에 관해서 끊임없이 사색하는 것은 정신이 작용하고 있다는 표시다, 땀을 빼는 것과 같은 배설작용이야, 아버지는 말씀하셨다. 그래서 나는 네 알겠습니다 하고 말했다. 글쎄, 몇 시일까, 궁금하다. 계속해서 몇 시일까 궁금해한다.

혹 날씨가 흐렸더라면 나는 아버지가 말씀하신 게으른 습성에 대해 생각하면서 창문을 쳐다볼 수 있었을 것이다. 또 만약 이런 날씨가 이어진다면 뉴런던에 있는 두 사람은 참 좋겠다는 생각도 들었다. 하긴 좋지 않을 리가 있나? 이달은 신부의 달이니까. '울린 소리는' 그녀는 거울에서, 피어오르는 꽃향기 속에서 뛰쳐나갔다. 장미, 장미꽃. 제이슨 리치몬드 콤프슨 부부는 다음 두 사람의 결혼을 발표함. 장미꽃. 층층나무나 금관화와 같이 순결한 처녀는 아니다. 아버지, 난 근친상간죄를 범했습니다, 하고 나는 말했다. 장미. 교활하면서도 온순한 것. 보트 경기를 보지 않고 하버드 대학을 일 년만 다닌다면, 틀림없이 학비를 돌려받을 수 있겠지요. 그걸 제이슨에게 주세요. 제이슨도 일 년 동안 하버드 대학에서 공부시키세요.

쉬리브는 자기 옷깃을 달면서 문간에 서 있었다. 그의 안경은 마치 얼굴색을 칠한 것처럼 붉게 번쩍였다.

"너 오늘 아침 빼먹는 거냐?"

"그렇게 늦었나?"

그는 회중시계를 꺼내 들여다보았다. "2분 있으면 종이 칠걸."

"난 그렇게 늦은 줄은 몰랐어." 그는 아직도 시계를 들여다보며 입가를 실룩여 뭔가 말할 기색이었다. "아, 빨리 서둘러야겠다. 난 더 이상 무단결석하면 안 돼. 지난주에 학장이 나에게 경고했는데……." 그는 시계를 주머니에 집어넣었다. 그래서 나는 말을 끊었다.
"너 빨리 바지 걸치고 튀어나오는 게 좋을걸." 그는 이렇게 말하고는 나갔다.
나는 일어나서 꾸물거리며 벽을 통해 그가 내는 소리에 귀를 기울였다. 그는 거실로 돌아가 문 쪽으로 갔다.
"너 아직 준비 안 됐니?"
"아직 멀었어. 먼저 가. 나도 쫓아갈게."
그는 나갔다. 문이 닫혔다. 그의 발소리가 복도 저편으로 멀어져 갔다. 그러자 시계 소리가 다시 들렸다. 나는 꾸물거리길 그만두고 창가로 가서 커튼을 젖히고 예배당으로 달려가는 사람들을 바라보았다. 똑같은 학생들이 똑같은 윗옷 소매를 위아래로 경쟁하듯 휘저으며, 똑같은 책을 들고 똑같은 칼라를 펄럭이며 마치 홍수에 휩쓸린 잡동사니처럼 몰려 흘러가는 가운데, 스포드의 모습이 있었다. 그는 쉬리브를 내 남편이라고 불러 댔다. 아 이 녀석은 내버려 둬, 쉬리브가 말했다. 퀜틴이 똑똑해서 내 갈보년들 뒤꽁무니나 쫓아다니는 맹추가 아닌 게 너랑 무슨 상관이야. 남부에선 순결한 걸 창피하게 생각하는 거야. 젊은 남자들은. 그래서 그들은 그것에 대해서 거짓말을 하지. 왜냐하면 순결은 여자들에겐 그리 중요하지 않으니까, 이렇게 아버진 말씀하셨다. 처녀성을 발명한 것은 여자들이 아니라 남자라고 하셨다. 그것은 죽음과도 같다고. 즉 아직 경험하지 않은 사람이 뒤에 남겨져 있는 상태에 지나지 않는다고. 그래서 내가, 하지만 그걸 믿어도 되지 않냐고 말하니까, 아버지는 단지 처녀성에 관해서만 그런 것이 아니고, 무엇에 관해서든지 믿는다는 것은 매우 슬픈 일이라고 말씀하셨다. 그래서 나는 순결을 잃은 사람이 왜 그녀가 아니고 내 쪽이 될 수 없는가 하고 말했다. 그러자 아버지는 그게 다 슬프다는 거지 뭐야, 그 어떤 것도 바꿀 만한 가치조차 없는 게야, 하고 말씀하셨다. 그리고 쉬리브는 퀜틴이 똑똑해서 갈보 계집년들 꽁무니나 쫓아다니는 맹추가 아닌 거라고 했다. 그래서 나는 말했다. 너 누이동생이란 것을 두어 본 일이 있니? 있어? 있어?
스포드는 학생들 대열 가운데 끼여 흩어지는 낙엽으로 가득 찬 거리를 마치 거북이처럼 걷고 있었는데, 그의 옷깃은 귀 언저리에 붙어 있고, 늘 그러듯이 의연한 걸음걸이로 움직이고 있었다. 그는 사우스캐롤라이나 출신인 4학년생이었다. 그는 결코 예배당에 달려서 간 일이 없고, 정각에 도착해 본 일도 없었지만, 4년간 결석한 일도 없고, 셔츠를 걸치고 양말을 신고 예배나 첫 강의에 참석한 일이 없다는 사실이 그가 소속된 클럽의 자랑거리였다. 언제나 그는 10시쯤 되면 톰슨 씨 가게에 가서 커피 두 잔을 주문하고, 그 커피가 식는 동안 자리에 앉아 주머니에서 양말을 꺼내, 신을 밟고 그것을 신었다. 정오 무렵엔 그도 다른 사람들처럼 셔츠를 입고 옷깃을 달고 있었다. 다른 사람들이 뛰어서 그를 지나쳐도 그는 절대로 걸음을 재촉하지 않았다. 얼마 뒤 학교 앞마당은 인기척 없이 텅 비었다.

  참새 한 마리가 햇빛을 가르고 비껴 날아와 창턱에 앉았다. 그리고 머리를 내게로 갸우뚱 기울였다. 그 눈은 둥글고 반짝거렸다. 처음에 그놈은 한쪽 눈으로 나를 보려고 하다간, 팔짝! 몸을 돌려 다른 쪽 눈으로 나를 보면서 제 목을 어떤 맥박보다도 더 빠르게 팔딱거렸다. 종소리가 울리기 시작했다. 그 참새는 눈을 번갈아 쓰던 것을 멈추고 한쪽 눈으로만 나를 바라보며, 마치 제 놈도 듣는다는 듯이 종소리가 끝날 때까지 가만히 있었다. 그러다가 창턱에서 푸르르 날아가 버렸다.

  잠시 뒤 마지막 종소리가 그치고, 진동이 얼마간 계속됐다. 그 진동은 들린다기보다는 느껴지는 형태로 공중에 오랫동안 머물러 있었다. 마치 여태까지 울린 모든 종소리가 아득히 사라져 가는 빛의 길 속에서 아직도 울리는 것처럼. 거기서 예수와 성 프란체스코가 어린 누이에 관해서 얘기하고 있는 듯했다. 죽어서 단지 지옥으로 가는 것이라면, 죽음이란 고작 그뿐이라면. 그것으로 다 끝이 나는 거라면. 지옥에 그녀와 나 말고는 아무도 없다면. 만일 우리 둘에서, 우리 둘만 남겨 두고 모두 지옥에서 도망칠 정도로 무시무시한 짓을 할 수 있다면. 아버지 나는 근친상간을 범했어요, 나는 말했다 달튼 에임즈가 아니라 나예요 그래서 그가, 달튼 에임즈. 달튼 에임즈. 달튼 에임즈. 그가 권총을 내 손에 쥐어 줬을 때 나는 쏘지 않았다. 쏘지 않은 것은 그 때문이다. 쐈다면 그놈도 지옥에 갔을지 모른다. 그리고 그녀도, 나도. 달튼 에임즈. 달튼 에임즈. 달튼 에임즈. 만일 우리가 무슨 무시무시한 일을 저지를 수 있다면 그러자 아버지는 말씀하셨다 그것도 슬픈 일이야 사람은 그토록 무시무시한 일을 하지 못해 애초에 무시무시한 일 자체가 불가능하지 우리는 오늘 무시무시하게 생각된 것을 내일엔 기억도 못하거든 그래서 내가 사람은 모든 것에서 벗어날 수는 있다고 하니까 아버지는 아 넌 그럴 수 있겠니 하고 말씀하셨다. 그러면 나는 내려다보고서, 중얼거리는 나 자신의 뼈다귀와 그리고 바람과 같이, 바람의 지붕과 같이 흘러가는 깊은 물을 보게 되겠지. 그리고 한참 뒤엔 그 뼈다귀마저, 사람의 손 하나 스치지 않은 쓸쓸한 모래에 뒤섞여 이제 아무도 식별하지 못하게 될 것이다. 마침내 심판의 날이 와서 하느님께서 일어나라고 하시면 다리미만이 둥둥 떠오르겠지. 이는 종교도 긍지도 그 무엇도 자신을 구원할 수 없다는 것을 인식할 때가 아니―라, 자신에겐 아무런 구원도 필요하지 않은 것을 인식할 때이다. 달튼 에임즈. 달튼 에임즈. 달튼 에임즈. 만일 내가 그의 어머니였다면 얼마나 좋았을까 그러면 누워서 떡 벌린 몸을 젖혀 웃으면서 한 손으로 그의 아버지를 꽉 붙잡고서 그놈이 나자마자 죽는 것을 쳐다보며 구경했을 텐데. 그녀는 순간 문간에 서 있었다

   나는 화장대로 갔다. 그리고 엎은 채로 시계를 잡아 들었다. 나는 화장대 모서리에 시계 유리를 툭 치고, 그 유리 부스러기를 손으로 받아 재떨이에 집어넣었다. 그리고 시곗바늘을 비틀어 떼어서 재떨이에 넣었다. 시계는 여전히 똑딱거렸다. 나는 시계를 똑바로 뒤집었다. 텅 빈 글자판 뒤에서 작은 톱니바퀴들이 아무런 까닭도 모르고 그저 째깍거리고 있었다. 갈릴리호수를 걷고 있는 예수와 거짓말을 하지 않는 워싱턴. 아버지는 세인트루이스 박람회에서 시곗줄 장식품을 제이슨에게 사다 주었다. 그것은 아주 작은 오페라 글라스인데 한 눈으로 들여다보면 바늘 끝만 한 마천루도 보이고, 거미줄같이 얼기설기한 대관람차도 보이고, 나이아가라폭포도 보였다. 글자판 위엔 붉은 핏자국이 있었다. 그것을 본 순간 내 엄지손가락은 쓰리기 시작했다. 나는 시계를 놓고 쉬리브의 방으로 들어가서 요드팅크를 가져다 상처에 발랐다. 시계 가장자리에 남은 유리 조각은 수건을 써서 제거했다.

   나는 양말과 와이셔츠 옷깃과 넥타이와 함께 속옷 두 벌만 따로 놔둔 채 트렁크를 꾸렸다. 나는 새 양복과 낡은 양복과 신 두 켤레와 모자 둘과 그리고 책을 제외하고는 모두 트렁크에 집어넣었다. 그리고 책을 거실로 날라다가 탁자 위에 쌓아 놓았다. 집에서 가져온 책과 빌린 책. 옛날에는 그가 가진 장서로 말미암아 신사로 알려졌는데 오늘날엔 그가 돌려주지 않은 책으

로 말미암아 알려진다고 아버지는 말씀하셨다. 그리고 나는 트렁크를 잠근 다음 주소 성명을 써 붙였다. 15분 종이 울렸다. 나는 멈춰 서서 종소리가 그칠 때까지 듣고 있었다.

  나는 목욕하고 면도했다. 물을 대니 손가락이 좀 쓰라렸다. 그래서 다시 약을 발랐다. 나는 새 양복을 입고 시계를 차고, 다른 양복과 속옷 등과 면도기와 솔을 내 손가방에 챙겨 넣었다. 그리고 트렁크 열쇠를 종이에 싸서 봉투에 넣고 아버지 주소를 썼다. 그리고 쪽지 두 통을 써서 봉함했다.

  그늘은 현관에서 아주 사라지진 않았다. 나는 문 안에 서서 그늘이 움직이는 것을 바라보고 있었다. 양달과의 경계선은 눈에 띄도록 서서히 현관문 안으로 기어들며, 그늘 전체를 현관 안쪽으로 몰아넣었다. 내가 그 소리를 들었을 때 그녀는 이미 달리고 있었다. 내가 그것이 무엇인지 알아차리기 전에 그녀는 거울 속에서 달리고 있었다. 그토록 빨랐기 때문에 그녀의 웨딩드레스 옷자락은 그녀의 팔에 감겨 올라가고, 그녀는 구름처럼 거울 밖으로 달아났다. 그녀의 베일은 길게 번득이는 속에서 휘감기며 그녀의 구두 굽은 부러질 듯했고, 한 손으로는 옷자락을 어깨에 꼭 붙여 잡아 올리며 거울 속으로부터 뛰쳐나갔다. 온갖 냄새, 장미꽃 장미꽃 '에덴동산에 울린 소리는' 그 다음 그녀는 베란다를 건너가고 나에겐 그녀의 발소리가 들리지 않았다. 달빛 속에서 구름과 같이 둥둥 떠오른 베일 그림자가 풀밭을 건너서 울음소리 나는 곳으로 달려가고 있었다. 그녀는 달리면서 웨딩드레스를 벗어 움켜쥐고 엉엉 울음소리 나는 곳으로 달려갔다. 거기에선 티 피가 밤이슬에 젖어 이야, 사르사 술 만세, 하고 소리치고 있었고, 벤지는 상자 밑에서 소리치며 엉엉 울고 있었다. 달리는 아버지는 앞가슴에 V자형 은흉갑(銀胸甲)을 달고 있었다.

  쉬리브가 말했다. "그래, 너 출석 안 했구나…… 결혼식이니, 아니면 상가에 밤샘하러 가니?"

  "늦어서 출석 못했어." 나는 말했다.

  "그렇게 멋지게 차려입으면 당연히 늦지. 도대체 어떻게 된 거야? 너 오늘이 일요일이나 되는 줄 아니?"

  "내가 새 옷 한 벌쯤 입었다고 경찰이 날 잡지는 않겠지." 나는 말했다.

  "하버드 광장의 사보타주 학생들 생각이 다 나네. 그렇게 입으니 너도 한

패로 보이는데. 너도 폼 잡느라 바빠서 수업엔 출석하지 않으려는 거야?"

"우선 밥이나 먹고 올게." 현관 계단에 있던 그늘은 없어졌다. 내가 햇빛 속으로 들어가자 내 그림자가 다시 보였다. 나는 그림자보다 조금 앞서서 층층대를 밟아 내려갔다. 30분 종이 울렸다. 그 다음 종소리는 그치고 사라져 갔다.

디콘은 우체국에도 없었다. 나는 편지 두 장에 우표를 붙이고, 아버지에게 보내는 건 우체통에 넣고 쉬리브한테 줄 것은 윗옷 주머니에 넣었다. 그때 문득 지난번에 내가 어디서 디콘을 보았는지 생각해 냈다. 그날은 현충일이었다. 그는 북부군 제복을 입고 행렬 한가운데 있었다. 길모퉁이에서 오랫동안 기다리기만 하면 어느 행렬이 오든 그 속에서 그를 볼 수 있었다. 그 전엔 콜럼버스라든가 가리발디라든가 혹은 다른 어떤 분의 생일날이었지. 그날 그는 도로 청소 대원 중에 끼여 유난히 우뚝한 실크해트를 쓰고, 2인치쯤 되는 이탈리아 깃발을 들고, 빗자루와 삽에 둘러싸여 여송연을 피우고 있었다. 그러나 지난번은 북부군 행렬 때였다. 쉬리브가 다음과 같이 말했으니까.

"자, 저것 봐. 너네 할아버지가 저 불쌍한 늙은 검둥이를 어떻게 해 줬나 저 꼴 좀 쳐다보라고."

"그래." 나는 말했다. "그래서 저놈은 날이면 날마다 행렬 속에서 행진하며 보낼 수 있단 말이야. 만일 할아버지가 아니었더라면 백인들처럼 일하지 않곤 못 배길 것이 뻔했겠지만."

디콘을 아무 데서도 볼 수 없었다. 그러나 나는 일정한 일을 하고 있는 검둥이일지라도 필요한 때 얼른 찾아내지 못한다는 것을 알고 있었다. 그러니 실속 없이 건들건들 생활하는 그는 오죽하겠는가. 전차가 왔다. 나는 보스턴 시내로 나가 파커 호텔에 가서 아침을 잘 먹었다. 식사하는 동안 어딘가에서 정각을 알리는 시계 소리를 들었다. 하긴 시간을 망각하는 데는 적어도 한 시간은 걸리겠다 싶었다. 인간은 시간의 기계적 진행에 익숙해지기 위해 역사보다도 오랫동안 애써 왔으니까.

아침 식사를 마치자 나는 여송연 하나를 샀다. 여종업원은 50센트짜리가 최고급이라고 말했다. 그래서 나는 하나 사서 불을 붙여 물고는 거리로 나갔다. 거기에 서서 두어 모금 빨고, 불을 끈 뒤 여송연을 손에 쥔 채 길모퉁이를 향해 갔다. 시계포 진열창 앞을 지나쳤는데 다행히 때맞춰서 외면했다. 길모퉁이에서 어린 구두닦이 두 놈이 나를 붙잡았다. 양쪽에서 한 놈씩 목쉰 소리로 찌르레기처럼 짹짹 떠들어 대고 있었다. 나는 한 놈에겐 여송연을, 한 놈에겐 5센트 동전을 주었다. 그러니까 그놈들은 날 놔주었다. 여송연을 가진 놈은 그것을 5센트 동전하고 바꾸려 했다.

　하늘 높이 햇빛을 받는 시계탑이 있었다. 그래서 나는 실감했다. 우리가 뭘 하기 싫어할 때도, 우리 몸뚱이는 무의식적으로 우리가 그 일을 하게끔 만든다는 것을. 나는 목덜미 뒤의 근육이 움직이는 것을 느꼈고, 다음엔 내 주머니에서 회중시계가 째깍거리는 소리가 들렸고, 잠시 뒤엔 그것이 내 주머니 속 시계 소리만 남겨 놓고 모든 소리를 내 머릿속에서 내몰아 버렸다. 나는 이제 온 길을 돌아서 아까 그 진열창까지 되돌아갔다. 한 사나이가 창 뒤쪽 작업대에서 일하고 있었다. 그는 머리가 벗겨져 가고 있었다. 한 눈에 확대경을 썼는데 꼭 얼굴에 금속관을 박아 놓은 듯 보였다. 나는 안으로 들어갔다.

　거기는 마치 9월의 풀숲에서 귀뚜라미가 우는 것처럼 째깍거리는 소리로 가득 차 있었다. 가게 주인의 머리 위쪽 벽에 달린 큰 괘종시계 소리도 들렸다. 그는 고개를 들었다. 그의 크고 흐릿한 눈이 확대경 너머에서 불쑥 튀어나올 듯했다. 나는 회중시계를 꺼내서 그에게 주었다.

　"시계를 부쉈는데요."

　그는 그것을 손에 놓은 채 살짝 뒤쳐 보았다. "그러셨군요. 밟으셨나 봐요."

　"네, 그렇습니다. 화장대에서 그걸 떨어뜨렸는데, 어두워서 그만 밟아 버렸습니다. 하지만 아직 가긴 하죠."

　그는 뒤뚜껑을 열어젖히고서 눈을 찡그리고 들여다보았다. "괜찮을 것 같은데요. 그렇지만 잘 살펴보기 전엔 뭐라 말할 수 없습니다. 오후에 살펴보겠습니다."

　"그럼 나중에 다시 가져오겠습니다." 나는 말했다. "죄송합니다만 진열창에 전시된 시계 중에 맞는 게 있습니까?"

　내 시계를 손바닥에 올려놓은 채 그는 튀어나올 듯한 흐린 눈으로 나를 쳐다보았다.

"실은 친구하고 내기했거든요." 나는 말했다. "게다가 오늘 아침 안경을 깜빡하고 와서요."

"네에, 그랬군요." 그는 말했다. 그는 시계를 내려놓고 의자에서 반쯤 일어나 칸막이 너머로 건너보았다. 그리고 그는 벽을 흘끔 보았다. "지금 열두—."

"아니, 시간은 말씀하지 마세요." 나는 말했다. "다만 그중 맞는 게 있는지만 말씀해 주세요."

그는 다시 나를 쳐다보았다. 걸상에 다시 앉더니 확대경을 이마 위로 밀어 올렸다. 눈 둘레에 동그란 붉은 자국이 나 있었다. 확대경이 사라지자 그의 얼굴 전체는 훌랑 드러나 보였다. "오늘 무슨 축하라도 하십니까?" 그는 말했다. "보트 경기는 다음 주까진 없겠고, 그렇죠?"

"네, 그렇습니다." 나는 말했다. "오늘은 단지 개인적으로 축하할 날입니다. 생일이죠. 그런데 맞는 게 있어요?"

"없는데요. 아직 저것들은 조정되지 않았거든요. 혹 하나 사실 생각이라면—."

"아닙니다. 난 시계는 필요 없어요. 우리 거실에 괘종이 있는 걸요. 필요할 땐 이걸 고쳐 쓰겠어요." 나는 손을 내밀었다.

"지금 두고 가시는 게 좋겠는데요."

"나중에 다시 가져오겠어요." 그는 나에게 시계를 주었다. 나는 그것을 주머니에 넣었다.

지금 그 시계 소리는 다른 시계들 소리에 섞여서 들리지 않았다. "폐 많이 끼쳤습니다. 시간을 너무 뺏은 건 아닐는지."

"괜찮습니다. 언제라도 맘이 내킬 때 가져오십쇼. 그리고 우리가 보트 경기에서 이길 때까지 오늘의 축하는 연기하시는 게 좋겠죠."

"네, 나도 그렇게 생각합니다."

나는 째깍째깍 소리 나는 가게를 뒤로 하고 문을 닫고 나왔다. 돌아서서 진열창 안을 들여다보았다. 가게 주인은 칸막이 너머로 나를 바라보고 있었다. 진열창엔 12개나 되는 시계가 있었는데 열둘이면 열둘 모두 시간이 맞지 않고, 그 하나하나의 시계는 바늘이 하나도 없는 내 것과 마찬가지로 자기만이 옳다고 단정하고 상호간에 용납되지 않는 확신에 차 있었다. 그것들은 저마다 다른 시각을 주장하고 있는 것이다. 그리고 내 시계 또한 아무도 볼 수 없지만, 그리고 비록 누가 보더라도 시간을 가르쳐 주지 못하지만, 그래도 내 주머니 속에서 째깍거리며 가는 소리가 들렸다.

그래서 나는 진열창에서 그 시계를 고르기로 스스로 다짐했다. 아버지가 시계는 시간을 죽인다고 말씀하셨기 때문이다. 아버지가 말씀하시기를, 시간이란 작은 톱니바퀴의 힘으로 째깍째깍 흘러가는 동안은 죽어 버린 것이고, 멈출 때 비로소 살아나는 것이라고 하셨다. 내가 고른 시곗바늘들은 마치 바람 속으로 돌진하는 갈매기 날개처럼, 수평선에서 약간의 각도로 살짝 떠올라 좌우로 뻗치고 있었다. 검둥이들 입버릇같이 마치 초승달이 물을 머금고 있듯이, 내 가슴속 모든 한을 끌어안고서 돌진하는 것이다. 시계방 주인은 작업대 위로 몸을 구부리고 얼굴엔 금속관을 꽂은 채 다시 일하고 있었다. 그의 머리는 가운데에 가르마를 타고 있었다. 그 가르마는 마치 섣달에 말라붙은 늪처럼 머리 벗겨진 데까지 갈라져 있었다.

길 건너편에 있는 철물점을 보았다. 나는 다리미를 파운드 단위로 파는 줄 처음 알았다.

"공업용 다리미가 좋을 거예요." 점원이 말했다. "이것은 10파운드 나갑니다." 그렇지만 그것은 예상보다 컸다. 그래서 나는 6파운드 나가는 조그마한 것을 두 개 샀다. 마치 포장한 신발 한 켤레같이 보이리라고 생각했기 때문이다. 둘을 합치니 충분히 무거웠다. 그러나 나는 인간의 경험이란 결국 무의미하다는 아버지 말씀을 떠올리고, 지금이 바로 하버드에서 받는 교육을 실제로 응용할 단 하나뿐인 기회 아니겠냐고 생각했다. 단, 내년까지 거기 다닌다면. 올바른 실행 방법을 배우려면 대학에 아마 이태쯤 다니면 될 텐데.

그 다리미는 공중에 쳐드니 꽤 무거웠다. 전차가 왔다. 나는 탔다. 나는 앞에 붙은 행선지 표시를 보지 않았다. 전차는 만원이었다. 대부분 잘 지내는 것처럼 보이는 사람들이 신문을 읽고 있었다. 단 하나의 빈 좌석은 흑인 옆에 있었다. 그는 중절모자를 쓰고 반짝반짝 닦은 구두를 신고 불이 꺼진 여송연 토막을 들고 있었다. 과거에 나는 남부 사람은 이쪽 동네에 오면 늘 흑인을 의식하고 있어야 한다고 생각했다. 북부 사람은 남부인들이 그러리라고 예상할 테니까. 처음 동부에 왔을 때 나는, 그 사람들을 흑인이 아니고 유색 인종이라고 생각할 것을 반드시 잊어서는 안 된다고 늘 다짐했다. 그래서 만일 내가 많은 흑인들 틈에 끼어 사는 일이 생겼더라면 많은 시간과 노력을 낭비했을 것이다. 실제로는 다행히도 그 전에, 흑인이건 백인이건 사람을 가장 잘 다루는 방법은, 그들이 그 자신들을 생각하는 대로 받아들이고는 다음엔 그대로 내버려 두는 것임을 배우게 됐지만. 그때 나는 깨달았다. 흑인이란 사람이라기보다는 일종의 행동양식이며, 그를 상대하는 백인이 생각하는 그 자신을 그대로 비춘 반사물인 셈이다. 그러나 처음에 나는 주위에 흑인이 많았던 남부 생활을 내가 당연히 아쉬워해야 한다고 생각했다. 왜냐하면 내가 그러리라고 북부인들이 믿을 거라고 생각했기 때문이다. 그러나 사실 내가 정말 로스카스와 딜시와 그리고 다른 흑인들을 아쉬워한다는 것을 알게 된 때는, 버지니아에서의 그날 아침이었다. 그날 아침 내가 눈을 떴을 때 기차는 정지해 있었다. 나는 블라인드를 올리고 창밖을 내다보았다. 차는 건널목을 가로막고 있었고, 그곳엔 흰 울타리 두 개가 언덕에서부터 내려와 마치 호른처럼 아래를 향해 바깥쪽으로 벌어지면서 갈라져 있었다. 그리고 그 울타리 사이의 굳어 붙은 차바퀴 자국 한가운데서, 나귀를 탄 검둥이 하나가 차가 움직이기를 기다리고 있었다. 그가 그곳에 얼마나 오래 있었는지는 알 수 없었다. 그러나 나귀 위에 다리를 짝 벌리고 앉아서 머리엔 담요 조각을 싸매고 있는 그 모습은, 울타리와 도로 또는 언덕과 함께, 거기에 있는 언덕 자체를 깎아서 만들어 세워 놓은 듯 보였다. 마치 고향에 잘 돌아오셨습니다, 하고 말해 주는 간판 같았다. 나귀 위에는 안장이 없었고 그의 두 발은 거의 땅에 끌릴 정도로 달랑달랑 매달려 있었다. 나귀는 토끼처럼 보였다. 나는 창문을 올렸다.

"여보쇼, 영감." 나는 말했다. "이렇게 하는 건가?"

"예에?" 그는 나를 쳐다보았다. 담요 조각을 늦추고 귓전 위로 벗어 올렸다.

"크리스마스 선물!" 나는 말했다. *

"네 선물을 드립죠, 도련님. 이거 꼼짝없이 당했구먼요."

"이번은 봐줄게." 나는 작은 선반에서 바지를 끌어내어 25센트짜리 동전을

---

* 남부 흑인과 백인 사이의 놀이. 크리스마스에 누군가와 만났을 때 먼저 '크리스마스 선물'이라고 말한 사람은 상대한테서 선물을 받을 수 있다.

하나 꺼냈다. "하지만 다음번엔 조심하는 거야. 난 새해 이틀 뒤에 돌아가면서 또 이곳을 지나갈 테니까. 그땐 조심해." 나는 25센트 동전을 유리창 밖으로 내던졌다. "크리스마스 선물이나 사 둬."

"예, 고맙습니다." 그는 말했다. 그는 나귀에서 내려 그 동전을 주워서 다리에 문댔다. "고마워요, 도련님. 고마워요." 그런 뒤 기차는 움직이기 시작했다. 나는 유리창 밖의 찬 공기 속으로 몸을 내밀고 뒤를 돌아다보았다. 그는 여전히 그곳에서 여윈 토끼 같은 나귀 옆에 서 있었다. 사람도 나귀도 초라하니 꼼짝도 않은 채 참을성 있게 서 있었다. 기차는 짧고 육중한 소리로 푹푹 증기를 내뿜으며 커브를 돌아갔다. 초라하고 언제까지나 인내하는 그리고 고요하며 침착한 기질의 그들은 시야에서 미끄러지듯 사라져 갔다. 나는 그때까지 잊고 있었다. 그들의 기질이란 어린애 같은 거침없는 경박함과 그에 모순되는 믿음직함의 혼합이며, 이 기질 때문에 그들은 무조건 사랑하는 백인들을 돌보며 지켜 주는 것이고, 또한 동시에 도둑질을 하며 너무도 뻔뻔하게 구실 같지 않은 구실로 책임과 의무를 회피하고, 더구나 그런 도둑질이나 책임 회피가 들통 나도, 신사가 공정한 경쟁에서 자기를 굴복시킨 상대에게 그러듯이 백인 승리자에게 솔직하고 자발적인 찬사를 늘어놓고, 또 그런가 하면 백인의 변덕에 대해서 마치 할아버지 할머니가 변덕이 심한 말썽꾸러기 어린 손자 대하듯이 한없는 다정함과 관대함을 보이는 것이었다. 그런 성질을 나는 잊고 있었다. 그래서 그날 온종일 기차가 뒤로 획획 달아나 수많은 골짜기를 굽이쳐 가고, 절벽 위에선 움직이는 것은 단지 기진맥진한 칙칙폭폭 소리와 신음하는 기차바퀴의 진동 소리에 지나지 않는 가운데 끝없이 이어지는 꼼짝 않는 산과 산이 구름 덮인 하늘로 차차 사라져 가는 동안, 나는 내내 고향 생각을 했다. 황량한 정거장과 진흙 길 그리고 장난감 원숭이와 짐차를 가지고 자루에 캔디를 넣고 길쭉한 꽃불을 들고 어슬렁어슬렁 군청 앞 광장에 모여드는 흑인들과 시골 사람들을 생각했다. 그러자 내 가슴은 초등학교에서 종이 울릴 때 늘 그러했듯이 울렁거렸다.

시계가 3시를 칠 때까지는 헤아리기를 시작하지 않았다. 3시를 친 다음에 나는 헤아리기 시작하여, 예순까지 세고는 한 손가락을 꼽아 내리면서 자기 차례를 기다리고 있는 다른 열네 손가락들을 생각하는데, 그것이 열셋이 되고 열둘이 되고, 여덟, 일곱으로 줄어들 무렵, 갑자기 교실의 고요함과 눈조차 깜빡이지 않는 모든 아이를 의식하게 되어, 나는 "네, 선생님?" 하고 말하는 것이었다. "네 이름은 퀜틴이지, 그렇지?" 로라 선생님이 말씀하신다. 그 다음엔 보다 더한 침묵에 깔리고, 깜빡이지도 않는 눈에 잔혹함이 깃들면서 침묵 속에 모두의 손이 위로 올라간다. "퀜틴에게 누가 미시시피강을 발견했는지 말해 줘요, 헨리." "드소토예요." 그러자 아이들의 시선이 나에게서 떨어져 나가고, 잠시 뒤에 나는 내가 너무 뒤처지나 않았나 하고 서둘러 헤아리며 다시 손가락을 하나 꼽는데, 이번엔 내가 너무 빨라지지나 않았나 하고 멈칫하고, 그러다 또다시 빨리 헤아리는 것이었다. 그래서 나는 종이 울릴 때 정확히 맞춰서 수를 다 센 적이 한 번도 없었다. 웅성대는 무리의 발들이 반들반들 닳아빠진 땅바닥을 디디며 움직이고 있었고, 햇빛은 유리판같이 가볍게 그들을 탁 치고, 내 가슴은, 가만히 앉아 있는데도 울렁거리려고 했다. 가만히 앉아 있는데도 몸이 움직여서. "그대를 원하여 내 몸이 움직여서." 그녀는 순간 문간에 서 있었다. 벤지, 울고 있구나. 벤자민, 내가 늦게 둔 아이가 울고 있어. 캐디! 캐디!

 난 가출할 거야. 그는 울음을 터뜨렸고 그녀는 가서 그를 달랬다. 그쳐, 나 가출하지 않을게. 울지 마. 그는 그쳤다. 딜시.

 하려고만 들면 얘는 사람들이 말하는 것을 코로 맡아서 알아챈단 말이야. 들을 것도 얘기할 것도 없어.

 그럼 이번에 지어준 새 이름도 얘는 코로 맡아서 알아챌 수 있을까? 운수가 나쁜 것도 맡을 수 있을까?

 운수 따위를 얘가 걱정할 게 뭐야? 얘한텐 운수 같은 건 다 일없단 말이야.

 얘 운수를 좋게 해 주지 않을 바엔 이름은 뭣 때문에들 갈아 줬나.

 전차가 정지했다가 출발했다가 다시 정지했다. 나는 유리창 아래로 아직 퇴색하지 않은 새 밀짚모자를 쓰고 지나가는 사람들의 정수리를 내려다보았다. 차 안에는 이제 장바구니를 든 부인들이 많았고, 남자들은 작업복을 입은 사람들의 수효가 반짝거리게 닦은 구두를 신고 옷깃 단 사람들보다 많아지기 시작했다.

 옆 자리 흑인이 내 무릎을 건드렸다. "실례했습니다." 그는 말했다. 나는 두 다리를 쭉 내뻗고 지나가게 해 주었다. 전차는 아무것도 없는 담 옆을 지나가고 있었고, 덜컹덜컹 차 소리는 차 안으로 울려 들어와 부인들이 무릎에 올려놓은 장바구니와 남자들이 때 묻은 모자 테두리에 꽂은 파이프에 부딪혀 딸그락거렸다. 나는 물 냄새를 맡을 수 있었다. 무너진 벽 틈새로 번쩍거리는 물과 두 개의 돛대, 그리고 눈에 보이지 않는 두 돛대 사이에 매인 철사 줄에 앉아 있는 것같이 꼼짝도 않고 공중에 떠 있는 갈매기 한 마리가 보였다. 나는 손을 들어 내 코트 안에 든 내가 쓴 편지를 만져 보았다. 전차가 멈추자 나는 내렸다.

다리는 범선이 통과할 수 있게 열려 있었다. 범선은 끌려가는 중이었는데, 예인선(曳引船)은 범선 후갑판 아래 파고들어 연기를 뿜으며 밀어 대고 있었다. 그러나 척 보기에 그 배는 아무런 도움 없이 스스로 움직이는 듯했다. 허리춤까지 벌거벗은 한 사나이가 갑판 끝에서 밧줄을 감고 있었다. 그의 몸은 궐련 잎처럼 그을어 있었다. 또 한 사나이는 꼭대기가 없는 밀짚모자를 쓰고 키를 잡고 있었다. 범선은 대낮의 유령같이 돛을 올리지 않고 움직이며 다리를 지나가고, 갈매기 세 마리가 마치 눈에 띄지 않는 철사 줄로 고정된 장난감 새처럼 뱃머리 위를 배회하고 있었다.

다리가 닫히자 나는 건너편으로 건너갔다. 그리고 난간에 기대 늘어선 보트 창고들을 내려다보았다. 부교는 텅 비어 있었고, 선고 문은 닫혀 있었다. 요새 대학 보트부원들은 배를 늦게나 저으므로, 그때까진 쉬고 있는 것이었다. 다리 그림자 즉 난간 가로목의 긴 그림자, 그리고 물 위에 편편히 떠 있는 내 그림자. 이처럼 나는 아주 쉽사리, 내게서 떨어져 나가려 하지 않는 그림자를 떼 놓은 것이다. 수면까지의 거리는 적어도 50피트는 되었다. 이제 이 그림자를 물속에 처넣어 죽을 때까지 눌러 둘 도구만 있으면 된다. 그러면 물 위엔 신발 한 켤레를 싼 듯한 이 꾸러미의 그림자만 떠오르게 될 것이다. 검둥이들은 빠져 죽은 사람의 그림자가 언제까지나 물속에서 그 주인을 찾는다고 말한다. 내 그림자는 마치 숨을 쉬고 있는 것같이 깜빡이며 반짝였고, 부교도 역시 숨을 쉬는 것처럼 서서히 움직였고, 반쯤 물에 잠겼던 표류물들은 상처를 치유하며 바다로 나와 바다 동굴과 굴로 흘러가고 있었다. 물 높이 변화는 무엇의 그 무엇에 동등하다는데. 모든 인간의 체험은 결국 무의미, 그리고 6파운드짜리 다리미 2개는 큰 공업용 다리미 1개보다 더 무겁다. 그게 무슨 죄악스러운 쓸데없는 사용법이냐고 딜시가 말하겠지. 할머니가 죽었을 때 벤지는 그 죽음을 알아차렸다. 그는 울었다. 얘는 코로 맡아서 알아챈단 말이야. 얘는 코로 맡아서 알아챈단 말이야.

예인선은 하류로 돌아 내려왔고, 수면이 갈라져 물결은 긴 실린더 굴리는 모양새로 퍼지고, 그 반향이 부교에 부딪히고 흔들리며, 부교는 굴러가는 실린더에 맞춰서 마치 문짝이 닫히는 것 같은 소리와 끼익 하는 소음을 내며 파도를 탔다. 그때 보트 창고문이 열리면서 두 사람이 경주용 보트를 들고 나타났다. 그들은 그것을 물에 띄웠다. 그리고 잠시 뒤 제럴드 블랜드가 노를 가지고 나왔다. 그는 플란넬 바지 위로 회색 재킷을 걸치고 뻣뻣한 밀짚모자를 쓰고 있었다. 그 또는 그의 어머닌가 옥스퍼드 학생들은 플란넬 바지를 입고 뻣뻣한 밀짚모자를 쓰고 배를 젓는다는 기사를 어디선가 읽었던 것이다. 그래서 어느 이른 3월 부모님은 제럴드에게 일 인승 경기용 보트를 사 주었고, 그는 플란넬 바지를 입고 빳빳한 모자를 쓰고 강에 나타났다. 계절에 안 맞는 이상한 차림새를 본 보트 창고 사람들은 경관을 부르겠다고 위협했다. 그러나 그는 어쨌든 출발했던 것이다. 그의 어머니는 대절한 차를 타고 마치 북극 탐험가 옷차림과 같은 털옷을 입고 와서, 시속 25마일의 바람이 부는 가운데 더러운 양 떼와 같이 끊임없이 흘러가는 얼음덩이 속으로 그를 떠나보냈다. 그때부터 나는 신은 신사이며 운동가일 뿐만 아니라 또한 켄터키 사람이란 것을 믿게 되었다.* 아들이 배를 저어 떠나가자 그녀는 멀찍이 돌아가서 강으로 다시 내려와 느린 속력으로 그와 나란히 차를 몰았다. 들리는 얘기로 그들은 그들이 서로 아는 사이인지 아닌지 남들은 얼른 미루어 판단하지 못할 정도로, 왕과 여왕같이 서로 쳐다보려고도 하지 않고, 마치 두 개의 행성처럼 자기 궤도를 따라 매사추세츠주를 나란히 건너갔다고 한다.

그는 배에 올라타고 저어 갔다. 그는 이제는 꽤 잘 저어 댔다. 마땅히 그래야만 했다. 그의 어머니는 그로 하여금 노 젓기를 포기하고, 다른 학생들이 할 수 없고 하지 않는 다른 것을 하도록 하려 했건만, 그도 그때만은 고집을 부렸다는 것이다. 단, 그의 어머니가 우리에게 제럴드의 말들과 제럴드의 검둥이들과 제럴드의 여자들에 대한 얘기를 하는 동안, 그 곁에서 노란 고수머리와 제비꽃 같은 눈의 긴 속눈썹과 뉴욕 옷차림을 다 갖추고 왕자답게 게으

---

* 제럴드가 이런 만행을 저지를 수 있는 것은 신의 지지를 받기 때문이라는 뜻의 농담.

름피우는 듯한 자세로 앉아 있던 그의 태도를 고집이라고 부를 수 있다면. 그녀가 제럴드를 케임브리지로 데려갔을 때 켄터키주의 남편 되는 사람들과 아버지 되는 사람들은 틀림없이 크게 기뻐했을 것이다. 그녀는 보스턴 시내에 아파트를 갖고 있었다. 그리고 제럴드도 기숙사 방 말고도 시내 아파트에 방을 빌리고 있었다. 그녀는 제럴드에게 나와 교제하는 것을 허락했다. 왜냐하면 메이슨—딕슨 선 이남 지방에 태어난 내게서는 적어도 귀족 특유의 어떤 분위기가 풍겼기 때문이다. 그리고 나 말고 몇 사람도 그들의 출생지가 이런 지리적 최저 조건에 맞아서 그녀의 허락을 받게 되었다. 아니 허락까진 아니어도 최소한 용인은 됐다. 그러나 그녀가 어느 날 밤 교회에서 나오는 스포드를 만난 이래—스포드는 그녀가 숙녀일리는 없다, 숙녀라면 그런 한밤에 외출할 리가 없다고 말했다—그녀는 스포드가 현재 영국 공작가의 이름을 포함해서 다섯 개의 이름이 있는 것을 용인할 수 없게 되었다. 그녀는 맹고라든가 모티머 집안사람이 수위의 딸과 관계해서 애를 낳았다고 믿음으로써 어떻게든 자위하고 있는 게 틀림없다. 그것은 그녀가 꾸며 댔든지 어쨌든지 꽤 그럴듯한 이야기다. 스포드는 최고의 놈팡이라 어떻게 건드려도 막을 사람이 없을뿐더러, 어떤 반칙이든 맘껏 저지르는 세계적 선수인 것이다.

보니까 경주용 보트는 이제 까만 한 점이 되어 있었다. 노는 마치 선체 자체가 함께 움직이는 것처럼 햇빛을 받아 일정한 간격을 두고 번쩍거렸다. 넌 누이를 두어 본 일 있니? 아니, 그것들은 모두 탕녀지. 누이를 두어 본 일 있니? 순간 그녀는. 탕녀였다. 탕녀가 아니었다. 그녀는 순간 문간에 서 있었다. 달튼 에임즈. 달튼 에임즈. 달튼 셔츠. 나는 여태껏 그놈 셔츠는 카키복, 즉 군복인 줄만 알았는데, 이제 보니 그것은 두꺼운 중국 비단이나 가장 좋은 플란넬이었다. 그것은 그의 얼굴을 그토록 갈색으로, 그의 눈을 그토록 파란색으로 보이게 했기 때문이다. 달튼 에임즈. 품위 있다고 하기엔 부족한 얼굴이었다. 연극에 등장하는 흔한 얼굴. 종이로 만든 얼굴에 불과하지. 만져 봐. 아아, 석면(石綿)이다. 아무래도 청동제라곤 하지 못해. 하지만 집에서 그를 만나려 하진 않잖아.

캐디 또한 여자란 말이야. 알아 둬야지. 그 애 또한 여자들의 판단에 따라 무슨 일이든 하는 거지 좋아서 좋다고 말하듯이.

왜 그 남자를 집으로 데려오지 않지, 캐디? 왜 넌 검둥이 계집년들이 풀숲에서 구덩이에서 어두운 숲에서 하는 것 같은 짓을 음란하게 남몰래 격렬하게 어두운 숲 속에서 하는 거냐.

그리고 얼마 뒤에 나는 내 시계 소리를 듣고 있었다. 난간에 닿은 내 윗옷에 든 편지가 바스락거리는 소릴 느끼면서 나는 난간에 기대, 내가 얼마나 멋지게 내 그림자를 떼냈는가 생각하며 내 그림자를 바라보고 있었다. 나는 난간을 따라 움직였다. 내 옷 색깔은 본디 어두웠고, 손에 묻은 때는 내 그림자와 그것을 떼어 낸 나의 멋진 솜씨를 바라보면서 비벼서 닦아 낼 수 있었다. 나는 좀더 걸어서 내 그림자를 부두 그림자 속으로 들어가게 한 다음 동쪽으로 갔다.

하버드 하버드에 다니는 내 아들 하버드 하버드 저 여드름 난 녀석을 캐디는 색 리본으로 장식된 운동회에서 만났다. 강아지 새끼처럼 담벼락을 따라 살금살금 기어가면서 휘파람을 불어 그녀를 불러내려 하고 있었다. 그는 아무리 상냥하게 불러도 식당엔 들어오려 하지 않았으므로, 어머니는 그가 그녀를 단둘이 만나면, 그녀의 마음을 살 수 있는 일종의 마법 같은 매력을 가지고 있으리라고 생각했다. 하지만 실은 어떤 건달이라도 벤지는 창 밑 상자 아래에 울면서 누워 있었다. 단춧구멍에 꽃을 꽂고 리무진을 타고 달려올 수 있는 놈이라면. 하버드. 퀜틴 이 사람이 허버트 씨야. 이 애가 하버드에 다니는 내 아들이죠. 허버트 씨는 훌륭한 형님이 돼 주실 거야. 이미 제이슨을 위해서 자리를 하나 약속해 주셨단다.

상냥하지만 얄팍한 순회 외판원 같은 놈이었다. 온 얼굴에 언제나 이가 허옇게 드러나 있어도 웃는 것은 아니다. 퀜틴 이야기라면 이 사람한테 많이 들었습니다. 이가 모두 드러나 있어도 웃는 것은 아니다. 네가 운전하려는 거냐?

퀜틴, 타렴.

네가 운전하려는 거냐.

이건 이 애 차야 네 누이동생이 동네에서 맨 먼저 차를 소유하는 것이 자랑스럽지 않니 허버트 씨의 선물이야 루이스가 매일 아침 얘한테 운전을 가르치고 있단다. 너 내 편지 받지 못했니 제이슨 리치몬드 콤프슨 부부는 다음 두 사람의 결혼을 알림. 그들의 딸인 캔더스, 시드니 허버트 헤드. 두 사람이 1910년 4월 25일 미시시피주 제퍼슨에서 식을 올릴 예정. 8월 1일 이후 인디애나주 사우스벤드시 X가 X번지에 거주. 넌 그걸 언제까지나 뜯지 않을 거니? 쉬리브가 말했다. 사흘 동안. 세 번. 제이슨 리치몬드 콤프슨 부부는 젊은 로친바르는 좀 너무 빨리 서부로 떠나 버렸거든, 안 그래?
 나는 남부 출신이야. 넌 참 웃기는 놈이야.
 아, 맞다. 시골 어디쯤인 건 알고 있었는데.
 넌 참 웃기는 놈이야. 서커스에나 들어가지 그래.
 실은 들어갔었어. 그래서 코끼리 벼룩에 물을 주다가 눈이 상한 거야. 세 번 이런 시골 처녀들은. 무슨 짓을 할지 몰라, 그렇지. 그래 그건 그렇고, 바이런 경도 소원을 이루진 못했거든, 고맙지 뭐야. 그렇지만 안경 쓴 사람은 때리지 못해 넌 그걸 뜯지 않을 거니? 편지는 탁자 위에 놓여 있었고 그네 모서리엔 촛불이 타고 있었고 두 송이 조화(造花)가 더러워진 분홍색 가터벨트로 봉투에 매달려 있었다. 안경 쓴 사람을 때려서는 안 돼.
 가엾은 시골 사람들 같으니 여태까지 자동차를 보지도 못했거든 대부분은 말이야. 경적을 울려 보렴. 캔더스 안 그러면 그녀는 나를 쳐다보지 않았다 저 사람들 비켜 주지 않을 테니까 나를 쳐다보지 않았다 만약 한 사람이라도 다치면 아버지께 혼날 거야. 하지만 아버지도 이젠 자동차 한 대쯤 가지셔야지 허버트 이걸 여기까지 가지고 오게 해서 미안하게 생각해요 하지만 너무 좋네요 물론 마차가 있기는 하지만 내가 어딜 나가려고 하면 대개 남편이 검둥이들에게 뭘 시키고 계시거든요 그걸 방해하면 내 모가지가 달아나겠죠. 그이는 로스카스를 언제나 내가 부려도 된다고 하시지만 그게 무슨 뜻인지 내 다 알고 있거든 인간이란 단지 자기들의 양심을 만족시키려고 자주 어떤 보증을 한다는 것을 난 잘 알고 있어요 당신도 우리 어여쁜 딸을 그렇게 다룰 셈인가 허버트 하지만 그러진 않겠지 내 다 알고 있어요 허버트는 우리 모두한테 너무 잘 대해 주고 있단다 퀜틴아 제이슨이 고등학교를 마치면 허버트가 자기 은행에 데려가겠다고 한 것을 내가 네게 편지했던가 제이슨은 근사한 은행가가 될 거야 우리 집 애들 중에 개만이 실무적인 상식을 가지고 있거든. 그 점을 나한테 고맙게 여겨야겠지 개는 우리 친정 집안을 닮았거든 다른 애들은 다 콤프슨 집안을 닮고 제이슨은 풀을 쑤려고 밀가루를 마련했다. 개하고 패터슨 집 애하고는 뒷 베란다에서 연을 만들어 한 개에 5센트씩 받고 있었다. 제이슨은 회계사였다.

이 전차엔 흑인이 없었다. 아직 바래지 않은 밀짚모자들이 차창 밑을 흘러 간다. 하버드로 가는 길. 집에선 벤지의 목장을 팔았다 그는 울어 대면서 창 밑 땅바닥에 누워 있었다 집에선 벤지의 목장을 팔아 퀜틴을 하버드에 보낼 수 있었다 네 형제란다. 막냇동생이야.
자동차를 한 대 사면 좋겠어요 얼마나 편리한지 모르거든 그렇게 생각하지 않나요 퀜틴 어 이거 참 나 이 사람을 만나자마자 편히 퀜틴이라고 부르는군요 캔더스한테서 이 사람에 관한 여러 얘기를 많이 들었으니까요.
퀜틴이라고 부르면 어때요 난 당신들이 친구 이상으로 친한 사이가 되길 바라는데. 그렇지 캔더스와 퀜틴도 동무 정도가 아니라 아버지 난 근친상간 죄를 지었어요 형제자매가 하나도 없다니 참 안타깝네. 누이가 누이가 누이가 없다 퀜틴에게 그런 걸 묻지 말아요 재하고 주인께선 내가 밥 먹으러 식탁에 내려올 수 있을 만큼이라도 건강이 좋아지면 모욕을 당한 것처럼 느끼니깐 난 지금 기운을 내고 있는데 일이 다 끝나고 당신이 우리 어여쁜 딸을 데려간 뒤에는 난 자리에 눕게 될 거야 "우리에게 있는 작은 누이" 만일 내가 어머니 하고 부를 수 있다면. 어머니
내가 충동적으로 캔더스 대신 당신을 데려간다면 어떨까요 아버님께선 자동차로 따라오지 못할 겁니다
어머나 허버트도 참 캔더스 지금 하신 말씀 들었니 그녀는 나를 쳐다보려고 들지 않았다 얌전하고 고집센 것 같은 턱주가릴 내밀고 뒤돌아보려고도 하지 않았다 하지만 넌 질투 같은 거 할 것 없잖니 상대는 늙은 할머닌데 뭐 허버트는 이 늙은 할멈을 치켜세우고 있는 거야 옛날에 결혼한 여자인걸 믿을 수 없는 얘기야
가당찮은 말씀 당신은 아가씨같이 보이는걸요 캔더스보다도 훨씬 젊어요 볼 빛은 마치 소녀 같고 책망하는 것 같은 얼굴 장뇌(樟腦)와 눈물 냄새 황혼이 깃든 문 저편에서 끊임없이 훌쩍 훌쩍 우는 목소리 황혼의 빛을 띤 인동덩굴 냄새. 빈 트렁크를 고미다락 층계 아래로 끌고 내려오는 소리가 마치 관 끄는 소리처럼 들렸다 프렌치 릭 소금기 있는 땅에서 발견한 것은 죽음이 아니었다.
바래지 않은 모자, 모자도 쓰지 않은 알머리. 3년 지나면 모자를 안 쓸 수 있다. 나는 그럴 수 없었다. 이미 없어졌으니까. 그때 과연 모자는 있을까.

내가 없고 하버드도 없으니. 거기선 가장 좋은 생각은 마치 말라빠진 담쟁이 넌출같이 낡은 벽돌 위에 언제까지고 붙어 있을 것이라고 아버지가 말씀하셨다. 그땐 하버드도 없다. 어쨌든 나에게 있어선 없는 셈이지. 또다시. 또다시 하는 게 없어지는 것보다 슬프다. 또다시. 가장 슬픈 일이다. 또다시.
  스포드는 셔츠를 입고 있었다. 그럼 지금 시각은 분명. 그러니 신경 쓰지 않으면, 내가 물속에 재주를 부려 가라앉혀 버린 나의 무감각한 그림자를, 또다시 나타난 그 그림자를 다시 짓밟아 버리겠지. 하지만 누이는 없어. 나는 그걸 하고 싶지는 않았어요. 내 딸을 몰래 감시하는 짓 따위 절대 허락 못해 난 하고 싶지 않았어요.
  당신은 항상 그 애들에게 나나 내 바람을 존중하도록 가르치지도 않으면서 어떻게 내가 한 애라도 다룰 수 있길 바라나요. 당신이 우리 집안사람들을 무시하는 걸 나는 알아요 하지만 그렇다고 해서 내 자식들에게 내가 고생하며 기른 애들에게 어미를 존중하지 않도록 가르칠 건 뭐란 말이에요. 딱딱한 구두 뒤꿈치로 내 그림자에 비친 골격을 콘크리트 속으로 짓밟아 넣고는, 나는 시계 소리를 듣고 있었다. 그리고 윗옷 너머로 편지를 만져 보았다.
  난 당신이나 퀜틴이나 다른 어떤 사람도 내 딸을 몰래 감시하도록 허락하진 않겠어 그 애가 무슨 짓을 했건 상관없어
  적어도 그 앨 감시할 이유가 있다는 건 당신도 인정하면서.
  난 하고 싶진 않았어요 하라는 소릴 들어도 난 안 했을 거예요 알아 넌 하고 싶지 않았을 거야 난 그렇게 심하게 말할 생각은 없었지만 여자들은 서로를 즉 자기 자신들을 존중하질 않으니깐.
  하지만 어머니는 내가 내 그림자를 밟았을 때 종이 울리기 시작했는데 그것은 15분 종이었다. 디콘은 아무데서도 눈에 띄지 않았다. 내가 그러고 싶어하고 그럴 수 있다고 생각한 거죠
  어머니는 진심으로 그렇게 생각한 것은 아니었다 여자란 늘 일처리를 그렇게 하는 것이니까 그건 어머니가 캐디를 사랑하기 때문이란다.
  거리의 불빛은 언덕을 내려가서 시내 쪽으로 다시 올라간다 나는 내 그림자의 배때기 위를 거닐었다. 나는 내 팔을 내 그림자보다 앞에 내뻗칠 수 있었다. 내 등 뒤에서 아버지를 느끼면서 벌레 소리 요란한 여름의 어둠과 8월의 기색 저쪽에 거리의 불빛은 아버지와 나는 여자들 상호간으로부터 여자

1910년 6월 2일

들 자신으로부터 우리 집 여자들을 보호하는 거군요 여자들이란 그런 것이다 여자들은 사람에 대해 공부하질 않는다 그 일은 남자 몫이지 여자들은 무슨 일이 있을 적마다 매번 발휘하는 사람을 의심하는 실제적 능력만 가지고 태어났을 따름이기에 말이다 그리고 그 의심은 대개 들어맞는다 여자들은 악과 친하며 악 그 자체에 결여되어 있는 것은 무엇이나 보충할 수 있고 마치 우리가 잠들었을 때 침구를 잡아당기는 것처럼 본능적으로 악을 몸 주위에 끌어당기는 성질을 가지고 있어서 스스로 악의 마음을 기르므로 결국 악은 목적을 달성하게 되고 만다 처음에 그것이 실제로 존재했든 안 했든 간에 그는 신입생 두 명을 양쪽으로 데려오고 있었다. 그는 아직 행렬 기분에서 완전히 벗어나지 못했다. 나에게 거수경례를, 그것도 아주 고급장교인 체하는 경례를 했기 때문이다.

"잠깐 나 좀 보지." 나는 멈춰 서면서 말했다.

"보자구? 좋아. 다시 만나세 자네들." 그는 이렇게 말하고 멈추더니 다시 한 번 돌아보며 말했다. "같이 얘기한 거 즐거웠네."

그는 그야말로 디콘(교회집사)다웠다. 그가 태어날 때부터 심리학자란 얘기가 있다. 또 40년간 학기가 시작할 때 도착하는 기차를 한 번도 빠짐없이 제시간에 맞이했으며, 첫눈에 남부인을 가려낼 수 있다고들 했다. 그는 남부에서 온 학생은 귀신같이 알아냈고, 말소리를 들으면 출신 주(州) 이름까지 댈 수 있었다. 기차를 맞으러 나갈 때는 늘 정해진 옷을 입었는데, 그 누덕누덕 기운 옷차림이 《톰 아저씨의 오두막집》에 나오는 차림새와 같았다.

"네, 오십쇼. 바로 여깁니다. 도련님 여기예요." 그는 가방을 받으며 말했다. "애, 이리 와, 이리 와서 이 가방들 받아." 그러자 산더미같이 쌓인 짐짝이 비틀비틀 다가오고 그 속에서부터 15살쯤 된 백인 소년이 나타났는데, 디콘은 가방 또 하나를 그에게 이럭저럭 메어 주고 그 애를 몰아대는 것이었다. "자, 그거 떨어뜨리지 마요. 도련님, 이 늙은 흑인에게 방 번호나 가르쳐 주세요. 그러면 기숙사에 도착하실 때까진 짐을 가져다 놓을 테니까요."

그날부터 그는 죽 상대편이 항복할 때까지 어디서나 시끄럽게 말을 걸면서 늘 상대의 방을 들락날락하는데, 그의 옷차림이 점점 나아짐에 따라 그의 태도도 차츰 북부인답게 변해 마침내 상대편의 돈을 짜내고, 상대편이 겨우 사태를 파악할 무렵이면 그는 상대편을 퀜틴이니 무어니 되는대로 불러 대는 것이다. 그리고 다음에 만나 보면 그는 다 떨어진 브룩스 브라더스 양복을 입고 프린스턴 대학교의 어느 학생 클럽 띠가 달린 모자를 남한테 받아서 쓰고 있는데, 그는 그 띠를 에이브러햄 링컨의 휘장으로 꼭 믿고 기뻐하는 것이다. 수십 년 전 그가 어디선가 와서 처음으로 대학 근처에 나타났을 때, 누군가가 그는 하버드 대학 신학교 출신이란 소문을 퍼뜨렸다. 그리고 그게 무슨 뜻인지 깨닫게 되자 그는 아주 만족해서, 스스로도 그 얘기를 뇌까리기 시작했다. 그래서 마침내 그것이 사실인 줄로 믿게 되었음이 틀림없다. 어쨌든 그는 재학 당시의 맥빠진 일화들을 길게 늘어놓으며, 작고한 교수들을 친근하게 세례명으로 부르곤 했다. 대부분은 정확하지 못한 이름이었지만. 그래도 그는 순진하고 외로운 수많은 신입생들을 돕고 가르치는 좋은 친구였다. 내 짐작엔 그는 비록 사소한 궤변과 위선을 자행했다 해도 특별히 죄 많은 인간은 아닐 것이다.

"요 사나흘간 보지 못했는데요." 그는 아직도 군대식 눈초리로 나를 응시하면서 말했다. "병이 났었어요?"

"아니, 건강하게 잘 지냈어. 그냥 공부하느라 바빴지. 그런데 난 당신 봤는데."

"정말?"

"저번에 행렬 속에서."

"오, 그래요. 그래 나 거기 있었죠. 아시다시피 난 그따위 일엔 흥미 없지만, 전우들이 나와 함께하고 싶어하거든요. 그 노병들이 말이에요. 여자들도 노병들이 모두 나와 주길 바란단 말이에요. 그러니 나도 모두의 청을 들어줄 수밖에요."

"그리고 이탈리아인 축일(祝日)에도 봤지." 나는 말했다. "그때는 여성기독교인 금주연맹의 청을 들어줬겠군."

"그때? 그때는 내 양자 때문에 하고 있었던 거요. 그놈은 시영사업(市營事業)에 일자리를 구하고 있거든요. 도로 청소부 같은 거라도. 그래 난 그놈에게 빗자루나 하나 받아서, 청소는 그만두고 거기 기대서 잠이나 자는 거 아니냐고 했죠. 날 정말 봤구려, 그래요?"

"그럼, 두 번씩이나."

"이거 참, 군복을 입은 걸 봤단 말이죠. 꼴이 어땠죠?"

"근사하던데. 누구보다도 멋지게 보였어. 그자들 당신을 장군으로 모셔야 하겠던걸, 디콘."

그는 내 팔을 가볍게 만졌다. 그 말라빠지고 부드러운 흑인 특유의 손길로. "잠깐만 좀. 이건 비밀 얘기지만, 결국 우린 한 고장 한 식구나 다름없으니깐, 당신한텐 얘기해두 괜찮겠죠." 그는 약간 나에게 기대더니 눈은 딴 곳을 쳐다보면서 빨리 말했다. "마침 연줄을 잡았어요. 내년까지만 기다려 봐요. 이제 곧이니까. 내년에 내가 어디를 행진하고 있는지 한번 봐요. 그래 그 일을 지금 어떻게 꾸미고 있는지 지금 얘기할 필요는 없겠지요. 단지 두고 보란 말이죠." 그는 나를 쳐다보고 내 어깨를 가볍게 두드리고는, 몸을 뒤로 젖히며 고개를 끄덕였다. "그렇구말구. 내가 3년 전에 괜히 민주당으로 들어간 게 아니거든요. 내 양자 놈은 시에 취직하고, 난―그렇지, 만일 민주당으로 들어갔다는 것만으로 저 멍청한 새끼를 취직시킬 수 있다면…… 그리고 나도. 내년 이틀 전날 저 건너 길모퉁이에 서서 한번 보시라니깐요."

"그렇게 되면 좋겠군. 당신이라면 당연히 그럴 만하지, 디콘. 그건 그렇고―." 나는 주머니에서 편지를 끄집어냈다. "이걸 내일 내 방으로 가지고 가서 쉬리브에게 전해 줘. 쉬리브가 선물을 줄 거야. 그렇지만 내일까진 기다려야 돼, 알았지."

그는 편지를 받아 유심히 들여다보았다. "봉함되어 있군요."

"응. 그리고 속에 쓰여 있어. 내일이 되기 전까진 무효라고."

"흠." 그는 말했다. 입을 꾹 다물고 봉투를 들여다보았다. "선물이 있다고요?"

"응. 내가 당신한테 선물을 하는 거야."

그는 이젠 나를 쳐다보고 있었다. 그의 검은 손에 쥐어진 봉투는 햇빛을 받아 하얬다. 그의 눈은 부드럽고 홍채(虹彩)가 없이 갈색이었다. 나는 갑자기 디콘의 제복이며 정치며 하버드식 태도며, 그 백인 같은 위선적인 친절 속에서, 로스카스가 수줍은 듯이 속마음을 감추고 덤덤히 그리고 슬프게 나를 쳐다보고 있는 모습을 보았다. "이 늙은 검둥이를 놀리시는 건 아닌지?"

"내가 그럴 리 없다는 것쯤은 다 알잖아. 어떤 남부 놈이 당신을 놀린 일이 있어?"

"옳은 말씀. 남부인들은 참 좋은 사람들이거든요. 그 사람들하곤 같이 살지 못하지만."

"살려고 해 보기나 했어?" 나는 말했다. 그러나 로스카스의 모습은 이미 사라지고 없었다. 다시 디콘은 오랫동안 세상 사람들 눈에 그렇게 보이도록 스스로 유지해 왔던 태도로 돌아가, 점잔 빼면서 과히 천박하지는 않은 모습을 꾸몄다.

"내 도련님이 해 달라는 대로 하죠."
"내일 이전엔 안 돼, 알았지?"
"네." 그는 말했다. "알겠어요. 그럼—."
"당신이—." 나는 말했다. 그는 인자하고 그윽한 눈길로 나를 내려다보았다. 나는 불쑥 손을 내밀고 그와 악수했는데, 그는 도회와 군대에 관한 호화로운 꿈에 부풀어 정중하고도 엄숙하게 내 손을 잡았다. "당신은 좋은 사람이야, 디콘. 난 당신이······당신은 여기저기서 많은 젊은이를 도와주었어."
"나는 모든 사람을 늘 성심껏 대하죠." 그는 말했다. "난 시시한 사회적 차별 같은 건 하지 않거든요. 내게는 사람은 다 같은 사람이에요. 그가 어느 부류에 속하든지."
"지금까지처럼 당신이 많은 친구를 사귀길 바라."
"젊은 친구들을 말이죠. 난 그 사람들하고도 잘 지내죠. 그놈들도 날 잊지 않거든요." 그는 봉투를 흔들면서 말했다. 그는 그것을 주머니에 넣고 웃옷 단추를 채웠다. "그렇고말고요." 그는 말했다. "난 좋은 친구들을 두었죠."
다시 종이 울리기 시작했다. 30분을 알리는 종이다. 나는 내 그림자의 배때기에 올라서서, 아직 얄팍한 어린 나뭇잎 사이로 햇빛과 더불어 하나씩 하나씩 고요히 들려오는 종소리에 귀를 기울였다. 일정한 간격을 두고 평화롭고 부드럽게 울리는 종소린 언제나 가을의 정서를 담고 있는데, 신부의 달이라는 유월에도 그러한 것이다. 창 밑 땅바닥에 누워 울어 대면서 그는 한눈에 캐디를 보고 다 알았다. "어린 아기의 입에서부터." 그 가로등 종소리는 그쳤다. 나는 나의 그림자를 보도 속에 밟아 넣으며 우체국으로 되돌아갔다. 언덕을 내려가서는 마치 벽에 층층이 매단 수많은 등불처럼 시내 쪽으로 비쳐 올라간다. 어머니가 캐디를 사랑한다고 아버지는 말했다. 어머니는 결점을 통해서 사람을 사랑하는 것이다. 난롯불 앞에서 두 다리를 쩍 벌리고 있는 모리 아저씨도 크리스마스 축배를 드는 동안은 술잔에서 입을 떼야 했다.

제이슨이 양쪽 손을 주머니에 찌른 채 달려가다가 넘어져, 버쉬가 일으켜 세워 줄 때까지 날갯죽지를 꽁꽁 묶인 새처럼 그 자리에 자빠져 있었다. 뛰어갈 땐 왜 손을 내놓지 못하는 거야 내놓고 있으면 스스로 일어설 수 있잖아. 요람 속에서 뒤통수를 딱 붙이고 비비대며 머리를 좌우로 굴린다. 캐디는 제이슨과 버쉬에게, 모리 아저씨가 일하지 않는 것은 어렸을 때 요람 속에서 머리를 굴렸기 때문이라고 말했다.

쉬리브가 뚱뚱한 몸을 열심히 흔들면서 비틀비틀 이쪽으로 오고 있었다. 그의 안경은 바스락거리는 나뭇잎 밑에서 마치 작은 물웅덩이처럼 반짝반짝 빛나고 있었다.

"디콘에게 짐 문제로 편지를 전했어. 나 오늘 오후엔 방에 없을지 모르니, 내일까진 디콘이 와도 아무것도 전하지 않도록 해 줘."

"그래, 알았어." 그는 나를 가만히 쳐다보았다. "이봐, 그나저나 너 오늘 뭐 하는 거야? 온통 성장을 하고 마치 순사(殉死)의 서곡처럼 이리저리 왔다 갔다 하면서 말이야. 오늘 아침 심리학엔 나갔니?"

"아무것도 안 해. 내일까진 아무것도."

"거기 지금 들고 있는 건 뭐야?"

"아무것도 아냐. 창갈이한 신 한 켤레야. 하여튼 내일까진 디콘이 아무것도 전하지 못하도록 해 줘, 알겠지?"

"응, 알았어. 아 참, 그건 그렇고 오늘 아침 탁자에 놔둔 편지는 봤어?"

"아니."

"탁자에 있어. 세미라미스 여왕님 편지야. 운전사가 10시 전에 가져왔던데."

"알았어. 나중에 보지. 그런데 그 여자가 무슨 일일까."

"또 밴드 연주겠지 뭐야. 탐푸티 타타 제럴드 와아. '드럼 소릴 좀더 크게, 퀜틴.' 제기랄 난 남부 신사가 못 되는 게 얼마나 다행인지 모르겠어." 그는 책을 소중히 안고 약간 보기 흉한 모양새로, 뚱뚱한 몸을 열심히 흔들며 걸어갔다. 그 가로등이 아버지께선 우리 집안 조상 중 한 분이 주지사였고 세 분이 장군이었는데, 어머니 쪽엔 아무도 없으니 그렇게 근성이 좋지 않은 거라고 생각하시나요?

그게 누구든 산 사람이 죽은 사람보다 낫다 하지만 산 인간끼리 비교하든 죽은 인간끼리 비교하든 누가 남보다 크게 나을 건 없다 그러나 어머니 마음 속에선 결정돼 있어요. 다 끝나 있어요 끝나 있어요 그래서 우리는 다 죄를 뒤집어쓰고 너는 죄와 도덕을 혼동하고 있지만 여자들은 그러지 않는다 너의 어머니는 도덕이란 걸 생각하고 있지만 그것이 죄악인지 아닌지는 생각도 않고 있다

여보 제이슨 난 나갈 거예요 다른 애들은 당신이 돌봐 주세요 나는 제이슨만 데리고 다른 사람들이 우리를 모르는 곳에 가겠어요 그 애가 잘 자라서 이런 모든 것을 잊어버릴 수 있게 말이에요 다른 애들은 날 사랑하지 않아요 저 애들은 콤프슨 집안의 이기적이고 허영에 찬 기질을 물려받아 도무지 아무것도 사랑한 일이 없거든요 제이슨만이 내가 아무 거리낌 없이 애정을 쏟을 수 있던 애예요

쓸데없는 소리 제이슨은 놔둬도 괜찮아 나는 당신이 몸을 회복하면 캐디와 둘이서 프렌치 릭에 가는 게 좋겠다고 생각하고 있었는데

그렇게 당신과 검둥이들밖에 없는 이 집에 제이슨을 남겨 두고 가라 이거죠.

그래야 캐디도 그놈을 잊게 되고 그러면 소문도 다 사라지게 될 거 아니오 소금기 있는 땅에서 발견한 것은 죽음이 아니었다

내가 그 계집애 서방이라도 찾아 줄 수 있을지도 모르죠 소금기 있는 땅에서 발견한 것은 죽음이 아니라

전차가 다가와서 섰다. 종은 아직도 30분을 치고 있었다. 내가 타니까 전차는 30분의 종소릴 지워 버리며 다시 갔다. 아냐, 45분 종이야. 그럼 이제 10분이 남았겠지. 그 사이 하버드를 뒤로하고 네 어머니의 꿈 그래서 벤지의 목장을 팔아

내가 무슨 짓을 했기에 이런 자식들이 나한테 태어났을까 벤자민만으로도 충분히 벌을 받고 있는 건데 이번엔 걔가 내 말을 안 들어요 제 어미인 내 말을 내가 그 계집애 때문에 고통도 받아 왔고 꿈도 꾸었고, 계획도 세웠고 희생도 하면서 골짜기를 걸어왔는데 그런데도 그 계집앤 눈깔을 뜨고 세상에 태어난 이래 나를 생각해 준 적이 한 번도 없어요 난 때때로 그 앨 쳐다보고 저것도 내 자식인가 생각해요 제이슨은 다르지만 그 앤 내가 처음으로 팔에 안아 본 이후 한 번도 내게 슬픔을 준 일이 없거든요 처음 안아 봤을

1910년 6월 2일 113

때 난 그 애는 내 기쁨이자 구원이 될 거란 사실을 알았어요 나는 내가 저지른 모든 죄에 대한 대가는 벤자민이면 충분하다고 믿었어요 벤자민은 내가 자존심을 버리고 나보다 자신이 지위가 높다고 생각하는 남자와 결혼한 벌이라고 여겼어요 나는 불평하지 않아요 그래서 그 애를 내 의무로 알고 자식들 중 누구보다도 더욱 사랑해 왔죠 비록 제이슨이 늘 나의 마음을 끌어당겼지만 그러나 지금 나는 여태껏 충분히 고통받지 않았다는 것을 깨달았어요 지금 와서 나는 내 죄뿐만 아니라 당신의 죄도 속죄해야 한다는 걸 알았어요 대체 당신은 무슨 짓을 했나요 고귀하고 화려한 피를 받은 당신 집안사람들은 무슨 죄를 나에게 뒤집어씌우는 거예요 그러나 당신은 언제나 이 애들 편을 들지요 당신은 언제나 당신 혈족에 대한 변명거리를 찾고 있거든요 당신 생각엔 단지 제이슨만이 나쁜 놈이 되죠 그 애가 콤프슨 가보다 바스콤 가를 더 닮았다고 해서 말이에요 그에 반해서 당신의 친딸이며 나의 사랑하는 딸인 캐디는 그 계집애는 대체 그보다 뭐가 더 낫단 말인가요 나 같은 건 처녀적에 불행했어요 바스콤가 같은 보잘것없는 집안에 태어났으니 말이에요 그런데 나는 여자란 숙녀든가 아니든가 둘 중에 하나지 그 중간은 될 수 없다고 배웠거든요 나는 그 애를 내 팔에 안았을 적에는 꿈에도 몰랐어요 사랑스러운 내 딸이 설마 저 모양이 될 줄이야 그 계집애 눈을 보면 그 정도는 빤히 알 수 있는 걸 당신은 모르나요 당신은 그 애가 다 얘기할 줄로 생각할지도 모르죠 그러나 그 앤 비밀을 숨기는 애라고요. 당신은 그 앨 잘 몰라요 난 그 애가 한 짓을 알고 있어요 당신에게 들킬 바에야 죽는 게 낫겠다 싶을 정도로 엄청난 짓을 했죠 아 역시 그렇게 말씀하시네요 네 그러세요 제이슨을 책하려면 얼마든지 하세요 그 애한테 캐디를 감시하게 했다고 나를 마음껏 범죄자처럼 몰아대 보시죠 그러는 새 당신 딸은 교묘하게 아 당신이 제이슨을 사랑하지 않는다는 것쯤은 다 알아요 당신께 없는 결점을 제이슨이 가졌다고 믿고 싶어하시는 것도 알지요 그래요 당신은 나의 오빠 모리를 늘 비웃은 것처럼 그 앨 조소하고 있는 거죠 그러나 당신은 더 이상 나를 괴롭히지 못해요 지금까지 애들한테 더할 나위 없이 괴롭힘을 당했으니까 이러다 내가 죽으면 제이슨은 아무도 자기를 사랑해 주고 지켜 줄 사람이 없게 되겠죠 나는 매일 그 앨 쳐다볼 적마다 결국은 그 애한테도 콤프슨 가의 피가 흐르기 시작하는 징조가 나타나지나 않을까 걱정하거든요 이름은 모르겠는데

하여간 그놈 찾으러 몰래 집을 빠져나가 돌아다니는 제 누이하고 한패가 되는 셈이니 그런데 당신은 그 사내놈을 본 일이 있나요 그놈이 어떤 놈인지 내가 좀 알아보는 것도 허락 안 할 건가요 나 좋자고 이러는 게 아니에요 나는 그 놈의 낯짝도 차마 보지 못할 거예요 하지만 당신 때문에 하려는 거죠 당신의 명예를 지키기 위해서요 그러나 누가 나쁜 피와 싸울 수 있겠어요 당신은 나에게 알아보도록 허락하지 않지요 그 계집애가 당신의 이름을 더럽힐 뿐만 아니라 당신 자식들이 호흡하는 바로 이 공기까지도 부패시키는 행동을 하고 돌아다녀도 우린 그저 뒷전에 앉아서 속수무책으로 바라다만 보게 돼 있지요 여보 제이슨 난 이 집을 나갈 거예요 난 참을 도리가 없어요 제이슨은 내가 데려갈 테니 다른 자식들은 당신이 맡아요 그놈들은 제이슨과 같은 나의 혈육이 아니에요 나하고는 아무런 상관도 없는 타인이나 다름없어요 그래서 난 그 애들이 두려워요 나는 제이슨을 데리고 아무도 우리를 모르는 곳에 갈 수 있어요 나는 제이슨이 이 집안의 저주를 모면하고 다른 애들을 깨끗이 잊을 수 있도록 무릎을 꿇고 속죄를 빌 거예요

　만일 그게 45분 종이었다면 정오까지 10분도 안 남은 셈이다. 시외전차 한 대가 방금 떠나고 사람들은 벌써 다음 차를 기다리고 있었다. 나는 물어보았다. 그러나 상대편은 다음 전차가 정오 전에 올지 안 올지 모른다는 것이었다. 시외전차는 아무래도. 실제로 맨 먼저 온 것은 다른 시내전차였다. 나는 올라탔다. 누구나 정오를 몸으로 느낄 수 있다. 지하에 있는 광부들도 정오를 느낄 수 있을까. 정오의 사이렌이 울리는 것은 그 때문이다. 땀을 흘리며 노동하는 사람들은 그걸 느낄 수 있기 때문에. 만일 노동에서 멀리 떠나 있으면 사이렌 소린 들리지 않는 거지. 그리고 8분 뒤엔 보스턴에 가 있어서, 그 소리를 들을 수 없을 만큼 멀리 노동에서 떨어져 있게 될 것이 틀림없다. 인간이란 그 자신의 불운의 총체라고 아버지는 말씀하셨다. 언젠가 그 불운이란 놈이 질려서 나가떨어지리라고 넌 생각할지 모르지만, 그렇게 될 땐 이젠 시간이란 놈이 네 불운이 되는 거다, 이렇게 아버지는 말씀하셨다. 공중에 길게 걸려 있는 보이지 않는 전선 위에 갈매기 한 마리가 매달려 있었다. 너는 자기 실패의 상징을 영원 속으로 가지고 들어가는 게야. 그곳에선 커다란 날개가 펼쳐질 테지만 누가 하프를 연주한단 말인가? 아버지는 말씀하셨다.

전차가 정지할 때마다 시계 소리가 들렸다. 그러나 자주 들리지는 않았다. 사람들은 이미 식사하고 있었다 누가 연주한단 말인가 먹는 것 몸속에서 일어나는 먹는다는 일 그곳에 공간도 있다 공간에 시간이 혼입되고 밥통은 정오가 됐다고 말하고 머리는 먹을 시간이 됐다고 말한다 그러거나 말거나 지금 도대체 몇 시나 됐을까 몇 시가 됐건 무슨 상관 사람들이 내리고 있었다. 전차는 이제 그리 자주 정거하지 않았다. 식사 때문에 손님이 줄어 있었다.

잠시 뒤 그 시각이 마침내 지났다. 나는 내려서 내 그림자 가운데 섰다. 조금 있다가 전차가 왔는데 나는 올라타고 시외전차 정거장까지 되돌아갔다. 전차 한 대가 막 떠나려 하고 있었고, 내가 창문 옆자리에 앉자 창밖 풍경이 움직이기 시작했다. 나는 풍경이 점점 끊어져 사라져서 바닷물이 괸 웅덩이 속으로, 다음엔 줄지은 나무들 속으로 들어가는 걸 바라보고 있었다. 이따금씩 강을 내려다보고 날씨가 계속 좋으면 저 뉴런던에 있는 두 사람은 얼마나 즐거울까 하고 생각해 보며 번쩍이는 오전의 햇빛 속을 엄숙하게 노저어 지나가는 제럴드의 보트를 생각해 보기도 하고 저 노파는 아침 10시 전에 편지를 보내면서 내게 무슨 볼일이 있는 것일까 하고 생각해 보았다. 제럴드의 사진은 어떻게 될까 난 어차피 달튼 에임즈 아아 석면(石綿) 퀜틴이 쐈다 뒷줄이겠지. 그 속에 여자들을 넣어 보면 어떨까. 여자들이란 그의 목소리는 언제나 주위의 재잘대는 소리보다 두드러져서 '울린 소리는' 악에 친근한 성질이 있으므로 어떤 여자도 믿을 수 없다고 생각하고 또 남자는 너무 천진해서 자기 자신을 방어하지 못한다고 믿는다. 천한 시골 아가씨들. 그저 면식만 있어도 일종의 혈연상의 의무 귀족적 의무를 부여받는 먼 친척들과 가족의 친지들. 그리고 부인은 거기에 앉아서 모든 사람들 면전에서 말하는 거다 제럴드는 집안 식구의 모든 좋은 점만 따낸 얼굴을 하고 있으니 이 무슨 창피스러운 일일까요 남자란 그런 용모가 필요 없고 그런 게 없어야 더 성공할 수 있는 걸요 하긴 여자란 그런 게 없으면 볼 장 다 보는 거지만. 우리에게 제럴드의 여자들에 관해서 퀜틴은 허버트를 쐈다 그는 캐디의 방 바닥 아래에서 그놈 목소리를 쐈다 의기양양하게 허락하는 듯한 음조로 말했다. "이 애가 17살 적에 나는 이렇게 얘기했죠. 창피하게 그 입 꼴이 뭐람, 계집애 얼굴에 붙일 입이구나." 그런데 그가 뭐라고 말했는지 커튼이 방안으로 펄럭이자 황혼 속에 사과나무의 향기로운 냄새가 풍긴다 그녀의 머리는 황혼을 뒤로하고 떠오르며 그녀의 손은 머리 뒤에서 깍지를 끼고 소맷자락이 날개처럼 펼쳐져 '에덴동산에 울린 소리는' 침대 위에 놓인 드레스는 사과보다 더 강한 향기를 풍겨 냄새로써 보인다 짐작이 가세요? 글쎄, 걔는 겨우 17살이었는데. "'어머니, 확실히 이 입은 여자들 입에 자주 붙어 있지요' 이렇게 말했다고요." 그리고 그는 우리한테 둘러싸여 왕자와 같은 태도로 그곳에 앉아 기다란 속눈썹 아래로 여자애들 가운데 두세 처녀를 가만히 바라보고 있었다. 처녀들은 매우 흥분해서 재잘대니 마치 제비들이 그놈 속눈썹을 향해 어지럽게 날아드는 듯했다. 쉬리브는 계속 벤지와 아버지를 돌봐 주지 않을래

네가 벤지랑 아버지 얘길 하다니 그런 건 관두라고 네가 지금까지 그 둘을 생각한 적이 있기는 했니 캐디

돌봐 주겠다고 약속해 줘

네가 걱정할 필요는 없어 넌 꽤 좋은 자리를 꿰차고 이 집을 나가잖니

약속해 줘 나 아프거든 약속해 줘야 해 누가 그런 농담을 만들어 냈나 생각하고 있었나 보지만 그와 동시에 블랜드 부인을 늘 나이도 안 먹는 굉장히 젊은 여자라고 생각했던 듯하다. 제럴드가 언젠가 공작부인이라도 낚도록 부인이 종용하고 있는 모양이라고 쉬리브는 말했다. 부인은 쉬리브를 '뚱뚱한 캐나다 청년'이라고 불렀고 두 번이나 나한테 말도 없이 내 룸메이트를 교체하기로 정해 버렸다. 한 번은 나를 이사하게 만들었고 또 한 번은

그는 황혼 속에서 문을 열었다. 그의 얼굴은 호박 파이처럼 보였다.

"그럼 난 마음에서 우러나는 작별 인사를 하겠네. 잔혹한 운명이 우리를 갈라놓아도 난 너만을 사랑하겠어, 영원히."

"그게 무슨 얘기야?"

"저 8야드나 되는 살굿빛 비단을 두르고, 갤리선 노예들을 묶은 쇠사슬과 비교해도 1파운드도 모자라지 않는 금속 장신구를 치렁치렁 달고 다니는 잔혹한 운명의 여신님 얘기일세. 지금은 사라져 버린 남부 연합의 으뜸가는 이동식 변소 새끼를 독점하고 계시는 그 소유자님 말이야." 그러고 나서 그는, 블랜드 부인이 그를 쫓아내도록 하려고 학생과장에게 갔던 이야기와 그리고 학생과장이 우선 쉬리브와 상의해 봐야 한다고 주장하기 위하여 얼마나 완

고한 고집을 내세웠는가 하는 것을 얘기했다. 그래 다음에 그 부인은 쉬리브를 당장 불러 그것을 이야기하도록 제의했으나 학생과장은 그러지 않으려고 했기 때문에, 그 뒤 부인은 쉬리브에게 친절을 거의 베풀지 않게 되었다. "여성들을 결코 나쁘게 얘기하지 않는 게 내 신조지만." 쉬리브는 말했다. "그러나 저 여자는 이 부근의 온갖 주와 자치령을 통틀어 누구보다도 닳고 닳은 계집일 거야." 그런데 지금 편지는 인편으로 탁자 위에 갖다 놓여 있다 난초꽃 냄새가 풍기는 아름다운 명령서다 만일 그 편지가 거기 있는 걸 알면서도 내가 그 창 밑을 그대로 지나쳐 버린 걸 부인이 안다면 경애하는 부인 나는 아직 부인의 편지를 받을 기회를 누려 보지 못했습니다만 미리 오늘이나 어제나 내일이나 또는 아무 때든 용서해 주실 것을 비는 바입니다 제 기억이 맞다면 다음번 얘기는 어떻게 해서 제럴드가 자기 검둥이 하인을 아래층으로 밀쳤는가 하는 얘기와 또 어떻게 그 검둥이 녀석이 자기 주인 제럴드 곁에 있고 싶어서 신학교 입학을 허락해 달라고 애원했나 하는 얘기와 또한 제럴드가 출발했을 적에 그 검둥이 놈이 눈엔 눈물이 가득히 괴어 가지고 마차 옆을 따라서 정거장까지 내내 달려가던 모양을 얘기하는 것 따위겠지요 나는 제재소 주인이 엽총을 가지고 저택 뒷문으로 들어왔을 때 제럴드가 내려가서 총을 두 동강으로 분질러 상대편에게 돌려주고 비단 손수건으로 손을 훔치고 그 손수건을 난로에 집어던졌다는 얘기를 듣게 되는 날까지 기다리려고 합니다 그 얘기는 단 두 번밖에 듣지 못했으니깐요

바닥 아래에서 그놈을 쐈다 난 자네가 이 방에 들어오는 걸 보았네 그래서 기회를 노리며 따라왔지 좀 알고 지내는 게 좋겠다고 생각해서 담배 하나 태우겠소

고맙소만 안 태웁니다

안 태우나 하버드는 내가 다니던 시절에 비해 많이 달라졌겠지 한 대 피워도 괜찮겠소

어서 피우십시오

고맙네 난 얘길 많이 들었지 내가 성냥개비를 여기 칸막이 뒤에 버려도 어머님은 신경 쓰지 않겠지. 캔더스가 저기 프렌치 릭에서 늘 자네 얘길 했거든 난 꽤 질투했소 이 퀜틴이란 자는 어떤 남자인가 하고 자문했지 어쨌든 어떻게 생긴 얼굴인지 좀 봐야겠다 싶었소 난 그녀를 처음 본 순간 완전히

넘어갔거든 그런데 솔직히 말해서 나는 그녀가 줄곧 얘기하고 있는 게 자기 오빠라고는 생각지 않았소 만일 자네가 이 세상에 하나밖에 없는 남자라고 하더라도 그녀는 그보다 더 열렬히 얘기할 순 없었을 테니까 아마 그녀한테 남편이 있어도 거기엔 못 당했을 거요 그런데 자네 마음을 좀 돌리고 담배나 한 대 피우지 않겠소

나는 담배 안 피웁니다

그렇다면 강요하진 않겠지만 이 담밴 꽤 고급 연초로서 100개에 도맷값으로 25달러나 하는 거요 하바나의 친구가 말이오 정말 하버드는 여러 가지 변한 게 많겠지 한번 방문하려 맘먹었는데도 지난 10년간은 바쁘게 일만 하느라고 가 보지 못했어 은행에서 빠져나올 도리가 없단 말이야 대학에 가면 지금까지의 사고방식이 변하는 법이지 그 왜 학생 시점에서 중요하게 생각되는 거라든가 그쪽 사정 돌아가는 얘기 좀 해 주시게.

난 아버지나 어머니에게 얘기하지 않을 겁니다 혹시 그걸 신경 쓰고 계신다면요

얘기하지 않겠다고 얘기하지 않겠다니 아 그래 자네 얘기하는 게 바로 그거군 아니 자네가 얘기하건 안 하건 난 상관없소 자네도 알지 않소 그런 일은 단지 내가 운이 나빴다는 거지 무슨 경찰에 걸릴 만한 죄가 아니란 말이오 그걸 한 게 내가 최초도 아니고 최후도 아니야 단순히 난 운이 나빴을 뿐 자네는 다분히 운이 좋았겠군

말씀 한번 잘하시네요

화내지 마시게 난 자네가 말하고 싶어하지 않는 걸 말하도록 강요하려는 건 아니야 조금도 악의가 있어서 한 말이 아니니깐 물론 자네같이 젊은 친군 그런 종류의 일을 상당히 중대하게 받아들이겠지만 한 5년만 지나면 그렇지도 못할걸

난 사기는 사기로밖에 생각할 줄 모릅니다 하버드에서도 뭐 다르게 배우리라고는 생각하지 않아요

이거 참 엉터리 연극보다 더 재미있군 자네는 틀림없이 연극을 한 모양이야 그래 자네 말처럼 부모님께 얘기할 필요 없소 과거는 과거로 흘려보냅시다 그리고 뭐 이런 사소한 일을 가지고 우리가 승강이할 이유도 없지 퀜틴 난 자네를 좋아하네 자네의 생김새가 마음에 들어 자네는 다른 촌뜨기같이

1910년 6월 2일 119

보이지 않아 우린 앞으로 잘 지낼 수 있을걸세 기쁜 일이지 제이슨을 위해서 힘써 보겠다고 어머님께 약속한 바 있는데 자네도 역시 좀 도와주고 싶어 제이슨은 사실 이런 데서도 잘 지내겠지만 자네 같은 젊은 친구는 이런 촌구석에서 무슨 장래성을 찾을 수 있겠나

 고맙습니다만 제이슨이나 잡아 두는 편이 나을걸요 나보다는 그 애가 당신과 맘이 맞을 테니깐요

 그 일은 나도 후회하고 있소 하지만 내가 어렸을 적에 나에게 세세한 사항을 가르쳐 주실 자네 어머님 같은 분이 안 계셨거든 그런 일을 어머님이 알면 괜히 속만 상할 거요 정말 자네가 옳아 그런 쓸데없는 얘기는 할 것 없어요 물론 캔더스에게도

 난 아버지 어머니께 말씀드리지 않겠다고만 했는데요

 뭐 날 좀 봐 자네가 날 상대로 얼마나 버틸 수 있을 것 같나

 혹 당신이 학교에서 다투는 걸 배웠으면 나 같은 것쯤 상대도 되지 않겠지요 어디 내가 얼마나 버텨 낼지 한번 해 보시죠

 요 애송이 놈이 너 대체 어쩌려는 거야

 한번 해 보라니까요

 아차 담배를 어쨌나 자네 어머님께서 맨틀피스에 불똥이 퇸 자릴 보면 뭐라 하실까 아 위험했구먼 이봐 퀜틴 우린 나중에 둘 다 후회할 짓을 지금 하려던 참이었어 난 자넬 좋아하네 첫눈에 맘에 들었지 자네를 보자마자 이 사람이 누구든지 간에 정말 괜찮은 사람 같군 아니면 캔더스가 그렇게 열을 올릴 리 없지 하고 생각했네 들어 봐 난 여태까지 10년간이나 세상일을 맛보았는데 요새 와선 세상만사가 뭐 그다지 중요하게 생각되는 게 없거든 자네도 머잖아 알게 될 거야 자 우리 같은 하버드의 아들로서 이 문제에 대해 서로 얘기해 보세 나야 지금 그곳에 가도 어디가 어딘지 모를 테지만 그곳은 젊은이들에겐 세상에서 가장 좋은 장소지 내 아들들도 거기 보낼 작정이야 그 애들에겐 나보다 좋은 기회를 주고 싶다네 잠깐만 아직 가지 말고 우리 이 문제를 좀더 얘기해 보자고 자네 같은 젊은이들은 온갖 생각들을 가지고 있지 거기엔 나도 전적으로 찬성이야 그런 생각은 학교 다니는 동안 젊은이를 유익하게 하고 그의 인격을 형성하고 학교의 좋은 전통을 세우는 것이니깐 그러나 사회에 나가면 될 수 있는 대로 가장 좋은 생활 방법을 습득해야

만 해 다른 사람들도 다 그렇게들 하니까 이 사실을 알면 아무래도 좋단 생각이 들지 자 우리 악수하고 어머님을 생각해서라도 지난 일은 지난 일로 흘려보내자고 어머님 건강을 생각해 봐요 자 어서 손을 줘요 옳아 이것 좀 봐 이 녀석 꼭 수도원에서 갓 나온 놈 같군그래 아직 세상 물 하나 들지 않고 구김살도 하나 없는 신품이지 이것 좀 봐
  더러운 당신 돈 따위 필요 없어
  아아니 그러지 말아 나도 이제 한집안 식구가 됐잖아 안 그래 나도 젊은이들이 얼마나 돈이 필요한지 잘 알아 젊은 사람은 여러 가지 남모르는 사정이 있으니깐 그걸 그때그때 어른더러 지불하도록 하는 건 여간 어려운 일이 아니거든 난 다 알아요 나도 경험이 있거든 나도 하버드에 다녔으니까 그것도 오래지 않은 일이지 그러나 나는 이제 결혼해서 자리를 잡을 참이고 또 거긴 촌구석이니까 말이지 자 어서 바보같이 고집 부리지 마 이봐 우리 터놓고 얘기할 기회가 있으면 난 자네에게 저 보스턴 시내에 있는 어린 과부 얘기를 해 주고 싶군
  나도 그 이야기는 들었어요 그 더러운 돈이나 집어치워요
  꾸는 걸로 생각하면 되잖아 잠깐 눈을 감기만 하면 50달러가—
  건드리지 마요 그보다 저 맨틀피스에 있는 담배나 집어내시지
  그럼 맘대로 지껄여 봐 그리고 어떻게 혼구멍날지 두고 보라고 자네가 정말 바보가 아니라면 스스로도 알겠지 내가 그 사람들 마음을 확 사로잡아 놨으니 고결한 척하는 어리석은 오빠가 아무리 발버둥쳐 봤자 소용없단 것쯤은 그래 자네 어머니는 자네 집안 핏줄 속에 가득 찬 넘치는 자존심을 내게 얘기해 주셨지 아 들어와요 자 어서 들어와 캔디스 퀜틴하고 나는 하버드 얘기를 하면서 서로 낯을 익히고 있는 거요 나랑 함께 있으려고 온 거요 여자란 남편 곁을 떠나지 못하거든 자네 누이도 그렇지
  잠깐만 나가 줘요 허버트 나 퀜틴하고 얘기할 게 있으니깐
  자 어서 들어와요 다 같이 사이좋게 친해져 보자고 나 지금 퀜틴이랑 얘기를
  제발 허버트 잠깐만 나가 줘요
  그래 좋아 당신하고 오빠하고 서로 한 번 더 만나 보자는 거지
  맨틀피스에서 담배나 집어 가지고 나가시죠

1910년 6월 2일 121

옳은 말만 하는군 자넨 그럼 난 물러나겠어 이 집 사람들이 이 사람한테 명령할 수 있을 때 실컷 하도록 내버려 두지 퀜틴 모레부터는 매번 남편인 내 허락을 맡아야 이 사람을 만나게 될걸 안 그래 여보 키스해 줘요 여보
 아니 그만둬요 됐다가 모레 해요
 그땐 이자가 붙는 거야 퀜틴이 이제와서 죽도 밥도 안 될 짓을 하지 못하게 해요 아 그렇지 내가 퀜틴한테 이 얘기 했던가 한 사나이가 수다쟁이 앵무새를 기르다가 어떻게 됐나 하는 얘기인데 참 슬픈 얘기지 그게 왠지 떠오르는군 자네도 그것 좀 생각해 보라고 자 그럼 다시 만나요
 그럼
 그럼 또
 이번엔 뭘 또 하려는 건데
 아무것도 아냐
 오빠는 또 내 일을 방해하려는 거야 작년 여름만 해도 실컷 했잖아요
 캐디 너는 열이 있잖아 아프다니 어떻게 아프다는 거야
 하여튼 좀 아픈데 못 물어보겠어
 아래에서 그놈 목소리를 쐈다
 저런 건달하곤 헤어져 캐디
 정오가 지나 오후가 되어도 때때로 죽 가로막던 것이 끊기면 강이 눈부시게 반짝였다. 이미 꽤 지났겠지만, 우리가 탄 전차는 제럴드가 신(神)을, 여러 신들을 뒤로하고 당당한 모습으로 상류로 저어 가고 있는 곳을 지나친 듯하다. 그래 여러 신들이라고 하는 편이 좋겠지. 매사추세츠주 보스턴에서는 신도 어리석은 시민에 불과할 테니까. 그렇지 않으면 단순한 남편이 아닐지도 모르지. 젖은 노는 반짝이는 물결을 따라 그를 운반했고 여자들의 손바닥도 반짝인다. 다들 아첨꾼이야. 아첨꾼. 만일 남편이 아니라면 그는 그런 신조차 무시하겠지. 저런 건달하곤 캐디 강은 크게 우회하는 눈부신 커브 저쪽으로 번쩍이며 멀어져 갔다.
 나 아프거든 약속해 줘야 해
 아프다니 어떻게 아프다는 거야
 하여튼 좀 아픈데 못 물어보겠어 아직 아무한테도 약속해 줄 거지
 만일 그 둘을 돌봐 주어야 할 필요가 생긴다면 그것은 너 때문이야 넌 어

디가 아프다는 거야

　8시 10분 기차를 맞이하기 위해 차가 역을 향해 떠나는 소리가 창밑에서 들렸다. 사촌들을 데리고 돌아오려고. 헤드 집안의 머릿수(head)가 늘어난다. 한 사람 또 한 사람 머리가 늘어 가는데 그렇다고 이발사는 아니다. 손님의 손톱을 다듬어 주는 아가씨들. 옛날 우리 집엔 서러브레드종 말이 있었다. 헛간에 있을 땐 참 훌륭했는데 안장을 얹으니 똥개나 마찬가지였지. 퀜틴은 캐디의 방바닥 아래에서 모든 목소리를 쐈다

　전차가 섰다. 내려 보니 나는 내 그림자 한가운데에 서 있었다. 길 하나가 전차 궤도를 가로지르고 있었다. 거기엔 목조 차양이 있었고 그 그늘 아래에 선 한 노인이 종이봉투에서 무언가를 꺼내 먹고 있었다. 이윽고 전차 소리가 들리지 않게 되었다. 길은 숲 속으로 들어갔는데 그곳은 그늘이 져 있었다. 그러나 뉴잉글랜드의 6월 녹음은 고향인 남부의 4월 녹음만치도 무성하지 못했다. 굴뚝 하나가 건너편에 보였다. 나는 그것을 등지고 내 그림자를 먼지 속에 밟아 넣었다. 내 안에 무서운 게 있었어 밤이면 때때로 그 녀석이 날 보고 히죽히죽 웃는 게 보였어 남자들 속에서 남자들 얼굴 속에서 날 보고 히죽히죽 웃고 있었어 그 녀석이 사라지니까 내가 아파진 거야

　캐디

　건드리지 마 하여튼 약속해 줘

　아프다면 결혼은 못하잖아

　아니 괜찮아 그냥 해치워 버리면 되니까 이제 상관없어질 테니까 제발 저 애를 잭슨 정신병원에 보내지 않게 해 줘 약속해 줘

　약속할게 캐디 캐디

　건드리지 마 건드리지 마요

　그 녀석 어떤 놈이었어 캐디

　뭐가

　널 보고 히죽히죽 웃던 녀석 남자들 속에 있던 녀석

　굴뚝은 아직 보였다. 바로 저 근처에 강이 흘러서 상처를 치유하며 바다로 나가 바다 동굴로 흘러들겠지. 평화롭게 굴러 떨어지면서 흘러들어, 신께서 "일어나라" 말씀하셔도 다리미만이 둥둥 떠오르겠지. 버쉬와 함께 온종일 사냥했을 때는 점심을 먹지 않았으므로 12시가 되니 배가 고팠다. 대충 1시

까지는 배가 고팠는데 그때 갑자기 배고픔조차 잊어버렸다. 가로등들이 언덕을 넘어가자 차가 언덕을 넘어가는 소리가 들렸다. 내 이마 아래의 평평하고 시원하고 매끈매끈한 팔걸이가 의자 전체의 모양새를 가르쳐 줬고 사과나무 향기 바람이 불어와 내 머리칼에 몸을 기대어 냄새로 알아보고 있었던 에덴의 의상을 밀어제쳤다 너 열이 있잖아 어제부터 눈치챘다고 꼭 난롯가에 있는 것 같잖아.

건드리지 마.

캐디 아프다면 결혼은 못하잖아. 저런 건달하고.

난 누구하고든지 결혼해야 해. 그리고 나는 뼈를 다시 한 번 부러뜨려야 되겠단 소릴 들었다.

마침내 굴뚝은 보이지 않게 되었다. 길은 돌담을 끼고 뻗어 갔다. 나무들이 햇빛을 얼룩덜룩 받으면서 담 위로 늘어져 있었다. 담장의 돌은 차가웠다. 그 옆을 걸으니 냉기가 느껴졌다. 다만 우리 고향 남부는 이 고장하곤 달랐다. 그곳은 단지 걸어가기만 해도 무엇인가 놀라운 게 있었다. 영원한 공복조차 채워 주는 고요하면서도 맹렬한 풍성함이라고나 할까. 그것은 주위에 넘쳐흐르는 것이지, 한낱 돌 하나하나까지 품어서 먹여 주는 것은 아니었다. 이 고장에선 풍성함도 임시변통과 같아서 겨우 초록빛이 나무들 사이에 번지도록 해 놨을 뿐으로, 저 멀리 보이는 푸른색에도 그 환상적인 풍부함은 없었다. 뼈를 다시 한 번 부러뜨려야 되겠단 소리를 듣자 내 몸속에서 아아 아아 아아 소리가 나기 시작했고 나는 땀을 흘렸다. 내가 걱정할 게 뭐 있나 다리뼈가 부러지는 게 어떤 건지 다 아는데 하나부터 열까지 다 별거 아니야 집에 틀어박혀 있어야 할 시간이 좀 길어질 뿐이지 그때 내 턱주가리 근육이 마비되어 가고 땀을 흘리면서 내 입이 잠깐만 잠깐 기다려요 하고 말하고 내 이빨 뒤에선 아아 아아 아아 소리가 나고 아버지는 말씀하시지 저놈의 말이 저놈의 말이. 기다려 주세요 제가 잘못한 거예요. 그놈은 매일 아침 도시락 바구니를 들고 담장을 따라 부엌까지 올 적에 담을 지팡이로 쳐서 시끄러운 소리를 냈다 나는 깁스고 뭐고 그대로 한 채로 창문까지 내 몸을 질질 끌고 가 석탄을 한 덩어리 들고 숨어서 놈을 기다렸다 딜시는 말했다 몸을 다 망칠 셈이우 그런 바보짓을 그만둘 정신머리도 없남 다리를 분질러 먹은 지 나흘도 안 됐구먼. 기다려요 곧 익숙해질 테니까 조금만 기다려요 곧 이곳 뉴잉글랜드 공기 속에서는 소리마저 약해지는 모양이다. 소리를 멀리 운반하는 동안 공기가 지쳐 버리기라도 하는 듯싶었다. 개 짖는 소리는 기차 소리보다도 멀리까지 들린다. 특히 어둠 속에서는. 사람 목소리 중에도 그런 게 있다. 검둥이들 소리. 루이스 해처는 뿔피리와 낡은 랜턴을 늘 가지고 다녔는데 뿔피리를 사용한 적은 한 번도 없었다. "루이스, 그 랜턴을 마지막으로 청소한 건 언제야?" 내가 말했다.

"얼마 전에 했지요. 북쪽에서 홍수가 나서 사람들을 다 휩쓸어 가 버린 거 기억하죠. 바로 그날 청소했어요. 할멈하구 나하구 그날 밤 난로 앞에 앉아 있었던가? 그때 할멈이 그랬어요. '루이스, 저 홍수가 예까지 밀려오면 어쩌려고 그러우?' 난 말했죠. '하긴 정말 그렇군. 랜턴을 청소해 두는 게 좋겠어' 그래서 그날 밤 청소했어요."

"그 홍수는 저 멀리 펜실베이니아에서 났잖아." 내가 말했다. "여기까지 올 리가 없지."

"뭐 그렇게 생각하시든가." 루이스가 말했다. "홍수란 놈이 펜실베이니아에서 해낸 일을 제퍼슨에서 똑같이 해내지 못할 린 없다는 게 내 생각이지만서두. 물 높이고 뭐고 전부 똑같이 말입죠. 암만 물이 넘쳐도 예까진 못 온다고 장담하는 놈들이야말로 마룻대를 붙들고 떠내려 오는 법이거든요."

"당신하고 마사는 그날 밤 도망쳤어?"

"물론 그랬죠. 랜턴을 청소하고 나서 나랑 할멈이랑은 저 묘지 뒤의 언덕 꼭대기까지 올라가 하룻밤을 지새웠어요. 내가 더 높은 델 알았으면 그리루 올라갔을 테지만."

"그래 그 뒤론 랜턴을 청소하지 않았단 말이지."

"필요도 없는데 뭣하러 청소해요?"

"그러니까 다시 홍수가 닥칠 때까진 안 한다는 건가?"

"요 녀석이 저번 홍수 때 우릴 구원했죠."

"아서요, 루이스 할아범." 나는 말했다.

"진짜라니깐. 도련님은 도련님 맘대루 하쇼. 난 나대루 할 테니. 홍수를 피하려면 이 랜턴을 닦아야 한다는 게 정말인지 아닌지 난 누구랑도 말다툼 하기 싫으니까."

"루이스 할아버진 등불로 비춰서 사냥감을 잡진 않으니까요." 버쉬가 말했다.

1910년 6월 2일 125

"나는 네 아버지가 머리에 등유 바르고 이를 잡던 시절부터 이 땅에서 주머니쥐를 잡고 다녔단다, 꼬맹아." 루이스는 말했다. "산 채로도 많이 잡았지."

"정말이에요." 버쉬가 말했다. "루이스 할아버진 이 고장 어느 누구보다도 주머니쥐를 많이 잡았을 거야."

"암, 그렇고말고." 루이스가 말했다. "주머니쥐들을 잡을 정도의 빛은 충분히 있으니까. 그놈들이 투덜대는 소리 한 번도 들어본 적 없어. 이봐, 쉿. 저기 있다. 이야. 개들아 가자, 이쪽이다." 그리고 우리는 마른 낙엽 속에 앉았다. 낙엽은 기다리고 있는 우리의 느린 호흡과, 대지와 바람 없는 시월의 느린 숨결 속에서 바스락바스락 속삭였고, 코를 찌르는 랜턴 냄새가 맑은 공기를 흐리면서 퍼졌고, 우리는 점점 멀어져 가는 개들과 루이스 소리의 메아리를 듣고 있었다. 루이스는 소리를 높이지 않았으나 고요한 밤에는 저택 앞쪽 베란다에서도 그 소릴 들을 수 있었다. 개들을 불러들일 때 그는, 어깨에 메고 다니면서 한 번도 쓰지 않은 뿔피리와 똑같은 소리를 냈는데, 그보다 더 맑고 부드러운 그의 목소리는 마치 어둠과 침묵의 일부분처럼 그 안에서 스르륵 빠져나왔다가 스르륵 도로 들어가는 듯하였다. 이야아아아. 이야아아아아. 이야아아아아아아아아아. 누구하고든지 결혼해야 해.

지금까지 많았니 캐디

몰라 너무 많았거든 오빠 벤지랑 아버지를 돌봐 줄래

그럼 그게 누구 건지 넌 모르겠구나 그놈은 알고 있니

건드리지 말아요 벤지랑 아버지를 돌봐 줘

물이 가까워지는 느낌이 들었다. 곧 다리가 나왔다. 다리는 잿빛 돌로 돼 있었다. 이끼로 뒤덮이고 조금씩 습기가 밴 곳에는 곰팡이가 얼룩얼룩 피어 있었다. 다리 밑의 물은 그늘진 곳에서는 맑고 고요했으며, 교각 근처에서만 속닥속닥 속삭이거나 치치 혀를 차거나 하면서 하늘이 빙글빙글 돌며 소용돌이치는 물결 속에 빨려 들어가고 있었다. 캐디 저런 건달하고

난 누구하고든지 결혼해야 해 버쉬는 어떤 남자가 스스로를 거세한 이야기를 내게 들려주었다. 그 남자는 숲으로 가서 구덩이에 들어앉아 면도날로 그 일을 해치웠다. 분질러진 면도날이 어깨너머로 그것을 뒤로 날려 버렸고, 동시에 그 완벽한 동작을 통해 피는 굽어지지도 않고 덩어리진 채 뒤로 홱

뻗어 날아갔다. 하지만 그런 게 아니다. 그걸 갖지 않는다는 건 그런 게 아니다. 지금까지 그런 것을 한 번도 가져 보지 못한 것처럼 하는 거야. 그러니까 나로서는 아아 그런가 하고 말할 수도 있는 것이다. 그거 중국 이야기지 중국에 관해선 난 몰라 하고. 그러자 아버지는 말씀하셨다 네가 동정(童貞)이라 그렇게 생각하는 거야. 알겠니. 여자들은 절대 순결하지 않아. 순결성이란 소극적 상태이며, 그런고로 자연법칙에 위배되거든. 너를 괴롭히는 것은 자연이야. 캐디 따위가 아니라. 그래서 내가 그건 그저 말장난에 불과해요 하니까 아버지는 순결성이란 것도 역시 그런 거라고 하셨고 그래서 내가 아버지는 몰라요 아버지는 알 리가 없어요 하니까 아버지는 말씀하셨다 아냐 알고 있단다 모든 비극은 재탕이라는 걸 이해하게 되는 순간 순결성 같은 것도 단순한 단어임을 깨닫게 되는 거야.

다리 그림자가 비친 데를 나는 깊숙이 들여다볼 수 있었으나 맨 밑바닥은 아니었다. 나뭇잎을 물속에 오랫동안 넣어 두면 얼마 뒤 그 세포조직은 다 없어지고 섬세한 섬유질만 남아서 마치 자고 있는 모습처럼 천천히 물결에 출렁댄다. 그 섬유들은 한때 얼마나 단단히 결합되어 있었건, 또한 얼마나 단단히 줄기에 붙어 있었건, 상관할 바 없이 지금은 서로 맞부딪히지 않는다. 그러니까 아마도 신이 "일어나라" 하실 땐 두 눈 또한 깊은 적막과 잠에서 깨어나 떠올라 와 신의 영광을 바라보려 할 것이다. 그리고 조금 뒤엔 다리미도 떠오르겠지. 나는 다리미를 다리 옆 그늘에 감추어 두고 돌아와서 난간에 기대었다.

밑바닥은 볼 수 없었으나, 물결이 출렁이는 깊숙한 속까지 들여다볼 수가 있었다. 얼마 안 가서 들여다보는 데 싫증이 났는데, 그때 나는 굵은 화살 같은 그림자가 물살을 거스르며 가만히 있는 것을 보았다. 하루살이들이 수면 바로 위를 날아서 다리의 그늘 속을 들락날락했다. 만일 바로 저 너머가 지옥이라면 얼마나 좋을까. 맑은 불길은 죽음으로 끝나지 않는 우리 둘을 휘감겠지. 그렇게 되면 너는 나밖엔 없게 된다. 그땐 단지 나만이 그리고 우리 둘은 맑은 불꽃 저쪽의 지탄과 공포 한가운데에서 그 화살 같은 그림자가 움직이지 않은 채 커졌다. 그러자 소용돌이가 일면서 그림자가 송어 한 마리로 변해, 마치 코끼리가 땅콩을 줍는 것처럼 거창한 몸에 어울리지 않는 기민한 동작으로 하루살이를 덥석 물더니 순식간에 수면 아래로 들어갔다. 차차 약해지는 소용돌이가 하류로 흘러가 버리자, 또다시 송어 그림자가 나타나 코끝을 물결에 박고 물결의 동요에 맞추어 우아하게 흔들렸고, 그 위에서 하루살이가 비껴 날다 가만히 떠 있다 하는 것이 보였다. 단지 너하고 나만이 맑은 불길에 둘러싸여 지탄과 공포 한가운데서

흔들리는 그림자들 사이에서 송어는 우아하게 꼼작도 안 하고 있었다. 낚싯대를 든 세 소년이 다리 쪽으로 왔다. 우리는 같이 난간에 기대 송어를 내려다보았다. 그들은 그 송어를 알고 있었다. 이 동네에선 유명한 놈이었다.

"다들 25년간이나 저 송어를 잡으려고 했죠. 보스턴에 있는 한 상점에선 누구든지 저놈을 잡는 사람에겐 25달러짜리 낚싯대를 주겠다면서 현상까지 하고 있어요."

"그럼 너희가 저놈을 잡지그래. 너희 25달러짜리 낚싯대 갖고 싶지 않니?"

"갖고 싶죠." 그들은 난간에 기대 그 송어를 내려다보고 있었다. "정말 갖고 싶어 죽겠어." 그중 한 소년이 말했다.

"난 낚싯대는 필요 없어." 다음 애가 말했다. "난 그보담 돈을 받을래."

"아마 돈은 안 주려고 할걸." 먼젓번 애가 얘기했다. "틀림없이 낚싯대를 줄 거야."

"그럼 그걸 팔지."

"그따위는 팔아도 25달러도 받지 못해."

"그럼 받을 수 있는 만큼만 받으면 되지 뭐. 난 이 낚싯대 가지고도 25달러짜리로 잡는 거나 다름없이 많은 고기를 잡을 수 있으니깐." 그 다음 세 소년은 25달러를 받게 되면 그걸 어떻게 처리할 것인가를 상의했다. 그들은 모두 동시에 얘기해 댔다. 서로 자기주장만 하고 서로 엇갈리는 그들의 조급한 목소리는 마치 사람들이 자기들의 희망을 얘기할 때처럼, 꿈을 가능한 것으로 믿고 다음엔 그럴싸한 것으로 믿고 마침내는 반론의 여지가 없는 사실로 믿고 떠들어 대는 소리 같았다.

"난 말하고 마차를 살래." 둘째 놈이 말했다.

"그래, 어디 한 번 사 봐." 다른 애들이 말했다.

"정말 살 테야. 25달러에 그걸 파는 곳을 알고 있어. 파는 사람을 안다고."

"그게 누군데?"

"아무면 어때. 하여튼 난 25달러에 그걸 살 수 있거든." "그으래." 다른 놈들이 말했다. "그런 사람 실은 모르면서. 말뿐이지 뭐."

"너희 정말 그렇게 생각하니?" 그 소년은 말했다. 두 아이는 계속 그 애를 놀려 댔으나, 그는 더 이상 아무 말도 하지 않았다. 그는 난간에 기댄 채 그가 이미 잡아서 팔아먹은 그 송어를 내려다보고 있었다. 갑자기 다른 두 아이들의 음성에서 신랄한 시비조가 사라지고, 그들도 역시 그 아이가 그 고기를 잡아서 팔아 말과 마차를 산 것처럼 생각하는 듯이 보였다. 침묵을 지켜 우월감을 느낌으로써 그건 아무래도 괜찮다고 믿는 어른들의 습성이 그들 두 소년한테도 전염된 모양이었다. 생각건대 말로써 자기 자신이나 서로를 이용해 먹는 사람들도, 침묵에서 지혜가 생겨난단 점에 대해선 적어도 의견이 일치되는 성싶다. 그리고 잠깐 나는 그 두 아이가 상대편 애를 해치울 방법을 재빨리 강구해서 그의 말과 마차를 빼앗으려는 것처럼 느껴졌다.

"너 그따위 낚싯대로 25달러도 받진 못할 거야." 맨 처음 애가 말했다. "절대로 받지 못할걸."

"앤 아직 저 송어도 잡지 못했어." 세 번째 애가 불쑥 말하고는 둘이서 함께 소리쳤다.

"야아, 말해 줄까? 그 사람 이름이 뭐지? 말할 수 있으면 해 봐. 그런 사람 없잖아."

"아아, 조용히들 해." 둘째 아이가 말했다. "저것 봐, 그놈이 또 온다." 그 애들은 똑같이 난간에 가만히 기대었고, 그들의 낚싯대도 똑같이 가느다랗게 비스듬히 뻗어 햇빛에 비쳐 있었다. 송어는 천천히 올라왔고 그림자가 조금씩 흔들리며 커졌다. 그러다가 또다시 작은 소용돌이가 천천히 아래쪽으로 사라져 갔다. "끝내 준다." 맨 첫 번째 애가 중얼댔다.

"우린 이제 저놈을 잡으려고 할 것 없어." 그는 말했다. "보스턴 사람들이 와서 잡으려는 거 구경이나 하자."

"이 강 속엔 저놈 한 마리뿐이야?"

"그럼. 저놈이 다른 고기들을 모두 쫓아내거든. 이 근처에서 낚시질하기 제일 좋은 데는 저 아래 에디(소용돌이)란 곳이야."

"아냐, 그렇지 않아." 둘째 애가 말했다. "비글로우 제분소 쪽이 두 배나

1910년 6월 2일

나아." 그 다음 그들은 어느 쪽이 가장 좋은 낚시터인가 하는 문제로 잠깐 말다툼했다. 그러다가 갑자기 조용해지더니 다시 올라오는 그 송어와 소용돌이가 수면을 일그러뜨리며 하늘 조각을 꿀꺽 집어삼키는 모습을 바라보았다. 나는 여기서 제일 가까운 동네가 얼마나 먼 데 있느냐고 물었다. 그들은 나에게 가르쳐 주었다.

"그렇지만 제일 가까운 전찻길은 저쪽이에요." 둘째 놈이 방금 내가 지나온 길을 가리키며 말했다. "어딜 가는데요?"

"아무데도 안 가, 그냥 걷는 거야."

"아저씨 대학에서 왔죠?"

"응. 저 마을엔 공장이 있나?"

"공장이요?" 그들은 나를 쳐다보았다.

"아아뇨." 둘째 애가 말했다. "거긴 없어요." 그들은 내 옷을 쳐다보았다. "일자리 찾고 있군요?"

"비글로우 공장은 어떨까?" 셋째 애가 말했다. "그것도 공장이잖아."

"그따위가 무슨 공장이야. 이 아저씬 아주 멋진 진짜 공장을 말하는 거야."

"사이렌이 있는 공장 말이야." 내가 말했다. "난 아직 1시 사이렌을 듣지 못했거든."

"아하." 둘째 애가 말했다. "유니테리언 교회 첨탑에 시계가 있죠. 그걸 보면 시간을 알 수 있어요. 그런데 그 줄엔 시계가 달리지 않았나요?"

"아침에 고장 냈어." 나는 그들에게 내 시계를 보여 주었다. 그들은 그것을 조심스럽게 들여다보았다.

"이거 아직 가는데." 둘째 애가 말했다. "이런 시계 얼마나 가죠?"

"선물로 받은 거야." 나는 말했다. "내가 고등학교 졸업할 적에 아버지가 주셨거든."

"아저씨 캐나다인이에요?" 셋째 애가 말했다. 그의 머리털은 붉었다.

"캐나다인?"

"이 아저씬 그 사람들같이 얘기하지 않는데 뭐." 둘째 애가 말했다. "난 그 사람들 얘기하는 거 들었어. 이 아저씬 검둥이 악단에서 쓰는 말투로 얘기하는데."

"야." 셋째 애가 말했다. "넌 겁도 없구나, 아저씨가 때리면 어쩌려고 그래?"

"날 때려?"

"너 이 아저씨가 검둥이같이 말한다고 했잖아."

"흥, 잔소리하긴." 둘째 놈이 말했다. "아저씨, 저기 저 고개 넘어가면 첨탑이 보일 거예요."

나는 그들에게 고마웠다. "모두 잘들 있어라. 그렇지만 저 밑에 있는 늙은 송어는 잡으면 못쓴다. 놈은 놔줄 가치가 있으니깐 말이야."

"아무도 저 물고긴 못 잡아요." 맨 처음 애가 말했다. 그들은 난간에 기대 물속을 들여다보고 있었다. 그들의 낚싯대 세 개는 마치 햇빛 속을 비껴가는 세 줄기 노란 불빛 같았다. 나는 또다시 나의 그림자를 얼룩진 나무 그늘 속으로 밟아 넣으면서 그림자 위를 걸어갔다. 길은 꼬부라져 강에서 멀어지면서 차차 높아져 갔고, 언덕을 넘어선 꼬불꼬불 내려갔다. 눈과 마음은 고요한 푸른 나무들로 이루어진 터널을 지나 저 앞까지 벌써 끌려갔으나, 들 위로 솟은 사각형 첨탑과 둥근 시계의 글자판은 아직도 훨씬 멀리에 보였다. 나는 길가에 앉았다. 풀은 발목을 덮을 만큼 길게 가득히 자라 있었다. 길 위에 비친 나무 그림자들은 마치 내리 비끼는 햇빛을 연필 삼아 그곳에 그려 붙여 놓은 것처럼 꼼짝도 않고 있었다. 들려온 것은 그저 기차 소리였다. 잠시 뒤 그 소리는 길게 뽑으며 나무들 너머로 사라져 갔는데 그래도 아직 들렸고, 다음엔 내 시계 소리가 들렸다. 멀어져 가는 기적 소리는 마치 지금과는 다른 달에 다른 여름에 세상 어딘가를 달리는 소리처럼, 공중에 가만히 떠 있는 갈매기 밑을 지나 모든 것을 뒤로하고 달리는 듯했다. 다만 제럴드는 예외다. 그는 위엄을 지니고 혼자 도도하게 정오 속으로 저어 들어갔다가 정오로부터 저어 나와, 마치 숭배받는 신처럼 눈부신 공기 속을 거침없이 내달려 몽롱한 무한을 향해서 올라가겠지, 거기엔 그와 갈매기가 있을 뿐인데, 갈매기는 무서울 정도로 가만히 움직이지 않고, 그는 타성 그 자체로 간주되는 정확하고 안정된 동작으로 노를 저어갈 것이고, 거기에서 세계는 햇빛을 받는 그들의 그림자 밑에 보잘것없이 나타날 것이다. 캐디 저 건달 저 건달놈 캐디

그 애들의 목소리가 언덕을 넘어서 들려왔고, 가느다란 낚싯대 세 개는 나

란히 발사된 연발탄의 세 줄기 불빛같이 보였다. 그 애들은 지나쳐 가면서 나를 보았으나 걸음은 늦추지 않았다.
 "그래, 어찌 됐니?" 나는 말했다. "그 물고기는 못 잡았나 보군."
 "우린 그놈을 잡으려 들지 않았어요." 맨 처음 애가 말했다. "아무도 그 고긴 못 잡아요."
 "저기 시계가 있어요." 둘째 애가 손가락으로 가리키며 말했다. "조금만 더 가까이 가면 시간을 알아볼 수 있어요."
 "그래." 나는 말했다. "알았어." 나는 일어섰다. "너희는 다 시내로 들어가니?"
 "우리는 에디로 황어 잡으러 가요." 첫째 애가 말했다.
 "에디에선 아무것도 못 잡아요." 둘째 애가 말했다.
 "넌 제분소 쪽으로 가고 싶지? 거긴 여러 애들이 물을 끼얹고 텀벙거리고 해서 고기를 모두 쫓아 버렸단 말이야."
 "에디에선 아무것도 안 잡힌다고."
 "어쨌든 안 가면 아무 데서도 아무것도 잡히는 게 없을걸." 셋째 애가 말했다.
 "난 니가 왜 자꾸 에디 얘기만 하는지 모르겠어." 둘째 애가 말했다. "거기선 아무것도 잡히지 않는대도."
 "억지로 따라올 필요는 없어." 맨 처음 애가 말했다. "넌 내 부하도 뭣도 아니니까."
 "우리 다 같이 제분소 쪽으로 가서 헤엄치자." 셋째 애가 말했다.
 "난 에디로 가서 고길 잡을 테야." 맨 처음 애가 말했다. "너희는 너희 좋을 대로 해."
 "야, 에디에서 고기가 잡힌단 것은 꽤 옛날 얘기 아냐?" 둘째 애가 셋째 애에게 물었다.
 "우리 다 같이 제분소 쪽으로 가서 헤엄치자." 셋째 애가 말했다. 첨탑은 서서히 나무들 저편으로 가라앉았으나, 둥근 시계의 글자판은 아직도 멀리 보였다. 우리는 얼룩진 그늘 속을 걸어가고 있었다. 분홍색과 흰색으로 물든 과수원까지 왔다. 벌이 가득 차 있어 벌써 붕붕 소리가 들렸다.
 "우리 다 같이 제분소 쪽으로 가서 헤엄치자." 셋째 애가 말했다. 과수원 옆에 샛길 하나가 틔어 있었다. 셋째 애가 걸음을 늦추다가 멈춰 섰다. 첫째 애는 계속 나아가는데, 나무 새로 새어 드는 얼룩덜룩한 햇빛이 낚싯대를 타고 미끄러져 그의 어깨를 넘어서 셔츠의 등에까지 내리비쳤다. "가자." 셋째 애가 말했다. 둘째 애도 섰다. 왜 넌 누군가하고 결혼해야만 하지 캐디

그걸 내가 얘기해 주길 바라나요 오빠 말하면 그게 없던 일이 된다고 생각해요

"제분소로 가자." 둘째는 말했다. "어서 가자."

첫째 애는 계속 걸어갔다. 그의 맨발은 소리를 내지 않고, 나뭇잎보다도 더 부드럽게 옅은 먼지 속을 밟아 갔다. 과수원에서는 벌들이 마치 바람이나 일 듯이 윙윙거렸는데, 그 소리는 가장 높아지려는 순간에 갑작스럽게 억제되어 그대로 머물러 있는 소리와 같았다. 샛길은 담벼락을 따라서 나 있었는데 꽃이 여기저기 핀 나뭇잎 아치 밑을 지나 숲 속으로 사라져 갔다. 햇빛이 드문드문 그러나 강렬하게 그 길로 비껴 비쳤다. 노랑나비들이 마치 햇살 조각들처럼 그늘 속을 팔랑팔랑 날아다녔다.

"뭣 하러 에디에 가려는 거야?" 둘째 소년이 말했다. "낚시질은 제분소 쪽에서도 할 수 있잖아."

"아냐 가게 내버려 둬." 셋째가 말했다. 그들은 첫째 애가 가는 뒷모습을 바라다보았다. 얼룩덜룩한 햇빛은 걸어가고 있는 그의 등을 점점이 미끄러져 지나갔고, 낚싯대 위에서도 노란 개미가 기어가는 것처럼 반짝반짝 빛나며 움직였다.

"케니." 둘째가 말했다. 그걸 아버지한테 말씀드려 아니 내가 말하겠어 내가 아버지를 낳아 놓은 거야 내가 아버지를 만든 거야 창조했다고 내가 아버지를 말이야 그러니까 그걸 아버지께 얘기하면 그건 없던 일이 될 거야 왜냐하면 아버지는 본인이 존재하지 않았다고 말할 테니까 그렇게 되면 너하고 나만 남아서 얼마든지 낳을 힘이 있으니

"야, 가자." 셋째 소년은 말했다. "다들 벌써 가서 수영하고 있어." 두 아이들은 첫째 애를 뒤에서 바라다보았다. "아 그래, 됐어." 두 아이는 갑자기 말했다. "마마보이는 그냥 가 버리라지. 쟤 수영하러 가면 머리를 온통 물로 적시고 궁둥이깨나 얻어맞을 거야." 그들은 샛길로 돌아들어서 걸어갔다. 노랑나비들이 나무 그늘을 따라 그들 주위를 비껴 날아다녔다.

왜냐하면 그 밖에 아무것도 없기 때문이지 아니 난 무언가가 있으리라 믿지만 어쩌면 없을지도 모르죠 그렇다면 나는 그래 너는 아무리 부정한 짓을 저질러도 너 스스로 믿고 있는 그 모습엔 미치지 못한다는 것을 알게 되겠지
　그 애는 나를 외면한 채 앞만 보았고, 찢어진 모자를 쓴 머리는 약간 저쪽을 향하고 있었다.
　"왜 넌 쟤들하고 수영하러 가지 않니?" 내가 말했다. 저런 건달하고 캐디 저 사람하고 싸울 작정이었나요
　그놈은 거짓말쟁이 건달이야 캐디 트럼프하다 사기 쳐서 학생 클럽에서 내쫓기고 절교당하고 중간시험에서 부정행위했다고 쫓겨났대
　그래 그래서 어떻다는 거야 난 그 사람하고 트럼프 같은 거 안 할 건데
　"넌 낚시질이 수영보다 좋으니?" 나는 말했다. 벌 떼 소리는 점점 작아졌으나 아직도 들려왔고, 그 소리가 적막 속으로 사라져 간다기보단 차라리, 고요함이 우리와 벌 소리 사이에서 마치 물이 밀려 들어오듯이 증가해 가는 것 같았다. 길은 다시 꼬부라져서, 흰 집들이 들어선 그늘진 잔디밭 사이로 난 큰길이 되었다. 캐디 저런 건달하고 난 그렇다 치고 벤지와 아버지를 생각해 봐 그래도 네가 이럴 수 있니
　그 두 사람밖에 내가 생각할 것이 뭐 있나요 그 밖에 내가 생각해 온 것이 뭐 있어요 그 소년은 큰길에서 옆으로 섰다. 그는 뒤도 돌아보지 않고 말뚝 울타리를 넘어 잔디밭을 건너서 나무 밑으로 갔다. 그러고는 낚싯대를 내려놓고 나무를 타더니 가지가 갈라진 데까지 올라가 길을 등지고 앉았는데, 점점 비치는 햇살은 마침내 그의 흰 와이셔츠에 가만히 멈추었다. 내가 그 밖에 뭘 생각했다고 그래 난 울지도 못해 나는 작년에 죽어 버렸어 난 그렇게 말했는데 그때는 나도 그게 무슨 뜻인지 몰랐어 내가 무슨 얘길 하고 있는지 몰랐으니깐 고향 남부에서도 8월 하순엔 때때로 이렇지, 공기도 이렇게 희박하고 날카롭고, 그 속에 무엇인가 슬프고 향수 어린 친근감을 주는 것이 담긴 것이다. 인간이란 자기의 풍토 체험의 총화(總和)라고 아버지는 말씀하셨다. 인간이란 이러저러한 것의 총화라고. 불순물 계산 문제는 질질 끌다가 결국 언제나 무(無)로 귀결된다. 서로 부딪치는 티끌과 욕망의 끈끈한 엉김, 그러나 지금 나는 내가 죽은 것을 확실히 알고 있어 알겠나요
　그러면 너는 왜 알겠니 우리는 도망갈 수 있어 너와 벤지와 나와 셋이서

아무도 우리를 모르는 곳으로 그곳에선 흰말이 끄는 마차가 지나갔다. 말은 옅은 먼지 속에서 터벅거리고 있었다. 거미줄 같은 바퀴는 가느다랗고 건조한 소리를 내며, 출렁이는 나뭇잎 밑을 지나 언덕 쪽으로 올라가고 있었다. 느릅나무(엘름). 아냐, 북부 발음으로는 엘람이지, 엘람.

 돈은 어떡하려고 오빠 학비라도 쓸 셈이야 오빠가 하버드에 다닐 수 있도록 목장을 팔아서 마련했던 그 돈을 쓸 거냐고 오빠는 대학교를 꼭 졸업해야 해 그것도 몰라 안 그러면 그 애한텐 아무것도 남는 게 없다고

 목장을 팔았다 그 사내아이의 하얀 셔츠는 나무 갈라진 데에서 꼼짝도 않고 있었다. 마차 바퀴는 거미줄 같았다. 무겁게 짓누르는 마차 밑에서 말발굽은 수를 놓는 부인의 손놀림처럼 정연하면서 민첩했고, 마치 무대 위에서 수레바퀴에 올라탄 사람이 재빠르게 무대 뒤로 끌려가는 것처럼 전진하는 모습도 안 보이면서 자꾸만 작게 사라져 가고 있었다. 길은 다시 구부러졌다. 나는 흰 첨탑과 멍청스럽게 시간을 가리키는 둥근 시계의 글자판을 볼 수 있었다. 목장을 팔았다

 만일 술을 끊지 않으면 1년 뒤엔 돌아가신다는데 아버지는 끊으려고 안 하시지 작년 여름부터 아버진 술을 끊지 못하는 거야 아버지가 돌아가시면 벤지는 잭슨으로 보내질 테고 난 울 수도 없어 잠깐도 울지 못하거든 그녀는 순간 문간에 서 있었는데 다음 순간 벤지는 그녀의 옷자락을 끌어당기며 울고 있었다 그 울음소리는 물결처럼 벽과 벽 사이를 이리 부딪히고 저리 부딪히면서 울려 퍼졌으며 그녀는 뒷걸음질하다 벽에 등이 부딪혀 점점 몸을 작게 오그라뜨리고 얼굴은 창백하고 눈은 얼굴에 엄지손가락을 푹 박아 놓은 것 같았는데 마침내 그 애는 그녀를 방에서 잡아 끌어냈고 울음소리는 벽에 부딪혀 울려 나왔다 하고 있었는데 마치 울음이 그 자체의 기세 때문에 멈추지 못하는 것처럼 마치 정숙 속에는 울음이 자리잡을 장소가 없는 것처럼 울어 대면서

 문을 열었을 때 벨이 찌르릉 울렸는데, 문 위에 있는 새까만 어둠 속에서 높고 분명하고 짧게 단 한 번 울렸을 뿐이다. 그것은 종이 닳아 빠지지 않도록, 또한 갓 구운 빵의 따끈따끈한 냄새 속에 문이 열렸을 때 다시 조용함을 회복하기까지 너무 많은 적막이 소비되지 않도록, 단 한 번 분명히 짧게 울리도록 일부러 조절해 만든 것 같았다. 그러자 장난감 곰 같은 눈을 하고 에나

1910년 6월 2일

멜가죽 같은 땋은 머리를 두 가닥 늘어뜨린 추레한 계집애가 눈에 띄었다.
 "이봐, 아가씨." 단내가 풍기는 덥고 텅 빈 가게 안에서 그 계집애의 얼굴은 커피를 탄 한 컵의 우유같이 보였다. "여기 아무도 없나?"
 그러나 그 계집애는 아무런 대꾸도 없이 나를 쳐다보고만 있었는데, 이윽고 안쪽 문이 열리고 부인이 들어왔다. 진열장에 바삭하게 구운 빵이 몇 줄이나 놓인 카운터 위로 그 부인의 말쑥한 회색 얼굴, 말쑥한 반백 머리털이 드문드문 났어도 꽉 잡아맨 머리, 산뜻한 회색 테두리 안경이 나타나, 철사를 타고 움직이듯이 상점에 놓인 작은 금고처럼 스르륵 다가왔다. 그녀는 도서관 사서처럼 보였다. 먼지 앉은 책장에 질서 정연하게 진열된 책들의 확신에 둘러싸여서 현실과는 오랫동안 인연을 끊고, 조용히 메말라 가서 부정을 목격하는 데 익숙해진 바깥공기의 숨결이 불어온다면—
 "이거 둘만 주십시오."
 카운터 밑에서 그 여인은 사각형 신문지 쪽을 꺼내서 카운터 위에 놓고 과자빵 두 개를 쌌다. 작은 계집애는 마치 옅은 커피잔에 가만히 떠 있는 두 알의 건포도 같은 눈으로 눈 한 번 깜빡도 않고 과자빵을 들여다보고 있었다. 유대인의 토지, 이탈리아인의 고향. 그 눈은 빵과 말쑥한 회색 손, 왼쪽 집게손가락의 파랗게 된 마디에 껴진 폭 넓은 금반지를 바라보고 있었다.
 "여기서 빵을 굽나요?"
 "네? 말씀하세요." 그 여자는 말했다. 익숙한 말투다. 네? 말씀하세요. 마치 무대 위에서 얘기하듯이. 네? "5센트입니다. 더 필요하신 건 없습니까?"
 "없습니다. 난 필요 없습니다. 이 아가씨가 뭐 좀 필요한 게 있나 본데요." 그 여자는 카운터 너머로 아래를 내려다볼 만큼 키가 크지 못했다. 그래서 카운터 끝으로 걸어가서, 그 작은 계집애를 보았다.
 "손님께서 이 애를 데리고 왔어요?"
 "아닙니다. 내가 들어오니깐 여기 있더군요."
 "이 돼먹잖은 계집애가." 그녀는 카운터 밖으로 돌아 나왔으나 계집애를 건드리지는 않았다. "너 주머니에 뭐 집어넣은 거 아냐?"
 "얘는 주머니 같은 게 없는데요." 내가 말했다. "이 애는 아무 짓도 안 했어요. 댁이 나오시길 기다리면서 그저 서 있었을 뿐이죠."

"그럼 어째서 저 종이 울리지 않았죠?" 그녀는 나를 쏘아봤다. 그녀한테는 회초리 한 아름만이 필요한 것 같은 눈치였다. 그녀 등 뒤에 2×2=5라고 쓰인 칠판이 있으면 완벽하겠다 싶었다. "이런 앤 옷 밑에 무엇을 감춰도 아무도 절대 모를 거라고요. 애, 너 어떻게 여기 들어왔니?"

그 계집애는 아무 말도 안 했다. 계집애는 부인을 쳐다보았다. 그 다음 검은 눈동자를 나에게 휙 던졌다가 다시 부인을 쳐다보았다. "망할 외국 놈들." 그녀는 말했다. "종소리도 안 내고 어떻게 여길 들어왔을까?"

"내가 문을 열었을 적에 같이 들어왔는데요." 나는 말했다. "그러니까 우리 둘이 들어올 때 종이 한 번 울렸죠. 어쨌든 애가 손 댈 수 있는 게 없는데요. 그뿐더러 나는 애가 그런 짓 하리라고 생각하진 않습니다. 응, 그렇지, 아가씨?" 작은 소녀는 무엇인가 감춘 듯이 뭘 곰곰이 생각하는 표정으로 나를 쳐다보았다. "너 뭘 갖고 싶으니? 빵?"

그 소녀는 주먹을 내밀었다. 주먹을 펴니, 축축한 때가 손금처럼 밴 손바닥 위에 땀으로 더러워진 5센트짜리 동전이 놓여 있었다. 동전은 축축하고 뜨뜻했다. 희미한 금속성 냄새를 풍겼다.

"5센트짜리 빵 있어요, 아주머니?"

그녀는 카운터 밑에서 사각형 신문지 조각을 꺼내 카운터 위에 놓고, 거기에 빵 한 덩이를 쌌다. 나는 소녀의 은전을 카운터에 놓고, 따로 5센트 은전 한 닢을 꺼내서 놓았다. "그리고 과자빵도 하나 주십쇼, 아주머니."

그녀는 진열장에서 과자빵을 또 하나 꺼냈다. "그 꾸러미 이리 줘요." 그녀는 말했다. 나는 그걸 그 여인에게 주었다. 그녀는 그걸 풀더니 세 번째 과자빵을 넣고 쌌다. 그리고 은전을 챙기고는 앞치마에서 1센트 동전 두 닢을 찾아서 나에게 주었다. 나는 그걸 어린 소녀에게 건넸다. 그 애의 벌레와 같은 축축하고 뜨거운 손가락은 그 동전을 쥐었다.

"당신, 그 과자빵을 저 애한테 주시렵니까?" 그 부인은 말했다.

"네." 나는 말했다. "아주머니가 만든 빵은 내 눈에 그런 것처럼 이 애에게도 맛있어 보일 테니까요."

나는 꾸러미 둘을 집어서 빵 꾸러미는 소녀에게 주었다. 온통 회색인 그 부인은 카운터 뒤에서 냉정한 확신에 찬 눈길로 우리를 쳐다보고 있었다. "잠깐만 기다려 줘요." 그녀는 말했다. 그녀는 가게 안쪽으로 걸어갔다. 문이 다시 열렸다가 닫혔다. 계집애는 자기의 더러운 옷에 빵을 그러안고 나를 쳐다보았다.

"네 이름이 뭐지?" 나는 말했다. 그 소녀는 나에게서 눈길을 돌렸으나 여전히 꼼짝도 하지 않았다. 소녀는 숨도 쉬지 않는 것 같았다. 부인이 돌아왔다. 그녀는 손에 괴상해 보이는 걸 들고 있었는데, 그것을 마치 애완용 쥐의 사체라도 되는 양 가져왔다.

"자." 그녀는 말했다. 소녀는 그녀를 쳐다보았다. "이거 가져가." 부인은 그것을 소녀에게 내밀며 말했다. "모양새가 좀 이상하다뿐이야. 먹어 보면 맛은 다를 게 없을 거야. 자, 어서. 난 종일 여기 서 있을 순 없어." 소녀는 계속 부인을 쳐다보며 그걸 받았다. 부인은 앞치마에 두 손을 문댔다. "저 종을 고쳐야겠는데." 그녀는 문 쪽으로 가서 문을 홱 열어젖혔다. 작은 종은 단 한 번 가느다랗고 맑으나 눈에 보이지 않는 찌르릉 소리를 냈다. 우리는 문 위쪽을 기웃거리고 있는 부인 뒤로 다가갔다.

"케이크 감사합니다." 내가 말했다.

"망할 외국 놈들." 그녀는 종이 찌르릉 울린 캄캄한 곳을 올려다보며 말했다. "내 젊은 분에게 충고하는데, 그 패를 상대할 거 없어요."

"네." 나는 말했다. "얘, 가자." 우리는 가게를 나왔다. "감사합니다, 아주머니."

여인은 문을 탁 닫았다가 홱 젖혀 열었다. 벨은 단 한 번의 신호를 울렸다. "망할 외국 놈들." 그녀는 벨을 기웃거리며 말했다.

우리는 걸어갔다. "있잖아." 나는 말했다. "아이스크림 먹을래?" 소녀는 괴상하게 생긴 케이크를 먹고 있었다. "아이스크림 좋아하니?" 소녀는 우물우물 씹으면서 까만 눈초리를 가만히 내게 던졌다. "같이 가자."

우리는 잡화점에 가서 아이스크림을 샀다. 소녀는 빵 꾸러미를 내려놓으려고 하지 않았다. "왜 빵을 내려놓지 않니. 그래야 좀더 편히 먹을 수 있잖아?" 이렇게 말하면서 나는 그걸 받으려고 손을 내밀었다. 그러나 소녀는 그걸 꼭 붙든 채, 캐러멜 사탕이나 먹는 것처럼 아이스크림을 우물우물 씹고 있었다. 먹다 둔 케이크는 탁자 위에 있었다. 소녀는 꾸준히 아이스크림을 먹고는, 다시 케이크에 들어붙어 씹어 먹으며 진열장을 둘러보고 있었다. 내가 아이스크림을 다 먹자 우리는 밖으로 나왔다.

"어느 쪽에 살지?" 나는 말했다.

마차가 왔다. 흰말이 끌던 그 마차였다. 하지만 의사 피보디 선생*은 뚱뚱하지, 300파운드는 나갈걸. 그분 마차를 빌려 탈 때는 위로 들린 쪽 자리에 앉아 필사적으로 벽에 매달려야 한다. 어린애가 탈 때는, 벽에 매달려 가는 것보다 걷는 게 훨씬 편하다. 의사한테 물어봤니 물어봤어 캐디

그럴 필요 없어 지금 난 물어보지 못해 나중엔 다 괜찮아질 거야 상관없어 왜냐하면 여자들이란 그렇게 미묘하고 신비스럽기 때문이라고 아버지가 말했다. 균형 잡힌 두 달 사이에 주기적으로 오물을 배출하는 미묘한 정상화 작용. 두 달이라고 아버지는 말했다. 중추의 보름달 같은 만월은 여자의 엉덩이나 허벅지같이 가득히 부풀어 오르고 노랗다. 외측은 여자의 외측은 언제나. 노란색. 말하자면 걸어다니므로 노래진 발바닥. 그리고 어느 남자가 저 신비스럽고 거만한 모든 것이 내부에 숨은 것을 알게 된다. 그 모든 것을 내부에 감추고 접촉을 기다리며 외면상 애교를 형성한다. 빠져 죽은 것 같은 부패된 액체가 온통 혼합된 인동덩굴 냄새를 풍기며 말랑말랑 부풀어 오른 희뿌연 고무처럼 떠오른다.

"빵은 집으로 가지고 가는 게 좋겠지, 그렇지?"

그 소녀는 나를 쳐다보았다. 소녀는 조용하고 꾸준하게 씹고 있었는데, 일정한 시간 간격을 두고 조그마하게 부푼 것이 목을 통해 매끄럽게 내려갔다. 나는 내 꾸러미를 끌러 소녀에게 과자빵 하나를 주고는 말했다. "잘 가라."

나는 걸음을 뗐다. 그러다가 뒤를 돌아보았다. 소녀는 내 등 뒤에 있었다. "너네 집도 이쪽이니?" 소녀는 아무 말도 안 했다. 소녀는 내 팔꿈치 아래쪽에 붙어서 먹어 가면서 걸었다. 우리는 계속해 갔다. 주위는 조용했고 거의 인기척이 없었다 온통 혼합된 인동덩굴 냄새를 풍기며 그녀는 내게 얘기할 셈이었을 테지만 난 그저 기약도 없이 기다리며 부엌 층계에 앉아 어슴푸레한 빛 속에서 그녀의 방문이 쾅 닫히는 것을 듣고 벤지가 우는 소리를 듣고 있었다 저녁밥 시간이다 그녀도 아래로 내려올 수밖에 없으리라 온몸엔 인동덩굴 냄새를 풍기며 우리는 길모퉁이에 다다랐다.

"자, 그럼 나는 이쪽으로 가야 하는데." 나는 말했다. "잘 가라." 소녀도

---

* 제퍼슨의 의사. 포크너의 다른 작품에 등장한다.

역시 멈추어 섰다. 소녀는 케이크를 마지막으로 꿀떡 삼키고, 다음엔 과자빵에 달라붙어서 그걸 입에 물고 나를 쳐다보았다. "잘 가라." 나는 말했다. 나는 길을 꺾어 들어가 계속 걸었다. 그러다 다음 모퉁이에 와서 다시 멈추었다.

"너 어느 쪽에 살지?" 나는 말했다. "이쪽이니?" 나는 길 저편을 가리켰다. 소녀는 나를 쳐다볼 뿐이었다. "넌 저쪽에 사니? 기차들이 지나다니는 정거장 근처에 살지, 그렇지 않아?" 소녀는 조용히 수수께끼 같은 모습으로 우물우물 씹으면서 나를 쳐다볼 뿐이었다. 조용한 잔디밭과 집들이 나무들 사이에 말쑥하게 늘어서 있었으나, 길 양쪽엔 인기척이 없었다. 방금 지나온 저 뒤쪽을 제외하곤 아무도 눈에 띄지 않았다. 우리는 돌아서서 되돌아갔다. 상점 앞 의자에 두 남자가 앉아 있었다.

"실례지만, 이 여자애를 아시나요? 이 애가 어째선지 날 따라오고 있는데, 어디 사는지 알 수가 없군요."

그들은 나를 보다 말고 소녀를 쳐다보았다.

"틀림없이 새로 온 이탈리아 가족들 중 어느 하나일 겁니다." 한 사람이 말했다. 그는 낡아 빠진 프록코트를 입고 있었다. "전에도 얠 보았죠. 애, 네 이름이 뭐지?" 소녀는 까만 눈으로 잠시 그들을 쳐다보았는데, 그 애의 턱은 여전히 움직이고 있었다. 소녀는 씹는 걸 멈추지 않고 삼켰다.

"아마 영어를 못하는 모양이죠." 다른 한 사람이 얘기했다.

"심부름으로 빵 사러 온 것 같던데요." 나는 말했다. "틀림없이 조금은 얘기할 줄 알 겁니다."

"네 아버지 성함은 뭐지?" 첫 번째 남자가 말했다. "피트? 조? 성함 말이야, 존인가? 응?" 소녀는 과자빵을 다시 한 입 베어 물었다.

"어떡하죠?" 나는 말했다. "날 따라다니기만 하니 말이에요. 난 보스턴으로 돌아가야 하는데."

"당신 대학생이오?"

"네, 그렇습니다. 그러니까 돌아가야만 합니다."

"그렇다면 길 저쪽으로 가서 앤스에게 그 애를 넘기는 게 좋겠습니다. 앤스는 삯마차 집에 있을 겝니다. 그 사람이 순경이니깐요."

"그렇게 해야겠군요." 나는 말했다. "이 애를 그냥 버려두고 갈 순 없으니. 고맙습니다. 가자 얘."

우리는 거리의 그늘진 쪽을 걸어갔는데, 들어갔다 나왔다 들쭉날쭉하게 늘어선 건물들의 그림자가 길 반대편까지 서서히 비쳐 가고 있었다. 우리는 삯마차 마구간까지 갔다. 순경은 거기에 없었다. 암모니아 냄새가 풍기는 어둡고 시원한 바람이 줄지어 있는 칸막이방들 사이에서 불어 나오고, 폭넓으나 낮은 문간에 달린 의자에는 한 남자가 앉아 있었다. 그는 우체국에 가 보라고 말했다. 그 남자도 소녀를 알지 못했다.

"저 외국인들 말인데. 난 누가 누군지 분간을 못하겠어요. 그 사람들이 사는 선로 저쪽에 데려가 보든가요. 그러면 누군가가 자기 집 애라고 나설 겁니다."

우리는 우체국으로 갔다. 그것은 거리를 훨씬 되돌아가서 있었다. 프록코트를 입은 사나이가 신문을 펴 들고 있었다.

"앤스는 방금 마차 타고 시외로 나갔는데요." 그는 말했다. "저 정거장을 지나서 집들이 있는 강가로 가 보는 게 좋을 겁니다. 거기선 누군가 그 애를 아는 사람이 있겠죠."

"그래야겠군요." 나는 말했다. "가자, 아가씨." 계집애는 과자빵의 마지막 쪽을 입에 넣고 삼켜 버렸다. "하나 더 줄까?" 내가 말했다. 계집애는 우물우물하면서 나를 쳐다보았는데, 그 눈은 까맣고 깜짝도 안 하는 것이 친근감이 있었다. 나는 과자빵 둘을 꺼내서 하나를 계집애에게 주고 다른 하나는 내가 먹었다. 지나가던 사람한테 정거장이 어디 있느냐고 물어봤더니 그가 가르쳐 주었다. "자, 가자, 아가씨."

정거장에 도착하여 철로를 건너니 강이 있었다. 강엔 다리가 하나 걸쳐 있었고 그 너머에 너절한 판잣집들이 들어선 거리가 강을 따라 있었는데, 집들은 강을 등지고 서 있었다. 보잘것없는 거리였지만 이질적이며 생생한 분위기가 감돌았다. 군데군데 빠지고 부러진 말뚝 울타리로 둘러싸인 잡초투성이 땅 한가운데에 한쪽으로 쓰러진 헌 마차와 비바람에 실그러진 집 한 채가 있었는데, 그 집 2층 창문에는 발랄한 분홍색 옷이 걸려 늘어져 있었다.

"저게 너희 집 같지 않니?" 나는 말했다. 소녀는 과자빵을 먹으며 나를 쳐다보았다. "이게 너희 집이야?" 나는 손가락으로 가리키며 말했다. 소녀는 빵을 우물우물 씹고만 있었으나 나는 그 소녀의 태도에서, 과히 열성적은

1910년 6월 2일

아닐지라도 딱히 부정하지도 않는 긍정적인 구석을 찾아볼 수 있었다. "이 집이지?" 나는 말했다. "그럼, 어서 가자." 나는 부서진 문으로 들어갔다. 소녀를 되돌아봤다. "여기?" 나는 말했다. "이 집이 너희 집 같니?"

소녀는 여전히 나를 보면서 머리를 재빨리 끄덕이고, 반달 모양의 축축한 빵을 갉아먹었다. 우리는 안에 들어갔다. 생생하고 거친 잡초 잎이 갈라진 틈바구니에 자라고 있는 엉망으로 부서진 포석을 깐 보도는, 부서진 현관 층계로 통하고 있었다. 집 주위엔 인기척이 전혀 없었고, 분홍색 옷은 바람이 없어서 2층 유리창에서 축 늘어져 있었다. 도자기로 된 초인종 손잡이가 6피트가량의 철사줄에 매달려 있었다. 나는 그걸 잡아당기지 않고 문을 두드렸다. 그 어린 계집애는 우물우물 씹고 있는 입가에다 빵껍질을 붙이고 있었다.

부인 한 사람이 문을 열었다. 그녀는 나를 쳐다보고는 다음에 그 계집애에게 이탈리아어로 빨리 얘기했는데, 차차 상승하는 음조로 얘기하다가는 대답을 기다리는 듯한 얼굴로 잠시 말을 끊었다. 그녀는 계집애에게 다시 말했다. 작은 계집애는 빵껍질 끝을 입에 물고, 더러운 손으로 그걸 입에 밀어 넣으며 그녀를 쳐다보고 있었다.

"이 애가 여기 산다는데요." 나는 말했다. "애하고는 시내에서 만났습니다. 이것이 댁에서 부탁한 빵인가요?"

"말 몰라." 부인은 말했다. 그녀는 작은 계집애에게 다시 말했다. 계집애는 단지 그녀를 쳐다보고 있을 뿐이었다.

"여기 살지 않아요?" 나는 말했다. 나는 계집애를 가리키고, 다음엔 그녀를, 그리고 다음엔 문을 가리켰다. 그 부인은 머리를 가로저었다. 그녀는 빠르게 무엇이라 말했다. 그리고 베란다 끝으로 가더니 뭐라 말하면서 길 저쪽을 가리켰다.

나는 머리를 힘차게 끄덕였다. "안내 좀 해 주시겠어요?" 나는 물었다. 길 저쪽을 향해 한 손을 흔들면서 다른 손으로 그녀의 팔을 잡았다. 그녀는 손가락질하면서 빠르게 지껄였다. "안내해 줘요." 나는 이렇게 말하면서 그녀를 붙잡고 층계 아래로 내려오도록 이끌었다.

"씨이, 씨이(네, 네)." 그녀는 말했다. 내려오려고는 하지 않으면서 어딘지 모를 방향을 가리키고 있었다. 나는 다시 고개를 끄덕였다.

"고마워요. 고맙습니다. 고마워요." 나는 층계를 내려가서 대문을 향해, 뛰지는 않았으나 꽤 빠른 걸음으로 걸어갔다. 그러고는 문간에 다다라서 멈추곤 잠깐 소녀를 바라보았다. 빵껍질은 이제 없어졌고, 그 계집애는 친근한 까만 눈초리로 나를 응시했다. 부인은 현관 층계 위에 서서 우리를 바라보고 있었다.

"자, 그럼 가자." 나는 말했다. "빠르든 늦든 진짜 너희 집을 찾아야지."

계집애는 내 팔꿈치 바로 밑을 따라 움직였다. 우리는 앞으로 나아갔다. 집들은 모두 텅 비어 있는 것 같았다. 사람 그림자라곤 하나도 보이지 않았다. 그것들은 빈집 특유의 질식 상태 같은 분위기를 띠고 있었다. 그렇지만 집들이 모두 다 비어 있을 리는 없었다. 만일 갑자기 벽을 모두 헐어 낸다면 갖가지 방이 나타나겠지. 아주머니, 여기 당신 따님입니다. 아닙니다. 아주머니, 제발 부탁입니다. 댁의 따님이에요. 계집애는 내 팔꿈치 바로 밑을 따라 댕기머리를 흔들며 걷고 있었다. 얼마 뒤 마지막 집이 나타났고, 길은 강을 따라 담 저쪽으로 꼬부라져 사라졌다. 부인이 머리에 둘러쓴 숄을 턱 밑에 꽉 쥐고 부서진 문간으로부터 모습을 드러냈다. 길은 여전히 꼬부라지고, 인기척은 없었다. 나는 은화를 한 닢 꺼내서 그 작은 계집애에게 주었다. 25센트짜리였다. "잘 가라, 아가씨야." 나는 말했다. 그러고는 뛰었다.

나는 돌아다보지 않고 마구 달렸다. 길이 꼬부라지기 바로 전에 나는 뒤를 돌아다보았다. 계집애는 길에 서 있었는데, 그 조그만 몸으로 더러운 조그만 옷에 대고서 빵 꾸러미를 꽉 껴안고 있었고, 두 눈은 가만히 새까맣게 깜짝도 않고 있었다. 나는 계속 달렸다.

샛길 하나가 길에서 갈라져 있었다. 나는 그 샛길로 들어서서 잠시 뒤에 달리던 속도를 늦춰 빠른 걸음으로 걸었다. 샛길은 건물 뒤쪽을 요리조리 달리고 있었다. 페인트가 벗겨진 집들에는 저 울긋불긋 놀랄 만한 빛깔의 옷이 잔뜩 빨랫줄에 걸려 있고, 잡초가 빽빽이 들어찬 손질 안 된 과수원 나무들 사이에선 헛간이 소리도 없이 다 부서져 쓰러져 가고, 꽃들의 분홍색 흰색과, 햇볕과 벌들의 날갯짓 소리가 윙윙댔다. 나는 뒤를 돌아다봤다. 샛길 어귀엔 아무도 없었다. 나는 걸음을 더욱 늦추었는데 내 그림자는 나보다 앞서 나와, 울타리를 덮고 있는 길쭉한 잡초 속에다 머리를 박고서 질질 끌고 있었다.

샛길은 폐쇄된 문에 부딪쳐 무성한 풀숲으로 사라졌다. 단지 풀을 밟아서 생긴 길이 새로 자란 풀 속에 조용히 그 흔적만 남기고 있었다. 나는 문을 넘어서 식림지(植林地)로 들어가 그곳을 횡단하여 반대쪽 담에 이르자 그 담을 따라갔는데, 이제 그림자는 내 뒤에 있었다. 덩굴손을 내뻗은 덩굴풀들이 무성히 나 있었다. 고향 같으면 인동덩굴이 있었겠지. 특히 비 내린 저녁에는 황혼 속에 마치 그것이 없으면 충분치 못하다는 듯이, 더 견디기 힘들어야 한다는 듯이, 온통 혼합된 인동덩굴 냄새를 강하게 풍기겠지. 넌 왜 걔에게 허락한 거야 키스를 키스를
　허락한 게 아냐 내가 했지 내가 화를 벌컥 내는 걸 그녀는 보고 있었다 왜 맞았는지 알겠니 빨간 내 손자국이 그녀의 뺨에 나타나고 마치 손으로 전기 스위치나 켠 듯이 손바닥 밑에서 그녀의 눈이 번쩍 빛났다
　내가 때린 건 키스 때문이 아냐 15살 처녀의 팔꿈치란 아버지는 말했다 너 목에 생선 가시라도 걸린 것처럼 삼키고 있는데 어쩐 일이냐 캐디는 식탁 저쪽에서 나를 쳐다보려고 하지 않았다. 내가 때린 건 시내의 되지 못한 자식한테 네가 허락했기 때문이야 자 또 할 테냐 어때 이제 항복하겠지. 나의 붉은 손자국이 그녀의 뺨에 떠올랐다. 왜 맞았는지 알겠니 그녀의 머리를 저 속에 비벼 대면. 풀 줄기가 살 속에 엉망으로 박혀 쿡쿡 찌른다 그녀의 머리를 풀숲에 비벼 대서. 항복해 항복하라고
　어쨌든 난 나탈리같이 더러운 계집애하곤 키스하지 않았어 담이 그늘 속에 들어가고 다음엔 내 그림자가 들어갔다. 그래 나는 다시 그림자를 재주 좋게 떼 내었다. 강이 길을 따라 꼬부라져 흐르는 것을 잊고 있었다. 나는 담벼락을 기어 올라갔다. 그러니까 그곳에 소녀가 있었다. 빵 덩어리를 옷에 대고 끌어안은 채 내가 뛰어내리는 걸 보고 있었다.
　나는 잡초 속에 섰다. 우리는 잠깐 서로 쳐다보았다.
　"왜 이쪽에 산다고 말해 주지 않았지, 아가씨?" 빵 덩어리는 서서히 종이 밖으로 비어져 나와서, 이미 새 종이가 필요했다. "자, 그럼 너희 집까지 날 안내해 주렴." 나탈리같이 더러운 계집애하곤 키스하지 않았어 비가 오고 있었다 지붕에 떨어지는 빗소리가 텅 빈 헛간의 구수한 냄새 속에서 속삭임을 들려주고 있었다.
　여기야? 그녀를 만지며

거기 아냐

여기지? 비는 지나치게 많이 오지 않았으나 우리는 지붕의 빗소리밖에 들을 수 없었다 그 소리는 내 고동이었을까 아니면 그녀의 고동이었을까

그 애가 사다리 밑으로 날 밀치고 도망쳤어 날 남겨 두고 캐디가 말이야

캐디가 도망칠 적에 네가 다친 곳이 여기냐 여기였냐

아아 소녀는 내 팔꿈치 바로 밑을 걷고 있었다. 그 애의 에나멜가죽 같은 머리의 정수리와 신문지에서 비어져 나온 빵이 내려다보였다.

"너 빨리 집에 가지 않으면 그 빵 못쓰게 된다. 그럼 엄마한테 혼나겠지?" 나 정말 널 안아 올릴 수 있어

못해 난 굉장히 무거워

캐디는 가 버렸냐 그 애 집으로 갔나 집에선 헛간이 안 보이지 집에서 헛간을 본 적 있니

그건 그 애 잘못이야 걔가 밀치고 도망쳤어

난 널 안아 올릴 수 있어 어때 거뜬하잖아

아아 그녀의 고동일까 아니면 내 고동일까 아아 우리는 옅은 먼지 속을 걸어가고, 우리 발은 나무와 나무 사이에 햇빛이 연필같이 가느다랗게 비껴 비치는 먼지 속에서 고무처럼 소리를 내지 않았다. 그러자 나는 다시 물이 보이지 않는 어둠 속에서 빠르고도 평온하게 흘러가는 것을 느낄 수 있었다.

"너 참 먼 데 사는구나. 혼자서 이렇게 먼 길을 걸어 시내로 나오다니, 너 참 대단하다." 이건 앉아서 춤추는 것 같은데 앉아서 춤춰 봤니? 빗소리와 여물통 쥐 소리와 말 없는 텅 빈 헛간 소리가 들렸다. 어떻게 서로 껴안고 춤을 추지 이렇게 하는 건가

아아

전에도 이렇게 껴안았어 내가 기운이 세지 않은 줄 알았지 그렇지

아아 아아 아아 아아

이렇게도 저네 껴안았어 아니 응 나 방금 말 잘못했는데 들었니 내가 말이야

오오 오오 오오 오오

길은 조용하고 인기척 없이 이어지고, 햇빛은 점점 더 기울어졌다. 소녀의 뻣뻣한 작은 댕기머리는 그 끝이 진홍색 헝겊으로 매여 있었다. 꾸러미의 한

모서리가 소녀가 걷는 대로 팔락거리다가, 빵 덩어리가 코빼기를 내밀었다. 나는 멈추었다.

"애야. 너 이 길 저 끝에 사니? 거의 1마일이나 걸어오는 동안 집 한 채 지나치지 않았잖아."

소녀는 까맣고 속을 알 수 없는 정다운 눈초리로 나를 바라보았다.

"너 어디 살지, 애? 너 아까 그 시내에 살지 않니?"

숲 속에 햇살이 어쩌다 한 번씩 비껴 비쳤다. 그 너머 어딘가에서 새가 울고 있었다.

"너희 아빠 너 때문에 슬슬 걱정하고 계시겠다. 너 그 빵 가지고 곧장 집으로 오지 않았다고 매 맞지 않겠니?"

새가 보이지는 않았으나 다시 울었는데, 그 의미는 없으나 의미심장하게 억양 없이 들리는 소리는, 마치 칼로 툭툭 쳐내는 것 같이 그쳤다가 다시 들렸다. 그러자 저 비밀스런 깊은 곳을 빠르고 평온하게 흘러가는 물은 보이지도 들리지도 않았으나, 느껴졌다.

"아아, 저런, 애야." 종이가 반쯤 구겨져서 아래로 축 늘어져 있었다. "이젠 못쓰겠군." 나는 그 부분을 찢어서 길가에 내던졌다. "어서 가자, 우린 시내로 돌아가야 해. 강을 따라서 돌아가자."

우리는 길을 떠났다. 이끼 사이로 작고 하얀 꽃이 군데군데 피어 있었고, 들리지도 보이지도 않는 물의 존재가 느껴졌다. 이렇게도 전에 껴안았어 아니 전에도 이렇게 껴안았어 그녀는 허리에 두 손을 대고 우리를 바라보며 문간에 서 있었다.

네가 날 떠밀었어 네 잘못이야 난 다치기까지 했다고

우리는 앉아서 춤추고 있는 거야 정말 캐디 같은 건 앉아서 춤추지 못할 거야

그만둬 그만둬

난 그냥 당신 옷 등에 묻은 먼지를 털려고 한 것뿐이야

그 더러운 손 내게 대지 마 네 잘못이야 네가 날 떠밀었어 난 지금 화났다고 내가 알 게 뭐야 그녀는 우리를 쳐다보았다 맘대로 화내 보라지 그녀는 가버렸다 사람들의 고함 소리와 첨벙첨벙 물소리가 들렸다. 순간 갈색 몸뚱이가 번쩍하는 것을 나는 보았다.

맘대로 화내 보라지. 내 셔츠가 젖고 있었다 그리고 내 머리도 요란해진 지붕 빗소리를 들었다 나는 나탈리가 비를 맞으면서 정원을 건너가는 것을 볼 수 있었다 비 맞고 폐렴이나 걸려 버리라지 가려면 맘대로 가 뚱보야. 나는 있는 힘을 다해서 돼지용 구덩이의 진창으로 훌쩍 뛰어 들어갔다 코를 찌르는 악취가 나는 흙탕에 허리까지 잠긴 채 나는 계속 달려들었는데 마침내 넘어져 진창에서 뒹굴었다 "애들이 수영하는 소리 들리지? 나도 수영하고는 싶지만." 만일 시간이 있으면. 시간이 나한테 있으면. 회중시계 소리가 들렸다. 진창이 비보다는 따뜻했지만 그 냄새가 지독했다. 캐디는 등을 보이고 있기에 나는 그 앞으로 돌아갔다. 내가 뭘 하고 있었는지 알아? 그녀는 등을 돌렸고 나는 앞으로 돌아갔다 빗물이 진창 속으로 스며들어왔다 그녀의 드레스가 젖어 보디스가 몸에 착 달라붙었다 그 냄새야말로 지독했다. 내가 뭘 하고 있었냐면 나는 그녀를 포옹하고 있었지. 그녀는 등을 돌렸고 나는 그녀 앞으로 돌아갔다. 알겠니 나는 그녀를 포옹하고 있었단 말이야

오빠가 뭘 하든지 난 상관 안 해

상관 안 한다고 그래 그럼 상관하도록 해 주지 상관하게 해 줄 테야. 그녀는 내 손을 뿌리쳤다 나는 한 손으로 진흙을 그녀의 몸에 마구 발랐다 그녀의 젖은 손이 찰싹 갈기는 것을 느끼지 못한 채 나는 두 다리에 묻은 진흙을 훔쳐 내서 몹시 젖어서 도망치려 하는 그녀의 몸뚱이에 마구 발랐다. 그녀의 벌린 손가락이 내 얼굴에 덤벼드는 소리는 들었으나 나는 비가 내 입술에 달콤하게 느껴질 때까지도 그 아픔을 알지 못했다

물속에서 머리와 어깨만 내밀고 있는 애들이 먼저 우리를 보았다. 그들은 고함쳤다. 그리고 그중 한 애가 쭈그리고 앉은 채 상반신을 올리고서 다른 애들 속으로 뛰어들었다. 그들은 비버 같았고, 물은 소리소리 지르는 그들의 턱 언저리에 찰랑거렸다.

"그 계집애 저리 데려가요! 뭣하러 계집애 따위를 이리 데려오는 거예요? 저리 가요!"

"이 앤 너희에게 아무 짓도 안 할 텐데. 우린 그냥 잠깐 너희를 쳐다보고 싶을 뿐이야."

그들은 물속에서 쭈그리고 앉았다. 그들은 우릴 흘끔흘끔 보면서 머리를 한데 그러모으더니, 확 퍼지며 우리 쪽으로 달려와 손으로 물을 끼얹었다.

우리는 재빨리 비켜났다.

"그만둬, 애들아. 이 앤 아무 짓도 안 한단 말이야."

"저리 가요, 하버드 아저씨!" 이렇게 말한 소년은 저 다리에서 말이랑 마차를 사겠다고 말하던 그 둘째 애였다.

"야, 모두 저치들한테 물 끼얹자!"

"우리 뛰어나가서 이리 몰아넣자." 또 한 애가 말했다. "난 계집애 같은 건 겁 안 나."

"물 끼얹자! 물 끼얹자!" 그들은 물을 끼얹으면서 우리에게 몰려왔다. 우리는 뒤로 물러났다. "저리 가!" 그들은 소리쳤다. "저리 가아!"

우리는 달아났다. 그들은 둑 바로 밑에서 반짝이는 물 위에 일렬로 반지르한 머리를 내밀고 엉거주춤하고 있었다. 우리는 계속 걸어갔다. "거기는 우리가 갈 데가 아냐, 그렇지." 햇빛은 아까보다 더욱 드러누워서 땅바닥 여기저기 난 이끼를 비껴 비쳤다. "불쌍하게도, 그냥 계집애일 뿐인데 말이야." 작은 꽃들이 이끼 사이에서 자라고 있었는데, 내가 여태까지 본 꽃보다도 훨씬 작은 꽃들이었다. "그냥 계집애일 뿐인데. 불쌍하기도 하지." 내를 따라 꼬부라진 작은 길이 있었다. 그곳에서 냇물은 다시 고요해졌고, 컴컴하고 조용하게 빨리 흘러갔다. "단순히 계집애일 뿐인데. 불쌍한 아가씨." 우리는 헐떡이며 젖은 풀숲에 누웠다 비는 마치 차디찬 총알처럼 등에 떨어졌다 자 이제 너도 상관하게 됐지 어때 어떠냐고

맙소사 우리 진짜 엉망진창이야 일어나자. 비가 내 이마에 떨어지자 거기는 쓰라리기 시작했다 손으로 훔쳐봤더니 내 손은 빗속에서 분홍색으로 줄을 그으며 붉은 피를 흘렸다. 많이 아파

물론 아프지 이게 뭐라고 생각하니

난 오빠 눈알을 뽑아 버리려고 했지 맙소사 우리 몸에서 고약한 냄새가 풀풀 나네 샛강에 가서 씻어 내는 게 좋겠어 "자, 다시 시내야, 아가씨. 넌 이제 집에 가야지. 난 학교로 돌아가야 하고. 자, 봐, 상당히 늦었지. 이제 집에 돌아가. 그러겠지?" 그러나 소녀는 까맣고 속을 알 수 없는 친근한 눈초리로 나를 응시할 따름이었고, 반쯤 벗어진 빵 덩이를 가슴에 꽉 그러안고 있었다. "그거 젖었네. 제때 뒤로 물러선 줄 알았는데, 물이 닿았군 그래." 나는 손수건을 꺼내서 훔치려고 했는데 빵껍질이 떨어지려고 하기에 얼른

그만뒀다. "저절로 마르게 둬야겠군. 이렇게 들고 있어라." 소녀는 그대로 들었다. 빵은 꼭 쥐가 뜯어 먹은 것처럼 보였다. 그러자 물은 쭈그리고 앉은 등에 점점 높이 올라오고 몸에 너덕너덕 붙은 진흙은 악취를 풍기면서 강물 위에 곰보 자국같이 퍼졌다 똑똑 떨어지는 빗방울은 마치 뜨겁게 단 난로 위에 놓인 수지(獸脂)처럼 강 표면에 뽕뽕 구멍을 뚫고 있었다. 상관하도록 해 준다고 내가 말했지.

내가 알 게 뭐람 오빠가 무엇을 하든지

그때 우리는 달리는 발소리를 듣고 멈춰 서서 뒤돌아보았다. 한 남자가 길을 달려오고 있었는데, 수평으로 길게 비친 그림자가 그의 다리에 슬쩍슬쩍 닿고 있었다.

"저 사람 서둘고 있네. 우리도—." 그러자 그 뒤로 곤봉을 움켜쥐고 좀 무겁게 쿵쿵 달리는 나이 지긋한 남자와 허리춤까지 벌거벗고 바지를 추어올리며 달리는 소년이 보였다.

"줄리오다." 그 작은 계집애가 말했다. 내가 그 이탈리아인의 얼굴과 눈매를 본 순간 그는 나에게 달려들었다. 우리는 넘어졌다. 그는 양손으로 내 얼굴을 계속 때리며 무엇인가 말하면서, 나를 물려고 하는 듯했다. 그때에 뒤쫓아 온 사람들이 달려들어 그를 잡아끌어 꽉 붙들었는데, 그가 폭폭 숨을 내쉬며 몸부림치고 고래고래 소리치자 그들은 그의 팔을 꽉 붙들었다. 그러니까 그는 나를 발길로 차려고 해서 마침내는 사람들이 그를 질질 끌고 갔다. 어린 소녀는 빵 덩어리를 양팔로 안고 엉엉 울어 대고 있었다. 반나체의 소년이 바지를 추켜올리며 이리 뛰고 저리 뛰어다니는데, 누가 나를 끌어 일으켰고, 바로 그때 또 하나의 빨가벗은 사내애가 조용한 길모퉁이를 돌아서 달려오다가, 걸음을 덜컥 멈추고 방향을 바꾸어 숲 속으로 뛰어들어가는 것이 보였다. 그 등 뒤엔 마치 판자와 같이 뻣뻣하게 나부끼는 옷 한 벌이 걸려 있었다.

줄리오는 아직도 버둥대고 있었다. 나를 끌어 일으킨 사람이 말했다. "자, 가만 있어. 꼭 붙잡았으니깐." 그는 조끼는 입었으나 겉옷은 입지 않고 있었다. 조끼엔 방패형 금속 휘장이 달려 있었다. 한 손엔 반짝반짝 닦은 울퉁불퉁한 곤봉을 쥐고 있었다.

"당신은 앤스 씨죠, 그렇죠?" 나는 말했다. "난 당신을 찾고 있었는데.

어찌 된 셈이오?"

"경고하지만, 당신이 무슨 말을 하든 그건 당신에게 해로울 수 있소." 그는 말했다. "당신은 체포됐소."

"나, 그놈 죽일 테야." 줄리오는 말했다. 그는 몸부림쳤다. 두 사람이 그를 붙들었다. 어린 소녀는 빵을 끌어안은 채 울음을 그치지 않았다. "너, 내 누이동생 꾀어냈지." 줄리오는 말했다. "당신들, 이거 놔."

"저 사람 누이를 꾀어내다니?" 나는 말했다. "하지만 난 계속—."

"가만있어." 앤스가 말했다. "변명은 치안재판관에게 해."

"내가 저 사람 누이를 꾀어내?" 나는 말했다. 줄리오는 주위 사람들을 뿌리치고 다시금 나에게 달려들었다. 그러나 순경이 그를 막았고 둘이서 엎치락뒤치락했는데, 마침내 다른 두 사람이 다시 그의 두 팔을 잡아맸다. 앤스는 헐떡이며 그를 놓아주었다.

"너, 이 외국인 놈." 그는 말했다. "너도 폭행죄로 체포해야겠다." 그는 내 쪽으로 다시 향했다. "순순히 따라오겠소? 안 그러면 수갑을 채울까?"

"순순히 따라가죠." 나는 말했다. "뭐든 하겠어요, 그래서 누굴 찾을 수 있다면—어떻게든 할 수 있다면—누이를 꾀었다고." 나는 말했다. "꾀었다고, 저 사람의—"

"내 말했잖나." 앤스가 말했다.

"저 녀석은 당신을 강간 미수 혐의로 고소하려는 거야. 어이, 이봐, 저 계집애 뚝 그치게 해."

"오, 세상에." 나는 말했다. 그리고 난 웃음을 터뜨렸다. 고약을 바른 것 같은 머리에 눈이 동그란 두 소년이 이미 어깨와 소매까지 젖은 셔츠의 단추를 끼우면서 덤불 속에서 나왔다. 나는 웃음을 그치려고 했으나, 그칠 수가 없었다.

"조심해, 앤스. 저 사람 분명히 미친 거야."

"나 이, 이제 좀, 그, 그쳐야겠는데." 나는 말했다. "이제 고, 곧 그쳐요. 전에도 그렇게 아하하." 나는 웃어 대며 말했다.

"잠깐만 앉을게요." 나는 앉았다. 사람들은 나를 지켜보고 있었다. 어린 소녀는 얼굴에 눈물 자국이 났고, 빵은 이미 갉아 먹힌 것처럼 보였다. 강물은 재빨리 평온하게 길 아래쪽으로 흐르고 있었다. 얼마 지나자 웃음은 사라졌다. 그러나 내 목구멍에선 마치 배가 텅 빈 뒤에도 구역질이 나오듯, 웃음이 나오려고 했다.

"자, 그쳐." 앤스가 말했다. "좀 진정해."

"네." 나는 목에 힘을 꽉 주고 말했다. 또 한 마리 노랑나비가 마치 한 조각 햇빛이 떨어져 나온 것처럼 날아왔다. 잠시 뒤 나는 목에 그렇게 힘주고 있을 필요가 없어졌다. 나는 일어났다. "됐습니다. 어디로 가지요?"

우리는 길을 따라 걸어갔다. 줄리오를 지켜보는 두 사람과 소녀 소년들이 어디선가 나타나 우리를 뒤따랐다. 길은 내를 따라 다리에 이르렀다. 우리는 다리를 건너고 철로를 건너갔는데, 사람들은 우리를 쳐다보려고 문간으로 나와 있었고 점점 더 많은 애들이 몰려와서 합세하여, 우리가 본선 도로에 들어섰을 적엔 꽤 기다란 행렬을 이루었다. 잡화점 앞에는 큰 자동차가 한 대 서 있었는데, 거기 탄 사람들이 누군지 내가 미처 알아보기도 전에 블랜드 부인이 먼저 말을 걸었다.

"이봐요, 퀜틴! 퀜틴 콤프슨!" 그때 나는 제럴드와 뒷자리에 거만하게 몸을 뒤로 젖히고 앉아 있는 스포드를 보았다. 그리고 쉬리브도. 두 처녀들은 낯선 사람들이었다.

"퀜틴 콤프슨!" 블랜드 부인이 말했다.

"안녕하세요." 나는 모자를 들면서 말했다. "지금 전 체포당하고 있습니다. 죄송합니다만 쪽지를 받지 못했어요. 쉬리브한테 들으셨나요?"

"체포됐다고? 잠깐 실례해요." 쉬리브가 말했다. 그는 무거운 몸을 일으켜서 사람들 다리를 넘어 차 밖으로 나왔다. 내 플란넬 바지를 장갑처럼 빵빵한 모양새로 입고 있었다. 그 바지에 관해 까맣게 잊고 있었다는 사실을 나는 문득 깨달았다. 나는 블랜드 부인의 턱이 몇 겹인지 이때 비로소 깨달았다. 가장 예쁜 아가씨가 제럴드와 함께 운전대에 앉아 있었다. 여성들은 베일 너머로 일종의 미묘한 공포심을 품고선 나를 바라보았다. "누가 체포됐다고?" 쉬리브가 말했다. "어찌 된 셈판이오, 순경 양반?"

"제럴드." 블랜드 부인이 말했다. "이 사람들 다 쫓아 버리렴. 이 차에 타요, 퀜틴." 제럴드는 내렸다. 스포드는 움직이지 않았다.

"이 친구가 무슨 짓 했나요, 순경 아저씨?" 그는 말했다. "닭장이라도 털었나요?"

"말조심해요." 앤스가 말했다. "범인이랑 아는 사이요?"

"알지요." 쉬리브가 말했다. "저, 여보세요—."

"그럼, 치안재판관에게 같이 가자고. 당신들은 공무 집행을 방해하고 있소. 자, 갑시다." 그는 내 팔을 흔들었다.

"그럼 안녕히들." 나는 말했다. "모두 만나서 반가워요. 동행을 못해서 미안하지만."

"애, 제럴드." 블랜드 부인이 말했다.

"여보세요, 순경 아저씨." 제럴드가 말했다.

"경고하지만, 당신들은 법률 집행관을 방해하고 있는 거야." 앤스가 말했다. "할 말이 있으면 치안재판소에 같이 가서, 범인의 증인이 되란 말이오." 우리는 다시 걸었다. 앤스와 내가 앞장선 행렬은 이제 꽤나 길어졌다. 어찌 된 일이냐고 사람들이 서로 수군거리는 소리와 함께 스포드가 이것저것 묻는 소리가 들렸고, 다음엔 줄리오가 이태리어로 무엇인가 거칠게 얘기했다. 뒤돌아보니 그 소녀가 길의 갓돌에 서서, 친근하면서도 알 수 없는 눈초리로 나를 쳐다보고 있었다.

"집에 가." 줄리오가 소녀에게 소리쳤다. "늘씬하게 두드려 줄 테니까."

우리는 길을 걸어 내려가다가 조그마한 잔디밭으로 들어갔다. 그러자 거리에서 약간 들어간 곳에 흰색으로 가장자리가 치장된 벽돌 단층집이 있었다. 돌을 깐 길을 따라 문간에 이르자, 앤스는 우리만 빼고는 모두 문밖에 서 있게 했다. 우리는 퀴퀴한 담배 냄새가 풍기는 살풍경한 방으로 들어갔다. 안쪽에 모래가 채워진 나무틀 가운데 철판으로 된 난로가 놓여 있었고, 벽에는 바래 빠진 지도와 지저분한 측량도가 걸려 있었다. 여기저기 너저분하게 홈팬 탁자 뒤에선, 철회색(鐵灰色) 머리를 엄청나게 부풀려 올린 남자가 금테 안경 너머로 우리를 노려보고 있었다.

"체포했군그래, 앤스?" 그는 말했다.

"체포했습니다, 판사님."

그는 큼직한 먼지투성이 노트를 펴서 자기 앞으로 당기고, 석탄 가루처럼 보이는 것으로 가득 찬 잉크병에 더러운 펜을 집어넣었다.

"실례지만, 판사님." 쉬리브가 말했다.

"범인의 이름은?" 판사는 말했다. 나는 그에게 대답했다. 그는 괴로우리만치 신중하게 펜을 갉작거리면서 천천히 내 이름을 적어 넣었다.

"실례지만, 판사님." 쉬리브가 말했다. "우리는 이 친구를 압니다. 우리는—."

"법정에선 정숙히." 앤스가 말했다.

"잠자코 있어." 스포드가 말했다. "맘대로들 하게 내버려 둬, 어차피 그럴 수밖에 없을 테니."

"나이는?" 판사가 말했다. 나는 그에게 대답했다. 그는 펜을 굴리면서 입을 삐쭉거리며 그것을 적어 넣었다. "직업은?" 나는 그에게 대답했다. "뭐, 하버드 대학생이라고?" 그는 안경 위로 넘겨다보려고 고개를 약간 숙이며 나를 쳐다보았다. 그의 두 눈은 마치 산양 눈깔처럼 맑고 냉랭했다. "그래 이런 데까지 와서 어린애를 유괴해 가지고, 어떻게 할 셈이었나?"

"저 사람들은 돌았어요, 판사님." 쉬리브가 말했다. "이 친구가 사람을 유괴했다니, 누가 감히—"

줄리오가 사납게 대들었다. "돌았다고? 내가 그놈을 잡았잖아, 어? 내 눈깔로 똑똑히 보았다고, 어!"

"거짓말 마시오." 쉬리브가 말했다. "당신은 절대로—"

"정숙히, 정숙히." 앤스가 언성을 높이며 말했다.

"모두 조용히 해요." 판사가 말했다. "조용히들 있지 않으면 내쫓아요, 앤스." 모두 조용히 했다. 판사는 쉬리브를, 다음엔 스포드를, 그 다음엔 제럴드를 차례로 쳐다보았다. "당신들 이 젊은이를 아나?" 그는 스포드에게 말했다.

"네, 판사님." 스포드는 말했다. "이 친구는 하버드에서 공부하는 한낱 촌뜨기입니다. 뭐 나쁜 짓 같은 건 하려고도 안 해요. 제 생각엔 저 순경께서 실수했단 사실을 알게 될 것 같은데요. 이 친구 아버지는 회중파 교회 목사입니다."

"흠." 판사는 말했다. "피고는 뭘 하고 있었지, 사실 그대로 말해 보시오." 내가 그에게 대답하는 동안, 그는 그 매정하고 희멀건 눈으로 나를 지켜보고 있었다. "어때, 앤스?"

"그럴듯합니다만." 앤스가 말했다. "저 외국인 놈들이."

"나 미국인이오." 줄리오가 말했다. "증명서도 있죠."

"소녀는 어디 있나?"

"이 사람이 집으로 보냈습니다." 앤스가 말했다.

"그 앤 겁에 질렸거나 무슨 일이라도 당했나?"

"아뇨. 줄리오가 이 범인에게 달려들기까지는 아무렇지도 않았습니다. 둘이서 단지 강변길을 따라 시내 쪽으로 걷고 있었을 뿐이죠. 수영하던 애들이 그들이 어느 쪽으로 갔는지 우리에게 가르쳐 주었습니다."

"이건 뭐가 잘못된 겁니다, 판사님." 스포드가 말했다. "어린애들하고 개들은 늘 그렇게 이 친구를 졸졸 따라다녀요. 이 친구는 그걸 어쩔 수 없이 내버려 두고요."

"흠." 판사는 말했다. 그는 잠시 창밖을 내다보았다. 우리는 그를 지켜보고 있었다. 줄리오가 자기 스스로 몸을 할퀴어 대는 소리가 들렸다. 판사는 되돌아봤다.

"그 소녀가 아무런 피해도 입지 않은 걸 인정하나, 자네?"

"피해는 없죠." 줄리오는 시무룩하게 대답했다.

"자네 그 애를 찾느라고 일을 중지했겠구먼?"

"그럼요, 중지하고말고요. 난 뛰었어요. 죽어라 뛰었죠. 이쪽 보고 저쪽 보고 했죠. 그런데 이 사람이 내 누이에게 뭘 주고, 누이는 그걸 먹는 걸 누가 봤다는 거예요. 내 누이는 이 사람과 같이 가더라고요."

"흠." 판사는 말했다. "그럼, 자네는 줄리오에게 일을 못하게 한 만큼 손해를 입혔다고 생각되는데."

"네, 판사님." 나는 말했다. "얼마 정도죠?"

"1달러면 되겠지."

나는 줄리오에게 1달러를 주었다.

"자 그럼." 스포드가 말했다. "만일 그뿐이라면, 이 친구는 이제 석방이죠, 판사님?"

판사는 스포드를 쳐다보지 않았다. "앤스, 이 사람을 얼마나 쫓아갔지?"

"적어도 2마일은 쫓았죠. 이 사람 붙들기까지 2시간쯤 걸렸어요."

"흠." 판사는 말했다. 그는 잠깐 곰곰이 생각했다. 우리는 그를 지켜보았다. 그의 딴딴하게 올린 머리카락과 코에 나지막하게 걸린 안경을. 창문으로 들이비치는 누런 햇빛이 서서히 마루를 건너서 반대편 벽에 다다른 뒤, 벽

위로 기어 올라가고 있었다. 비스듬한 햇살 속에서 먼지가 빙글빙글 맴돌았다. "6달러."

"6달러라고요?" 쉬리브가 말했다. "대체 뭐 때문에?"

"6달러." 판사는 말했다. 그는 쉬리브를 흘끗 보고는 다시 나를 쳐다보았다.

"이것 보세요." 쉬리브가 말했다.

"입 다물어." 스포드가 말했다. "이봐, 6달러 주고 그만 나가자. 부인들이 우리를 기다리고 있단 말이야. 6달러 있냐?"

"응." 나는 말했다. 나는 판사에게 6달러를 주었다.

"이 사건은 각하됨." 그는 말했다.

"너 영수증 받아." 쉬리브가 말했다. "돈 냈으니까 서명한 영수증 받아 둬." 판사는 상냥하게 쉬리브를 쳐다보았다. "이 사건은 각하됐습니다." 그는 목청을 높이지 않고 말했다.

"빌어먹을—" 쉬리브는 말했다.

"가자." 스포드는 그의 팔을 잡으며 말했다. "안녕히 계시오, 판사님, 신세 많이 졌습니다." 우리가 문간을 지날 때 줄리오는 다시 목청을 돋우어 사납게 소리쳤지만, 다음에 그 소리는 그쳤다. 스포드는 나를 쳐다봤는데, 그의 갈색 눈초리는 괴이쩍고도 약간 매정했다. "이봐, 이제부턴 보스턴 시내에서 계집애 궁둥이를 쫓아다녀 주지 않겠나."

"이 멍청아." 쉬리브가 말했다. "이런 데까지 건들거리고 다니며 망할 이태리 놈들이나 상대하다니, 대체 어쩌자는 거야?"

"어서 가자." 스포드가 말했다. "여자분들이 기다리다 짜증내시겠다."

블랜드 부인이 아가씨들에게 얘기하고 있었다. 그들은 홈스 양과 데인저필드 양이었는데 부인의 얘기를 듣다 말고, 그 미묘하고 흥미로워하는 듯한 공포를 띤 표정으로 다시 나를 쳐다보았다. 그들의 베일은 작은 흰 콧등에 걸어 올려져 있었고, 그들의 눈은 베일 밑에서 신비스럽게 빛났다.

"퀀틴 콤프슨." 블랜드 부인이 말했다. "어머니가 아시면 뭐라 하실까? 젊은 사람이 실수해 곤경에 빠지는 거야 당연하다 하겠지만, 길거리에서 시골 순경한테 체포되다니. 저 사람들 퀀틴이 무슨 짓을 했다고 생각했던 거니, 제럴드?"

"아무것도 아니었어요." 제럴드가 말했다.

1910년 6월 2일 155

"말도 안 돼. 대체 어떻게 된 거야, 스포드?"

"이 친구가 더러운 계집애를 유괴하려고 했는데, 자기들이 체포해서 그게 미수로 끝났다고 생각하나 보던데요." 스포드가 말했다.

"말도 안 돼." 블랜드 부인이 말했다. 그러나 그 부인의 목소리는 도중에 꺼져 갔다. 부인은 잠시 나를 노려보았으며, 처녀들은 동시에 숨을 들이마셔 조그만 소리를 냈다. "말도 안 돼." 블랜드 부인이 기세 좋게 말했다. "참으로 무식하고 비천한 북부인다운 수작이군. 타지, 퀜틴."

쉬리브와 나는 작은 접이식 좌석에 앉았다. 제럴드는 자동차의 크랭크를 돌려 엔진을 걸고 들어와 출발했다.

"자, 퀜틴, 이 얼빠진 사건이 어떻게 된 것인가 얘기 좀 해 봐." 블랜드 부인이 말했다. 나는 그들에게 얘기했는데, 쉬리브는 좁은 좌석에서 몸을 둥글게 구부리며 법석대고, 스포드는 데인저필드 양 옆에서 다시 거만하게 몸을 뒤로 젖히고 앉아 있었다.

"웃기는 얘기야, 그러니까 퀜틴이 우리를 쭉 속여 왔다 이거지." 스포드가 말했다. "지금까지 우리는 퀜틴을, 누구나 믿고 딸을 맡길 수 있는 모범 청년이라고 생각했는데, 마침내 이 녀석이 부정한 짓을 하는 현장을 경찰이 잡아 낸 거란 말이야."

"그만둬, 스포드." 블랜드 부인이 말했다. 우리는 거리를 달려 다리를 건너고, 분홍색 옷이 창문에 걸린 집을 지나쳤다. "그게 다 내 편지를 읽지 않은 벌이야. 왜 돌아와서 읽지 않았지? 맥켄지 씨는 당신한테 편지가 왔다는 걸 얘기했다던데."

"네, 저도 읽고는 싶었는데 방에 돌아가질 못해서."

"맥켄지 씨가 아니었던들 우린 얼마나 기다리고 앉아 있었을지 몰라요. 맥켄지 씨가 퀜틴은 돌아오지 않는다고 말하기에, 여분 좌석이 하나 있어서 함께 가자고 이분에게 청했지. 어쨌든 동행하게 돼서 기뻐요, 맥켄지 씨." 쉬리브는 아무 말도 하지 않았다. 그는 팔짱을 낀 채 제럴드의 모자 너머로 곧바로 앞만 바라보고 있었다. 그것은 영국에서 자동차를 몰 때 쓰는 챙 없는 모자였다. 블랜드 부인이 그렇게 말했다. 우리는 그 집을 지나 다시 세 채의 집을 지나쳐서 다른 집 정원을 지나갔는데, 아까 그 소녀가 그곳 문간에 서 있었다. 소녀는 이제 빵을 들고 있지 않았다. 얼굴은 석탄 가루로 줄을 그어 놓은 듯이 보였다. 나는 손을 흔들었다. 그러나 소녀는 인사하지 않고, 다만 차가 지나가는 대로 서서히 머리를 돌리며 눈도 깜짝 않은 채 우리를 바라볼 뿐이었다. 다음 우리는 담벼락 옆을 달렸고 우리 그림자도 벽을 따라 달렸으며, 얼마 뒤 우리는 찢어진 신문지 쪼가리가 길가에 떨어져 있는 곳을 지나쳐 갔고, 나는 다시 웃기 시작했다. 나는 목구멍에서 치미는 웃음을 느낄 수 있었고, 오후의 기울어 가는 햇빛 속에 서 있는 나무들을 바라보며, 오후와 새와 헤엄치는 애들을 생각했다. 그러나 나는 아직도 웃음을 그칠 수가 없었다. 내가 억지로 그치려고 애쓰면 울음이 터져 나올 것임을 알았다. 그래서 나는 저렇게 많은 아가씨들이 어둠 속을 걸어다니고, 부드러운 처녀의 음성으로 속삭이니 그 소리가 어둠 속에 흔들려, 말소리가 들려오고 향내가 풍기고 보이지 않는 눈초리가 느껴지는데, 어떻게 내가 순결할 수 있겠나 하고 얼마나 생각했는지를 생각하고 있었는데, 만일 그것이 그토록 간단히 해치울 수 있는 것이라면 사실 그것은 아무것도 아닐 테고, 만일 그것이 아무것도 아니라면 도대체 난 무엇이란 말인가. 그때 블랜드 부인이 말했다. "퀜틴? 퀜틴이 어디 아픈가요, 맥켄지 씨?" 그러자 쉬리브의 뚱뚱한 손이 내 무릎에 닿았고 스포드가 말하기 시작했으므로, 나는 웃음을 그치려고 애쓰는 것을 중지했다.

"만일 그 커다란 바구니가 퀜틴한테 방해가 된다면, 맥켄지 씨 그걸 그쪽에 좀 옮겨 놓으시지요. 포도주를 한 바구니 가져왔어요. 왜냐하면 젊은 신사들은 포도주를 마셔야 하거든요. 나의 가친께서, 말하자면 제럴드의 할아버지께선." 그걸 한 적 있어 오빠가 그걸 한 적 있냐고 잿빛 황혼의 어슴푸레한 빛에 그녀는 무릎을 끌어안고

"얻을 수만 있으면 마시고말고요." 스포드가 말했다. "어때, 쉬리브?" 무릎을 끌어안고 얼굴은 하늘로 향하고 인동덩굴 냄새가 그녀의 얼굴과 목에 감돌아

"맥주도." 쉬리브가 말했다. 그의 손은 내 무릎을 다시 만졌다. 나는 다시 내 무릎을 움직였다. 마치 라일락빛 분을 엷게 칠한 듯하게 풍겼다. 그 남자 얘기를 해서 우리 사이에

"넌 신사가 아냐." 스포드가 말했다. 그 남자 얘기를 꺼내서 마침내 그녀 모습은 부옇게 흐려졌는데 이는 땅거미 탓은 아니었다

"그래, 난 신사가 아냐. 난 캐나다인이니까." 쉬리브가 말했다. 그 남자 얘기를 했는데 보트의 노는 반짝반짝 빛나면서 그를 나르고 영국인이 자동차를 몰 때 쓰는 챙 없는 모자를 반짝이게 하니 그 아래 모든 시간이 세차게 흘러가 버리고 두 사람의 모습은 서로 상대 속에서 겹치고 흐리멍덩해져 영원히 사라져 버렸다 그 사람은 군대에 있으면서 사람을 죽인 적이 있어

"나는 캐나다가 참 좋아요." 데인저필드 양이 말했다. "참 멋들어진 나라 같아요."

"너 향수 마셔 본 일 있니?" 스포드가 말했다. 그 남자는 한 손으로 그녀를 자기 어깨에 올려놓고 그대로 달려갈 수 있었으리라 달려가서 달려가면서

"아니." 쉬리브가 말했다. 달려가서 뒤를 맞대고 교미하는 짐승이 되었고 그녀는 반짝반짝 빛나는 노 속에서 희미해지고 달려가서 에우불레우스의 돼지들은 교미하면서 달려가고 있었고 남자가 몇이나 있었지 캐디

"나도 마셔 본 일 없어." 스포드가 말했다. 몰라 너무 많았거든 내 안에 무서운 게 있었어 아버지 나는 근친상간을 범했습니다. 오빠가 그런 짓 한 적 있어 우린 안 했어 우린 그따위 짓 안 했어 우리가 그랬다고 생각하는 거야

"제럴드의 할아버지는 늘 아침 식사 전에, 스스로 드시려고 아직 그 위에 서리가 앉아 있는 박하(薄荷)를 따 왔거든요. 할아버지는 윌키 영감까지도 그걸 건드리지 못하게 하셨지요. 너 기억하니, 제럴드. 그래서 그분은 늘 손수 그걸 따 모아, 당신이 마실 술인 줄렙을 만드셨답니다. 할아버지는 당신의 줄렙에 관해선 노처녀만큼이나 까다로워서, 당신 머릿속에 있는 제작법에 따라 하나하나 계산해 제조하셨죠. 할아버지가 제작법을 가르쳐 준 사람은 단 한 명뿐이었는데, 그건." 우리는 했지 네가 모를 리 있나 기다려 봐 그것이 어떤 일이었는지 내 얘기해 주지 그것은 죄악이었어 우리는 무서운 죄악을 저질렀거든 그걸 감출 수는 없어 넌 감출 수 있다고 생각하지만 잠깐 들어 봐 가련한 퀜틴 오빠는 결코 그런 짓을 하지 않았어요 그렇죠 내 그게 어떤 일이었는지 얘기해 줄게 난 아버지께 얘기할 테야 그러면 그건 사실이 되지 않을 수 없겠지 왜냐하면 네가 아버지를 사랑하니까 그렇게 되면 우리는 지탄과 공포의 맑은 불꽃 속으로 도망쳐야 할 거야 난 우리가 그 짓을 했다고 네가 말하도록 할 테야 난 너보다 힘이 세거든 난 우리가 그 짓을 했다는 것을 네가 알도록 할 테야 넌 그것이 다른 남자들인 줄 알지만 사실 그건

나였어 자 들어 봐 나는 늘 너를 속여 왔어 그건 나였어 넌 그때 내가 집 안에 있었다고 생각했겠지 그 빌어먹을 놈의 인동덩굴 냄새가 나는 그네침대와 백양목과 은밀한 흔들림과 고통스런 숨결을 잊으려고 하면서 숨을 벌렁벌렁 들이쉬면서 그 "좋아" 좋아 좋아 "좋아" "자신은 포도주를 마시려 하지 않는데, 그분이 늘 말씀하시길 한 바구니의 포도주는 넌 그 얘기 어느 책에서 읽었지 제럴드의 보트용 옷 말이야 어떤 신사들의 소풍 바구니에도 필요 불가결한 것이라고 하셨죠"* 넌 그 남자들 사랑했니 캐디 너 그 남자들 사랑했니 그 사람들이 날 건드렸을 때 난 죽었거든요

  그녀는 순간 거기에 서 있었다 다음 순간 그는 고래고래 울면서 그녀의 옷자락을 잡아당겼고 두 사람은 현관홀로 나가더니 층계로 올라갔는데 그는 울어 대면서 그녀를 밀고 올라가 목욕실 문 앞에 다다르게 했고 그녀는 등을 욕실 문에 기대고 서서 팔로 얼굴을 가렸으며 그는 울어 대면서 그녀를 목욕실 안으로 밀쳐 넣으려고 했다 티 피가 그에게 저녁 식사를 먹여 줄 적에 그녀가 들어오자 그는 다시 울음을 터뜨렸는데 처음엔 작은 소리로 훌쩍이다가 그녀가 닿자 엉엉 울어 댔다 그녀는 그곳에 가만히 서 있었는데 그녀의 눈은 궁지에 몰린 쥐의 눈초리 같았다 그때 나는 잿빛 황혼 속을 달려가고 있었다 비 냄새와 온갖 꽃향기가 풍겼고 축축하고 후더분한 바람이 일었고 귀뚜라미가 귀뚤귀뚤 풀숲에서 울었는데 내가 가는 길마다 나를 인도하듯이 내 주위에만 차례로 동그랗게 생겨난 조그마한 무음지대(無音地帶)가 발에 걸렸다 팬시란 놈의 말이 울타리 건너편에서 나를 바라보고 있었다 그놈은 마치 빨랫줄에 걸린 누비이불처럼 얼룩덜룩했다 나는 그 망할 검둥이 녀석이 그 말에게 먹이 주는 것을 또 잊었구나 하고 생각했다 나는 마치 거울에 뿜는 하얀 숨결처럼 나를 따라 이동하는 귀뚜라미 소리의 무음지대들에 둘러싸여 언덕을 내리 달렸다 그녀는 모래톱에 머리를 올려놓고 물속에 누워 있었고 물은 그녀의 허리 언저리에서 출렁였다 그녀의 치마는 반쯤 젖어 어디로도 흘러가지 못해 서서히 자꾸만 출렁이는 물결의 움직임에 따라 그녀의 옆구리에 부딪혀 팔딱거렸다 나는 방죽에 멈춰 섰다 나는 강물 위 울타리

---

* 블랜드 부인이 긴 이야기를 하고 있는데 스포드와 쉬리브가 자기들끼리 속닥거리고 있다. 퀜틴은 지금 의식이 현실에서 멀어지고 있으므로, 이 발언들을 누가 했는지 구별하지도 않고 '현실의 잡음'으로서 흘려듣고 있다.

에 감겨 붙은 인동덩굴 냄새를 맡을 수 있었다 인동덩굴 냄새와 귀뚜라미 울음소리는 피부로 느껴지는 안개가 되어 공기 중에 가득 찬 듯했다
　벤지는 아직도 우니
　모르겠는걸 울고 있겠지 모르겠어
　불쌍한 벤지
　나는 방죽 위에 앉았는데 풀은 좀 축축했다 그때 내 신이 젖은 것을 알았다
　그만 물 밖으로 나와 너 미쳤니
　그러나 그녀는 꼼짝도 안 했다 그녀의 얼굴은 머리칼을 경계로 희뿌연 모래 위에 희뿌옇게 떠올라 있었다
　자 어서 나와
　그녀는 일어나 앉았다 그런 다음 일어서니까 치마가 물을 뚝뚝 떨어뜨리며 몸뚱이에 부딪쳐 펄떡거렸다 그녀는 방죽에 올라와 옷을 펄럭거리며 앉았다
　왜 물을 짜 버리지 않니 감기 들고 싶어
　응
　강물은 쭉 빨려 들어와 모래톱을 가로질러 버드나무들 사이 어둠 속으로 콸콸 흘러가다가 옅은 곳을 지날 적엔 헝겊 조각의 주름 같은 잔물결을 일으키면서 여느 물처럼 아직도 빛을 조금 머금고 있었는데
　그 사람은 모든 대양을 횡단해서 세계를 일주했대
　그런 다음 그녀는 젖은 무릎을 끌어안고서 희미한 회색빛과 인동덩굴 냄새 속에 고개를 뒤로 발랑 젖히고 그 남자 얘기를 하고 있었다 어머니 방에 불이 켜져 있었고 벤지 방에도 불빛이 있었는데 거기서 티 피는 벤지를 잠자리에 누이는 모양이었다
　너 그놈을 사랑하니
　그녀는 손을 뻗쳤다 나는 움직이지 않았다 그녀의 손은 내 팔을 더듬어 내려가 손을 잡아 가지고 자기 가슴에 갖다 댔다 그녀의 고동이 느껴졌다
　아니 사랑하지 않아
　그럼 그놈이 억지로 한 거구나 그놈이 너한테 억지로 그걸 하도록 했지 허락하게 만든 거지 그놈이 너보다 힘이 세니깐 그래서 그놈이 나는 내일 그놈을 죽여 버릴 거야 맹세한다 반드시 죽여 버리겠어 아버지껜 나중까지 아무

말씀도 드리지 말자 그래서 너하고 나는 아무도 모르는 곳에 가는 거야 내 학비를 가져가면 돼 내 입학은 취소할 수 있으니까 캐디 넌 그놈을 미워하지 그렇지

그녀는 내 손을 자기 가슴에 대고 있었다 그녀의 고동이 느껴졌다 나는 돌아서서 그녀의 팔을 잡았다

캐디 넌 그놈을 미워하지

그녀는 내 손을 목으로 끌어올렸는데 거기에서도 뛰는 고동이 느껴졌다

불쌍한 퀜틴

그녀는 얼굴을 하늘로 향하고 있었다 하늘은 대단히 나직이 드리워져서 밤의 모든 냄새와 소리가 특히 인동덩굴 냄새가 마치 축 늘어진 천막 밑처럼 아래로 몰려 내려앉는 것 같았다 그 냄새는 내 숨결 속에도 들어왔고 그녀의 얼굴에도 목에도 감돌아 마치 분을 칠한 듯 냄새를 풍겼고 그녀의 맥박이 나의 손바닥에 팔딱거렸고 나는 다른 한쪽 팔에 기대고 있었는데 그 팔은 경련을 일으켜 움찔움찔 떨기 시작했으며 나는 짙은 잿빛 인동덩굴 냄새 속에서 어떻게든 숨을 쉬려고 헐떡일 수밖에 없었다

그럼 난 그 사람 미워해 그 사람 때문에 난 죽는 거예요 벌써 죽은걸 난 이런 일이 생길 적마다 그 사람 때문에 자꾸만 죽는 거예요

손을 들어 올렸을 때 난 아직도 마구 얽힌 잔가지와 풀이 손바닥을 따끔따끔 찔러 파고드는 것을 느낄 수 있었다

불쌍한 퀜틴

그녀는 양팔로 지탱하면서 몸을 뒤로 기울였고 그녀의 두 손은 무릎을 끌어안았다

오빠는 그런 짓 한 적 없지

뭘 뭘 말이야

내가 해 버린 내가 한 그런 짓

했어 했어 여러 계집애들하고 여러 번이나

그 다음 나는 울고 있었다 그녀의 손이 나를 다시 만졌다 그리고 나는 그녀의 축축한 블라우스에 얼굴을 묻고서 울었고 다음에 그녀는 등을 대고 누워 내 머리 저 위쪽 하늘을 쳐다보고 있었다 나는 그녀의 눈동자 홍채 밑에 있는 하얀 테두리를 볼 수 있었다 나는 칼을 뺐다

너 할머니가 돌아가시던 날 네가 드로어즈를 입고 강물 속에 앉아 버렸던 일 기억하니
응
나는 칼끝을 그녀의 목에 댔다
단 1초도 걸리지 않을 거야 단 1초도 그 다음에 나는 내 걸 해치우는 거지 나는 그 다음에 스스로 내 걸 자르는 거야
좋아, 오빠는 손수 자기 목을 자를 수 있을 거야
자를 수 있고말고 칼날이 충분히 기니간 벤지는 지금쯤 자고 있겠지
응
단 1초도 더 안 걸릴 거야 아프지 않도록 해 볼게
좋아
눈은 안 감니
응 이편이 좋아 좀더 세게 찔러야지
네 손으로 거길 건드려 봐
그러나 그녀는 움직이지 않았다 그녀의 눈은 커다랗게 뜨인 채 내 머리 저쪽 하늘을 쳐다보고 있었다
캐디 네 드로어즈가 진흙투성이라고 딜시가 널 얼마나 야단쳤는지 기억하니
울지 마
나 울지 않아 캐디
찔러요 오빠 안 할 거야
넌 내가 하길 바라는 거니
응 찔러요
네 손으로 거길 건드려 봐
울지 마 불쌍한 퀜틴
그러나 나는 울음을 그칠 수 없었다 그녀는 내 머리를 단단하고 축축한 제 앞가슴에 끌어안았고 나는 그녀의 심장이 이제는 세차게 뛰지 않고 가라앉아 천천히 뛰는 소리를 들을 수 있었으며 강물은 버드나무들 사이 어둠 속을 콸콸 흘러가고 인동덩굴 냄새가 뭉게뭉게 계속 피어올랐으며 내 팔과 어깨는 내 몸뚱어리 밑에서 뒤틀렸다
왜 그래 오빠 뭘 하고 있는 거지

그녀의 근육이 굳어졌다 나는 일어나 앉았다
내 칼 말이야 떨어뜨렸어
그녀도 일어나 앉았다
몇 시나 됐을까
모르겠는데
그녀는 일어섰다 나는 땅을 더듬었다
난 갈래 그까짓 칼은 내버려 둬
나는 그녀가 곁에 서 있는 것을 느낄 수 있었고 그녀의 축축한 옷 냄새를 맡을 수 있었으며 그녀가 곁에 있는 것을 느낄 수 있었다
이 근처 어디일 텐데
그냥 내버려 둬 내일 찾을 수 있잖아 자 가자
잠깐만 찾을 테니까
겁이 나나 봐
아 찾았다 계속 여기 있었나 본데
그랬나 보네 어서 가요
나는 일어나서 그녀를 따라갔다 우리는 언덕을 올라갔다 우리가 가는 앞에선 귀뚜라미가 울음을 그쳤다
왠지 우습네 앉은 채 뭘 떨어뜨렸는데도 그걸 찾느라고 근처를 온통 더듬어야 하다니
회색이었다 주위엔 회색 이슬이 자욱하여 회색 하늘에 비껴 있었고 저쪽 나무숲에는
망할 인동덩굴 같으니 제발 그 냄새 좀 그쳐 줬으면 좋겠는데
오빠는 전엔 그 꽃 좋아했으면서
우리는 언덕 꼭대기를 넘어 나무숲 쪽으로 걸어갔다 그녀는 내게 바싹 달라붙어 걸었다 그러더니 약간 떨어졌다 구덩이는 회색 풀밭 위에 있는 검은 흉터같이 보였다 그녀는 다시 내게 달라붙어 걷다가 나를 쳐다보고는 다시 약간 떨어졌다 우리는 구덩이에 다다랐다
이쪽으로 가자
뭣하러
아직 낸시 뼈다귀가 남아 있나 보자 오랫동안 들여다볼 생각을 못했거든

1910년 6월 2일

넌 들여다봤니
그곳은 덩굴과 가시덤불로 뒤덮여서 어두워 보였다
뼈다귀는 바로 이 근처에 있었는데 아직 있는지 없는지 모르겠네 넌 알겠니
그만둬요 퀜틴 오빠
가자
구덩이는 좁아져서 끝이 막혔다 그녀는 나무숲 쪽으로 돌아섰다.
그만둬요 퀜틴 오빠
캐디
나는 다시 그녀의 앞으로 돌아 들어가 섰다
캐디
그만두래도
나는 그녀를 끌어안았다
난 너보다 힘이 세
그녀는 꼼짝도 않고 몸을 빳빳이 한 채 굴하지는 않으나 조용히 서 있었다
난 싸우고 싶지 않아 그만둬 그만두는 게 좋아요
캐디 안 돼 캐디
이런 짓 해야 아무 소용도 없어 알잖아요 그만 놔줘
인동덩굴이 안개처럼 뭉게뭉게 피어올랐다 귀뚜라미가 우리 주위만 둥그렇게 포위한 채 숨을 죽이고 우릴 쳐다보는 게 들렸다 그녀는 뒤로 물러서서 나를 스쳐 지나가 나무숲을 향해 걸어갔다
오빠는 집으로 돌아가 따라올 필요 없어
나는 따라갔다
왜 오빠는 집으로 돌아가지 않지
망할 인동덩굴 같으니
우리는 울타리에 다다랐다 그녀가 기어 들어가고 나도 기어 들어가고 내가 몸을 일으켰을 적에 그 사나이는 나무숲 속에서 나와 회색 황혼 속 우리를 향해 다가왔다 우리에게 왔다 불쑥한 키 큰 그림자는 걷고 있어도 고요하여 마치 가만히 있는 것처럼 보였고 그녀는 그에게로 갔다
이분이 퀜틴이에요 나 옷이 젖었어요 온통 젖었으니깐 그거는 하고 싶지 않으면 안 해도 돼요

그들의 그림자는 하나가 되고 그녀의 머리가 들렸다 그놈 머리보다 더 높이 하늘로 솟아올라 더욱 높아져서 두 사람의 머리는

원하지 않으면 꼭 할 필요 없어요

그 다음 머리는 둘이 아니고 하나였다 해질녘 어둠은 비와 젖은 풀과 나뭇잎 냄새를 풍기고 회색 빛은 안개비처럼 피어오르고 인동덩굴은 축축한 냄새의 물결처럼 계속 밀려오고 나는 그 남자의 어깨에 놓인 흐리멍덩한 그녀 얼굴을 볼 수 있었다 그는 그녀를 어린애같이 한 팔로 껴안고선 다른 팔을 이쪽으로 뻗쳤다

처음 뵙겠습니다

우리는 악수하고 나서 그저 거기에 서 있었고 그녀의 그림자는 그의 그림자에 의지하여 높이 솟았고 두 그림자가 하나가 되어 있었다

어떡하겠어요 퀜틴 오빠

잠깐 걸어 볼까 생각하는데 숲을 지나 큰길로 나가서 시내를 통해 집으로 되돌아오겠어

나는 돌아서서 걸음을 뗐다

잘 있어

퀜틴

나는 멈췄다

왜

숲 속에선 청개구리들이 공중의 비 냄새를 맡았는지 개골개골 울면서 잘 안 돌아가는 장난감 오르골 같은 소리를 냈고 인동덩굴 냄새가

이리 와

왜

이리 와 퀜틴

나는 되돌아갔다 그녀는 위에서 손을 뻗어 내 어깨를 건드렸다 그녀의 그림자와 흐리멍덩한 그녀 얼굴이 그 남자의 높은 그림자에서 이쪽으로 기울었고 나는 뒤로 물러섰다

조심해

집으로 곧장 돌아가요

난 졸리지 않아 산책이나 좀 할 테야

1910년 6월 2일 165

샛강에서 날 기다려 줘
난 산책이나 할 거야
곧 갈 테니까 날 기다려 줘요 응 기다려요
아니 난 숲을 통해서 갈 거야
나는 뒤돌아보지 않고 걸었다 청개구리들은 내게는 무심한 듯 울어 대고 회색빛이 마치 이끼처럼 나무 사이에 퍼지고 있었으나 아직 비가 내릴 것 같지는 않았다 잠시 뒤 나는 돌아서서 숲가로 되돌아갔다 거기에 다다르자마자 다시 인동덩굴 냄새를 맡을 수 있었고 관청 시계탑의 시계를 비추는 불빛과 하늘에 사각형으로 비친 시내 광장의 불빛과 샛강에 잇닿아 있는 어두운 버들과 어머니 방 창문에 비친 불빛을 볼 수 있었고 벤지의 방에도 아직 불이 켜져 있었다 나는 허리를 굽히고 울타리에 기어 들어가 목장을 가로질러 달려갔다 거무스름한 풀숲을 헤치고 귀뚜라미들 사이로 달려갔다 인동덩굴 냄새가 점점 더 강하게 나더니 이어 강물 냄새가 풍겨 오고 다음에 회색 인동덩굴 빛을 띤 강물을 볼 수 있었다 나는 얼굴을 땅에 바싹 대고 방죽에 누웠다 인동덩굴 냄새를 맡고 싶지 않았기 때문이다 그렇게 그 냄새를 맡을 수 없게 된 다음 나는 거기에 누운 채 대지가 내 옷에 스며드는 것을 느끼고 강물 소리에 귀를 기울이고 있었다 이윽고 내 호흡도 편안해졌다 그래서 거기에 누워 만일 내가 얼굴을 움직이지 않으면 심하게 숨을 쉬어서 인동덩굴 냄새를 맡을 일도 없으리라 생각하다가 다음엔 전연 아무런 생각도 하지 않고 있었다 그녀가 방죽을 따라 다가와서 멈춰섰다 나는 움직이지 않았다
늦었으니 집으로 돌아가요
뭐라고
집으로 가라고요 늦었으니깐
좋아
그녀의 옷자락이 바스락거렸다 나는 움직이지 않았다 그러자 옷자락이 바스락거리는 소리가 그쳤다
너도 내 말대로 집으로 돌아갈 거지
대답이 들리지 않았다
캐디
응 알았어 나한테 그렇게 하라면 할 테야

나는 일어나 앉았다 그녀는 땅바닥에 앉았다 두 손을 깍지 껴서 한쪽 무릎을 끌어안은 채

내 말대로 집으로 돌아가

응 난 뭐든지 하라는 대로 할 테야 뭐든지

그녀는 나를 쳐다보려고도 하지 않았다 나는 그녀의 어깨를 잡고 세게 흔들었다

입 다물어

나는 그녀를 흔들었다

닥쳐 닥치라고

응

그녀는 얼굴을 쳐들었다 나는 그때 그녀가 나를 전혀 쳐다보지도 않고 있는 사실을 깨달았다 그녀의 홍채의 흰 가장자리가 다시 보였다.

일어나

나는 그녀를 잡아당겼다 그녀는 맥이 풀려 있었다 나는 그녀를 일으켜 세웠다

자 가자

오빠가 집을 나올 때 벤지는 아직도 울고 있었나요

가자

우리는 샛강을 건너갔다 지붕이 나타나고 다음엔 2층 창문이 보였다

그 앤 벌써 잠들었구나

나는 멈춰 서서 뒷문을 잠가야 했다 그녀는 그대로 회색빛 속을 걸어가고 있었다 비 냄새가 났으나 아직 비는 올 듯하지 않았고 인동덩굴 냄새가 정원 울타리 쪽에서 풍겨 왔고 풍겨 왔고 그녀가 어두운 곳으로 들어가고 그때 내게 그녀의 발자국 소리가 들렸다

캐디

나는 부엌 층계 앞에 섰다 그녀의 발자국 소리가 들리지 않았다

캐디

그때 그녀의 발자국 소리가 들렸고 내 손은 그녀를 만졌는데 따뜻하지도 차지도 않고 단지 가만히 있을 뿐 옷은 아직도 약간 축축했다

넌 그 사람을 사랑하니

마치 멀리서 들려오는 숨소리 같은 느릿한 숨소리만 들릴 뿐
　캐디 너 그 사람 사랑하냐고
　모르겠어
　밖에는 회색빛이 가득 찬 가운데 마치 썩은 물속에 있는 시체와 같은 물체들의 그림자가 있었다
　너 같은 건 죽어 버렸으면 좋겠어
　그렇구나 오빠 이제 집에 들어가자
　너 지금 그놈 생각하고 있지
　모르겠어
　뭘 생각하고 있는지 말해 말해 보란 말이야
　그만둬 그만둬 퀜틴
　입 다물어 닥쳐 응 닥치래도 입 다물지 못해
　그래 입 다물게 너무 시끄러운 소릴 내면 안 되잖아
　널 죽여 버릴 거야 알겠어
　우리 그네침대로 가자 이러다 모두 오빠 목소릴 듣겠으니깐
　난 울고 있지 않아 내가 운다는 거야
　아냐 조용히 해요 벤지 깨우겠네
　넌 집으로 들어가 자 들어가
　알았어 들어갈게 울지 마 어쨌든 내가 잘못한 거야 오빠 때문이 아니니깐 오빤 어떻게도 할 수 없어
　우린 천벌을 받고 있는 거야 우리 잘못이 아냐 우리 잘못일까
　이제 그만두고 가서 자요
　억지로 재우려고 해 봤자 소용없어 우린 천벌을 받고 있는 거야
　마침내 나는 그를 찾아냈다 그는 막 이발소에 들어가고 있었다 그는 나를 눈치챘고 난 걸어가서 기다렸다
　요 2, 3일간 당신을 찾아다녔습니다
　나한테 볼일이 있나요
　할 얘기가 있습니다
　그는 빠른 솜씨로 담배를 두어 번 말더니 엄지손가락 손톱에 대고 성냥을 그었다

여기선 얘기하기 좀 그런데 우리 딴 데서 만날까요
내가 당신 방으로 찾아가죠 호텔에 계시겠죠
아니 그건 좀 곤란하군요 그보다 저 뒤쪽 시내에 걸려 있는 다리 알죠
네 압니다
1시 정각에
네
나는 돌아섰다
고맙습니다
잠깐만
나는 멈춰 서서 뒤돌아봤다
그 아가씨는 잘 있습니까
카키색 셔츠를 입은 그는 마치 청동으로 만들어진 듯했다
지금 그 아가씨한텐 내가 꼭 필요할 텐데 말이죠
1시에 그리 가겠습니다
 캐디는 내가 1시에 프린스에 안장을 얹도록 티 피한테 이르는 소리를 듣고 또 내가 밥을 별로 먹지 않는 것도 지켜보더니 나한테 다가왔다
오빠 뭘 하려는 거야
아무것도 아니야 난 마음 내킬 때 말도 못 탄단 말이니
무슨 볼일이 있는 거지 무슨 일인데
너랑은 상관없어 갈보야 갈보
티 피는 프린스를 곁문 앞에 대 놓고 있었다
나 말 필요 없어 걸어갈 거야
 나는 차도를 내려가 문을 나섰다 샛길로 들어선 다음 달려갔다 다리에 미치기 전에 그의 모습을 보았다 그는 난간에 기대고 서 있었다 말은 숲 속에 매여 있었고 그는 이쪽을 어깨 너머로 보더니 등 돌린 채 내가 그 다리까지 가서 멈출 때까지 고개를 들지 않았다 그는 손에 나무껍질 한 조각을 들고 조각조각 뜯어서 난간 너머 강물 속으로 떨어뜨리고 있었다
 나는 당신에게 마을을 떠나라고 말하러 왔소
 그는 나무껍질 한 쪽을 신중하게 뜯어서 조심스럽게 물속에 떨어뜨리고는 떠내려가는 모습을 지켜보았다

당신은 이 동네에서 떠나야 한단 말이오
그는 나를 쳐다보았다
그 아가씨가 당신을 심부름 보낸 건가
당신은 가야만 한다는 거요 우리 아버지도 다른 아무도 아니고 바로 내가 그렇게 얘기하는 거요
그건 그렇다 치고 잠깐만 내 얘기 들어 봐요 난 그 아가씨가 잘 있는지 집 안에서 모두 그녀한테 성가시게 굴지나 않는지 알고 싶소
그런 건 당신이 걱정할 필요 없는 일이오
그다음 나는 마을을 떠나는 데 해질 때까지 여유를 주겠다고 말하고 있는 나 자신의 목소리를 들었다
그는 나무껍질 한 조각을 또 떼어서 물속에 떨어뜨리더니 그 나무껍질을 난간 위에 놓고 아까처럼 재빠른 솜씨로 두어 번 담배를 말고 난간에 성냥을 굴렸다
내가 떠나지 않으면 어쩌겠소
난 당신을 죽이겠소 내가 당신에겐 어린애같이 보이겠지만 그래도 얕보지 마시오
담배 연기가 그의 콧구멍에서 두 줄기 힘차게 뿜어 나오더니 그의 얼굴 앞에서 맴돌았다
당신 몇 살이오
나는 떨리기 시작했다 내 두 손은 난간에 놓여 있었다 만일 손을 감추면 그는 그 이유를 알게 될 것이라고 생각했다
오늘 밤까지 여유를 주겠소
이봐 자네 이름이 뭐지 벤지는 백치 쪽이었지 그래 자네 이름은
퀜틴
나 자신은 대답할 마음이 없었는데 내 입이 그렇게 대답했다
해가 질 때까지 기다려주겠어요
퀜틴
그는 담뱃재를 조심스럽게 난간 위에 비벼 떨었다 마치 연필 끝을 날카롭게 하는 것처럼 조심스럽게 천천히 담뱃재를 떨어 한곳에 모았다 내 손의 떨림은 그쳤다

이것 봐 그렇게 어렵게 생각할 필요 없어 그건 자네 잘못이 아니야 내가 아니었으면 다른 누군가가 해 버렸을걸

당신은 누이를 둔 적이 있나요 있습니까

없어 하지만 여자들은 어차피 모두 갈보야

나는 그를 갈겼다 그의 얼굴을 주먹으로 치고픈 것을 꾹 참고 손바닥으로 갈기려고 했는데 그도 나만큼 재빠르게 손을 움직여 담배는 난간 아래로 날아가 떨어졌다 나는 다른 한 손도 쳐들었고 그는 담배가 강물에 닿기 전에 그 손도 붙잡아 한 손으로 내 두 손목을 붙들었다 그의 다른 한 손은 윗옷 겨드랑이 밑으로 들어갔고 그의 등 뒤엔 햇살이 비껴 비치고 그 햇빛 저쪽에서 새가 울었으며 우리는 새가 우는 동안 서로 빤히 쳐다보았다 그는 내 손을 놓았다

이것 봐

그는 나무껍질을 난간에서 집어 물속에 던졌다 그것은 불쑥 솟아올라 물결에 쓸려 떠내려갔다. 그는 권총을 슬그머니 쥐고 난간에 손을 얹고 있었다 우리는 기다렸다

자넨 저걸 쏴 맞힐 수 없겠지

네

나무껍질은 멀리 흘러내려갔다 숲 속은 아직 조용했다 나는 새소리를 다시 듣고 다음엔 물소리를 들었다 권총이 발사됐다 그는 전혀 겨냥하지 않았으나 나무껍질은 사라졌고 산산조각 난 나무쪽들이 퍼지며 흘러갔다 그는 부서진 껍질을 두 번 더 쐈다 나무껍질은 1달러짜리 은화만큼 작아졌다

이쯤 보여 주었으면 알겠지

그는 탄창을 빼고 총신을 불었다 희미한 연기가 한 줄기 피어올랐다 그는 약실 세 개에 다시 장전하고 탄창을 꽂았다 그는 손잡이를 이쪽으로 돌려 그것을 내게 주었다

뭣하러 나한테 주지요 난 저걸 맞혀 볼 생각이 없는데

날 죽일 생각이라면 이게 필요할 텐데 자네에게 이걸 주겠어 이걸 쏘면 어떻게 되는지 보여 주었으니까

당신 총 같은 건 관심 없어요

나는 그에게 덤벼들었다 그가 내 두 손목을 붙잡은 뒤에도 한참 동안 그를

1910년 6월 2일

갈기려고 애썼다. 아직도 기를 쓰고 있는데 그때 색안경을 통해서 그를 쳐다보고 있는 것같이 느껴졌다 나의 맥박 소리가 들렸고 다음엔 다시 하늘과 하늘을 배경으로 한 나뭇가지들과 가지들 사이로 비스듬하게 비치는 햇빛이 보였다 그는 나를 넘어지지 않게 붙들고 있었다
 당신이 날 때린 겁니까
 대답이 들리지 않았다
 뭐라고요
 어 그래 때렸소 기분은 어떻지
 괜찮아요 놔줘요
 그는 나를 놔주었고 나는 난간에 기댔다
 괜찮다고
 날 내버려 둬요 괜찮대도
 무사히 집에 갈 수 있겠나
 가요 난 내버려 두고
 걸어가지 않는 게 좋겠군 내 말을 타지
 필요 없어 그냥 가라니까
 타고 나면 고삐를 안장 머리에 걸고 놔주기만 하면 돼 그러면 그놈 혼자서 마구간으로 돌아올 테니까
 날 혼자 내버려 둬 제발 가라고 날 혼자 두란 말이야
 나는 강물을 바라보며 난간에 기댔다 그가 말을 풀어 타고 가는 소리를 들었다 그리고 얼마 뒤엔 물소리밖에 아무런 소리도 들리지 않았으나 다음엔 새소리가 다시 들렸다 나는 다리를 떠나서 나무에 등을 대고 앉아 머리를 나무에 기대고 눈을 감았다 한 줄기 햇빛이 나무 사이로 비쳐 내 눈두덩에 닿았다 그래서 그 나무를 따라서 돌아 조금 안쪽으로 자리를 옮겼다 다시 새소리와 강물 소리가 들리고 다음엔 모든 것이 굴러가 사라지는 듯하여 나는 아무것도 느끼지 못했고 마침내 거의 기분이 좋아졌다 요새는 밤낮 할 것 없이 어둠 속에서부터 내가 자려는 방으로 인동덩굴 냄새가 흘러들어왔으니까 그렇게 시간이 지나자 나는 그가 나를 때리지 않은 것과 그가 그녀를 생각하여 그것에 관해서 거짓말을 한 것과 내가 그저 계집애같이 정신을 잃었을 뿐이란 것을 깨닫게 되었지만 그래도 기분은 나빠지지 않았다 그까짓 것들은 이

제 아무렇지도 않게 생각되었다 나는 그곳에서 나무에 기대고 앉았는데 나뭇가지에 붙은 노란 나뭇잎 같은 얼룩덜룩한 햇살 조각들이 내 얼굴을 어루만지는 동안 강물 소리에 귀를 기울이고 말이 빨리 달려오는 소리가 들릴 때까지도 아무런 생각도 하지 않고 있었다 내가 눈을 감고 거기에 앉아 있으려니 식식 모래를 디디며 달리는 말발굽 소리와 달리는 사람 발소리가 들렸고 그녀의 두 손이 다급하게 움직였다

바보 바보 오빠 다쳤어

나는 눈을 떴다 그녀의 손이 내 얼굴을 어루만지고

나 권총 소리를 들을 때까지 어느 쪽인지 몰랐어 어디인지 몰랐어 난 오빠가 그 사람하고 둘이서 그런 짓을 할 줄은 몰랐어 몰래 집을 빠져나가더니 그 사람이 그럴 줄이야

그녀는 양손으로 내 얼굴을 붙들더니 이번엔 내 머리를 나무에 박아 댔다

그만둬 그만두라고

나는 그녀의 손목을 잡았다

그만두라니깐 그만둬

난 그이가 그러지 않을 걸 알고 있었어 그러지 않을 줄 알았어

그녀는 내 머리를 나무에 부딪치려고 했다

난 그이에게 다시는 내게 말을 걸지 말라고 했어 그렇게 말해 버렸다고

그녀는 손목을 빼려고 애썼다

날 놔줘

그만둬 난 너보다 힘이 세니깐 자 그만둬

놔줘요 난 그 사람 찾아서 사과해야 해 놔줘요 퀜틴 제발 놔줘요 놔줘

돌연 그녀는 몸부림을 멈추고 손목에서 힘을 뺐다

그래 그이에게 잘 해명해야지 난 그이를 믿게 할 수 있어 언제고 그럴 수 있어

캐디

그녀는 프린스를 매 두지 않았다 프린스는 만일 그럴 생각이 들면 언제든지 집으로 돌아갈 수 있었다

언제고 그이는 나를 믿어 줄 거야

캐디, 그 남자를 사랑하니

뭐라고요

그녀는 나를 쳐다보았다 그런데 그 두 눈은 텅 비어 있어서 마치 동상에 박힌 눈처럼 무표정하며 아무것도 보지 않고 가만히 있는 듯했다

손을 내 목에 대 봐

그녀는 내 손을 잡고 자기 목에다 갖다 댔다

자 그 남자 이름 대 봐

달튼 에임즈

나는 그녀의 목에서 최초의 피의 흐름을 느꼈고 그 흐름은 점점 심해져서 펄떡펄떡 뛰었다

다시 말해 봐

그녀는 머리를 돌려 햇빛이 비껴 비치고 새가 우는 숲을 바라다보았다

다시 말해 봐

달튼 에임즈

그녀의 피는 끊임없이 끓어올라 나의 손바닥을 쿵쿵 쿵쿵 두드리고 있었다 피는 오랫동안 계속 흘렀다. 그러나 내 얼굴은 차가웠으며 죽은 것 같았고, 내 눈과 손가락 베인 자리가 다시 쓰라렸다. 쉬리브가 펌프로 물 푸는 소리가 들렸고 곧이어 그는 세숫대야를 가져왔다. 대야 속엔 얼른거리는 황혼의 빛이 비쳐 있었는데 노란 테두리에 싸여서 쭈그러져 가는 풍선처럼 흔들렸으며, 그 다음 내 얼굴이 거기에 비쳤다. 나는 그 속에 든 내 얼굴을 들여다보려고 했다.

"피 멎었어?" 쉬리브가 말했다. "그 헝겊 이리 줘." 그는 내 손에서 그것을 뺏어 가려고 했다.

"그만둬." 나는 말했다. "스스로 할 수 있으니깐. 응, 피는 거의 다 멎었군." 내가 다시 한 번 손수건을 대야에 담그자 풍선이 이지러졌다. 헝겊은 물을 더럽혔다. "깨끗한 것이 있으면 좋겠는데."

"그 눈엔 비프스테이크 한 덩어리는 붙여 놔야 될걸." 쉬리브가 말했다. "내일 아침에는 분명 꺼멓게 멍들 거다. 망할 새끼 같으니."

"내가 그놈 어딜 다치게 했냐?" 나는 손수건을 짜서 조끼에 묻은 피를 씻어내려고 했다.

"그건 못 없앨걸." 쉬리브가 말했다. "그건 세탁소에 보내야 돼. 이봐, 그

거 눈에 대고 있어. 대고 있으라니까.”

"그래도 조금은 없어지겠지.” 나는 말했다. 그러나 그다지 효과가 없었다. "내 옷깃 꼴은 어때?”

"알 게 뭐야.” 쉬리브가 말했다. "그거나 눈에 대고 있어. 이리 줘 봐.”

"그만둬.” 나는 말했다. "혼자서 할 수 있으니깐. 내가 그 자식을 조금이라도 다치게 했는가?”

"넌 그놈을 갈겼을지도 몰라. 난 바로 그때 딴 데를 쳐다봤던가 눈을 깜빡거렸던가 했을 거야 아마. 내가 볼 땐 그놈은 널 마구 갈기고 있었거든. 아무 데나 마구. 그런데 왜 넌 그놈하고 주먹다짐을 한 거지? 이 바보 녀석아. 기분은 어때?”

"기분은 괜찮아.” 나는 말했다. "그런데 조끼 얼룩을 뺄 만한 게 뭐 없나?”

"나 참 그까짓 옷은 좀 잊어버려. 눈이 아프니?”

"괜찮아.” 나는 말했다. 주위의 모든 것은 보랏빛으로 고요했고, 푸른 하늘은 집의 박공창 뒤쪽에서 황금빛으로 변해 갔다. 바람 한 점 없는 가운데 굴뚝에서 연기가 부드럽게 피어오르고 있었다. 펌프 소리가 다시 들렸다. 한 남자가 펌프질하는 어깨 너머로 우리를 보면서 통을 채우고 있었다. 여자 한 사람이 문간 안쪽을 건너갔으나 그녀는 이쪽을 내다보지 않았다. 어디선가 암소가 울고 있었다.

"이봐.” 쉬리브가 말했다. "옷은 내버려 두고 수건이나 눈에 대고 있어. 내일 아침 맨 먼저 양복부터 세탁소에 보내 줄게.”

"좋아, 알았어. 조금쯤은 그 자식도 피를 보게 해 주고 싶었는데 아쉽군.”

"개자식 같으니.” 쉬리브가 말했다. 스포드가 집에서 나왔다. 아마 그 여자하고 얘기하고 있었을 것이다. 그리고 마당을 건너왔다. 그는 평소처럼 냉정하고 조롱하는 눈초리로 나를 쳐다보았다.

"여.” 그는 나를 쳐다보면서 말했다. "너도 참 재미를 보려면 꼭 이렇게 고생을 잔뜩 해야 하는 거냐. 유괴 행위 다음엔 싸움질이나 하고. 휴일엔 무얼 하지? 집에 불을 지르거나 않을까?”

"난 아무렇지도 않은데.” 나는 말했다. "블랜드 부인은 뭐라던가?”

"부인은 자넬 피 흘리게 했다고 제럴드에게 막 야단이야. 자넬 보게 되면,

이번엔 그 애한테 그따위 짓 하도록 내버려 뒀다고 자넬 야단치겠지. 부인은 싸움 자체는 안 말리지만 피를 싫어하나 보더군. 유혈 사태를 일으켰으니 자네 부인한테 점수가 좀 깎이겠어. 기분은 어때?"

"정말." 쉬리브가 말했다. "블랜드 집안사람이 되지 못할 바엔, 그 집안사람하고 불륜을 하거나, 상황에 따라선 술에 잔뜩 취해서 그 집 인간하고 싸우는 것이 신사로선 제일이야."

"정답이야." 스포드가 말했다. "그런데 퀜틴이 술에 취한 줄은 몰랐는데."

"안 취했어." 쉬리브가 말했다. "그따위 제럴드 같은 개자식을 치는 데 술 취할 필요까지야 있어?"

"그래도 퀜틴이 당한 것을 보니, 놈을 해치우자면 꽤 취해야겠는데. 놈은 어디서 권투를 배운 거야?"

"놈은 시내에 있는 마이크의 체육관에 날마다 다니잖아." 내가 말했다.

"그래?" 스포드가 말했다. "넌 그걸 알면서도 덤벼든 게냐?"

"글쎄." 내가 말했다. "그랬을 거야, 그래."

"다시 물을 축여." 쉬리브가 말했다. "새 물을 줄까?"

"이걸로 괜찮아." 내가 말했다. 나는 헝겊을 다시 물에 담갔다가 눈에 갖다 댔다. "조끼 얼룩을 뺄 만한 게 있으면 좋겠는데."

스포드는 여전히 나를 지켜보고 있었다.

"그런데 말이야." 그는 말했다. "왜 넌 놈을 때렸냐? 놈이 뭐랬기에?"

"모르겠어. 왜 내가 그랬는지 모르겠어."

"내가 처음으로 알아차렸을 때는 네가 갑자기 달려들어 '너 누이를 둔 적 있니? 두어 봤어?' 하고 말하더라. 그래서 그놈이 아니라고 대답하니까 네가 놈을 갈기는 거야. 네가 놈을 쭉 노려보고 있는 건 나도 알았지만, 넌 누가 뭐라 하건 아무런 주의도 하지 않는 것 같더니 마침내 놈에게 달려들어 누이가 있었냐고 물어봤단 말이야."

"그래, 놈은 늘 그러듯이 개나발을 불고 있었어." 쉬리브가 말했다. "여자들에 관해서 말이지. 늘 놈이 하는 식으로, 여자들 앞에서 뜻 모를 소리를 늘어놓고 있었지. 그 추잡한 암시와 거짓말과 아무런 뜻도 없는 대포를 마구 쏴 대며 말이야. 애틀랜틱시티에 있는 댄스홀에서 어떤 시골 처녀하고 만날 약속을 했다가 그걸 깨뜨리고 호텔로 들어가 잤단 얘기를 하더군. 그 여자는 부두에서 기다리게 해 놓고, 그 여자가 원하는 것을 주지 못해 너무도 미안하게 생각하면서 자리에 누웠다나. 놈은 여성의 육체미와 그 미모의 비참한 쇠퇴 등을 얘기하며, 그런데도 할 수 있는 일이라곤 등을 대고 드러눕는 일밖에 없는 여자들이란 얼마나 고달픈 처지인가 하는 것을 얘기하고 있었단 말이야. 레다가 덤불 속에 숨어서 백조를 그리며 흐느껴 울고 있다는 거지. 개놈의 자식. 나도 그놈을 한 대 치고 싶었어. 다만 나라면 부인의 그 무식하게 큰 포도주 바구니로 내려쳐 줬겠지만."

"호, 그래." 스포드가 말했다. "귀부인을 위해 싸우는 기사였다 이거군. 그렇지만 이봐, 넌 말이지, 감탄뿐만 아니라 공포도 불러일으켰다고." 그는 냉정하고 비웃는 듯한 눈초리로 나를 쳐다보았다. "나 원 참."

"그놈을 때린 건 미안하게 생각해." 나는 말했다. "지금 돌아가서 사과하고 싶은데 이 꼴은 너무 흉하지?"

"뭐, 사과한다고?" 쉬리브가 말했다. "그 빌어먹을 자식들은 내버려 둬. 우리 보스턴 시내에나 나가자."

"사과하러 가는 게 좋겠어. 그래야 이 애가 신사답게 싸웠다는 것을 모두 알게 되거든." 스포드가 말했다. "뭐, 신사답게 얻어터졌단 얘기지만."

"이 꼴로 사과하러 가라고?" 쉬리브가 말했다. "옷이 온통 피투성이잖아."

"아 그래, 알았어." 스포드가 말했다. "퀜틴에 대해선 네가 가장 잘 아시겠지."

"이 친구를 셔츠 바람으로 보낼 순 없잖아." 쉬리브가 말했다. "아직 4학년이 아닌데 뭐. 자, 시내로 가자."

"넌 나랑 같이 갈 필요 없어." 나는 말했다. "넌 저 사람들하고 소풍이나 가."

"저놈들이 뭔 상관이야." 쉬리브가 말했다. "자, 가자."

"저 사람들에게 뭐라고 할까?" 스포드가 말했다. "너하고 퀜틴하고도 싸웠다고 할까?"

"아무 소리도 마." 쉬리브가 말했다. "블랜드 부인에게 계약은 해가 질 때까지로 끝났다고 해 줘. 자 가자, 퀜틴. 저기 저 부인에게 물어보자, 가장 가까운 시내전차역이 어디 있나—."

"아냐." 나는 말했다. "난 시내로 돌아가지 않을 거야."

쉬리브는 멈춰 서서 가만히 나를 쳐다보았다. 그가 돌아서자 그의 안경은 마치 한 쌍의 작고 노란 달같이 보였다.

"뭘 하려는 거야?"

"난 아직 시내로 돌아가지 않을 거라고. 너희는 소풍이나 가. 난 옷을 버려서 가지 않겠다고 말해 줘."

"이봐." 그는 말했다. "도대체 뭘 하려는 거야?"

"아무것도 아냐. 난 괜찮아. 너하고 스포드는 소풍이나 가. 내일 만나자." 나는 마당을 건너서 큰길 쪽으로 갔다.

"정거장이 어디 있는지 아니?" 쉬리브가 말했다.

"찾게 되겠지. 내일 만나자. 블랜드 부인께 파티를 망쳐 놔서 미안하다고 말해 줘." 그들은 나를 지켜보고 서 있었다. 나는 그 집 모퉁이를 돌아서 갔다. 돌을 깐 샛길이 큰길로 통해 있었다. 샛길 양쪽엔 장미꽃이 자라고 있었다. 나는 대문을 지나 큰길로 들어섰다. 길은 언덕을 내리 달려 숲으로 통했고, 길가엔 주차해 있는 부인의 자동차가 보였다. 나는 언덕을 올라갔다. 올라갈수록 빛이 점점 밝아졌고, 꼭대기에 오르기 전에 나는 전차 소리를 들었다. 소리는 황혼 저쪽에서 들려왔고, 나는 멈추어 서서 귀를 기울였다. 이제는 차를 볼 수 없었으나, 쉬리브가 집 앞 길에 서서 이쪽을 올려다보고 있었다. 그의 등 뒤엔 석양빛이 마치 그 집 지붕에 칠한 노란 페인트같이 퍼져 있었다. 나는 한 손을 들고는 전차 소리를 들으며 언덕을 넘어갔다. 이윽고 집은 사라지고 나는 푸르고 누런빛 속에 서서 전차 소리가 점점 커지는 것을 들었다. 그러다가 그 소리는 작아지기 시작하더니 아주 끊어지고 말았다. 나는 그 소리가 다시 들릴 때까지 기다렸다. 이윽고 나는 다시 걸음을 뗐다.

언덕을 내려갈수록 빛은 서서히 축소돼 갔다. 그러나 빛의 질은 변하지 않아서, 마치 변하고 약해지는 것은 빛이 아니라 내 쪽인 듯했다. 도로가 나무숲에 다다랐을 때까지도 아직 신문을 읽을 만한 빛은 남아 있었다. 곧 나는 샛길에 도달했다. 그 길로 들어섰다. 그것은 큰길보다 좁고 어두웠지만, 전차 정류장—여기에도 나무 차양이 있었다—에 왔을 때 빛은 여전히 변함이 없었다. 샛길을 걸어 나온 뒤라서 사방은 더욱 밝게 느껴져, 마치 나는 밤새도록 샛길을 걷다가 아침을 맞이한 것 같았다. 곧 전차가 왔다. 나는 올라탔다. 사람들의 시선이 내게 집중되고, 나는 왼쪽에 자리를 발견했다.

차 안에 불이 켜져 있었다. 그래서 우리가 탄 차가 나무들 사이를 달릴 때 나는 창에 비친 내 얼굴과 통로 저쪽에 앉아 부러진 깃 장식을 단 모자를 쓴 한 부인 말고는 아무것도 볼 수 없었다. 그러나 나무들 속을 달려 나왔을 때 다시 황혼 빛을 볼 수 있었는데, 그 빛은 마치 해가 지평선 바로 밑에 매달려 있어 잠깐 시간이 멈춘 것 같이 아까의 빛과 변함이 없었다. 이어서 전차는 아까 노인이 봉지에서 뭘 꺼내 먹고 있던 정거장 움막을 지나갔으며, 길은 황혼에서 황혼으로 달려갔고, 저 너머에서 평화롭고 빠르게 흘러가는 강물의 흐름을 느낄 수 있었다. 차는 계속 나아갔으며, 열린 창으로 들어오는 바람이 점점 강해져서 마침내는 차 안으로 여름과 밤의 냄새가 끊임없이 풍겨 들어왔으나 인동덩굴 냄새는 나지 않았다. 인동덩굴 냄새는 온갖 냄새 중에서 가장 비참한 냄새라고 생각한다. 나는 여러 가지 냄새를 기억한다. 등나무도 그중 하나다. 비 오는 날에 어머니가 병상의 창가까지 나올 만큼 몸이 좀 나아졌을 때는 우리는 자주 등나무 시렁 밑에서 놀았다. 어머니가 병상에 누워 계실 때는 딜시가 우리에게 헌 옷을 걸쳐 주고 비가 내리는 밖으로 내보냈다. 비는 어린애들 몸에 전혀 해롭지 않다고 딜시는 말했다. 그러나 어머니가 일어나 계실 때는 우리는 늘 베란다에서 놀기 시작했는데, 이윽고 어머니가 시끄럽다고 말씀하시면 우리는 밖으로 나가 등나무 시렁 밑에서 놀았다.

여기가 오늘 아침 내가 마지막으로 강을 본 곳이다. 대충 이 근처가. 황혼 저편에서 강물이 느껴졌다. 냄새가 풍겼다. 봄에 꽃이 활짝 피고 비가 오면 그 냄새는 사방에 풍겼다 평소엔 별로 강하지 않으나 비가 오기만 하면 그 냄새는 황혼이 깃들 무렵 집 안까지 흘러들어왔다 황혼에 비가 더 왔던 걸까 그렇잖으면 황혼 빛 그 자체 속에 무엇이 있었던 걸까 어쨌든 그 냄새는 그 때면 더욱 지독했으며 마침내 나는 자리에 누워 이제나 그칠까 저제나 그칠까 생각하는 것이었다. 창문으로 들어오는 바람은 강물 냄새를 풍기면서 끊임없이 축축한 기운을 몰고 왔다. 때때로 나는 언제 그칠까 하는 말을 자꾸만 반복하는 동안 잠들 수도 있었으나 마침내 인동덩굴 냄새가 방 안에 온통 섞여 들어 버리면 모든 것은 밤과 불안을 상징하는 것처럼 되었다 이때부터 나는 자리에 누워도 자는 것도 아니고 깨어 있는 것도 아닌 채 희미한 회색

1910년 6월 2일

빛이 머무는 긴 복도를 내려다보게 되었는데 거기에 있는 모든 안정된 물체는 어렴풋하고 모순되게 변한 것처럼 보이고 내가 했던 모든 체험이 어렴풋해지고 내가 느끼고 괴로워했던 것들이 우습고도 뒤틀린 어렴풋한 그림자가 되어 그 그림자는 의미도 없이 심술궂은 조롱을 하면서 그 자신이 주장해야 할 존재 이유를 스스로 부정하는 것을 본성으로 삼으면서 나는 생각할 뿐이었다 나는 있었다 나는 없었다 없었던 것은 누구야 누가 없었다고.

 나는 어둠 속 저쪽에 꾸불꾸불 흘러가는 강물 냄새를 맡을 수 있었고, 마지막 빛이 마치 깨어진 거울 쪽같이 멍하니 고요하게 흘러가는 물결 위에 흔들흔들 떠 있는 것을 보았고, 다음엔 그 흔들리는 빛 너머 어스레하고 맑은 공중에서, 마치 멀리서 날아다니는 나비처럼 약간 흔들리며 수많은 불빛이 나타나는 것을 보았다. 내 자식 벤자민. 그 애는 언제나 그 거울 앞에 앉아 있었다. 싸움이 가라앉아 묵묵하게 화해되는 안전한 피난처. 내 늦게 둔 자식 벤자민을 이집트에 인질로 주었다. 오 벤자민. 딜시는 말하기를 어머니가 그 애를 너무 대견스럽게 여겨서 그런 이름을 지어 줬다고 했다. 흑인이란 놈들은 갑자기 내리는 빗방울처럼 날쌔게 백인들의 생활 속에 침투해 들어와, 이를테면 현미경으로 들여다보는 것처럼 두말할 나위 없이 정확하게 백인들의 진실을 한순간 꼬집어 낸다. 그리고 그 나머지 시간은 아무런 웃음거리도 없는데 웃어 대는 목소리에 불과하고, 아무런 울 건덕지도 없는데 흘리는 눈물에 불과한 것이다. 그들은 장례식에 오는 조문객의 수가 짝수냐 홀수냐 하는 따위를 내기하기가 일쑤이다. 멤피스에 흑인이 가득 찬 창녀집이 하나 있었는데, 그들은 무슨 종교적인 환상에 걸렸는지 발가벗고 거리로 달려 나갔다. 그중 하나를 붙잡는 데 경찰관이 세 사람이나 필요했다. 과연 예수님 오 선량한 분 예수님이여 오 선한 분이시여.

 전차가 정지했다. 사람들의 시선이 나에게 집중된 것을 느끼면서 나는 내렸다. 환승 전차가 왔는데 사람이 꽉 차 있었다. 나는 뒤쪽 승강구에 탔다.

 "저 앞에 자리가 있습니다." 차장이 말했다. 나는 차 안을 들여다보았다. 왼쪽엔 자리가 없었다.

 "그렇게 멀리 가진 않으니까요." 내가 말했다. "여기 그냥 서 있겠습니다."

 전차는 강을 건넜다. 말하자면 다리를 건넜는데, 다리는 적막과 허무 사이로 하늘을 향해 아치형으로 부드럽게 나아갔고, 좌우에선 붉고 푸른빛이 맑은 공중에서 자꾸만 반복해서 떨리고 있었다.
"저 앞쪽으로 가서 자리에 앉으시지요." 차장은 말했다.
"곧 내립니다." 나는 말했다. "한 두어 구간 가면 돼요."
우체국에 도달하기 전에 나는 내렸다. 모두 지금쯤은 어딘가에서 편히 놀고 있겠지. 그때 나는 나의 시계 소리를 들었고, 종이 울리기를 기다리며 귀를 기울이기 시작했다. 윗옷을 더듬어 쉬리브에게 보내는 편지를 만졌다. 들쭉날쭉한 느릅나무 그림자가 내 손 위로 흘러갔다. 그리고 내가 학교 안뜰에 들어서자 드디어 종이 울리기 시작했고, 그 소리는 마치 연못에 이는 잔물결같이 밀려와서 나를 지나쳐 멀리 사라져 갔으며, 나는 걸어가면서 지금이 몇 시 15분 전일까? 속으로 말하고 있었다. 상관없어, 몇 시 15분 전이든.
우리 방 창문은 캄캄했다. 기숙사 입구엔 아무도 없었다. 안으로 들어가자 나는 복도 왼쪽 벽에 바싹 붙어 걸어갔다. 그러나 아무도 없었다. 단지 어둠 속으로 꼬부라져 올라가는 층계와 그 어둠에 엷은 먼지처럼 쌓인, 몇 세대에 걸친 학생들 발걸음 소리의 서글픈 잔향만이 있었다. 나의 발걸음은 먼지와 같은 그 잔향을 일깨웠고, 그것은 다시 조용히 가라앉았다.
나는 불을 켜기 전에 편지를 볼 수 있었는데, 그것은 내 눈에 잘 띄도록 탁자 위 책에 기대어 세워져 있었다. 쉬리브를 내 남편이라 부르는 것도 당연하다 싶었다. 그런데 스포드는 자기들 둘은 어디로 가서 늦게까지 돌아오지 않을 거라고, 블랜드 부인은 나를 대신할 딴 놈팡이 기사가 필요할 것이라고 말했다. 그런데도 그가 돌아왔다면 나랑 만났을 터이다. 하지만 아직 그는 돌아오지 않았고, 6시가 지났으니까 다음 차를 타려면 한 시간은 기다려야겠지. 나는 시계를 꺼내선, 거짓 시간마저 가리키지 못하게 된 것도 모른 채 꾸준히 똑딱거리고 있는 그것에 귀를 기울였다. 그러고는 글자판을 위로 해서 시계를 탁자 위에 놓고, 블랜드 부인의 편지를 집어 한가운데를 쫙 찢어 두 쪽 다 쓰레기통에 버리고, 윗옷과 조끼와 옷깃과 넥타이와 셔츠를 벗었다. 넥타이도 역시 피로 더러워져 있었다. 그러나 검둥이란 놈들은 신경도 안 쓰겠지. 아마 디콘은 핏자국이 있는 것을 보고선 성스럽다면서 그리스도가 매던 넥타이라고 말할지도 모른다. 나는 쉬리브의 방에서 가솔린을 찾아와, 조끼를 탁자 위에 판판하게 펴 놓고 가솔린 병을 열었다.

1910년 6월 2일

이 지역에서 맨 처음 자동차라니 계집애가 계집애 주제에 바로 그것이 제이슨으로선 참지 못할 일이었다. 가솔린 냄새는 기분을 망치고 더욱 화나는 것은 계집애가 계집애 주제에 누이를 둬 본 적은 없다 그러나 벤자민 벤자민 슬픔으로 가득 찬 내 자식 만일 내게 어머니만 계시다면 어머니 어머니 하고 부를 수만 있다면 조끼는 가솔린을 흠뻑 잡아먹었다. 그래서 아직 핏자국이 들러붙은 것인지 그냥 가솔린이 얼룩진 것인지 알 수 없었다. 베인 곳이 가솔린 때문에 다시 쓰라렸다. 그래서 나는 씻으러 갈 적에 조끼를 의자에 걸어 놓고, 전등이 얼룩점을 금방 말리도록 전선을 길게 늘여 낮추어 놓았다. 나는 세수했다. 그런데도 그 냄새는 아직도 비누 냄새에 섞여 코를 쏘았다. 다음에 나는 가방을 열고 셔츠와 옷깃과 넥타이를 꺼내고 피 묻은 옷들은 집어넣고 가방을 닫았다. 그리고 옷을 입었다. 머리를 솔로 빗고 있는 동안에 30분 종이 울렸다. 그러나 어쨌든 45분까지는 괜찮다. 하지만 혹시 휙휙 지나가는 어둠 속에서 자기 얼굴만 본다 부러진 깃 장식은 이제 보이지 않는다. 하지만 혹시 그런 여성이 둘이라면 아니 똑같은 두 사람이 같은 날 밤 보스턴에 가지는 않겠지 그런데 순간 나의 얼굴과 그의 얼굴이 요란스럽게 달그락거리는 소리 속에 스쳐 지나가고 그때 어둠 속에서 두 개의 밝은 창문이 빠른 속도로 질주하는 차의 소음 속에서 날아 달아난다 나는 단지 그의 얼굴과 나의 얼굴만 잠깐 본다 보았다 보았던가 작별 인사도 없이 차양 아래 정류장엔 무언가를 먹고 있던 노인도 없고 어둠 속에서 인기척이 없는 고요한 텅 빈 거리 다리는 고요 속으로 어둠 속으로 잠 속으로 아치를 이루고 강물은 평화롭게 빨리 흘러가고 작별 인사도 없이

    나는 불을 끄고 침실로 들어갔다. 가솔린 냄새 속에서 빠져나왔으나 아직 그 냄새가 났다. 창가에 서 있노라니 커튼은 어둠 속에서 마치 누가 잠을 자며 숨을 내쉬는 것처럼 내 뺨을 스치며 서서히 건들거리고 있다가, 그 감촉만 남긴 채 다시 어둠 속으로 가만히 물러갔다. 두 사람이 2층으로 올라간 뒤 어머니는 의자에 축 늘어져 장뇌(樟腦) 냄새가 풍기는 손수건을 입에 대었다 아버지는 움직이지 않고 가만히 어머니 옆에 앉아 어머니의 손을 잡고 있었다 엉엉 울어 대며 떠드는 소리는 마치 정적 속에는 있을 자리가 없는 듯이 울려 퍼졌고 내가 어렸을 적에 갖고 있던 책 속엔 그림이 하나 있었는데, 그것은 어두운 곳에 약한 한 줄기 빛이 비껴 들어와 어둠 속에서 위를

바라보는 두 얼굴을 비추는 그림이었다. 내가 왕이 되면 뭘 할지 알아? 그녀는 절대로 여왕이나 천사가 아니었고 언제나 왕이나 거인이나 장군이었다. 난 이곳을 부숴서 파헤친 다음 이 사람들을 끌어내서 늘씬 갈겨 줄 테야 그림은 다 찢어져 너덜너덜했다. 나는 기뻤다. 언제나 그 그림에 도로 끌려 갈 듯했기 때문인데 내가 그것을 보고 있노라면 마침내 토굴은 다름 아닌 어머니가 되었고 어머니와 아버지는 손을 잡고 가냘픈 빛 속에서 위를 바라보고 우리는 그 두 사람 아래쪽으로 한 가닥 빛도 없는 어딘가로 떨어져 버리는 것이었다. 그러자 거기에 인동덩굴 냄새가 풍겨 들어왔다. 내가 불을 끄고 잠을 청하자마자 그 냄새는 방 안으로 파도처럼 밀려 들어와 쌓이고 쌓여 그 냄새 속에서 숨을 쉬려면 헐떡일 수밖에 없었고 마침내 나는 벌떡 일어나 어렸을 때처럼 엉금엉금 길을 더듬을 수밖에 없었다 손이 닿자 눈에 보이지 않는 것의 모양새를 마음속에 그려 볼 수 있었다 이건 문이다 문을 열자 손으로 볼 수 있는 게 하나도 없어서 내 코는 가솔린과 탁자 위 조끼와 문을 볼 수 있었다. 복도엔 여전히 인기척이 없었다. 물 마시려고 복도를 걷는, 몇 세대에 걸친 서글픈 학생들의 발소리도 전혀 들리지 않았다. 그래도 이를 악물듯이 보이지 않는 눈에 힘을 꽉 주고 정강이나 복사뼈나 무릎이 부딪혀도 아픔이 느껴지지 않는 것을 안 믿지도 않고 의심하지도 않았다 층계 난간은 눈에 보이지 않는 긴 흐름이 되었고 잠자는 소리로 가득 찬 이 어둠 속에서 한 걸음만 잘못 디딘다면 어머니 아버지 캐디 제이슨 모리 문은 어디 있지 난 무섭지 않아 다만 어머니 아버지 캐디 제이슨 모리는 잠의 세계 저 멀리로 이미 가 버렸으니 나도 빨리 자야겠다 문은 어디 있지 이게 문인가 문이다 그곳에도 누구 하나 없었다. 파이프, 도자기 제품, 때 묻은 조용한 벽, 그리고 변기가 있을 뿐이었다. 컵을 가져오는 걸 깜빡했지만 그래도 어찌어찌 손이 차가워지는 손가락이 눈에 보이지 않는 수도꼭지를 볼 수 있었다 모세의 지팡이는 아니지만 컵의 감촉을 떨어뜨리지 않으려고 살살 잡아서 줄줄 소리를 내는 가늘고 차가운 수도꼭지의 목은 줄줄 금속 컵을 점점 냉각시키고 컵은 가득 차서 넘쳐흘러 컵과 손가락을 냉각시키고 잠을 씻어 내 버리고 오랜 침묵에 빠졌던 내 목구멍에 축축한 잠의 맛을 남기고 간다 나는 위층 복도로 돌아가 정적 속에서 웅성거리는 수많은 학생의 잃어버린 발소리를 일깨우면서 가솔린 냄새 속으로 다시 들어갔다. 그러자 어두운 탁자 위에서 시계가 엄청난 거짓을 가리키고 있었다. 커튼이 어둠 속에서 잔잔히 펄럭여 내 얼굴에 닿더니, 그 숨결의 감촉을 얼굴에 남기고는 사라져 갔다. 아직 15분은 남아 있다. 그다음에 난 존재하지 않게 된다. 가장 평화스러운 말이다. 가장 평화스러운 말. 농 피(존재하지 않았도다). 숨(존재하도다). 피(존재했도다). 농 숨(존재하지 않도다). 예전에 어디선가 종소리를 들었다. 미시시피 아니면 매사추세츠였다. 난 존재했다. 난 존재하지 않는다. 매사추세츠 아니면 미시시피다. 쉬리브는 자기 트렁크에 술병을 하나 넣어 놓았다. 넌 그 편지를 열어 볼 생각도 없냐 제이슨 리치몬드 콤프슨 부부는 세 번이나 날이면 날마다 넌 그 편지를 열어 볼 생각도 없냐 다음 두 사람의 결혼을 알립니다 그들 부부의 딸 캔더스와 술이란 수단과 목적을 혼동하는 방법을 가르쳐 주는 거야 나는 지금 존재한다. 마신다. 나는 존재하지 않았다. 우리 벤지의 목장을 팔자. 그래서 퀜틴은 하버드에 입학하고, 나는 영원토록 내 뼈를 갈아 부수고 있게 말이야. 나는 그동안에 죽어 버릴 테지. 캐디 말로는 1년 이내 아니었나. 쉬리브는 자기 트렁크 속에 술병을 하나 넣어 놓았다. 아버지 난 쉬리브의 술 같은 건 필요 없어요 벤지의 목장을 팔아 버렸으니까 이것으로 오빠도 하버드에서 죽을 수 있겠네 하고 캐디가 말했다 크고 작은 바다의 동굴 속에서 출렁이는 물결에 맞추어 평화스럽게 굴러다니면서 어쨌든 하버드는 그토록 훌륭한 명성이 있지 않니 그런 좋은 명성을 위해서라면 40에이커의 땅은 그리 비싼 값이 아니지. 훌륭한 죽어 버린 명성 우리는 벤지의 목장을 그 훌륭한 죽은 명성과 바꾸는 거야. 벤지는 당분간 괜찮을 거다 그 애는 어차피 들어도 모르니까 냄새를 맡을 수 없는 이상 그녀가 문간에 들어서자마자 벤지는 울음을 터뜨렸다 시내 날건달 중 한 놈에 관한 일로 아버지가 그녀를 꾸짖는다고 나는 늘 생각해 왔는데, 어느 순간. 나는 여느 떠돌이 외판원들을 대하듯이 그를 별로 눈여겨보지 않았고 그 옷을 군용 와이셔츠로 생각했으나 마침내 갑자기 깨닫게 되었다 그는 나를 강력한 화근이 될 위인으로 전혀 생각지 않으며 그의 머릿속엔 오직 캐디뿐이란 사실을 마치 색안경을 통해 보듯이 그녀를 통해 나를 보고 있음을 왜 내 일을 참견하는 거야 아무 소용도 없다는 걸 알잖아 이런 짓은 어머니와 제이슨에게나 맡겨 두고 오빠는 안 할 줄 알았는데

어머니가 제이슨을 시켜 너를 엿보게 하셨니 난 그런 짓 하지 않겠어.

여자들이란 다른 사람들이 믿는 신사 숙녀의 모범을 이용할 뿐이야 그건 어머니가 캐디를 사랑하기 때문이지 어머니는 아플 적에도 아래층에 머물러 있으면서 아버지가 제이슨 앞에서 모리 아저씨를 놀려 대지 못하게 했다 모리 아저씨는 고전주의자치고는 너무도 변변찮아서 큐피드 역을 직접 맡을 만한 담력이 없었던 것이라고 아버지는 말했다 모리 아저씬 제이슨을 택해서 시키는 편이 좋았을 것이다 왜냐하면 제이슨은 모리 아저씨와 같은 종류의 실패만 했을 테니까 아저씨가 남에게 얻어맞는 일은 없었을 것이기 때문이다 더구나 패터슨가의 소년은 제이슨보다도 어렸다 그들은 둘이서 연 한 개를 5센트씩에 팔았는데 이윽고 돈 문제로 싸우게 됐다 제이슨은 더 어린 상대를 새로 구했다 어쨌든 제이슨은 여전히 연상이라서 회계를 보고 있다고 티 피가 말했다 그러나 아버지는 말씀하셨다 화덕 속에 발을 넣고 앉아 있는 것밖에 아무것도 하지 않는 검둥이 대여섯 놈을 아버지 자신이 먹일 수 있는 이상 모리 아저씨가 일할 필요가 뭐 있느냐고 때때로 모리 아저씨의 생계를 돌봐 주며 다소 돈을 빌려 주는 것 정도야 쉬운 일이라고 모리 아저씨는 그런 식으로 콤프슨 가문이 위대하다는 아버지의 신념을 더욱 굳게 다져 주고 있는 것이라고 그러자 어머니는 울면서 말했다 아버지는 자기 가문이 어머니 가문보다 좋다고 믿어서 애들에게도 그렇게 가르쳐 주려고 모리 아저씨를 놀려 대는 것이라고 어머니는 모르고 계셨다 아버지가 우리에게 가르친 것은 인간이란 톱밥을 가득 채워 넣은 인형에 불과하다는 것이었다 그 톱밥은 과거의 모든 헌 인형들이 버려진 곳인 저 톱밥 무더기에서 쓸어 모은 것인데 톱밥이 인형 옆구리의 그 상처에서 비어져 나와 그 사람이 죽지 않은 건 나 때문이 아니었다 옛날에 나는 늘 죽음이란 어딘가 할아버지를 닮은 사람 할아버지의 친구 이른바 개인적인 특수한 친구로 생각하고 있었다 마치 우리 애들은 할아버지의 책상을 건드리지도 못하고 그것이 있는 방에서는 떠들지도 못한다고 생각한 것처럼 그래서 나는 언제나 할아버지와 죽음이 어디선가 함께 있어서 늙은 대령 사토리스가 그들에게 와 합류하길 기다리면서 삼나무 숲 저 너머 높은 데서 기다리고 있는 것으로 생각했다 사토리스 대령은 그보다 더 높은 곳에 앉아서 무엇인가 바라다보고 있었으며 할아버지 일행은 그가 다 쳐다보고 나서 내려오기만 기다리고 있는 것이었다 할아버지 일행은 군복을 입고 있었고 우리는 삼나무 저쪽에서 두 분이 중얼중얼

얘기하는 소리를 들을 수 있었다 둘이서 늘 토론하고 있었는데 할아버지 말이 언제나 옳았다

　45분 종이 울리기 시작했다. 맨 처음 종소리는 엄숙한 소리로 고요하게, 부드러우면서도 결연하게 울렸고, 다음에 울릴 소리를 위하여 천천히 침묵을 비워 놓는다 그렇다 만일 사람들이 이렇게 영원히 차례차례 교대해 나가기만 한다면 한순간 확 타오르다가 그대로 거기에 남지 않고 차디찬 영원한 어둠 속으로 깨끗이 사라져 버릴 수만 있다면 얼마나 좋을까 자리에 누워 그 그네 침대를 생각하지 않으려고 하는 동안 그곳의 모든 삼나무는 벤지가 그토록 싫어하는 향수와 같은 지독한 무서운 냄새를 풍기게 되는 일도 없었다. 단지 그 숲을 상상함으로써 나는 속삭이는 소리와 몰래 타오르는 욕망의 물결을 들을 수 있었고 흥분되어 노출된 육체 안에서 뛰고 있는 뜨거운 피의 흐름 냄새를 맡을 수 있었으며 충혈된 눈꺼풀 안쪽에서 돼지가 쌍쌍이 교미해 가며 바다로 풀려 달아나는 것이 보였다 그러자 아버지는 우리는 다만 잠깐 눈을 뜨고 있어서 악한 일이 행해지는 것을 봐야 한다 꼭 눈앞에서 보는 것만은 아니지만 하고 말씀하셨다 그래서 내가 용기 있는 자라면 반드시 그렇게 눈을 뜨고 있을 필요는 없어요 하니 아버지는 넌 그런 짓 하는 것이 용기 있는 일이라고 생각하니 하셔서 나는 네 아버지 아버지는 어떻게 생각하시나요 하니 아버지는 인간이란 모두 자기의 미덕에 대한 재결권을 가지고 있으므로 네가 그것을 용감한 행위라고 생각하느냐 않느냐 하는 문제는 그 용감한 행위 자체보다도 그 어떤 행위보다도 더 중요하단다 그렇지 않으면 진지하게 살아갈 수 없으니까 하고 말씀하셔서 나는 아버지는 내가 진지하다는 것을 믿지 않으세요 하고 말하니 아버지는 너는 나를 조금이라도 당황케 하기엔 지나치게 진지하단다 그렇지 않다면 너는 자신이 근친상간죄를 범했다고 나에게 얘기하는 편법을 쓸 정도로 절박해지는 일도 없었을 것이다 하셔서 나는 거짓말한 거 아녜요 난 거짓말하고 있는 게 아녜요 하니 아버지는 너는 인간으로서 당연한 어리석은 행위를 공포로까지 승화시켜 진실이란 것으로 그것을 정화하려고 했구나 하여 나는 그건 그 애를 시끄러운 세상으로부터 떼어 놓으려고 그랬던 거예요 그러면 필연적으로 세상은 우리를 버릴 수밖에 없을 터이니 세상의 소음 따위 처음부터 없었던 것이 될 테니까요 그러자 아버지는 너 정말로 그걸 그 애한테 시킬 참이었니 하셔서 나

는 무서워서 할 수 없었어요 그 애가 해 버리면 어쩌나 하고 그렇게 되면 결국 아무 소용도 없어질 테니까요 하지만 내가 아버지께 우리가 그걸 했다고 고백할 수 있다면 정말로 그랬다는 게 될 테니까 다른 남자들은 그러지 않았다는 것이 되고 세상 시끄러운 소리는 멀리 사라져 버릴 것 아닌가요 하니까 아버지는 그럼 또 하나의 문제는 어떠냐 설마 너 그 문제에 대해서도 거짓말 하고 있는 건 아니겠지 하지만 넌 자기 자신의 마음속에 있는 걸 모르는 모양이구나 일반적인 진실의 일부인데 모든 사람의 얼굴을 즉 벤지의 얼굴마저 흐려지게 하는 저 자연스러운 일과 그 원인의 연쇄라는 것을 넌 모르는 모양이야 너는 일의 한계란 것에 관해선 생각하려 하지 않고 이상(理想)만을 생각하고 있단다 일시적인 정신상태가 육체 위에 서서 균형을 유지하면서 정신 자체와 정신이 완전히 버릴 순 없는 육체를 둘 다 의식하게 되는 것 같은 이상만을 좇고 있지 그러니까 넌 죽지도 못할 거다 그래서 내가 일시적이라고요 하고 말하자 아버지가 너는 언젠가 이 일이 지금처럼 이토록 너를 괴롭히진 않게 되리라는 것을 생각하는 게 못 견디게 싫은 거란다 말하자면 너는 이 경험이 얼굴은 조금도 늙지 않은 채 머리카락이 하룻밤 만에 하얗게 세어 버릴 듯한 경험이라고 믿는 모양인데 이런 상황에선 자살 따윈 하지 않는 법이란다 그건 일종의 도박이니까 신기하게도 인간은 우연히 태어나서 숨 쉴 때마다 처음부터 불리한 결과가 나오도록 예정된 주사위를 새로이 던질 뿐인데도 언젠가 반드시 직면하게 되리란 것을 스스로도 알고 있는 마지막 중대 국면에 막상 직면했을 때는 십중팔구 폭력부터 시작해서 어린애도 못 속일 하찮은 속임수에 이르기까지 온갖 편법을 시도하게 마련이거든 그러던 중 마침내 진저리가 나서 될 대로 되란 식으로 무턱대고 단 한 장의 카드를 뽑아 거기에 온 운명을 내맡기고 마는 거야 절망이니 회한이니 사별의 애통함이니 하는 것을 처음으로 격렬하게 느끼는 정도로는 아무도 그런 짓 하지 않고 오히려 절망이나 회한이나 사별의 애통함까지도 승산 없는 암담한 주사위 노름꾼에겐 별로 대수롭지 않은 것이란 사실을 깨닫는 순간 사람들은 비로소 그런 짓을 하는 거란다 하고 말씀하셔서 내가 일시적이라고요 하고 말하자 아버지는 그야 쉽게 믿어지진 않겠지만 사랑이나 슬픔 같은 것은 계획도 없이 사들인 채권과 같아서 좋건 싫건 만기가 되면 아무 예고도 없이 파기되고 그때 신께서 우연히 발행하신 채권으로 바뀌는 법이란다 그

1910년 6월 2일

채권이 무엇이든지 말이야 아니 넌 그런 짓은 하지 않겠지 어쩌면 그 애조차 네 절망에 비하면 가치가 없다고 믿게 될 때까진 말이지 그래서 내가 나는 결코 그런 생각은 하지 않아요 내가 뭘 알고 있는지 아무도 몰라주겠지만 하니까 아버지가 너는 당장 케임브리지에 가는 게 좋겠다 한 달쯤 메인주로 여행가는 것도 좋겠지 절약해서 살면 그럴 돈은 마련할 수 있어 그게 좋을지도 모르겠구나 한 푼 한 푼 신경 써서 돈을 사용하는 것은 그리스도보다도 많은 상처를 치유해 왔으니까 하고 말씀해서서 나는 언젠가 나도 깨닫게 되리라고 아버지께서 말씀하신 것을 만약 내가 그쪽으로 가서 다음 주나 다음 달쯤에 깨닫게 된다면 어찌 될까요 했더니 아버지는 그때가 되면 넌 네가 하버드에 다니는 것은 네가 태어났을 적부터 어머니가 품었던 오랜 꿈이란 사실을 기억해 내겠지 그리고 콤프슨 집안사람은 단 한 번도 여인을 실망시킨 적이 없다는 것도 하고 말씀하셔서 나는 일시적이라고요 그러는 편이 날 위해서도 식구들을 위해서도 좋은 일이겠지요 하니까 아버지는 인간이란 모두 자기의 미덕에 대한 재결권을 가지고 있지만 그 누구도 타인의 행복을 멋대로 결정지을 순 없다 하셨고 내가 일시적이라고요 하고 말하자 아버지는 말씀하셨다 "이제 없다"는 것은 모든 말들 중에서 가장 슬픈 말이지 세상에는 그 밖에 아무것도 없어 시간의 흐름에 삼켜져 버릴 때까지는 절망조차 없고 "이제 없다"는 상태가 될 때까지는 시간조차 없단다

 마지막 종소리가 울렸다. 마침내 그 소리는 진동을 그치고 어둠은 다시 조용해졌다. 나는 거실로 들어가 불을 켰다. 조끼를 입었다. 가솔린 냄새는 희미하게 날 뿐 거의 신경 쓰이지 않았고 거울을 봐도 얼룩은 눈에 띄지 않았다. 어쨌든 내 왼쪽 눈만큼 눈에 띄진 않았다. 나는 윗옷을 입었다. 쉬리브한테 보내는 편지가 옷 속에서 바스락거렸다. 나는 그것을 꺼내서 주소를 확인해 봤다. 그리고 그것을 겉주머니에 넣었다. 다음 나는 회중시계를 쉬리브의 방으로 가져가서 그의 서랍에 넣고, 내 방으로 돌아와 새 손수건을 가지고 문간으로 가서 전등 스위치에 손을 댔다. 다음 나는 이를 닦지 않은 것이 생각났다. 그래서 가방을 다시 열 수밖에 없었다. 칫솔을 찾아서 쉬리브의 치약을 묻혀 가지고 세면대로 가 이를 닦았다. 칫솔을 될 수 있는 대로 쪽 짜서 가방에 도로 넣고, 가방을 닫았다. 그리고 다시 문간으로 갔다. 불을 끄기 전에 혹시 뭐 잊어버린 건 없나 하고 둘러보다가, 모자를 깜빡한 걸 알

앉다. 내가 우체국 옆을 지나가게 되면 틀림없이 학생들과 마주치겠지. 그러면 그들은 모자 안 쓴 나를 보고 4학년처럼 으스대며 하버드 광장에서 어슬렁대는 건달 학생이라고 생각하겠지. 모자를 솔질할 것도 잊고 있었으나, 쉬리브의 솔이 있었기 때문에 나는 다시 가방을 열 필요가 없었다.

1928년 4월 6일

　한 번 갈보가 된 여자는 영원히 갈보다 이 말이에요. 걔가 학교에 가지 않고 건들거리고 노는 것만이 걱정된다면 어머니는 복도 많은 사람이군요. 난 이렇게 말한다. 걘 말이에요, 2층 자기 방에서 분이나 하얗게 처바르고 앉아서, 빵과 고기를 저들 몸무게만큼이나 한 그릇 가득 처먹고 배부르기 전엔 의자에서 일어날 생각을 안 하는 검둥이 여섯 놈이 제 아침밥을 준비해 주기만 기다리고 있을 게 아니라, 곧바로 부엌으로 내려와야 한단 말이에요. 그러니까 어머니는 말하는 것이다.
　"그렇지만 학교 선생님들이 내가 걔를 다루지 못한다고, 다룰 힘이 없다고 생각하게 되는 것은ㅡ."
　"그렇지만요." 나는 말한다. "실제로 어머닌 못하잖아요. 안 그래요? 어머니는 여태까지 한 번도 걔를 어떻게 해 볼 엄두도 안 내고. 이제 와서 어떻게 해 보려는 거예요, 열일곱이나 된 애를?"
　어머니는 잠깐 생각에 잠겼다.
　"하지만 선생님들이 날 그런 식으로 생각하게 된다면…… 난 걔가 통지표를 받은 것도 모르고 있었어. 작년 가을 학기말에 걔가 올해부터는 이제 통지표를 쓰지 않기로 했다고 말했거든. 그랬는데 전킨 선생이 나한테 전화해서 하는 말이, 만일 걔가 한 번만 더 결석하면 학교를 그만둬야 된다는 거야. 저 계집애는 어쩌자고 그러는 걸까? 어딜 쏘다니지? 넌 종일 시내에 가 있으니 걔가 거리에서 건들거리고 있으면 볼 수 있을 텐데."
　"그래요." 나는 말한다. "만일 거리에서 건들거리고 있다면. 난 걔가 사람들 눈에 띄는 짓이나 하려고 학교에 빠지고 놀아나는 것은 아니라고 생각하는데요." 나는 말한다.
　"거 무슨 소리야?" 어머니는 말한다.
　"별말 아녜요." 나는 말한다. "그저 어머니 말씀에 대답했을 뿐이죠." 그러니까 어머니는 자신의 살과 피를 나눈 가족이 어찌 자기를 거역하여 괴롭히느냐며, 다시 울기 시작했다.

"어머니가 물어보았으니깐요." 나는 말한다.

"네게 하는 말이 아니다." 어머니는 말한다. "자식들 중에서 단지 너 하나만이 내게 치욕을 주지 않았어."

"그렇겠지요." 나는 말한다. "난 그럴 시간이 없었으니깐요. 나는 퀜틴같이 하버드에 다닐 여유도 없었고, 아버지처럼 죽도록 술에 취할 시간도 없었죠. 나는 일을 해야만 했어요. 그렇지만 물론 만일 어머니가 원하신다면, 그러니까 내가 걔를 감시해서 무슨 짓 하고 다니는지 알아내길 원하신다면, 나는 상점을 그만두고 밤에 일할 일자리를 구할 수도 있어요. 그러면 낮엔 내가 그 애를 감시하고, 밤엔 벤이 교대할 수 있으니 말이에요."

"나도 내가 너에게 골칫거리고 짐이 되는 줄 안다." 어머니는 이렇게 말하면서 베개에 대고 울고 있다.

"나도 잘 알고 있어요." 나는 말한다. "어머니는 그 말을 30년 내내 하고 계시니깐. 지금은 벤도 알고 있을 걸요. 걔한테 이 문제에 대해서 내가 얘기할까요?"

"얘기해서 무슨 소용 있다고 생각하니?" 어머니는 말한다.

"그야 내가 막 이야기를 시작할 때 어머니가 내려와서 간섭하면 아무 소용도 없죠." 나는 말한다. "내가 걜 다루어 주길 바라시면 말만 해 줘요. 그리고 어머닌 손을 떼는 거예요. 언제나 내가 어떻게 해볼라치면 어머니가 뛰어들어, 결국 걘 우리 둘을 비웃으며 무시할 뿐이거든요."

"그래도 걘 내 피와 살인 걸 생각해 봐라." 어머니는 말한다.

"그렇지요." 나는 말한다. "그게 바로 내가 지금 생각하고 있는 거예요—살이란 것 말이에요. 그리고 피란 것도 조금은, 내 생각대로 할 수 있게 해 주신다면요. 누구든지 검둥이들같이 굴면 검둥이처럼 다룰 도리밖에 딴 수가 없거든요."

"네가 걔한테 너무 화낼까 걱정이구나." 어머니는 말한다.

"그렇지만." 나는 말한다. "어머니가 하는 식으론 지금까지 별수 없었잖아요. 날더러 이 문제를 어떻게 처리해 보라는 거예요 말라는 거예요? 뜻을 확실히 말씀하세요. 난 일하러 가야 하니깐요."

"네가 우리 때문에 평생 노예같이 일하며 살아야 한다는 것쯤은 나도 알고 있다." 어머니는 말한다. "내 맘대로 할 수 있었다면 넌 네 사무실도 갖게 되고 바스콤 집안사람답게 일하게 되었으련만. 네 이름은 콤프슨일지라도 너는 바스콤 집안사람이니깐. 난 다 알아. 만일 네 아버지가 앞날을 제대로 알아차렸더라면—."

"하지만 뭐." 나는 말한다. "아버지도 다른 사람들과 마찬가지로 때로는 잘못 예측할 수도 있는 거죠. 스미스 집안이나 존스 집안에도 그런 사람이 있는걸요." 어머니는 다시 울기 시작했다.

"네가 돌아가신 아버지를 흉보다니." 어머니는 말한다.

"좋아요." 나는 말한다. "좋아요. 맘대로 하세요. 그렇지만 난 사무실이 없으니깐 가야 할 일터로 가야겠어요. 걔한테 한 소리 해 줄까요?"

"네가 걔한테 너무 화를 낼까 걱정이 돼서." 어머니는 말한다.

"알았어요." 나는 말한다. "그렇다면 난 아무 말도 않겠어요."

"그렇지만 무슨 수를 내야 돼." 어머니는 말한다. "걔가 학교에 나가지 않고 거리를 쏘다니는 걸 내가 묵인하거나 못 막고 있다고 남들이 생각하기라도 하면⋯⋯ 제이슨아, 제이슨아. 넌 어쩌면, 어쩌면 날 이런 고통스런 짐을 혼자 지도록 버려두고 간단 말이니."

"자, 좀 진정하세요." 나는 말한다. "병을 사서 앓겠어요. 왜 걔를 온종일 가둬 두거나, 나에게 전부 맡기고 개 걱정을 떨쳐 버리시지 못하는 거예요?"

"내 살과 피를 나눈 가족이잖니." 어머니는 울면서 말한다. 그래서 나는 말한다.

"좋아요. 제가 걔를 맡아 봐 주죠. 자 이젠 눈물 거두세요."

"그럼, 너무 화내지 말아라." 어머니는 말한다. "알겠니, 걔는 아직 어린 계집애란다."

"네." 나는 말한다. "화내지 않겠어요." 나는 방에서 나와 문을 닫았다.

"제이슨." 어머니는 말한다. 나는 대답하지 않고 복도를 걸어간다. "제이슨." 어머니는 문 쪽에서 말한다. 나는 아래층으로 걸어 내려간다. 식당엔 아무도 없었지만 부엌에서 그녀 목소리가 들렸다. 그녀는 딜시에게 커피를 더 달라고 하고 있었다. 나는 안으로 들어갔다.

"그게 너 학교 갈 때 입는 옷이냐?" 나는 말한다. "아니면 혹시 오늘이 휴일이던가?"

"반 잔만 주면 돼, 딜시." 그녀는 말한다. "응?"

"안 된대도요." 딜시는 말한다. "더는 안 돼요. 한 잔이면 충분하지. 이제 열일곱 난 아가씨인데. 캐롤라인 마님께서도 늘 말씀하시잖수. 어서 학교 가게 옷 입어요. 그래야 제이슨 아저씨하고 같이 차 타고 시내로 갈 수 있지. 또 지각할 판이구먼."

"아니, 지각은 안 해." 나는 말한다. "그 문제는 지금 이 자리에서 해결 볼 거니까." 그녀는 손에 컵을 든 채 나를 쳐다보았다. 그녀는 얼굴에 늘어진 머리를 뒤로 빗어 넘겼다. 그러자 가운이 어깨에서 미끄러져 흘러내렸다. "그 컵 거기 놓고 이쪽으로 잠깐 와 봐." 나는 말한다.

"뭣 하러?" 그녀는 말한다.

"어서." 나는 말한다. "그 컵은 개수대에 놓고, 이쪽 방으로 와."

"뭘 하려는 거예요, 제이슨 도련님?" 딜시가 말한다.

"넌 나를 네 할머니나 그 밖에 다른 사람들처럼 간단히 깔보고 넘겨 버릴 수 있다고 생각할지 모르지만." 나는 말한다. "그렇지 않다는 걸 가르쳐 주지. 내 말대로 컵을 내려놓을 때까지 10초 여유를 주마."

그녀는 나를 쳐다보다 그만두고 딜시를 쳐다보았다. "몇 시지, 딜시?" 그녀는 말한다. "10초 되거든 휘파람 불어. 있지, 딱 반 컵만 더 딜시, 부탁—."

나는 그녀의 팔을 잡았다. 그녀는 컵을 떨어뜨렸다. 컵은 마루에 떨어져 깨지고, 그녀는 나를 바라보며 움찔 뒤로 물러났다. 그러나 나는 그녀의 팔을 꽉 쥐었다. 딜시는 의자에서 일어났다.

"이봐요, 제이슨 도련님." 그녀는 말한다.

"놔줘요." 퀜틴이 말한다. "안 놓으면 갈겨 버리겠어요."

"갈긴다고, 갈길 테냐?" 나는 말한다. "갈겨, 갈겨 볼 테야?" 그녀는 손바닥으로 날 갈기려고 했다. 나는 그 손마저 붙잡아 쥐고 살쾡이 잡듯이 꽉 잡았다. "갈겨 봐, 갈겨 볼 테야?" 나는 말한다. "네가 갈길 수 있을 것 같아?"

"이봐요, 제이슨!" 딜시는 말한다. 나는 퀜틴을 식당으로 끌고 갔다. 그녀의 가운이 벗겨져 몸뚱어리 주위에 펄럭였다. 이건 뭐 거의 벌거숭이 아닌

가. 딜시가 쩔뚝거리며 따라왔다. 나는 돌아서서 그녀 코앞에 대고 문을 발길로 차서 닫았다.

"넌 저리 가 있어." 나는 말한다.

퀜틴은 가운 앞섶을 여미며 탁자에 기대고 있었다. 나는 그녀를 노려보았다.

"자, 그럼." 나는 말한다. "네 얘기 좀 들어 보자. 어째서 학교는 빼먹고 할머니한테 거짓말만 하고 통지표엔 할머니 서명을 위조해서 쓰고, 그래서 할머니가 네 걱정으로 병이 나게 하는 거냐. 도대체 왜 그따위 짓을 하지?"

그녀는 아무 말도 하지 않았다. 가운을 턱 아래까지 끌어당겨 몸에 꽉 두르면서 나를 쩨려보고 있다. 아직 화장은 하지 않았는지, 그녀의 얼굴은 마치 총 닦는 걸레로 반짝반짝하게 훔쳐 놓은 것 같았다. 나는 가까이 가서 그녀의 팔목을 움켜쥐었다. "도대체 어쩌자는 거냐?" 나는 말한다.

"아저씬 상관할 것 없잖아요." 그녀는 말한다.

딜시가 문으로 들어왔다. "이봐요, 제이슨." 그녀는 말한다.

"저리 가 있으라고 했지." 나는 뒤도 돌아보지 않고 말한다. "학교에 안 가고 어딜 가는지 말해 보란 말이야. 넌 시가지엔 가지 않지. 갔다간 나한테 들킬 테니까. 도대체 누구하고 나돌아 다니는 거냐? 머리에 기름이나 바른 그 망할 놈의 매끈한 불량배 놈하고 숲 속으로 숨어 돌아다니는 거지? 거기 어디서 몰래 노는 거지?"

"이—썩을 영감탱이야!" 그녀는 말한다. 몸부림을 쳐 댔지만 나는 꼭 잡았다. "이 썩을 영감탱이야!" 그녀는 말한다.

"본때를 보여 주마." 나는 말한다. "네까짓 건 늙은 할멈쯤은 겁을 줘서 쫓아낼 수 있겠지만, 이제부터 널 혼내 줄 사람에겐 매운맛을 봐야 할 걸." 내가 한 손으로 그녀를 붙들고 있으니까, 그녀는 몸부림치다 말고 눈을 확 뜨고 사납게 나를 노려보았다.

"어쩌려는 거예요?" 그녀는 말한다.

"내 허리띠를 끌러 낼 때까지 기다려 보면 알지. 그럼 내 보여 줄 테니까." 나는 허리띠를 잡아 빼며 말한다. 그때 딜시가 내 팔을 잡아당겼다.

"제이슨." 그녀는 말한다. "이봐요, 제이슨! 창피스럽지도 않아요?"

"딜시." 퀜틴은 말한다. "딜시."

"내 못하게 할게." 딜시가 말한다. "걱정 마요, 아가씨." 그녀는 내 팔에 매달렸다. 그때 허리띠가 풀려나와 나는 팔을 확 휘둘러서 딜시를 떨쳐 냈다. 그녀는 식탁 쪽으로 비틀거리며 쓰러져 갔다. 폭삭 늙어서 간신히 꾸물거리는 것 말고는 아무 일도 못하는 할멈. 뭐 그래도 상관은 없다. 부엌엔 젊은 놈들이 입에 넣지 못할 음식을 먹어 치울 사람이 필요하니깐. 그녀는 나를 다시 붙들려고 애쓰면서 비틀거리며 우리 둘 사이로 다가왔다. "그럼, 날 때려요." 그녀는 지껄인다. "누굴 때리지 않곤 못 배기겠으면, 날 때리라니까." 이렇게.

"내가 못 때릴 줄 알아?" 나는 말한다.

"도련님이라면 그 어떤 무자비한 일이라도 다 하시겠죠." 그녀는 말한다. 그때 나는 어머니가 층계를 내려오는 발소리를 들었다. 아니나 다를까 어머니는 참견하지 않고는 못 배기게 된 모양이다. 나는 퀜틴을 놓아주었다. 그녀는 뒤로 휘청거리며 벽에 탁 부딪히더니 가운 앞섶을 꼭 여몄다.

"좋아." 나는 말한다. "잠깐 쉬자. 그렇지만 이제 나한테서 도망칠 수 있다고 생각한다면 오산이야. 나는 늙은 할멈도 아니고, 다 죽게 된 늙은 검둥이도 아니란 말이야. 이 망할 계집년아."

"딜시." 그녀는 말한다. "딜시, 나 엄마 보고 싶어."

딜시는 그녀에게 갔다. "자, 괜찮아요." 그녀는 말한다. "내가 여기 있는 동안은 말이야, 아저씨는 아가씨에게 손을 대진 않아요." 어머니는 아직 층계를 내려오고 있었다.

"제이슨." 어머니는 말한다. "딜시."

"자, 진정해요." 딜시가 말한다. "난 아저씨가 아가씰 절대로 못 건드리게 할테니까." 그녀는 퀜틴의 어깨를 감쌌다. 퀜틴은 그 손을 뿌리쳤다.

"이 빌어먹을 검둥 할멈 같으니." 퀜틴은 이렇게 말하더니 뒷계단 문 쪽으로 달려갔다.

"딜시." 어머니는 층계 위에서 말한다. 퀜틴은 어머니 옆을 지나쳐 층계를 달려 올라갔다. "퀜틴." 어머니는 말한다. "얘, 퀜틴." 퀜틴은 무시하고 위로 올라간다. 그녀가 층계 꼭대기에 다다라 복도를 뛰어가는 소리가 들렸다. 다음에 문이 쾅 닫혔다.

어머니의 발소리가 멎었다. 이어 다시 내려오는 소리가 났다. "딜시." 어머니는 말한다.

"예, 예." 딜시는 말한다. "지금 갑니다. 자, 도련님도 가서 자동차를 꺼내 놓고 있어요. 그래야 아가씨를 학교에 데려다 주죠."

"걱정 마." 나는 말한다. "내가 그 애를 학교로 데려가서 어디 거기에 붙어 있나 좀 볼 테니까. 한 번 시작한 이상 끝장을 봐야지."

"제이슨." 어머니가 층계 위에서 말한다.

"자, 어서 가요." 딜시가 문 쪽으로 가면서 말한다. "마님마저 건드리고 싶어요? 지금 갑니다, 캐롤라인 마님."

나는 뒤쪽 베란다로 나왔다. 두 사람이 층계에서 얘기하는 소리가 들렸다. "어서 자리로 돌아가세요." 딜시가 말하고 있었다. "아직 일어나시긴 몸이 너무 불편한 걸 모르세요? 자, 어서 돌아가요. 제가 아가씨는 학교에 늦지 않도록 봐 줄 테니까요."

나는 뒷문으로 나가서 차를 차고에서 끌어내리고 하다가, 도로 집을 빙 돌아 앞쪽까지 가야 했다. 거기서 겨우 그들을 찾았다.

"내가 너한테 저 타이어를 뒷바퀴에 달아 두라고 했을 텐데." 나는 말한다.

"시간이 없었죠." 라스터는 말한다. "할머니가 부엌에서 일을 마칠 때까지 이 사람을 봐 줄 누가 있었어야죠."

"그렇군." 나는 말한다. "난 부엌에 가득 찬 검둥이들을 그저 이놈 뒤를 따라다니도록 먹여 주고는, 자동차 타이어 하나도 손수 달아야만 한단 말이지."

"아무도 맡길 사람이 없었어요." 라스터가 지껄인다. 그때 벤이 칭얼거리며 침을 게게 흘리기 시작했다.

"걔 당장 뒤뜰로 데려가." 나는 말한다. "웬 망령이 들어서 사람들 눈에 띄는 이런 데서 걜 데리고 있는 거야?" 나는 벤이 실컷 울어 대기 전에 서둘러 둘을 쫓아 버렸다. 귀찮은 일은 일요일에 겪는 것만으로도 족해. 그날엔 저런 구경거리 같은 가족도 없고 먹여 살려야 할 검둥이 여섯 놈도 없는 패들이 저 빌어먹을 들판에 한가득 몰려와선 아주 큰 나프탈렌 알 같은 공을 치며 돌아다니니 말이지. 저놈은 저 울타리를 따라 왔다갔다 뛰어가기를 계속하면서 골프꾼들이 보일 적마다 엉엉 울어 댈 테니, 그렇게 되면 결국엔 그 패들이 나더러 골프 요금을 내라고 할 거 아냐. 그러면 어머니와 딜시는 도자기 문손잡이 두 개랑 지팡이 하나로 그걸 어떻게든 해 봐야 할 테지, 아니면 내가 밤에 등불을 한 손에 들고 공을 치든가. 그쯤 되면 아마 온 가족이 잭슨으로 이송되겠군. 그런 일이 일어나는 날엔 모두 올드 홈 위크(성대한 마을 축제로서 그날은 그 마을의 옛 주민들이 돌아와서 행사에 참가한다)를 열지도 모르지.

나는 차고로 되돌아갔다. 예비 타이어는 벽에 기대 놓여 있었다. 하지만 내가 손수 그따위 것을 달 게 뭐야. 나는 차를 후진시켜 차고에서 나와 방향을 돌렸다. 그녀는 차도 옆에 서 있었다. 나는 말을 뱉었다.

"네가 책이 하나도 없다는 건 다 알고 있어. 그렇지만 쓸데없는 참견인진 몰라도, 네가 그 책을 모조리 어떻게 했는지 알고 싶구나. 물론 내게 물을 권리는 없지만. 단지 나는 지난 9월에 책값으로 11달러 65센트를 지급했을 뿐이지."

"내 책은 어머니가 사 줘요." 그녀는 말한다. "아저씨한텐 돈 한 푼도 신세진 게 없어요. 신세질 바에야 굶어 죽는 게 낫지."

"그래?" 나는 말한다. "너 그따위 소리 할머니한테 하고 그분이 뭐라 하실지 들어보자. 옷만 해도 그렇지, 넌 전혀 헐벗어 보이지 않는데. 비록 얼굴에 처덕처덕 바른 게 네 옷보다 더 몸을 가려 주고 있을망정."

"이걸 사는 데 아저씨나 할머니 돈 한 푼이라도 쓴 줄 알아요?" 그녀는 말한다.

"할머니한테 물어봐." 나는 말한다. "네 어머니한테서 오는 수표가 전부 어찌 됐는지 물어보란 말이야. 할머니가 수표 태우는 걸 너도 한 번쯤은 봤을 텐데." 그녀는 들은 척도 하지 않았다. 얼굴엔 분을 풀 바르듯 떡칠했고, 눈은 잡종견처럼 사나웠다.

"이걸 사는 데 아저씨나 할머니 돈이 한 푼이라도 들었다고 생각한다면, 내가 어떡할지 알기나 해요?" 그녀는 손을 드레스에 대면서 말한다.

"그래 어쩔래?" 나는 말한다. "그거 대신 술통이라도 입고 다닐래?"

"난 당장 찢어발겨 거리에 내던질 거예요." 그녀는 말한다. "못 믿겠어요?"

"암 그러겠지." 나는 말한다. "옷 벗는 거야 네 특기 아니겠니."

"두고 봐요, 하나 못하나." 그녀는 말한다. 그녀는 드레스 목 부분을 두

1928년 4월 6일

손으로 움켜쥐고 찢을 듯한 시늉을 했다.
"찢어만 봐라." 나는 말한다. "그러면 이 자리에서 평생 잊지 못할 만큼 늘씬하게 두들겨 줄 테니까."
"봐요, 내 찢나 못 찢나." 그녀는 말한다. 나는 그녀가 정말 그걸 찢으려고 하는 것을 봤다. 당장에라도 찢어서 내팽개치려고 하는 것을. 나는 차를 멈추고 그녀의 두 손을 움켜잡았는데, 여남은이나 되는 사람들이 우리를 쳐다보고 있었다. 그걸 눈치챈 순간 화가 머리끝까지 치솟아서 나는 잠깐 어찌할 바를 몰랐다.
"다시 그따위 짓 해 봐라. 네가 세상에 태어난 것을 후회하게 만들어 놓을 테니까." 나는 말한다.
"지금도 후회하는데요 뭐." 그녀는 말한다. 그녀는 옷을 쥐었던 손을 놓았다. 그러자 그녀의 눈초리가 좀 이상하게 변했다. 그래 나는, 너 이 차 안에서, 거리 한복판에서 울기만 해 봐라, 갈겨 줄 테다 하고 속으로 되뇌었다. 내 널 곤죽으로 만들어 주마. 그녀가 울지 않은 것은 저 자신을 위해서 다행한 일이었다. 나는 그녀의 손목을 놓아주고 차를 몰아 댔다. 다행히도 우리는 뒷골목 가까이 와 있었으므로, 그쪽 길로 꼬부라져 들어가 광장을 피해 갈 수 있었다. 비어드 씨의 울타리 친 공터엔 벌써 곡예단이 천막을 치고 있었다. 우리 가게 진열창에 광고한 사례로 얼이 이미 입장권 두 장을 받았고, 그건 내게 돌아왔다. 그녀는 내 옆자리에 앉아 입술을 지근지근 깨물면서 이쪽을 외면하고 있었다. "난 지금도 후회해요." 그녀는 말한다. "도대체 왜 내가 태어났는지 몰라."
"나도 그 문제에 관해선, 아무리 생각해 봐도 도무지 알 수 없는 사람을 적어도 하나는 더 알고 있지." 나는 말한다. 학교 건물 앞에 차를 세웠다. 그때 수업 시작종이 울렸다. 맨 마지막 학생이 마침 들어가고 있었다. "어쨌든 이번만은 정각에 왔군." 나는 말한다.
"너 혼자 들어가서 얌전히 있을래, 아니면 내가 널 데려가서 자리에 앉아 있도록 해 줄까?" 그녀는 차에서 내려 문을 쾅 닫았다. "내가 한 말 잊지 마." 나는 말한다. "농담 아니니까. 네가 뒷골목으로 빠져나가 건달 놈하고 돌아다닌다는 소리 한 번만 더 듣게 해 봐라, 가만 안 둘 테다."
그 말에 그녀는 돌아섰다. "난 몰래 빠져 돌아다니지 않아요. 누구든지 내

일거수일투족을 다 알게 놔둘까 봐요?"

"그런데 다들 알고 있지." 나는 말한다. "이 동네 사람들은 누구나 네가 어떤 애인지 다 안다고. 그렇지만 더는 용서하지 않을 테다. 알아? 네가 무슨 짓을 하든 나로선 관심도 없지만. 하지만 이 동네에서의 내 입장이란 것이 있으니 말이지. 그러니까 나는 우리 가족 중 어느 누구도 검둥이 매춘부들같이 돼 가는 걸 내버려 둘 순 없단 말이야. 알아듣겠냐?"

"내가 알 게 뭐예요." 그녀는 말한다. "어차피 나는 나쁜 년이라 지옥으로 갈 텐데 뭐. 그래도 난 상관없어요. 아저씨가 있는 데보다는 지옥이 낫지."

"만일 네가 한 번만 더 학교에 가지 않았단 소릴 들으면, 정말 지옥에라도 가고 싶도록 해 줄 거다." 나는 말한다. 그녀는 돌아서서 교정을 건너 뛰어갔다. "단 한 번만이라도 더, 알겠지." 나는 말한다. 그녀는 뒤돌아보지 않았다.

나는 우체국으로 가서 우편물을 찾은 뒤 가게로 차를 몰고 가서 세워뒀다. 내가 들어서자 얼은 나를 가만히 쳐다보았다. 지각했다고 잔소리하려나 싶어 기다리고 있었는데, 그는 이렇게만 말했다.

"경운기가 도착했어. 욥 영감이 꺼내서 진열하는 것을 좀 도와주지."

가게 뒤로 가 보니, 거기서 욥 영감은 한 시간에 나사못 세 개 뽑는 정도의 속도로 경운기를 상자에서 꺼내고 있었다.

"영감도 우리 집에서 일하는 게 좋겠군그래." 나는 말한다. "이 시내의 무능한 검둥이들은 죄다 우리 집 부엌에서 먹고사니깐."

"난 나에게 토요일 밤에 품삯을 줄 수 있는 사람 밑에서 일하고 있어요." 그는 말한다. "그것만으로도 다른 사람들한테 신경 써줄 짬이 있어야죠." 그는 나사를 하나 죄었다. "요새 이 동네에선 바구미밖엔 힘써 일하는 녀석이 없습죠."

"영감은 이 경운기에 매달려 있는 바구미가 아니어서 참 다행이겠군." 나는 말한다. "그렇잖으면 내가 해충 구제를 하기도 전에 영감은 과로해서 죽게 될 테니깐."

"그건 사실입죠." 그는 말한다. "바구미란 놈은 고되게 일하죠. 일주일 내내 쉬지도 않고 뜨거운 햇빛 아래서 일하거든요. 앉아서 수박이 자라는 것을 바라볼 만한 앞 베란다도 없고, 토요일이라야 놈에게 무슨 의미가 있어야 말이죠."

"영감에게도 토요일이야 의미 없는 거지." 나는 말한다. "만일 영감에게 품삯을 지불하는 것이 나라면 말이야. 자, 그것들을 얼른 상자에서 꺼내 안으로 들여오라고."

나는 우선 캐디의 편지를 뜯어서 수표를 꺼냈다. 제법 여자다운 짓이야. 엿새나 늦었군. 그런데도 여자들은 자기들이 장사하는 능력이 있다고 남자들이 믿도록 하려고 애쓴단 말이지. 한 달이 6일부터 시작된다고 생각하는 인간이 얼마나 장사를 오래 지속할까. 그리고 십중팔구 어머닌 어머니대로 은행에서 명세서를 보내면, 내가 왜 6일까지 월급을 예금하지 않았나 의아히 여기겠지. 이런저런 사정이 있다는 걸 여자들은 꿈에도 모른다니까.

"퀜틴의 부활절 드레스에 관한 내 편지에 대해서 답장을 아직 못 받았는데, 그건 무사히 도착했는지? 내가 퀜틴에게 보낸 지난번 두 통의 편지에 대한 회답도 아직 받지 못했어. 하지만 두 번째 편지에 동봉한 수표는 다른 수표와 함께 현금으로 교환된 것으로 돼 있네. 혹시 그 애 몸이 불편한 거야? 곧 알려 줘. 그러지 않으면 내가 거기 가서 직접 알아보겠어. 그 애한테 뭐 필요한 게 있으면 내게 알리겠다고 약속했잖아. 열흘 안으로 소식 줘. 아니 그보다 당장 전보라도 쳐 줬으면 좋겠는데. 내가 그 애한테 보낸 편지를 넌 다 보고 있겠지. 그 정도는 안 봐도 훤해. 당장 이 주소로 전보 쳐서 그 애 소식 좀 가르쳐 줘."

그때쯤 해서 얼은 욥을 야단치기 시작했다. 그래서 나는 편지를 집어넣고, 욥한테 기합 좀 넣어 주려고 뒤편으로 갔다. 이 나라에 필요한 것은 백인 노동자야. 쓰레기 같은 흑인들을 두어 해 동안 굶겨 봐야지. 그래야 저희가 그 동안 얼마나 편한 일을 해왔는지 알게 될 테니까.

10시가 가까워지자 나는 가게 앞으로 걸어갔다. 마침 순회상인이 와 있었다. 10시 몇 분 전이었다. 그래서 나는 코카콜라나 한 잔 들자며 그를 길가의 한 가게로 데려갔다. 우리는 작물에 관한 얘기를 시작했다.

"해 볼 필요도 없는 얘기야." 나는 말한다. "솜은 투기꾼들을 위한 작물인데 뭐. 놈들은 농부에게 허풍을 잔뜩 떨어서 큰 수확을 올리게 해 놓고선,

시세를 올렸다 내렸다 해서 그 선량한 농민들을 홀딱 망하게 한단 말이야. 농부는 그 수확 덕분으로 빨개진 목하고 굽은 등밖에 뭐 얻는 게 있는 줄 알아? 땀을 흘리며 그걸 열심히 땅에 심는 사람이 겨우 살아가는 것 말고 구리동전 한두 푼이라도 더 벌 수 있으리라 믿나? 아니, 아니지. 큰 수확을 해 봤자 거두는 비용도 안 나오고, 조금 수확하면 남는 솜이 없지. 왜 이 꼴이 나는가? 결국 저 동부의 망할 유대인들이, 아니 그렇다고 내가 유대교 믿는 사람들을 폄하하는 것은 아냐. 나도 훌륭한 시민인 몇몇 유대인을 알고 있으니깐. 자네도 그 축에 끼겠지."

"아뇨." 그는 말한다. "난 미국 사람이에요."

"화낼 건 없어." 나는 말한다. "나는 종교라든지 다른 어느 것에도 구애받지 않고 누구든 공정하게 대하니깐. 유대인 개개인에 대해선 아무렇지도 않게 생각하거든. 단지 그 인종에 대한 반감이 있을 뿐이야. 놈들이 아무것도 생산하지 않는다는 건 자네도 시인하겠지. 놈들은 개척자들 뒤에 붙어서 새로운 나라로 들어가 옷을 판단 말이야."

"당신 지금 아르메니아 사람들을 생각하고 있군요." 그는 말한다. "그렇죠. 애초에 개척자는 새 옷 같은 건 필요로 하지 않잖아요."

"화내진 마." 나는 말한다. "난 종교 가지고 사람을 비난하는 것은 아니니까."

"아 그래요." 그는 말한다. "난 미국 사람이에요. 우리 집안엔 프랑스의 피가 좀 흐르고 있어서, 나는 이런 유대인 같은 코를 하고 있죠. 어쨌든 내가 미국인인 것은 틀림없어요."

"나도 그렇지." 나는 말한다. "우리 같은 진짜 미국인은 이제 몇 남지 않았어. 그러니까 내가 말하는 것은, 뉴욕에 거들먹거리며 앉아서 얼치기 투기 상인들을 등쳐먹는 놈들이란 말이야."

"옳은 말이에요." 그는 말한다. "투기 노름이란 것은요, 가난뱅이에겐 아무 소용도 없거든요. 그러니 그따위 것을 금지하는 법이 있어야겠는데."

"내가 하는 말이 옳다고 생각하지 않나?" 나는 말한다.

"그렇죠." 그는 말한다. "바로 말씀하시는 대로죠. 이러나저러나 농부만 죽어나는 거죠."

"나도 내가 옳다는 걸 알고 있지." 나는 말한다. "투기 상행위란 그 내막이 어떻게 돌아가는지 정보라도 얻기 전엔, 멍청이들만 손해 보는 사기 행위나 마찬가지지 뭐야. 나도 바로 그 시장에 자리잡고 있는 몇 놈들과 우연히 교섭하게 되었는데 말이지. 놈들은 상담역으로서 뉴욕에서도 첫째가는 투기꾼을 데리고 있더군. 나는 어떻게 하나 하면 말이야, 난 한 번에 많이는 절대로 걸지 않거든. 그치들은 말이지, 제가 잘 안다고 생각해서 3달러 가지고 크게 따먹으려고 하는 녀석을 발라먹지. 그래서 놈들이 장사를 할 수 있는 거야."

그때에 10시 종이 울렸다. 나는 전신국으로 갔다. 그들이 말한 바와 같이 시세가 조금씩 오르고 있었다. 나는 모퉁이로 가서 전보를 확인하려고 다시 꺼냈다. 내가 전보를 쳐다보는 동안에 또 속보가 들어왔다. 2포인트가 올랐다는 것이다. 모두 사들이고 있었다. 사람들이 하는 얘기로 미루어 알 수 있었다. 모두 늦기 전에 이 열차에 올라타란 거지. 마치 그 수밖엔 없다는 듯이. 사들이는 것 말고는 아무것도 할 수 없도록 금지된 법률 따위라도 있다는 듯이. 그렇지, 동부의 유대인들도 살아야겠지. 그러나저러나 참 어이없는 일도 다 있지. 신이 정해 준 나라에선 제대로 살지 못하는 외국인 놈들이, 줄줄이 이 나라로 와서 미국인 주머니에서 돈을 마음껏 긁어내고 앉았으니. 2포인트나 더 올랐다. 4포인트 오른 셈. 젠장, 하지만 어쩔 수 없지. 놈들은 저쪽에 앉아서 빤히 다 알고 있거든. 게다가 만일 내가 놈들에게서 조언을 듣지 않는다면, 뭣 때문에 한 달에 10달러씩이나 그들에게 지불하고 있겠나. 나는 밖으로 나왔는데, 그때 생각이 나서 되돌아가 전보를 쳤다. '모두 무고함. Q(⁽펜턴의 머리문자⁾) 오늘 편지.'

"Q입니까?" 통신사가 말한다.

"그렇소." 나는 말한다. "Q라니까. 당신 Q자를 쓸 줄 모르오?"

"확인하려고 물었을 뿐이죠." 그는 말한다.

"내가 쓴 대로 쳐요. 틀림없는 것은 내 보장할 테니까." 나는 말한다. "수신자 부담으로 보내요."

"무슨 전보를 치고 있어, 제이슨?" 독 라이트가 내 어깨 너머로 들여다보며 말한다. "그거 사라는 암호 통신이야?"

"신경 꺼." 나는 말한다. "자네들은 자네들 멋대로 판단하라고. 뉴욕에 있는 치들보다 자네들이 솜에 대해선 더 잘 알 거 아냐."

"암, 그래야지." 독은 말한다. "1파운드당 2센트꼴로 값이 오르면 올해는 한몫 볼 텐데."

새로운 속보가 들어왔다. 1포인트 내렸다는 것이다.

"제이슨은 팔려고 하는군." 홉킨스가 말한다. "저 얼굴 좀 봐."

"내가 뭘 하든 내 마음대로지." 나는 말한다. "자네들은 자네들 판단대로 하라고. 저 뉴욕의 돈 많은 유대인들도 다른 사람들이나 다름없이 먹고살아야 할 것 아니야." 나는 말한다.

나는 가게로 되돌아갔다. 얼은 점포 앞에 서서 바쁘게 일하고 있었다. 나는 안쪽 책상으로 가서 로레인의 편지를 읽었다.

"사랑하는 여보, 돌아와 주셨으면 좋겠어요. 당신이 시내에 안 계시면 그 어떤 파티도 재미없어요. 사랑하는 여보, 보고 싶어요." 그야 그렇겠지. 지난번에 난 그녀한테 40달러나 줬으니까. 내가 줬다 이거야. 나는 여자에게 절대로 아무것도 약속하지 않으며, 내가 주려고 하는 것을 미리 알려 주지도 않지. 그렇게 하는 것만이 여자들을 다루는 유일한 방법이다. 언제나 이것저것 짐작하느라 바쁘게 하는 것만이. 그들을 놀라게 해줄 땐 방도가 생각나지 않으면 턱주가리에 한 대 먹이면 그만이고.

나는 그 편지를 찢어 가래침통에 대고 태워 버렸다. 여자의 편지 따윈 한 조각도 남겨 두지 않으며, 그들에게 절대로 편지도 하지 않는 것이 나의 신조니까. 로레인은 늘 나에게 편지해 달라고 조르지만, 난 이렇게 대꾸한다. 내가 너에게 할 말을 잊었더라도 다시 멤피스에 왔을 때 할 거다, 다만 네가 편지하고 싶으면 흰 봉투에 때때로 편지를 넣어 보내도 좋다, 그러나 혹 내게 전화하려고 한다면 널 멤피스엔 있지 못하도록 해 줄 거라고. 내가 멤피스에 와 있을 때는 나도 손님의 한 사람이지만, 어떤 여자로부터든지 전화는 받지 않겠노라고 나는 말한다. 자, 받아. 나는 40달러를 주어 가면서 말한다. 혹시 네가 술에 취해서 나를 전화로 부르고 싶은 생각이 들면, 이걸 기억하고 전화를 걸기 전에 열을 세.

"그건 언제쯤이죠?" 그녀는 말한다.

"뭐가?" 나는 말한다.

"언제 돌아오냐고요." 그녀는 말한다.

"다음에 알려 주지." 나는 말한다. 그때 그녀는 맥주를 한 병 사려고 했는데, 내가 말렸다. "돈을 아껴. 그걸로 네 옷이나 하나 사." 나는 하녀에게도 5달러를 주었다. 결국 내가 늘 말하듯이 돈이란 아무런 가치도 없는 것이다. 단지 돈을 쓰는 방법이 문제다. 돈이란 어떤 사람에게도 속하지 않고 돌고 돈다. 그러니 저축해 봤자 소용없다. 그건 벌어서 가지고 있는 동안만 그 사람 돈이다. 바로 여기 제퍼슨에도 흑인들에게 썩어 빠진 물건을 팔아서 돈을 잔뜩 번 사람이 있는데, 그는 돼지우리 같은 가겟방에서 살면서 자취를 하고 있었다. 그러다 4, 5년 전에 병에 걸렸다. 그는 지옥이 두려워서 병상에서 일어났을 땐 교인이 되어, 중국 선교사 파견을 위해 1년에 5천 달러나 기부하기에 이르렀다. 그가 죽어서 천국을 발견하지 못할 때, 1년에 5천 달러씩 지급한 것을 생각하면 얼마나 미칠 듯이 화가 날까 하고 나는 가끔 생각해 본다. 한마디 하자면, 그 인간은 얼른 죽어서 쓸데없는 돈 낭비 따위를 그만두는 게 나으리라.

로레인의 편지가 완전히 타 버린 뒤 나는 다른 우편물을 윗옷 주머니에 넣으려고 했다. 그때 갑자기 무슨 나쁜 예감이라도 들었는지, 집에 돌아가기 전에 퀜틴의 편지를 뜯어 볼 생각이 떠올랐다. 그러나 그 순간 점포 앞쪽에서 얼이 나를 소리쳐 불렀다. 나는 편지를 넣어 두고 나가서, 멍에 줄을 20센트짜리 살까 35센트짜리를 살까 하고 15분이나 망설이고 있는 시시한 농부 한 놈을 상대하게 되었다.

"더 좋은 녀석을 사는 게 낫지요." 나는 말한다. "값싼 도구를 가지고 남을 앞설 수 있다고 생각하나요?"

"이것이 아무 소용도 없는 거라면." 그는 말한다. "왜 이걸 팔고 있죠?"

"이게 아주 소용없다고는 말하지 않았어요." 나는 말한다. "이것은 저것만큼 좋지는 못하다고 했죠."

"이게 더 별로인지 어떻게 알죠?" 그는 말한다. "둘 중 하나라도 사용해 본 일 있소?"

"이걸 35센트나 받진 않으니까요. 값이 그러니까 질이 저것만 못하다는 걸 알 수 있죠."

그는 20센트짜리를 손에 들더니 손가락에 걸고 당겨 보았다. "난 이걸 사야겠는걸." 그는 말한다. 나는 그것을 싸 주겠노라고 청했으나, 그는 둘둘 말아서 작업복 주머니에 넣었다. 그러고는 담배쌈지를 꺼내 가지고 느릿느릿 끈을 끌러서 동전 몇 닢을 흔들어 떨어뜨렸다. 그는 나에게 25센트짜리 동전을 주었다. "나머지 15센트로 간단한 점심이나 사 먹어야지." 그는 말한다.

"그거 좋죠." 나는 말한다. "마음껏 그러세요. 그렇지만 내년에 새 놈을 하나 다시 사게 되더라도 와서 불평은 말아 줘요."

"난 내년 농사는 아직 생각도 않고 있거든요." 그는 말한다. 이렇게 겨우 그 사람을 쫓아냈지만, 내가 책상에서 그 편지를 꺼낼 때면 무슨 일이고 자꾸 생기는 것이었다. 사람들은 쇼를 구경하러 시내로 나와 있었다. 그들은 이 도시에 아무것도 남기지 않고 다만 자릿세를 내서 시청의 탐관오리들 간에 분쟁만 일으키고 떠날 그런 곡예단의 쇼를 보러 떼지어 몰려가 돈을 내는 것이다. 그래도 얼은 닭장 속 암탉처럼 왔다 갔다 하면서 말한다. "네, 부인, 콤프슨 군이 모실 겁니다. 제이슨, 이 부인께 우유 젓는 기구를 보여 드리게." "이분께 선반용 못 5센트어치 보여 드려."

정말, 제이슨은 일을 잘해. 아아뇨 하고 나는 말한다. 대학교에서 공부할 특권이 내겐 없었을 뿐입니다. 왜냐하면 하버드에서는 수영을 할 줄도 모르는데 밤에 수영하러 가는 것을 가르치고, 스와니에서는 심지어 물이 뭣인지도 가르치지 않으니깐요. 나를 주립 대학에 보내 주지 그러셨어요. 그러면 난 흡입기로 자살하는 법을 배웠을 텐데. 그 다음 어머닌 벤을 해군에라도 보내시면 돼요. 아니 기병대가 더 나을지도. 기병대에선 거세된 말을 쓰니깐. 그리고 누나가 퀜틴을 길러 달라고 이 집으로 보내 군식구가 하나 늘었을 때도 그래요. 거 잘됐죠. 내가 저 북부로 일하러 가는 대신에 일이 이쪽으로 알아서 굴러들어온 셈이니. 그러니까 어머닌 울기 시작했고, 나는 말한다. 내가 그 애를 키우는 걸 반대해서 그러는 말이 아녜요. 만일 어머니가 원하신다면 난 일을 그만두고 맡아 기르겠어요. 대신 어머니와 딜시 둘이서 하시든지 아니면 벤에게 밀가루 통을 가득 채우도록 해 줘요. 벤은 흥행장에 빌려 주죠. 그러면 그 애를 구경하려고 10센트쯤 지불하는 사람들이 있을지도 모르니까요. 그러니까 어머니는 더욱 심하게 울면서, 이 불행한 나의 불쌍한 아이, 하고 말하고 있었으며, 나는 그렇고말고요, 걔가 앞으로 충분히 자라면 확실히 어머니의 도움이 될 거예요, 아직은 제 키의 한 배 반밖에 안 자랐지만, 하고 말하고, 어머니는 당신은 곧 돌아가실 테니 그때엔 좀더 잘 살아갈 거라고 말한다. 그래서 나는 말한다. 좋아요, 좋아, 맘대로 생각하세요. 그 애는 어머니 손녀니까. 그 애의 친할아버지 친할머니는 어머니만큼 확실히 이 애는 우리 손녀야 하고 딱 잘라 말할 순 없겠지만. 내가 말하는 건 단지 시간문제라는 거죠. 만일 누나가 약속을 잘 지켜서 그 애를 만나러 오지 않을 거라고 믿으신다면 그건 어머니의 큰 착각이에요. 왜냐하면 처음엔 그, 저기—그러자 어머니가 말씀하셨다. 네가 이름만은 콤프슨이나 성품은 그렇지 않다는 것은 참 신에게 감사할 일이야. 이 세상에 내게 남겨진 것은 단지 너뿐이니깐, 너와 모리뿐이니깐. 이렇게 이르시기에 하지만 난 모리 아저씨의 도움 같은 거 없이 혼자서 해 나갈 수 있는데요, 하고 말하는데 그때 모두 와서 출발 준비가 다 됐다고 말했다. 그러자 어머니는 울음을 그쳤다. 어머니는 베일을 드리우고 우리는 층계를 내려갔다. 모리 아저씨는 손수건으로 입을 가린 채 식당에서 나오고 있었다. 모두 말하자면 우리에게 길을 터 주었으므로, 어머니와 나는 그곳을 지나 현관으로 나갔는데, 때마침 딜시가 벤과 티 피를 집 모퉁이를 돌아 뒤뜰 쪽으로 몰고 있는 것이 보였다. 우리는 현관 층계를 내려가 마차를 탔다. 모리 아저씨는 불쌍한 누이, 불쌍한 누이 하고 입속으로 계속 중얼거리며 어머니의 손을 어루만지고 있었다. 입에 뭘 넣었는지는 몰라도 하여간 계속 입을 우물거리고 있었다.

"상장(喪章)은 달았어?" 어머니는 말한다. "왜 모두 벤자민이 나타나 난리가 나기 전에 빨리 출발하지 못하는 거야. 가엾은 것. 아무것도 모른단 말이야. 그 애는 봐도 뭘 깨닫지 못해."

"자, 그만." 모리 아저씨가 어머니의 손을 어루만지며 입을 우물거리면서 말한다. "그편이 나아, 때가 올 때까지 사별의 슬픔을 모르도록 하자고."

"다른 여편네들은 이런 때 자식들이 도와주건만." 어머니는 말한다.

"너한텐 제이슨과 내가 있잖아." 그는 말한다.

"정말 힘들어 죽겠어요." 어머니는 말한다. "불과 2년 안에 둘씩이나 이 지경을 당하다니."

"자, 그만." 아저씨는 말한다. 잠시 뒤 그는 입에 손을 슬쩍 대는 듯하더니, 유리창 밖으로 무엇인가를 떨어뜨렸다. 그제야 나는 여태까지 풍기던 냄새가 뭣이었는지 알게 되었다. 정향(丁香) 냄새였다. 아마도 아저씨는 아버지의 그것에 대한 예의로서 적어도 한두 잔쯤은 할 수 있으리라고 생각했던 모양이다. 혹은 찬장 녀석이 아저씨를 아직도 아버지로 생각하고 지나가던 그를 붙잡았는지도 모른다. 아버지가 퀜틴을 하버드에 보내기 위해서 무엇인가 팔아야만 했을 적에, 저 찬장까지 팔아 그 나머지 돈으로 한쪽 팔을 못쓰게 하는 구속복이라도 사서 입으셨더라면 우리 집안 살림은 지금보다 훨씬 나아졌으련만. 어머니는 콤프슨이 내 차례가 오기 전에 전부 망했다 하셨는데, 그 이유는 아버지가 술을 마셔 재산을 다 없앤 탓이라고 생각한다. 적어도 나는 아버지가 나를 하버드에 보내기 위하여 뭘 팔자고 얘기하는 소리는 들어 본 일이 없다.

그렇게 아저씨는 어머니의 손을 어루만지며 자꾸 "불쌍한 누이" 하는 것이었다. 그리고 그때 자기 손에 낀 검은 장갑 청구서를 나흘 뒤 우리한테 보냈는데, 그날은 26일이었기 때문이다. 그로부터 얼마 전 어느 달 같은 날 아버지는 저쪽에 가서 퀜틴을 받아 집으로 데려왔다. 아버지는 캐디가 어디 있다는 것도, 그녀에 관한 소식도 전혀 얘기해 주지 않았다. 그래서 어머니는 울면서 말하는 것이었다. "그래 당신은 허버트랑 만나지도 않았어요? 당신은 그 남자에게 애 양육비도 대도록 하지 않았단 말이죠?" 그러니까 아버지는 말한다. "안 돼요. 난 캐디에게 그놈 돈은 한 푼도 건드리지 못하도록 하겠어." 그러자 어머니는 말한다. "그 사람은 법률에 따라 책임을 져야 해요. 그 사람에겐 아무런 증거도 없어요. 만일 당신이—제이슨 콤프슨. 설마 당신이 바보같이 알아서 자백하지는—"

"그만둬요, 캐롤라인." 아버지는 말한다. 그러고는 나에게 딜시를 도와 고미다락에서 낡은 요람을 내오라고 했다. 그래서 나는 말한다.

"알았습니다. 그 두 사람이 오늘 밤 기어코 내 일감을 집으로 가져다준 셈이군요." 우리 집안 식구들은 둘이서 문제를 해결해 나가기를, 허버트가 캐디를 그대로 봐 주길 바랐다. 이는 어머니가 늘, 캐디 저 자신과 퀜틴이 지금까지 온갖 기회를 망쳐 놓았으니 적어도 이번엔 그녀도 나의 출세 기회를 망치지 않을 만큼은 집안일을 고려해 줄 것이라고 말했기 때문이다.

"하지만 이 애를 여기 말고 또 어디에 둘 수 있담?" 딜시는 말한다. "나밖에 또 누가 얠 기르겠어요? 이 사람들 모두 내가 기르지 않았수?"

"그래, 더럽게 좋은 일 또 맡게 됐군." 나는 말한다. "어쨌든 앤 이제 어머니에게 큰 골칫덩이가 될 게 분명해." 우리는 그 요람을 내려왔고, 딜시는 옛날에 그 녀석이 쓰던 방에 그걸 세워 놓기 시작했다. 그러자 아니나다를까, 어머니는 울기 시작했다.

"그만두세요, 캐롤라인 마님." 딜시가 말한다. "애를 깨우겠어요."

"거기에 둘 거니?" 어머니는 말한다. "그런 더러운 공기 속에서 불순해지게 말이야? 안 그래도 제 어미에게서 물려받은 액운을 타고났는데, 앤 분명 불행하게 될 거야."

"쉬잇." 아버지가 말한다. "바보 같은 소리 그만둬요."

"왜 얘를 이 방에 재우면 안 된다는 건데요." 딜시가 말한다. "애 어머니가 혼자서 잘 수 있을 만큼 자랐던 때부터 내내 매일 밤 내가 재워 준 이 방에서 말이에요."

"할멈은 몰라." 어머니가 말한다. "제 남편한테서 버림받은 딸년을 둔 내 심정을. 가엾은, 철모르는 것." 퀜틴을 쳐다보며 어머니는 말한다. "넌 네가 가져온 이 불행을 결코 모를 테지."

"그만둬요, 캐롤라인." 아버지가 말한다.

"뭣 하러 제이슨 앞에서 그런 소릴 하시는 거예요?" 딜시가 말한다.

"난 여태까지 제이슨을 보호해 왔어." 어머니는 말한다. "난 언제나 이런 액운을 피하도록 보호해 왔어. 그러니 최선을 다해 이 애를 보호하는 일쯤은 나도 할 수 있어."

"어째서 이 애를 이 방에 재우는 것이 해로운지 알고 싶어요." 딜시는 말한다.

"나로선 어쩔 수 없는 일이야." 어머니는 말한다. "나도 내가 성가신 할망구인 줄은 알아. 하지만 신의 계율을 조롱하면 벌을 받으리란 것도 알거든."

"쓸데없는 소리." 아버지가 말한다. "그럼 요람을 캐롤라인 마님 방에 두어요, 딜시."

"쓸데없는 소리래도 좋아요." 어머니는 말한다. "하지만 이 애에게 사정을 알려선 안 돼요. 이 앤 제 어미 이름까지도 알아선 못써요. 딜시, 앞으로 애가 듣는 데서 제 어미 이름 절대로 부르지 말아 줘. 이 애가 어미가 있는 줄도 모른 채 자란다면, 더없이 다행한 일일 거야."

"바보 같은 소리." 아버지가 말한다.

"난 당신이 애들을 어떻게 기르건 상관하지 않았어요." 어머니가 말한다.

"하지만 이제는 더 이상 참을 수 없어요. 우린 오늘 밤 결정을 지어야 해요. 앞으로 애가 듣는 데서는 제 어미 이름을 부르지 말든지, 애를 이 집에서 내보내든지, 아니면 내가 나가 버리든지. 자, 당신이 좋을 대로 택하세요."

"그만둬요." 아버지가 말한다. "당신은 지금 좀 혼란에 빠졌을 뿐이야. 자, 요람은 여기에 들여놔, 딜시."

"그런데 주인께서도 기운이 없어 보여요." 딜시는 말한다. "꼭 유령 같네요. 이제 그만 자리에 드세요. 제가 토디 술을 만들어 드릴 테니 잠을 청해 봐요. 집을 떠나신 뒤로 하룻밤도 충분히 주무시지 못했나 봐요."

"그만둬." 어머니가 말한다. "의사가 뭐랬는지 알기나 해? 왜 할멈은 술을 권하는 거야? 우리 양반한텐 술이 가장 큰 문제라고. 날 봐, 나도 병으로 고생하고 있지만, 난 위스키 따위로 제 몸을 망칠 약자는 아니거든."

"헛소리." 아버지는 말한다. "의사가 알긴 뭘 알아? 의사란 자들은 다 자기들 먹고살려고, 환자가 지금 안 하는 것을 적당히 권하는 것뿐이야. 굳이 의사뿐만 아니라 우리 퇴화된 원숭이에 대한 우리 지식은 기껏해야 그 정도지. 이다음에 당신은 내 손을 잡아 주기 위해서 목사님을 불러들이겠지." 그러자 어머니는 서럽게 울었고 아버지는 나가 버렸다. 층계 아래로 내려가는 소리가 들리더니 다음엔 찬장 소리가 들렸다. 나중에 내가 자다가 깼을 때도, 아버지가 다시 아래층으로 내려가는 소리가 들렸다. 어머니는 잠이라도 드신 모양이었다. 왜냐하면 집 안이 마침내 조용해졌기 때문이다. 아버지도 역시 조용히 하려고 애쓰는 듯했다. 아래에서 아버지가 내는 소리는 거의 들리지 않았고, 단지 아버지의 잠옷 자락과 맨발이 찬장 언저리에서 움직이는 소리만 들렸기 때문이다.

딜시는 요람을 잘 놓고 어린 계집애를 벗겨 그 안에 넣었다. 그 애는 아버지가 집으로 데려온 뒤 한 번도 깨지 않았다.

"이 앤 요람에 비해선 좀 큰데." 딜시가 말했다. "자, 마님. 내가 바로 복도 건너편 방에다 이불을 펴고 잘 테니, 마님은 밤에 일어나실 것 없어요."

"난 자지 않을 거야." 어머니가 말한다. "할멈은 집으로 가요. 괜찮으니깐. 난 내 남은 생애를 이 어린 것을 위해 보낼 수만 있으면 행복하겠어, 만일 내 힘으로 이 앨 보호할 수 있다면—."

"그만두세요." 딜시는 말한다. "우리가 애길 봐 줄 테니까요. 그리고 도련님도 이제 자요." 그녀는 나에게 말했다. "내일 학교에 가야지."
 그래서 나는 밖으로 나왔는데, 어머니가 도로 불러들여서는 날 붙들고 잠시 울었다.
 "넌 내 오직 하나뿐인 희망이다. 매일 밤 난 너를 주신 하느님께 감사한단다." 사람들이 출발하기를 우리가 기다리고 있을 적에도 어머니는 이렇게 말했다. 저분마저 가시게 됐을지라도 내게 남아 있는 것이 퀜틴이 아니고 너라는 사실에 고맙구나. 네가 콤프슨 집안사람을 닮지 않은 것이 고마워. 이제 내게 세상에 남겨진 것이라곤 너와 모리뿐이니까. 그래서 나는 말한다. 하지만 난 모리 아저씨 없이도 혼자 해 나갈 수 있어요. 그리고 문제의 아저씨는 그 검은 장갑으로 어머니 손을 어루만지며, 입가를 숨긴 채 뭐라 뭐라 우물거렸지 아마. 그는 자기가 삽질할 차례가 다가오자 장갑을 벗었다. 그러고는 맨 앞에 있는 사람에게 가까이 갔다. 거기에선 사람들이 우산을 받치고 서서, 때때로 발을 구르며 발에서 진흙을 떼어내려 하고 있었는데, 삽에도 진흙이 달라붙어서 그걸 바닥에 내리쳐 흙을 떨어뜨릴 때면 흙덩이가 그것 위에 떨어져 공허한 소리를 내곤 했다. 그리고 내가 장례 마차 뒤로 돌아왔을 때, 아저씨가 한 묘비 뒤에 숨어서는 병을 기울여 또 한 모금 마시는 것이 보였다. 아저씨는 술 마시는 걸 도중에 그만두지 않을 것 같았다. 나도 새 검은 양복을 입고 있으니, 그런데 마차 바퀴엔 별로 진흙이 묻어 있지 않았는데도 어머니만은 그것을* 알아차리고 말한다. 언제 또 새것을 살 수 있을지 모르겠다고. 그러니까 모리 아저씨는 말한다. "자, 자. 조금도 걱정 말아요. 언제나 의지할 수 있는 내가 있으니까."
 실제로 그렇다. 언제나 말이지. 네 번째 편지는 그 아저씨에게서 온 것이었다. 그러나 뜯어 볼 필요는 조금도 없었다. 나도 이런 편지는 쓸 수 있었고 또는 어머니에게 외워서 읽어 줄 수도 있었다. 만약을 대비해 10달러쯤 높여 부르면서. 그렇지만 마지막 한 통은 왠지 불길했다. 나는 캐디가 또 무슨 간사한 꾀를 꾸밀 때가 가까워졌다는 느낌이 들었다. 그녀는 맨 처음 일이 있은 뒤부터 훨씬 약아졌다. 그리고 내가 아버지와는 다른 종류의 인간이란 것을 꽤 빨리 알아차렸다. 사람들이 흙을 덮어서 그것이 완전히 안 보이

---

* 여기서 '그것'은 제이슨의 양복에 진흙이 묻은 것을 말하는 듯하다.

게 되자 어머니는 생각했던 대로 울기 시작했으므로, 모리 아저씨는 어머니와 함께 마차를 타고 돌아갔다. 넌 딴 사람들하고 타고 오너라, 모두 널 태워 주길 좋아하니깐, 나는 네 어머니를 모시고 가야 해, 아저씨가 이렇게 말하므로 나는 알았어요, 단 한 병만 가져올 게 아니라 두 병 가지고 올 걸 그랬죠, 하고 쏴붙여 주려다가 장소가 그러지 못할 곳임을 생각하고는 아무 말 없이 그를 보내 주었다. 두 사람은 내가 얼마나 젖어 있는지 거의 상관하지 않았다. 그렇게 해야 어머니는, 내가 폐렴에 걸리지나 않았을까 걱정하면서 나중에 멋지게 호들갑을 떨 수 있을 테니까.

어쨌든 나는 그런 것을 생각하면서 사람들이 거기다 흙을 던지는 것을 바라보고 있었는데, 그들은 마치 회반죽 따위를 만들거나 울타리라도 짓고 있는 것처럼 아무렇게나 흙을 짓이기다시피 하고 있었으므로, 나는 다소 묘한 느낌이 들기 시작하여 잠시 주변이나 좀 걷자고 마음먹었다. 만일 내가 시내 쪽으로 가면 사람들이 쫓아와 그중 하나가 나를 마차에 태워 주려고 할 것이다. 그래서 뒤쪽 검둥이 묘지를 향해서 갔다. 이윽고 삼나무 밑에 다다랐는데, 비는 그다지 많이 뿌리지 않고 단지 때때로 똑똑 떨어질 뿐이었으므로, 나는 거기에 서서 사람들이 일을 끝마치고 돌아가는 것을 지켜보고 있었다. 얼마 뒤에 모두 가 버렸으므로 나는 좀 기다렸다가 그 아래에서 나왔다.

나는 젖은 풀을 피하느라고 오솔길을 따라가야만 했다. 그래서 그녀가 검은 외투를 입고 서서 꽃을 바라보고 있는 곳에 꽤 가까워질 때까지 알아보지 못했다. 그러나 그녀가 돌아서서 나를 쳐다보고 베일을 걷어 올리기도 전에 나는 그게 누구인지 단번에 알아차렸다.

"어머 안녕, 제이슨." 그녀는 손을 내밀며 말한다. 악수했다.

"여기서 뭘 하고 있지?" 나는 말한다. "난 누나가 엄마한테 다시는 이곳에 돌아오지 않겠다고 약속한 줄 알았는데, 이런 짓 안 할 정도로는 머리가 좋은 줄 알았다고."

"그래?" 그녀는 말한다. 그녀는 다시 꽃을 바라보았다. 묘 위엔 50달러어치나 되는 꽃이 있었다. 퀜틴의 묘에도 한 다발 있었다. "그렇게 생각했어?" 그녀는 말한다.

"그렇다고 내가 놀란 것은 아냐." 나는 말한다. "누난 어쩔 도리가 없는 여자라고 생각하고 있으니깐. 누나는 아무도 상관하지 않으니깐. 누나는 누가 어쩌든 쥐뿔도 관계치 않으니깐."

"맞아." 그녀는 말한다. "그 취직 문제 말이지." 그녀는 여전히 묘를 바라보고 있었다. "그건 참 미안하게 됐어, 제이슨."

"물론 그렇겠지." 나는 말한다. "누나도 이젠 말투가 꽤 얌전해졌는데. 하지만 돌아올 필요는 없어. 집엔 아무것도 남은 게 없으니. 내 말이 믿어지지 않으면, 모리 아저씨한테 물어봐."

"난 아무것도 필요 없어." 그녀는 말한다. 그녀는 아버지의 묘를 가만히 바라보았다. "왜들 나에게 알리지 않았을까? 난 우연히 신문에서 보고 알았어. 뒷면에 실린 부고를. 단지 우연히."

나는 아무 말도 하지 않았다. 우리는 거기에 선 채 묘를 바라보고 있었는데, 그러다 나는 우리가 어렸을 적의 이런저런 일들을 떠올려 버려서 또다시 묘한 기분에 사로잡혔다. 이어 앞으로는 모리 아저씨가 집에 눌어붙어 살겠지, 아까 날 빗속에서 혼자 집으로 돌아오게 떼어 놓고 간 그런 태도로 집안을 휘어잡으려 하겠지 생각하고는, 왠지 부아가 치밀었다. 나는 말한다.

"아버지가 돌아가시자마자 몰래 이곳에 돌아오다니, 참 훌륭한 걱정도 다 하시는군. 그렇지만 이래 봤자 아무 소용도 없어. 기회를 틈타 은근슬쩍 돌아올 생각일랑 하지도 마. 뻔뻔하기도 하지. 지금 가지고 있는 말을 탈 수 없으면 걸어야만 할걸. 우리 집에선 이제 누나 이름도 몰라. 그걸 알고나 있어? 우린 모두 누나 이름조차 잊어버렸다고. 저쪽에서 허버트랑 퀜틴이랑 셋이서 잘 살았으면 얼마나 좋아. 그걸 알기나 해?"

"다 알아." 그녀는 말한다. "있지, 제이슨." 그녀는 묘를 보면서 말한다. "네가 그 앨 잠깐만 보게 해 주면 50달러 줄게."

"누나한테 50달러가 어디 있어." 나는 말한다.

"보게 해 주겠니?" 그녀는 나를 쳐다보지도 않으며 말한다.

"그 돈부터 좀 보여 줘." 나는 말한다. "누나가 50달러나 갖고 있다니 영 못 미더운데."

나는 그녀의 망토 밑에서 손이 움직이는 것을 볼 수 있었는데, 그때 그녀는 손을 뺐다. 빌어먹을, 돈이 잔뜩 있잖아. 20달러 지폐도 두세 장 있었다.

"그 사람이 아직도 누나에게 돈을 줘?" 나는 말한다. "얼마나 보내 주지?"

"100달러 줄게." 그녀는 말한다. "보게 해 줄래?"

"정말 잠깐만이야." 나는 말한다. "그리고 꼭 내 말에 따라야 해. 난 1천 달러를 준대도 어머니에게 이런 일 알게 하고 싶지 않으니깐."

"그래." 그녀는 말한다. "네 말대로 할게. 잠깐만 보면 돼. 나중에 또 부탁하거나 다른 짓 하지도 않을 거야. 금방 돌아갈 테니까."

"그 돈 나 줘." 나는 말한다.

"나중에 줄게." 그녀는 말한다.

"누난 날 믿지 못해?" 나는 말한다.

"못 믿어." 그녀는 말한다. "난 널 잘 아는걸. 함께 자랐으니깐."

"사람을 믿니 안 믿니 하는 얘길 누나한테서 들을 줄이야. 뭐, 그래. 이렇게 계속 비나 맞고 있을 순 없지. 그럼 안녕." 나는 떠나는 척했다.

"제이슨." 그녀는 말한다. 나는 멈췄다.

"왜?" 나는 말한다. "빨리 말해. 안 그래도 비에 많이 젖었으니깐."

"좋아." 그녀는 말한다. "자, 받아." 주위에 아무도 눈에 띄는 사람은 없었다. 나는 돌아가서 그 돈을 받았다. 그녀는 좀처럼 손을 떼지 못했다. "너 해 줄 거지?" 그녀는 베일 너머로 나를 바라보며 지껄인다. "약속하지?"

"이거 놔." 나는 말한다. "누가 지나가다 우리가 이러는 걸 보면 어쩌려고?"

그녀는 놨다. 나는 그 돈을 주머니에 넣었다. "해 주겠지, 제이슨?" 그녀는 말한다. "다른 방법이 있으면 네게 부탁 같은 거 하지 않아."

"옳은 말씀, 딴 방법은 없어." 나는 말한다. "틀림없이 해 줄게. 내가 해 주겠다고 말했잖아? 다만 누난 이제 내 말대로 해야 돼."

"그래." 그녀는 말한다. "하란 대로 할게." 나는 그녀에게 기다리고 있을 곳을 말해 주고 삯마차 집에 갔다. 걸음을 재촉하여 마침 사람들이 말을 마차에서 풀어 놓으려고 할 때 거기에 도착했다. 마차 삯이 아직 지불되지 않았는지 어쩐지를 물어보니까 아직 안 됐다고 하기에, 나는 콤프슨 부인께서 잊은 볼일이 있어서 다시 빌리고 싶어하신다고 말했다. 그랬더니 그들은 다시 나에게 빌려 주었다. 민크가 말을 몰았다. 나는 그에게 여송연 한 개를 사 주고, 날이 어두워질 때까지 삯마차 집 사람이 그를 찾지 못할 뒷골목을 마차로 빙빙 돌게 했다. 그런데 민크가 이제 마차를 몰고 돌아가야겠다고 하기에 나는 여송연 한 개 더 사 주겠다고 말했다. 그는 나를 태우고 샛길로 들어섰고, 나는 마당을 건너 집으로 들어갔다. 현관홀에 멈춰 서 있으려니 2층에서 어머니와 모리 아저씨의 목소리가 들리기에 나는 부엌으로 들어갔다. 퀜틴과 벤이 딜시와 함께 거기에 있었다. 나는 어머니가 그 애를 보려 하신다고 말하고는 아기를 받아 집 안으로 들어갔다. 모리 아저씨의 비옷을 찾아서 그것으로 어린애를 둘둘 감싼 다음 안아 들고 샛길로 돌아가 마차에 올라탔다. 나는 민크에게 정거장으로 몰라고 했다. 그는 삯마차 집 앞을 통과하길 꺼렸으므로 우리는 뒷길을 택할 수밖에 없었다. 길모퉁이 가로등 밑에 캐디가 시킨 대로 서 있는 것이 보였다. 나는 민크에게 보도 가까이 몰라고, 그리고 내가 신호를 보내면 말을 한 대 후려갈기라고 말해 뒀다. 그러고는 비옷을 벗기고 어린애를 안아서 유리창에 갖다 댔다. 그러자 퀜틴을 본 캐디가 당장에라도 이쪽으로 뛰어들려고 했다.

"후려갈겨 민크!" 나는 말한다. 민크가 말을 한 대 치니 마차는 마치 소방차같이 캐디 앞을 지나쳐 갔다. "자 이제 약속한 대로 다음 기차 타고 돌아가." 나는 말한다. 뒤창을 통해서 그녀가 뒤쫓아 달려오는 것이 보였다. "다시 갈겨." 나는 말한다. "이대로 집에 돌아가자고." 우리가 모퉁이를 돌았을 때도 그녀는 아직 뛰고 있었다.

그날 밤 나는 그 돈을 다시 세어 보고 넣어 두었다. 그래 기분이 크게 나쁘지는 않았다. 누나도 이젠 똑똑히 알았겠지. 내 직업을 뺏어 버린 이상 무사할 리 없다는 걸. 그때 나에겐 캐디가 약속을 어기고 차에 오르지 않으리라는 의심은 떠오르지 않았다. 그 무렵엔 사람 심리를 잘 몰라서, 미련스럽게도 남들이 하는 말을 곧이곧대로 믿었던 것이다. 너무 고지식하게도. 다음 날 아침, 어처구니없게도 그녀는 가게로 곧장 걸어 들어왔다. 그래도 나름 조심한답시고 베일을 쓰고 아무하고도 얘기하지 않은 것만은 다행한 일이었지만. 그날은 토요일이어서 나는 아침에 가게에 있었다. 그녀는 재빠른 걸음으로 내가 앉아 있는 곳으로 곧장 쑥 들어왔다.

"거짓말쟁이." 그녀는 말한다. "거짓말쟁이."

"누님 돌았소?" 나는 말한다. "어쩌려고 이래? 이런 데까지 쳐들어오다니." 그녀가 입을 뗐으나 내가 가로막았다. "누나는 벌써 내 직업을 하나 뺏고도, 이젠 이 일마저 못하게 하려는 거야? 나한테 불만 있으면 어두워진 뒤에 딴 데서 만나 주지. 아니, 애초에 불만이 대체 뭐야? 난 하겠다고 한 대로 다 했잖아? 잠깐만 그 애를 만나게 해 준댔지? 그리고 실제로 그렇게 해 줬지?" 그녀는 거기에 그대로 선 채 나를 노려보고 있었는데, 분노로 발작하는 듯 두 손을 꽉 쥔 채 부들부들 떨고 있었다. "난 내가 하겠다고 약속한 대로 했을 뿐이야." 나는 말한다. "거짓말한 것은 누나야. 누나는 기차를 타겠다고 약속했어. 음, 그렇지? 그 돈을 도로 찾을 수 있다고 생각한다면, 어디 해 보시지. 설령 1천 달러를 주었더라도 내가 무릅쓴 위험에 비하면 부족하다 싶을 정도라고. 만일 17번 열차가 떠난 뒤에도 누나가 시내에 있는 걸 내가 보든지 그런 말을 듣게 되면, 난 어머니와 모리 아저씨한테 이를 거야. 그러니까 다음에 그 앨 다시 한 번 보고 싶으면 조용히 하고 있어." 그녀는 거기에 선 채 나를 노려보면서 두 손을 비비 꼬고 있었다.
"썩을 놈." 그녀는 말한다. "이 썩을 놈아."
"그래, 그래." 나는 말한다. "멋대로 말하시지. 다만 내 말 잊지 마. 17번 열차가 떠난 뒤엔 이를 거라고."
그녀가 간 뒤에 나는 기분이 좋아졌다. 누나는 내게 약속한 바 있는 일자리를 내게서 빼앗기 전에 두 번 다시 생각해 보는 게 좋았을 거야. 그때 나는 어린애였어. 사람들이 해 주겠다고 한 말을 그대로 믿었다고. 그 뒤 나는 많이 배웠어. 그뿐더러 내가 늘 말하듯이 난 어떤 사람의 도움도 없이 살아갈 수 있어. 지금까지 계속 그래 왔듯이 자립해 나갈 수 있단 말이야. 그러자 갑자기 딜시와 모리 아저씨가 떠올랐다. 캐디라면 딜시를 얼마든지 잘 발라맞출 테고, 모리 아저씨는 10달러만 주면 무슨 짓이건 다 할 것이다. 그런데 나는 어머니를 보호하기 위해 가게에서 떠나지 못하는 것이 아닌가. 어머닌 늘 말한다. 만일 애들 중에 누구 하나가 꼭 신께 불려 가야 한다면, 신께서 너를 내게 남겨 준 것을 감사해. 너라면 의지할 수가 있으니까. 그러면 나는 말한다. 알아요, 절대로 난 가게를 그만두고 어머니의 손이 미칠 수 없는 먼 곳으로 떠나거나 하진 않을 테니까요. 아무리 남은 재산이 하찮다 하더라도 지킬 사람은 있어야 할 것이 아니겠어요.
나는 집에 돌아오자마자 딜시부터 처리했다. 캐디는 문둥병에 걸렸다고 딜시에게 말했다. 그리고 성경을 갖다가 사람의 살이 썩어 문드러지는 구절을 읽어 주고, 만일 딜시나 벤이나 퀜틴이 캐디를 쳐다보기만 한다면 그들도 그 병에 걸린다고 말해 뒀다. 이로써 나는 모든 것이 잘 처리됐다고 생각했다. 그런데 어느 날 집에 돌아오니 벤이 엉엉 울고 있었다. 실컷 목청을 돋워 울어 대는데 아무도 말리지 못하고 있었다. 어머니가 말한다. 자, 그럼 애 슬리퍼를 갖다 줘 봐. 딜시는 못 들은 척한다. 어머니는 다시 그 말을 했다. 그래서 나는 내가 가지러 가겠다고, 그놈의 시끄러운 소리 듣고 있을 수 없다고 말했다. 늘 말하듯이 나는 웬만한 것은 모두 참는다. 우리 집 녀석들한테 뭐 변변한 걸 기대하겠나. 그러나 종일토록 그 빌어먹을 가게에서 일하고 왔으니, 저녁 먹을 때 정도는 잠시나마 평화롭고 조용한 시간을 누리고 싶다 이거다. 당연한 권리지. 그래서 내가 가지러 가겠다고 하니, 딜시가 황급히 "제이슨!" 하고 외쳤다.

그렇다, 나는 순식간에 무슨 일이 일어났는지 알아차렸다. 그러나 확인은 해 봐야 싶어 가서 슬리퍼를 가지고 돌아왔다. 내 예상대로 벤은 슬리퍼를 보자마자 우리가 저를 죽이려고나 한다는 듯 악을 쓰는 것이었다. 그래서 나는 딜시의 자백을 받아내고, 그 뒤 어머니에게도 말했다. 어머니가 몹시 괴로워하시므로 우리는 어머니를 잠자리로 모셔야 했고, 소동이 좀 조용하게 마무리되자 나는 딜시를 호되게 야단쳤다. 말하자면 그보다 더 심하게 흑인을 다룬다 할 수 없을 정도로. 흑인 하인 놈들을 부리는 데 골치 아픈 점은, 놈들하고 오래 살게 되면 그들은 상전 머리끝까지 기어올라서 아무런 쓸데가 없게 된다는 것이다. 자기가 집안일을 다 맡아서 한다는 착각에 빠진다 이거지.

"난 그 가엾은 아가씨가 자기 자식을 보겠다는데 뭣이 해로워 못하게 하는지 알고 싶네요." 딜시는 말한다. "제이슨 나리께서 아직 살아 계신다면 이렇진 않을 텐데."

"단지 그 제이슨 나리가 살아 계시지 않는다는 게 문제군." 나는 말한다. "다 알고 있어요. 할멈은 내 말은 들을 생각이 없겠지만, 어머니 말은 제대로 들을걸. 어머니를 이렇게 계속 걱정시켜 봐요. 결국엔 어머니도 묘지로 쫓아 버리고, 그렇게 되면 할멈은 이 집을 온통 어중이떠중이로 그득 채울 수 있겠지. 그런데 대체 할멈은 뭣 때문에 저 백치에게까지 캐디를 보여 줄 생각을 한 거야?"

"어쩌면 그렇게 냉정할 수가. 만일 제이슨 도련님도 인간이라면." 그녀는 말한다. "난 비록 검둥이일망정 도련님보다 마음이 따뜻한 것을 하느님께 감사한다고요."

"적어도 난 저 밀가루 통을 채울 수 있는 인간이란 말이야." 나는 말한다. "그러니까 만일 한 번만 더 그런 짓 하면, 할멈은 다시는 얻어먹지 못할 줄 알아."

그래서 다음번에 캐디를 만났을 때 나는 말했다. "만일 누나가 다시 딜시에게 그따위 짓을 시키면, 어머니는 딜시를 해고하고 벤을 잭슨에 보내고, 퀜틴을 데리고 나가 버릴 거야." 그녀는 나를 잠깐 말없이 노려보았다. 근처엔 가로등이 없었기 때문에 나는 그녀의 얼굴을 잘 볼 수가 없었다. 그러나 그녀가 나를 노려보는 것은 느낄 수 있었다. 어릴 적부터 그녀는 미칠 듯이 화가 날 땐 윗입술만 바들바들 떨었던 것이다. 입술이 떨릴 적마다 이빨이 약간씩 드러났고, 그러는 동안 그녀는 마치 전신주같이 꼼짝도 않고, 윗입술만이 점점 윗니 위쪽으로 떨며 올라갈 뿐 근육 하나 움직이지 않았다. 그렇지만 그녀는 아무 말도 하지 않았다. 이렇게 내뱉을 뿐이었다.

"좋아. 얼마 줄까?"

"글쎄, 마차 유리창으로 잠깐 들여다보는 것이 100달러였으니깐." 나는 그렇게 말했다. 그 뒤 그녀는 제법 얌전해졌는데 단 한 번, 은행 계좌 명세서를 보여 달라고 요구했다.

"나도 수표 뒷면에 어머니의 서명이 되어 있는 것은 알아." 그녀는 말한다. "그렇지만 은행 명세서를 보고 싶어. 그 수표들이 어떻게 흘러가는지 직접 보고 싶어 그러는 거야."

"그건 어머니의 개인적인 일인걸." 나는 말한다. "만일 누나가 어머니의 사생활을 파고들 권리가 있다고 생각한다면 난 어머니에게 말할 수밖에 없어. 누나는 그 수표들이 횡령당했다고 생각하며 어머니를 믿지 않아서 회계 감사를 하고 싶어한다고 말이지."

그녀는 아무 대답도 하지 않고 움직이지도 않았다. 다만 나는 그녀가 작은 소리로 빌어먹을 자식, 아아 망할 자식, 아아 망할 놈 하고 중얼거리는 소리를 들을 수 있었다.

"똑똑히 말해." 나는 말한다. "누나와 내가 서로 어떻게 생각하는지 이제 와서 감출 필요도 없잖아. 혹시 누난 돈을 되받고 싶은 거야?"

"이봐, 제이슨." 그녀는 말한다. "더 이상 내게 거짓말하지 말아 줘, 그 애에 대해서. 증거를 보여 달라고 더는 보채지 않을게. 혹시 돈이 충분하지 못하면 매달 더 보낼게. 단지 이것만 약속해 줘. 걔가—걔가—너라면 할 수 있잖아, 그 애를 위한 일들 말이야. 걔한테 따뜻하게 해 줘. 내가 해 줄 수 없는 사소한 일들을, 모두들 내게 하지 못하도록 하는 것을……. 하지만 넌 해 주지 않겠지. 네게는 한 방울의 따뜻한 피도 없으니깐. 저기, 있지. 만일 네가 어머니를 설득해서 그 애를 나에게 돌려주도록 해 주면, 1천 달러 줄게."

"누나한테 1천 달러가 어디 있다고." 나는 말한다. "이번엔 진짜 거짓말이군, 다 안다니까."

"아니, 있어. 구할 거야. 그만한 돈은 얻을 수 있어."

"그 돈을 구하는 방법은 나도 알아." 나는 말한다. "그 애를 얻은 것과 같은 방법을 쓰겠지. 어차피 그 애도 자라면—." 그때 나는 그녀가 정말 날 한 대 치려는 줄 알았는데, 곧이어 그녀가 뭘 하는 건지 전혀 가늠할 수 없었다. 그녀는 순간 태엽을 너무 꽉꽉 감아서 산산이 터질 지경이 된 장난감처럼 움직였다.

"오 그래, 내가 미쳤지. 내가 돌았나 봐. 난 그 애를 찾을 수 없어. 그 애를 기른다고, 도대체 난 뭘 생각하고 있지, 제이슨." 그녀는 말했다. 내 팔을 움켜쥐면서. 그녀의 손은 열병에 걸린 양 뜨거웠다. "그 애를 잘 돌봐 주겠다고 약속해 줘, 그 애를—그 앤 네 조카야. 피와 살을 나눈 가족이야. 약속해 줘, 제이슨. 넌 아버지 이름을 이어받았잖니, 아버지라면 내가 이렇게 몇 번이나 다시 부탁할 필요가 있을까? 단 한 번이라도?"

"그건 그래." 나는 말한다. "아버진 나에게 대단한 것을 남겨 주셨지. 누난 내게 뭘 부탁하는 거야? 턱받이랑 보행기라도 사 줄까? 내가 뭐 누날 이렇게 만든 건 아니라고. 난 누나보다 더 위험한 모험을 하고 있어. 누난 뭣 하나 잃어버릴 게 없잖아. 그러니까 만일 누나가 뭐라도—."

"그래 맞아." 그녀는 말하고는 웃음을 터뜨렸는데, 곧장 참으려고 애썼다. "맞아, 난 잃어버릴 게 아무것도 없지." 그녀는 괴상한 소리로 웃으면서 두 손으로 입을 막았다. "아아 아무것도 없지."

"이봐." 나는 말한다. "그만 닥쳐!"

"나도 그만 하고 싶어." 그녀는 손으로 입을 틀어막고 말했다. "아이, 참."

"난 이제 갈 거야." 나는 말한다. "이러고 있는 거 들키면 곤란하니까. 누나도 이 고장에서 꺼져, 알겠지?"

"잠깐만." 그녀는 내 팔을 잡으며 말한다. "인제 그쳤어, 다시는 웃지 않을게. 그거 약속해 주겠지, 제이슨?" 내게는 그녀의 시선이 마치 내 얼굴을 마구 더듬는 것같이 느껴졌다. "약속해 주겠지? 어머니가—그 돈을—만일 때때로 그 애가 뭐 필요한 게 있으면—만일 내가 그 애를 위해서 평소랑 다른 방식으로 너한테 수표를 보내면, 그 애에게 전해 주겠지? 어머니에게 말하지 않겠지? 다른 계집애들이 가진 것을 그 애도 다 가질 수 있도록 돌봐 주겠지?"

"그럼." 나는 말한다. "누나가 내 하란 대로 잘하기만 하면."

그때 얼이 모자를 쓰고 가게 안쪽에서 나와 말했다. "나 이제 로저네 가게에 가서 점심 먹고 올게. 우린 집에 가서 점심 먹을 시간이 없으니."

"시간이 없다니, 도대체 무슨 말이죠?" 나는 말한다.

"쇼가 이 시내에 와 있으니까." 그는 말한다. "그 사람들 오늘 오후에도 공연한다니까. 다들 공연 전에 쇼핑을 마치고 싶어할 거야. 그러니 우리도 로저네 가게에 달려가서 요기하는 게 좋겠어."

"좋겠죠." 나는 말한다. "당신의 배가 문제이니 마음대로 하세요. 스스로 사업의 노예가 되고 싶으시다면 말리지 않을 게요."

"자넨 어떤 사업의 노예도 되지 않겠지." 그는 말한다.

"이 제이슨 콤프슨의 사업이 아니라면 절대로." 나는 말한다.

가게 안으로 돌아가서 드디어 퀜틴 앞으로 온 편지를 뜯었을 때, 나를 놀라게 한 것은 내용물이 수표가 아니고 우편환 증서란 점이었다. 그렇지, 이래서 여자란 아무도 믿을 수 없단 말이지. 내가 지금껏 온갖 위험을 무릅쓰고 모험해 왔거늘, 캐디가 1년에 한두 번씩 이곳에 나타나는 것을 어머니에게 들킬까 두려워하며 거짓말해 왔거늘, 이게 그 보답이라 이 말이다. 내 수고에 대한 감사가 바로 이거란 말이다. 그녀라면 퀜틴 말고는 아무에게도 환금해 주지 않도록 우체국에 말해 두는 잔꾀를 충분히 부리고도 남을 것이다. 어린애에게 50달러씩이나 주다니. 나는 스물한 살이 되도록 50달러나 되는 큰돈은 보지도 못했는데. 그것도 다른 애들은 매일 오후와 토요일엔 쉬는데 나는 상점에서 종일 일하면서도. 내가 늘 말하지만, 제 어미가 우리 몰래 돈을 보내 줘서야 우리가 무슨 수로 저 계집앨 감독한담. 그 애는 누나가 자란 집에서 누나처럼 자라고 있어. 나는 말한다. 그러니 어머니가 누나보단 그 애한테 무엇이 필요한지 더 잘 알 거야. 누난 가정도 없으면서. "혹시 누나가 그 애에게 돈을 주고 싶으면 어머니에게 보내. 그 애에게 주지 말고. 내가 몇 달에 한 번씩 이런 모험을 하는 이상, 누나는 내 말에 따라야 해. 안 그러면 난 여기서 손 떼겠어."

그리고 나는 막 그 일을 시작하려던 참이었다. 그도 그럴 것이 만일 내가 얼을 위해서 그의 단골집으로 급히 달려가 25센트짜리 소화도 되지 않는 것을 꿀꺽 삼키고 오리라고 얼이 생각한다면, 그건 커다란 착각일 테니 말이다. 나는 마호가니 책상 위에 두 다리 뻗고 앉아 있을 순 없겠지. 하지만 이 건물 안에서 일해 봉급을 받는 이상, 이 건물을 일단 나서면 문화생활을 해 나갈 수 있고, 그게 불가능하다면 가능한 일을 하면 그만이다. 나는 혼자 자립해 나갈 수 있다. 그러니까 나는 나를 뒷받침해 줄 다른 사람의 마호가니 책상 따윈 빌릴 필요가 없다. 그렇게 생각하고 그 일을 시작하려던 참이었다. 나는 다 집어치우고 어느 쩨쩨한 농부한테 10센트 값어치의 못 따위를 팔려고 달려가야만 했다. 얼은 샌드위치를 꿀꺽 삼키며 벌써 반쯤 돌아오고 있었을지도 모른다. 그런데 그때 나는 공수표가 다 떨어진 것을 알았다. 몇 장 더 모아 둘 작정이었던 게 그제야 생각났지만 이미 너무 늦었다. 내가 눈을 쳐드니 퀜틴이 다가오고 있었다. 뒷문을 통해서. 그녀가 욥 영감에게 내가 가게에 있느냐고 묻는 소리가 들렸다. 나는 겨우 그 우편물을 서랍에 쑤셔 넣고 닫아 버렸다.

그녀는 책상이 있는 곳으로 왔다. 나는 손목시계를 들여다보았다.

"너 벌써 점심 먹으러 집에 갔다 왔니? 꼭 12시인데, 방금 종치는 소리도 들었으니까. 집까지 날아갔다 돌아온 모양이구나."

"난 점심 먹으러 집으로 가진 않아요." 그녀는 말한다. "오늘 나한테 편지 왔어요?"

"올 예정이었니?" 나는 말한다. "글자 쓸 줄 아는 놈팡이라도 생긴 게로구나?"

"엄마한테서 말이에요. 엄마한테서 내게 편지 왔어요?" 그녀는 나를 바라보며 말한다.

"네 엄마가 할머니한테 보낸 건 있지만, 난 아직 뜯어보지 않았어. 할머니가 뜯어보실 때까지 기다려야 해. 할머니가 네게 보여 줄 거야, 내 생각엔."

"부탁이에요, 제이슨 아저씨." 그녀는 들은 척도 않고 말한다. "나한테 왔느냐고요?"

"도대체 웬일이지?" 나는 말한다. "난 네가 누구 일에 대해서도 이토록 안달하는 것을 보지 못했는데. 너 엄마한테서 돈이 오기로 돼 있군."

"엄마가 말하기를 엄만—." 그녀는 말한다. "부탁이에요, 제이슨 아저씨. 내게 왔지요?"

"어쨌거나 너 오늘은 겨우 학교에 다녀온 모양이구나." 나는 말한다. "부탁한다는 말을 다 배워 왔으니. 잠깐 기다려, 내가 저 손님 맞이할 동안."

나는 나가서 손님을 대했다. 내가 돌아가려고 뒤돌아봤을 때 그녀는 책상 뒤에 숨어 있었다. 나는 뛰어갔다. 책상 뒤로 뛰어 돌아가 그녀가 마침 서랍에서 손을 홱 꺼냈을 때 그녀를 붙들었다. 나는 그녀가 놓을 때까지 주먹 쥔 손을 책상에 대고 치고는, 그 편지를 뺏어 냈다.

"너 해볼래, 해볼 테야?" 나는 말한다.

"그거 이리 내놔요." 그녀는 말한다. "아저씨 벌써 뜯어봤잖아요. 이리 줘요, 부탁이니까, 제이슨 아저씨. 그건 내 거야. 이름을 봤는걸."

"오냐, 말채찍으로 때려 주마." 나는 말한다. "내가 너한테 줄 건 바로 그거야. 감히 내 서류에 몰래 손을 대!"

"그 속에 돈이 들어 있죠?" 편지로 손을 뻗치면서 그녀는 말한다. "엄마가 나한테 돈을 좀 보내 준댔어요. 보내 주겠다고 약속했어요, 그거 이리 줘요."

"돈은 가져서 뭣 할래?" 나는 말한다.

"엄마가 약속했어요." 그녀는 말한다. "그거 이리 내요. 부탁이니 제발, 제이슨 아저씨. 아저씨가 이번에 그걸 주면 다시는 부탁이니 뭐니 하지 않을게요."

"좀 기다려 봐, 줄 테니까." 나는 말한다. 나는 편지와 우편환 증서를 꺼내고 편지만 그녀에게 주었다. 그녀는 편지는 거의 보지도 않고, 우편환 증서를 달라고 손을 뻗쳤다. "너 먼저 서명부터 해야지." 나는 말한다.

"얼마짜리죠?" 그녀는 말한다.

"편지 읽어 봐." 나는 말한다. "편지에 쓰여 있을 게다."

그녀는 편지를 두어 눈에 재빨리 훑었다.

"안 쓰여 있잖아요." 그녀는 고개를 쳐들면서 말한다. 편지를 마룻바닥에 떨어뜨렸다. "얼마짜리죠?"

"10달러." 나는 말한다.

"10달러라고?" 그녀는 나를 빤히 쳐다보며 말한다.

"그 정도나 받았으니 너 참 기분 째지겠구나." 나는 말한다. "너 같은 어린애가 그만한 돈을 받다니 말이야. 그런데 도대체 왜 그렇게 돈이 급한 거냐?"

"10달러라고?" 그녀는 마치 잠꼬대하듯 말한다.

"고작 10달러라고?" 그녀는 우편환 증서를 움켜쥐려고 했다. "거짓말이야." 그녀는 말한다. "도둑놈!" 그녀는 말한다. "도둑놈!"

"그래 볼래, 그래 볼 테야?" 나는 그녀를 떼 놓으며 말한다.

"그거 이리 줘요!" 그녀는 말한다. "그건 내 거야, 엄마가 내게 보낸 거야. 얼마짜린지 볼 테야, 볼래."

"보겠다고?" 그녀를 붙들면서 나는 말한다. "어떻게 보겠다고 이러는 거지?"

"보게만 해 줘요, 제이슨 아저씨." 그녀는 말한다. "제발. 나 다시는 아무 것도 부탁하지 않을게요."

"넌 내가 거짓말한다고 생각하지?" 나는 말한다. "그러니깐 난 안 보여 줄 거다."

"그렇지만 겨우 10달러라니." 그녀는 말한다. "어머니가 나한테 말하기를—나한테 말하기를—제이슨 아저씨, 네, 제발 부탁이에요. 난 돈이 필요해요. 꼭 필요해요. 그거 이리 줘요, 제이슨 아저씨. 그거 주기만 하면 뭐든지 할게요."

"왜 돈이 필요한지 내게 말해 봐." 나는 말한다.

"난 그 돈을 가져야 해요." 그녀는 말한다. 그녀는 나를 쳐다보고 있었다. 그러다가 갑자기 그녀의 눈은 움직이지도 않고 더 이상 나를 보지도 않았다.

나는 그녀가 거짓말하려는 걸 알았다. "돈을 꾸어 쓴 게 있어서 그래요. 난 그걸 갚아야 해요. 오늘 갚아야 해요."

"누구한테?" 나는 말한다. 그녀는 두 손을 살짝 꼬았다. 거짓말을 꾸며 내려는 게 빤히 보였다. "또 가게에 외상값 지었냐?" 나는 말한다. "그런 얘기 따위는 해 봤자 소용없어. 내가 그만큼 얘기해 놨는데도 이 동네에서 네게 외상 주는 사람이 있다면, 내 직접 갚아 주지."

"그 사람은 여자애예요." 그녀는 말한다. "여자애라니까요. 그 애한테서 돈을 꾸었어요. 그 돈 갚아야 해요. 제이슨 아저씨, 그거 내게 줘요, 부탁이니. 뭐든지 하란 대로 할게요. 나 그거 꼭 필요해요. 엄마가 아저씨께 사례한대요. 아저씨한테 사례하도록 엄마에게 편지할게요. 그리고서 이젠 다시는 엄마에게 아무것도 부탁하지 않겠다고 쓸 테니까. 그 편지 아저씨한테 보여 줄게요. 제발, 제이슨 아저씨. 나 그거 꼭 필요해요."

"이 돈으로 뭘 할 건지 말해 봐. 그러면 좀 생각해 보지. 말해 봐." 그녀는 거기에 그대로 서 있었고 두 손이 옷에 스치며 떨리고 있었다. "그래, 좋아." 나는 말한다. "만일 10달러가 네 눈에 차지 않으면, 이거 가져가서 네 할머니한테 보여 드려야겠구나. 그러면 10달러가 어떻게 될지는 너도 알겠지. 물론, 네가 돈이 많아서 10달러 같은 건 필요도 없다면—"

그녀는 거기에 선 채 마룻바닥을 내려다보며 혼자 중얼거리는 듯했다. "엄마는 돈을 얼마간 보내 주겠다고 그랬어요. 여기로 돈을 보내 주겠다고. 그런데 아저씨는 엄마가 아무것도 보내지 않았다고요? 엄마는 여기로 돈을 많이 보내왔다는데요? 엄마 말이 나를 위해 보냈다는데. 그중 얼마는 내가 쓸 수 있다고 그랬는데. 그런데 아저씨는 돈을 조금도 받지 않았다고요?"

"너도 그 돈에 대해선 나만큼이나 잘 알고 있잖아." 나는 말한다. "그 수표가 어찌 되는지 너도 봤지."

"그래요." 그녀는 마룻바닥을 내려다보며 말한다. "10달러라니." 그녀는 말한다. "10달러라니."

"넌 10달러만 받아도 감지덕지지." 나는 말한다. "이봐." 나는 그 우편환 증서를 책상 위에 엎어 놓고 손으로 눌렀다. "서명해."

"그걸 나에게 보여 주겠어요?" 그녀는 말한다. "그냥 보기만 할게요. 얼마라고 쓰여 있든지 간에 난 10달러밖에 더 요구하지 않을 테니까. 나머지는 아저씨가 가져도 돼요. 그냥 얼만지 보고 싶어서 그래요."

"네가 여태까지 한 짓을 미루어 봐도 그렇게 생각되지 않는데." 나는 말한다. "너도 이것만은 알아 둬야 해. 내가 뭘 하라면, 넌 그걸 꼭 해야 한단 거지. 자, 이 줄 위에 서명해."

그녀는 펜을 잡았다. 그러나 서명을 하는 게 아니다. 그녀는 단지 허리를 숙인 채 거기에 서 있었고, 손에 쥐어진 펜은 떨렸다. 꼭 제 어머니 같았다. "아아 분해!" 그녀는 말한다. "아아 분해라!"

"알아들었니." 나는 말한다. "그것만은 명심해 둬. 다른 것은 다 몰라도 좋으니. 자, 빨리 서명해, 그리고 여기서 나가란 말이야."

그녀는 서명했다. "돈은 어디 있죠?" 그녀는 말한다. 나는 그 증서를 갖다가 잉크를 습지로 눌러 내고 내 주머니에 넣었다. 그러고 나서 10달러를 그녀에게 주었다.

"자, 이제 오후 수업 들으러 가, 알겠지?" 나는 말한다. 그녀는 대답하지 않았다. 그녀는 그 지폐를 마치 넝마 조각이나 뭣처럼 손으로 꾸겨 쥐고 앞문으로 나갔는데 때마침 얼이 들어왔다. 손님 한 사람이 그와 함께 들어와서 가게 앞에 멈춰 섰다. 나는 서류들을 모두 정리하고 모자를 쓰고 앞으로 갔다.

"꽤 바빴지?" 얼은 말한다.

"그다지." 나는 말한다. 그는 문밖을 내다보았다.

"저쪽에 세워 놓은 거 자네 차인가?" 그는 말한다. "점심 먹으러 집으로 돌아가지 않는 게 좋겠는데. 쇼가 시작되기 직전에 또 한바탕 손님이 닥칠 것 같으니까. 로저네 가서 점심 먹고, 전표는 내 책상 서랍에 넣어 주게나."

"말씀 감사합니다." 나는 말한다. "하지만 나도 내 배쯤은 스스로 채울 수 있어요."

아마 이 자식은 거기 그대로 서서, 내가 다시 그 문을 통해서 들어올 때까지 매 같은 눈초리로 문을 지켜보고 있겠지. 어쨌든 좋아. 얼마 동안 지켜보라지. 난 할 수 있는 데까진 다하고 있으니까. 전에 작업할 때 이것으로 공수표는 마지막이니까 얼른 몇 장 더 얻어 놔야겠다고 생각했었다. 하지만 이렇게 소란해서야 누가 그런 걸 다 기억한담. 집안 살림을 해 나가는 것만으로도 바빠 죽겠는데 덤으로 백지수표를 구하러 시내를 쏘다녀야 할 이런 날에, 저 빌어먹을 놈의 쇼는 또 뭣 하러 오는 거야. 더구나 얼이란 놈은 매

눈깔을 하고서 문간만 지켜보고 있으니.

 나는 인쇄소에 가서 어떤 친구에게 장난치는 데 쓰겠다면서 구해 봤으나 거기에는 하나도 없었다. 그런데 인쇄업자가 나에게 옛 가극장을 찾아보라고 일러 주었다. 옛날 농상은행이 망했을 때 누군가가 많은 서류를 거기 내다가 쌓아 놨다는 것이다. 그래서 나는 얼에게 들키지 않도록 길을 멀리 돌아, 마침내 시몬스 영감을 찾아서 그에게 열쇠를 받아 가지고 옛 가극장에 가서 들쑤셔 봤다. 결국 세인트루이스 은행 발행의 수표장을 찾아냈다. 물론 어머니는 이걸 자세히 조사해 보려고 하겠지. 그래도 이걸로 어떻게 해봐야지 뭐. 더 이상 시간을 소비할 순 없으니까.
 나는 가게로 돌아갔다. "어머니가 은행으로 가져가라고 부탁하신 서류를 깜빡 잊어버려서요." 나는 뒤쪽에 있는 책상으로 가서 수표를 꾸며 냈다. 서둘러 수표를 만들면서, 나는 어머니의 눈이 점차로 나빠지는 것은 다행한 일이야, 집 안에 저런 닳아빠진 계집애가 있으므로, 어머니같이 참을성 있는 독실한 기독교인이 있는 것은 다행한 일이야 하고 마음속으로 말한다. 저 계집애가 자라서 뭣이 될지는 어머니도 나와 같이 잘 알고 있죠. 하지만 만일 어머니가 단지 아버지가 데려왔단 이유로 저 애를 이 집에 두고 기르고 싶으면, 좋을 대로 하세요. 나는 말한다. 그러면 어머니는 늘 울음을 터뜨리면서 그 앤 어머니의 살과 피를 나눈 가족이라고 말한다. 그러면 나는 단지 이렇게 말하는 것이다. 좋아요. 맘대로 하세요. 어머니가 참을 수 있다면 저도 견뎌 낼 수 있겠죠.
 나는 수표를 봉투에 집어넣고 다시 풀칠해 가지고 밖으로 나갔다.
 "되도록 빨리 돌아와 줘." 얼이 말한다.
 "알았어요." 나는 말한다. 나는 전신국으로 갔다. 약삭빠른 놈들이 모두 거기에 있었다.
 "누구 백만장자 된 놈은 아직 없나?" 나는 말한다.
 "시세가 이 꼴인데, 누가 어떻게?" 독이 말한다.
 "도대체 어떻게 되고 있는 거야?" 나는 말한다. 안으로 들어가서 살펴봤다. 처음보다 3포인트 떨어져 있었다. "자네들은 하찮은 솜 시세 따위로 망하진 않겠지, 그렇지?" 나는 말한다. "너무 지나치게들 약아서 말이야. 그렇진 않겠지."

"약기는, 개뿔." 독이 말한다. "12시엔 12포인트나 떨어졌는데. 난 깨끗이 빈털터리가 됐어."

"12포인트라고?" 나는 말한다. "빌어먹을, 왜 어떤 놈이고 나한테 알리지 않았지? 자넨 어째 알려 주지 못한 거야?" 나는 통신사에게 말한다.

"난 들어오는 대로 수신할 뿐입니다." 그는 말한다. "난 무허가 증권 중개업을 하는 게 아녜요."

"그거 참 잘나셨구먼, 자네." 나는 말한다. "내가 자네한테 그만치 돈을 지급했는데 말이야. 나한테 전화해 줄 시간쯤은 내줄 수 있다고 보는데. 아니, 자네 회사는 저 동부의 사기꾼들과 공모하는 모양이군."

그는 아무 말도 안 했다. 그저 바쁜 척했다.

"자네 요즘 너무 거만해졌어." 나는 말한다. "그러다 순식간에 쫄딱 망하는 수가 있어."

"왜 그래?" 독은 말한다. "자넨 그래도 아직 3포인트나 벌고 있는데 뭐."

"그래." 나는 말한다. "만일 내가 팔게 된다면. 아직 판단 말은 안 했는데. 자네들 모두 털렸나?"

"난 두 번이나 걸렸어." 독은 말한다. "다행히 어떻게든 때맞춰 팔았지만."

"그래서 말이지." I.O. 스노프스는 말한다. "내가 그걸 건졌지. 가끔은 시세가 날 건져 줘도 좋으련만. 그게 그나마 공평하지 않나."

나는 그들이 자기네들끼리 1포인트에 5센트로 사고팔고 하는 것을 내버려 두고 거길 떠났다. 그리고 검둥이 한 놈을 붙들어 내 차를 가져오도록 보내고 길모퉁이에 서서 기다렸다. 얼이 한쪽 눈으로 시계를 노려보며 거리 여기저기를 두리번거리는 모습은 보이지 않았다. 왜냐하면 여기에선 가게 문이 보이지 않기 때문이다. 일주일간이나 되듯이 지루하게 기다리고 있을 즈음에, 흑인은 자동차를 몰고 돌아왔다.

"도대체 어딜 갔었냐?" 나는 말한다. "검둥이 계집년들에게 뵈 주고파서 타고 돌아다닌 거냐?"

"난 되도록 곧장 왔는데요." 그는 말한다. "저렇게 그득한 마차들이 거치적대는 광장을 빙 돌아와야 했습죠."

흑인이란 놈들은 무슨 짓거릴 하든 빈틈없는 핑계를 준비한단 말이야. 안 그런 놈을 내 결코 보지 못했다. 한데 놈들은 차를 태워 내보내기만 하면 틀림없이 여봐란듯이 자랑하고 돌아다닌단 말이지. 나는 차를 타고 광장을 돌아갔다. 광장 건너편에서 얼의 모습이 잠깐 눈에 띄었다.

나는 곧장 부엌으로 가서 딜시에게 빨리 점심을 차려 달라고 말했다.

"퀜틴이 아직 안 왔다우." 그녀는 말한다.

"그게 뭐 어쨌다고?" 나는 말한다. "할멈은 다음엔 라스터가 아직 밥 먹을 준비가 안 됐다고 하겠지. 퀜틴도 이 집에서 몇 시가 식사 시간인지는 알아. 자, 빨리 차려."

어머니는 당신 방에 있었다. 나는 어머니에게 편지를 드렸다. 어머니는 편지를 뜯어 수표를 꺼내 가지고 손에 들고 조용히 보고 있었다. 나는 방구석에 가서 부삽을 가져오고, 성냥을 하나 어머니에게 드렸다. "자, 어서." 나는 말한다. "얼른 태워 치워요, 곧 울음을 터뜨리시게 될 테니까요."

어머니는 성냥을 받았으나, 켜지는 않았다. 어머니는 수표를 들여다보면서 앉아 있었다. 꼭 내가 그럴 거라고 생각한 대로.

"난 태우고 싶지는 않다." 어머니는 말한다. "퀜틴까지 네게 떠맡기고 네 짐만 점점 더 무거워지고……."

"우린 어떻게든 살아갈 수 있어요." 나는 말한다. "자, 어서 해치워요."

그러나 어머니는 수표를 손에 쥔 채 가만히 앉아 있었다.

"이건 딴 은행에서 발행한 거군." 어머니는 말한다. "그동안은 인디애나폴리스 은행 것이었는데."

"네." 나는 말한다. "여자들도 그런 것쯤은 해도 되거든요."

"뭣을?" 어머니는 말한다.

"은행 두 곳에 예금하는 거 말이에요." 나는 말한다.

"그렇구나." 어머니는 말한다. 어머니는 잠시 그 수표를 들여다보았다. "나는 그 애가…… 그 애가 부자가 되었다니 기쁘단다. ……하느님도 내가 하는 일이 옳다는 것을 아시나 봐."

"자, 어서." 나는 말한다. "태워 버리세요. 장난을 끝내 버려야죠."

"장난이라니?" 어머니는 말한다. "내가 그걸 생각―."

"난 어머니가 매달 200달러를 장난으로 태우고 있는 줄 알았죠." 나는 말한다. "자, 어서 태워요. 성냥을 켜 드릴까요?"

"난 요샌 이걸 받아들일까 하고 있다." 어머니는 말한다. "내 아이들을 위해서. 나한텐 이미 자존심 따위는 없거든."

"그래서야 어머니는 만족하실 수 없을 거예요." 나는 말한다. "어머니도 그쯤은 다 아시면서. 한 번 그렇게 결정했으면 그대로 두는 거예요. 우린 어떻게든 살아갈 수 있으니까요."

"모든 것을 네게 맡긴다." 어머니는 말한다. "그렇지만 때때로 나는 당연히 네가 받아야 할 돈을 네게서 뺏는 게 아닌가 걱정스러워진단다. 아마도 난 그 때문에 벌을 받게 될 거야. 만일 네가 원한다면, 난 내 자존심 따위 다 버리고 이걸 받아들이고 싶구나."

"지금까지 15년 동안이나 다 태워 왔는데, 이제 와서 받기 시작해 봤자 이로울 게 뭐 있어요?" 나는 말한다. "만일 이 일을 이대로 계속한다면 어머니는 잃은 것이 아무것도 없는 셈이지만, 이제야 받기 시작한다면 어머니는 5만 달러나 잃어버린 셈이 되죠. 우린 여태까지 어쨌든 잘 살아왔잖아요. 안 그래요? 난 아직 어머니를 양로원에 보낸 일은 없는데."

"그건 그래." 어머니는 말한다. "우리 바스콤 집안사람은 그 누구의 자선도 받지 않거든. 하물며 타락한 여편네의 도움이야."

어머니는 성냥을 켜서 수표에 불을 붙이고 그걸 부삽에 놓았다. 다음엔 봉투도 불붙여서 올려놓고, 타는 것을 바라보았다.

"넌 내가 어떤 기분인지 모르지." 어머니는 말한다. "어미가 어떤 기분인지 네가 모르는 것은 참 고마운 일이야."

"이 세상엔 누나와 같은 여자들이 얼마든지 있어요." 나는 말한다.

"그렇지만 그것들은 내 딸이 아니잖니." 어머니는 말한다. "내 일부가 아니란 말이야. 죄가 있건 뭐가 있건, 난 그 애를 반가이 데려올 마음이 있다. 그 애는 내 피와 살이니까. 다만 퀜틴 때문에 그 애를 데려오지 못하는 거란다."

하지만 퀜틴은 곁에 누가 있든 어차피 건실하게 자라진 못할걸요. 난 이렇게 말해 주고 싶었다. 하지만 하지 않았다. 늘 말하듯이 난 별 기대는 하지 않는다. 단지 두 여인이 싸우고 울고 하는 일이 없이, 집에서 조용히 식사하고 자고 싶은 것이다.

"그리고 너를 위해서도." 어머니는 말한다. "나도 네가 그 애를 어떻게 생각하는지 알고 있다."

"돌아오게 하세요." 나는 말한다. "난 괜찮으니까."

"안 돼." 어머니는 말한다. "아버지 생각을 해서라도 그럴 순 없다고 생각하는 거야."

"허버트가 누나를 버렸을 때, 그런 여자를 집으로 데려오자고 아버지가 어머니를 그토록 열심히 설득했는데도 말이에요?" 나는 말한다.

"넌 몰라." 어머니는 말한다. "네가 내 처지를 더욱 괴롭게 만들지 않을 줄은 나도 안다. 하지만 내 자식들 때문에 속 썩는 것은 내 운명이야. 난 그런 것은 견딜 수 있어."

"어머니는 견딘다 견딘다 말씀하시면서 쓸데없는 걱정까지 다 하시는 것 같은데요." 나는 말한다. 수표가 다 타 버렸다. 나는 그것을 난로에 가져다 버렸다. "이렇게 큰돈을 태우는 것도 참 안타까운 일이고요."

"아아 하느님, 내가 살아 있는 동안에 우리 애들이 그따위 더러운 죄악의 대가를 받는 것을 보지 않도록 해 주소서." 어머니는 말한다. "차라리 네가 먼저 죽어서 관에 들어가는 것을 보는 편이 낫지."

"맘대로 생각하세요. 이제 슬슬 점심을 먹을 수 있을까요?" 나는 말한다. "안 된다면 이대로 돌아가야 하거든요. 우린 오늘 꽤 바빠요." 어머니는 일어났다. "내가 딜시에게 한 번 말했는데." 나는 말한다. "퀜틴이나 라스터나 혹은 다른 누굴 기다리고 있는 모양이에요. 가만, 내 부르죠. 잠깐만요." 그러나 어머니는 계단 머리로 가서 소리쳤다.

"퀜틴이 아직 안 돌아왔어요." 딜시는 말한다.

"그럼, 난 이대로 돌아가야겠군. 시내에 가서 샌드위치 한 개 사 먹으면 돼요. 딜시가 정한 일을 방해하고 싶지 않거든요." 그러면 그렇지, 그 말을 하니 어머니는 생각했던 대로 다시 울음을 터뜨렸고, 딜시는 투덜거리면서 쩔뚝쩔뚝 왔다 갔다 하며 계단에 대고 말했다.

"알았어요, 알았어. 되도록 빨리 차려 드릴게요."

"난 모두 좋도록 하려는 거다." 어머니는 말한다. "난 될 수 있는 대로 모두가 편안하도록 하려는 거야."

"난 불평하지 않아요. 그렇잖아요?" 나는 말한다. "일터로 돌아가야 한단 말밖에 뭐 딴 얘기한 게 있어요?"

"내 다 알고 있다." 어머니는 말한다. "넌 딴 애들처럼 좋은 기회를 얻지 못한 것을 알고 있어. 그래서 이런 조그마한 시골 가게에서 평생 묻혀 살게 되었다는 것도 말이다. 난 네가 출세하길 바랬어. 난 너희 아버지가 너만이 사업에 재능이 있단 사실을 결코 깨닫지 못하리란 것도 알고 있었다. 그래서 모든 것이 다 실패해 버려도, 나는 그 애가 결혼해서, 허버트가…… 자기가 약속한 대로……."

"아니, 그놈도 거짓말한 건지 누가 알아요." 나는 말한다. "그 녀석 소유의 은행은 애초에 없었는지도 몰라요. 그리고 설사 은행이 있다 해도, 과연 사람 하나 채용하려고 미시시피까지 먼 길을 왔을까요."

우리는 잠깐 묵묵히 먹고 있었다. 부엌에서 벤의 소리가 났다. 라스터가 그를 먹여 주고 있었다. 언제나 말하는 바지만, 만일 우리가 또 한 군식구를 먹여야 하고 어머니는 그 돈을 받지 않으려고 할 바에, 왜 저놈을 잭슨에 보내지 않을까. 저놈도 거기 가면 저랑 비슷한 놈들하고 좀더 행복하게 지낼 텐데. 이 집안엔 자존심 따위 들어앉을 여지가 없다는 것은 하느님도 다 아시는 일이다. 하지만 서른이나 된 놈이 검둥이 새끼한테 끌려 마당을 돌아다니며 놀고, 울타리를 따라 이리저리 뛰며 저 들판에서 골프들을 칠 때면 소같이 울어 대는 꼴을 보기 싫어하는 것은, 과히 자존심이 필요한 일도 아니잖은가. 그놈을 잭슨에 보내면 우리는 당장 오늘부터 훨씬 잘 살 수 있을 거예요. 나는 어머니에게 말한다. 어머니는 그에 대한 의무를 다했어요. 어머니는 어떤 사람에 대한 의무도 다했어요. 심지어 보통 사람들보다 더 훌륭하게 의무를 다했죠. 그러니깐 그 애를 그리 보내고, 우리가 내는 세금에서 그만큼의 혜택은 받아야 할 게 아닌가요. 그러니까 어머니는 말한다. 난 이제 머지않아 죽을 몸이다. 내가 네게 짐이 되는 건 다 알아. 그래서 나는 말한다. 어머니가 그런 말씀을 너무 오랫동안 해 오시니깐 나도 점점 그걸 진짜라고 믿게 되는군요. 그리고 나는 덧붙인다. 그러나 어머니 돌아가시는 날은 혼자서 아시고 나에겐 알려 주지 않는 편이 나아요. 왜냐하면 나는 그날 밤 그놈을 꼭 17번 열차에 태워 잭슨 병원에 보내 버릴 테니까요. 그리고 또 한 사람이 갈 곳도 알고 있죠. 그곳은 밀크 거리니 허니 거리니 하는 달콤한 곳은 아닐걸요. 그러니까 어머니는 울기 시작했다. 그래서 나는 말하는 것이다. 알아요, 알아. 나도, 나도 남 못지않게 육친에 대한 긍지는 갖고 있어요. 비록 누구한테서 나왔는지 모를 녀석이 끼여 있다 해도.

우리는 잠깐 조용히 식사했다. 어머니는 퀜틴을 찾으러 딜시를 다시 한 번 현관으로 내보냈다.

"그 애는 점심 먹으러 오지 않을 거라니까요." 나는 말한다.

"그 애도 그렇게 바보는 아냐." 어머니는 말한다. "거리를 쏘다니며 끼니 때 집에 돌아오지 않는 것을 내가 허락하지 않는단 것쯤은, 그 애도 알고 있어. 잘 찾아봤나, 딜시?"

"그럼, 허락하지 마시고 그런 짓 못하게 해요." 나는 말한다.

"내가 무슨 힘이 있니." 어머니는 말한다. "너희 모두 날 조롱해 왔으면서, 언제나."

"만일 어머니가 방해하지 않으면, 내 그 계집애를 말 잘 듣도록 만들겠어요." 나는 말한다. "딱 하루면 그 계집애 버르장머리를 고쳐 놓을 수 있으니까."

"넌 그 앨 너무 잔인하게 다뤄." 어머니는 말한다. "넌 너희 아저씨 모리의 성질을 닮았어."

그 말에 나는 아저씨한테서 온 편지가 생각났다. 나는 편지를 꺼내서 어머니에게 전했다. "그건 뜯을 필요도 없어요." 나는 말한다. "이번엔 돈이 얼마인지 나중에 은행에서 알려 줄 텐데요 뭐."

"이건 네게 온 건데." 어머니는 말한다.

"상관없으니 뜯어보세요." 나는 말한다. 어머니는 뜯어서 읽고 내게 돌려주었다.

〈나의 친애하는 젊은 생질에게〉라고 씌어 있다.

조카도 알면 기뻐할 소식이 있네. 지금 내 앞엔 하나의 기회가 있다네. 이에 대한 자세한 이야기는, 물론 조만간 그 이유를 분명히 밝히겠지만, 사정상 다음에 보다 더 안전하게 말할 수 있는 기회로 미뤄야겠어. 기밀사항을 말로 직접 하지 않고 다른 수단으로 전달하는 행위는 내 사업상 경험을 통해 극히 삼가야 한다고 배웠으니까. 이렇게 조심하는 태도로 미루어, 조카도 이번 사업이 얼마나 가치 있는 일인지 조금이라도 짐작할 것이네. 이에 관해서 내가 모든 각도에서 철저한 조사를 마쳤음은 두말할 나위도

1928년 4월 6일

없으며, 이것이 일생에 단 한 번뿐인 절호의 기회라는 점도 망설임 없이 말할 수 있어. 지금 나는 오랫동안 굴하지 않고 고생을 거듭하며 좇을 목표를 눈앞에서 분명히 볼 수 있다네. 이 목표야말로 내 사업 최후의 결산인 거야. 이 덕분에 나는, 명예스럽게도 내가 마지막 남자 상속자로 있으며, 늘 조카의 모친과 그 자녀들을 포함시켜 온, 저 바스콤가의 위신을 회복할지도 모른다네.

그런데 불행히도 지금 난 이 기회를 최대한 활용할 처지가 못 돼. 이 자본 문제를 해결하는 데 다른 사람에게 손을 뻗치느니 차라리 우리 일가족에게 기대는 게 좋지 않을까. 그래 오늘 초기 투자액을 충당할 수 있는 아주 적은 금액을 그대 어머니의 은행에서 약속어음 형태로 끌어냈다네. 이에 대하여 형식상, 연이율 8%의 차용증서를 여기 동봉하는 바네. 두말할 나위 없이 이것은 단지 형식적인 절차에 지나지 않으며, 언제나 인간을 농락하는 불우한 사태가 혹여 닥쳤을 때 자네 어머니를 지키기 위한 대비책이야. 물론 나는 그 돈을 내 돈처럼 자유롭게 사용할 테고, 한편 자네 어머니는 내가 철저히 조사한 결과 틀림없다고 증명된 '투명하고 전망 밝은', 이런 저급한 말을 써도 된다면 '대박 터뜨릴' 기회를 얻을 거네.

이 일은 사업가 대 사업가의 비밀로 하지. 우리 저마다 자기의 포도밭에서 열심히 수확하세나. 자네 어머니의 나약한 건강, 나약하게 자란 남부 부인들이 사업에 대해 자연히 느끼는 소심증, 그 여자들이 대화중에 무의식적으로 그런 문제를 남에게 토로하는 습성을 알므로, 나는 이 문제에 대해 모친에겐 절대로 알리지 말 것을 부탁하네. 아니, 절대로 말하지 말라고 충고하는 바네. 그 돈은 뒷날 적당한 때 다시 은행에 슬쩍 되돌려 놓는 편이 좋겠어. 내가 지금까지 어머님께 소소하게 진 빚과 합쳐서 말이야. 어머님껜 이에 대해 아무 이야기도 하지 않는 편이 나아. 이 속된 물질세계로부터 되도록 어머님을 보호하는 것이 우리의 의무 아닌가.

그대의 사랑하는 삼촌
모리 L. 바스콤

"이걸 어떻게 하시겠어요?" 나는 편지를 탁자 건너편으로 튕기며 말한다.
"내가 그 사람에게 뭘 주는 것을 네가 아까워하는 것은 나도 안다." 어머니는 말한다.

"그건 어머니 돈인데요 뭐." 나는 말한다. "만일 어머니가 그걸 새에게 던져 준들 난 알 바 없어요."

"그 사람과 나는 친남매니까." 어머니는 말한다. "그는 바스콤가의 마지막 한 사람이야. 우리 둘이서 없어지면, 바스콤가는 영 사라지고 마는 거야."

"그건 누군가에 대해서는 괴로운 일이겠네요." 나는 말한다. "좋아요, 괜찮겠죠. 그건 어머니 돈이니까요. 어머니 좋을 대로 처리하세요. 은행에 그 돈을 지출하도록 통지해 드릴까요?"

"네가 그를 못마땅하게 생각하는 걸 나도 안다." 어머니는 말한다. "네 두 어깨에 얹힌 짐이 얼마나 무거운지도 내 알지. 내가 없어져 버리면 너도 훨씬 편안해질 텐데."

"지금 당장에라도 편하게 하자면 할 수 있어요." 나는 말한다. "좋아요, 좋아. 이 이야긴 더 하지 않을 게요. 어머니가 원하신다면 정신병원이라도 통째로 여기에 옮겨 오죠 뭐."

"그 애는 네 친동생이야." 어머니는 말한다. "비록 장애가 있을지라도."

"어머니 은행통장을 가져가야겠어요." 나는 말한다. "오늘 봉급을 받으니까."

"6일이나 늦었구나." 어머니는 말한다. "그 장사는 정말 잘되고 있니? 장사 잘되는 가게가 고용인의 봉급을 바로바로 지급 못하다니, 내가 보기엔 아무래도 이상해."

"그 사람 장사는 괜찮아요." 나는 말한다. "은행처럼 안전한데요 뭐. 내가 얼한테 말해 놔서 그래요. 매월 수금이 끝날 때까지 내 봉급 걱정은 말라고. 그래서 가끔 늦어지는 때도 있는 거예요."

"난 내가 너를 위해서 없는 돈 긁어모아 투자한 돈을 네가 두 눈 뜨고서도 손해보는 것은 참을 수 없단 말이다." 어머니는 말한다. "얼 씨는 훌륭한 사업가가 아닌 것 같다는 생각이 자꾸 드는구나. 그 사람은 네가 그 사업에 투자한 액수에 걸맞은 당연한 협력을 네게 구하지 않고 있다는 생각이 들어. 내 그 사람에게 언제 한번 얘기하려고 한다."

"안 돼요. 내버려 두세요." 나는 말한다. "결국 그 사람 사업이잖아요."

"그렇지만, 넌 거기에 1천 달러나 투자했잖아."

"내버려 둬요." 나는 말한다. "내가 다 감시하고 있으니까요. 어머니께 위임장도 받았고. 다 잘돼 갈 거예요."

"넌 네가 나에게 얼마나 위안이 되는지 모를 게다." 어머니는 말한다. "넌 항상 나의 긍지요 기쁨이었지. 그래도 네가 스스로 네 월급을 내 이름으로 은행에 예금하겠다고 했을 때, 난 진심으로 하느님께 감사했단다. 그 두 사람은 데려가셨을지라도, 너를 나에게 남겨 주셔서."

"그 두 사람도 나름대로 괜찮았어요." 나는 말한다. "다들 할 수 있는 데까지 했는데요 뭐."

"네가 그렇게 얘기할 때 아버지를 몹시 쓰라리게 회상하고 있는 줄 안다." 어머니는 말한다. "너도 그럴 이유가 있겠지. 하지만 네가 그렇게 얘기하는 걸 들으면 가슴이 찢어진다."

나는 일어섰다. "혹 눈물이 나오신다면 혼자서 우셔야겠어요. 전 일터로 돌아가야 하니까요. 은행통장 가져올게요."

"내 가져오지." 어머니가 말한다.

"가만 계세요. 제가 가져올게요." 나는 2층으로 올라가 어머니 책상에서 은행통장을 꺼내 가지고 시내로 갔다. 은행으로 가서 수표와 우편환 증서와 또 다른 10달러를 예금한 다음 전신국에 들렀다. 개시보다 1포인트 올라 있었다. 나는 벌써 13포인트나 손해본 셈이다. 이게 다 퀜틴이란 계집애가 12시에 가게로 와서 지랄하고, 편지를 가지고 나를 괴롭혔기 때문이다.

"그 보고는 언제 들어왔지?" 나는 말한다.

"약 한 시간 전이죠." 통신사는 말한다.

"한 시간 전이라고?" 나는 말한다. "도대체 우린 무엇 때문에 자네에게 돈을 내고 있는 거지? 주간 보고나 듣자고? 그거 가지고 우리더러 어쩌라고? 천장까지 치솟다 곤두박질쳐도 우린 아무 보고도 못 받는다 이건가?"

"우리는 소식을 게시할 뿐, 당신이 어쩌든 알 바 아니죠." 그는 말한다. "요새 솜 시세 규약이 바뀌었거든요."

"바뀌었다고?" 나는 말한다. "난 금시초문인데. 그 소식도 웨스턴 유니언을 통해 흘러나왔겠군."

나는 가게로 돌아왔다. 13포인트 손해. 제기랄, 그런데 진짜 사정을 아는 놈들이란 뉴욕 사무소에 거만하게 앉아서, 시골 얼치기들이 올라와 놈들에게 돈을 받아 달라고 애걸하는 것을 바라보고 있는 놈들밖에는 없단 말이야. 다른 녀석들은 쥐뿔도 모르지. 그래, 포커 놀이에서 콜만 외치는 사람은 자신이 없다는 걸 온몸으로 증명하는 셈이야. 그런데 늘 말하는 바와 같이, 만약에 그 사람들한테서 조언을 듣지 못할 바에야 뭣 하러 돈을 낸담. 더구나 그치들은 바로 저 현장에 있으며, 거기서 돌아가는 모든 형편을 다 아는 것이 아닌가. 나는 주머니에 든 전보를 떠올렸다. 놈들은 우리를 등쳐먹기 위해서 전신국과 몰래 손잡은 것이다. 놈들은 투자 사기를 벌이고 있는지도 모른다. 나도 더 이상 주저하고 있을 순 없었다. 그리고 웨스턴 유니언 같은 크고 돈 많은 회사가 시세 정보를 제때 알리지 못할 리가 있나. "당신 계좌에 잔고가 없습니다" 같은 전보는 빛의 속도로 보내는 주제에. 하지만 놈들이 손해 보는 사람들의 일을 걱정할 턱이 있나. 놈들은 뉴욕에 있는 놈들과 한패가 된 거다. 그것쯤은 누구나 다 알 수 있지.
　내가 가게에 들어서서 얼어버린 손목시계를 들여다보았다. 그러나 손님이 돌아갈 때까지 아무 말도 하지 않았다. 손님이 간 다음에 그는 말한다.
　"집으로 식사하러 갔었군?"
　"치과에 갔었죠." 나는 말한다. 내가 어디서 식사를 하든 그가 상관할 바는 아니지만, 오후 시간은 내내 그와 함께 가게에 있어야 하므로 그렇게 대답했다. 그리고 안 그래도 오늘은 별일을 다 겪었는데, 이번엔 또 턱주가리를 놀리고 잔소리하는 것을 가만히 듣고 있어야 했다. 언제나 말하지만 시골 구멍가게 주인이란 가진 게 고작 500달러여도 그걸 5만 달러처럼 염려하는 놈이 아니고선 못 맡을 역할이라니까.
　"나한테 얘기했으면 좋을 거 아냐." 그는 말한다. "난 자네가 곧 돌아올 줄 알았단 말이야."
　"난 이 이빨을 바꾸자는 사람이 있으면, 언제라도 10달러까지 덧붙여서 교환할 마음이 있어요." 나는 말한다. "우리 점심시간은 한 시간으로 정하지 않았던가요. 그러니까 만일 내 행동이 맘에 들지 않으면 적절히 처리할 방도를 아시겠죠."
　"벌써 예전부터 그렇게 처리할까 했네." 그는 말한다. "자네 어머니만 아니었던들 벌써 그렇게 해 버렸을 텐데. 자네 어머니는 숙녀야. 내가 동정을 많이 하고 있는 분이라고, 제이슨. 딱하게도 내 주위엔 그렇게 생각하지 않는 사람들도 있는 모양이지만."

"그렇거든 그 동정은 갈무리해 두시죠." 나는 말한다. "우리 집안에 동정이 필요할 땐 미리미리 말씀드릴 테니."

"난 그 일에 관해서도 오랫동안 자네를 봐줘 왔단 말이야, 제이슨." 그는 말한다.

"그래요?" 나는 그에게 말을 계속 시켰다. 그의 말을 막기 전에 무슨 얘기를 하나 들어 보기로 했던 것이다.

"난 자네가 저 자동차를 어떻게 구입했는지도 자네 어머님보다 더 잘 알지."

"그렇게 생각하시오, 그래요?" 나는 말한다. "내가 어머니 돈을 훔쳐내어 저걸 샀다는 소문은 언제 퍼뜨릴 거죠?"

"난 아무 말도 않겠어." 그는 말한다. "난 자네가 어머니의 위임장을 갖고 있는 걸 알아. 그리고 자네 어머님은 이 사업에 자기 돈 1천 달러가 투자되었다고 아직 믿는다는 것도 알고."

"좋습니다." 나는 말한다. "당신이 그렇게 잘 알고 있으니, 좀더 얘기해 드리죠. 은행에 가서, 내가 지난 12년 동안 매월 초에 160달러란 돈을 누구 계좌에 예금했는지 물어봐요."

"누가 뭐라 해." 그는 말한다. "다음부턴 좀 조심하라는 것뿐이야."

나는 더 얘기하지 않았다. 해 봤자 별수 없다. 나는 상대가 누구든 착각의 함정에 빠졌을 땐 그대로 내버려 두는 것이 상책이란 사실을 알았다. 그리고 누가 나 자신을 위해서 충고해 주려는 생각을 할 땐 얼른 도망치는 게 최고다. 다행히도 나는 늘 돌봐 줘야 할 병든 강아지 같은 양심을 갖지는 않았다. 셔츠 소매같이 쩨쩨한 장사에서 8% 이상 이익을 얻지 않도록 그는 늘 신경 쓰지만, 나까지 그런 세심한 주의를 기울여서야 쓰겠는가, 무슨 일에서나 말이지. 그는 만일 8% 이상 순이익을 올린다면 출자제한법에 걸린다고 생각하는 것이다. 이따위 구석에, 이따위 장사에 매여서 도대체 무슨 기회를 붙잡겠나. 정말 내가 그의 장사를 1년간 맡는다면, 그가 다시는 일하지 않아도 되도록 해 놓을 수 있는데. 하기야 그렇게 되면 그는 번 돈을 교회라든지 그런 곳에 기부해 버리겠지만. 그런데 아무래도 내 비위에 거슬리는 것이 있다면, 그것은 다름 아닌 망할 놈의 위선자다. 자기가 이해하지 못하는 것은 모두 부정하다고 생각하며, 기회만 포착하면 곧 자기에겐 아무런 관계도 없는 일을 제삼자에게 얘기해야 된다고 생각하는 자. 그게 도덕적인 의무라 이거지. 내가 언제나 말하듯이 나 역시 전혀 이해할 수 없는 일을 누가 할 때마다 그 사람을 부정한 사람이라고 생각한다면, 얼마든지 저 가게 안에 있는 장부에서 잘못된 점을 찾아낼 수 있을 것이다. 그러나 내가 그라면 당연히 그 일을 알고 있어야 한다고 멋대로 착각한 상대에게 서둘러 알려 줘 봤자 실은 아무 의미도 없다. 상대는 나보다 훨씬 더 잘 알지도 모르고, 설령 그가 모른다 해도 그까짓 일은 내 관여할 바 아닌 것이다. 그런데 그는 말한다. "내 장부는 누구에게나 다 공개하고 있는데. 누구라도 이 가게에 권리가 있는 사람은 물론, 권리가 있다고 믿는 콤프슨 부인도 얼마든지 안에 가서 보시면 되거든, 환영이야."

"확실히 당신은 말하지 않겠죠." 나는 말한다. "당신은 그런 일을 하면 양심에 거리낄 테니까요. 어머니를 단지 안쪽 방으로 데려가서 맘대로 찾아보도록 하겠죠. 당신은 입을 꾹 다물고."

"난 자네 일에 관여할 마음은 없어." 그는 말한다. "자네가 큰형 퀜틴 같은 기회를 얻지 못한 건 나도 알아. 그러나 자네 어머니도 역시 불운한 인생을 보냈단 말이야. 그러니까 만일 자네 어머니가 와서 왜 자네 일을 그만뒀는가 묻게 되면, 나는 말을 할 수밖에 없네. 그 1천 달러가 문제가 아냐. 자네도 그건 알지. 만일 장부가 사실과 맞지 않으면 어쩔 도리가 없단 말이지. 그리고 난 나 자신을 위해서나 또는 다른 어떤 사람을 위해서도, 아무에게도 거짓말은 안 할 작정이니깐."

"그렇군요. 그럼." 나는 말한다. "당신의 그 양심은 나보다 더 훌륭한 점원이군요. 그놈은 점심때 집으로 밥 먹으러 갈 필요도 없으니까요. 단지 그놈이 내 식욕이나 방해하지 않도록만 해 주쇼." 나는 이렇게 말한다. 그 지긋지긋한 식구들을 데리고 사는데, 또 어머니는 퀜틴이든 아무든 하나도 감독하려 들지 않는데, 도대체 내가 무슨 수로 올바르게 일을 할 수 있느냐 말이다. 어머니가 하는 일은 늘 그렇다. 캐디가 그 놈팡이 놈들 중 한 놈과 키스하는 것을 어머니가 우연히 보았을 때도 그랬다. 다음 날엔 온통 검은 옷에 베일을 드리우고 집 안을 돌아다녔고, 아버지까지도 어머니와 제대로 대화를 못했지. 어머니는 그저 울면서 내 어린 딸은 죽은 거나 다름없다고 계속 되뇌었다. 그때 캐디의 나이 15살 정도였는데, 이러다 3년 뒤엔 어머니는 거친 수도복이나 사포로 만든 옷이라도 입겠다 싶을 정도였다. 나는 말한다. 어머니는 퀜틴이 이 고장에 오는 떠돌이 장사치들이란 놈은 죄다 상대해 가며 거리로 쏘다니는 걸 보고서, 내가 태연히 있을 수 있으리라 생각하세요? 게다가 그놈들은 제퍼슨에 가면 어디서 색골 계집을 낚아챌 수 있는지 서로한테 가르쳐 주고 다닌다고요. 나는 자존심 따위는 없어요. 부엌에는 먹여 살릴 검둥이 놈들이 그득하고, 잭슨 주립 정신병원의 첫째가는 신입 후보를 집에다 납치해 놓고 있는데, 자존심 따위 기를 여유가 어디 있겠어요. 이게 다 혈통 덕분이죠. 콤프슨 집안은 정치가요 장군이니까요. 왕이나 대통령의 혈통이 아닌 게 천만다행이야. 만일 그랬다면 집안 식구가 모두 저 잭슨 병원에 가서 나비나 쫓고 있을 테니까. 그러니까 그 피가 흐르는 게 다름 아닌 나 자신이었더라면 큰일이었을 테죠. 적어도 최초의 선조는 사생아였다고 믿고 싶지만, 이제 와서 그런 건 하느님도 정확히는 모르시겠죠.

얼마 뒤에 나는 악대가 연주를 시작하는 소리를 들었으며, 사람들은 가게를 나가 달려가기 시작했다. 모두 쇼를 향해서. 15센트를 남기고자 20센트짜리 멍에 줄을 사는 데 꼬치꼬치 따지고는, 이곳으로 들어와서 흥행권리금으로 10달러쯤 지불한 저 북부인들 패에게 그 돈을 갖다 바치는 것이다. 나는 가게 뒤로 나갔다.

"이봐." 나는 말한다. "조심하지 않으면 그 나사못이 손에 박힐걸. 그렇게 되면 난 도끼를 갖다가 찍어 내야 되거든. 자네가 훌륭한 수확을 할 수 있도록 이 경운기를 조립하지 않으면 바구미들은 뭘 먹고 살라는 거지? 산쑥 풀이라도 먹고 살라는 거야?"

"저 곡예단 놈들은 나팔을 참 잘 부는군요." 그는 말한다. "저 쇼에 있는 놈이 톱을 가지고 곡조를 탄다던데, 밴조처럼 탄다나 뭐라나."

"이것 봐." 나는 말한다. "저 곡예단 놈들이 이 동네서 돈을 얼마나 쓰고 갈까? 고작 10달러쯤 쓰겠지. 바크 터핀의 주머니엔 지금 10달러쯤 들어 있을 거야."

"뭣 때문에 그치들이 바크에게 10달러나 줄라고요?" 그는 말한다.

"여기서 쇼를 하는 권리금으로 말이야." 나는 말한다. "그 밖에 그놈들이 쓰는 돈은 눈곱만큼 적지."

"단지 여기서 흥행하기 위해 세금을 10달러 낸단 말이죠?" 그는 말한다.

"그럼 그뿐이야." 나는 말한다. "그런데 마을 사람들은 얼마쯤의 돈을……"

"세상에." 그는 말한다. "놈들이 여기서 흥행할 수 있게 해 주면서 세금을 뜯는단 말이지? 나라면 저 톱을 켜는 놈을 보는 데 10달러 내라면 기꺼이 낼 텐데. 그렇다면 입장료가 25센트니까, 내일 아침엔 아직도 저들에게 9달러 75센트 빚을 지고 있는 셈이 되겠군."

그런데 북부인은 흑인들의 진출에 대해서 목이 아파 떨어질 지경으로 지껄이는 것이다. 진출시켜 주라지, 나는 말한다. 루이빌 남부에서 경찰견을 시켜 찾아봐도 흑인은 한 놈도 찾을 수 없도록 멀리 진출시키는 것이 좋다. "글쎄 그놈들은 토요일 밤을 택해서, 최소 1천 달러는 벌어 가지고 여길 떠난다니까." 이처럼 내가 가르쳐 줘도 욥 영감은 이렇게 지껄인다.

"그래도 난 전혀 아깝지 않아. 25센트쯤 못 낼라고."

"뭐가 25센트란 거야." 나는 말한다. "그까짓 것으론 아직 멀었어. 사람들이 10센트나 15센트를, 2센트에 한 상자씩 하는 과자를 사는 데 쓰는 것은 어떻고. 지금 이렇게 저 악대에 귀를 기울이면서 시간을 쓸데없이 소비하는 것은 또 얼마야."

"그건 그렇지." 그는 말한다. "어쨌든 오늘 밤까지 내가 살아 있다면 저들이 여기서 25센트를 더 벌고 가는 것만은 확실해요."

"그러니까 당신은 바보거든." 나는 말한다.

"좋아요." 그는 말한다. "나도 더 이상 지껄이지 않겠으니까. 설령 그 쇼를 보러 가는 게 죄라고 해도, 죄수들이 다 검둥이는 아니겠지."

그런데 바로 그때 나는 우연히 고개를 돌렸다가 퀜틴이 골목길에 있는 것을 보았다. 나는 한 발 물러서서 회중시계를 꺼내 들여다보았다. 그땐 시계에 정신이 팔려 상대 남자가 누구였는지 몰랐다. 꼭 2시 반이었다. 퀜틴이 밖에 돌아다녀도 이상하지 않다고 누구나 생각할 시간보다 45분도 더 전이었다. 물론 나야 놀라지도 않았지만. 뒷문 그늘에 숨어 살펴보니 맨 처음 눈에 띈 것은 남자의 빨간 나비넥타이였고, 나는 그가 도대체 어떤 종류의 인간이기에 붉은 나비넥타이를 맸나 생각하고 있었다. 그러나 그녀는 문을 노려보며 골목길로 살금살금 갔기 때문에, 나는 그들이 지나쳐 가 버릴 때까지

1928년 4월 6일

그 남자에 대해서 생각할 겨를이 없었다. 그저 그러지 말라고 했는데도 그녀가 학교를 빼먹고 돌아다닐 뿐만 아니라, 여봐란듯이 뻔뻔하게 가게 바로 앞을 지나갔으니, 대체 얼마나 날 깔보는 건가 생각하고 있었다. 다만 그녀는 문 안을 들여다볼 수 없었다. 왜냐하면 햇빛이 바로 들이비쳐, 마치 자동차 헤드라이트 너머를 보는 것과도 같았으니까. 그래서 나는 거기에 선 채 그들이 지나쳐 가는 것을 보고 있었다. 피에로처럼 온 얼굴에 분을 개어 바르고, 머리는 기름을 떡칠해서 쌓아 올렸다. 옷으로 말하면, 내가 어렸을 시절 게이요소 거리나 빌 거리*에서도 여자가 그렇게 다리나 엉덩이만 가리고 나다녔다간 당장 유치장에 처넣어질 그런 차림새였다. 저런 옷을 입는 것은, 손을 내밀어 엉덩이를 갈기고픈 충동을 거리에 지나가는 모든 남자에게 일으키려는 속셈이 틀림없다. 그리고 나서야 나는 붉은 나비넥타이를 매고 있는 저 남자는 도대체 어떤 인간인가 생각하게 됐는데, 갑자기 그녀에게서나 들은 듯이 저 쇼의 곡예사 중 한 놈이란 것을 알게 되었다. 그런데 나도 참 인내심 강한 인간이다. 만일 그렇지 않았더라면 귀찮은 소동이 일어났을 것이다. 그들이 모퉁이를 돌아가자, 나는 뛰어나가 뒤를 따랐다. 내가 이렇게 모자도 없이, 오후의 땡볕 아래 골목길 이리저리 그들을 쫓아다녀야 하는 것도 어머니의 명예 때문이다. 늘 말하지만, 만일 저 계집애의 천성이 그렇다면 어쩔 도리가 없다. 만일 혈통이 그렇다면 어쩔 도리가 없다. 단 한 가지 할 수 있는 일은 집에서 내쫓아, 멋대로 돌아다니며 저하고 같은 놈들과 살게 내버려 두는 것이다.

 나는 거리로 나왔다. 그들은 보이지 않았다. 나는 모자도 쓰지 않은 채 나마저 미쳐 버린 듯한 꼬락서니로 서 있을 뿐이었다. 형제들 중 한 놈은 미치고, 또 한 놈은 물에 빠져 자살하고, 또 다른 하나는 남편에게 쫓겨나 거리를 방황하는데, 나머지 하나도 역시 미치지 말란 법이 어디 있냐고 사람들이 생각할 것은 당연한 일이다. 언제나 마을 사람들이 매와 같은 눈초리로 감시하며, 그렇지 뭐 놀랄 건 없어, 난 벌써부터 온 집안이 미칠 거라고 예상했는걸, 하고 말할 기회를 노리는 것을 나는 옛날부터 알고 있었다. 퀜틴을 하버드에 보내려고 땅을 팔고, 그동안 나는 단지 야구 시합에서 두 번밖에 보

---

* 멤피스의 환락지구에 있는 거리 이름들.

지 못한 주립 대학을 유지시키기 위해서 세금을 물었다. 가족들은 집에서 집 나간 딸의 이름을 결코 부르지 못하게 하고, 마침내 얼마 뒤엔 아버지는 시내에 나가려고도 하지 않고 단지 집 안에서 온종일 술병을 움켜쥐고 앉아 있었다. 나는 아버지의 잠옷 자락과 벗은 발을 볼 수 있었고, 술병이 딸그락거리는 소리가 들려 이윽고 티 피가 아버지 술잔을 채워 드려야 했다. 그런데도 어머니는 말하기를, 너는 돌아가신 아버지 생각은 조금도 하지 않는다 하고, 그러면 나는 그렇지 않아요, 난 그분의 추억을 충분히 가슴속에 아로새겨 오래 간직하고 있습니다, 그러나 만일 나도 미치게 되면 그 추억이 어찌 될지 모르죠, 사실 지금도 난 물만 바라봐도 기분이 나빠지고, 위스키를 마시느니 차라리 가솔린을 마시고 싶거든요, 이렇게 말한다. 그러자 로레인은 사람들에게 말하길, 이 사람은 마시지 않을지도 모르지만, 만일 모두 이 사람이 남자인 것을 믿지 못하겠으면, 어떻게 그걸 확인해 봐야 하는지 내 그 방법을 대 줄 테야, 그러고서 그녀는 나를 향해 만일 당신이 여기 내 친구 하나하고 병신 같은 짓 하는 게 눈에 띄기만 하면 당신도 내가 어떻게 할지 알죠, 하고 말한다. 그 계집애를 갈겨 줄 테야, 아주 눈앞에서 사라질 때까지 흠뻑 갈겨 줄 테니까, 하고 그녀는 말한다. 그래서 나는 내가 술을 마시든 말든 그건 내 일이고 네가 관여할 바 아니지만, 내가 인색하게 구는 것을 본 일이 있느냐고 말한다. 난 네가 원하면 목욕이라도 할 만큼 맥주를 잔뜩 사 줄 거야. 왜냐하면 나는 선량하고 정직한 매음부에겐 모든 존경을 다 바치거든. 그도 그럴 것이 우리 어머니의 건강 문제이며 지켜야 할 지위 등 신경 쓸 게 많은데도, 그 계집애는 내가 해 주는 일을 조금도 고맙게 생각하지 않고, 제 이름과 내 이름과 어머니 이름을 이 동네에서 웃음거리로 만드는 게 고작이니 말이지.

  그녀는 어디론가 사라지고 말았다. 내가 따라오는 것을 보자 다른 골목길로 몸을 피한 거겠지. 그 누구라도 쳐다보면 대체 어떤 인간이기에 저런 빨간 나비넥타이를 맸을까 하고 생각할 그런 걸 목에 맨 놈과 함께, 이 골목 저 골목을 쏘다니고 있으리라. 이러는 동안 전보 배달부가 내게 말을 걸고 있었는데, 나는 무의식적으로 그 전보를 받아 들었다. 인수증에 서명할 때까지 나는 그것이 무엇인지 몰랐다. 그리고 전보라는 걸 깨닫자 내용이 뭔지 알아보려고도 하지 않고 찢어 뜯었다. 그래, 이런 답변이 올 줄 알았다. 엎친 데 덮친 격으로 일어날 일이라곤 그것밖에 없지. 아무튼 이 일은 뒤로 미룬 채 캐디의 수표를 은행에 예금해 버렸으니.

나는 뉴욕같이 별로 크지도 않은 도시가, 우리 시골뜨기들한테서 돈을 긁어모으는 저런 많은 사람들을 어떻게 다 수용하고 있는지 모르겠다. 날이면 날마다 죽도록 일하고, 돈은 놈들에게 다 보내고 종이 한 쪽 받으면 그뿐이다. "귀하의 거래 계좌는 20.62포인트로 종료"라고 쓰인 종이를. 내내 감질나게 하면서 수치상의 이익만 좀 올려 주다가, 마지막엔 빵! 터뜨려 다 날리지. 귀하의 거래 계좌는 20.62포인트로 종료, 뭐 이렇게. 그것도 모자라면, 시세에 대해서 아무것도 모르는 놈이나 또는 전신국과 공모하고 있는 놈에게 매월 10달러씩 지급하면서 그 돈을 더 빨리 잃는 방법을 가르쳐 주는 것이다. 뭐 난 이제 놈들하고 절연이다. 놈들에게 뜯기는 것도 이번이 마지막이다. 어떤 멍청이라도 유대 놈들이 하는 말을 곧이곧대로 들을 만큼 바보가 아닌 바에야, 저 삼각주에 또 홍수가 나서 작년같이 목화가 다 떠내려가게 되면, 물가 시세가 올라가는 것쯤은 알 수 있다. 해마다 홍수가 인간의 수확을 다 떠내려 보내 버렸으면. 워싱턴에 있는 치들은 중미에 있는 니카라과 공화국이나 어디에 군대를 주둔시켜 하루에 5만 달러 쓰고 있으니 말이야. 물론 다시 홍수가 날 것이다. 그러면 목화 값은 한 파운드에 30센트는 될 테지. 정말이지 한번쯤은 그놈들을 때려눕히고 내 잃은 돈을 찾고 싶다. 나는 횡재 같은 건 원치 않는다. 이런 시골 도회의 투기꾼들은 그걸 간절히 바라겠지만. 난 단지 저 망할 놈의 유대인들이 보증이 붙은 비밀 정보를 가지고 긁어 간 내 돈을 되찾고 싶을 뿐이다. 그러면 다 끝이다. 그 이상 놈들이 내게서 단 한 푼이라도 얻으려면, 내 발에 입이라도 맞춰야 할 것이다.

나는 가게로 돌아갔다. 거의 3시 반이 다 되었다. 빌어먹을. 뭘 좀 하려고 해도 시간이 넉넉해야지. 하지만 난 그런 것에 익숙해져 있었다. 난 그런 것을 익히러 하버드까지 갈 필요는 없었다. 악대는 연주를 중지했다. 관객을 모두 안으로 몰아들였으니, 더 이상 헛김을 뺄 필요는 없겠지. 얼이 말한다.

"전보 배달부 만났지? 조금 전에 전보 가지고 여길 들렀었어, 난 자네가 가게 뒤쪽 어딘가에 있는 줄 알았는데."

"네." 나는 말한다. "전보 받았죠. 오후 내내 나한테 전보를 전하지 않을 수야 없었겠지요. 시내가 너무 좁아서. 아무튼 잠깐 집에 다녀와야겠어요.

감봉해도 괜찮아요. 그러는 편이 좋으시다면."
"가 봐." 그는 말한다. "지금은 나 혼자서도 해낼 수 있으니깐. 설마 나쁜 소식은 아니겠지."
"전신국에 가서 알아보시죠." 나는 말한다. "그치들은 얘기해 줄 시간이 있을 테니까. 난 없지만."
"그냥 물어본 거야." 그는 말한다. "자네 어머니도 여차할 땐 나한테 의지하면 된다는 걸 알고 계실 테니."
"어머니도 들으면 고마워하시겠죠." 나는 말한다. "일이 끝나면 되도록 빨리 돌아오겠어요."
"천천히 다녀와." 그는 말한다. "나 혼자 할 수 있으니깐. 어서 가 봐."
나는 차를 타고 집으로 갔다. 오늘 아침에 한 번, 정오에 한 번, 그리고 지금 또 이렇게 차를 몰아야 하다니 원. 아침엔 그 계집애를 태우고 동네방네 다 돌아다녀야 했고, 점심때는 또 내 돈으로 산 음식을 좀 달라고 하인에게 빌어야 했다. 때때로 나는 이따위 짓은 도대체 해서 뭣하나 하고 생각한다. 이제까지 해 온 짓을 또 계속하다니 내가 미쳤지. 게다가 이제 돌아가면 집에선 마침 잘 왔다며 심부름을 보내겠지. 그래서 난 토마토인가 뭔가 한 바구니 사러 자동차를 몰고 한참 갈 테고, 그러고서 시내에 돌아갈 적엔 내 머리가 어깨 위에서 폭발하지 않으려고 장뇌 공장처럼 냄새를 풍풍 뿜어내고 있을 것이다. 나는 어머니에게 늘 말한다. 저놈의 아스피린 속엔 가루와 물을 개어 놓은 것밖에 아무것도 들은 게 없다고. 어머니는 진짜 두통이란 것이 뭣인지 모른다고. 어머니는 내가 저 자동차가 내게 부담이 될지라도 좋아라 몰고 다닌다고 생각하시죠, 나는 말한다. 하지만 난 자동차 같은 건 없이도 지낼 수 있죠. 난 여러 가지 많은 것 없이도 지낼 수 있게 배워 왔으니까. 하지만 만일 어머니가 저 다 부서져 가는 마차를 아직 어린 검둥이 놈한테 몰게 해서 위험한 일을 당하고 싶다면, 맘대로 하세요. 하느님은 벤과 같은 인간을 돌봐 주니까요, 하느님도 그런 놈을 위해선 뭔가 해 줘야 한다는 것을 아시니까요. 하지만 난 가격이 1천 달러나 되는 부서지기 쉬운 기계를, 아직 덜 자랐는지 다 자랐는진 몰라도 어쨌든 검둥이한텐 못 맡기겠으니, 어머니께서 차를 한 대 사 주는 게 좋겠어요. 어머니는 차 타기 좋아하시고, 또 좋아하시는 걸 어머니도 알고 계시니깐 말이에요.

딜시는 어머니가 안에 계시다고 말했다. 나는 계단 아래까지 가서 귀를 기울여 봤으나, 아무 소리도 들리지 않았다. 2층으로 올라갔다. 내가 바로 어머니 방문을 지나치자 어머니는 나를 불렀다.

"난 단지 누굴까 했을 뿐이야." 어머니는 말한다. "내내 혼자 여기 있으니깐 소리란 소리는 다 들리는구나."

"어머닌 여기에만 계실 필요 없어요." 나는 말한다. "다른 여자들같이 마을을 다니며 온종일 시간을 보낼 수 있잖아요. 어머니만 그러고 싶으시다면." 어머니는 문 앞까지 나오셨다.

"난 네가 불편한 줄 알았다." 어머니는 말한다. "그렇게 급히 식사를 끝마쳐야 했으니 말이야."

"다음엔 좀더 느긋하게 식사했으면 좋겠네요." 나는 말한다. "무슨 일이죠?"

"뭐 잘못된 거라도 있니?" 어머니는 말한다.

"뭐 그럴 리가 있어요?" 나는 말한다. "제가 오후 일찍 집에 돌아오면 집 안에 온통 소동이 일어나야 하나요?"

"퀜틴을 보았니?" 어머니는 말한다.

"그 애는 학교에 가 있어요." 나는 말한다.

"3시가 지났는데." 어머니는 말한다. "난 적어도 반 시간 전에 시계 치는 소릴 들었어. 지금쯤은 반드시 집에 돌아와 있어야 한단 말이야."

"돌아와 있어야 한다고요?" 나는 말한다. "어둡기 전에 그 애가 집에 돌아온 적이 있어요?"

"그 애는 집에 돌아와 있어야 해." 어머니는 말한다. "내가 처녀 적에는……"

"어머니에겐 행실을 올바르게 하도록 곁에서 봐 준 분이 있었죠." 나는 말한다. "하지만 그 애한텐 없잖아요."

"난 그 계집애를 어떻게 할 도리가 없어." 어머니는 말한다. "몇 번이나 계속 애써 봤지만."

"그러면서 어머닌 어쩐 이유인지, 저에게 힘써 보도록 하지도 않으시죠." 나는 말한다. "그러니까 어머닌 불평하실 자격 없어요." 나는 내 방으로 갔다. 나는 문을 슬쩍 잠그고 그 자리에 서서 기다렸다. 아니나다를까 곧 손잡이가 돌아갔다. 이어 어머니는 말한다.

"제이슨아."

"왜요." 나는 말한다.

"난 뭐 좋지 못한 일이 있는 줄 알았는데."

"적어도 여기선 아무 일 없어요." 나는 말한다. "다른 일이 잘못된 게 있겠죠."

"난 너를 괴롭히려는 것은 아냐." 어머니는 말한다.

"그 말씀 들으니 안심이군요." 나는 말한다. "그게 영 불안했거든요. 전 제가 뭐 잘못한 게 있나 생각했죠. 다른 무슨 볼일이 있어요?"

잠시 뒤에 어머니는 말한다. "아니 아무 일도 없어." 그리고 어머니는 물러갔다. 나는 금고를 내려 가지고 돈을 세어서 꺼낸 뒤, 다시 금고를 감추고 문을 열고 나왔다. 나는 장뇌를 생각했다. 그러나 어쨌든 이젠 너무 늦었겠지. 그리고 한 번만 더 차로 왕복하면 그만이겠지. 어머니가 당신 방 문간에 서서 기다리고 있었다.

"어머니, 시내에서 뭐 사다 드릴 거라도 있나요?" 나는 말한다.

"아니." 어머니는 말한다. "너 하는 일에 간섭하고 싶진 않다. 하지만 혹시 네게 무슨 일이라도 났으면 어찌해야 좋을지 모르겠구나, 제이슨."

"난 아무 일 없어요." 나는 말한다. "골치가 좀 아플 뿐이죠."

"아스피린이나 좀 먹으면 좋을 텐데." 어머니는 말한다. "넌 자동차를 그만 몰려 하지도 않고."

"자동차와 두통이 무슨 관계있어요?" 나는 말한다. "자동차가 어떻게 사람에게 두통을 일으키죠?"

"너도 알다시피 가솔린은 언제나 널 괴롭히잖니." 어머니는 말한다. "네가 어렸을 적부터 여태껏 그렇지 뭐야. 아스피린이나 좀 먹으면 좋으련만."

"네, 어머닌 마음껏 그렇게 생각하세요." 나는 말한다. "그런다고 어머니한테 해가 될 리는 없으니까요."

나는 차에 올라타고 시내를 향해 출발했다. 내가 막 큰길로 들어서자 포드 한 대가 날쌔게 달려오는 것이 눈에 띄었다. 그 차는 갑자기 정지했다. 바퀴가 미끄러지는 소리가 들리더니, 차는 빙 돌아 가지고 뒤를 향해 무시무시한 속도로 달려가 버렸다. 그래서 나는 도대체 이놈들이 뭐하는 건가 생각하고 있었는데, 그 순간 빨간 나비넥타이가 보였다. 이어서 나는 창을 통해 뒤를 돌아다보는 그녀의 얼굴을 알아차렸다. 차는 골목길로 돌아 들어갔다. 나는 그 차가 다시 방향을 바꾸는 걸 보았으나, 내가 거기 도착했을 때 차는 쏜살같이 달리며 사라져 가고 있었다.
　나는 약이 바짝 올랐다. 내 저 계집애한테 그토록 단단히 일러뒀건만. 빨간 넥타이를 알아본 순간, 난 모든 것을 다 잊어버렸다. 나는 맨 첫 번째 교차로에 다다라 정지해야 할 때까지 내 두통조차 완전히 잊고 있었다. 그나저나 우리가 도로 수선비로 돈을 내고 또 냈지만, 이 망할 놈의 도로는 어찌나 울퉁불퉁한지 물결 모양의 양철지붕 위를 달려가는 거나 다름없지 않은가. 길이 이래서야 손수레 하나 제대로 쫓아갈 수 있을지 모르겠네. 나는 내 차를 너무나 소중히 생각한다. 저 싸구려 포드같이 막 몰아대어 산산이 부숴 놓지는 않을 테다. 아마 저것들은 저 차를 훔쳤을 거야. 그러니 차가 어떻게 되든 아랑곳없단 말이지. 언제나 말하지만 혈통이란 결코 속일 수 없는 거지. 누구든 저런 피를 타고났으면 무슨 짓은 못할라고. 그래서 나는 말하는 것이다. 어머니가 퀜틴에 대해서도 대체 무슨 의무를 지고 있다고 믿으시는 진 몰라도, 그 의무는 이미 다 사라져 버렸어요. 그러니까 이제부터는 무슨 일이 일어나든 어머니는 어머니 자신을 나무라세요. 어머니도 분별 있는 사람이면 어떻게 대처해야 한다는 것쯤은 아실 테니까. 만일 내가 시간의 절반을 빌어먹을 탐정 노릇으로 소비하게 될 바엔, 적어도 난 그 짓으로 보수를 받는 데로 가야겠어요.
　어쨌든 나는 교차로에 멈춰서야 했다. 그때 두통이 생각났다. 마치 누가 내 머릿속에 망치를 들고 들어가서 쾅쾅 두드리는 듯이 느껴졌다. 나는 말한다. 나는 어머니가 그 계집애 때문에 속을 썩이지 않도록 노력해 왔어요. 적어도 내 생각엔 그 계집애 소원대로 타락시켜 주는 게 좋겠어요. 그리고 그건 빠를수록 좋아요. 이 고장에 들어오는 저 떠돌이 장사치나 곡예사들 말고 누가 걔랑 어울리겠어요. 요즘엔 동네 호색한들도 저 계집애를 상대해 주지 않는 판인데. 어머니는 사정에 깜깜하세요. 제가 듣는 소문을 듣지 못하시니까. 제가 함부로 떠들지 못하도록 녀석들을 단속하고 있으니까요. 너희가 모두 조그만 시골 구멍가게를 하고, 소작농 검둥이들도 거들떠보지 않는 땅을 갈고 있을 적에, 우리 집안은 노예를 부리고 있었다고 말하면서요.
　다만 이것도 흑인이 땅을 경작한다는 전제 아래 하는 얘기지만. 하느님이

이 지방에 은총을 베풀어 주신 것은 참 고마운 노릇이다. 이 지방에 사는 주민들은 결코 직접 밭을 간 일이 없으니깐. 여기서부터 내 시야에 들어오는 3마일의 토지가 아직 갈지도 않은 채 그대로 있었다. 그런데 이 지방에 있는 장정들은, 금요일 오후인데도 모두 시내로 쇼 구경이나 하러 몰려가 있는 것이었다. 내가 굶어 죽게 된 나그네라도, 지금 여기엔 시내로 들어가는 길을 가르쳐 줄 만한 사람 하나 눈에 띄지 않는 것이다. 그런데 어머니는 나에게 어떻게든 아스피린을 먹이려 하고 있다. 나는 빵을 먹을 적에 식탁에서 먹겠다고 말한다. 어머니는 늘 우리를 위해서 얼마나 희생하고 있는지 모른다고 하시지만, 그 진저리나는 특효약을 사는 데 소비하는 돈이면 1년에 새 옷을 열 벌은 살 수 있을 거예요, 이렇게 나는 말한다. 나한텐 두통을 치료할 약 따위는 필요 없다. 약을 안 먹어도 무사히 넘어갈 가능성이 50%는 된다면. 그러나 내가 저 부엌에 그득한 검둥이 놈들을, 놈들이 여태까지 버릇이 든 대로 먹여 살리기 위해서, 그리고 이 지방에 있는 모든 다른 검둥이 놈들과 함께 쇼에 보내기 위해서 하루 열 시간이나 일해야만 하는 한, 그런 가능성 운운하기도 뭐하지만. 그런데 저기 있는 검둥이 놈은 이미 늦었구먼. 저놈이 도착할 때쯤이면 쇼는 다 끝나겠지.

얼마 뒤에 그 검둥이가 차에 가까이 다가왔다. 그래서 나는 그놈을 겨우 이해시켜 혹 두 사람이 탄 포드 차가 한 대 지나가지 않았느냐고 물었더니, 그는 그렇다고 말했다. 그래서 나는 계속해 갔다. 마찻길이 갈라진 곳에 이르자 바퀴자국을 볼 수 있었다. 그곳은 애브 러셀의 소유지였다. 그가 정원에 나와 있었으나, 나는 구태여 그에게 물어보지 않고 지나쳤다. 그러다 그의 축사가 시야에서 흐릿해질 즈음에 포드 차를 보았다. 그들은 둘이서 그 차를 숨기려고 애썼던 모양이다. 그녀가 여태까지 모든 일을 그렇게 해 넘긴 것처럼 이번에도 일솜씨가 어설펐다. 언제나 말하지만 난 이거나 저거나 다 비난할 생각은 없다. 아마 그 계집애한테도, 저 자신도 어쩔 수 없는 일이란 게 있을 테니까. 다만 내가 그 녀석을 용서할 수 없는 것은, 저 계집애가 제 집안 식구들을 조금도 생각지 않고 전혀 삼갈 줄 모르기 때문이다. 덕분에 난 언제나 겁나 죽겠다. 거리 한복판이나 광장에 세워진 마차 밑에서, 한 쌍의 개같이 뒤엉켜 있는 저것들과 딱 마주칠까 봐.

나는 주차를 하고 차에서 내렸다. 이제부터는 빙 돌아서 갈아 놓은 밭을 건너가야만 했다. 그 밭은 내가 시내를 떠난 뒤 처음으로 본 갈아 놓은 밭이 었는데, 한 걸음 한 걸음 떼 놓을 적마다 누가 내 뒤에 따라와서 곤봉으로 머리를 갈길 것 같은 느낌이었다. 나는 이 밭만 건너가면, 적어도 내가 비틀거리며 걷지 않아도 될 평평한 땅이 있을 거라고 내내 생각했다. 그러나 막상 숲 속에 들어가자 덤불이 무성했다. 나는 몸을 틀면서 그곳을 빠져나가야만 했으며, 다음엔 가시덩굴로 가득한 도랑에 도달했다. 도랑을 따라 한참 갔으나, 가시덩굴은 점점 더 무성해졌다. 그런데 이러는 동안 얼은 집에 전화해서 내가 어디 있는지 알아볼 테고, 그래서 어머니를 몹시 당황시키겠지. 이런 생각이 머리에서 줄곧 떠나지 않았다.

마침내 내가 가시덩굴 속에서 빠져나왔을 때, 나는 굉장히 뼁뼁 돌았기 때문에 멈춰 서서 자동차가 어디 있던가 생각해야만 했다. 그들은 자동차로부터 그리 멀리 떨어져 있진 않으리라. 바로 저 가장 무성한 관목 밑이겠지. 그렇게 생각하고, 나는 돌아서서 길 쪽으로 힘들여 되돌아갔다. 그러다가 어디가 어디인지 모르게 돼 버려서, 결국 그 자리에 멈추고 귀를 기울였다. 그러자 내 다리는 피를 별로 필요로 하지 않게 되었고 그 피가 머리로 몽땅 몰려 올라가, 당장에라도 머리가 터질 지경이 됐고, 해는 꼭 내 눈을 정면으로 비출 만큼 점점 낮아지고 있었으며, 이제 내 귀는 윙윙거리는 소리 말고는 아무것도 들리지 않았다. 나는 조용히 움직이며 앞으로 나아갔다. 그러자 개 소리 같은 것이 들렸다. 나는 그 개가 내 냄새를 맡는 순간, 짖어 대며 덮쳐 올 것을 알았다. 그러면 모든 게 끝장이다.

나는 온몸에 들장미 열매와 잔가지와 덤불 등을 흠뻑 뒤집어쓰고 있었다. 옷 속도 신발 속도 온통 그것들로 가득했다. 우연히 둘러보니 내 손은 한 다발의 옻나무 바로 위에 놓여 있었다. 이상하기도 하지, 내가 손을 대고 있던 것이 왜 뱀 같은 게 아니고 고작 옻나무였을까. 그래서 나는 구태여 손을 움직이려고도 하지 않았다. 개가 가 버릴 때까지 그 자리에 가만히 서 있었다. 그 다음 나는 다시 걸어갔다.

그놈들의 자동차가 어디쯤 있는지 이제는 통 알 수 없었다. 내 두통 말고는 아무것도 생각할 수 없었다. 나는 한곳에 우두커니 서 있었다. 내가 정말 포드 차를 보았던가 의심마저 들었는데, 정말 보았건 안 보았건 알 바 없다는 생각까지 하게 되었다. 언제나 하는 말이지만, 온종일 온밤 저 계집애가 바지를 걸친 놈이면 다 좋다고 상대해서 자빠져 자고 다니든지 말든지 내가 알 게 뭐야. 나로선 아무래도 좋으니 맘대로 하라지. 저 계집애처럼 날 조금도 존중하지 않고, 포드 차를 저런 데 세워 놓고 나에게 오후 내내 쓸데없이 시간을 보내게 하는 녀석한테, 내가 왜 책임감을 느껴야 하는데. 더구나 이러는 동안 얼은 어머니를 가게로 데려가서, 세상을 살아가는 데 너무나 청렴결백한 성격 탓에 어머니에게 장부를 보여 줄 거란 말이지. 나는 말한다. 얼, 자네는 천국에 가면 참견할 만한 일이 아무것도 없어서 지독히 지루한 시간을 보내게 될 거야. 그리고 나는 말한다. 다만 네가 그 짓 하고 있는 현장만 내 눈에 띄지 않도록 해 달란 말이다. 내 너의 할머니 때문에 눈 감아 준다만, 그러나 한 번만 이 땅 위에서, 나의 어머니가 사시는 곳에서 그따위 짓 하는 것을 한 번만 들켜 봐라. 머리가 빤들빤들한 어린 건달 놈들은 제 놈들이 지옥에서나 볼 행패를 부린다고 생각하지만, 내 놈들에게 진짜 지옥을 좀 보여 줘야겠어. 그리고 퀜틴, 너한테도 말이야. 나는 그 놈팡이 녀석이 내 조카하고 숲 속을 뛰어 돌아다닐 수 있다고 생각하면, 그놈의 붉은 나비넥타이가 지옥으로 통하는 쇠줄이라고 생각하게 해 줄 테니까.

눈에는 온통 태양이 비치고 머리에는 피가 잔뜩 올라서 이제라도 파열돼 버릴 것 같고, 가시덤불 따위가 몸에 달라붙고 하는데, 나는 계속 나아가다 드디어 그들이 다녀간 모래밭 도랑으로 나왔다. 그리고 나는 그늘 아래 자동차를 세워 놓았던 나무를 발견했지만, 도랑에서 나와 달리기 시작한 순간 자동차가 출발하는 소리를 들었다. 차는 경적을 울리며 빨리 달려갔다. 그들은 계속해서 경적을 울렸고, 그것은 마치 야아 야아 야아아아아아아아 하고 말하는 듯이 울리며 시야에서 사라져 갔다. 나는 도로에 다다랐는데 때마침 차가 시야에서 사라져 가는 것이 보였다.

내 차가 있는 곳에 다가갔을 때엔 그들의 모습은 아주 사라지고, 경적 울리는 소리만이 들렸다. 난 그런 건 더 이상 생각지 않고 그저 서둘러 가라고만 말하고 있었다. 시내로 서둘러 돌아가라. 집으로 달려가서 어머니에게, 내가 차에 타고 있는 너를 절대로 보지 못했다고 확신시켜라. 그 놈팡이가 누군지 나도 모른다고 어머니에게 믿도록 해라. 내가 모래사장 도랑에서 십여 발자국 차이로 너를 잡지 못하고 놓친 것이 아니라고 어머니에게 믿도록 해야 한다. 또한 네가 누워 있지 않고 서 있었다고 어머니가 믿도록 해야 한다.

경적은 여전히 야아아아아, 야아아아아, 야아아아아아아아 하고 울리면서 점점 희미하게 사라져 가고 있었다. 이윽고 소리는 그치고, 러셀의 축사에서 암소가 우는 소리가 들렸다. 그런데 아직도 나는 아무것도 생각하고 있지 않았다. 나는 차의 문으로 가서 문을 열고 한 발을 들어 올렸다. 그런데 어쩐지 차가 도로의 경사보다도 더 기울어져 있는 것 같은 느낌이 어렴풋이 들었다. 그러나 나는 차를 타고 시동을 걸 때까지도 그걸 명확히는 알지 못했다.

그래, 그 다음에 나는 단지 거기에 앉아 있었다. 해는 거의 저물어 가고 시내까지는 아직 5마일 정도 남았다. 그것들은 타이어를 펑크 낼 만한, 타이어에 구멍을 뚫을 만한 배짱은 없었던 모양이다. 단지 바람만 빼 놨을 뿐이다. 나는 잠깐 거기에 선 채, 부엌에 그득한 검둥이 놈들과 그렇게 여럿 있으면서도 스페어타이어 하나 달고 나사못 한두 개 박아 줄 시간 있는 놈이 없다는 것을 생각하고 있었다. 참 이상야릇한 일이기도 했다. 왜냐하면 그 계집애가 펌프를 미리 훔쳐 낼 정도로 앞날을 내다봤을 리는 없었기 때문이다. 혹 놈팡이가 공기를 빼 놓는 동안에 그런 생각이 났을지 모른다. 그런데 사실은 검둥이들 중 누가 그걸 꺼내서 벤에게 주어 물총 대신 가지고 놀도록 했을 거다. 검둥이들은 만일 개가 원한다면 자동차라도 조각조각 부숴 버릴 테니까 말이다. 그런데 딜시는 뻔뻔하게 말한다. 아무도 도련님 차 같은 거 건드리지 않아요. 뭣 땜에 우리가 그런 걸 건드려요? 그래 나는 말한다. 당신은 흑인이야. 할멈은 행복하단 말이야. 그걸 알기나 해? 난 언제고 할멈하고 처지를 바꾸고 싶어. 검둥이가 되면 저따위 화냥년 같은 계집애가 뭔 짓을 할지 걱정하지도 않을 테니까.

나는 러셀의 목장으로 걸어갔다. 그에겐 펌프가 있었다. 그것들은 이런 수가 있는 줄 몰랐겠지. 단지 내가 아직도 믿기지 않는 점은 그 계집애에게 이런 용기가 있었는가 하는 것이다. 나는 그것을 계속 생각하고 있었다. 어째서 그런지는 몰라도, 나로서는 여자가 무슨 짓이든 서슴없이 저지른다는 게 도통 납득이 가지 않았다. 그래서 계속 생각했다. 내가 널 어떻게 생각하든, 또 네가 날 어떻게 생각하든 그것은 잠시 잊기로 하자. 그러나 이것만은 잠자코 보아 넘길 수 없어. 여태까지 네가 나에게 무슨 짓을 했든 그건 상관할 것도 없고, 이런 지독한 일만은 내가 가만히 참고 있을 순 없단 말이다. 내가 늘 말하듯이 타고난 핏줄은 어디까지나 고칠 도리가 없으며, 거기서 벗어

날 수도 없는 것이니까. 네가 한 짓은 여덟 살짜리 어린애라도 생각할 수 있는 장난 같은 게 아냐. 이건 한 핏줄인 제 삼촌을, 빨간 나비넥타이를 매고 다니는 놈 앞에서 웃음거리로 만드는 거란 말이다. 놈들은 이 시내로 들어와서 우리를 촌뜨기 놈들이라 부르고, 제 놈들을 수용하기엔 이 마을이 너무 작다고 지껄인다. 좋아, 옳은 말이다. 그런데 그놈은 제 생각이 어느 만치 옳은지 알지 못한다. 그리고 저 계집애도 마찬가지이다. 만일 저 계집애도 그런 식으로 생각하고 있다면, 당장 집에서 나가 버리면 좋겠지. 그러면 나로선 지긋지긋한 것을 시원하게 쫓아 버리게 되니깐 말이다.

나는 펌프질을 마치자 펌프를 러셀에게 돌려주고 시내로 차를 달렸다. 잡화점에 가서 코카콜라를 마시고는 전신국으로 갔다. 그것은 20·21포인트에서 끝나 있었고, 40포인트나 떨어져 있었다. 5달러의 40배, 살 수 있으면 그걸로 뭐라도 좀 사지, 하면 그녀는 말할 것이다. 난 그 돈이 꼭 필요하다니까요. 그러면 나는 이렇게 말해 준다. 그거 참 안됐지만 딴 사람에게 부탁해 보지. 난 돈이 없으니깐. 너무 바빠서 돈 같은 건 모을 수 없었거든.

나는 통신사를 쳐다보았다.

"내 자네에게 큰 뉴스를 말해 주지. 놀라지 말게나. 난 사실 목화 시장에 흥미가 있어. 그런 생각은 꿈에도 못했겠지, 그렇지?"

"난 이걸 전해 드리려고 있는 힘을 다했는데요. 가게에도 두 번씩이나 가 보고 댁에 전화도 해 보고 했지만, 모두 당신이 어디 계신지 모르더라고요." 그는 서랍 속을 뒤지며 말한다.

"전하다니 뭣을?" 나는 말한다. 그는 나에게 전보를 주었다. "이거 몇 시에 왔지?" 나는 말한다.

"약 3시 반쯤에요." 그는 말한다.

"그런데 지금은 5시 10분이라." 나는 말한다.

"곧 전해 드리려고 애써 봤지만." 그는 말한다. "당신을 찾을 수가 없었어요."

"그건 내 잘못이 아니겠지, 그렇지?" 나는 말한다. 나는 단지 놈들이 이번엔 무슨 거짓말을 하나 보려고 전보를 뜯었다. 만일 겨우 한 달에 10달러씩 도둑질해 내려고 머나먼 미시시피까지 와야 한다면, 놈들도 분명히 지쳐 나가떨어지겠지. '파시오'라고 전보에는 써 있다. '일반적으로 하락하는 경향

이니, 시세는 불안정하게 됨. 정부 발표 이후에도 놀랄 것 없음.'

"이런 전보는 요금이 얼마지?" 나는 물었다. 그는 요금을 알려 줬다.

"이건 요금이 지급됐습니다." 그는 말한다.

"그럼 난 그치들에게 그만큼 빚을 졌군. 이런 것은 나도 벌써 알고 있었어. 수신자 부담으로 이걸 쳐 주게." 나는 전보용지를 집으며 말했다. '사시오'라고 나는 쓴다. '시장은 급등하기 직전임. 아직 전신국과 통하지 않은 시골뜨기들을 좀더 낚아채려고 고의로 일으킨 불시의 동요임. 놀랄 것 없음.'

"이걸 수신자 부담으로 쳐 줘." 나는 말한다.

그는 전문을 들여다보고 다음엔 시계를 들여다보았다. "시장은 한 시간 전에 폐했습니다."

"그래, 그렇군." 나는 말한다. "그것도 내 잘못은 아니지. 내가 시장을 만든 것도 아니니깐. 나는 단지 전신국이 시장의 상황을 끊임없이 나에게 알려 주는 것으로 생각하고 손을 좀 써 봤을 뿐이야."

"보고는 들어오자마자 언제나 게시됩니다." 그는 말한다.

"그렇지." 나는 말한다. "그런데 멤피스에선 10초마다 칠판에 게시하고 있거든." 나는 말한다. "난 오늘 오후 거기서 67마일 떨어진 지점에 있었는데."

그는 전문을 들여다보았다. "이걸 보내고 싶으세요?" 그는 말한다.

"난 아직 맘을 고쳐먹지 않았어." 나는 말한다. 나는 또 한 장을 써 내놓고 돈을 세었다. "그리고 이것도 보내. '자네가 사시오'라는 철자를 확실히 안다면 말이야."

나는 가게로 돌아갔다. 악대 소리가 거리 저 아래쪽에서 들려왔다. 그나저나 금주법이란 참 근사한 거야. 전에는 토요일이면 가족들 모두 시내로 나올 적에 한 집에 하나뿐인 신을 아버지가 신고, 속달 회사로 가서 짐을 찾았는데 말이지.* 지금은 모두 다 맨발로 쇼 구경을 가 버리고, 상인들만이 마치 우리에 갇힌 채 죽 늘어선 호랑이가 뭣인가처럼 가게 문간에 늘어서서, 그 구경꾼들이 지나가는 것을 그저 보고만 있으니. 얼이 말한다.

---

* 배경이 되는 이 시기에는 금주법(1920~1933)이 시행되고 있었다. 금주법 시행 이전에도 미시시피주 이남에서는 술의 제조와 판매를 금지하는 법이 있었는데, 이때 사람들은 속달우편을 통해 술을 구했다. 아마도 이 시절의 풍경을 이야기하는 듯하다.

"별로 심각한 일은 아니었겠지."

"뭐라고요?" 나는 말한다. 그는 손목시계를 들여다보았다. 그런 다음 출입구까지 가서 군청의 시계를 쳐다보았다. "서푼짜리 시계나 가지시죠." 나는 말한다. "그러면 돈을 별로 안 들이고도, 시계란 매번 엉터리 시간을 알려 준다고 믿으실 수 있을 테니."

"뭐라고?" 그는 말한다.

"아무것도 아닙니다." 나는 말한다. "불편을 많이 끼치지나 않았나요?"

"가게는 그렇게 바쁘진 않았어." 그는 말한다. "모두 쇼 구경하러 가서 말이야. 뭐 괜찮아."

"만일 괜찮지 않다면." 나는 말한다. "어떻게 하면 될지 알고 계시겠죠?"

"괜찮다고 말했잖아." 그는 말한다.

"나도 들었습니다." 나는 말한다. "그러니까 혹 괜찮지 않다면, 어떻게 하면 좋을지는 잘 알고 계실 거란 말이에요."

"자네 가게를 그만두고 싶은가?" 그는 말한다.

"여긴 내 가게는 아니니까요." 나는 말한다. "내 희망이 문제가 되진 않죠. 하지만 나를 써 줌으로 해서 나를 봐 주고 있다는 생각은 말아 줘요."

"제이슨, 자네는 맘만 먹으면 훌륭한 상인이 될 수 있을 텐데." 그는 말한다.

"난 적어도 내 할 일에 전념하고 남의 일은 참견하지 않는단 말이에요." 나는 말한다.

"자네가 도대체 왜 해고당하려고 기를 쓰는지 알 수 없단 말이야." 그는 말한다. "자네도 알다시피 자네는 언제 그만둬도 좋아. 또 그렇게 돼도 우리 둘 사이엔 아무런 언짢은 감정이 있을 수 없단 말이야."

"아마 그래서 내가 그만두지 않는지 모르죠." 나는 말한다. "내 개인 일만 보고 다녀도 월급은 주니깐 말이에요." 나는 가게 안쪽으로 들어가서 물을 마시고 뒷문으로 나갔다. 욥은 드디어 경운기를 다 조립해 놓았다. 그곳은 조용했다. 그래서 내 머리는 좀 덜 아팠다. 지금은 그들의 노랫소리만 들렸다. 그러다가 이어서 악대가 다시 연주했다. 그렇지, 이 고장에 있는 25센트짜리와 10센트짜리는 놈들이 모조리 쓸어 가 보라지. 그래 봤자 내 알 바 아니다. 난 하는 데까지 했다. 이만한 나이가 들도록 살고도 언제 그만둘지 모

1928년 4월 6일 253

르는 놈은 바보이다. 더군다나 나 자신의 일이 아닌 바에야. 그놈의 계집애도 혹시 내 친동생이라면 사정은 달라졌을 것이다. 그 앤 그렇게 한가하게 돌아다닐 시간도 없을 테니까. 그 애도 병자와 백치와 검둥이들을 먹여 살리기 위해서 일해야만 할 테니까. 그도 그럴 것이 이런 집구석에 내가 안주인이 될 여자를 데려올 염치는 없으니깐. 내가 조금이라도 아끼는 여자에게 그런 짓을 하고 싶지는 않다. 나는 남자이다. 나는 견뎌 낼 수 있다, 내 가족이기 때문에. 그리고 나와 사귀는 여자에게 욕 같은 거 하는 놈이 있어 봤자, 그건 다 질투 때문이다. 눈깔 색을 보면 다 알지. 아니, 그따위 말을 하는 것은 저 훌륭한 부인들이다. 그런데 그 훌륭하고 교회에 나가는 부인 가운데 로레인의 반만큼이라도 단정한 여자가 있으면 매음부건 아니건 나는 만나보고 싶다. 나는 늘 말한다. 만일 내가 결혼한다면 어머니는 풍선처럼 펑 터져 버리시겠죠. 그건 어머니도 아시죠. 그러면 어머니는 말한다. 나는 너를 행복하게 해 주고 싶다. 우리 때문에 일생을 노예처럼 허송하지 않고 너 자신의 가정을 꾸리도록 하고 싶어. 나는 곧 가 버리고 말걸. 그러면 너는 아내를 얻을 수 있겠지. 그러나 네게 합당한 여자를 구하긴 어려울 거야. 그래서 나는 말한다. 아녜요. 구할 수 있어요. 그러면 어머니는 무덤에서 벌떡 일어나 나오시겠죠. 그러시겠죠. 그리고 나는 또 말한다. 아니, 아녜요. 결혼은 안 할 거예요. 나는 지금 있는 여자들을 돌보기도 벅차거든요. 만일 내가 아내를 얻는다면 그 여자는 아마도 마약 환자든지, 아무튼 그런 종류일 거예요. 지금 우리 집안에 없는 거라곤 그런 인간뿐이니까요.

이제 해는 감리교회 뒤로 졌고 비둘기들이 첨탑 주위를 이리저리 날고 있었다. 악대 소리가 그치자, 나는 비둘기들의 울음소리를 들을 수 있었다. 크리스마스 이후로 4개월도 채 지나지 않았는데, 그래도 비둘기는 언제나 변함없이 그렇게 많다. 이만큼 비둘기가 많으면 월솔 목사도 이젠 질리지 않았을까. 우리가 다 같이 나섰을 때, 그는 설교를 들려주고 우리 가운데 한 사람의 총에 매달리기까지 했다. 우리가 무슨 사람이라도 쏴 죽이고 있다고 착각할 정도로 큰 소동이었다. 그때 그는 지상의 평화, 모든 사람에 대한 사랑을 부르짖으며, 참새 한 마리도 땅 위에 떨어질 수 없다고 했던가. 그러나 비둘기가 얼마나 늘어나든 그가 아랑곳할 리가 없다. 그하곤 상관없으니까. 지금이 몇 시든 그는 상관할 바 없다. 그는 세금도 내지 않는다. 따라서 저 군청의 시계가 움직이도록 청소하는 데 매년 자기 돈이 낭비되는 것을 아랑곳할 필요도 없다. 다른 사람들은 시계를 청소하는 데 한 명당 45달러나 내야 하는데. 알에서 갓 깨어난 비둘기들이 땅 위에 족히 백여 마리는 넘게 있는 것이 보였다. 저토록 많으니 저 비둘기들도 이 마을을 떠날 만한 분별심은 갖추어 주면 좋으련만. 내가 이 마을에 대해서 비둘기와 같은 정도밖에 유대감을 느끼지 않는 것은 참 다행한 일이다. 내가 분명히 말하듯이.

악대가 다시 연주하기 시작했다. 요란한 곡을 커다랗게. 끝을 맺고 있는 것 같았다. 이젠 모두 만족하겠지. 집까지 14~15마일 달려가는 동안, 그리고 어둠 속에서 마구를 풀고 가축에게 밥을 먹이고 소젖을 짜는 동안 내내 부르고 즐길 수 있는 충분한 음악을 그들은 들었을 것이다. 그들의 할 일이라곤 고작해야 축사에 있는 가축들에게 휘파람으로 노래를 불러 주면서 농담이나 하는 거겠지. 그리고 가축들을 쇼에 데리고 가지 않아서 입장료가 얼마나 절약되었나 따져보고 하는 것뿐이지. 만일 애들 다섯과 나귀 일곱 마리를 가진 놈이면, 자기 가족을 쇼에 데려가서 25센트 절약했다고 계산하고 앉았을 것이다. 바로 그 모양이거든. 얼이 꾸러미를 두어 개 가지고 돌아왔다.

"또 여기 보낼 것들이 있는데." 그는 말한다. "욥 영감은 어디 있지?"

"쇼 구경 갔겠죠." 나는 말한다. "지켜보지 않고 내버려 뒀다면요."

"그는 몰래 빠져나가지 않는데." 그는 말한다. "그 점에서 그는 믿을 수 있어."

"내 얘기를 하는 건가요." 나는 말한다.

그는 출입구로 가서 밖을 내다보고 귀를 기울였다.

"거 근사한 악대군." 그는 말한다. "슬슬 끝날 때가 됐군그래."

"놈들이 저기서 밤을 새우지 않으려면야." 나는 말한다. 제비들이 울기 시작했고, 참새들이 군청 정원에 있는 나무로 몰려드는 소리가 들렸다. 때때로 참새들은 떼지어 지붕 꼭대기에 나타나 빙빙 돌다간, 곧 저 너머로 사라지곤 했다. 내 생각엔 그것들도 비둘기나 진배없이 귀찮은 것들이다. 그놈들 때문에 우린 군청 정원에 앉아 있을 수도 없다. 순식간에 씽 하고 날아와 떡 하니 앉으니까. 그것도 정확히 모자 위에. 그놈들을 한 발에 5센트짜리 총알로 쏴 버리려면 백만장자라야 할 것이다. 그보다 광장에 독약이나 좀 뿌려 놓는다면 하루 동안에 모두 없애 버릴 수 있을 텐데. 혹시 자기 닭을 밖에 못 나가도록 가둬 두지 못하는 상인이 있다면, 그는 닭 말고 쟁기나 양파 같이 돌아다니며 먹이를 주워 먹지 않는 상품을 다루는 게 좋을 것이다. 그리고 자기 개를 매 놓지 않는 사람이 있다면, 그는 애초부터 개를 기르고 싶지 않거나 또는 기를 자격이 없는 것이다. 늘 내가 말하지만 시내에 있는 모든 장사가 시골 장사같이 운영된다면, 결국 동네가 시골 동네가 되고 마는 것이다.

"쇼가 끝났다고 해서 가게에 별로 이로울 것도 없잖아요." 나는 말한다. "이런 시각이니까. 다들 밤중까지 집에 도착하려면 당장 말을 마차에 달고 출발해야 할걸요."

"그래, 뭐 괜찮아." 그는 말한다. "모두 즐거운 모양이니까. 가끔 쇼 구경으로 돈푼이나 쓰라지 뭐. 산골 농부들은 일은 죽도록 하고 벌이는 적단 말이야."

"그들더러 무조건 산골에서 농사지으라는 법이 어디 있나요 뭐." 나는 말한다. "산골뿐 아니고 어디서나 다 그렇죠."

"그런 농부들이 없다면, 자네와 나는 지금쯤 어찌 되었겠어?" 그는 말한다.

"지금쯤 나는 집에 있겠죠." 나는 말한다. "얼음주머니를 머리에 올려놓고 누워 있겠죠."

"자넨 두통을 너무 자주 앓는군." 그는 말한다. "왜 이빨을 좀 잘 진찰받아 보지그래. 오늘 아침 그가 잘 진찰해 주지 않았나?"

"진찰? 누가요?" 나는 말한다.

"자네가 오늘 아침 치과에 갔다고 하지 않았나."

"당신은 근무 시간에 내가 두통을 앓는 게 맘에 안 든다 이겁니까?" 내가 말한다. "정말 그래요?" 쇼에서 돌아오는 사람들이 골목길을 건너고 있었다.

"저기들 오는군." 그는 말한다. "앞에 나가 있는 게 좋겠지." 그는 가게 앞으로 나갔다. 거참 이상도 하지. 상대가 어디가 불편하든 그건 아랑곳없이 남자는 이빨을 잘 진찰받아 보라는 것이고 여자는 결혼을 하라는 것이다. 그러나 무엇을 하든 돈벌이가 시원찮은 놈이 언제나 장사는 이렇게 해야 된다고 남을 가르치려 드는 법이다. 그것은 마치 멀쩡한 양말 한 켤레도 없는 대학교수가 10년 안에 100만 달러 버는 방법을 가르치는 것과 같고, 남편도 얻어 보지 못한 여자가 허구한 날 어린애 기르는 법을 주절대며 돌아다니는 것과 같다.

욥 영감은 짐마차를 끌고 왔다. 잠시 뒤에 그는 말채 손잡이에 가죽끈을 둘러싸는 일을 끝마쳤다.

"그래, 어때요." 나는 말한다. "쇼는 재미있었소?"

"난 아직 가 보지 못한걸." 그는 말한다. "하지만 오늘 밤은 꼭 저 천막 속에 들어가 볼 거구먼."

"가지 않았다니 누가 곧이듣겠나." 나는 말한다. "영감은 3시 뒤로 죽 나가 있었잖아. 얼 씨가 방금 영감을 찾으러 왔었는데."

"난 내 할 일이나 하고 있었는데." 그는 말한다. "얼 씨는 내가 어디 가 있는지 다 알아요."

"영감은 그 사람쯤 속일 수 있거든." 나는 말한다. "영감을 일러바치진 않겠어."

"그럼 내가 이 고장에서 속일 수 있는 사람은 그분 하나뿐이겠는걸." 그는 말한다. "토요일 밤에 봐도 좋고 안 봐도 좋을 당신 같은 사람을 뭣 땜에 내가 애써서 속이고 다닌담? 나 당신을 속일 맘 없어요. 당신은 너무 영리해서 나로선 당해 낼 재간이 없단 말이야. 아무렴." 그는 굉장히 바쁜 듯이, 작은 꾸러미 대여섯 개를 짐마차에 실으면서 말한다. "당신은 너무 영리해서 나는 못 당해. 이 동네에서 당신과 맞설 만큼 영리한 사람은 없죠. 당신은 너무 영리해서 저 자신의 꾀를 스스로 따르지 못하는 놈도 속여 먹는단 말이에요." 그는 짐마차를 타고 고삐를 끄르면서 말한다.

"그건 대체 누구야?" 나는 말한다.

"그야 제이슨 콤프슨 씨죠." 그는 말한다. "이랴, 댄!"

바퀴 하나가 금방 빠져나올 듯했다. 나는 그 바퀴가 빠져나가기 전에 욥이 골목길을 빠져나갈 수 있을지 지켜보고 있었다. 어떠한 탈것이든 검둥이 손에 맡기면 다 저 꼴이 되지. 저 낡아빠진 마차는 이제 영 눈에 거슬리는데, 그래도 어머니는 벤이 일주일에 한 번씩 묘지에 타고 갈 수 있게 저걸 백 년이라도 저 마차 차고에 세워 둘 작정이시겠죠. 나는 말한다. 제가 하기 싫은 일을 해야만 하는 것은 저놈에 한한 게 아녜요. 나라면 문명인처럼 저놈을 자동차에 태워 가든지, 그렇지 않으면 집에 두겠어요. 저놈은 자기가 어딜 가고 있는지 또는 뭘 타고 가는지도 몰라요. 그런데도 우리는 저놈이 일요일 오후에 탈 수 있도록 마차와 말을 대기시켜 놓고 있단 말이죠.

욥은 차바퀴야 빠져나오건 말건, 걸어서 돌아갈 거리가 별로 멀지 않은 한 전연 아랑곳하지 않는 것이다. 내가 늘 말하지만 검둥이 놈들이 있어 마땅한 곳은 오직 농장뿐이다. 거기서 해가 뜰 때부터 해가 질 때까지 일하게 해야 한다. 놈들에게 벌이가 좋은 일자리나 편안한 일자리는 가당찮은 것이다. 검둥이 한 놈을 백인들과 살게 잠깐만 둬 보지. 그러면 그놈은 죽일 가치도 없는 인간이 될 테니까. 약삭빨라지다 못해 우리 눈앞에서 게으름을 피우며 속이려 들게 된단 말이야. 마치 로스카스같이. 그놈이 한 실수라곤, 다만 어느 날 부주의하게 죽어 버린 것뿐이지. 꾀를 부리고 훔쳐 내고 건방진 주둥이를 놀리다가, 마침내는 몽둥이나 무엇으로 한 대 먹여 줘야 할 지경에 이른단 말이야. 뭐 하긴, 욥을 다루는 건 얼이 할 일이니 내 알 바 아니다. 그러나 나는 늙어 부들부들 떠는 검둥이를 저 모퉁이를 돌 적마다 당장에라도 산산이 부서질 듯한 마차에 태워 돌아다니게 해 가지고 이 시내에 내 장사를 선전시키고 싶지는 않다.

햇빛은 이제 하늘 높은 곳에만 남아 있었고, 가게 안은 어두워지기 시작했다. 나는 가게 앞으로 나갔다. 광장은 텅 비어 있었다. 얼도 가게 안으로 돌아와 금고를 닫고 있었다. 그때 군청의 괘종이 울리기 시작했다.

"자네 뒷문 잠갔나?" 그는 말한다. 나는 뒷문으로 가서 잠그고 돌아왔다.

"자네 오늘 밤 쇼 구경 갈 모양이군." 그는 말한다. "내가 어제 무료입장권 줬지, 안 그래?"

"네." 나는 말한다. "그거 도로 드릴까요?"

"아냐, 아냐." 그는 말한다. "단지 자네한테 줬나 안 줬나 가물가물해서 그랬어. 그걸 쓰지 않고 버릴 까닭은 없잖아."

문 잠그고 잘 쉬게, 그는 이렇게 말하고 집으로 돌아갔다. 참새들이 아직도 나무에서 짹짹거리고 있었으나, 광장은 차가 몇 대 보일 뿐 텅 비어 있었다. 잡화점 앞에 포드 차가 한 대 서 있었으나, 나는 거들떠보지도 않았다. 나는 하는 데까지 다 해 봤다. 이젠 포기할 때가 됐다. 나는 그녀를 어떻게 돕고 싶었지만, 그러나 이젠 포기할 때라는 걸 알고 있었다. 라스터한테 자동차 운전이라도 가르쳐 줘 버릴까. 그러면 어머니랑 그놈들은 하고만 싶다면 그 계집애를 온종일 쫓아다닐 수 있겠고, 나는 집에서 벤과 놀 수 있을 테니.

나는 가게에 들어가서 여송연을 2개 샀다. 그리고 행여나 하고 두통을 없애 준다는 코카콜라를 하나 더 사 먹기로 했다. 나는 거기 있는 사람들과 잠깐 서서 얘기했다.

"여봐." 맥은 말한다. "자넨 올해 양키스에 돈을 걸었겠지."

"뭣 때문에?" 나는 말한다.

"페넌트 때문이지." 그는 말한다. "그 리그엔 양키스를 넘어뜨릴 만한 팀이 없잖아."

"없긴 뭐가 없어." 나는 말한다. "그치들은 이제 글렀어. 언제까지나 그렇게 행운이 따르는 팀이 있다고 생각하나?"

"난 그걸 행운이라곤 생각하지 않아." 맥은 말한다.

"난 루스 같은 놈이 끼여 있는 팀엔 걸지 않겠어." 나는 말한다. "비록 그 팀이 이길 걸 알더라도."

"그래?" 맥은 말한다.

"난 어느 리그에서나 그놈보다 훨씬 나은 선수를 여남은이라도 더 꼽을 수 있어." 나는 말한다.

"루스에게 무슨 감정 있나?" 맥은 말한다.

"아니." 나는 말한다. "난 그놈에게 딱히 불만은 없어. 다만 그놈 사진까지도 보기 싫단 말이야." 나는 밖으로 나갔다. 가로등이 하나하나 켜졌고, 사람들은 길을 따라 집으로 돌아가고 있었다. 때때로 참새들은 완전히 어두워질 때까지 조용히 있지 않는다. 군청 주위에 새로 가로등을 설치했던 날 밤엔 참새들이 깜짝 놀라 깨서 밤새도록 불빛을 향해 날아들었다. 참새들이 계속해서 2, 3일 밤 그 짓을 하다가, 어느 날 아침 모두 사라져 버렸다. 2, 3개월 지나자 모두 다시 돌아와 버렸지만.

나는 집으로 차를 몰았다. 집엔 아직 불이 켜 있지 않았으나, 모두들 초조하게 창밖을 내다보고 있었겠지. 그리고 딜시는 내가 돌아올 때까지 따뜻하게 둬야 할 저녁밥이 마치 제 돈 내고 지은 밥인 양, 부엌에서 투덜투덜 불평을 해 대고 있을 것이다. 누구나 그녀가 불평하는 것을 들으면, 이 세상엔 저녁밥이란 하나밖에 없으며, 바로 그 하나는 딜시가 나를 위해서 몇 분 동안 늦게까지 둬야 하는 그 저녁밥이라고 생각할 것이다. 뭐, 어쨌든 단 한 번이라도 벤하고 저 검둥이가 마치 한 우리에 갇힌 곰과 원숭이처럼 문에 매달려 있는 꼴을 보지 않고 집에 돌아와 봤으면 좋겠다. 해가 질 때가 되기만 하면 저놈은 축사로 향하는 암소처럼 문간으로 달려와, 문에 매달려 머리를 마구 흔들며 혼자서 뜻 모를 신음을 내는 것이다. 그야말로 질리지도 않는 백치의 표본 같은 놈이다. 저놈이 잠기지 않은 문을 멋대로 연 탓에 받은 거세 수술을 혹시 내가 받는다면, 나는 계집애 따위는 두 번 다시 보려고 하지 않을 것이다. 나는 자주 이상하게 생각한다. 저놈은 저 문에 달라붙어 학교에서 돌아오는 계집애들을 쳐다보며, 제가 이제는 생각할 수도 없고 또 생각할 수 없다는 것 자체도 생각해 내지 못하는 무언가를 하려고 하며, 도대체 무엇을 생각하고 있는 것일까. 그리고 사람들이 발가벗길 때 그놈은 제 몸을 보고서 곧 울기 시작하는데, 그때 그는 도대체 무엇을 생각하는 것일까. 그렇지만 내가 늘 말하듯이 저놈만 수술시킨 걸로는 아직 충분치 않다. 퀜틴, 난 너한테 필요한 게 무엇인지 안다. 너도 벤과 같은 수술을 받아야 해. 그러면 너도 품행이 단정해질걸. 혹시 그게 뭣인지 모르겠거든 딜시에게 가르쳐 달라고 물어보든가.

어머니 방엔 불이 켜져 있었다. 나는 차를 차고에 넣고 부엌으로 들어갔다. 라스터와 벤이 거기에 있었다.

"딜시는 어디 있지?" 나는 말한다. "저녁을 차리고 있나?"

"캐롤라인 마님과 함께 2층에 있어요." 라스터가 말한다. "둘이서 싸우고 있어요. 퀜틴 아씨가 집에 돌아온 뒤 여태까지 저러고들 계시죠. 할머닌 싸움을 말리러 올라가 있어요. 쇼가 마을에 왔지요, 제이슨 도련님?"

"어." 나는 말한다.

"악대 소리가 들리는 것 같더라고요." 그는 말한다. "나도 가 봤으면. 나도 25센트만 있으면 갈 수 있는데."

딜시가 부엌에 들어왔다. "어, 돌아오셨네. 이렇게 저녁 늦게까지 뭘 하고 계셨지? 내가 얼마나 할 일이 많은지 알잖아요. 왜 시간 맞춰 돌아오시지 못할까?"

"쇼에 가느라 그랬는지도 모르지." 나는 말한다. "저녁은 다 됐어?"

"나도 가 봤으면." 러스터가 말했다. "나도 25센트만 있으면 갈 수 있는데."

"너 같은 게 쇼에 뭔 볼일이 있다구." 딜시가 말한다. "저기 저쪽 방에 가서 앉아 있어요." 그녀는 나에게 말한다. "2층에 올라가서 또 싸움을 시작하게 하면 안 돼."

"무슨 일이지?" 나는 말한다.

"퀜틴이 조금 전에 들어와서 말하기를, 도련님이 저녁때 내내 자기를 쫓아다녔다고 하니까, 캐롤라인 마님께서 달려들었지 뭐. 왜 그 애를 내버려 두지 못하시우? 싸움을 하지 않곤 친조카하고 한집에서 살지 못하는 거예요?"

"난 그 계집애하고 안 싸웠는데." 나는 말한다. "아침부터 죽 보지도 못한 걸. 도대체 내가 어쨌다고 그 계집앤 말하는 거야? 학교에 가게 했다고 화 내는 건가? 거참 기가 막히는데."

"그래요, 도련님 할 일이나 하고 그 애는 내버려 둬요." 딜시는 말한다. "도련님과 캐롤라인 마님께서 말리지 않으면 내가 아씨를 돌봐 줄 테니까요. 자, 저리 들어가서 저녁상 차릴 때까지 가만히 있어요."

"딱 25센트만 있으면." 러스터가 말한다. "저 쇼 구경 가겠는데."

"그리고 날개가 돋쳤으면 하늘에라도 날아갈 수 있겠지." 딜시가 말한다. "난 그놈의 쇼 얘긴 한마디도 더 듣기 싫다."

"아, 그러고 보니." 나는 말한다. "그 사람들이 준 입장권이 두 장 있는데." 나는 그걸 웃옷에서 꺼냈다.

"그걸 쓰실 작정이세요?" 러스터가 말한다.

"난 안 써." 나는 말한다. "난 10달러를 준대도 그런 데는 가지 않겠어."

"나 한 장만 줘요, 제이슨 도련님." 그는 말한다.

"한 장 네게 팔아 줄까." 나는 말한다. "그러면 어때?"

"난 한 푼도 없는걸요." 그는 말한다.

"그거 안됐는데." 나는 말하고서 나가는 체했다.

"나 한 장만 줘요, 제이슨 도련님." 그는 말한다. "두 장씩이나 필요 없으시면서."

"가만있어." 딜시가 말한다. "이분은 아무것도 그냥 내주지 않는 걸 너도 알잖아?"

"얼마나 드리면 돼요?" 그는 말한다.

"5센트." 나는 말한다.

"난 그만큼 없는데." 그는 말한다.

"얼마 가졌니?" 나는 말한다.

"한 푼도 없어요." 그는 말한다.

"그럼 됐어." 나는 말한다. 나는 부엌을 나가려 했다.

"제이슨 도련님." 그는 말한다.

"좀 그만하래도?" 딜시가 말한다. "이분은 그냥 널 놀리고 있는 거야, 어차피 자기가 쓸 작정이면서도. 어서 가요, 제이슨, 애는 내버려 두고."

"난 입장권 따위 필요 없는데." 나는 말한다. 나는 화덕으로 돌아왔다. "난 이걸 태워 버리려고 왔는데. 네가 만일 한 장에 5센트씩 주고 산다면?" 나는 그를 쳐다보며 화덕 뚜껑을 열면서 말한다.

"난 그만한 돈은 없어요." 그는 말한다.

"그래, 알았어." 나는 말한다. 나는 입장권 한 장을 화덕에 떨어뜨렸다.

"이봐요, 제이슨." 딜시가 말한다. "창피스럽지도 않우?"

"제이슨 도련님." 라스터가 말한다. "제발, 주세요, 내 한 달 동안 매일 아침 타이어를 끼워 드릴게요."

"난 현금이 필요해." 나는 말한다. "5센트만 내면 입장권을 주겠다니까."

"그만둬, 라스터." 딜시가 말한다. 그녀는 그를 뒤로 잡아당겼다. "어서 태워 버려요, 어서. 다 끝내 버려요."

"5센트만 내면 이걸 살 수 있어." 나는 말한다.

"태워요." 딜시가 말한다. "애한텐 5센트 없어. 어서 태워 버려요."

"좋아." 나는 말한다. 내가 남은 입장권 한 장을 떨어뜨리자 딜시는 화덕 뚜껑을 닫았다.

"너같이 다 큰 놈이." 그녀는 말한다. "내 부엌까지 와서, 이게 뭐야. 뚝 그쳐." 그녀는 라스터에게 말한다. "이러다 벤지 또 발작할라. 내 오늘 밤 프로니에게서 25센트 얻어 줄게. 내일 밤 갈 수 있게 말이야. 자, 그쳐."

나는 거실로 갔다. 2층에서는 아무런 소리도 들리지 않았다. 나는 신문을 펴 들었다. 잠시 뒤 벤과 라스터가 들어왔다. 벤은 옛날에 거울이 걸려 있었던 벽의 컴컴한 곳으로 가서, 두 손을 거기다 대고 비비면서 침을 게게 흘리며 칭얼거리고 있었다. 라스터는 난롯불을 돋우기 시작했다.

"뭐하는 거야?" 나는 말한다. "오늘 밤은 불이 필요 없는데."

"이 사람 좀 달래려고요." 그는 말한다. "부활절 무렵엔 언제나 날이 추워지죠."

"아직 부활절이 아냐." 나는 말한다. "거 내버려 둬."

그는 부지깽이를 제자리에 놓고, 어머니 의자에서 방석을 갖다가 벤에게 줬다. 그러자 벤은 난로 앞에 주저앉아 입을 다물었다.

나는 신문을 읽었다. 2층에선 아무런 소리도 나지 않았다. 그때 딜시가 들어와 벤과 라스터를 부엌으로 보내고, 저녁이 준비됐다고 말했다.

"알았어." 나는 말한다. 그녀는 나갔다. 나는 거기에 앉은 채 신문을 보고 있었다. 얼마 뒤 딜시가 문간에서 들여다보는 소리가 들렸다.

"왜 와서 식사하지 않아요?" 그녀는 말한다.

"난 저녁을 기다리고 있는데." 나는 말한다.

"식탁 위에 있어요." 그녀는 말한다. "아까 말했는데."

"그래?" 나는 말한다. "미안하군. 아무도 내려오는 소리가 안 나서 몰랐지."

"그분들은 내려오지 않아요." 그녀는 말한다. "어서 와서 드세요. 그래야 저분들에게도 뭘 좀 올려다 주지."

"둘 다 아픈가?" 나는 말한다. "의사는 뭐라고 했어? 천연두는 아니겠지."

"어서 와요, 제이슨." 그녀는 말한다. "그래야 얼른 치우고 말지."

"알았어." 나는 말하고, 신문을 다시 펴 들었다. "그럼 저녁밥이나 기다려 볼까."

나는 그녀가 문간에서 바라보는 것을 느낄 수 있었다. 나는 신문을 읽었다.

"뭣 때문에 도련님은 그렇게 짓궂게 구는 거죠?" 그녀는 말한다. "그러지 않아도 나한테 귀찮은 일이 얼마나 많은지 다 알면서도."

"만일 어머니가 점심때보다 몸이 불편해지셔서 식사하러 내려오시지 못한다면, 그건 괜찮아." 나는 말한다. "그러나 난 나보다 젊은 놈들을 밥 먹여 주고 있는 이상, 놈들은 식사하러 식탁 있는 곳으로 내려와야 한단 말이야. 저녁 먹을 준비가 다 되거든 알려 줘." 나는 다시 신문을 읽으면서 말한다. 나는 딜시가 층계로 올라가는 소리를 들을 수 있었는데, 그녀는 다리를 질질 끌며 마치 층계가 가파르게 높이 1m씩 뚝뚝 떨어져 있는 것같이 투덜투덜 끙끙대며 올라가고 있었다. 그녀가 어머니 방 문 앞에서 말 거는 소리가 나더니, 다음엔 퀜틴을 부르는 소리가 들리고, 그 문이 잠긴 듯했으며, 다음엔 어머니의 방에 돌아가는 소리가 나자, 어머니가 퀜틴에게 가서 말하는 소리가 났다. 그 다음 세 사람은 층계를 내려왔다. 나는 신문을 읽고 있었다.

딜시가 문간으로 돌아왔다. "어서 와요." 그녀는 말한다. "또 무슨 짓궂은 생각하기 전에. 오늘 밤은 진짜 고약하게 구시는구먼."

나는 식당으로 갔다. 퀜틴은 머리를 숙이고 앉아 있었다. 다시 화장한 얼굴이었다. 코가 마치 사기로 된 반들거리는 절연체처럼 보였다.

"식사하러 내려오실 만큼 몸이 괜찮으시다니 안심이군요." 나는 어머니에게 말한다.

"내려와서 같이 식사하는 것쯤이야. 너를 위해서 할 수 있는 일이라면 아직도 멀었다." 어머니는 말한다. "내가 얼마나 불편하든 그건 문제가 아니야. 남자가 종일 일하고 들어왔는데, 당연히 저녁땐 자기 가족에게 빙 둘러싸여 식사하고 싶겠지. 나도 다 안다. 난 너를 편안하게 해 주고 싶어. 내가 단지 바라는 것은, 너와 퀜틴이 좀더 사이좋게 지내 주는 것뿐이야. 그렇게 되면 내 마음도 훨씬 편해지련만."

"우린 사이가 괜찮아요." 나는 말한다. "난 쟤가 하고 싶다면 하루 종일 문을 잠그고 들어앉아 있어도 상관 안 해요. 하지만 식사 시간에 이렇게 소동을 피우고 시무룩한 표정을 짓는 건 좀 그만뒀음 좋겠네요. 그 애에게 그래 주길 부탁하는 것은 무리한 일일지 몰라도, 나는 내 집에선 좀 부탁하고 싶어요. 아니, 내 집이 아니라, 어머니 집에선 말이에요."

"이건 네 집이다." 어머니는 말한다. "지금은 네가 집주인이잖니."

퀜틴은 고개를 쳐들지 않았다. 내가 접시를 돌리니까, 그녀는 먹기 시작했다.

"거기 좋은 살코기 있니?" 나는 말한다. "없으면 내 좋은 살코길 찾아 주마."

그녀는 아무 말도 하지 않았다.

"좋은 고기 한 점 있냐고 물어보잖니." 나는 말한다.

"뭐라고요?" 그녀는 말한다. "네, 괜찮아요."

"밥 좀더 먹을래?" 나는 말한다.

"아뇨." 그녀는 말한다.

"좀더 줄게." 나는 말한다.
"더 먹기 싫어요." 그녀는 말한다.
"설마." 나는 말한다. "그럴 리가."
"두통은 나았니?" 어머니가 말한다.
"두통?" 나는 말한다.
"난 네가 두통이 심해지지나 않을까 걱정했단다." 어머니는 말한다. "네가 오늘 오후 집에 들렀을 적에 말이야."
"아, 그랬죠." 나는 말한다. "아뇨, 심해지진 않았어요. 오늘 오후는 너무 바빠서 두통은 아예 잊고 지냈는데요 뭐."
"그래서 오늘 늦었니?" 어머니가 말한다. 퀜틴이 귀를 쫑긋 세운 게 빤히 보였다. 나는 그녀를 쳐다보았다. 그녀가 여전히 나이프와 포크를 움직이면서 나를 흘끔 보는 것을 나는 놓치지 않았다. 그러자 그녀는 다시 접시를 들여다보았다. 나는 말한다.
"아녜요. 3시쯤 한 친구에게 차를 빌려 줬기 때문에 그가 차를 가지고 올 때까지 기다려야 했어요." 나는 잠시 묵묵히 먹었다.
"그게 누군데?" 어머니가 묻는다.
"쇼 곡예단에 있는 사람이었죠." 나는 말한다. "글쎄 그 친구 누이동생의 남편이 이 동네 어떤 여자와 함께 차를 타고 나돌아 다니나 봐요. 그는 그들 뒤를 쫓는 것 같았어요."
퀜틴은 꼼짝도 않고 앉아서 우물우물 씹고만 있었다.
"그런 사람에게 차를 빌려 주면 안 돼." 어머니는 말한다. "넌 마음이 너무 너그러워. 아무한테나 그렇게 빌려 주고. 그러니까 내가 너한테 자동차 달라고 못하는 거야. 꼭 필요할 때가 아니면."
"나도 요즘엔 슬슬 이러지 말아야겠단 생각이 들어요." 나는 말한다. "그렇지만 그는 무사히 돌아왔어요. 그는 자기가 찾아다니던 두 사람은 찾았다더군요."
"이 동네 여자라니, 누구였다던?" 어머니가 말한다.
"나중에 말씀드리죠." 나는 말한다. "그런 걸 퀜틴 앞에서 얘기하긴 싫어요."
퀜틴은 식사를 그쳤다. 가끔 물을 마실 뿐, 고개를 숙인 채 자기 음식 그릇을 가만히 보면서 빵을 잘게 뜯고 있었다.
 "그래." 어머니는 말한다. "나처럼 방 안에 갇혀 있는 여편네는 이 고장에서 무슨 일이 일어나는지 알 도리가 없어."
 "그럼요." 나는 말한다. "그런 분은 모르죠."
 "내 삶은 시내하곤 너무 거리가 멀단 말이지." 어머니는 말한다. "덕분에 그런 파렴치한 일을 모르고 지낸다는 건 참 고마운 일이야. 난 그따위 것 알고 싶지도 않아. 나는 보통 사람들하곤 다르니까."
 나는 더 얘기하지 않았다. 퀜틴은 거기 앉은 채, 내가 식사를 그칠 때까지 빵을 잘게 뜯고 있다가 말한다.
 "이젠 가도 돼요?" 아무도 쳐다보지 않는 채 말한다.
 "뭐라고?" 나는 말한다. "물론이지. 가도 좋아. 넌 우리 시중이라도 들고 있었냐?"
 그녀는 나를 쳐다보았다. 빵은 이미 다 갈기갈기 찢어 버렸다. 그러나 그녀의 손은 아직도 그걸 찢는 것처럼 움직였고, 그녀의 눈은 궁지에 몰린 짐승과도 같았다. 그녀는 입술에 칠한 붉은 연지로 자신을 독살이라도 시킬 듯이, 입술을 깨물기 시작했다.
 "할머니." 그녀는 말한다. "할머니—."
 "너 뭐 딴게 먹고 싶으냐?" 나는 말한다.
 "할머니, 이 사람은 왜 날 이렇게 못살게 구는 거죠?" 그녀는 말한다. "난 이 사람한테 뭐 잘못한 것도 없는데 말이에요."
 "난 너희가 서로 사이좋게 지내면 좋겠구나." 어머니는 말한다. "이제 이 집에 남은 것은 너희 둘뿐 아니냐. 그러니 난 정말로 너희가 더 좋게 지내길 바라는 거야."
 "이 사람이 나빠요." 그녀는 말한다. "날 내버려 두려 들지 않아요. 그래서 나도 할 수 없이 이렇게 구는 거예요. 만일 내가 여기 있는 게 싫으면, 왜 날 돌려보내 주지 않는 거죠. 엄—."
 "그만해 둬." 나는 말한다. "그 이상 말하지 마라."
 "그럼 왜 날 내버려 두지 않는 거죠?" 그녀는 말한다. "이 사람은—이 사람은 그저—."
 "제이슨은 네게 친아버지와 같은 사람이야." 어머니는 말한다. "너도 나도 이 사람 덕분에 밥 먹고 사는 게 아니니. 그러니까 네가 말 잘 들어 주길 기대하는 것은 당연한 일이야."

"이 사람이 나빠요." 그녀는 말한다. 그러더니 벌떡 일어났다. "이 사람이 나를 이 모양으로 만든단 말이에요. 만일 이 사람이 그저—" 그녀는 궁지에 몰린 눈초리로 나를 쳐다보았다. 그녀의 두 팔은 옆구리에 딱 붙어서 떨리고 있었다.

"만일 내가 그저, 어쨌다는 거야?" 나는 말한다.

"내가 무엇을 하든, 그건 아저씨 잘못이란 말이에요." 그녀는 말한다. "만일 내가 나쁘다면, 난 그럴 수밖에 없었기 때문이에요. 아저씨가 날 그렇게 만들었어요. 난 그냥 확 죽어 버리고 싶어. 모두 다 죽어 버렸으면." 그러고서 그녀는 달려갔다. 그녀가 2층으로 뛰어 올라가는 소리가 들렸다. 다음엔 문이 쾅 닫히는 소리가 났다.

"저 애가 처음으로 똑똑한 말을 하는군요." 나는 말한다.

"저 앤 오늘 학교에 가지 않았어." 어머니가 말한다.

"어떻게 아세요?" 나는 말한다. "오늘 시내에 나오셨어요?"

"그냥 아는 거야." 어머니가 말한다. "난 네가 걔한테 좀 친절했으면 좋겠다."

"만일 그러자면 난 그 애를 하루에 한 번 이상은 만나야만 하겠죠." 나는 말한다. "어머니는 그 애를 끼니때마다 식탁에 와 앉도록 해야만 돼요. 그러면 나도 그 애한테 매번 고기 한 점쯤은 더 줄 수 있겠죠."

"네가 그 애를 위해서 해 줄 수 있는 사소한 일도 많잖니." 어머니는 말한다.

"그 애가 학교에 가나 보라고 어머니에게서 부탁을 받고도 아무런 주의도 하지 않는 일 같은 거요?" 나는 말한다.

"그 애는 오늘 학교에 가지 않았어." 어머니는 말한다. "내 다 알지, 안 갔거든. 그 애가 말하는데, 그 애는 오늘 오후 남자애 하나하고 드라이브하러 나갔는데 네가 그 애 뒤를 따랐다더구나."

"제가 어떻게요?" 나는 말한다. "오후는 죽 딴 사람이 내 차를 가지고 있었는데요? 그 애가 오늘 학교에 갔든 안 갔든, 그건 이미 다 지난 일이에요. 그걸 걱정하시려거든, 다음 월요일에나 걱정하세요."

"난 너하고 그 애가 서로 사이좋게 지내길 바라고 이러는 거다." 어머니는 말한다. "그러나 그 애는 고집 센 성격을 고스란히 물려받아 버렸단 말이야.

게다가 죽은 퀜틴의 성격도. 나는 그 애가 이미 그런 성질을 물려받았다고 생각했기 때문에, 그 애에게도 퀜틴이란 이름을 지어 준 거야. 때때로 나는 저 계집애가 내게 주어진 천벌, 그 애와 퀜틴에 대한 벌이 아닌가 싶단다."

"맙소사." 나는 말한다. "어머니도 참 마음씨가 곱고 섬세하세요. 그러니 어머니가 늘 앓으시는 것도 무리는 아니군요."

"뭐라고?" 어머니는 말한다. "무슨 소린지 모르겠구나."

"모르시는 게 좋죠." 나는 말한다. "선량한 부인은, 모르고 지내는 편이 속 편한 일에 대해선 대체로 잘 모르는 법이지요."

"퀜틴과 그 애는 둘 다 고집이 셌어." 어머니는 말한다. "그 애들은 내가 바로잡으려고 하면 아버지 힘에 기대서 내게 대들곤 했단다. 네 아버지는 언제나 그 애들을 감독할 필요가 없다고 말했지. 사람이 가르칠 수 있는 건 기껏해야 무엇이 고결이며 정직인가 하는 것뿐인데, 그 애들은 이미 그런 덕목을 아니 무엇을 더 가르치느냐고. 그러니까 네 아버지는 지금 만족하겠지."

"어머니한텐 벤이 있잖아요. 벤에게 의지하면 되지요." 나는 말한다. "기운 내세요."

"그 사람들은 자기들 마음대로 굴면서 고의로 나를 완전히 따돌렸어." 어머니는 말한다. "언제나 그 애와 퀜틴만 중요했지. 늘 자기들끼리 합심해서 날 적으로 돌리고선 음모를 꾸몄어. 너에게도 그랬지. 비록 너는 너무 어려서 사정을 몰랐다만. 그들은 모리 아저씨 대하듯이, 우리 둘을 언제나 다른 집 식구로 취급했단 말이야. 나는 늘 네 아버지에게 말했지. 그 애들을 너무 자유롭게, 너무 붙어 있게 내버려 두는 거 아니냐고. 퀜틴은 학교에 입학시켜야 했는데, 다음 해부터 그 애도 학교에 보내 줘야 했지. 그래서 그 계집애가 퀜틴하고 같이 있을 수 있게 말이야. 그 계집앤 제가 못하는 것을 너희 중에 누가 하도록 내버려 두질 못했어. 허영심 때문에. 허영심과 헛된 자존심 때문에. 그런데 그 애가 그런 문제를 일으켰을 때, 나는 퀜틴도 그 계집애와 마찬가지로 나쁜 짓을 저질러야 한다고 느끼고 있을 거라는 것을 알고 있었지. 하지만 난 퀜틴이 그런 짓을 할 만큼 이기적인 애라고는 믿지 않았어―나는 꿈에도 그 애가―."

"아마 형은 계집애를 낳으리란 걸 알고 있었는지도 모르죠." 나는 말한다. "그렇게 여자가 하나 더 늘어날 거라 생각하니, 도저히 참을 수 없었겠죠."

"퀜틴은 그 애를 다룰 수 있었을 텐데." 어머니는 말한다. "그 애가 조금이라도 말을 들은 사람은 그래도 퀜틴뿐이었던 것 같아. 그것도 다 나한테 내린 천벌의 일부분이겠지."

"그래요." 나는 말한다. "죽은 게 내가 아니고 형이라서 무척 안타깝네요. 내가 그 대신이었더라면 어머니는 훨씬 더 잘 살아가실 텐데요."

"넌 내 속을 아프게 하는 소릴 하는구나." 어머니는 말한다. "하긴 난 그런 소릴 들어 마땅하지만. 퀜틴을 하버드에 보내려고 땅을 팔 적에, 나는 네 아버지에게 너에게도 똑같은 지원을 준비해 줘야 한다고 말했지. 그래서 허버트가 너를 은행에 들여 주겠다고 말했을 때, 나는 이것으로 제이슨도 겨우 지원을 받게 됐다고 말했단다. 그리고 이런저런 지출이 쌓이고 쌓여서 우리 가구와 나머지 목장을 팔 수밖에 없게 되자, 나는 즉시 그 애한테 편지했지. 걔와 퀜틴은 저희 몫뿐만 아니라 제이슨의 몫도 좀 가로채 갔으니, 이제 너에게 그걸 갚아야 한다고 생각했기 때문이야. 그게 의무라는 건 너도 알 거라고 편지에 썼지. 아버지를 존경하는 의미에서도 그렇게 해야 된다고 나는 그 애한테 말했다. 그때 나는 진심으로 그래야 한다고 믿었어. 그러나 나는 이제 불쌍한 늙은 여편네에 불과하지. 나는 사람은 누구나 자기 가족을 위해서 자신을 희생해야 된다고 믿도록 교육받고 말았거든. 그러니 다 내 잘못이야. 네가 나를 책하는 것도 잘못은 아냐."

"어머니는 내가 자립하는 데 꼭 누구의 도움이라도 필요한 줄 아세요?" 나는 말한다. "제 자식의 아비 이름도 대지 못하는 여편네는 그만 내버려 두시라고요."

"제이슨." 어머니는 말한다.

"알아요." 나는 말한다. "난 그런 뜻으로 말한 게 아네요. 물론 그렇진 않아요."

"내가 이렇게 고초를 받고도, 끝내 그게 사실이라고 믿어야 한다면."

"물론 사실이 아니죠." 나는 말한다. "난 그런 뜻으로 한 말이 아네요."

"제발 적어도 그런 일만은 내게 일어나지 않았으면 좋겠구나." 어머니는 말한다.

"물론 그래요." 나는 말한다. "그걸 의심하기엔 퀜틴은 그 둘을 너무나 닮았으니까요."

"난 도무지 그런 생각은 할 수가 없구나." 어머니는 말한다.

"그렇다면 그런 생각은 집어치워요." 나는 말한다. "그런데 그 계집애, 또 밤에 나가 돌아다니며 어머니께 걱정 끼치진 않나요?"

"아니, 그 애는 이게 다 저를 위한 일이고, 그래서 언젠가는 나에게 고마워하게 되리란 걸 이제 깨달았어. 내가 문을 잠근 뒤에는, 그 애는 책을 꺼내 공부하고 있단다. 어떤 때는 밤 11시까지 늦도록 방에 불이 켜져 있기도 해."

"공부하고 있는지 어떻게 알아요?" 나는 말한다.

"방에 혼자 앉아서 뭐 별다르게 할 일이 있을라고." 어머니는 말한다. "그 애는 책을 읽은 일이라곤 여태까지 없었으니까."

"아녜요." 나는 말한다. "어머니는 모르세요. 그런 걸 모르니 참 행복하시겠지 뭐예요." 한데 이런 걸 큰 소리로 떠들 게 뭐람. 그래 봤자 어머니가 또 내게 기대며 울음을 터뜨릴 뿐인데.

어머니가 2층에 올라가는 소리가 났다. 다음 어머니는 퀜틴을 불렀고 퀜틴은 문 너머로 "네?" 대답한다. "잘 자거라." 어머니는 말한다. 이어서 열쇠를 자물쇠에 대는 소리가 났고, 어머니는 어머니 방으로 들어갔다.

내가 여송연을 다 피우고 2층으로 올라가자, 퀜틴 방 불은 아직도 켜져 있었다. 나는 열쇠 구멍으로 들여다볼 수 있었으나, 안에서는 아무런 소리도 들리지 않았다. 조용히 공부하고 있다 이건가. 학교에서 그 정도는 배워 왔는지도 모르지. 나는 어머니에게 안녕히 주무시라는 인사를 하고 내 방으로 들어가서, 금고를 꺼내 돈을 다시 세었다. '위대한 미국의 거세마(去勢馬)'가 마치 제재소 공장처럼 코를 골고 있는 소리가 들렸다. 나는 남자가 여자 목소리를 내도록 그런 수술을 한단 얘기를 어디선가 읽은 적이 있다. 그러나 벤은 사람들이 저에게 무슨 짓을 했는지 몰랐을 것이다. 저놈은 제가 거기서 무엇을 하려 했는지도, 또 버제스 씨가 왜 저를 울타리 말뚝으로 두들겨 팼는지도 몰랐을 것이다. 그러니까 만일 마취를 시킨 채 저놈을 잭슨에 보내 버렸던들, 뭐가 달라졌는지도 저놈은 몰랐을 것이다. 그러나 이런 방법은 너무 단순해서, 콤프슨 집안사람들은 도무지 떠올리질 못했다. 그보다 두 배는 더 복잡했어야 생각할 수 있지. 그러니까 수술 하나 하는 데도, 저놈이 문밖으로 뛰어나가서 계집애의 아버지가 바라보는 앞에서 그 계집애를 붙잡을 때까지 기다려야 했던 것이다. 나 참, 내가 늘 말하지만 그들은 수술을 너무 늦게 결정했고, 또 한 명만 수술해 놓고선 너무 빨리 중지했다. 나는 그런 수술이 필요한 인간을 적어도 둘은 더 알고 있으며, 그중 하나는 1마일도 안 떨어진 곳에 있는 것이다. 하지만 사실 그런 것을 한다고 해도 아무 소용없을 것이다. 늘 하는 말이지만, 한 번 갈보가 된 여자는 영원히 갈보가 된다. 그런데 단 24시간만이라도, 나에게 시세가 어떻게 될지 조언해 주는 짓을 뉴욕의 유대 놈들이 그만두어 주었으면 좋겠다. 나는 횡재하고 싶지는 않다. 횡재 이야기 따위는 약아빠진 투기꾼 놈들의 주머니를 터는 데나 쓰이도록 내버려 두면 된다. 나는 단지 내 잃은 돈을 찾을 수 있는 공정한 기회를 바라는 것뿐이다. 그렇게 되기만 하면 빌 거리도 정신병원도 통째로 이리 옮겨 놓고, 어미랑 딸은 내 침대에서 재우고 또 한 놈은 식탁 내 자리에 앉혀 줄 수도 있겠는데.

1928년 4월 6일

1928년 4월 8일

황량하고 싸늘한 새벽이 밝았다. 북동쪽에서 밀려오는 움직이는 벽 같은 회색빛 공기는 안개 속으로 녹아드는 것이 아니라, 마치 먼지와 같이 매우 작고 유독한 미립자로 무수히 분해되어 갔다. 따라서 딜시가 오두막 문을 열고 밖에 나타났을 때엔, 그것은 안개라기보다는 응결되어 그곳에 남은 얇고 반들반들한 기름 비슷한 물질을 가라앉히면서, 그녀의 육체 속으로 가로질러 파고드는 것이었다. 그녀는 머리의 터번 위에 꼿꼿한 검은 밀짚모자를 쓰고, 보랏빛 비단 가운 위엔 이름 모를 동물의 지저분한 가죽으로 가장자리를 장식한 밤색 벨벳 케이프를 걸치고 있었다. 무수한 주름이 잡히고 살이 쭉 빠진 얼굴과 마치 생선 배때기처럼 창백한 여윈 한쪽 손을 하늘 쪽으로 쳐들고, 잠깐 문간에 서 있다가, 케이프를 한쪽으로 치우고 가운의 앞가슴을 매만졌다.

오랜 세월을 지나 이제는 예스러운 모습이 그윽한 가운은 그녀의 마른 어깨에서 척 늘어진 가슴을 똑바로 지나쳐 내려가 뚱뚱한 배 위쪽에서 팽팽해지더니 다시 축 늘어져 있다. 그러고는 봄이 무르익어 날씨가 따뜻해지는 대로 한 장 한 장 벗어 버릴 겹겹의 아랫바지 언저리에선 불쑥 부풀어져 있었다. 그녀는 한때는 몸집이 컸으나 이제는 뼈다귀만 앙상하게 솟았을 뿐이고, 속이 텅 빈 살가죽이 마치 부르튼 가죽처럼 엉성하게 뚱뚱한 배를 감싸고 있었다. 그것은 근육과 조직이 마치 용기와 인내와도 같아서 날이 가고 해가 바뀜에 따라 소모되어 다 사라지고 마침내는 단지 불굴의 골격만이 남아, 졸고 있는 듯 무감각한 내장 위에 폐허와 기념비처럼 솟은 모양새였다. 그리고 그런 몸뚱이 위엔 뼈다귀 자체가 살 밖으로 비어져 나온 것 같은 인상을 주는 망가진 얼굴이, 숙명적이기도 하면서 갑작스러운 실망에 놀란 어린애 같기도 한 표정으로 바람 센 하루를 향해 들려 있었다. 그러나 이윽고 그녀는 돌아서서 오두막집으로 다시 들어가 문을 닫았다.

그 문 언저리의 땅은 아무것도 없이 허전했다. 그 땅은 반들반들 윤이 났는데, 여러 세대를 걸쳐서 사람의 맨발바닥에 밟혀 다져진 듯이 보였고, 마치 손으로 바른 멕시코인들 집의 벽이나 오래된 은전과도 같았다. 오두막집 옆에는 여름이면 그늘을 드리우는 뽕나무가 세 그루 서 있었는데, 나중엔 손바닥같이 널따랗고 축축하게 자랄 나뭇잎이 아직은 막 움터서, 불어오는 바람을 타고 파도처럼 출렁이고 있었다. 파랑어치 한 쌍이 어디선지 모르게 날아와서, 호사스런 헝겊 조각이나 종이쪽같이 돌풍을 타고 빙글빙글 날다가 뽕나무에 올라앉아, 거기에서 몸을 기울였다 가누었다 하여 나뭇가지를 흔들면서 쉰 목소리로 바람을 향해 울어 대고 있다. 그 목쉰 울음소리는 또 종이쪽이나 헝겊 조각처럼 바람을 타고 멀리 사라져 가는 것이었다. 이윽고 파랑어치 세 마리가 그들과 합세하여 얼마 동안 다 같이 울어 대면서, 비틀린 가지에서 흔들거리고 갸우뚱거리고 있다. 오두막집 문이 열리고 딜시가 다시 나타났다. 이번에는 남자용 펠트 모자를 쓰고 군용 코트를 입고 있었다. 그 해진 코트 자락 밑으로는 푸른색 깅엄으로 된 옷이 울툭불툭하게 부풀어 드리워져 있었다. 그것은 그녀가 마당을 건너 안채 부엌으로 통하는 층계를 올라갈 때 그녀의 몸 언저리에서 흔들흔들 나부꼈다.

잠시 뒤에 그녀는 이번엔 우산을 펴 들고 나타났다. 우산을 바람 속으로 비껴들고 장작더미 있는 데까지 가서, 그 우산을 펼친 채 밑에 내려놓았다. 그러더니 곧바로 우산을 잡아 꽉 붙들고 잠깐 누르고 있으면서, 주위를 둘러본다. 이윽고 그녀는 우산을 접어서 내려놓고 장작을 꾸부정한 팔로 앞가슴에 받쳐 쌓아서 안아 들고, 우산을 집어 가지고 끙끙거리며 펴 들고 층계 쪽으로 돌아갔다. 그리고 장작을 떨어뜨리지 않도록 조심스럽게 몸을 가누며, 우산을 간신히 접은 다음 바로 문간 안 모퉁이에 세워 놓았다. 그녀는 스토브 뒤쪽에 있는 큰 상자에 장작을 내리 던졌다. 그러고는 코트와 모자를 벗고 벽에서 때 묻은 앞치마를 떼어 두르고, 스토브에 불을 피웠다. 그녀가 난로의 받침쇠를 덜그럭거리고 뚜껑을 딸그락거리면서 불을 피우는 동안, 콤프슨 부인은 층계 위에서 그녀를 부르기 시작했다.

부인은 누빈 까만 새틴 가운을 입고 턱 밑으로 옷깃을 바싹 추켜 쥐고 있었다. 다른 한 손엔 빨간 고무 탕파(湯婆 : 뜨거운 물을 넣어 몸을 덥게 하는 그릇)를 들고 뒤쪽 층계 꼭대기에 서서, 일정한 간격을 두고 아무런 억양도 없이 "딜시" 하고 부르고 있었다. 조용한 층계 통로가 깜깜한 어둠 속에 잠겼다가 창문에서 희뿌연 빛이 비끼어 다시 훤해진 곳을 향하여, 그녀는 말을 걸었다. "딜시" 하고, 콤프슨 부인은 아무런 억양도 없이 강조하거나 서두르는 빛도 없는 어조로, 마치 대답을 들을 생각이 없는 듯이 불렀다. "딜시."

딜시는 대답하고 스토브 딸그락대는 소리를 멈췄으나, 그녀가 부엌을 다 건너가기 전에 콤프슨 부인은 다시 한 번 그녀를 불렀고, 그녀가 식당을 지나 창문에서 비치는 회색빛을 받으면서 머리를 내밀기 전에, 다시 또 불렀다.

"네, 네." 딜시가 말했다. "네, 여기 있습니다. 물이 데워지는 대로 곧 갈아 드리죠." 그녀는 치마를 여미고, 희뿌연 빛을 온통 제 몸으로 흐리면서 층계를 올라왔다. "거기 놓고 자리로 돌아가세요."

"도대체 어떻게 된 셈판이야." 콤프슨 부인이 말했다. "난 적어도 한 시간은 눈 뜬 채 누워 있었는데, 부엌에선 아무런 소리도 들리지 않으니깐 말이야."

"마님, 그건 거기 놓으시고 자리로 돌아가요." 딜시는 말했다. 그녀는 꼴사납게 숨을 헐떡이면서 고통스럽게 층계를 올라오고 있었다. "내 금방 불을 피우고, 곧 물을 데울 테니까요."

"난 적어도 한 시간은 자리에 그냥 누워 있었단 말이야." 콤프슨 부인은 말했다. "혹시 내가 내려가서 불 피우기를 할멈이 기다리고 있나 싶었다고."

딜시는 꼭대기에 다다라서 탕파를 받았다. "내 금방 해 드릴게요." 그녀는 말했다. "라스터란 놈이 오늘 아침 늦잠이에요, 지난밤 늦게까지 쇼 구경하고 와서. 그래 내가 직접 불을 피우고 있어요. 자, 어서 들어가세요. 그래야 내가 다 준비할 때까지 다른 식구들이 깨지 않지요."

"할멈이 자청해서 일에 방해되는 짓을 라스터한테 허락했으니, 할멈이 당연히 그 대가를 치러야지 뭐." 콤프슨 부인이 말했다. "제이슨이 들으면 화낼걸. 할멈도 다 알지만."

"그 애가 제이슨 돈으로 거길 간 건 아녜요. 그것만은 확실하니깐요." 딜시는 층계를 내려갔다. 콤프슨 부인은 자기 방으로 돌아갔다. 부인이 다시 자리에 들어가려는데, 아직도 딜시가 층계를 내려가는 발소리가 들렸다. 그 소리는 지독히 느린데다가 고통스럽게 들렸으므로, 만일 곧 식당 문의 삐걱삐걱 소리 너머로 사라져 가지 않았더라면, 듣는 사람이 신경질이 날 지경이었다.

그녀는 부엌으로 돌아가서 불을 피우고 아침 식사를 준비하기 시작했다. 그러다 일을 하다 말고 창문으로 가서 자기 오두막 쪽을 바라보았다. 그 다음 뒷문으로 가서 문을 열고 몰아치는 비바람을 향해 소리쳤다.

"라스터!" 그녀는 소리치고, 바람을 피해 얼굴을 돌리고 서서 귀를 기울였다. "얘, 라스터!" 그녀는 귀를 기울였다. 그리고 다시 한 번 소리치려고 할 때 라스터가 부엌 모퉁이를 돌아 나타났다.

"할머니, 왜요?" 그는 아무렇지도 않게 말했다. 그 태도가 너무도 천연덕스러워서 딜시는 순간 꼼짝도 않고, 단순한 놀라움 이상의 어떤 기분을 얼굴에 드러내며 그를 내려다보았다.

"너 어디 갔었니?"

"아무 데도 안 갔어요. 잠깐 지하실에 있었는데요."

"지하실에선 뭘 하고 있었니? 비 맞고 거기 서 있지 마. 이 미련퉁이야."

"아무것도 안 하고 있었죠." 그는 계단을 올라왔다.

"장작 한 아름 안고 오지 않으면 이 문으론 못 들어와." 그녀는 말했다. "이봐, 내가 네 대신 나무를 날라다가 불을 피워야만 했단 말이야. 지난밤에 저 장작통이 가득 차기 전엔 떠나지 말라고 내 말하지 않았어?"

"채워 놨었는데." 라스터가 말했다. "난 저걸 가득 채워 놨었단 말이에요."

"그럼, 그게 다 어디 간 거지?"

"나도 모르겠는데요. 난 건드리지도 않았는데."

"좋아. 그럼 지금부터 저걸 장작으로 꽉 채워 놔. 그리고 나서 2층으로 가 벤지를 봐 줘."

그녀는 문을 닫았다. 라스터는 장작더미 있는 데로 갔다. 그 다섯 마리 파랑어치는 울면서 지붕 위를 빙빙 돌다가 다시 뽕나무 속으로 들어갔다. 그는 그 새들을 바라보았다. 돌을 주워서 던졌다. "훠어이." 그는 외쳤다. "당장 지옥으로 꺼져라. 네놈들 주인 계신 곳으로. 오늘은 아직 월요일이 아니란 말이야."

그는 산더미 같은 장작을 안아 들었다. 장작이 앞을 가려 넘겨다볼 수 없었다. 그는 비틀거리며 계단에 이르러 다시 층층대를 간신히 올라가선 부엌 문에 대고 쾅 부딪혀서, 장작개비를 몇 개 떨어뜨렸다. 딜시가 와서 문을 열어 주니 그는 부엌을 어정어정 건너갔다. "얘, 조심해, 라스터!" 그녀는 소리쳤으나, 그는 벌써 산더미 같은 장작을 상자 속에다 꽝 하고 천둥같이 요란스런 소리를 내며 내던졌다. "후유우!"

"온 집안 식구를 모두 깨워 놓을 참이냐?" 딜시는 손바닥으로 라스터의 뒤통수를 갈겼다. "자, 2층에 올라가서 벤지 옷이나 입혀 줘."

"네." 그는 말했다. 그러고는 뒷문 쪽으로 갔다.

"어디로 가는 거야?" 딜시는 말했다.

"저택 바깥을 빙 돌아서 앞문으로 들어가는 게 좋겠다 싶어서요. 그래야 캐롤라인 마님도 다른 식구들도 깨우지 않죠."

"뒤쪽 층계로 올라가. 그리고 벤지 옷이나 입혀 주라니깐." 딜시는 말했다. "자, 어서 올라가."

"네." 라스터가 말했다. 그는 돌아와서 식당 문을 통해서 갔다. 잠시 뒤에 그 문은 삐걱삐걱 흔들거림을 멈추었다. 딜시는 빵 구울 준비를 했다. 그녀가 빵 반죽판 위에다 체를 대고 느릿느릿 체질을 했다. 반죽판 위로 밀가루가 연약하게 느릿느릿 눈 오듯 내려앉는 동안, 그녀는 처음에는 자기한테만 들릴 소리로, 무슨 특별한 가락도 가사도 없으나 슬프고 우울하며 소박한 곡조를 되풀이하여 노래를 불렀다. 스토브가 실내를 따스하게 하고 불이 타오르는 단조로운 단음계 곡조가 차츰 실내를 채우자, 딜시도 점점 크게 노래를 부르게 되었으니 마치 그녀의 목소리가 점점 더워지는 공기에 녹아 흘러나오는 듯했다. 그때 콤프슨 부인은 다시 그녀의 이름을 불렀다. 딜시는 마치 자기 눈은 벽과 천장을 뚫을 수 있으며, 실제로 뚫고 누빈 가운을 입고 층계 꼭대기에 서서 기계처럼 규칙적인 간격을 두고 자기 이름을 부르는 노파를 쳐다보기라도 하는 듯이 고개를 쳐들었다.

"원, 세상에." 딜시는 체를 내려놓고 앞치마 끝자락으로 두 손을 훔치고, 의자에 놓아둔 탕파를 집어 들었다. 그리고 지금 김이 살살 오르는 주전자의 손잡이를 앞치마 자락을 겹쳐 대고서 잡았다. "네, 잠깐만 기다려 줘요." 그녀는 소리쳤다. "물이 막 끓기 시작했으니."

그러나 콤프슨 부인이 원한 것은 탕파가 아니었다. 딜시는 탕파를 마치 죽은 암탉처럼 목을 쥐고 뒤쪽 층계 밑으로 가서 위를 올려다보았다.

"라스터가 위층에 올라가서 벤지하고 같이 있잖아요?" 그녀는 말했다.

"라스터는 안 올라왔어. 난 자리에 누워서 오는 소리가 들리나 귀 기울이고 있었는걸. 그 애가 늦게 올 줄은 나도 알고 있었지만, 그래도 오늘은 제이슨이 일주일에 단 하루 아침 늦게까지 잠을 잘 수 있는 날이잖아. 벤자민이 제이슨을 방해하지 않도록, 그 애를 돌볼 사람이 시간 맞춰 오길 바랐단 말이야."

"마님은 새벽부터 그렇게 복도에 서서 남을 소리쳐 부르면서, 어떻게 다른 사람이 잠을 자길 바라는지 알 수가 없네요." 딜시는 무겁게 다리를 끌면서 층계를 올라가기 시작했다. "내 그 녀석을 30분 전에 그리 보냈는데."

콤프슨 부인은 가운 옷깃을 턱 밑에서 단단히 여미며 그녀를 바라보았다. "뭘 어쩌려는 거야?"

"벤지를 옷 입혀서 부엌으로 데려가게요. 거기선 제이슨하고 퀜틴을 깨우지 못할 테니까요." 딜시는 말했다.

"아직 아침밥 준비는 시작 안 했어?"

"그것도 해야겠고." 딜시는 말했다. "마님은 라스터가 방에 불을 피워 드릴 때까지 자리에 누워 계셔요. 오늘 아침은 추운데요."

"추운 건 나도 알고 있어." 콤프슨 부인이 말했다. "발이 얼음장 같은데. 발이 너무 차가워서 잠을 깼지 뭐야." 그녀는 딜시가 층계를 올라오는 것을 굽어보았다. 층계를 올라오는 데는 오랜 시간이 걸렸다. "아침이 늦으면 제이슨이 얼마나 짜증을 내는지 할멈도 알지."

"나도 한 번에 두 가지 일을 할 순 없죠." 딜시가 말했다. "자, 마님은 자리에 돌아가 누우세요. 안 그러면 오늘 아침은 마님 시중까지도 내가 들어야 하니까요."

"하지만 할멈이 벤자민 옷을 입혀 주려고 다른 일은 다 집어치운다면, 내가 내려가서 아침밥을 해야 할 게 아냐. 아침이 늦으면 제이슨이 얼마나 짜증을 내는지 할멈도 나 못지않게 잘 알면서."

"그런데 마님이 지은 음식을 누가 먹는대요?" 딜시가 말했다. "말해 보세요. 자, 어서 들어가요." 이렇게 말하면서 딜시는 위로 허덕이며 올라오고 있었다. 그녀가 한 손으로 벽을 짚으면서 다른 한 손으로 치맛자락을 움켜쥐고 올라오는 동안, 콤프슨 부인은 그 모습을 내려다보고 서 있었다.

"할멈은 그 애를 옷 입히겠다고 일부러 깨우려는 거야?"

딜시는 멈췄다. 한 발은 다음 계단에 걸쳐 놓고 한 손은 벽에 대고 서 있었는데, 1층 창문으로 들어오는 희뿌연 빛이 뒤에서 비쳐, 그녀의 꼼짝도 않는 볼썽사나운 모습이 그림자처럼 희미하게 나타났다.
"그럼, 벤지는 아직 깨지 않았단 말이죠?"
"내가 들여다봤을 땐 아직 자고 있었어." 콤프슨 부인이 말했다. "하지만 그 애가 깰 시간은 지났는데. 그 애는 7시 반 넘어서까지 자는 일은 절대로 없으니깐. 할멈도 알지 왜."
딜시는 아무 말도 하지 않았다. 더 이상 움직이지도 않았다. 콤프슨 부인에겐 그녀의 모습이 부피 없는 부연 그림자처럼 보일 뿐이었다. 그러나 콤프슨 부인은 그녀가 빈 탕파의 목을 쥐고 고개를 약간 숙이고서는, 마치 암소가 비를 맞듯이 서 있다고 생각했다.
"다 참고 견뎌야 할 사람은 할멈이 아니야." 콤프슨 부인은 말했다. "그것은 할멈의 책임이 아니니까. 할멈은 아무 때나 도망칠 수 있잖아. 날이면 날마다 그런 책망을 들을 필요는 없잖아. 할멈은 저 애들에게도, 돌아가신 콤프슨 영감에게도 지켜야 할 도리 따위는 없으니깐. 난 다 알아. 할멈은 제이슨에게 한 번도 부드럽게 대해 준 일이 없다는 걸. 할멈은 그걸 감추려고도 하지 않지."
딜시는 아무 소리도 하지 않았다. 다만 천천히 돌아서더니, 마치 어린애가 그러듯이 손을 벽에 대고 한 발 한 발 디디며 내려갔다. "어서 들어가요, 그 사람은 내버려 두시고. 그 방엔 다시 들어가지 말아요. 내 라스터를 보는 대로 곧 올려 보낼 테니. 이제 벤지는 내버려 두고 돌아가요."
그녀는 부엌으로 돌아왔다. 스토브를 들여다보고는 앞치마를 머리 위로 끌어올려 벗더니, 군용 코트를 입고 뒷문을 열고 마당을 두리번거렸다. 가느다란 빗줄기가 살에 날카롭게 부딪쳐 왔다. 그러나 마당엔 그 밖에 움직이는 것이라곤 아무것도 눈에 띄지 않았다. 그녀는 마치 적막을 깨뜨릴까 두려운 듯이 조심조심 층계를 내려가 부엌 모퉁이를 돌아갔다. 그러자 라스터가 지하실 문에서 재빨리 천진한 모습으로 나타났다.
딜시는 멈춰 섰다. "넌 뭘 하고 있는 거야?"
"아무것도 아녜요." 라스터가 말했다. "제이슨 씨가 저 지하실 어디서 물이 새는지 찾아내라고 그랬어요."
"그런데 언제 너더러 그걸 하라던?" 딜시가 말했다. "지난 정초에 그랬지?"

"난 그냥 다들 자고 있을 때 조사해 보려고 했죠." 라스터가 말했다. 딜시는 지하실 문으로 갔다. 라스터는 비켜섰다. 그녀는 질척한 흙과 곰팡이와 고무 냄새가 무럭무럭 풍기는 컴컴한 지하 계단 속을 기웃거리고 들여다보았다.

"흥." 딜시는 라스터를 다시 쳐다보았다. 그는 천연덕스런 얼굴로 켕길 거하나 없다는 듯이 그녀의 눈을 마주 보았다. "네가 뭘 하고 있었는진 모르지만, 하여튼 쓸데없는 일일랑 그만둬. 그럴 틈이 없다고. 오늘 아침엔 너까지 다른 사람들처럼 나를 괴롭히는 거냐? 2층으로 올라가서 벤지나 봐 주란 말이야. 알겠니?"

"네." 라스터가 말했다. 그는 부엌 계단 쪽으로 재빨리 걸어갔다.

"얘야." 딜시가 말했다. "내 너를 붙든 김에 장작이나 한 아름 더 날라 달라고 해야겠다."

"네." 그는 계단 위에서 그녀를 지나쳐 장작더미 있는 데로 갔다. 잠시 뒤에 그가 다시 앞이 안 보일 정도로 장작을 산더미같이 안고 문에 부딪히자, 딜시는 문을 열고 그를 꽉 붙잡아 부엌 안으로 데리고 들어갔다.

"옳지, 저 상자 속에 다시 내던져 봐라. 어디 또 내던져 보라고."

라스터가 헐떡이며 말했다. "그럼 이걸 어떻게 달리 내려놓으란 말이에요."

"그럼 거기 잠깐 들고 있어." 딜시는 장작을 한 개비씩 내려 주었다. "오늘 아침 따라 너 왜 이러냐? 내가 장작을 가지러 보내면 몸을 아끼느라고 한 번에 겨우 6개비 이상 가져온 일이 없는데. 너도 나한테 뭘 해 달래려고 그러는 거지? 아직 쇼가 떠나지 않았느냐?"

"아뇨. 가 버렸어요."

그녀는 마지막 장작개비를 상자에 집어넣었다. "내가 아까 말한 대로 이제 2층 벤지한테 가 봐. 나는 내가 준비 다 마치고 종을 울릴 때까지, 다시는 아무도 저 층계 꼭대기에서 크게 소리치지 않았으면 좋겠다. 알겠니?"

"네." 라스터가 말했다. 그는 흔들리는 문을 통해서 사라졌다. 딜시는 장작을 몇 개 더 스토브에 넣고 빵 반죽판으로 돌아갔다. 곧 다시 노래를 부르기 시작했다.

실내는 점점 따뜻해졌다. 곧 이어서 딜시가 요리 재료를 모으고 조리를 하면서 부엌 안을 여기저기 왔다 갔다 했다. 그러는 동안에 그녀의 피부는 라스터의 그것과 같이, 엷은 재를 뒤집어쓴 듯하던 아까와는 달리 이제 점차 윤택한 빛이 감돌았다. 찬장 위 벽에는 밤에 등불 빛으로밖에 보이지 않는, 그리고 그렇게 보일 때도 바늘이 하나밖에 없기 때문에 불가사의하고 기괴한 그 무엇만 나타낼 뿐인 괘종시계가 붙어서 똑딱거리다가, 다음에는 마치 목청을 가다듬는 듯이 미리 쉬익 소리를 내고 다섯 번 종을 쳤다.

"8시군." 딜시는 손을 멈추고 고개를 쳐든 채 듣고 있었다. 그러나 들리는 것은 시계 소리와 불타는 소리뿐이었다. 그녀는 스토브의 오븐 뚜껑을 열고 빵판을 들여다보고는, 그대로 허리를 굽힌 채 누가 층계를 내려오는 소리를 가만히 듣고 있었다. 식당을 지나오는 발소리가 들렸고, 이어서 흔들리는 문이 삐걱 열리자 라스터가 나타났다. 그리고 그 뒤에 덩치 큰 남자가 따라왔다. 그는 서로 결합하길 거부하려 들거나, 실제로 거부하는 구성 분자 또는 전체를 지탱하는 골격에 맞춰 들어가길 거부하려 들거나, 실제로 거부하는 분자로 구성된 물질로 이루어진 것처럼 보였다. 그의 살결은 시체같이 보였으며 털이 나 있지 않았고 또한 부풀어 오른 듯하기도 했다. 그는 길들여진 곰처럼 뒤뚱뒤뚱한 걸음으로 움직이고 있었다. 희미하며 부드러웠다. 머리털은 이마 위까지 매끈하게 빗어져서 마치 그 옛날 은판사진 속 어린애의 머리털 같았다. 그의 맑은 눈은 도깨비부채의 부드럽고 여린 푸른빛을 띠고, 두꺼운 입술은 축 늘어져 벌어졌으며, 침을 조금 흘리고 있었다.

"그 애 추워하느냐?" 딜시는 앞치마에 손을 문지르고 그 남자의 손을 만졌다.

"이놈은 안 추울지 몰라도, 내가 추워요." 라스터가 말했다. "부활절엔 언제나 춥단 말이죠. 춥지 않은 걸 내 본 적이 없거든. 캐롤라인 마님이 혹 탕파를 준비할 시간이 없으면 그만둬도 좋대요."

"오, 참 그렇지." 딜시는 장작 상자와 스토브 사이 귀퉁이에 의자를 하나 끌어다 놓았다. 그 남자는 순순히 거기에 앉았다. "식당을 들여다보고 내가 탕파를 어디 놨는지 찾아다 줘." 딜시가 말했다. 라스터가 식당에서 탕파를 가져오자 딜시가 그걸 따뜻한 물로 채워 그에게 주었다. "자, 얼른 가져가. 제이슨이 깼는가 좀 보고. 식사 준비가 다 됐다고들 일러."

라스터가 나갔다. 벤은 스토브 옆에 앉아 있었다. 그는 축 늘어져서 꼼짝도 않은 채 그저 머리만 끊임없이 까딱거리고 있었다. 그러면서 딜시가 움직일 적마다 그 부드럽고 멍청한 눈으로 그녀를 쳐다보았다. 라스터가 돌아왔다.

"제이슨 도련님 일어났어요." 그는 말했다. "캐롤라인 마님이 아침을 식탁에 차리래요." 그는 스토브 있는 데로 가서 두 손바닥을 아궁이 위에 대고 펼쳤다. "그 사람 아주 말짱히 깨어 있던데요. 오늘 아침은 또 엄청나게 성을 내시던데."

"도대체 왜 그런대?" 딜시는 말했다. "거기서 물러나. 네가 스토브를 막고 있으면 나더러 어떻게 일하란 게야?"

"나 추워요." 라스터가 말했다.

"너 저 지하실에 있는 동안엔 추운 생각이 들지 않았단 말이냐. 제이슨은 도대체 왜 그러지?"

"나하고 벤지가 자기 방 유리창을 깼다는 거예요."

"하나라두 깨진 게 있나?" 딜시가 말했다.

"그 사람이 그런다니까요." 라스터가 말했다. "내가 그걸 깼대요."

"낮이나 밤이나 늘 문을 잠가 두면서, 네가 무슨 수로 그랬다고 그러니?"

"내가 밖에서 돌을 던져서 그걸 깼다는 거예요."

"그래 네가 그랬니?"

"아뇨."

"얘, 나한텐 거짓말 마." 딜시가 말했다.

"난 절대로 안 그랬어요." 라스터가 말했다. "내가 그랬나 벤지한테 물어 봐요. 난 그런 유리창 따위 몰라요."

"그럼 누가 깼단 말이야?" 딜시가 말했다. "제이슨이 퀜틴을 깨우려고 괜히 심술부려서 떠들어 대는지도 모르지만." 그녀는 빵판을 스토브에서 꺼내며 말했다.

"나도 그렇게 생각해요." 라스터가 말했다. "하여튼 이 집 사람들은 이상해요. 이런 집에 태어나지 않길 잘했지."

"어디에 태어나지 않았다고?" 딜시가 말했다. "내 말해 두지만, 이 검둥아, 네게도 콤프슨가의 마귀가 이 집 누구에도 못지않게 들어 있단 말이다. 너 정말 저 유리창 안 깼다 이거지?"

"내가 그걸 뭣 땜에 깬단 말이에요?"

1928년 4월 8일 281

"네가 못된 짓거리를 하는 데 무슨 이유가 있니?" 딜시가 말했다. "저 애나 잘 봐. 내 상을 차릴 동안 또 손을 대지 않게 말이야."

딜시는 식당으로 갔다. 거기서 그녀가 돌아다니는 소리가 들렸고, 곧이어 그녀는 부엌으로 돌아와 식탁 위에 접시를 놓고 거기에 음식을 차렸다. 벤은 침을 흘리고 어렴풋하게 간절히 바라는 소리를 내면서 그녀를 지켜보았다.

"자, 알았다, 애야." 그녀는 말했다. "여기 네 아침밥 나왔다. 애 의자 가져와, 라스터야." 라스터는 의자를 당겨 놓고 벤은 침을 흘리고 낑낑거리며 앉았다. 딜시는 그의 목에 헝겊을 매 주고 그 끝으로 입을 훔쳐 주었다. "자, 그럼 단 한 번이라도 좋으니, 이 애가 옷을 버리지 않도록 잘 봐 줘." 그녀는 라스터에게 숟가락을 주면서 말했다.

벤은 낑낑대기를 그쳤다. 그는 숟가락이 자기 입으로 다가오는 것을 들여다보았다. 그의 몸 안에서는 식욕마저도 딱딱하게 굳어서 맘대로 되지 않는 듯했고, 배 속이 빈 듯한 느낌 그 자체도 자기주장을 하지 못해서 그것이 배고픈 건지도 모르는 듯했다. 라스터는 능숙한 솜씨와 무심한 태도로 그를 먹여 주었다. 때때로 그는 다시 눈앞의 일에 집중하여 일부러 헛숟갈질을 해서 벤으로 하여금 텅 빈 입을 여닫게 했으나, 라스터는 분명히 딴생각을 하고 있었다. 그의 다른 한쪽 손은 의자 뒤에 놓여 있었다. 의자의 무미건조한 나무 표면 위에서 그 손은 마치 아무것도 없는 허공으로부터 귀에는 들리지 않는 곡조를 듣는 것처럼, 무언가를 확인하듯 교묘하게 움직였다. 한번은 그의 손가락이 의자의 무의미한 가로목을 애태우듯 가볍게 두들기면서 소리 없는 복잡한 아르페지오를 연주하려 하는 동안 그는 헛숟갈질하는 것까지 잊어버려, 마침내는 벤이 낑낑대는 바람에 비로소 정신을 차리게 되었다.

식당에서 딜시는 이리저리 왔다 갔다 하고 있었다. 이윽고 그녀는 작고 똑똑히 들리는 종을 울렸다. 그러자 부엌에서 라스터는 콤프슨 부인과 제이슨이 내려오는 소리를 들었으며, 그는 제이슨의 말소리를 듣고는 눈을 하얗게 굴리며 귀를 기울였다.

"아무렴요, 나도 개들이 깨뜨리지 않은 것은 알고 있어요." 제이슨이 말했다. "그럼요, 나도 그건 알아요. 아마 기후가 변해서 저절로 깨진 모양이죠."

"난 어째서 그게 깨졌는지 알 수가 없구나." 콤프슨 부인이 말했다. "네 방문은 하루 종일 잠겨 있잖아. 네가 나갈 때 잠그고, 그 다음에도 쭉 그대로인데. 일요일에나 청소하러 들어갈까, 그 밖엔 아무도 거기 들어가지 않거든. 난 들어가면 안 된다고 정해진 곳엔 들어가지 않을뿐더러 다른 아무도 들어가지 못하게 하니깐 말이야. 오해하지 마라."

"난 어머니가 깼다고 하지 않았어요, 안 그래요?" 제이슨이 말했다.

"난 네 방에 들어가고 싶지 않아." 콤프슨 부인이 말했다. "난 누구의 사생활이든 존중하니깐. 나는 열쇠를 가지고 있을지라도, 그곳 문지방에 발을 넘겨놓지 않거든."

"그렇죠." 제이슨은 말했다. "어머니 열쇠가 맞지 않는다는 건 나도 알아요. 그래서 내가 자물쇠를 바꿨으니까. 내가 알고 싶어하는 것은 저 유리창이 어떻게 해서 깨졌는가 하는 거예요."

"라스터는 제가 깨지 않았다는데." 딜시가 말했다.

"그 애한테 묻지 않아도 알고 있었어." 제이슨이 말했다. "퀜틴은 어디 있지?"

"일요일 아침이면 있는 데 있겠죠." 딜시는 말했다. "그런데 도련님은 요즘 왜 그리 성미 고약하게 구시는 거예요?"

"그래, 집안의 모든 것을 새롭게 뒤바꿀 참이지." 제이슨이 말했다. "올라가서 퀜틴에게 아침이 다 됐다고 일러."

"그 아가씬 혼자 내버려 둬요, 제이슨." 딜시가 말했다. "일요일 말고는 날마다 아침을 먹으려고 일어나니까. 그래서 캐롤라인 마님께서도 일요일만은 늦도록 자리에 누워 있게 허락해 주고 있어요. 아시다시피 말이에요."

"나로선 저 계집애 하나 특별히 시중들게 하려고 부엌 그득하게 검둥이들을 먹이고 싶진 않단 말이야." 제이슨이 말했다. "가서 그 애한테 아침 먹으러 내려오라고 해."

"아무도 그 아씨를 시중들지 않아요." 딜시가 말했다. "내가 아침밥을 따뜻한 데 넣어 두면 자기가 알아서—"

"내 말 안 들려? 제이슨이 말했다.

"들리고말고요." 딜시가 말했다. "도련님이 집에 있을 땐 내내 듣고 있죠. 도련님은 퀜틴이나 어머님을 건드리지 않으면 라스터와 벤지를 건드려요. 마님은 도련님을 왜 이대로 그냥 두세요?"

"할멈은 이 사람이 하란 대로 하는 게 좋아." 콤프슨 부인이 말했다. "이 사람은 지금 이 집안 가장이니깐. 자기 말을 우리가 듣도록 하는 건 당연한 권리잖아. 나도 그러려고 하는데, 내가 할 수 있다면 할멈인들 못하겠어?"

"이 사람은 괜히 심통이 나 가지고, 제 성에 차도록 퀜틴을 깨우려는 것뿐 인데. 그건 너무하잖아요." 딜시가 말했다. "도련님은 아씨가 유리를 깼다고 생각하는 게로군요."

"저 계집애는 깨고도 남지. 그럴 생각만 난다면." 제이슨이 말했다. "어서 가서 내 하란 대로 해."

"나는 만에 하나 아씨가 그랬을지라도 책하지 않을 테요." 딜시가 뒤편 층 계 쪽으로 가면서 말했다. "도련님은 집에 있기만 하면 내내 아씨를 못살게 굴고 잔소리하니깐요."

"그만, 딜시." 콤프슨 부인이 말했다. "나도 할멈도 제이슨에게 이래라저 래라 할 처지가 아냐. 때때로 나도 이 사람이 그르다고 생각하지만, 다른 집 안사람들을 보아서 꾹 참고 제이슨 말에 따르려고 노력하는 거야. 나도 힘내 서 이렇게 식탁에 내려오는데, 퀜틴이라고 못할 건 없지."

딜시는 나갔다. 그들은 그녀가 층계 올라가는 소리를 들었다. 오랫동안 들 었다.

"과연 굉장한 검둥이 종을 먹이고 있군." 제이슨이 말했다. 그는 어머니와 자기 접시에 음식을 덜었다. "죽일 만한 가치라도 있는 놈을 우리가 거느린 적이 있기는 해요? 하긴 내가 어려서 기억하지 못할 때는 그랬을 테지만."

"난 저것들 비위를 맞춰야 한단 말이야." 콤프슨 부인이 말했다. "난 온통 저것들한테 의지하고 있으니깐. 내가 튼튼하면 이렇게 되진 않았겠지만. 튼 튼하면 좀 좋으련만. 난 집안일 정도는 내가 다 할 수 있으면 좋겠어. 그러 면 적어도 네 짐을 그만큼 더는 셈이 되겠는데."

"그러면 우린 훌륭한 돼지우리에 살게 되겠죠." 제이슨이 말했다. "빨리 해, 딜시!" 그는 소리쳤다.

"네가 날 책망하는 걸 나도 안다." 콤프슨 부인이 말했다. "오늘 내가 모 두 교회에 가는 걸 허락했다고 해서."

"어디에 간다고요?" 제이슨이 말했다. "그 망할 놈의 쇼는 아직 안 떠났 나요?"

"교회에 말이다." 콤프슨 부인은 말했다. "흑인들은 오늘 부활제 특별예배가 있단다. 난 이미 두 주일 전에 딜시에게 보내 주겠다고 약속했지."

"그러니까 우린 점심에 식어빠진 음식을 먹어야 한단 말이군요." 제이슨이 말했다. "안 그러면 아주 굶든지."

"내 잘못이다." 콤프슨 부인이 말했다. "넌 날 책망하겠지."

"뭣 때문에요?" 제이슨이 말했다. "어머니가 그리스도를 부활시키진 않았잖아요?"

그들은 딜시가 마지막 층계를 올라가는 소리를 들었고 다음엔 그녀의 느린 발소리가 머리 위에서 들렸다.

"퀜틴." 딜시가 그 이름을 처음 불렀을 때 제이슨은 나이프와 포크를 내려놓았고, 그와 그의 어머니는 서로 같은 모습으로 탁자에 마주 앉아 상대편이 얘기하길 기다리고 있는 듯했다. 그중 한 사람은 냉정하고 날카로운 표정에, 만화에 나오는 바텐더처럼 이마 양쪽으로 꿋꿋한 갈고리 모양으로 갈라 붙인 숱 많은 갈색 머리에, 눈은 홍채 가장자리가 대리석같이 까만 밤색이었다. 그리고 다른 한 사람은 쌀쌀하고 뾰로통한 표정으로, 머리는 아주 하얗고, 주머니처럼 축 늘어진 눈꺼풀에 뒤덮인 가슴츠레한 눈은, 눈알 전체가 동공이나 홍채이기라도 한 듯 컴컴하게 보였다.

"퀜틴." 딜시가 말했다. "일어나요, 아씨. 모두 아침상을 받고 기다리고 있는데."

"저 유리창이 어째서 깨졌는지 알 수 없단 말이야." 콤프슨 부인이 말했다. "틀림없이 어제 깨졌니? 실은 옛날에 깨졌는데, 그동안 날이 계속 따뜻해서 네가 눈치를 못 챘을지도 모르잖니. 그렇게 블라인드로 그늘진 위쪽 창문인데 말이야."

"내 어제 일이라고 아까 못을 박았잖아요." 제이슨이 말했다. "내가 살고 있는 방도 잘 모를 줄 아세요? 손이라도 쑥 집어넣을 수 있는 구멍이 유리창에 난 방에, 일주일간이나 내가 살 수 있을 것 같아요······." 그의 목소리는 점점 힘이 없어지다가 뚝 그치고, 순간 그는 멍청한 눈으로 어머니를 가만히 노려보고 있었다. 마치 그의 눈초리가 스스로 숨을 들이켠 듯했다. 한편 그의 어머니는 그를 쳐다보고 있었는데 그 얼굴은 축 늘어져 불평이 가득차 보였고, 그칠 줄 모르고 그를 바라보는 그 모습은 통찰력이 강한 듯하면서도 우둔했다. 그들이 그렇게 앉아 있는데 딜시가 말했다.
"퀜틴. 아씨, 나하고 장난하자는 거 아냐. 아침 먹으러 가자고, 응. 저기서 기다리고들 있어요."
"도무지 알 수 없단 말이야." 콤프슨 부인이 말했다. "마치 누가 집을 부수고 들어오려고 한 것같이—." 제이슨은 벌떡 일어났다. 그의 의자는 뒤로 쾅 넘어졌다. "아니 왜—." 콤프슨 부인이 이렇게 말하고 그를 쳐다보고 있는데, 그는 그녀를 지나쳐서 층계를 뛰어 올라갔으며, 거기서 딜시를 만났다. 그의 얼굴은 그늘져서 잘 보이지 않았다. 딜시는 말했다.
"아씨는 뾰로통해지신 모양이에요. 어머님께서 아직 자물쇠를 열지—." 그러나 제이슨은 그녀를 지나쳐 복도를 따라 방문 앞까지 달려갔다. 그는 부르지 않았다. 손잡이를 움켜잡고 열리나 안 열리나 확인했다. 그러고서 손잡이를 쥔 채 거기에 서서 머리를 문 쪽으로 약간 숙이고, 마치 문 바로 뒤에 있는 방보다는 훨씬 먼 곳에서 나는 어떤 소리에 귀를 기울이는 듯했는데, 그는 이미 다 알고 있었다. 그의 태도는 마치 자기가 이미 들은 것을 부인하고 자신을 속이려고 자꾸만 귀를 기울이는 사람의 태도와도 같았다. 그의 등 뒤로 콤프슨 부인이 그의 이름을 부르며 층계를 올라오고 있었다. 그러다 딜시를 보자 부인은 그의 이름을 부르다 말고 대신 딜시를 부르기 시작했다.
"아직 어머님이 그 자물쇠를 열어 놓지 않았어요." 딜시가 말했다.
그 말을 듣자 그는 돌아서서 그녀에게로 달려왔는데, 그 목소리는 조용하고도 사무적이었다. "언제나 열쇠를 가지고 다니나?" 그는 말했다. "그러니까 지금 그걸 가지고 있는 건가, 아니면 방에 가지러 가야—."
"딜시." 콤프슨 부인이 층계 위에서 말했다.
"도대체 뭔데요?" 딜시가 말했다. "도련님은 왜 아씰—."
"열쇠 말이야." 제이슨은 말했다. "저 방 열쇠. 언제나 가지고 다니나? 어머니가." 그때 그는 콤프슨 부인을 보고 층계로 내려가 어머니와 마주 보았다. "열쇠를 내줘요." 그는 그녀가 입고 있는 낡아 빠진 검은색 가운의 주머니를 더듬으려고 덤볐다. 그녀는 저항했다.
"제이슨. 제이슨! 너하고 딜시는 나를 또 자리에 누이려는 게냐?" 그녀는 그를 잡아떼려고 하면서 말했다. "넌 일요일마저 나를 편안히 지내게 해 주지 못하는 거냐?"

"열쇠요." 제이슨은 그녀에게 덤벼들며 말했다. "이리 줘요." 그는 마치 아직 손에 넣지 못한 열쇠를 가지고 돌아가기 전에 문이 활짝 열리지나 않을까 기대하는 듯이 문 쪽을 돌아보았다.

"이것 좀 봐, 딜시!" 콤프슨 부인은 제 몸을 지키려고 가운을 잔뜩 움켜 쥔 채 말했다.

"열쇠를 이리 달라고, 이 할망구야!" 제이슨이 갑자기 소리쳤다. 그는 그녀의 주머니에서 마치 중세 감옥 간수가 지녔던 것 같은 쇠고리에 걸린 커다란 녹슨 열쇠 꾸러미를 꺼내 가지고 복도를 달려갔다. 그 뒤를 두 여자가 따랐다.

"얘, 제이슨!" 콤프슨 부인이 말했다. "어차피 넌 저 방문 열쇠 못 찾을 거야. 난 아무에게도 내 열쇠를 준 일이 없어. 안 그래, 딜시?" 콤프슨 부인은 큰 소리로 울음을 터뜨렸다.

"그만해요." 딜시가 말했다. "저 사람은 퀜틴에게 아무 짓도 하지 않을 거예요. 제가 못하게 할 테니까."

"주일날 아침에 내 집에서 어떻게 이런 일이." 콤프슨 부인이 말했다. "난 그토록 우리 애들이 기독교인이 되도록 길러 왔건만. 내 맞는 열쇠 찾아 줄게, 제이슨." 그녀는 자기 손을 제이슨의 팔에 올려놓았다. 그러고는 그와 승강이를 벌였지만, 그는 팔꿈치로 그녀를 물리치고는 잠깐 쌀쌀하고 피로해 보이는 눈초리로 그녀를 보았다. 그리고 그는 다시 문 쪽으로 돌아서서 골칫덩이 열쇠 뭉치를 만졌다.

"울지 말아요." 딜시는 말했다. "이봐요, 제이슨!"

"정말 무서운 일이 벌어졌구나." 콤프슨 부인은 다시 큰 소리로 울면서 말했다. "난 다 알고 있어. 얘, 제이슨." 콤프슨 부인은 그를 다시 붙잡으려 하면서 말했다. "이 애는 내 집에서 방문 열쇠 하나 찾는 것까지 못하게 하니깐!"

"자, 그만." 딜시는 말했다. "무슨 일이 일어난다고 그러세요? 내가 여기 있는데. 난 도련님이 퀜틴을 다치지 못하게 할 테니까. 퀜틴!" 그녀는 목청을 높이면서 말했다. "아씨 무서워하지 마, 내 여기 있으니깐."

문이 활짝 안으로 열렸다. 제이슨은 한순간 방을 막고 문간에 서서 혼자 안을 살펴보더니, 한 발 옆으로 비켰다. "들어가요." 그는 어둡고 나직한 목소리로 말했다. 두 여인은 들어갔다. 그 방은 계집애의 방이 아니었다. 그것은 누구의 방이랄 것도 없었다. 값싼 화장품의 희미한 냄새와 여자 소지품 몇 개와 또한 여자 방답게 꾸미느라 어쭙잖고 될성부르지도 않은 노력을 한 흔적이 남아 있긴 했지만, 그 모든 것은 더욱 그 방이 누구의 것인지 알 수 없게만 할 뿐, 개성 없이 판에 박은 듯한 모양새가 마치 일시적인 밀회소 같았다. 침대는 정돈된 채 그대로 있었다. 방바닥엔 약간 지나치게 짙은 분홍빛 값싼 비단으로 된 더러운 속옷이 아무렇게나 놓여 있었고, 화장대의 반쯤 열린 서랍엔 긴 스타킹 한 짝이 축 늘어져 있었다. 유리창은 열린 채였다. 창문 저쪽엔 배나무가 집에 바싹 붙어 자라고 있었다. 그 나무는 한창 꽃이 피었고, 나뭇가지 끝은 건물 벽에 부딪혀서 바스락거리며, 창문으로 한없이 흘러 들어오는 바람은 만발한 아늑한 꽃향기를 방 안으로 몰고 왔다.

"거봐요." 딜시는 말했다. "내 퀜틴은 걱정할 필요 없다고 했잖아요?"

"걱정할 필요가 없다고?" 콤프슨 부인은 말했다. 딜시는 부인을 따라 방으로 들어와 부인을 붙들었다.

"자, 마님은 어서 가서 누워요. 내 아씨를 10분 안에 찾아낼 테니깐요."

콤프슨 부인은 딜시를 뿌리쳤다. "편지가 없나 찾아봐. 죽은 퀜틴도 그 짓을 할 때 편지를 남겼으니까."

"알았어요." 딜시가 말했다. "내 그걸 찾아보죠. 어서 방으로 돌아가세요."

"난 진작부터 이런 일이 일어날 줄 알고 있었어. 그 애한테 퀜틴이란 이름을 지어 줄 때부터 말이야." 콤프슨 부인은 화장대로 다가가 거기에 흐트러져 있는 것들―향수병 몇 개라든지 분갑이라든지, 이빨 자국이 있는 연필 토막, 분가루와 루주로 더러워진 기운 스카프 위에 한쪽 날이 부러진 채 내던져진 조그만 가위 따위를 들추기 시작했다. "편지를 찾아봐."

"내가 하죠." 딜시가 말했다. "자 어서 돌아가요. 나하고 제이슨이 찾을 테니까요. 어서 마님은 마님 방으로 돌아가요."

"제이슨." 콤프슨 부인이 말했다. "그 앤 어디 갔어?" 부인은 문 쪽으로 갔다. 딜시는 부인을 따라 복도로 가서 또 다른 방문에 다다랐다. 그 문은 잠겨 있었다. "제이슨." 부인은 문 너머로 불렀다. 대답이 없었다. 부인은 손잡이를 비틀어 보고는, 다시 그를 불렀다. 대답은 여전히 없었다. 제이슨은 벽장에서 옷이며 신발이며 여행 가방 같은 것을 끄집어내 뒤로 집어던지고 있었기 때문이다. 이어서 그는 톱으로 켠 합판 널빤지를 하나 가지고 벽장에서 나와 바닥에 내려놓고, 다시 들어가더니 이번엔 금고를 들고 나왔다. 그것을 침대 위에 놓고 서서 자기 주머니에서 열쇠 뭉치를 꺼내 맞는 열쇠를 고르다가, 문득 그 자물쇠가 이미 부서져 있다는 것을 알았다. 그는 한동안 골라낸 열쇠를 쥔 채 부서진 자물쇠를 바라보더니, 열쇠는 주머니에 다시 집어넣고 조심스럽게 금고를 기울여서 속에 든 것을 침대 위에 흔들어 쏟아 놓았다. 더욱더 조심스럽게 서류를 분류해 가며, 한 번에 한 장씩 흔들어 봐 가면서 집어냈다. 다음에 그는 금고를 거꾸로 쳐들어 흔들어 본 뒤에 천천히 서류를 다시 집어넣고 일어서서, 금고를 손에 들고 머리를 숙인 채 부서진 자물쇠를 들여다보았다. 창밖에서 파랑어치 몇 마리가 째지는 듯한 소리를 내며 다가왔다가 날아가고 있었고, 새들의 울음소리는 바람을 타고 사라져 갔으며, 어디선지 자동차 지나가는 소리가 났다가 그 역시 사라졌다. 문밖에서는 어머니가 그의 이름을 다시 불렀으나, 그는 움직이지 않았다. 그는 딜시가 어머니를 복도 쪽으로 모시고 가는 소리를 들었으며, 이윽고 문이 닫히는 소리가 났다. 그는 금고를 다시 벽장에 집어넣고 옷가지를 도로 던져 넣고는 아래층으로 내려가 전화 있는 데로 갔다. 그가 수화기를 들고 연결을 기다리면서 서 있는데, 딜시가 층계를 내려왔다. 그녀는 그를 보았으나 멈추지 않고 지나쳐 갔다.

전화가 통했다. "제이슨 콤프슨인데요." 그의 목소리는 몹시 거칠고 낮았으므로 그는 제 이름을 다시 말할 수밖에 없었다. "제이슨 콤프슨인데." 그는 목청을 가다듬어 말했다. "만일 당신이 갈 수 없으면 부보안관을 태우고, 10분 안에 차를 준비해 줘요. 내 그리 갈 테니까—뭐라고요? —도둑이오. 우리 집에. 범인이 누군지 내 알고 있어요—도둑이라니까. 차 한 대를 대기—뭐라고요? 당신은 법을 지키라고 월급을 받고 있는 거 아녜요? 그래, 5분 뒤 거기 가죠. 즉시 떠날 수 있도록 차를 대기시켜 줘요. 그러지 않으면 지사에게 보고하겠어요."

그는 수화기를 짤깍 내려놓고, 아직 손도 안 댄 식사가 식탁 위에 차갑게 식어 있는 식당을 지나 부엌으로 들어갔다. 딜시는 탕파에 더운물을 채우고 있었다. 벤은 조용히 멍청하게 앉아 있었다. 그 옆에선 러스터가 마치 조그만 잡종견처럼 말똥말똥하게 눈을 부라린 채 두리번거리고 있었다. 그는 무엇을 먹고 있었다. 제이슨은 부엌을 지나 뒷문으로 갔다.
"아침은 들지 않으시려우?" 딜시가 말했다. 그는 들은 척도 하지 않았다. "어서 가서 아침 먹어요, 제이슨." 그는 여전히 걸어갔다. 밖으로 통하는 문이 그의 등 뒤에서 탕 하고 닫혔다. 라스터는 일어나서 창문으로 다가가 밖을 내다보았다.
"후유." 그는 말했다. "2층에서 무슨 일 났어요? 그가 퀜틴 아가씨를 때렸나요?"
"입 다물어." 딜시가 말했다. "벤지만 울려 봐라. 네 대가릴 날려 버릴 테니깐. 자, 내 돌아올 때까지 조용히 데리고 있어. 알았지?" 그녀는 탕파의 마개를 틀어막고 밖으로 나갔다. 그녀가 층계 올라가는 소리가 들렸고 다음에 제이슨이 자기 자동차를 타고 집 앞을 지나쳐 가는 소리가 들렸다. 그 뒤 부엌에선 아무 소리도 없이 다만 주전자에서 쉭쉭 김이 나는 소리와 괘종 소리가 들릴 뿐이었다.
"내가 뭘 확신하는지 알아?" 라스터가 말했다. "내 생각에 분명 그가 퀜틴을 때린 거야. 틀림없이 머리통을 쳐 놓고 의사를 부르러 간 거야. 진짜 그럴 거라니깐." 괘종은 똑딱대며 엄숙하니 의미심장하게 울렸다. 그것은 죽어 가는 이 저택의 말라빠진 고동 소리였으리라. 잠시 뒤에 괘종은 기침을 하듯 컥 소리를 내더니 여섯 번을 쳤다. 벤은 괘종을 쳐다보고, 다음엔 유리창에 비친 라스터의 탄환 모양의 머리통 그림자를 쳐다보고, 침을 흘리며 다시 머리를 끄덕이기 시작했다. 그는 훌쩍훌쩍 울었다.
"뚝 그쳐, 이 미치광이야." 라스터는 돌아다보지도 않고 말했다. "이쯤 되면 오늘 교회에는 못 갈 것 같은데." 벤은 의자에 앉아서 그 크고 부드러운 두 손을 자기 무릎 사이에 늘어뜨리고는 가냘프게 신음하고 있었다. 그러다 갑자기 아무런 의미도 없이 질질 끄는 소리로 서서히 목청을 돋우며 울어 댔다. "그쳐." 라스터가 말했다. 그는 돌아서서 손을 쳐들었다. "한 대 얻어맞고 싶어?" 벤은 그를 쳐다보고, 한 호흡마다 흑흑 흐느끼며 천천히 울어 댔다. 라스터가 다가와서 그를 잡아 흔들었다. "당장 그쳐!" 그는 소리쳤다. "이것 봐." 그는 벤을 의자에서 잡아 끌어내더니 스토브를 향하게 의자를 끌어다 놓고, 스토브의 아궁이 뚜껑을 연 다음 벤을 다시 의자에 밀어 앉혔다.

그 모습은 마치 좁은 부두에서 예인선 한 척이 커다란 유조선을 느릿느릿 미는 것 같았다. 벤은 벌겋게 빛나는 아궁이를 향해서 다시 앉았다. 그는 울음을 그쳤다. 그들은 괘종 소리를 다시 들었으며, 딜시가 천천히 층계를 내려오는 소리를 들었다. 그녀가 들어오자 벤은 다시 훌쩍거리기 시작했다. 그러고는 소리를 높였다.

"너 걔한테 무슨 짓 했어?" 딜시가 말했다. "하고많은 시간 중에서 왜 하필 오늘 아침 그 애를 가만 내버려 두지 못하는 거냐?"

"난 아무 짓도 안 했어요." 라스터가 말했다. "제이슨 씨가 저 아이를 놀라게 했어요. 그래서 저러는 거예요. 설마 그가 퀜틴 아가씨를 죽이진 않았겠죠, 그렇죠?"

"그쳐, 벤지." 딜시가 말했다. 그는 그쳤다. 그녀는 창문으로 가서 밖을 내다보았다. "비는 그쳤나?"

"네." 라스터가 말했다. "벌써 전에 그쳤는데요."

"그럼 너희 밖에 잠깐 나가들 있어라." 그녀는 말했다. "이제 겨우 캐롤라인 마님을 조용히 주무시게 해 드리고 왔으니."

"우리 오늘 교회는 가나요?" 라스터는 말했다.

"내 때가 되면 알려 줄게. 내가 부를 때까지 저 멀리 그 애를 데리고 가 있어."

"우리 목장에 가도 돼요?" 라스터가 물었다.

"좋아. 집에서 멀찌감치 떨어지기만 하면 돼. 난 참을 만큼 다 참았으니깐."

"네." 라스터는 말했다. "할머니, 제이슨 씨는 어디 갔어요?"

"그건 네 참견할 바가 못 되는데, 안 그래?" 딜시는 식탁을 치우기 시작했다. "그쳐, 벤지. 라스터가 데리고 나가 놀아줄 테니까."

"그가 퀜틴 아가씨한테 무슨 짓 했어요, 할머니?" 라스터는 말했다.

"아무 짓도 안 했어. 자, 빨리들 나가."

"분명히 그 아가씬 여기에 없을걸." 라스터는 말했다.

딜시는 그를 쳐다보았다. "그 아가씨가 여기에 없는 걸 넌 어떻게 알지?"

"나하고 벤지가 어젯밤에 봤으니까요. 그 아가씨가 유리창으로 넘어 나오는 것을 봤어요. 그랬지, 벤지?"

"네가 봤다고?" 딜시가 그를 쳐다보며 말했다.

"우린 매일 밤 아가씨가 그러는 것을 봤는데요 뭐." 라스터는 말했다. "바로 저 배나무를 타고 밤마다 내려오거든요."

"나한텐 거짓말 말아, 검둥이 녀석아." 딜시는 말했다.

"난 거짓말 안 해요. 거짓말인가 벤지한테 물어봐요."

"그럼 넌 왜 여태껏 아무런 얘기도 안 했니?"

"그게 뭐 내 참견할 일인가요." 라스터가 말했다. "나는 백인들 일엔 참견하고 싶지 않거든요. 자, 이리 와, 벤지. 우리 밖에 나가자."

두 사람은 밖으로 나갔다. 딜시는 얼마 동안 식탁 앞에 서 있었다. 그러다 다시 몸을 움직여, 식당의 아침상을 걷어치우고 자기 아침을 먹고 부엌을 치웠다. 그런 다음 앞치마를 벗어서 벽에 걸고 뒤쪽 층계 밑으로 가 잠시 귀를 기울였다. 아무런 소리도 나지 않았다. 그녀는 코트와 모자를 걸치고 자기 오두막으로 갔다.

비는 이미 그쳤다. 바람은 이제 동남쪽에서 불어오고 머리 위엔 구름이 걷히고 섬섬이 하늘이 보였다. 마을의 나무와 지붕과 첨탑 저쪽에 있는 언덕마루에는 허여스름한 옷 조각과 같은 햇빛이 비치고 있었으나, 그것도 점점 흐리멍덩하게 지워져 갔다. 바람결에 종소리가 들려오더니, 마치 그것이 신호인 양 뒤를 이어 다른 종들도 한꺼번에 울렸다.

오두막 문이 열리고 딜시가 나타났는데, 그녀는 다시 밤색 케이프와 보라색 가운을 입고, 팔꿈치까지 올라오는 때묻은 흰 장갑을 꼈으나 머리엔 아무것도 쓰지 않고 있었다. 그녀는 뒤뜰로 와서 라스터를 불렀다. 그러고는 잠깐 기다리고 있다가, 안채로 가서 벽에 바싹 붙어서 집을 빙 돌아, 지하실 문까지 가서는 문을 열고 안을 엿보았다. 벤은 층층대에 앉아 있었다. 바로 그 앞에 라스터가 축축한 바닥에 쭈그리고 앉아 있었다. 그는 왼손에 톱을 쥐고 있었는데, 톱날은 그가 손으로 누른 탓에 약간 휘어져 있었고, 그는 딜시가 30년 이상 비스킷을 만드는 데 써 왔던 낡은 나무망치로 그 톱날을 치려고 하는 판이었다. 톱은 '팽' 하는 우둔한 소리를 단 한 번 내고는 힘없이 금방 사라졌으며, 톱날은 라스터의 손과 바닥 사이에서 완만한 곡선을 똑똑히 그려냈을 뿐이었다. 더 움직이지 않고 불가사의하게, 그것은 그저 활처럼 휘어 있었다.

"그친 이렇게 켜던데." 라스터는 말했다. "다만 이걸 두드리기에 딱 좋은 도구를 아직 못 찾았단 말이야."

"무슨 그따위 짓을 하고 있는 게야?" 딜시가 말했다. "너 그 망치 이리 가져와."

"망가뜨리지 않아요." 라스터는 말했다.

"그거 이리 가져와." 딜시가 말했다. "그 톱은 가져온 데 도로 갖다 놓고."

그는 톱은 갖다 치우고 망치를 그녀에게 가져왔다. 그러자 벤지는 다시 절망적으로 울음소리를 길게 늘이며 소리쳐 울었다. 그 소리는 아무런 의미도 없었다. 단지 소리일 뿐이었다. 그것은 마치 두 행성의 위치 관계에 따라 모든 시간과 부정과 슬픔이 한순간 내는 소리처럼 들렸다.

"저 소리 좀 들어 봐요." 라스터는 말했다. "저 애는 할머니가 우릴 집에서 내보낸 뒤부터 죽 저 모양이에요. 오늘 아침은 무슨 생각이 들어서 저러는지 도대체 모르겠거든요."

"그 애를 이리 데려와." 딜시가 말했다.

"자, 이리 와, 벤지." 라스터가 말했다. 그는 층계 아래로 돌아가서 벤지의 팔을 잡았다. 그는 울면서 순순히 따라왔는데, 그 소리는 배에서 나는 기적 소리처럼 느리고 거칠었으며, 그것 자체가 나기 시작하기 전에 들려오고 또 그 자체가 그쳐 버리는 듯했다.

"달려가서 이 애 모자를 가져와." 딜시가 말했다. "떠들지 말고, 캐롤라인 마님 들을라. 자, 빨리. 이미 늦었어."

"만일 할머니가 이 녀석 울음을 그치게 못하면, 마님은 아무래도 들을걸요 뭐." 라스터가 말했다.

"여기서 나가면 그칠 게다." 딜시가 말했다. "이 녀석은 냄새를 맡고 있거든. 그래서 이러는 거야."

"무슨 냄새를 맡아요, 할머니?" 라스터가 말했다.

"넌 가서 얼른 모자나 가져와." 딜시가 말했다. 라스터가 갔다. 두 사람은 지하실 문간에 서 있었는데, 벤은 딜시보다 한 계단 밑에 있었다. 갠 하늘에 점점이 뜬 구름이 휙휙 지나가며 그 그림자가 보잘것없는 정원을 지나, 부서진 담을 넘어서 뒤뜰을 건너 빨리빨리 지나쳐 갔다. 딜시는 벤의 머리를 슬슬 꾸준히 쓰다듬으며, 이마 위로 앞머리를 쓸어내리고 있었다. 그는 조용히, 천천히 울음소리를 내고 있었다. "그쳐." 딜시가 말했다. "자, 그쳐. 우리 곧 나갈 거니까. 자, 그치란 말이야." 그는 그치지 않고 소리 내어 울었다.

빛깔 있는 띠를 두른 빳빳한 새 밀짚모자를 쓴 라스터가 헝겊모자를 들고 돌아왔다. 보는 사람의 눈에는 밀짚모자가 스포트라이트처럼 라스터의 머리만 부각해 드러내어, 모든 평면과 각도에서 두드러지게 해 주는 듯 보였다. 특히 모자의 모양이 유별나서, 언뜻 보면 라스터 바로 뒤에 선 어떤 사람의 머리에 씌워 있는 듯했다. 딜시가 그 모자를 쳐다보았다.

"왜 낡은 모자를 쓰지 않니?"

"못 찾았어요." 라스터가 말했다.

"암, 못 찾았겠지. 지난밤에 찾지 못하도록 다 궁리를 해 놨을 테니까. 그 새 모자를 망가뜨릴 속셈인 게야."

"아유, 할머니. 괜찮아요." 라스터가 말했다. "비는 이제 안 와요."

"어떻게 아냐? 가서 헌 모자 가져와. 새건 갖다 두고."

"아이, 할머니도 참."

"그럼 가서 우산 가져와."

"아이, 할머니."

"어느 쪽이든 좋을 대로 해." 딜시가 말했다. "가서 헌 모자를 가져오든가 우산을 가져오든가. 어느 쪽이든 난 상관없어."

라스터는 오두막으로 갔다. 벤은 조용히 울었다.

"자, 가자." 딜시가 말했다. "우리를 따라들 오겠지. 우린 합창을 들으러 가는 거야." 두 사람은 집을 돌아서 대문으로 갔다. 그들이 찻길을 따라 걷는 동안 딜시는 때때로 벤을 달랬다. "그쳐." 그들은 대문에 다다랐다. 딜시가 문을 열었다. 라스터는 우산을 가지고 그들을 따라 찻길을 내려오고 있었다. 여자 한 사람이 그와 함께 오고 있었다. "다들 오는구나." 딜시가 말했다. 두 사람은 대문을 나섰다. "자, 이제 어머니." 그녀는 말했다. 벤은 그쳤다. 라스터와 그의 어머니가 따라왔다. 프로니는 밝은 푸른빛 비단 드레스를 입고 꽃을 단 모자를 쓰고 있었다. 넓적하고 유쾌한 얼굴의 호리호리한 여자였다.

"넌 6주일간 일해 번 것을 모조리 걸쳐 입고 나왔구나." 딜시가 말했다.

"혹 비라도 오면 어쩌지?"

"젖겠죠." 프로니가 말했다. "난 비를 그치게 해 본 일은 아직 없으니까요."

"할머닌 언제나 비 온다는 얘기만 하신다니까." 라스터가 말했다.

"내가 너희를 걱정해 주지 않으면, 누가 하겠니." 딜시가 말했다. "어서 가자. 우린 벌써 늦었어."

"오늘은 쉬이곡 목사님이 설교하신대요." 프로니가 말했다.

"그래?" 딜시가 말했다. "그게 누구야?"

"세인트루이스에서 온 분이래요." 프로니가 말했다. "유명한 목사님이에요."

"흥." 딜시는 말했다. "교회에는 말이지, 이런 보잘것없는 애송이 검둥이들에게 신의 두려움을 불어넣어 줄 수 있는 사람이 필요한 거야."

"쉬이곡 목사님이라면 그러실 수 있을걸요." 프로니가 말했다. "모두들 그러던데요."

그들은 거리를 지나갔다. 이 조용한 긴 거리에선 백인들이 호화로운 무리를 지어 바람결에 띄엄띄엄 들려오는 종소리를 들으며, 이따금 내리비치는 햇빛을 받으며, 교회를 향해 걸어가고 있었다. 바람은 동남풍이었다. 며칠간 따스한 날씨가 계속된 뒤라서, 오늘 아침엔 꽤 쌀쌀하게 휘몰아치는 바람이었다.

"엄마, 난 이 사람을 교회에 데려가지 않았으면 좋겠네요." 프로니가 말했다. "모두들 쑥덕댄다고요."

"어떤 사람들이?" 딜시가 말했다.

"난 들었단 말이에요." 프로니가 말했다.

"그래 어떤 놈들이 그러는지 나도 알겠구먼." 딜시가 말했다. "얼간이 백인들이지. 바로 그놈들이야. 이 사람은 백인들 교회에 가자니 자격이 안 되고 흑인들 교회에 가자니 알맞지 않다고 생각하는 게지."

"하여튼 다들 쑥거리던데요 뭐." 프로니가 말했다.

"그럼, 그런 놈들을 나한테 데려와." 딜시가 말했다. "인자하신 하느님은, 이 사람이 현명하건 바보건 상관하지 않으신다고 얘기해 줘야겠어. 얼간이 백인들이나 그런 걸 상관하지, 아무도 그런 건 신경 쓰지 않는단 말이야."

도로는 직각으로 갈라져 내려갔고 언덕 아래로는 흙이 드러난 길이었다. 도로 양쪽은 둑처럼 비탈져 내려가서 평지가 이어졌다. 그 넓은 평지엔 비바람에 다 낡은 지붕이 둑 위 도로의 표면과 평면을 이루는 높이로, 작은 오두막들이 점점이 퍼져 있었다. 그 집들은 풀이 나지 않은 좁은 지점에 세워져 있었고, 주위에는 벽돌과 널빤지 쪽과 질그릇 조각과 같은, 한때는 실제로 사용가치가 있었던 물건들이 부서져서 흩어져 있었다. 거기에 자라나는 풀은 곧 무성한 잡초뿐이고, 나무는 뽕나무나 아카시아나 플라타너스뿐으로—그 나무들도 그 오두막집들 전체의 분위기를 더럽고 메마르게 하는 데 한몫 낄 뿐이었다. 그 나무들의 움트는 싹은 지난 9월의 슬프고 억센 잔재같이 보였다. 마치 봄까지도 그들을 지나쳐 가서, 그 나무들이 풍부하고 분명한 흑인의 체취를 맡으며 자라도록 내버려 둔 것처럼 보였다.

그들이 지나가자 오두막집 문간에서 흑인들이 말을 걸었는데, 대개는 딜시에게 하는 것이었다.

"깁슨 형님, 안녕하세요?"

"응, 잘 있었수?"

"별고 없었어요, 고마워요."

그들은 오두막에서 나타나 흙이 무너지는 둑을 헐레벌떡 올라와 도로로 나왔다. 남자들은 격식을 차린 짙은 갈색이나 검은색 옷을 입고, 금시곗줄을 드리우고 개중 몇몇은 단장을 짚었고, 젊은이들은 값싼 발랄한 푸른빛이나 줄무늬 옷에다 뽐내는 듯한 모자를 썼으며, 여인들은 약간 뻣뻣하게 바스락거리는 치마를 걸쳤고, 아이들은 백인들의 중고품을 입었는데, 그들은 밤에 나다니는 짐승의 은밀한 눈초리로 벤을 쳐다보았다.

"넌 가까이 가서 저이를 건드리지 못할걸."

"못하긴 왜 못해."

"정말 못할 거야. 넌 무서워하니까."

"저인 사람을 해치지 않아. 그냥 미쳤을 뿐이지."

"어째서 미치광이가 사람을 해치지 않는다는 거야?"

"하여튼 저이는 안 그래, 나 전에 건드려 봤다고."

"지금은 못 건드릴걸."

"딜시 할머니가 보고 있으니깐."

"안 보고 있어도 넌 못 건드려."

"저인 사람을 해치지 않는대도. 그냥 돌았을 뿐이라니까."

그리고 나이 든 사람들이 딜시에게 자꾸만 말을 걸어왔는데, 상대가 어지간히 나이 든 사람이 아닌 한 딜시는 프로니에게 대답하게 했다.
"어머닌 오늘 상태가 좋지 않으셔요."
"거 안됐는데. 하지만 쉬이곡 목사님이 고쳐 줄 거야. 그분이 어머니를 위로하시고 무거운 짐을 내려 주실 거야."
도로는 다시 올라가, 그림으로 그린 배경 같은 경치가 나타났다. 오크 나무가 무성한 빨간 황토 도로는 마치 가위로 싹둑 잘린 리본같이 도중에 사라져 버리는 듯 보였다. 그 옆에는 비바람에 낡아 빠진 교회가 금방 쓰러질 듯한 첨탑을 마치 그림에 그려진 첨탑처럼 높이 솟아 올리고 있었다. 그 전체의 경치는 평평하고 입체감이 없어 보여, 마치 바람이 불고 햇볕이 쬐는 가운데 종소리가 울리는 4월을 배경으로 평평한 지면의 맨 끝에 두꺼운 종이 한 장을 세워 놓고 거기다 그림을 그린 듯했다. 교회를 향하여 사람들은 안식일다운 느리고 신중한 걸음걸이로 몰려갔다. 부인들과 아이들은 그대로 교회 안에 들어갔고, 남자들은 종소리가 멎을 때까지 입구 근처에 모여 조용히 이야기했다. 종이 멎자, 그들도 역시 들어갔다.
교회는 사람들이 저마다 채소밭과 산울타리에서 가져온 꽃과 주름진 색종이로 군데군데 장식되어 있었다. 설교단 위에는 쭈그러진 아코디언같이 생긴 낡은 크리스마스 종이 매달려 있었다. 설교단엔 아무도 없었지만, 합창대는 이미 자리를 잡고 덥지도 않은데 부채질들을 하고 있었다.
여자들은 대부분 예배당 한쪽에 모여 얘기하고 있었다. 이윽고 종이 한 번 울리자 그들은 자기 자리로 흩어져 가고, 모여 있는 모든 사람들은 잠시 앉아서 기다렸다. 종이 다시 한 번 울렸다. 합창대는 일어나서 노래 부르고, 작은 애들 여섯이—땋은 머리를 나비처럼 작은 헝겊 조각으로 맨 네 여자아이와 고수머리를 짧게 깎은 두 사내아이—흰 리본과 꽃으로 장식된 고삐를 써서 한 줄로 나란히 연결된 채 입구에서 들어와 통로를 걸어갔다. 그러자 모두 한결같이 그쪽으로 얼굴을 돌렸다. 그 아이들 뒤로 두 남자가 따르고 있었다. 그 가운데 두 번째 사람은 몸집이 크고 피부는 옅은 커피색이었는데, 프록코트를 입고 흰 타이를 맨 그 풍채가 당당했다. 얼굴은 무척 근엄하고 장중해 보였고, 목은 칼라 위에서 몇 겹으로 주름져 있었다. 그러나 그는 모두에게 낯익은 사람이었으므로, 그가 지나쳐 간 뒤에도 사람들의 머리는 아직 입구

쪽을 돌아다보고 있었다. 합창대가 노래를 그친 뒤에야 그들은 비로소 방문해 온 목사가 이미 입장했단 사실을 깨달았다. 그리고 자기들의 담임목사에 앞장 서서 들어온 그 사람이 그대로 설교단에 오르는 것을 보자, 한숨이랄까, 경탄 이랄까, 실망이랄까 뭐라 표현하기 어려운 술렁임이 일어났다.

방문자는 낡은 알파카 윗옷을 입은 몸집이 작은 남자였다. 그의 주름이 자글자글한 까만 얼굴은 마치 나이든 작은 원숭이 같았다. 합창대가 다시 노래 부르고, 여섯 아이가 일어나서 겁 집어먹은 가느다란 목소리로 억양도 없이 속삭이듯 노래 부르는 동안, 사람들은 자기들 담임목사의 당당한 위풍에 눌려 시골티를 내며 난쟁이처럼 쭈그리고 앉아 있는 그 남자의 보잘것없는 모습을, 왠지 허를 찔린 듯한 표정으로 바라다보고 있었다. 담임목사가 일어서서 풍성하고 우렁찬 목소리로 그 남자를 소개할 때도 사람들은 놀라움과 의아심을 품은 채 쳐다보고 있었다. 담임목사의 열정적인 목소리는 방문자를 더욱 보잘것없게 만들었다.

"저런 사람을 세인트루이스까지 가서 데려오다니." 프로니는 중얼거렸다.

"하느님은 저 사람보다 더 이상한 이를 도구로 쓰신 적도 있어." 딜시는 말했다. "자, 그쳐." 그녀는 벤에게 말했다. "곧 또 노래 부르려 하니깐."

방문자가 말을 하려고 일어섰다. 그의 말투는 백인다웠다. 단조롭고 침착한 그의 목소리는 그 조그만 남자에게서 나오는 소리 치곤 너무나 크게 울렸으므로, 모두 처음엔 마치 원숭이의 말소리에 귀를 기울이듯이 호기심을 품고 들었다. 그들은 줄타기하는 사람을 보듯이 그를 지켜보기 시작했다. 그가 냉담하고 억양 없는 목소리를 줄 삼아 그 위에서 달리다가, 가만히 섰다가, 펄쩍 뛰어오르다가 하는 기교를 선보이자 사람들은 거기에 정신이 팔려서 그의 볼품없는 겉모습을 점점 잊게 되었다. 그래서 마침내, 그가 주르륵 미끄러지듯이 말을 끊고선 숨을 돌리려고 성경대에다가 어깨 높이로 한 팔을 올려놓고, 원숭이 같은 몸뚱이를 미라나 빈 그릇처럼 꼼짝도 않은 채 성경대 옆에 세우자, 사람들은 집단적인 꿈에서 일제히 깨어난 듯이 한숨을 내쉬고, 자기들 자리에서 몸을 조금씩 움직였다. 교단 뒤에서 성가대는 끊임없이 부채질했다. 딜시는 속삭였다. "자, 그쳐요. 금방 노래하려고 하니깐."

그러자 목소리가 났다. "형제 여러분."

설교단의 목사는 움직이지 않았다. 그의 팔은 아직 성경대에 놓여 있었고 자세는 변함이 없었는데, 오직 목소리만이 벽과 벽 사이를 쩌렁쩌렁 울리며 사라져 갔다. 그 목소리는 먼젓번 목소리와는 낮과 밤만큼이나 달랐다. 마치 알토호른과 같은 서글픈 음질을 가지고 그들의 가슴속으로 스며들어, 그 소리가 사라져 그친 뒤에도 그들의 가슴속에서 점점 더 반향을 울리며, 다시 말이 되어 호소하는 것 같았다.

"형제자매 여러분." 다시 목소리는 울렸다. 목사는 팔을 성경대에서 떼더니 두 손을 등 뒤로 꽉 쥐고 성경대 앞을 왔다 갔다 했는데, 그의 메마른 몸은 마치 오랫동안 홀로 무자비한 대지와 싸워 온 듯이 등이 구부정했다. "나는 하느님의 어린 양 예수님의 회상과 피를 가지고 있습니다!" 설교자는 몸을 굽힌 채 손은 뒤로 해서 꽉 쥐고, 주름진 종이와 크리스마스 종 밑을 자꾸만 발소리를 내며 뚜벅뚜벅 왔다 갔다 했다. 그는 마치 파도처럼 계속 밀려오는 자기 음성에 휩쓸려 닳아 버린 작은 돌멩이 같았다. 자기에게 맛을 들여 흡혈귀처럼 이빨을 박고 있는 그 목소리한테 제 몸을 먹이고 있는 듯이 보였다. 그래서 사람들은 그 목소리가 그를 다 먹어 버리고, 마침내는 그 사람 자체가 없어져 버리고, 자기들도 다 없어져 버리며 목소리까지도 없어져, 다만 그 대신 마음과 마음이 말도 필요 없이 서로 노래하는 가락으로써 대화하는 것을 자기들 눈으로 보고 있는 것만 같았다. 그리하여 마지막에 그 사람이 성경대에 기대서 원숭이 같은 얼굴을 쳐들어 고요한 고난의 십자가를 연상시키는 태도로 설교를 마치자, 그 몸 전체의 숭엄한 태도는 그의 보잘것없는 외모를 초월하여 그까짓 겉모습은 조금도 중요치 않다는 생각을 불러일으켰다. 모두에게서 신음하는 듯한 긴 한숨 소리가 일어나고, 한 여자가 높은 음성으로 소리쳤다. "네, 예수님!"

드문드문 비치는 햇살이 머리 위를 지나쳐 가 버리자, 충충한 유리창은 잠시 번쩍이고는 곧 스산하게 되돌아가 도로 어두워졌다. 자동차 한 대가 모래밭을 쩔쩔매며 헤치고 바깥 신작로를 달려가다가 멀리 사라져 버렸다. 딜시는 벤의 무릎에 손을 올려놓은 채 똑바로 앉아 있었다. 두 줄기 눈물이 희생과 인내와 세월로 맺어진 무수한 주름 사이를 지나, 쑥 들어간 뺨을 타고 반짝이면서 흘러내렸다.

"형제자매 여러분." 목사는 움직이지 않고 나직이 쉰 목소리로 말했다.

"네, 예수님!" 먼젓번 부인의 목소리가 대답했으나, 곧 그쳤다.

"형제자매 여러분!" 그의 목소리는 다시 호른의 음조로 울렸다. 그는 성경대에서 팔을 떼고 똑바로 서서 두 손을 번쩍 들었다. "나는 어린 양 예수님의 회상과 피를 갖고 있습니다!" 사람들은 언제 그의 억양과 발음이 흑인의 어조로 변했는지 알지 못했으며, 단지 자리에 앉아서 약간 몸을 흔들며 그 음성에 끌려 들어갈 뿐이었다.

"길고 매정한 세월이―오, 내 말하노니, 형제 여러분, 길고 매정한 세월이 흐른 뒤―난 빛을 보며 말씀을 들을 수 있어요. 불쌍한 죄인들이여! 애굽에서도 다들 사라졌어요. 전투 마차에 탄 자들, 수많은 세대에 걸친 자들도 다 사라졌어요. 돈 많은 사람이었던들, 지금은 어딨죠, 형제 여러분? 가난한 사람이었던들, 지금은 어딨죠, 자매 여러분? 오, 잘 들어 봐요. 만일 여러분도 우리 구원의 젖과 이슬을 받지 않고, 길고 매정한 세월이 흘러가 버린다면!"

"네, 예수님!"

"들으십시오, 형제 여러분, 그리고 자매 여러분도 들으십시오, 때는 올 겁니다. 불쌍한 죄인들이, 주여 함께 주의 품속에 눕게 하옵소서, 나의 짐을 풀어 주옵소서 하고 말할 때가 말입니다. 그러면 주님께선 뭐라고 말씀하실지 아십니까. 오, 우리 형제자매여? 여러분은 어린 양 예수님의 고난을 회상하고, 그 피를 갖고 있습니까? 이렇게 말하는 것은 아무나 천국에 들여보낼 순 없기 때문입니다!"

그는 코트를 뒤져서 손수건을 꺼내 얼굴의 땀을 훔쳤다. 사람들 사이에선 나직한 소리가 일제히 일어났다. "<u>으으으으으음</u>!" 먼젓번 여자의 목소리가 들렸다. "네, 예수님! 예수님!"

"형제 여러분! 저기 앉아 있는 어린아이들을 보십시오. 예수님도 한때는 그랬습니다. 예수님의 어머니는 영광과 고난을 다 받았습니다. 때때로 밤에 그 어머니는 천사들이 불러 주는 자장가를 들으며 예수를 안고 있었을 겁니다. 또한 창밖을 내다보고 로마 경관이 지나가는 것을 봤을 겁니다." 그는 땀을 씻으며 뚜벅뚜벅 왔다 갔다 했다. "들으시오, 형제들이여! 나는 그날을 눈앞에 선하게 봅니다. 마리아는 예수님을, 아기 예수님을 무릎에 앉히고 문간에 앉아 계셨습니다. 예수님은 저기 앉아 있는 저 어린아이들 같았습니다. 내게는 지금 천사들의 평화스런 노랫소리가, 주님을 찬양하는 노랫소리가 들립니다. 예수님이 사르르 감고 계신 눈이 보이며, 마리아가 펄쩍 뛰는 것이 보이며, 병사들의 얼굴이 보입니다. 우리는 죽이려고 왔다! 우리는 죽이려고 왔다! 우린 너희 아기 예수를 죽이려고 왔다! 내게는 하느님의 구원과 말씀을 모르고 그저 울며 탄식하는 불쌍한 예수의 어머니의 울음소리가 들립니다!"

"으으으으으으음! 예수님! 아기 예수님!" 그러자 또 한 사람의 목소리가 점차 높아졌다.

"내게도 보입니다. 오오 예수님! 오오 내게도 보입니다!" 또 다른 목소리가, 확실한 말소리는 아니고 마치 물에서 거품이 이는 것 같은 소리가 들렸다.

"내게는 보여요, 형제 여러분! 보입니다! 저 눈을 가리는, 파괴하는 광경이 보입니다! 내게는 신성한 십자가가 세워진 저 골고다 언덕이 보여요. 같이 매달리는 강도와 살인자와 또한 그 가운데 가장 작은 사람이 보입니다. 주위에서 오만무도하게 허풍떠는 소리가 들립니다. 네가 정말 예수거든 네 십자가를 지고 걸어가 봐! 하는 소리가. 내게는 여인들의 울음소리와 밤을 지새우는 비탄의 소리가 들리고, 내게는 하느님이 흐느끼는 소리, 울음소리가 들리고, 고개를 돌리신 모습이 보입니다. 그들은 예수를 죽였도다. 그들은 내 아들을 죽였도다! 하시는 말씀이 들립니다."

"으으으으으음! 예수님! 저희에게도 보입니다. 오 예수님!"

"오, 눈이 어둔 죄인들이여! 형제들이여, 들으시오. 자매들이여, 들어 보시오. 하느님께서 그 전능하신 얼굴을 돌리신 이상, 이제 천국의 문은 아무에게나 열려 있지 않을 겁니다! 아들을 잃고 슬픔에 찬 하느님께서 천국의 문을 닫는 것이 보입니다. 무엇이나 한입에 집어삼킬 듯한 대홍수가 하느님과 인간들 사이에 넘쳐흐르는 것이 보이고, 대대로 계속될 어둠과 영원한 죽음이 보입니다. 그런데, 보십시오! 형제 여러분! 그렇습니다, 형제여! 지금 내게 무엇이 뵈겠습니까? 뭣이 보이겠습니까. 오, 죄인들이여! 내게는 부활과 빛이 보입니다. 내게는 자비로우신 예수님이, 내가 그들 손에 죽게 된 것은 그대들을 다시 살리려 함이요, 하고 말씀하시는 모습이 보입니다. 내가 죽은 것은 나를 보고 믿는 자들을 결코 죽지 않게 하려 함이라, 하시는 모습이 보입니다. 형제 여러분. 오, 형제들이여! 내게는 심판의 날이 닥쳐오는 것이 보이고, 금나팔이 하느님의 영광을 불어 대는 소리가 들립니다.

그날이 오면, 죽은 자 가운데서 오직 하느님의 어린 양을 회상하고 그 피를 가진 자만이 다시 살아날 것입니다!"

웅성대는 소리와 떨리는 손 가운데서 벤은 넋을 놓은 채 부드러운 푸른 눈만 가만히 뜨고서 앉아 있었다. 딜시는 그 옆에 똑바로 앉아서, 하느님의 어린 양의 회상과 그 피를 갈구하며 경건한 얼굴로 하염없이 눈물 흘리고 있었다.

사람들이 밝은 한낮의 햇빛 속을 걸으며 점점 흩어지더니, 몇몇씩 모여서 다시 편안히 얘기하면서 모래밭 길을 걸어가는 동안, 딜시는 다른 사람들의 얘기는 개의치 않고 계속해서 눈물짓고 있었다.

"그인 정말 대단한 설교자야! 첨엔 그렇게 안 보였지만, 천만의 말씀!"

"그인 하느님의 능력과 영광을 보았어."

"정말 그래. 그인 본 거야. 눈앞에서 똑똑히 본 거야."

딜시는 아무 소리도 하지 않았으며 고개를 흔들지도 않았다. 그러나 눈물은 푹 들어간 뺨을 꾸불꾸불 끊임없이 흘러내렸고, 그녀는 눈물을 닦아 낼 생각도 않은 채 고개를 똑바로 쳐들고 걸어갔다.

"엄마, 그만 울음을 그치세요." 프로니가 말했다. "사람들이 모두 쳐다보잖아요. 곧 백인들도 지나쳐 갈 거예요."

"난 최초에서 최후까지 다 봤다." 딜시가 말했다. "나한테 신경 쓰지 마."

"최초와 최후라니요?" 프로니가 말했다.

"신경 쓰지 말래도." 딜시가 말했다. "나는 처음을 보았고, 이젠 종말을 본단 말이야."

그들이 큰길에 다다르기 전에 딜시는 겨우 멈춰 서서 치마를 걷어올리고 속치마 끝으로 눈물을 닦았다. 그러고는 그들은 다시 걸어갔다. 벤은 딜시 옆을 나란히 뒤뚝뒤뚝 걸어가며, 손에는 우산을 들고 밀짚모자는 시건방진 건달처럼 삐뚜름하게 쓴 채 까불면서 앞질러 가는 라스터를 쳐다보고 있었다. 마치 미련한 큰 개가 약아빠진 작은 개를 바라보고 있는 것 같았다. 그들은 대문에 도달하여 안으로 들어갔다. 들어가자마자 벤은 다시 칭얼거리기 시작했고, 모두 잠깐 차도 너머에 있는 페인트칠 벗겨진 네모난 집과 무너져 가는 현관 포치를 바라보고 있었다.

"저곳엔 오늘 무슨 일이 일어나고 있을까?" 프로니가 말했다. "분명히 무슨 일이 생겼는데."

"아무것도 아냐." 딜시가 말했다. "넌 네 일이나 하고 백인들은 백인들대로 자기들 일이나 하라고 해."

"무슨 일이 생겼어." 프로니가 말했다. "난 오늘 아침 맨 먼저 그 사람 고함치는 소리 들었거든요, 내가 상관할 바는 아니지만."

"난 뭔지 알아." 라스터가 말했다.

"넌 쓸데없는 거나 잔뜩 알지 뭐." 딜시가 말했다. "금방 프로니가 말했다시피 니들이 상관할 바 아니잖아? 넌 내가 점심 차릴 때까지 벤지를 저 뒤로 데려가서 조용히 시키고 있어."

"난 퀜틴 아가씨가 어디 있는지 알죠." 라스터가 말했다.

"그럼 입 꼭 다물고 가만 있어." 딜시가 말했다. "퀜틴이 니 도움 필요하다 하면 내 곧 알려 줄 테니. 자, 너희 뒤로 가서 놀고 있어라."

"저 너머에서 사람들이 골프를 치기 시작하면 무슨 일이 생기는지 할머니도 다 알면서." 라스터가 말했다.

"아직 얼마 동안은 시작하지 않을 거야. 골프 칠 때쯤 되면 티 피가 벤지 마차에 태워 주러 올 거야. 자, 그 새 모자 이리 내."

라스터는 모자를 그녀에게 주고, 그와 벤은 뒤뜰을 건너갔다. 벤은 큰 소리는 아니나 아직도 훌쩍훌쩍 울고 있었다. 딜시와 프로니는 오두막으로 들어갔다. 잠시 뒤 딜시는 평소처럼 빛바랜 옥양목 드레스를 입고 나타나서 부엌으로 갔다. 불은 꺼져 있었다. 집 안에선 아무 소리도 나지 않았다. 그녀는 앞치마를 걸치고 층계를 올라갔다. 어디에서도 아무 소리도 나지 않았다. 퀜틴의 방은 그들이 아침에 놔둔 그대로였다. 그녀는 안으로 들어가서 속옷들을 치우고 스타킹은 빼내서 잘 집어넣고 서랍을 닫았다. 콤프슨 부인의 방문은 닫혀 있었다. 딜시는 그 앞에 서서 잠시 귀를 기울였다. 이윽고 그녀는 문을 열고 방 안으로, 지독한 장뇌(樟腦) 악취 속으로 들어갔다. 블라인드가 드리워 있어서 방 안이 어둑했으며 침대도 조용했으므로, 처음에 그녀는 콤프슨 부인이 잠들어 있는 줄 알고 문을 닫으려 했다. 그때 누가 말을 걸었다.

"뭐요?" 부인이 말했다. "무슨 일이지?"

"나예요." 딜시가 말했다. "뭐 시킬 일 있으세요?"

콤프슨 부인은 대답하지 않았다. 얼마 뒤에 그녀는 머리를 살짝도 움직이지 않고 말했다. "제이슨은 어디 있지?"

"아직 안 돌아왔어요." 딜시가 말했다. "뭘 해 드릴까요?"

콤프슨 부인은 아무 소리도 하지 않았다. 마치 다른 많은 냉담하고 연약한 사람들이 결국 피치 못할 재난에 봉착했을 때처럼, 부인은 어디선지는 몰라도 불굴의 의지와 힘을 찾아낸 듯했다. 부인의 경우 그 강한 힘이란, 아직 사실로 판명되지 않은 어떤 사건이 꼭 발생하리라는 굳은 확신에서 나온 것이었다. "그런데." 이윽고 부인은 말했다. "할멈, 그건 찾았어?"

"찾긴 뭘요? 무슨 말씀을 하시는 거예요?"

"편지. 적어도 편지쯤 남겨 둘 생각은 했을 거야. 죽은 퀜틴도 그랬는데."

"무슨 말씀을 하시는 거예요?" 딜시가 말했다. "아씨는 괜찮은 걸 모르세요? 내 장담하지만, 아씨는 꼭 어둡기 전에 이 문으로 걸어 들어올 거예요."

"괜한 소릴." 콤프슨 부인은 말했다. "혈통이 그리 돼먹었는데 뭐. 그 삼촌에 그 조카지. 안 그러면 제 어밀 닮아 그렇고. 둘 중에 어느 쪽을 닮은 편이 더 나쁜지 알 수가 없구먼. 하긴 어느 쪽을 닮았든 상관할 것도 없지."

"왜 자꾸만 그렇게 말씀하시는 거예요?" 딜시가 말했다. "왜 아씨가 그런 짓을 하겠어요?"

"나야 모르지. 죽은 퀜틴은 무슨 이유가 있었는데? 도대체 이유는 무슨 이유가 있었단 말이지? 단지 날 조롱하고 속을 썩이자고 그럴 리는 없어. 하느님이 어떤 분이든, 그런 걸 허락하진 않으실 거야. 난 훌륭한 숙녀니까. 내 자식들이나 손녀로 미루어선 믿지 못하겠지만, 어쨌든 나는 숙녀란 말이야."

"좀 기다려 보세요." 딜시가 말했다. "아가씨는 늦어도 밤엔 돌아와요, 바로 저 침대에 들어가 누울 거예요." 콤프슨 부인은 아무 말도 안 했다. 장뇌 냄새가 밴 헝겊이 부인의 이마에 놓여 있었다. 검은 가운이 침대 다리 전체에 걸쳐 있었다. 딜시는 문손잡이에 손을 올려놓고 서 있었다.

"그런데." 콤프슨 부인은 말했다. "뭐 하려고? 제이슨하고 벤자민한테 점심은 차려 주려는 거야, 안 주려는 거야?"

"제이슨 도련님도 아직 안 돌아왔어요." 딜시가 말했다. "뭐라도 만들어 둘 생각이지만. 정말 아무것도 해 드릴 게 없어요? 탕파는 아직 더워요?"

"성경이나 갖다 주지."

"아침에 나가기 전에 드렸는데요."

"침대 끝에 놔뒀잖아. 그게 얼마나 오래 거기에 붙어 있을 것 같아?"

딜시는 침대로 다가와서 침대 끝 밑의 어둠침침한 곳을 더듬더니, 바닥에 떨어져서 엎어져 있는 성경을 찾아냈다. 그녀는 구겨진 책장을 펴서 성경을 침대에 다시 올려놓았다. 콤프슨 부인은 눈을 뜨지 않았다. 부인의 머리칼과 베개는 한 빛깔이었고, 장뇌 냄새가 밴 수건을 이마에 얹은 부인은 마치 기도하는 늙은 수녀와도 같았다. "그걸 또 거기에 놓지 마." 그녀는 눈을 뜨지 않고 말했다. "거긴 아까 놨던 그 자리잖아. 그걸 주워 올리려고 내가 자리에서 일어나야 한단 말이야?"

딜시는 부인 위로 팔을 뻗어서 성경을 침대 저편 넓은 쪽에 놓았다. "아무래도 너무 어두워서 못 읽겠는데요. 블라인드를 좀 올려 드릴까요?"

"아니. 그대로 둬. 가서 제이슨에게 먹을 것이나 좀 해 줘."

딜시는 나가서 문을 닫고 부엌으로 돌아갔다. 스토브는 거의 다 식어 있었다. 그녀가 거기에 서 있는 동안 찬장 위 시계는 10번을 쳤다. "1시구먼." 그녀는 크게 말했다. "제이슨은 집에 돌아오지 않아. 나는 최초와 최후를 봤지." 그녀는 차디찬 스토브를 내려다보며 말했다. "난 최초와 최후를 봤거든." 그녀는 찬 음식을 식탁에 차려 놓았다. 여기저기 왔다 갔다 하면서 찬송가를 불렀다. 첫 두 줄 가사만 몇 번이나 되풀이하면서 한 곡을 끝까지 불렀다. 식사를 다 차리자 그녀는 문으로 가서 라스터를 불렀다. 조금 뒤에 라스터와 벤이 들어왔다. 벤은 아직도 혼잣말하듯이 앓는 소리를 내고 있었다.

"이 애는 도무지 그치질 않아요." 라스터가 말했다.

"와서들 먹어라." 딜시가 말했다. "제이슨은 점심 먹으러 오지 않으니까." 그들은 식탁에 앉았다. 벤은 딱딱한 음식은 제법 혼자서 잘 먹었으며, 이번엔 식은 빵과 치즈를 앞에 놔 주었지만, 그래도 딜시는 그의 목에 턱받이를 대 주었다. 벤과 라스터는 밥을 먹었다. 딜시는 딱 두 줄만 외고 있는 찬송을 되풀이해 부르며 부엌 안을 왔다 갔다 했다. "너희 어서 먹어라. 제이슨은 안 돌아오니깐."

제이슨은 그때 20마일 떨어진 곳에 있었다. 그는 집을 떠나자 시내로 급히 차를 달려서, 안식일을 맞아 교회로 천천히 걸어가는 사람들의 무리를 앞지르고, 뚝뚝 끊어지듯이 공중을 지나 들려오는 명령적인 종소리를 뚫고 나아갔다. 그는 인기척 없는 군청 앞 광장을 지나 갑자기 한층 더 조용해지는 좁은 거리로 접어들어서, 나무로 된 건물 앞에 차를 세우고 양쪽에 꽃이 핀

길을 따라 현관으로 다가갔다.
 철망 문 안쪽에선 사람들이 얘기하고 있었다. 노크하려고 손을 올리자 발자국 소리가 들려, 그는 손을 거두었다. 검은 나사 천으로 된 바지와 앞가슴에 딱딱하게 풀 먹인 와이셔츠를 입은 큰 남자가 문을 열었다. 억세고 헝클어진 쇳빛 회색 머리칼은 까치집 같았고, 회색 눈은 뚱그러니 어린 소년의 눈처럼 반짝였다. 그는 제이슨의 손을 잡고 악수하더니 그대로 그를 건물 안으로 끌고 들어갔다.
 "어서 들어와요." 그는 말했다. "어서 들어와."
 "갈 준비는 됐어요?" 제이슨은 말했다.
 "들어오라니까요." 상대는 제이슨을 팔꿈치로 밀면서 한 남자와 한 여자가 앉아 있는 방으로 들여보냈다. "머틀의 부군 되시는데, 아시죠? 버논, 제이슨 콤프슨이오."
 "알고 있습니다." 제이슨은 말했다. 그는 그 남자를 쳐다보지도 않았다. 보안관이 의자를 방 안쪽에서 끌어오자 그 남자는 말했다.
 "우린 가 볼 테니 말씀 나누시죠. 갑시다, 머틀."
 "아니, 괜찮아요." 보안관은 말했다. "거기들 앉아 있어요. 그다지 중요한 얘기 같진 않은데, 그렇죠 제이슨? 거기 앉으시죠."
 "가면서 말씀드리죠." 제이슨은 말했다. "모자와 외투를 챙겨 오세요."
 "우린 가 보겠습니다." 그 남자는 일어서며 말했다.
 "자리에 앉아 있어요." 보안관은 말했다. "나하고 제이슨이 베란다로 나갈 테니까."
 "모자와 외투를 들고 오세요." 제이슨이 말했다. "그놈들 떠난 지 벌써 12시간은 지났다고요." 보안관은 베란다로 길을 안내했다. 건물 앞을 지나가던 남자와 여자가 그에게 인사했다. 그는 친절하고 멋진 몸짓으로 대꾸했다. '검둥이 골짜기'로 알려진 곳에서부터 종소리가 아직 울려오고 있었다. "모자를 가져오세요, 보안관님." 제이슨이 말했다. 보안관은 의자 두 개를 당겨 놓았다.
 "자리에 앉아서 무슨 사고인지 좀 얘기해 봐요."
 "전화로 말씀드렸잖아요." 제이슨은 일어선 채 말했다. "시간을 절약하자고 얘기한 건데요. 내가 꼭 법에 호소해서 당신이 자기 의무를 수행토록 해야 한단 말입니까."

"앉아서 무슨 일인지 얘기해 봐요." 보안관은 말했다. "내 잘 수배해 줄 테니까."

"수배는 무슨 얼어 죽을." 제이슨이 말했다. "이따위 짓이 수배 절차라고요?"

"우리 일을 지연시키는 것은 당신이에요." 보안관은 말했다. "앉아서 얘기해 주시라고요."

제이슨은 그에게 모든 것을 들려주었는데, 이야기하면 할수록 그의 상실감과 무력감은 그 이야기 자체를 연료 삼아 거세게 불타올랐다. 그 때문에 얼마 뒤에는 자기 확신과 분노가 너무 강해져서 그는 서둘러야 할 처지란 것마저 잊어버렸다. 보안관은 냉정하게 빛나는 눈으로 그를 쭉 지켜보고 있었다.

"하지만 그 두 사람이 정말로 그랬는진 모르잖아요." 그는 말했다. "당신이 그렇게 의심하고 있을 뿐이지."

"모른다고요?" 제이슨은 말했다. "난 이틀 동안이나 그놈의 계집애를 이 골목 저 골목으로 쫓아다니고, 그 앨 그놈에게서 떼어 놓으려고 무진 애썼다고요. 그리고 만일 걔가 그놈과 함께 있는 것을 나한테 들키는 날엔 치도곤을 놓겠다고 말했단 말입니다. 그런데도 당신은 내가 뭘 모른다고요, 그 불량한 계집애가—."

"그래 그래, 알았어요." 보안관은 말했다. "알았어요. 그만하면 충분해." 그는 주머니에 두 손을 찌르고 거리 너머를 내다보았다.

"그래서 내가 여기까지 온 건데, 법의 집행관인 당신의 대응은 이 모양이고." 제이슨이 말했다.

"그 쇼는 이번 주에 못슨에 가 있죠." 보안관은 말했다.

"그래요." 제이슨은 말했다. "그리고 만일 자신을 보안관으로 뽑아 준 시민들을 지킬 생각이 조금이라도 있는 사람을 내가 여기서 만났더라면, 나도 지금쯤 거기에 가 있겠죠." 그는 자기 이야기를 요약해서 거친 목소리로 자꾸만 되풀이했는데, 자신의 분노와 무력함을 실제로 즐기고 있는 듯이 보였다. 보안관은 전혀 듣지 않는 것처럼 보였다.

"제이슨." 그는 말했다. "집에 3천 달러나 뭣 하러 감춰 두었죠?"

"뭐라고요?" 제이슨은 말했다. "내가 돈을 어디 두든 당신이 참견할 바가 아니잖아요. 당신이 할 일은 그걸 나에게 찾아 주는 일이라고."

"어머니께선 당신이 그만한 큰돈을 감춰 둔 걸 아시나요?"

"이것 봐요." 제이슨은 말했다. "우리 집은 도둑을 맞았단 말이에요. 게다가 나는 누가 도둑질해 갔는지, 놈들이 어디 있는지 다 안단 말이에요. 그래서 법의 집행관인 당신을 찾아온 거라고요. 다시 한 번 묻죠. 내 재산을 찾아 줄 노력을 하겠어요, 않겠어요?"

"만일 그들을 붙잡으면, 당신 그 계집애는 어쩔 참이죠?"

"어쩌긴요." 제이슨은 말했다. "그냥 두죠. 난 그 계집애에게 손대지 않겠어요. 하기야 그 갈보는 내 직장을, 내 출세할 단 한 번의 기회를 빼앗고, 내 아버지를 죽이고, 매일 어머니의 명을 짧게 깎아먹고, 내 이름을 이 고장에서 웃음거리로 만들었지만. 난 그 계집애한테 아무 짓도 하지 않겠어요. 절대로 아무 짓도."

"당신이 그 애를 도망치도록 몰아댔죠, 제이슨." 보안관은 말했다.

"내가 내 식구를 어떻게 다루건 당신이 상관할 바가 아니죠." 제이슨은 말했다. "날 도와주겠소, 안 도와주겠소?"

"당신이 그 애를 집에서 내몰았죠." 보안관은 말했다. "그리고 그 돈이 누구 것인지 난 좀 의심스러워요. 확실한 건 결국 아무것도 없군."

제이슨은 손으로 모자의 갓 둘레를 슬슬 비꼬며 서 있었다. 그는 조용히 말했다. "당신은 돈을 되찾는 일을 도와주지 않겠단 말이죠?"

"그건 내가 관여할 바 아니에요, 제이슨. 당신한테 무슨 실제적 증거가 있다면 나도 물론 행동해야겠죠. 그렇지만 증거 없이는 그건 내가 관여할 바가 아니라고 생각하는데."

"그게 당신의 대답이군요, 그렇죠?" 제이슨이 말했다. "잘 생각해 봐요."

"대답은 그거예요, 제이슨."

"좋습니다." 제이슨은 모자를 썼다. "후회할 겁니다. 내가 아무것도 못할 줄 알았다면 크나큰 오산이에요. 여기는 러시아가 아닙니다. 러시아라면 조그만 배지 하나 달았다고 해서 법을 무시하고 살 수도 있지만." 그는 계단을 내려가서 차에 올라타고 시동을 걸었다. 보안관은 그의 차가 출발하더니 방향을 바꿔, 엄청난 속도로 그 건물을 통과하여 시내로 질주하는 것을 보고 있었다.

종이 다시 울리고, 흘러가는 구름 사이로 드문드문 비치는 햇빛 속에서 높고 밝은 종소리가 띄엄띄엄 흩어졌다. 그는 주유소에 차를 세우고 타이어를 조사하고 가솔린을 가득 채웠다.

"여행 가세요?" 흑인 점원이 물었다. 그는 대답하지 않았다. "날씨가 갤 것 같군요, 결국엔." 그 흑인은 말했다.

"날씨가 갠다고, 천만에." 제이슨은 말했다. "12시쯤엔 비가 억수같이 쏟아질 거다." 그는 하늘을 쳐다보며 비를 생각하고, 미끄러운 진흙 길을 생각하고, 마을에서 수 마일 떨어진 진창에 박혀 오도 가도 못할 자신을 상상했다. 일종의 승리감에 젖어 그런 생각을 하고, 점심은 굶게 되겠다고 생각했으며, 절박한 충동에 휩싸여 이제 출발하면 아마 정오엔 두 지역에서 가장 멀리 떨어진 중간 지점에 도달할 것이라고 생각했다. 그렇다면 지금 이러고 있는 건 운명이 자신에게 아주 잠깐 유예를 주었기 때문이리라. 그는 그 흑인에게 말했다.

"도대체 뭘 하고 있는 거야? 누가 이 차를 이렇게 되도록 오래 붙들고 있으라며 돈이라도 써서 시켰나?"

"이 타이어는 바람이 완전히 빠졌는데요." 흑인은 말했다.

"그럼 저리 비켜. 내 공기를 넣어 볼 테니까." 제이슨은 말했다.

"이제 꽉 찼습니다." 흑인이 일어나면서 말했다. "타세요."

제이슨은 차에 타고 시동을 걸어 출발했다. 2단 기어를 넣자 엔진은 부르릉거리고 쉭쉭댔으며, 그는 전속력을 내려고 액셀을 꽉 밟고 공기 조절 초크를 몹시 심하게 잡아당겼다 밀었다 했다. "비가 오겠군." 그는 말했다. "절반 정도는 가게 해 주고, 그러고서 길 한 중간에서 억수같이 퍼부으라지." 그는 종소리를 뒤로하고 시내를 빠져나와 달려가며, 진흙탕을 쩔쩔매며 기어가면서 마차를 찾을 자신을 상상했다. "그 빌어먹을 것들은 모두 교회에 가 있겠지." 그는 결국 교회를 발견하여 마차를 한 대 빼앗으면 주인이 나와 자기에게 소리 지를 테고, 그러면 자기는 그자를 갈겨 넘어뜨려 버릴 거라고 생각했다. "나는 제이슨 콤프슨이야. 자, 날 못 가게 붙들어 보지. 나를 붙들 보안관이 있으면 데려와 봐." 그는 이렇게 말하고서, 자기가 그 지역 군사를 이끌고 법정으로 쳐들어가 보안관을 끌어내는 장면을 상상했다. "그놈은 팔짱을 떡 끼고 앉아서, 내가 일자릴 뺏기는 걸 구경만 하면 된다고 생각한다 이거야. 어디 내 일이란 게 뭣인지 가르쳐 줘야지." 그는 자기 조카 퀜틴에 관해서는 전혀 생각하지 않았고, 도둑맞은 돈도 얼마가 되는지 생각하지 않았다. 그 어느 쪽도 그에게는 지난 10여 년간, 실재한 것도 아니고 특별했던 것도 아니다. 단지 그 둘은 그가 얻기도 전에 빼앗긴 은행 일자리를 상징하는 것에 불과했다.

하늘은 밝아졌고, 햇빛 가운데 흘러가는 조각구름의 그림자는 이제 줄어들고 또렷해졌다. 이처럼 맑아지는 날씨는 그의 처지에선, 자기의 옛 상처를 끌고 향하는 새로운 전쟁에서 적이 부리는 또 하나의 간사한 술책 같았다. 이따금씩 그는 매 놓은 마차와 초라한 자동차로 둘러싸인, 철판으로 된 첨탑에 페인트도 칠하지 않은 목조 건물 교회를 지나쳤다. 그 교회 하나하나는 곧 '운명'이란 군대의 주둔지로, 후위 부대가 거기서 몰래 자기 쪽을 엿보고 있는 듯했다. "너도 엿이나 먹어, 운명 새끼야." 그는 말했다. "나를 잡을 수 있나, 너도 해볼 테면 해봐." 이렇게 말하면서 그는 보안관을 수갑 채워 뒤에 끌고 오는 자기의 군사들을 상상하고, 만일 불가피하다면 전능한 신까지도 보좌에서 끌어내릴 것을 상상하며, 또한 천국과 지옥 쌍방의 군대가 전비를 갖추는 곳을 뚫고 빠져나가 결국엔 도망치는 조카를 붙잡는 자신을 상상했다.

바람은 동남방에서 불어와 그의 뺨을 잇달아 스쳐 갔다. 길게 꼬리를 물고 불어오는 바람결은 뼛속으로 스며드는 듯했으며, 평소에 죽 느껴 오던 불길한 예감에 문득 사로잡힌 그는 갑자기 급브레이크를 밟아 차를 멈추더니 잠깐 가만히 앉아 있었다. 다음 그는 손을 목덜미에 갖다 대고 저주하기 시작했고, 거기에 그냥 앉은 채 거칠게 속삭이는 목소리로 저주를 계속 퍼부었다. 조금이라도 긴 시간 차를 몰게 되면 그는 두통에 대비해서 꼭 장뇌 냄새가 밴 손수건을 지니고 간다. 그래서 시내를 빠져나오면 그 수건을 목 언저리에 매서 냄새를 맡곤 했다. 그는 자리에서 일어나 차에서 내리더니 혹시 우연히 잊어버리고 그곳에 떨어뜨려 둔 장뇌가 없나 보려고 방석을 쳐들었다. 양쪽 자리의 방석 밑을 다 찾아보고 나서, 그 자리에 서서 잠깐 욕지거리를 했다. 자기 자신의 승리 행군 자체로부터 스스로 조롱받는 기분이었다. 그는 문에 기대서 눈을 감았다. 다시 돌아가 잊고 온 장뇌를 가져오든가, 그렇지 않으면 그대로 앞으로 나아가든가 해야 했다. 어느 쪽을 취하든 골통이 깨질 듯이 아플 테지만, 집에만 가면 일요일이라 해도 틀림없이 장뇌를 찾을 수 있겠는데, 반대로 그대로 나아가면 찾을 수 있을는지 확신을 못하는 것이었다. 그러나 집에 돌아간다면, 그는 한 시간 반쯤 늦게 못슨에 도착할 터였다. "아마 천천히 운전하면 괜찮겠지." 그는 말했다. "천천히 운전해 가면서, 딴 걸 생각하면, 아마—."

그는 안으로 들어가 출발했다. "딴생각을 해야지." 그래서 그는 로레인을 생각했다. 그녀와 함께 자리에 누워 있는 것을 상상했다. 그는 단지 그녀 옆에 누워서 그녀에게 자기를 도와 달라 애원하고 있었으며, 곧이어 그는 다시 잃어버린 큰돈을 생각했다. 또한 자기가 여자한테, 그것도 쥐방울만 한 계집애한테 속아 넘어간 일이 떠올랐다. 자기에게서 돈을 훔쳐 낸 것이 남자라고만 믿을 수 있다면 그래도 맘이 좀 편할 텐데. 그러나 빼앗긴 일자리를 보상하게 된 그 돈을, 그가 갖은 노력과 위험을 무릅쓰고 모은 돈을, 바로 그 일자리를 빼앗은 장본인에게 도둑맞은 것이다. 그것도 갈보에게 도둑맞았으니 환장할 노릇이지. 그는 코트 깃을 세워서 얼굴에 줄곧 불어오는 바람을 막으며 계속 운전해 갔다.

그는 자기의 운명과 의지라는 두 개의 상반되는 힘이, 돌이킬 수 없는 만남의 교차점을 향하여 급격하게 접근하는 중임을 알 수 있었다. 그래서 주의 깊게 태세를 갖췄다. 바보짓하면 절대 안 된다, 그는 자신에게 말했다. 올바른 행동은 단지 하나뿐이고, 다른 선택이란 있을 수 없다. 그래서 자기는 그 올바른 일을 해야 한다. 그는 그 두 연놈은 자기를 보자마자 곧 알아볼 테지만, 자기는 그 남자가 아직 붉은 타이를 매고 있지 않는 한 퀜틴을 먼저 찾아내는 수밖에 별도리가 없다고 생각했다. 이처럼 그의 운명이 그 빨간 타이에 달려 있다는 사실은 다가오는 파멸을 예고하는 것 같았다. 그는 파멸을 코로 맡아 알 수 있었고, 그 냄새가 지끈지끈 쑤시는 머릿속에까지 진동하는 듯했다.

마지막 고개를 올라갔다. 계곡엔 연기가 자욱하고, 지붕과 한두 개의 첨탑이 나무 위로 솟아 있었다. 그는 조심해서 우선 쇼 곡예단이 천막친 곳부터 찾아야 한다고 다짐하면서, 언덕을 달려 내려가 시내로 들어가며 속력을 늦췄다. 두통으로 앞이 잘 보이지 않았다. 그리고 지금 당장 약국으로 달려가 두통약을 구하라고 그에게 충고하는 것이야말로 파멸임을 알고 있었다. 주유소에서 천막은 아직 세워지지 않았단 말을 들었다. 그러나 곡예단 차량이 정거장의 대피선(待避線)에 서 있다는 것이었다. 그는 그리로 차를 몰았다.

천박하게 번지르르 페인트칠을 한 풀먼식 침대차 두 대가 선로에 서 있었다. 그는 차에서 내리기 전에 그것들을 살펴봤다. 해골 속 맥박이 너무 심하게 뛰지 않도록 숨을 가볍게 쉬려고 애쓰면서. 그는 차에서 내려 그 차량을 지켜보면서 정거장 벽을 따라 걸어갔다. 차창에는 방금 빨았는지 축 늘어지고 구겨진 옷가지가 걸려 있었다. 한 차량의 승강구 옆 땅 위엔 천으로 된 의자 세 개가 놓여 있었다. 그러나 인기척은 전혀 없었다. 이윽고 더러운 앞치마를 두른 남자 하나가 승강구에서 나와 큼직한 동작으로 설거지 그릇을 비웠다. 햇빛이 금속 그릇에 닿아 번쩍 빛났고, 그 남자는 다시 안으로 들어갔다.

저놈이 그 둘에게 경고하기 전에 내가 먼저 습격해서 붙들어야지, 그는 생각했다. 그 둘이 차 안에 없을지도 모른다는 생각은 절대로 나지 않았다. 그 둘이 그곳에 없을지도 모른다고 생각하는 것은, 모든 운명이 그가 먼저 그들을 보느냐 그들이 먼저 그를 보느냐 하는 데 달린 것이 아니라고 생각하는 것은, 모든 자연의 섭리에 어긋나며 사건 전체의 리듬에 반대되기 때문이었다. 그보다도 그는 그들을 먼저 보고 돈을 찾아야만 하고, 그렇게 되면 그들이 무슨 짓을 했든 그에게는 아무런 문제도 되지 않는 것이다. 그리고 그와 반대로 그렇게 되지 않으면 세상 모든 사람은 그가, 즉 제이슨 콤프슨이 자기 조카인 갈보 퀜틴에게 돈을 도둑맞았다는 사실을 알게 될 것이다.

그는 다시 한 번 찬찬히 살폈다. 다음 차량으로 가서 재빨리 살금살금 승강구를 올라가, 문간에 멈춰 섰다. 안쪽 통로는 컴컴했고 상한 음식 냄새가 코를 찔렀다. 그 남자는 허옇고 어렴풋하게 보였는데, 째지는 듯이 떨리는 테너 음성으로 노래 부르고 있었다. 늙은 사람인데 몸집은 나만큼 크지 못하군, 그는 생각했다. 안으로 들어가자 그 남자가 이쪽을 보았.

"뭐요?" 그 남자는 노래를 그치며 말했다.

"그 둘은 어디 있소?" 제이슨은 말했다. "자, 빨리. 침대차에?"

"어디에 누가 있다고?"

"시치미 떼지 마." 제이슨은 갖가지 것이 무질서하게 흩어진 어둠 속을 비틀거리며 나아갔다.

"도대체 뭐야?" 그 남자는 말했다. "누가 시치미 뗀다는 거야?" 그리고 제이슨이 그의 어깨를 움켜쥐자 그는 소리쳤다. "이봐, 정신 차려!"

"시치미 떼지 마." 제이슨이 말했다. "그놈들 어디 있어?"

"어쨌다고, 이 깡패 새끼야." 그 남자는 말했다. 제이슨에게 움켜잡힌 그의 팔은 연약하고 가늘었다. 그는 몸을 비틀며 빠져나가려고 힘쓰다가, 뒤로 돌아서 너절하게 어질러 놓은 식탁 위를 휘젓기 시작했다.

"자, 어서." 제이슨이 말했다. "그들은 어디 있어?"

"그래, 가르쳐 주마." 그 남자는 날카롭게 소리쳤다. "내 고기 써는 칼부터 찾고."

"이것 봐." 제이슨은 상대를 꽉 누르려고 하면서 말했다. "난 그냥 당신에게 묻고 있는 거라고."

"이 깡패 같으니." 상대는 식탁을 휘저으며 소리쳤다. 제이슨은 약하면서도 분노로 미쳐 날뛰는 그 남자를 두 손으로 움켜쥐어서 제압하려고 했다. 그렇게 늙고 연약한 남자였지만, 그러나 식칼을 손에 넣고 말겠다고 온 힘을 다해서 외곬으로 생각하고 있다는 것이 느껴졌으므로, 제이슨은 처음으로 자기가 파멸을 향해 돌진하고 있다는 사실을 분명하고 명확하게 인식했다.

"그만둬!" 그는 말했다. "이봐! 이봐! 나갈게. 좀 기다려 봐, 나 나간다니까."

"시치밀 떼긴 누가 떼!" 상대는 고래고래 소리쳤다. "놔, 잠깐만 놔, 내 가르쳐 줄 테니."

제이슨은 상대를 누른 채 거친 눈초리로 주위를 둘러봤다. 밖은 지금 밝은 햇빛이 비치고 바람이 불며 생생하게 빛났고, 사람 그림자는 하나도 없었다. 그는 잘 차려입고는 들뜬 마음으로 맛 좋은 일요일 점심을 먹으려고 곧 슬슬 집으로 돌아갈 사람들을 생각하면서, 한편 그가 돌아서서 도망가는 동안만이라도 손을 놨다간 큰일 날 상황이라, 화가 치민 이 작은 늙은이를 애써 붙들고 있는 자신을 생각했다.

"내가 나갈 때까지 좀 얌전히 있어 주겠어?" 그는 말했다. "응?" 그러나 상대는 아직도 몸부림쳤다. 그래서 제이슨은 한 손을 놓고 그 사람의 머리를 갈겼다. 호되게 내리치진 못하고 서투르게 조급히 갈겼다. 그러나 상대는 즉시 '와당탕' 하고 그릇과 양동이를 딸그락대며 마룻바닥에 쓰러졌다. 제이슨은 식식거리며 귀를 소곳이 기울이고, 그를 굽어보고 서 있었다. 이윽고 그는 돌아서서 객차에서 도망쳤다. 문간에서 조급한 마음을 억제하고 느리게 계단을 내려가서 다시 땅을 밟고 섰다. 그의 숨결은 하 하 하 소리를 냈고, 그는 그 숨소리를 억누르면서, 이쪽저쪽을 두리번거리며 거기에 서 있었다. 그때 뒤에서 나는 부스럭거리는 소리에 그가 돌아다보니, 때마침 그 작은 늙은이가 녹슨 손도끼를 높이 쳐들고는 화가 치밀어 비틀비틀 승강구에서 뛰쳐나오는 것이 보였다.

그는 아무런 충격도 느끼지 않고 상대의 도끼를 움켜쥐었는데 자기가 지금 넘어지고 있다는 것을 알았으며, 그래, 이렇게 끝나고 마는구나 생각하면서, 이제 곧 죽음이 닥쳐오리라 믿었다. 그때 무엇인가가 자기 뒤통수에 닿아 퍽 하는 소리가 났으므로 그는 어떻게 상대가 그런 데를 쳤을까 생각했다. 아니, 그는 나를 오래전에 갈겼지만, 나는 그것을 이제 느꼈을 뿐이다, 이렇게 생각했다. 그리고 빨리 끝나라고 생각했다. 빨리 끝나라. 이런 건 얼른 끝나 버려야 해. 그러나 다음 순간 죽지 않겠다는 불타는 욕망이 그를 엄습했다. 그래서 그는 그 늙은이가 째지는 음성으로 소리치며 욕질하는 것을 들으면서 필사적으로 몸부림쳤다.

사람들이 끌어 세웠을 때 아직도 그는 몸부림치고 있었으나, 사람들이 억제하여 이윽고 몸부림을 그쳤다.

"피가 많이 흐릅니까? 내 뒤통수 말이오. 피나요?" 그는 이렇게 계속 말하는 동안 자기가 빨리 끌려가고 있음을 느꼈고, 그 늙은이의 성난 목소리가 뒤로 점점 사라져 가는 것을 들었다. "내 머리 좀 봐 주시오." 그는 말했다. "잠깐만, 기다려요, 나는—."

"기다리긴, 뭘." 그를 붙잡고 있는 사나이가 말했다. "저 지랄 맞은 늙은이가 당신을 죽이려 든단 말이오. 잠자코 가는 거야. 당신 하나도 안 다쳤어."

"놈이 날 쳤단 말이야. 나 피 나요?"

"잠자코 가래도." 상대가 말했다. 그는 제이슨을 데리고 정거장 모퉁이를 돌아 사람이 없는 플랫폼으로 갔다. 거기엔 급행 화차가 서 있었고, 꼿꼿한 꽃나무로 둘러쳐진 빈터 안엔 잡초가 꿋꿋하게 자라 있었다. 한쪽에 전기 간판이 서 있었는데, '당신의 눈을 못슨에 향하시오'라고 쓰인 문구 한가운데 사람 눈이 그려져 있어서 전구로 된 그 눈동자가 깜박거리고 있었다. 그 사나이는 그를 놔주었다.

"자, 썩 가 버리시오. 다시는 오지 말고. 도대체 뭘 하려고 한 거요? 자살이라도?"

"난 두 사람을 찾고 있소." 제이슨은 말했다. "난 그들이 어디 있는지 물었을 뿐인데."

"누굴 찾는데?"

"계집애하고 젊은 사내놈이오." 제이슨은 말했다. "어제 제퍼슨에서 붉은 타이를 매고 있던 놈인데, 이 곡예단에 있을 거요. 그들이 내 것을 도둑질했죠."

"아하." 그 사나이는 말했다. "당신이 바로 그 사람이구먼. 하지만 그 애들은 여기 없는데."

"그렇겠죠." 제이슨은 말했다. 그는 벽에 기대고 손을 뒤통수에 댔다가 손바닥을 들여다보았다. "피가 난 줄 알았는데. 그놈이 도끼로 날 갈긴 줄 알았소."

"당신은 난간에 머리를 부딪혔을 뿐이오." 그 사나이는 말했다. "돌아가는 게 좋겠군요. 그 애들은 여기 없으니."

"네, 그 늙은이도 그들은 여기에 없다고 하더군요. 난 그가 거짓말하는 줄 알았죠."

"나도 거짓말하는 것 같소?" 그 사나이는 말했다.

"아니요." 제이슨은 말했다. "그들이 여기 없다는 건 잘 알았어요."

"내가 그놈에게 썩 나가 버리라고 했지. 둘 다 말이야." 그 사나이는 말했다. "난 내 곡예단에 그따위 놈은 두지 않으니깐. 난 훌륭한 사람들을 데리고 훌륭한 영업을 하고 있으니깐."

"그렇겠죠." 제이슨은 말했다. "그들이 어디로 갔는지 모르시오?"

"모르오. 알고 싶지도 않고. 우리 쇼 사람들은 그따위 재주는 부릴 수 없소. 당신은 그 아가씨의……오라버니요?"

"아니요." 제이슨은 말했다. "그런 건 아무래도 상관없어요. 난 단지 그들을 만나고 싶을 뿐이죠. 그가 날 치지 않은 게 분명해요? 피가 나지 않았다 이거죠?"

"내가 제때 끼어들지 않았다면 피가 났겠지. 자, 다시는 여기 오지 마시오. 저 꼬맹이 놈이 당신을 죽인단 말이야. 저쪽에 있는 게 당신 차요?"

"그렇소."

"그럼 올라타고 제퍼슨으로 돌아가시지. 만일 그들을 찾는대도 내 쇼에선 아니오. 난 훌륭한 쇼를 경영하고 있으니깐. 그 애들이 당신 돈을 훔쳤단 말이지?"

"아니요." 제이슨은 말했다. "그런 건 아무래도 상관없어요." 그는 자동차로 가서 올라탔다. 이제 난 뭘 해야만 하지? 그는 생각했다. 그리고 떠올렸다. 그는 시동을 걸고 천천히 거리로 운전해 가다가 마침내 약방을 하나 발견했다. 문은 잠겨 있었다. 그는 잠깐 문손잡이를 잡고 머리를 약간 숙이고 서 있었다. 이윽고 그 앞에서 떠나, 조금 뒤 한 남자가 거리를 걸어오자 그는 근처에 문을 연 약방이 있는지 물었다. 그러나 없다는 것이었다. 다음 그는 북쪽행 기차가 몇 시에 여길 지나느냐고 물었고 그 남자는 2시 반이라고 말해 줬다. 그는 보도를 건너 차에 다시 올라타고 앉아 있었다. 잠시 뒤에 두 검둥이 애들이 지나갔다. 그는 그 애들에게 소리쳤다.

"너희 중에 차 운전할 수 있는 애 있냐?"

"네, 그럼요."

"날 지금 이 차로 제퍼슨까지 태워다 주는 데 얼마 받겠냐?"

그 애들은 서로 얼굴을 쳐다보고 소곤거렸다.

"내 1달러 주마."

그들은 다시 소곤거렸다. "그걸 받고는 못 가요." 하나가 말했다.

"얼마면 가겠니?"

"너 갈 수 있니?" 하나가 말했다.

"난 못 가." 다른 하나가 말했다. "네가 모셔다 드리면 되잖아? 할 일도 없으면서."

"아냐, 있어."

"네 할 일이 뭐야?"

그들은 뭐라고 소곤대더니 웃었다.

"내 2달러 주마." 제이슨이 말했다. "너희 중 아무라도."

"나도 못 가요." 먼젓번 애가 말했다.

"그래, 알았다." 제이슨은 말했다. "그럼 됐어."

그는 얼마간 거기에 앉아 있었다. 30분 종소리가 들렸다. 그러자 부활제 예배를 보고 온 사람들이 나들이옷을 입고 지나가기 시작했다. 그들이 지나갈 때 어떤 사람은 그를, 보이지 않는 지친 생활이 다 떨어진 양말짝같이 올이 너덜너덜 풀려나가는 것을 느끼면서 조그마한 자동차 핸들 뒤에 앉아 있는 그 사나이를 바라봤다. 잠시 뒤에 작업복을 걸친 흑인이 하나 다가왔다.

"제퍼슨으로 가고 싶어하시는 분이십니까?"

"그래." 제이슨은 말했다. "자넨 얼마나 받겠나?"

"4달러요."

"2달러 주지."

"4달러 이하면 갈 수 없어요." 차 안 사람은 조용히 앉아 있었다. 그는 상대를 쳐다도 보지 않고 있었다. 검둥이가 말했다. "태워다 드릴까요 말까요?"

"좋아." 제이슨이 말했다. "타라고."

그는 조수석으로 물러나고 흑인이 핸들을 잡았다. 제이슨은 눈을 감았다. 제퍼슨에 가면 약을 좀 구할 수 있겠지. 그는 속으로 혼잣말하고, 차의 진동에 편안히 몸을 맡겼다. 거기 가면 뭐라도 얻을 수 있겠지. 자동차는 사람들이 주일날 점심을 먹으러 평화롭게 집으로 돌아가는 거리를 지나면서, 시내를 빠져나가고 있었다. 그는 머릿속에 그런 정경을 그리고 있었다. 그는 벤과 라스터가 부엌 식탁에서 찬 점심을 먹고 있는 집을 생각하지 않았다. 무엇인가로 인해—불행이 오래 계속될 때 으레 그렇듯 파멸과 그 조짐이 잠시 모습을 감춘 덕분에—그는 자신이 다시금 생활을 지속할 장소인 제퍼슨을, 이전에 그곳을 본 적이 있다는 사실과 더불어서 깨끗이 잊어버렸던 것이다.

벤과 라스터가 식사를 마치자 딜시는 그들을 밖으로 내보냈다. "4시까지 이 애를 괴롭히지 말고 돌봐 줘라. 그때쯤이면 티 피가 올 거야."

"네." 라스터는 말했다. 그들은 밖으로 나갔다. 딜시는 점심 식사를 마치고 부엌을 치웠다. 다음에 층계 밑으로 가서 귀를 기울여 봤으나, 아무 소리도 나지 않았다. 그녀는 부엌으로 돌아와 뒷문을 나와서 계단 위에 섰다. 벤과 라스터는 보이지 않았다. 그러나 거기 서 있으려니 지하실 문 쪽에서 또다시 둔한 뎅, 뎅 소리가 들려, 그녀는 문으로 가서 안을 엿보았다. 거기선 아침에 본 광경이 되풀이되고 있었다.

"놈은 바로 이렇게 했는데." 라스터는 움직이지 않는 톱을 너무 희망에 부푼 나머지 실망한 기색으로 바라보고 있었다. "난 아직 이걸 두드리는 데 딱 좋은 물건을 찾지 못했단 말이야."

"그리고 넌 그걸 이런 데선 찾을 수도 없지." 딜시가 말했다. "그 애를 햇볕 쬐는 데로 데리고 나와. 이런 축축한 바닥에 앉아 있다간 둘 다 폐렴에 걸린단 말야."

그녀는 기다리고 서서 그들이 마당을 건너 울타리 근처에 있는 삼나무 숲으로 가는 것을 지켜보았다. 그러고서 자기 오두막으로 걸어갔다.

"자, 또 불쑥 울기 없기다." 라스터는 말했다. "오늘 난 너한테 실컷 시달렸으니까." 거기엔 그물같이 뜬 철사에 통 짜는 널빤지를 이어붙여서 만든 그네 침대가 있었다. 라스터는 그네 침대에 엎드려 누웠으나, 벤은 멍청하니 맹목적으로 걸어가고 있었다. 그는 다시 훌쩍대기 시작했다. "어서 그쳐." 라스터는 말했다. "확 때려 버릴라." 그는 그네 침대에 등을 대고 누웠다. 벤은 걸음을 멈췄으나, 라스터는 그가 아직도 훌쩍거리는 소리를 들을 수 있었다. "너 그칠 거야, 안 그칠 거야?" 라스터가 말했다. 그가 일어나서 따라가 보니, 벤이 조그마한 흙무덤 앞에 쭈그리고 앉아 있었다. 흙무덤 양 끝엔 한때 살충제가 들어 있던 푸른 유리병이 땅에 꽂혀 있었다. 한쪽 병엔 시든 나팔꽃 한 송이가 들어 있었다. 벤은 그 앞에 쭈그리고 앉아, 느리고 분별 못할 소리로 울고 있었다. 그렇게 찔찔 울면서 주위를 어정거리며 뭘 찾다가 나뭇가지를 발견해 그것을 또 하나의 병에 꽂았다. "왜 그치지 않니?" 라스터가 말했다. "너 정말 내가 실컷 울도록 해 줄까? 자, 이건 어때." 그는 무릎을 꿇고 병 하나를 재빨리 뽑아 가지고 자기 뒤에 감췄다. 벤은 낑낑대는 울음소리를 그쳤다. 그가 병을 꽂아 놨던 조그맣게 팬 곳을 들여다보며 쭈그리고 앉았다가, 숨을 한 번 크게 들이쉬자, 라스터는 병을 다시 벤의 눈앞에 내놨다. "그쳐!" 그는 거칠게 말했다. "울어 대지 마! 울지 마. 자, 여기 있어. 보이지? 아까랑 똑같잖아. 넌 여기 있으면 꼭 울음을 터뜨리더라. 자, 가자. 그치들 아직 공치기 시작 안 했나 가 보자." 그는 벤의 팔을 잡고 끌어 일으켰다. 그들은 울타리로 가서 거기에 나란히 서서, 아직 꽃이 피지 않은 헝클어진 인동덩굴 사이를 기웃거렸다.

"저 봐." 라스터가 말했다. "저기 몇이 오는구나, 저 사람들 보이지?"

그들은 네 사람이 공을 치면서 그린으로 왔다가 다시 그곳을 떠나, 티 쪽으로 가서는 크게 드라이브하는 것을 바라보았다. 벤은 훌쩍거리고 침을 게게 흘리며 바라다보았다. 네 사람이 앞으로 나아가자 그도 고개를 끄덕거리고 찔찔 울면서 울타리를 따라갔다. 한 사람이 말했다.

"야, 캐디. 가방을 이리 가져와."

"울지 마, 벤지." 라스터가 말했다. 그러나 벤은 뒤뚱뒤뚱 걸어가면서 울타리에 매달려 거센 절망적인 소리로 크게 울어 댔다. 그 사람은 공을 치면서 앞으로 나아가고, 벤은 그를 뒤쫓아 나아갔다. 그러다 마침내 울타리가 직각으로 꼬부라지자, 그는 울타리에 매달려서 사람들이 멀어져 가는 것을 바라보았다.

"이제 그치겠니?" 라스터가 말했다. "이제 그치겠어?" 그는 벤의 팔을 흔들었다. 벤은 울타리에 꼭 매달려서 여전히 거센 음성으로 엉엉 울고 있었다. "너 안 그칠래?" 라스터가 말했다. "진짜 그럴 거야?" 벤은 울타리 사이로 들여다보고 있었다. "좋아, 그렇다면. 넌 정말 울어 댈 건덕지가 필요하지?" 라스터는 어깨 너머로 집 쪽을 돌아보았다. 그 다음 작은 소리로 속삭였다. "캐디다! 자, 울어 봐. 캐디다! 캐디야! 캐디!"

잠시 뒤에, 벤의 울음소리가 천천히 그치는 사이사이로 딜시가 부르는 소리를 라스터는 들었다. 그는 벤의 팔을 잡고 마당을 가로질러 그녀에게로 갔다.

"이놈은 영 얌전히 있질 않는다고 내가 말했잖아요." 라스터가 말했다.

"이 못된 자식!" 딜시는 말했다. "애한테 또 무슨 짓 했어?"

"난 아무 짓도 안 했어요. 내 말했잖아요. 저기서 사람들이 공을 치기 시작하면 애도 꼭 울음을 터뜨린다고."

"이리 온." 딜시는 말했다. "울지 마, 벤지. 이제 뚝 그쳐." 그러나 그는 그치려 들지 않았다. 그들은 빨리 마당을 지나 오두막으로 가서 안으로 들어갔다. "뛰어가서 그 슬리퍼 가져와." 딜시가 말했다. "캐롤라인 마님께 방해되지 않도록 하고, 마님께서 뭐라시면 내가 이 애를 돌보고 있다 해. 자, 어서 가. 그만한 일은 제대로 할 수 있겠지." 라스터는 나갔다. 딜시는 벤을 침대로 데려가서 앉히고는 그를 끌어안아 좌우로 천천히 몸을 흔들어 어르

1928년 4월 8일

면서, 치맛자락 끝으로 입가의 침을 훔쳐 주었다. "자, 그만." 그녀는 그의 머리를 쓰다듬으며 말했다. "그쳐. 딜시가 네 곁에 있잖아." 그러나 그는 눈물도 내지 않고 느릿하게 홀로 엉엉거렸다. 그 소리는 이 세상의 모든 소리 나지 않는 불행을 나타내는 비참하고 절망적인 음성이었다. 라스터는 흰 공단 슬리퍼를 가지고 돌아왔다. 그것은 이제 바래고 찢어지고 더러워졌지만, 그들이 그걸 벤의 손에 쥐여 주자, 그는 잠깐 울음을 그쳤다. 그러나 또다시 훌쩍거리기 시작하더니 이윽고 목청을 돋우었다.
"너 티 피 좀 찾을 수 있겠니?" 딜시가 말했다.
"오늘 세인트존스에 간다고 어제 그러던데요. 4시에 돌아온댔어요."
딜시는 벤의 머리를 쓰다듬으며 몸을 흔들흔들하고 있었다.
"그렇게 오랫동안이나. 원, 세상에. 이걸 어쩌나." 그녀는 말했다. "그렇게 오랫동안이나."
"나도 마차는 몰 수 있어요, 할머니." 라스터는 말했다.
"모두 죽게 할 셈이냐." 딜시는 말했다. "넌 고약스런 행패나 부리려고 마차를 타니 말이야. 실은 마차에 대해 훤히 알면서. 난 너를 믿을 수가 없어. 애야, 그만 그쳐. 조용. 조용히."
"아뇨, 난 행패 따윈 안 부려요." 라스터가 말했다. "난 언제나 티 피와 함께 차를 모는데요." 딜시는 벤을 안고 좌우로 몸을 흔들흔들했다. "캐롤라인 마님이 그러는데, 혹시 할머니가 그 앨 그치게 못하면, 자기가 일어나서 내려와 울음을 그치게 한댔어요."
"그쳐, 응." 딜시는 벤의 머리를 쓰다듬으며 말했다. "애, 라스터야. 이 늙은 할미를 생각해서 마차를 바로 몰아 줄 수 있겠냐?"
"예." 라스터가 말했다. "티 피와 똑같이 몰 수 있어요."
딜시는 몸을 좌우로 흔들거리며 벤의 머리를 쓰다듬었다. "난 내 힘이 닿는 데까지 하고 있어." 딜시는 말했다. "그건 하느님도 아시지. 그럼 가서 마차를 가져와." 그녀는 일어나면서 말했다. 라스터는 황급히 뛰어나갔다. 벤은 울면서 그 슬리퍼를 들고 있었다. "자, 그쳐. 라스터가 마차를 가지러 갔어. 너를 묘지까지 태워다 주려고. 하지만 네 모자를 일부러 가져올 필요는 없겠지." 그녀는 커튼을 방 한구석에 쳐서 만든 벽장으로 들어가서, 자기가 쓰던 낡은 펠트 모자를 가져왔다. "우리 모두는 훨씬 더 비참한 처지에 있어. 다만 모를 뿐이지. 너는 주님의 어린애야, 어쨌든. 나도 그래. 이제 곧 말이야. 하느님께 감사할 일이지. 여기 있다." 그녀는 모자를 벤의 머리에 씌우고 그의 코트 단추를 끼워 줬다. 그는 끊임없이 울어 댔다. 그녀는 그에게서 슬리퍼를 빼앗아 치우고 함께 밖으로 나갔다. 라스터는 한쪽으로 기운 다 망가진 마차에 늙은 흰말을 매달아 가지고 다가왔다.

"조심해, 라스터야." 그녀는 말했다.

"네." 라스터는 말했다. 그녀는 벤을 뒷자리에 앉혔다. 그는 잠깐 울음을 그치고 있었지만, 또 훌쩍거리기 시작했다.

"꽃이에요." 라스터가 말했다. "가만, 내 하나 꺾어다 줘야지."

"거기 가만 앉아 있어." 딜시가 말했다. 그녀는 라스터 쪽으로 가서 말 볼때기의 가죽끈을 잡았다. "자, 빨리 하나 꺾어다 주려무나." 라스터는 집 모퉁이를 돌아서 정원 쪽으로 달려갔다. 그리고 수선화 한 송이를 가지고 돌아왔다.

"그건 부러졌잖아." 딜시가 말했다. "왜 좋은 걸 가져다주지 못하는 거지?"

"이거 하나밖에 없던데요." 라스터가 말했다. "금요일에 교회를 꾸미느라고 다들 꺾어 갔잖아요. 잠깐만! 내 이걸 잘 펴서 줄게요." 그래서 딜시가 말을 잡고 있는 동안 라스터는 꽃줄기에 나뭇가지를 대고 두어 군데 풀줄기로 꼿꼿하게 묶어서 그걸 벤에게 주었다. 그런 다음 그는 마차에 올라 고삐를 잡았다. 딜시는 아직도 재갈을 쥐고 있었다.

"너 가는 길은 알지? 거리를 저리 올라가. 광장을 돌아서 묘지로 갔다가, 다음엔 곧장 집으로 돌아오는 거야."

"예." 라스터는 말했다. "가자, 퀴니."

"너 조심해야 한다, 알지?"

"예." 딜시는 재갈을 놓았다.

"이랴, 퀴니." 라스터가 말했다.

"애, 이리 다오." 딜시가 말했다. "그 말채 이리 줘."

"아이고, 할머니도."

"이리 내." 딜시는 마차 쪽으로 가까이 가면서 말했다. 라스터는 마지못해 그걸 그녀에게 주었다.

1928년 4월 8일 321

"그거 없이는 절대로 퀴니를 못 몰아요."

"그런 걱정일랑 마." 딜시가 말했다. "퀴니는 어디를 가는지 너보담 더 잘 아니까. 넌 거기 앉아서 고삐만 잡고 있으면 돼. 너 길은 알지, 어?"

"네, 티 피가 주일날마다 가는 같은 길이죠 뭐."

"그럼, 오늘도 같은 길을 갈 거지?"

"그럼요. 나 티 피 대신 마차를 백 번도 더 몰았잖아요?"

"그럼, 다시 한 번 그렇게 해 봐." 딜시가 말했다. "어서 가라. 그리고 너 벤지 다치게라도 했다간…… 이 검둥아, 나도 어떡할지 모른다. 넌 어차피 언젠간 감방 가서 쇠고랑을 차게 될 놈이야. 감방이 아직 너를 받아들일 준비가 안 됐대도, 내 너를 당장 거기다 처넣어 줄 테야."

"예, 예." 라스터가 말했다. "이랴, 퀴니."

그는 고삐줄로 퀴니의 널따란 등을 갈겼다. 그러자 마차는 비틀거리며 움직이기 시작했다.

"얘, 라스터야!" 딜시가 말했다.

"이랴, 이랏!" 라스터는 말했다. 그는 고삐줄을 다시 갈겼다. 뱃속 깊은 데서 그르렁 소릴 뽑아내면서 퀴니가 천천히 마당 차도를 지나 거리로 나오자, 거기에서 라스터는 앞으로 넘어질 듯 넘어지지 않는 빠른 걸음걸이로 달리도록 말을 몰았다.

벤은 훌쩍거리길 그쳤다. 그는 자리 한가운데에 앉아서 꺾였다 펴진 꽃을 똑바로 세워서 주먹에 쥐고 있었다. 눈은 침착하고 맑았다. 바로 그 앞에는 라스터의 탄환같이 생긴 머리가 자꾸 뒤를 돌아보고 있었는데, 마침내 집이 시야에서 사라지자, 그는 마차를 길가에 세워 놓고, 벤이 바라보는 가운데 마차에서 내려 산울타리에서 회초리 하나를 꺾어 가지고 왔다. 퀴니는 머리를 숙이고 풀을 뜯어먹기 시작했다. 이윽고 라스터는 마차에 올라 말의 머리를 잡아채더니 회초리를 휘둘러 다시 말을 몰았다. 그는 양 팔꿈치를 쭉 펴고 회초리와 고삐를 높이 쳐들어 뽐내는 태도를 취하고 있었지만, 그것은 퀴니의 침착한 발굽 소리와 그 말의 배 속에서 나는 오르간의 낮은 소리 같은 반주와는 영 어울리지 않았다. 자동차가 그 옆을 지나가고, 사람도 지나갔다. 젊은 검둥이 한 패가 지나가며 말했다.

"여, 라스터. 너 어디 가? 묘지에 가냐?"

"그래." 러스터는 말했다. "너희가 가는 묘지가 아니라 진짜 묘지지. 이랴, 이 느림보 코끼리야."

마차가 광장에 가까이 이르자, 거기엔 비가 오나 눈이 오나 한결같이 손차양을 하고서 공허한 눈으로 앞을 보는 남부군 병사의 동상이 있었다. 러스터는 아직도 여봐란 듯이 뽐내며, 아무리 채찍질해도 도무지 빨라지지 않는 퀴니를 회초리로 한 번 갈기고는 광장을 휘둘러봤다. "저기 제이슨 씨의 차가 오는구나." 그는 또 한 패의 검둥이들을 봤다. "우리 저 검둥이 놈들에게 신분이 당당한 사람들은 어떻게 하는지 보여 주자, 벤지. 어때?" 그는 뒤돌아봤다. 벤은 꽃을 쥐고 가만히 앉아 있었다. 그 눈은 멍하고도 고요했다. 러스터는 퀴니를 다시 갈기고 동상 앞에서 왼쪽으로 마차를 돌렸다.

한순간 벤은 멍하니 정신 빠진 사람같이 앉아 있었다. 그리고 곧 울음을 터뜨렸다. 울고 또 울고, 그의 목소리는 점점 올라갔으며, 거의 숨 쉴 틈도 없었다. 그 울음 속엔 놀라움 이상의 무엇이 숨어 있었다. 그것은 공포요, 충격이요, 맹목적이며 말 못할 고뇌요, 목소리라기보단 그저 소리였다. 러스터의 눈은 그 공백의 순간 온통 흰자위를 드러내며 굴렀다. "맙소사. 그쳐! 그쳐! 아아, 맙소사!" 그는 얼른 다시 앞을 향하더니 회초리로 퀴니를 갈겼다. 회초리는 부러져서 그는 그것을 내던졌다. 믿을 수 없을 정도로 점점 올라가는 벤의 울음소리를 들으며, 러스터는 고삐의 끝을 꽉 잡은 채 몸을 앞으로 굽히고 있었는데, 그때 제이슨이 광장을 뛰어 건너와 마차 발판에 발을 올려놓았다.

제이슨은 뒷손질로 러스터를 호되게 옆으로 밀치고는 말고삐를 뺏더니, 퀴니의 재갈을 당겨 방향을 바꾼 다음 고삐를 겹쳐서 뒤쪽 절반을 채찍 삼아 퀴니의 엉덩이를 찰싹 갈겼다. 그리고 사나운 고뇌에 찬 벤의 울음소리가 사방에 진동하는 동안, 말고삐를 채고 또 채고 하여 말이 날듯이 펄쩍펄쩍 뛰면서 동상 오른쪽으로 돌아가게 했다. 그다음 그는 주먹으로 러스터의 머리통을 갈겼다.

"넌 이놈을 왼쪽으로 돌게 하면 안 된다는 것도 모르느냐?" 그는 뒤로 손을 뻗쳐서 벤도 갈겼고, 꽃줄기가 다시 부러졌다. "닥쳐! 닥쳐!" 그는 고삐를 뒤로 당겨 퀴니를 멈춰 세우고는 마차에서 뛰어내렸다. "그 애를 당장 집으로 데려가. 다시 한 번 그 애를 데리고 문밖을 나서 봐라. 내 네놈을 죽여 버릴 테니!"

"예. 알았어요!" 라스터는 고삐를 잡고 그 끝으로 퀴니를 갈겼다. "이랴! 이럇! 벤지, 제발 좀 울지 마!"

벤의 목소리는 커다랗게 울려 퍼지고 있었다. 퀴니는 다시 움직이기 시작했고, 말발굽은 다시 꾸준히 딸가닥딸가닥 소리 내기 시작했다. 그러자 곧 벤은 울음을 그쳤다. 라스터는 어깨 너머로 뒤를 슬쩍 돌아다보고는 말을 몰고 나아갔다. 꺾인 꽃은 벤의 주먹 위로 꼬부라져 드리워 있었다. 거리 집집의 처마와 정면이 다시 한 번 왼쪽에서 오른쪽으로 흘러가고, 전봇대도 나무도, 창문도 문간도 간판도 다 제자리에 놓여 흘러가자, 벤의 두 눈은 다시 멍하니 푸르고 고요해졌다.

뉴욕 1928년 10월

부록―콤프슨 일족

이케모타비*¹ 영지에서 쫓겨난 아메리카의 왕. 그는 젖형제 사이인 프랑스의 어느 훈작사(勳爵士)로부터 롬*²(또는 드롬)이라 불렸다. 이 훈작사는 좀더 빨리 태어났더라면 나폴레옹군 사령관들, 저 별처럼 빛나는 불한당 기사단에서도 특히 눈에 띄는 사람으로 꼽혔을 인물로, '우두머리(The Man)'를 뜻하는 치카소어 칭호를 프랑스어로 직역해서 롬이라고 한 것이었다. 이케모타비는 자기 자신을 포함하여 인간의 성격을 날카롭게 꿰뚫어 볼 뿐 아니라 기지와 상상력이 뛰어난 인물이기도 했다. 그래서 그는 번역된 그 이름을 살짝 바꾼 '운명(doom, 둠)'이란 영어를 자기 이름으로 삼았다.*³ 그는 잃어버릴 운명이었던 광대한 영토 중 일부, 즉 네모진 탁자 모양으로 네 모서리를 정확히 직각으로 잘라 낸 가로세로 1마일짜리 북미시시피의 처녀지를 한 남자에게 주었다. 그 남자는 스코틀랜드에서 왕위로부터 쫓겨난 왕과 운명을 함께한 탓에 그 자신도 토지재산을 잃고 나라를 떠나야 했던 한 인물의 손자에 해당했다. 그리고 그 토지는, 저 유성이 무수히 떨어지던*⁴ 1833년보다도 더 옛날이었던 그 당시엔 삼림이 무성한 미개척지였다. 그때 미시시피주 제퍼슨에는 틈새에 진흙을 발라 만든 통나무집―치카소 부족 관리관이 주거 겸 교역장(交易場)으로 쓰고 있던 길쭉하고 휑뎅그렁한 단층집―이 덜렁 세워져 있을 뿐이었다. 이 땅을 넘겨주는 조건 중에는, 이케모타비와

---

*1 포크너의 다른 작품에도 등장하는 치카소 부족(켄터키주부터 미시시피주 북부에 걸쳐 살고 있었던 선주민족)의 족장 중 하나.
*2 프랑스어로 '인간'이란 뜻(l'Homme).
*3 그는 프랑스어 드롬(de l'homme)과 발음이 비슷하며 더구나 민족의 쇠망을 암시하는 영어 단어를 골랐다.
*4 1833년에 출현한 사자자리 유성군을 가리키는 한편, 1832년 미합중국 정부와 치카소 부족 사이에 이루어진 폰토톡 조약(치카소 부족 대부분이 오클라호마 지역으로 이주하는 일에 동의한 조약)도 암시한다고 여겨진다.

그의 부족이 적당하다고 생각하는 어떤 방법으로든지, 즉 걸어서 가든지 말을 타고 가든지—어디까지나 그들의 말만 이용해야겠지만—간에, 뒷날 오클라호마라고 불리게 된 서쪽 황야로 안전하게 이동할 권리가 포함되어 있었다.*5 물론 그들은 그곳에서 석유가 나오는 줄 꿈에도 몰랐다.

잭슨 손에 검을 든 '위대한 백인의 아버지'*6(노련한 결투가. 마른 체구이면서도 싸움을 좋아하고 사나우며, 불결한 데다 언제까지나 정정하여 결코 약해지지 않는 늙은 사자. 이 남자는 백악관보다도 국가의 평안을 중시했고 자신의 새로운 정당의 번영을 그 무엇보다도 중시했으며, 또 그 모든 것을 합친 것보다도 아내의 명예를, 명예란 것은 무엇이든 간에 지켜지는 이상 반드시 지켜야 한다는 주의를 굳게 믿고 있었다).*7 잭슨은 워시 마을에 있는 눈부시게 화려한 텐트*8 안에서, 이 양도 증서에 서명하고 날인하여 허가를 내려 줬으나 그것이 석유에 관해서인지는 그도 몰랐다. 그 결과 이윽고 영지에서 쫓겨난 자들의 집 없는 자손들이 곤드레만드레 취해서 벌렁 드러누운 채, 그들의 뼈를 묻을 안식처로서 주어진 먼지투성이 토지 위를, 진홍색으로 칠한 특별 맞춤형 영구차나 소방차에 실려서 지나가게 되었다.

다음은 콤프슨 일족 사람들이다.
퀜틴 맥라칸 콤프슨 글래스고 인쇄공의 아들. 부모를 잃고 스코틀랜드 고지(高地)의 퍼스에 사는 외가 쪽 친척 밑에서 자랐다. 그는 컬로든 황야*9에서 도망쳐, 클레이모어*10 한 자루와 매일 밤낮으로 입고 있던 타탄 옷만 걸

---

*5 위의 주 참조. 실제 치카소 족의 이동은 콤프슨에게 토지를 양도한 것보다 약 20년 뒤의 일이다. 그러나 여기서는 콤프슨에게 토지를 사적으로 양도한 일도, 뒷날 일족의 대이동이라는 역사적 과정의 선구적 계기가 되었다고 보는 관점에서, 일부러 사실(史實)을 덧붙여 '교환 조건'으로 언급한 것이다.
*6 인디언 입장에서 본 미합중국 대통령의 명칭. 위에 서술된 바와 같이 미국 제7대 대통령 앤드루 잭슨(1767~1845)은 인디언 토벌과 서부로의 강제 이주를 추진했다.
*7 잭슨의 아내 레이첼은 전남편과 이혼이 법적으로 성립되지 않았다. 이 때문에 잭슨은 정적이 퍼붓는 심한 중상과 맞서 싸워야 했다.
*8 워시 마을이란 수도 워싱턴을 일컫는 인디언 말. '눈부시게 화려한 텐트'는 백악관.
*9 1746년 찰스 에드워드 왕자가 이끄는 스튜어트 왕조 지지자(자코바이트)의 군대를 영국군이 전멸시켰던 장소.

치고는 캐롤라이나로 탈주했다. 1779년 80세가 된 그는 영국 왕과 싸워서 패배한 경험을 되새기며 두 번 다시 실수를 반복하지 않겠다고 생각했다. 그는 어느 날 밤 어린 손자와 함께 타탄 옷을 챙겨 들고서 켄터키로, 분[*11]이라는 남자가 이미 개척촌을 건설했던 부근으로 다시 탈주했다(클레이모어는 약 1년 전 조지아의 전쟁터에 있었던 탈턴[*12]의 부대에서, 손자의 아버지인 그의 아들과 함께 모습을 감춰 버렸다).

찰스 스튜어트 콤프슨 영국군에 속해 있다가 이름과 계급이 공시되고서 제적, 축출되었다. 퇴각하는 그의 군대에서도, 진격해 온 미국군에서도 그는 조지아의 늪지대에서 전사한 것으로 알려졌으나 이는 잘못된 것이었다. 4년 뒤 그는 한쪽 다리에 손으로 만든 나무 의족을 단 채 켄터키주 해로즈버그에 찾아와 아버지와 아들을 다시 만났고, 아버지의 장례식에 겨우 참석할 수 있었다. 그때도 그는 집안 대대로 전해 내려온 클레이모어를 가지고 있었다. 그 뒤 그는 자신의 천직이라고 믿는 교사 일을 하려고 노력하면서 오랫동안 이중인격자처럼 생활했으나, 결국 포기하고 본모습인 도박꾼으로 돌아갔다. 그도 그럴 것이 본인들은 아무도 깨닫지 못한 모양이지만, 승산도 없으면서 될 대로 되란 식으로 공격적으로 나설 때면 콤프슨 집안사람들은 모두 도박꾼이 되기 때문이다. 그는 윌킨슨[*13]이라는 지인(상당한 재능과 영향력, 지성과 권력을 갖춘 인물이었다)이 이끄는 비밀스런 조직, 즉 미시시피 하류 지역 전체를 합중국으로부터 분리하여 스페인에 합병시키고자 하는 조직에 가입했다. 그리하여 마침내 자기 목숨뿐만 아니라 가족의 안전과 후대에 남을 콤프슨 가문의 신용까지 위험하게 만드는 데 성공했다. (콤프슨 집안 출신이면서 학교 교사도 아닌 이상, 누구든지 그렇게 되리라고 예견했겠지만)

[*10] 스코틀랜드 고지 사람들이 쓰던 양날검.
[*11] 대니얼 분(1734~1820). 켄터키와 미주리 개척으로 잘 알려진 미국독립시대의 전설적인 인물.
[*12] 배너스터 탈턴(1754~1833). 미국 독립전쟁에서 무공을 세운 영국 군인. 냉혹한 전투를 벌이기로 유명했다.
[*13] 제임스 윌킨슨(1757~1825). 미국 군인이자 정치가. 애런 버(1756~1836)와 공모해서 새로운 스페인 독립국을 건설하려 했으나 실패했고, 군법 회의에 회부돼 무죄 판결을 받았다.

그 수상쩍은 음모가 물거품으로 돌아갔을 때 그도 도망쳤는데, 공모자 중에서도 유독 그만은 나라를 떠나야 할 처지에 놓이고 말았다. 그것은 분할 음모의 대상이었던 정부로부터 복수 및 징벌을 받았기 때문이 아니라, 이제는 제 몸 하나 보전하려고 기를 쓰게 된 동료들의 맹렬한 반발 때문이었다. 그는 미합중국에 의해 추방된 것이 아니라 그놈의 입방정 때문에 스스로 나라를 잃게 된 것이다. 이유인즉 그의 경우에 국외추방은 반역죄 탓이 아니라, 그 반역을 실행할 때 너무나 노골적으로 주절주절 말을 늘어놓은 탓이었던 것이다. 다시 말해 그는 다리 하나를 건넜나 싶으면, 다음 다리를 놓을 장소에 도착하기도 전부터 그 수다스런 입으로 뒤쪽 다리를 불태워 버려 퇴로를 차단하는 것이었다. 그래서 헌병대장도 아니고 정부 첩보원도 아닌 바로 그의 옛 동료들이 켄터키는 물론이고 미합중국으로부터, 그리고 혹시 붙잡을 수 있다면 이 세상 전체로부터, 그를 쫓아내기 위해 활동을 개시하는 사태가 벌어졌다. 이에 그는 집안의 전통에 따라서 아들과 예의 클레이모어와 타탄 옷을 가지고 야반도주했다.

제이슨 라이커거스 콤프슨 자신의 꿈은 문학교사가 되는 것이라고 아직도 진심으로 믿고 있는 듯한 아버지, 냉소적이고 성미가 까다로운 나무 의족 사나이인 불굴의 아버지한테서 화려한 이름*14을 받은 인물이다. 아마 그 이름이 불러일으키는 충동에 사로잡혀서인지, 1811년 어느 날 그는 훌륭한 권총 두 자루와 싸구려 가방 하나를 가지고, 몸집은 작고 허리에 살도 없지만 다리만은 튼튼한 암말을 타고 머나먼 나체즈 가도*15를 지나왔다. 이 말은 처음 400m는 분명 30초 이내에 달리고, 다음 400m도 속도가 좀 느렸지만 눈에 띌 정도는 아닌데, 거기에 숨이 턱까지 차서 더는 못 달리는 말이었다. 하지만 그걸로 족했다. 그는 오커트바(1860년 들어서도 아직 올드 제퍼슨이라 불리고 있었다)의 치카소 인디언 관리국 출장소까지 와서는 그곳에 자리 잡았다. 반년 만에 관리관의 부하가 됐고, 1년 지나자 그의 동료가 되었다.

---

*14 라이커거스(Lycurgus, 리쿠르구스)는 고대 스파르타 왕족 중 한 사람이며 신화적인 건국 자이므로 여기에 '화려한'이란 형용사가 쓰였다.
*15 인디언이 밟아서 낸 길을 토대로 19세기에 정비된 도로. 테네시주 내슈빌에서 출발해 미시시피주를 거의 종단하여 나체즈에 다다르는 700km가 넘는 길.

즉 겉으로는 여전히 부하였지만, 그 무렵엔 규모가 커져 있었던 교역장 매점의 공동경영자 자리에까지 올랐다. 그는 언제나 빈틈없이 거리가 400m에서 기껏해야 600m로 제한된 경마 레이스에 그의 암말을 참가시켜, 이케모타비 밑에 있던 젊은이들의 말을 상대로 계속 이겨서 상품을 타냈고, 그 상품을 재고품으로 써서 매점을 크게 키웠던 것이다. 그로부터 1년이 더 지났다. 이케모타비는 그 조그만 암말을 소유하게 되었고, 그 대신 콤프슨은 뒷날 제퍼슨시(市)의 거의 중심에 위치하게 되는 사방 1마일짜리 토지의 소유자가 되었다. 그때는 삼림이 그대로 남아 있었고 20년 지나서도 여전히 숲이 무성했지만, 그 무렵 콤프슨 저택은 원기둥이 늘어선 콜로네이드 포치를 갖췄고, 프랑스나 뉴올리언스에서 오는 증기선을 통해 가구가 그곳까지 운반됐으며, 주위에는 노예 거주지이며 헛간이며 뒷마당의 화단 등도 마련됐고, 저택을 설계한 바로 그 건축가가 기하학적 형태의 잔디와 산책로와 정자 등도 배치해 놓았으므로, 그곳은 삼림이라기보다는 차라리 공원처럼 변해 있었다.

 1840년 들어서도 이 가로세로 1마일 크기의 토지는 변함없이 그대로 남아 있었다(제퍼슨이라는 조그만 백인 읍이 이곳을 둘러싸기 시작했을 뿐만 아니라 한 백인 군(郡) 전체가 이윽고 이를 둘러싸게 되었다. 까닭인즉, 이로부터 3~4년만 지나면 이케모타비의 자손들과 동포들은 이 땅에서 사라지며, 남은 자들도 병사나 사냥꾼이 아니라 백인으로서 살아가게 되고—게으른 농부가 되거나, 또는 토지 소유자가 되어 백인들을 흉내내서 그 땅을 농장(plantation)이라 부르고 게으른 노예들의 주인이 되거나 하는 사람도 간혹 있었으나, 그들은 백인에 비해 좀 야비하고 나태하고 잔혹했다—. 그러는 동안 야생의 피 자체도 엷어져서, 목화 운반용 마차에 탄 흑인이나 제재소에서 일하는 백인 노동자, 덫사냥을 하는 사냥꾼이나 기관차 화부(火夫) 등의 코 모양새에서 그 흔적을 아주 가끔 찾아볼 수 있는 형편에 이르는 것이다). 그 무렵 이 땅이 '콤프슨 영지'로 널리 알려지게 된 것은, 지금은 이곳이 컬로든·캐롤라이나·켄터키에서 차례로 추방당한 콤프슨 일족의 한을 푼다는 의미에서 왕자나 정치가나 장군이나 주교를 낳는 데 어울리는 장소라고 여겨졌기 때문이다. 다음으로 이곳은 '지사(知事) 저택'이라 불리게 됐다. 사실 머지않아 이 땅은 지사 한 명을 낳거나 적어도 잉태할 수 있는 장소가 됐기 때문이다. 이 지사의 이름도 퀜틴 맥라칸이었는데, 컬로든에서 탈주한 선조한테서 따온 이름이었다. 그런데 장군을 하나 배출하고(1861년) 나서도 이 저택은 여전히 '구(舊) 지사 저택'이라 불렸다.—(읍과 군 전체가 앞서서 일치단결하여 그렇게 불렀다. 마치 사람들은 그때부터, 이 전직 지사가 오래도록 삶을 누리거나 스스로 목숨을 끊는 것 말고는 뭐든지 다 잘 해낸 마지막 콤프슨이었다는 사실을 미리 알고 있었던 듯싶다)—이 장군이란 제이슨 라이커거스 2세 준장으로, 그는 1862년 샤일로[16]에서 패배했으며, 그 뒤 사상자 수는 줄었으나 1864년 레사카[17] 전투에서도 또다시 패배했다. 남북전쟁이 끝나고 1866년에 그는 뉴잉글랜드에서 온 뜨내기 출마자(Carpetbagger)를 상대로, 그때는 아직 온전히 남아 있었던 가로세로 1마일짜리 토지를 처음으로 저당잡혔다. 그런데 그 무렵 옛 제퍼슨 마을은 북군의 스미스 장군[18] 손에 모조리 불태워졌고 새로 생겨난 마을은 아직 작았으나, 시간이 흐르자 콤프슨 일족이 아니라 스놉스 일족[19]의 후손들이 그곳에 정착해서 콤프슨의 토지를 둘러싸게 되었다. 게다가 패전한 장군이 남은 토지 담보를 유지하기 위해서 이후 40년에 걸쳐 그 땅을 조금씩 나눠 팔아감에 따라, 콤프슨 영지는 점점 줄어들었다. 그리고 마침내 1900년 어느 날, 그가 만년 대부분을 보낸 장소인 탈라하치 강가의 낮은 삼림지대에 있었던 사냥 겸 낚시용 캠프의 군대식 침대 위에서, 그는 조용히 숨을 거두었다.

그리고 전직 지사조차 이제는 망각 속으로 사라져 버렸다. 과거의 가로세로 1마일짜리 토지 가운데 남아 있는 부분은 이제 '콤프슨 저택'이라고만 불릴 뿐이었다. 한때 잔디와 산책로가 깔려 있던 부근은 황폐해져서 잡초로 뒤덮여 있고, 저택은 페인트칠을 새로 해야 할 때가 한참 지났으며, 정면 콜로네이드 포치의 기둥은 표면이 벗겨져 있었다. 그 저택에서 제이슨 3세(법률가로 키워졌으며 실제로 광장에 있는 군청 2층에다 사무소를 냈는데, 그 방에서는 이제 홀스턴이나 서트펜, 그레니어, 비첨, 콜드필드 등 군(郡)의 가장 오래된 이름[20]이 먼지투성이 보존함 속에 묻힌 채, 형평법 재판소[21]의

---

[16] 테네시주 남서부에 위치한 남북전쟁 격전지.
[17] 조지아주 애틀랜타 근처의 전쟁터. 북군의 서먼 장군이 진군하자 남군은 패퇴했다.
[18] 서먼 장군 휘하 앤드루 J. 스미스(1815~97)는 1864년 미시시피주 북부를 공격해서 옥스퍼드 중심부 등을 불태웠다.
[19] 주로 포크너의 후기 작품에 등장하는 일족. 가난뱅이 백인 신분에서 출발해 제퍼슨을 좌지우지하는 가문으로까지 성장한다.

끝없는 서류 미궁 속에서 세월과 더불어 점차 잊혀 가고 있었다. 그의 아버지의 쇠퇴했다가 또다시 되살아나는 정신 속에 어떤 꿈이 깃들어 있었는지는 아무도 모른다. 그 무렵 아버지는 그 인생의 세 가지 면모 가운데 마지막 하나를 완성해 가던 참이었는데, 그는 첫째로 우수하고 용감한 정치가의 아들로서, 둘째로 용맹하고 과감한 군대 지휘관으로서 살아갔으며, 마지막으로는 특권을 누리는 가짜 대니얼 분 또는 로빈슨 크루소라고 불릴 만한 모습을 보였다.[22] 그런데 사실 그는 미숙한 젊음으로 되돌아간 것이 아니라 젊음에서 평생 벗어나질 않았으므로 그런 모습이 된 것이다. 아들의 법률사무소가 지사의 대저택이나 한때 그들 일족이 누렸던 영광으로 다시 돌아가는 일종의 대기실이 되기를 꿈꿨는지도 모른다)는 위스키 디캔터를 가까이 두고, 여러 번 읽은 호라티우스나 리비우스나 카툴루스[23]를 주위에 흩어 놓은 채, 온종일 그곳에 앉아서 (소문에 따르면) 과거 또는 현재의 마을 사람들을 신랄하게 풍자적으로 추도하고 칭찬하는 시를 짓고 있었다. 그는 마지막으로 남은 일족의 토지를 골프 클럽에 팔았다. 저택과 뒷마당 화단과 허물어져 가는 헛간과 딜시네 가족들이 사는 하인들 오두막을 포함한 적은 구획만 남겨 두고서. 이렇게 토지를 팔아서 번 돈으로 그의 딸 캔디스는 4월에 훌륭한 결혼식을 올리고, 아들 퀜틴은 하버드 대학에서 1년간 공부한 다음 결혼식 직후인 1910년 6월에 자살할 수 있었다. 그리고 1928년 어느 봄날 저녁, 옛 지사의 5대손에 해당하며 숙명에 의해 타락하게 된 이름 모를 17세 처녀가, 그 집안에 마지막으로 남아 있던 제정신인 남자(숙부 제이슨 4세)로부터 그의 비자금을 훔쳐 내서, 물받이 홈통을 타고 집을 빠져나와 유랑극단의 한 남자와 함께 달아나 버렸다. 그즈음엔 콤프슨 가족들이 아직 살고 있었는데도 이 저택은 이미 '구(舊) 콤프슨 저택'이라 불리고 있었다. 그리고 콤프슨 일족의 온갖 흔적이 사라져 버린 뒤에도, 즉 미망인인 어머니가 죽고, 더 이상 딜시한테 신경 쓸 필요가 없어진 제이슨이 백치 동생 벤지를 잭슨의 주립

---

[20] 모두 포크너의 다른 작품에 등장하는 제퍼슨의 오래된 가계.
[21] 영미권에서 계쟁(係爭) 당사자가 효과적이고 유연한 해결 방법을 구할 때 소송을 낼 수 있는 재판소.
[22] 사냥과 낚시에 푹 빠져서 자연에 파묻혀 즐겁게 지냈다는 뜻.
[23] 모두 로마 시대의 문필가. 호라티우스(기원전 65~기원전 8)와 카툴루스(기원전 84~기원전 54)는 시인이고 리비우스(기원전 59~기원후 17)는 역사가로 유명하다.

정신병원으로 보내고, 저택을 그 고장 사람에게 팔아넘긴 뒤에도, 여전히 그곳은 '구 콤프슨 저택'이라고 불렸다. 저택을 산 남자는 그것을 배심원이나 상인들에게 숙식을 제공하는 아파트로 개축했다. 그 뒤 그 아파트가(그리고 골프장마저) 사라지고 나서 날림으로 지은 어중간한 도회풍 단층 주택이 줄줄이 세워지자, 거기에 그 옛날의 사방 1마일짜리 토지가 다시 그 모습 그대로 나타나게 되었다. 이때도 그곳은 여전히 '구 콤프슨 저택'이라 불리고 있었다.

그리고 다음과 같은 사람들이 있다.

퀜틴 콤프슨 3세 누이동생의 육체를 사랑한 것이 아니라, 콤프슨 집안의 명예가 사소하고도 덧없는 그녀의 처녀막에 의해 지탱되고 있다는 것, 즉 마치 거대한 지구 전체를 축소해서 재현한 조그만 공이 재주 부리는 바다표범의 콧등 위에 올라앉아 있는 것처럼, 그 명예가 그렇게 위태위태하고도 (그가 정확히 꿰뚫어 보았듯이) 그저 일시적인 형태로 지탱되고 있다는 관념을 사랑했다. 저지르지도 않은 근친상간이란 관념이 아니라, 그것이 초래하는 영원한 벌이라는 장로교[*24]의 관념을 사랑했다. 그럼으로써 신이 아닌 그 스스로가 자신과 누이를 지옥에 던져 넣고, 그곳에서 영원히 누이를 지키고, 그녀를 영원토록 꺼지지 않는 업화 속에다 순결하게 붙잡아 둘 수 있는 것이다. 그러나 그는 무엇보다도 죽음을, 오로지 죽음만을 사랑하고 있었다. 죽음을 일부러 거의 도착적인 예감으로서 사랑하며 살아간 그 모습은, 사랑에 빠진 사람이 자신을 기다리고 있는 애인의 육체, 즉 친근하고도 쉽게 믿을 수 없는 애인의 육체를 앞에 두고서, 사랑하면서도 일부러 자제하고 그러다 마침내 자제하지도 못하게 되어, 그것이 낳은 구속 상태를 견디다 못해 제 몸을 던지고, 뛰어들고, 떨쳐 버리고, 익사해 가는 모습과 똑같았다. 그는 1910년 6월 매사추세츠주 케임브리지에서 자살했다. 누이동생의 결혼식으로부터 2개월이 지난 뒤의 일이었다. 그는 한 학년을 마쳐서 미리 지불한 학비에 걸맞은 교육을 다 받을 때까지 기다렸던 것이다. 다만 그것은 그가 과거

[*24] 여러 청교도 종파 중에서도 비교적 엄격하게 원죄와 연옥 등의 관념을 지켜 왔던 유파. 콤프슨 집안 선조의 고향인 스코틀랜드에서는 이 종파가 주류를 이루었으므로 일족의 종교도 장로교였다고 추측된다.

에 컬로든이나 캐롤라이나나 켄터키에서 도망쳤던 선조의 피를 이어받았기 때문이 아니라, 본디 사방 1마일 크기였던 콤프슨 집안의 토지에서 아직 남아 있던 부분 가운데, 누이동생의 결혼식 비용과 자신의 하버드 대학 등록금 1년 치를 내기 위해 팔아야 했던 땅이, 날 때부터 백치였던 막냇동생이 누이와 불꽃을 제외하고는 세상에서 유일하게 사랑하던 대상이었기 때문이다.

캔더스(캐디) 콤프슨 어두운 숙명을 짊어졌으며 그 사실을 알고 있었다. 굳이 그 숙명을 구하지도 피하지도 않고 다만 받아들였다. 그녀는 있는 그대로 오빠를 사랑했다. 오빠란 사람 자체를 사랑했을 뿐 아니라 오빠 속에 있는, 일족의 명예와 그 숙명이라 생각한 것에 대해 신랄하게 예언하고 완고하게 순결을 지켜 심판을 내리는 모습마저 사랑했다. 이는 오빠가 그녀 속에 있는, 일족의 자존심을 담은 덧없는 운명의 그릇이기도 하며 불명예의 더럽혀진 증거이기도 하다고 그가 생각한 그녀의 모습을 사랑하면서도 실은 증오하고 있었던 것과 같은 방식이었다. 더구나 그녀는 오빠 자신에게 사람을 사랑할 능력이 없다는 사실에도 불구하고, 아니 오히려 바로 그 사실 때문에 오빠를 사랑했다. 그리고 오빠가 그녀 자신이 아니라, 그녀가 전혀 가치를 인정하지 않은 채 관리 책임자가 되어 버린 그 처녀성, 그녀에게는 손톱 주위의 거스러미만큼도 의미가 없는 제 몸속의 덧없이 좁은 그 장소에, 그 무엇보다도 가치를 둔다는 사실을 그녀는 받아들인 것이다. 오빠가 무엇보다도 죽음을 사랑하고 있다는 사실을 알면서도 질투하지 않고, 예를 들면 독초처럼 효과적인 것을 건네는 일도 할 수밖에 없었을 것이다(아마 신중히 계산해서 결혼식을 올림으로써 실제로 독초를 건넨 셈이리라). 지난 여름 어머니와 함께 프렌치 릭에서 휴가를 보낼 적에 만난 인디애나주 출신의 한 청년, 결혼 상대로 매우 적합한 그 청년과 (1910년에) 결혼했을 때, 그녀는 다른 남자의 아이를 밴 지 벌써 두 달이 지났으며, 그 애의 성별이 어떻든지 간에, 이미 죽은 거나 마찬가지라고 (그녀도 본인도) 생각하고 있었던 오빠의 이름을 따서, 그 애 이름을 퀜틴이라고 지을 결심을 일찍부터 하고 있었다. 1911년에 그녀는 남편에게서 이혼 통고를 받는다. 1920년 캘리포니아주 할리우드에서 영화계의 이류 실력자와 재혼, 1925년 멕시코에서 양쪽 합의에 따라 이혼. 1940년 독일군이 파리를 점령할 당시 소식이 끊긴 뒤로 연락이 없었는데, 그때 그녀는 변함없이 아름다워서 실제 나이는 48살이었는데도 기껏해야 33살로밖에 보이지 않았으므로, 여전히 유복하게 살고 있었으리라 추측된다. 그런데 그 무렵 제퍼슨에 한 여성이 있었다. 군립 도서관에 근무하는 생쥐처럼 작고 옷차림이 수수한 미혼 여성으로, 그녀는 제퍼슨에서 초등학교부터 고등학교까지 캔디스 콤프슨과 함께 학교를 다녔었다. 그 뒤로는 한 덩어리로 잘 모은 몇 권의 《내 사랑 앰버》*25나 《저건》*26이나 《톰 존스》*27를 고교 2, 3학년생들의 손이 닿지 않는 곳에 놓아두느라 내내 애써 왔는데, 그녀 자신은 상자를 밟고 올라가서 책을 숨겨야 하는 저 높은 안쪽 책장에서 학생들은 발돋움질조차 안 하고 손만 뻗어서 수월하게 책을 꺼내는 것이었다. 1943년 어느 날, 일주일쯤 전부터 그녀는 거의 인격이 붕괴되기라도 한 것처럼 불안에 떨고 있어서, 도서관에 들어온 사람은 그녀가 언제나 당황하여 책상 서랍을 닫고 잠가 버리는 장면을 목격했다(그래서 한낮에 도서관을 찾아와 차례차례 《내 사랑 앰버》나 손 스미스*28의 책을 멤피스 또는 잭슨의 신문으로 안 보이게 잘 싸서 들고 나오는 여인들, 개중에는 역시 과거에 고교 동창이었던 사람들도 섞여 있는 은행가나 의사나 변호사의 아내들은, 그녀가 병에 걸렸거나 어쩌면 정신이라도 나간 게 아닌가 생각하고 있었다). 그녀는 오후에 도서관을 닫고 문을 잠근 뒤 핸드백을 옆구리에 꼭 끼고선, 평소 혈색이 나쁘던 두 뺨에 결의를 나타내는 홍조를 뚜렷이 띠고는, 제이슨 4세가 점원으로서 일하기 시작하여 지금은 목화 매입 및 시장에서의 매각이라는 자기 사업을 경영하고 있는 농기구 잡화점을 방문해서, 남자만 출입하는 어둑한 동굴 같은 가게 안쪽으로 거침없이 걸어 들어갔다. 이 동굴에는 쟁기, 써레 살, 목줄의 사슬, 멍에, 재갈, 소금에 절인 고기, 싸구려 신발, 말 전용 포대, 밀가루, 당밀 따위가 어지러이 전시되어 벽을 꽉 채

---

*25 미국의 작가 캐슬린 윈저(1919~2003)가 쓴 왕정복고기 영국을 무대로 한 대중소설(1944년). 베스트셀러가 되었으나 외설한 장면이 나온다고 하여 많은 지역에서 규제 대상이 되었다.
*26 미국의 환상소설가 제임스 캐벌(1879~1958)의 소설(1919년). 외잡한 내용이 나온다고 기소되었지만 작자 측이 승소했다.
*27 헨리 필딩(1707~54)이 쓴 소설(1749년). 톰 존스란 남성이 주인공이다. 연애 사건의 묘사가 문제시된 것으로 보인다.
*28 미국의 해학소설 작가(1893~1934).

우고 있었으며, 또 이것이 바닥에는 종유굴에 생겨나는 석순처럼 영원히 널브러져 있었다. 그곳이 어둑한 까닭은 상품을 진열해 놓은 게 아니라 오히려 숨기고 있었기 때문이었다. 그도 그럴 것이 미시시피의 소작농, 아니 적어도 미시시피주의 검둥이 소작농에게 수확의 배당과 맞바꿔서 농기구를 제공하고 있는 지주들은, 수확이 끝나서 그 가치가 대충 산출될 때까지는 상대 농부들이 원할 법한 신제품을 일부러 보여 주지 않고, 최저한으로 필요한 물품을 그들이 요구할 때에만 제공하고 싶어했던 것이다. 그녀가 들어간 가게 안쪽에는 제이슨이 혼자 쓰고 있는 울타리로 둘러싸인 구역이 있었다. 주위에 어지러이 놓인 서류장과 정리장에는 먼지와 솜 부스러기가 붙은 조면(繰綿) 작업 영수증이 핀으로 꽂혀 있었고, 회계 원장부와 솜 견본 세트 등이 가득 들어 있었으며, 치즈와 등유와 마구용(馬具用) 기름과, 씹는담배 뱉는 장소로 한 백 년에 걸쳐서 쓰여 온 거대한 철제 난로의 냄새가 한데 뒤섞여 코를 강하게 찔렀다. 그녀는 비스듬한 진열장이 달려 있는 폭넓고 높은 카운터 앞까지 가서 건너편에 서 있는 제이슨과 마주 보자, 그녀가 가게에 들어온 순간부터 슬쩍 이야기를 중단하고 담배 씹는 일조차 그만둬 버린 작업복 차림새의 남자들을 새삼 돌아보지도 않고 핸드백을 열더니, 떨리는 손으로 그 안에서 무엇인가를 꺼내 카운터 위에 잘 보이도록 놓고, 제이슨이 그것을 내려다보는 동안 몸을 부들부들 떨고 숨을 헐떡이면서 서 있었다. 그것은 사진이었다. 분명히 대중잡지에서 오려 낸 컬러 사진으로, 거기에선 사치와 돈과 환한 햇살이 흘러넘치고 있었다. 칸비에르거리[*29]에서 보이는 산과 야자수와 사이프러스와 바다를 배경으로, 크롬으로 도금하고 속도도 빠른 값비싼 오픈카와 모자는 안 쓰고 고급 스카프와 바다표범 모피코트로 몸을 감싼 여성의 얼굴이 사진에 찍혀 있었다. 그녀는 나이를 짐작할 수 없으나 아름다웠으며, 냉정하고 침착하고 타락해 있었다. 그 옆에는 독일군 참모 막료의 훈장과 휘장을 달고 있는 잘생기고 마른 중년 남성이 앉아 있었다. 생쥐처럼 작고 차림새가 수수한 이 혼기를 놓친 여성은 부들부들 떨며 스스로의 대담함에 놀라면서, 사진 너머에 서 있는 독신 남성을 바라보고 있었다. 이 남자한텐 자식이 없었다. 그리하여 어딘지 품위와 긍지를 지니고 있던 남자들, 고

[*29] 프랑스 마르세유의 번화가.

결함을 잃고 긍지가 허영심과 자기연민으로 거의 바뀌어 버린 뒤에도 아직 그런 품성을 지니고 있었던 남자들의 오랜 계보는, 이 남자 대에서 끊기고 말았다. 그것은 겨우 목숨만 건져서 모국을 도망쳐 나올 수밖에 없었으나 그래도 패배를 인정하지 않았던 국외 추방자로부터 시작되어, 두 번이나 제 목숨과 명성을 걸고 도박에 나섰다가 두 번 다 실패하고선 그것을 인정하지 않았던 자, 영리하고 왜소한 단거리 경주마를 유일한 무기로 삼아서 추방의 쓰라림을 맛봤던 아버지와 할아버지의 원수를 갚고 영토와 주권을 손에 넣은 자, 재기가 흘러넘치고 용감했던 지사, 그리고 전투에서 용맹한 부하들을 지휘하는 데는 실패했으나 그렇게 실패할 때에도 어쨌든 자기 목숨마저 위험 앞에 내놓았던 장군을 거쳐, 술을 사기 위해서가 아니라 자식들 중 적어도 한 아이한테는 가능한 한 인생 최고의 기회를 주기 위해서 마지막으로 남은 토지재산을 팔아넘겼던 교양 있는 알코올 중독자에 이르기까지, 연면히 이어져 내려온 계보였다.

"이건 캐디예요!" 도서관 사서가 속삭이듯 말했다. "우리가 구해 줘야 해요!"

"그래, 캐디구먼." 제이슨은 말했다. 그리고 웃음을 터뜨렸다. 그는 일주일간 책상 서랍 속에 보관됐다가 핸드백에 넣어진 탓에 구깃구깃 주름이 져 버린 그 냉담하고 아름다운 사진 속 얼굴을, 그대로 선 채 내려다보면서 웃었다. 그러자 도서관 사서는 그가 왜 웃는지 깨달았다. 애초에 그녀는 남편에게 버림받은 캔더스가 어린 딸을 친정에 데리고 돌아와서 애를 맡기고는 다음 기차로 마을을 떠나 두 번 다시 돌아오지 않았던 1911년 그날 이후, 벌써 32년에 걸쳐 그를 콤프슨 씨라고밖에 부른 적이 없었다. 또 흑인 요리사 딜시와 마찬가지로 그녀 자신도 소박한 직관력 덕분에, 제이슨이 어떤 수단을 써서 그 딸의 인생과 사생아란 처지를 이용하여 아이 어머니를 협박하고, 평생 제퍼슨에 다시 돌아올 수 없도록 했을 뿐만 아니라 그녀가 딸의 양육비로 보내는 돈의 관리를 전적으로 그에게 맡기도록 강요했다는 것을 꿰뚫어 보고 있었다. 그리고 1928년 그 딸이 물받이 홈통을 타고 탈출해서 서커스단 사람과 함께 모습을 감춰 버린 날부터는 지금까지 아예 그와 말 한마디 나누지 않았던 것이다.

"제이슨!" 그녀는 소리쳤다. "이 사람을 도와줘야죠! 제이슨! 제이슨!"

그녀가 계속 그렇게 외쳐댔다. 그는 엄지와 집게손가락으로 사진을 집어 들더니 카운터 너머 그녀에게 도로 던져 주었다.

"캔더스라고?" 그는 말했다. "웃기지 마시지. 이 닳아빠진 여자는 서른도 안 돼 보이잖아. 그 녀석은 벌써 쉰 살이라고."

다음날에도 도서관은 또 종일 닫혀 있었고, 그날 오후 3시에 그녀는 발에 생채기가 나고 지쳐 있었지만 그래도 굴하지 않고 핸드백을 옆구리에 꼭 끼고선, 멤피스의 흑인 거주지에 있는 잘 손질된 조그만 안뜰에 들어가, 마찬가지로 잘 손질된 조그만 집의 층층대를 올라 초인종을 울렸다. 그러자 문이 열리고 그녀와 같은 또래인 흑인 여성이 나와서 온화하게 그녀의 얼굴을 바라보았다. "프로니죠, 맞죠?" 도서관 사서는 말했다. "나 기억해요? 제퍼슨의 멜리사 미크인데."

"네." 흑인 여성은 말했다. "들어오세요. 어머니를 만나러 오신 거죠." 그녀는 그 방으로 들어갔다. 어수선한 늙은 흑인의 침실이었다. 청소가 구석구석 잘돼 있는데도 늙은이 냄새, 할머니 냄새, 늙은 흑인의 냄새가 안에 가득 차 있었다. 6월인데도 불기가 있는 난로 옆 흔들의자에 그 사람이 앉아 있었다. 전에는 몸집이 컸던 그녀는 빛바랬지만 깨끗한 옥양목 드레스를 입고, 머리에는 얼룩 한 점 없는 천을 둘렀다. 눈은 멍한 것이 아무래도 앞이 거의 안 보이는 듯했다. 흑인 여성답게 서른일 때도 스물일 때도 심지어 열일곱일 때도 그랬듯이 지금도 여전히 유연하고 홀쭉한 그 검은 두 손의 손바닥 위에다, 그녀는 꼬깃꼬깃하게 주름이 진 사진을 올려놓았다.

"이 사람 캐디죠!" 도서관 사서는 말했다. "맞죠! 딜시! 딜시!"

"그 사람은 뭐라고 합디까?" 늙은 흑인 여성은 말했다. 도서관 사서는 '그 사람'이 누구인지 알아챘고, '그 사람'이라고 말하면 자기가 누구 얘기인지 알아챌 거라고 이 흑인 노파가 짐작하고 있다는 점에도, 그 사진을 이미 제이슨에게 보여 줬다는 것을 그녀가 꿰뚫어 보았다는 점에도 별로 놀라지 않았다.

"그 사람이 뭐라고 했는지 모르겠어요?" 그녀는 큰 소리로 말했다. "어느 여자의 신변이 위태롭단 소식을 들었다면 설령 사진 따위 없더라도 그건 캐디일 거라고 그 사람은 말했겠죠. 하지만 누군가가, 아니 누구든지, 예를 들면 나 같은 사람이 그녀를 구하고 싶다면서 도움을 요청하고 있다는 걸 깨닫자마자, 그는 캐디가 아니라고 말했어요. 하지만 이건 캐디라고요! 잘 보세요!"

"내 눈을 좀 보시게." 늙은 흑인 여성은 말했다. "무슨 재주로 그 사진을 보남?"

"프로니를 불러 주세요!" 도서관 사서는 말했다. "프로니라면 알 거예요!" 그러나 상대는 그 사진을 주름진 대로 잘 접어서 그녀에게 돌려주었다.

"내 눈은 이젠 고물이야." 그녀는 말했다. "안 보이는구먼."

그걸로 끝이었다. 6시에는 그녀는 핸드백을 옆구리에 끼고 왕복 차표의 돌아오는 표를 다른 손에 쥔 채, 혼잡한 버스 터미널에서 허우적거리며 앞으로 나아가, 저녁나절 사람들의 물결에 휩쓸려 승강장의 북적거림 속으로 끌려 들어갔다. 물결 속에는 중년 직장인도 약간 있었으나, 대부분은 휴가를 받았거나 전쟁터로 향하는 육군 또는 해군 병사들, 그리고 집 없는 젊은 여성들과 그 동행인들로,*30 그녀들은 벌써 2년 동안이나 운 좋으면 풀먼식 침대차나 호텔에서, 운 나쁘면 보통열차나 버스나 역이나 로비나 공중화장실에서 하루하루를 보냈고, 자선병원이나 경찰서에서 애를 낳고선 또다시 훌쩍 떠나 버리는 것이었다. 그녀는 어찌어찌 버스에 탔으나 주위의 그 누구보다도 작아서 두 발이 거의 공중에 떠 있는 상태였으므로, 그중 누군가(카키색 군복을 입은 남자였는데 그녀는 이미 눈물로 눈앞이 흐려져서 제대로 볼 수 없었다)가 일어나더니 그녀를 번쩍 들어 올려 빈자리에 앉혀 주었다. 거기서 조용히 울면서 그녀는 창밖을 휙휙 지나쳐 뒤쪽으로 사라져 가는 도시의 풍경을 바라볼 수 있었다. 이제 곧 집으로 돌아가서 제퍼슨에서의 안전한 생활을 되찾게 되리라. 그곳에서 펼쳐지는 인생도 이해할 수 없는 온갖 정열 혼란 슬픔 분노 절망으로 가득 차 있지만, 그래도 그곳에서는 6시가 되면 끝낼 수 있으니, 어린애처럼 무력한 손으로도 그것을 고요한 영원의 책장 속 숱한 동류들 사이에 돌려놓아, 꿈도 없는 밤이 샐 때까지 하룻밤 동안 거기다 자물쇠를 채워 둘 수 있을 것이다. 그래 그녀는 조용히 울면서 생각했다. 그런 거야 그녀는 사진을 보고 싶지 않았던 거야 그게 캐디인지 아닌지 알고 싶지 않았던 거지 왜냐하면 그 사람은 알고 있었으니까 캐디는 도움 따위 바

---

*30 매춘부와 손님인 듯하다. 제2차 세계대전 당시 멤피스에서는 많은 매춘 업소가 폐쇄되었다.

라지 않는다는 것을 캐디한테는 도움을 받을 가치가 있는 것 따위는 이제 하나도 없다는 것을 그 사람이 잃어버릴 수 있는 것 가운데 잃어버릴 가치가 있는 것은 하나도 없다는 것을

제이슨 **콤프슨** 4세 컬로든에서 탈출한 선조의 후손들 가운데 최초의 정상적인 콤프슨이자, (아이가 없는 독신 남성이었으므로) 최후의 콤프슨이 되었다. 논리적이고 이성적이며 자제심이 있는 인물로, 그 옛날의 금욕주의적 의미에서 철학자라고도 할 수 있었다. 어떤 식으로든 신에 대해서 생각하는 일은 결코 없었으며 오직 경찰에 대해서만 생각했고, 그 때문에 한 흑인 여성만을 두려워하며 신경 쓰고 있었다. 이유인즉 그가 먹을 음식을 만들어 주는 이 여성은 그에겐 날 때부터 불구대천의 적이었고, 그가 어린 조카가 사생아라는 사실을 이용하여 아이 어머니로부터 돈을 우려내고 있다는 점을 소박한 천리안으로 꿰뚫어 본 1911년 그날부터, 그녀는 목숨 걸고 그의 원수가 되었기 때문이다. 그는 콤프슨 일족에 대해서만 제 몸을 지키고 아무도 가까이 다가오지 못하게 한 것이 아니라, 콤프슨 일족이나 사토리스 일족이나 그와 비슷한 사람들이 몰락에 직면했던 세기의 격변기 무렵부터 이 조그만 마을을 넘겨받게 된 스놉스 일족에 대해서도 제 몸을 지키면서 투쟁을 벌여 왔는데(단 스놉스가 아니라 제이슨 콤프슨 본인이, 어머니가 돌아가시자마자—조카는 이미 물받이 홈통을 타고 탈출해서 행방불명 상태였으므로 딜시는 그를 위협할 수단을 둘 다 잃은 처지였다—백치 동생을 주립 복지 시설에다 보내 버리고, 낡은 저택의 한때는 훌륭했던 넓은 방 배치를—그의 용어를 빌리자면—칸막이 작은 방으로 먼저 나눈 다음, 숙식 제공 아파트를 경영하겠다는 그 고장 사내에게 집 전체를 팔아넘겼다), 그에게 이것은 어려운 일이 아니었다. 그도 그럴 것이 그한테는 마을의 다른 녀석들도, 세계도, 더 나아가 자기를 제외한 인류 전체도 모두 콤프슨이며, 어떤 의미로든지 전혀 신용할 수 없다는 점에서, 이유는 모를망정 그들이 무슨 짓을 할지 미리 짐작하는 일만은 쉬웠기 때문이다. 목장을 팔아서 번 돈은 모조리 누나의 결혼식과 형의 하버드 학비로 쓰였으므로, 그는 쥐꼬리만 한 점원 월급을 악착같이 모아서 그걸로 멤피스의 학교에 다녔고, 목화 분류 및 등급 판정 기술을 배워서 스스로 사업을 시작했다. 그리고 알코올 중독자인 아버지가

돌아가신 뒤부터 그는 썩어 가는 저택에서 몰락해 가는 일가의 모든 것을 그 사업으로 지탱하고, 어머니를 위해서 백치 동생을 돌보고, 30살 독신 남성에게 주어지는 권리이자 정당한 보수이자 필요한 일이기도 한 휴식의 즐거움을 전부 희생했으므로, 그 어머니의 수명은 길어질 대로 길어져서 그토록 많은 나이에 달했다. 이는 그가 어머니를 사랑했기 때문이 아니라, (그는 언제나 제정신이었으므로) 주급 지불을 중지하려고 했을 때조차 해고할 수 없었던 흑인 요리사를 그저 두려워했기 때문이었다. 게다가 이런 상황에서도 그는, 조카한테 도둑질을 당한 날 통보한 바에 따르면 약 3천 달러(2840달러 50센트)를 모을 수 있었다. 그것은 그가 쩨쩨하게 굴면서 악착같이 10센트, 25센트, 50센트 동전을 모아 만든 목돈이었다. 은행원도 콤프슨의 일원에 지나지 않는다고 보았던 그는 그 돈을 어느 은행에도 맡기지 않고, 자기 침실에 있는 정리장 서랍에 자물쇠를 채워 숨겨 두었으며,*31 자기가 드나들 때 말고는 침실 문도 언제나 잠가 놓았으므로, 이부자리를 깔거나 가는 일은 자기 스스로 하고 있었다. 백치 동생이 지나가던 소녀를 우물쭈물 덮치려고 하다가 실패한 사건이 있고 나서, 그는 어머니 몰래 스스로 동생의 법적 후견인이 되었으므로, 그 동물이나 다름없는 남자가 집에 없다는 사실조차 어머니가 눈치채기 전에 그를 얼른 데리고 나와서 거세수술을 시킬 수 있었다. 그리고 1933년에 어머니가 돌아가시자 그는 동생이나 저택뿐만 아니라 흑인 여자로부터도 완전히 해방되어, 목화 거래 원장부와 솜 표본 세트를 놔둔 잡화점의 2층에 있는 방 2칸짜리 사무실로 이사했다. 그가 그곳을 침실과 부엌과 욕실을 갖춘 방으로 개조하자, 이윽고 장식이 달린 챙 넓은 둥근 모자를 쓰고 (추운 계절에는) 가짜 모피코트를 입은, 몸집이 크고 못생겼지만 상냥하고 밝은 얼굴을 한 황동색 머리칼의 꽤 나이든 여성이, 주말마다 그 방에 드나들게 되었다. 이 두 사람은, 즉 중년 목화 상인과 마을 사람들이 단순히 '멤피스 사는 그의 친구'라고 부르는 여성은, 토요일 밤이면 그곳 영

---

*31 작품 제4장에는 벽장 바닥 널빤지의 일부를 뜯어내고 그 밑에 돈을 숨겼다고 쓰여 있으며, 부록 초판에도 벽장 바닥 밑으로 되어 있는데, 개정판에서는 이것이 '정리장'으로 고쳐져 있다. 포크너가 왜 그랬는지는 알 수 없다. 초판과 개정판에 대해서는 '해설' 참조. 두 판 사이에는, 특히 제이슨과 퀜틴 양의 기술에 관해서 다소 차이점이 있다. 이 '정리장' 이야기는 개정판이 작품 본문의 기술과 모순을 일으키는 드문 예다.

화관에 나타났고, 일요일 아침에는 그들이 빵이며 달걀이며 오렌지며 수프 캔이 든 식료품점 봉투를 저마다 들고, 함께 사는 애처가 부부처럼 계단을 올라 2층으로 가는 모습이 보였으며, 그 뒤 그녀는 오후 늦게 버스로 멤피스에 돌아가는 것이었다. 이제 그는 해방되어 있었다. 그는 자유로웠다. "1865년에" 그는 자주 말했다. "링컨이 노예들을 콤프슨 일족으로부터 해방했지. 그리고 1933년에는 제이슨 콤프슨이 콤프슨 일족을 검둥이들로부터 해방해 준 거야."

벤자민 콤프슨 태어났을 때 어머니의 단 하나뿐인 오빠와 똑같이 모리란 이름을 받았다. 이 오빠는 겉은 그럴싸해도 속은 엉터리인 데다 거만하고 일도 할 줄 모르는 독신 남성으로, 누구한테나 손을 벌리는 사람이었다. 흑인인 딜시한테까지 돈을 빌리려고 했을 때에는 호주머니에서 한 손을 뽑으면서, 나한테 당신은 우리 누이의 가족이나 마찬가지고, 더구나 누가 봐도 타고난 숙녀가 아니겠느냐고 지껄이는 것이었다. 마침내 어머니마저 그의 장애를 깨닫고는 울면서 이름을 바꾸자고 했을 때, 형 퀜틴이 그에게 새로 벤자민(벤자민, 우리 막내, 이집트에 팔려갔도다) [*32]이란 이름을 붙여 주었다. 그는 세 가지를 사랑했다. 캐디의 결혼식 비용과 퀜틴의 하버드 학비를 마련하기 위해서 팔려 버린 목장, 누나 캐디, 그리고 불빛이었다. 그는 그중 무엇 하나도 잃지 않았다. 왜냐하면 그가 떠올릴 수 있는 것은 누나의 기억이 아니라 누나를 잃어버린 기억이며, 불빛은 잠들 때와 마찬가지로 밝은 형상이었고, 목장은 전보다도 팔린 뒤에 더욱 그의 마음에 들었던 것이다. 이유인즉 그곳이 팔린 뒤부터는 그와 티 피가, 그에게는 아무런 의미조차 없는 행위인 인간이 골프채를 휘두르는 행위를 언제까지나 울타리 따라 쫓아가면서 구경할 수 있게 되었을 뿐만 아니라, 잔디나 잡초가 난 곳으로 티 피가 그를 데려가면 그곳에선 갑자기 티 피의 손에서 조그만 흰 공이 나타나, 그것을 널마루나 훈제 오두막의 벽이나 콘크리트 보도를 향해 던지면, 그것이 그로선 알 수 없는 중력이며 온갖 불변의 법칙과 맞싸우고 또 심지어 승리할 기세로 강하게 튀어 올랐기 때문이다. 1913년에 거세를 당했다. 1933년에

[*32] 벤자민은 야곱의 막내아들. 그런데 이집트에 팔려간 사람은 그가 아니라 형인 요셉이었다.

잭슨의 주립 정신병원에 보내졌다. 그때도 무엇 하나 잃을 게 없었다. 그가 떠올릴 수 있었던 것은 누나의 기억과 마찬가지로, 목장의 기억이라기보다는 그것을 잃어버린 기억이었고, 불빛은 여전히 잠들 때와 같이 밝은 형상이었기 때문이다.

퀜틴 콤프슨 마지막 인물. 캔더스의 딸. 태어나기 9달 전에 아버지를 잃었고, 태어났을 때는 이름을 갖지 못했으며, 분열하는 난자가 그 성별을 결정지은 순간부터 독신으로 살리라는 운명이 이미 정해져 있었다. 17살 때 주 예수의 부활을 축하하는 1895번째 기념일 전날, 그녀의 숙부가 정오에 문을 잠그고 가둬 놨던 방의 창문에서 쑥 나와, 물받이 홈통을 타고 문이 잠긴 숙부의 빈 침실 창문으로 가서 달라붙더니, 창문을 하나 깨고 안으로 침입하여, 자물쇠가 걸린 정리장 서랍을 숙부의 부지깽이로 비틀어 열고는 그의 돈을 훔쳤다(금액은 2840달러 50센트가 아니라 7천 달러에 가까웠으며, 이것이 제이슨의 격노와 못 견딜 만큼 맹렬한 분노의 원인이었다. 그날 밤, 그리고 향후 5년에 걸쳐서 이따금 이 분노가 거의 변함없이 맹렬하게 다시 솟구쳤으므로, 이 분노 때문에 자기는 어느 날 갑자기 죽으리라, 총알이나 벼락이라도 맞은 것처럼 즉사하리라 하고 그는 진심으로 믿기에 이르렀다. 겨우 3천 달러가 아니라 무려 7천 달러를 도둑맞았기 때문에, 그와 마찬가지로 누나도 조카도 다 닳아빠진 여자였다는 불운을 겪은 다른 남자들한테서 찬동 ─그는 동정은 바라지 않았다─을 얻을 수도 없었을뿐더러, 경찰한테 도움을 청할 수도 없었다. 그는 자기 돈이 아닌 4천 달러를 잃어버린 탓에 자기 돈인 3천 달러를 되찾지도 못했던 것이다. 왜냐하면 4천 달러는 과거 16년에 걸쳐 조카의 어머니가 양육비로 보내 온 돈의 일부로서, 법률상 그의 조카의 재산이었을 뿐만 아니라, 후견인이자 재산 관리인이기도 한 그가 채권(債權) 보증인들의 요구에 따라 군립 형평법재판소 판사에게 제출했던 연간 보고서에 다 써 버린 돈이라고 공식적으로 기록되어 있었으므로, 세상에 존재하지 않는 돈이었기 때문이다. 그리하여 그는 자신이 횡령한 돈 외에 스스로 모은 돈마저, 그가 미끼로 삼고 있던 당사자한테 빼앗기고 만 것이다. 교도소에 갈 각오를 하고서 손에 넣었던 4천 달러는 물론이고, 희생과 자제의 대가로서 5센트 10센트씩 약 20년 동안 모아 온 3천 달러까지 뺏겨 버린 것이다. 게다가 그 돈을 그가 미끼로 삼았던 조카한테 빼앗기기만 한 정도가 아니었다. 미리 생각하거나 계획을 짜거나 하지도 않고, 자물쇠를 부수고 서랍을 열었을 때 안에 돈이 얼마나 있는지도 몰랐고 또 알 생각조차 하지 않은 채, 그저 충동적으로 큰일을 저질러 버린 꼬마 계집애한테 그 돈을 뺏겨 버린 것이다. 그래서 그는 경찰한테 도움을 구할 수도 없었다. 언제나 경찰한테 신경 쓰고 있었던 그는 한 번도 그들에게 신세를 진 적이 없었고, 국민들 덕분에 먹고살면서도 잘난 척하며 빈둥거리는 경찰 놈들을 위해 세금을 몇 년이나 꼬박꼬박 지불해 왔으나, 그래도 경찰한테는 하소연할 수 없었던 것이다. 더구나 그녀를 붙잡는다면 진상이 밝혀질지도 몰랐으므로 그는 적극적으로 그녀를 쫓을 수조차 없었다. 결국 그에게 남은 수단은 헛된 꿈밖에 없었고, 이젠 슬슬 잊어도 좋으련만 사건 뒤 2년 3년이 지나도, 아니 4년이 지나도, 그는 밤이면 그 꿈을 꾸면서 몸을 뒤척이고 식은땀을 흘리곤 했다. 그 꿈속에서 그는 그녀가 돈을 다 써 버리기 전에 예고도 없이 어둠 속에서 튀어나와 그녀를 붙잡고, 입을 열기 전에 죽여 버리는 것이었다). 그러고서 땅거미가 질 무렵 같은 홈통을 타고 아래로 내려가서, 이미 중혼죄로 유죄 판결을 받은 유랑자와 함께 집을 나왔다. 그리고 소식이 끊겼다. 그녀가 어떤 나라에서 나치스의 점령에 휘말렸다 한들 크롬으로 도금한 메르세데스에 타지는 않았을 테고, 어떤 스냅 사진에 찍혔더라도 참모 각료가 그 옆에 찍히지는 않았으리라.

이렇게 끝이 났다. 아래 소개된 사람들은 콤프슨이 아니다. 그들은 흑인이었다.

티 피 시카고와 뉴욕의 감옥 같은 공장 경영자들이 그를 위해 특별히 마련해 준, 한없이 요란스러운 멋지고 환한 싸구려 옷을 입고서 멤피스의 빌 거리를 활보했다.

프로니 풀먼식 침대차의 짐꾼과 결혼해서 세인트루이스로 이사해 그곳에서 살았는데, 나중에 멤피스로 돌아와 어머니를 위해서 집을 샀다. 딜시가 멤피스보다 먼 고장에서는 살고 싶어하지 않았기 때문이다.

라스터 14살 때부터 이미 어른이나 마찬가지였다. 자기보다 2배나 나이 들고 3배나 덩치가 큰 백치를 돌보고 지키는 일을 완벽하게 해냈을 뿐만 아니라, 언제나 그와 놀아 주었다.

딜시
그들은 인내했다.

Light in August
8월의 빛

8월의 빛

1

길가에 앉아 짐마차 한 대가 언덕을 올라오는 것을 바라보면서 리나는 생각에 잠긴다. '앨라배마주에서 왔지. 참 먼 길이야. 앨라배마주에서 여기까지 내내 걸었단 말이지. 참 먼 길이야.' 그녀는 또 이런 생각에 잠긴다. '길을 나선 지 한 달도 채 되지 못했지만 난 이미 미시시피주에 와 있어. 전엔 이렇게까지 멀리 집을 떠난 적이 없었는데. 열두 살 때 도운네 제재소에서 살게 된 뒤로 이렇게 집에서 멀리 떠나 본 건 처음이야.'

더구나 리나는 아버지와 어머니가 살아 계실 적엔 도운네 제재소에 가 본 일조차 없었다. 그래도 일 년에 예닐곱 번쯤은 우편주문으로 사들인 옷을 입고, 마차를 타고 마차바닥에 벗은 발을 납작 붙이고, 구두는 종이로 싸서 자기 옆자리에 놓아둔 채, 토요일에 읍내로 나가 보긴 했다. 리나는 마차가 읍내에 도착하기 직전 구두를 신었다. 그녀가 좀 자란 뒤에는 읍내 어귀에 마차를 세워 달라고 아버지에게 부탁을 하고 내려서 걸어가곤 했다. 리나는 어째서 마차를 타지 않고 걸어가기를 원했는지 아버지에게 말하지 않았다. 거리가 워낙 매끈하고 보도가 좋기 때문이라고 아버지는 생각했다. 그러나 그것은 다음과 같은 이유에서였다. 즉 리나는 걸어가다가 스쳐 지나가는 사람들이 자기를 본다면 그 읍내에 사는 아이라고 믿을 것이라 생각했기 때문이다.

리나가 열두 살이 되었을 때, 아버지와 어머니가 한 해 여름에 모두 돌아가시고 말았다. 그들은 방 셋과 현관홀 하나가 있는 통나무집에서 살았는데, 망사문조차 없었고 방에는 벌레들이 구름같이 모여서 빙빙 도는 석유 램프 불이 비쳤다. 아무것도 깔지 않은 방바닥은 가족들의 맨발에 밟혀서 낡은 은화처럼 미끈히 닳아 있었다. 리나는 살아남은 애들 중에서 가장 어렸다. 리나의 어머니가 먼저 죽었다. 어머니는 말했다. "아빠를 잘 보살펴 드려." 리나는 어머니 말대로 했다. 그러던 어느 날 아버지가 말했다. "매킨리와 함께 도운네 제재소로 가거라. 갈 채비를 빨리 해. 걔가 오거든 바로 떠나야 하니까." 그러고 나서 아버지도 죽었다. 오빠인 매킨리는 짐마차를 타고 왔다. 어느 날 오후, 그들은 마을 교회 뒷숲에 아버지를 묻고 소나무로 만든 묘비를 세웠다. 그 이튿날 아침, 리나는 매킨리와 함께 마차를 타고 도운네 제재소로 떠났다. 이 고장을 영영 떠나게 되리란 것은 꿈에도 모르고서. 그 마차는 빌린 것이었고, 오빠는 그것을 밤중까지는 돌려주겠다고 약속했었다.

오빠는 제재소에서 일했다. 마을에 사는 모든 남자들은 그 제재소에서 일하거나 또는 거기 관련된 일을 했다. 그것은 소나무를 자르는 일이었다. 제재소가 생긴 지 7년 되었는데, 7년만 더 있으면 그 부근의 소나무란 소나무는 다 사라져 버리고 말 것이다. 그때에는 기계 중에 쓸 만한 것과, 그 기계를 돌리고 오직 그것만을 위해서 존재하던 사람들 대부분은 짐차에 실려 어딘가로 옮겨가겠지. 그러나 쓸모없는 기계 몇 가지는 그대로 남겨둔다. 새 기계를 월부로 언제든지 살 수 있기 때문이다. 그러면 말라빠져서 눈을 커다랗게 뜬, 운동을 잊은 바퀴들이 흩어진 벽돌 무더기와 마구 자란 잡초 더미에서 솟아올라 보는 이를 참으로 놀라게 하고, 속을 다 빼낸 보일러들이 녹이 슬고 연기도 나지 않는 굴뚝을 세우고 있는 모습은 견고하고도 당혹스럽게 보일 것이다. 또한 곰보처럼 된 나무 그루터기만 남은 토지는 참혹하게도 황폐해진 채 침묵하고, 지루하고도 고요한 가을비와 돌진하듯이 맹렬한 봄날 호우를 맞아, 쟁기와 호미 맛도 못 본 채 서서히 파여서 마침내 출구도 없는 붉은 골짜기들로 변하게 될 것이다.

그렇게 되면 한참 번창하던 시절에도 우체국 연감에 이름을 올리지 못한 그 촌락은, 그 건물을 헐어 버리고 그 재목을 요리용 난로나 겨울 벽난로에 태워 버리는, 유산을 갉아먹는 기생충한테 시달리는 일반 상속자들의 기억 속에서도 이제 사라져 버릴 것이다.

리나가 거기에 도착했을 때는 다섯 가구가 있었던 것 같다. 거기에는 철도와 정거장이 있었는데, 하루 한 번씩 혼합열차가 쇳소리를 지르며 그곳을 지나갔다. 붉은 깃발을 들면 기차를 멈출 수도 있었지만, 흔히 그것은 헐벗은 산으로부터 유령처럼 갑자기 나타났다가 슬픔에 찬 귀신 모양으로 울부짖으며, 실이 끊어져서 바닥에 떨어진 채 잊혀 버린 염주알과도 같은 이 촌락이라고도 하기 어려운 작은 마을을, 비스듬히 가로질러 지나가곤 했다. 오빠는 리나보다 나이가 스무 살이나 위였다. 리나는 오빠와 함께 살게 되었을 무렵 그를 거의 기억하지 못했다. 그는 방 넷이 있는 칠도 안 한 집에서 늘 진통과 육아에 시달리는 아내와 살고 있었다. 매년 한 반년쯤은, 올케는 산욕으로 앓고 또 회복하면서 자리에 누워 있었다. 이럴 때에는 리나가 모든 집안일을 하고 다른 아이들을 돌보아야 했다. 뒷날 리나는 다음과 같이 혼자 중얼거렸다. "내가 이렇게 빨리 애를 갖게 된 것은 애들을 너무 많이 본 탓인지도 몰라."

리나는 그 집 뒤꼍에 지붕을 이어 만든 방에서 잤다. 그 방에는 창문이 하나 있었는데, 나중에 리나는 캄캄한 밤중에 소리를 내지 않고 그 창문을 여닫는 법을 터득했다. 그 방에는 처음엔 맨 위 조카가, 다음에는 둘째 조카가, 또 그 다음엔 셋째 조카까지 와서 잤다. 리나는 거기서 8년이나 살고 나서야 비로소 처음으로 창문을 열었다. 그러나 창문을 고작 열 번 정도 열었을 때 이미 리나는 처음부터 창문을 열지 말았어야 했다는 것을 깨달았다. "내 팔자가 그렇지 뭐." 리나는 중얼거렸다.

올케가 오빠한테 일러바쳤다. 그제야 그는 리나의 변해 가는 모습을 눈여겨보았다. 실상은 벌써 알아차렸어야 했을 것이다. 오빠는 엄격한 사람이었다. 부드럽고 온화하고 젊은이다운 면과(그는 꼭 마흔 살이었다) 그 밖의 거의 모든 것이 땀과 함께 그에게서 다 빠져나간 지금, 남은 것이 있다면 흔들리지 않고 굽힘이 없는 자포자기의 옹고집과, 부모에게서 물려받은 혈통에 대한 쓸쓸한 자부심뿐이었다. 그는 여동생을 창녀라고 불렀다. 그는 범인을 바로 맞히고 나무랐다(젊은 총각들이나 떠돌이 제재소 난봉꾼들은 그 고장 사람들보다도 더욱 수가 적었으므로). 그러나 그녀는 그 사나이가 이미 여섯 달 전에 떠났는데도 그 비난을 받아들이지 않았다. 그녀는 그저 고집스럽게 되풀이해서 말할 뿐이었다. "나를 부르러 사람을 보낼 거예요. 꼭 그런다고 했는걸요." 그녀는 마치 양처럼 순진하여 조금도 마음이 흔들리지 않았다. 이는 여성 특유의 끈기 있고도 확고부동한 절개 때문이었는데, 루카스 버취와 같은 자들은 여성의 곁에 꼭 있어 줘야 할 사태가 벌어져도 그럴 마음은 추호도 없으면서 여성의 그런 절개에 의지하고 이를 믿어 의심치 않는 법이다. 두 주일 뒤 그녀는 또다시 창문으로 빠져나갔다. 이번엔 좀 어려웠다. '전에도 이렇게 어려웠다면 지금 이 짓을 안 해도 됐을 것을.' 그녀는 생각했다. 대낮에 정문으로 떠날 수도 있었다. 아무도 그녀를 막을 사람은 없었으며, 아마 그녀도 그것을 알고 있었을 것이다. 그러나 그녀는 밤중에 창문으로 빠져나가는 길을 선택했다. 그녀는 종려잎으로 만든 부채와 커다란 손수건으로 잘 싸서 꾸린 작은 봇짐만 들고 나왔다. 그 봇짐 안에는 잔돈 35센트도 있었다.

그녀의 구두는 오빠한테 얻은 것이었지만, 여름에는 오빠도 그녀도 구두를 신지 않았기 때문에 그 구두는 아직 새것이었다. 발바닥으로 도로의 먼지를 느낄 때면 그녀는 구두를 벗어 들고 다녔다.

거의 4주 동안이나 이런 여행을 하고 있었다. 그녀가 뒤로 하고 지나온, 참 먼 길이었다 싶은 지난 4주 동안은 흔들리지 않는 신념으로 포장되고 이름 없는 친절한 얼굴들과 음성들로 가득 찬 이른바 평온한 회랑이었다. '루카스 버취라구? 모르겠는걸. 이 근처에는 그런 이름을 가진 사람이 없어. 이 길? 포카혼타스로 가는 길이지. 혹 거기 있을지도 모르겠군. 어쩌면 말이야. 도중까지 그 길로 가는 마차가 여기 있지. 이거 타고 그 근처까지 가 보시게.' 그녀의 등 뒤에 뻗쳐 있는 것은 낮에서 밤으로, 밤에서 낮으로 단조롭게 옮겨 가는 길고도 평온한 변함없는 길이었다. 그 길을 그녀는 누구의 것인지도 모르는 똑같이 느린 짐마차를 번갈아 타고 왔는데, 그것은 바퀴를 비걱거리면서 천천히 달리는 짐마차와 귀가 경쾌한 나귀의 화신들의 행렬 속을 지나가는 것과도 같았다. 마치 항아리 표면을 쳇바퀴 돌듯 돌기만 하고 조금도 진전이 없는 것 같았다.

마차는 그녀를 향해 고개를 올라오고 있다. 그녀는 1마일쯤 앞서 그것을 지나쳤다. 그때 마차는 길가에 서 있었고, 고삐에 연결된 나귀들은 그녀가 걸어갈 방향으로 고개를 기울인 채 그 자리에서 잠이 들어 있었다. 그녀는 그것을 보았고, 또한 울타리 너머 축사 옆에 두 사나이가 쪼그리고 앉아 있는 모습도 보았다. 그녀는 마차와 그 사나이들을 한번 보았을 뿐이다. 재빠르고 천진스럽고 헤아리기 어려울 만큼 깊은, 너그럽게 감싸는 듯한 시선이었다. 그녀는 걸음을 멈추지 않았다. 아마 울타리 건너편에 있는 두 사나이들도 그녀가 마차나 그들에게 시선을 던진 일을 깨닫지 못했을 것이다. 그녀는 뒤돌아보지도 않았다. 그녀는 구두끈이 풀어져 발꿈치를 간질이는 것도 상관하지 않고 천천히 걸어 그곳을 떠나가, 마침내 1마일쯤 떨어진 고개 위에 다다랐다. 그러고 나서 도랑둑에 앉아 구두를 벗고 얕은 도랑물에 두 발을 담갔다. 잠시 뒤에 마차 소리가 들려왔다. 한동안은 소리만 계속 들렸다. 마침내 마차가 고개에 오르는 모습이 눈에 띄었다.

낡아서 기름이 마른 나무와 쇠붙이가 부딪쳐서 내는 예리한 삐걱거리는 소리는 느릿느릿하면서도 무시무시하다. 메마르게 느릿느릿 이어지는 그 소음은 소나무 향기가 감도는 여름날 오후의 뜨겁고도 고요한 침묵을 뚫고 반 마일이나 멀리까지 들려오고 있다. 나귀들은 최면에라도 걸린 양 끊임없이 흔들리지 않는 걸음을 터벅터벅 옮기고 있건만, 마차는 제자리걸음을 하고 있는 듯이 보였다. 그 전진이 하도 지지부진해서 중도에 영원히 매달려 있는 듯한 느낌이며, 또한 불그스레한 실오라기 같은 도로에 떨어진 낡아 빠진 구슬 같기도 했다. 그 느낌은 너무 강해서, 보고 있는 동안에 마차의 모습은 어렴풋해지고, 시력과 감각은 꿈꾸듯이 낮과 밤의 그 단조롭고도 평화로운 모든 것의 반복과 하나로 어우러져 뒤섞이고 말았는가 하면, 도로 자체도 이미 길이를 잰 실이 실꾸리에 다시 감기는 것 같기도 하다. 그래서 마침내 마차의 소음조차도, 거리감도 느낄 수 없는 무슨 보잘것없는 먼 지역으로부터 천천히 무시무시하게 의미도 없이 들려오는 듯하여, 그 자신의 실체보다도 반 마일쯤 앞서서 오는 유령인 양 착각을 일으킨다. '눈에 보이기도 전에 저렇게 먼 곳에서 소리가 들려오는군.' 리나는 생각해 본다. 그녀는 이미 그 마차에 타고 다시금 움직이고 있을 자기 일을 생각하고 상념에 잠긴다. '그러면 난 저 마차에 타기도 전에 이미 반 마일이나 탄 셈이 되겠군. 저 마차가 나 기다리는 곳까지 오기도 전에 이미 탄 셈이 된 거야. 또 저 마차는 나를 내려 준 뒤에도 여전히 나를 태우고 반 마일을 더 가는 셈이 될 테지.' 이제 그녀는 마차를 보지도 않고 기다리면서, 멍하니 빠르고 매끄럽게 드나드는 생각에 잠겨 있다. 그 생각 속에 이름도 없는 친절한 얼굴과 목소리가 차례로 떠오른다. '루카스 버취? 포카혼타스에서도 찾아봤다고? 이 길 말인가? 스프링베일로 가는 길이지. 여기서 기다려 봐요. 곧 마차가 지나갈 테니. 그리로 좀 태워다 달라고 부탁하지그래.' 그녀는 생각을 이어간다. '만약에 저 마차가 제퍼슨까지 내내 간다면, 루카스 버취는 내가 온 것을 보기도 전에 귀로 먼저 듣게 될 거야. 그는 마차 소리 듣겠지만 내가 이런 몸이 된 줄은 모르겠지. 그러니 나를 보기 전까지 그가 들을 수 있는 건 한 사람의 소리뿐이야. 그러다가 그는 나를 만나고 기뻐 날뛰겠지. 그러니까 그는 미처 깨닫기도 전에 나와 우리 애, 두 사람을 보게 되는 거야.'

암스티드와 윈터보텀은 윈터보텀의 축사 옆 시원하게 그늘진 담벼락 밑에 쪼그리고 앉아 있다가 그녀가 지나가는 것을 보았다. 그들은 그녀가 젊고 임신하였으며, 다른 고장 사람임을 곧 알아차렸다. "저 여자는 어디서 저렇게 임신하게 됐을까?" 윈터보텀이 말했다.
"저렇게 배가 불러 가지고, 대체 어디서부터 걸어온 걸까."
"저 길 밑에 사는 누군가를 찾아왔겠지, 뭐. 나는 그렇게 생각해."
"그렇진 않을 테지. 그렇다면 내 귀에 벌써 소문이 들어왔을 텐데, 뭐. 그렇다고 요 앞 우리 집도 아니고. 혹시 그랬다면 소문이 반드시 내 귀에 들어왔을 거야."
"저 여자는 자기 갈 길을 알고 있나 봐. 걸음걸이가 꼭 그렇게 뵈는데." 윈터보텀이 또 말했다.
"저 여자는 머지않아 기막힌 동행을 얻게 되겠구먼." 암스티드가 말했다. 그 여자는 그때 누구든지 한눈에 알아볼 만큼 부푼 배를 부둥켜안고 천천히 지나가고 있었다. 빛바랜 푸른색 볼품없는 옷을 입고 손에는 종려잎 부채와 작은 보따리를 들고 지나갈 때에 그 여자는 그들을 힐끔 보았지만, 아무도 그녀의 시선을 느끼지는 못했다. "저 여자는 가까운 곳에서 오는 것 같지 않은데." 암스티드가 입을 열었다. "저 걸음걸이는 꽤 오래 걸어온 것 같지 않아? 또 아직도 한참 걸어가야 할 것 같은데."
"아니, 이 근처 어딘가 찾아왔을 거야." 윈터보텀은 우겼다.
"그렇다면 내가 소문을 들었을 텐데." 암스티드도 지지 않고 맞받아쳤다. 그녀는 계속해서 걸어갔다. 뒤돌아보지도 않았다. 그녀는 길 너머로 사라지고 말았다. 배는 부푼 채 천천히, 신중히, 서두르지 않고 끈기 있게, 마치 저물어 가는 오후의 태양 모양으로 한결같이 걸어갔다. 그녀는 그들의 대화에서 사라져 갔다. 아마 그들의 마음에서도 사라졌을 것이다. 왜냐하면 잠시 뒤에 암스티드가 전부터 하려고 하던 말을 꺼냈기 때문이다. 암스티드는 전에도 두 번이나 5마일 떨어진 집에서 자기 마차를 타고 이곳으로 와서, 윈터보텀의 축사 담벼락의 선선한 그늘에서 세 시간이나 쪼그리고 앉아 침을 뱉고 자기 방식대로 느릿느릿 빙빙 돌려서 그 말을 하려 했던 것이다. 그 말이란 윈터보텀이 팔고 싶어하는 경운기의 값을 흥정해 보려는 것이었다. 마침내 암스티드는 해를 쳐다보고 3일 전 침대에 누워서 이리저리 궁리하다가 결정했던 값을 이야기해 봤다. "제퍼슨에서도 같은 값으로 살 수 있는 것이 있다는데." 그는 말했다.

"그럼 그걸 사 보게나." 윈터보텀이 말했다. "헐값이구먼."

"그렇지." 이렇게 말하면서 암스티드는 침을 탁 뱉었다. 그는 다시금 해를 쳐다보고는 일어섰다. "이젠 집에나 가 볼까."

암스티드는 마차에 올라타 나귀들을 깨웠다. 아니, 정확히는 나귀들이 움직이기 시작했다. 왜냐하면 나귀가 잠들어 있는지 깨어 있는지를 분간할 수 있는 사람은 오직 검둥이뿐이기 때문이다. 윈터보텀은 울타리까지 뒤쫓아 와서 마차 난간 위에 두 팔을 올려놓았다. "그렇고말고." 윈터보텀은 말했다. "그 경운기가 그 값이라면 내 당장이라도 사겠네. 자네가 안 산다고 치고, 내가 그 값에 그걸 안 산다면 바보지, 바보야. 그 기계 임자 녀석은 나귀 한 쌍을 5달러쯤에 팔아 버릴 그런 위인 아닌가?"

"그렇지." 암스티드가 말했다. 그는 마차를 몰았다. 나귀가 걸음을 뗐고 마차는 천천히 움직이면서 반 마일 밖에서도 들리는 요란한 소리를 냈다. 암스티드는 뒤돌아보지 않았다. 그렇다고 해서 앞을 내다보고 있지도 않은 것 같았다. 마차가 고개 마루턱에 거의 도착할 때까지 길 옆 도랑에 앉아 있는 한 여인을 보지 못했던 것이다. 푸른 옷이 눈에 띄던 순간만 해도 그 여인이 마차를 보았는지 어쨌는지 그는 전혀 알 수가 없었다. 또한 아무도 암스티드가 그 여인을 본 일이 있다고는 생각지 못했을 것이다. 그들은 누구도 앞으로 나아가고 있는 것처럼은 보이지 않지만, 마차가 아주 느릿느릿하게 졸린 분위기와 불그스레한 먼지에 휩싸여서 여인 쪽으로 무시무시한 소음을 내며 기어감에 따라 서로 천천히 가까워지고 있고, 나귀들은 이따금씩 내는 마구의 소리와 토끼 귀 같은 긴 귀의 경쾌한 요동에 맞춰서 꿈꾸는 듯이 한 걸음 한 걸음 무겁게 내디디고 있다. 그리하여 마차를 세웠을 때에도 암스티드는 나귀들이 잠들었는지 깨어 있는지 분간할 수가 없었다.

세탁비누와 물 말고도 이제는 비바람에 의해서도 색이 바랜 푸른 모자 아래서 여인은 조용히 유쾌하게 고개를 들어 암스티드를 바라본다. 젊고 인상이 좋은, 솔직하고 다정하며 눈치 있어 보이는 얼굴이다. 그녀는 아직 움직이지 않는다. 똑같이 비바람에 바랜 옷에 싸인 그녀의 몸은 모양이 흉했으며, 조금도 움직이지 않는다. 부채와 봇짐은 무릎 위에 놓여 있다. 양말은 신지 않았다. 그녀의 맨발은 얕은 도랑물에 나란히 들어가 있다. 그 옆에 있는 먼지투성이 구두는 무거워 보이는 게 꼭 사내 구두 같은데, 그녀의 발은 그 구두보다도 얌전히 꼼짝 않고 있다. 멈춘 마차 위에서는 암스티드가 등을 꾸부리고 눈을 희번덕거리며 앉아 있다. 그는 부채 가장자리가 모자와 옷처럼 똑같이 빛바랜 푸른 헝겊으로 말쑥하게 묶여 있는 것을 본다.

"어디까지 가시우?" 그는 묻는다.

"어둡기 전에 이 길을 좀더 걸어가 보려고 했는데요." 이렇게 말하고 일어서서 구두를 집어 들고, 그녀는 천천히 조심스럽게 길로 올라와 마차에 가까이 다가간다. 암스티드는 내려서 그녀를 도우려 하지도 않는다. 그는 그저 나귀들을 꽉 붙잡고 있을 뿐이다. 그동안 그녀는 바퀴 위로 무겁게 기어올라 자리 밑에 구두를 놓는다. 그러자 마차는 움직인다. "고맙습니다." 그녀는 감사 인사를 한다. "걸어다니니까 참 힘드네요."

분명 암스티드는 그녀를 한 번도 자세히 들여다보지 않았다. 그래도 그는 그녀가 결혼반지를 끼고 있지 않음을 알아차렸다. 그는 이제 그녀 쪽으로 고개를 돌리지도 않는다. 다시금 마차는 천천히 덜거덕거린다. 그는 물었다. "얼마나 먼 데서 오시우?"

그녀는 숨을 내쉰다. 탄식이라기보다는 평화로운 심호흡이라고나 할까. 말하자면 평온한 놀라움을 표시하는 것 같다. "꽤 먼 길처럼 생각되네요. 앨라배마주에서 오는 길이에요."

"앨라배마에서? 그 몸을 가지구? 가족은 어디에 사는데?"

그녀도 그를 쳐다보지 않는다. "이 길 어디에선가 그를 만나게 될 거예요. 아마 아실지도 모르겠네요. 이름은 루카스 버취지요. 오는 도중에 그가 제퍼슨에 있으면서 제판(製版)공장에서 일한다는 소문을 들었어요."

"루카스 버취." 암스티드의 어조는 그녀의 어조와 거의 같다. 그들은 스프링이 망가져서 움푹 꺼진 자리에 나란히 앉아 있다. 그는 무릎 위에 올려놓은 그녀의 손과 모자 밑으로 보이는 얼굴 옆모습을 볼 수가 있다. 그는 곁눈으로 그녀의 옆얼굴을 본다. 그녀는 두 마리 나귀의 경쾌한 귀 사이로 펼쳐지는 길을 지켜보는 것 같다. "그래서 아가씨는 그 남자를 찾으러 내내 혼자서 여기까지 걸어왔단 말이오?"

그녀는 잠시 대답을 하지 않는다. 그러고 나서 입을 연다. "모두들 친절하게 대해 주셨어요. 참 친절한 분들이에요."

"부인네들도?" 그는 곁눈으로 그녀의 옆얼굴을 흘끔 보며 생각에 잠긴다. '마사는 뭐라고 할지 모르겠군.' 또 생각한다. '아니, 마사가 뭐라고 할지 알 것 같아. 몸가짐이 단정한 아낙네들은 과히 친절하지 않은 것 같아. 남자라면 또 다르지. 곤욕을 당하고 있는 여자에게 친절한 여자는 자기 자신도 나쁜 행실이 반드시 있게 마련이야.' 또 생각한다. '그래그래, 마사가 뭐라고 할지 확실히 알겠군.'

그녀는 좀 앞으로 몸을 구부리고 가만히 앉아 있다. 그녀의 옆얼굴도 고요하고 뺨도 움직이지 않는다. "참 이상한 일이지요." 그녀가 말한다. "아가씨 같은 몸을 한 낯선 젊은 여자가 길을 걷는 모습을 본들 어떻게 그들이 저 여자는 남편을 찾으러 다니나 보다 하고 알아줄 수 있겠소?" 그녀는 움직이지도 않는다. 지금 마차는 일종의 리듬을 띠고 있고, 그 기름기가 없는 나무 부분의 고통스러운 소리와, 느릿한 오후와 도로와 더위는 한 덩어리가 되어 있다. "그래, 아가씨는 그 남자를 이 근처에서 찾아볼 작정인가요?"

그녀는 움직이지도 않고 두 나귀의 귀 사이로 느릿느릿 나아가는 도로를 바라보며, 아마 꾸부러진 길 저쪽에 있을 목적지를 생각하고 있는 것 같기도 하다. "그를 찾을 수 있을 것 같아요. 어렵지 않을 거예요. 그는 사람들이 많이 모이는 곳, 다들 웃으며 농담하는 곳에 있겠죠, 뭐. 옛날부터 그런 걸 좋아했거든요."

암스티드는 툴툴거렸다. 거칠고 투박한 소리다. "이 나귀 새끼들, 눈 뜨고 잽싸게 걸으라니까." 그는 소리친다. 그리고 백일몽 상태에 잠겨서 혼자 중얼거린다. '이 여자는 찾아내고야 말겠는걸. 그 남자는 아칸소까지 안 가고 겨우 여기까지만 도망쳐 온 것을 후회할 형편이겠군. 아니, 텍사스까지—만 갔어도.'

해는 기울어 가고 있다. 재빨리 다가오는 여름밤을 한 시간 앞두고서, 해는 지평선 위에 걸려 있다. 큰길에서 좁은 길로 접어든다. 큰길보다 한층 더 고요한 길이다. "자, 다 왔소." 암스티드가 말한다.
 여자는 곧 몸을 움직인다. 손을 뻗쳐서 구두를 찾는다. 구두를 신느라고 마차를 더 붙잡아놓지 않으려는 생각 깊은 태도다. "정말 고마워요." 그녀는 말한다. "덕분에 편히 왔어요."
 마차는 다시금 멎는다. 그녀는 내릴 준비를 하고 있다. "여보쇼, 해가 지기 전에 바너의 가게에 도착한다 해도 제퍼슨까지는 아직 12마일이나 남았소." 암스티드가 일러 준다.
 그녀는 구두와 봇짐과 부채를 어색하게 한 손에 들고 나머지 한 손을 써서 내리려 하고 있다. "그래도 가야지요." 그녀는 말한다.
 암스티드는 그녀에게 손도 대지 않는다. "우리 집에 가서 하룻밤 묵으시우." 그는 말한다. "아낙네들이—여자가—만약에 아가씨가—자, 같이 갑시다. 내일 아침 일찍 바너의 가게까지 모셔다 드리지요. 거기서 또 제퍼슨 시내까지 얻어 탈 수 있을 거요. 토요일이라 갈 사람이 있을 테니까. 그 남자는 하룻밤 동안에 도망치지는 않을 테지. 그가 제퍼슨에 있다면 내일도 역시 거기 있을 서요."
 그녀는 내리려고 소지품을 전부 손에 쥔 채 잠자코 앉아 있다. 그녀는 앞을 바라보고 있다. 그림자가 비스듬히 걸려 줄무늬를 이룬 도로가 저 멀리 꾸부러져 돌아가는 쪽을 바라보고 있다. "그렇게 서두르지 않아도 될 것도 같지만요."
 "그렇고말고, 아직 시간은 충분히 있지요. 언제 걷지 못하는 동행이 생길지 모르는 몸이긴 하지만. 자, 우리 집에 갑시다." 그는 대답을 기다리지도 않고 나귀들을 재촉한다. 마차는 좁은 길로, 어둑해진 길로 들어선다. 그녀는 여전히 부채와 봇짐과 신발을 손에 든 채 고쳐 앉는다.
 "폐 끼쳐 드리고 싶지는 않아요." 그녀는 말한다. "성가시게 굴진 않을게요."
 "좋아요." 암스티드가 말한다. "나와 함께 가요." 이제야 비로소 나귀들은 스스로 재빨리 움직인다. "옥수수 냄새를 맡았나 보군." 암스티드가 말한다. 그리고 생각에 잠긴다. '하지만 그게 여자지. 같은 여자가 무슨 잘못이라도 하면 기다렸다는 듯이 매몰차게 몰아대는 주제에, 막상 자기가 그랬을 땐 염치도 없이 온 세상 거리를 태연하게 돌아다닌단 말이야. 그야 물론 모두들,

남자들이 잘 보살펴 주리라고 믿고 있기 때문이긴 하지만. 저 여자는 아낙네들한테는 아무런 관심도 없어. 스스로야 체면을 잃었다는 생각 따위 하지도 않겠지만, 어쨌든 저런 상태로 저 여자를 몰아넣은 것은 여자가 아니었으니까. 암, 그렇지. 여자가 결혼을 하든가, 또는 결혼하지 않고도 애를 가져 봐. 그러면 곧 여자다운 면을 집어던지고 남자 흉내만 내려고 기를 쓰고 덤비거든. 그래서 여자들도 코담배를 즐기고 담배를 피우고 투표도 하고 싶어 하는 걸 거야.'

마차가 집을 지나 축사가 있는 뜰로 향할 때에는 그의 아내가 앞문에서 그것을 지켜보고 있다. 그는 그쪽으로 눈을 돌리지 않는다. 보지 않고도 거기에 아내가 있으리란 것을, 꼭 있다는 것을 알고 있다. '그렇지.' 그는 열린 문으로 나귀를 몰아넣으며 냉소적인 비탄과 더불어 생각한다. '아내가 뭐라고 말할지 난 확실히 알지. 알고말고.' 그는 마차를 멈춘다. 굳이 돌아보지 않아도, 그는 아내가 이젠 부엌에 들어가 있어서 그를 지켜보지 않고 그저 기다리고만 있다는 것을 안다. 그는 마차를 멈춘다. "집으로 들어가요." 그는 말한다. 그는 먼저 마차에서 내렸다. 리나는 자기 몸속에서 들려오는 소리를 들으려는 듯한 조심스러운 태도로 천천히 내린다. "집 안에서 누구를 만나면 그게 마사일 거요. 나귀들에게 먹이를 주고 나도 곧 들어가리다." 그는 그녀가 뜰을 건너 부엌으로 들어가는 것을 지켜보지 않는다. 그럴 필요가 없다. 상상 속에서 그는 그녀와 함께 한 걸음 한 걸음 걸어가 부엌문으로 들어가서, 조금 전 마차가 지나갈 때 앞문에서 하고 있던 꼭 그 모양으로 지금은 부엌문을 지켜보고 있는 아내를 만난다. 그는 생각한다. '아내가 뭐라고 말할지 확실히 알고 있다니까.'

그는 나귀들을 풀어 물을 주고 축사에 넣어 먹이를 준다. 그리고 목장에서 소를 축사에 몰아넣는다. 그러고 나서 그는 부엌으로 간다. 아내는 아직 거기 있다. 냉정하고 엄하며 골을 잘 내는 백발 섞인 여자로, 6년 동안 애 다섯을 낳고 모두 어엿한 어른으로 키워냈다. 그녀는 일을 하고 있다. 그는 아내를 보지 않는다. 그는 수채로 가서 물통으로 물을 퍼 대야에 붓고 소매를 걷어 올린다. "저 여자 이름은 버취래. 적어도 그것이 저 여자가 찾고 있는 남자의 이름이야. 루카스 버취라나. 여기 오는 도중 어디선가 그 남자가 제퍼슨에 있다는 소문을 들었다는군." 그는 아내에게 등을 돌린 채 세수를 한다. "앨라배마주에서 내내 혼자 걸어왔다는군."

암스티드 부인은 돌아보지 않는다. 식탁준비에 한창 바쁘다. "앨라배마를 다시 보게 될 때에는 홀몸이 아니겠어요." 그녀가 말한다.

"그 버취란 녀석도 마찬가지겠지." 그는 수채에서 비누와 물을 쓰느라고 꽤 바쁘다. 그리고 아내가 자기를, 자기 뒤통수를, 땀으로 바랜 푸른 셔츠의 어깨 부근을 가만히 보고 있음을 느낀다. "샘슨네 집에서 누군가가 그 버취라는 사람이 제퍼슨의 제판공장에서 일하고 있다는 말을 들려준 모양이더군."

"그래서 저 여자는 거기서 그 남자를 찾으리라 생각하나 보지요. 그가 집이랑 가구랑 다 장만하고 기다릴 줄 아는 모양이죠!"

아내의 목소리로는 그녀가 지금 자기를 보고 있는지 어떤지 알 수가 없다. 그는 밀가루 부대 조각으로 얼굴을 닦는다. "아마 찾을 수 있을 테지. 만약에 그 남자가 도망을 친 것이라면, 미시시피강을 건너갈 걸 그랬다 하고 틀림없이 후회하게 될 거야." 이제는 아내가 자기를 지켜보고 있음을 깨닫는다—뚱뚱하지도 여위지도 않은, 남자에도 일에도 굳세게 단련이 된 백발 섞인 여자, 몸에는 간단한 회색 옷을 투박하게 걸치고 양손을 허리에 얹고 전쟁에 패배한 장군을 연상케 하는 표정을 띤 여인이다.

"남자들이란 참." 그녀가 말한다.

"그러면 어떻게 하라는 거야? 쫓아 버리란 말이야? 축사에다 재우란 말이야?"

"남자들은 참." 그녀가 대꾸한다. "남자들은 참 악당이에요."

암스티드 부인이 앞서긴 했지만, 두 여인은 함께 부엌으로 들어간다. 그녀는 곧장 난롯가로 간다. 리나는 문 바로 안쪽에 서 있다. 그녀는 모자를 벗었고, 머리는 잘 빗겨 있다. 푸른 옷조차도 말쑥해 보이고 윤택해 보인다. 그녀가 바라보는 동안에 암스티드 부인은 난로 뚜껑을 열고 남자와도 같은 거친 솜씨로 장작을 집어넣는다. "좀 도와드리지요." 리나가 말한다.

암스티드 부인은 돌아보지 않는다. 그녀는 난로 뚜껑을 떨거덕떨거덕 움직일 뿐이다. "그냥 거기 있어요. 좀 앉아서, 아니 좀 누워서 쉬구려."

"일을 좀 도와드리고 싶어요."

"그냥 거기 있어요. 나는 하루 세 번씩 30년이나 이 일을 해 왔어요. 도울 손이 필요한 때는 이미 지나가 버리고 말았소이다." 그녀는 난로 주위에서 분주히 서성거리며 뒤돌아보지 않는다. "바깥양반이 그러는데 이름이 버취라고요."

"예." 리나는 말한다. 그녀의 음성은 아주 엄숙하고 고요하다. 그녀는 무릎 위에 조용히 손을 얹고 잠자코 앉아 있다. 암스티드 부인도 돌아보지 않는다. 그녀는 여전히 난로를 다루느라 분주하다. 무척 투박한 솜씨로 일하고 있지만 불을 피우기 위해서는 뜻밖에 굉장한 주의가 필요한 듯이 보인다. 무슨 값비싼 기계를 다루는 것만큼이나 신중한 노력을 기울여야 하는 듯이.

"당신 이름은 이미 버취로 바뀐 거요?" 암스티드 부인이 묻는다.

젊은 여자는 얼른 대답하지는 않는다. 암스티드 부인은 여전히 상대에게 등을 돌리고 있긴 하지만, 난로를 덜거덕거리는 일은 끝낸 모양이다. 드디어 그녀는 몸을 돌린다. 그들은 갑자기 숨김없이 서로 마주 바라본다―젊은 여자는 머리를 말쑥하게 빗고 양손을 조용히 무릎 위에 올려놓은 채 의자에 앉아 있고, 나이든 여자는 백발이 섞인 머리를 뒤쪽에 틀어 감고 사암에 조각이라도 한 듯한 얼굴 표정으로 이쪽을 돌아본 채 역시 가만히 난롯가에 서 있다. 이윽고 젊은 여자가 입을 연다.

"거짓말을 했어요. 제 이름은 아직 버취가 아니에요. 아직 리나 그로브랍니다."

그들은 마주 바라보았다. 암스티드 부인의 음성은 차갑지도 않고 그렇다고 온정에 넘쳐 있지도 않다. 아무런 감정도 섞이지 않은 음성이다. "그래서 그 남자를 빨리 쫓아가서는 늦기 전에 이름을 버취로 바꾸고 싶다 그 말씀이지?"

리나는 마치 무릎 위에 얹은 손을 내려다보기라도 하는 듯이 고개를 수그린다. 그녀의 목소리는 온화하고 흔들리지 않는다. 그러면서도 담담하다. "루카스는 아무 약속도 해 주지 않았지만 그래도 저는 걱정할 필요 없다고 생각해요. 그저 운이 나빠서 그는 떠나가야만 했지요. 그의 계획이 제대로 성공하지 않아서 자기 생각대로 저를 데리러 오지 못한 것이지요. 저희 사이엔 아무런 언약도 필요가 없었다고 생각해요. 그날 밤 떠나가야 한다는 것을 알았을 때 그는―"

"어느 날 밤에 알았다는 거요? 배 속 아이 얘기를 한 그날 밤이요?"

리나는 잠시 대답을 하지 않는다. 그녀의 얼굴은 돌처럼 고요하나 그렇게 딱딱하지는 않다. 그 흔들림 없는 표정은 부드러우면서도 평온하고, 고요한 신뢰와 초연한 무엇인가가 그녀의 내부를 밝히고 있는 듯하였다. 암스티드 부인은 그녀를 지켜본다. 리나는 말을 하는 동안 상대를 전혀 보지 않는다. "그는 벌써 그 전부터 나가야 한다는 이야기를 들어 왔었어요. 그래도 걱정을 시키지 않으려고 제게는 말하지 않았던 거죠. 처음에 그가 직장을 그만두라는 말을 들었을 적에는 그러는 편이 낫겠다, 감독한테 박대를 안 받는 곳으로 자리를 옮기는 것이 출세하는 지름길이라고 생각했지요. 그렇지만 그는 자꾸 그 일을 미루었어요. 그래도 이 사건이 일어났을 때에는 더 미룰 수는 없게 됐지요. 감독이 루카스를 학대한 까닭은 루카스가 언제나 젊고 기운찬 것을 시기했을 뿐만 아니라, 루카스의 자리를 자기 사촌에게 주고 싶었기 때문이죠. 그런데도 그는 제가 근심을 할까 봐 그 말은 전혀 하지 않았던 거예요. 그렇지만 이 사건이 일어났으니 저희는 더 꾸물거릴 수가 없었죠. 제가 먼저 그에게 떠나가라고 했어요. 그러자 그는 감독이야 자기를 어떻게 대하든 제가 있으라고만 한다면 그냥 머물러 있겠다고 하더군요. 그래도 저는 가라고 했어요. 그렇게까지 말했는데도 그는 도통 가려고 하지 않았어요. 그래도 저는 떠나라고 했지요. 저를 맞을 준비가 되면 그저 알려만 달라고 했어요. 그런데 그의 계획이 생각대로 되질 않아서 제때에 저를 부르질 못한 모양이에요. 그처럼 낯선 사람 사이에 끼게 되었으니 젊은 사람이 제대로 자리를 잡기까지는 시일이 걸리겠죠. 그가 떠날 때만 하더라도 자리잡는 데 예상했던 것보다 그렇게 시일이 많이 걸릴 줄은 꿈에도 생각 못했답니다. 더구나 루카스처럼 활기 있는 젊은 사람으로 유쾌하게 사람 사귀기를 좋아하며 누구한테나 호감을 사는 사람은 특히 더하겠죠. 그는 자기 계획보다 시간이 훨씬 많이 걸리리라는 것은 전혀 몰랐던 거예요. 젊은 데다가 남을 웃기고 농담을 던지는 게 장기인지라 사람들이 자꾸 따라다녀서 알지도 못하는 사이에 일에 방해를 받은 거죠. 그는 남의 마음을 상하게 하는 일은 절대로 못하는 사람이거든요. 게다가 전 그에게 마지막 쾌락을 즐기게 해 주고 싶었죠. 결혼이란 젊은 남자에겐, 특히 활기 있는 젊은 남자에겐, 여자의 경우와는 다른 것이니까요. 활기 있는 젊은 남자에겐 결혼이란 참 오래 지속돼요.

그렇게 생각지 않으세요?"

암스티드 부인은 대답을 하지 않는다. 그녀는 상대가 머리를 매끈히 빗고는 무릎 위에 두 손을 조용히 올려놓고 명상에 잠긴 듯 온화한 표정으로 의자에 앉아 있는 모습을 바라본다.

"어쩌면 그가 이미 전갈을 보냈는데 그것이 중도에서 없어졌는지도 모르죠. 앨라배마에서 여기까지도 이렇게 먼데 제퍼슨은 아직 더 가야 되잖아요? 그는 글을 잘 쓸 줄 모르기 때문에 편지 같은 건 아예 기대도 안 하겠다고 했어요. 데려갈 준비가 다 되면 그때 전갈을 해 달라고, 나는 기다리겠다고 일렀죠. 그가 떠난 뒤 처음엔 좀 근심도 됐어요. 제 이름이 아직 버취가 되지 못했고, 제 오빠랑 식구들은 제가 루카스를 아는 것만큼 그를 알지 못했으니까요. 하긴 그들이 어떻게 알 수가 있었겠어요." 그녀의 얼굴에는 부드럽고도 명랑한 놀라움의 표정이 천천히 나타난다. 그것은 마치 자기가 지금까지 몰랐다는 것을 깨닫지조차 못했던 무언가를 갑자기 떠올리기라도 한 듯했다. "그들이 그를 알지 못하는 건 당연하죠. 그렇지만 그는 우선 자리를 잡아야 했던 거예요. 낯선 사람들 틈에 끼어 애를 쓴 것은 그였지만, 저는 그가 여러 가지 고생을 하는 동안에도 그저 기다리는 일 외에는 아무런 근심도 없었는 걸요. 그렇지만 얼마 뒤에는 이 애를 소중히 길러 제대로 태어나게 해 줘야 한다는 생각에 눌려 제 이름이나 식구들의 생각쯤은 신경도 쓰지 않게 되었어요. 하여간 루카스와 저 사이에는 아무런 언약도 필요 없어요. 무슨 뜻밖의 일이 일어났든가, 그렇지 않으면 전갈은 보냈는데 도중에 없어졌거나 했을 거예요. 그래서 어느 날, 저는 더 기다릴 것 없이 길을 떠나 보자고 결심한 것이랍니다."

"길을 나설 때에 어느 길로 가야 할지 어떻게 알았수?"

리나는 무릎에 놓인 자기 손을 바라보고 있다. 그녀의 손은 이제 움직이면서 골똘한 상념과 더불어 치맛자락을 만지작거리고 있다. 그것은 사양과 수줍음 때문은 아니다. 확실히 그 손이 무엇인가 생각을 하면서 반사적으로 움직이는 것이다. "그저 자꾸 물었지요. 루카스처럼 젊고 활기가 있어서 누구하고나 곧 사귈 수 있는 사람이라면 어디에서나 그를 기억하는 사람이 있을 거라고 저는 생각했죠. 그래서 자꾸 물었답니다. 사람들은 참 친절했어요. 그러자 생각했던 대로 이틀 전에 그가 제퍼슨에 있다는 말을 어느 길에서 들었어요. 제퍼슨의 제판공장에서 일을 한다고요."

　암스티드 부인은 수그린 얼굴을 지켜본다. 그녀는 두 손을 허리에 얹은 채 젊은 여자를 차갑고도 초연한 경멸의 표정으로 바라본다. "그래서 거기 가면 그가 아직 거기 있으리라고 믿고 있구먼. 그가 거기 정말 있었다고 치더라도 색시가 찾아왔다는 소리를 듣고도 그냥 거기 있으리라고 믿는 모양인데."

　리나의 수그리고 있는 얼굴은 엄숙하고도 고요하다. 그녀의 손은 움직임을 멈추고 마치 무릎 위에 죽은 양 고요히 놓여 있다. 그녀의 목소리는 침착하고 고요하고 아주 완고하다. "어린애를 낳을 때에는 가족들은 한자리에 있어야 한다고 생각해요. 더구나 첫 애를 낳을 땐 더욱 그래요. 주님께서 꼭 그렇게 해 주실 거예요."

　"주님도 그러실 수밖에 없겠지." 암스티드 부인은 투박하고 거칠게 말한다. 암스티드는 침대에 누워 있다가 머리를 좀 치켜들고 침대 발치의 난간 너머로 자기 아내를 지켜보고 있다. 그녀는 아직 옷을 입은 채 화장대 위에 놓인 등불 빛을 받으면서 서랍 속을 사납게 뒤지고 있다. 이윽고 그녀는 금속 상자를 꺼내 가지고 자기 목에 걸고 있던 열쇠로 그것을 열어 헝겊 자루를 끄집어내더니, 그걸 또 펼쳐 거기서 등에 길쭉한 구멍이 뚫려 있는 수탉 모양의 작은 도자기 저금통을 꺼낸다. 그것을 흔들고 거꾸로 뒤집어서 거칠게 털자 조금이나마 안에 있던 동전들이 구멍에서 나와 화장대 위로 쏟아진다. 암스티드는 침대에서 아내를 지켜본다.

　"아닌 밤중에 갑자기 그 쌈짓돈 가지고 뭘 하려는 거요?"

　"내가 계란 팔아서 모은 돈이니, 내 마음대로 할 수 있는 내 것인데 왜 야단이우?" 그녀는 거칠고도 쓴 얼굴로 불빛 속으로 몸을 굽힌다. "내가 땀을 흘려 가며 닭을 키워서 모은 돈이에요. 당신은 손 하나 까딱 안 했잖아요."

　"그렇고말고." 그는 말한다. "당신의 암탉 가지고 이러쿵저러쿵할 사람은 이 고장에는 한 사람도 없어. 족제비하고 뱀은 예외지만. 그 수탉 저금통도 마찬가지지." 그녀는 갑자기 몸을 굽혀 구두 한 짝을 벗어 들더니 그 도자기 저금통을 한 방에 내리친다. 암스티드가 계속 지켜보는 가운데 그녀는 도자기 조각 사이에 흩어져 있는 남은 돈들을 다 주워 모으더니, 먼저 꺼냈던 돈과 함께 자루 속에 집어넣고는 세 번 네 번 거칠게 꽁꽁 묶는다.
"이거 그 여자에게 줘요." 암스티드 부인은 말한다. "그리고 날이 새면 마차로 그 여자를 데려다 줘요. 그럴 마음이 있으면 직접 제퍼슨까지 데려다 줘도 돼요."
"아니, 바너네 가게까지 데려다 주면 딴 마차를 탈 수 있겠지." 그는 말한다.

암스티드 부인은 날이 새기 전에 일어나 아침밥을 지었다. 암스티드가 쇠젖을 짜고 들어오니 식사 준비가 다 되어 있었다. "그 여자한테 가서 아침 먹으라고 좀 그래요." 암스티드 부인이 말했다. 그와 리나가 부엌으로 돌아왔을 때 암스티드 부인은 거기 없었다. 리나는 아주 잠깐 문에 멈춰 서서 방 안을 휘둘러보았는데, 그녀의 얼굴은 미소와 감사 인사, 암스티드가 이미 알고 있는 준비된 인사가 막 나오려는 듯한 표정이었다. 그러나 그녀는 아무 말도 안 했고, 걸음을 멈춘 것도 아주 잠깐뿐이었다.
"자! 좀 들고 떠나 봅시다." 암스티드가 말했다. "아직도 갈 길이 꽤 머니까." 그는 그녀의 먹는 모습을 지켜보았다. 그녀는 지난 저녁 식사 때와 똑같은 고요하고 예의바르고도 즐거운 태도로 먹고 있었지만, 오늘 아침엔 고상하면서도 딱딱하다 싶을 만큼 삼가는 기색이 있어서 순진한 맛이 없었다. 이윽고 그는 꽉 잡아맨 헝겊 주머니를 리나에게 주었다. 그녀는 과히 놀라는 표정은 짓지 않았지만, 기쁘고 감격한 표정으로 그것을 받았다.
"아주머님께서는 참 친절도 하셔요." 리나는 말했다. "그렇지만 필요 없을지도 모르겠네요. 이젠 이렇게 가까이까지 왔는걸요."
"그래도 받아 두는 것이 좋을걸. 눈치챘겠지만 마사는 자기가 하려고 맘먹은 일이 뒤틀리는 것을 좋아하지 않아요."
"참 고맙습니다." 리나는 이렇게 말하고 자기 봇짐에다 그 주머니를 잘 넣고서 모자를 썼다. 마차는 기다리고 있었다. 그들이 집을 지나 좁은 길로 나설 때에 그녀는 그 집을 돌아다보고 말했다. "댁에서는 참 환대를 받았습니다."
"마사가 한 일이오" 암스티드는 말했다. "나야 뭐 한 일이 있나요."
"하여간 신세 많이 졌습니다. 저를 대신해서 아주머님께 인사를 좀 해 주세요. 제가 직접 만나 뵈었으면 했는데 그만……"
"그러지요." 암스티드가 말했다. "아마 뭐 좀 바빴던 모양이오. 내 말해 주겠소."
 그들은 이른 아침 햇빛을 받아 가며 마차를 몰아 바너의 가게에 도착했다. 구두 뒷굽으로 곰보가 된 베란다에는 벌써 몇 사람 쪼그리고 앉아 침을 뱉고 있었다. 그들은 리나가 봇짐과 부채를 들고 마차에서 천천히 조심스럽게 내리는 모습을 지켜보았다. 이때에도 암스티드는 마차에서 내리는 그녀를 도와주지 않았다. 그는 자리에 앉은 채 말했다. "이분은 버춰 부인이야. 제퍼슨에 가고 싶다니까 누구든지 오늘 거기 가는 일이 있으면 좀 태워다 주게."
 리나는 먼지투성이 무거운 구두를 신고 땅바닥에 내렸다. 침착하고도 평화로운 표정으로 암스티드를 쳐다보더니 인사를 했다. "정말 고마웠어요."
 "뭘요." 암스티드가 말했다. "이제는 제퍼슨 시내로 갈 수 있겠죠." 암스티드는 그녀를 내려다보았다. 그때 그 순간이 무한한 것처럼 생각되고 그는 고요히 재빨리 생각의 날개를 펴면서, 제 혀가 할 말을 찾는 것을 지켜보면서 빠르게 생각한다. '남자, 모든 남자가 다 그렇지. 누구나 좋은 일을 할 기회는 백 번이나 흘려보내면서 간섭해서는 안 될 곳에서만 간섭하려 들지. 돈과 명예와 행복을 주는 기회, 운명을 놓쳐 버리고 말지. 때로는 나쁜 일을 할 기회도 놓쳐 버리고. 그렇지만 공연히 간섭하는 기회는 놓치지 않거든.' 이윽고 그의 혀는 말을 찾았다. 아마 리나도 똑같은 놀라움으로 들었겠지만, 그 자신도 자기가 하는 말에 놀라서 귀를 기울이고 있었다. "나 같으면 뭐 지나치게 많은 기대를……기대를……걸지는……" 말하면서 또 생각에 잠긴다. '이 여자는 듣고 있지도 않아. 이런 말을 귀담아 들었다면 처음부터 저 여자는 마차에서 내리지도 않았을 거야. 저렇게 배가 불러 가지고, 저런 부채랑 쪼그만 봇짐을 들고 다만 혼자서 한 번도 가 본 일이 없는 고장으로, 다시는 만날 수 없는 사내를 찾아 나서지는 않았을 거야. 그저 한 번 만나서 저 여자를 저런 몸으로 만들어 버린 남자를 찾으러 말이야.' "—언제든지 이 길로 되돌아올 때에는, 내일이든지 혹 오늘 밤이든지……"
 "괜찮을 거예요." 리나가 말했다. "거기 있다고 모두들 말하던데요, 뭐."
 그는 마차를 집으로 돌렸다. 우묵 들어간 자리에 등을 꾸부리고 앉아 눈을 희멀겋게 뜨고 생각해 본다. '설령 들었더라도 아무 소용이 없었겠지. 내가 한 말을 들었더라도 그 여자는 안 믿었을 테니까. 요 며칠간—벌써 4주나 됐다고 했지—자기가 만난 사람들이 어떤 생각을 했든지 간에 세간의 평판 따위쯤 아무렇지도 않게 여긴 것과 마찬가지로. 지난 4주일 동안에도 그 여자는 이미 그걸 느끼지도 믿지도 않았을 거야. 지금쯤은 층계 맨 꼭대기에서 두 손을 무릎에 얹고 앉아 있을 테지. 사람들이 옆에 쭈그리고 앉아서 한길에다 침을 뱉고 있어도 아랑곳하지 않고. 그리고 그들이 물어보기도 전에 그 여자는 얘기를 시작할 거야. 자진해서 그 악당 녀석 얘기를, 뭐 특별히 숨기거나 말하거나 할 것도 없다는 듯한 태도로 들려주겠지. 죠디 바너나 어느 다른 사람이, 제퍼슨의 제판공장에 있는 녀석의 이름은 버취가 아니라 번취라고 가르쳐 주어도 그 여자는 여전히 태연할 거야. 마사도 대단하지만 그 여자는 마사보다도 아는 게 많은 것 같기도 하고. 어제 저녁 그 여자가 마사한테 한 이야기는, 뭐 주님께서는 옳은 일이라면 이루어 주실 거라나. 제법이야, 제법!'

한 번이나 두 번 물어보면 그것으로 족했다. 그 다음엔, 층계 맨 꼭대기에 앉아 무릎에 봇짐과 부채를 올려놓고 리나는 자기 이야기를, 어린애가 또박또박 끈기 있게 말하는 것과도 같은 어조로 들려주었다. 작업복을 입고 쪼그리고 앉아 있는 사람들은 조용히 듣고 있다.

"그 사람 이름은 번취라고요." 바너가 말한다. "그 사람은 그 제판공장에서 7년이나 일을 해 왔다우. 그런데 버취란 사람도 거기 있는 줄을 어떻게 알지요?"

그녀는 도로 저쪽 제퍼슨이 있는 방향을 올려다보고 있다. 그녀의 얼굴은 고요하고 무엇인가를 기다리는 듯하며, 초연한 모습이긴 하나 그렇다고 해서 멍청한 맛을 풍기지는 않는다. "그가 꼭 거기 있을 거라고 생각해요. 그 제판공장에. 루카스는 언제나 자극을 좋아했어요. 그는 조용히 살기를 싫어했거든요. 그러니까 도운네 제재소에는 맞지 않은 거예요. 그래서 그는—저희는 다른 곳에서 좀 달리 살아야 하겠다고 결심한 거죠. 자극도 얻고 돈도 벌기 위해서요."

"자극과 돈을 위해서요?" 바너가 또 말한다. "자기 일이랑 자기가 먹여 살려야 할 식구들을 내동댕이치고 자극과 돈을 좇는 젊은이는 루카스뿐만은 아니라오."

　그러나 그녀는 듣고 있는 것 같지가 않다. 계단 맨 꼭대기에 앉아서 행인도 없는 도로가 제퍼슨 쪽으로 구불구불 올라가고 있는 곳을 바라보고 있다. 담 옆에 쪼그리고 앉아 있는 사람들은 그녀의 조용하고도 침착한 얼굴을 쳐다보면서, 암스티드가 생각했고 또한 바너가 생각하고 있는 것과 같은 생각을 한다—저 여자는 자기를 저런 몸으로 만들고서 팽개쳐 버린 악당을 생각하고 있구나. 다시는 만나 보지 못할 남자, 혹 만난다 해도 도망치는 뒷모습이나 볼 수 있는 그런 녀석을 생각하고 있구나. '혹시 저 여자는 슬로운네 공장이나 보운네 공장을 생각하고 있을지도 모르지.' 바너는 생각한다. '아무리 어리석은 여자인들 굳이 미시시피 촌구석까지 오지 않더라도, 도망쳐 나온 고장이 지금 와 있는 고장과 별로 다를 것이 없고 오히려 지금 와 있는 이곳이 더 나쁘다는 것을 깨달을 수 있으련만. 설혹 그곳에 누이동생의 난잡한 밤놀이를 질책하는 오빠가 있다 해도.' 다시 생각에 잠긴다. '내가 오빠라 해도 꾸짖었겠는데. 아비라 해도 마찬가지고. 저 여자는 어미가 없어서 저런 꼴이야. 어미란 것은 미워하면서도 사랑으로 함께 살지만, 아비란 것은 사랑과 자부심을 가지면서도 미워하기 때문이지.'
　그녀는 그런 생각은 조금도 하지 않는다. 그녀는 자기 손 아래 있는 봇짐에 넣어 놓은 돈 생각을 하고 있다. 아침밥이 새삼 머리에 떠올라서, 지금 곧 가게에 들어가 치즈와 크래커를 사면 어떨까. 혹 괜찮다면 정어리 통조림도 사면 좋겠는데 하고 생각하고 있다. 암스티드네 집에서는 커피 한 잔과 옥수수빵 한 덩어리밖에는 더 먹은 것이 없다. 암스티드가 그렇게 권했는데도 말이다. '난 숙녀답게 먹었어.' 그녀는 생각한다. 봇짐 위에 손을 올려놓고 안에 감춰진 동전을 느끼면서, 커피 꼭 한 잔과, 예의바르게 씹어 먹은 이상한 빵을 머리에 그려 보며 어느 정도 자존심 어린 태도로 생각해 본다. '난 숙녀처럼 먹었어. 여행을 하고 있는 숙녀처럼 말이야. 그래도 이젠 먹고 싶으면 정어리라도 살 수 있어.'
　그녀는 비탈길을 바라보며 명상에 잠긴 것 같다. 그러는 동안 쪼그리고 앉아 천천히 침을 뱉고 있는 사람들은 그녀를 힐끔힐끔 쳐다보면서, 저 여자는 그 남자와 또 다가오고 있는 파탄에 대한 생각을 하고 있다고 단정한다. 그러나 사실 그녀는 그에 의해 그와 더불어서 살아가고 있는 임신부다운 세심한 경계심에 맞서 조용한 싸움판을 벌이고 있다. 이번에는 그녀가 이긴다. 그녀는 일어나 조금 어색하게 또 좀 조심스럽게 발걸음을 옮기면서 나란히 줄지어 있는 남자들의 눈동자 앞을 지나 가게로 들어간다. 점원이 따라온다. '먹을 걸 좀 사야지.' 치즈와 크래커를 주문하고 있을 동안에도 그 생각이 떠나지 않는다. '먹을 걸 좀 사야지.' 생각하여 소리를 내어 말한다. "정어리도 한 통 줘요." 그녀는 정어리를 '청어리'라고 발음한다. "5센트짜리 한 통 말이에요."

"5센트짜리 정어리는 없습니다." 점원이 말한다. "정어리는 15센트입니다." 그도 역시 '청어리'라고 발음한다.

그녀는 곰곰이 생각한다. "5센트짜리 깡통으로는 뭐가 있어요?"

"검정 구두약밖에는 없습니다. 그걸 원치는 않으시겠죠. 하여간 먹을 것은 아니니까요."

"그럼 15센트짜리를 사겠어요." 그녀는 봇짐을 풀더니 꽁꽁 잡아맨 자루를 푼다. 매듭을 푸는 데 시간이 좀 걸린다. 그러나 그녀는 끈기 있게 하나씩 하나씩 풀고, 돈을 치르고 나서는 다시금 자루와 봇짐을 꼭 동여매고 구입한 물건을 집어 든다. 그녀가 베란다로 나서니까 마차가 한 대 계단 밑에 멎어 있다. 남자 한 사람이 자리에 앉아 있다.

"저 마차가 시내에 갑니다." 그들은 그녀에게 말한다. "저 사람이 모셔다 드린답니다."

그녀의 얼굴은 온화하게 천천히 활기를 띠며 감격으로 가득 찬다. 그녀는 말한다. "정말 고마워요."

마차는 천천히 꾸준히 움직인다. 마치 이 해가 잘 비치는 광대하고 적적한 대지 속에서 자기만은 밖에 있어서, 모든 시간과 번잡과는 동떨어진 존재라도 되는 것 같다. 바너네 가게에서 제퍼슨까지는 12마일이다. "점심때 전에 거기 닿을 수 있어요?" 그녀가 묻는다.

마부는 침을 뱉는다. "그럴 거요." 그는 대답한다.

분명 그는 그녀를 바라보지 않는다. 그녀가 마차에 오를 때조차 보지 않았다. 분명 그녀도 그를 보지 않았다. 지금도 여전히 보지 않는다. "제퍼슨에 자주 다니시나 봐요."

그는 말한다. "가끔 다니지요." 마차는 계속 삐걱거린다. 들과 숲은 끊임없이 과히 멀지 않은 일정한 곳에 있어, 정지해 있는가 하면 곧바로 재빨리 이리저리 움직이면서 신기루처럼 걸려 있는 듯이 보인다. 그래도 마차는 어느덧 들과 숲을 지나친다.
 "제퍼슨에 있는 루카스 버취라는 사람을 혹시 아시나요?"
 "버취요?"
 "그 사람을 만나러 가는 길인데요. 그는 제판공장에서 일을 해요."
 "글쎄요." 마부는 말한다. "난 잘 모르겠구먼요. 그렇지만 제퍼슨에는 잘 모르는 사람이 우글우글하지요. 아마 그 사람은 거기 있겠지요."
 "저도 그렇게 생각하고, 또 그렇게 바라고 있어요. 여행이 이젠 점점 지긋지긋해져서요."
 마부는 그녀를 보지 않는다. "그 사람을 찾으러 얼마나 멀리서 왔지요?"
 "앨라배마에서요, 꽤 멀어요."
 그는 그녀를 보지 않는다. 목소리도 아주 무심하다. "당신 부모님은 어째서 몸이 무거운 사람을 떠나게 내버려 두었나요?"
 "다 돌아가셨어요. 저는 오빠네 집에서 살았어요. 그저 나서 보겠다고 혼자서 결정했죠, 뭐."
 "그렇군요. 그가 제퍼슨으로 오라고 전갈을 보냈습디까?"
 그녀는 대답하지 않는다. 모자 밑으로 그녀의 조용한 옆모습이 보인다. 마차는 천천히 아무 시간의 제약도 받지 않고 나아간다. 불그스름하고 느릿느릿한 길이 나귀들의 규칙적인 발걸음 밑에서, 삐걱삐걱 소리내는 바퀴 밑에서 뒤로 물러나고 있다. 태양은 머리 위에 높이 솟아올라서 모자 그늘이 그녀의 무릎을 가린다. 그녀는 해를 쳐다본다. "점심시간이 되었네요." 그녀는 말한다. 그가 곁눈으로 바라보니 그녀는 치즈와 크래커와 정어리를 꺼내서 그에게 내민다.
 "별로 배고프지 않아요."
 "같이 들어 주시면 좋겠는데요."
 "먹고 싶지 않아요. 자, 어서 드시우."
 그녀는 먹기 시작한다. 천천히 꾸준히 먹으면서 손가락에 묻은 자양분이 많은 정어리기름을 참으로 맛있게 빨아들인다. 그러다가 그녀는 동작을 멈

춘다. 갑작스런 일은 아니지만 아주 완전무결하다. 턱은 씹는 도중에 멈추고, 손에는 이빨자국이 난 크래커를 든 채 얼굴을 조금 숙이고 눈은 좀 몽롱하게 뜨고 있는 것이, 마치 무슨 굉장히 먼 곳에 있는 것, 또는 아주 가까운 자기 내부에 있는 것에 귀를 기울이고 있기라도 한 듯하다. 그녀의 얼굴에서는 그 충만하고 건강한 혈색이 없어졌다. 그녀는 고요히 앉아 그 용서 없는 태곳적부터의 태동을 듣고 느끼고 있지만, 공포도 놀라움도 느끼지 않는다. "적어도 쌍둥이야." 그녀는 입술도 움직이지 않은 채 소리도 내지 않고 혼자 중얼거린다. 이윽고 경련은 지나간다. 그녀는 다시금 먹는다. 마차는 멎지 않았다. 시간도 멎지 않았다. 마차는 마지막 고개를 오른다. 그때 연기가 보인다.

"제퍼슨." 마부가 말한다.

"어머나." 그녀가 말한다. "이젠 거의 다 왔죠?"

이번에는 남자가 상대의 말을 듣지 않는다. 그는 앞을 바라보고 있다. 골짜기 너머 맞은편 언덕 위에 있는 거리를 보고 있다. 그가 말채찍으로 가리키는 방향을 따라 그녀는 두 줄기 연기 기둥을 본다—하나는 높은 굴뚝에서 나는 석탄을 때는 시커먼 연기이고, 또 하나는 거리에서 저쪽으로 좀 떨어진 나무숲 사이에서 누런 기둥을 이루며 솟아오르는 연기이다. "저건 집이 타는 건데." 마부가 말한다. "보여요?"

그러나 이번에는 또 그녀가 귀를 기울여 듣지 않는다. 아무것도 들리지 않는 것 같다. "어머나!" 그녀는 말한다. "길을 떠난 지 4주일밖에 안 됐는데 벌써 제퍼슨에 와 있다니! 어머나, 사람은 꽤 멀리까지 갈 수 있는 존재인가 봐."

2

바이런 번취는 다음과 같은 사실을 알고 있다. 3년 전 어느 금요일 아침이었다. 제판 작업장에서 일꾼 몇 사람이 일을 하다가 고개를 들어 보니, 어떤 낯선 사람이 와서 그들을 지켜보고 서 있는 것이었다. 그가 얼마나 오랫동안 거기에 서 있었는지 그들은 몰랐다. 그는 부랑자처럼 보이기도 하고 그렇지 않아 보이기도 했다. 구두는 먼지투성이였고 바지도 더러워져 있었다. 그러나 바지는 더럽긴 해도 질이 좋은 서지 천으로 지어졌고 다리미질로 세운 줄이 날카롭게 서 있었다. 셔츠도 좀 더럽긴 했지만 신사들이 입는 흰 것이었다. 그리고 넥타이도 매고, 빳빳한 테가 달린 낡지 않은 밀짚모자가 그의 무표정한 얼굴 위에 거만스럽고 불량스럽게 삐딱이 놓여 있었다. 그의 모습은 룸펜 특유의 복장을 한 진짜 부랑자처럼 보이지는 않았다. 그러나 그에게는 확실히 뿌리가 없는 듯한 기색이 있어서, 어느 마을도 도시도 그의 고향은 아니며, 어느 거리도 벽도 땅 한 조각도 그의 집은 아니라는 듯한 인상을 풍겼다. 그걸 이 사람도 잘 알고 있어서, 그 지식을 어디로나 무슨 깃발처럼 무자비하게 고적하게, 거의 자랑스럽게 가지고 다녔다. 뒷날, 사람들은 말했다. "마치 그는 지금은 운이 나빠서 이 꼴이지만 언제까지나 이러고 있지는 않을걸. 무슨 수단을 써서라도 조만간 출세하고 말걸 하는 듯한 표정이었지." 그는 젊었다. 바이런의 눈에 비친 대로는 그는 거기 서서 땀이 밴 작업복을 입고 일하는 사나이들을 바라보며, 입 한구석에는 담배를 물고서 무표정하고 또한 경멸하는 듯한 표정을 띤 거무스름한 얼굴 한쪽을 담배 연기 때문에 살짝 일그러뜨리고 있었다. 잠시 뒤에 그는 담배를 손으로 만져 보지도 않고 뱉어 버리더니, 몸을 돌려 공장 사무실로 갔다. 그러는 동안 낡고 더러운 작업복을 입은 사나이들은 풀 길 없는 분노를 느끼면서 그의 등을 쏘아보았다. "저런 자식은 평삭기에 넣어 버려야 해." 감독이 말했다. "그러면 그런 표정은 없어지고 말겠지."

그들은 그가 누군지를 몰랐다. 전에 그를 본 적이 있는 사람은 아무도 없었다. "하여간 그런 얼굴을 하고 나돌아 다니다가는 큰코다치지." 이렇게 한 사람이 말했다. "그만 자기도 모르게 험한 친구 앞에서 그런 면상을 할지도 모르겠으니 말이야." 그러고 나서 그들은 그를 곧 잊어버렸다. 하여간 화제에는 오르지 않았다. 그들은 윙윙거리고 찍찍거리는 벨트와 굴대 소리도 요란한 가운데 일을 다시 시작했다. 그러나 10분도 못 돼서 공장 책임자가 그 낯선 사나이를 데리고 들어왔다.

"이 사람에게 일거리를 줘." 책임자가 감독에게 말했다. "뭐 삽질은 할 줄 아는 모양이니 톱밥 정리라도 시키면 되겠지."

나머지 사람들은 일손을 멈추지 않았지만, 작업장에 있던 사람들은 누구 하나 이 더러워진 신사복을 입고서 거무스름하고 아니꼬운 얼굴을 한 채 말없이 멸시하는 듯한 차가운 태도로 서 있는 낯선 사나이에게 시선을 던지지 않는 사람은 없었다. 감독은 한순간 그 남자 못지않게 차가운 시선으로 그를 보았다. "그런 옷 입고 일하시려고?"

"그거야 이 사람 마음이지." 책임자가 말했다. "난 이 사람 옷을 고용한 게 아니니까."

"아니 뭐, 당신이랑 이 남자가 좋다면야 무슨 옷을 입고 일하든 나야 상관없지만." 감독이 말했다. "그래, 좋소. 여보쇼, 저기 가서 삽 가져오시게. 톱밥 정리하는 거나 도우쇼."

새로 들어온 남자는 한마디도 하지 않고 몸을 돌렸다. 다른 사람들이 지켜보는 가운데 그는 톱밥 더미로 다가가서 사라지더니 삽을 가지고 다시 나타나 일을 시작했다. 감독과 책임자는 출입구에서 이야기를 나누고 있었다. 두 사람은 헤어졌고 감독이 돌아왔다. "저 녀석 이름은 크리스마스라는군."

"이름이 뭐라고?" 누군가가 말했다.

"크리스마스."

"외국인인감?"

"크리스마스라는 백인이 있던가? 들어 봤어?" 감독이 말했다.

"그런 이름을 가진 놈은 들어 본 적도 없는데." 상대가 말했다.

그 이야기를 듣고 바이런은 처음으로 깨달았다. 생각해 보면 사람의 이름은 보통 그 인물이 누구인가를 나타내는 소리에 지나지 않는다고 여겨지지만, 주위의 누군가가 가장 빨리 그 의미를 알아차리기만 한다면 그 인물의 앞날 운명을 예고할 수도 있다는 것을. 그의 생각에, 이름을 듣기 전까진 동료들 가운데 그 낯선 남자를 특별한 시선으로 보는 사람은 하나도 없었던 것 같다. 그런데 이름을 듣자마자 그 울림 속에 있는 무엇인가가 앞으로 일어날 일을 동시에 예고하는 듯한 느낌이 들었다. 마치 꽃과 꽃향기, 방울뱀과 방울 소리의 관계처럼, 그 남자는 스스로 벗어날 수 없는 경고를 언제나 몸에 지니고 있는 듯싶었다. 그러나 다들 감지하는 능력이 부족해서 경고를 경고로 받아들인 자는 한 사람도 없었다. 다만 외국인인가 하고 생각했을 뿐, 그 다음엔 그날(금요일) 일이 끝날 때까지 그 남자가 앞서 소개한 넥타이와 밀짚모자와 주름이 잘 잡힌 바지를 입고서 일하는 모습을 지켜보면서, 저놈 나라에선 다들 저렇게 입고 일하나 보다 하고 서로들 수다를 떨었다. 또 이렇게 말하는 자도 있었다. "저놈은 오늘 밤 옷을 갈아입을 거야. 내일 아침에

는 저런 외출복 따위 입고 오진 않겠지."
　토요일 아침이 밝았다. 늦게 나온 녀석들은 기적이 울기 직전에 모습을 나타내더니 곧장 물었다. "그 녀석은—어디—" 다른 사람들이 손가락질했다. 신참은 저쪽 톱밥 더미 옆에 혼자 서 있었다. 삽을 곁에 두고 어제와 똑같은 차림새로, 모자를 여전히 거만스럽게 삐딱이 쓰고선 담배를 피우고 있었다. "우리가 왔을 때 저놈은 벌써 저기 와 있더군." 맨 먼저 출근한 사람들이 말했다. "저렇게 그냥 서 있더라고. 꼭 하룻밤 내내 잠자리에도 안 들었다는 듯이 말이야."
　그는 누구한테도 말을 건네지 않았다. 또한 아무도 그와 말을 해 보려는 사람도 없었다. 그러나 그들은 모두 그를 의식했고, 그의 견실한 등과 팔을 의식했다(그는 좀 음산한 자제력을 발휘하여 착실히 일을 하고 있었다). 정오가 되었다. 바이런 말고는 아무도 도시락을 싸 오지 않았다. 그리하여 그들은 월요일까지의 주말 휴가에 대비해서 자기들 물건을 챙기기 시작했다. 바이런은 그들이 식사를 하곤 하는 펌프실로 도시락을 가지고 혼자 가서 앉았다. 그러다가 무슨 기척이 있어서 고개를 들었다. 조금 떨어진 곳에서 그 새로 온 사나이가 기둥에 기대어 담배를 피우고 있었다. 바이런은 자기가 들어왔을 때, 그 사나이는 먼저 와 있었으면서도 구태여 자리를 옮길 마음이 없음을 알아차렸다. 아니 좀더 기분이 나빴던 것은, 그 사나이가 일부러 들어와서 바이런을 무슨 기둥이나 되는 양 무시했는지도 모른다는 생각이었다. "집으로 돌아가지 않으려오?" 바이런이 물었다.
　상대는 연기를 내뿜었다. 그러고 나서 바이런을 바라보았다. 그의 얼굴은 수척했고 그 살은 매끈한 낡은 양피지 빛깔이었다. 피부가 아니라 살 자체가 그러했다. 마치 두개골은 죽음과도 같이 꿈쩍도 않는 규칙성에 따라 모양이 만들어지고, 이어 이글이글 타오르는 아궁이 속에서 구워진 것과도 같았다. "여기 특근수당은 얼마나 주지요?" 그는 말했다. 그러자 바이런은 비로소 모든 사정을 알게 되었다. 어째서 그 사나이는 외출복을 입고 일하는지, 어째서 어제도 오늘도 도시락을 가지고 오지 않는지, 어째서 남들은 다 쉬는데 주말에도 일하는지 그 까닭을 알았던 것이다. 바이런은 그 사나이가 주머니에는 5센트짜리 동전 한 푼 없고 아마도 요새 2, 3일 동안을 밥 대신 담배만 피우며 지냈으리라는 것을, 마치 그에게 직접 듣기라도 한 것처럼 확실히 알

앉다. 그런 생각을 하며 또한 그 생각의 반사운동처럼 바이런은 자기 도시락을 그에게 내밀고 있었다. 그의 동작이 끝나기도 전에 그 사나이는 거만하고도 경멸에 찬 태도를 버리지 않은 채 얼굴을 돌리고, 내민 도시락을 담배 연기 사이로 힐끔 보기만 했다. "난 배고프지 않소. 당신 쓰레기통이나 채우슈."

월요일 아침이 되었다. 바이런은 자기 생각이 들어맞았음을 알게 되었다. 그 사나이는 새 작업복을 입고 도시락도 갖고 일하러 왔다. 그러나 그는 점심시간에 펌프실에 와서 그들과 함께 쪼그리고 앉아 먹지는 않았다. 그리고 그 표정은 조금도 변하지 않았다. "그놈의 낯짝 그대로 내버려 둬." 감독이 말했다. "심즈는 저 자식 옷과 마찬가지로 낯짝을 고용하지는 않았을 테니까."

또한 심즈는 저 사나이의 혀를 고용하지도 않았지, 바이런은 생각했다. 적어도 크리스마스는 그런 생각을 하고 있는 것 같았다. 행동도 역시 마찬가지였다. 그는 여전히 아무한테도 말을 건네지 않았다. 여섯 달이나 지났는데도 여전했다. 공장 일이 끝나고 나서 그가 무엇을 하는지 아무도 몰랐다. 이따금 같은 직장에서 일하는 사람이 저녁을 먹은 뒤 시내 광장 같은 곳에서 그와 마주치는 일이 있긴 하지만 그런 때에도 크리스마스는 모르는 체 지나가 버리곤 했다. 이런 때에는 그는 언제나 예의 새 모자를 쓰고, 잘 다린 바지를 입고, 입 한구석에는 담배를 물고 얼굴 위로 남을 비웃듯이 연기를 내뿜고 있었다. 그가 어디에 살고 있는지, 어디서 자는지 아무도 알지 못했다. 다만 때때로 변두리 숲으로 가는 작은 길에서 그를 만나는 적이 있어서 아마 그 근처 어디선가 살고 있는 모양이라고 추측할 뿐이었다.

바이런은 지금은 더 많이 알고 있다. 지금까지 서술한 것은 그저 그가 그때에 듣기도 하고 보기도 하여 얻은 지식에 지나지 않는다. 그때는 크리스마스가 어디서 살며, 공장에서 흑인에게나 어울리는 천한 노동을 하는 눈가림 장막 뒤에서는 실제로 무슨 일을 하고 있었는지 아무도 아는 사람이 없었다. 아마 또 다른 신참인 브라운이 아니었다면 아무도 언제까지나 알지 못했을 것이다. 그렇지만 브라운이 입을 열자마자 자백을 하는 사람들이 10여 명이나 되었다. 그들은 버든이라는 노처녀가 혼자 살고 있는, 거리에서 2마일쯤 떨어진 곳에 있는 낡은 농장집 뒤 숲에서, 밤중에 크리스마스를 몰래 만나 그에게 위스키를 사곤 한 일이 2년이 더 되었다고 말했다. 그렇지만 위스키를 사던 친구들조차도 크리스마스가 놀랍게도 버든 양의 집에 있는 낡은 검둥이 오두막에 2년 넘게 살고 있었던 일은 까맣게 모르고 있었다.

그렇게 여섯 달 지난 어느 날 또 다른 낯선 사나이가 크리스마스처럼 일자리를 구하려고 그 공장에 나타났다. 그도 역시 젊고, 키가 컸다. 이미 작업복을 입고 있었는데, 한동안 그것만 내내 입고 있었는지 옷이 더러웠다. 또한 그는 짐도 없이 여행을 다닌 듯한 인상이었다. 그는 기민하고도 잘생긴 얼굴을 갖고 있었지만 조금 기개가 없어 보였다. 지금까지 거울에 수도 없이 비춰 본 듯한 얼굴로 입가에는 조그만 흰 흉터가 있었다. 그가 어깨 너머로 갑자기 고개를 돌려 뒤돌아보는 모습은 꼭 도로에서 나귀들이 자동차를 만났을 때 하는 몸짓 같다고 바이런은 생각했다. 그러나 그것은 단순히 뒤에 대한 경계나 조심일 뿐만 아니라 확신과 뻔뻔스러움도 품고 있는 모양으로, 말하자면 그렇게 뒤돌아볼 때마다 뒤에서 무엇이 다가오든지 자기는 하나도 무섭지 않다고 반복해서 주장하는 것 같기도 하다고 바이런은 생각했다. 그리고 감독인 무니가 새 일손을 보았을 때, 바이런은 무니와 자기는 같은 생각을 갖고 있음을 알았다. 무니는 말했다. "어이쿠, 심즈도 참 저런 놈을 고용하다니. 이젠 누굴 고용해도 상관없겠어. 이번에 고용한 놈은 스스로 바지 하나 제대로 못 입어 봤을 인간이니까."

"그러게요." 바이런이 말했다. "저 사람을 보면 라디오를 틀어 놓고 거리를 마구 달리는 자동차 생각이 나요. 라디오가 무슨 말을 하는지 알 수도 없고, 차는 뭐 딱히 갈 곳이 있는 것도 아니고, 차 안을 자세히 들여다보면 아무도 타고 있는 사람은 없죠."

"맞았어." 무니는 말했다. "나는 말(馬) 생각이 나는군. 너절한 말은 아니지. 그저 쓸모가 없는 말일 뿐이야. 목장에서는 훌륭해 보이지만 어떤 사람이 고삐를 가지고 목장 입구에 나타나면 꽁무니를 빼고 말거든. 빠르기야 하지. 그렇지만 마차에 잡아맬 때가 되면 반드시 말굽이 갈라진단 말이야."

"그렇지만 암말들은 그놈을 좋아하겠지요." 바이런이 말했다.

"그렇고말고." 무니가 말했다. "하지만 그놈은 암말에게도 지독히 해로운 일은 하지 못할걸."

새로 온 일손은 톱밥 더미가 있는 곳으로 가서 크리스마스와 함께 일을 했다. 몸짓도 풍부하게 해 가면서 누구에게나 자기는 아무개라느니, 어디서 죽 있었다느니 말을 늘어놓았지만, 그 어조와 태도는 그 인간 자체의 본성을 나타내기라도 하는 모양으로, 거기에는 뻔뻔스러움과 거짓이 깃들어 있었다. 그래서 그가 어디에서 무엇을 했다느니 하는 말뿐만 아니라, 그의 이름조차 믿어 주는 사람이 없다고 바이런은 생각했다. 그의 이름이 브라운일 리가 없다는 근거는 하나도 없었다. 다만 그를 보고 있노라면, 예전에 그가 무슨 어리석은 짓을 저질러 어쩔 수 없이 브라운이라는 평범한 이름으로 바꾸어 가지고, 그 이름을 지금까지 아무도 생각해 내지 못했다는 양 의기양양하게 굴고 있다는 생각을 금할 수가 없었다. 실상 그가 이름을 가져야 할 이유도, 또한 이름을 필요로 할 이유도 전혀 없었다. 아무도 그런 데 관심을 갖지도 않았고, 마찬가지로 그가 어디 출신이며 어디에서 얼마나 머물렀는지, 아무도(적어도 남자들은) 신경 쓰지 않는다고 바이런은 믿었다. 그가 어디에서 왔건 또 어디에 가 있었건, 메뚜기처럼 시골에서 근근이 살아왔다는 것은 누구나 다 알 수 있었기 때문이다. 그것은 마치 그가 그런 생활 태도를 하도 오래 해온 지라, 지금은 그의 전체가 산산조각이 나 사방으로 흩어져서, 이제 남아 있는 것이라곤 무게가 없는 투명한 껍질뿐이요, 그것도 과거를 잊은 채 행방도 정하지 못하고 그저 바람 따라 이리저리 날아가 버리고 마는 것 같았다.

 그는 그런대로 괜찮게 일을 했다. 그에게는 교묘하게 농땡이 부릴 능력조차 남아 있지 않다고 바이런은 생각했다. 일을 살살 피할 의욕조차 없는 것이다. 그럴 수밖에 없는 것이, 이를테면 교묘하게 꾀병을 부려서 일을 빼먹기 위해서는 평범한 사람 이상의 능력이 필요하기 때문이다. 무슨 딴 일을 잘하려고 할 때, 심지어는 도둑질과 살인을 잘하려고 할 때에도 꼭 마찬가지이다. 이럴 때 사람은 어떤 특별한 목표를 확실히 세워 놓고 그것을 향해 노력을 거듭해야 한다. 그런데 브라운은 그런 위인이 못 된다고 바이런은 생각했다. 브라운은 첫 토요일 밤에 도박장에 가서 자기 첫 주급을 모두 잃었다고 그들에게 말했다. 바이런은 무니한테 말했다. "그 말엔 참 놀랐는데요. 다른 건 아무리 못해도 주사위 던지기쯤은 제대로 해낼 줄 알았는데."

 "그 녀석이?" 무니가 말했다. "톱밥 치우는 일처럼 쉬운 일도 제대로 못하는 위인이 노름인들 제대로 할 수 있을라구? 삽질도 온전히 못하는 녀석인데, 주사위 던지기처럼 힘든 일 하면서 무슨 농간을 부려 남에게 이길 수가 있겠냐 말이야." 그리고 나서 또 말을 이었다. "하지만 인간은 말이지, 아무리 변변찮은 놈이라도 어떻게든지 남을 이길 수 있지. 녀석은 적어도 전혀 아무 일도 하지 않는 크리스마스한테는 이길 수 있을 테니까."

"그렇죠." 바이런이 말했다. "게으른 사람이 이 세상에서 가장 쉽게 할 수 있는 것은 악해지지 않는 일이에요."

"저 녀석은 곧 악하게 될걸." 무니가 말했다. "방법을 가르쳐 주는 사람만 있다면 말이야."

"뭐 조만간 그런 사람을 어디선가 찾아내겠죠." 바이런이 말했다. 그들 둘은 몸을 돌려 브라운과 크리스마스가 일을 하고 있는 톱밥더미 쪽을 보았다. 한쪽은 그 음산하고도 거친 착실한 태도로 일하고 있고, 나머지 한쪽은 본인도 건성이라는 걸 알면서 그러는 듯 팔은 커다랗게 휘두르면서도 참으로 대충대충 일 흉내를 내고 있었다.

"그럴 거야." 무니가 말했다. "그렇지만 내가 악해질 생각이었다면 저런 녀석을 동지로 받아 주지는 않았을걸."

크리스마스와 마찬가지로 브라운도 거리에서 입고 다니던 옷을 그대로 입고 일하러 왔다. 그러나 크리스마스와는 달리 그는 얼마간 복장을 바꾸지는 않았다. "저 녀석은 어느 토요일 밤에는 도박장에 가서 새 옷을 사고도 50센트쯤 남겨 가지고 호주머니에 5센트 동전들을 쩔그렁거릴 만큼 돈을 따겠지." 무니가 말했다. "그러면 다음 월요일에는 여기 나타나지도 않을 거야." 그러는 동안에도 여전히 브라운은 제퍼슨에 도착할 때 입고 있던 바로 그 작업복과 셔츠를 입고 일터에 다니면서, 자기 주급을 토요일 밤 도박에서 홀딱 날리거나 때로는 조금씩 따기도 하며, 돈을 따든지 잃든지 간에 언제나 바보같이 큰 소리로 웃으면서, 아마 매주 꼬박꼬박 자기 돈을 쓸어 가는 바로 그 사람들과 시시덕거리고 농담을 하며 지내고 있었다. 그런데 어느 날 그가 60달러나 땄다는 소문을 모두 들었다. "녀석, 다시는 나타나지도 않겠지." 한 사람이 말했다.

"글쎄." 무니가 말했다. "60달러란 돈은 애매모호하니까. 만약 10달러나 500달러였다면 그럴지도 모르지. 그렇지만 60달러는 달라. 결국은 이것으로 자기도 이 거리에 제대로 자리잡을 수 있게 됐다고 생각할걸. 일주일 치 급료에 맞먹는 돈을 겨우 벌었으니." 과연 월요일에 그는 작업복을 입고 일터로 돌아왔다. 사람들은 톱밥더미 옆에서 일하는 브라운과 크리스마스를 보았다. 그들은 브라운이 거기서 일하기 시작한 날부터 그 둘을 지켜보곤 했었다—크리스마스는 톱밥 속에 삽을 천천히 꾸준하게, 또한 거칠게 찔러 넣고 마치 그 속에 묻힌 뱀을('아니면 사람을' 하고 무니가 말했다) 몇 동강이라도 내려는 듯이 일을 하고 있었고, 브라운은 삽을 짚고 서서 크리스마스에게 무슨 이야긴지 자꾸 들려주고 있는 모양이었다. 왜냐하면 이윽고 브라운은 머리를 뒤로 젖히더니 소리 높이 웃어 댔지만, 그러는 동안에도 상대는 묵묵히 완고하고도 사납게 일을 하고 있기 때문이다. 그러면 브라운은 다시금 몸을 굽히고 크리스마스만큼이나 재빠르게 일을 하지만 잠시뿐이고, 삽으로 뜨는 양도 점점 작아져 나중에는 흔들리는 호(弧)만 그릴 뿐 삽이 톱밥에 닿지도 않곤 한다. 그러고 나서 그는 다시금 삽을 짚고 서서 조금 전 크리스마스에게 하던 이야기를 끝내는 모양이지만, 상대는 그의 목소리조차 듣지 않는 것 같았다. 마치 듣는 사람이 1마일쯤 떨어진 곳에 있든지, 또는 알지도 못하는 방언으로 지껄이고 있는 것 같다고 바이런은 생각했다. 그리고 이 두 사람은 가끔 토요일 저녁 중심가에 함께 있는 모습이 눈에 띄기도 했다—크리스마스는 그의 말쑥하고도 은근히 엄숙한 서지 양복과 흰 셔츠를 입고 밀짚모자를 쓰고 있고, 브라운은 새 양복을(그것은 빨간 격자무늬가 든 고동색 옷으로 그는 빛깔이 있는 셔츠를 입고, 크리스마스의 것과 같지만 테두리에 빛깔이 있는 모자도 쓰고 있었다) 입고 지껄이며 웃어 대는데, 그 소리는 광장 끝까지 똑똑하게 들리고, 그것이 다시 울려서 돌아오는 품은 마치 교회당에서 울리는 뜻도 없는 음향이 온 사방에서 일시에 들려오는 것과도 같았다. 그는 자기가 크리스마스와 얼마나 사이가 좋은지 모든 사람에게 보여 주고 싶은 모양이라고 바이런은 생각했다. 그러면 크리스마스는 몸을 돌려 그 고요하고 시무룩한 얼굴로, 브라운 목소리의 공허한 울림에 이끌려서 그들 주위에 모여든 사람들의 조그만 원 밖으로 빠져나가곤 했다. 그래도 브라운은 웃고 지껄이며 그 뒤를 또 따라가는 것이었다. 이럴 때마다 다른 직공들은 말하곤 했다. "저 녀석 월요일 아침에는 일하러 오지 않겠네." 그러나 월요일이면 그는 꼭 돌아왔다. 먼저 그만둔 쪽은 크리스마스였다.

크리스마스는 거의 3년 뒤 어느 토요일 밤에 예고도 없이 그만뒀다. 크리스마스가 그만뒀다는 것을 그들에게 알려 준 것은 브라운이었다. 다른 직공들 중 몇 사람은 가족을 거느린 사람들이었고, 또 몇 사람은 총각들이었다. 그들은 나이도 서로 달랐고 생활양식도 다양했다. 그래도 월요일 아침에는 그들은 모두 조금은 엄숙하게 마치 예법이라도 지키듯이 일터로 돌아왔다. 그중 몇 사람은 젊었다. 그래서 토요일 밤에는 술도 마시고 도박도 하고, 때로는 멤피스시까지 여자를 사러 가는 수도 있었다. 그러나 그들도 월요일 아침에는 깨끗한 작업복과 셔츠를 입고 고요하고 진지하게 일터에 와서, 고동이 우는 것을 기다렸다가 조용히 일을 시작하는 것이었다. 마치 주변의 대기에는 아직도 신성한 안식일의 분위기가 떠돌아, 그것 때문에 사람들은 안식일에는 무엇을 하든 월요일 아침에는 조용히 깨끗하게 일터로 나가는 것이 온당하고 옳은 일이라고 생각하는 듯했다.

 바로 그 점에서 그들은 브라운을 언제나 주목했다. 월요일 아침에도 브라운은 대체로 지난주에 입었던 더러워진 옷을 그대로 입고, 면도날도 대지 않은 덥수룩한 수염을 기른 채 나타나곤 했다. 그는 평소보다 더 떠들썩하여 열 살 난 애처럼 소리 지르며 장난도 쳤다. 성실한 마음으로 일하는 다른 사람들에게는 그런 태도가 옳게 보이지가 않았다. 그들에게 그는 벌거벗은 채 곤드레만드레 술에 취해 나타난 것처럼 생각되었다. 그런데 이 월요일 아침에 그가 또 나타났을 때 크리스마스가 그만두었다고 알려 준 것은 브라운이었다. 브라운은 늦게 나타났다. 그러나 그것은 문제가 아니었다. 그는 수염도 깎지 않았다. 그러나 그것도 문제가 아니었다. 그는 조용했다. 잠시 동안은 그가 있는 줄조차 아무도 몰랐다. 보통 때 같았으면 벌써 많은 사람들에게서 욕을 얻어먹고 몇 사람들에게는 심각한 책망까지 받았을 무렵까지도, 브라운은 전혀 눈에 띄지 않았다. 그는 고동이 울리는 바로 그 시각에 나타나 곧장 톱밥 더미로 다가가서, 아무한테도 말을 건네지 않고 또 누가 말을 걸어도 대답조차 하지 않으면서 일을 하고 있었던 것이다. 그러자 그들은 브라운이 혼자 있고, 그의 단짝 크리스마스가 없는 것을 알게 되었다. 감독이 들어오자 어떤 사람이 말했다. "견습 화부(火夫)를 한 사람 잃은 것 같군요."

 무니는 브라운이 톱밥더미에 삽을 집어넣는 모습을 바라보았다. 계란더미 속으로 삽을 집어넣는 듯한 동작이었다. 그는 침을 탁 뱉었다. "그렇군. 그 녀석은 너무 빨리 부자가 됐어. 이 쩨쩨한 일로는 만족할 수가 없었을 거야."

"부자가 돼요?" 또 다른 사람이 말했다.

"둘 중에 어느 한쪽이 벌었지." 무니는 브라운을 계속 지켜보면서 말했다. "어제 저 녀석들이 새 차를 타고 다니는 것을 봤어. 바로 저 녀석이—무니는 머리를 브라운에게로 휙 돌렸다—차 운전을 하고 있더군. 그건 뭐 놀라운 일이 아니었어. 그렇지만 저 녀석들 중 하나가 오늘 일하러 온 것을 보고는 깜짝 놀랐단 말이야."

"뭐, 요즘 같으면 심즈도 빈자리 메울 사람을 구하느라 고생하지는 않겠지요." 한 사람이 말했다.

"언제든지 그런 걱정은 없어." 무니가 말했다.

"그 녀석은 일을 제법 잘하던데."

"오!" 무니가 말했다. "그래, 크리스마스 말이로군."

"당신은 누구 얘기를 한 거요? 브라운이 자기도 그만둔다는 말이라도 했단 말입니까?"

"한 녀석은 새 자동차로 온종일 거리를 쏘다니는데, 저 녀석만 저 구석에서 일을 계속할 거라고 자네는 생각하나?"

"하긴 그렇군요." 그 사람도 브라운 쪽을 바라보았다. "그런데 어디서 차를 구했을까요?"

"그런 건 문제가 아닐세." 무니가 말했다. "나는 오히려 브라운 녀석이 점심때에 그만두려는지, 그렇지 않으면 여섯 시까지 일을 하겠는지가 더 궁금한걸세."

"뭐 나도" 바이런이 입을 열었다. "여기서 일해서 새 자동차를 살 만큼 부자가 됐다면 그만두고 말겠네."

한두 사람이 바이런을 쳐다보았다. 그들은 빙긋이 웃었다. "그 녀석들은 여기서 돈을 벌지는 않았어." 한 사람이 말했다. 바이런은 그에게로 시선을 옮겼다. "바이런은 너무 모범청년이라 다른 사람들이 뭔 짓을 해도 모른다니까." 또 다른 사람이 말했다. 그들은 바이런을 바라보았다. "브라운은 말하자면 공중 봉사원이라고 할 만한 녀석이지. 전에는 말야, 누가 필요하다고 하면 크리스마스는 한밤에 사람들을 버든 양 집 뒷숲으로 데려갔거든. 그렇지만 이제는 브라운이 그들을 위해서 밀주를 가지고 시내까지 온단 말이야. 들으니 암호만 알고 있으면, 토요일 밤이면 어느 뒷골목에서나 그가 셔츠 속에 숨겨 가지고 나온 1파인트짜리 위스키를 살 수 있는 모양이야."

"그 암호가 뭐지?" 또 다른 사람이 물었다. "여섯 닢인가?"(12센트 반짜리 주화 여섯 개. 금액은 75센트)

바이런은 이 사람 저 사람 얼굴을 둘러보았다. "그게 사실인가? 저 녀석들은 그런 짓을 하고 있나?"

"그게 바로 브라운 녀석이 하는 짓이야. 난 크리스마스는 어떤지 잘 모르겠네. 확실히 말할 수가 없으니까. 그렇지만 크리스마스가 있는 곳에는 브라운이 언제나 가까이 있거든. 왜, 유유상종이란 말도 있지 않나."

"그래 맞아." 다른 사람이 말했다. "크리스마스가 거기에 관련이 있는지 없는지는 알 도리가 없어. 브라운처럼 꼬리를 길게 늘어뜨리고 거리에 나다니지 않으니까 말이야."

"크리스마스는 그럴 일이 없거든." 무니가 말하면서 브라운을 바라보았다.

역시 무니 말이 옳았다. 그들은 점심때가 되기까지 톱밥더미 옆에 홀로 있는 브라운을 지켜보았다. 이윽고 고동 소리가 나고 그들은 펌프실에 쪼그리고 앉아 점심을 먹었다. 브라운도 들어왔다. 그는 시무룩하여 얼굴에는 어린애처럼 성난 표정과 우울한 표정을 동시에 띠고 그들 사이에 쪼그리고 앉았다. 그리고 두 손을 무릎 사이에 축 늘어뜨렸다. 그는 도시락을 가져오지 않았다.

"점심은 먹지 않으려나?" 한 사람이 물었다.

"더러운 기름 깡통에 담은 차디찬 쓰레기 말인가?" 브라운이 말했다. "날이 새면 바로 일하러 나와서 온종일, 제기랄 검둥이처럼 죽도록 일만 하다가, 낮에 한 시간 쉬면서 양철통에서 맛없는 찌꺼기나 건져 먹는단 말이지."

"그야 사람에 따라서는 그 고장에서 검둥이처럼 일하는 녀석도 아예 없진 않겠지." 무니가 말했다. "하지만 검둥이라면 이런 일이라도 낮 고동이 울릴 때까지 하지는 못할걸. 여느 백인과는 달라서."

그러나 브라운은 듣고 있는 것 같지 않았다. 그는 시무룩한 얼굴을 한 채 두 손을 축 늘어뜨리고 쪼그려 앉아서, 남의 이야기는 듣지도 않고 자기 자신의 말에만 귀를 기울이는 것 같았다. "바보 같으니, 이런 일을 하는 사람은 바보야."

"자네 저 삽에 쇠사슬로 묶여 있는 건 아닐 테지." 무니가 말했다.

"물론이죠." 브라운이 대답했다.

그러자 고동이 또 울었다. 모두 제자리로 돌아갔다. 그들은 브라운이 톱밥더미 옆에 있는 것을 지켜보았다. 잠깐 그는 톱밥더미를 파다가 점점 손이 느려지더니 마침내 삽을 무슨 말채찍이나 되는 것처럼 움켜잡고는 혼자 중얼거렸다. "얘기할 사람이 없으니까 저러지." 한 사람이 말했다.

"그런 게 아니야." 무니가 말했다. "녀석은 아직도 확실히 깨닫지 못했어. 아직 제대로 이해하지 못했단 말이야."

"뭘 이해해요?"

"자기가 엄청난 바보라는 거. 저 녀석은 내가 생각한 것보다 훨씬 더 엄청난 바보거든." 무니가 대답했다.

이튿날 아침 브라운은 나타나지 않았다. "지금부터 그의 주소는 거리의 이발관이네." 한 사람이 말했다.

"아니면 바로 그 뒤에 난 골목이든지." 다른 사람이 말했다.

"아니, 그 녀석은 한 번 더 올 거야." 무니가 말했다. "어제 일한 품삯을 받으러 꼭 올 거야."

과연 그대로였다. 11시쯤에 브라운이 나타났다. 그는 새 옷을 입고 밀짚모자를 쓰고 제판 작업장 앞에 선 채로 안에서 일하는 사람들을 바라보고 있었다. 그 모습은 3년 전에 크리스마스가 서 있던 모습 그대로였다. 그것은 마치 이제는 여기에 없는 선생의 망령이 지니고 있던 태도 바로 그 자체가, 자기도 모르는 사이에 무엇이든지 잘 이해하고 받아들이는 이 제자의 순순한 근육에 서려 있는 듯했다. 그러나 브라운은 뱀처럼 음울하고 고요하고 처절했던 크리스마스에 비하면 어딘지 부족해서, 그저 허세만 부리는 것에 지나지 않았다. "그만들 둬. 썩어 빠지게 일만 하는 밥통들." 브라운은 이빨을 드러내 보이면서 유쾌하게 큰 소리로 말했다.

무니는 브라운을 노려보았다. 그러자 브라운은 입을 다물었다. "내게 하는 말은 아니겠지?" 무니가 추궁했다. "그렇지 않은가?"

브라운의 움직임 풍부한 얼굴은 그들도 잘 알고 있는 재빠른 변화를 보여 주었다. 그 얼굴은 그렇게 가볍게 흩어지듯이 만들어졌는지라 아주 쉽사리 표정을 바꿀 수가 있나 보다 하고 바이런은 생각했다. "감독님에게 한 말은 아니었습니다." 브라운이 말했다.

"오, 그런가!" 무니의 어조는 아주 유쾌하여 까다로운 맛이 없었다. "그렇다면 다른 사람들을 밥통이라고 그런 게로군."

바로 두 번째 사나이가 소리쳤다. "그럼 나에게 한 말이었나?"

"그저 나 자신에게 한 말일 뿐이야." 브라운이 말했다.

"그래, 자네는 난생 처음으로 하느님의 진리를 말했네." 무니가 말했다. "아니, 하느님 진리의 절반 말이야. 자, 나머지 절반은 나와 함께 저기 올라가서 귓속말로 들려줘도 괜찮네."

공장에서 그를 본 것은 이것이 마지막이었다. 그래도 거리에서 그 새 자동차를—이미 펜더(자동차의 흙받기) 몇 군데가 쭈그러지긴 했지만—딱히 목적지도 없으면서 하릴없이 같은 속도로 몰며, 그 안에서는 브라운이 핸들을 잡고 자기는 참으로 남이 부러워하는 나태한 탕자 신분이라는 듯한 태도를 보이려고 공허하게 애쓰고 있던 일을 바이런은 지금도 기억하고 있다. 때로는 크리스마스가 그와 동행하는 일도 있었지만 그다지 흔한 일은 아니었다. 이제는 그들이 무엇을 하고 있는지는 비밀이 아니었다. 젊은 사람들, 심지어는 소년들 사이에서도 브라운에게서 위스키를 살 수 있다고 공공연하게 소문이 나서, 시민들은 그가 체포되기만 기다리고 있었다. 즉 그가 비옷 밑에서 위스키를 꺼내 변장한 경관에게 넘겨주는 그날만을 기다렸던 것이다. 그곳 사람들은 크리스마스가 거기에 관련이 있는지 없는지 확실히 알지 못했다. 다만 브라운은 어리석으니까 그 혼자서는 밀주 판매업이라 해도 거기서 이득을 볼 수는 없을 것이라고 생각할 뿐이었다. 그리고 또 어떤 사람들은 크리스마스와 브라운이 버든네 저택 오두막에서 살고 있다는 것도 알고 있다. 그러나 이런 사람들도 버든 양이 그 사실을 아는지 모르는지는 알지 못한다. 혹 그녀가 모른다는 사실을 알았더라도 그들은 버든에게 그것을 알리지는 않았을 것이다. 그녀는 그 큰 저택에서 혼자 살고 있는 중년 여인이었다. 그녀는 태어난 뒤부터 줄곧 그 집에서 살아왔지만, 그 조상은 재편시대(남북전쟁 뒤에 남부 여러 주를 합중국으로 통합하던 기간)에 북부에서 옮겨 온 낯선 다른 고장 사람이라고 할 수밖에 없다. 검둥이를 좋아하는 양키(북부인)로서 그녀에 관해서 그 거리에서는, 그곳 흑인이나 다른 고장 흑인과 그녀가 기묘한 관계를 가지고 있다는 풍문이 있다. 그녀의 할아버지와 오빠가 주 선거 때에 흑인 투표권 문제로, 전에 노예를 거느리고 있던 자에게 광장에서 살해당한 지도 이미 60년이 흘렀다. 그런데도 아직 그녀와 그 저택에는 이상한 분위기가 떠돌고 있다—버든은 그저 한 여성에 지나지 않고, 이 고장 사람들의 조상들이 증오하고 두려워할 만한 이유를 가진(또는 가졌다고 여겨지는) 선조의 후손에 지나지 않는데도, 그 집에는 컴컴하고 기괴하고 위협적인 무엇이 떠돌고 있다고 생각된다. 그렇다, 양쪽 후손이 서로서로 망령들을 사이에 두고 대립하여, 거기에는 옛날에 흘린 피와 공포와 분노와 잔학이 언제나 서려 있는 것이다.

  사랑이 혹 한 번 있었다 해도 바이런 번취는 그녀를 잊어버리고 말았을 거라고 누구나 말했을 것이다. 아니, 오히려 그녀가(사랑을 의미하는 말이지만) 그를 잊었다고 하는 편이 더 좋을지 모르겠다. 이 왜소한 남자는 이미 서른 고개를 넘었고 7년간이나 일주일에 엿새씩 제판공장에서 기계에다 널판을 먹이는 일을 해 왔다. 토요일 오후에도 그는 혼자 공장에서 지냈다. 그때 다른 직공들은 모두 넥타이를 매고 외출복으로 갈아입고 시내로 나가, 노동하는 사람들 특유의 그 무시무시하고 목적도 없는, 안정이 되지 않은 무위(無爲) 속에서 지내는 것이었다.
  이런 토요일 오후에는 그는 완성된 널조각을 화차에 싣는 일을 한다. 평삭기는 그 혼자서는 다룰 수가 없기 때문이다. 이때에도 그는 머릿속으로 고동이 울릴 시간 마지막 순간까지 계산해서 일한다. 다른 일꾼들이나 그 거리에 사는 사람, 그중에서도 그를 기억하고 떠올리는 사람들은 그가 이렇게 일하는 것은 특근수당 때문이라고 믿고 있다. 아마 그럴는지도 모른다. 사람은 자기 동료에 대해서 아는 것이 너무나 없다. 사람들은 이렇게 믿는 법이다. 남자든 여자든 다른 사람이 어떤 행동을 하는 것은, 혹시 나 또한 마음이 끌려 그 일을 하고 싶어졌을 때 내 마음을 움직인 것과 똑같은 동기 때문일 거라고. 실상 이 거리에는 번취에 대해서 어느 정도 확실히 알고 있는 사람은 단 한 사람밖에 없다. 그런데 이 사람과 번취는 밤중에만 만났으므로 그와 번취가 무슨 교분을 갖고 있다고 아는 사람은 한 사람도 없다. 이 사람의 이름은 하이타워이다. 25년 전에 그는 중요한 교회라고 할 만한, 아니 가장 중요하다고 할 수 있는 교회를 맡아보던 목사였다. 토요일 저녁 그 상상 속의 고동 소리가 울린 다음에(또는 번취의 큰 은시계가 고동은 벌써 울렸다고 알려 주었을 때에) 번취가 늘 어디에 가곤 했는지 이 사람만이 알고 있다. 번취의 하숙집 주인인 비어드 부인이 알고 있는 것은 다음과 같은 사실뿐이다. 즉 토요일마다 6시가 조금 지나면 번취는 집에 들어와 목욕을 하고, 이제는 좀 낡은 싸구려 서지 양복으로 갈아입고는 저녁을 먹고, 집 뒤에 자기가 손수 짓고 지붕까지 없은 마구간에서 기르는 나귀에 안장을 올려놓은 다음, 그걸 타고 어디론지 나간다는 것이다. 그녀는 그가 어디를 가는지 모른다. 번취는 나귀를 타고 30마일이나 떨어진 시골로 가서 예배를 온종일 보는 시골 교회의 성가대를 지휘하며 일요일을 지내는데, 이것을 아는 사람은 하이타워 목사뿐이다. 그리고 나서 자정쯤 되어서야 번취는 다시금 안장을 올려놓고, 다리는 느려도 지칠 줄 모르는 나귀에 타고서 밤새도록 흔들리며 제퍼슨으로 돌아온다. 그리고 월요일 아침에는 고동이 울리기 전에 깨끗한 작업복과 셔츠를 입고 공장에 출근한다. 비어드 부인은 매주 토요일 저녁부터 월요일 아침까지는 그의 방과 그가 손수 만든 나귀 우리가 비어 있다는 것을 알 뿐이다. 그가 어디 가서 무엇을 하는지를 아는 사람은 하이타워뿐이다. 바이런은 일주일에 이틀이나 사흘 밤은 이 전직 목사가 홀로 살고 있는 작은 집을 방문하기 때문이다. 그 집은 그곳 사람들이 치욕의 집이라 일컫는 곳으로, 칠도 하지 않고 작고 보잘것없으며 채광이 좋지 않아 어둠침침하고, 홀아비 냄새가 쾨쾨하게 나는 집이다. 여기서 그들 두 사람은 목사의 서재에 앉아 조용히 이야기를 주고받는다—동료 직공들 사이에서는 자신이 수수께끼 같은 사나이라고 지목되고 있는 줄도 모르는 말라빠진 특징 없는 사나이와, 자기 교회에서 거절을 당하고 사회에서 추방된 50세 남자가 서로 만나 이야기하는 것이다.

  그러다가 바이런은 사랑에 빠졌다. 그의 연애는, 사랑하는 대상에게 육체적 순결을 요구하는 그가 자란 마을의 엄하고도 귀찮은 전통에 완전히 반대되는 것이었다. 그 사건은 그가 토요일 오후 공장에 혼자 있을 때 일어난다. 2마일 저쪽에서는 집이 아직 타고 있어서 누런 연기가 지평선에 무슨 기념탑처럼 똑바로 서 있다. 그들은 그 화재를 정오가 되기 전에 보았다. 즉 고동이 울리기 전이어서 다른 일꾼들이 아직 돌아가기 전에 나무 숲 위로 연기가 처음 올라갔던 것이다. "오늘은 바이런도 일을 쉬겠지." 그들은 말했다. "불구경을 공짜로 할 테니 말이야."

  "큰불인데." 또 다른 사람이 말했다. "무슨 불일까? 저쪽에서 저렇듯이 굉장한 연기를 낼 만큼 큰 집은 버든네 집밖에는 생각나는 것이 없군."

"아마 그 집일는지도 몰라." 어떤 사람이 말했다. "우리 아버지가 말하는데, 50년 전에는 모두들 저 집은 저기 사는 사람의 비계 기름으로 불을 붙여서 싹 태워 버려야 한다고 막 야단이었다는군."

"아마 자네 아버지가 살짝 가서 불을 질렀는지도 모르지." 세 번째 사나이가 말했다. 모두들 웃었다. 그러고 나서 그들은 일자리로 돌아가 고동 소리만 기다리면서 이따금 일손을 멈추고 연기를 바라보기도 했다. 잠시 뒤에 통나무를 실은 트럭이 도착했다. 거리를 지나온 운전사에게 그들은 질문을 퍼부었다.

"버든." 운전사는 말했다. "그래, 그런 이름이었어. 누가 그러는데 서장도 거기 갔다는군."

"와트 케네디도 휘장을 달고 가야 하긴 하지만, 불구경은 좋아하는 모양이야." 한 사람이 말했다.

"광장의 분위기로 보자면." 운전사가 말했다. "그가 누굴 체포할진 몰라도, 범인을 찾아내는 데 그다지 힘을 들이지 않아도 될 모양이야."

정오의 고동이 울렸다. 나머지 사람들은 다 돌아갔다. 바이런은 은시계 뚜껑을 열어서 옆에 놓고 점심을 먹었다. 시계가 1시를 가리키자 다시 일을 시작했다. 바이런은 짐 싣는 창고에 혼자 있으면서 어깨에는 포개 접은 마대를 받치고 그 위에 그의 체격으로는 들어 나를 수가 없어 보이는 널판자들을 잔뜩 올려놓고 창고와 화차 사이를 끊임없이 착실히 왕복하고 있었다. 바로 그때 리나 그로브가 그의 뒤에 있는 문으로 걸어 들어왔다. 그녀의 얼굴은 이미 밝은 기대의 웃음을 띠고 있고, 그녀의 입은 이미 무슨 이름을 부를 태세였다. 바이런은 리나 그로브의 기척을 듣고 몸을 돌려 그녀의 얼굴을 본다. 그 얼굴에서는 샘물에 떨어진 조약돌의 파문이 점점 희미해지듯이 기쁜 빛이 사라지고 있다.

"당신은 그 사람이 아니군요." 리나 그로브는 시들어 가는 웃음 뒤에서 어린애처럼 심각한 놀라움을 나타내면서 말을 한다.

"아, 아닙니다." 바이런이 말한다. 그는 잠깐 멈춰 서서, 어깨 짐의 균형을 잘 잡으며 반쯤 돌아선다. "사람을 잘못 보셨나 본데요. 도대체 누구를 찾으시죠?"

"루카스 버취요. 사람들 말로는—"

"루카스 버취라구요?"

"사람들 말로는 여기 오면 찾을 수 있다던데요." 리나 그로브는 침착한 의심이라고나 할 그런 태도로, 마치 그가 자기를 속이려 들지도 모른다는 듯이 눈 하나 깜짝 안 하고 그를 뚫어지게 바라보며 말을 잇는다. "여기에 가까이 올수록 사람들은 버취라는 이름이 아니라 번취라고 자꾸 그러더군요. 그렇지만 저는 그들이 잘못 부르고 있다고 생각했죠. 혹 그렇지 않으면 제가 잘못 들었든가."

"예, 그렇습니다." 바이런은 말한다. "바로 그렇습니다. 번취가 맞습니다. 바이런 번취랍니다." 어깨로는 널쪽의 균형을 잡으면서 바이런은 리나 그로브를 바라본다. 그 불룩한 배, 굵어진 허리, 발에 신은 남자 구두에 덮인 붉은 먼지를 본다. "당신은 버취 부인이십니까?"

리나 그로브는 곧 대답하지는 않는다. 문 바로 안쪽에 서서 그를 지켜보지만, 그 시선은 열의가 있으면서도 두려움이 없고, 평온하고 고요하나 좀 어리둥절하고 의심스러운 듯한 기색을 띠고 있다. 리나 그로브의 눈동자는 아주 푸르다. 그러나 그 속에는 바이런이 자기를 속이려 한다고 의심하는 그림자가 깃들어 있다. "여기서 멀리 떨어진 곳에서 루카스가 제퍼슨의 제판공장에 있다는 말을 들었어요. 다들 그렇게 말했죠. 그래서 제퍼슨까지 와서 제판공장이 어디 있는지 길을 알아본 다음, 거리에서 루카스 버취에 관해 물었더니 사람들은 이렇게 말하더군요. '번취 말이겠지요' 라고요. 그래서 저는 그들이 그저 이름을 좀 틀리게 발음하는 것뿐이니 괜찮겠지 생각했어요. 그 사람은 가무잡잡한 얼굴빛이 아니라고들 했지만 그런 것도 대단하게 여기지 않았어요. 설마 당신도 여기서 일하는 루카스 버취를 모른다고 하시지는 않겠죠."

바이런은 널쪽들을 금방 다시 들어 올릴 수 있도록 잘 정돈해서 내려놓는다. "아니요, 나는 모릅니다. 루카스 버취란 사람은 여기 없습니다. 저는 여기서 일하고 있는 사람은 다 알고 있습니다. 그 사람은 혹시 이곳의 어느 다른 일터에서 일하고 있을는지도 모르죠."

"다른 제판공장도 있나요?"

"없어요. 그래도 그냥 제재소는 있죠. 꽤 많이 있답니다."

리나 그로브는 바이런을 뚫어지게 바라본다. "올 때 들은 얘기로는 루카스 버취가 제판공장에서 일하고 있다고 들었는데요."

"여기에서 그런 이름은 전혀 들어보지 못했습니다." 바이런이 말한다. "버취라고 하니 내 이름 말고는 생각이 안 나는데요. 내 이름은 번취이지요."

리나 그로브는 계속해서 바이런을 바라본다. 그 표정은 앞날에 대한 우려보다도 현재의 의혹에 더욱 사로잡힌 것 같다. 그러고 나서 그녀는 호흡을 한다. 탄식은 아니다. 리나 그로브는 깊숙이 고요히 한 번 호흡할 뿐이다. "그렇군요." 리나 그로브는 입을 연다. 반쯤 몸을 돌리고 주위에 널려 있는 깎인 널판, 포개져 있는 통짜 판을 힐끔 본다. "좀 쉬어 갈까 하는데요. 그 딱딱한 길을 걸어 여기까지 왔더니 아주 지쳤어요. 거리에서 여기까지 걸어온 것이 앨라배마에서 내내 온 것보다 더 고단한 것 같아요." 리나 그로브는 낮게 포개 놓은 두꺼운 널판 있는 곳으로 몸을 옮긴다.

"잠깐만." 바이런이 말한다. 그는 어깨에서 마대를 치우면서 뛰듯이 앞으로 나선다. 여자는 앉으려다 말고 엉거주춤해 있고, 바이런은 널판 위에 마대를 펴 놓는다. "좀더 편할 겁니다."

"참 고맙습니다." 리나 그로브는 앉는다.

"그렇게 하고 앉는 것이 좀더 편할 겁니다." 바이런이 말한다. 그는 호주머니에서 은시계를 꺼내 시간을 본다. 그러고는 재목더미 한끝에 자기도 가 앉는다. "5분쯤은 되겠군."

"5분 쉬시나요?" 리나 그로브는 말한다.

"당신이 들어온 때부터 5분 지났단 말입니다. 그때부터 이미 쉬기 시작한 셈이지요. 토요일 오후에는 시간을 계산해서 일한답니다."

"잠깐 쉴 때마다 그걸 다 계산해 두시나요? 누가 뭐 감시라도 합니까? 몇 분 쉰들 별 상관 없잖아요?"

"앉아 쉬라고 돈을 주진 않겠지요." 바이런은 말한다. "저, 앨라배마에서 오셨다구요?"

리나 그로브는 마대 방석 위에 앉아 무거운 몸을 가누며 고요하고 온화한 표정으로 상대의 은근한 시선을 느끼며 새삼 자기 이야기를 그에게 들려준다—마치 태연하고 성급하지 않은 계절의 변화와도 같은 가락으로, 4주일 동안 여행하는 도중에 수많은 낯선 사람들에게 자기 이야기를 해 준 것처럼, 자기가 말하고 있다고 느끼는 것보다 더 많은 말을 들려주고 있었다. 그리고

8월의 빛 389

바이런은 배반을 당하고 버림받은 젊은 여자, 그러면서도 버림받은 줄도 모르고 있는, 아직 정식으로 버취라고 자기 이름을 댈 수도 없는 젊은 여자의 영상을 마음속에 그려 본다.

"아니요, 나는 그런 사람 알지 못하는데요." 바이런은 마침내 입을 연다. "하여간 오늘 오후에는 여기에 나밖에 없습니다. 나머지 사람들은 아마 저 불구경을 하러 나갔을 겁니다." 그는 나무숲 위로 바람도 없이 높이 솟아오르는 누런 연기 기둥을 가리킨다.

"여기 도착하기 전에 마차에서도 저것을 봤어요." 리나 그로브가 말한다. "참 큰 불이군요."

"참 큰 집이지요. 굉장히 오래전부터 서 있던 집이랍니다. 훌륭한 부인 혼자서 살고 있던 집이지요. 거리에는 아직까지도 저 불이 그 여자에 대한 천벌이라고 생각하는 사람들도 있는 모양이에요. 그 여자는 양키거든요. 그 조상들은 재편시대에 흑인들을 선동하려고 북부에서 이곳으로 왔다는 것이고, 그래서 그 집안사람 둘이 죽었어요. 그 여자는 아직도 흑인들과 관계가 있다고 하는군요. 앓을 때에는 문병을 가도 꼭 백인처럼 대해 준다지요. 흑인 식모를 고용할 수 없다면서 식모도 없이 살아요. 그 여자는 검둥이도 백인과 똑같다고 주장한다고들 하는군요. 그래서 아무도 그 여자에게는 가 보지도 않죠. 한 사람만은 예외지만." 리나 그로브는 이야기를 들으면서 바이런을 바라보고 있다. 바이런은 지금 조금 옆을 바라볼 뿐, 리나 그로브를 보지 않고 있다.

"아니, 소문에 따르면 둘일지도 모르죠. 그들이 시간 맞춰 거기에 가서 그 여자네 가구를 좀 꺼내 주었으면 좋을 텐데. 아마 그들은 그랬을 거야."

"누구 말씀이세요?"

"저쪽 어디선가 살고 있는 조라는 사람들 말이오. 조 크리스마스와 조 브라운이죠."

"조 크리스마스라고요? 이상한 이름이네요."

"이상한 녀석이기도 하죠." 다시금 바이런은 흥미를 느끼는 듯 보이는 리나 그로브의 얼굴로부터 시선을 돌린다. "그의 단짝도 또한 물건이에요. 브라운 말입니다. 그 사람도 여기서 일하고 있었지요. 그렇지만 그 두 사람은 다 일을 그만두고 말았어요. 그래 봤자 아무도 손해볼 사람은 없겠지만."

여자는 흥미를 느끼는 듯한 얼굴로 조용히 마대 방석 위에 앉아 있다. 이 두 사람은 일요일 오후에 외출복을 입고 시골 별장 앞 푸른 잔디밭에 놓인, 바닥이 얇은 판자로 된 의자 위에 앉아 있었다 해도 괜찮았을 모습이다. "그의 단짝이라는 사람도 조라는 이름인가요?"

"맞습니다. 조 브라운이라 하죠. 아마 그의 진짜 이름일는지도 모르죠. 조 브라운이라는 이름을 들으면 누구든지 언제나 떠들썩하며 웃는 입이 큰 녀석(희극배우인 입이 큰 브라운과 본작 품 중의 브라운을 동시에 지칭함)을 떠올리게 되니까요. 그래서 조 브라운이라는 이름은 좀 지나치게 가볍고 평범한 이름이긴 하지만, 그의 진짜 이름인 것 같단 말입니다. 예, 아무래도 가짜 같진 않아요. 왜냐하면 지껄이는 것으로 돈을 받았더라면 지금쯤 그는 이 공장 주인이 됐을지도 모르니까요. 그래도 사람들은 그를 좋아하는 모양이에요. 적어도 크리스마스와는 사이좋게 지내고 있거든요."

그녀는 그를 바라보고 있다. 그녀의 얼굴은 여전히 침착하다. 그러나 지금은 꽤 심각하고, 눈초리도 엄숙하고 열의에 차 있다. "그들은 무엇을 하고 있죠?"

"별로 나쁜 짓을 하고 있지는 않을 거예요. 적어도 그들은 아직 체포된 적이 없으니. 브라운은 여기서 얼마 동안 일하고 있었죠. 일을 했다 해도 다른 사람들에게 농담이나 하고 시시덕거리던 시간은 빼야 하겠지만요. 그런데 크리스마스가 그만둬 버린 거예요. 그들은 저 건너편에서 함께 살고 있습니다. 불붙은 집 근처 어디선가 말이에요. 그들이 무슨 일을 해서 생활해 나가는지를 소문으로 들었지요. 그렇지만 그건 내가 상관할 일은 아니지요. 또한 떠돌아다니는 풍문이란, 처음부터 사실이 아닐 때가 많아요. 나도 뭐 다른 사람들보다 더 잘 알 것도 없어요."

그녀는 그를 똑바로 바라보고 있다. 눈 하나 깜짝하지도 않는다. "그런데 그 이름은 브라운이라 한다고요." 그 말은 질문이었는지도 모르지만 그녀는 대답을 기다리지 않는다. "그들이 무슨 일을 하고 있다고 소문이 났나요?"

"남을 중상하고 싶지는 않습니다." 바이런이 말했다. "내가 경솔하게 말을 너무 많이 한 것 같군요. 아무래도 인간은 일손을 쉬게 되면 곧 나쁜 짓을 할 수밖에 없는가 봐요."

"어떤 소문이었어요?" 리나 그로브는 끈기 있게 추궁한다. 손 하나 까딱

8월의 빛 391

하지 않고 어조는 조용하다. 그러나 바이런은 자기도 모르는 사이에 사랑에 빠지고 만다. 그는 그녀의 엄숙하고도 열의 있는 눈초리를 자기 얼굴에, 또한 입술에 느끼면서도 그녀를 바라보지 않는다.

"사람들 얘기로는 그들이 위스키를 판다는군요. 저 불 붙은 집 근처에 숨겨 놓고 말이에요. 그리고 브라운에 대해서는 이런 소문도 있어요— 어느 토요일 밤 그는 시내에서 곤드레만드레 취해서는 입 밖에 내서는 안 될 이야기를 털어놓았다는군요. 크리스마스와 함께 어느 날 밤 멤피스였나 그 근처 도로에서 한 자루 권총을 쏘고 어쩌고 한 모양인데, 어쩌면 권총을 두 자루 갖고 있었는지도 모르죠. 하여간 크리스마스가 달려 들어와서 브라운의 입을 막아 버렸다니까요. 크리스마스는 자기네 일이 탄로가 나기를 원치 않았던 것이고, 브라운도 술만 깨면 말하지 않을 그럴 일이었던 모양이에요. 하지만 난 소문으로 들었을 뿐입니다. 난 그 자리에 있지 않았거든요." 그는 고개를 쳐들지만, 다음 순간 그녀의 시선과 마주치기 전에 다시금 고개를 수그린다. 그는 이미 무슨 돌이킬 수 없는 사건을 저지르고 있다는 예감에 사로잡힌 듯하다. 토요일 오후에 혼자 공장에 있는 것이니 남에게 해를 끼치고 중상을 할 기회는 절대 없으리라고 믿고 있던 그가, 심상치 않은 일을 저지르고 있다는 예감을 느끼는 모양이다.

"그는 어떻게 생겼어요?" 리나 그로브가 묻는다.

"크리스마스요? 저—"

"아니, 크리스마스 말고요."

"오, 브라운이요? 예, 키가 크고 젊지요. 얼굴이 좀 가무잡잡하구요. 여자들은 그를 미남이라고 합디다. 꽤 여러 번 들었는데요. 잘 웃고 잘 놀고 농담을 참 잘하지요. 그렇지만 난……" 바이런의 목소리가 끊어진다. 그는 그녀의 침착하고 날카로운 시선을 얼굴에 느껴 그녀를 쳐다볼 수가 없다.

"조 브라운 말이에요." 그녀가 말한다. "혹시 입언저리 바로 이곳에 자그마한 흰 흉터가 있었나요?"

그는 그녀를 볼 수가 없다. 그는 이미 돌이킬 수 없는 데까지 끌려나왔음을 깨닫고, 포개 놓은 널판 위에 그대로 주저앉은 채 혀를 두 쪽으로 깨물어 버리고 싶은 충동을 느낀다.

3

그의 서재 창문에서는 길거리를 내다볼 수 있다. 잔디밭 뜰이 작다 보니 길거리까지는 별로 멀지 않다. 그것은 키가 낮은 단풍나무 대여섯 그루가 자라 있는 작은 잔디밭이다. 페인트칠도 안 한, 눈에 띄지 않는 갈색 방갈로식 주택도 무척 작다. 그것도 그가 길거리를 내다볼 수 있는 서재의 창문 말고는 무성한 백일홍과 산매화와 접시꽃으로 온통 뒤덮여 있다. 너무 가려져 있어서 거리 모퉁이 가로등 불빛도 거기까지 미치지 못한다.

그의 창문에서는 자칭 자기 기념비라고 일컫는 간판도 볼 수가 있다. 그것은 앞뜰 한구석에 거리를 바라보며 나지막하게 서 있다. 길이가 3피트에 높이가 1피트 6인치 되는 잘 정돈된 직사각형은, 지나다니는 사람을 바라보고 그에게는 등을 보이고 있다. 그러나 그는 그것을 읽을 필요가 없다. 그것은 자기가 망치와 톱으로 솜씨 좋게 만든 것이고, 간판에 써넣은 문구도 그가 긴 시간을 들여 솜씨 좋게 페인트로 그린 것이기 때문이다. 그는 음식과 연료와 옷을 마련하기 위해서 돈을 벌어야 하겠다고 깨달았을 때에, 그 간판을 만들었다. 신학교를 졸업했을 무렵에는 아버지에게서 물려받은 수입이 적으나마 있었지만, 교회를 맡자마자 그는 한 해 네 번씩 받는 수표를 그때그때 멤피스에 있는 불량소녀 감화원에 보내 주었다. 그 뒤 그는 자기 교회를 잃고 성직 자체마저 잃어버리게 되자, 감화원에 지금부터는 예전 액수의 절반밖에 보내 주지 못하겠다는 편지를 썼다. 그는 말하기를, 그런 편지를 쓴다는 것은 자기 생애에서 가장 뼈아픈 일—성직을 잃어버리고 굴욕을 당한 것보다도 더욱 뼈아픈 일이었다고 했다.

그래서 그는 한 해 수입의 절반을 계속해서 보냈지만, 실상 그 수입은 전액을 다 쓴다 해도 그의 생활비를 겨우 댈까 말까 한 정도였다. 그때 그는 중얼거렸다. "다행히도 내게는 아직 할 수 있는 일이 남아 있어." 그리하여 그는 그 간판을 손수 멋지게 만들고 글귀도 적었는데, 아주 교묘하게 유리 파편을 페인트 속에 섞어 넣었기 때문에, 밤에 가로등이 비치면 그 글자들은 크리스마스 때와도 같은 효과를 내며 반짝반짝 빛났다.

신학박사 게일 하이타워 목사
미술 개인 교수

크리스마스카드·기념카드 제작
사진 현상

　그러나 그것은 여러 해 전의 일이었다. 그동안 그림을 배우겠다는 학생은 없었고, 크리스마스카드와 사진 현상 주문도 딱할 만큼 드물었다. 비바람에 색이 바랜 간판 글자는 페인트와 유리 조각이 다 벗겨지고 말았다. 그래도 그 간판은 아직 읽을 수는 있었다. 하기야 하이타워 자신과 마찬가지로 그걸 읽을 필요가 있는 사람은 그 거리에는 거의 없기도 했다. 때때로 백인 어린애를 보는 흑인 하녀가 근처를 지나가다가, 게으르고 무식한 사람들이 흔히 그렇듯이 속이 빈 바보와도 같은 태도로 글자 한 자 한 자를 커다랗게 읽는 일도 있었고, 또 어떤 때는 시내와 동떨어지고 길은 울퉁불퉁하며 인적도 드문 이 한적한 거리에 잘못 들어온 나그네가, 걸음을 멈추고 간판을 읽어 보고는 수풀로 거의 다 가려진 작은 갈색 집을 힐끔 보고서 그냥 지나가기도 했다. 때로는 그 나그네가 거리에 사는 친지에게 그 간판을 본 이야기를 하는 수도 있다. "아, 그거." 그 친구는 말한다. "하이타워지. 거기 혼자 살고 있어. 처음엔 여기 장로교회 목사로 왔지만, 그 집 여편네가 그에게 지독한 짓을 했어. 이따금 멤피스로 빠져나가서 남편 몰래 재미를 봤단 말일세. 벌써 25년 전 얘기야. 그가 여기 온 직후의 일이었으니까. 여편네가 뭘 하고 다니는지 목사도 알고 있었다고 주장하는 사람들도 있지. 그는 자기 여편네에게 만족을 줄 의향이나 능력이 없어서, 여자의 행실을 알면서도 그냥 두었다는군. 그러다 어느 토요일 밤에 그 여자는 멤피스의 아무개 집에서 살해당했지. 신문에서는 야단법석이었고, 그는 교회에서 물러날 수밖에 없었어. 그렇지만 무슨 이유에선가 그는 제퍼슨을 떠나려고 하지 않았어. 사람들은 어떻게 해서든지 그를 떠나보내려고 했지. 동네를 위해서, 교회를 위해서, 또 그 사람 자신을 위해서 말이야. 하여간 교회로서는 난처한 일이었어. 다른 고장 사람이 이 거리에 와서 그 사건을 듣고, 더구나 당사자가 아직도 버티고 그대로 남아 있다는 소식을 들으면 창피하잖아. 그런데도 그는 나가지 않는단 말이야. 그때까지만 해도 중심가였던 그곳에서 혼자서 죽 살아왔지. 적어도 그 길은 이제는 중심가가 아니야. 다 황폐해졌거든. 뭐 그러니까 그나마 다행이지. 하여간 그도 이제는 남을 괴롭히지 않고 또 이곳 사람들도 그 사람 일을 다 잊어버리고 말았어. 자기 집 일은 전부 스스로 하지. 25년 동안 그 집 안에 들어가 본 사람은 아마 한 사람도 없을걸. 어째서 그가 여기 그냥 눌러앉아 있는지 모르겠다니까. 그렇지만 어느 날이든지 저녁 어슬어슬해 올 때나 어두워진 뒤에 그곳을 지나가면 창가에 앉아 있는 그의 모습을 볼 수 있지. 그저 거기 앉아 있을 뿐이야. 다른 때에는 그 집에서도 그를 좀처럼 보기가 쉽지 않다는군. 가끔 정원 일을 할 때 말고는."

그리하여 그가 손수 만들고 글자까지 적어 놓은 간판은 온 동네에 대해서뿐만 아니라 자기 자신에 대해서도 무의미한 것이 되어 버리고 말아서, 그는 그것을 무슨 표지라거나 의미를 전달하는 물건이라고는 생각지 않는다. 어두워지기 직전, 늘 그러듯이 서재의 창가에 앉을 때까지는 그는 그것을 전혀 기억하지 않는다. 그것은 도로에 붙은 작은 잔디밭 한끝에 무의미하게 나직이 서 있는 낯익은 작달막한 직사각형에 지나지 않고, 지금은 가지를 낮게 뻗은 단풍이나 관목과 마찬가지로 그의 손을 빌리지도 않고서 멋대로 이 비극적이고도 숙명적인 땅에서 돋아나 자란 것처럼 보인다. 그는 그것을 보지도 않는다. 저녁 어스름을, 밤이 다가오는 순간을 기다려 길거리를 지켜보는 그에게는 주변의 나무들도 눈에 들어오지 않는다. 그 집과 서재는 그의 등 뒤에서 캄캄해진다. 그는 모든 빛이 공중에서 사라지고 밤이 찾아오는 그 순간을 기다리고 있다. 또한 밤은 되었지만 낮의 빛을 잡아먹은 나뭇잎과 풀잎들이 인색하게 조금씩 빛을 발산하여 누리를 희미하게나마 밝게 해 주는 그 순간을 기다리고 있다. "이제 곧 되겠지." 그는 생각한다. "곧 될 거야." 그는 저 혼자서 중얼거리지도 않는다—"아직 명예와 긍지가, 인생이 조금쯤은 남아 있어."

바이런이 7년 전에 제퍼슨에 처음 와서, '게일 하이타워 D.D.(신학박사라는 뜻) 미술 개인 교수, 크리스마스카드 제작 사진 현상'이라는 작은 간판을 보았을 때 그는 생각했다. "D.D. 라, 도대체 D.D. 가 뭘까?" 사람들에게 물어보니 그것은 저주받은 자(Done Damned)라는 뜻이라고 알려 주었다. 하여간 그들은 게일 하이타워는 제퍼슨에서는 저주받은 사람이라고 했다. 그리고 하이타워가 신학교를 나오자 다른 곳의 초청은 모두 거부하고 제퍼슨으로 곧장 온 일과, 제퍼슨에 임명되려고 온갖 수단을 다 썼던 일을 들려주었다. 또한 하이타워가 젊은 아내와 함께 도착했을 때의 이야기도 들려주었는데, 그때 그는 기차에서 내리면서 벌써 흥분이 되어 교회의 중진인 나이 든 남녀들에게, 자기는 목사가 되겠다고 결심한 때부터 제퍼슨에 올 마음을 품고 있었다느니, 또한 이곳에 임명받기 위해서 얼마나 마음을 졸이고, 얼마나 편지를 많이 쓰고, 어떤 줄을 이용했는가 하는 이야기를 환희에 차서 지껄여 댔다는 것이다. 하지만 이 고장 사람들에게는 그런 태도가, 말(馬) 장수가 유리한 거래에 기분이 좋아져서 날뛰는 것으로만 보였다. 교회 장로들도 그렇게 느꼈을 것이다. 실제로 그들은 귀를 기울이면서도 냉랭하고도 깜짝 놀란 듯한 의심스러운 표정을 짓고 있었기 때문이다. 실상 그의 말투는 이 동네에서 살고 싶기 때문에 온 것이지, 교회와 교인들에게 봉사하고 싶은 생각은 없는 것처럼 들렸던 것이다. 마치 그는 사람들, 살아 있는 사람들에게는 아무 관심이 없고, 마을 사람들이 자기를 원하든 말든 내 알 바 아니라는 생각을 갖고 있는 성싶었다. 물론 나이가 어려서 그랬겠지만, 나이 많은 남녀 유지들은 그의 환희에 들뜬 흥분을 가라앉히려고 교회와 그 책임과 목사의 직책에 대해서 심각한 문제들을 일러 주기도 했다. 또 동네 사람들에게서 바이런이 들은 바로는, 그 젊은 목사는 6개월이 지나서도 여전히 흥분을 버리지 못하고, 남북전쟁에 관해서, 기병대로 활약하다가 죽은 자기 할아버지에 관해서, 제퍼슨에서 불타 버린 그랜트 장군(남북전쟁에서 북군 총사령관)의 식량 창고에 관해서, 바보의 넋두리처럼 들릴 지경으로 지껄여 댔다는 것이다. 그는 강단에 올라서서도 그런 식으로 몹시 흥분해서 날뛴 모양으로, 종교를 무슨 꿈으로 여기기나 하는 듯이 말했다고 그들은 바이런에게 이야기해 주었다. 그 꿈은 무슨 악몽이 아니라, 말하자면 성서 속의 말보다 더 빠르게 지나가는 그 무엇으로, 현실의 대지와 맞닿을 필요도 없는 회오리바람 같기도 했다. 그런데 장로들은 남자나 여자나 할 것 없이 그런 설교를 좋아하지 않았다.

 마치 그는 설교단 위에서조차 종교라는 것과, 질주하는 기마대와 말을 타고 달리다 총에 맞아 죽은 자기 할아버지를 서로 떼어서 생각할 줄 모르는 것 같았다. 이것은 자기 집 개인 생활에서도 마찬가지였던 모양이다. 아마 집에서는 더욱 그러했을 거라고 바이런은 짐작했다. 그리고 남자는 그런 제멋대로의 사고방식을 가지고 아내를 대하며, 따라서 여자는 강해질 수밖에 없고, 그들이 남자를 어떻게 대하든지, 남자로 말미암아 남자 때문에 무슨

짓을 하든지 비난받아서는 안 된다고 바이런은 생각했다. 왜냐하면 아내라는 입장은 까다롭기 그지없기 때문이다. 바이런이 듣기로 그 아내는 조용해 보이는 자그마한 젊은 여자로, 맨 처음에는 이곳 사람들 생각에 자기 고집도 부릴 것 같지 않아 보였다. 그러나 만약 하이타워가 좀더 의지할 만한 남자였다면, 자기 삶의 보람으로 여기고 있는 그 유일한 날―즉 자기 할아버지가 질주하는 말에서 총에 맞은 그날―로부터 30년쯤 뒤에 이 세상에 태어나지도 않고, 또 목사가 될 만한 인품을 갖춘 사람이었다면, 그의 아내도 그렇게 되지는 않았을 것이라고 마을 사람들은 말했다. 그러나 그는 그렇지 않았다. 이웃 사람들은 오후에나 밤늦게 그녀가 우는 소리를 듣곤 했는데, 그녀가 왜 우는지 그 까닭을 남편은 모르고 있기 때문에 문제를 해결할 엄두도 못 낼 거라고 알고 있었다. 그녀는 때때로 자기 남편이 설교를 하는 교회에 일요일에도 나타나지 않아, 교인들은 목사 얼굴을 쳐다보며, 저 사람은 자기 아내가 와 있지 않다는 사실을 알고나 있을까, 자기에게 아내가 있다는 사실을 잊어버리지나 않았을까 의아하게 생각하곤 했다. 한편 그 목사는 강단 위에서 양손을 휘두르며, 마치 길거리에서 농네 사람들에게 기마대 이야기를 지껄일 때와 마찬가지로 질주하는 기마대와 패배와 영광으로 가득 차 있는 교리를 강설하고, 그것이 또한 속죄와 웅장한 천사들의 합창과 마구 뒤섞여, 마침내 장로들은 그가 주님의 날에 주님의 성전에서 설교하면서 신성을 모독하고 있다고 믿게 되고 말았다.

또 바이런이 들은 바로는, 제퍼슨에서 1년쯤 지낸 뒤부터 목사의 아내는 얼굴에 얼어붙은 듯한 표정을 띠기 시작하여, 교회 부인네들이 그 집을 찾아가면 하이타워 혼자서 그들을 맞아 주었는데, 그때 그는 성직자 옷깃도 달지 않은 셔츠 바람으로 당황한 채 나타나곤 해서, 한순간 그들이 무엇 때문에 왔고 자기는 무엇을 해야 하는지를 생각조차 못하는 것 같더라는 것이다. 그러고 나서 그는 그들을 안내해 집에 들여놓고 그 방을 나가 버리는데, 그러면 그 집에는 소리 하나 들리는 것이 없고, 정장한 부인네들만이 서로 바라보며 방 안을 둘러보면서 귀를 기울여 보지만 개미 움직이는 소리조차 들리지 않는다는 것이다. 그 다음에 목사가 옷깃을 달고 웃옷을 입고 다시 방으로 들어와 앉아서 그들에게 교회나 앓는 사람들 이야기를 하면, 그들은 명랑하게 조용히 대답을 하면서도 여전히 귀를 기울이고 문을 줄곧 주의해 보기도 하고, 또는 그들이 이미 알고 있다고 믿고 있는 내용을 목사가 눈치챘을까 궁리해 보기도 했다.

부인네들은 목사댁 방문을 끊어 버리고 말았다. 이윽고 목사의 아내는 거리에 나타나지도 않게 되었다. 그래도 목사는 아무런 일도 없다는 듯 태연했다. 그러자 그녀는 하루나 이틀쯤 집을 비우곤 했다. 사람들은 그녀가 아침 일찍 기차를 타는 것을 보곤 했는데, 그 얼굴은 마치 충분히 식사를 하지 않은 듯이 수척하고 여위었으며, 눈길은 주고 있지만 아무것도 보고 있지는 않다는 듯한 얼어붙은 표정을 지니고 있었다. 목사는 자기 아내가 그 지방 남쪽 어딘가에 있는 친척을 찾아갔다고 말하곤 했다. 그러나 드디어 어느 날, 즉 그녀가 집을 비우고 있던 어느 날, 멤피스에 장을 보러 갔던 제퍼슨의 어떤 부인이 그곳 호텔로 총총 사라지는 목사 부인을 보고 말았다. 그 부인이 돌아와서 그 이야기를 한 것은 토요일이었다. 그러나 그 이튿날 하이타워는 강단에 올라서서는 종교와 달리는 기마대를 또 온통 섞어 놓았다. 그리고 목사의 아내는 월요일에 돌아와, 그 다음 일요일에 여섯 달인가 일곱 달 만에 처음으로 예배당에 나타나 맨 뒷자리에 혼자 앉아 있었다. 그 뒤 얼마 동안 그녀는 일요일마다 교회에 나왔다. 그러나 그녀는 다시금 집을 비웠다. 이번에는 수요일인가 목요일쯤에 집을 나갔는데(7월 아주 무더울 때였다) 하이타워는 서늘한 시골 친정에 갔다고 말했다. 노인들과 장로들은 그를 뚫어지게 바라보며 도대체 목사가 진심으로 그런 말을 하는지 어떤지 모르겠다고 의심하고, 젊은 사람들은 그의 등 뒤에서 수군거렸다.

그러나 마을 사람들은 하이타워 자신이 자기가 한 말을 믿고 있는지 어떤지, 또 거기에 관심이 있는지 없는지 도대체 알 수가 없었다. 하기야 그 목사는 종교와 달리는 말에서 죽은 자기 할아버지를 온통 혼동하고 있었고, 말하자면 그의 할아버지가 그에게 이식한 생명의 씨는 그날 밤에 말 위에도 있어서 할아버지와 같이 죽음을 당하여, 그 씨의 시간은 그때 그곳에서 운행을 멈추고, 그 뒤로는 시간상 아무 일도 일어나지 않았고 심지어는 그 자신도 태어나지 않은 것 같았던 것이다.

목사의 아내는 일요일 전에 돌아왔다. 참으로 더웠다. 동네 노인네들은 이렇게 더운 여름은 처음 맛본다고 했다. 그녀는 그 일요일 교회에 나와 맨 뒷자리에 혼자 앉아 있었다. 그런데 설교하는 도중 그녀는 자리에서 벌떡 일어나 비명을 질러댔다. 강단을 향해 악을 쓰면서 두 팔을 마구 휘둘렀다. 강단에서는 목사가 양손을 든 채 앞으로 몸을 기울이고는 말문이 막혀 있었다. 가까이 있던 사람들이 날뛰는 그녀를 붙들려 했지만 그녀는 그들을 막무가내로 물리쳤다. 그리고 바이런에게 말해 준 사람들에 따르면, 그녀는 곧 통로 한가운데 서더니, 목사가 양손을 쳐들고 몸을 앞으로 굽힌 채, 그 열광적인 얼굴에는 아직 끝내지 못한 그 용맹스럽고도 비유에 가득 찬 시대의 이야기에 나타나는 바로 그 모양대로 얼어붙은 표정을 짓고 있는 강단을 향해서 손을 휘두르며 악을 썼다는 것이다. 그녀가 자기 남편을 향해서 손을 휘둘렀는지, 아니면 하느님을 향해서 그랬는지 그들은 몰랐다. 이윽고 그가 강단에서 내려와 가까이 다가가자 아내는 얌전해졌고, 그는 아내를 데리고 교인들이 뚫어지게 바라보는 가운데 나갔다. 그제야 사회자는 오르간 반주자에게 연주하라고 명했다. 그날 오후 장로들은 문을 잠그고 회의를 열었다. 사람들은 하이타워가 돌아와서 교회 부속실에 들어가 문을 잠그는 것을 보았을 뿐, 장로들이 무엇을 결정했는지 아무것도 몰랐다.

 사람들은 거기서 무슨 결정을 보았는지 아무도 몰랐다. 그저 교회가 논을 모아서 목사 부인을 어느 병원이나 요양원으로 보내기로 했다는 것을 알 뿐이었다. 그리고 하이타워는 그녀를 거기에 데려다 주고는 돌아와서 그 다음 일요일에는 보통 때처럼 설교를 했다. 이웃 부인네들은 여러 달 동안 목사관을 찾아가지도 않던 사람들까지 다 나서서 목사에게 친절을 베풀어 이따금 음식도 차려다 주고, 서로서로 또한 자기 남편들에게 목사관이 얼마나 어질러져 있으며 목사는 얼마나 열심히 먹어 대는지 꼭 짐승 같다고 말했다—그저 배가 고플 때 마침 있는 음식을 무엇이든지 닥치는 대로 먹으면서 사는 듯하다고. 두 주일에 한 번씩 그는 요양원에 찾아갔지만 하루나 이틀 뒤에는 꼭 돌아왔다. 그리고 일요일에는 다시 강단에 섰는데 마치 아무런 일도 없었다는 듯한 태도였다. 사람들은 호기심과 친절로써 그녀의 상태를 묻곤 했는데, 그러면 그는 그들에게 감사를 했다. 그러다 일요일이 되면 그는 또 강단에 섰는데, 손짓을 맹렬히 하는 가운데 그 도취된 열렬한 음성은 허깨비처럼 하느님과 구원과 달리는 말과 죽은 할아버지가 뒤섞여 우레처럼 울려 나왔다. 한편 그 밑에선 장로들과 교인들이 어리둥절해 기막힌 기분으로 앉아 있었다. 가을에 그의 아내는 돌아왔다. 그녀는 전보다 더 건강해 보였다. 살도 좀 졌다. 아니, 그보다도 더 많이 달라진 점이 있었다. 아마 그녀는 좀 머리가 맑아진 모양으로, 하여간 깨어 정신을 차린 것 같았다. 그때 그녀는 어딘지 모르게 부인네들이 언제나 바라던 그런 모습, 즉 목사 부인 티가 나는 모습에 가까워져 있었다. 그녀는 교회와 기도회에 꼬박꼬박 출석하고, 부인네들이 찾아와 주면 답례로 그들을 찾아가기도 하고, 자기 집에서도 조용히 얌전하게 앉아 부인네들이 집안일은 어떻게 해야 하는지, 무슨 옷을 입어야 하는지, 남편에게 음식 대접은 어떻게 해야 하는지 이야기하는 것을 귀담아 듣곤 했다.

　부인네들은 그녀를 용서해 주었다고 해도 괜찮을지도 모른다. 법률상으로나 종교상으로나 실제로 범죄 사실이 드러난 것이 없고, 또한 속죄하는 의미의 제재도 받은 것이 없었다. 그러나 부인네들은 그녀가 멤피스에 너무나도 명백한 목적을 가지고 몇 차례 왔다갔다했다는 사실을 잊지 않고 있다고 그곳 사람들은 믿고 있었다. 물론 이런 말을 입 밖에 내는 부인네는 없었다. 왜냐하면 이곳 사람들이 믿고 있는 대로 행실이 바른 부인네들은 남을 용서해 주는 맛과 향취를 양심이라는 혀에서 잃지 않는 한, 좋은 일이거나 나쁜 일이거나 쉽사리 잊어버리지는 않을 것이기 때문이다. 실상 이곳 사람들은 부인네들만은 진상을 알고 있다고 믿었다. 마을 사람들의 믿음에 따르면, 행실이 나쁜 여자들은 자신의 악을 숨기기 위해서 시간을 써야 하기 때문에 악의 농간에 넘어갈 수가 있는 반면에, 행실이 올바른 여자는 자기 자신이 선하기 때문에 자기나 다른 사람의 선에 대해서 마음 쓸 필요가 없으며, 따라서 죄의 냄새를 알아차릴 시간을 충분히 갖고 있고, 악의 농간에 넘어가지 않는다. 그러므로 올바른 여자는 선에게 속아서 저것이 악이로구나 하고 곧 믿어 버리는 어리석음은 갖고 있을지언정, 악 그 자체에게는 속아 넘어가지 않는다고 이곳 사람들은 믿고 있었다. 그래서 4, 5개월 뒤 목사의 아내가 다시금 집을 비우기 시작하고 남편이 그녀는 친척을 방문하러 갔다고 말할 때에는, 이번에는 그 목사 자신도 속지는 않았을 것이라고 모두들 생각했다. 하여간 그녀는 돌아왔고, 그는 아무 일도 없었다는 듯이 일요일마다 설교를 계속하고, 교인들과 앓는 사람들을 방문하여 교회 이야기도 했다. 그러나 그 아내는 교회에는 전혀 나타나지 않았고, 곧 부인네들도 더는 그녀를 방문하지 않고 목사관에는 얼씬도 하지 않았다. 그리고 이웃에 사는 사람들도 목사관 주변에서 그녀의 모습을 전혀 볼 수 없게 되었다. 이윽고 그녀는 거기 없는 듯이 여겨졌다. 마치 누구나 다 그녀는 그 집에 없고, 애초에 목사는 장가를 들지 않았다고 양해라도 한 듯이 보였다. 그런데도 그는 일요일마다 설교를 했고, 이제는 자기 아내가 친척집을 찾아갔다는 말조차 하지 않았다. 아마 그는 이렇게 돼서 기뻐하고 있을 거라고 사람들은 생각했다. 그는 더는 거짓말을 하지 않게 된 것이 기뻤는지도 모른다.

그래서 그녀가 금요일에 기차를 타는 것을 본 사람은 아무도 없었다. 아니, 금요일이 아니라 사건 당일인 토요일이었는지도 모른다. 일요일 조간신문에서 보고 그들은 알았지만, 그녀는 토요일 밤 멤피스시에 있는 호텔 창문에서 뛰었는지 떨어졌는지 죽고 말았던 것이다. 그 방에는 어떤 사나이가 그녀와 함께 있었다. 그는 체포되었다. 잔뜩 취해 있었다. 그들은 가명을 써서 부부로서 호텔에 등록을 했었다. 그러나 그녀가 이름을 종잇조각에 썼다가 찢어서 휴지통에 집어넣었기 때문에, 경찰은 그녀의 본명을 알아냈다. 모든 신문은 사건 이야기와 함께 그 이름도 밝혔다—미시시피주 제퍼슨시의 게일 하이타워 목사 부인이라고. 그 기사에는 기자가 오전 2시에 그 남편에게 전화를 했더니 아무것도 할 말이 없다고 대답하더라고 적혀 있었다. 그리고 마을 사람들이 그 일요일 아침에 교회에 가 보니까, 앞뜰은 멤피스시에서 온 기자들로 가득 차 있고, 그들은 교회와 목사관의 사진을 찍고 있었다. 이윽고 하이타워가 왔다. 기자들은 그를 멈추려고 했지만, 그는 그들을 뚫고 나가 교회에 들어가서 강단에 올라갔다. 늙은 부인네들과 노인네들 몇 사람은 벌써 교회에 와 있었다. 그들은 멤피스 사건보다도 기자들의 출현에 대해서 더 놀라고 격분하고 있었다. 그러나 하이타워가 들어와 어이없게도 강단에 올라가는 것을 보았을 때, 그들은 신문기자들마저 까맣게 잊고 말았다. 부인네들이 먼저 일어나 하나 둘 나가 버렸다. 그 다음에는 남자들도 일어났다. 그리하여 곧 교회당은 텅 비고, 남은 것은 강단에서 좀 앞으로 몸을 굽혀 성경책을 펴서 그 양단을 두 손으로 누르고 머리를 밑으로 숙이지도 않은 목사와, 그 뒤쪽 좌석에 나란히 앉은 멤피스시의 신문기자들밖에 없었다(기자들은 목사를 따라 교회당 안으로 들어왔던 것이다). 기자들 말로는, 목사는 교인들이 사라지는 것을 보고 있지 않았다고 한다. 그는 아무것도 보지 않았다는 것이다.

그때의 광경에 대해서 바이런이 들은 이야기는 다음과 같다. 마침내 목사는 성경을 조심스럽게 접어 놓고 텅 빈 교회당으로 내려와, 조금 전에 교인들이 그랬듯이 나란히 앉아 있는 기자들에겐 눈길조차 주지 않고 통로를 지나 문밖으로 나가 버렸다. 거기에도 사진기자들이 언제든지 촬영할 수 있도록 준비를 하여, 머리에 검은 헝겊을 둘러쓴 채 기다리고 있었다. 목사는 분명 이런 일을 예측하고 있었던 모양이다. 왜냐하면 그는 교회에서 나오자 찬송가 책을 펴고 얼굴을 가렸기 때문이다. 그러나 사진기자도 확실히 이런 일을 예측했던 모양이다. 왜냐하면 그들은 목사의 의표를 찔렀기 때문이다. 아마도 목사는 이런 일에는 익숙하지 못해서 쉽사리 속아 넘어간 모양이라고 마을 사람은 바이런에게 말했다. 사진기자 한 사람이 사진기를 옆쪽에 세워 놓고 기다리고 있었던 것이다. 그런데 목사는 전혀 모르고 있었다. 아니, 알았다 해도 이미 늦었다. 목사는 앞에 있는 사진기에만 잡히지 않으려고 애썼지만, 이튿날 신문에 난 사진을 보니 옆얼굴이 찍혀 있었다. 목사가 걸음을 내디디며 찬송가 책으로 얼굴을 가리고 있는 장면이었다. 책 뒤에서는 마치 미소라도 띠고 있는 듯이 그의 입술이 일그러져 있었다. 그러나 그의 이는 악물려 있었고, 그의 얼굴은 옛 판화에 나오는 악마의 얼굴 같았다. 이튿날 목사는 아내의 시체를 가지고 와서 매장했다. 마을 사람들은 장례식에 참석했다. 그것은 정식 장례식은 아니었다. 목사는 시체를 교회로 가져가지도 않았다. 그는 시체를 곧장 공동묘지로 가지고 가서는 스스로 성경 구절을 읽으려 했는데, 바로 그때 다른 목사가 앞으로 나오더니 성경을 그의 손에서 빼앗아 들었다. 많은 사람들, 특히 젊은 사람들은 목사와 다른 사람들이 간 뒤에도 남아서 무덤을 바라보고 있었다.

이윽고 교회는 그의 사임을 요구했고, 그가 거절했다는 소식이 다른 교회 사람들에게도 알려졌다. 그 다음 일요일에는 무슨 일이 일어나나 보자 하고 다른 교회 사람들도 많이 그 교회에 나왔다. 목사가 나타나 교회로 들어갔다. 그 교회 교인은 일제히 일어나 걸어 나갔다. 남은 것은 다만 목사와 구경하러 온 다른 교회 교인들뿐이었다. 그래서 목사는 그들에게 설교했다— 그의 교회 교인들에게는 신성모독이라고 여겨지던 그 도취한 듯한 열광적인 태도로 설교했다. 그랬더니 다른 교회 교인들은 그를 완전히 미치광이라고 단정 짓고 말았다.

목사는 사임하려 하지 않았다. 장로들은 그를 해임하고 다른 교회로 보내 달라고 교회 본부에 요청했다. 그러나 신문에 그런 기사가 실리고 사진까지 난 뒤라 어느 곳에서도 그를 받아들이려 하지 않았다. 그가 별달리 나쁜 짓을 한 것은 아니라고 사람들은 입을 모아 말했다. 다만 그는 운이 나빴다. 그저 운이 나쁘게 태어났던 것이다. 그래서 사람들은 교회에 발을 끊어버리고 말았다. 잠시 호기심으로 나오던 다른 교회 교인들도 얼씬도 하지 않았다. 그는 이제는 구경거리조차 되지 못했다. 그는 다만 굴욕적인 존재일 뿐이었다. 그러나 그는 일요일 아침마다 같은 시각에 교회에 나와 강단에 올라섰다. 그러면 교인들은 일어나 나가 버리고 말았다. 다만 부랑자들만이 교회 바깥 거리에 모여 있다가, 빈 교회에서 설교하고 기도하는 소리에 귀를 기울이곤 했다. 그리고 그 다음 일요일에 교회에 가 보니 문이 잠겨 있어서, 그는 문을 열어 보려고 하다가 단념을 하고, 그러면서도 여전히 고개를 숙이지 않은 채 문 앞에 서 있었다. 그동안 부랑자들은 그를 지켜보고 있었고, 바깥 거리에서는 교회에 발을 들여놓은 일조차 없는 사람들이나, 무슨 일인지는 몰라도 하여간 구경할 만하다고 생각한 어린이들이 눈을 크게 뜨고, 잠긴 문 앞에 꼼짝도 않고 서 있는 사람을 바라보고 있었다. 그 이튿날 그곳 사람들은 목사가 장로들에게 가서 교회를 위해서라며 사직했다는 소식을 전해 들었다.

그러자 동네 사람들은 기뻐하면서도 한편으로는 섭섭해했다. 사람들이란 때로는 그들이 원하는 대로 다른 사람들에게 억지로 일을 시키고는 그들에게 미안해하는 법이다. 그들은 물론 하이타워가 다른 곳으로 가리라고 생각했다. 교회는 그가 다른 고장으로 가서 자리잡을 수 있도록 돈을 거둬 주었다. 그러나 그는 다른 곳으로 나가기를 거부했다. 바이런이 들은 얘기로는, 한술 더 떠서 그는 지금까지 줄곧 살고 있는 뒷거리에 위치한 작은 집을 이미 사 놓고 있었다. 이 사실을 안 마을 사람들은 소스라치게 놀라고 격분했다. 장로들은 다시 회합을 열고, 그 돈은 전출하는 비용으로 준 것이니 다른 목적에 사용했다면 사기행위라고 결론을 내렸다. 그들은 그에게 가서 그 말을 전했다. 목사는 그들에게 잠깐 양해를 구하고 사라졌다가, 그가 받았던 돈을 푼돈에 이르기까지 그대로 갖고 그 방으로 돌아왔다. 그러고는 도로 갖고 가라고 요구했다. 그러나 그들은 거절했다. 목사도 그 집을 산 돈이 어디서 났는지 밝히지 않았다. 그리하여 바이런이 듣기로는, 그 이튿날에는 그가 아내에게 생명보험에 들게 해 두었다가 사람을 사서 청부살인을 했다고 말하는 사람도 생겼다고 한다. 그러나 누구나 이 말은 사실이 아니라는 것쯤은 다 알고 있었다. 심지어는 그런 말을 퍼뜨리는 사람도, 또 그런 말을 들은 사람도 다 마찬가지로 거짓말임을 알고 있었다.

그러나 목사는 그곳을 떠나려 하지 않았다. 어느 날 그가 손수 만들고 칠하여 앞뜰에 세워 놓은 작은 간판을 보고서야 마을 사람들은 그가 그냥 머물러 있을 작정이라는 것을 알았다. 그는 흑인 식모를 데리고 있었다. 전부터 데리고 있던 여자였다. 그러나 바이런이 들은 바로는, 사람들은 그의 아내가 죽자마자 곧 그 검둥이도 여자요, 그가 그 검둥이 여자와 온종일 같은 집에서 머물고 있다는 것을 별안간 깨달은 모양이었다. 그리하여 그의 아내의 몸이 치욕의 무덤 속에서 채 식기도 전에 벌써 수군거리는 소문이 떠돌기 시작했다. 아내를 악한 길로 내몰아서 자살하게 한 것도 그가 자연스러운 남편, 자연스러운 인간이 아니었기 때문이고, 또한 그 검둥이 여자가 이유였다고 수군거리는 사람들이 생겼다. 이것으로 추문은 완성되었다. 부족한 점은 하나도 없었다. 바이런은 이런 이야기를 조용히 들으면서 사람들은 어디 가나 마찬가지라고 생각했다. 다만 작은 동네에서는 비밀을 보장할 수 있는 기회가 거의 없기 때문에 도시에 비해서 악을 이루기가 어려우니만큼, 사람들은 존재하지도 않는 악을 만들어 다른 사람 속에다 집어넣는 모양이라고 생각했다. 악을 조작한다는 것은 아주 간단했기 때문이다. 즉 그런 생각, 말 한 마디가 바람에 날리듯이 이 사람 마음에서 저 사람 마음으로 옮겨 가기만 하면 된다. 어느 날 식모도 그만두었다. 전하는 말에 따르면 어느 날 밤, 되는 대로 얼굴을 가린 남자들 한 떼가 목사의 집에 가서 식모를 해고하라고 강요했다는 것이다. 또 다른 소문에 따르면 이튿날 그 식모는, 자기가 그 집에서 나온 것은 주인이 하느님과 자연의 법도에 어긋나는 일을 하라고 요구했기 때문이라고 말하더라는 것이다. 또 복면한 남자들이 그녀를 그만두게 하려고 협박을 한 것도 그녀가 이른바 '연한 고동색'인 혼혈 여자였기 때문이고, 또한 하느님과 자연에 위배되는 일은 무슨 일이든지 그녀에게 시켜서는 안 된다고 하는 남자들도 몇 사람 있었기 때문이라는 말도 있었다. 하여간 젊은 친구들이 말하듯이, 흑인 여자가 하느님과 자연에 어긋난다고 말할 정도면 꽤 좋지 못한 일일 것이 틀림없을 테니까 말이다. 어쨌든 목사는 다른 식모를 둘 수 없었다. 아니, 일부러 두지 않았는지도 모른다. 아마도 그 사나이들은 그날 밤에 모든 흑인 여인들을 협박하였는지도 모른다. 그래서 그는 얼마 동안 손수 밥을 지어 먹었지만, 어느 날 그들은 목사가 흑인 남자를 요리사로 고용한 것을 알게 되었다. 여기서 그는 확실히 끝장이 났다. 왜냐하면 그날 밤, 몇 사람이 복면도 하지 않고 나타나서 그 흑인 남자를 끌어내다가 채찍질을 했기 때문이다. 그리고 하이타워가 이튿날 아침에 일어나 보니까, 그의 서재 창문은 깨어지고 방바닥에는 종잇조각을 동여매 놓은 벽돌장이 떨어져 있었다. 그 종이에는 해가 질 때까지 그 고장에서 나가라는 명령이 적혀 있고, KKK (큐 클럭스 클랜, 남북전쟁 뒤에 흑인과 북부인을 위압하려고 남부에서 결성된 비밀결사단체)라 서명이 되어 있었다. 그래도 그는 떠나가지 않았다. 그 다음날 아침 거리에서 2마일쯤 떨어진 곳에 있는 숲 속에서 그는 발견되었다. 그는 나무에 꽁꽁 묶여 있었고, 매를 맞아 실신해 있었다.

그는 누구에게 그 짓을 당했는지 말하지 않았다. 사람들은 그런 태도를 취해 봤자 좋을 게 없다는 것을 알았으므로, 남자 몇 사람이 그에게로 가서 자신을 보호하기 위해서도 제퍼슨을 떠나는 것이 좋을 거라고 설복하려 했다. 다음번에는 살해될지도 모른다고 설득했으나 그는 끝내 거절했다. 그는 얻어맞은 일에 대해서도 꾹 입을 다물었다. 폭행을 가한 사람들을 검거하자고 하는데도 응하지 않았다. 그는 말도 하지 않고 또 떠나가지도 않았다. 그러자 모든 일은 갑자기 바람에 휩쓸려 사라진 듯이 보였다. 마치 악마의 바람이 불고 지나간 듯했다. 그리하여 그곳 사람들도, 그 목사는 죽을 때까지 그 지방 생활의 일부를 차지할 테니 이제 적당히 타협하는 것이 좋겠다고 마침내 깨달은 모양이었다. 마치 사건 전체가 무슨 연극과도 같아서, 많은 사람이 배우로 등장했다가 그들이 맡았던 배역의 연기를 이제는 다 마쳤으므로 서로서로 조용히 살 수가 있게 된 모양이라고 바이런은 생각했다. 그들은 목사를 그대로 내버려 두었다. 그가 뜰에서나 정원에서 일하는 것이나, 조그만 바구니를 팔에 끼고 거리에 나오거나 상점에 들르는 것을 그들은 보곤 하였다. 그럴 때면 그들은 서로 말을 주고받았다. 그들은 그가 자취를 하고, 모든 살림살이를 손수 하고 있음을 알았다. 그리하여 얼마 뒤 이웃 사람들은 그에게 다시 음식을 보내 주기 시작했다. 비록 제재소에서 일하는 매우 가난

한 사람들에게나 보내는 변변치 못한 것이기는 했지만, 그래도 그것은 먹을 수 있는 것이고 호의에서 나온 것이었다. 바이런이 생각한 대로 사람들은 20년이란 세월을 사는 동안에 많은 것을 잊어버린 것이다. '이거 참.' 바이런은 생각한다. '그가 저 창가에 해질 때부터 아주 어두워질 때까지 매일 앉아 있다는 것을 아는 사람은 제퍼슨에서는 나밖에는 없지 않을까. 또는 저 집 안이 어떻게 생겼는지 아는 사람도 나뿐일 거야. 그리고 그들은 내가 이걸 알고 있다는 사실조차 모르지. 만약에 안다면 그들은 나와 목사를 끌어내다가 또 두들겨 팰지도 몰라. 사람이란 아무리 오래 잊고 있다가도 무슨 계기만 있으면 곧잘 기억해 내니까.' 바이런이 이렇게 생각한 것은, 제퍼슨에 와서 살게 된 이래 그가 직접 겪고 관찰하여 알게 된 일이 한 가지 더 있었기 때문이다.

　하이타워는 놀라운 독서가였다. 바이런은 언젠가 서재 벽에 줄지어 꽂혀 있는 서적들을 감탄과 부끄러움이 뒤섞인 심정으로 자세히 둘러본 일이 있었다. 그것들은 종교·역사·과학에 관한 서적으로, 바이런은 잘 알지도 못하는 책들이었다. 약 4년 전 어느 날, 바로 그 집 뒤쪽 동네 변두리의 오두막집에 살고 있던 검둥이가 목사의 집에 막 달려오더니 자기 아내가 해산을 하게 되었다고 알렸다. 자기 집엔 전화가 없었으므로, 하이타워는 빨리 옆집에 가서 전화를 걸어 의사를 부르라고 그에게 말했다. 그는 그 검둥이가 옆집 문으로 가는 것을 지켜보았다. 그러나 검둥이는 그 집으로 들어가지는 않고 시내 쪽으로 걸어갔다. 하이타워는 그 검둥이가 백인 여자에게 전화를 빌려 달라고 부탁하는 대신에 시내까지 죽 걸어가서 의사를 찾아오려 하며, 흑인 특유의 느릿느릿 시간을 잊은 듯한 태도 때문에 30분 넘게 시간을 소비하리란 것을 깨달았다. 그러다가 그가 부엌문을 나갔더니 그다지 멀지 않은 오두막집에서 여자의 신음이 들려왔다. 그는 더 기다리지 않았다. 그는 곧 오두막집으로 달려가 보았다. 무슨 이유에선지는 몰라도 산모는 침대에서 떨어져서 두 손과 양 무릎을 방바닥에 대고 침대로 돌아가려고 악을 쓰고 신음하는 중이었다. 그는 산모를 침대에 뉘어 주고 조용히 누워 있으라고 말하고는, 자기 말을 꼭 들어야 한다고 단단히 일렀다. 그러고는 집으로 달려 돌아와, 서재 서가에서 책 한 권을 뽑고 면도날과 굵은 끈을 챙겨 가지고 오두막집으로 급히 달려가서 애를 받아 주었다. 그러나 애는 이미 죽어 있었다. 나중에 의사가 와서 보고 하는 말이, 산모가 침대에서 떨어졌을 때에 틀림없이 애가 상했을 거라고 했다. 그는 또한 하이타워의 처치는 훌륭했다고 말했으며 그 남편도 수긍을 했다.

'그러나 그것은 전의 다른 사건과 너무 비슷했어.' 바이런은 생각했다. '그 동안에 15년이라는 세월이 흐르긴 했지만.' 왜냐하면 이틀도 되지 않아서 그 애는 사실은 하이타워의 애로, 그가 일부러 사산(死産)을 시킨 것이라고 수군거리는 사람들이 생겨났기 때문이다. 그러나 바이런은 그런 말을 하는 사람 자신도 그렇게 믿고 있지는 않을 것이라고 생각했다. 그곳 사람들은 이 면목을 잃어버린 목사에 대해서 확신도 없이 이러쿵저러쿵하는 버릇이 붙어 있을 뿐만 아니라, 그 버릇이 너무 오래 이어졌기 때문에 이제 와서 고칠 수가 없는 것이 되었다. '왜냐하면' 그는 생각한다. '언제나 무슨 일이든지 버릇이 돼 버리면 그것은 어느새 진실과 사실로부터는 아주 멀어지고 마는 법이니까.' 그리고 그는 어느 날 저녁 하이타워와 이야기를 나누던 중 그가 한 말을 돌이켜본다—"그들은 선량한 사람들이야. 그들은 믿지 않으면 안 될 것을 믿을 수밖에 없는 거야. 특히 나처럼 한때는 그들 신앙심을 지배하기도 하고 섬기기도 한 사람에 대해서는 더욱더 그렇지. 그래서 나는 그들이 믿고 있는 바를 멸시할 자격이 없고, 바이런 번취도 그들이 잘못되어 있다고 말할 자격은 없는 거야. 우리가 바랄 수 있는 것은 이웃들 사이에서 조용하게 지낼 수 있도록 허락받고 싶다 하는 정도겠지." 이것은 하이타워의 사건 이야기를 들은 지 얼마 되지 않았던 때의 일이고, 또 그가 밤에 하이타워의 서재를 방문하기 시작하던 무렵의 일이었다. 바이런은 자기를 거부하고 내쫓은 교회가 눈에 보이고 귀에 들릴 만큼 가까운 곳에 있는데도 어째서 하이타워는 제퍼슨에 머물러 있는지, 어리둥절하게 생각하고 있었다. 어느 날 저녁 바이런은 그 점에 관해 물었다.

"그럼 어째서 자네는 다른 사람들이 모두 시내에 나가서 재미를 보고 있는데, 토요일 오후에도 늘 공장에서 일을 하고 있는가?" 하이타워는 물었다.

"저도 모르죠." 바이런이 대답했다. "그저 그게 제 생활인가 봐요."

"그리고 이게 또한 내 생활인가 봐." 상대가 말했다. '그렇지만 난 어째서 그렇게 됐는지 알겠어.' 바이런은 생각한다. '그 이유는, 인간이란 현재 부딪치고 있는 괴로움이나 쓰라림보다도 앞으로 올지도 모르는 고뇌를 더 두려워하기 때문이야. 다른 것으로 바꾸느라고 모험을 하는 것보다는 자기에게 이미 익숙한 괴로움에 달라붙는 것이지. 그렇고말고. 살아 있는 사람들에게서 벗어나고 싶다고 흔히들 말해. 그래도 인간에게 정말로 큰 타격을 주는 것은 죽은 자들이야. 죽은 자들은 한군데 조용히 누워서 인간을 사로잡으려고 하지도 않지. 그런데도 인간은 거기서 빠져나올 수가 없단 말이야.'

환상의 말들은 발굽 소리를 요란하게 울리면서 지나가 곧 어둠 속으로 조용히 사라져갔다. 이젠 완전히 밤이 되었다. 그러나 그는 캄캄한 방을 뒤에 둔 채 여전히 서재 창가에 앉아 있다. 모퉁이에 서 있는 가로등이 깜빡거린다. 그래서 잇자국 같은 단풍나무 그림자가 바람도 없는데 8월의 암흑 속에서 조금씩 흔들리는 것 같다. 먼 곳으로부터는 교회에서 부르는 낭랑한 합창 소리가 희미하면서도 또박또박 그의 귀에 들려온다―엄숙하면서도 크고 풍부한 소리, 비굴하면서도 자랑스러운 소리가 조화에 넘치는 조수처럼 고요한 여름밤에 높아졌다 낮아졌다 한다.

그러자 그는 어떤 사나이가 거리를 따라 다가오는 모습을 본다. 일요일 밤이 아니었다면 그 모습 그 모양 그 자세 그 태도로 그가 누군지 곧 알아보았을 것이다. 그러나 일요일 밤이어서, 또한 환상의 기마대 발굽 소리가 어두워진 서재에 소리도 없이 메아리치고 있어서, 그는 그저 조용히 그 말도 타지 않은 왜소한 사람 그림자를 지켜볼 뿐이다. 그 모습은 뒷발로 서서 균형을 잡는, 동물의 위태롭고도 겉보기엔 화려한 재주를 보이면서 움직이고 있는 듯이 보였지만, 인간이라는 동물이 어리석게도 뽐내고 있는 두 발 보행은 인력(引力)이나 얼음과 같은 자연법칙에는 언제나 골탕을 먹게 마련이다. 또한 보행은 자동차나 암흑 속의 가구처럼 인간 자신이 발명한 물건에 부딪치거나, 인간이 방바닥이나 길거리에 버린 먹다 남은 찌꺼기 위에 미끄러지거나 해서 방해를 받기도 한다. 그리하여 그는 옛사람들이 용사와 임금의 특성을 나타내는 물건이자 상징으로 말을 사용했다는 것은 얼마나 정당한 일이었는가 조용히 생각해 본다. 그때 그는 거리에서 걸어오던 사나이가 낮은 간판을 지나 방향을 꺾더니 대문으로 들어와 자기 집으로 다가오는 것을 본다. 그래서 그는 앞으로 몸을 내밀고 앉아, 그 사나이가 어두운 문을 향하여 컴컴한 자갈길을 걸어 올라오는 것을 지켜보고 있다. 그는 그 사나이가 컴컴한 층계 맨 밑 계단에서 우당탕 넘어지는 소리를 듣는다. "바이런 번취로

군." 그는 중얼거린다. "일요일 밤에 여기 있다! 바이런 번취가 일요일 밤에 여기 남아 있다!"

4

두 사람은 책상을 사이에 두고 서로 마주 앉는다. 어두웠던 서재는 책상 위에 놓여 있는 초록빛 갓을 씌운 등불로 환하게 밝다. 하이타워는 책상 뒤에 있는 고풍스러운 회전의자에, 바이런은 맞은편 곧은 의자에 앉아 있다. 두 사람의 얼굴은 갓을 씌운 등불이 정확히 아래에다 만들어 낸 빛의 원 바로 바깥쪽에 있다. 열린 창문을 통해서는 먼 교회로부터 노래 부르는 소리가 들려온다. 바이런은 평탄한 목소리로 말을 한다.

"참 기묘한 일이었어요. 남에게 해를 끼치지 않고 지낼 수 있는 장소로서는 토요일 오후 그 변두리 공장 속이 가장 좋을 거라고 저는 생각했죠. 더구나 바로 코앞이라고 할 만한 곳에서 불까지 났습니다. 제가 점심을 먹을 때 내내 불이 타서, 가끔 고개를 들어 연기를 보면서 이런 생각을 했지요. '오늘 오후에는 누구를 만날 일은 없구나. 적어도 아무한테도 방해를 받지 않겠구나' 하고요. 그런데 문득 고개를 들었더니 그 여자가 거기 와 있었습니다. 저를 보기까지는 당장에라도 웃을 듯한 얼굴로, 입으로는 그의 이름을 당장에 부르기라도 할 듯한 표정으로 말입니다. 그러나 그 여자는 제가 그 사람이 아니라는 것을 곧 알았습니다. 그런데 저는 멋도 모르고 막 다 지껄여 대지 않았겠어요." 그는 조금 얼굴을 찡그린다. 그것은 미소는 아니다. 그의 윗입술이 순간적으로 조금 올라갈 뿐, 그 움직임은 얼굴 위에 주름도 짓지 않고 더 멀리 번져 가지도 않은 채 곧 사라지고 만다. "그때 저는 제가 아직 모르던 것이 이번 사건의 가장 무서운 점이 아니라는 것조차 깨닫지 못하고 있었지요."

"바이런 번취를 일요일에 제퍼슨에 묶어 둘 수 있었다니 참 기묘한 일이긴 하구먼." 하이타워가 입을 연다. "그렇지만 그 여자는 남자를 찾고 있었다지. 그러면 자네는 그 남자를 찾도록 도와줬겠지. 자네가 한 일은 그 여자가 원하던 바가 아닌가? 그를 찾기 위해 머나먼 앨라배마에서 여기까지 온 것이 아니겠나?"

"그렇지요. 확실히 저는 그 여자에게 전부 다 얘기해 줬죠. 그 점은 틀림없습니다. 하지만 그 여자가 만삭인 몸으로 옆에 앉아서 저를 가만히 쳐다보는데, 아무리 그러고 싶었다 해도 거짓말이 입에서 나올 수 있었겠어요? 그래서 저는 막 지껄인 거예요. 그 연기가 저 너머로 똑똑히 보이게 올라가서 마치 저더러 입을 조심하라고 경고해 주는 듯했는데, 전 어리석게도 그걸 미처 깨닫지 못했어요."

"오." 하이타워가 말한다. "어제 불난 집 말인가? 그렇지만 그 집과 이 일이 무슨 상관인가—참, 그 집은 뉘 집이었지? 나도 그 연기는 봤는데. 그래서 지나가던 흑인에게 물어봤더니 모르겠다더군."

"그건 늙은 버든네 집이었지요." 바이런이 말한다. 그는 상대를 바라본다. 그들은 마주 바라본다. 하이타워는 키가 큰 사람으로 한때는 여윈 적도 있었다. 그러나 지금은 마르지 않았다. 피부는 밀가루 부대 빛깔이고 상반신의 모양은 말하자면 헐렁한 부대 모양으로, 뼈가 두드러진 양어깨로부터 그 자체의 무게로 무릎 위에 늘어져 있는 듯하다. 잠시 뒤 바이런은 말을 잇는다. "아직 못 들으셨군요." 상대는 그를 바라본다. 바이런은 생각에 잠기는 듯한 어조로 말한다. "그것도 제가 해야 할 일인가 보군요. 이틀 동안에 두 사람에게 듣고 싶지도 않고, 또한 들을 필요도 없는 소식을 전해 주는 게 말이죠."

"내가 듣고 싶지 않을 거라고 자네가 생각하는 일이 뭐지? 내가 듣지 못한 일이란 뭔가?"

"화재 얘기는 아닙니다." 바이런은 대답한다. "그들은 무사히 화재에서 빠져나갔으니까요."

"그들? 내가 알기로는 미스 버든이 거기 혼자 살고 있다는데."

다시금 바이런은 상대를 잠시 바라본다. 그러나 하이타워의 얼굴은 그저 진지하고 흥미를 느끼는 표정일 뿐이다. "브라운과 크리스마스 말입니다." 바이런이 말한다. 하이타워의 표정은 여전히 변하지 않는다. "그것조차 모르셨군요." 바이런이 또 입을 연다. "그들은 마을 외곽의 거기서 살았답니다."

"거기서 살았다? 그들은 그 집에서 하숙을 했나?"

"아니요. 뒤편에 있는 낡은 검둥이 오두막집에 있었습니다. 크리스마스가 3년 전 거기에 자리를 잡았지요. 그때부터 죽 거기서 살았는데, 사람들은 그가 밤에 어디서 자는지 모르고 있었죠. 그리고 브라운이 그와 함께 일을 시작했을 때 그는 브라운도 그리로 데려갔지요."

"응, 그렇군." 하이타워가 말했다. "그렇지만 잘 모르겠는데……그들이 거기서 편히 지냈을까. 또 미스 버든이 몰라—"

"그들은 잘 지낸 모양입니다. 그 저택을 근거지로 해서 그들은 몰래 위스키 장사를 하고 있었지요. 미스 버든은 그걸 몰랐던 모양이더군요. 위스키에 대해서 말입니다. 하여간 이곳 사람들은 그녀가 그걸 알고 있었는지 어쨌는지 몰라요. 소문에는 크리스마스가 3년 전에 혼자서 시작했다지요. 그저 서로 알지 못하는 몇몇 단골들에게만 조금씩 파는 정도였답니다. 그런데 브라운이 동업을 하게 된 뒤에는, 브라운은 좀더 크게 장사를 하고 싶었던 모양입니다. 어느 뒷골목에서든지 누구에게나 반 파인트들이 위스키 병을 셔츠 밑에서 꺼내 주곤 했다더군요. 자기가 다 마실 수 없는 것만 팔았겠지요. 그런 위스키를 그들이 어디서 어떻게 손에 넣었는지 캐 봤더라면 결과가 썩 구렸을 겁니다. 브라운이 공장을 그만두고 새 사업을 위해서 새 차를 타고 여기저기 돌아다니기 시작한 지 약 2주일이 지난 어느 토요일 밤, 그는 잔뜩 취해서는 이발소에 와 있는 사람들에게 막 뽐내면서 말했답니다. 자기와 크리스마스가 멤피스시인지 그 근처 어느 도로에서 일을 저질렀다느니, 두 사람은 그 새 차를 덤불 속에 숨겼다느니, 크리스마스는 권총을 갖고 있었다느니, 또 백 갤런 넘게 무엇인가 싣고 있던 트럭이 어쨌다느니, 막 지껄이고 있을 때에 크리스마스가 재빨리 나타나 브라운 곁으로 가서 그를 의자에서 확 끌어내렸지요. 그리고 크리스마스는 그 조용한 목소리로, 기분 좋지도 않고 불쾌하지도 않은 듯한 태도로 말했습니다. '자네 이 제퍼슨의 머릿기름(금주시대에는 이발소의 머릿기름이 술을 대신했다)을 너무 많이 마시지 않도록 조심하게. 머리에 올라온단 말이야. 정신을 차려 보면 입술에 머리터럭이 나 있을걸.' 그러고서 한 손으로는 브라운을 붙잡아 일으키고 또 한 손으로는 그의 얼굴을 갈겨 준 모양입니다. 모질게 때리지는 않은 것 같았지만, 크리스마스의 손이 브라운의 얼굴에 닿았다 떨어졌다 할 새 모두들 그 구레나룻 사이로 붉어진 뺨을 볼 수 있었다더군요. '좀 나가서 바깥 공기를 마시는 것이 어떨까.' 크리스마스가 말했답니다. '이 사람들 일을 방해하고 있지 않나.'" 바이런은 생각에 잠긴다. 그는 다시 입을 연다. "그 여자는 널판 위에 앉아서 저를 바라보고 있었고, 저

는 모든 얘기를 그 여자 앞에서 다 지껄였습니다. 그 여자가 뚫어지게 바라보는 가운데 말입니다. 다 듣고 나더니 그 여자가 묻더군요. '그 사람, 입언저리 여기쯤에 조그만 흰 흉터가 있지 않았어요?'"

"그렇다면 브라운이 바로 그 남자군그래." 하이타워가 말한다. 그는 움직이지도 않고 조용한 놀람의 표정을 짓고서 바이런을 바라보고 있다. 그 태도에는 아무런 적극성도 없고 도의적 분노도 없다. 마치 다른 종족의 행위에 대해서 듣고 있기라도 하는 것 같다. "그 여자 남편은 밀주 판매자라! 원, 저런!" 그래도 바이런은 상대의 얼굴에서 무엇인가 잠재해 있다가 막 깨어나려는 것을 본다―그것은 하이타워 자신도 의식하지 못하고 있는 것으로, 말하자면 그것은 인간 내부에 있는 무엇인지가 그 사람에게 경고하고 마음의 준비를 시키려고 하는 상태라고도 할 수 있다. 그러나 바이런은 그저 그것을 자기가 이미 알고 있는 것, 지금부터 이야기하려는 것에 대한 반영에 지나지 않는다고 생각한다.

"그 사실을 미처 깨닫기도 전에 저는 그 여자에게 이미 다 말해 버렸던 것입니다. 그리고 그때에도 뭐 모두 끝장이 나 버렸구나 생각하여, 저는 제 혀를 깨물어 두 동강으로 내고 싶었는걸요." 그는 지금은 상대를 바라보지 않는다. 창문으로부터는 멀지만 똑똑하게 교회의 오르간 소리와 합창 소리가 섞여서 조용한 밤을 타고 들려온다. '저분도 저 소리를 듣고 있을까?' 바이런은 생각한다. '어쩌면 너무 많이, 너무 오래 들어 왔기 때문에 지금은 들리지 않을는지도 모르지. 들을 필요조차 없을 거야.' "그리고 제가 일하는 동안 오후 내내 그 여자는 거기에 앉아 있었죠. 마침내 연기는 점점 가늘어졌지만 그동안 저는 그 여자에게 무슨 말을 할까, 어떡하면 좋을까 끊임없이 생각하고 있었습니다. 그 여자는 저에게서 그 길을 알아내어 빨리 거기 나가 보고 싶어했습니다. 그곳까지는 2마일이나 된다고 말했더니, 그 여자는 빙긋이 웃더군요. 제가 뭐 두 살 난 어린애나 되는 듯이 말이에요. '나는 앨라배마에서 여기까지 왔어요.' 그 여자가 말했어요. '2마일쯤 더 걷는 건 문제도 아니에요.' 그래서 저는 이렇게 말했습니다……" 그는 말을 멈춘다. 그는 자기 발밑에 있는 마룻바닥을 바라보는 것 같다. 그는 고개를 쳐든다. "전 분명 거짓말을 했어요. 아니, 어떤 의미에서는 거짓말이 아니었다고 할 수도 있겠지요. 거기에는 불구경을 온 사람들이 많이 나와 있을 터인데 거기에 그 여자가 가서 그 사람을 찾아보게 되리라는 것을 저는 알고 있었으니까요. 그때에는 저도 아직 그 사건을 몰랐어요. 또 다른 사건, 나머지 사건, 가장 야단난 사건 말입니다. 그래서 저는 그가 지금은 일을 하느라 바쁠 테니 6시 지나고서 시내에 나가 만나는 것이 가장 좋을 거라고 말했습니다. 그건 진실이었습니다. 브라운은 차가운 위스키 병을 몇 개나 품속에 안고 다니는 짓을 자기 일이라고 일컬을 테고, 혹 그가 시내 광장에 없다 해도 잠깐 뒷거리에 들어갔을 뿐이고, 곧 돌아올 테니까요. 그래서 저는 일단 기다리자고 그 여자를 설득해서 거기서 쉬게 했습니다. 그리고 저는 계속 일을 하면서 어떻게 할까 궁리만 하고 있었지요. 지금 생각해 보면 그땐 자기도 잘 알지 못하는 걸로 근심한 것뿐이었습니다. 그렇지만 지금 좀더 많이 알고 나서 돌이켜 보니 어제의 근심쯤은 아주 사소한 것에 지나지 않아요. 지금의 근심과 비교하면 말입니다. 온종일 저는, 만약 어제로 되돌아갈 수만 있다면, 어제 갖고 있던 작은 근심거리로만 고민하고 있다면 얼마나 좋을까 생각만 하고 있었습니다."

"자네가 무엇 때문에 근심해야 하는지 나는 아직도 모르겠는걸." 하이타워가 말한다. "그 사나이가 그 꼴이고 그 여자가 그런 처지에 있는 것이 자네 잘못은 아니지. 자네는 자기가 할 수 있는 일을 했으니까. 길손에게 해 줄 수 있는 일을 말이야. 단……" 그의 목소리도 끊어진다. 그것은 말하자면 어렴풋한 생각이 진지한 사색(思索)으로, 그리고 관심으로 방향을 바꿔 들어가기 위해서 끊어진 거나 마찬가지다. 하이타워의 맞은편에는 바이런이 심각한 얼굴로 고개를 숙이고 꼼짝도 않고 앉아 있다. 그리고 바이런의 맞은편에서 하이타워는 아직 '사랑'을 떠올리지 않고 있다. 그는 다만 바이런이 아직 젊고 성실한 독신자로 하루하루 힘든 노동을 하는 사람이라고 기억할 뿐이다. 또한 그가 보지도 못한 여성에 대해서 바이런이 말하는 것을 들으니, 어쩌다 바이런 본인은 아직 단순한 동정이라고 믿을지언정, 그 여자에겐 적어도 무엇인지 사람 마음을 흔드는 면이 있는 모양이구나 느낄 정도였다. 그래서 그는 바이런을 차갑지도 않고 따뜻하지도 않은 시선으로 찬찬히 바라본다. 한편 바이런은 그 평온한 음성으로, 6시가 되어서도 어떻게 할지 결정을 지을 수가 없었고, 또한 리나와 함께 광장에 갔을 때도 마찬가지였다고 이야기를 이어간다. 그리고 나서 바이런이 광장에 도착한 뒤에 그녀를 비어드 부인의 하숙으로 데리고 갈 결심을 했다고 조용하게 말을 하니까, 하이타워의 어리둥절한 표정에는 혐오와 불길한 공포의 빛이 섞이기 시작한다. 그리고 바이런은 조용히 말을 이으면서 돌이켜 본다―그건 마치 대기 속에, 밤 속에 무엇인가 나타나서 낯익은 얼굴들을 낯설게 만드는 것 같았다. 그리고 그는 아직 아무 이야기도 듣지 못했으나 어떤 사건이 일어났으며, 그 사건 탓으로 지금까지의 근심은 어린아이 고민에 지나지 않음을 깨닫고, 자신도 무슨 일이 일어났는지 모르면서 그녀에게는 그러한 이야기를 들려주어서는 안 된다고 직감했다. 그는 사라진 루카스 버취를 확실히 찾았다는 것을 말로 듣지 않아도 깨달아야만 했다. 이제 와서는 다만 그것을 미처 생각하지 못했던 것은 더할 수 없는 어리석음 때문이라고 여겨졌다. 온종일 하늘에 서 있던 연기 기둥은 운명과 우연이 나타내 보여 준 경고였는데도, 자신은 지나치게 우둔하여 그 암시를 깨닫지 못한 것이라고 그는 생각했다. 그래서 그는 이야기가 그녀의 귀에 들어갈까 두려워서 누구든 입을 열게 하려 하지 않았다―그들이 지나쳤던 사람들이나, 거기에 가득 차 있던 분위기조차도 입을 다물게 했다. 아마 그때에도 그는, 곧 그녀는 그것을 알게 되겠지, 그걸 듣게 되겠지, 하지만 그걸 아는 것은 그녀의 권리겠지 그렇게 깨닫고는 있었을 것이다. 다만 그때에는 그녀를 무사히 광장에서 하숙으로 데려가기만 하면 그것으로 자기 책임은 끝이라고 생각했던 모양이다. 단 그 책임이란 것은 그녀가 돈도 없이 도보로 30일간이나 걸려서 제퍼슨에 도착한 바로 그날 우연하게도 사건이 일어나고 있는 동안에, 마을을 대표해서 그녀와 함께 지냈다는 단순한 이유로 자기에게도 책임이 있다고 생각한 불운에 대한 책임은 아니다. 처음부터 그는 그 책임을 피할 수 있다고 여기지 않았거니와 또 피하려 하지도 않았다. 다만 자기 자신과 그녀를 깜짝 놀라게 하고 충격을 느끼게 하는 데 시간적 여유를 갖고 싶었던 것에 지나지 않았다. 그는 그 이야기를 조용히 들려준다. 얼굴을 숙이고 평온하고도 굴곡이 없는 음성으로 더듬거리며 말을 하고 있을 동안, 하이타워는 혐오와 부정의 표정으로 그를 바라보면서 책상 건너편에 앉아 있다.

바이런과 리나는 마침내 하숙에 도착하여 안으로 들어갔다. 리나도 또한 불길한 예감이 들었는지, 현관홀에 멈춰 서자 그를 뚫어지게 바라보며 비로소 입을 열었다. "그 사람들이 당신에게 말하려 하던 것이 무엇이죠? 저 불이 난 집 때문에 무슨 사건이라도 일어났나요?"

"아무것도 아닙니다." 바이런은 대답했지만, 그의 음성은 자기 자신에게도 무미하고 경솔하게 들렸다. "그저 미스 버든이 화재로 좀 다쳤다는군요."

"어떻게 다쳤어요? 아주 많이 다쳤어요?"

"뭐 대수롭지는 않은가 봐요. 아마 전혀 다치지 않았을는지도 모르지요. 그저 사람들의 소문이니까요. 늘 그러지들 않아요?" 그는 그녀를 바라볼 수가 없었다. 그녀의 시선과 마주칠 수가 없었다. 그러나 그는 자신을 바라보는 그녀의 시선을 느낄 수 있었다. 또한 오만 가지 소리가 다 들리는 것 같았다―거리를 떠돌아다니는 낮고 조용하고 긴장된 목소리, 그가 그녀를 재촉하며 지나간 광장에서 낯익은 안전한 가로등 아래 사람들이 모여 그 소문을 이야기하던 목소리가. 하숙집도 낯익은 소리로 가득 차 있는 것 같았다. 그러나 그것은 주로 타성적이며 둔하고 무척 느릿느릿한 소리에 지나지 않았다. 바이런은 어둠침침한 복도 저편을 바라보며 생각에 잠긴다. '그 여자는 어째서 나타나지 않지, 어째서 나타나지 않지.' 마침내 비어드 부인이 나타났다―팔이 불그레하고 머리가 좀 헝클어지고 백발 섞인 마음 편해 보이는 여자였다. "여기 이분은 버취 부인입니다." 그는 말했다. 그의 얼굴에는 거의 노려보는 듯한, 정말 간절히 하소연하는 듯한 표정이 깃들어 있었다. "저 부인은 앨라배마주에서 여기까지 왔습니다. 여기서 남편을 만나려는 것이지요. 그는 아직 오지 않았군요. 그래서 시내의 저 소동에 말려들지 않고 쉴 수 있도록 여기에 데리고 온 겁니다. 저분은 이곳이 처음이고, 아직 아무와도 이야기를 나누지 않았습니다. 저분이 번거로운 그런 일을 겪기 전에 좀 쉬는 것이 좋겠다 싶었는데, 아주머니는 쉴 만한 장소를 마련해 주실 수 있을 것 같아서……" 그의 음성은 끊어졌다. 꺼져 버리듯이 말을 삼켰지만, 거의 매달리듯 호소를 멈추지 않았다. 그는 비어드 부인이 자기 말을 알아들었다고 생각했다. 나중에 안 일이지만, 비어드 부인이 이미 들은 얘기를 굳이 말하지 않고 있었던 것은 그의 요청 때문이 아니라, 이미 그 여자가 임신 중임을 알아보고 그녀를 감싸 주고 싶은 생각이 들었기 때문이다. 부인은 리나를 보았다―알지 못하는 여자들이 4주일 동안이나 그렇게 해 온 것처럼, 한 번 슬쩍 리나를 보고서 모든 것을 알아챘다.

"얼마나 오래 묵을 작정인가요?" 비어드 부인이 물었다.

"하루나 이틀 밤이지요." 바이런이 대답했다. "어쩌면 오늘 밤뿐일지도 모릅니다. 저분은 여기서 남편을 만날 작정이니까요. 지금 막 도착하는 길이어서 아직 수소문해 볼 시간이 없었죠―" 바이런의 음성은 아직도 암시와 의미가 풍부했다. 비어드 부인은 그때 그를 주의 깊게 바라보고 있었다. 바이런은 비어드 부인이 아직도 자기 말의 숨은 의미를 파악하려 하는구나 생각했다. 그러나 비어드 부인은 실상 저 사람이 저렇듯 더듬는 것은 무슨 다른 이유와 의미가 있으리라 믿으면서(혹은 믿으려고 하면서) 그의 당황한 모습을 지켜보고 있었던 것이다. 이어서 비어드 부인은 리나를 다시금 보았다. 그 눈은 차갑다고 말할 수는 없었지만, 그렇다고 따뜻하지도 않았다.

"지금 당장에는 저 여자를 어디 다른 곳으로 보내지 않는 게 좋겠군요." 부인이 말했다.

"나도 그렇게 생각합니다." 바이런은 재빠르고 열렬하게 말했다. "저런 소란스런 소문과 흥분된 논쟁을 듣게 되는지도 모르는데, 실상 저런 떠들썩한 일은 처음 만나는 모양이고……만약에 오늘 밤 비는 방이 없다면 저 부인한테 내 방을 주어도 괜찮다고 생각했습니다."

"그러죠." 비어드 부인은 곧 대꾸했다. "어차피 당신은 몇 분 안에 곧 떠날 테고, 월요일 아침에 돌아올 때까지 그 여자에게 방을 비워 주겠단 말이지요?"

"난 오늘 밤엔 가지 않습니다." 바이런이 말했다. 그는 시선을 돌리지 않았다. "이번에는 갈 수 있을 것 같지가 않습니다." 그는 불신의 표정을 띠고 있는 그녀의 냉담한 눈을 똑바로 들여다보았다. 이번에는 오히려 부인이 자기 눈을 보면서 의중을 파악하려 하는 것을 지켜보면서, 그는 부인이 자기 안에 있을 거라고 추측하던 것 말고 실제로 있는 것을 분명히 알아보리라 생각했다. 능란한 거짓말쟁이가 남을 속인다고 흔히들 말한다. 그러나 능란하고 상습적인 거짓말쟁이는 자기만 속일 때가 많다. 오히려 일생 동안 진실밖에 말하지 않는다고 자신하는 사람일수록, 그 거짓말은 재빨리 신용을 받을 수가 있다.

"아, 그래요." 비어드 부인이 말했다. 부인은 리나를 다시금 보았다. "저 여자는 제퍼슨에 누구 아는 사람이라도 없나요?"

"여기엔 아는 사람이 아무도 없어요." 바이런이 말했다. "앨라배마주에서 이쪽으로는 한 사람도 알지 못한다나요. 아마 버춰 씨는 내일 아침에 나타나겠지요."

"아, 그래요." 비어드 부인이 또 물었다. "당신은 어디서 자겠수?" 그러나 부인은 대답을 기다리지 않았다. "오늘 밤엔 내 방에다 잘 간이침대를 들여놓기로 하죠. 반대만 안 한다면 말이에요."

"그거 참 좋습니다. 아주 좋은 생각입니다." 바이런이 말했다.

저녁 식사 종이 울릴 때, 그는 모든 준비가 다 되어 있었다. 그는 이미 기회를 봐서 비어드 부인과 이야기를 나눴던 것이다. 그는 그 거짓말을 조작해 내느라고 처음으로 시간을 많이 썼다. 그러나 그럴 필요도 없었다—그가 감싸려고 하던 것이 자연스럽게 보호를 받게 되었기 때문이다. "하숙하는 남자들은 식탁에서 그런 말을 지껄일 겁니다." 비어드 부인이 말했다. "저렇게 배가 부른 여자는('게다가 버춰라는 이름의 남편을 찾아야 하니까.' 부인은 냉소적인 마음으로 생각했다) 남자들의 짓궂은 농담을 들을 필요가 없어요. 다른 사람들이 다 먹고 난 뒤에 저 여자를 식당으로 데리고 가요." 바이런은 그대로 했다. 리나는 이번에도 예절을 지키며 엄숙하고도 즐겁게 마음껏 먹었지만, 식사를 다 끝내기도 전에 접시 위에 엎어져서 잠이 들 태세였다.

"여행이란 참 고단한 거로군요." 리나는 변명했다.

"휴게실에서 좀 쉬어요. 잠자리를 마련할 테니." 비어드 부인이 말했다.

"좀 도와드리고 싶어요." 리나가 말했다. 그러나 바이런까지도, 그녀는 무리한 소리를 하고 있으며 또한 너무 졸려 쓰러질 지경인 것을 알 수 있었다.

"휴게실에 가서 쉬라니까요." 비어드 부인이 재촉했다. "번춰 씨가 잠깐 말동무를 해 줄 거예요."

"저는 그 여자를 혼자 있게 내버려 둘 수는 없었습니다." 바이런이 말한다. 책상 저쪽에서는 하이타워가 여전히 움직이지도 않고 있다. "그래서 우리는 휴게실에서 좀 쉬고 있었는데, 바로 그때는 모두들 시내 경찰서에 몰려들어 브라운이 온통 실토하는 말을 듣고 있던 때였습니다—자기와 크리스마스와 위스키, 또 그 밖에 모든 것에 대한 이야기 말입니다. 다만 위스키만은 마을 사람들에게 새 소식이 아니었지요. 브라운과 크리스마스가 동업을 시작한 뒤부터 말입니다. 사람들이 의아하게 여긴 것은 어째서 크리스마스가 브라운을 끌어들였을까 하는 정도였겠지요. 아마 그것은 같은 것끼리 모이게 된다는 법칙에서 비롯된 것이겠지만, 같은 것끼리는 서로서로 발견하고 발견될 수밖에 없기에 그런 걸 테지요. 설령 같은 점이 단 하나뿐이라도. 그 두 사람처럼, 어떤 면에서는 똑같아 보이는 비슷한 것들 사이에도 서로 다른 점이 있지요. 크리스마스는 돈을 벌기 위해서 법을 어겼지만, 브라운은 자기가 그런 일을 하고 있다는 사실도 모른 채 법을 어긴 것입니다. 예를 들어 그날 밤 이발소에서 브라운이 거나하게 취해 큰 소리로 지껄이고 있던 때만 하더라도 크리스마스가 달려와서 그를 질질 끌고 나갔답니다. 맥시 씨는 (초기 작품〈머리카락〉에도 나오는 이발소 주인) 이렇게 말했죠. '저 녀석은 자기와 동료의 비밀을 다 까발릴 뻔했는데, 내 참! 대체 그게 뭐였다고 생각하나?' 그러자 맥클랜던 대위(초기 작품〈메마른〉 9월의 등장인물)는 이렇게 말했답니다. '생각이고 뭐고, 아무 생각 없는데.' 이번에는 맥시 씨가 또 입을 열었습니다. '저 녀석들이 누군가의 술 트럭을 털었다고 생각지 않나?' 맥클랜던이 대답하길, '저 크리스마스란 녀석은 그보다 더 지독한 나쁜 짓을 했을 텐데 뭐 그걸 가지고 놀라나?' 했다지요."

"지난밤에는 브라운이 그런 이야기도 다 했습니다. 그렇지만 그건 누구나 다 알고 있는 이야기였습니다. 전부터 그들은 미스 버든에게 그 일을 알려주어야겠다고들 의논하고 있었습니다. 그렇지만 거기까지 가서 그런 말을 하려는 사람은 하나도 없었던 모양이더군요. 하기야 거기 가면 무슨 일이 일어날지 누가 알아요? 여기서 태어난 사람들 중에도 그 여자를 한 번도 보지 못한 사람이 있을 테니 말이죠. 저도 그 낡은 집에 가 볼 생각은 없었습니다. 하여간 그 집에서 미스 버든을 만나는 일은 좀처럼 없고, 그저 마차를 타고 지나가던 사람들이 가끔 앞뜰에 서 있는 그 여자 모습을 볼 수 있었을 뿐이라니까요. 게다가 그럴 때 그 여자는, 제가 알고 있는 흑인 여자들도 흉하다고 싫어할 만한 그런 옷을 입고서 커다란 모자를 쓰고 있었으니 모양이 과연 얼마나 흉했겠습니까! 아니, 어쩌면 그 여자는 누가 안 알려줘도 다 알고 있었을는지도 모르죠. 다 알면서도 근본이 양키라서 별로 마음을 쓰지 않았을지도 몰라요. 하지만 그래도 그런 일이 일어날 줄은 아무도 알 수가 없었지요."

"그래서 저는 그 여자가 잠자리에 들 때까지 혼자 내버려 둘 수가 없었어요. 어제 저녁 목사님을 찾아뵈려고 했지요. 그렇지만 그 여자를 혼자 둘 수가 없었습니다. 그 하숙에 있는 다른 남자들이 복도를 지나다니다가, 그중 어떤 사람이 방에 불쑥 들어와 보고는 지껄이고 야단하여 소문을 쫙 퍼뜨릴지도 모를 일이었으니까요. 저는 그들이 포치에서 그 얘기를 하고 있는 소리를 이미 들을 수 있었습니다. 그리고 그 여자는 계속해서 저를 바라보면서 열심히 화재에 대해서 묻고 싶어하더군요. 그래서 저는 그 여자를 혼자 둘 수가 없었습니다. 둘이서 휴게실에 앉아 있었는데 그 여자는 눈도 제대로 뜨고 있기 힘든 것 같더군요. 저는 꼭 남편을 찾아 주겠다, 그러기 위해서는 전부터 알고 있는 목사님을 만나 말씀을 드리고 도움을 받아야겠다고 말했지요. 그 여자는 제가 말을 하고 있는 동안 눈을 감고 거기 앉아 있었습니다. 아마 그 여자는 그 남자와 아직 결혼도 하지 않았다는 사실을 제가 모르고 있는 줄 아는 모양이었습니다. 그 여자는 모든 사람을 다 속여 왔다고 생각했겠죠. 그리고 그 여자는, 제가 만나서 의논하고 싶어하는 사람이 어떤 분이냐고 물었죠. 그래서 모두 말해 주었습니다. 그 여자는 여전히 눈을 감고 앉아 듣고 있었는데, 나중에는 제가 이렇게 말했습니다. '내가 하는 말은 한마디도 듣지 않는군요.' 그러자 그 여자는 퍼뜩 깨어나는 듯하더니, 그래도 눈을 여전히 감은 채 입을 열었어요. '그분은 아직도 결혼 주례를 해 주실 수 있을까요?' 물었습니다. 그래서 저는, '뭐라고요? 뭘 할 수가 있느냐고요?' 반문했습니다. 그 여자는 또 이렇게 묻더군요. '그분은 아직도 결혼을 주례할 자격이 있는 목사님이신가요?'"

하이타워는 내내 움직이지 않았다. 그는 책상 뒤에 똑바로 앉아, 두 팔을 의자 팔걸이에 평행으로 올려놓고 있다. 그는 옷깃도 달지 않고 웃옷도 입지 않고 있다. 그의 얼굴은 수척하기도 하고 축 늘어지기도 했다. 마치 얼굴이 둘 있어서 그 한쪽이 또 다른 쪽 위에 겹쌓여서, 회색 머리털로 가장자리가 둘러싸인 창백한 대머리 밑에서 꼼짝도 않고 빛나는 안경 두 알 뒤편에서 이쪽을 엿보고 있는 것 같았다. 책상 위로 보이는 그의 상반신은 늘 앉아서 생활한 탓에 말랑말랑하고 살이 쪄 있어서, 모양이 흉하고 거의 괴물 같아 보이기까지 한다. 그는 딱딱한 자세로 앉아 있다. 지금 그의 얼굴에는 거부와 회피의 표정이 명백하게 나타난다. "바이런." 그는 드디어 입을 연다. "바이런, 대체 내게 하려는 말이 뭔가?"

바이런은 입을 다문다. 그는 상대를 동정과 연민의 표정으로 조용히 바라본다. "저는 목사님이 아직 듣지 못했다는 것을 알고 있어요. 목사님에게는 제가 말씀드려야 한다는 것을 알고 있었습니다."

그들은 서로 마주 바라본다. "내가 아직 듣지 못한 것이 뭐지?"

"크리스마스에 대한 이야기입니다. 어제 일과 크리스마스에 대한 이야기를 아직 듣지 못하셨죠. 크리스마스는 검둥이 피가 섞여 있습니다. 그 크리스마스와 브라운과 어제 일은 아직 듣지 못하셨죠."

"검둥이 피가 섞였다?" 하이타워가 말한다. 그의 음성은 가볍고 경박하게 들리는 것이, 마치 엉겅퀴꽃이 소리도 무게도 없이 침묵 속으로 떨어지는 듯했다. 그는 움직이지 않는다. 한동안 꼼짝도 하지 않는다. 그리고 다음 순간, 그의 온몸은 얼굴 표정이 움직거리는 것처럼 각 부분이 혐오와 거부를 나타내며 미묘하게 떨리는 것 같다. 바이런은 그의 조용한, 축 늘어진 큰 얼굴에 반짝이는 땀방울이 맺히는 것을 본다. 그러나 그의 음성은 가볍고 침착하다. 하이타워는 말한다. "크리스마스와 브라운과 어제일 이야기라니 그게 무엇인가?"

먼 교회에서 들려오던 음악 소리는 이미 멎은 지 오래다. 지금 방에서 들리는 소리는 줄기찬 벌레 울음소리와 바이런의 단조로운 음성뿐이다. 책상 건너편에는 하이타워가 똑바로 앉아 있다. 하반신은 책상 밑에 가려지고 손바닥을 밑으로 한 채 두 팔을 평행으로 올려놓은 그 자세는, 동양의 불상 모습과도 흡사하다.

"어제 아침 일이었습니다. 어떤 시골 사람이 가족과 함께 마차를 타고 시내에 들어오고 있었지요. 바로 그 사람이 불이 난 것을 발견했습니다. 아니―그는 두 번째로 현장에 간 셈입니다. 왜냐하면 그가 문을 부수니까 벌써 거기에는 한 남자가 있었다고 하니까요. 처음에 마차가 그 집이 시야에 들어오는 곳까지 갔을 때에 부엌에서 연기가 굉장히 많이 나온다고 그는 자기 아내에게 말했답니다. 좀더 가까이 다가갔을 때, 이번엔 그의 아내가 '저 집에 불이 났어요' 하더랍니다. 거기서 아마 그는 마차를 멈추고 얼마 동안 마차에 그냥 앉은 채 연기만 바라보다가 아주 느릿느릿하게, '그래 불이 붙는 것 같군' 했겠지요. 그리고 나서 그는 아내의 성화에 못 이겨 마차에서 내려 그곳으로 갔을 겁니다. '불이 난 줄 모르고 있어요. 좀 가서 알려 주고 와요' 하고 아내가 말했겠죠. 그래서 그는 마차에서 내려 포치까지 가서는 거기 서서, '여보세요, 여보세요' 얼마 동안 소리를 질렀습니다. 그때 집 안에서 불 붙는 소리가 들려와서, 어깨로 문을 힘껏 부수고 안에 들어가 보았더니, 불을 맨 먼저 발견한 사나이가 거기 벌써 와 있더랍니다. 그게 바로 브라운이 었죠. 그렇지만 그 시골 사람은 그걸 몰랐습니다. 그의 말에 따르면, 현관홀에 있던 그 사나이는 술에 잔뜩 취해서 꼭 계단에서 방금 굴러떨어진 것 같은 모양이었답니다. 그 시골 사람은 '나리 댁에 불이 났어요' 하고 말했는데, 그제야 상대가 곤드레만드레 취해 있는 것을 확실히 깨달은 모양입니다. 그리고 그 술주정꾼은 2층에는 아무도 없고, 2층은 어차피 불바다가 돼서 뭘 꺼낼 수도 없으니 올라갈 필요가 없다고 자꾸 말하더랍니다."

"그렇지만 그 시골 사람은, 2층이 그렇게 불바다가 됐을 리가 없고, 불은 부엌 쪽에만 붙고 있음을 알고 있었습니다. 그리고 또한 그 사나이는 너무나 취해 있어서 아무것도 모를 것이라고도 생각했죠. 주정꾼이 2층에 올라가지 말라고 하도 야단을 치는 바람에 오히려 그는 거기에 무언가 일이 잘못되었구나 의심을 했답니다. 그래서 2층으로 올라가려 하니까 주정꾼이 막아서기에 그는 주정꾼을 떠밀치고 2층으로 올라갔답니다. 주정꾼은 여전히 2층에는 아무것도 없다고 말하면서 뒤에서 따라오려고 했는데, 그가 다시 아래로 내려와 그 주정꾼 생각이 떠올랐을 때는 이미 자취를 감췄던 모양입니다. 그렇지만 그 시골 사람이 브라운을 다시 떠올린 것은 분명 시간이 꽤 지난 뒤였을 것입니다. 왜냐하면 그는 2층에 올라가 소리소리 지르며 이 문 저 문을 열어 보다가, 마침내 바로 그 방문을 열고 거기서 그 여자를 발견했으니까요."

그는 말을 멈춘다. 그러자 방 안에는 벌레 소리 말고는 아무런 소리도 들리지 않는다. 열린 창문 저쪽에서는 수많은 벌레가 줄기차게 소리를 내어 졸음을 부르고 있다. "그 여자를 발견했다고?" 하이타워가 말한다. "그 시골 사람이 발견한 여자는 미스 버든이었겠군." 그는 움직이지 않는다. 바이런은 그를 바라보지 않는다. 그는 고개를 수그리고 있으며, 이야기를 하는 동안에도 무릎 위에 올려놓은 자기 손을 들여다보고 있는 것 같기만 하다.

"그 여자는 방바닥에 쓰러져 있었답니다. 목은 거의 잘리다시피 했다더군요. 백발이 드문드문 섞인 부인의 목이 말입니다. 그는 거기 멍하니 서 있었는데 불타는 소리가 들렸고, 그 방에도 연기가 들어오는데 마치 연기가 자기를 따라온 것 같더랍니다. 그는 그 여자를 안고 나오려 했지만 목이 완전히 떨어질까 두려워서 그러지도 못했다더군요. 그는 계단으로 다시 달려 내려와 그 주정꾼이 없어진 것도 미처 깨닫지 못한 채 현관을 지나 도로로 막 달려가서는, 자기 아내에게 마차를 몰고 가까운 전화통으로 가서 경찰서에 신고하라고 일렀던 모양입니다. 그러고 나서 그는 서둘러 돌아가 그 집을 돌아 뒤쪽 물탱크가 있는 곳으로 가서는 물통에 물을 길어 올렸는데, 그제야 다 쓸데없는 일임을 깨달았답니다. 그때 벌써 불길은 집 뒤편으로 완전히 번져 있었다니까요. 그래서 그는 집 안으로 다시 뛰어 들어가 2층으로 올라가서 그 방에 들어서자마자 침대에서 커버를 벗겨 그것으로 여자를 똘똘 말고는, 그 양끝을 붙잡고 무슨 옥수수가루 포대 모양으로 등에 짊어지고 집에서 나와 나무 아래 내려놓았답니다. 그런데 결국 두려워하던 일이 일어났다지요. 즉 커버가 좀 벌어져 그 여자가 보였던 모양인데, 몸은 옆구리를 땅에 대고 누워 저편을 향해 있는데 머리는 반대 방향으로 돌아가, 마치 뒤를 돌아보는 듯했다니까요. 그래서 그가 하는 말이, 만약에 그 여자가 살아 있을 때 그렇게 뒤를 잘 경계했더라면 이런 꼴은 되지 않았을 텐데 하더랍니다."

바이런은 말을 멈추고 책상 저편에 앉아 있는 상대를 힐끔 쳐다본다. 하이타워는 아직 움직이지 않는다. 공허하게 빛나는 두 안경알 뒤에서 그 얼굴은 조용히 또 끊임없이 땀을 흘리고 있다. "이윽고 경찰서장이 달려오고 소방대원들도 왔습니다. 하지만 호스에 사용할 만한 물이 근처에 없어서 그들이 할 수 있는 일은 없었다지요. 그래서 그 낡은 집은 그날 오후 내내 불타서 그 연기를 공장에서도 볼 수가 있었는데, 리나가 왔을 때에는 제가 그걸 가리켜 보여 주기도 했습니다. 저는 아직 그 진상을 모르고 있었으니까요. 그러고 나서 그들은 미스 버든의 시체를 시내로 옮겨 갔습니다. 은행에는 그 여자가 죽은 뒤에 어떻게 하라는 서류가 보관되어 있었답니다. 그 서류 덕택으로 그 여자 집안이 예전에 살고 있던 북부에 조카가 하나 있음을 알게 되었습니다. 그 조카에게 전보를 쳤더니 두 시간도 안 돼서 답장이 왔는데, 범인을 찾아 주면 천 달러의 상금을 내겠다는 것이었습니다."

"그런데 크리스마스와 브라운은 둘 다 보이지를 않았습니다. 경찰서장이 그 오두막집에서 누가 살았던 흔적을 발견했을 때, 이때다 하고 모두들 크리스마스와 브라운에 대한 이야기를 지껄이기 시작하여, 그 부인을 죽인 사람은 그들 두 사람이 아니면 그중 한 사람이라고 벌써부터 생각하고 있었다고 말했습니다. 그렇지만 아무도 그들이 어디 있는지 어젯밤까지는 몰랐던 것입니다. 또 그 시골 사람은 그 집에서 만났던 주정꾼이 브라운인 줄도 모르고 있었지요. 사람들은 크리스마스와 브라운이 도망을 갔을 거라고 생각했습니다. 그런데 어젯밤 브라운이 나타났습니다. 그때에는 술이 말짱하게 깨어 있었죠. 그가 광장에 나타난 것은 저녁 8시쯤이었는데, 그 부인을 죽인 것은 크리스마스라고 되는 대로 큰 소리로 폭로하고는 상금 천 달러는 자기 것이라고 떠들어 댄 모양입니다. 사람들이 경관을 불러서 그는 경찰서로 연행되어 갔지요. 그리고 그들은 만약에 그가 크리스마스를 잡아서 정말 그의 범행임을 증명한다면 상금은 틀림없이 주겠다고 말했답니다. 그러자 브라운이 죄다 털어놓기 시작했습니다. 그의 말로는, 그가 크리스마스와 함께 어울리기 시작하기까지 3년 동안이나 크리스마스는 미스 버든과 부부로서 살아왔다는 것입니다. 맨 처음 브라운이 크리스마스와 함께 살러 그 오두막집에 옮겨갔을 때, 크리스마스는 그 방에서 늘 자고 일어난다고 말했답니다. 그런데 어느 날 밤, 브라운이 아직 채 잠이 들지 않았는데 크리스마스가 자리에서 일어나더니 브라운이 누워 있는 곁에 와 서서 동정을 살펴보고 나서는, 발끝걸음으로 출입구까지 가서 소리 없이 문을 열고 밖으로 나가더랍니다. 그래서 브라운도 일어나 크리스마스의 뒤를 밟아 보았더니, 그는 큰 집으로 올라가 뒷문에 가더니 마치 그 문이 그를 위해서 열려 있었든가, 그렇지 않으면 그가 열쇠를 가지고 있었든가 한 모양이어서 쉽게 그 문을 열고 들어가더라는군요. 브라운은 곧 발길을 돌려 오두막집으로 돌아와 자리에 누웠지만, 크리스마스가 자긴 감쪽같이 해치웠다고 생각하고 있을 것이 우스워서 킬킬거리느라고 잠도 못 잤답니다. 그렇게 한 시간쯤 누워 있으려니 크리스마스가 돌아온 모양입니다. 브라운은 웃음을 참을 수가 없어서 크리스마스에게 '이봐, 능구렁이 자식' 하고 말했다죠. 크리스마스는 컴컴한 속에 멈춰 서더니 꼼짝도 안 하고 있었는데, 브라운은 그동안에도 여전히 누워 웃으면서, 결국 크리스마스도 물샐 틈이 없지 않았다느니, 백발이 나기 시작한 여자 맛이 좋을 거라느니, 원한다면 일주일쯤 집세를 내고 교대해도 괜찮다느니 지껄여 댄 모양입니다."

"브라운은 그날 밤, 크리스마스가 조만간 그 여자나 어떤 다른 사람을 죽일 거라는 생각이 들었다는군요. 그가 웃으면서 자리에 누운 채 크리스마스도 곧 잠자리에 돌아가겠지 생각하고 있는데, 크리스마스는 성냥불을 켜더랍니다. 그래서 브라운도 웃음을 그치고 그대로 누운 채 크리스마스의 거동을 보고 있으려니까, 크리스마스는 등불을 켜서 브라운의 잠자리 옆에 있는 상자 위에 갖다 놓았답니다. 브라운이 웃지도 못하고 가만히 누워 있으니까, 크리스마스는 그 옆에 서서 그를 내려다보더랍니다. '좋은 농담거리가 또 하나 생겼구나' 하고 크리스마스가 말하더랍니다. '내일 밤에는 이발소에 가서 떠들어 대며 웃을 수 있겠는데.' 브라운은 크리스마스가 성이 난 줄은 모르고 별로 성나게 할 생각도 없이 뭐라고 말대꾸를 좀 했다더군요. 그러자 크리스마스는 그 조용한 어조로 말했답니다. '넌 잠이 모자라는구나. 넌 너무 오래 눈을 뜨고 있어. 좀더 잠을 자야 하겠는데.' 그래서 브라운이 말했죠. '좀더? 얼마나 오래?' 크리스마스는 '앞으로 죽 말이야' 하더랍니다. 그제야 브라운은, 크리스마스가 성이 났으니 지금은 농담할 때가 아니란 걸 깨닫고는 이렇게 말했습니다. '우린 단짝이잖아. 나와는 상관도 없는 일을 남에게 지껄이고 싶은 줄 아냐? 날 못 믿겠어?' 그러자 크리스마스의 대답이, '몰라, 그런 건 아무래도 상관없어. 그렇지만 넌 나를 믿을 수 있지' 하더랍니다. 그러고 나서는 브라운을 뚫어지게 바라보며, '너는 나를 못 믿겠어?' 하니까 브라운은, '그래 믿지' 하고 대답했답니다."

"그래서 브라운은 크리스마스가 어느 밤에는 미스 버든을 죽일 거라고 근심했다고 하니까, 서장이 그러면 어째서 그 일을 경찰에 보고하지 않았는가 추궁을 했다지요. 그러자 브라운은 아무 말 않고 자기가 그냥 거기 머물러 있으면, 경찰에 폐를 끼치지 않고도 사건을 미연에 막을 수 있을 거라고 생각했다는 겁니다. 이 말을 듣고 서장은 기가 막혀서 좀 으르렁대더니, '참 마음도 잘 쓰는군, 미스 버든이 안다면 감지덕지하겠군' 하고 핀잔을 준 모양입니다. 제 생각엔 그때 처음으로 브라운은 자기도 의심받고 있다는 걸 눈치챈 듯합니다. 왜냐하면 그는 미스 버든이 그 새 자동차를 크리스마스에게 사 주었다느니, 자기는 성가신 일이 일어나기 전에 위스키 장사를 그만두자고 크리스마스를 설득하려 애썼다느니 지껄였기 때문입니다. 그는 경관들이 지켜보는 가운데 점점 더 입이 가벼워져서 그날 사건 이야기를 꺼내기 시작했습니다. 토요일 아침 일찍 그가 눈을 떠 보니까 크리스마스는 새벽에 일어나 밖으로 나가더랍니다. 브라운은 크리스마스가 어디 가는지 알고 있었는데, 7시쯤 되니까 크리스마스가 오두막집으로 돌아오더니 선 채로 브라운을 내려다보면서, '해치웠어' 하더랍니다. '무엇을 해치웠단 말이야?' 브라운이 물었지요. '저 집에 가서 봐.' 크리스마스가 말했답니다. 브라운은 무서워서 소름이 끼쳤지만 설마 그런 짓을 저질렀을 줄은 꿈에도 몰랐답니다. 그는 크리스마스가 기껏해야 그 여자를 좀 두들겨 패 주었겠지, 하는 정도로 생각을 했다더군요. 크리스마스가 다시 밖으로 나가고 나서, 브라운이 일어나 옷을 입고 아침밥을 지으려고 불을 피우다가 언뜻 문밖을 내다보니까, 큰 집 부엌이 온통 불바다가 돼 있더랍니다."

"'그게 몇 시였지?' 경찰서장이 묻습니다."

"'8시쯤일 거예요.' 브라운이 대답하는군요. '사람이 보통 깨어날 때죠. 뭐 부자라면 좀 다르겠지만요. 신께서도 아시다시피 난 그런 사람은 못 되죠.'"

"'그 화재는 11시가 다 될 때까지 아무런 보고도 없었어.' 서장이 말합니다. '게다가 그 집은 오후 3시에도 여전히 타고 있었어. 좀 크다곤 해도 저 낮은 목조건물이 다 타 버리는 데 여섯 시간이나 걸린다 그 말인가?'"

"브라운은 여러 경관들에게 뺑 둘러싸여 날카로운 시선을 온몸에 느끼면서 이쪽저쪽 눈을 굴리며 앉아 있었습니다. 그러다가 '난 그저 사실을 말하고 있는 거예요.' 브라운이 말하는군요. '그것만 알면 그만 아닙니까?' 그는 머리를 이리 기우뚱 저리 기우뚱 둘러보더니, 갑자기 고함이라도 지르듯이 부르짖었습니다—'몇 시였는지 내가 어떻게 안단 말이오? 제판공장에서 검둥이 노예처럼 일이나 하고 있는 주제에 시계를 가질 만한 여유가 있다고 생각하는 거요?'"

"'자네는 6주일 동안 제재소뿐 아니라 어디서도 일한 적이 없네.' 집행관(연방법원이 임명한 경찰관)이 말합니다. '게다가 온종일 새 자동차를 타고 돌아다닐 여유가 있는 사람이라면, 재판소 앞을 가끔 지날 때면 시계를 볼 수 있을 텐데 시간 관념이 전혀 없단 말이지.'"

"'그건 내 차가 아니에요, 정말이에요!' 브라운은 또 계속하기를, '그 녀석 차예요. 그 여자가 그 녀석에게 사 준 차예요. 녀석이 죽인 여자가 사 준 거라고요.' 소리지르는군요."

"'그건 아무래도 괜찮아.' 서장이 말합니다. '하여간 나머지 이야기나 들어

봅시다.'"

"그래서 브라운은 이야기를 계속했지만 그 소리는 점점 더 커지고 빨라졌습니다. 마치 그는 이렇게 크리스마스의 비밀을 폭로하면서 자기의 혐의를 감추고 상금 1천 달러를 움켜쥘 기회만 엿보고 있는 듯했습니다. 참 한심한 얘기입니다만, 돈을 벌거나 얻거나 하는 것을 규칙 따위 하나도 없는 게임처럼 생각하는 놈들도 있단 말이지요. 브라운은 불이 붙는 것을 보았을 때에도 그 여자가 그냥 그 집에 있으리라고는 꿈에도 생각하지 못했다는 것입니다. 그러니 죽어 있을 줄이야 더더욱 몰랐다는 것이지요. 그는 집 안으로 들어가 볼 생각은 전혀 하지 않고 그저 어떻게 불을 끌 수 있을까 하는 생각만 했답니다."

"'그게 아침 8시 무렵이었다 그 말이지?' 서장이 말합니다. '햄프 월러네 부인은 11시가 다 돼서야 불이 났다는 신고를 해 왔는데, 그렇다면 자넨 맨손으로는 도저히 그 큰불을 끌 수 없다는 것을 깨닫기까지 시간이 꽤 걸렸군.' 브라운은 모두에게 둘러싸인 채 앉아서(그들은 문을 잠갔죠. 그래도 창문이란 창문에는 몰려온 시민들의 얼굴이 다닥다닥 붙어 있었습니다) 이리저리 둘러보기도 하고, 입술을 들어 올리기도 했습니다. '햄프가 말하기를, 문을 부수고 들어가 보니 집 안에는 이미 한 사람이 있었다던데.' 서장이 말을 계속합니다. '그런데 그 사람은 햄프가 2층으로 올라가려는 것을 끈질기게 막았다더군.' 브라운은 그들 한가운데 앉아서 이리저리 두리번두리번했답니다."

"아마 그때쯤엔 브라운도 필사적인 상태가 되었던 모양입니다. 상금 1천 달러가 그에게서 점점 더 멀어져 갈 뿐만 아니라, 어떤 다른 사람이 그 돈을 가로채는 것도 눈에 보이는 듯했겠죠. 자신이 손에 쥔 1천 달러를 어떤 다른 사람이 멋대로 다 쓰고 마는 듯한 심정이었을 것입니다. 왜냐하면 이런 때를 대비해서 지금까지 말하지 않고 남겨 두었던 말을 그는 비로소 꺼냈다니까요. 위태롭게 되면 비장의 무기인 그 말만 하면 살아나리라고 그는 알고 있었던 모양입니다. 비록 그것이 남부의 백인으로서는, 여자를 죽인 죄로써 증오를 사는 것보다도 더 지독하게 멸시를 받는 일을 인정하는 꼴이긴 하지만요. '좋습니다.' 브라운이 말합니다. '자, 나를 마음껏 문책하시오. 알고 있는 사실을 말해서 당신네들을 도우려고 하는 이 백인을 문책하란 말이오. 백인을 문책하고 검둥이는 자유롭게 내버려둬 봐요. 백인을 문책하고 검둥이는 달아나게 나둬 보라고요.'"

"'뭐, 검둥이?' 서장이 말했습니다. '검둥이라고?'"

"그것으로 그는 그들을 사로잡았다고 생각했겠지요. 이제부터 또 한 사람의 이야기를 들려주면 자기가 받고 있는 의심쯤은 문제도 되지 않는다는 듯이 말입니다. '당신네들은 머리가 좋군요.' 그는 말합니다. '여기 시민들은 머리가 좋아요. 3년 동안이나 잘 속아 넘어갔으니. 그 녀석을 지금까지 그저 외국 사람이라고 생각했죠? 그렇지만 나는 사흘만 들여다보고도 그 녀석이 전혀 외국 사람이 아닌 것을 깨달았어요. 그 녀석이 나에게 실토하기 전부터 난 알고 있었거든요.' 이때 그를 지켜보고 있던 사람들은 서로서로 얼굴을 마주 바라보았답니다."

"'백인 이야기를 하는 거라면 좀더 조심해서 말하는 것이 좋을걸.' 집행관이 주의를 주는군요. '그 사람이 설령 살인범이라도.'"

"'나는 크리스마스에 대해 이야기하는 거요.' 브라운이 말합니다. '이 도시 사람들이 주시하는 가운데 백인 여자와 부부처럼 살기까지 하다가 나중에는 그 여자를 죽여 버린 사나이 말이오. 그런데 당신네들은 그 녀석이 무엇을 했으며 그 녀석을 어디서 찾을 수 있는지, 모두 알고 있는 유일한 사람을 못살게 굴고, 그 범인은 더욱더 멀리 도망가게 내버려 두는군요. 그는 검둥이 피를 갖고 있어요. 난 첫눈에 그걸 알아차렸어요. 그런데 당신네들은, 서장이니 뭐니 하는 당신들은—내 참, 머리도 좋으시지! 한번은 그 녀석이 제 입으로 시인까지 했어요. 자기는 검둥이 피가 섞였다고 말이에요. 아마 술에 취했기 때문에 그런 말을 했겠지만, 그거야 난 잘 모르겠고. 하여간 그 말을 하고 난 이튿날 아침에 그 녀석은 나에게 오더니 이렇게 말하더군요. (브라운은 말이 빨라지고, 주위에 있는 사람들 한 사람 한 사람에게 눈과 이빨을 빛내고 있었습니다) '어젯밤엔 그만 실수를 했어. 너도 같은 실수는 하지 마' 하지 않겠어요. 그래서 나는 '실수라니 뭐 말이지?' 하고 물었죠. 그러자 '잠깐 생각해 봐' 하더군요. 그래서 나는 어느 날 밤 멤피스에서 녀석이 한 일을 생각하고, 그 녀석을 화나게 하면 목숨이 위태로울 것을 느껴서 이렇게 말했죠. '자네 말뜻을 알아듣겠네. 난 나와 상관없는 일에는 뛰어들지 않는 사람이야. 지금까지 그런 일을 한 적은 한 번도 없어.' 아마 당신네들도 그렇게 말했겠죠.' 브라운은 말합니다. '저렇게 시내에서 떨어진 곳에서, 소리를 질러도 아무도 들어 줄 사람 없는 그 오두막집에서 그 녀석과 단둘이 살고 있었다면 말이오. 당신네들도 무서워서 떨겠죠. 지금 여기서처럼 자진해서 협력하려는데, 하지도 않은 살인 때문에 문책을 받고 있다면 또 별문제지만.' 그러고 나서 그는 거기 앉은 채 이리저리 두리번거렸고, 방에 있던 사람이나 밖에서 창문에 바짝 얼굴을 대고 있던 사람들은 그를 지켜보고 있었습니다."

"'검둥이라.' 집행관이 입을 열었답니다. '그 녀석에게는 언제나 무슨 묘한 구석이 있는 것 같더라니.'"

"그러자 경찰서장은 다시금 브라운에게 물었습니다. '그래서 자네는 오늘 밤까지, 거기서 일어난 온갖 일을 모두 말하지 않았다는 건가?'"

"그러자 브라운은 그들 한가운데 앉은 채 입술을 뒤로 팽팽히 잡아당기면서 튀긴 옥수수처럼 하얀 흉터를 입가에 보이며 으르렁대듯이 말합니다. '그렇게 하지 않을 사람이 있으면 좀 보여 줘요. 꼭 부탁하고 싶군요. 그 녀석과 함께 살아서 나만큼 녀석을 잘 알고 있는 사람치고 그렇게 하지 않을 사람이 있으면 좀 보여 달란 말이오.'"

"'그래.' 서장이 입을 엽니다. '자네도 마침내 진실을 말하는 것 같군. 자, 버크와 함께 가서 잠이나 푹 자게. 난 크리스마스를 수배할 테니까.'"

"'그럼 감방에 가란 말이군요.' 브라운이 말합니다. '나를 감방에 가두어 놓고 그동안에 보상금을 슬쩍한단 말이죠.'"

"'자네 입 좀 다물게.' 이렇게 말하는 서장은 성이 나 있지는 않았답니다. '그 상금이 자네 것이라면 꼭 자네가 받도록 해 줄 테니까. 버크, 데리고 가게나.'"

"집행관이 와서 브라운의 어깨를 툭 치니까 그는 일어났습니다. 두 사람이 문밖으로 나가자 창문으로 들여다보던 사람들이 몰려들었습니다. '범인을 잡았어요, 버크? 저 녀석이 바로 범인이오?'"

"'아니.' 버크는 말합니다. '자, 모두들 집으로 돌아가요. 가서 잠이나 자요.'"

바이런은 목소리를 멈춘다. 그 평탄하고 굴곡이 없고 시골티가 역력한 독경 같은 목소리는 침묵 속에 잦아들고 만다. 그는 지금 그 동정과 괴로움을 마음속에 품은 조용한 눈초리로 책상 건너편에 있는 하이타워를 바라보고 있다. 하이타워는 지그시 눈을 감고 앉아 있는데, 그의 얼굴에서는 땀이 눈물처럼 흘러내린다. 그는 입을 연다. "크리스마스가 흑인의 피를 갖고 있다는 것은 확실한가? 증거가 있나? 생각해 보게, 바이런. 만약에 그들이—만약에 그들이 그를 붙잡는다면 어떻게 될 것인가……불쌍한 사나이, 불쌍한 인간—"

"브라운이 그렇게 말했습니다." 바이런은 말한다. 그의 어조는 조용하고 완고하며 확신에 넘쳐 있다. "거짓말쟁이도 위협을 받으면 진실을 말하게 되는 법이지요. 마치 정직한 사람도 고문을 당하면 거짓말을 하듯이 말입니다."

"그렇지." 하이타워가 말한다. 그는 눈을 감은 채 여전히 똑바로 앉아 있다. "그렇지만 그들은 아직 그를 체포하지 못했지, 그들은 아직 그를 체포하지 못했지, 바이런?"

바이런도 상대를 보고 있지 않다. "아직은요. 제가 듣기까지는 아직 체포되지 않은 상태였죠. 그들은 오늘 경찰견을 몇 마리 데리고 나갔습니다. 그렇지만 제가 듣기까지는 아직 체포하지 못했습니다."

"그리고 브라운은?"

"브라운은요." 바이런이 말한다. "그는 말입니다. 그들과 함께 갔습니다. 그는 크리스마스의 범행을 방조했는지도 모르는데요. 그렇지만 전 그렇게 생각지 않습니다. 그는 그저 그 집에 불이나 지르는 정도의 일밖에는 할 수 없을 테니까요. 게다가 혹 그가 불을 질렀다 해도 어째서 그런 짓을 했는지는 자기 자신도 모를 거라는 생각이 드는군요. 어쩌면 뭐든지 다 태워 버리면 모든 것은 원상으로 복구될 테고, 그러면 그와 크리스마스는 다시금 새 차를 타고 돌아다닐 수 있다고 생각하였는지도 모릅니다. 그는 크리스마스가 저지른 일을 범죄라고 생각하기보다는 오히려 실수라고 생각하는 모양입니다." 바이런의 얼굴은 명상에 잠기는 듯 아래로 폭 수그러진다. 다시금 그 얼굴은 냉소적인 피곤이 담긴 웃음을 고요하게 짓는다. "이제 그가 도망칠 염려는 없다고 생각합니다. 그 여자는 언제든지 좋을 때에 그를 찾을 수가 있을 겁니다. 경찰서장이 개들과 더불어 그를 데리고 나갈 때만 제외하고요. 그는 도망가려고 하지도 않습니다—저 1천 달러라는 상금이 코앞에 걸려 있는데 도망을 왜 갑니까? 그는 어느 누구보다도 크리스마스를 붙잡고 싶어하는 모양이지요. 그는 그들과 동행합니다. 그들은 감방에서 그를 끌어내다가 함께 데려갑니다. 그리고 시내에 다시 돌아오면 다시금 감방에 가두어 둡니다. 참 묘한 일이지요. 살인자가 자기에게 걸린 현상금을 차지하려고 자기 자신을 붙잡으러 돌아다니는 격이 아닙니까! 그래도 그는 그런 것은 전혀 상관하지 않는 모양입니다. 다만 크리스마스를 추적하러 나가지 않고 그냥 앉아 있을 때 낭비되는 시간을 자꾸만 아깝게 여길 뿐이지요. 내일엔 그 여자에게 말하겠어요. 그는 당분간 매여 있다고요. 개 두 마리와 함께 좀 매여 있다고요. 혹 그 여자를 시내에 데리고 나가 그들의 모습을 보여 줄지도 모르겠습니다. 그 남자가 개 두 마리와 경관들에게 매여 막 날뛰기도 하고 짖어 대기도 하는 모습을 말입니다."

"자넨 아직 그 여자에게 말하지 않았지?"

"말하지 않았습니다. 그에게도 안 했습니다. 함부로 말했다간 그는 보상금이고 뭐고 집어치우고 또 도망을 칠지도 모르니까요. 또 혹시 그가 크리스마스를 잡아서 상금을 탄다면, 결국 그 여자와 결혼을 할 수도 있지 않겠어요! 하여간 그 여자는 아직 모르고 있습니다. 어제 그 광장에서 마차를 내리던 때나 지금이나 그걸 모르는 건 매한가지입니다. 그 큰 배를 부둥켜안고는, 그 낯선 짐마차에서부터 낯선 사람들 사이로 천천히 내려와서 조용한 놀라움과 같은 표정으로 혼자 중얼거리기는 했지만, 제게는 그 여자가 놀란 것 같아 보이지는 않았습니다. 왜냐하면 그 여자는 느릿느릿 그 먼 길을 걸어왔고, 또한 남이 뭐라고 하든 조금도 신경 쓰지 않고 있으니까요. 그 여자는 이렇게 말하더군요. '저런, 저런, 난 머나먼 앨라배마에서 여기까지 왔어. 인젠 드디어 제퍼슨에 와 있네, 정말.'"

5

자정이 지났다. 두 시간이나 침대에 누워 있었지만 크리스마스는 아직도 잠이 들지 못했다. 그는 브라운이 나타나기 전에 그의 발소리를 먼저 들었다. 그는 브라운이 문으로 다가와 비틀거리며 들어오는 소리를 들었고, 거기서 검은 그림자가 되어 장대처럼 문에 기대서는 것을 보았다. 브라운은 거칠게 숨을 쉬고 있었다. 문간에 두 팔로 몸을 받치고 서서 브라운은 달콤한 콧소리로 노래를 부르기 시작했다. 그 목소리를 길게 끌어내는, 바로 그 음조에서 위스키 냄새가 풍기는 것 같았다. "닥쳐." 크리스마스가 말했다. 그는 움직이지도 않았고, 그의 목소리도 높지는 않았다. 그래도 브라운은 곧 노래를 그만두었다. 그는 몸을 똑바로 받친 채 문에 잠깐 더 서 있었다. 잠시 뒤 그가 문을 놓아주고 방으로 비틀거리며 들어오는 소리가 나더니, 이어서 그는 무엇엔가 부딪쳤다. 곧이어 브라운의 씨근덕거리는 숨소리가 방 안을 가득 채웠다. 그러자 브라운은 크리스마스가 누워 있는 침대에 부딪히고, 요란한 소리를 내며 방바닥에 나동그라졌다. 그 순간 그 방은 요란스럽고도 바보스러운 웃음소리로 가득 찼다.

크리스마스는 침대에서 일어났다. 그 밑에서는 보이지는 않지만 브라운이 방바닥에 누운 채 웃으면서 일어나려고도 하지 않고 있었다. "닥치라니까." 크리스마스가 말했다. 브라운은 여전히 웃고 있었다. 크리스마스는 브라운을 넘어가 램프와 성냥이 놓여 있는, 식탁 대신으로 쓰이는 나무 상자 쪽으로 손을 내밀었다. 그러나 그는 상자를 찾을 수 없었다. 그리하여 그는 조금 전에 브라운이 넘어질 때 들린 그 소리가 램프가 깨지는 소리였음을 깨달았다. 그는 몸을 굽혀 브라운 위에 올라타 그의 옷깃을 더듬어 붙잡고는 그를 침대 밑에서부터 끌어냈다. 그리고 브라운의 머리를 치켜들고 손바닥으로 그를 힘껏 때렸다. 브라운이 웃음을 그칠 때까지 악랄하고 가혹하게 찰싹찰싹 계속해서 갈겨 주었다.

브라운은 녹초가 됐다. 크리스마스는 그의 머리를 치켜들고 속삭임만큼이나 낮은 목소리로 욕설을 퍼부었다. 그는 브라운을 질질 끌어다가 다른 침대 위에 휙 던져 버렸다. 브라운은 다시금 웃음을 터뜨렸다. 크리스마스는 왼손으로 브라운의 입과 코를 꽉 누르고 턱도 고정시킨 채 오른손으로는 아까처럼 천천히 모질게 브라운을 때렸다. 마치 박자에 맞춰서 수를 세며 때리기라도 하는 것 같았다. 브라운은 웃음을 그치고 버둥거렸다. 크리스마스의 손 아래 숨막힌 목구멍에서 꺽꺽 소리를 내며 몸부림쳤다. 크리스마스는 그가 버둥질을 멈추고 조용해질 때까지 꽉 누르고 있었다. 그러고 나서 손을 조금 늦춰 주었다. "이제 조용히 할 테냐?" 그가 말했다. "어떻게 할래?"

브라운은 다시금 버둥거렸다. "그 검은 손을 치워, 빌어먹을 검둥이 튀기 같으니―" 다시금 손이 입을 내리덮었다. 크리스마스는 다른 한 손으로 브라운의 얼굴을 또다시 때렸다. 브라운은 버둥거리기를 멈추고 다시금 조용해졌다. 크리스마스는 손을 늦췄다. 그러자 곧 브라운이 크지는 않지만 교활한 목소리로 말했다. "이봐, 너 검둥이지? 네 입으로 그렇게 말하지 않나? 내게 그런 말 했지? 그렇지만 난 흰둥이란 말이야. 난 흰—" 손이 내리눌렀다. 다시금 브라운은 버둥거리면서 손가락 사이에 거품을 내며 손 밑에서 숨막히는 괴로운 소리를 질러댔다. 그의 몸부림이 가라앉자 다시 손을 늦췄다. 그러자 그는 세차게 숨을 쉬며 얌전히 누워 있었다.

"이젠 조용히 할 거냐?" 크리스마스가 말했다.

"그래." 브라운이 대답했다. 그는 소란스럽게 호흡을 하고 있었다. "숨 좀 쉬게 해 줘. 조용히 할게. 숨 좀 쉬게 해 줘."

크리스마스는 손을 늦추기는 했지만 완전히 떼지는 않았다. 그 밑에서 브라운의 호흡은 한결 편해졌고, 그의 숨은 소리를 덜 내면서 쉽사리 들락날락했다. 그러나 크리스마스는 손을 치우지 않았다. 느른한 몸을 내리누르듯이 그는 캄캄한 가운데 서서, 자기 손에 브라운의 숨이 따뜻하고 서늘하게 번갈아 지나가는 것을 느끼면서 조용히 생각한다. '내게 무슨 일이 일어날 것 같다. 무슨 일인지 저지를 것 같다.' 그는 왼손을 브라운의 얼굴에서 치우지 않은 채 오른손을 자기 침대 베개 밑에 넣을 수가 있었다. 거기에는 5인치짜리 칼날이 달린 면도칼이 있었던 것이다. 그러나 그는 면도칼을 집어 들지 않았다. 아마 생각이 이미 충분히 멀리, 충분히 흉악한 방면으로 달려가서, '내가 해치우는 사람은 이 녀석이 아니다' 하고 그에게 일러 주었는지도 모른다. 하여간 그는 면도칼에 손을 뻗치지 않았다. 이윽고 그는 브라운의 얼굴에서 손을 뗐다. 그러나 그 자리에서 떠나지는 않았다. 그는 여전히 침대 옆에 버티고 서서 자기에게도 들리지 않을 정도로 조용히 소리 없이 숨을 쉬고 있었다. 보이지는 않지만, 브라운도 조금 전보다 더 조용히 호흡을 하고 있었다. 잠시 뒤 크리스마스는 자기 잠자리로 돌아가 앉아서 벽에 걸린 바지에서 담배와 성냥을 뒤져냈다. 성냥불에 비쳐 브라운의 모습이 떠올랐다. 담배에 불을 붙이기 전에 크리스마스는 성냥불을 들어 브라운을 보았다. 브라운은 네 활개를 펴고 한쪽 팔은 방바닥 위로 늘어뜨린 채 누워 있었다. 입은 벌어져 있었다. 크리스마스가 보고 있는 동안 브라운은 코를 골기 시작했.

크리스마스는 담배에 불을 댕기고는 성냥개비를 열린 문으로 튕겨 버리며, 그 빛이 허공에서 사라지는 것을 지켜보았다. 그러고 나서 그는 꺼진 성냥개비가 바닥에 떨어질 때 내는 가볍고도 조그만 소리에 귀를 기울이고 있다가, 정말 그 소리를 들은 것처럼 느꼈다. 이어서 캄캄한 방 안 침대에 앉아 있는 그에게, 마찬가지로 조그만 소리들이 무수히 들리는 것 같았다—온갖 목소리, 중얼거림, 속삭임, 나무와 어둠과 대지의 소리, 사람들과 자기 자신의 음성, 그 밖에 이름과 시간과 장소를 불러 대는 온갖 목소리—그것들은 그가 살아오는 동안 알지도 못하는 새에 의식해 온 것으로, 말하자면 그의 삶 자체이다. 그는 생각에 잠긴다. '아마 하느님도, 또 나도 그걸 모르고 있겠지.' 그에게는 '하느님은 나도 사랑해 주신다'라는 말이 인쇄된 문장처럼 똑똑히 보였다. 그러나 예전에 태어나서 이미 죽어 버린 말, '하느님은 나도 사랑해 주신다'는 말이 그의 눈에는 작년 게시판에 붙어 있던 빛바랜 낡은 문자처럼 보였다.

크리스마스는 손 한 번 대지 않고 담배를 다 태웠다. 그는 꽁초 또한 열린 문으로 튕겨 버렸다. 성냥개비와는 다르게 그것은 허공에서 꺼지지 않았다. 그는 꽁초가 빛을 내면서 빙글빙글 돌며 문밖으로 날아가는 것을 지켜보았다. 그는 잠이 잘 오지 않는 사람이 흔히 그러듯이, 두 손으로 머리를 받치고 누워서 생각에 잠긴다. '난 10시부터 잠자리에 누워 있는데, 아직 잠이 안 든단 말이야. 지금 몇 시인지는 모르겠지만 자정은 지났겠지. 그런데도 아직 잠이 안 들었어.' "내가 잠을 못 자는 것은 그 여자가 나 때문에 기도를 시작했으니까 그렇지." 크리스마스는 말했다. 요란하게 말했다. 그의 음성이 술 취한 브라운의 코 고는 소리를 누르고 갑자기 요란스럽게 방 안에 퍼져 나갔다. "응, 그거야 그거. 그 여자가 내 일로 기도를 시작했기 때문이야."

크리스마스는 침대에서 내려왔다. 맨발이어서 소리는 나지 않았다. 그는 속옷 바람으로 어둠 속에 서 있었다. 저쪽 침대에서는 브라운이 코를 골고 있었다. 잠깐 크리스마스는 코 고는 소리 쪽으로 얼굴을 돌린 채 서 있었다. 그 다음에 문 쪽으로 걸어갔다. 그는 속옷 바람과 맨발로 오두막집을 나섰다. 문밖은 그렇게 어둡지는 않았다. 머리 위에서는 별자리들이 천천히 돌고 있었다—30년 동안이나 의식해 온 별들이지만 그 가운데 모양이나 밝기나 위치에 따라 이름을 알고 있는 것은 하나도 없고, 그에게 의미 있는 것도 없었다. 앞에는 무성한 나무 위로 솟아오른 안채의 굴뚝과 처마가 보였다. 집 자체는 눈에 보이지 않게 컴컴했다. 그 집에서는 빛도 소리도 새어 나오지 않았다. 그녀가 잠을 자는 방 창문 밑에 서서 그는 생각에 잠긴다. '저 여자도 잠이 들었을까, 잠이 들어 있을까.' 문이 잠기는 일은 절대 없었다. 전에는 캄캄해진 때부터 새벽까지는 언제든지 욕망이 일어날 때마다 그 집으로 들어가 그녀의 방, 그녀의 침대로 어둠 속을 확실하게 더듬어서 걸어가곤 했다. 때로 그녀는 깨서 기다리고 있다가 그의 이름을 부르기도 했다. 또 어떤 때에는 그는 거칠고도 잔인한 손으로 그녀를 흔들어 깨우기도 하고, 또 가끔 가다가는 그녀가 완전히 잠을 깨기도 전에 거칠고 잔인하게 겁탈하기도 했다.

그것은 2년 전의 일이었다. 이제는 그들 뒤에 2년이라는 연륜이 쌓였다. 크리스마스는 생각에 잠긴다. '아마 내 분통이 터지는 것은 바로 그것 때문인가 보다. 아무래도 나는 속임수에 넘어간 모양이야. 그 여자는 내게 거짓말을 했어. 분명히 그 여자는 제 나이를 속이고, 그만큼 나이를 먹은 여자에게 일어나는 육체적 변화에 대해서도 나를 속였어.' 그는 어두운 창문 아래 암흑 속에 홀로 서서 큰 소리로 말했다. "내 일로 기도를 시작하다니 창자가 뒤집힐 일이야. 그따위 기도만 시작하지 않았더라면 그 여자는 괜찮았을 텐데. 너무 늦어서 소용이 없게 된 것은 그 여자 잘못이 아니었으니까. 그렇지만 나 때문에 기도를 하는 그런 바보짓은 그만두었어야 하는 거야." 크리스마스는 그녀에게 욕을 해댔다. 컴컴한 창문 아래 서서 일부러 외설한 말을 써 가며 욕설을 퍼부었다. 그는 창문을 올려다보지는 않았다. 컴컴한 어둠 속에서 그는 자기 몸을 바라보는 것 같았다. 물보다도 진하고 검고 고요한 액체 속에 있는 무슨 익사체처럼, 자기 자신의 몸이 더러운 말들의 속삭임 속에서 천천히 음란하게 빙글빙글 돌고 있는 것을 지켜보는 듯했다. 그는 두 손으로 자기 몸을 거칠게 만져 보고, 속옷 밑으로 손을 집어넣어 배에서 가슴으로 맹렬히 쓸어 올렸다. 아래 속옷은 꼭대기 단추 하나로 몸에 걸려 있었다. 한때는 그도 단추가 다 붙어 있는 속옷을 갖고 있었다. 여자가 단추를 달아 주었던 것이다. 하지만 그것도 잠깐뿐이었고, 어느 기간만이었다. 그리고 그 기간이 지나갔다. 그 뒤에는 여자가 살펴보고 없어진 단추를 다시 달아 줄 사이도 없이, 그가 먼저 자기 속옷을 세탁 바구니에서 빼내곤 했다. 여자가 더 빨랐을 때에는, 어느 단추가 떨어져서 그녀가 달아 주었는지 용케 기억해 내어, 주머니칼을 꺼내어 외과의사의 냉혹하고도 무정한 조심성을 가지고 여자가 달아 준 단추를 모조리 떼 내곤 했다.

그의 오른손은 전에 칼날이 그랬듯이, 재빨리 아래옷의 열린 부분으로 미끄러져 갔다. 비스듬한 그 손은 칼날처럼 그 남은 단추를 가볍게 재빨리 쳤다. 아래옷이 그의 발밑에 미끄러져 내리자마자, 밤공기가 어둠의 시원한 입술로, 그 부드러운 혀로 그의 몸을 핥아 주었다. 다시 몸을 움직였을 때에 그는 밤공기를 물처럼 느꼈다. 그는 발밑에서 지금까지 맛보지 못했던 이슬의 감촉을 느낄 수 있었다. 그는 망가진 대문을 지나 도로 옆에서 걸음을 멈추었다. 8월의 무성한 잡초는 넓적다리까지 올라왔다. 풀잎과 줄기에는 그 달에 지나다닌 마차의 먼지가 쌓여 있었다. 앞에는 도로가 뻗쳐 있었다. 그것은 나무와 대지의 어둠보다는 좀 희끄무레했다. 그 한쪽으로는 거리로 통했다. 그 맞은편으로는 고개로 올라갔다. 잠시 뒤에 고개 너머로 불빛이 보이기 시작하여 고개 윤곽이 밝게 드러났다. 이윽고 자동차 소리가 들려왔다. 크리스마스는 움직이지 않았다. 그는 벌거벗은 엉덩이 위 허리에 두 손을 얹어 놓고 넓적다리까지 올라오는 먼지 쌓인 잡초 사이에 서 있었다. 그동안에 차는 고개를 넘어 가까이 다가와서 불빛을 그에게로 쏟아부었다. 그는 자기 몸이 마치 현상액 속에서 사진이 나오듯, 어둠으로부터 차츰 하얗게 드러나는 것을 지켜보았다. 그가 헤드라이트를 똑바로 바라다본 순간, 차는 쏜살같이 지나갔다. 차에서는 여자의 날카로운 비명이 들려오다가 사라지고 말았다. "빌어먹을 흰둥이 같으니라구!" 크리스마스는 소리 질렀다. "개년 같으니, 이걸 처음 보는 거야?……" 그러나 차는 지나갔다. 귀를 기울이고 듣는 사람은 아무도 없었다. 차는 빛과 그 뒤에 있는 먼지를 빨아 먹으면서, 또 백인 여자의 사라져 가는 부르짖음을 빨아 당기면서 지나가 버리고 말았다. 인제는 추워졌다. 그것은 마치 그가 피할 수 없는 한 가지 결말을 짓기 위해서 거기 서 있다가 지금 그 결말이 났으니 다시금 자유롭게 되기라도 한 것 같았다. 그는 안채로 돌아왔다. 캄캄한 창문 밑에 멈춰 서서 속옷을 찾아 입었다. 남은 단추가 하나도 없어서, 자기 오두막집으로 돌아오는 동안 내내 손으로 허리춤을 붙들고 있었다. 이내 브라운의 코 고는 소리가 들려왔다. 크리스마스는 잠시 문간에서 꼼짝도 않고 조용히 서서 그 길고 거칠고 고르지 못한 깊은 숨결 소리와 거기에 뒤따르는 숨막힌 듯한 꼴깍거리는 소리에 귀를 기울였다. '생각보다 저놈 코를 많이 망가뜨린 모양이군.' 크리스마스는 생각했다. '빌어먹을 멍청이 같으니.' 그는 방에 들어가 자기 잠자리에 누우려고 했다. 그러나 누우려다 말고 몸을 반쯤 기울인 자세대로 멈춘 채 꼼짝도 하지 않았다. 크리스마스는 아마 여기서 저 주정꾼의 코 고는 소리와, 과거의 수없이 많은 소리에 방해를 받아 새벽까지 잠을 못 이룬 채 누워 있게 되리라는 생각에 견디지 못한 모양이었다. 왜냐하면 그는 벌떡 일어나 앉아 침대 밑을 조용히 더듬어 구두를 찾아 신고, 침대에서 그의 침구(寢具)인 목면이 반만 섞인 단 하나뿐인 담요를 집어들고는 오두막집을 나왔기 때문이다. 3백 야드쯤 떨어진 곳에 마구간이 서 있었다. 그것은 반쯤 허물어지고 30년 동안이나 말 한 필 넣어 둔 일이 없었지만, 크리스마스는 바로 그곳을 향하고 있었다. 그는 매우 빠르게 걸어갔다. 걸으면서 생각했다. 소리를 낼 지경으로 생각에 빠져들었다. '도대체 어째서 말 냄새를 맡고 싶어하는 것일까?' 그러고 나서 그는 더듬으면서 말했다. "말은 여자가 아니니까 그렇지. 암말조차도 조금은 남자 같거든."

크리스마스는 두 시간도 못 잤다. 그가 눈을 떴을 때에는 마침 동이 트고 있었다. 그가 담요 한 장만 두르고서 누워 있던 곳은, 무너져 가는 음산한 동굴 같은 마구간의 되는 대로 널빤지를 깔아 놓은 마룻바닥이었다. 이미 사라져 버린 마초가 남겨 놓은 엷은 먼지 냄새가 코를 찌르는 듯했고, 황폐해져서 수명이 다한 낡은 마구간 특유의 암모니아 냄새가 조금 풍기고 있었다. 동쪽 벽에 덧문도 없이 덩그렇게 열린 창문으로는 엷은 황록색을 띤 하늘과, 한여름의 향취를 지니고 있는 높고도 창백한 샛별이 보였다.
크리스마스는 마치 여덟 시간 동안 깨지 않고 내내 자기라도 한 듯이 푹 쉬었다고 느꼈다. 그는 잠이 들리라고 기대하지는 않았으니까 이것은 전혀 뜻밖의 잠이었다. 그는 끈도 매지 않은 구두를 다시 신고 담요를 접어서 한쪽 옆구리에 끼고 수직 사다리를 내려왔다—잘 보이지도 않는 썩기 시작한 사다리 발판을 발로 찾아 짚으며 한 단 두 단, 한 손을 허우적거리면서 내려왔다. 그리고 그는 회색과 황색 빛깔로 물든 새벽의 맑고도 찬 대기 속으로 나아가 차가운 아침 공기를 깊이 들이켰다.
오두막은 밝아 오는 동쪽 하늘을 배경으로 뚜렷하게 서 있었다. 그리고 굴뚝 하나를 제외하고 안채를 온통 가리고 있는 수목들도 마찬가지였다. 높이 자란 풀에는 이슬이 담뿍 맺혀 있었다. 그의 신발은 곧 젖었다. 가죽은 그의 발에 차게 느껴졌다. 살이 그대로 드러난 정강이에 젖은 풀잎이 닿을 때에는, 마치 날씬한 고드름이 톡톡 쳐 주는 것 같았다. 브라운은 더는 코를 골지 않았다. 크리스마스가 오두막에 들어갔을 때에는, 동쪽 창문으로 들어오는 빛으로 브라운을 볼 수 있었다. 브라운은 조용히 호흡하고 있었다. '이젠 술이 깼군.' 크리스마스는 생각했다. '술이 깨도 그 일은 모르지, 불쌍한 녀석.' 크리스마스는 브라운을 내려다보았다. '불쌍한 녀석, 눈을 뜨고 나서 자기 정신이 다시 말똥말똥하게 되었음을 알게 되면 또 화를 내겠지. 다시 취하기까지는 한 시간도 채 안 걸릴 거야.' 크리스마스는 담요를 내려놓고 몸차림을 했다―서지 바지와, 이제는 좀 낡은 하얀 셔츠를 입고 나비넥타이를 맸다. 그는 담배를 피워 물었다. 벽에 못을 박아 걸어 놓은 거울 조각에 비친 그의 희미한 얼굴을 바라보며 타이를 바로 맸다. 테가 딱딱한 밀짚모자가 못에 걸려 있었다. 그는 그 모자를 집어 들지 않았다. 그는 또 다른 못에 걸려 있는 납작모자를 집어 들고, 침대 밑바닥에서 속옷 바람의 젊은 여자 그림이나 사나이들이 서로 권총을 막 쏘는 장면이 그려진 표지가 붙은 잡지를 집어냈다. 침대 위 베개 밑에서는 면도칼과 솔과 면도용 비누 토막을 꺼내 호주머니에 모두 집어넣었다.

그가 오두막집을 나왔을 때는 아주 밝았다. 새들은 우렁차게 합창을 하고 있었다. 이번에는 안채를 등지고 있었다. 마구간을 지나 건너편에 있는 목장으로 들어갔다. 구두와 바짓가랑이가 곧 회색 이슬에 젖었다. 그는 걸음을 멈추고 바짓가랑이를 조심스럽게 무릎 위로 말아 올리고 다시 걸어갔다. 목장 끝에서부터는 숲이 나타났다. 여기는 이슬이 그리 많이 맺혀 있지 않아서, 말아 올렸던 바짓가랑이를 내렸다. 잠시 뒤 그는 샘이 솟고 있는 작은 골짜기에 닿았다. 그는 잡지를 내려놓고, 나뭇가지와 마른 덤불을 주워 모아 모닥불을 피우고 나무에 기대앉아 발을 모닥불 쪽으로 뻗었다.

이윽고 그의 젖은 신발에서 김이 올라왔다. 그는 열이 다리 위로 올라오는 것을 느낄 수가 있었다. 그러다가 문득 눈을 뜨니 해가 이미 높이 솟아 있었고, 모닥불은 다 타서 꺼져 있었다. 그제야 잠이 들어 있었음을 깨달았다. '거참, 잘도 자는군.' 그는 생각했다. '또 잠을 잤단 말이지.'

이번에는 두 시간 넘게 잠을 잤다. 태양이 샘 위로 직접 비치고 있어서 끊임없이 솟아오르는 물 위에서 조그만 빛이 춤을 추고 있었다. 그는 일어나 뻣뻣하게 뒤틀린 등과 쑤셔 오는 근육을 좀 풀어 볼 양으로 몸을 폈다. 호주머니에서 면도칼과 솔과 비누를 꺼냈다. 샘 옆에 꿇어앉아 수면을 거울 삼아, 가끔 그 기다란 면도칼을 구두에 벅벅 갈하면서 면도를 했다.

그는 면도 기구와 잡지를 무성한 덤불 속에 감추고 다시금 타이를 맸다. 샘을 떠나 그 집과는 반대 방향으로 걸어갔다. 그가 도로에 나섰을 때에는 그 집에서 반 마일쯤 떨어져 있었다. 거기서 조금 떨어진 곳에 주유소를 겸한 작은 상점이 있었다. 그는 그 가게에 들어가 여자 점원에게서 크래커와 고기 통조림을 하나 샀다. 그는 샘터로, 꺼진 불이 있는 곳으로 돌아왔다.

그는 아까 그 나무에 등을 기대고 아침을 먹으면서 잡지를 읽었다. 그는 앞서 짤막한 이야기 하나밖에 읽어 두지 않았다. 이번에는 두 번째 이야기를 읽어갔는데, 마치 잡지가 무슨 소설책이나 되는 양 처음부터 내리읽었다. 때때로 그는 계속해서 씹으면서 고개를 들어, 골짜기를 뒤덮은 채 햇빛에 반짝이는 나뭇잎들 사이를 보기도 했다. '아마 난 그걸 벌써 해치웠을지도 몰라.' 그는 생각했다. '아마 그것은 더는 나에게 해치워지기를 기다리지 않을지도 몰라.' 그에게는 이 노란빛을 띤 하루가 평화롭게 눈앞에 펼쳐지고 있는 듯이 여겨졌다. 긴 회랑이나 아라스 직물과도 같아서, 빛과 그림자로 이루어진 한 폭의 고요한 그림처럼 천천히 펼쳐지고 있는 듯이 보였다. 말하자면 이 노란빛 하루가 노곤하게 엎드린 졸린 노랑 고양이처럼, 거기 앉아 있는 그를 졸리게 내려다보는 것 같았다. 이윽고 그는 또 읽기 시작했다. 그는 줄기차게 책장을 한 장 한 장 넘기고 있었지만, 때로는 어떤 한 장에, 어떤 한 줄에, 아마 어떤 한 자에 머물러 지체하는 것 같기도 했다. 그럴 때에는 고개를 쳐들지 않았다. 그는 움직이지도 않았다. 아마 의미가 잘 통하지 않는 오직 한 단어에 사로잡히고 억류되어서 움직이지 못하게 되고, 그의 모든 존재는 단순하고 보잘것없는 글자의 조합으로 말미암아 조용하고도 따뜻한 공간에 매달려서, 거기에 무게도 없이 매달린 채 자기 밑으로 천천히 흘러가고 있는 시간을 지켜보는 것 같기도 했다. 그는 생각에 사로잡힌다. '내가 원한 것은 평화뿐이다.' 이어 생각한다. '그 여자는 내 일로 기도를 시작하지 않았어야 했어.'

마지막 이야기까지 갔을 때에 그는 읽기를 그만두었다. 그리고 남은 책장을 세어 보았다. 그러고 나서 해를 쳐다보고는 다시금 읽기 시작했다. 이번에는 포장도로를 걷는 사람이 금이 난 곳을 하나하나 세면서 걸어가는 것처럼, 마지막 장 마지막 단어까지 읽어 갔다. 그 다음에 그는 일어나 성냥불을 켜서 잡지에 불을 붙이고 다 타 버릴 때까지 끈기 있게 불을 휘저었다. 그는 면도 도구를 호주머니에 챙겨 넣고 골짜기를 내려갔다.

조금 걸어가니까 골짜기는 넓어졌다—양쪽은 가시나무와 덤불이 무성한 험한 비탈이지만 그 가운데에는 모래가 평평히 쌓인 하천 바닥이 자리잡고 있었다. 거기서도 여전히 나무들이 골짜기 위를 아치형으로 덮고 있었는데, 한쪽 옆에는 작은 구덩이가 있고 그 입구에는 마른 가지가 무더기로 쌓여 있었다. 그가 마른 가지를 한쪽으로 비켜 놓으며 장해물을 치우니까, 움푹 파인 곳에 삽 한 자루가 나타났다. 그는 그 삽으로 마른 가지가 가리고 있는 언저리의 모래를 파기 시작하여, 위에 나사 마개가 달린 생철통을 하나씩 하나씩 여섯 개를 파냈다. 그는 그 뚜껑 나사를 돌려서 열지는 않았다. 그는 통들을 옆으로 뉘어 놓고, 날카로운 삽날로 통 옆구리를 찔렀다. 위스키가 쏟아져 나옴과 동시에 그 밑의 모래는 검은빛으로 변하고, 따뜻하고 조용한 대기는 알코올 냄새로 가득 찼다. 그는 완전히 냉철한, 거의 가면에 가까운 얼굴 표정으로 서두르지 않으면서, 통마다 위스키를 한 방울도 남기지 않고 비웠다. 통이 완전히 비니까 그것들을 다시 구멍으로 차 넣고 되는대로 묻어 버리고는, 마른 가지들을 끌어다가 도로 덮어 버리고 삽도 숨겨 놓았다. 마른 가지는 위스키의 흔적을 숨겨 버렸지만, 그 냄새는 숨길 수가 없었다. 그는 태양을 다시금 쳐다보았다. 벌써 오후였다.

그날 저녁 7시에 그는 시내에 들어와 옆길에 있는 음식점에서 매끈매끈한 나무 카운터 앞의 둥근 의자에 앉아 저녁을 먹고 있었다.

9시에 그는 이발소 밖에 서서 창 너머로 자기의 단짝을 들여다보고 있었다. 그는 바지 호주머니에 두 손을 찔러 넣고 그 고요한 얼굴 위로 담배 연기를 내뿜으면서 조용히 서 있었다. 그는 납작모자를 테가 딱딱한 밀짚모자와도 같이, 그 뽐내면서도 음산한 분위기를 풍기는 각도로 비뚤게 쓰고 있었다. 그가 하도 냉랭하고 음산하게 서 있었기 때문에 브라운은 육감이라도 통했는지, 이발소 안에서 전등 빛과 로션과 비누 냄새로 무거워진 공기 속에서 더러워진 붉은 줄무늬 바지와 때 묻은 빛깔 있는 셔츠를 입고 몸짓을 하며 지껄이다가, 문득 말을 멈추고 얼굴을 들어 그 취한 눈으로 유리창 건너편에 서 있는 크리스마스의 눈을 들여다보았다. 크리스마스의 모양이 하도 고요하고 음산해서, 휘파람을 불며 흑인 특유의 걸음걸이로 그 거리를 걸어오던 흑인 청년이 그 옆모습을 보자 곧 휘파람을 그치고 한쪽으로 비켜서 그 뒤로 지나가면서 살짝 어깨 너머로 뒤돌아봤을 정도였다. 그러나 곧 크리스마스는 그 자리를 떴다. 마치 브라운에게 자기 모습을 잠깐 보여 주려고 거기에 멎어 있었다는 듯한 인상이었다.

크리스마스는 빠르지도 않게 광장으로부터 멀어져 갔다. 언제나 고요한 그 길은 이 시각에는 사람이 거의 다니지 않았다. 그것은 흑인 구역인 프리드맨 타운을 통해서 정거장으로 가는 길이었다. 7시쯤이라면 그는 거기서 광장이나 영화관으로 가는 백인이나 흑인을 스치고 지나갔을 것이고, 9시 반쯤이라면 집으로 돌아가는 그들과 마주쳤을 것이다. 그러나 지금은 영화가 끝나기 전이어서 그 도로에는 크리스마스밖에는 없었다. 그는 천천히 걸어서 백인들 집 사이를 조용히 지나고, 가로등에서 가로등으로 발걸음을 옮겼다. 참나무와 단풍나무의 짙은 그림자가 그의 흰 셔츠 위로 꺼먼 비로드 천조각처럼 미끄러져 갔다. 큰 사나이가 아무도 없는 도로를 거니는 광경보다 더 쓸쓸한 것은 없을 것이다. 그는 몸뚱이가 그렇게 크지도 않고 키도 그다지 큰 편은 아니었지만, 그래도 그의 모습은 사막에 서 있는 전신주 하나보다도 더 외롭고 쓸쓸해 보였다. 넓고 텅 빈 그림자도 짙은 거리 한가운데를 걸어가는 그 모습은 허깨비 같아 보였다. 마치 자기 자신의 세계에서 나와 길을 잃고 방황하는 망령 같았다.

문득 그는 정신이 들었다. 알지도 못하는 동안에 길은 내리막길이 되어 있었고, 어느덧 자기는 프리드맨 타운에 와 있었다. 그곳은 보이지 않는 흑인들의 여름 냄새와 여름 목소리로 둘러싸여 있었다. 마치 실체도 없는 소리들이 그에게는 이해되지 않는 언어로 무엇인가 속삭이고 이야기하고 웃으며 그를 둘러싸고 있는 것 같았다. 희미한 석유 등불을 켠 흑인 오두막집에 둘러싸인 자기 자신을 그는 컴컴한 땅굴 밑에서부터 쳐다보는 것처럼 보았고, 가로등들도 방금 지나온 거리에 비해 서로 더 멀리 떨어진 것 같았는데, 그것은 마치 검은 생명 검은 호흡이 그 본체를 다 녹여 버려서, 음성뿐만 아니라 움직이는 육체와 빛 자체까지도 유동체가 되어 하나씩 하나씩 천천히 혼합되고 증대하여 무거운 밤과 떨어질 수 없이 하나로 합쳐지기라도 한 것 같 았다.

크리스마스는 지금 조용히 서서, 이리저리 두리번거리며 거칠고 세차게 숨을 쉬고 있었다. 주변에는 흑인 오막살이들이 시꺼먼 어둠 속에서부터 희미한 석유 등불에 의해서 꺼멓게 솟아오르고 있었다. 사방에서는, 심지어는 그의 내부에서도, 흑인 여자들의 실체 없고 생식력에 넘치는 풍부하고 부드러운 목소리가 속삭였다. 마치 그와 그 주변에 있는 모든 남성 형태의 생명이 빛도 없고 뜨겁고 축축한 원초적인 여성의 태내로 되돌아간 것만 같았다. 그는 달리기 시작했다. 눈을 빛내고 이를 빛내며, 마른 이와 입술 사이로 찬 공기를 들이마시면서 다음 가로등까지 달려갔다. 그 가로등 아래에는 차바퀴 자국이 잔뜩 난 좁은 길이 새카만 땅굴에서 빠져나와 위쪽 길로 통하고 있었다. 크리스마스는 그곳으로 달려가 가파른 비탈길을 숨가쁘게 뛰어 올라가서 위쪽 거리로 나섰다. 그는 헐떡거리고 두리번거리며 그곳에 섰다. 그의 심장은 마치 이 근처 공기가 백인들의 차고도 가혹한 공기라는 것을 믿을 수도 없고, 또 믿으려고 하지도 않는다는 듯이 강렬하게 뛰었다.

이윽고 크리스마스는 다시 냉철해졌다. 흑인 냄새와 흑인 목소리들은 그의 등 뒤에, 또한 그의 발밑에 있었다. 왼쪽은 광장으로서 수많은 등불이 무리지어 있었는데 그것은 마치 날개를 접고 떨면서 낮은 곳에 내려앉은 빛나는 새들과도 같았다. 오른쪽에는 가로등이 일정한 간격으로 저쪽까지 이어져 있고, 그 사이에는 조용히 가지가 뻗어 들쭉날쭉한 그림자를 드리우고 있었다. 그는 광장 반대 방향으로 걸어갔다. 다시금 천천히 백인들 집 사이로 지나갔다. 여기에도 포치 위나 잔디밭 의자 위에 사람들이 있었다. 그러나 그는 조용히 걸을 수 있었다. 이따금 그는 사람들을 볼 수 있었다―그림자처럼 떠오르는 머리, 뿌옇게 보이는 흰 옷 등이 눈에 띄었는데, 어느 불이 켜진 베란다에서는 네 사람이 책상에 둘러앉아 카드놀이를 하면서 낮은 광선 속에서 하얀 얼굴에다 날카롭고 열성적인 표정을 짓고 있었고, 여자들의 드러난 팔은 작은 카드 위에서 매끄럽고 희게 빛나고 있었다.

'내가 원한 건 그것뿐이야.' 그는 생각했다. '뭐 대단한 요구도 아닌데.'

이 거리도 또한 아래로 비탈지기 시작했다. 그러나 그다지 가파른 경사는 아니었다. 일정한 속도로 걸음을 옮기고 있는 그의 흰 셔츠와 검은 다리는 8

월의 밤하늘을 배경으로 크고 네모지게 솟아 있는 긴 그림자 속으로 사라졌다—솜 창고, 목 잘린 마스토돈(선사시대에 살았던 큰 코끼리)의 몸뚱이와 같은 평평한 원기둥 모양의 탱크, 화물 열차의 긴 행렬 속으로 그는 기찻길을 건너갔다. 전철기 등불 빛에 두 줄의 철로가 한순간 반짝 푸른빛으로 빛났을 뿐, 곧 사라져 버리고 말았다. 철로 건너편에서는 숲이 이어졌다. 그러나 그는 틀리지 않고 작은 길을 발견했다. 그 길은 나무 사이로 올라가게 되어 있었고, 올라갈수록 뒤편 철로가 지나가는 골짜기 건너편에서 거리의 불빛이 다시 하나 둘 나타났다. 그러나 그는 고개 꼭대기에 다다르기까지는 뒤를 돌아보지 않았다. 꼭대기에서 그는 중심가를, 그 불빛을, 광장에서 사방으로 뻗어 나간 길거리의 등 하나하나를 볼 수 있었다. 그리고 더 먼 곳에선 직각으로 도시 자체의 구획이 멀리 밝게 보였고, 또 그 앞으로는 자신이 방금 내려온 거리와, 뛰는 가슴으로 이를 악물고 도망쳐 나온 새카만 땅굴이 보였다. 그 구덩이에는 아무런 불빛도 없었고, 호흡도 냄새도 여기까진 풍겨 오지 않았다. 그것은 그저 검게, 8월의 떨리는 불빛 화환에 둘러싸여 어둠 속에 그대로 잠겨 있었다. 그것은 말하자면 태초의 원천, 즉 심연이라고도 할 만했다.

나무들과 어둠에도 불구하고 그의 걸음은 거침없었다. 거의 보이지도 않는 작은 길을 한 번도 잃지 않았다. 숲은 1마일이나 이어졌다. 그는 다시금 도로에 나서자 발밑에 먼지를 느꼈다. 그는 그때 막연히 펼쳐지는 세계, 지평선을 볼 수 있었다. 여기저기서 창문이 희미하게 빛났다. 그러나 흑인의 오두막집들은 대부분 컴컴했다. 그래도 그의 피는 뭔가 자꾸 말하기 시작했다. 거기에 맞추어 그는 빨리 걸었다. 그는 그들을 전혀 보거나 듣거나 하지도 않았는데, 그들이 사라진 먼지를 배경으로 막연하게나마 눈에 보이기도 전에 그 한 떼가 흑인이라는 것을 알아차린 듯했다. 그들은 대여섯 명쯤이었고, 흩어진 것 같으면서도 어쩐지 둘씩 짝지은 듯이 보였다. 다시금 그의 귀에는 자기 피의 소리 위로 여자들의 풍성하고 굵은 속삭임이 들려왔다. 크리스마스는 똑바로 빠른 걸음으로 그들을 향해 걸어가고 있었다. 그들도 이미 그를 보고서 말을 그치고 도로 한쪽으로 비켜섰다. 그도 방향을 바꾸어 도로를 가로질러서 그들이 있는 곳으로, 마치 그들을 밟아 넘기라도 하려는 듯이 나갔다. 마치 명령이라도 받은 듯이, 그 여자들은 일제히 뒤로 꺼지더니 꽤 거리를 두고 그를 피해서 멀리 돌았다. 남자들 중 한 사람은 그 여자들을 몰아가기라도 하는 듯이 뒤따라와서는 어깨 너머로 힐끔 돌아보면서 크리스마스 곁을 지나갔다. 나머지 두 사나이는 길에 멈춰 서서 크리스마스를 보고 있었다. 크리스마스도 길에 멈추어 섰다. 어느 쪽도 거의 움직이지 않았지만 그래도 그들의 그림자 두 개가 표류하는 것처럼 다가와 어둠 속에서 슬며시 나타났다. 흑인 냄새가 느껴졌다. 싸구려 천 냄새가 바람결에 흘러왔다. 그의 머리보다도 높은 흑인의 머리가 공중에서 하늘을 등지고 이쪽으로 굽히는 듯이 보였다. "백인이군." 그는 고개를 돌리지도 않고 조용히 말했다. "무슨 일이오, 흰 양반? 누구를 찾는 거요?" 그 소리는 위협조는 아니었다. 그렇다고 해서 굽실거리는 어조도 아니었다.

"쥬프, 이리 와." 여자들을 따라가던 사나이가 말했다.

"여보쇼, 누굴 찾는 거요?" 흑인이 말했다.

"쥬프." 한 여자가 말했다. 그녀의 목소리는 좀 높았다. "이리 오라니까요."

잠시 두 사람의 머리는, 흰 얼굴과 검은 얼굴을 가진 그 머리들은 어둠 속에서 서로 맞대고 호흡하면서 허공에 매달려 있는 것 같았다. 이윽고 흑인의 머리가 둥둥 떠가는 듯이 보였다. 어디선가 서늘한 바람이 불어왔다. 그들이 다시 창백한 길 속으로 녹아 없어지는 모습을 지켜보면서 크리스마스는 자기가 면도칼을 움켜쥐고 있음을 깨달았다. 그 칼은 접힌 채였다. 공포 때문에 그랬던 것은 아니었다. "개자식들!" 그는 꽤 큰 소리로 외쳤다. "개놈의 자식들!"

바람은 어둡고 차갑게 불었다. 그의 구두에 들어간 먼지까지도 싸늘했다. '제기랄, 난 도대체 어떻게 돼먹은 거야?' 그는 생각했다. 면도칼을 호주머니에 집어넣고는 걸음을 멈추어 담배에 불을 붙였다. 담배를 입술에 붙여 두기 위해서는 몇 번 입술을 적셔야만 했다. 성냥불 빛 속에서 그는 자기 손이 떨리는 것을 지켜볼 수 있었다. '이렇게 힘들다니.' 그는 생각했다. "제기랄, 죽도록 힘들잖아." 그는 요란스럽게 외치고는 다시 걸음을 옮겼다. 그는 별들과 하늘을 쳐다보았다. '10시가 다 됐을 거야.' 그는 생각했다. 이런 생각과 거의 동시에 2마일 떨어진 곳에 있는 재판소의 시계탑에서 울리는 소리가 들려왔다. 천천히 일정한 간격을 두고 열 번 울리는 시계 종소리를 그는 확실히 들을 수 있었다. 그는 종소리를 세어 보고, 다시금 쓸쓸하고 아무도 없는 거리에서 걸음을 멈췄다. '10시로군.' 그는 생각했다. '난 어젯밤에도 10시를 알리는 소리를 들었는데. 그리고 11시도, 12시도 들었지. 그렇지만 1시 울리는 소리는 못 들었어. 아마 바람이 방향을 바꿨는지도 몰라.'

같은 밤, 그가 11시를 알리는 소리를 들었을 때에 그는 부서진 대문 안 쪽에 있는 나무에 기대앉아 있었다. 그리고 그의 등 뒤에서 다시금 안채는 컴컴한 채로 무성한 수목에 가려져 있었다. 그는 이 밤에는 '그 여자도 아마 자지 않고 있겠지' 하고 생각하지는 않았다. 지금은 아직 아무것도 생각하지 않고 있었다. 생각은 아직 시작이 되지 않았고, 음성도 아직 시작이 되지 않고 있었다. 크리스마스는 그저 거기 앉아 꼼짝도 않고 있다가, 드디어 2마일 떨어진 곳에서 시계가 12시를 치는 소리를 들었다. 그는 일어나 안채로 걸어갔다. 빨리 걷지는 않았다. 그때도 아직 그는, '무슨 일이 일어날 거야. 내게 무슨 일이 일어날 거야' 하는 생각조차 하지 않고 있었다.

6

지각이 더듬어 보기에 앞서서 추억은 새겨지는 것이다. 추억은 생각해 내는 힘보다도 오래가고, 지각이 의문을 품기 시작할 때에도 추억은 신념을 갖는다. 추억은 한 복도를 알고 생각해 내고 또 믿고 있다. 그 복도가 있는 건물은 쓸쓸하고 크고 길며 여기저기 허물어진, 차갑고 소리가 울리는 어두운 붉은 벽돌 건물로, 연기가 많이 나는 공장지대에 둘러싸여 있기 때문에 건물 자체의 굴뚝보다도 다른 굴뚝에서 나오는 매연으로 더러워진 채, 풀도 자라지 않는 석탄재로 뒤덮인 대지에 서 있고, 교도소나 동물원처럼 높이가 10피트나 되는 철책으로 둘러져 있었다. 그 안에서 똑같은 푸른 데님 제복을 입고 시끄럽게 재잘거리던 고아들은 변덕스러운 참새처럼 이따금 불쑥 추억 속으로 들어왔다가 금세 또 나가 버리곤 하지만, 알고 있다는 점에서는 해마다 가까이 접근해 오는 굴뚝으로부터 쏟아져 나오는 그을음이 비에 젖어서 검은 눈물처럼 흘러내려 줄무늬를 이루는 저 쓸쓸한 벽이나 창문과 마찬가지로 사라지지 않고 늘 존재하였다.

점심때가 조금 지난 고요한 시각에, 조용한 빈 복도를 걷는 그는 그림자와도 같이 음침하고 고요하여 다섯 살 먹은 아이치고도 작아 보였다. 그 복도에 다른 사람이 있었다 해도, 그가 언제 어느 문으로, 어느 방으로 사라졌는지 알 수가 없었을 것이다. 그러나 이 시각엔 복도에는 그 말고는 아무도 없었다. 그는 그것을 알고 있었다. 영양사가 사용하고 있던 치약을 우연히 발견한 뒤부터 그는 거의 1년 동안이나 이런 일을 계속하고 있었던 것이다.

방에 들어서자 그는 소리가 나지 않게 맨발로 곧장 세면대로 가서 이번에도 튜브에 든 치약을 찾아냈다. 그는 분홍빛 벌레가 양피지색 자기 손가락에 매끄럽고 시원하게 천천히 원을 그리며 기어오르는 것을 지켜보다가 갑자기 복도에서 들려오는 발소리를 들었고, 곧이어 바로 문밖에서 나는 사람 소리를 들었다. 아마도 그는 영양사의 목소리를 알아들었을 것이다. 하여간 그는 그들이 문밖을 그대로 지나칠지 어떨지 기다려 보지 않았다. 한 손에 치약 튜브를 쥔 채 맨발로 그림자처럼 조용히 방을 가로질러 그 방 한구석을 막아 놓은 커튼 밑으로 살짝 들어갔다. 거기서 그는 맵시 있는 여자 구두와, 걸려 있는 부드러운 여자 옷 사이에 쪼그려 앉았다. 웅크린 자세로 영양사와 어떤 한 사람이 함께 방에 들어오는 소리를 들었다.

그에게 영양사는 지금까지 무슨 중요한 존재가 아니라 그저 식사·음식·식당·나무의자에서 식사하는 몸가짐 등에 언제나 부속물로 따라다니는 기계적 존재이며, 때때로 그의 시야에 들어올 때에도 전혀 무슨 의미를 나타내지 못하고, 그로선 다만 어쩐지 기분이 좋고 그 모습을 보는 것이 즐거울 뿐이었다—젊고 좀 통통하고 매끈하고 분홍빛을 띤 하얀 그녀는 그의 머리에는 식당을 떠올리게 하고, 그의 입에는 무슨 달콤하고 끈적거리는, 남몰래 먹어야 할 분홍빛 먹을 것을 생각나게 하는 존재에 지나지 않았다. 그녀의 방에서 치약을 발견한 첫날에도, 치약이란 말을 들어 본 일도 없었건만 그는 곧장 그것이 있는 장소로 갔는데, 마치 그녀가 그런 종류의 물건을 갖고 있어서 그곳에 가기만 하면 발견할 거라고 이미 알고 있는 듯이 보였다. 그는 그녀와 함께 들어온 사람의 목소리도 알았다. 그것은 고아원 전속 교구 의사의 조수이며 군립병원에서 온 젊은 인턴의 목소리로, 이 사람도 여기서는 낯이 익은 사람이었으나 아직 미워해야 할 적은 아니었다.

그는 지금 커튼 뒤에 있어서 안전했다. 그들이 떠나간 다음 치약을 제자리에 돌려놓고 자기도 떠날 참이었다. 그래서 그는 커튼 뒤에 쪼그리고 앉아 있었는데, 그녀의 절박한 속삭임 소리가 저절로 귀에 들어왔다. "아니! 안 돼! 여기서는 안 돼. 지금은 안 된다니까. 들켜요. 누군가가—아니, 찰리!

제발 그만두라니까!"

그에게는 남자의 말은 전혀 이해되지 않았다. 그 역시 목소리를 낮추고 있었다. 그 음성에는 무자비한 울림이 있었는데 남자의 목소리란 그때까지 그에겐 언제나 그런 식으로 들렸다. 왜냐하면 그는 아직 너무 어려서 여성의 세계를 벗어나 저 짧은 휴식 시기를 즐기는 데까지는 이르지 못하였고, 따라서 그 시기가 끝나고 그가 다시 여성의 세계로 도망쳐 돌아와서 이번에는 죽을 때까지 그곳에 머물러 있게 된 것은 그보다 훨씬 뒤의 일이었기 때문이다. 그는 다른 소리도 듣긴 했지만 무슨 소리인지 알 수가 없었다—발을 끌면서 걸어오는 듯한 마찰 소리, 문이 잠기는 소리, "아니, 찰리! 찰리, 안 된다니까! 제발, 찰리!" 하는 여자의 속삭임 소리가 들렸다. 그는 다른 소리도 들었다. 음성이 아니라 무슨 옷 스치는 소리, 속삭임 소리도. 그는 귀를 기울이고 있지는 않았다. 그는 그저 기다리고 있으면서 별 흥미나 관심도 없이, 대낮에 침대에 눕다니 좀 괴상한 일이라고밖엔 생각하지 않았다. 다시금 여자의 가냘픈 속삭임 소리가 얇은 커튼을 통해서 들려왔다. "누가 보면 어떡하나! 빨리! 빨리 해요!"

그는 여자 냄새가 나는 부드러운 옷과 구두 사이에 쪼그리고 앉아 있었다. 아까는 원기둥 모양이었지만 지금은 찌그러진 튜브를 촉감을 통해서 인식했다. 보이지는 않았지만 그는 치약이 자기 손가락에 무슨 벌레처럼 선뜻하게 묻어 오름을 느끼고, 자기 입속으로 저절로 강렬하고 달콤한 맛을 띠고 끈적하게 들어옴을 맛보고 있었다. 보통 때 같으면 그는 치약을 한 입 물고는 튜브를 제자리에 다시 놓은 다음 방에서 나갔을 것이다. 아직 다섯 살밖에 안 됐어도 그 이상 먹으면 안 된다고 알고 있었기 때문이다. 아마 동물적 본능에 따라 그 이상 먹으면 탈이 날 것이라는 예감도 있었을 것이고, 또 그 이상 먹으면 영양사가 눈치챌 것이라는 인간적인 지혜도 작용했을 것이다. 그가 보통 때가 넘는 양을 입에 넣은 것은 이번이 처음이었다. 숨어서 기다리는 동안 그는 꽤 많은 양을 먹어 치웠다. 그는 촉감으로 튜브 내용물이 꽤 줄어든 것을 알 수 있었다. 땀이 나기 시작했다. 그는 벌써 오랫동안 땀을 흘리고 있었음을 깨닫고, 땀 흘리는 일 말고는 아무것도 하지 않고 있었다는 생각이 들었다. 그의 귀에는 아무런 소리도 들려오지 않았다. 아마도 커튼 밖에서 총소리가 났다 해도 그에게는 들리지 않았을 것이다. 말하자면 그는 자기 자신을 바라보며, 자기가 땀 흘리는 모습을 지켜보면서, 자기 위장은 싫어하는데도 입 속으로 끈적한 벌레 같은 치약을 자꾸 쑤셔 넣는 자기 모습을 보고 있는 것 같았다. 물론 그것은 목구멍으로 넘어가지 않았다. 이제 그는 조금도 움직이지 않고 전혀 멍한 태도로, 실험실 속 화학자처럼 자기 위로 몸을 굽힌 채 가만히 기다리고 있는 것 같았다. 오래 기다릴 것도 없었다. 방금 삼켜 버렸던 치약이 곧 신선한 밖으로 나오려고 안에서 올라오고 있었다. 그것은 이미 단맛이 없었다. 커튼 뒤 잡다한 도색 여인 냄새가 숨막히게 풍기는 어둠 속에 쪼그리고 앉은 채 그는 입에 도색 거품을 물고 자기 배 속에서 나는 소리에 귀를 기울이면서, 앞으로 자기에게 일어나려는 일을 멍하니 정신을 잃고 자포자기한 심정으로 기다리고 있었다. 그러자 사건이 터지고 말았다. 그는 어찌할 수 없이 완전히 손들었다는 태도로 혼자 중얼거렸다. "아아, 결국 이렇게 됐네."

커튼이 활짝 젖혀졌을 때 그는 얼굴을 들지 않았다. 토해 낸 곳으로부터 거칠게 끌려나왔을 때에도 순순히 따랐다. 그는 자기를 움켜쥔 두 손에 매달린 채 입을 헤벌리고 무심한 백치 상태로, 이미 부드러운 분홍빛 흰색이 아닌 상대의 얼굴과, 전에는 사탕을 떠올리게 했지만 지금은 다 헝클어진 머리터럭을 묶고 있는 매끄러운 리본을 바라보고 있었다. "요 생쥐 같은 놈!" 가느다란 성난 목소리가 찢어져 나왔다. "요 생쥐 같은 놈! 숨어서 보고 있었다니! 요 쪼그만 검둥이 자식 같으니!"

영양사는 스물일곱 살이었다—위태로운 정사를 좀 즐길 만한 나이긴 하지만 연애의 환락 때문에 사회의 이목을 꺼리지 않을 만큼 대담하지는 못했고, 누구에게 들킬까 봐 늘 걱정이었다. 그녀는 또한 좀 어리석어서, 겨우 다섯 살 난 어린애가 자기 귀에 들린 소리만으로 모든 사실을 알아챘을 것이라고 믿을 뿐만 아니라, 어른들이 그러는 것처럼 다른 사람들에게 소문을 내고 싶어하리라고 믿기까지 하였다. 그래서 그 뒤 이틀 동안 그녀는 어디를 보아도, 어디에 있어도, 그 애가 동물적인 심하고도 날카로운 감시의 눈초리를 자기에게 보내고 있는 것 같은 생각이 들어서, 틀림없이 그가 어른과 같은 행동을 하리라는 더욱더 심한 착각에 빠지게 되었다. 즉 그녀는 그 애가 꼭 소문을 낼 뿐만 아니라, 지금 당장 소문을 내지 않는 것은 자기를 더욱 괴롭히려고 일부러 그러는 것이라고 믿었던 것이다. 나쁜 짓을 하다가 들켰다고 믿는 사람은 오히려 그 애 쪽일 거라는 생각이 그녀에게는 조금도 떠오르지 않았다. 실상 그 애는 자기가 저지른 나쁜 짓에 대해서 처벌을 받으리라고 예측하고 있었는데, 처벌이 자꾸 미뤄지는 바람에 오히려 더 고통을 받고 있었고, 빨리 벌을 받아 매를 시원히 맞아서 해결을 보고 그 일을 잊어버리기를 원하는 마음으로 일부러 그녀 앞에 모습을 나타내곤 했던 것이다.

이틀째 되던 날에는 그녀는 거의 절망적인 기분이었다. 밤엔 잠도 오지 않았다. 거의 하룻밤 내내 이를 악물고 두 주먹을 불끈 쥐고 분노와 공포, 그리고 무엇보다도 후회로 말미암아 헐떡거리면서 단 한 시간이라도, 아니 단 일 초라도 시간을 되돌렸으면 하는 맹목적인 욕망으로 신경을 곤두세운 채 잠을 못 이루었다. 그러는 동안은 사랑조차 끼어들 여지가 없었다. 그 젊은 의사 따위는 그 애보다 문제가 되지 않았다. 그는 단지 자기 재난의 원인에 지나지 않았고, 자기를 구원해 줄 존재는 되지 못했다. 그녀는 그 둘 중 누가 더 미운지 알 수가 없었다. 자기가 잠을 자고 있는지 깨어 있는지조차 분간할 수 없었다. 왜냐하면 그녀의 눈꺼풀이나 망막 위에는 언제나 그 고요하고도 음울한, 피할 수 없는 양피지 빛깔의 얼굴이 있어서 그녀를 지켜보고 있었기 때문이다.

사흘째 되던 날에 그녀는 이 몽환 상태에서 깨어났다. 그녀는 그때까지 말하자면 깨어 있는 수면 상태로 지냈는데 낮에 다른 사람들과 얼굴을 마주할 때면, 그녀 자신의 얼굴은 속마음을 숨긴 찡그린 위선의 표정을 한시라도 지워 버리지 않으려고 고민의 가면이라도 쓴 것 같았다. 그러다 셋째 날에 그녀는 능동적인 행동을 취했다. 그 애를 찾아내는 것은 어렵지 않았다. 점심을 먹은 뒤 조용한 시간에 텅 빈 복도에서 그 애를 찾아냈다. 아이는 거기에 아무것도 하지 않고 서 있었다. 아마 그녀를 따라왔는지도 모른다. 거기 서서 기다리고 있었는지도 모를 일이었다. 하여간 그녀는 그 애를 찾아내고도 놀라지 않았고, 그 애도 발소리를 듣고 몸을 돌려 그녀를 보았지만 놀라는 기색이 없었다. 서로 만난 두 얼굴 중 하나는 매끈한 분홍빛과 백색을 잃고 있었고, 나머지 하나는 음침하고도 침착한 표정으로 그저 기다릴 뿐 다른 표정은 전혀 보이지 않았다. 그는 생각했다. '이제 야단만 맞으면 괜찮겠지.'

"얘, 내 말 들어 봐." 그녀가 말했다. 다음 순간 그녀는 애를 바라보며 말을 멈추었다. 이어서 무슨 말을 해야 할지 떠오르지 않는 듯했다. 아이는 꼼짝도 안 하고 조용히 기다리고 있었다. 천천히 차츰차츰 그의 등 근육이 평평하고 딱딱하게 널빤지처럼 굳어졌다. "너 그 일을 사람들에게 퍼뜨릴 거니?" 그녀는 물었다.

그는 대답하지 않았다. 그 치약과 토해 낸 일에 대해서 퍼뜨릴 사람이 도대체 어디 있겠느냐고 생각했던 것이다. 그는 그녀의 얼굴을 바라보지 않고 그저 기다리며 그녀의 손을 지켜보고 있었다. 한손은 그녀의 치마 주머니 속에서 불끈 쥐어져 있었다. 천을 통해서 주먹이 꽉 쥐어져 있음을 알아볼 수 있었다. 그는 주먹으로 맞아 본 일이 없었다. 아니, 그리고 보면 벌 받기를 사흘씩이나 기다려 본 일도 없었다. 그녀의 손이 주머니에서 빠져나오는 것을 보았을 때 그는 정말로 얻어맞는 줄 알았다. 그러나 그녀는 때리지는 않고, 그저 그의 눈 밑에서 손을 벌렸을 뿐이다. 손 위에는 1달러짜리 은전이 있었다. 복도에는 그들 말고 아무도 없었는데도 그녀의 목소리는 긴급하게 가느다란 속삭임으로 나타났다. "이 돈이면 뭐든지 살 수 있어. 1달러나 되니까." 그는 1달러짜리 은화가 무엇인지는 알고 있었지만, 지금까지 실물을 본 일은 없었다. 그는 그 돈을 보았다. 그리고 빛나는 맥주병 마개를 원하는 것처럼, 가능하다면 그 돈을 갖고 싶었다. 그러나 그녀가 그걸 자기에게 줄 것이라고 믿지는 않았다. 만약에 그 돈이 자기 것이었다면 그도 그녀에게 그걸 주고 싶지가 않았을 테니 말이다. 그녀가 자기에게 무엇을 요구하는지 그는 알 수가 없었다. 그래서 그는 얼른 회초리로 얻어맞고 풀려나기를 기다릴 뿐이었다. 그녀의 목소리는 계속해서 긴급하고 긴장된 투로 빠르게 들려왔다. "1달러란 말이야. 알겠니? 뭐든지 살 수 있어. 매일같이 뭘 사 먹어도 일주일은 간다. 그러면 다음 달에는 이런 돈 하나 또 줄지도 몰라."

그는 움직이지도 않고 말하지도 않았다. 그는 조각된 커다란 인형 같기도 하였다—즉 꼼짝도 않고 있는, 작업복을 입은 동그란 머리와 동그란 눈동자의 꼬마 인형이라고나 할까. 그는 놀라움과 충격과 혐오감에 사로잡혀 딱딱하게 굳어 있었다. 그 돈을 바라보고 있으려니, 치약 튜브가 마치 쌓아 올린 목재처럼 끝없이 무섭게 늘어서 있는 장면을 보는 것 같았다. 공포에 질린 그의 온몸은 마치 맹렬한 반발의 도가니 속에 뛰어든 것 같기도 했다. "더 먹긴 싫어요." 그는 말했다. '더 먹고 싶지 않아.' 그는 생각했다.

그러자 그는 감히 그녀의 얼굴을 쳐다볼 수도 없었다. 그래도 그녀의 길게 떨리는 숨을 느끼고 들을 수는 있었다. '이젠 얻어맞는가 보다.' 그는 순간적으로 생각했다. 그러나 그녀는 그의 어깨를 꽉 붙잡았을 뿐이었다. 그녀는 다만 그를 꼭 붙들고 있으면서 흔들지도 않고, 그 손 역시 어떻게 해야 좋을지 모르고 있었다. 그녀의 얼굴이 너무 가까이 있어서 그녀의 숨이 그의 뺨에 느껴졌다. 그는 그녀의 얼굴 표정이 어떤지를 알기 위해서 일부러 쳐다볼 필요도 없었다. "그럼 네 마음대로 해!" 그녀는 소리쳤다. "마음대로 퍼뜨리란 말이야! 요 쪼그만 깜둥이 새끼 같으니! 빌어먹을 깜둥이 자식!"

이 일은 사흘째 되던 날에 일어났다. 나흘째 되던 날에는 그녀는 아주 냉정하면서도 완전히 골이 나 있었다. 더 무슨 계획을 세우지도 않았다. 이제 그녀의 행동은 무슨 본능이 이끄는 듯하여, 말하자면 그녀가 고요한 가면 뒤에 숨어서 공포와 분노를 키워 왔던 대낮과 잠 못 이루는 밤으로 말미암아, 그녀의 정신은 절대 과오에 빠지지 않는 여성 본능과 함께 자연스럽게 악을 인식하는 방향으로 나가는 것 같았다.

그녀는 이제 아주 냉정해졌다. 당장은 절박한 기분에서 벗어나기까지 했다. 이제는 마치 주변을 돌아보고 계획을 세울 여유가 생기기라도 한 것 같았다. 주위 상황을 둘러보다가 그녀의 시선은 보일러실 문간에 앉아 있는 수위와 마주쳐서, 그녀의 생각도 마음도 단숨에 그곳으로 향했다. 거기에는 추리라든가 계략이라든가 하는 것은 아무것도 없었다. 기차 승객이 잠깐 밖을 내다보듯이 아주 잠시 자기 외부에 눈을 돌렸다가, 그녀는 별반 놀라지도 않고 그 자그마한 더러운 사나이가 그을음에 까매진 문간에서 등의자에 앉아 있는 것을 보았다. 그는 강철 테 안경을 끼고 무릎에 놓은 책을 읽고 있었다. 그의 모습은 하나의 조각상, 아니 거의 거기에 고정된 시설물처럼 생각되어서, 그녀는 그의 존재를 의식하고는 있었지만 그의 얼굴을 제대로 보기는 5년 만에 이번이 처음이었다. 그를 거리에 나가서 만났다면 그녀는 아마 알아보지 못했을 것이다. 비록 그가 남자이긴 했지만 그래도 그녀는 그를 알지도 못한 채 그냥 지나쳐 버렸을 것이다. 이제 그녀의 삶은 한끝에 그 사나이를 앉혀 둔 복도처럼 곧아 보였고 또한 단순해 보였다. 그녀는 자기도 미처 깨닫기 전에 벌써 더러운 길에 들어서서 그에게로 걸어가고 있었다.

그는 무릎 위에 책을 펴 놓은 채 문간에서 등의자에 앉아 있었다. 그녀가 다가가 보니 그것은 성경이었다. 그러나 그녀는 그의 다리에 파리가 앉아 있는 것을 보듯이 무심하게 이것을 알아보았을 뿐이다. "아저씨도 저 애를 미워하지요." 그녀는 말했다. "아저씨도 저 애를 전부터 죽 감시하고 있었지요. 난 다 봤어요. 안 그랬다고 잡아떼지는 말아요." 그는 안경을 이마에 올려놓고 그녀의 얼굴을 쳐다보았다. 그는 늙은 사람은 아니었다. 지금 직업과는 어딘지 맞지 않는 점이 있었다. 그는 강건한 장년기에 든 남자였다. 본디 억세고도 활동적인 삶을 살고 있어야 할 사람이 때나 환경이나 운명을 잘못 만나 배반을 당하여, 한창때인 45세의 강건한 몸과 정신을 갖고 있으면서도 60세나 65세쯤 된 노인에게나 알맞은 한직을 맡고 있는 형편이었다. "이것 보세요." 그녀는 말했다. "다른 애들이 그 애 보고 깜둥이라고 그러기 전부터 아저씨는 알고 있었죠? 바로 그때쯤에 아저씨는 여기 오셨어요. 찰리가 저기 입구 층계에서 그 애를 발견한 것이 크리스마스 저녁으로, 아저씨는 그때 여기서 일을 시작하신 지가 한 달도 채 못 됐죠? 어디 말씀해 보세요." 수위의 얼굴은 둥글고 살이 좀 처진 것이 아주 더러운 데다 수염이 더부룩하게 나 있었다. 그의 눈은 아주 맑고 아주 회색으로 아주 차가웠다. 그리고 아주 광적이었다. 그러나 그녀는 그런 것을 눈여겨보지는 않았다. 아니면 그녀에게는 그것이 광적으로 보이지 않았는지도 모른다. 하여간 그들은 석탄으로 더러워진 문간에서 얼굴을 맞대고 광적인 눈은 광적인 눈을 바라보며, 광적인 소리는 광적인 소리를 향해서 침착하게 조용조용히 간결하게, 마치 공모자에게 말하듯이 말을 건네고 있었다. "난 5년 동안이나 아저씨를 지켜보고 있었어요." 그녀는 자기가 진실을 말하고 있다고 믿었다. "여기 바로 그 의자에 앉아서 그 애를 감시하고 있는 것을 말이에요. 아저씨는 애들이 밖에 나와 놀 때가 아니면 여기 나와 앉는 일이 없었지요. 그러나 애들이 밖에 나오면 아저씨는 꼭 의자를 이리로 끌고 나와, 거기에 앉아서 애들을 감시했지요. 특히 그 애를 감시하면서 다른 애들이 그 애를 검둥이라고 부르는 소리를 듣고 계셨어요. 그게 바로 아저씨가 하시는 일이 아니었어요? 난 다 알아요. 아저씨는 바로 그 일을 하려고 여기 오셨죠. 그 애를 지켜보고 미워하는 일 말이에요. 그 애가 여기 왔을 때 아저씨는 먼저 와서 기다리고 있었죠. 아마 아저씨께서 직접 그 애를 여기 데리고 와서 저기 입구 층계에다 내버렸는지도 모르죠. 그렇지만 하여간 아저씨는 알고 있어요. 그런데 나도 알아야 하겠단 말이에요. 그 애가 말을 퍼뜨리면 나는 해고를 당할 거예요. 그리고 찰리도 아마—아니, 틀림없이—알려 주세요. 자, 알려 달란 말이에요."

"아." 수위가 말했다. "하느님이 정하신 때가 되면 그 애가 당신을 붙들려고 그 자리에 있으리라는 것은 나도 벌써부터 알고 있었습죠. 알고말고요. 난 누가 그 애를 거기 두었는지도 알구요. 음행의 표지요, 하느님의 저주가 바로 걔니까요."

"그래요. 그 애는 커튼 바로 뒤에 있었어요. 바로 아저씨만큼 가까운 곳에 말이에요. 자, 얘기해 주세요. 아저씨가 그 애를 바라보는 눈초리를 난 봤어요. 아저씨를 지켜봤으니까요. 5년간이나 말이에요."

"나야 알지요." 그는 말했다. "악이 뭔지 알아요. 악을 일으켜서 이 하느님의 세계에 걸어가게 한 사람이 다름 아닌 나니까요. 내가 바로 악을 이루어 하느님 앞에 타락의 모습을 걷게 한 거지요. 하느님은 숨기시지 않고 어린애들 입으로 그것을 나타내셨단 말이오. 당신도 애들 말을 듣지 않았소! 난 애들에게 그런 말을 하라고 이르지는 않았소. 그 애를 저주받은 그대로의 이름으로 부르라고는 가르치지 않았단 말이오. 내가 그런 걸 이르다니요! 그런데도 애들은 그것을 알았거든요. 누가 알려 주긴 알려 준 모양인데, 내가 알려 주진 않았단 말이오. 난 그저 기다렸습죠. 하느님이 그분 스스로 만드신 세계에 그걸 나타내기에 합당하다고 여기신 시간이 오기까지. 그런데 지금이 바로 그 시간이오. 이번 일이 그 표지라오. 여자의 죄와 음행에 새겨진 표지 말이오."

"예, 그렇지만 난 어쩌면 좋아요? 말해 주세요."

"기다려야지요. 내가 기다린 것처럼. 다섯 해 동안이나 주님께서 움직이셔서 그의 뜻을 나타내시기를 나는 기다렸거든요. 그런데 주님은 그대로 해주셨단 말이오. 그러니까 당신도 기다려 봐요. 주님께서 그 일을 하실 준비가 다 되면 그의 뜻을 명령할 수 있는 사람에게 나타내신다니까요."

"예, 그 권위자는—" 그들은 조용히 숨을 죽여 가며 서로 바라보았다.

"원장님이지요. 주님께서 준비가 다 되시면 원장님에게 그걸 나타내실 겁니다."

"그렇다면 원장님께서 그 애 일을 알게 되면 그 애를 내보내고 말 거란 애

기군요? 하긴 그렇겠죠. 그렇지만 난 기다릴 수가 없어요."
 "그래도 당신은 주 하느님을 서두르시게 할 수는 없지요. 난 5년이나 기다리지 않았소?"
 그녀는 두 손을 가볍게 맞부딪기 시작했다. "그렇지만 이렇게 생각되지는 않으세요? 이것도 주님의 길인지 모르겠다고요. 즉 아저씨가 내게 말씀해 주시는 것도 말이에요. 아저씨는 다 알고 계시잖아요! 아마 아저씨가 내게 알려 주시고, 나는 원장님께 알려 드리는 것이 하느님의 길인지도 모르지요." 그녀의 광적인 눈초리는 아주 냉정했고, 그 광적인 음성은 참을성 있고 침착했다. 다만 그녀의 손만이 끊임없이 가볍게 움직이고 있었다.
 "기다려요, 내가 기다린 것처럼." 그는 말했다. "당신도 양심을 괴롭히는 하느님의 무서운 손의 무게를 한 사흘가량은 느낀 셈이군요. 그렇지만 나는 그 손 아래서 5년이나 살아왔단 말이오. 하느님의 뜻이 이루어지는 때를 지켜보면서, 또 기다리면서. 내 죄는 당신 죄보다 더 크고 무거우니까요." 비록 그는 그녀의 얼굴에 똑바로 눈길을 주고 있긴 했어도, 그녀를 전혀 보지 않는 것 같았다. 그의 눈은 마치 장님 같아 보였는데, 크게 뜨인 그 눈은 얼음처럼 냉정하면서 광기가 있어 보였다. "내가 저지른 일과 속죄하려고 겪은 가지가지 고뇌를 생각해 본다면 당신이 한 일과 여자로서 겪은 고통이란 것은 한 줌 진흙 정도에 불과해요. 난 5년이나 혼자 무거운 짐을 짊어지고 견디어 왔단 말이오. 그런데도 당신은 더러운 여자로서 저지른 사소한 죄 때문에 감히 전능하신 하느님을 서두르시게 할 생각이오?"
 그녀는 갑자기 몸을 돌렸다. "좋아요, 말씀 안 해 줘도 좋아요. 하여간 나도 알긴 아는 거니까요. 난 그 애가 검둥이 피가 섞였다는 것을 처음부터 알고 있었어요." 그녀는 본관으로 돌아왔다. 이제는 빨리 걷지 않았고 무지무지하게 큰 하품을 했다. '원장님이 그 말을 믿게 할 좋은 방법만 생각해 내면 그만이지 뭐. 수위 아저씨는 나를 도와서 원장님에게 그런 말을 할 것 같지가 않아.' 그녀는 다시금 무섭게 큰 하품을 했다. 그 얼굴에서는 하품 말고는 아무것도 남은 것이 없었고, 드디어 하품조차 사라지고 말았다. 그녀는 다른 생각을 하고 있었던 것이다. 전에는 그런 생각을 꿈에도 해 보지 못했지만, 지금은 그 생각이 하도 적절하게 여겨져 오래전부터 생각했고 또 알고 있었던 것처럼 느껴졌다. 즉 그 애는 쫓겨날 뿐만 아니라, 자기에게 공포와 근심을 주었으므로 벌까지 받게 될 것이다. '원장님은 그 애를 검둥이 고아원으로 보내겠지.' 그녀는 생각했다. "당연하지. 그럴 수밖에 별다른 도리가 없으니까."

그녀도 곧 원장에게 가지는 않았다. 그곳을 향해 떠나기는 했지만 원장실 쪽으로 방향을 돌리지는 않고, 자신이 그냥 그곳을 지나쳐 자기 방으로 이어지는 계단을 오르고 있음을 깨닫게 되었다. 마치 자기 자신이 어디로 가는지 알아보려고 자기 뒤를 따르는 것 같았다. 고요하고도 텅 빈 복도에서 그녀는 마음을 푹 놓고 다시금 하품을 했다. 그녀는 자기 방에 들어가 방문을 잠그고 옷을 벗은 다음 잠자리에 들었다. 커튼을 쳐서 어두컴컴해진 방에서 그녀는 똑바로 누워 꼼짝도 안 하고 있었다. 그녀의 눈은 감겼고 얼굴은 공허하고 평온했다. 잠시 뒤 그녀는 두 다리를 천천히 벌렸다가 다시금 오므리면서 몸을 덮은 홑이불이 다리에 차갑고 매끈하게 스치는 것을 느끼고, 이어 따뜻하고 매끈하게 감겨 옴을 느꼈다. 생각이란 것이 벌써 사흘 동안이나 이루어 보지 못한 잠과, 이제부터 이루어 보려는 잠 사이에 매달려 있는 듯했고, 그녀의 육체는 마치 남자의 육체를 받아들이거나 하는 듯이 잠을 받아들이려 하고 있었다. '원장님에게 내 말을 믿게만 하면 그만이야.' 이어서 또 생각했다. '고 녀석은 커피콩이 가득 차 있는 냄비 속에 섞인 희멀건 콩알 비슷한 꼴이 되겠지.' 그것은 오후의 일이었다. 그날 밤 9시에, 그녀가 다시금 옷을 벗고 있는데 수위가 자기 방문 쪽으로 복도를 걸어오고 있는 소리가 들렸다. 그것이 누구 발소리인지를 그녀는 처음엔 알지도 못했고 또 알 수도 없었지만, 그 확고한 발걸음 소리와 문을 두드리는 소리를 듣고 직감적으로 알아차렸던 것이다. 노크 소리가 나자마자 그 문은 그녀가 거기에 달려들 사이도 없이 이미 열리기 시작했다. 그녀는 소리를 지르지는 않았다. 다만 문에 달려들어 온몸의 무게로 문을 억누를 뿐이었다. "지금 옷을 벗고 있어요!" 그녀는 가느다란 괴로운 소리로 말했다. 찾아온 사람이 누군지는 확실히 알고 있었다. 그는 대답도 안 하고 점점 벌어지는 틈 저쪽에서 마찬가지로 문에다 온몸의 무게를 무겁게 계속 싣고 있었다. "들어오면 안 돼요!" 그녀는 속삭이는 소리만큼 가냘프게 비명을 질렀다. "모르세요? 사람들이 보면······" 그녀의 목소리는 헐떡거리고 꺼질 듯 필사적이었다. 그는 대답하지 않았다. 그녀는 천천히 안쪽으로 열리고 있는 문을 억눌러 막아 보려고 했다. "옷 좀

입게 해 줘요. 그러면 내가 그리로 나갈게요. 그래 주시겠죠?" 그녀의 꺼져 가는 속삭임 소리는 마치 아무것도 모르는 어린애나 미치광이에게 말하는 것처럼, 가볍고 보잘것없는 어조로 계속 상대를 달래 보기도 하고 애원해 보기도 했다. "좀 기다려요. 내 말이 들려요? 기다려 주시겠죠?" 그는 대답이 없었다. 막을 수 없는 힘으로 천천히 문틈이 벌려지는 동작은 그치지 않았다. 아래 속옷밖에는 걸치지 않은 채 문에 기대서 있는 그녀의 모습은 강간과 절망을 나타내는 소극(笑劇)에 등장하는 꼭두각시와도 같았다. 문에 몸을 기대고 눈을 내리깐 채 움직이지도 않고 깊은 상념에 잠긴 듯이 보여서, 마치 인형극 도중에 인형의 움직임이 멈추어진 것 같았다. 이윽고 그녀는 문을 놓아주고 몸을 돌려 침대로 달려 돌아가서는, 자세히 보지도 않고 옷을 대충 집어 들더니 그것을 가슴에 갖다 붙이고 다시 문 쪽을 향한 채 몸을 움츠렸다. 그는 이미 방에 들어와 있었다. 분명 그는 그녀를 지켜보고 있었고, 그녀가 눈 먼 사람처럼 급하게 옷을 찾으면서 허우적거리는 동안, 내내 기다리고 있었던 것이다.

그는 여전히 작업복 차림이었으나 이번에는 모자를 쓰고 있었다. 그는 모자를 벗지도 않았다. 다시금 그의 차가운 광적인 회색 눈동자는 그녀 모습을 비추지 않는 것 같았다. 아니, 아무것도 보지 않는 것 같았다. "하느님께서 친히 당신 방에 들어오셨다 해도." 그는 말을 꺼냈다. "당신은 음란한 짓을 하러 온 거라고 생각하겠군." 그는 또 물었다. "그 여자에게 말했소?"

그녀는 침대에 앉았다. 옷을 움켜쥔 채 얼굴이 창백해져 상대를 뚫어져라 바라보면서, 마치 그대로 침대에 꺼져 들어갈 것 같은 느낌이었다. "그 여자에게 말하다니요?"

"그 여자는 그 애를 어떻게 할 셈이오?"

"어떻게 하다니요?" 그녀는 상대를 바라보았다. 자기를 본다기보다는 자기를 푹 감싸 버리는 듯한 그 고요하게 빛나는 눈동자를 바라보았다. 그녀는 백치처럼 입을 쩍 벌리고 있었다.

"어디로 그 애를 보낼 작정입니까?" 그녀는 대답하지 않았다. "나에게 거짓말을 마시오, 주 하느님께도 말입니다. 그 애를 검둥이 고아원으로 보낼 생각이죠?" 그녀의 입은 다물어졌다. 마치 그의 말을 그제야 새삼 알아차렸다는 듯한 태도였다. "그렇고말고, 내가 곰곰이 생각해서 알아맞힌 것이오.

그 애를 검둥이 고아원으로 보낼 것이 틀림없소." 그녀는 여전히 대답이 없었다. 그러나 지금은 상대를 쏘아보고 있다. 그녀의 눈은 아직도 좀 두려운 기색이 있었지만, 동시에 무슨 비밀과 계략을 간직한 타산적인 표정도 엿보였다. 그도 이제는 상대를 보고 있으며, 그 눈은 오직 상대의 모습과 존재만 뚫어져라 보는 듯했다. "대답해 봐, 이세벨!" (구약 열왕기에 나오는 사악한 독부의 이름)

"쉬—!" 그녀는 말했다. "맞았어요. 그럴 수밖에 없을 거예요. 원장님이 아시면 말이에요……"

"아!" 그는 탄식했다. 그녀를 바라보던 그의 눈초리는 흐려졌다. 그 눈은 그녀를 놓아주었다가 다시금 푹 감싸 버렸다. 그 눈을 바라볼 때 그녀는 그 시선 속에서 자기는 아무것도 아니고, 마치 연못 위에 떠다니는 나뭇가지처럼 보잘것없는 것으로 느꼈다. 시간이 흐르자 그의 눈은 거의 인간답게 되돌아왔다. 그는 마치 전에 여자의 방이라곤 본 일이 없는 듯이 두리번거렸다. 따뜻하고 어질러진, 여자의 색정적인 냄새가 풍기는 좁은 방을 그는 둘러보는 것이었다. "더러운 여자군." 그는 말했다. "하느님의 면전에서는 그렇고말고." 그는 몸을 돌리더니 나가 버리고 말았다. 잠시 뒤 그녀는 일어섰다. 그녀는 옷을 움켜쥔 채 꼼짝도 안 하고, 마치 무슨 일을 해야 할지 생각조차 할 수 없기라도 한 듯 멍청하게 우두커니 서서, 이미 아무도 없는 열린 문을 한동안 바라보았다. 그러다 그녀는 달렸다. 문에 달려들어 몸을 던지듯이 부딪쳐 문을 쾅 닫고 잠가 버린 다음, 거기에 기댄 채 헐떡거리면서 열쇠를 두 손으로 꽉 쥐고 있었다.

이튿날 아침 식사 때에는 그 수위와 어린애가 보이지 않았다. 그들의 종적을 알 수가 없었다. 곧 경찰에 알렸다. 수위가 열쇠를 갖고 있던 옆문이 열린 채였음이 드러났다.

"그가 알고 있었기 때문이에요." 영양사는 원장에게 말했다.

"무엇을 알아?"

"그 애 말이에요. 그 크리스마스라는 애가 검둥이라는 걸 알고 있었단 말씀이에요."

"뭐라구?" 원장이 소리쳤다. 의자에 기댄 채 원장은 자기보다 나이 어린 여자를 쏘아보았다. "뭐, 검둥—말도 안 돼!" 그녀는 말했다. "난 믿을 수가 없어!"

"원장님께서 믿지 않으셔도 괜찮습니다." 젊은 여자가 말했다. "그렇지만 수위는 그걸 알고 있었어요. 그래서 그 애를 꾀어 데려간 거랍니다."

원장은 쉰 살이 지난 여인으로, 축 늘어진 얼굴에 연약해 보이는 상냥한 눈을 갖고 있었다. 그 눈에 지금은 당황한 빛이 떠올랐다. "난 믿을 수 없어!" 그녀는 말했다. 그러나 사흘 만에 그녀는 영양사를 부르러 사람을 보냈다. 원장은 잠을 잘 못 잔 것 같았다. 영양사는 그와는 정반대로 아주 생기발랄하고 침착해 보였다. 수위와 어린애가 발견되었다는 소식을 듣고도 그녀는 조금도 흔들리지 않았다. "리틀 록에서 발견되었어." 원장은 말했다. "그는 그 애를 거기 고아원에 넣으려 했다는데, 고아원 측은 아무래도 그가 좀 돈 것 같아서 경찰이 올 때까지 붙잡아 두었다는군." 원장은 젊은 여자를 바라보았다. "당신이 말을 했지만…… 며칠 전에 말을 하긴 했지만…… 어떻게 그 사실을 알았지?"

영양사는 눈을 돌리지 않았다. "저도 몰랐어요. 전혀 생각도 안 했던걸요. 물론 애들이 그 애를 검둥이라고 부르는 것은 알고 있었지만 그것이 무슨 큰 의미를 가진다고는 생각하지 않았죠—"

"검둥이라고?" 원장이 말했다. "다른 애들도?"

"벌써 여러 해 동안 애들이 그 애를 검둥이라고 불러 왔습니다. 애들은 원장님이나 저와 같은 어른들이 미처 알지 못하는 일을 알아차리는 직관력이 있다고 때때로 생각되기도 해요. 어린애들과 그 사람 같은 늙은이들은 말이죠. 그래서 그는 애들이 뜰에서 놀고 있을 때에는 반드시 문간에 앉아서 그 애를 지켜보곤 하였지요. 아마 그 사람도 다른 애들이 그 애를 검둥이라고 부르는 것을 듣고 알아차렸을 것입니다. 그렇지만 혹 전부터 알고 있었는지도 모르죠. 기억이 나십니까? 그 두 사람은 거의 같은 때 여기 왔었지요. 그 사람이 여기 와서 일한 지 한 달도 채 못 되던 어느 날 밤—바로 크리스마스였죠, 기억하시죠—찰—아니, 우리가 아직 갓난아기였던 크리스마스를 입구 층계에서 발견하지 않았습니까?" 그녀는 미끈하게 지껄이면서, 원장의 당황하고 질린 듯한 눈이 마치 꼭 달라붙어서 떨어질 수 없기라도 한 듯이 자기 눈에 고정되어 있는 것을 지켜보고 있었다. 영양사의 눈은 침착하고 무심했다. "며칠 전에 우리는 이야기를 나누었는데, 그는 그 애에 대해서 무언가 얘기를 하려고 했어요. 그는 저에게, 아니면 어떤 다른 사람에게 무엇인가를 털어놓고 싶었던 모양이지만, 결국 용기가 나지 않았는지 입을 열지 않더군요. 그래서 그걸로 끝이었습니다. 전 그 일에 대해서는 별로 생각을 하지 않았지요. 그런 건 완전히 잊어버리고 있었는데 글쎄—" 그녀의 소리가 끊겼다. 원장을 바라보고 있는 그녀의 얼굴에는 지금 갑자기 생각이 났다는 듯한 표정, 문득 깨달았다는 듯한 표정이 떠 있어서 아무도 그것이 연극인지 아닌지를 분간할 수가 없었을 것이다. "아, 그래서 그런…… 그래요, 이제야 알겠습니다. 그 둘이 사라져 버리기 바로 전날의 일이었지요. 제가 방으로 돌아가려고 복도를 걷고 있었는데, 그러니까 그것이 바로 같은 날이었군요…… 제가 우연히 그 사람과 말을 주고받는 도중 그가 무슨 말을 하려고 하다가 결국 털어놓지 않았던 그날이에요—하여간 그때 그가 느닷없이 나타나더니 저를 멈춰 세우지 않겠어요. 그가 본관까지 들어오는 것을 본 적은 없었으니까 저는 곧 좀 이상하다고 느꼈죠. 그리고 그는 말을 꺼내더군요—꼭 미친 사람처럼 말을 하고, 겉모습도 미친 사람 같았습니다. 저는 갑자기 무서워져서 꼼짝도 못했어요. 갈 길이 가로막혔으니까요—그는 물었어요. '그 여자에게 벌써 말했소?' 저는 '누구에게 무슨 말을 해요?' 되물었지요. 그러나 원장님을 두고 하는 말이라는 것을 전 깨달았습니다. 그가 그 어린애에 대해서 제게 밝히려고 했던 것을 제가 원장님께 일러바쳤는지, 그는 그걸 알고 싶었던 모양이에요. 그렇지만 그가 저더러 원장님에게 무슨 말을 시키고 싶었는지 전혀 알 수가 없었고, 전 무서워서 비명이라도 지르고 싶었습니다. 그러자 그가 말하기를, '그 여자가 그걸 알게 되면 무슨 짓을 할 것 같소?' 하더군요. 저는 뭐라고 말해야 할지, 어떻게 해야 그 사람에게서 빠져나올 수 있을지 영 알 수가 없었습니다. 이어서 그는 또 말하기를, '당신이 말할 필요는 없소. 난 그 여자가 무슨 짓을 할지 다 알고 있으니까. 그 애를 검둥이 고아원으로 보낼 게 아니겠소?' 했습니다."

"검둥이 고아원이라고?"

"생각해 보면 어떻게 우리가 그렇게 오래도록 그걸 알아차리지 못했는지 신기할 노릇이에요. 그 애 얼굴을 보기만 해도 금세 알 수 있는데. 그 애 눈을 보고 머리를 보기만 해도. 물론 안된 일이지요. 그렇지만 그 애는 거기에 갈 수밖에 없지 않겠습니까?"

안경 너머로 원장의 힘없는 괴로운 듯한 눈동자가 고통스럽게 굳어져서,

그녀는 마치 시력의 한도를 넘어선 무엇을 억지로 보기라도 하려는 것 같았다. "그렇지만 그는 어째서 그 애를 데려가고 싶었을까?"

"글쎄 제 생각 같아선 그가 미친 거죠, 뭐. 그날 밤—아니 낮이었군요—하여간 그때 저처럼 복도에서 그를 보실 수가 있었다면 제 말뜻을 깨달으셨을 겁니다. 물론 그 애가 여태까지 백인 애들과 더불어 살아오다가 갑자기 검둥이 고아원으로 갈 수밖에 없게 됐다는 것은 참 안된 일이죠. 그 애가 검둥이로 태어난 것은 그 애 책임이 아니니까요. 그렇지만 또 우리 책임도 아니지요—" 그녀는 원장을 바라보면서 말을 끊었다. 안경 너머로 보이는 나이 든 여자의 눈은 여전히 연약하고 괴로운 듯 절망적이었다. 그녀의 입은 말을 할 때에 마구 떨렸다. 그녀의 말조차도 절망적이었다. 그러나 결정적인 확실한 말이었다.

"그 애를 다른 곳으로 보내야지. 당장에 손을 써야겠어. 그 애 입원원서가 어떤 거였지? 그 카드를 이리로 좀 넘겨줘요……"

그 애가 깨어났을 때, 아이는 누군가가 자기를 옮기고 있음을 느꼈다. 칠흑처럼 캄캄하고 추운 밤이었다. 소리 하나 없이 조심스럽게 움직이는 어떤 사람이 그를 2층에서 계단 밑으로 옮기고 있었다. 자기를 안고 있는 팔과 자기 몸 사이에 꼭 눌려 있는 것이 자기 옷임을 그는 알았다. 그는 비명을 지르지도 않았고, 아무런 소리도 내지 않았다. 그가 어디 있는지도 냄새와 공기로 알았다—그곳은 뒤쪽 계단이었다. 그가 기억할 수 있는 한 마흔 명의 어린애들과 함께 잠자던 자기 방에서, 아래층 옆문으로 통하는 계단이었다. 또한 그 냄새로 자기를 옮기고 있는 사람이 남자라는 것도 알았다. 그러나 아무런 소리도 내지 않고, 잠을 자고 있던 때와 똑같이 가만히 마음 푹 놓은 태도로, 그는 보이지 않는 팔에 높이 안긴 채 놀이터로 나가는 옆문으로 천천히 내려갔다.

자기를 안고 가는 사람이 누군지 그는 몰랐다. 그는 자기가 어디로 가고 있는지 알고 있다고 믿었기 때문에 그런 것쯤은 문제도 되지 않았다. 아니, 정확히는 자기가 어째서 가고 있는지 안다고 믿었다. 그리고 어디로 가는지는 아직 문제가 되지 않았다. 2년 전 그가 세 살 났을 때 이런 일이 있었다. 어느 날, 애들 사이에서 앨리스라 하는 열두 살짜리 여자애가 사라졌다. 그는 이 여자애가 좋아서 그녀가 엄마처럼 조금이나마 자기를 돌봐 주는 게 기뺐다. 아마 그래서 그녀를 좋아했을 것이다. 그래서 그의 눈에는 그 여자애는 다 큰 여자로 보였다. 자기에게 먹어라, 씻어라, 자라 하고 명령을 내리는 여자들과 같은, 몸집조차 꼭 큰 여자로 보였다. 단 한 가지 다른 점은 그 여자애가 결코 자기를 못살게 구는 존재가 아니며, 또한 앞으로도 마찬가지일 것이라는 점이었다. 어느 날 밤 앨리스는 그를 깨웠다. 소녀는 그에게 작별인사를 하고 있었지만 그는 그걸 몰랐다. 그는 좀 졸리기도 하고 귀찮기도 한 데다 완전히 잠에서 깨어나지도 못했지만, 그녀가 늘 다정하게 대해 주던 것을 생각하여 그대로 얌전히 있었다. 그는 소녀가 울고 있는 줄 몰랐다. 그도 그럴 것이, 그는 다 자란 사람은 울지 않는다고 생각했기 때문이다. 나중에 어른들도 울 때가 있다는 것을 알았을 때에는 이미 그 소녀를 잊어버린 뒤였다. 그는 소녀가 쓰다듬어 주고 작별인사를 하는 것을 듣는 둥 마는 둥 흘려버리고 말았는데, 다음 날 아침이 되어 소녀는 보이지 않았다. 일단 사라지고 말자 그녀의 종적은 하나도 남은 것이 없고, 옷가지도 보이지 않는 데다가 그녀가 쓰던 침대조차도 낯선 남자애가 차지하고 있었다. 그녀가 어디 갔는지 그는 결국 알 수가 없었다. 그날 그가 귀를 기울이고 있으려니까, 여섯 명의 소녀들이 일곱 번째 소녀의 결혼 준비를 해 준 이야기를 할 때처럼, 소곤소곤 비밀히 속삭이면서, 앨리스의 출발을 도와준 이야기나 새로운 옷 새로운 구두 또 그녀를 태우고 간 마차 이야기를 숨을 죽인 채 하는 소리가 들렸다. 그리하여 그는 그녀가 철책에 달린 철문 밖으로 영영 떠나가 버리고 말았다는 것을 깨달았다. 그러자 그에게는 철커덕 꽉 닫힌 저 문 너머로 모습을 감춘 순간 그녀의 모습이 실재보다 더욱 커졌고, 그것이 크기는 전혀 줄어들지 않은 채 점점 엷어져서, 마지막에는 말로 표현할 수 없는 뭔가 대단한 존재, 이를테면 노을 진 하늘과 같은 존재로 바뀌는 것이 눈에 보이는 듯하였다. 그리고 1년 넘게 지나서야 그는 그렇게 어딘가로 사라져 버린 아이가 그녀뿐만이 아니며, 전에도 있었고 앞으로도 있으리란 것을 알게 되었다. 앨리스 말고도, 새로운 옷이나 새로운 작업복을 입고 때로는 구두상자보다 더 크지 않은 말쑥한 꾸러미를 들고, 철커덕 꽉 닫히는 철문 저쪽으로 사라져 버린 아이가 많았음을 그는 알게 되었던 것이다. 지금 자기에게 일어나고 있는 일도 그런 것이라고 믿었다. 이제까지 다른 애들이 어떻게 아무런 종적도 남기지 않은 채 떠나갈 수 있었는지 드디어 알게 된 기분이었다. 다른 애들도 지금 자기처럼 캄캄한 밤중에 옮겨져 나간 게 분명했다.
 그는 지금 문을 감지할 수 있었다. 문이 아주 가까운 곳에 있고, 보이지 않는 계단을 몇 개나 내려가야 이 사람이 자기를 살짝 조심스럽게 내려놓을까 하는 것도 그는 확실히 알고 있었다. 그의 한쪽 뺨에는 이 남자의 고요하고도 가쁜 따뜻한 입김이 부딪쳤고, 그의 몸 밑부분에서는 긴장해서 굳어진 두 팔과 부드러운 덩어리를 느낄 수 있었다. 또한 그 덩어리가 어둠 속에서 손으로 더듬어 그러모은 자기 옷이라는 것을 알 수 있었다. 사나이는 걸음을 멈추었다. 그가 몸을 구부리자 어린애의 발은 밑으로 홱 내려졌는데, 얼음장처럼 차가운 바닥에 닿으니 발끝이 곧 오므라졌다. 사나이는 처음으로 입을 열었다. "일어 서." 그는 말했다. 그때 어린애는 그가 누구인지 알게 되었다.
 그는 그 사람이 누구인지 곧 알아차렸지만 별로 놀라지는 않았다. 그 애가 그 사람을 얼마만큼 알고 있는지를 원장이 알았더라면 오히려 원장이 깜짝 놀랐을 것이다. 그는 그 사람 이름도 몰랐다. 그리고 그가 철들고 나서 3년 간, 두 사람이 나눈 말은 다 합쳐 봤자 백 마디도 안 되었다. 그러나 그 사람은 그에게는 누구보다도, 심지어 앨리스보다도 머리에 뚜렷이 남는 존재였다. 단 세 살밖에 안 되었을 때에도 아이는 자기와 그 사이에 말로 표현할 필요가 없는 무엇이 있다고 느꼈다. 자기가 잠깐이라도 운동장에 나가면 그 사람도 언제든지 보일러실 입구에 있는 의자에 앉아서 끊임없이 깊은 관심을 가지고 자기를 지켜보고 있다는 것을 알고 있었다. 만약에 아이가 좀더 나이를 먹었더라면 아마 이렇게 생각했을 것이다. '그는 나를 몹시 미워하고 두려워해. 그래서 내게서 눈을 떼지 못하는 거야.' 같은 나이라 하더라도 좀더 어휘력이 풍부했다면 이렇게 생각했을지도 모른다. '그러니까 나는 다른 애들과는 다른 거야. 그 사람이 언제나 나를 감시하고 있으니 말이야.' 그는 그것을 그저 있는 그대로 받아들였다. 그래서 잠자는 도중에 침대에서 안겨 나와 아래로 옮겨지고 있는 것을 알았을 때에도, 또 누가 자기를 안고 나가는지를 알았을 때에도 조금도 놀라지 않았던 것이다. 따라서 차갑고도 캄캄한 문 옆에 서서, 그 사람의 도움을 받아 가며 옷을 입고 있을 때에도 이렇게 생각했을지도 모른다. '이 사람은 나를 너무 미워해서 내게 무엇인가 일어나려는 일까지도 방해하려는 거야.'
 그는 추워서 떨면서도 고분고분 되도록 빨리 옷을 입었다. 둘은 작은 옷들을 뒤적거리면서 무엇인가를 몸에 걸치려고 애썼다. "자, 네 구두." 그 남자는 꺼질 듯한 속삭임 소리로 말했다. "여기 있어." 어린애는 차가운 바닥에 앉아 구두를 신었다. 이때 그 남자가 자기를 만지지는 않았지만, 남자 역시 몸을 굽힌 채 무엇인가 하고 있다는 것을 그는 소리와 느낌으로 알 수 있었다. '이 사람도 구두를 신고 있구나.' 그는 생각했다. 그 남자는 손으로 더듬어서 그를 붙잡아 일으켰다. 그의 구두끈은 매여 있지 않았다. 아직 혼자서 구두끈 매는 법을 배우지 못했던 것이다. 하지만 구두끈을 매지 않았다고 그 남자에게 말하지는 않았다. 그는 아무런 소리도 내지 않고 있었다. 그저 거기 서 있을 뿐이었다. 그러자 좀더 큰 옷이 자기를 폭 싸 버리고 말았다—냄새로 미루어 보아 그건 그 남자의 옷이라고 알 수 있었다—이어 그는 다시금 들려졌다. 문이 안쪽으로 활짝 열렸다. 신선한 찬 공기가 확 밀려 들어왔다. 그리고 길가의 가로등 빛도 비쳐 들어왔다. 그는 그 불빛과, 창문 하나 없는 공허한 공장 벽과, 별이 반짝이는 밤하늘에 우뚝 솟은 연기도 안 나는 굴뚝을 볼 수 있었다. 가로등에 비친 철책은 굶주린 군인들의 행렬 같았다. 그들이 아무도 없는 운동장을 가로질러 가고 있을 때에 그의 늘어진 두 다리는 남자의 큰 걸음에 맞추어서 규칙적으로 흔들리고, 끈도 묶지 않은 구두는 복사뼈 근처에서 빠각빠각 소리를 내고 있었다. 그들은 철문에 도달하여 그곳을 통과했다.

    오래 기다리지 않아서 전차가 다가왔다. 그가 좀더 나이가 들었더라면 그 남자에게 어쩌면 그렇게도 시간을 척척 잘 맞추느냐고 말했을 것이다. 그러나 그는 경탄도 주목도 하지 않고 있었다. 그는 다만 끈도 묶이지 않은 구두를 신고, 발꿈치까지 내려오는 어른 외투에 휩싸여서 눈을 동그랗고 커다랗게 뜨고, 작은 조용한 얼굴에는 잠기운마저 띠지 않은 채 남자와 함께 길모퉁이에 서 있을 뿐이었다. 수많은 창문이 나란히 달려 있는 전차가 다가왔다. 묘한 소리를 내며 멎었는데 두 사람이 타는 동안에도 가느다란 소리를 내고 있었다. 새벽 2시가 지났던 때라 전차는 거의 비어 있었다. 그 남자는 그제야 어린애의 구두끈이 묶이지 않았음을 보고 묶어 주었다. 한편 어린애는 자리에 조용히 앉아서 다리를 똑바로 뻗은 채 가만히 보고 있었다. 기차 정거장까지는 꽤 멀었고, 그는 전에도 전차를 타 본 일이 있었다. 그래서 정거장에 도착했을 때 그는 잠이 들어 있었다. 그가 눈을 떴을 때에는 이미 한

낮이었고 그들은 이미 기차에 탄 지 오래였다. 그는 처음으로 기차를 타 보았지만 아마 다른 사람들은 그렇게 생각하지 않았을 것이다. 그는 전차를 탔을 때와 똑같이 아주 조용히 앉아서, 쭉 뺀 두 다리와 머리를 뺀 온몸이 그 큰 외투에 휩싸인 채 시골 경치를 내다보고 있었다―산이나 나무나 소 같은 것들―지금까지 본 적 없는 것들이 휙휙 지나가 버리고 마는 것을 지켜보고 있었다. 그가 깨어난 것을 보고 그 남자는 신문지로 싼 꾸러미에서 먹을 것을 꺼냈다. 그것은 햄샌드위치였다. "자!" 그 남자는 말했다. 그는 창밖을 내다보면서 빵을 받아먹었다.

그는 아무 말도 하지 않고, 아무런 놀라움도 나타내지 않았다. 사흘 뒤 경찰관들이 와서 자기와 그 사람을 붙들 때에도 놀라지 않았다. 그때 그들이 와 있던 장소는 밤중에 떠나온 장소와 조금도 다를 것이 없었다―이름이 다를 뿐 같은 애들이었고, 냄새만 다를 뿐 같은 어른들이었다. 그래서 그는 어째서 먼저 있던 곳을 뛰쳐나왔는지를 알지 못할 뿐만 아니라, 새로 온 곳에 있지 못할 이유도 알 수가 없었다. 그러나 경찰관들이 이유도 행선지도 알려주지 않은 채 자기에게 일어나 옷을 입으라고 일렀을 때에도 그는 놀라지 않았다. 아마 그는 되돌아간다는 것을 알았을지도 모른다. 또한 어린애 특유의 직관력을 가지고 그 남자도 미처 깨닫지 못했던 것, 즉 이런 짓은 오래가지 못하리라는 것을 이미 알고 있었는지도 모른다. 기차에 다시 탄 그는 같은 산과 같은 나무와 같은 소들을 반대편 자리에서 반대 방향으로 바라보았다. 경찰관이 그에게 먹을 것을 주었다. 그것도 똑같은 햄샌드위치였다. 그러나 신문지로 싼 꾸러미에서 나온 것은 아니었다. 그는 그것을 알아차렸지만 아무 말도 하지 않았다. 아마 아무런 생각도 하지 않았던 모양이다.

그는 옛 고아원으로 돌아갔다. 돌아가면 곧 벌을 받을 것이라고 아마 생각했을 것이다. 그러나 무엇 때문에, 대체 무슨 죄 때문에 벌을 받을 것인지는 어차피 알 수 없을 거라고 생각했다. 그도 그럴 것이, 애들은 어른을 어른으로 받아들이지만, 어른들은 애들을 애가 아닌 어른으로밖에 받아들일 줄 모른다는 것을 그는 이미 알고 있었기 때문이다. 그는 이미 치약 사건은 다 잊고 있었다. 그는 한 달 전에 일부러 영양사 눈에 띄려고 하던 때와는 달리, 이번에는 그녀를 자꾸 피하고 있었다. 너무 열심히 그녀를 피하고 있었기 때문에 그는 피하는 이유조차 잊은 지 오래였다. 그리고 자기가 한 여행에 대해서도 까맣게 잊어버리고 말았다. 도대체 그는 그 두 가지 사이에 무슨 연관이 있는지를 몰랐기 때문이다. 이따금 아주 막연하게 어렴풋이 그 여행 생각을 하는 때도 있었다. 그러나 그것은 그가 보일러실 문으로 시선을 돌려서, 거기 의자에 앉아 자기를 지켜보곤 하던 그 사람을 떠올릴 때에 한해서 일어나는 일이었다. 그런데 그 사람은 이곳을 떠나가는 모든 사람들 모양으로 흔적도 남기지 않고 완전히 자취를 감추고 말았으며, 문간에 있던 등의자도 어디론가 사라져 버렸다. 그 사람이 도대체 어디엘 갔는지, 아이는 생각도 안 했고 의아하게 여기지도 않았다.

어느 날 저녁, 그는 교실에서 불려 나갔다. 크리스마스가 되기 2주일 전이었다. 젊은 여자 두 사람—그중 영양사는 없었다—이 그를 목욕실로 데리고 가서 목욕을 시키고, 젖은 머리를 빗겨 주더니 깨끗한 작업복으로 갈아입히고 난 다음 원장실로 이끌고 갔다. 원장실에는 한 낯선 사람이 앉아 있었다. 그는 그 사람을 보자 원장의 말이 떨어지기도 전에 모든 것을 알아차렸다. 아마 추억이 알고 있어서 그의 지력이 기억을 점점 되살리는 모양이었다. 또는 욕망까지도 작용했는지 모른다. 왜냐하면 다섯 살이라는 어린 나이로서는 희망을 버릴 만큼 많은 절망감을 아직 느껴 보지 못했기 때문이다. 아마 그 추억도 그리 먼 곳으로는 거슬러 올라가지 못하고, 문득 그 기차 여행과 먹을 것을 생각해 낸 모양이었다. "죠셉." 원장이 말했다. "너 시골에 있는 좋은 사람들과 함께 살고 싶지 않니?"

그는 비누와 수건으로 거칠게 씻기고 닦여 귀와 얼굴이 빨갛게 달아오른 상태로, 뻣뻣한 새 작업복을 입은 채 거기 서서 낯선 사람의 말을 듣고 있었다. 그가 힐끔 보니 그 사람은 짤막한 갈색 수염을 기르고, 짧게 깎은 머리가 조금 자란 몸매가 다부진 사람이었다. 머리털과 수염은 굳고 기운찬 특질을 갖고 있어서, 백발조차 섞이지 않은 품은 마치 그 얼굴이 드러내는 사십이 넘은 나이에도 불구하고 아직 색소변화는 어림도 없다는 듯하였다. 그 눈은 엷은 빛으로 차가웠다. 그는 견고한 느낌의 검은 양복을 점잖게 입고 있었다. 무릎 위에는 까만 모자가 놓여 있었고, 투박하면서도 깨끗한 손이 그 부드러운 펠트 모자를 움켜쥐고 있었다. 조끼 가슴팍에는 묵직한 은시계 줄이 가로로 늘어져 있었다. 그의 단단한 까만 구두가 얌전하게 나란히 자리잡고 있었는데, 그것은 손으로 닦아서 반짝반짝 빛이 났다. 다섯 살 먹은 아이조차도 한눈에, 그 사람은 담배를 피우지 않을 뿐만 아니라 남이 피우는 것도 용서하지 않을 것이라고 느꼈다. 그러나 아이는 그를 감히 더는 볼 수가 없었다. 그 사람의 눈초리 때문이었다.

그래도 그는 그 사람이 자기를 보고 있다는 것을 느낄 수 있었다. 좀 차고 날카로운 눈초리긴 했지만 일부러 지독하게 꾸민 것은 아니었다. 그것은 어차피 흠이 있을 거라고 처음부터 확신을 하고 또 그러면서도 결국 그것을 사게 되리라고 확신하면서, 말이나 중고품 보습을 살펴볼 때와 같은 눈초리였다. 그의 음성은 용의주도하고 느릿느릿하고 무거웠다. 그것은 마치 상대가 주의해서 들어 주진 못하나마 묵묵히 들어만 주면 그만이라는 태도를 가진 듯한 사람의 음성이었다. "그래 원장님께선 이 애의 부모에 대해서는 아무것도 모르시고, 혹 아신다 해도 말씀 안 하신다는 거군요."

원장은 그를 바라보지 않았다. 안경 뒤에서 그녀의 눈은 적어도 그 순간만은 확실히 굳어져 있었다. 그녀는 지나치게 즉각적인 반응이라고 할 만큼 곧 대답했다. "여기서는 애들의 부모에 대해서는 아무런 조사도 하지 않습니다. 아까도 말씀드린 바와 마찬가지로, 이 애는 크리스마스이브에 여기 출입구 층계에 버려져 있었습니다. 앞으로 두 주일이면 꼭 5년이 되지요. 만약에 저 애의 부모가 그렇게 마음에 걸리신다면 양자로 삼지 않으시는 것이 좋겠지요."

"그런 뜻은 아닙니다." 낯선 사람이 말했다. 그의 음성은 좀 달래는 듯한 어조를 띠었다. 그는 자기 신념은 조금도 굽히지 않고 교묘하게 변명할 계략을 세웠다. "애트킨즈 양(이것은 그 영양사의 이름이었다)과 좀 이야기할까 하는데요. 그분과 편지를 주고받아 왔으니까요."

다시금 원장의 목소리는 냉정하면서도 재빠르게, 상대의 말이 끝나기도 전에 튀어나왔다. "애들 일이라면 제가 애트킨즈 양보다 더 잘 알려 드릴 수 있습니다. 그 여자의 담당 사무는 정식으로는 식당과 주방 일뿐입니다. 우연히 이번에만 그 여자가 친절을 베풀어서 당신과 편지를 주고받는데 비서 구실을 해 준 것이랍니다."

"아니, 그게 문제가 아닙니다." 낯선 사람이 말했다. "그런 게 문제가 아니라 그저 좀 생각을……"

"무슨 생각을 하셨는데요? 우리 고아원에서는 애들을 억지로 남에게 떠맡기지도 않고, 또 애들에게도 타당한 이유만 있다면 가기 싫다는 걸 무리하게 보내지도 않습니다. 그건 당신과 저 애가 결정할 문제입니다. 우린 그저 추천할 뿐입니다."

"예." 낯선 사람이 말을 받았다. "그건 조금 전에 말씀드린 것처럼 문제가 아닙니다. 물론 이 장난꾸러기도 괜찮을 거라고 생각합니다. 이 애는 매키천 네 집안이 좋은 가정이라는 것을 알게 될 겁니다. 식구라야 제 안사람과 저뿐이고, 우린 또 나이도 좀 들어서 조용하게 살아가고 있지요. 그래서 묘한 음식이나 태만한 놀이는 못 찾아볼 겁니다. 그렇다고 해서 애 건강에 좋을 정도 이상의 일을 시킨다는 뜻은 아닙니다. 하여간 우리와 함께 살게 되면 출신이야 어떻든 하느님을 두려워하고 태만과 허영을 싫어하는 사람으로 자라날 것은 의심할 여지도 없습니다."

그리하여 두 달 전 그날 오후에 그가 치약 튜브로 서명을 한 약속어음은 여기서 지불되고, 이미 그런 일 따윈 잊어버리고 만 서명자 자신은, 깨끗한 말〔馬〕 전용 담요에 푹 싸인 채 가벼운 사륜마차의 자리에 오도카니 멍한 모습으로 꼼짝도 않고 앉아 있었다. 마차는 그들을 싣고 12월의 황혼 속을 뚫고, 얼어붙은 바퀴자국투성이인 울퉁불퉁한 작은 길을 흔들거리며 달렸다. 그들은 온종일 마차를 탔다. 점심때가 되자 그 사람은 사흘 전에 장만한 시골 음식이 들어 있는 상자를 자리 밑에서 꺼내 아이에게 먹였다. 그러나 마차 여행이 끝날 무렵에야 처음으로 그 사람은 아이에게 말을 건넸다. 그것도 단 한 마디로, 장갑을 낀 채 채찍을 쥔 손을 들어 작은 길 건너편에 저녁 어스름 속에서 홀로 반짝 빛나는 등불을 가리키면서 "집이야" 말한 것이다. 아이는 아무 말도 하지 않았다. 그 사람은 아이를 내려다보았다. 그도 추위를 막느라고 담요를 둘렀는데, 그 모양은 땅딸막하고 크고 볼품이 없는 무슨 바위 같기도 해서 꿈쩍도 하지 않을 듯했고, 부드럽지 못하다기보다는 오히려 무자비하게 보였다. "저게 네 집이라니까." 그래도 어린애는 아무런 대답을 하지 않았다. 집이라고는 해도 지금까지 한 번도 본 적이 없었으므로, 거기에 대해서는 할 말이 없었던 것이다. 그리고 그는 할 말도 없는데 입을 놀릴 줄 알 만큼 크지는 못했다. "저기서 너는 먹을 것과 잠자리와 기독교인의 보살핌을 받을 수 있을 거야." 그 사람은 말했다. "그리고 네 못된 장난에서 너를 지켜 줄, 네 힘으로 할 수 있는 일도 얻게 되겠지. 앞으로 가르쳐 주겠지만 게으름과 쓸데없는 공상, 이 두 가지는 아주 나쁜 것이고, 일하는 것과 하느님을 두려워하는 것, 이 두 가지는 아주 좋은 거야." 여전히 어린애는 말이 없었다. 그는 지금까지 일을 해 본 적도 없었고, 하느님을 두려워해 본 적도 없었던 것이다. 하느님에 대해서는 일에 대해서보다 아는 것이 더 없었다. 일주일에 엿새는 운동장 근처에서 어른들이 갈퀴나 삽을 들고 일하는 모습을 늘 보아 왔지만, 하느님은 다만 일요일에만 그 앞에 나타났다. 더구나 그 일요일조차도—모든 것을 깨끗하게 해야 한다는 일요일의 부수적 시련만 제외하면—그저 음악이 귀에 기분 좋게 들려올 뿐이고, 말은 귀에 들어오지도 않았다—말하자면 일요일은 조금 지루하긴 해도 대체로 유쾌한 날이었다. 그는 여전히 아무 말도 하지 않았다. 마차는 계속해서 흔들리며, 억세고 손질이 잘된 두 마리 말은 열심히 집을 향해, 마구간을 향해 달려갔다.

그리고 훨씬 뒤에, 그의 추억이 그의 얼굴을, 즉 표면적인 기억을 기억으로서 받아들이지 않게 되었을 때에 처음으로 돌이켜 본 일이 한 가지 더 있다. 그것은 세 사람이 원장실에 있었을 때의 일로, 그는 꼼짝도 않고 서서 자기에게 던져지는 낯선 사람의 눈초리를 느끼면서도 마주 바라보지 않고 다만 그 사람의 눈이 생각하고 있는 것을 말로 표현하기를 기다리고 있었다. 그러자 그 말이 나왔다. "크리스마스라고요? 거 이단적인 이름인데요. 그건 신성모독입니다. 이름을 바꿔야겠습니다."

"그것은 당신의 정당한 권리겠지요." 원장이 말했다. "여기서는 애들 이름에는 관심이 없습니다. 다만 그들이 어떠한 대우를 받나 하는 것이 관심거리입니다."

그러나 낯선 사람은 누구의 말을 듣고 있는 것도 아니었고, 누구에게 말을 하는 것도 아니었다. "이제부터 이 애의 이름은 매키천입니다."

"아주 어울립니다." 원장이 말했다. "당신 이름을 주시는군요."

"내가 주는 음식을 먹고 내가 믿는 종교를 따를 텐데." 낯선 사람은 말을 꺼냈다. "어째서 내 이름을 받지 못하겠습니까?"

어린애는 듣고 있지 않았다. 전혀 무관심했다. 그 사람이 덥지도 않은 날에 덥다고 말했다 해도 별반 관심을 갖지 않았을 만큼 무관심했던 것이다. 그는 혼잣말로 '내 이름은 매키천이 아니야, 내 이름은 크리스마스야' 중얼거릴 생각조차 하지 않고 있었다. 아직 그런 생각을 할 필요도 없었던 것이다. 그러기까진 아직 시간이 넉넉히 있었으니까.
"그럼요." 원장이 말했다.

7

그리고 추억은 알고 있다. 그리하여 20년 뒤에도 추억은 여전히 이렇게 믿고 있다. "오늘 나는 남자가 되었다."
그 깨끗하고도 검소한 방은 일요일 냄새를 풍기고 있었다. 창문에는 꿰맨 흔적은 있지만 깨끗한 커튼이 파헤쳐진 흙냄새와 능금 냄새를 띤 산들바람에 가볍게 나부끼고 있었다. 노란 모조 참나무 재목으로 만든 오르간 페달에는 다 낡은 융단 조각이 덮여 있었고, 오르간 위에는 비연초 꽃으로 가득 찬 유리 과일 접시가 놓여 있었다. 소년은 니켈로 만든 등불과, 놋쇠 경첩과 고리와 자물쇠가 달린 커다란 성경책이 놓여 있는 책상 옆에서 학습용 의자에 앉아 있었다. 그는 옷깃이 달리지 않은 깨끗한 흰 셔츠를 입고 있었다. 바지는 까맣고 질긴 천으로 지은 새것이었다. 구두는 최근에 닦은 것 같긴 했지만, 여덟 살 먹은 소년의 투박한 솜씨를 나타내어 여기서기 광이 나지 않는 얼룩진 곳이 있었고, 특히 뒤축 부분은 약칠이 전혀 되어 있지 않았다. 책상 위에는 그를 향해서 장로교회 교리문답서가 펼쳐져 있었다.
매키천은 책상 곁에 서 있었다. 그는 풀을 빳빳이 먹인 깨끗한 셔츠를 입었고, 소년을 처음 만날 때 입었던 바로 그 까만 바지를 입고 있었다. 그의 젖은 머리털은 여전히 백발이 섞이지 않은 채 곱게 빗겨 둥그런 머리에 착 달라붙어 있었다. 그의 수염도 젖은 채 빗질이 되어 있었다. "넌 외우려고 노력도 하지 않았구나." 그는 말했다.
소년은 얼굴을 쳐들지 않았다. 움직이지도 않았다. 그 얼굴은 옆에 있는 사람의 얼굴보다 더 굳어져 있었다. "해 보긴 했어요."
"그럼 다시 한 번 해 봐. 한 시간 더 줄 테니." 매키천은 호주머니에서 두툼한 은시계를 꺼내서 잘 보이도록 책상 위에 놓은 다음, 또 다른 튼튼한 학습용 의자를 책상으로 끌어다가 앉더니, 깨끗하게 씻은 두 손을 무릎에 올려놓고는 광을 낸 묵직한 구두로 마룻바닥을 힘껏 디뎠다. 그 구두에는 약칠이 잘 안 된 부분이라곤 조금도 없었다. 그래도 그 전날 저녁 식사 때에는 좀 더러워져 있었다. 그러나 식사가 끝난 뒤 소년이 잠자리에 들려고 옷을 벗고 셔츠 바람으로 있다가, 채찍으로 얻어맞고는 구두를 다시 닦았던 것이다. 소년은 책상 앞에 앉아 있었다. 그의 얼굴은 무표정하게 조용히 숙여져 있었다. 이 쓸쓸하고도 깨끗한 방으로 봄 향기가 가득 찬 산들바람이 불어 들어왔다.

그때는 9시였다. 그들은 거기에 8시부터 있었다. 가까운 곳에도 예배당이 몇 군데 있었지만, 장로교회는 5마일이나 떨어진 곳에 있었다. 그래서 마차를 타고 가도 한 시간은 걸렸다. 9시 반에는 매키천 부인이 들어왔다. 그녀는 까만 옷을 입고, 머리에는 보닛을 쓰고 있었다―몸이 작은 여인으로, 비참한 얼굴 표정을 하고 등을 좀 굽힌 채 겁을 집어먹고 들어왔다. 그녀는 몸이 탄탄하고 기운찬 남편에 비하면 열다섯 살이나 나이가 더 들어 보였다. 정확하게 말하자면, 그녀는 방에 들어오지 않았다. 그저 문 안쪽으로 발을 디뎌 놓고 잠깐 멈추어 섰을 뿐이다―보닛을 쓰고, 낡긴 했어도 솔질이 잘 된 까만 옷을 걸치고, 손에는 양산과 종려잎 부채를 쥐었는데, 눈에는 어딘지 모르게 기묘한 표정이 떠돌았다. 그것은 마치 자기가 보고 듣는 모든 것은 좀더 결정적인 남자의 눈과 남자의 소리를 통해서만 가능하여, 말하자면 자기는 단순한 기계에 지나지 않으며 억세고도 냉혹한 남편이 그 운전사라는 것을 나타내기라도 하는 것 같았다. 그는 자기 아내가 들어오는 소리를 들었는지도 모른다. 그러나 그는 거들떠보지도 않았고 말도 하지 않았다. 그녀는 몸을 돌려 나가 버렸다.

꼭 한 시간이 지나서 매키천은 고개를 들었다. "이제는 알겠니?" 그는 물었다.

소년은 움직이지 않았다. "아니요." 그는 대답했다.

매키천은 서두르지 않고 느릿하게 일어섰다. 그는 시계 뚜껑을 닫고 호주머니에 다시 집어넣은 다음에, 시곗줄을 바지 멜빵에 끼워 아까처럼 늘어뜨렸다. "이리 와." 그는 명령했다. 그는 뒤를 돌아보지도 않았다. 소년은 복도를 지나 뒷문 쪽으로 따라갔는데 그 역시 똑바른 자세로 묵묵히 고개를 쳐든 채 걸어갔다. 이 두 사람의 뒷모습에서는 똑같은 완고한 느낌이 배어나서 부자지간의 유전적인 유사성을 생각나게 했다. 매키천 부인은 부엌에 있었다. 그녀는 여전히 모자를 쓰고 있었고, 양산과 부채를 쥐고 있었다. 그들이 문을 통해 나가는 모습을 그녀는 지켜보고 있었다. "여보." 그녀는 말했다.

8월의 빛 473

아무도 그녀의 말을 들은 척도 하지 않았다. 아마 그들은 듣지 못했는지도 모르고, 또는 그녀가 전혀 말을 하지 않았는지도 모른다. 두 사람은 똑바로 한 줄로 서서 걸어갔다. 두 개의 뒷모습은 실제 혈통으로 유전된 것보다 한 층 더 비슷한 완고성을 보이며 모든 타협을 거부하는 듯하였다. 그들은 뒤뜰을 가로질러 마구간으로 들어갔다. 매키천은 문을 열고 옆으로 비켜섰다. 소년이 먼저 들어갔다. 매키천은 벽에서 마구(馬具)의 가죽끈을 집어 들었다. 그것은 그의 구두와 마찬가지로 새것도 아니요 헌것도 아니었다. 그것도 구두처럼 깨끗했고, 그 사람 냄새와 같은 냄새가 났다. 깨끗하고 튼튼하고 억센, 살아 있는 가죽 냄새였다. 그는 소년을 내려다보았다.

"책은 어쨌니?" 그는 물었다. 소년은 매끈한 양피지빛 얼굴에 침착한 표정과 약간 창백한 안색을 띤 채 그 사람 앞에 조용히 서 있었다. "안 가져왔구나." 매키천이 말했다. "돌아가서 가지고 와." 그의 음성은 불친절하지는 않았다. 다만 인간미가 없고 인정미가 전혀 없었을 따름이다. 그것은 그저 냉정하고 용서가 없는, 말하자면 기록되거나 인쇄된 말과도 같았다. 소년은 몸을 돌려 밖으로 나갔다.

그가 집에 닿자 매키천 부인이 복도에 있었다. "조." 그녀가 불렀다. 그는 대답하지 않았다. 그는 그녀를, 그 얼굴을, 반쯤 치켜든 그녀 손의 딱딱한 동작을 보려고도 하지 않았다. 그녀는 인간의 손으로 할 수 있는 가장 유약한 동작으로 이상야릇하게 손을 움직이고 있었던 것이다. 그는 딱딱하게 굳은 얼굴로 그녀를 지나쳤다. 아마 자존심과 절망감 때문에 얼굴이 그렇게 굳어졌던 모양이다. 아니 어쩌면 허영심, 남성 특유의 어리석은 허영심 때문이었는지도 모른다. 그는 책상에서 교리문답서를 집어 들고 마구간으로 돌아왔다.

매키천은 가죽끈을 쥔 채 기다리고 있었다. "책을 내려놔라." 그는 명했다. 소년은 그 책을 바닥에다 놓았다. "거기 말고." 매키천은 별로 열을 띠지도 않고 말했다. "넌 짐승들이 마구 밟아 대는 마구간 바닥이야말로 하느님의 말씀을 놓아두기에 합당한 장소라고 생각하는 모양이구나. 하지만 그런 것도 이제 가르쳐 주마." 그는 손수 책을 집어 들더니 선반 위에 올려놓았다. "바지를 내려." 그는 말했다. "바지를 더럽히지는 말아야지."

그러자 소년은 양쪽 발목에다 흘러내린 바지를 둘러 묶고는 짧은 셔츠 밑으로 다리를 까고 섰다. 그는 가느다랗게 똑바로 섰다. 채찍이 와 닿아도 그는 주춤하지 않았고 얼굴 하나 찡그리지도 않았다. 그는 똑바로 앞을 바라보고 있었는데, 그 황홀하고도 침착한 표정은 마치 그림에서나 보는 수도사의 표정과도 같았다. 매키천은 느릿느릿 신중하게 힘을 주어 규칙적으로 매질했지만 거기에는 무슨 격정이라든가 분노는 없었다. 두 사람의 얼굴 중 어느 쪽이 더 황홀하고 더 침착하고 더 확고했는지를 판단하기란 아주 어려웠을 것이다.

 그는 열 대나 때리고 나서 멈추었다. "책을 들어." 그는 말했다. "바지는 그대로 둬." 그는 소년에게 교리문답서를 넘겨주었다. 소년은 책을 들었다. 똑바로 서서 얼굴과 책을 치켜들고 있는 품이 기고만장한 태도였다. 하얀 법의라도 걸쳤더라면 가톨릭교회 소년 성가대원으로 보였을 것이다. 그러나 여기에는 본당(本堂) 대신 어둠침침한 마구간이 있었고, 거친 판자벽 너머로는 오줌과 마초 냄새가 풍기는 속에서 짐승들이 이따금 콧김을 풍풍거리기도 하고 뚜벅뚜벅 발을 굴리기도 했다. 매키천은 여물통 뚜껑 위에 거북하게 앉았다. 다리를 벌리고는 한 손은 무릎에 올려놓고 또 한 손으로는 은시계를 들고, 깨끗이 씻은 수염 달린 얼굴을 석상처럼 딱딱하게 굳히고 있었는데, 눈은 무자비하고 냉정한 빛을 띠고 있었지만 불친절하지는 않았다.

 그들은 그런 식으로 또 한 시간을 보냈다. 그 시간이 끝나기 전에 매키천 부인이 집 뒷문에 나타났다. 그러나 그녀는 입을 열지 않았다. 그녀는 여전히 모자를 쓰고 양산과 부채를 쥔 채 그저 거기 서서 마구간을 바라보고 있었다. 그리고 나서는 다시금 집으로 들어갔다.

 정확히 한 시간이 지나자 매키천은 시계를 호주머니 속에 또 집어넣었다. "이제는 다 외웠니?" 그는 물었다. 소년은 자기 눈앞에 책을 펼쳐 들고 똑바른 자세로 선 채 대답을 하지 않았다. 매키천은 소년의 손에서 책을 빼앗았다. 그 순간만 빼고는 소년은 꼼짝도 하지 않았다. "교리문답을 외워 봐." 매키천이 명했다. 소년은 자기 앞의 벽을 바라보고 있었다. 그의 얼굴은 창백하고 매끈한 피부에도 불구하고 지금은 새파란 빛이었다. 조심스럽게 또 신중하게 매키천은 책을 선반에 올려놓고 가죽끈을 집어 들었다. 그리고 열 차례 갈겼다. 채찍질이 끝났을 때에 소년은 잠시 부동자세로 서 있었다. 그는 아직도 아침밥을 먹지 못했다. 아직 두 사람 다 아침 식사를 하지 않았다. 그러다가 소년은 비틀거렸다. 만약에 그 사람이 팔을 잡아 붙들어 주지 않았더라면 소년은 쓰러졌을 것이다. "이리 와." 매키천이 말하면서 그를 여물통으로 이끌려고 했다. "여기 앉아."

"아녜요." 소년이 대답했다. 그의 팔은 그 사람 손아귀에서 용을 썼다. 매키천은 그를 놓아주었다.

"괜찮니? 너 아프니?"

"아니요." 소년은 대답했다. 그의 목소리는 꺼질 것 같았고, 그의 얼굴은 새파랬다.

"책을 잡아." 이렇게 말하면서 매키천은 소년의 한 손에 교리문답서를 쥐여 주었다. 매키천 부인이 집에서 나오는 모습이 마구간 창문으로 보였다. 이번에는 빛바랜 편한 여성용 가운으로 갈아입고, 햇볕 가리는 모자를 쓰고 삼나무 물통을 나르고 있었다. 그녀는 마구간엔 눈길도 주지 않고 창문 앞을 지나 사라졌다. 잠시 뒤 우물의 두레박 활차가 천천히 돌아가는 소리가 났다. 그것은 안식일의 분위기 속에 평화로우면서도 사람을 놀래게 하는 특질을 지니고 있었다. 이윽고 그녀는 창문에 모습을 다시 나타냈다. 손에 든 물통의 무게 때문에 몸을 옆으로 좀 기울인 채 마구간 쪽은 보지도 않고 집으로 다시 들어갔다.

또다시 정확히 한 시간이 지났을 때에 매키천은 시계에서 눈을 뗐다. "이제는 암송했냐?" 그는 물었다. 소년은 대답도 하지 않고 움직이지도 않았다. 매키천이 다가가 보니 소년은 책을 보고 있지도 않았고, 눈동자는 고정이 된 채 아주 멍하게 보였다. 책에 손을 대니까 소년은 그 책이 무슨 밧줄이나 말뚝이라도 되는 듯이 꽉 붙잡고 놓지를 않았다. 매키천이 그 책을 억지로 빼앗으니까 소년의 몸 전체가 바닥에 쾅 넘어져서 더는 움직이지 않았다.

그가 정신이 들었을 때에는 늦은 오후였다. 천장이 낮은 지붕 밑 다락방에 있는 자기 침대에 누워 있었다. 그 방은 조용했고 이미 저녁 어스름으로 차 있었다. 그는 아주 기분이 좋았다. 잠시 누운 채로 비스듬한 천장을 평화로운 기분으로 바라보고 있다가, 침대 옆에 누가 앉아 있는 것을 느꼈다. 그것은 매키천이었다. 이제는 그도 평복으로 갈아입고 있었다―그렇다고 해서 밭에 갈 때 입는 작업복이 아니라 옷깃이 안 달린 빛바랜 깨끗한 셔츠와 카키색 바지였다. "깨어났군." 그는 말했다. 그는 손을 뻗어 이불을 벗겼.

"이리 와."

소년은 움직이지 않았다. "또 때리시게요?"

"이리 와." 매키천이 말했다. "일어나." 소년은 침대에서 일어났다. 투박한 무명 내의만 입고 선 그의 모습은 호리호리했다. 매키천도 비대하고 탄력을 잃은 근육을 억지로 놀려서 몸을 움직였는데, 그 투박한 동작은 마치 엄청난 힘을 기울여 겨우 얻어지는 것 같았다. 어린애가 흔히 나타내는 놀라움 없는 흥미의 표정으로 소년이 지켜보는 가운데, 그는 침대 옆에 천천히 무겁게 무릎을 꿇었다. "무릎을 꿇어." 매키천이 명했다. 소년은 무릎을 꿇었다. 두 사람은 황혼이 깃든 좁은 방에서 무릎을 꿇고 있었다. 검소한 내의를 입은 작은 어린애의 모습과, 연민이나 의심을 품어 보지 못한 무자비한 사나이의 모습. 매키천은 기도를 시작했다. 졸립고 단조로운 나른한 소리로 꽤 오래 기도를 했다. 안식일을 지키지 못한 잘못과 하느님의 사랑을 받는 어린 고아를 매질한 잘못을 용서해 달라고 그는 기원했다. 어린애의 고집스러운 마음이 부드러워지기를, 또한 어린애가 저지른 불순종의 죄도 용서받기를 그는 기원했다. 그러면서 그는 어린애에게 멸시를 당하고 순종을 거부당한 사람이지만, 애를 위해서 기원하는 것이니 전능하신 하느님께서 모든 것을 다스리시는 은총으로 자기뿐만 아니라 어린애에게도 관용을 베풀어 주시기를 간구했다.

그는 기원을 끝마치고 몸을 밀어 올리듯이 겨우 일어섰다. 소년은 여전히 무릎을 꿇고 있었다. 그는 조금도 움직이지 않았다. 그러나 그의 눈은 뜬 채였고(처음부터 얼굴을 가리거나 숙이거나 하지 않았다) 얼굴은 무척 고요했다. 침착하고 평화롭고 좀처럼 그 속을 헤아릴 수 없었다. 그는 그 사람이 등불이 놓여 있는 책상 위를 더듬는 소리를 들었다. 성냥에 불이 켜지고 불꽃이 심지에서 흔들림을 멈추자, 등피를 붙잡은 그 사람의 손이 마치 피에 담근 듯이 붉게 보였다. 두 사람의 그림자가 흔들거리다가 또 안정이 되었다. 매키천은 책상 위 등불 옆에서 무엇인가를 집어 들었다. 그것은 교리문답서였다. 그는 소년을 내려다보았다. 튀어나온 코와 뺨은 화강암 같고, 안경 안쪽의 쑥 들어간 눈구멍 근처까지 수염이 나 있었다. 그는 말했다. "책을 쥐어."

그 일은 그 일요일 아침 식전에 시작되었다. 결국 그는 아침밥도 먹지 못했다. 그래도 그와 매키천은 누구 하나 그런 일을 생각조차 하는 것 같지 않았다. 그 남자도 식탁에까지 가서 음식과 그 음식을 먹어야 하는 데 대해서 하느님의 허락을 구하긴 했지만, 그래도 역시 아침을 먹지 않았다. 점심때에는 소년은 신경이 피로해서 잠이 들어 있었다. 그리고 저녁때에도 아무도 음식 생각을 하는 사람이 없었다. 소년은 자기 몸의 이상조차도 깨닫지 못하였고, 어째서 기운이 빠지고 노곤한지 알지 못하고 있었다.

침대에 누워 자고 있을 때 그는 이런 기분이었다. 등불은 아직도 타오르고 있었다. 밖은 칠흑같이 어두웠다. 시간이 꽤 흘러갔다. 그러나 머리를 돌리기만 하면 아직도 두 사람이 보일 것 같았다. 즉 자기 자신과 그 사람이 침대 옆에서 무릎을 꿇고 있는 모습이 보일 것이라고, 아니 적어도 실체는 없지만 깔개 위에 두 쌍의 무릎이 오목하게 남긴 자취쯤은 보일 것이라고 생각되었다. 방 안의 공기조차도 여전히 그 단조로운 음성으로 중얼거리는 듯이 여겨졌다. 그 음성은 마치 꿈속에서 어떤 사람이 지껄이는 것 같아서, 실재하는 깔개 위에 환영으로 나타나는 오목한 자취조차 만들 수 없는 한 '존재'를 향해서 이야기하고 탄원하고 설득하려 하는 것 같았다.

이렇게 그는 반듯이 등을 대고 누워서 무덤의 석상 모양으로 두 손을 가슴 위에 포개 놓고 있었는데, 그때 좁은 계단을 올라오는 발소리가 들려왔다. 그 사람 발소리는 아니었다. 그는 매키천이 마차를 타고 저녁 어스름 속으로 사라져 가는 소리를 들었던 것이다. 매키천은 3마일 떨어진 곳에 있는 교회(장로교회는 아니었지만)로, 아침에 그만 놓쳐 버리고 만 예배를 보상하려고 떠났다.

고개를 돌리지도 않고 소년은 매키천 부인이 천천히 계단을 더듬어 올라오는 소리를 들었다. 그녀가 마루를 가로질러 다가오는 소리도 들었다. 그는 눈을 돌리지도 않았지만 잠시 뒤 그녀의 그림자가 벽에 비쳐 눈에 들어왔고, 그래서 그녀가 무엇인가 가지고 왔음을 알 수 있었다. 그것은 음식을 담은 쟁반이었다. 그녀는 쟁반을 침대에 갖다 놓았다. 그는 그녀에게 눈길조차 주지 않고 조금도 움직이지 않았다. "조." 그녀가 불렀다. 그는 꼼짝도 하지 않았다. "조." 그녀가 또 불렀다. 그녀는 그가 눈을 뜨고 있는 것을 보았다. 그녀는 그를 건드리지 않았다.

"난 배고프지 않아요." 소년이 말했다.

그녀는 움직이지 않았다. 앞치마 속에서 두 손을 꼭 모아 쥔 채 서 있었다. 그녀도 소년을 보고 있는 것 같지 않았다. 그저 침대 건너 벽을 향해서 말하는 것 같았다. "네가 무슨 생각 하는지 알아. 그게 아니야. 이걸 네게 가져다주라고 네 아버지가 말하지는 않았어. 내가 생각해서 한 일이야. 그는 알지도 못해. 그가 보내 준 음식은 아니란 말이야." 그래도 그는 움직이지 않았다. 그의 얼굴은 깎아 놓은 조각처럼 조용히, 경사진 판자 천장을 쳐다보고 있었다. "넌 오늘 아무것도 안 먹었어. 자, 일어나 앉아 먹으렴. 음식을 네게 가져오게 한 것은 그가 아니란 말이야. 그는 알지도 못하는데. 그가 떠나기를 기다렸다가 내가 장만한 거야."

그러자 그는 일어나 앉았다. 그녀가 그를 지켜보고 있는 동안 그는 침대에서 일어나 쟁반을 들고 구석으로 가서 접시며 음식이며 모두 마룻바닥 위에 뒤엎어 버리고 말았다. 그러고 나서 그는 빈 쟁반을 가지고 침대로 돌아왔다. 마치 성체안치기 (성체를 넣어서 신도에게 예배 하게 하는 대가 달린 투명한 용기)를 들고 들어오는 신도 같았다. 다만 하얀 법의 대신에 어른용 내의를 줄여 입은 모습이 좀 달랐다고나 할까. 그녀는 움직이지도 않았고, 이제는 그를 지켜보지도 않았다. 그녀의 두 손은 여전히 앞치마 속에 말려 들어가 있었다. 그는 침대로 돌아가 다시 똑바로 누워서 눈을 크게 뜬 채 천장을 조용히 바라보았다. 그는 그녀의 움직이지 않는 볼품없는 그림자가 좀 앞으로 굽어져 있는 것을 볼 수 있었다. 그리고 그 그림자는 사라졌다. 그는 고개를 돌리지는 않았지만 그녀가 구석에 가서 무릎을 꿇고 깨진 접시 조각을 쟁반에 하나하나 주워 담는 소리를 들었다. 그 뒤에 그녀는 방을 떠났다. 방은 아주 고요해졌다. 등불은 안정된 심지에서 흔들림없이 잘 타오르고 있었다. 벽에는 날아다니는 나방이들의 너울거리는 그림자가 새만큼 크게 비쳤다. 창문으로 들어오는 바람에서 그는 어둠과 봄과 땅 냄새를 맡을 수 있었고 또 느낄 수 있었다.

그때 그는 꼭 여덟 살이었다. 그날 밤 자기가 무엇을 했는지를 기억하고 있기는 했지만, 자기가 한 일을 추억으로서 확인한 것은 몇 해 지난 뒤의 일이었다. 그날 밤 그녀가 떠난 지 한 시간쯤 지났을 무렵 그는 침대에서 일어나 방구석에 가서, 기도할 때와는 좀 다른 자세로 무릎을 꿇고 널려 있는 음식 위에 몸을 굽힌 채 야만인처럼 개처럼 손으로 음식을 집어먹었다.

저녁 어스름이었다. 이미 집으로 훨씬 가까이 돌아와 있어야 했을 시각이었다. 비록 매주 토요일 오후는 자유롭게 지낼 수 있기는 했지만 집에서 이렇게 멀리, 이렇게 늦게까지 나와 본 일은 지금까지 한 번도 없었다. 그가 집에 이르면 또 얻어맞을 것이었다. 밖에 나가서 한 일이나 하지 않았던 일로 벌을 받는 것은 아니었다. 그가 집에 도착하면 자기가 죄를 짓지 않았다 해도 매키천에게 죄를 짓는 현장에서 발각되었을 때 얻어맞는 것처럼 또 얻어맞을 것이다.

그러나 아마 그는 아직 자기가 그 죄를 짓지 않게 될 줄은 몰랐을 것이다. 그들 다섯은 저녁 어스름 속에서 폐업을 한 제재소 근처에 남몰래 모여 그 기울어진 문에서부터 100야드쯤 떨어진 곳에 숨어서 주위를 살피며 기다리고 있다가, 흑인 소녀가 제재소로 다가가 뒤를 힐끔 돌아다보고는 그 안으로 사라져 버리는 것을 지켜보았다. 좀 나이가 든 소년이 일을 미리 꾸며 놓았던 것이고, 따라서 그가 먼저 들어갔다. 남은 넷은 제비를 뽑아 순번을 정했다. 모두 근방 3마일 이내에 사는 아이들로 비슷한 작업복을 입고 있었고, 그중 하나인 조 매키천이라 불리는 소년과 마찬가지로 나이는 14, 5세 정도였지만 그래도 어른처럼 밭갈이나 우유짜기, 장작패기쯤은 할 수 있었다. 아마 조는 제비를 뽑을 때에도 무슨 죄를 짓고 있다고 생각하지는 않았을 것이다. 그저 집에서 자기를 기다리고 있을 남자를 떠올리니까 그런 기분이 들었을 뿐이다. 열네 살이 되기까지 아직 숫총각이라는 말을 공공연하게 듣게 되는 것이 훨씬 더 큰 죄로 여겨졌기 때문이다.

그의 차례가 왔다. 그는 헛간 같은 제재소로 들어갔다. 그곳은 어두웠다. 그는 곧 무섭도록 심한 초조감에 휩싸였다. 뱃속에서 뭐가 끓어올라 당장에라도 튀어나올 기세였다. 어릴 때 치약 생각을 하면 늘 느끼던 기분과도 같았다. 그러나 그는 당장에 움직이지는 못하고 거기 우뚝 서 있으면서 여자 냄새, 흑인 냄새를 동시에 맡고 있었다. 흑인 여자 냄새와 초조감에 사로잡히고 몰림을 받아서 그냥 기다릴 수밖에 없는 형편이었지만 드디어 여자가 말을 했다. 그것은 무슨 특별한 말이라기보다는 그저 무의식적으로 나온 유도음이라고 할 만한 것이었다. 그러자 그에게는 여자가 보이는 것처럼 생각되었다—길게 뻗어 있는 더러운 그 무엇, 혹은 그녀의 눈이 보였는지도 모른다. 몸을 굽히고 그는 어두운 우물이라도 들여다보는 듯하더니 그 밑에서 죽은 별의 반사와도 같은 번쩍임을 보았다. 그는 움직이고 있었다. 그의 한쪽 발이 여자를 건드린 것으로 알 수 있었다. 그러자 그 발은 그녀를 다시금 건드리고 있었다. 왜냐하면 그는 그녀를 걷어차고 있었기 때문이다. 그는 그녀를 힘껏 찼다. 놀라움과 두려움의 가느다란 비명을 향해서 그것을 뚫어 버릴 듯이 발길질을 했다. 비명이 더욱 커졌다. 그는 한쪽 팔을 움켜쥐어 그녀를 일으켜 세우고는 거칠게 주먹을 휘두르며 때렸다. 아마 흑인 여자 냄새와 초조감에 사로잡혀 여자의 육체를 느끼면서 그 음성을 향해 주먹을 휘둘렀는지도 모른다.

그러다가 그녀는 그의 주먹 밑으로 빠져나갔다. 그리고 다른 소년들이 막 붙잡고 더듬으면서 한 무더기로 그에게 덤벼들었기 때문에 그도 뒤로 물러섰다. 그는 분노와 절망으로 씨근거리면서 맞싸웠다. 그러자 냄새도 바뀌었다. 그와 그들은 남자 냄새를 맡았다. 어딘가 그 밑에서 '여자'가 도망가며 비명을 지르고 있었다. 그들은 발을 구르기도 하고 비틀거리기도 하며 손이든 몸이든 닥치는 대로 두들겨 패다가, 마침내 모두 한 덩어리가 되어 그를 밑으로 깔았다. 그래도 그는 울면서 싸우며 발버둥질 쳤다. 이제 '여자'는 깨끗이 없어졌다. 그들은 그저 싸우기만 했다. 마치 바람이 세차게 불어와 '여자'를 불어 날려 버린 것 같았다. 그들은 그를 꽉 누르고 꼼짝도 못하게 했다. "이젠 그만둘 테냐? 네가 졌어. 자, 그만 싸우겠다고 약속해."

"싫어." 그는 대답했다. 그는 몸을 비틀며 씨근거렸다.

"그만둬, 조! 넌 우리 전부를 상대로 싸울 수는 없단 말이야. 그리고 아무도 너와 싸우고 싶은 사람은 없어!"

"싫어." 그는 허덕거리면서 계속 발버둥을 쳤다. 그들 모두는 누가 누군지, 뭐가 뭔지 도통 알 수가 없었다. 그들은 여자에 대해서는 완전히 잊어버리고 있었다. 그리고 왜 싸우고 있었는지, 그 이유를 혹 알았었다 해도 모두 다 잊어버리고 있었다. 나머지 네 소년들은 순전히 반사적으로 저도 모르게 싸운 것에 지나지 않았다. 말하자면 지금 막 자기와 더불어 성교를 끝냈거나 또는 시작하려고 하던 암컷을 위해서 싸우겠다는 수컷의 본능적 충동에 휩싸였을 뿐이다. 그러나 그들은 아무도 어째서 조가 싸웠는지 알지 못했다. 그리고 그도 그들에게 그 이유를 설명할 수가 없었을 것이다. 그들은 그를 땅바닥에 억누른 채 조용한 긴장된 목소리로 말을 주고받았다.

"거기 뒤쪽에 있는 녀석들은 좀 물러서 봐. 그러면 우리가 이 녀석을 동시에 놓아줄 테니."

"누가 그 자식을 붙잡고 있어? 내가 붙잡고 있는 이 자식은 누구야?"

"자, 놓으란 말이야. 아니, 잠깐 기다려. 자식은 여기 있으니까, 나하고—" 다시금 그들은 한 덩어리가 되어 뒹굴며 싸웠다. 그들은 그를 또다시 꼭 붙들었다. "이놈 붙잡았어. 너희는 다 놓고 꺼져. 비키란 말이야."

그들 중에 두 소년이 일어나 문 쪽으로 물러섰다. 그러고 나서 나머지 두 소년도 폭발이라도 한 듯이 땅바닥에서 튀어올라 저녁 어스름에 잠긴 제재소에서 후다닥 나오더니 곧 달려갔다. 조는 몸이 자유로워지자 바로 주먹을 휘둘렀지만 그들은 이미 도망을 가고 없었다. 그는 똑바로 누워서 그들 넷이 저녁 어스름 속을 달려가다가 이윽고 속도를 늦춰 그를 돌아다보는 모습을 지켜보았다. 그는 일어나 제재소를 나왔다. 문간에 서서 자기 옷을 털었지만 이것도 역시 순전히 자동적인 동작이었다. 그러는 동안 좀 떨어진 곳에서 그들 넷은 조용히 뭉쳐서 그를 지켜보고 있었다. 그는 그들을 보지 않았다. 저녁 어스름 속에서 작업복마저 황혼빛으로 물들인 채 그는 걸어갔다. 이미 꽤 늦은 시각이었다. 저녁 별은 재스민 꽃처럼 풍요하고 무겁게 빛났다. 그는 한 번도 뒤돌아보지 않았다. 망령처럼 꺼져 가는 듯이 계속해서 걸었다. 그를 지켜보던 네 소년도 조용히 웅크리고 있었고, 그들의 얼굴은 저녁 어스름으로 작고도 창백하게 보였다. 갑자기 그들에게서 큰 소리가 들려왔다. "어이!" 그는 돌아보지 않았다. 두 번째 소리가 조용하고 깨끗하게 들려왔다. "조, 내일 예배당에서 만나!" 그는 대답하지 않았다. 멈추지 않고 걸어갔다. 때때로 두 손으로 작업복을 기계적으로 털었다.

그가 집이 보이는 곳까지 왔을 때에는 서쪽 하늘에 빛이 전혀 남아 있지 않았다. 마구간 뒤 목장에는 샘이 있었다. 새까만 어둠 속에서 수양버들 냄새가 풍기고 나무 소리가 들리긴 했지만 눈에는 보이지 않았다. 그가 가까이 가자 개구리의 요란한 합창 소리가 마치 현악기의 여러 줄을 가위로 동시에 잘라 내기라도 한 것처럼 일시에 멎어 버리고 말았다. 그는 무릎을 꿇었다. 너무나 어두워서 으레 비칠 자기의 그림자도 알아볼 수 없었다. 그는 얼굴과 부어오른 눈을 씻었다. 그는 목장을 가로질러 부엌 불빛이 있는 쪽으로 그냥 걸었다. 그 불빛은 몸을 숨긴 채 그를 빈틈없이 감시하는 위협적인 눈동자처럼 보였다.

그는 뜰의 울타리에 도착했을 때, 걸음을 멈추고 부엌 창문으로 등불을 바라보았다. 그는 잠시 울타리에 기대서 있었다. 목장은 귀뚜라미 소리로 요란했고 생기가 있었다. 이슬이 내려 회색이 된 지면과 캄캄한 수목을 배경으로 개똥벌레 무리가 깜빡거리면서 되는 대로 여기저기 날아다녔다. 집 옆의 나무에서 앵무새가 노래를 부르고 있었다. 뒤쪽 샘터 너머에 있는 숲 속에서는 두 마리 쏙독새가 지저귀고 있었다. 또 그 건너편, 말하자면 여름의 궁극적인 지평선 너머에서는 개가 짖고 있었다. 그리고 그는 울타리를 건너서, 어떤 사람이 아주 꼼짝도 안 하고 축사 입구에 앉아 있는 모습을 보았다. 축사에는 그가 아직 젖을 짜 주지 않은 암소 두 마리가 기다리고 있었다.

그는 매키천을 알아보고도 조금도 놀라지 않는 것 같았다. 마치 그에게는 모든 정세가 완전히 논리적이고 이치에 맞고 불가피한 것이기라도 한 듯했다. 아마 그는 자기와 이 사람이 서로 잘 통한다고, 상대가 어떻게 행동할지 언제나 짐작할 수 있으므로 차라리 편하다고 생각하고 있었을는지도 모른다. 오히려 잘 알 수 없어서 불편한 존재는 그 부인이라고 생각했는지도 모른다. 아마 그는 이제 벌을 받게 되리라는 사실에 대해서 아무런 모순도 느끼지 않았을 것이다. 매키천이 분명 지옥에 떨어질 큰 죄라고 생각할 일을 그는 저지르지도 않았건만, 그래도 마치 그 죄를 범한 것처럼 벌을 받게 되었는데 말이다. 매키천은 일어서지 않았다. 그는 바위처럼 견고하게 조용히 앉아 있었고, 그의 셔츠는 문이 꺼멓게 하품하듯 열려 있는 틈으로 허옇게 흐려져 있었다. "내가 젖을 짜고 먹이를 주었다." 그는 말했다. 그러고 나서 그는 신중한 동작으로 일어섰다. 아마도 소년은 그가 이미 손에 채찍을 들고 있는 것을 알았을 것이다. 채찍은 침착하게 올라갔다 내려왔다 하며 정확한 수효대로 어김없이 소리를 냈다. 소년의 몸은 나무나 돌 같았다. 또는 기둥이나 감시탑 같기도 하여, 그 위에는 자기 내부의 감시인이 서서 은둔자처럼 명상에 잠긴 채 법열과 고행을 통해 무아의 경지에 이른 것 같기도 했다.

그들은 부엌 가까이 왔을 때에 나란히 걷고 있었다. 창문으로부터 불빛이 그들에게 떨어지자 그 사람은 걸음을 멈추고 그에게로 몸을 돌리고는 굽혀 소년을 들여다보았다. "싸웠니?" 그는 물었다. "무슨 일이었어?"

소년은 대답하지 않았다. 그의 얼굴은 아주 고요하고 침착했다. 잠시 뒤에 대답했다. 그의 음성은 냉정하고 조용했다. "별거 아니에요."

그들은 거기에 섰다. "말할 수 없다는 말이냐, 그렇지 않으면 말하기 싫단 말이냐?" 소년은 대답하지 않았다. 눈을 내리깔지도 않았다. 아무것도 보고 있지 않았다. "뭐라고 말해야 좋을지 모른다면 넌 바보야. 또 말을 하지 않겠다면 넌 악당이고. 너 여자한테 갔었니?"

"아뇨." 소년은 대답했다. 매키천은 소년을 바라보았다. 그가 입을 열었을 때 그의 어조는 명상조였다.

"넌 내게 거짓말을 한 일은 없어. 적어도 내가 알기로는." 그는 소년의 고요한 옆얼굴을 바라보았다. "누구와 싸웠니?"

"여럿하고요."

"아." 그 사람은 말했다. "애들에게 상처 한두 개쯤은 내주었겠구나, 그렇지?"

"몰라요, 아마도 그랬겠지만."

"아." 그 사람은 말했다. "가서 씻어. 저녁 준비가 다 됐으니까."

그날 밤 잠자리에 들었을 때, 소년은 이 집에서 도망치겠다고 굳게 다짐했다. 그는 고난을 이겨 낼 수 있고 자신이 넘치고 위력이 있으며 무자비한, 강건한 독수리와도 같은 기분을 느꼈다. 그러나 이런 기분은 오래지 않아 다 지나가 버리고 말았다. 그 무렵 그는 아직 독수리와 같이, 온갖 공간뿐만 아니라 그 자신의 육체 또한 하나의 감옥에 지나지 않는다는 사실을 모르고 있었던 것이다.

매키천은 그로선 놀랍게도 이틀 동안이나 암송아지가 없어진 것을 정말 모르고 있었다. 그리고 그는 축사에 감추어 놓은 새 옷을 발견했다. 자세히 살펴보니 그 옷은 한 번도 입지 않은 신품이었다. 그는 오전 중에 그 옷을 발견했다. 그러나 그때는 아무 말도 하지 않았다. 저녁때 그는 조가 젖을 짜고 있는 축사로 들어갔다. 낮은 걸상에 앉아 머리를 소의 배 쪽으로 구부리고서 젖을 짜고 있는 소년의 몸은, 적어도 키는 다 자란 어른만큼 컸다. 그러나 매키천은 그런 점을 보지 않았다. 그가 무엇을 좀 보았다면 그것은 다섯 살 먹은 고아, 12년 전 12월 어느 날 밤에 그의 마차 자리에 무슨 동물처럼 고요하고 조심스럽게 멍하니 온순하게 앉아 있던 어린애의 모습이었다.

"네 송아지가 안 보이는구나." 매키천이 말했다. 조는 대답하지 않았다. 그는 물통 위에 큰 소리를 내며 계속 떨어지는 우유 위로 여전히 몸을 굽히고 있었다. 매키천은 그 뒤에 그를 뒤덮을 듯이 서서 내려다보고 있었다.

"네 송아지가 아직 안 돌아왔단 말이야."

"알고 있어요." 조가 대답했다. "개울로 내려간 모양이지요. 그건 내 것이니까 나중에 찾아볼게요."

"아." 매키천이 말했다. 그의 음성은 높아지지는 않았다. "50달러나 되는 소를 밤중에 개울 근처에 그냥 버려두는 법이 아니야."

"없어져도 내가 손해보는 거지요." 조가 대꾸했다. "그건 내 것이었으니까."

"네 것이었단 말이지?" 매키천이 추궁했다. "분명 그렇게 들었는데. 방금 네 것이었다고 말했지?"

조는 고개를 쳐들지 않았다. 그의 손가락 사이로 우유는 끊임없이 소리를 내며 통으로 떨어졌다. 뒤에서 매키천이 움직이는 소리가 들렸다. 그러나 조는 젖을 완전히 다 짤 때까지 돌아보지도 않았다. 이어서 그는 몸을 돌렸다. 매키천은 문간에서 나무토막에 앉아 있었다. "우선 우유를 집으로 날라가거라." 그는 말했다.

조는 한 손에 통을 든 채 서 있었다. 그의 음성은 조용하긴 했지만 아주 완고했다. "소는 아침에 찾겠어요."

"우유를 집으로 날라가라니까." 매키천이 말했다. "여기서 너를 기다리고 있을게."

그래도 조는 잠깐 그대로 서 있었다. 그러고 나서 몸을 돌렸다. 그는 밖으로 나가 부엌으로 갔다. 우유통을 상에 올려놓고 있으려니까 매키천 부인이 나타났다. "저녁 준비가 다 됐어." 그녀는 말했다. "그이는 아직 집에 돌아오지 않았니?"

조는 몸을 돌려 문 쪽으로 가던 참이었다. "곧 돌아오겠지요." 그는 말했다. 그는 부인이 자기를 바라보고 있다는 것을 느낄 수 있었다. 그녀는 탐색하는 듯한 근심 어린 투로 말했다.

"너 그러다간 씻을 새도 없을라."

"우린 곧 돌아올 거예요." 그는 축사로 돌아갔다. 매키천 부인은 문에까지

나와 그 뒷모습을 지켜보았다. 아직 완전히 어두워지지 않았으므로 그녀의 남편이 축사 입구에 서 있는 것이 눈에 띄었다. 그녀는 남편을 부르지는 않았다. 그저 거기 서서 두 사람이 만나는 것을 지켜보았다. 그들이 무슨 말을 하는지는 들리지 않았다.

"송아지가 개울에 내려가 있을 거라고 너 그랬지?" 매키천이 말했다.

"그럴는지도 모른다고 했지요. 이곳은 꽤 넓은 목장이니까요."

"아." 매키천이 말했다. 두 사람 다 조용한 소리로 말했다. "그럼 송아지는 어디 있을 것 같니?"

"몰라요, 내가 뭐 소예요? 송아지가 어디 있을지 내가 어떻게 알겠어요."

매키천은 몸을 움직였다. "같이 가서 찾아보자." 그는 말했다. 그들은 나란히 목장에 들어갔다. 개울은 4분의 1마일 떨어진 곳에 있었다. 개울가의 어두운 나무숲을 배경 삼아 개똥벌레 무리가 깜빡깜빡 춤추고 있었다. 두 사람은 나무숲이 있는 곳에 도착했다. 나무줄기 사이에는 축축한 잡목이 우거져 있어서 낮에도 뚫고 들어가기가 어려웠다. "불러 봐." 매키천이 명했다. 조는 응하지 않았다. 움직이지도 않았다. 그들은 서로 마주 바라보며 섰다.

"그건 내 소예요." 조가 말했다. "당신이 내게 주었지요. 그걸 내 것으로 주었기 때문에 나는 어릴 적부터 그걸 길렀던 거예요."

"그렇다." 매키천이 말했다. "내가 너에게 그걸 주었어. 소유자로서 소유한다는 책임감을 가르쳐 주기 위해서 너에게 주었던 거야. 하느님의 허락으로 임시로 자기가 소유하고 있는 것에 대한 책임감 말이다. 앞날을 생각하고 자기 소유를 늘리는 법을 가르쳐 주려고 한 거지. 자, 송아지를 불러 봐."

잠시 그들은 마주 바라보고 있었다. 아마 서로 노려보고 있었을 것이다. 이윽고 조가 몸을 돌려 수렁을 따라 걸어가고 그 뒤로 매키천이 따라갔다. "왜 소를 부르지 않지?" 그는 물었다. 조는 대답하지 않았다. 그는 수렁도 개울도 전혀 보고 있지 않은 것 같았다. 오히려 거꾸로 그는 이따금 뒤로 돌아 집을 표시하는 단 하나의 등불을 지켜보면서 마치 그곳에서 자기 위치까지의 거리를 재 보는 듯하였다. 그들은 빨리 걷지는 않았지만 얼마 안 되어서 목장의 경계선을 이루는 울타리에 닿았다. 이제는 완전히 어두워졌다. 조는 울타리에 닿자 몸을 돌리고 걸음을 멈추었다. 그는 상대를 바라보았다. 다시금 그들은 얼굴을 맞대고 섰다. 드디어 매키천이 입을 열었다. "너 그 송아지를 어떻게 했어?"
"팔았어요." 조가 대답했다.
"아, 팔아 버렸구나. 팔아서 돈은 얼마나 벌었는지 물어도 괜찮겠니?"
그때쯤엔 그들은 서로의 얼굴을 알아볼 수가 없었다. 그들은 키가 거의 비슷한—물론 매키천의 몸집이 조금 더 부했지만—막연한 형상에 지나지 않았다. 뿌연 흰 셔츠 위에 얹혀 있는 매키천의 머리는 남북전쟁 기념비에서 자주 볼 수 있는 대리석 포탄과 비슷했다. "그건 내 소였어요." 조가 말했다. "그게 내 것이 아니었다면 어째서 내 것이라고 일러 주었어요? 어째서 그걸 내게 주었지요?"
"네 말이 맞다. 송아지는 네 것이었어. 그러니 네가 그걸 팔았다 해서 너를 꾸짖지는 않겠어, 제값에 팔았다면 말이야. 또 혹 네가 장사를 잘못했다 해도 그건 열여덟 살 난 소년에게는 흔히 있을 수 있는 일이니까 그것 때문에 너를 꾸짖을 생각도 없다. 하기야 너보다 세상을 더 잘 알고 있는 사람에게 먼저 의견을 구했더라면 더욱 좋았을 테지만. 그렇지만 내가 한 것처럼 너도 여러 가지를 스스로 배울 수밖에 없지. 내가 묻고 싶은 것은, 네가 그 돈을 어디다 잘 보관하고 있는가 하는 거야. 어디 두었지?" 조는 대답하지 않았다. 그들은 서로 얼굴을 맞댔다. "돈을 네 양어머니에게라도 맡겼니?"
"예." 조는 대답했다. 그의 입이 그런 말을, 그런 거짓말을 했던 것이다. 그는 아무 말도 하지 않을 작정이었다. 그래서 자기 입이 그런 말을 하는 소리를 듣고 깜짝 놀라지 않을 수가 없었다. 그러나 어찌할 도리가 없었다. "좀 맡았다 달라고 주었어요." 그는 말했다.
"아." 매키천은 탄식했다. 그 소리는 몹시 기분 좋은 만족과 승리의 소리였다. "그러면 축사 다락에 숨겨 놓은 새 옷을 내가 발견했는데, 그것도 네 양어머니가 사 주었다고 너는 틀림없이 말할 참이지? 넌 지금까지 네가 지을 수 있는 온갖 죄를 보여 줬어—태만·배은망덕·불경(不敬), 그리고 모독. 그런데 이번에 나는 네가 나머지 두 가지 죄를 범하고 있는 것까지 붙잡은 셈이야—거짓말과 음란. 여자를 낚을 생각이 아니라면 네가 무엇 때문에 그런 새 옷을 원했겠느냐 말이야?" 그때 그는 12년 전에 양자로 데리고 온 어린애가 어른이 다 되었다는 것을 시인했다. 두 사람은 발끝이 거의 맞닿을 정도로 마주 섰고 그는 주먹으로 조를 두들겨 팼다.

조는 처음 두 대는 그냥 맞았다. 아마 습관 때문에 또는 놀라움 때문에 그랬을 것이다. 하여간 그는 그 사람의 강철 같은 주먹이 자기 얼굴에 부딪침을 느끼면서 묵묵히 당했다. 그리고 나서 그는 뒤로 재빨리 물러서며 몸을 웅크리고 피를 핥으면서 허덕거렸다. 그들은 서로 마주 보았다. 그는 말했다. "더 때린다면 가만있지 않겠어요."

시간이 흘러 지붕 밑 방 자기 침대에 싸늘하게 뻣뻣하게 누워 있을 때에, 그는 부부가 좁은 계단을 올라오는 소리를 들었다.

"내가 그 애에게 사 주었어요!" 매키천 부인은 말했다. "내가 샀다니까요! 버터 판 돈으로 내가 사 주었어요. 내가 가져도—맘대로 써도 된다고 그러셨죠?—사이먼! 사이먼!"

"그 애도 거짓말에 서툴지만, 당신은 그 애보다도 서툴군." 그는 말했다. 그의 침착하고 통렬했지만 열은 없는 음성이 좁은 계단을 통해서 침대에 누워 있는 조의 귀에 울려왔다. 그러나 그는 그 소리에 귀를 기울이고 있지는 않았다. "무릎을 꿇어. 무릎을 꿇어. 무릎을 꿇어, 이 여자야. 나한테가 아니라 하느님께 은총과 용서를 빌란 말이야."

그녀는 12년 전 12월 그 첫날 저녁부터 언제나 그에게 친절하게 해 주려고 애썼다. 마차가 도착했을 때에 그녀는 현관에서 기다리고 있었다—이미 기력을 잃고 그저 견디면서 살고 있는 여인으로, 여성다운 면이 있다면 그것은 단정하게 묶어 놓은 백발 섞인 머리 다발과 치마뿐이었다. 그것은 마치 무자비하고 완고한 남자에 의해서 교묘하게 점점 살해되고 타락한 나머지 그의 의향과 그녀의 자각을 초월한 무엇으로 변형되어 버렸다기보다는, 그녀는 아무런 저항도 없고 연약한 금속과도 같아서 그것이 끊임없이 집요하게 두들겨진 결과 점점 얇아져서, 이제 남은 것은 다 타버린 재처럼 가냘프고 창백하고 둔한 희망과 좌절된 욕망의 빈 껍질뿐인 것 같았다.

마차가 멎었을 때에, 그녀는 전부터 계획하고 연습해 두기라도 한 듯이 앞으로 나와 그를 자리에서 들어 올려 안은 채 집으로 데리고 들어가려 하였다. 그런데 그는 걸을 수 있을 만큼 큰 다음부턴 여자에게 안겨 다닌 일이 없었다. 그는 몸부림을 쳐서 내려와, 담요를 두른 작고 볼품없는 몸을 스스로 움직여 제 발로 집으로 걸어 들어갔다. 그녀는 주위를 서성거리며 그 뒤를 따라갔다. 그녀는 그를 앉혔다. 그녀의 서성거리는 태도에는 언제나 긴장을 띤 민첩한 면이 있었으며, 갈팡질팡하면서도 끊임없이 대기하고 있다가 기회가 오면 그와 자기 자신에게 전부터 계획해 두었던 동작을 취하게 하려는 의도가 깃들인 것 같았다. 그녀는 그의 앞에 무릎을 꿇고 구두를 벗겨 주려 하였지만, 그녀가 하려는 일을 알아차렸을 때 그는 그녀의 손을 뿌리치고 스스로 구두를 벗었다. 그래도 그는 구두를 마룻바닥에 놓지 않고 손에 들고 있었다. 그녀는 그의 양말을 벗기고 나서 뜨거운 물을 대야에 떠 가지고 왔다. 그 동작이 하도 민첩해서 어린애가 아니라면 누구든지 그녀가 그것을 미리 준비해 두고 아마 온종일 기다리고 있었으리라는 것을 곧 알아차릴 수 있었을 것이다. 그때 그는 처음으로 입을 열었다. "바로 어제 씻었는데." 이렇게 그는 말했던 것이다.

그녀는 대답하지 않았다. 그녀는 어린애 앞에 무릎을 꿇고 있었다. 그동안 그는 그녀의 정수리를 바라보기도 하고 자기 발을 투박하게 만지고 있는 그녀의 손을 지켜보기도 했다. 그는 그녀를 도와줄 생각을 하지 않았다. 그녀가 무슨 일을 하려는지 그는 알지 못했다. 싸늘하게 얼어붙은 두 발을 더운 물 속에 넣고 앉아 있으면서도 몰랐던 것이다. 그저 그것으로 끝날 거라고는 생각하지 않았다. 왜냐하면 그건 너무나 기분이 상쾌했기 때문이다. 그는 그 뒤에 올 일을 기다리고 있었다. 무엇인지는 모르겠지만 상쾌하지 못한 어떤 일이 일어날 것을 기다리고 있었다. 이렇게 상쾌한 일은 전에는 전혀 맛보지 못했던 것이다.

곧 그녀는 그를 잠자리에 뉘었다. 지금까지 거의 2년 동안이나, 그는 이따금 앨리스 같은 누나들에게서 도움을 받을 때 말고는 누구의 도움이나 관심도 받지 않고 자기 혼자서 옷을 입었다 벗었다 해 왔다. 잠자리에 들고서도 그는 너무 피곤해서 빨리 잠들 수가 없었다. 그는 어리둥절하고 신경이 곤두서서 그녀가 나가 주기만을 기다리고 있었다. 그래야 잠이 들 것 같았다. 그래도 그녀는 나가지 않았다. 나가기는커녕 도리어 의자를 침대 곁으로 끌어오더니 아주 거기 앉아 버리고 말았다. 방에는 불기가 없어서 몹시 추웠다. 그녀는 어깨에 숄을 걸치고 있었는데 그 속으로 몸을 움츠러뜨렸다. 숨을 쉴 적마다 마치 담배라도 피는 듯이 하얀 입김이 나오고 있었다. 그는 잠이 아주 달아나 버리고 말았다. 무엇인지는 모르겠지만 또 자기가 무슨 짓을 저질렸는지도 모르겠지만, 하여튼 이제 자기에게 싫은 일이 시작될 것을 그는 기다리고 있었다. 그는 이 정도로 일이 끝나리라고는 생각하지 않았다. 이렇게 친절한 일도 전에는 전혀 없었던 것이다.

　모든 것은 그날 밤에 시작되었다. 그는 그것이 평생 이어질 것이라고 생각했다. 열일곱 살이 된 지금 돌이켜 보니, 그것이 얼마나 사소하고 투박하고 공허한 노력의 긴 연속이었는지 확실히 깨달을 수 있었다. 실상 그 노력은 그녀의 좌절감과 암중모색과 맹목적인 본능으로부터 생겨난 것이었는데, 조가 원하지도 않고 또 매키천이 조금도 관심을 가져 주지 않는데도 몰래 식사 준비를 하여 남편에게 들키지 않도록 몰래 그에게 먹으라고 자꾸 강권하던 일, 오늘 저녁처럼 양아버지와 소년이 둘 다 당연히 정해진 사실로서 합당하건 합당치 않건 냉정히 받아들이고 있는 벌에 대해서 그 벌을 막아 보려고 애쓰는 그녀의 태도 등은, 결국 묘한 냄새와 위축감과 달갑지 않은 뒷맛을 남길 뿐이었다.

　때때로 그는 그녀에게만은 그 이야기를 해 줄까 생각해 보기도 했다. 그녀가 아무리 애써도 변화시킬 수 없고 무시할 수도 없는 그 일을 그녀에게 알려 주고, 그것을 남편에게는 필사적으로 숨기게 만들어 줄까 하고. 그것은 숨길 수밖에 없으리라, 만약 그 남자가 알게 되면 곧 부자관계가 완전히 끊어지고 두 번 다시 돌이킬 수 없을 테니까. 그가 원하지도 않는 음식물을 남몰래 준 답례로 그녀에게 비밀히 이런 말을 해 주면 어떨까 생각해 보았다. "들어 보세요. 그는 신성을 모독하는 배은망덕한 놈을 길렀다고 말하지만, 실제로 그가 길러 낸 놈이 어떤 놈인지 알려 줄 테니 그에게 일러바치세요. 그는 자기 지붕 밑에서 자기 식탁에다 자기 음식을 장만해 놓고 검둥이를 길러 낸 거예요."

　그가 이런 생각을 한 까닭은 그녀가 언제나 그에게 친절했기 때문이다. 그 엄하고 정당하고 무자비한 남자인 양아버지는 그저 그가 일정한 행동을 하길 바라고 그의 행위에 따라서 일정하게 그를 칭찬하기도 하고 벌을 주기도 할 뿐이었고, 그도 자기의 일정한 선행과 악행에 대해서 상대가 어떤 반응을 보여 줄지 예측할 수 있어서 두 사람의 관계는 명쾌하였다. 그런데 그녀는 비밀에 대한 여성 특유의 공감과 본능을 가지고 아주 사소하고 단순한 행위에도 죄악의 엷은 칠을 하는 것이었다. 그의 지붕 밑 방 처진 판자 뒤에 그녀는 돈이 좀 든 깡통을 감춰 두었다. 액수도 얼마 안 되었고, 분명 그녀는 남편에게만은 비밀로 해 두었던 것 같았지만, 혹시 알더라도 매키천은 별로 대수롭게 여기지도 않을 것이라고 소년은 생각했다. 어쨌든 그것은 자기에게는 전혀 비밀이 아니었다. 그가 아직 어렸을 때도 그녀는 몰래 장난을 벌이는 어린애의 그 의미심장하고 진지한 조심성을 보이면서, 그를 지붕 밑 방으로 살짝 데리고 가서 때때로 조금씩 모아 두었던 보잘것없는 5센트짜리나 10센트짜리 은화를 깡통에 넣곤 했다(그것을 저축하느라고 어떤 시시한 속임수와 거짓말을 했든지 간에 이 세상 사람들은 누구도 그녀를 비난하지 않으리라고 그는 생각했다). 그가 아직 화폐의 가치조차 모를 때에 그녀는 그의 동그랗게 뜨인 진지한 눈 앞에서 돈을 통 속에 집어넣었던 것이다. 그녀는 그를 굳게 믿었다. 음식을 먹으라고 강권하는 것처럼 그를 끈질기게 믿었다. 그와 공모라도 하는 것처럼 비밀히, 신뢰의 행위가 명백하게 나타낼 바로 그 사실까지도 비밀로 만들려고 그녀는 애썼던 것이다.

그가 싫어하는 것은 어려운 노동도 아니었고, 벌이나 부당한 처사도 아니었다. 그런 일에는 이미 그들을 만나기 전부터 익숙해져 있었다. 으레 그런 것이라고 처음부터 예기하고 있었기 때문에 그는 분개하지도 않았고 놀라지도 않았다. 그런데 바로 그 여자가 탈이었다. 자신은 영원히 희생자가 될 운명을 타고났다고 말하는 듯한 그 부드러운 친절, 남자들의 냉혹하고도 무자비한 공정성을 미워하는 것 이상으로 그의 증오심을 일으키는 그 친절이 탈이었다. 그는 생각했다. '그 여자는 나를 울게 하려고 애쓰고 있어.' 그는 자기 침대에 싸늘하게 딱딱하게 누워서 두 손을 머리 밑에 대고 있었다. 달빛이 그의 몸 너머로 비치고 있는 가운데, 매키천의 줄기찬 중얼거리는 소리가 마치 천국으로 통하는 첫 계단을 올라오는 것처럼 귀에 들려왔다. '그 여자는 나를 울리려 하고 있어. 그러면 내가 자기네에게 사로잡힐 거라고 생각한단 말이야.'

8

소리 없이 살살 움직이면서 그는 감춰 두었던 곳으로부터 밧줄을 꺼냈다. 그 한쪽 끝은 이미 창문 안쪽에 꽉 맬 준비가 다 돼 있었다. 이제는 땅으로 내려가거나 다시 방으로 돌아오는 데 시간이 많이 걸리지 않았다. 일 년 넘게 오르락내리락 했더니 그는 이제 두 손만 쓰고서도 집의 담벼락에 한 번도 닿지 않고 고양이처럼 그림자와도 같이 빠르게 밧줄을 탈 수 있었다. 창문에서 몸을 내밀고 그는 밧줄 한끝을 조용히 내려보냈다. 달빛을 받아 그것은 거미줄보다 더 섬세해 보였다. 이어 그는 구두를 끈으로 동이고 허리띠에 묶어서 자기 꽁무니에 매단 채, 밧줄을 타고 늙은 부부가 잠자고 있는 방 창문을 그림자처럼 날쌔게 지나 밑으로 미끄러져 내려갔다. 밧줄은 그 창문 바로 앞에 늘어져 있었다. 그는 그것을 옆으로 팽팽하게 잡아당겨 벽에 착 붙여 동여맸다. 그러고 나서 그는 달빛을 담뿍 받으며 축사로 걸어가서 다락에 올라가 비밀 장소에서 새 옷을 꺼냈다. 그 옷은 종이에 조심스레 싸여 있었다. 싼 것을 펴기 전에 그는 종이가 접힌 곳을 손으로 더듬어 보았다. '발각됐구나.' 그는 생각했다. '알고 있어.' 이어 작게나마 소리내어 말했다. "죽일 놈의 개자식 같으니!"

그는 어둠 속에서 재빨리 옷을 갈아입었다. 그는 이미 늦어 있었다. 왜냐하면 그 송아지 소동이 있은 뒤 이것으로 끝났다, 적어도 오늘 밤에는 이제 아무 일 없겠지 생각했더니, 그 여자가 공연히 끼어들어서 또 한바탕 소란을 일으켰고, 그 뒤 그들이 잠이 들 때까지 기다려야만 했기 때문이다. 그 종이 꾸러미에는 흰 셔츠와 넥타이도 들어 있었다. 그는 넥타이를 호주머니에 집어넣었다. 그리고 웃옷은 입어서 흰 셔츠가 달빛에 환히 드러나지 않도록 했다. 그는 아래로 내려와서 축사를 나섰다. 자주 빨아서 풀이 다 죽은 작업복만 입다가 새 옷을 입으니 풍성하고도 까칠까칠한 느낌이 들었다. 집은 침침하고 깊숙하게, 좀 기분 나쁘게 달빛에 잠겨 있었다. 달빛 속에서는 집도 인격을 지닌 듯 위협적이며 기만적으로 보였다. 그는 집을 지나 좁은 길에 들어섰다. 호주머니에서 싸구려 시계를 꺼냈다. 사흘 전에 그 돈의 일부로 산 것이다. 처음으로 시계를 가져 보는 것이라 태엽 감는 것을 잊어버렸다. 그러나 시계를 안 봐도 이미 늦은 것은 잘 알고 있었다.

달빛 아래 똑바로 뻗친 좁은 길은 양쪽에 나무가 자라 있어서 그 가지들의 검은 그림자가 엷은 먼지 위에 까만 페인트처럼 두툼하고 뚜렷하게 그려져 있었다. 그는 빨리 걸었다. 집도 이제는 저 뒤에 있었고 그의 모습도 집에서는 보이지 않게 되었다. 조금만 더 가면 큰길에 나서게 된다. 그 여자의 차가 지금이라도 막 지나갈 것 같은 기분이었다. 왜냐하면 그는 좁은 길

입구에서 기다리거나 그렇지 않으면 무도회가 열리는 학교에서 그녀를 만나겠다고 미리 말해 두었기 때문이다. 그러나 차는 한 대도 지나가지 않았다. 큰길에 나섰을 때에도 아무런 소리도 들리지 않았다. 도로도 밤도 텅 비어 있었다. '아마 벌써 지나갔는지도 몰라.' 그는 생각했다. 죽은 시계를 다시금 꺼내 들여다보았다. 시계는 그가 태엽을 감아 줄 틈이 없었기 때문에 멎어 있었다. 그에게 시계태엽 감을 틈조차 주지 않아 늦었는지 어쨌는지 알지도 못하게 만든 그들 때문에 그는 늦고 말았던 것이다. 캄캄한 좁은 길 저쪽에, 지금은 눈에 보이지도 않는 집에서는 그를 늦어지게 하느라고 쓸데없는 애를 써서 그런지 노부인이 깊이 잠들어 있었다. 그는 좁은 길 쪽으로 고개를 돌렸다가 동시에 보는 일 생각하는 일을 그만두었다. 마치 마음과 몸의 동작을 스위치 하나로 멈춰 버리기라도 한 것 같았다. 길의 어두운 그림자 속에서 무엇인가 움직이는 것이 있다고 느꼈기 때문이다. 그러나 곧이어 그는 그렇지 않다고 생각했다. 아마 사물의 그림자가 벽에 비치듯이, 머릿속에 떠오른 무언가가 거기에 비친 것이라고 생각했다. '그렇지만 그 자식이라면 좋겠는데.' 그는 생각했다. '그 자식이라면 참 좋겠네. 내 뒤를 밟아 온 녀석에게 여자 차를 잡아타는 장면을 보여 주면 얼마나 좋을까! 내 뒤를 자꾸 따라와 주었으면 좋겠는데. 녀석이 나를 멈추려 한다면 재미있겠어.' 그러나 그는 아무것도 보지 못했다. 그저 기분 나쁜 그림자가 여기저기 걸려 있을 뿐 아무것도 없었다. 그러자 시내 쪽 도로에서부터 차 소리가 가느다랗게 들려왔다. 그쪽으로 눈을 돌리니 이윽고 차의 불빛이 비쳐 왔다.

그녀는 시내 뒷거리에 있는 자그마한 더러운 음식점의 웨이트리스였다. 어른이었다면 한눈에 벌써 그녀가 서른은 넘겼음을 알아차렸을 것이다. 그러나 조에게는 그녀가 자기 또래인 열일곱 살 남짓으로 보였던 모양이다. 그녀의 몸집이 무척 작았기 때문이다. 그녀는 키가 작았을 뿐만 아니라 거의 어린애 모양으로 살이 붙지 않았다. 그러나 어른의 눈이라면, 그녀가 몸집이 작은 것은 타고난 체질 때문이 아니라 내부 정신 자체의 부패로 말미암은 것임을 곧 알아차렸을 것이다. 그 호리호리한 몸은 젊었던 일이 없고, 그 곡선에도 젊음의 생생함이 깃들거나 오래 머무른 일은 없었던 것으로 보였다. 그녀의 머리털은 까만빛이었다. 광대뼈가 두드러진 그녀의 얼굴은 언제나 숙여겨 있어 마치 날 때부터 머리가 목 위에 좀 비뚤게 놓이기라도 한 것 같았다. 그녀의 눈은 유리구슬로 만든 장난감 동물의 눈과도 같았고, 딱딱하지도 않은데 딱딱함 이상으로 심한 느낌을 주었다.

그가 그녀에게 손을 댈 생각을 가진 것도 그녀의 작은 모습 때문이었다. 말하자면 그녀는 작기 때문에, 여자를 찾아 이리저리 떠돌아다니는 남자의 눈을 피할 수가 있어서 자기에게도 충분히 기회가 남겨진 것이나 다름없다고 그는 생각했던 모양이다. 그녀가 몸집이 큰 여자였다면 그는 감히 손을 내밀어 보지도 못했을 것이다. '손대 봤자 아무 소용도 없어. 이미 상대가 하나 있을 거야, 남자가.' 이렇게 그는 생각했을 것이다.

그것은 그가 열일곱 살 나던 해 가을부터 시작되었다. 그날은 수요일이나 목요일쯤 되었던 것 같다. 보통 때 같으면 흔히 토요일에 그들은 시내로 나오고, 온종일 시내에 있을 생각으로 음식을 갖고 왔다—점심을 싸서 다니려고 특별히 사 놓은 바구니에다 찬 음식을 넣어 오곤 하였다. 이때에는 매키천이 변호사를 만나러 온 것이었고, 용건을 빨리 끝마치고 점심 전에 집으로 돌아갈 생각이었다. 그러나 그가 일을 마치고 조가 기다리고 있는 거리에 나섰을 때에는 12시가 다 되어 있었다. 그는 자기 시계를 보면서 나타났다. 그러고 나서 재판소 탑에 있는 큰 시계를 보고 또 태양을 쳐다보았다. 뜻대로 안 돼서 좀 분통이 터진다는 듯한 표정이었다. 그는 뚜껑을 연 시계를 여전히 손에 쥔 채 차갑고도 화난 눈으로 표정도 바꾸지 않고 조를 바라보았다. 그는 어려서부터 길러 온 이 소년을 처음으로 살펴보고 평가해 보는 것 같았다. 그러다가 그는 몸을 돌렸다. "따라와." 그는 말했다. "벌써 시간이 이렇게 됐으니 하는 수 없지."

그 거리는 철로 분기점이었다. 주말이 아니라도 거리에는 사람들이 많았다. 거리 전체에는 남성적인 변화무쌍한 분위기가 떠돌았다. 여기서는 한 집안의 가장도 휴일에나 잠깐 집에 있을 뿐이었다. 여기에 오는 남자들은 다른 곳에서 비밀스럽게 실생활을 하고 있다가 이따금 나타나서는 극장의 관객과도 같은 대접을 받곤 했다.

조는 매키천에게 이끌려 간 곳을 전에는 본 일이 없었다. 그것은 뒷거리에 있는 음식점이었다—두 개의 더러운 창문 사이에 좁다란 더러운 문이 있었다. 처음에는 그것이 음식점인지도 몰랐다. 밖에는 간판도 없었고, 음식을 만드는 냄새도 소리도 안 났다.
 그가 본 것은 기다란 나무 카운터, 그 앞에 늘어선 등 없는 둥근 의자, 입구 근처의 여송연 케이스 뒤에 있는 큼직한 금발 여인, 카운터 안쪽 저 끝에서 먹지도 않으며 그냥 앉아 있는 한 떼의 남자들뿐이었다. 매키천과 조가 거기 들어갔을 때 그들은 마치 한 사람이 움직이는 것처럼 담배 연기 너머로 일제히 두 사람 쪽으로 시선을 돌렸다. 아무도 입을 열지 않았다. 그들은 그저 매키천과 조를 바라보고 있을 뿐이었다. 마치 호흡이 말과 더불어 멎어 버린 것 같았고, 담배 연기조차도 멎어 버린 채 자체의 무게 때문에 그저 목적 없이 떠돌아다니는 것 같았다. 그들은 작업복을 입지 않고 다들 모자를 쓰고 있었다. 얼굴은 모두 비슷해 보였다. 젊지도 않고 늙지도 않았는데, 농부도 아니요 도시인도 아닌 것 같았다. 그들은 지금 막 기차에서 내려 내일엔 또 어딘가로 떠나가고 말, 주소조차 없는 사람들처럼 보였다.
 카운터 앞의 등 없는 의자에 각각 자리를 잡고 매키천과 조는 점심을 먹었다. 매키천이 서둘러 먹는 것을 보고 조도 빨리 먹었다. 그의 옆에 앉은 그 사람은 식사 중에도 뜻밖의 사태에 울화가 치민다는 듯이 등을 뻣뻣이 하고 있었다. 매키천이 주문한 음식은 재빨리 장만하고 재빨리 먹어 치울 수 있는 간단한 것이었다. 그러나 조는 그가 인색해서 그런 음식을 주문한 것은 아니라고 알고 있었다. 다른 음식점이 아니라 그곳을 택한 것은 인색한 마음 때문이었는지도 모른다. 그러나 그런 음식을 주문한 것은 그저 빨리 식사를 마치고 나가 버리고 싶은 생각이었기 때문이라고 그는 알고 있었다. 그가 나이프와 포크를 놓자마자 매키천은 의자에서 일어서면서 말했다. "가자." 여송연 카운터에서 매키천은 금발 여인에게 음식 값을 지불했다. 그녀는 시간에 대해서는 융통성이 없어 보였다. 호전적이고 표면이 다이아몬드처럼 견고한 우쭐댐이 그녀에게서 풍겨 나왔다. 그녀는 그들이 들어올 때에도, 매키천이 음식 값을 치를 때에도 본 척도 하지 않았다. 그들을 보지도 않고 거스름돈을 정확히 재빠르게 계산하여, 매키천이 지폐를 내놓기가 무섭게 유리 계산대 위에 동전을 내밀고 있었다. 그녀의 잘 손질된 머리털의 거짓된 번쩍임과 짙게 화장한 얼굴 뒤에는 어딘지 결연한 태도가 엿보였고, 그녀는 문을 지키는 암사자 조각처럼 우쭐댐을 방패 삼아 내세우고 있었다. 이런 그녀의 건방진 태도의 보호를 받아서, 구석에 몰려 앉아 빈둥거리는 의심스런 사나이들이 모자를 비스듬히 쓸 수 있고 담배를 가로 물 수가 있다는 듯한 인상이 풍겼다. 매키천은 거스름돈을 세어 보고 그들은 음식점을 나와 길거리에 섰다. 그는 다시금 조를 바라보고 있었다. 그는 말했다. "저곳은 기억해 둬. 이 세상에는 어른은 가도 괜찮지만 소년은, 즉 네 나이쯤 된 어린애는 가서 안 될 곳이 있지. 저곳이 바로 그런 곳이야. 아마 너를 데려가지 않는 편이 좋았을지도 모르지. 하지만 그런 장소가 어떤 곳인지 봐 둘 필요가 있어. 그러면 어떤 곳을 피하고 어떤 곳에 다가가면 안 될지 너도 알게 될 테니. 그런 곳을 보게 마련이라면 이렇게 내가 너와 함께 있어서 잘 설명도 하고 충고도 해 주는 편이 더 낫겠지. 그리고 그곳 음식 값은 싸다."

"그곳이 뭐가 문제란 거예요?" 조가 물었다.

"그것은 이 도시의 문제지 네가 관여할 일은 아니야. 넌 내 말만 잊지 않으면 되는 거야. 넌 나와 함께라면 몰라도 거기에 다시 가서는 안 돼. 하긴 너를 거기 데리고 갈 일은 없을 거야. 앞으로는 집에 돌아갈 시간이 이르건 늦건 상관없이 반드시 점심을 싸 가지고 올 작정이니까."

그날 등을 똑바로 세우고 조용히 분노한 매키천 옆에서 그가 급히 점심을 먹을 동안 본 것은 별것이 아니었다. 매키천과 조는 기다란 카운터 중간쯤에 완전히 고립되게 앉아 있었는데, 그 한끝에는 금발 여인과 또 한끝에는 한 떼의 남자들이 있었고, 착실해 보이는 고개를 좀 숙인 웨이트리스가 좀 큰 손으로, 아니 너무 큰 손으로 접시와 컵을 놓고 있었으며, 카운터 너머로 보이는 그녀의 머리는 큰 어린애의 키만큼 솟아 올라왔을 뿐이었다. 이윽고 조와 매키천은 떠나갔다. 조는 다시 그곳에 돌아오리라고는 기대하지 않았다. 매키천이 금했기 때문은 아니었다. 그의 생활이 우연히 다시 그곳과 연관될 기회가 있다고는 믿지 않았던 것이다. 그것은 마치 자기 자신에게 이렇게 일러 주기라도 한 것 같았다. '그들은 나와는 전혀 다른 사람이다. 나는 그들을 볼 수는 있지만, 그들이 무엇을 하는지 왜 그런 일을 하는지는 전혀 알 수가 없다. 그들의 말을 들을 수는 있지만, 그들이 무슨 말을 하는지 어째서 그런 말을 하는지, 또는 누구에게 말을 하는지는 알 수가 없다. 거기에는 음식 말고도, 먹는 일 말고도 무엇인가 있다는 것은 분명하다. 그러나 나는 그것이 무엇인지는 모른다. 그리고 앞으로도 알 수 없을 것이다.'

그리하여 그것은 사고(思考)의 표면을 통과해 사라지고 말았다. 그 뒤 6

개월간 그는 이따금 시내에 나오는 일이 있었지만 그 음식점을 다시 보거나 그 앞을 지나치는 일은 없었다. 생각만 있었다면 가 볼 수도 있었을 것이다. 그러나 그럴 생각도 나지 않았던 것이다. 아마 그럴 필요가 없었을는지도 모른다. 다만 때때로 생각의 흐름이 그 자신도 모르는 새에 갑자기 한 개의 그림으로 흘러 들어가서는, 처음에는 막연한 형상이지만 점점 윤곽이 뚜렷한 형태로 바뀌는 일이 있었다. 기다란 의심스러운 불모의 카운터, 그 한끝에 그것을 지키는 듯이 꼼짝 않고 서 있는 냉정한 얼굴 표정을 한 강렬한 머리털의 여인, 또 한끝에 자리잡은 남자들—그들은 머리를 카운터 쪽으로 좀 숙이고, 끊임없이 담배에 불을 붙이기도 하고 꽁초를 던지기도 하며 담배를 피우고 있었다—그리고 어린애보다 별로 크지도 않은 여자 웨이트리스—그녀는 양팔에 접시를 높이 쌓고 주방으로 왔다 갔다 하며 그때마다 남자들이 건드릴 수 있을 만큼 가까이 지나다녔는데, 모자를 비스듬히 쓴 그들이 몸을 앞으로 내밀고 담배 연기 너머로 그녀에게 말을 건네기도 하고, 그것도 무슨 신나는 이야기나 되는 듯한 어조로 속삭이곤 하면, 그녀는 마치 아무 말도 못 들은 듯이 눈을 내리깔고 착실하게 생각에 잠긴 표정을 짓곤 했다. '난 그들이 무슨 말을 그녀에게 하고 있는지조차 몰라.' 그는 생각했다. 또 생각하기를, '그들이 그녀에게 하는 말은 성인 남자가 지나가는 어린애에게 하는 말은 아니라는 것도 난 모르고 있어.' 또 깊이 생각하기를, '나는 잠드는 순간 눈까풀로 눈을 덮으면 눈동자 속에 그녀의 얼굴도 동시에 가두어 버리고 마는 것을 아직도 모르고 있다. 그 착실하면서도 생각에 잠긴 얼굴, 비극적이고 구슬프고 젊은 얼굴, 젊은 욕망의 형태도 없는 막연한 마력으로 뒤덮여 하염없이 기다리고 있는 그 얼굴. 이미 거기에 애정을 기를 만한 무엇이 있음을 나는 알지도 못한다. 잠을 자면서 나는 3년 전에 그 흑인 소녀를 범하지 않고 왜 때렸는지 그 이유를 알고 있지만, 그녀도 그걸 알고 있지만, 그녀도 그걸 알고 있을 것이고, 자랑스럽게 생각할 것이고, 자랑스러워하며 기다리고 있을 테지만 난 그것도 모르고 있다.'

이렇게 그는 그녀를 다시 볼 생각을 하지 않았던 것이다. 젊은 사람의 사랑은 욕정뿐만 아니라 희망조차 변변히 없어도 자라긴 자란다. 그러므로 그는 다음에 행한 행위와 그 의미에 대해서 자기 자신조차 깜짝 놀랐을 테고, 그 놀라움은 매키천이 그 사실을 알고 놀라는 것과 별 차이가 없었을 것이다. 이번에는 토요일이었는데 때는 이듬해 봄철이었다. 그는 열여덟 살이었다. 매키천이 변호사를 만날 일이 또 생겼다. 그러나 이번에는 도시락 준비가 돼 있었다. "한 시간 뒤에 돌아오마." 그는 말했다. "여기저기 다니며 거리 구경이나 하려무나." 다시금 그는 그 딱딱하고도 빈틈없는 눈초리로 조를 바라보며, 마치 공정한 사람이 정당한 것과 자기 판단 사이에 타협을 강요당하기라도 한 듯이 좀 짜증이 난 표정을 짓고 있었다. "자." 그는 지갑을 열고 동전을 한 푼 꺼냈다. 10센트짜리였다. "좀 기묘한 일이지만……" 그는 짜증스러운 듯이 말하면서 조를 보았다. "인간은 돈의 가치를 알기 위해서는 우선 낭비를 해 보아야 하는 모양이지. 너 한 시간 뒤에 이리로 오렴."

그는 돈을 받아 가지고 곧장 음식점으로 갔다. 그는 그 돈을 호주머니에 넣지도 않았다. 아무런 계획도 속셈도 없이, 거의 의욕조차 없이 나섰다. 그 행동을 명한 것은 그의 머리가 아니라 다리이기나 한 것 같았다. 그는 마치 어린애처럼 그 조그만 10센트 동전을 손바닥이 뜨거워질 정도로 꽉 움켜쥐고 있었다. 그는 어색하게 좀 비틀거리며 망사문으로 들어갔다. 여송연 케이스 뒤에 있는 예의 금발 여인이(마치 그녀는 6개월 동안 그곳에서 움직이지도 않은 것 같았고, 그 빛나는 금발 한 오라기도, 그녀의 옷도 조금도 변한 것 같지가 않았다) 그를 바라보았다. 카운터 구석에선 모자를 비껴쓰고 이발소 냄새를 풍기며 담배를 피우고 있는 남자들이 그를 지켜보고 있었다. 그들 중에는 음식점 주인도 있었다. 그는 처음으로 깨닫고는 음식점 주인을 바라봤다. 다른 사람들처럼 모자를 쓰고 담배를 피우고 있다. 그렇게 큰 사람은 아니어서 조 정도의 크기밖엔 되지 않았다. 그는 담배를 입 한쪽 구석에 물고 있었는데, 그것은 마치 말하는 데 방해가 되지 않도록 하기 위함 같았다. 모락모락 피어오르는 담배 연기 뒤에서 조용히 찡그리고 있는 그의 얼굴 표정, 담배가 다 타서 뱉어내고 그것을 구두 뒷굽으로 비벼 버릴 때까지 손 하나 대지 않은 채 담배를 피우는 태도는 조가 배우게 된 행동양식이었다. 그러나 그것은 좀더 뒤의 일이었다. 그것은 생활이 바빠지기 시작하여, 그 결과 받아들인다는 것이 안다는 것과 믿는다는 것을 대신하게 되고 나서 생긴 일이었다. 지금 그는 그저 그 사람을 눈여겨볼 뿐이었는데, 그 사람은 카운터 안쪽으로부터 몸을 굽히고 있었고, 마치 강도가 강탈행위를 할 때에만 가짜 수염을 다는 것처럼 더러운 앞치마를 두르고 있었다. 그런데 방금 말한

받아들인다는 것은 훨씬 뒤에, 그가 어리석게도 믿고 있던 것들이 죄다 파괴됨과 동시에 생겨난 태도여서, 지금 그는 이렇게 믿고 있었다―카운터 양끝에 있는 이 두 사람은 남편과 아내로서 그저 음식을 파는 가게를 여기에 마련해 놓고, 그 증거로서 간단한 싸구려 음식물을 나르고 있는 투박한 웨이트리스들을 계속해서 채용하는 것이라고. 그리고 그 자신은 짧고도 격렬한 휴일 동안에, 마치 무슨 젊은 종마(種馬)가 믿을 수 없는 도취의 놀라움 속에 잠겨 숨겨진 목장에서 생식으로 지친 암말들을 추격하듯이 달리고 있는 대신에, 또 자기는 이름도 모르고 수효도 알 수 없는 사람들에게 희생되고 있다고.

그러나 그것은 아직 앞으로 있을 일이었다. 그는 10센트 동전을 움켜쥔 채 카운터로 갔다. 그는 사람들이 자기를 주시하느라 이야기를 그쳤다고 믿었다. 다만 부엌문 저쪽에서 심술궂게 들려오는 뭔가 튀기는 소리 말고는 아무것도 들을 수 없었기 때문이다. 그는 생각했다. '그 여자는 저 안쪽에 있다. 그래서 보이지가 않아.' 그는 등 없는 의자에 미끄러지듯이 앉았다. 그는 모든 사람이 자기를 지켜보고 있다고 믿었다. 여송연 케이스 뒤에 있는 금발 여인도, 또한 담배 연기를 얼굴 위로 천천히 피어오르게 하고 있는 가게 주인도 자기를 바라보고 있다고 그는 믿었다. 연기는 마치 움직임을 아예 멈춘 듯 보였다. 이윽고 주인이 꼭 한마디 말을 했다. 조는 그가 입에 문 담배를 움직이지도 않고 만지지도 않았음을 알았다.

"보비."

남자 이름이었다. 그것은 생각해서 내린 결론은 아니었다. 그것은 너무나 빠르고 너무나 완전했다. '그 여자는 가 버리고 말았구나. 그 여자 대신에 남자를 고용한 모양이지. 그 인간이 말한 것처럼 10센트를 낭비하고 말았네.' 그는 이제 와서 나갈 수는 없다고 생각했다. 만약에 그가 가게를 나가려 한다면 금발 여인이 자기를 막아설 것이라고 믿었다. 안쪽에 앉아 있는 남자들이 자기 생각을 알고 비웃고 있다고 생각했다. 그래서 그는 여전히 10센트 동전을 손바닥에 꼭 쥔 채 눈을 내리깔고 아주 조용히 둥근 의자에 앉아 있었다. 그는 지나치게 큰 손이 눈앞의 카운터 위에 나타났을 때 비로소 그 웨이트리스를 알아봤다. 이어서 그는 그녀의 옷 무늬와 앞치마의 가슴 부분과, 음식이나 되는 것처럼 아무런 움직임 없이 카운터 한쪽 끝에 놓여 있는 그녀의 마디 굵은은 손도 볼 수 있었다. "커피와 파이를 주세요." 그는 주문했다.

그녀의 목소리는 기운 없이 아주 공허하게 들렸다. "레몬 코코넛 초콜릿." _(파이의 종류를 열거한 것)

목소리가 나오는 높이에 비해 손은 너무나 커서 전혀 그녀의 손 같지가 않았다. "예." 조는 말했다.

손은 움직이지 않았다. 목소리도 움직이지 않았다. "레몬 코코넛 초콜릿. 어떤 걸 드려요?" 다른 사람들에게는 그들이 아주 기묘하게 보였을 것이다. 얼룩지고 기름 묻고 닳아서 번들번들한 꺼먼색 카운터를 사이에 두고 서로 얼굴을 마주 바라보고 있던 그들은 틀림없이 기도하고 있는 것처럼 보였을 것이다. 깨끗하고도 검소한 옷을 입은 촌사람같이 생긴 소년은 어색한 태도가 몸에 배어 있어서, 세상을 모르는 순진한 특성을 온몸으로 나타내고 있는 듯한 인상을 주었고, 맞은편에 서서 조용히 눈을 내리깔고 기다리고 있는 여자는 몸집이 작은 까닭으로 그와 꼭 같은 특징, 육체를 초월한 그 무엇을 온몸으로 나타내고 있었다. 그녀의 얼굴은 광대뼈가 두드러진 것이 아주 여위었다. 광대뼈 근처의 살은 팽팽했고 눈 둘레는 거무스름했다. 내리깐 눈까풀 밑에서 그녀의 눈은 너무 깊이가 없어 보여서 아무것도 비출 수 없을 것 같았다. 그녀의 아래턱은 너무 좁아서 두 줄 이빨을 간직하고 있을 것 같지도 않았다.

"코코넛으로 주세요." 조가 말했다. 그의 입이 말했던 것이다. 왜냐하면 그는 그 말을 곧 취소하고 싶어졌기 때문이다. 그는 10센트밖에는 가진 것이 없었다. 그는 그 돈을 너무 꽉 쥐고 있었기 때문에 그것이 다만 10센트에 지나지 않는다는 것을 미처 깨닫지 못했던 것이다. 돈을 쥔 손은 땀이 질퍽했다. 그는 사람들이 자기를 지켜보면서 다시금 비웃고 있다고 생각했다. 그는 그들의 소리를 들을 수 없었고, 그들을 보지도 않았다. 그러나 분명 그럴 거라고 믿었다. 여자의 손은 어느새 사라지고 없었다. 잠시 뒤 손은 다시 돌아와 그의 앞에 접시와 컵을 놓았다. 그는 그녀를 바라보았다. 그녀의 얼굴을 바라보면서 물었다. "파이는 얼마죠?"

"파이는 10센트 받습니다." 그녀는 그저 그의 앞에 서 있을 뿐이었다. 카운터 안쪽에서 꺼먼 나무판자 위에 다시금 커다란 두 손을 올려놓고는 기진맥진한 표정으로 기다리고 있었다. 그녀는 그를 조금도 보지 않았다. 그는 가냘프고 절망적인 목소리로 말했다.
"커피는 필요 없는데요."
잠시 그녀는 움직이지 않았다. 그러다 그 큰 손이 움직여서 커피 잔을 집어 들었다. 곧 그 손과 커피 잔은 사라졌다. 그는 꼼짝도 않고 그녀처럼 고개를 숙인 채 앉아 기다렸다. 그러자 기다리던 것이 왔다. 음식점 주인은 아니었다. 여송연 케이스 뒤에 있던 여인이었다. "왜 그래?" 그녀는 물었다.
"저분, 커피는 싫대요." 웨이트리스가 대답했다. 그녀의 목소리는 말을 하는 동안에도 멀어지고 있었다. 마치 질문을 받고도 걸음을 멈추지 않은 것 같았다. 그녀의 목소리는 굴곡 없이 조용했다. 금발 여인의 목소리도 조용했다.
"하지만 커피도 주문하지 않았었니?" 그녀는 또 물었다.
"아니요." 웨이트리스는 대답했다. 그 고요한 목소리는 여전히 움직이며 사라져 갔다. "제가 그만 잘못 들었어요."
그가 밖으로 나왔을 때에, 비참한 느낌과 후회 때문에 쥐구멍이라도 찾고 싶어하며 괴로움에 빠져 있던 그의 영혼이 여송연 케이스 뒤에 자리한 여인의 차가운 얼굴 앞을 도망치듯이 지나쳐 나왔을 때에, 그는 그녀를 다시는 만나지도 않겠고, 또 만날 수도 없다고 믿었다. 그는 너무 부끄러워서 차마 그녀를 다시 볼 수가 없고, 그 뒷거리와 그 더러운 문간조차 바라볼 수가 없으며, 그것도 멀리서도 차마 볼 수가 없다고 생각했다. 아직 그는 이런 생각은 하지 않았다. '젊다는 것은 무시무시한 일이야. 참 무시무시하지, 무시무시해.' 토요일이 되면 그는 번번이 시내에 나가지 않을 구실을 발견하거나 만들어 내거나 했다. 그리하여 매키천은 무슨 확실한 의심이 생긴 건 아니지만 그를 주목하게 되었다. 그는 하루하루를 열심히 일하면서, 지나치게 열심히 일하면서 보냈다. 매키천은 그 일을 의심스럽게 지켜보았다. 그렇지만 거기에는 매키천이 냄새를 맡고, 추리할 수 있는 것은 아무것도 없었다. 일을 하는 것은 그에게 허락된 행위였다. 그렇게 일을 하면 너무 고단하여 뜬눈으로 밤을 새울 수가 없었으므로, 그는 이럭저럭 밤을 겨우 보낼 수가 있었다. 그러는 동안에 그 절망과 후회와 수치감은 점점 사그러졌다. 그것을 전혀 잊어버리거나 속으로 돌이켜 보지 않게 되거나 한 것은 아니었다. 그것은 닳아빠진 레코드판과도 같았다. 그저 닳아 사라진 홈으로부터 흐린 소리가 나는 것에 익숙해졌을 뿐이었다. 얼마 뒤에는 매키천도 한 가지 사실을 인정했다.

그는 말했다.

"요새 내가 너를 눈여겨보아 왔었지. 내가 내 눈을 의심한다면 이야기가 달라지지만, 아무래도 너는 하느님께서 네게 맡기신 것을 드디어 받아들이기 시작한 것 같구나. 그렇지만 나한테 이렇게 칭찬받았다고 우쭐해서는 안 돼. 지금 너를 칭찬한 것을 내가 후회하도록 만들 수 있는 시간과 기회를(그리고 확실히 그럴 의지도 말이야) 너는 충분히 갖고 있지. 다시금 태만과 나태에 빠질 시간과 기회를 말이야. 그렇지만 인간을 위해서는 벌뿐만 아니라 보상도 마련되어 있지. 자, 저기 송아지가 보이지? 오늘부터 저것은 네 것이야. 주지 말걸 그랬다고 나중에 내가 후회하지 않도록 조심해 다오."

조는 그에게 감사했다. 이리하여 그는 송아지를 보면서 소리내어 말할 수 있게 되었다. "저건 내 것이지요." 그는 송아지를 바라보았는데, 이때도 생각은 너무나 빠르고 너무나 완전했다. '저것은 선물이 아니야. 저것은 약속도 아니고 다만 협박인걸.' 그는 또 생각했다. '내가 달라고 청하지는 않았어. 그가 내게 준 것이지, 내가 먼저 청하지는 않았어.' 그리고 그는 믿었다. '나는 나 스스로 일해서 저것을 손에 넣은 거야, 틀림없이.'

한 달이 지났다. 토요일 아침이었다. "난 네가 시내에 나가는 것을 좋아하지 않게 됐다고 생각했는데." 매키천이 말했다.

"한 번쯤 더 가 보는 것도 나쁘지는 않겠죠." 조가 말했다. 그는 호주머니 속에 50센트 동전이 하나 있었다. 매키천 부인이 그것을 그에게 주었던 것이다. 그는 5센트만 청했지만 그녀가 50센트를 억지로 쥐어 주었다. 그는 돈을 받아서 냉정하게 멸시의 태도로 손바닥 위에 놓고 있었다.

"그래, 나쁘지는 않겠지." 매키천이 말했다. "넌 일도 열심히 했으니까. 그렇지만 시내에 나다니는 것은 앞으로 자라나는 사람들에겐 좋은 습관이 못 돼."

그가 그럴 생각이었다면 살짝 빠져나가거나 여차하면 폭력이라도 휘둘렀겠지만, 지금 그는 그럴 필요가 없었다. 매키천이 기분 좋게 보내 주었으니까. 그는 곧 그 음식점으로 갔다. 이번에는 비틀거리지 않고 들어갔다. 웨이트리스는 거기 없었다. 아마 그는 그녀가 없는 것을 보고 깨달았는지도 모른다. 그는 여송연 카운터에서 걸음을 멈추고 그 뒤에 앉아 있는 여인 앞에 50센트 은화를 놓았다. "5센트 빚지고 있습니다. 커피 한 잔 값이지요. 난 파이가 10센트인 줄도 모르고 파이와 커피를 청했거든요. 그러니까 5센트를 갚아야 하겠어요." 그는 가게 안쪽은 보지 않았다. 거기에는 남자들이 모자를 비껴쓰고 담배를 피우며 앉아 있었다. 주인도 거기 섞여 있었다. 기다리다가 드디어 조는 더러운 앞치마를 두른 주인이 담배를 문 채 말하는 소리를 들었다.

"뭐지? 무슨 용건이래?"

"보비에게 5센트 빚지고 있다는군요." 여자가 말했다. "이 사람은 보비에게 5센트를 돌려주고 싶다는 거예요." 그녀의 음성은 조용했다. 주인의 음성도 크지는 않았다.

"별일이 다 있군." 그는 말했다. 조는 거기 있는 사람들 모두가 귀를 기울이고 있다고 생각했다. 그는 듣지는 않았지만 들렸고, 보지는 않았지만 보였다. 이제 그는 문쪽으로 걸어가고 있었다. 그 50센트 은화는 유리 카운터 위에 놓여 있었다. 가게 안쪽에서도 주인은 그것을 볼 수가 있었다. 그래서 그는 말했다. "그 돈은 무슨 돈이지?"

"빚진 커피 한 잔 값이라나요!" 여자가 대답했다.

조는 거의 문에 다다랐다. "자! 여보시오." 그 사람이 말했다. 조는 멈추지 않았다. "돈을 도로 줘." 주인은 평범한 목소리로 말하면서 꼼짝도 않고 있었다. 담배 연기는 여전히 어떤 동작으로도 방해받지 않고 그의 얼굴 위에 고요히 모락모락 피어오르고 있었다. "그에게 돌려주라니까." 주인은 또 말했다. "무슨 꿍꿍이속이 있는지 모르니까. 그렇지만 여기서는 통하지 않을 걸. 그에게 돌려줘. 여보쇼, 농장으로 돌아가는 게 나을 거요. 아마 거기서는 5센트로 계집애를 구할 수 있을지도 모르니까."

그는 길거리에 나와 있었다. 50센트 은화를 손바닥의 땀으로 적시고, 또 그 은화가 그의 손을 땀으로 질퍽하게 만들면서 1달러짜리 돈보다 더 큰 느낌을 주었다. 그는 웃음거리가 된 채 걸었다. 그는 남자들의 웃음을 타고 가게 문을 빠져나온 것 같았다. 그 웃음은 그를 길거리로 쓸어 버리고, 거리로 끌고 나와서는 이윽고 그를 지나쳐 사라져 가면서 그를 땅 위 잘 닦인 도로 위에 내려놓았다. 그와 웨이트리스는 서로 마주보고 있었다. 그녀는 까만 옷과 모자를 쓰고 눈을 내리깐 채 재빨리 걸으면서 그를 곧 바라보지는 않았다. 걸음을 멈춘 뒤에도 그녀는 상대를 보지 않았다. 이미 그에게 고개를 돌리고 있긴 했지만 그것은 그저 모든 것을 싸 버리는 시선—그녀가 카운터에 커피와 파이를 놓던 때와 같은 시선—에 지나지 않았다. 그녀는 말했다. "그래서 돈을 나에게 돌려주려고 오셨단 말이죠? 모두가 보는 앞에서. 그래서 모두에게 놀림을 받았단 말이죠? 원, 참!"

"난 당신이 그 값을 나 대신 치렀을 것이라고 생각했지요. 나는—"

"어휴, 참, 정말 놀랐다니까요."

그들은 마주 서 있으면서도 서로 보고 있지는 않았다. 다른 사람들이 보기에 그들은 명상의 시간에 정원의 작은 길에서 만난 두 수도사처럼 보였을 것이다. "나는 그저……"

"어디서 살죠?" 그녀가 물었다. "시골에서? 참, 당신 이름은 뭐죠?"

"매키천은 아니지요." 그는 말했다. "크리스마스예요."

"크리스마스? 그게 당신 이름이에요? 크리스마스? 그거 참!"

사춘기 동안과 그 뒤에도 토요일 오후만 되면 조는 네댓 명의 소년들과 함께 사냥과 낚시질을 즐기곤 했다. 그는 일요일 예배당에서만 소녀들을 볼 수 있었다. 여자들은 일요일과 교회에만 연관이 있었다. 그래서 그는 그들을 거들떠볼 수가 없었다. 그렇게 하지 않는다면 그의 종교에 대한 증오를 취소하는 셈이 되어 버리고 말 테니까. 그러나 그와 다른 소년들은 계집애들 이야기를 자주 지껄였다. 아마 그중 몇몇—예를 들자면, 그 오후에 검둥이 계집애를 데려온 소년 같은 애—은 이미 여자를 알고 있었을 것이다. "계집애들도 모두 그건 하고 싶어해." 그 소년은 다른 애들에게 말했다. "그렇지만 때로 계집애들은 하고 싶으면서도 못할 때가 있어." 다른 애들은 그것을 모르고 있었다. 그들은 여자애들이 모두 그걸 원하고 있다는 것을 몰랐다. 더구나 하고는 싶어도 할 수 없는 때가 있다는 것은 더욱 모르는 일이었다. 그들은 전혀 달리 생각했었다. 그러나 그들이 후자를 알지 못했음을 인정하는 것은, 그들이 전자를 아직 눈치채지 못했음을 시인하는 꼴이 될 것이다. 그래서 그들은 그 소년이 하는 이야기를 잠자코 듣고만 있었다. "계집애들에게는 한 달에 한 번씩 무슨 일이 생긴단 말이야." 그는 그 육체적인 의식(儀式)에 대한 자기 생각을 자세히 설명했다. 아마 그는 실제로 알고 있었을 것이다. 하여간 그는 제법 구체적으로 설명했고, 꽤 믿을 만하기도 했다. 만약에 그가 그것을 관념적인 지식으로서, 그저 그렇게 믿고 있는 무엇으로서 설명하려고 했다면 다른 애들은 들으려고 하지도 않았을 것이다. 그러나 그는 실제로 육체를 그림 그려서, 후각은 물론이고 시각으로도 쉽게 알아볼 수 있도록 했던 것이다. 그것이 그들을 감동시켰다. 남자의 육체적 욕망을 좌절시키고 괴롭히는 그 여자의 육체도 일시적으로는 비참할 정도로 무력한 상태에 빠지는데, 그 매끈하고도 훌륭한 형태는 제대로 의지를 갖추고 있으면서도, 피할 수 없는 일정한 시기에 이르면 그동안은 주기적인 오욕의 희생이 되고 마는 운명을 지니고 있는 것이다. 그 소년이 설명한 것은 바로 이런 것이었고, 나머지 다섯 소년은 조용히 귀를 기울이며 궁금증 어린 은밀한 눈초리로 서로서로 쳐다보기도 했다. 다음 토요일에는 조는 그들과 사냥을 가지는 않았다. 매키천은 엽총이 없어진 것을 보고 조가 이미 떠난 줄로 생각했다. 그러나 조는 축사에 숨어 있었다. 그는 온종일 거기 틀어박혀 있었다. 그 다음 토요일에는 그는 나가긴 나갔지만 동료들과 어울리지 않고, 그들이 찾으러 오기 전에 일찍 집을 떠났다. 그러나 그는 사냥을 하지는 않았다. 오후 늦게, 집에서 3마일도 떨어지지 않은 곳에서 그는 양 한 마리를 쏘았다. 사람 눈에 띄지 않는 골짜기에서 양 떼를 발견하고 살며시 접근하여 총으로 한 마리를 죽였던 것이다. 그러고서 그는 무릎을 꿇고 떨면서 입안이 말라옴을 느끼며 끊임없이 뒤를 돌아보면서, 그 죽어 가는 동물의 아직도 따뜻한 피 속에 손을 넣고 있었다. 곧이어 그는 그 의식을 끝마치고 몸과 마음을 추슬렀다. 그는 그 소년이 들려준 이야기를 잊지 않고 있었다. 그저 그 이야기를 받아들였었다. 그는 그것과 함께 병행해서 살 수 있다고 느꼈다. 그것은 마치 논리를 무시하고 필사적이리만치 냉정하게 그가 이렇게 말을 하기라도 한 것 같았다. '그래 됐어, 그렇단 말이지. 그렇지만 내게는 그렇지가 않아. 내 생애와 내 사랑에서는 그렇지가 않단 말이야.' 그것은 3, 4년 전의 일로, 그는 그것을 잊어버리고 말았다. 한 가지 일이, 참도 거짓도 아닌 그저 사실이라고 안 뒤에는 잊혀지고 만다는 의미에서 그가 잊어버리고 말았다는 뜻이다.

 커피 한 잔 값을 갚아 주려고 하던 그 토요일부터 이틀이 지난 월요일 밤에 그는 웨이트리스를 만났다. 그때는 아직 그는 밧줄을 준비하고 있지 않았었다. 침실 창문에서 빠져나와 10피트 높이에서 땅으로 뛰어내려 시내까지

5마일이나 걸어갔다. 그는 어떻게 자기 방으로 돌아갈 것인지에 대해서는 아무런 생각도 없었다.

그는 시내로 들어가 그녀가 기다리라고 일러 준 모퉁이로 찾아갔다. 그곳은 아주 고요한 모퉁이였다. 아직 일러서 그는 생각에 잠겼다. '잘 기억해야 해. 무슨 일을 할지, 어떻게 할지, 언제 할지, 그녀가 가르쳐 주게끔 해야 해. 내가 아무것도 모른다는 것을 들켜서는 안 돼. 내가 그녀의 가르침 없이는 아무것도 못한다는 사실을 들켜서는 안 돼.'

그가 한 시간 넘게 기다렸을 때 그녀는 나타났다. 그는 그렇게 일찍 와 있었던 것이다. 그녀는 걸어서 다가왔다. 그녀는 어둠에서부터 나타나서 그 착실하고 끊임없이 뭔가를 기다리는 듯한 태도로 눈을 내리깔고 그 작은 몸을 이끌고 그의 앞에 와 섰다.

"아, 벌써 왔군요." 그녀는 말했다.

"되도록 빨리 왔지요. 그들이 잠들기를 기다릴 수밖에 없어서 난 늦을까 걱정했어요."

"여기서 오래 기다렸어요? 얼마나?"

"모르겠는데, 거의 내내 달려서 왔지요. 늦을까 걱정이었으니까."

"달려왔어요? 3마일이나 되는데, 내내 달렸어요?"

"3마일이 아니라 5마일이지요."

"아, 그렇군요." 다음 순간 그들은 입을 다물었다. 그들은 거기 가만히 서 있었고, 두 개의 그림자는 서로 얼굴을 맞대고 있었다. 일 년이 훨씬 지난 어느 날, 그는 이 밤을 돌이켜 보며 갑자기 머리에 떠오르는 것이 있어서 이렇게 말했다. "그때 그 여자는 내가 때려 주기를 기다리는 것 같았다." "저기." 그녀는 말했다.

그는 조금씩 몸이 떨려왔다. 그는 그녀의 냄새를 맡을 수 있었고, 그 기다림을 냄새 맡을 수도 있었다. 그녀는 조용히 꼼짝도 않고, 분별 있으면서 좀 지루하게 기다리고 있었다. 그는 생각했다. '이 여자는 내가 시작하기를 기다리고 있지만 나는 어떻게 시작하는지 모르는걸.' 자기 자신에게도 그의 음성은 바보처럼 들렸다. "시간이 꽤 늦은 것 같군요."

"늦었어요?"

"가족들이 당신이 돌아오기를 기다리고 있는지도 모르겠다 싶어서요. 잠도 안 자고 당신이 돌아오기를……"

"기다린다고…… 기다린다고요……" 그녀의 목소리는 가느다랗게 들리다가 꺼져 버리고 말았다. 그들은 두 개의 그림자처럼 서 있었다. 그녀는 움직이지 않으면서 입을 열었다. "난 메임과 맥스네 집에 살고 있어요. 알죠? 그 음식점 말이에요. 5센트를 갚으러 왔었으니, 당신도 틀림없이 기억할 거예요……"

그녀는 웃기 시작했다. 그 웃음 속에는 아무런 즐거움도 없었고, 도대체 아무것도 없었다. "그 일을 생각하면, 그 돈을 가지고 당신이 그곳에 찾아온 생각을 하면." 그렇게 말하더니 그녀는 웃음을 그쳐 버렸다. 거기에는 즐거움의 중단이란 것도 없었다. 고요하고 비참하고 고개를 밑으로 숙인 그녀의 음성이 그의 귀에 들려왔다. "오늘 밤 내가 그만 실수를 했어요. 그걸 잊어버렸지 뭐예요." 아마 그녀는 무엇을 잊어버렸는지 그가 묻기를 기다리고 있었는지도 모른다. 그러나 그는 물어보지 않았다. 그저 고개 숙인 채 이야기하는 그 고요한 목소리가 자기 귓전에서 사라지도록 내버려 둔 채 서 있을 뿐이었다. 그는 이미 쏘아 죽인 양에 대해서는 완전히 잊고 있었다. 나이가 더 든 소년이 그에게 들려준 사실과는 너무나 오래 함께 지내 와서 그는 그것을 잊어버리고 말았다. 그 죽인 양으로부터 그는 면역을 얻으려고 했지만, 그 뒤로 오랜 시간이 지나가 버려서 그 일은 이미 되살릴 수가 없었다. 그래서 그는 처음에는 그녀가 하려던 말을 전혀 이해할 수가 없었다. 그들은 모퉁이에 그저 서 있었다. 그곳은 거리의 변두리로, 길은 거기서부터 큰 길이 되어 규칙적으로 잘 정돈된 잔디밭을 지나, 여기저기 흩어져 있는 작은 집들—이런 거리 주변을 형성하고 있는 작고 보잘것없는 집들과 불모지 사이를 달려 길게 뻗어 있었다. "저 오늘 밤 몸이 좀 불편해요." 그녀가 말했다. 그는 무슨 뜻인지 알아들을 수가 없었다. 아무 말도 하지 않았다. 아마 그는 이해할 필요가 없었는지도 모른다. 아마 그는 무슨 피할 길 없는 불운이 닥쳐오리라고 예기하고 있었을는지도 모른다. 그는 생각했다. '하여간 일이 너무 잘 풀린다 싶더니.' 생각이라고 하기엔 너무나 빠른 생각에 그는 또 잠겼다. '순식간에 이 여자는 사라질 거야. 없어질 거라니까. 그러면 난 집으로 돌아가겠지. 나는 침대에 들어가 있겠지. 방에서 한 발짝도 안 나간 것처럼.' 그녀의 목소리는 계속해서 울려 나왔다. "당신에게 월요일 밤이라고 말했을 때에, 그날이 며칠인지를 잊어버렸거든요. 당신 때문에 깜짝 놀라서 그랬는지도 몰라요. 토요일에 거리에서 만났을 때 말이에요. 하여간 난 그날이 며칠인지 깜빡 잊었었어요. 당신이 가 버린 다음에야 생각이 났어요."

그의 목소리는 그녀의 음성만큼이나 조용했다. "몸이 어떻게 불편해요? 집에 먹을 약도 없어요?"

"먹을 약이……" 그녀의 목소리는 꺼졌다. 그녀는 다시 입을 열었다. "아, 참." 그리고 갑자기 또 말했다. "시간이 늦었어요. 게다가 당신은 4마일이나 걸어서 돌아가야 하지요?"

"난 이미 그만큼 걸어왔는걸요. 그래서 지금 여기 있잖아요?" 그의 음성은 고요하고 절망적이고 침착했다. "확실히 시간이 늦긴 했지만." 그는 말했다. 그러자 무언가가 좀 달라졌다. 그를 바라보지 않고도 그녀는 무엇인가 알아차렸다. 그의 딱딱한 목소리 속에서 그것을 듣기도 전에 그녀는 이미 알아차린 것이다. "불편하다니, 어디가 아파요?"

그녀는 곧 대답하지는 않았다. 조금 있다가 조용히 눈을 내리깔고 말했다. "당신은 아직 애인을 가져 본 일이 없군요. 확실히 애인이 없었지요?" 그는 대답하지 않았다. "그럼 애인이 있었어요?" 그래도 그는 대답이 없었다. 그녀는 움직였다. 그녀는 그를 처음으로 만졌다. 그에게로 다가서서 두 손으로 가볍게 그의 팔을 잡았다. 아래를 내려다본 그의 눈에는 살며시 숙인 머리의 검은 형태가 비쳤는데, 그 머리는 태어날 때부터 약간 안으로 굽은 채 목에 달려 있는 듯한 인상을 주었다. 그녀는 그에게 사실 이야기를 해 주었다. 좀 더듬거리며 투박하게, 자기가 알고 있는 적은 어휘를 써서 그에게 설명해 주었다. 그러나 그것은 전에 그가 들어서 알고 있던 것이었다. 그의 마음은 이미 날개를 펴 과거로 돌아가서 그가 죽인 양, 면역이 되기 위하여 지불한 그 대가를 지나 그 오후에 달하고 있었다. 즉 어떤 강둑에 앉아 이야기를 듣고, 마음에 상처를 입었다거나 깜짝 놀랐다거나 하기보다는 오히려 모욕을 당한 것 같은 분노를 느끼던 그 오후로 돌아간 것이다. 그녀가 붙잡고 있던 팔은 갑자기 풀려나왔다. 그녀는 그가 자기를 때릴 의향이었다고는 믿지 않았다. 실상 그녀는 달리 생각하고 있었던 것이다. 그러나 결과는 마찬가지였다. 길 저쪽으로 그가 점점 사라져 마침내 하나의 형태에서 그림자로 변해 가는 것을 보면서, 그녀는 그가 달리고 있다고 믿었다. 그의 모습을 전혀 볼 수 없게 되었을 때에도 얼마 동안은 그의 발소리를 들을 수가 있었다. 그녀는 곧 움직이지는 않았다. 마치 이미 한 대 얻어맞은 매를 기다리기라도 하는 듯이, 그가 떠나갈 때와 똑같은 자세로 눈을 내리깔고 꼼짝도 않고 서 있었다.

그는 달려가고 있지는 않았다. 그러나 빨리 걷고 있었다. 창문에서 뛰어내려 빠져나오기는 했지만 다시 돌아갈 방도를 아직 생각하지 못한 5마일이나 떨어진 집으로부터, 가정으로부터 한층 멀어지는 방향으로 그는 걸어가고 있었다. 그는 길을 빨리 걷다가 옆으로 빠져서 울타리를 뛰어넘어 경작된 밭으로 들어갔다. 밭이랑에는 무엇인가 자라고 있었다. 그 뒤에는 나무가 우거진 숲이 있었다. 그는 숲에 도달하여 견고한 나무들 사이에 들어섰다. 나뭇가지들이 검은 그림자를 떨어뜨리고 있는, 딱딱한 느낌과 딱딱한 냄새를 풍기는 보이지 않는 정적 속에 들어섰다. 동굴 속에나 들어온 것처럼 무엇 하나 볼 수도 없고 알 수도 없는 속에서, 그는 달빛에 표백된 우아한 항아리의 대열을 보는 듯이 생각했다. 그러나 하나도 완전한 것은 없었다. 하나하나는 다 깨어졌고 그 깨어진 곳에서부터는 죽음의 빛을 띤 불결한 액체가 흘러나오고 있었다. 그는 두 팔을 들어 나무를 붙잡고 거기에 기댄 채, 달빛을 받아 가며 나란히 서 있는 그 항아리를 보고 있었다. 그는 드디어 토해 냈다.

다음 월요일 밤에 그는 밧줄을 사용했다. 그는 전과 같은 모퉁이에서 기다리고 있었는데 이번에도 꽤 이르게 왔다. 이윽고 그녀가 나타났다. 그녀는 그가 서 있는 곳에 다가왔다. "당신은 아마 오지 않을 거라고 생각했는데." 그녀가 말했다.

"그래요?" 그는 그녀의 팔을 잡더니 길 아래로 이끌었다.

"어디로 가는 거죠?" 그녀가 물었다. 그는 그저 그녀를 끌고 갈 뿐 대답하지 않았다. 그녀는 따라가느라고 달리듯이 걸어야 했다. 그녀는 투박하게 빨리 걸었다. 그 모습은 마치 동물과도 같았지만, 동물과 다른 점이 있다면 그것은 굽 높은 구두와 옷과 작은 몸집이었는데, 그런 것들이 그녀의 걸음을 방해했던 것이다. 그는 길에서 벗어나 일주일 전에 넘었던 울타리 쪽으로 그녀를 끌었다. "잠깐." 그녀의 말은 입에서 몹시 흔들리며 나왔다. "저 울타리—난 못 넘어—" 그가 이미 뛰어넘은 울타리의 철조망 사이로 그녀가 빠져나가려고 몸을 굽혔을 때에 그녀의 옷자락이 걸렸다. 그는 몸을 굽히고 옷을 빼내 주었다. 찢어지는 소리가 났다.
"다른 옷을 사 줄게요." 그는 말했다. 그녀는 아무 말도 하지 않았다. 자라고 있는 곡식 사이에서 밭이랑 사이에서 반쯤 끌려가고 반쯤 안겨 가도록 얌전히 몸을 맡긴 채, 그녀는 드디어 나무가 우거진 숲 속으로 들어가게 되었다.

그는 밧줄을 잘 감아서 지붕 밑 자기 방의 느슨한 판자 뒤에 숨겨 놓았다. 그곳은 매키천 부인이 5센트, 10센트짜리 동전을 넣어 둔 저금통을 감추어 놓은 장소와 같은 곳이지만, 그 밧줄은 매키천 부인의 손이 닿지 못할 만큼 구멍 깊숙이 밀어 넣어져 있다는 것이 좀 다른 점이었다. 그는 부인에게서 아이디어를 얻었다. 그래서 때때로 늙은 부부가 아랫방에서 코를 골며 잠자고 있는 동안 그가 남몰래 밧줄을 끄집어낼 때에는 그 모순을 생각하곤 하였다. 때로 그는 부인에게 모든 비밀을 다 털어놓을 생각도 해 보았다—그가 자기 죄악의 도구를 어디에 감추어 두었는지도 가르쳐 주고, 어떠한 방법으로 어디에 감추어 둘지 그 아이디어를 다름 아닌 바로 그녀에게서 배웠다는 말을 해 줄까 생각도 해 보았다. 그러나 그래 봤자 그녀는 오히려 그것을 숨기는 일을 도와주고 싶어하리라. 그녀는 그를 도와 그것을 잘 감출 수 있게 할 양으로 심지어 그가 죄를 짓기를 바라리라고 그는 깨달았다. 뿐만 아니라 그녀는 마침내 너무 눈에 띄게 의미심장한 속삭임이나 신호를 해서, 매키천으로 하여금 별수 없이 무엇인가 의심하지 않을 수 없도록 하고야 말 것이라고 그는 느꼈다.

그는 저금통에서 돈을 훔쳐 내기 시작했다. 이것도 부인 탓이었는지도 모른다. 물론 부인은 그런 짓을 그에게 은근히 권하지는 않았고, 돈 이야기도 한 일이 없었다. 또 그가 쾌락을 돈으로 사고 있다는 것을 의식하지 못했는지도 모를 일이다. 다만 그는 여러 해 동안 매키천 부인이 일정한 장소에 돈을 감춰 두는 것을 지켜보았을 뿐이다. 그리고 이번엔 그 자신에게도 무엇인가 감춰 둘 필요가 있는 것이 생겼다. 그래서 그것을 자신이 알고 있는 가장 안전한 곳에 집어넣어 두었는데, 그는 밧줄을 꺼냈다 감추었다 할 적마다 돈이 들어 있는 깡통을 보게 된 것이다.

맨 처음에 그는 50센트를 꺼냈다. 50센트로 할지 25센트로 할지 한동안 망설였다. 그러다가 그는 50센트를 꺼내고 말았다. 그것이 바로 그에게 필요한 액수였기 때문이다. 그 돈으로 그는 파리똥이 덕지덕지 묻은 더러운 통에 든 캔디를 샀는데, 그것을 판 사람은 어떤 가게에서 도박을 하여 10센트에 그것을 구했었다. 그는 그것을 웨이트리스에게 주었다. 그것이 그가 그녀에게 준 첫 선물이었다. 그는 마치 이제껏 아무도 그녀에게 선물을 줄 생각을 하지 못했다는 듯이 그것을 그녀에게 주었다. 그녀는 커다란 손으로 값싸 보이고 장식이 요란한 때 묻은 그 통을 받아 들었을 때 좀 기묘한 표정을 지었다. 그때 그녀는 맥스와 메임이라는 남녀와 같이 지내고 있는 조그만 집의 자기 침실 침대에 앉아 있었다. 약 일주일 전 어느 날 밤 맥스가 그 방에 들어왔었다. 그녀는 마침 옷을 갈아입으려고 침대에 걸터앉아 양말을 벗고 있었다. 그는 담배를 피우면서 들어와 화장대에 기대섰다.

"부자 농부라지." 그는 말했다. "외양간 출신의 존 제이콥 애스터(모피상으로 유명한 미국 자본가)라고나 해 둘까?"

그녀는 이미 몸을 가리고, 눈을 내리깔고 조용히 침대에 앉아 있었다. "그는 내게 돈을 줘요."

"무엇으로? 아직도 그 5센트를 다 써 버리지 않았나?" 그는 그녀를 바라보았다. "촌뜨기를 대접하는 격이군. 그 짓을 하라고 난 너를 멤피스에서부터 일부러 여기로 데려온 것이고. 아마 배까지 든든히 채워주어야 할 모양이군."

"당신이 정해 준 시간 외에 하는 일이에요."

"그야 그렇지. 난 네가 하는 짓을 막지는 못해. 그저 네 행동이 보기 싫다는 것뿐이야. 그 젖비린내 나는 놈은 아직 달러도 제대로 구경하지 못한 놈이야. 이 거리에는 돈을 담뿍 가지고 너를 잘 다룰 사람들이 얼마든지 있어."

"어쩌면 난 그를 좋아하는지도 모르죠. 당신은 아마 그것을 생각하지 못한 모양이군요."

그는 그녀를 바라보았다. 두 손을 무릎에 놓고 침대에 앉아서 조용히 머리를 숙이고 있는 그녀의 정수리를 보았다. 그는 여전히 담배를 피우면서 화장대에 기대서 있었다. "메임!" 그는 불렀다. 잠시 기다렸다가 그는 또 불렀다. "메임! 이리 들어와." 벽은 얇았다. 얼마 뒤에 큼직한 금발 여인이 그다지 서둘지 않고 복도를 지나왔다. 그들은 그 발소리를 들을 수 있었다. 그녀가 드디어 들어왔다. "내 말 좀 들어 봐." 사나이가 말했다. "요 맹추가 그 시골뜨기를 무척 좋아하는지도 모르겠대. 로미오와 줄리엣이구먼. 내 참 기가 막혀서!"

금발 여인은 웨이트리스의 까만 정수리를 바라보았다. "도대체 무슨 일이지?"

"아무것도 아냐. 아주 훌륭한 일이지. 맥스 콘프리가 청춘의 반려자인 보비 알렌 양을 소개하려는 것이지."

"나가 있어요." 여자가 말했다.

"나가고말고. 난 그저 5센트 동전의 거스름을 갖다 주려고 왔을 뿐이야." 그는 나갔다. 웨이트리스는 아직 옴짝달싹도 않고 있었다. 금발 여인은 화장대로 가서 상대의 숙인 머리를 바라보며 거기에 기대섰다.

"그가 네게 돈을 치른 일이 있니?" 그녀는 물었다.

웨이트리스는 움직이지 않았다. "예, 제대로 돈을 냅니다."

금발 여인은 맥스가 그랬던 것처럼 화장대에 기대서서 그녀를 바라보고 있었다. "머나먼 멤피스에서 여기까지 일부러 왔는데. 여기까지 갖고 온 소중한 것을 공짜로 던져 주다니!"

웨이트리스는 움직이지 않았다. "맥스에게 손해가 되는 일은 안 해요."

금발 여인은 상대의 숙인 머리를 내려다보았다. 그러고 나서 그녀는 몸을 돌려 문을 향해 걸어갔다. "앞으론 그러지 말도록 해." 그녀가 말했다. "이런 일은 오래가지는 못하니까. 이렇게 작은 도시 사람들은 이런 일을 오래 그냥 두고 보지는 않아. 난 잘 알고 있어. 나도 이런 소도시 출신이니까."

요란하게 꾸며진 값싸 보이는 캔디 통을 두 손으로 들고, 그녀는 금발 여인이 말하고 있을 때와 꼭 같은 자세로 침대에 앉아 있었다. 그러나 이번에 화장대에 기대서서 그녀를 내려다보고 있는 사람은 조였다. 그녀는 웃기 시작했다. 그녀는 마디가 굵은 손으로 저속하게 화려한 통을 들고 웃어 댔다. 조는 그녀를 지켜보았다. 그는 그녀가 일어서서 얼굴을 숙인 채 그의 앞을 지나가는 모습을 지켜보았다. 그녀는 문을 열고 나가서 맥스를 불렀다. 조는 맥스가 음식점에서 모자를 쓰고 앞치마를 두르고 있는 모습은 보았지만, 그 밖의 모습은 본 일이 없었다. 맥스가 방에 들어왔을 때 그는 담배조차 입에 물고 있지 않았다. 그는 한 손을 내밀었다. "안녕하시우, 로미오?" 그는 말했다.

조는 상대를 제대로 알아보기도 전에 이미 악수를 하고 있었다. "내 이름은 조 매키천입니다." 그는 말했다. 금발 여인도 들어와 있었다. 음식점 밖에서 그녀를 보는 것도 이번이 처음이었다. 그는 그녀가 들어오는 모습을 보았다. 그리고 웨이트리스가 캔디 통을 여는 것도 지켜보고 있었다. 그녀는 그것을 내밀었다.

"조가 이걸 내게 갖다 주었어요." 그녀는 말했다.

금발 여인은 그 통을 힐끔 한 번 보았을 뿐, 손조차 움직이지 않았다. "고마워요." 그녀는 말했다. 그 남자도 캔디 통을 보기는 했지만 손 하나 움직이지 않았다.

"그래, 그래." 그는 말했다. "때로는 크리스마스가 꽤 오래 지속되는군. 어이 로미오, 그렇지?" 조는 화장대에서 조금 비켜났다. 그는 이 집에 와 본 일이 없었다. 그는 상대의 기분을 상하게 하고 싶지 않은 모양으로 당황한 듯하면서도, 그렇다고 불안한 기색은 없는 표정을 띠고 그 남자를 바라보며, 특히 그 속을 알 수 없는 수도사와도 같은 얼굴을 주의 깊게 보고 있었다. 그러나 그는 아무 말도 하지 않았다. 말을 한 것은 웨이트리스였다.

"먹기 싫으면 안 먹어도 좋아요." 그는 웨이트리스의 그 고개 숙인 목소리를 들으면서 맥스의 얼굴을 바라보고 있었다. "당신네에게도 아무도 나는 아무런 손해를 입히지 않고…… 정해진 시간에는 결코……" 그는 그녀도 금발 여인도 보고 있지는 않았다. 그는 여전히 두려워하지는 않았지만 좀 어리둥절한, 남의 기분에 신경쓰는 듯한 표정으로 맥스를 보고 있었다. 이윽고 금발 여인이 입을 열었다. 마치 그들은 본인을 앞에 두고, 그에 대한 이야기를 그가 알아들을 리 없다고 확신하는 말로 지껄이기라도 하는 것 같았다.

"자, 나갑시다." 금발 여인이 말했다.

"이거 참." 맥스가 대꾸했다. "난 로미오에게 여기서 한잔 대접하려고 했는데."

"이 사람이 원해요?" 금발 여인은 물었다. 그녀가 조에게 직접 말을 건넬 때에도 마치 맥스에게 말하기라도 하는 것 같았다. "한잔 원하세요?"

"저번 일로 그를 불안하게 만들지는 마. 이건 한턱내는 거라고 말해 줘."

"글쎄, 모르겠는데요." 조가 말했다. "난 마셔 본 일이 없거든요."

"아직까지 술이든 뭐든 거저 얻어먹은 일이 없단 말이지." 맥스가 말했다. "참 놀라운데." 그는 방에 들어온 뒤로 조를 두 번 다시 쳐다보지 않았었다. 다시금 그들은 마치 조의 이야기를 그에게는 이해가 안 되는 말로 공공연히 주고받기라도 하는 것 같았다.

"자, 나와요." 금발 여인은 말했다. "나오라니까요."

그들은 나갔다. 금발 여인은 전혀 조를 바라보지 않았고, 맥스도 그에게는 얼굴을 돌리지 않았지만 끊임없이 그를 감시는 했다. 이윽고 그들의 모습은 완전히 사라졌다. 조는 화장대 옆에 서 있었다. 방 한가운데서 웨이트리스는 뚜껑을 연 캔디 통을 한 손에 쥔 채 눈을 내리깔고 서 있었다. 방은 통풍이 안 돼서 지독한 향수 냄새가 났다. 이때 조는 이 방을 처음 보았다. 이런 데 오리라고는 꿈에도 생각하지 못했었다. 커튼이 쳐져 있었다. 단 한 개의 전구가 코드 끝에서 빛나고 있었고, 그 위에는 잡지 한 장이 갓 대신에 핀으로 꽂혀 있었지만 그것은 전구의 열기 탓에 이미 갈색으로 변해 있었다. "괜찮아." 그는 말했다. "괜찮아." 그녀는 대답도 하지 않고 움직이지도 않았다. 그는 밖의 어둠을, 전에 둘이서만 지냈던 밤을 생각하고 있었다. "자, 갑시다." 그는 말했다.

"가다니요?" 그녀가 물었다. 그러자 그는 그녀를 바라보았다. "어딜 가요?" 그녀는 또 물었다. "무엇 때문에?" 아직도 그는 그녀의 말을 이해하지 못했다. 그는 그녀가 화장대로 다가와서 그 위에 캔디 통을 놓는 것을 지켜보았다. 그가 보고 있는 동안 그녀는 옷을 벗기 시작했다. 옷을 한 가지 한 가지 벗어서 방바닥에 던져 버리고 있었다.

그는 말했다. "여기서? 이 방에서?" 한 달 동안이나 그녀와 몸을 섞어 왔지만 나체가 된 여인을 보는 것은 이번이 처음이었다. 그러나 그때에도 그는 여자의 나체가 어떤 것인지 이제껏 자기가 알지 못하고 있다는 사실조차 모르고 있었다.

그날 밤 그들은 대화의 꽃을 피웠다. 침대에 누워 어둠 속에서 말을 했다. 아니, 그 혼자서 말했다고 할까! 그동안 내내 그는 생각하고 있었다. '제기랄, 그렇구나. 이게 바로 그거야.' 그도 똑같이 발가벗은 채 여자 옆에 누워서 손으로 여자를 만지작거리며 그녀에 대해서 이야기하고 있었다. 그녀의 출생지는 어디며 그녀가 해 온 일이 무엇인지에 대해서가 아니라, 그녀의 육체에 대해서, 마치 지금까지 이야기 상대가 그녀였든지 또는 다른 누구였든지 간에 이런 이야기를 한 사람은 아직 아무도 없다는 듯이 말을 했다. 그것은 마치 그가 말을 함으로써 어린애의 호기심을 가지고 여자의 육체를 학습하고 있는 것 같았다. 그녀는 그 첫날 밤에 몸이 불편하다고 말했던 그 일을 그에게 설명해 주었다. 하지만 그 이야기는 이미 그에게 충격을 주지 못했다. 그것은 여자의 나체나 육체의 형태와 같이 전에 일어난 일도 없고 존재한 일도 없는 그런 무엇 같았다. 그는 자기가 조금이나마 쌓은 경험을 그녀에게 말해 주었다. 3년 전 어느 오후에 제재소에서 만났던 그 흑인 소녀에 대해서 그는 말했다. 그는 그녀 옆에 누워서 그녀의 몸을 만지면서 고요하고도 평화로운 기분으로 이야기했다. 아마 그는 그녀가 듣고 있는지 어떤지 알지도 못했을 것이다. 그러고 나서 그는 말했다. "내 살결, 내 머리털에 대해 당신도 뭔가 느끼고 있죠?" 그는 한 손으로 천천히 그녀의 몸을 만지면서 대답을 기다렸다.

　그녀는 속삭였다. "예, 난 당신이 아마 외국 사람일 거라고 생각했어요. 이 근처 사람 같지가 않거든요."

　"그런 것과도 전혀 다른 것이지요. 그저 외국 사람이란 것보다 훨씬 더 달라요. 아마 생각도 못할걸요."

　"무엇인데요? 어떻게 다르다는 거예요?"

　"맞춰 봐요."

　그들의 음성은 조용했다. 고요하고도 조용한 밤이었다. 더욱 강하게 원하고 애타게 그리는 밤이 아니라, 그들이 잘 알고 있는 밤이었다. "모르겠어요. 당신은 뭐죠?"

　그의 손은 보이지 않는 여자의 옆구리를 천천히 더듬고 있었다. 그는 곧 대답하지는 않았다. 그렇다고 상대를 애타게 하려는 것 같지도 않았다. 다만 말을 계속할 의사가 없는 듯이 보였다. 그녀는 다시금 물었다. 그때서야 그는 말했다. "내 몸에 검둥이 피가 좀 섞여 있어요."

　그러자 그녀는 아주 조용히 누워 있었다. 그 조용함은 전과는 좀 다른 것이었지만 그는 그걸 깨닫지 못한 것 같았다. 그도 역시 조용히 누워서 손으로는 그녀의 옆구리를 아래위로 천천히 만지고 있었다. "당신이 뭐라고요?"

그녀는 물었다.

"난 내 몸에 검둥이 피가 좀 섞여 있다고 생각해요." 그는 눈을 감은 채 손을 끊임없이 천천히 움직이고 있었다. "나도 잘 모르겠는데 그저 그렇다고 생각할 뿐이지요."

그녀는 움직이지 않았다. 그리고 곧 입을 열었다. "거짓말!"

"그렇다고 해 두죠." 그는 말했다. 그의 몸은 움직이지 않았지만 손동작은 그대로 계속되었다.

"믿을 수가 없어요." 그녀의 음성이 어둠 속에서 들려왔다.

"그래도 괜찮아요." 그는 말했다. 그의 손은 여전히 바빴다.

그 다음 토요일에 그는 매키천 부인의 비밀 장소에서 또 50센트를 꺼내다가 웨이트리스에게 주었다. 그리고 하루인가 이틀 뒤에, 매키천 부인이 돈이 모자란다는 것을 눈치채 자기를 의심하고 있음을 그는 깨닫게 되었다. 왜냐하면 그녀는 일부러 모르는 척하면서 틈을 보다가, 지금이라면 매키천이 간섭하지 않을 거라고 그녀가 생각한 것을 그가 알게 된 순간에 그를 붙잡았기 때문이다. 그녀는 말했다. "조." 그는 멈추어 서서 그녀가 자기를 바라보고 있지 않다는 것을 알면서 상대를 바라보았다. 그녀는 그를 보지도 않으며 평범한 낮은 소리로 말했다. "난 한창 자라고 있는 젊은 사람에게 돈이 얼마나 필요한지 잘 알고 있어. 네 아버지, 아니―매키천 씨가 주는 것만으로는 모자라……" 그는 그녀의 목소리가 끊어져 사라질 때까지 상대를 지켜보고 있었다. 분명 그는 그 목소리가 끊어지기를 기다리고 있었던 것이다. 그러자 그는 말했다.

"돈이요? 내가 돈이 왜 필요한데요?"

그 다음 토요일에 그는 이웃 사람의 장작을 패 주어 2달러를 벌었다. 그는 매키천에게 자기가 어디 갈 것인지 어디에 있었는지, 거기서 무슨 일을 하였는지 하나도 솔직하게 말하지 않았다. 그는 그 돈을 웨이트리스에게 주었다. 매키천은 그가 장작을 패 준 일을 알게 되었다. 아마 매키천은 조가 돈을 감추어 두었다고 생각했는지도 모른다. 어쩌면 매키천 부인이 그렇게 일러 주었는지도 모른다.

아마 일주일에 이틀 밤은 조는 웨이트리스의 방에 가곤 했을 것이다. 그는 처음에는 그 방에 드나드는 사람은 자기뿐이라고 생각했다. 아마 그는 무슨 특별한 섭리 덕분에 자기에게만 호의가 베풀어지는 줄 알았을 것이다. 마지막 순간까지 그는 실제 행위 그 자체와는 상관없이, 다만 그 방에 머무르기 위해서 맥스와 메임의 비위를 맞춰야 한다고 믿었을 것이다. 그러나 그는 그들이 그 집 어디엔가 있는 줄은 알았지만 그들의 모습을 거기서 다시 볼 수는 없었다. 그래서 캔디 통을 가져갔던 그날 밤 이후로 그가 거기 간 것을, 그리고 계속해서 드나드는 것을 그들이 알고 있는지 모르는지 그는 확실히 알 수 없었다.

흔히 조와 웨이트리스는 밖에서 만나서 어디 다른 곳으로 가든가 그녀가 사는 집으로 느긋하게 거닐어 오든가 했다. 아마 그는 마지막 순간까지 그렇게 하자고 한 사람은 자기 자신이라고 믿었던 모양이다. 그런데 어느 날 밤 그녀는 그가 기다리고 있던 장소에 나타나지 않았다. 그는 재판소 시계가 12시를 칠 때까지 기다렸다. 그 다음에 그는 그녀가 살고 있는 집으로 찾아갔다. 이런 일은 전에는 해 본 적이 없었다. 그녀와 함께 가지 않는 한 자기 혼자서 거기 찾아가서는 안 된다고 그녀가 일찍이 금했던 것을 그는 까맣게 잊고 있었던 것이다. 하여간 그는 그날 밤 그 집이 캄캄하게 잠들어 있으리라고 예측하면서 그곳에 가 보았다. 집은 어두웠다. 그러나 잠들어 있지는 않았다. 그는 그것을 금세 알았다. 그녀 방의 컴컴한 커튼 뒤에서는 사람들이 다들 깨어 있고, 더구나 그녀는 거기 혼자 있지 않다고 그는 깨달았다. 어떻게 그걸 알았는지 그도 모를 지경이었다. 또한 그는 알아챈 사실을 시인하려고 하지 않았다. '저건 맥스야.' 그는 생각했다. '다른 사람 아닌 맥스야.' 그러나 그는 실은 그렇지 않다는 것을 잘 알고 있었다. 그 방에는 어떤 남자가 그녀와 함께 있다는 것을 그는 알았다. 그 뒤로 두 주일 동안 그녀가 기다리고 있다는 것을 알면서도 그는 그녀를 만나러 가지 않았다. 그러던 어느 날 밤, 그가 그 모퉁이에 있으려니까 그녀가 곧 나타났다. 그는 아무런 예고도 없이 그녀의 육체를 느끼면서 그녀를 때려 주었다. 아직도 믿을 수가 없었던 그 일을 그때 그는 비로소 깨달았다. "아아!" 그녀는 소리쳤다. 그는 그녀를 다시금 때렸다. "여기서는 그만둬요!" 그녀는 속삭였다. "여기서는 그만둬요!" 그러자 그는 그녀가 울고 있는 것을 깨달았다. 그는 기억할 수 있는 한 아직 울어 본 일이 없었다. 그녀를 때리며 욕하면서 그는 울었다. 다음 순간 그녀는 그를 꼭 껴안고 있었다. 그러자 그녀를 때리던 이유조차 다 사라져 버리고 말았다. "자, 자." 그녀는 말했다. "자, 이젠 그만둬요."

그날 밤 그들은 그 모퉁이를 떠나지 않았다. 이리저리 산책도 하지 않았고 길옆으로 빠지지도 않았다. 그들은 비스듬한 잔디 둑에 앉아서 이야기를 했다. 이번에는 그녀가 이야기를 들려주었다. 전부 다 털어놓았다. 그녀의 설명은 별달리 복잡한 것도 없었다. 그는 이미 알고 있으면서도 그 진짜 의미를 깨닫지 못했던 것을 이제 새삼스레 확인했다는 느낌이 들었다. 그 음식점에서 하릴없이 담배나 피워 물고 거들먹거리면서 그녀가 지나갈 때에 말을 건네곤 하던 그 남자들, 눈을 내리깔고 비참한 모습으로 왔다 갔다 하던 그녀, 이러한 것들이 뚜렷한 의미를 가지고 그의 머리에 떠올랐다. 그녀의 음성을 듣고 있을 때에 그는 이름 모를 무수한 남자들의 악취가 흙냄새보다 더 강하게 코를 찌르는 듯한 기분을 느꼈다. 그녀는 말하는 동안 큰 손을 무릎 위에 올려놓고 머리는 약간 수그리고 있었다. 물론 어두워서 그 모습은 그에게는 보이지 않았다. 그러나 보지 않아도 알 수 있었다. "당신이 알고 있다고 생각했어요." 그녀가 말했다.

"아니." 그는 부정했다. "난 전혀 몰랐는데."

"알고 있다고 생각했는데요."

"아니." 그는 다시금 부정했다. "아주 전혀 모르는 일이었어."

두 주일 뒤에 그는 피어오르는 담배 연기에 얼굴을 찌푸리면서 담배를 피우기 시작했고, 또 술도 마시기 시작했다. 그는 밤에 주로 맥스와 메임과 술을 마시곤 했으며, 때로는 서너 명의 다른 남자들과 어울리는 수도 있었고, 거기에 여자가 한둘 끼기도 하였다. 여자들 중엔 가끔 그 거리 출신도 있었지만, 대개는 멤피스에서 와서 한 주일이나 한 달쯤 묵으면서, 사나이들이 모여 온종일 빈둥거리는 음식점 카운터 뒤에서 웨이트리스 노릇을 하는 이방인들이었다. 그는 그 남자들의 이름을 다 알고 있지는 못했지만 그들이 하는 대로 모자를 비껴쓸 줄 알았다. 저녁때에는 그는 커튼이 쳐진 맥스네 음식점에서 모자를 비껴쓰고 다른 사람들에게 그 웨이트리스 이야기를 하며, 그녀가 있는 앞에서도 술에 취한 절망적인 젊은 음성으로 그녀를 자기 깔치라고 크게 말하곤 했다. 때때로 그는 그녀를 맥스의 차에 태우고 시골 무도회에 데려가기도 했지만, 언제나 매키천이 눈치채지 못하도록 조심했다. "난 매키천이 어느 것에 더 화를 낼지 모르겠어." 그는 그녀에게 말했다. "당신에게 화낼지 춤에 화낼지." 언젠가 그는 너무 심하게 취해 버려서, 그런 곳에 발을 들이리라고는 상상도 못해 봤던 집의 침대에 누워 잠들어야 했던 적이 있었다. 그때는 다음 날 새벽같이 그녀가 차로 그를 집까지 데려다 주었으므로, 그는 들키지 않고 집에 숨어들 수 있었다. 그리고 그날 온종일 매키천은 화가 나지만 일솜씨는 인정하지 않을 수 없다는 듯한 음울한 표정으로 그를 지켜보고 있었다.

매키천은 말했다. "그렇지만 넌 아직도 시간을 충분히 갖고 있어. 내가 그 암송아지를 네게 준 것을 후회하게 할 기회가 네게는 얼마든지 있단 말이야."

9

매키천은 침대에 누워 있었다. 방은 어두웠다. 그러나 그는 잠이 들지 않았다. 그는 매키천 부인 옆에 누워서, 깊은 생각에 열중하고 있었다. 부인은 틀림없이 잠들어 있었다. '그 옷은 입어 본 흔적이 있었어. 그런데 언제 입었을까? 낮에는 내가 늘 감시하니까 토요일 오후라면 몰라도 입을 기회가 없었을 거야. 그렇지만 토요일 오후에는 언제든지 축사에 가서 내가 정해 준 합당한 옷을 벗어 감추고는 죄를 짓는 데에만 필요한 그 옷을 차려입을 수가 있었겠군.' 그때 그는 무슨 정보라도 손에 넣은 것처럼 다 알게 되었다. 그 옷을 아무도 모르게 입는다는 것을 깨달은 이상 그 시간은 틀림없이 밤이라고 결론을 내렸다. 만약에 그것이 사실이라면 그놈이 그 옷을 입는 목적이 음탕한 짓 외에 다른 것이 있을 수 없다고 그는 생각했다. 그 자신은 음탕한 죄를 한 번도 저지른 적이 없었고, 그런 화제가 나올 때에는 반드시 귀를 막곤 했다. 그래도 반 시간이나 열심히 생각하고 났더니 그는 이름과 장소만 모를 뿐이지 조의 행동에 대해서, 조 자신이 하는 말을 듣기라도 한 것처럼 정확하게 알게 되었다. 아마도 그는 조의 자백을 들었다 해도 그 말을 믿지 않았을 것이다. 왜냐하면 그런 종류의 사람은 선에 대해서와 마찬가지로 악의 작용과 연출에 대해서도 확고부동한 신념을 갖고 있기 때문이다. 그리하여 고집과 천리안은 실질적으로 같은 것이지만, 다만 차이가 있다면 고집의 작용 속도가 좀더 느리다는 것뿐이다. 그래서 매키천이 누워 있는 방의 달빛을 담뿍 받은 열린 창문 앞을 조가 그림자처럼 재빠르게 밧줄을 타고 내려갔을 때에도 매키천은 그를 곧 알아차리지 못했다. 아니, 혹 그가 밧줄을 볼 수 있었다 해도 자기가 본 것을 얼른 믿지는 않았을 것이다. 그리고 그가 창가에 왔을 때에는 조는 이미 밧줄을 옆쪽으로 당겨서 꼭 붙들어 맨 다음 축사로 가는 길이었다. 창문에서 그 뒷모습을 내려다보고 있을 때에 매키천은 그 순수한 비개인적인 분노와 비슷한 것을, 즉 생명이 왔다 갔다 하는 재판을 받고 있는 사나이가 몸을 쑥 내밀어 집행관의 소매에 침을 뱉는 것을 본 재판관이 틀림없이 느낄 만한 그런 분노를 느꼈다.

집과 도로의 중간 지점쯤에서 좁은 길의 어두운 그림자에 숨어서, 그는 조가 그 길 끝으로 나가 서 있는 것을 볼 수 있었다. 그는 자동차가 다가오는 소리를 들었고, 또한 그것이 나타나 멈추더니 조를 태우고 가는 것도 볼 수가 있었다. 그 차 속에 누가 있었는지는 아마 그는 별 관심도 없었을 것이다. 어쩌면 그는 그런 것쯤은 이미 다 알고 있어서, 다만 차가 어느 방향으로 가고 있는지만 알면 그만이었을는지도 모른다. 아니면 이 부근에는 짐작 가는 행선지가 얼마든지 있고 그중 어느 곳으로나 길은 이어져 있으므로, 그 차는 맘만 먹으면 어디로든 갈 수 있을 테니, 그런 의미에서 자기는 그 방향조차도 알고 있다고 믿었는지도 모른다. 그는 이미 확고한 태도로 집 쪽으로 몸을 돌려 여전히 순수하고 비개인적인 분노에 차서 재빨리 걷고 있었다. 그것은 마치 더는 자기의 개인적인 능력을 의심할 필요조차 없는, 그 자신보다 더 커다랗고 순수한 분노에 이끌리고 있기라도 한 것 같았다. 슬리퍼를 신은 채 모자도 쓰지 않고, 잠옷 자락을 바지 속에 쑤셔 넣은 뒤 멜빵도 매지 못하고, 그는 쏜살같이 마구간으로 달려가서는 큼직하고도 나이든 힘센 백마에다 안장을 놓았다. 그가 뒤뜰 밖으로 말을 타고 나왔을 때 매키천 부인이 부엌문에서 그의 이름을 크게 불렀는데, 그는 뒤돌아보지도 않고 좁은 길로 돌아가서 가로를 향해 무거운 속보로 늙은 말을 몰아댔다. 그는 가로에서도 그 느릿느릿한 무거운 속보로 말을 몰았고 그들 즉, 사나이와 말은 좀 딱딱하게 몸을 앞으로 기울이고 있어서, 실제 속력은 대단치 않았음에도 마치 무슨 크리슈나(비슈누(vishnu)신의 제팔화신-이것을 실은 수레에 치여 죽으면 극락에 갈 수 있다고 믿었다)의 흉내를 내어 무시무시한 속도로 달리고 있기라도 한 것 같았다. 그 동작은 마치 사람과 말이 지니고 있는 전능과 천리안의 냉엄하고도 흔들리지 않는 확신 속에서는 일정한 목적지나 속력 따윈 필요하지 않다는 듯한 인상을 풍겼다.

그는 똑같은 속도로 그가 찾고 있던 장소로 곧장 달려갔다. 그 장소가 그다지 먼 곳에 있지는 않았지만, 캄캄한 밤중에 한 군(郡)의 반쯤이나 되는 지역에서 그는 그곳을 찾아냈던 것이다. 그가 4마일도 채 달리지 못했는데 앞에서 음악소리가 들려왔다. 그러자 길옆의 학교 건물(하나의 방으로 된 건물이었는데)에 불이 켜져 있는 것이 그의 눈에 띄었다. 그 건물이 어디 있었는지 전부터 알고 있었지만 그는 그 속에서 무도회가 벌어지리라고는 알 수도 없었고 또 알 이유도 없었다. 그러나 그는 곧장 그리로 가서 학교를 둘러싼 나무들 사이를 가득 메운 자동차와 마차와 안장 달린 말과 노새의 어수선한 그림자 틈에 말을 갖다 대고는, 말이 채 멈추어서기도 전에 뛰어내렸다. 그는 말을 매어 두지도 않았다. 말에서 내리자 그는 슬리퍼를 신고 멜빵을 내려뜨린 채 그의 동그란 머리를 곤두세우고 짧고도 무딘 수염을 분노로 떨면서 열린 문과 열린 창문 쪽으로 막 달려갔다. 거기에서는 음악소리가 흘러나왔고 석유 등불에 비친 그림자들이 어떤 규칙적인 소란 속에서 움직이고 있었다.

아마 그가 거기 들어갈 때에 생각을 하고 있었다면, 자기는 대천사 미카엘이나 그와 비슷한 호전적인 존재의 인도를 받아 이곳에 왔으며 지금도 그 격려를 받아 나아가고 있다고 믿었을는지도 모를 일이다. 분명 그는 갑자기 눈에 들어오는 빛과 주위의 움직임에도 순간적이나마 갈팡질팡하지 않고, 뒤를 돌아보는 사람들을 헤치고 경악과 혼란을 뒤에 남겨 놓으면서, 그가 자진해서 양자로 삼고 옳다고 굳게 믿는 길로 양육하려 했던 젊은이에게로 거침없이 나아갔다. 조와 웨이트리스는 춤을 추고 있었고, 조는 아직 그를 보지 못했다. 여자는 매키천을 한 번밖에 본 일이 없었지만 아마 얼굴을 기억하고 있었을는지도 모르고, 또는 그의 험상궂은 안색만 보아도 사정을 넉넉히 알 수가 있었을 것이다. 그래서 그랬는지 그녀는 춤을 멈추고 무슨 공포와도 같은 표정을 지었다. 조는 재빨리 눈치채고 몸을 돌렸다. 그가 몸을 돌릴 때 매키천은 이미 그들에게 달려들고 있었다. 매키천도 그 여자를 한 번밖에는 본 일이 없었다. 혹 그때에도 사나이들이 지껄이는 성교 이야기를 듣지 않으려고 했던 것과 마찬가지로 그녀를 아예 쳐다보지 않았는지도 모를 일이다. 그래도 그는 그 순간 조를 완전히 무시하고 그녀에게로 곧장 달려갔다. "물러섯, 이세벨!" 그는 외쳤다. 그의 음성은 사람들의 어리둥절한 침묵 속에,

석유 등불 밑에서 어안이 벙벙하여 그들 셋 주위에 둘러서 있는 사람들 얼굴에, 갑자기 중단된 음악 속에, 평화로운 초여름 밤의 달빛 속에 청천벽력처럼 울려 퍼졌다. "저리 꺼져, 갈보년!"

아마 그에게는 자기 동작이 무척 빨랐다는 생각과, 자기 음성이 무척 요란했다는 생각은 떠오르지 않았을는지도 모른다. 아마도 그는 스스로 서둘지도 않고 성도 내지 않으며 정의감으로 불타올라, 바위처럼 견고하고 당당하게 서 있다고 생각했을는지도 모르고, 주위에서는 더럽고도 약한 인간들이 이 분노와 복수의 신의 화신을 둘러싸고 공포의 장탄식을 하며 들끓고 있는 듯 생각되었을는지도 모른다. 어린 시절부터 그가 기르면서 먹여 주고 재워 주고 입혀 준 젊은이의 얼굴을 때린 것은 그의 손이 아니었을는지도 모르고, 그 일격을 피하여 숙였다가 다시 쳐든 얼굴은 그 어린애의 얼굴이 아니었을는지도 모른다. 그러나 그런 것조차도 그를 놀라게 할 수는 없었다. 왜냐하면 그 순간 그의 마음을 점령하고 있던 것은 그 어린애의 얼굴이 아니라, 똑같이 잘 알고 있는 사탄의 얼굴이었기 때문이다. 그리고 또한 그가 그 얼굴을 노려보면서 한 손을 여전히 들고 줄기차게 앞으로 나올 때에는 틀림없이 순교자처럼 강렬하고도 꿈꾸는 듯한 환희에 젖어 걸어 나갔을 테지만, 그것도 한순간이었다. 그는 조가 내리친 의자에 머리를 맞아 허무 속에 완전히 떨어졌다. 아마 그 허무감이 그를 좀 놀라게 했을 테지만 그것은 그리 대수롭지도 않았고, 오래 끌지도 않았다.

그러자 조에게는 모든 것이 급속히 멀어지고 있었다. 웅성거리는 소리가 점점 작아지더니 그를 방 한가운데 홀로 남겨 두었고, 그는 부서진 의자를 한 손으로 움켜쥔 채 자기 양아버지를 내려다보고 있었다. 매키천은 똑바로 누워 있었다. 그는 아주 평화로워 보였다. 둥근 머리가 휴식 중에도 불굴의 의지를 보여 주고, 이마에 묻은 피조차도 평화롭고 고요하게 보이는 가운데 그는 잠이 들어 있는 것 같았다.

조는 씨근거리고 있었다. 그 씨근거리는 소리가 그에게도 들렸다. 그리고 무슨 가냘프고 날카로운 먼 소리도 들렸다. 그는 꽤 오래 그 소리를 듣고 나서야 그것이 사람의 소리, 여자의 음성임을 깨달은 모양이었다. 그쪽으로 고개를 돌려 보니 남자 두 사람이 그녀를 붙들고 있는 것이 보였다. 그녀는 몸을 비틀고 몸부림을 치고 있어서 머리는 헝클어지고, 짙은 화장이 군데군데 지워진 창백한 얼굴은 추악하게 일그러져, 입은 칼자국이 난 조그마한 꺼먼 구멍이 되어 날카로운 비명으로 가득 차 있었다. "나를 갈보라고 하다니!" 그녀는 악을 쓰면서 자기를 붙들고 있는 남자들을 뿌리치려고 용을 썼다. "저 늙어 빠진 개새끼! 놔 줘! 놔 줘!" 다음 순간 그녀의 음성은 말의 형태를 다시 잃어버렸고 그녀는 그저 악만 쓸 뿐이었다. 그녀는 자기를 억지로 제지하고 있는 남자의 손을 물어뜯으려고 하면서 계속 난폭하게 버둥거렸다.

망가진 의자를 아직도 쥔 채 조는 그녀에게로 걸어갔다. 벽 근처에는 다른 사람들이 몰려서서 조마조마한 마음으로 그를 지켜보고 있었다. 뻣뻣하고도 색이 빠진, 우편 주문으로 구입한 양말과 구두를 신고 있는 젊은 여자들, 그리고 같은 우편 주문으로 산 잘 맞지도 않는 판자처럼 딱딱한 옷을 입고, 손은 억세고 험하며, 한없이 펼쳐지는 밭이랑과 노새의 느릿느릿 움직이는 궁둥이를 바라보는 그 인내성을 물려받은 눈동자를 지닌 젊은 남자들—이들은 어딘지 모르게 초조해 보였다. 조는 의자를 휘두르면서 달려갔다. "그녀를 놔 줘!" 그는 말했다. 그녀는 곧 몸부림치던 것을 멈추고, 마치 그를 그제야 보고 그의 존재를 비로소 깨닫기라도 한 듯이 이번에는 분노와 비명을 그에게로 돌렸다.

"그리고 당신! 당신이 날 여기 데려왔죠. 빌어먹을 농사꾼 같으니! 망할 자식! 당신도 저놈도 다 개자식이야! 본 일도 없는 나를 저 자식에게 욕먹게 하고……" 조는 딱히 어떤 사람에게 달려들 기색은 없었다. 그의 얼굴은 들어 올린 의자 밑에서 아주 고요해 보였다. 그녀를 붙들고 있던 두 남자들은 여자를 놓아줬고 다른 사람들도 모두 뒤로 물러섰지만, 여자는 아직도 그것을 깨닫지 못하는지 벗어나려고 몸부림치면서 자기 팔을 비틀고 있었다.

"나가!" 조는 외쳤다. 의자를 휘두르면서 그는 몸을 돌렸다. 그래도 그의 얼굴은 여전히 고요했다. "물러서!" 그가 말했다. 하지만 사실은 아무도 그에게로 나선 사람은 없었다. 그들은 모두 방바닥에 쓰러져 있는 노인만큼이나 고요하고 조용했다. 그는 의자를 휘두르며 문 쪽으로 조금씩 물러났다. "가까이 오지 마! 난 언젠가는 저 녀석을 죽이고야 말겠다고 다짐했어! 저 녀석에게도 그렇게 말했단 말이야!" 그는 의자를 휘두르면서 여전히 침착한 얼굴 표정으로 문 쪽으로 물러서고 있었다. "아무도 움직이지 마." 그는 가면(假面)과도 같아 보이는 얼굴들에게서 한순간도 눈을 떼지 않았다. 그러고 나서 그는 의자를 던져 버리고 몸을 휙 돌리더니 문밖으로 튀어나와 부드럽고도 그림자로 얼룩진 달빛 속으로 뛰어들었다. 그는 주차해 두었던 차 속에 웨이트리스가 들어가려고 하던 찰나에 그녀를 따라잡았다. 그는 허덕거리고 있었지만 그래도 그의 음성은 얼굴과 마찬가지로 고요하여 마치 잠자는 얼굴이 거칠게 호흡하면서 내는 소리밖에는 되지 않았다. "시내에 돌아가 있어." 그는 말했다. "나도 갈 테니까. 되도록 빨리 가지……" 확실히 그는 자기가 무슨 말을 하고 있는지, 무슨 일이 일어나고 있는지 지금 깨닫지 못하고 있었다. 그녀가 자동차 문 근처에서 갑자기 몸을 돌리며 그의 얼굴을 치기 시작했을 때에도 그는 움직이지 않았고 그의 목소리조차 변하지 않았다. "그래, 좋아. 나도 되도록 빨리 가지—" 그러더니 그녀가 계속 때리는데도 아랑곳없이 그는 몸을 돌려 달려갔다.

그는 매키천이 타고 온 말을 어디다 매 두었는지 알 수가 없었을 것이다. 애초에 매키천이 말을 타고 왔는지 어떤지도 확실히 몰랐을 것이다. 그래도 그는 만사가 신의 예정대로 틀림없이 일어난다고 믿는 양아버지의 절대적인 신념이 그에게 전염되기라도 한 듯이 말 쪽으로 곧장 달려갔다. 그는 말에 올라타 말 머리를 돌려 길 쪽으로 향했다. 자동차는 이미 길에 나와 있었다. 그는 자동차의 꼬리등이 작아지며 사라지는 것을 보았다.

늙기는 했지만 아직 힘이 센, 농장에서 자란 말은 느리면서도 착실한 걸음걸이로 집으로 돌아갔다. 말 등에 탄 젊은이는 가볍게 균형을 유지하며 앞으로 적절히 몸을 기울인 채 말을 몰고 있었다. 아마 그 순간 그는 황홀한 기분 속에서, 마치 파우스트가 '해서는 안 된다' 하는 모든 금지조항을 완전히 뒤에 던져 버리고 마침내 명예와 법칙에서 벗어났을 때의 그 해방감을 느끼고 있었을 것이다. 그렇게 달려가는 동안에 말의 감미롭고도 날카로운 땀이 유황과도 같은 냄새를 풍겼고, 눈에 보이지 않는 바람이 스치고 지나갔다. 그는 큰 소리로 외쳤다. "내가 했어! 마침내 했단 말이야! 내가 하겠다고 말했거든!"

그는 좁은 길로 접어들어 달빛 속을 여전한 속도로 말을 몰아 집에 도착했다. 그는 집이 어두우리라고 생각했지만 어둡지는 않았다. 조심스럽게 감추어진 밧줄은 이미 명예와 희망과 마찬가지로 그의 죽은 과거의 일부에 지나지 않았고, 그런 점에서는 13년 동안이나 그의 적 가운데 하나였으며 지금은 깨어서 그를 기다리고 있는 그 지긋지긋한 늙은 여자도 마찬가지였다. 등불이 그녀와 매키천의 침실에 켜 있었고, 그녀는 잠옷 위에 숄을 걸치고 문에 서 있었다. "조니?" 그녀는 말했다. 그는 복도로 빨리 걸어 들어왔다. 그의 얼굴은 매키천이 의자에 얻어맞기 직전에 본 것과 똑같은 표정을 띠고 있었다. 아마 그녀에게는 아직 잘 보이지 않았을는지도 모른다. "무슨 일이지?" 그녀는 물었다. "아버지가 말을 타고 나가셨어. 난 그 소리를 듣고서……" 그때 그녀는 그의 얼굴을 보았다. 그러나 그녀는 뒤로 물러설 여유도 없었다. 그는 그녀를 때리지는 않았다. 다만 한 손을 그녀의 팔에 가볍게 갖다 댔을 뿐이다. 그것은 그저 지나가는 데 방해가 되는 존재를 서둘러 비켜 놓는 동작에 지나지 않았다. 그는 문에서 커튼을 걷듯이 그녀를 옆으로 밀어 버렸다.

"그치는 춤추는 곳에 있어요." 그는 말했다. "비켜요, 할멈." 그녀는 한 손으로는 숄을 움켜잡고, 또 한 손으로는 문을 짚어서 뒤로 기울어지고 있던 자기 몸을 받친 채 그를 지켜보았다. 그러는 동안 그는 방을 지나 지붕 아래 자기 방으로 이어진 계단을 달려 올라가기 시작했다. 그는 걸음을 멈추지 않은 채 뒤돌아보았다. 순간 그녀는 그의 이가 등불에 빛나고 있는 것을 볼 수가 있었다. "춤추는 곳에 있어요. 알아들었어요? 그래도 춤은 추지 않고 있지만." 뒤돌아본 채 그의 웃음은 등불 속으로 사라졌다. 그는 고개를 다시 돌리고 계단을 달려 올라갔다. 그의 웃음도 층계로 달려 올라가고 있었고, 점점 사라져 가고 있었다. 그의 몸도 또한 머리에서 점점 아래로, 마치 자기를 뭉개어 아주 없애 버리는 무슨 존재 속에 머리부터 들이밀고 있기라도 한 듯이, 또한 칠판에 분필로 그려져 있던 그림이 지워질 때처럼 사라져 가고 있었다.

그녀는 그를 뒤따라 애써 계단을 오르고 있었다. 그녀는 그가 자기를 지나치자마자 곧 그 뒤를 따랐다. 마치 자기 남편을 데리고 가 버린 그 집념 깊은 절박감이 조의 어깨에 무슨 망토처럼 걸쳐져 돌아와 이번에는 그에게서부터 그녀에게로 옮아가기라도 한 것처럼, 그녀는 한 손으로는 난간을 붙잡고 또 한 손으로는 숄을 움켜쥐고 몸을 질질 끌다시피 하면서 좁다란 계단을 오르고 있었다. 그녀는 말도 하지 않았고, 그의 이름을 부르지도 않았다. 그녀는 마치 부재중인 주인이 보내온 명령을 그대로 따르는 망령과도 같았다. 조는 등불을 켜 놓지 않았다. 그러나 그 방은 달빛이 비쳐 제법 밝았다. 혹 그렇지 않았다 해도 그녀는 조가 무엇을 하고 있는지 곧 알아차릴 수 있었을 것이다. 그녀는 벽에 똑바로 몸을 붙이고 벽을 따라 더듬거리며 침대까지 다다라, 거기에 꺼져 들어가듯이 앉아 버렸다. 그러는 동안 시간이 좀 지나간 모양으로, 그녀가 못질이 안 된 판자 쪽으로 눈을 돌렸을 때에 이미 조는 달빛이 직접 비추고 있는 침대에 다가와 있었다. 그는 노파 앞에서 깡통을 열어 내용물을 침대에 쏟더니, 한 무더기 동전과 지폐를 한 손으로 쓸어 모은 다음 호주머니에 집어넣었다. 그때에 비로소 그는 그녀를 바라보았지만, 그녀는 뒤로 몸을 좀 기울인 채 앉아 한 손으로는 몸을 받치고, 또 한 손으로는 숄을 움켜쥐고 있었다. "난 이걸 달라고 부탁하지는 않았어요." 그는 말했다. "난 부탁을 하지는 않았어요. 부탁만 하면 당신은 내게 다 주었을 테니까요. 난 빼앗아 갑니다. 그걸 잊지 말아요." 말이 끝나기도 전에 그는 몸을 돌리고 있었다. 그는 밑에서 비치는 등불을 받아 가며 층계를 내려가고 있었다. 이 장면을 그녀는 빠짐없이 다 지켜보았다. 그의 모습은 이미 눈에 보이지 않았지만 그의 발소리는 아직 들을 수가 있었다. 그가 복도를 빠른 걸음으로 지나가는 소리가 들렸고, 이윽고 말이 빨리 달려가는 소리가 들렸다. 그리고 잠시 뒤에는 말발굽 소리조차 완전히 끊어지고 말았다.

조가 시내의 큰 거리로 지친 늙은 말에 박차를 가하고 있을 때에 어디선가 시계는 1시를 알려 주었다. 말은 벌써 꽤 오래전부터 숨이 차서 헐떡이고 있었다. 그러나 조는 말 궁둥이를 굵은 매로 규칙적으로 때려서 비틀거리는 말을 마구 몰아댔다. 그것은 유연한 잔가지로 만들어진 승마용 채찍이 아니라 빗자루로서, 집 앞에 있는 매키천 부인의 화단에 무슨 덩굴이 감겨 오르게끔 꽂아 두었던 것이다. 말은 아직 질주하는 동작으로 달리고 있었지만 그 속도는 사람이 걷는 것보다 더 빠르지도 않았다. 매도 또한 똑같이 지치고 무지무지하게 느린 동작으로 올라갔다 내려왔다 하고 있었고, 말을 탄 젊은이는 마치 그 말이 진이 다 빠져 버렸다는 것을 모르는 듯이, 또는 쓰러지기 직전인 말을 들어 올리고 끌어가려는 듯이 앞으로 몸을 굽히고 있었다. 그래도 말은 달빛으로 얼룩진 텅 빈 거리에서 발굽 소리를 천천히 규칙적으로 공허하게 울리고 있었다. 그 말과 기수는 슬로모션으로 돌리는 영화처럼 이상스러운 몽환적인 효과를 보이며 기진맥진한 채로 한시도 쉬지 않고 그 거리를 달리고 있었다. 그는 지금처럼 절박하지는 않지만, 열망에 있어서는 지금보다 결코 떨어지지 않고 또 더욱 젊은 마음으로 늘 그녀를 기다리곤 하던 그 낯익은 모퉁이로 향했다.

말은 이제는 뻣뻣한 네 발로 구보 동작조차 취하지 못하고 숨이 가빠서 시근덕거리며 호흡이 곧 신음으로 변하고 말았다. 매는 여전히 내리쳐졌다. 말의 속도가 느려짐에 따라서 매질하는 속도는 정확히 반비례로 늘어 갔다. 그러나 말은 걸음을 거의 멈출 듯이 길가로 향하며 속도를 늦추었다. 조는 그 머리를 잡아당기며 후려갈겼지만 말은 점점 느려지더니 마침내 길가로 가서 걸음을 멈추어 서 버리고 말았다. 말은 달빛을 받아 얼룩이 지고, 고개를 축 늘어뜨리고 부들부들 떨면서 사람 목소리와 거의 비슷한 숨소리를 내고 있었다. 그래도 아직 기수는 꼼짝도 안 하는 안장 위에서 몸을 앞으로 비스듬히 굽히고 무서운 속도로 달리는 자세를 그대로 유지하며 빗자루로 말 궁둥이를 힘껏 때렸다. 오르내리는 빗자루와 신음하는 듯한 말의 호흡소리를 제외하면, 그들은 대좌(臺座)에서 빠져나온 기마상과 같았고, 마치 그들은 달 그림자가 얼룩지게 걸려 있는 고요한 빈 거리에 헤매 들어와서 더할 수 없이 피로해진 나머지 쉬고 있는 것처럼 보였을는지도 모른다.

조는 말에서 내렸다. 그는 말 머리로 나아가 말을 끌기 시작했다. 마치 그가 자기 힘으로 말을 끌어 움직이게 한 뒤 곧 다시 올라타기라도 하려는 것 같았다. 말은 움직이지 않았다. 그는 단념했다. 그리고 잠깐 말 쪽으로 몸을 기대고 있는 듯이 보였다. 다시금 그들은 꼼짝도 하지 않았다. 지쳐 빠진 짐승과 청년은 서로 이야기를 귀 기울여 듣는 것 같은, 기도하는 것 같은, 또는 상의하는 것 같은 모습으로 조각이라도 된 듯이 서로 고개를 가까이 맞대고 서 있었다. 그러다가 조는 막대기를 들어 꼼짝도 않는 말 머리를 후려갈기기 시작했다. 그는 막대기가 부러질 때까지 줄기차게 매질을 했다. 그리고 나서도 자기 손보다 더 길지도 않은 부러진 막대기로 말을 계속해서 때렸다. 그러나 그런 일이 말에게 아무런 고통도 주지 못한다는 것을 깨달았는지, 아니면 자기 팔이 마침내 아파 오기 시작했는지, 결국 그는 막대기를 버리고 몸을 휙 돌리더니 성큼성큼 걸어가기 시작했다. 그는 뒤를 돌아다보지 않았다. 그는 멀어지며 그의 흰 셔츠를 달그림자 속에서 빛나게도 하고 사라지게도 하면서, 말의 생활로부터 완전히 벗어나고 있었다. 마치 말이 전혀 존재하지도 않았다는 듯한 태도였다.

그는 언제나 그녀를 기다리곤 하던 모퉁이를 지나갔다. 만약에 그가 그걸 알아차리고 생각할 여유를 갖고 있었다면 틀림없이 이렇게 말했을 것이다. "아아, 꽤 오래된 일이구나. 아주 오래전에 있었던 일이지." 가로는 자갈길로 구부러져 들어가 있었다. 그는 아직도 거의 1마일이나 더 가야만 했다. 그래서 그는 빠르지는 않지만 그래도 주의 깊게 착실히 달려갔다. 얼굴은 발밑의 울퉁불퉁한 길을 자세히 보기라도 하는 것처럼 좀 숙이고, 두 팔은 훈련받은 육상선수 모양으로 옆구리에 붙이고 있었다. 길은 달빛에 표백된 채 구불구불 이어졌고, 길 양쪽에는 띄엄띄엄 되는 대로 마구 들어선 새로 지은 작은 집들이 있었다. 이 도시뿐 아니라 어느 곳에서든지 도시 변두리에서 이런 집에 사는 사람들은 어제 어디서 와서 내일 어디로 사라질지 모르는 군상들이다. 그 집들은 다 캄캄했지만 그가 목표로 삼고 있던 집은 그렇지 않았다.

그는 길에서 방향을 바꾸어 그 집에 도착하였으나 여전히 달리고 있었고, 그의 발소리는 고요하고도 깊은 밤중에 규칙적으로 크게 울렸다. 아마 그는 웨이트리스가 여행용 검은 옷을 입고 모자를 쓰고 가방까지 챙겨 가지고는 여행 준비를 다 한 채 기다리고 있는 모습을 벌써 눈앞에 그려 보고 있었는지도 모른다(그들이 어디론가 간다 해도 어떻게 갈지, 무슨 수단으로 떠날지 아직 그는 생각도 못했던 것 같다). 그리고 아마 맥스와 메임의 모습 또한 눈앞에 떠올렸을 것이다—아마 두 사람 다 평상복을 벗고서—맥스는 윗옷을 벗었거나 아주 속옷 바람인지도 모르고, 메임은 그 담청색 옷을 걸치고 있을 것이다—그들은 남을 떠들썩하면서도 유쾌하게 배웅하는 때의 분주한 태도로 서성거리고 있는지도 몰랐다. 그러나 실제로는 그는 아무런 생각도 하고 있지 않았다. 왜냐하면 그는 웨이트리스에게 출발 준비를 하라는 말은 전혀 하지 않았기 때문이다. 아마 그는 그런 말을 그녀에게 했다고 믿고 있을는지도 모르고, 또는 그가 말하지 않아도 그녀가 미리 짐작하고 있을 것이라고 생각했는지도 모른다. 왜냐하면 그에게는 자기가 한 행위와 장래의 계획이 누가 봐도 알 만큼 지극히 단순한 것이라고 생각되었기 때문이다. 아마 그는 그녀가 차를 타고 있을 때에 자기는 돈을 가지러 집에 갔다 오겠다고 그녀에게 말해 줬다고 착각하고 있었을지도 모른다.

  그는 포치로 달려 올라갔다. 지금까지 그는 이 집에서 환대를 받고 있는 동안에도, 마음속에서는 도로에서 살짝 포치의 그늘로 미끄러져 들어가 되도록 눈에 띄지 않게 빨리 그를 기다리고 있는 집에 들어가고 싶다는 충동을 느껴 왔었다. 그는 문을 두드렸다. 그녀의 방에는 그가 예상했던 것처럼 등불이 켜져 있었고, 복도 저 끝에도 불이 빛나고 있었다. 또한 커튼을 친 창문 너머로 말소리가 들려왔는데, 그 말소리들은 유쾌하다기보다는 오히려 긴장된 기미가 섞여 있음을 그는 분간할 수 있었다. 그는 그것도 예상하고 있었다. 그는 생각했다. '아마 저들은 내가 오지 않는다고 생각하는 모양이군, 그 망할 놈의 말 새끼 같으니. 그 망할 놈의 말.' 그는 다시금 문을 더 세게 두드렸다. 손잡이를 잡고 덜컥덜컥 뒤흔들면서, 커튼이 쳐진 현관 유리에 얼굴을 꽉 누르며 요란하게 문을 두드리고 있었다. 사람들 목소리가 그쳤다. 이제 그 집에서는 어디에서든지 아무런 소리도 나지 않았다. 그녀 방의 밝은 커튼과 문에 쳐진 불투명한 커튼에 스며든 두 개의 등불은, 마치 그가 손잡이를 건드리는 순간에 집 안에 있던 모든 사람들이 갑자기 죽기라도 한 듯이 끈질기게 흔들리지도 않은 채 마냥 타오르고 있었다. 그는 거의 간격을 두지 않고 문을 또 두드렸다. 그가 계속해서 문을 두드리고 있으려니까(그 커튼에는 사람 그림자가 걸리지도 않았고, 안에서 다가오는 발소리도 전혀 들리지 않았는데) 문이 그의 손 밑에서 갑자기 소리도 없이 뒤로 물러났다. 그 문에 딸린 존재나 되는 것처럼 그는 이미 문간에 들어서고 있었는데, 바로 그때 맥스가 문 뒤에서 나타나 길을 가로막았다. 그는 옷을 모두 갖춰 입고 모자까지 쓰고 있었다. "오, 그래, 그래." 그는 말했다. 그의 목소리는 크지 않았다. 그는 마치 조를 재빨리 현관 안으로 끌어들여 문을 닫아 버리고는 조가 이미 안에 들어왔다는 의식을 갖기도 전에 문을 잠그기라도 하려는 것 같았다. 그래도 그의 목소리는 다시금 그 모호한 성질, 진심 어린 듯하면서도 아주 텅 빈, 아무런 즐거움이나 기쁨이 전혀 없는 조개껍질과도 같은 성질을 띠고 있었다. 그것은 또한 그가 자기 얼굴 앞에 늘 내걸고서 그것을 통하여 조를 감시하고 있는 그 무엇과도 같은 느낌을 주어서, 전부터 조는 이 목소리를 들을 때마다 항상 어리둥절함과 분노 사이의 무슨 묘한 감정을 가지고 맥스를 바라보았던 것이다. "드디어 로미오가 나타났군." 그는 말했다. "빌 거리(멤피스의 유흥가인데 특히 흑인들과 관계있는 곳) 멋쟁이 말이야." 그 다음 그는 좀더 큰 소리로 특히 로미오란 말을 강조해서 말했다. "자, 들어와서 모두들 만나 보게."

조는 이미 자기가 잘 알고 있는 문 쪽으로 움직이고 있었고, 혹 그가 실제로는 걸음을 멈추었다 해도 다시금 곧 달릴 듯한 태세를 갖추고 있었다. 그는 맥스의 말을 듣고 있지는 않았다. 그는 빌이라는 거리를 들어 본 일조차 없었는데, 멤피스시의 그 유명한 유흥가에 비한다면 할렘(뉴욕시의 흑인 거주 구역)은 영화에서나 볼 수 있는 곳이다. 아까부터 조는 아무것도 바라보지 않고 있었다. 실제로 그는 돌연히 복도 끝에 서 있는 금발 여인을 보고 깜짝 놀랐다. 그가 복도에 들어갔을 때에 그곳은 텅 비어 있었으며, 그녀가 들어오는 것을 보지도 못했는데 그녀는 어느새 와 있었던 것이다. 그녀는 돌연히 거기에 서 있었다. 그녀는 검은 옷을 차려입고 모자를 손에 쥐고 있었다. 그리고 조 옆에 열려 있던 컴컴한 문 바로 안에는 가방이 몇 개 쌓여 있었다. 아마 그는 그것을 보지 못했을 것이다. 또는 그의 시선이 그것을 흘끗 보고 생각보다도 빠른 상념에 사로잡혔을는지도 모른다. '그 여자가 저렇게 많은 짐을 갖고 있으리라고는 미처 생각도 못했는데.' 아마 그는 그때 비로소 그들이 여행할 때 쓸 차가 없다는 것을 깨닫고 생각에 잠겼을 것이다. '저 모든 짐을 내가 어떻게 날라 간담?' 그러나 그는 걸음을 멈추지 않고 이미 잘 알고 있는 문 쪽으로 돌아서고 있었다. 그가 문에 손을 댔을 때 비로소 그는 문 뒤에 완전한 침묵이 있음을 깨달았다. 나이 열여덟 살에 이른 그에게는 그 침묵이 두 명 이상의 사람들이 만들고 있는 것이라고 생각되었다. 그러나 그는 멈추지 않았다. 아마 그는 복도가 다시금 텅 빈 사실을 의식하지 못했는지도 모른다. 금발 여인이 움직이는 것을 듣지도 보지도 못했으며 그녀가 다시금 사라진 것을 깨닫지도 못했을 것이다.

그는 문을 열었다. 다음 순간 달려 나가고 있었다. 다시 말하자면 자기는 서 있는 것을 알면서도 마음이 자기 자신보다 훨씬 앞을 달리고 있는 사람의 상태와도 같았다. 웨이트리스는 그가 지금까지 여러 번 보아 온 것과 같은 자세로 침대에 앉아 있었다. 그가 예상하고 또 틀림없다고 생각했던 대로 그녀는 익숙한 검은 옷을 입고 모자까지 쓰고 있었다. 그녀는 고개를 숙이고 앉은 채 문이 열렸을 때에도 눈 하나 돌려 보지도 않았고, 피어오르는 담배를 쥔 한 손은 꼼짝달싹도 안 했는데, 그 굳어 버린 듯한 손은 검은 옷을 배경으로 거의 기괴해 보일 지경이었다. 그와 동시에 그는 둘째 사나이를 보았다. 지금까지 본 적이 없는 사나이였다. 그러나 지금 그는 이 사실을 깨닫지 못하고 있었다. 나중에야 그는 비로소 이 일을 기억했고, 또한 그의 생각이 시각보다 더 빨리 작용한 그 순간, 컴컴한 방에 쌓여 있던 짐이 언뜻 눈에 띄었다는 사실을 기억하게 되었다.

낯선 사람도 침대에 앉아서 담배를 피우고 있었다. 그는 모자를 앞으로 눌러쓰고 있어서 모자 그림자가 입가에 걸려 있었다. 그는 늙지는 않았지만 그렇다고 젊어 보이지도 않았다. 그와 맥스는 그들이 갑자기 아프리카 밀림 속에서 헤매고 있을 때에 그 마을 주민들이 그 백인들을 형제라고 생각할 수도 있다는 의미에서 형제와도 같은 인상을 주었다. 그의 얼굴과 불빛이 떨어진 턱은 고요해 보였다. 낯선 사람이 자기를 보고 있는지 어떤지 조는 알 수가 없었다. 또한 맥스가 바로 자기 뒤에 서 있는 것도 조는 몰랐다. 그리고 맥스와 이 사나이가 실제로 말을 주고받는 소리가 들려왔는데도 그는 무슨 말인지 알지 못했다. 귀담아들으려고 하지 않았으니까. "이 녀석에게 물어보자."

"이 녀석이 어떻게 알겠어?" 아마 조는 그들의 말을 들었는지도 모른다. 아니, 듣지 못했겠지. 그들의 말은 기껏해야 커튼 친 창문 밖에서 울어 대는 벌레 소리나, 눈에 들어오기는 했지만 실제로 보지 않은 여행용 짐들 정도의 의미밖에 없었을 것이다. "이 녀석은 그 뒤 바로 내뺐지. 보비가 그렇게 말했는걸."

"알고 있는지도 모르잖아. 적어도 우리가 무엇 때문에 도망치려고 하는지 그 이유나 알아 둬야 할 게 아니야?"

조는 방에 들어온 다음부터 조금도 움직이지 않았지만 그래도 여전히 달리고 있었다. 맥스가 그의 어깨를 건드렸을 때에 조는 막 달려가던 도중에 갑자기 붙잡히기라도 한 듯이 몸을 돌렸다. 그는 맥스가 방에 들어와 있으리라고는 전혀 생각도 못했었다. 그는 자기 어깨 너머로 몹시 귀찮다는 표정으로 맥스를 노려보았다. "어디 좀 들어 보자, 요 작은 악당아." 맥스가 말했다. "어떻게 됐지?"

"무엇이 어떻게 됐단 거요?" 조가 되물었다.

"그 늙은이 말이야. 너 그 자식을 죽여 버렸다고 생각하니? 솔직히 말해 봐. 너 보비를 시끄러운 일에 끌어넣고 싶지는 않겠지?"

"보비." 조는 말했다. 생각한다. '보비, 보비.' 그는 몸을 돌려 다시금 달려 나갔는데 이번에는 맥스가 조의 어깨를 가볍게 붙잡았다.

"자, 말해 봐." 맥스는 말했다. "여기 있는 우리는 모두가 다 친구 아니냐? 너 그 자식을 죽여 버렸니?"

"죽여 버려요?" 조는 되물었다. 그의 음성은 마치 어린애에게 붙들려서 질문을 당하고 있기라도 한 듯이 치솟는 짜증을 겨우 억누르고 있는 초조한 목소리였다.

낯선 사람이 입을 열었다. "자네가 의자로 내리친 그 노인 말이야. 그는 죽었나?"

"죽어요?" 조는 말했다. 그는 낯선 사람을 바라보았다. 동시에 웨이트리스도 바라보고는 다시금 달리기 시작했다. 이번에는 정말 움직였다. 그는 자기 마음속에서 두 남자 생각은 완전히 몰아내 버리고 있었다. 그는 침대에 다가가 얼굴에는 환희와 승리감에 넘치는 표정을 띠고 호주머니 속에 손을 찔러 넣고 있었다. 웨이트리스는 그를 바라보지 않았다. 조는 미처 깨닫지 못했겠지만 그가 들어온 뒤로 그녀는 한 번도 그를 바라보지 않았던 것이다. 그녀는 꼼짝도 않고 있었다. 담배는 조용히 그녀의 손가락에서 타고 있었다. 그녀의 멈춘 손은 요리용 고깃덩어리처럼 맥없이 크고 창백해 보였다. 다시금 누군가가 그의 어깨를 움켜잡았다. 이번에는 낯선 사람이었다. 낯선 사람과 맥스는 어깨를 나란히 맞대고 서서 조를 바라보고 있었다.

"시치미 떼지 마." 낯선 사람이 말했다. "그 녀석을 죽여 버렸으면 그랬다고 말해. 비밀은 오래갈 수가 없는 거야. 늦어도 다음 달쯤 되면 누구나 다 알 수 있을 텐데, 뭐."

"난 정말 모른단 말입니다!" 조는 말했다. 노려보는 눈초리는 아니었지만 그는 초조한 표정으로 두 사람을 번갈아 보았다. "내가 후려치니까 그 인간은 나가동그라지더군요. 난 언젠가 해치우겠다고 그 녀석에게 말해 뒀다고요." 그는 거의 비슷하게 생긴 그들의 고요한 얼굴을 번갈아 보았다. 그는 낯선 사람의 손아귀 밑에서 어깨를 빼려고 몸부림쳤다.

맥스가 말했다. "그럼 넌 여기 무엇 때문에 왔지?"

"뭐, 무엇—." 조가 말했다. "내가 무엇 때문에······." 그 어조에서 기절이라도 할 듯한 놀라움이 점차 사라지더니, 그의 눈은 어이없어서 분통이 터지기는 하지만 꾹 참는다는 듯한 표정으로 두 사람의 얼굴을 노려보고 있었다. "뭐, 내가 무엇 때문에 여기 왔느냐고요? 보비를 데리러 왔죠, 몰라서 묻는 거예요? 보비와 결혼하기 위해서 돈을 가지러 일부러 집에까지 갔다 왔는데, 뭐 내가—." 다시금 그는 그들을 완전히 잊어버리고 머릿속에서 밖으로 내몰고 말았다. 그는 어깨를 확 뒤틀어 남자의 손아귀에서 몸을 빼내 자유롭게 움직이며 다시금 그 환희에 찬 자랑스러운 태도로, 다른 모든 것은 잊어버리고 말았다는 듯이 여자에게로 몸을 돌렸다. 아마 그 순간 두 남자는 무슨 종잇조각처럼 그의 삶 밖으로 불려 날아가고 만 것 같았다. 아마 그는 맥스가 문으로 가서 금발 여인을 곧바로 불러들인 일조차 의식하지 못했음에 틀림이 없다. 웨이트리스가 꼼짝달싹도 않고 고개를 숙인 채 앉아 있는 침대 쪽으로 몸을 굽히면서, 그는 호주머니에서 동전과 지폐 뭉치를 꺼내 그녀의 무릎 위에 또한 그 옆 침대 위에 쏟아 놓았다. "자! 이것 봐, 보란 말이야. 내가 구한 거야. 어때?"

그러자 그에게는 다시금 그 바람이 불어왔다. 지금은 잠깐 잊어버리고 말았지만 세 시간 전, 그 학교 건물 속에서 놀라는 군중의 얼굴에 둘러싸여 있을 때 불어왔던 것과도 같은 바람이었다. 그는 고요히 꿈꾸는 듯한 태도로 서 있었는데, 앉아 있던 웨이트리스가 갑자기 일어나면서 그에게 부딪히는 바람에 몸을 똑바로 세워야 했다. 그는 그녀가 일어서서 몰려 있기도 하고 흩어져 있기도 한 돈을 쓸어모아 던져 버리는 모습을 보았다. 그는 그녀의 얼굴이 일그러지고, 입에서는 비명이 터져 나오고, 눈에서도 비명이 나오는 것을 조용히 바라보았다. 거기 있는 사람들 중에서 조 혼자만이 냉정하게 침착성을 유지하고 있는 듯이 보였고, 그의 음성만이 남의 귀에 인상을 남길 수 있을 만큼 고요한 것 같았다. "싫단 말이지?" 그는 말했다. "싫다 그 말이지?"

그 장면은 학교 건물에서 일어났던 것과도 흡사했다. 누군가가 그녀를 붙들고 있었고, 그녀는 빠져나오려고 몸부림을 치면서 악을 쓰고 있었고, 그녀의 머리는 머리칼이 엉망이 되도록 마구 뒤흔들리고 있었다. 그러나 그녀의 머리칼과는 대조적으로, 얼굴과 입은 죽은 얼굴과 죽은 입처럼 고요했다.

"망할 자식! 개자식! 나를 그런 난장판 속에 끌어들이다니! 난 너를 언제나 백인처럼 대해 주었는데! 백인처럼!"

그렇지만 그때에도 그에게는 그 말이 그저 단순한 소음이며 머리에 새겨지지 않는 그 긴 바람의 일부로 생각되었을는지도 모른다. 그는 마치 처음 보기라도 하듯 그녀 얼굴을 멍하니 바라보면서 둔한 놀라움 속에서 조용히 말을 하고 있었다(큰 소리로 들릴 수 있게 말했는지 어떤지는 그 자신도 몰랐다). '아니, 내가 이 여자 때문에 사람을 죽였단 말인가! 이 여자 때문에 도둑질까지 했단 말인가!' 그것은 마치 그가 그 사실을 지금 막 주워듣고 지금 막 깨닫고, 네가 그런 짓을 저질렀다고 지금 막 누구에게서 얻어듣기라도 한 것 같았다.

다음 순간 그녀도 또한 셋째 종잇조각처럼 그의 삶 밖으로 불려 날아가 버린 것 같았다. 그는 마치 부서진 의자를 아직 들고 있기라도 한 듯이 팔을 휘두르기 시작했다. 금발 여인은 그 방에 들어온 지 꽤 오래되었지만 그는 지금 비로소 그녀가 거기에 허깨비처럼 나타난 것을 보고 그다지 놀라지도 않았다. 그녀는 순경이 들어올린 흰 장갑을 낀 손처럼 고요하고도 용서 없는 위엄을 그녀에게 부여하는 그 표면이 다이아몬드같이 견고한 평정을 보이면서, 머리카락 한 올 헝클어뜨리지 않고 있었다. 그녀는 이제 여행용 검은 옷 위에 연한 푸른빛 일본 옷을 걸치고 있었다. 그녀는 조용히 입을 열었다. "저 녀석을 붙잡아요. 다들 이곳을 빠져나갑시다. 곧 경찰이 올 거예요. 경찰은 저놈을 어디서 찾아야 할지 잘 알고 있을 테니까요."

아마 조는 그녀의 말을 전혀 듣지 않았는지도 모른다. 그리고 악을 쓰고 있는 웨이트리스의 소리도 못 들었을 것이다. "저 자식은 제 입으로 자기가 검둥이라고 그랬어! 개자식 같으니! 이런 검둥이 자식에게 공짜로 몸을 주고 게다가 시골뜨기 경찰에게 쫓기는 신세가 되다니! 시골뜨기들의 무도회에서!" 아마도 그는 그 기다란 바람 소리만 듣고 있었던 모양으로, 아직도 의자를 움켜잡고 있는 듯한 그 손을 휘두르며 두 남자에게로 달려들었다. 아마 그는 그들이 이미 자기에게로 다가오고 있었음을 알지 못했을 것이다. 왜냐하면 그는 양아버지의 그 도취감과도 비슷한 느낌에 사로잡혀서 그들에게 똑바로 뛰어들어 낯선 사람의 주먹세례를 받고 있었기 때문이다. 낯선 사람은 조의 얼굴을 두 번이나 때려서 그를 바닥에 넘어뜨렸지만, 그는 그 타격

조차도 느끼지 못했을는지도 모른다. 지금 그는 자기가 때려눕힌 그 노인과
도 같이 아주 조용히 방바닥에 똑바로 누워 있었다. 그러나 그의 눈은 여전
히 감기지 않은 채 그들을 조용히 쳐다보고 있는 것으로 미루어 보아 그는
아직 의식을 잃지 않고 있었다. 그의 눈에는 고통도 놀라움도, 전혀 아무것
도 없었다. 그래도 분명 그는 움직일 수가 없었던 모양으로 그저 거기에 누
운 채 얼굴에는 깊은 묵상에 잠긴 듯한 표정을 띠고 두 남자를 바라보고 있
었고, 그리고 무슨 조각처럼 완전무결하게 다듬어지고 표면도 완벽하며 지
금도 변함없이 전혀 흔들림이 없는 금발 여인을 조용히 쳐다보고 있었다. 아
마 그는 그들의 소리도 들을 수가 없었을 것이다. 혹 들렸다 하더라도 그런
말들은 창문 밖에서 무미건조하게 자꾸 울어 대는 벌레 소리 이상의 의미는
갖고 있지 못했을 것이다.

　‘꽤나 괜찮았던 남의 장사를 엉망으로 만들어 놓고 말이야.’
　‘이놈, 계집에게서 좀 떨어졌어야 했을 텐데.’
　‘그러나 별수 없지. 이놈은 날 때부터 계집에 너무 꽉 달라붙어 있었으니.’
　‘이거 정말 검둥인가? 그래 뵈진 않는데.’
　‘어느 날 밤 보비에게 저 스스로 그런 말을 해 주었다지. 그렇지만 자기
자신도 확실히 모르는 것을 보비인들 확실히 알라고? 하여간 이런 시골 자
식들 중엔 어떤 놈이 섞여 있을지 알 게 뭐야.’
　‘어디 조사해 볼까? 이놈 피가 정말 검은지.’
　평화스럽고도 고요하게 누워 있으면서 조는 낯선 사나이가 자기에게로 몸
을 굽히고 바닥에서 머리를 들어 올리더니 얼굴을 짤막하고 예리하게 후려
치는 것을 지켜보았다. 잠시 뒤에 조는 입술을 살짝 혀로 핥았다. 어린애가
음식을 만드는 숟가락을 핥아 보는 것처럼. 그는 낯선 사람의 손이 다시 올
라가는 것을 보았다. 그러나 그것은 다시 내려오지는 않았다.
　‘그만하면 됐어. 자, 빨리 멤피스로 가세.’
　‘한 번만 더 때리고.’ 조는 고요히 누워서 그 손을 지켜보았다. 그러자 맥
스가 낯선 사람 옆에 오더니 마찬가지로 몸을 굽혔다. ‘확실히 알기 위해서
는 피를 좀더 흘려야 하겠는데.’
　‘그렇고말고. 우리가 피 좀 내 준다고 해서 이 자식이 근심할 필요는 없겠
지. 이것도 우리가 한턱내는 것이니까.’

그 손은 다시 아래로 떨어지지는 않았다. 금발 여인도 거기 와 있었다. 그녀는 낯선 사람의 들어 올린 팔목을 붙잡고 있었다. '그쯤 해 두면 된다고 했잖아?'

10

수없이 많은 거칠고도 고적한 거리를, 비탄에 잠기지 않는 인식은 추억으로 남겨 둔다. 그날 밤 그가 쓰러진 채 마지막 발소리와 마지막으로 문을 여닫는 소리를 듣던 때 이래로 그 도로들은 죽 이어지고 있다. 그는 그저 가만히 누운 채로 눈을 뜨고 있었고, 그의 머리 위에 매달려 있던 등불(그들은 불조차 끄지 않고 가 버리고 말았던 것이다)은 마치 모든 식구가 다 죽어 버린 집에서처럼 조금도 껌뻑거리지 않고 눈이 시리도록 계속 빛나고 있었다. 그는 얼마나 오래 거기 누워 있었는지 몰랐다. 그는 아무 생각도 하지 않았고 고통도 느끼지 않았다. 아마 그는 자기 내부에서 의지력과 지각력이 철사처럼 두 조각으로 절단된 것을 의식하고 있었는지도 모른다. 그리하여 그 절단된 철사의 양 끝이 이윽고 맞닿아서 새로이 연결되어 자기가 움직일 수 있게 되기까지 기다려야 한다고 의식하고 있었을 것이다. 그리고 그들은 부지런히 도망칠 준비를 하고 있을 동안에 이따금 그를 넘어 다녔는데, 마치 영원히 집을 버리고 떠나는 사람들이 그냥 두고 갈 불필요한 물건을 넘어 다니듯이 그를 대했다. 여기야 보비, 여기라니까 여기. 네 빗이 있어. 너 잊어버렸지. 여기 로미오의 잔돈도 있군. 나 참. 저 녀석은 여기 오는 길에 주일학교 모금함이라도 턴 모양이네. 그건 이젠 보비 것이야. 저 녀석이 보비에게 주는 거 봤지? 당신도 참 욕심도 많지. 맞았어 주워 둬, 월부금으로나 무슨 기념으로 간직해 두면 좋지 뭐. 싫다고, 원 참 그거 정말 유감이군. 정말 안됐는데. 그렇지만 여기 놔뒀다가 바닥이 썩어 구멍이 나면 어떡하게. 그 돈은 벌써 구멍을 뚫는 데 도움을 주었군, 언제나 제 크기보다 더 크게 구멍을 뚫는단 말이야. 어이 보비, 내가 보비를 위해서 그걸 간직해 두지. 젠장, 당신네들 그만 좀 해. 내가 절반은 보비를 위해서 간직해 두겠단 말이야. 개자식들 그냥 놔두라니까, 그걸 뭣에 쓰겠다는 거야, 제기랄 그건 저 남자 돈이라니까. 농담이겠지, 저놈이 돈을 뭣에 쓰겠어. 저놈은 돈을 쓰지 않아. 돈이 필요 없어. 저놈에게 돈이 필요한지 보비에게 물어봐. 애초에 보비는 저놈을 공짜로 놀게 해줬다고. 그래서 우리가 괜히 그 뒷감당을 하는 꼴이 됐지만. 거기다 그냥 놔두라니까. 제기랄 이건 내 것이 아니니까 놔두고 말고 할 것도 없지. 이건 보비 것이야. 아니, 그러고 보면 네 것도 아니지. 나 몰래 저놈에게 외상으로 오락을 제공했으니까. 너도 저놈에게 빚이 있다면 말은 달라지지만. 거기 그냥 놔둬, 빨리 나가기나 해. 기껏해야 5달러나 6달러밖에는 안 될 거야. 그러자 금발 여인이 그에게로 와서 몸을 굽혔다. 그가 조용히 지켜보는 가운데 그녀는 자기 치마를 걷고 양말 맨 위에서 지폐 다발을 꺼내서 한 장 뽑아내더니 잠깐 망설인 뒤 그의 바지 호주머니에 집어넣어 주었다. 그러고 나서 그녀는 가 버렸다. 자, 나가자고요. 그러는 당신이야말로 아직도 준비가 다 안 됐군. 그 일본 옷을 집어넣고 가방을 닫은 다음 얼굴을 좀 고쳐. 내 가방과 모자를 여기 좀 가져와. 자, 당신은 보비를 데리고 이 가방들을 갖고 자동차에 가서 나랑 맥스를 기다려요. 내가 당신들보다 먼저 가서 방금 이 사람에게 준 돈까지 당신들이 훔치게 할 줄 아나. 자, 먼저 가요.

그러고 나서 그들은 가 버렸다. 마지막 발소리, 마지막 문소리도 사라졌다. 이윽고 그는 자동차 소리가 벌레 소리를 물리치는 것을 들었다. 차 소리는 벌레 소리를 누르고 위로 올라가다가 평면으로 내려앉은 다음, 밑으로 꺼지고 말아 그는 다시금 벌레 소리만을 듣게 되었다. 그는 켜진 등불 밑에 누워 있었다. 아직도 움직일 수가 없었다. 뭐가 눈에 들어와도 실제로 보지는 못하고 듣기는 들어도 깨닫지 못하는 상태 속에서 그는 평화롭게 누운 채 어린애처럼 가끔 입술을 핥고 있었는데, 그의 내부에서는 철사의 양 끝이 아직 이어지지 않았다.

그러다가 철사의 양 끝이 이어져서 완전하게 연결이 되었다. 그는 정확하게 그 순간을 의식하지는 못했지만, 갑자기 그의 머리가 윙윙 울리는 것을 의식하기는 했다. 그리하여 정신을 차린 그는 천천히 몸을 일으켜 일어서 보았다. 현기증이 났다. 방이 그의 둘레를 생각처럼 천천히 미끈하게 돌고 있었다. 그래서 생각하며 말했다. "아직이야." 그러나 그는 여전히 고통은 느끼지 않았다. 그가 화장대에 기대서서 거울에 비친 피투성이가 된 퉁퉁 부은 자기 얼굴을 바라보며 손을 갖다 댈 때에도 아무런 아픔도 느끼지 않았다. "제기랄." 그는 말했다. "녀석들이 정말 신나게 때려 주었군." 그는 아직도 생각하고 있지는 않았다. 아직 그 정도까지 회복이 되지는 않았다. 여기를 빠져나가는 것이 좋겠지, 여기를 빠져나가는 것이 좋을 거야 하고 생각할 정도까진. 그는 문 쪽으로 두 손을 앞으로 내밀고 걸어갔다. 그 모습은 마치 장님이나 몽유병자 같았다. 그는 문을 통과한 것을 기억하지도 못한 채 복도에 나와 있었다. 그리고 그는 앞문으로 나가고 있다고 믿지는 못했다 해도 바라고는 있었는데 정신을 차려 보니 다른 침실에 들어가 있었다. 그것은 무척 작은 방이었다. 그래도 거기는 아직 금발 여인의 잔영으로 가득 차 있어 보였고, 그 갑갑하고 무뚝뚝한 벽마저도 호전적이고도 표면이 다이아몬드처럼 강인한 위엄으로 부풀어 있는 것 같았다. 텅 빈 화장대 위에는 거의 가득 찬 1파인트짜리 위스키병이 놓여 있었다. 그는 화장대에 몸을 기대고 똑바로 선 채, 그 액체의 불타는 듯한 감각을 전혀 느끼지 않으면서 위스키를 천천히 마셨다. 위스키는 아무 맛도 없이 차갑게 당밀처럼 목구멍으로 넘어갔다. 그는 빈 병을 내려놓고 화장대에 기댄 채 고개를 숙였다. 아무 생각도 안 하면서 알지도 못하는 사이에 기다리고 있었다. 아니, 어쩌면 기다리지도 않았을는지 모른다. 그러자 위스키가 그의 내부에서 타기 시작하여 그는 머리를 천천히 좌우로 흔들기 시작했다. 그러는 동안 사고력은 느릿느릿 뜨겁게 꿈틀거리는 내장의 움직임과 더불어 하나가 되었다. '여기서 나가야 할 텐데.' 그는 다시금 복도에 나섰다. 이제 머리는 맑아졌지만 몸이 말을 안 들었다. 그는 한쪽 벽을 따라 현관으로 제 몸을 어떻게든 끌고 가야 했다. 그리고 생각해 보는 것이었다. '자 이것 봐, 정신을 차려. 이곳을 빠져나가야 해.' 또 생각하기를, '밖으로 나갈 수만 있다면. 공기 속으로, 신선한 대기 속으로, 신선한 어둠 속으로.' 그는 자기 두 손이 문을 더듬고 있는 것을 지켜보다가 손을 어떻게 도와서 뜻대로 움직여 보려고 꿈틀거렸다. '하여간 녀석들은 내가 못 나가게 문을 잠그고 가진 않았군.' 이렇게 그는 생각했다. '젠장, 하마터면 아침까지 갇혀 있을 뻔했어. 이 몸으로 창문을 열고 빠져나가지는 못했을 테니까.' 마침내 그는 문을 열었다. 그리고 밖으로 나가서 문을 닫는데, 그는 자기 몸이 그런 불필요한 일을 무엇하러 하느냐고 우물쭈물하는 것을 설복해서 그 일을 억지로 시켰다. 문이 닫힌 집 안에서는 두 개의 등불이 껌뻑거리지도 않고 창백한 빛을 내고 있었지만, 그것들은 이 집이 빈 것을 알지도 못하고 지금까지 빈번히 사용되어서 더러워진 잔이나 침대를 비추며 값싸고도 무정한 밤을 아무렇지 않게 지내 온 일이 있으니까, 지금 침묵과 황폐가 나타났다 해도 새삼스럽게 놀랄 것도 없다는 듯한 태도로 무심하게 빛을 발하고 있었다. 그의 몸은 아까보다 고분고분 더 잘 따라주었다. 그는 어두운 포치에서 달빛 속으로 발을 내디뎠다. 피투성이가 된 머리와, 위스키로 뜨거워지고 사나워지고 용감해진 텅 빈 배를 부둥켜안고 거리로 나섰다. 그리고 이렇게 시작된 그 길이 그에게는 15년이나 이어졌다.

얼마 지나려니까 술기운이 사라졌다가 다시 살아나기도 하고 또 사라지곤 했지만 도로만은 여전히 계속되었다. 그날 밤부터 수없이 많은 도로는 하나의 도로가 되었고, 별 차이를 느낄 수 없는 거리 모퉁이와 눈에 띄게 변하지도 않는 풍경이 끊임없이 나타나는 가운데 기차나 트럭이나 시골 짐마차에 빌려 타기도 하고 몰래 타기도 하면서 그는 스물, 스물다섯, 서른 살의 나이를 헤아리면서 언제나 고요하고도 딱딱한 얼굴 표정으로 자리에 앉아 있곤 했는데, 그의 복장은(더러워지고 낡아 빠졌을 때에도) 도시풍 복장이었고, 마차의 마부는 자기가 태운 이 사나이가 누군지 알 수도 없었고 또한 그에게 물어볼 용기도 나지 않았던 것이다. 이 도로는 오클라호마주와 미주리주로 달려가다가 남쪽으로는 저 멀리 멕시코까지 갔고, 북으로 다시 돌아와서는 시카고와 디트로이트에 이르렀다가 다시금 남쪽으로 가서 마침내 미시시피주에까지 이르게 되었다. 그것은 15년이나 달려서 온 기나긴 길이었다. 그것은 유전(油田)이 나서 급성장한 마을의 거칠고도 겉만 번지르르한 판잣집들 사이를 달렸고, 거기서 그는 언제나 변함없는 서지 양복과 가벼운 구두를 바닥없는 진흙으로 까맣게 더럽힌 채, 양철접시에 담은 보잘것없는 음식을 한 끼에 10달러에서 15달러까지 주고 사 먹었으며, 돈을 치를 때에는 개구리만 한 크기의 지폐 다발에서 꺼내 주곤 했는데, 그것도 땅 밑에서 솟아 나온 금과 같은 정도의 바닥없이 풍부한 진흙으로 더러워져 있었다. 그 길은 또 노란 햇살 아래 물결치는 노란 밀밭 사이로 달렸고, 거기에서는 심한 노동의 낮과, 9월의 차가운 미친 달빛과 덧없는 별들 밑에 건초더미에서 깊이 잠드는 밤이 계속되었다. 그는 노동자도 되어 보고 광부·시굴자(試掘者)·도박장의 바람잡이 등 여러 직업을 전전했다. 육군에 입대도 하여 넉 달 동안 근무하다가 도주해 버리고 말았지만 다시 잡히지는 않았다. 그 길은 언제나 이르건 늦건 도시로 통했다. 어느 도시에서도 이름은 기억나지 않지만 다 비숫하고 서로 구별도 안 되는 지역에 그는 들어가, 거기서 깊은 밤 컴컴하고도 의심스러운 상징적인 아치 밑에서 여자들과 동침하고, 돈이 있을 때에는 내고 돈이 없을 때에도 우선 여자와 함께 자고 나서는 자기가 흑인이라고 일러 주곤 했다. 얼마 동안 이 수법은 쓸모 있었다. 남부에 있을 때에는 이 수법이 너무도 쉽게 문제없이 통했다. 그저 상대하던 여자나 그 집 포주에게서 욕을 얻어먹는 것만 각오하면 되었다. 물론 때로는 다른 단골 남자들에게 정신을 잃을 정도로 얻어맞고 나중에 길거리에서나 감방에서 깨어나는 일도 없지 않아 있었지만.

이런 일은(대체로 말한다면) 그가 아직 남부에 있을 때의 일이었다. 이렇게 말하는 것은 어느 날 밤 그 수법이 통하지 않았기 때문이다. 그는 침대에서 일어나 자기는 흑인이라고 여자에게 말했다. "그래요?" 그녀는 말했다. "난 또 이탈리아 이민자인가 뭔가 되는 줄 알았죠." 그녀는 특별한 흥미도 없다는 듯이 그를 바라보았다. 그러다가 그의 얼굴을 보고 무엇인가 깨달은 모양이었다. "그래, 그것이 어쨌다는 거예요? 당신은 백인과 다를 바 없어요. 당신 차례가 되기 바로 전에 나가 버린 검둥이 모습을 봤더라면 좋았을 걸." 그녀는 그를 바라보고 있었다. 그녀는 조용해졌다. "이것 보세요, 이 쓰레기통 같은 방을 어디라고 생각해요? 리츠 호텔(뉴욕, 런던 등지에 있는 고급 호텔)쯤 되는 줄 알아요?" 그러다가 그녀는 말을 그쳤다. 그녀는 그의 얼굴을 지켜보면서 뒤로 슬금슬금 물러났다. 계속해서 그를 쏘아보는 그녀의 얼굴엔 핏기가 하나도 없었고, 입은 막 비명을 지르기 직전의 모양을 하고 있었다. 그러자 드디어 그녀는 비명을 질렀다. 무지막지하게 덤벼대는 그를 제압하는 데 경관 두 사람이 필요했다. 처음에 그들은 그녀가 죽은 줄 알았다.

그날부터 그는 마음의 병을 앓았다. 그때까지 그는 검은 피부 사나이와 기꺼이 동침하는 백인 여자가 있는 줄은 몰랐다. 그는 2년 동안이나 병을 앓았다. 전에는 그가 백인들에게 자기를 검둥이라고 부르게 하여 싸움을 걸어 그들을 때려도 주고 그들에게 얻어맞기도 했지만, 지금은 오히려 자기를 흰둥이라고 부르는 흑인과 싸우게 된 것을 그는 가끔 돌이켜보는 것이었다. 그때 그는 북부에 와 있었으며, 시카고에서 디트로이트로 이동을 했다. 그는 백인들을 피하여 흑인들과 함께 살았다. 그들과 함께 먹고 그들과 함께 자고 싸움도 하고 변덕도 부리며 누구에게도 마음을 열지 않고 지냈다. 때로는 흑단

(黑檀)으로 만든 조각품과도 같은 여자와 부부처럼 살기도 했다. 밤에는 침대에서 언제나 그녀 옆에 누워서 거의 잠도 안 자고 맹렬한 심호흡을 했다. 그는 일부러 그렇게 했다. 자기의 흰 가슴이 갈비뼈 밑까지 점점 더 깊이 숨을 들이쉬며 부풀어 오르는 것을 느끼고 지켜보며, 몸속에 검은 냄새와 흑인의 이해할 수 없는 검은 사상과 존재를 들이마시려고 애썼다. 그와 동시에 입김을 내보낼 때마다 자기 몸으로부터 흰 피와 흰 사상과 존재를 내몰아 버리려고 애썼다. 하지만 그러는 동안에도 내내 그의 콧구멍은 자기 것으로 만들려 하고 있는 냄새를 맡느라 하얗게 팽팽해졌고, 그의 전 존재는 육체의 반발과 정신의 거부를 억누르느라고 온통 뒤틀리고 긴장이 되었다.

 그는 자신이 고독에서부터 도피하려는 것일 뿐, 자기 자신에게서 떠나려는 것은 아니라고 생각했다. 그러나 도로는 어디까지나 끝없이 이어지고 있었다. 고양이처럼 그에게는 어떤 고장도 다른 고장과 다를 것 없이 여겨졌다. 그런데 어느 곳에서도 그는 안정을 찾을 수 없었다. 도로는 온갖 기분과 양상을 보이며 이어졌는데 그러면서도 항상 공허했다. 그가 자기 모습을 보았다면 그것은 수없이 많은 유랑의 화신 속에 섞여 있는 자기 모습이었을 것이다—침묵을 지키고 있는 방랑할 수밖에 없는 운명을 지닌 채, 언제나 채찍과 박차에 맞아 내몰리는 절망감에서 생겨난 용기로 인해, 또 채찍과 박차에 맞아야만 솟아나는 용기에서 생겨난 절망감으로 인해 달리고 있는 자기 모습을 발견했을 것이다. 그는 서른세 살이 되어 있었다.

 어느 날 오후 도로는 미시시피주의 시골길이 되었다. 그는 어느 작은 도시 근처에서, 남쪽으로 가는 화물열차에서 뛰어내리고 있었다. 그는 그 도시 이름을 몰랐지만, 어떤 이름이거나 관심이 없었다. 거리 구경도 하지 않았다. 그는 시내 변두리의 숲 속을 가로질러 방금 말한 시골길로 나온 다음 주위를 둘러보았다. 그것은 빈번히 사용된 흔적이 보이긴 했지만 자갈조차 깔리지 않은 길이었다. 길을 따라서 여기저기 흩어져 있는 흑인들 오두막이 보였다. 그리고 반 마일쯤 떨어진 곳에서는 큰 집도 한 채 보였다. 그것은 숲으로 둘러싸인 큰 저택인데 예전에는 매우 화려한 곳이었을 성싶었다. 그러나 지금은 나무에 가지치기도 되어 있지 않았고, 집은 여러 해 동안 페인트칠도 새로 되어 있지 않았다. 그러나 그 집에는 사람이 살고 있다는 것을 알 수가 있었다. 그는 하루 밤낮 꼬박 음식 구경을 못했던 참이었다. '저곳에 가면 어떻게든 되겠지.' 이렇게 그는 생각해 보았다.

그러나 그는 곧장 그곳에 가지는 않았다. 저녁때가 다가오고 있었지만 그는 오히려 그곳엔 등을 돌리고 반대쪽으로 걸어갔다. 그의 모습은 더러워진 흰 셔츠에 낡아 빠진 서지 바지를 입고 발에는 다 갈라지고 먼지투성이가 된 도시풍 구두를 신고, 사흘이나 면도칼을 대 보지 않은 얼굴 위에는 납작모자를 비스듬히 비껴쓴 것이 거만스러워 보였다. 그래도 그는 부랑자처럼 보이지는 않았다. 적어도 지금 길 저쪽에서부터 양동이를 흔들며 다가오고 있던 흑인 소년에게는 그렇게 보이지가 않았던 모양이다. 그는 그 소년을 멈춰 세웠다. "저 뒤에 있는 큰 집에는 누가 살고 있지?" 그는 물었다.

"저건 버든 양이 사는 집이에요."

"버든 부부 말이냐?"

"아니오, 버든 씨는 없어요. 버든 양 말고는 아무도 거기 사는 사람은 없어요."

"오 그래, 늙은 여자인 모양이구나."

"아닙니다, 버든 양은 늙지는 않았어요. 하긴 젊지도 않지만."

"그런데 그 여자는 거기서 혼자 살고 있단 말이지. 무섭지도 않나?"

"여기선 아무도 그 여자에게 나쁜 짓 하는 사람은 없어요. 이 동네 흑인들 모두가 잘 돌봐 주고 있는걸요."

"흑인들이 그 여자를 돌봐준다고?"

곧바로 소년은 자기 자신과 질문을 하고 있는 상대 사이에 문을 닫아 버리기라도 한 것 같았다. "이 근처에서는 아무도 그 여자에게 나쁜 일을 하지 않아요. 버든 양도 누구에게든 나쁜 일은 한 번도 하지 않았으니까요."

"그렇겠지." 크리스마스가 말했다. "이 길로 쭉 가면 다음 동네까지 얼마나 되지?"

"한 30마일쯤 된다고 해요. 거기까지 걸어갈 생각은 아니겠죠?"

"그래." 크리스마스는 대답했다. 그는 몸을 돌려 걷기 시작했다. 소년은 그 뒷모습을 지켜보았다. 그러고서 소년도 몸을 돌리더니 빛바랜 옷 옆구리에 양동이를 부딪쳐 대면서 다시금 걸음을 옮겼다. 몇 걸음도 안 가서 그는 뒤돌아보았다. 그에게 질문하던 남자는 빠른 걸음은 아니었지만 줄기차게 걸어가고 있었다. 소년은 빛바래고 누덕누덕한, 이제는 작아져 버린 작업복을 입고 계속해서 걸었다. 소년은 구두도 신지 않고 있었다. 이윽고 그는 앞으로 계속하여 걸어가면서 발을 끌기 시작했다. 그랬더니 붉은 흙먼지가, 너무 짧아지고 끝단이 다 떨어진 작업복에서 뻗어 나온 다리 주변에서 가느다란 초콜릿색 정강이까지 피어올랐다. 그는 노래를 부르기 시작했다. 곡조는 없지만 리듬이 풍부하고 아름다우면서도 단조로웠다.

    그러잖았다 말 말아요.
    누가 그러잖았겠어요.
    저 검둥이 계집애의 푸딩을
    먹고 싶다 말해 봐요, 숨기지 말고.

  그 집에서부터 1백 야드쯤 떨어진 우거진 관목 속에 누워 있으면서 크리스마스는 먼 곳에서 9시를 치는 소리를 들었고, 그 다음에는 10시를 치는 소리를 들었다. 그 집은 울창한 숲 속에 네모지게 크게 자리잡고 있었다. 2층에는 불빛이 보이는 창문이 꼭 하나 있었다. 커튼을 치지 않아서 그 등불이 석유등이라는 것을 알 수 있었고, 움직이는 사람 그림자가 안쪽 벽을 가로지르는 것이 창문을 통해서 가끔 보였다. 그러나 그 사람 자체는 끝내 보이지 않았다. 잠시 뒤 등불이 꺼졌다.
  그 집은 캄캄해졌다. 그래서 그는 눈길을 돌리고 말았다. 그는 잡목 숲속에서 꺼먼 땅에다 배를 대고 엎드려 있었다. 잡목 숲속은 지척을 분간할 수 없는 어둠이었고, 그 어둠은 셔츠와 바지를 통해서 좀 차갑고 답답하며 약간 축축한 느낌을 그에게 주었다. 마치 그 숲이 형성하고 있는 세계에는 햇살이 한 번도 와 닿지 않은 것 같았다. 그는 태양을 맛보지 않은 땅이 자기를 받아들이듯이 아래에서 천천히 맥박치는 것을 느꼈다. 옷을 통해서 가랑이에 허리에 배에 가슴에 양팔에 그것을 느꼈다. 그는 팔짱을 끼어 그 위에 이마를 올려놓은 채 콧구멍으로는 검고 풍요한 대지의 축축하고도 풍부한 냄새를 맡고 있었다.
  그는 어두워진 집을 다시는 바라보지 않았다. 그는 잡목 숲속에 꼼짝달싹도 안 하고 한 시간 넘게 누워 있다가 드디어 몸을 일으켜 그곳을 빠져나왔다. 그는 기어가지는 않았다. 그 집에 다가가는 그의 태도에는 살짝 숨는다거나 특히 조심하는 빛조차도 없었다. 그는 날 때부터 이렇게 걸어다녔다는 듯이 그저 조용히 걸어가기만 했다. 이제는 윤곽을 잃고 단지 커다랗게만 보이는 집을 빙 돌아 뒤쪽에 부엌이 있음직한 곳으로 찾아가고 있었다. 그는 불이 켜 있던 방 창문 아래 잠시 걸음을 멈추었다. 그리고 고양이처럼 소리도 내지 않고 한동안 서 있었다. 발아래 풀숲에서는 귀뚜라미 떼가 그의 움직임과 동시에 소리를 일제히 멈추고 그 가느다란 소리의 누르스름한 그림자가 그의 둘레에 조그만 정적의 섬을 만들었지만, 그가 멎음과 동시에 그들은 다시 울기 시작하다가도 그가 움직이면 또 조그많고도 민첩한 조심성으로 소리를 끊어 버리곤 했다. 그 집 뒷면에서부터는 단층으로 꺾어 지은 부분이 날개처럼 뻗어 나와 있었다. '저게 아마 부엌이겠지.' 그는 생각했다. '그렇지, 틀림없이 그럴 거야.' 그는 갑자기 울음을 그치는 곤충들이 만들어 낸 작은 정적의 섬을 지나가면서 소리도 내지 않고 걸었다. 그는 부엌 벽에서 문을 찾아낼 수 있었다. 그가 문을 열어 보려 했다면 그것이 잠겨 있지 않음을 알 수 있었을 것이다. 그러나 그는 열어 보지 않았다. 그는 문을 지나 창 밑에 가 섰다. 창문을 열어 보려고 하기에 앞서 그는 불이 켜 있던 위층 창문에 방충망이 쳐져 있지 않았던 것을 떠올렸다.

부엌 창문은 잠겨 있기는커녕 아예 막대기로 받쳐진 채 열려 있었다. '이게 웬일이지? 하늘이 돕나 보군.' 그는 생각했다. 그는 창문 옆에 서서 창턱을 두 손으로 잡고 조용히 숨을 내쉬며, 귀를 기울이거나 서두르는 기색을 보이지 않았다. 이 세상 어디에서나 서두름은 불필요하다고 느끼거나 한 것 같았다. '거참. 이게 무슨 일이람. 거참.' 그러고서 그는 창문으로 기어 올라갔다. 그는 어두운 부엌 속으로 흘러 들어가는 듯 보였다. 마치 그림자 하나가 그것을 낳아 준 모체인 막막한 어둠으로 소리도 움직임도 없이 되돌아가기라도 하는 것 같았다. 아마 그는 다른 창문, 즉 그가 잘 지나다닌 그 창문과 그가 의지할 수밖에 없었던 밧줄에 대해서 생각했는지도 모른다. 아니, 그렇지 않았을는지도 모른다.

거의 틀림없이 그런 생각은 하지 않았을 것이다. 마치 고양이가 다른 창문을 기억하지 못하는 것과 마찬가지로. 고양이처럼 그도 어둠 속에서 시력을 발휘하기라도 하는지, 자기가 원하는 것이 있는 장소쯤은 잘 알고 있다는 듯이 음식 쪽으로 거침없이 걸어갔다. 아니, 어쩌면 그는 그 장소를 잘 아는 어떤 존재에게 조종을 당했는지도 모른다. 그는 보이지 않는 접시에서 보이지 않는 손으로 음식을 집어 먹었다. 말하자면 보이지도 않는 음식을 먹은 셈이다. 어떤 종류의 음식이든지 그에게는 상관이 없었다. 그는 그 음식이 무엇일까 짐작해 보거나 맛보거나 하던 일조차 깨닫지 못하고 계속해서 씹다가, 갑자기 먹는 동작을 멈추었다. 그와 동시에 생각은 도로를 25년간이나 되돌아가 괴로운 패배와 더 괴로운 승리를 맛보던 비슷비슷하고도 수없이 많은 모퉁이를 차례로 통과하여, 젊은 날 사랑에 몸을 떨면서 이제는 이름조차 가물가물한 여자를 언제나 기다리던 거리 모퉁이마저 지나쳐서 또 5마일을 앞서고 있었다—생각은 그곳을 지나 5마일이나 앞섰다. '이 음식이 뭔지 곧 알게 될 테지. 전에도 어디선가 먹어 봤는데. 곧 알게 될 거야.' 기억은 지식과 맞물려 그는 떠올린다. '그래그래, 보인다 보여. 보이는 것 이상으로 들린다 들려. 내가 머리를 숙이고 있는 것이 보이고 단조로운 독선적인 기도 소리가 들리는데 영원토록 끊임없이 들릴 것 같구나. 살짝 훔쳐보니 완고한 둥근 머리랑 깨끗이 깎은 무뚝뚝한 턱수염이 보이는구나. 그 머리도 턱수염도 모두 아래를 보고 있어. 나는 어째서 저 녀석은 배를 곯지 않을까 생각하면서 냄새를 맡아 보며, 내 입과 혀는 기다리다 지쳐 뜨겁고도 짠 침을 질질 흘리며 눈은 접시에서 올라오는 따뜻한 김을 맛보고 있는데.' "완두콩이구나." 그는 큰 소리로 말했다. "젠장, 당밀로 맛을 들인 완두콩이야."

그때 그에게선 생각뿐만 아니라 그 밖에 다른 것마저 빠져나와 있었는지도 모른다. 그렇지 않았으면 그는 그 소리를 들었어야 했다. 왜냐하면 지금 그 소리를 내고 있는 사람이 누구든지 간에 그와 마찬가지로 침묵을 지키려고, 조심하려고 애쓰지를 않았기 때문이다. 아니, 어쩌면 그는 그 소리를 듣기는 들었는지도 모른다. 하여간 그는 그 집 안쪽에서부터 부엌으로 부드러운 슬리퍼 소리가 다가오고 있을 때에도 움직이지 않았다. 그리고 그가 마침내 눈을 갑자기 빛내며 몸을 휙 돌렸을 때에는 집 안쪽으로 통하는 문 밑에 다가선 희미한 불빛을 보았다. 열린 창문이 가까이 있어서 마음만 먹었다면 그는 단숨에 그리로 빠져나갈 수도 있었다. 그러나 그는 움직이지 않았다. 접시를 내려놓지도 않았다. 씹는 일조차도 멈추지 않았다. 이와 같이 그가 접시를 들고 콩을 씹어 먹으면서 방 한가운데 서 있는데, 문이 열리더니 여자가 들어왔다. 그녀는 빛깔이 변한 가운을 입고 있었고, 촛불을 높이 들고 있어서 그 빛이 그녀의 얼굴에 떨어졌다. 그 얼굴은 고요하고 엄숙하며 전혀 놀라지 않은 표정을 갖추고 있었다. 희미한 촛불 너머로 보는 그녀의 모습은 서른을 많이 넘긴 것 같지는 않았다. 그녀는 문간에 서 있었다. 그들은 1분 넘게 거의 같은 태도로 서로 마주 바라보고 있었다—그는 접시를 들고 그녀는 촛불을 들고. 그는 드디어 씹기를 그만두었다.
 "당신이 원하는 것이 그저 음식뿐이라면 얼마든지 있어요." 그녀는 조용하고도 좀 굵고 낮은, 몹시 차가운 목소리로 말했다.

11

 촛불에 비친 그녀는 서른을 많이 넘긴 사람 같지는 않았다. 거들을 벗고 잠을 잘 준비를 한 여자의 부드러운 모습에 부드러운 불빛이 떨어질 때는 그러한 느낌이 들었다. 그러나 그녀를 낮에 보았을 때 그는 그녀가 서른다섯을 넘긴 여자임을 깨달았다. 나중에 그녀는 마흔 살이라고 그에게 말해 주었다. 그는 생각했다. '그녀의 표현법으로 미루어 본다면 그 말은 마흔하나나 마흔아홉 살이 된다는 뜻이지.' 그러나 그녀가 이런 말이나마 그에게 하게 된 것은 그 첫날 밤도 아니고 여러 밤이 지난 다음도 아닌, 그보다 훨씬 뒤의 일이었다.
 하여간 그녀는 그에게 말을 많이 하지 않았다. 그들은 서로 말을 하는 일이 아주 드물었다. 그가 이 노처녀의 침대에서 동침하는 애인이 된 뒤에도 거의 마찬가지였다. 때로는 전혀 말을 나누지 않아 자기는 그녀에 대해서 아는 바가 조금도 없다고 그는 생각할 정도였다. 마치 그에게는 두 사람의 여자가 있는 것 같았다. 하나는 그가 낮에만 가끔 보고 서로 바라보며 이야기를 하면서도 그 내용은 본디 아무것도 전하려 하지 않고 전할 생각도 없어서 아주 공허한 그런 존재고, 또 하나는 밤에 같이 자는 존재이긴 하지만 그에겐 전혀 보이지도 않고 말도 건네지 않는 그런 존재였다.
 1년이 지난 뒤에도(그 무렵 그는 제판공장에서 일을 하고 있었다) 그가 낮에 그녀를 볼 기회는 토요일 오후나 일요일뿐이었고, 또는 그녀가 장만하여 부엌 식탁에 놓아둔 음식을 먹으러 그가 안채에 갔을 때뿐이었다. 때때로 그녀는 부엌에 들어오기도 했지만, 그가 음식을 먹는 동안 오래 머물러 있는 일은 없었다. 또 때로는 뒤쪽 포치에서 그와 그녀가 만나는 일도 있었지만,

안채 아래편에 있는 오두막에서 그가 살기 시작한 지 4, 5개월 동안 그들은 거기 잠시 서서 거의 낯선 사람들 모양으로 말을 하곤 했다. 그들은 언제나 서서 이야기를 했다. 그녀는 수없이 갖고 있는 것처럼 보이는 청결한 무명 가정복을 주로 입고 있었고, 때로는 시골 여자처럼 헝겊 해가리개를 쓰기도 했으며, 그는 이제는 깨끗해진 흰 셔츠에 매주 줄을 세운 바지를 입고 있었다. 그들은 앉아서 이야기하는 일은 없었다. 그는 아래층 창문 너머로 방을 들여다보다가 그녀가 책상 앞에 앉아 글을 쓰는 것을 본 때를 제외하고는 한 번도 그녀가 앉아 있는 것을 본 일이 없었다. 그녀는 많은 편지를 받기도 하고 내기도 하여, 오후의 일정한 시간에는 별로 쓰이지도 않고 가구도 거의 없는 아래층 방 하나에 틀어박혀서 낡아 빠지고 상처투성이인 사무용 책상 앞에 앉아 끊임없이 무엇인가 쓰고 있었지만, 그는 그걸 알고도 별 호기심을 느끼지 않았다. 그러다가 1년이 지나서야 그는 그 내용을 좀 알게 되었다. 즉 그녀가 받는 편지는 50가지나 다른 소인이 찍힌 공문서와 개인적인 편지로서, 그녀가 보내는 것은 그것들에 대한 회답—남부의 10여 개에 달하는 흑인 고등학교와 대학의 책임자나 교사들과 이사들에게 보내는 재정적·종교적·사무적 충고와, 그런 학교의 젊은 여학생이나 졸업생에게 보내는 실제적이고도 개인적인 충고 등이었다. 때때로 그녀는 사나흘씩 집을 비우는 일도 있었다. 그는 어느 날 밤에나 자유롭게 그녀를 만날 수 있게 되었는데도 1년이나 지나서야 비로소 그 이유를 알게 되었다. 즉 그녀는 집을 비우는 동안에 그런 학교를 직접 방문하여 선생과 학생들을 만나곤 한다는 것이었다. 그녀의 모든 사무적인 일은 멤피스에 있는 변호사이며 방금 말한 학교 중 하나의 이사이기도 한 흑인에게 전적으로 위임이 되어 있었다. 그리하여 그의 금고에는 그녀의 유서와 함께 죽은 뒤 시체 처리 방법을 지시한 서류(그녀 자신의 손으로 작성된 서류)까지 보관되어 있었다. 이런 일을 알았을 때에 그는 마을 사람들이 왜 그녀를 그렇게 대하는지 이해했다. 그러나 마을 사람들도 그녀를 잘 모르고 있는 점에서는 자기나 별다를 것이 없다고 그는 알게 되었다. 그는 혼자 중얼거렸다. "그렇다면 난 여기 있는 것이 오히려 성가시지 않을 거야."

어느 날 그는 그녀가 아직 한 번도 제대로 자기를 집에 초대한 일이 없다는 것을 깨달았다. 그는 부엌에서부터 더 안쪽으로는 들어가 본 일이 없었는데 그곳조차도 자기 마음대로 들어간 것이었다. 그는 윗입술을 치켜 올리면서 생각했다. '그 여자는 나를 여기 들어오지 못하게 할 수야 없지. 그런 것쯤은 그녀도 알고 있겠지.' 그런데 그가 낮에 부엌에 들어가는 것도 그녀가 장만하여 식탁에 차려 준 음식을 먹을 때 뿐이었다. 그리고 밤에 그 집에 들어갈 때에도 그는 맨 처음에 그 집에 침입하던 때의 기분을 느끼는 것이었다. 그는 그녀가 기다리고 있는 침실로 올라갈 때에도 좀도둑이나 강도 같은 기분이 들었다. 1년이 지난 뒤에도 그녀에게로 갈 때마다 새삼 그녀의 처녀성을 범하러 살짝 들어가는 듯한 느낌이 들었다. 말하자면 그는 어두워질 때마다 이미 빼앗은 것을 다시 한 번 더 빼앗아야만 하는 듯한 기분에—아니, 아직 빼앗은 일이 없고 앞으로도 빼앗을 것 같지도 않은 것을 다시 빼앗아야 한다는 기분에 사로잡히는 것 같았다.

이따금 그는 그녀의 처녀성에 대해 그런 식으로 생각하면서, 그 육체의 항복이 아주 딱딱하고 눈물도 없고 자기연민도 없는 거의 사나이와도 같은 태도였던 것을 떠올렸다. 그녀의 처녀성의 정신적인 규방이 하도 오래 닫혀 있어서, 정신의 방위본능이 오히려 그녀 전체를 제물로 바쳐 버렸고, 그 육체는 남자가 갖는 강인함과 힘을 지니기에 이른 것이다. 그녀는 말하자면 이중의 인물이었다. 하나는 여성이라는 존재였다. 그가 처음으로 보았을 때 촛불을 높이 들고 있던 그녀의 모습은(혹은 슬리퍼를 신고 다가오던 바로 그 소리일지도 모르지만) 번개가 순간적으로 풍경을 비추어 드러내는 것처럼, 의식주의 확보와 향락은 아닐망정 밀통의 가능성을 그의 눈앞에서 순식간에 멀리까지 펼쳐 보인 것 같았다. 또 하나는 유전과 환경으로부터 생겨난 세찬 근육과 남자다운 사고습성을 가지고 있어서 이것과는 마지막 순간까지 싸워야만 하는 그런 존재였다. 거기에는 여자다운 망설임이 없었고, 마지막에는 남자에게 정복되기를 바라는 소망과 의도가 분명히 엿보이는 수줍음 같은 것조차 없었다. 그는 마치 아무에게도 실제적인 가치도 갖지 않은 대상을 위해서 어떤 남자와 격투를 하고 있는 것 같았다. 다만 규칙만을 근거로 격투하는 것 같았다.

다음에 그녀를 보았을 때 그는 생각했다. '저런 저런! 난 여자들을 알고도 남는다고 자부하고 있었는데 실상 아는 것이 거의 없구나.' 그것은 바로 그 다음 날 일이었다. 그녀를 바라보며 그녀의 말을 들을 때에는, 마치 기억에 따르면 12시간 전에 진짜 있었다고 확신하는 일이 이젠 있을 수 없는 일처럼 생각되는 것이었다. 그는 생각한다. '옷을 입은 이 여자의 모습은 도저히 그런 일을 했을 것 같지가 않단 말이야.' 당시 그는 아직 공장에서 일을 시작하지 않았었다. 거의 온종일 그녀가 살게 해 준 오두막집에서, 그녀에게서 빌린 간이침대에 똑바로 누워 두 손으로 머리를 받친 채 담배를 피우고 있었다. '흥, 기가 막히는군.' 그는 생각했다. '내가 오히려 여자 같고 그 여잔 남자 같아.' 그러나 그 생각도 딱 들어맞은 것은 아니었다. 왜냐하면 그녀는 끝까지 항거하고 있었기 때문이다. 그러나 그것은 여자의 항거는 아니었다. 여자가 정말 항거를 할 때에는 격투의 규칙을 따르지 않기 때문에 도저히 남자는 이길 수 없다. 그러나 그녀는 정정당당하게 항거했다. 중대한 어떤 단계에 이르면 항거를 계속할 수 있는 경우에도 깨끗이 패배를 인정한다는 그런 규칙을 지키면서 그녀는 항거했다. 그날 밤 그는 부엌 불이 꺼지고 그녀의 방에 불이 켜질 때까지 기다렸다. 그 다음에 그는 안채로 갔다. 그는 열정에 사로잡혀 간 것이 아니라 고요한 분노를 느끼며 갔다. "그 여자에게 본때를 보여 줘야지." 그는 큰 소리로 말했다. 그는 조용히 하려고 하지는 않았다. 그는 대담하게 안채에 들어가 층계를 올라갔다. 그녀는 그의 발소리를 곧 들었다. "누구죠?" 그녀는 물었다. 그러나 그 어조에는 놀라는 기색이 조금도 없었다. 그는 대답하지 않았다. 그는 층계 꼭대기까지 올라가 그 방에 들어갔다. 그녀는 아직 옷을 갈아입지 않은 채 문 쪽으로 몸을 돌려 그가 들어오는 것을 지켜보고 있었다. 그러나 그녀는 그에게 말을 건네지 않았다. 그가 책상으로 가서 등불을 끄며 '이제는 도망가겠지' 하고 생각할 동안에도 내내 그녀는 그를 지켜보고 있을 뿐이었다. 그래도 그는 그녀를 막으려고 문 쪽으로 뛰어갔다. 그러나 그녀는 도망가지 않았다. 다가가 보니 그녀는 등불이 꺼질 때 있던 바로 그곳에 어둠 속에서 아까와 똑같은 자세로 서 있었다. 그는 그녀의 옷을 찢기 시작했다. 그러면서도 그는 긴장하고 냉정한 낮은 소리로 그녀에게 말을 하고 있었다. "내 본때를 보여 주지! 암캐한테 내 보여 주지!" 그녀는 전혀 항거를 하지 않았다. 그녀는 거의 그를 돕는 듯한 느낌까지 주었다. 아무리 해도 벗길 수 없을 때 그녀는 손발의 위치를 조금 바꾸기까지 했던 것이다. 그러나 그의 손 밑에서 그 육체는 아직 굳어지지 않은 죽은 여인의 시체처럼 느껴졌다. 그래도 그는 그만두지 않았다. 그의 두 손은 심하게 성급하게 움직였는데 그것은 다만 분노 때문이었다. '적어도 나는 이 여자에게서 드디어 여성을 끄집어낸 셈이야.' 그는 생각했다. '이제 이 여자는 나를 미워하겠지. 적어도 나는 이 여자에게 증오만은 가르쳐 준 셈이야.'

 이튿날에도 그는 온종일 오두막집에서 간이침대에 누워 있었다. 그는 아무것도 먹지 않고, 혹 그녀가 먹을 것을 놔두었는지 살펴보러 부엌에 가는 일조차 하지 않았다. 그는 해가 져서 어슬어슬해지기만을 기다리고 있었다. '그럼 튀어 버려야지.' 그는 생각했다. 그는 그녀를 다시 만날 생각은 하지 않았다. '튀어 버리는 것이 나을 거야.' 그는 또 생각했다. '나를 안채뿐만 아니라 이 오두막집에서까지 내쫓을 기회를 그녀에게 주기 전에 말이야. 하여간 그런 짓을 하도록 절대 내버려 두지 않을 테다. 백인 여자에게 그런 꼴을 당해서야 되나. 다만 한 흑인 여자만이 나를 내쫓을 수가 있었지.' 그는 침대에 누워 담배를 피우면서 해가 지기를 기다리고 있었다. 열린 문틈으로 그는 태양이 기울고 햇살이 길어져서 구릿빛으로 변하는 것을 지켜보았다. 그러자 구릿빛은 점차 엷어져서 라일락빛으로 변하고, 드디어 저녁 어스름 속에서 라일락빛조차 흐릿해 가고 있었다. 그때 그는 개구리 소리를 들을 수가 있었다. 그리고 황혼이 짙어 감에 따라서 반딧불들이 점점 더 밝게 빛나며 열린 문 앞을 가로질러 날아다니기 시작했다. 그제야 그는 일어섰다. 그는 면도칼밖에는 가진 것이 없었다. 그가 그것을 호주머니에 집어넣었을 때에는, 도로가 아무런 인상도 남지 않는 수많은 모퉁이를 제멋대로 돌아서 뻗어 나가는 한 1마일이든 1000마일이든 그 길을 따라 여행을 계속할 준비가 다 되었던 것이다. 그런데도 움직인 그의 몸은 안채를 향하고 있었다. 그의 발이 그리로 갈 생각을 하고 자기는 그저 발이 움직이는 대로 내버려 둔 채 둥둥 떠가고 있다고 느꼈을 때에 그는 완전히 두 손을 든 상태였고, 생각하기를 '그래 알았다, 알았어' 하면서 황혼 속을 둥둥 떠서 흘러가고 있었다. 그렇게 안채에 다다르자 그는 뒤 포치로 가 아직 잠겨 본 일이 없는 문을 열고 안으로 들어가려 했다. 그러나 그가 문을 열려고 해 보니 열리지가 않았다. 아마 그 순간은 손도 마음도 그것을 믿을 수 없던 모양으로 그는 그저 거기에 조용히 선 채 아직 생각을 시작하지 않고, 자기 손이 문을 흔드는 것을 바라보면서 안쪽에서 빗장이 덜거덕거리는 소리를 듣고 있었다. 그는 조용히 발길을 돌렸다. 그는 아직 성이 나 있지는 않았다. 그는 부엌문으로 갔다. 그는 그것도 잠겨 있으리라고 예상했다. 그러나 그 문은 잠겨 있지 않고, 그게 열려 있다는 것을 안 다음에야 그는 그 문도 잠겨 있었으면 하고 스스로 바라고 있었음을 깨닫게 되었다. 문이 잠겨 있지 않음을 알았을 때 그는 모욕 같은 것을 느꼈다. 말하자면 자기가 있는 힘을 다해서 폭력과 모욕을 퍼부었던 적(敵)이 지금 오연한 태도로 겁도 상처도 없이 서서 코웃음을 치며 그를 관망하고 있는 듯했다. 그는 부엌에 들어갔으나 안으로 통하는 문, 즉 그가 그녀를 처음 보던 그날 밤에 그녀가 촛불을 들고 나타났던 그 문에 다가가지는 않았다. 그는 곧장 음식이 차려진 식탁으로 갔다. 그는 볼 필요도 없었다. 그의 손이 보았으니까. 접시는 아직도 온기가 있었다. 생각하기를, '검둥이 먹으라고 차려 줬단 말이지. 검둥이용으로 차린 거란 말이지.'

그는 자기 손을 조금 떨어진 곳에서 지켜보는 기분을 느꼈다. 그는 그 손이 접시 하나를 집어 들고 갑자기 뒤로 쑥 쳐들리더니 한동안 그대로 멈추어 있는 것을 지켜보면서, 천천히 심호흡을 하며 열심히 생각하고 있었다. 마치 무슨 게임을 하고 있는 듯이 크게 말하는 자기 목소리를 들었다―"햄이다." 계속 지켜보고 있으려니 그의 손은 접시를 벽에, 눈에 보이지 않는 벽에 던져 버렸고, 접시가 요란하게 깨어지는 소리가 점점 낮아져서 완전히 정적으로 흘러가 버리까지 기다렸다가 또 다른 접시를 집어 들었다. 그는 이 접시를 똑바로 올려 들고 냄새를 맡았다. 이번에는 시간이 좀 걸렸다. "콩인가 채소인가?" 그는 말했다. "콩인가 시금치인가?⋯⋯괜찮아, 콩이라 해 두자." 그는 그것을 세차게 내던지고 부딪쳐 깨지는 소리가 멎을 때까지 기다렸다. 그러고서 셋째 접시를 들어 올렸다. "양파와 섞어 만든 무엇이구나." 그는 말하면서 생각했다. '거참 우습군.' 그는 천천히 세차게 그것을 던져 버리고 그 부딪쳐 깨지는 소리를 들으며 기다렸다. 이번에는 다른 소리가 들렸다. 집 안쪽에서부터 문으로 다가오고 있는 발소리였다. '그 여자는 이번에는 등불을 가져오겠지.' 그는 생각했다. 또 생각하기를 '지금 보기만 한다면 난 문 아래에 불빛을 볼 수가 있겠지' 하며 손을 뒤로 휘둘러 쳐들었다. '이제는 거의 문에 다다랐군.' "감자다." 그는 마지막으로 재판관이 판결을 내리듯이 단호한 어조로 말했다. 그는 돌아다보지 않았다. 빗장 소리를 듣고 문이 안으로 열리는 소리를 들었을 때에도, 그리고 빛이 접시를 높이 든 그를 비췄을 때에도 그는 돌아다보지 않았다. "응, 이건 감자야." 그는 혼자 놀고 있는 어린애가 무아지경에 빠졌을 때와 같은 어조로 말했다. 이번에는 접시가 부딪쳐 깨지는 것을 그는 들을 수 있었고 또 볼 수도 있었다. 그러자 불빛은 사라졌다. 다시금 문이 열리는 소리를 들었고 다시금 빗장 소리를 들었다. 그는 아직도 돌아다보지 않고 있었다. 다음 접시를 집어 들었다. "사탕무로군." 그는 말했다. "하여간 난 사탕무는 좋아하지 않아."

다음 날 그는 제판공장에 일하러 갔다. 그는 금요일에 일하러 갔는데, 수요일 밤부터 아무것도 먹지 않고 있었다. 그는 토요일 오후에도 잔업을 해서 그날 저녁에야 겨우 임금을 받았다. 그날 밤 그는 시내 음식점에서 사흘 만에 처음으로 식사를 했다. 그는 그 집에 돌아가지 않았다. 오두막집을 드나들 때도 얼마 동안은 안채를 보려고 하지도 않았다. 여섯 달 뒤에는 오두막집과 공장 사이에 그만이 사용하는 오솔길이 죽 이어졌다. 그 길은 모든 집들을 피하여 곧장 숲으로 들어가 다시금 직선으로 달려, 매일같이 더욱더 뚜렷하게 다져지면서 그가 일하는 장소인 톱밥 무더기에까지 이르고 있었다. 그리고 언제나 5시 반에 고동이 울릴 때에는 그 길을 지나서 그는 오두막집으로 돌아왔다. 그러고는 흰 셔츠와 줄을 세운 까만 바지로 갈아입고, 2마일을 걸어서 시내로 다시 가 저녁을 먹곤 했다. 마치 그는 작업복 차림을 부끄럽게 여기고 있기라도 한 것 같았다. 또는 부끄러움 때문에 그러는 것은 아니었는지도 모르지만, 무엇 때문에 옷을 갈아입느냐고 누가 묻는다면, 부끄러움 때문에 그러지는 않는다고 하면서도 이유를 말하지도 못했을 것이다.

그는 지금은 일부러 안채를 바라보는 것을 피하지는 않았다. 그렇다고 해서 일부러 안채를 바라보았다는 것도 아니다. 얼마 동안은 그녀가 자기를 부르러 올 것이라고 그는 믿고 있었다. 그는 생각했다. '그 여자가 무슨 신호를 해 줄 거야.' 그러나 그녀는 그런 일을 하지 않았다. 한동안 그는 더 이상 자신은 그런 것을 기대하지는 않는다고 믿게 되었다. 그래도 일부러 안채를 다시 바라보게 되었을 때에는 피가 끓어올랐다 싸늘하게 식었다 하는 것을 느끼고 충격을 받았다. 그리고 그녀 모습이 눈에 띄지나 않을까, 또한 그녀가 명백하고도 고요한 경멸의 태도로 언제나 자기를 감시하고 있지나 않을까 자신이 두려워하고 있었음을 그는 깨달았다. 그리하여 그는 집을 바라보는 순간에 식은땀이 흐르는 것을 느꼈고 마침내 한 시련을 극복했다고 느꼈다. '그건 끝났구나.' 그는 생각했다. '안채를 봤으니까, 이제 그건 다 끝났어.' 그래서 어느 날 그가 그녀를 보았을 때에도 아무런 충격도 일어나지 않았다. 아마 그는 마음에 준비를 해 두었던 모양이다. 하여간 우연히 눈을 들어, 뒤뜰에서 회색 옷을 입고 해가리개를 쓰고 있는 그녀를 보았을 때에도 그의 피는 전처럼 끓어오르거나 싸늘하게 식거나 하지는 않았다. 그는 그녀가 자기를 죽 감시하고 있었는지, 자기가 여기 있는 걸 눈치채고 있는지, 지금 자기를 보고 있는지 전혀 알 수가 없었다. '나를 내버려 두면 나도 당신에게 성가시게 굴진 않아.' 그는 생각했다. 그리고 또 생각했다. '난 꿈을 꾼 거야. 그런 사건은 일어나지도 않았어. 그런 사건이 일어날 수 있을 만한 육체는 그 여자의 옷 속에 흔적조차 없으니까.'

   그는 봄부터 일을 하러 갔다. 9월 어느 날 저녁 일터에서 돌아와 오두막집에 들어가다가 그는 깜짝 놀라서 한 발을 든 채로 걸음을 딱 멈추었다. 그녀가 침대에 앉아서 그를 쳐다보고 있었던 것이다. 그녀의 머리에는 아무것도 씌어 있지 않았다. 그는 어둠 속에서 시커먼 베개 위에, 마구 헝클어지지는 않았지만 풀려서 흩어진 그녀의 머리털을 느껴 본 일이 있었으나, 그녀의 맨머리는 본 일이 없었다. 또한 그녀의 머리털을 눈으로 본 것도 이번이 처음이어서, 그녀가 자기를 바라보고 있는 동안 그는 그대로 서서 머리털만 뚫어지게 쏘아보고 있었다. 그러고 나서 다시 움직이려던 찰나에 그는 갑자기 혼자 중얼거렸다. '이 여자는 해 보려 하고 있는 거야. 이 여자 머리털엔 백발이 섞였으리라고 생각했었는데. 이 여자는 여성이 되려고 애쓰고 있지만 어떻게 해야 좋을지를 모르고 있어.' 그리고 생각하는 도중에 깨닫는다. '이 여자는 내게 말을 하러 왔군.' 두 시간이 지나 어두워졌을 때에 오두막집 침대에는 두 사람이 나란히 앉아 있었고, 그녀는 말을 계속하고 있었다. 그녀는 자기가 마흔한 살이고 건너편 안채에서 태어났으며, 그때부터 내내 거기서 살아 언제든지 6개월 넘게 제퍼슨을 떠나 본 일이 없었고, 아주 드물게 떠나는 그런 여행 중에는 그녀 자신에게나 일가친척에게나 생소한 땅인 이곳 부근의 흙과 나무와 관목림과 또한 집의 널판과 못에 이르기까지 모든 것에 대해 향수를 느끼게 되더라고 말했다. 이렇게 말을 할 때에 그녀의 말투 속에는 이미 40년이나 지나면서 그녀의 생애를 형성한 이 지방의 사투리가 섞여 있긴 했지만, 거기에는 뚜렷이 뉴잉글랜드 지방의 어조가 깃들어 있었다. 마치 뉴햄프셔주를 한 번도 떠나 보지 않고 그녀와 만난 것도 40년 동안에 서너 번 될까 말까 한 그녀의 친척들이 말하는 것처럼, 뉴잉글랜드 지방의 어조가 그녀의 말투에는 많이 섞여 있었다. 빛이 점점 사라지고 나중에는 그녀의 음성이 근원도 없이 줄기차게 끝없이 남자 목소리처럼 나지막하게 이어지고 있을 동안, 크리스마스는 어두운 방 침대에 그녀와 나란히 앉아서 생각을 해 보았다. '이 여자도 다른 여자들과 똑같아. 그들이 열일곱 살이건 마흔일곱 살이건 상관할 것 없이 전적으로 항복하러 올 때에는 반드시 말이 많아지거든.'

칼빈 버든은 나다니엘 버링턴이라 하는 목사의 아들이었다. 10남매 중 막내였던 그는 아직 자기 이름도 쓸 줄 모르던(그의 아버지는 그가 쓰려고 하지 않았을 뿐이라고 믿고 있었지만) 열두 살 때에 집을 나가 배에 탔다. 그는 혼곶을 돌아 캘리포니아까지 항해를 하고, 그 땅에서 가톨릭교도로 개종하고 수도원에서 1년을 지냈다. 10년 뒤에 그는 서부에서부터 미주리주에 왔다. 도착한 지 3주일 지나서 그는 어떤 여자와 결혼했는데, 그녀는 캐롤라이나주에서부터 켄터키주를 거쳐 이주해 온 위그노(16, 7세기 무렵 프랑스의 신교도) 출신 가족의 딸이었다. 결혼식을 치른 그날 그는 이렇게 말했다. "여기에 자리를 잡는 것이 좋겠군." 그는 그날부터 당장 그곳에서 자리를 잡아갔다. 결혼 축하연은 아직 한창이었지만, 그가 처음 한 일은 가톨릭교회에 대한 충성을 정식으로 거부한 것이었다. 그는 이 말을 술자리에서 하면서, 거기 모여 그의 말을 듣던 사람 중 반대 의사가 있는 사람은 말해 달라고 강요했다. 아무도 반대 의사를 밝히는 사람은 없었는데도 그는 반드시 반대하는 사람이 있을 것이라고 고집스럽게 믿고 있었다. 아니, 적어도 그가 친구들에게 이끌려 퇴장하기까지는 그랬다는 말이다. 이튿날 그는 자기 말이 농담 아닌 진담이었다고 언명했다. 하여간 그는 프랑스 계통 노예소유자들이 득실거리는 교회에 속하고 싶지는 않다고 뚜렷이 밝혔던 것이다. 그것은 세인트루이스에서 일어난 일이었다. 거기서 그는 집을 사고 1년 뒤에는 아버지가 되었다. 그때 그는 말하기를, 1년 전에 그가 가톨릭교회를 부인한 것은 자기 아들의 영혼 때문이었다고 했다. 아들이 태어나자마자 그는 뉴잉글랜드 선조들의 종교를 아이에게 불어넣기 시작했다. 그 지방에는 유니테리언 교파 (신교의 일파. 삼위일체설을 반대하며 유일신격을 주장하여 그리스도의 신격을 부인하는 교파)의 예배당이 없었다. 그리고 버든은 영어 성경을 읽을 줄 몰랐다. 그러나 그는 캘리포니아주에 있을 때 신부들에게서 스페인 말로 성경을 읽는 것을 배웠다. 그래서 아이가 걷게 되자마자 버든(이때 그는 자기 성을 버든이라고 발음했다. 왜냐하면 그는 버링턴이라는 본디 성의 철자를 여전히 잘 몰랐고 신부들에게서 배울 때에도 성을 좀처럼 쓰지 못했는데, 그의 손은 펜보다는 밧줄이나 총의 개머리판이나 칼을 쥐는 데 더 열심이었기 때문이다)은 캘리포니아주에서 가지고 온 스페인어 성경을 읽어 주기 시작하여, 때로는 그 낭랑하게 흐르는 외국어의 신비로운 흐름 속에 즉석에서 열띤 교훈을 집어넣기도 했다. 그 설교는 절반은 뉴잉글랜드에 있을 적에 일요일마다 아버지에게서 끊임없이 들어 기억하고 있던 엄격하고도 냉엄한 논리, 그리고 나머지 절반은 시골 감리교의 순회목사라면 누구든지 자랑하고 싶어지는 익숙한 지옥의 업화와 손으로 만져질 듯한 유황불의 무시무시한 묘사로 구성이 되어 있었다. 아들과 아버지는 자주 방 안에 그들끼리만 있곤 했다. 키가 크고 여윈 북유럽인의 특징을 지닌 아버지와, 어머니의 체격과 피부를 물려받아서 작고도 가무잡잡한 활발한 아들은 마치 전혀 다른 족속처럼 보였다. 아들이 다섯 살쯤 되었을 때 버든은 노예에 대해서 논쟁을 하다가 한 사람을 죽였기 때문에 가족들을 데리고 세인트루이스를 떠나는 수밖에 없었다. 그는 서쪽으로 이동하면서 말했다. "민주당원들로부터 떠나기 위함이다."

그가 옮겨 간 개척지는 잡화점 하나와 대장간 하나, 교회 하나와 음식점 둘로 이루어져 있었다. 여기서 버든은 대개 정치를 논하고, 귀에 거슬리는 큰 소리로 노예제도와 노예소유자들을 욕하면서 시간을 보냈다. 그가 도착하자마자 전에 사람을 죽였다는 소문도 퍼졌고, 또 권총을 지니고 다닌다는 사실도 알려졌다. 따라서 그의 의견은 적어도 군소리 없이 받아들여졌다. 때때로, 특히 토요일 밤 같은 때에는 그는 위스키 냄새를 풀풀 풍기면서 특유의 큰소리를 치며 집으로 돌아오곤 했다. 그때마다 그는 억센 손으로 아들을 깨웠다(어머니는 이미 세상을 떠났고 다른 식구로서는 눈동자가 파란 딸이 셋 있었다). "두 가지 미워해야 할 일이 있는데 잘 들어 봐." 이렇게 그는 말했다. "알아먹지 못하면 뼈도 못 추리게 하겠다. 두 가지란 다른 것이 아니라, 지옥과 노예소유자란 말이야, 내 말 제대로 들었니?"

"예." 소년은 대답했다. "안 들을 수가 없잖아요. 아버지, 어서 주무셔서 저 좀 다시 재워 주세요."

그는 개종을 권하는 전도자는 아니었다. 때로는 권총을 꺼내는 일도 있었지만 언제나 대단한 사건으로 번지지는 않았고, 대개 그는 자기 혈육에게 설교할 뿐이었다. "세상 사람들이 우매해서 전부 지옥에 빠진들 상관할 것이 무엇이냐 말이야." 그는 아이들에게 말하곤 했다. "그렇지만 내 팔을 들어 올릴 수 있는 한 나는 너희 넷 속에다 하느님에 대한 사랑을 두들겨 넣어 줄 생각이야." 이런 일은 언제나 일요일에 일어났다. 매주 일요일만 되면 몸을 잘 씻은 아이들은 무명이나 데님으로 만든 옷을 입었고, 아버지는 주머니에 집어넣은 권총으로 엉덩이 언저리가 불룩해진 검은 나사 프록코트와, 죽은 어머니가 하던 대로 맏딸이 토요일마다 잘 다려 준 옷깃 없는 빳빳한 셔츠를 입었다. 그들이 이렇게 복장을 단정히 하여 투박하지만 깨끗한 거실에 모이면, 버든은 전에 금박과 문장으로 눈부시게 장식이 된 적이 있는 성경책을 꺼내어 그들이 이해하지도 못하는 스페인 말로 읽어 주곤 했다. 그는 이런 일을 아들이 도망갈 때까지 계속했다.

그 아들의 이름은 나다니엘이었다. 그는 열네 살 때에 집을 나가서 열여섯 해 동안 집에는 돌아오지 않았다. 그동안 그는 사람을 시켜 자기 소식을 두 번 집에 전했을 뿐이다. 첫 소식은 콜로라도주에서 보내온 것이었고, 두 번째 소식은 멕시코에서 보낸 것이었다. 어느 곳에서도 그는 무슨 일을 하고 있는지 알려 주지 않았다. "내가 떠나올 때에는 그는 괜찮았습니다." 메신저는 이렇게 말했다. 이것은 1863년에 온 두 번째 메신저의 말로, 그때 그는 부엌에서 아침을 단정하면서도 신속하게 먹고 있었다. 세 소녀(그중 둘은 이미 다 큰 처녀였지만)가 식사 시중을 들고 있었다. 그들은 거칠긴 해도 깨끗한 옷을 입고 입을 좀 벌리고 접시를 든 채 투박한 식탁 주위에 서 있었고, 메신저 맞은편에는 아버지가 앉아서 이제 하나밖에 안 남은 손으로 턱을 받치고 있었다. 나머지 한 팔은 2년 전 캔자스 전투에서 유격 기마대원으로 활약하던 도중 잃어버리고 말았고, 그의 머리와 수염은 이제 반백이 다 되어 있었다. 그러나 그는 아직도 기운이 넘쳤다. 그리고 그의 프록코트는 무거운 권총으로 말미암아 여전히 엉덩이 쪽이 불룩 튀어나와 있었다. "그는 좀 성가신 일에 말려 들어갔습니다." 메신저가 말했다. "그렇지만 떠나올 때 들은 바로는 괜찮았습니다."

"성가신 일?" 아버지가 물었다.

"어떤 멕시코 사람이 그에게 말을 도둑맞았다고 난리를 치는 통에 그는 그 사람을 죽여 버리고 말았지요. 아시다시피 그 동네 스페인 사람들이 백인들에게는 공연히 엄하게 굴지 않습니까! 그런데 멕시코 사람을 죽여 놓았으니 더 야단이었겠지요." 메신저는 커피를 좀 마셨다. "그렇지만 그들도 어느 정도 엄하게 할 수밖에 없을 겁니다. 온통 돈벌이를 하러 온 풋내기들로 들끓고 있으니까요—아, 고맙습니다." 그는 맏딸이 옥수수 케이크를 그의 접시에다 새로 수북하게 쌓아 줄 때에 말했다. "아, 괜찮습니다. 시럽은 제가 뿌릴게요—사람들은 그 말이 그 멕시코 사람 것이 아니라고 말했지요. 멕시코 사람은 처음부터 말 한 필도 가져 본 일이 없다고요. 그렇지만 그들 스페인 사람들도 좀 엄격하게 할 수밖에 없을 겁니다. 동부 사람들이 서부에 와서까지 나쁜 평판을 남기고 있으니까요."

아버지는 툴툴거렸다. "그럴 거야, 거기서도 무슨 성가신 일이 일어났다면 그놈은 반드시 그 일에 말려들었을 거야. 그놈에게 이렇게 말해 주게." 그리고 그는 몹시 사납게 말했다. "만약에 그놈이 겁쟁이 신부들에게 속아 넘어가기만 하면, 남부 편을 드는 반역자를 쏘아 죽이듯이 그놈도 당장 쏘아 버리겠다고 말이야."

"집에 돌아오라고 전해 주세요." 맏딸이 말했다. "꼭 좀 그렇게 말해 주세요."

"예 그러지요, 아가씨." 메신저는 말했다. "꼭 그렇게 전해 드리지요. 난 이제 동쪽으로 가서 잠시 인디애나주에 머무를 예정인데요. 돌아가면 곧 그를 만나겠습니다. 만나서 꼭 전하고말고요. 아, 참 그렇지. 하마터면 잊어버릴 뻔했군요. 아내와 애도 다 잘 있다고 여러분께 전해 달라고 그랬는데요."

"누구의 아내와 애 말인가?" 아버지는 물었다.

"그의 아내와 애지요." 메신저는 말했다. "따뜻하게 대접해 주셔서 정말 고맙습니다. 자, 그러면 안녕히 계십시오."

그들은 그에게서 세 번째 소식을 들은 다음에야 서로 만나 보았다. 그들은 어느 날 집 앞에서(하긴 거리가 꽤 떨어져 있는 곳이긴 했지만) 그가 소리치는 것을 들었던 것이다. 1866년의 일이었다. 그 집은 백 마일쯤 더 서쪽으로 이사를 가 있어서 아들은 집을 찾는 데 두 달이나 걸렸다. 그는 좌석 밑에다 사금과 주조 화폐와 아직 가공하지 않은 보석을 넣은 가죽 부대 두 개를 마치 헌 구두 한 켤레처럼 던져 넣은 채 사륜마차에 올라타고 캔자스주와 미주리주를 여기저기 돌아다니다가, 마침내 가족들이 사는 더러운 오두막집을 찾아낸 다음 그곳으로 마차를 몰아가며 소리를 질렀던 것이다. 오두막집 문 앞에는 어떤 남자가 의자에 앉아 있었다. "아버지야." 나다니엘은 마차 좌석에서 자기 옆에 앉아 있는 여자에게 말했다. "보이지?" 그의 아버지는 아직 50대 중반이었지만 벌써 눈이 점점 어두워지고 있었다. 그는 마차가 멎어서 딸들이 소리를 지르며 문으로 쏟아져 나올 때까지 아들의 얼굴을 분간하지 못했다. 이윽고 아들을 알아보자 칼빈이 일어섰다. 그는 길게 울리는 소리를 냈다. "자." 나다니엘이 말했다. "드디어 다 왔네."

칼빈은 뜻이 통하는 말을 하고 있지 않았다. 그저 소리만 지르며 욕설을 퍼붓고 있었다. "네놈 뼈를 물렁물렁하게 해 줄 테다!" 그는 외쳤다. "얘들아! 반지! 벡! 사라!" 딸들은 이미 나와 있었다. 그들은 낙낙한 치마를 풍선처럼 둥글게 부풀리면서 문으로부터 급류에 밀려 나오듯이 한꺼번에 나와서는 소리소리 지르고 있었지만, 그 위로 아버지의 굵은 소리가 크게 울려퍼졌다. 그의 옷—일요일용이거나 돈 많은 은퇴자의 프록코트—은 그때 앞이 벌어졌고, 그는 마치 권총을 뽑으려는 듯한 몸짓과 태도로 허리 둘레를 더듬고 있었다. 그러나 실제로 그는 허리에서 외팔로 혁대를 잡아 뺐을 뿐이었고 그것을 막 휘두르면서, 참새처럼 깔깔거리면서 몰려드는 딸들을 물리치며 그 사이로 거칠게 나아갔다. "네 이놈, 본때를 보여 주마!" 그는 외쳤다. "감히 가출을 하다니, 그 죄가 무엇인지 가르쳐 주마!" 혁대가 나다니엘의 어깨에 두 번 떨어졌다. 그것이 두 번 떨어지고 나서 두 사람은 얼싸안았다.

그것은 어떤 의미에서는 유희였다. 일종의 절박한 유희로, 웃으면서도 심각성을 띠고 있는 것이었다. 말하자면 사자 두 마리가 어울려 놀면서 서로에게 상처를 남길 수도 있고 남기지 않을 수도 있는 그런 종류의 유희였다. 혁대는 공중에서 멈췄고 그들은 얼싸안았다. 그들은 얼굴과 얼굴을, 가슴과 가슴을 맞대고 서 있었다. 노인은 여윈 흰 얼굴과 뉴잉글랜드 사람들의 특징인 푸르스름한 눈동자를 나타내고 있었고, 아들은 아버지와는 전혀 닮은 데가 없이 매부리코에 흰 이를 드러내고 웃는 모습을 보여 주고 있었다. "이젠 그만두세요." 나다니엘이 말했다. "저기 마차에서 누가 보고 있는지 모르세요?"

그들은 지금까지 아무도 마차 쪽을 보지 않았었다. 좌석에는 여자 한 사람과 열두 살쯤 된 소년이 앉아 있었다. 아버지는 여자를 한 번 쳐다보았다. 소년은 볼 필요도 없었다. 그 여자만 보고도 그의 입은 마치 유령을 본 것처럼 딱 벌어지고 말았다. "이반젤린!" 그는 말했다. 그녀는 그의 죽은 아내와 꼭 닮아서 처제라고 할 만큼 비슷했다. 자기 어머니 얼굴을 기억할리 없는 아들이, 어머니와 거의 똑같이 생긴 여자를 아내로 맞았던 것이다.

"쥬아나예요." 아들은 말했다. "함께 앉아 있는 애가 칼빈이구요. 우린 결혼을 하려고 집으로 돌아왔어요." 그날 밤 저녁을 먹은 뒤 여자와 어린애를 자리에 눕히고 나서 나다니엘은 그들에게 이야기를 해 주었다. 그들은 등불을 중심으로 앉아 있었다. 아버지와 세 딸과 그리고 돌아온 아들. 그가 나가 있던 곳에는 신교 목사는 한 사람도 없었고, 다만 신부와 가톨릭교도들만이 있을 뿐이었다고 그는 설명했다. "그래서 애가 태어나리라는 것을 알았을 때에 아내는 신부라도 부르자고 말하더군요. 그렇지만 나는 버든네 집안에 이교도가 생기게 하고 싶지는 않았지요. 그래서 아내 기분을 상하게 하면서까지 여기저기 찾아보기 시작했습니다. 그런데 이런 일 저런 일이 자꾸 생겨서 목사님을 찾으러 나갈 수가 없던 중 애는 벌써 나오지 않았겠습니까. 그래서 뭐 서두를 필요 없게 되었죠. 그렇지만 아내는 여전히 근심 걱정을 하면서 신부니 뭐니 야단이었는데, 한 2년 지나려니까 백인 목사가 어느 날 하루만 샌타페이(뉴멕시코 주의 주도)에 와서 머물 예정이라는 소문을 듣게 되었습니다. 그래서 우리는 짐을 꾸려 길을 떠나 샌타페이에 도착했죠. 그랬더니 목사님을 태운 역마차가 막 떠나서 먼지만 아득히 보일 뿐이 아니겠습니까. 하는 수 없이 거기서 2년 동안 기다리고 있다가 또 다른 기회를 얻게 되었지요. 이번에는 텍사스주에 가야 했습니다. 그런데 또 이번에는 보안관이 댄스홀에 갇히는 소동이 일어나서 기마경찰대가 출동하는 바람에 나도 한몫 끼지 않을 수가 없었지요. 그러다 보니 목사는 또다시 못 보게 되었고요. 그래서 소동이 끝난 다음에, 일단 집으로 돌아가 정식 결혼식을 하기로 결심하게 된 거랍니다. 자, 그래서 이렇게 우리가 오지 않았습니까!"

아버지는 등불 아래 여위고도 백발이 성성한 모습으로 엄격한 자세로 앉아 있었다. 그는 아들의 이야기에 귀를 기울이고 있기는 했지만 그 표정은 대단히 침울했고, 거기에는 어딘지 굉장히 깊은 생각에 잠긴 듯한 태도와 어리둥절한 분노 같은 것이 더해져 있었다. "제기랄, 버든 집안에 또 꺼먼 것이 섞이게 됐군." 그는 말했다. "사람들은 내가 빌어먹을 남부 노예상인의 딸을 아내로 맞았다고 생각할 거야. 그런데 너도 또 그런 남부 여자를 아내로 맞이하다니!" 아들은 잠자코 듣고만 있었다. 자기 아내는 스페인 사람이지 남군 소속의 반역자는 아니라고 아버지에게 감히 말도 못했다. "제기, 빈약한 검은 족속 같으니! 지옥에나 떨어지라지. 그놈들은 하느님 진노의 무게 때문에 몸이 빈약하고, 그들의 피와 육체를 더럽히는 인간 노예화의 죄 때문에 피부가 검은 거야." 한곳을 지그시 바라보는 그의 시선은 막연했고 광신적이며 더구나 확신에 가득 차 있었다. "그렇지만 우리는 그들을 해방시켜 주었어. 백인이고 흑인이고 할 것 없이 말이야. 그들은 이제 점점 하얗게 되겠지. 백 년만 지나면 그들은 다시 백인이 될 거야. 그때에는 아마 그들을 다시 아메리카로 돌아오게 해도 괜찮겠지." 그는 꼼짝도 않고 속으로 열을 띠며 생각에 잠기는 듯했다. "아, 참 그렇지." 그는 돌연히 말했다. "그 애는 피부가 검기는 해도 하여간 남자다운 체격을 가지고 있어. 그래, 맞았어. 그 애는 자기 할아버지처럼 큰 사람이 될 거야. 자기 아빠처럼 난쟁이는 되지 않겠지. 검은 엄마와 검은 모습을 갖고 있긴 하지만 분명히 커질 거야."

그녀는 어두워져 가는 오두막집 침대에 앉아서 크리스마스에게 이런 이야기를 해 주고 있었다. 그들은 한 시간 넘게나 움직이지 않고 있었다. 그는 떠다니는 보트를 타고 있는 것처럼 그녀 음성의 울림 위에 뜬 채 조금씩 흔들리고 있는 기분이었다. 그것은 어느 순간에나 아무런 사건도 일어날 것 같지 않은 무한한 꿈의 평화 위에 떠 있는 것 같아서, 그는 귀도 제대로 기울이지 않고 있었다. "그의 이름은 할아버지 이름처럼 칼빈이었어요. 그리고 할아버지처럼 몸집이 컸지요. 자기 아버지의 외가 식구들처럼, 또 자기 어머니처럼 좀 검긴 했지만요. 그 어머니란 분은 내 어머니는 아니었어요. 그는 내 이복 오빠니까요. 할아버지는 10남매 중에서 막내였고, 아버지는 두 사람 중 마지막이었고, 칼빈은 모든 사람 중 맨 마지막이었어요." 이 칼빈이란 인물이 흑인 투표권 문제로 논쟁을 하다가 남군 소속 군인이며 전에 노예소유자였던 사토리스의 손에 걸려 여기서 2마일 떨어진 시내에서 살해당했을 때, 그의 나이는 겨우 스무 살이었다.

　그녀는 크리스마스에게 무덤—오빠의 무덤, 할아버지의 무덤, 아버지의 무덤, 그리고 그의 두 아내의 무덤—에 대해서도 이야기해 주었다. 묘지는 집에서 반 마일 떨어진 목장의 삼나무 숲에 있었다. 크리스마스는 조용히 들으면서 생각했다. '아! 이 여자는 묘지를 보여 주러 나를 데리고 가겠지. 난 가야만 할 거야.' 그러나 그녀는 그런 청을 하지는 않았다. 그저 묘지가 어디 있는지 가르쳐 주고, 원한다면 혼자서 가 보라고만 말했을 뿐이다. 그리고 그 뒤로 그녀는 다시는 그 화제를 꺼내지 않았다. "당신은 아마 무덤들을 찾지 못할지도 몰라요." 그녀는 말했다. "왜냐하면 그날 저녁 할아버지와 칼빈의 시체를 집으로 갖고 왔을 때에, 아버지는 어두워지기를 기다려 밤중에 매장을 하고 평토장으로 꾸미어 무덤을 감춘 다음, 무슨 덤불 같은 것으로 덮어 버리고 말았으니까요."

　"무덤을 감췄다고?" 크리스마스는 말했다.

　그녀의 음성에는 부드럽고 여성다운 점이나 탄식하고 회상하는 면은 전혀 없었다. "그래야 그들이 찾지 못할 테니까요. 그들이 시체를 파헤쳐서 난도질할 게 뻔했으니까." 그녀는 쉬지 않고 말했다. 그녀의 음성에는 짜증과 변명투가 좀 섞여 있었다. "이 고장 사람들은 우리 식구들을 미워했어요. 우리는 북부 양키였으니까요. 말하자면 이방인이었지요. 아니, 이방인 정도가 아니라 원수였어요. 북쪽에서 한몫 보러 온 사람 취급을 당했지요. 게다가 그것이—남북전쟁이—막 끝난 참이어서 아무도 맑은 정신을 가지지는 못했어요. 전쟁에서 진 사람들은 북부 인간들이 흑인들을 선동하여 살인과 강간을 자행하게 한다고들 했지요. 또 백인들의 우월성을 위협하느니 어쩌니 야단들이었어요. 그래서 사토리스 대령이 마을의 영웅이 될 수 있었겠죠. 그는 권총 하나로 두 방을 쏘아 외팔이 노인과 아직 투표권도 행사해 보지 못한 청년을 멋지게 죽였으니까요. 그래도 아마 그들이 옳았는지도 모르죠. 하여간 난 모르겠어요."

　"오." 크리스마스가 말했다. "그 자식들이 그런 짓을 했을는지도 모른다고? 이미 죽여 놓고도 시체를 파헤치는 짓까지 할 뻔했다? 도대체 언제쯤이나 다른 피를 가진 사람들이 서로 미워하는 일을 그치게 될까?"

"언제쯤이냐고요?" 그녀의 음성은 그쳤다 다시금 이어졌다. "모르겠어요. 그들이 정말로 시체를 파헤치려 했는지 난 몰라요. 난 그때는 아직 태어나지도 않았었으니까요. 칼빈이 죽은 지 14년 뒤에야 내가 태어났으니까요. 사람들이 그때 무슨 짓을 하였는지 내가 어떻게 알아요? 그렇지만 아버지는 그들이 그런 짓을 할지도 모른다고 생각했지요. 그래서 무덤을 감추었어요. 그리고 칼빈의 어머니도 죽자 아버지는 칼빈과 할아버지 곁에 아내를 묻었죠. 그래서 어느새 그곳은 우리 집안 묘지가 된 것이랍니다. 아마 아버지는 칼빈의 어머니를 거기다 묻을 계획은 없었나 봐요. 내 어머니가 해주신 말씀이 아직도 기억나는데(아버지는 칼빈의 어머니가 죽은 뒤 곧, 아직 친척들이 살고 있는 뉴햄프셔주에서 엄마를 불러왔어요. 여기서 아버지는 외톨이셨으니 말이에요. 만약에 할아버지와 칼빈이 거기 묻히지 않았더라면 아버지는 다른 곳으로 가 버리고 말았을 거라고 난 생각해요), 아버지는 칼빈의 어머니가 죽었을 때에 다른 곳으로 떠나려고 했다는 거예요. 그렇지만 그 어머니가 죽은 것은 여름철이어서 시체를 멕시코 친정 식구들에게로 운반하기에는 날씨가 너무 더웠죠. 그래서 아버지는 시체를 여기에 묻었어요. 아마 그 때문에 아버지는 여기서 그냥 살기로 작정했나 봐요. 아니면 아버지가 점점 늙어가고 있었기 때문인지도 모르죠. 게다가 남북전쟁에 가담했던 사람들도 다 늙어 가고 있었고, 흑인들은 강간이나 살인을 한다는 말도 차츰 사라지고 있었으니까요. 하여간 아버지는 시체를 여기 묻었어요. 그런데 그 무덤도 숨길 수밖에 없었지요. 그 무덤을 보는 사람들이 혹시나 할아버지와 칼빈을 떠올릴지도 모르니까요. 모든 일은 다 끝나고 과거 일이 되어 버리고 말았는데도 아버지는 조심하지 않을 수 없었던 거예요. 그리고 이듬해에 아버지는 뉴햄프셔주에 있는 우리 친척에게 편지를 써 보냈죠. 편지 내용은 이런 거였습니다. '나는 쉰 살 먹었소. 여자에게 필요한 것은 다 갖추고 있소. 아내가 될 만한 참한 여자를 보내 주시오. 누가 내 아내가 되든 상관없지만, 살림을 잘하고 또 적어도 서른다섯 살은 된 여자라야 하겠소.' 그리고 아버지는 차비도 편지에 동봉했어요. 두 달 지나서 내 어머니가 여기에 왔고, 그날로 두 분은 결혼을 했답니다. 그건 참 그에게는 벼락같은 결혼이었죠. 처음 결혼할 때에는 12년이나 걸렸으니까요. 캔자스주에서 아버지와 칼빈과 칼빈의 어머니가 할아버지를 만나게 되었을 때 말이에요. 그때 그들은 수요일인가 목요일에 집에 돌아왔지만 일요일까지 기다려서야 결혼을 할 수 있었답니다. 그것은 야외 결혼식으로, 시냇가에서 거행되었어요. 황소를 통째로 구워 놓고 위스키를 한 통 준비해 놓고선, 청첩을 받았거나 소문을 듣고 온 사람들에게 대접을 했죠. 그들은 토요일 아침부터 오기 시작하여 그날 밤에는 목사님까지 왔어요. 온종일 딸 셋에서 칼빈 어머니의 결혼의상과 베일을 만드느라고 분주히 일을 했지요. 결혼의상은 밀가루 부대로 만들고, 베일은 술집 주인이 카운터 뒤에 걸어 놓은 그림을 덮었던 모기장을 가지고 만들었다나요. 주인에게서 그걸 빌렸던 거지요. 그들은 칼빈이 입을 옷도 만들었어요. 옷이라고 부르긴 좀 뭐했던 모양이지만. 그때 그는 열두 살이었는데 반지를 들고 있을 임무를 맡았답니다. 그는 그걸 원치 않았다지만요. 그는 전날 밤 사람들이 자기에게 무슨 일을 시키려는지 미리 알아서 이튿날 아침 (그들은 그날 아침 6시나 7시쯤에 결혼식을 하려고 했었는데요) 자취를 감추고 말았기 때문에 가족들은 그를 찾아내기까지 식을 미룰 수밖에 없었답니다. 그들은 일어나 아침을 먹고 나서야 칼빈이 없어진 것을 알고 부랴부랴 그를 찾아서 옷을 입혔어요. 그리고 드디어 결혼식을 거행할 때에는 칼빈의 어머니는 집에서 만든 의상을 입고 모기장 베일을 썼고, 아버지는 곰 기름으로 머리를 빗은 다음 멕시코에서 갖고 돌아온 스페인 장화를 신었지요. 할아버지가 신부를 신랑에게 넘겨주는 일을 맡았다는데, 남들이 칼빈을 찾고 있는 동안 할아버지는 위스키통 근처에 얼쩡거린 탓에 꽤 취했던 모양이에요. 그래서 신부를 넘겨줄 때가 되자 할 일은 하지 않고 연설을 시작했다지요. 링컨과 노예제도에 대한 이야기를 하면서 링컨과 흑인은 모세와 이스라엘 족속과 꼭 같다, 홍해는 흑인들이 약속의 땅으로 건너가기 위해서 흘릴 수밖에 없었던 피로 되어 있는 것이다, 하면서 거기에 반대하는 사람은 누구든지 나서 보라고 큰소리 친 모양이에요. 그의 연설을 멈추고 결혼식을 다시 진행시키기까지는 시간이 꽤 걸렸어요. 결혼식이 끝난 뒤 그들은 한 달가량 거기에 머물러 있었지요. 그러던 어느 날 아버지와 할아버지는 동쪽 워싱턴으로 가서 해방된 흑인들을 돕는 임무를 정부로부터 받아 이 고장으로 오게 된 거랍니다. 딸 셋 말고는 모두들 제퍼슨시로 이사를 왔는데, 두 딸은 시집을 갔고 막내딸은 그중 한 언니네 집에서 살고 있었지요. 그래서 할아버지와 아버지와 칼빈과 그의 어머니가 여기에 와서 이 집을 마련하여 살게 되었어요. 그런데 그들이 언젠가 꼭 일어나리라고 예측하고 있던 일이 결국 정말로 일어나고 말았어요. 그 뒤 아버지는 홀몸이 되었고 제 어머니가 뉴햄프셔주에서 오게 된 것이랍니다. 아버지와 어머니는 전에 한 번도 만나 본 일도 없었고, 사진조차 본 일이 없었어요. 어머니가 여기 도착한 바로 그날에 그들은 결혼했고 나는 2년 뒤에 태어났어요. 아버지는 칼빈의 어머니 이름을 따라 내 이름을 조안나라고 붙여 주었답니다. 아버지가 아들을 원했다고는 생각지 않아요. 난 아버지를 잘 기억하지 못해요. 아버지를 인간으로, 한 사람으로 지금까지 기억할 수 있는 것은 꼭 한 번, 그가 나를 칼빈과 할아버지 무덤에 데리고 갔을 때의 모습이죠. 그날은 맑게 갠 봄날이었어요. 난 어디로 가는지도 알지 못했는데 처음부터 가기 싫어했던 기억이 나요. 삼나무 숲으로 들어가기가 싫었어요. 어째서 싫어했는지는 지금도 모르겠지만. 거기에 무엇이 있는지는 알 도리가 없었는데—내 나이는 겨우 네 살이었으니까요. 혹 내가 알았다 해도 어린애에게는 두려운 일도 아니었겠죠. 아마 내가 가기 싫어했던 까닭은 아버지의 태도에 무언가 있었기 때문이었겠지요. 삼나무 숲에서 아버지를 통해서 내게로 다가오는 무엇이 있었기 때문에. 그 무엇이란 아버지가 삼나무 숲에 덮어 둔 것이고, 내가 거기에 들어가면 나도 그 무엇을 덮어쓰게 되어서 그 뒤로는 평생 그것을 잊어버리지 못할 거라는 느낌이 들었어요. 나도 잘 모르겠지만. 하여간 아버지는 나를 그리로 데리고 들어가 거기에 함께 섰을 때에 이렇게 말씀하셨어요. '지금부터 내가 하는 말을 잘 기억해 둬라. 네 할아버지와 오빠가 총에 맞아 여기 누워 있다. 그것은 한 백인이 쏜 총이 아니었다. 그건 네 할아버지나 오빠나 나나 너를 미처 생각하시기도 전에 하느님께서 한 인종 전체에 내리신 저주에 의해서 쏘아진 총이었어. 그 인종은 언제나 그들이 지은 죄 때문에 백인종의 운명과 저주의 일부가 되는 운명을 지니고 저주를 받은 인종이야. 그걸 잘 기억해. 백인종의 그 운명과 그 저주를 말이다. 영원히 끊임없이. 내 운명이기도 하다. 네 어머니의 운명이기도 하고. 아직 어린애지만 네게도 마찬가지야. 이미 태어났거나 앞으로 태어날 모든 백인의 자녀에게는 이 저주가 붙어 다녀. 아무도 거기서부터 도망칠 수가 없다.' 그래서 내가 말했지요. '나도 안 돼요?' 그러자 아버지가 대답하더군요. '너도 안 되지. 넌 더구나 안 돼.' 기억할 줄 알게 된 때부터 나는 내내 흑인을 보기도 했고 알기도 했죠. 하지만 난 그저 그들을 마치 비나 가구나 음식이나 잠을 바라보는 것처럼 바라보았어요. 그렇지만 그때부터는 그들이 인간이라기보다는 물건으로 보이기 시작한 것 같아요. 내가 살고, 우리가 살고, 모든 백인들이 살고, 흑인을 뺀 모든 사람들이 그 아래에서 사는 하나의 그림자처럼 보이기 시작했어요. 모든 어린애들은, 모든 백인 어린애들은 이 세상에 태어나서 숨을 쉬기 시작하기도 전에 검은 그림자를 짊어지고 태어난다고, 영원히 그럴 거라고 나는 생각하게 되었지요. 나는 그 검은 그림자를 십자가 모양으로 본 것 같았어요. 또한 백인 갓난애들은 숨쉬기 시작하기도 전에 그들 위에는 물론이고 그들 밑에도 있는 그 그림자로부터 도망치려고 애쓰고 있는 듯이 생각되었고, 그들은 마치 십자가에 못박힌 것처럼 두 팔을 쫙 벌리고 있다고 생각되었어요. 난 온 세상에 태어나는 작은 갓난애들이—아직 태어나지 않은 애들도 모두 포함해서—길게 한 줄로 늘어서서 두 팔을 벌리고 검은 십자가에 걸려 있는 것을 보았어요. 글쎄 그걸 정말 보았는지 꿈에서 보았는지 그때에는 알 수가 없었죠. 그렇지만 참 무서웠어요. 그래서 밤중에 몇 번이나 울었답니다. 그러다가 마침내 아버지에게 말을 했죠. 아니, 말하려고 애써 본 거랍니다. 난 도망가야 되겠다, 그 그림자 밑에서부터 벗어나지 못하면 죽고 말 것이라는 말을 아버지에게 하고 싶었던 거예요. 그러자 '도망은 못 간다' 하고 아버지가 말했죠. '몸부림을 쳐서 일어나야 해. 그렇지만 일어나기 위해서는 그 그림자도 너와 함께 일으켜 세워야 한다. 한데 아무리 애써 봤자 그것을 네 높이만큼 올려 세우지는 못하지. 여기 오기까지는 나도 잘 몰랐지만 이제는 확실히 알 수 있어. 하여간 도망을 가려 해도 갈 수가 없단다. 흑인종이 짊어진 저주는 하느님의 저주야. 그렇지만 백인종에 대한 저주는 흑인 그 자체이다. 하느님께서 전에 저주를 하셨기 때문에 영원히 하느님의 선민이 되어 존속하고 있는 흑인들이야말로 백인의 저주가 되는 거야.' 그녀의 음성이 그쳤다. 방싯하게 열린 희미한 네모진 문틈으로 반딧불이들이 떠돌아다니는 것이 보였다. 마침내 크리스마스가 입을 열었다.

"내 한 가지 물어보고 싶은 것이 있는데—하긴 지금은 나도 그 답변을 알 것 같기도 하군."

그녀는 움직이지 않았다. 그 음성은 조용했다. "무엇인데요?"

"어째서 당신 아버지는 그 녀석을 죽이지 않았어? —그 녀석 이름이 뭐더라—아, 사토리스였군."

"오!" 그녀가 말했다. 다음 순간 다시금 침묵이 흘렀다. 문 건너편에서는 반딧불이가 끊임없이 떠돌고 있었다. "당신이라면 죽였겠죠, 그렇죠?"

"그렇고말고." 그는 곧바로 대답했다. 그러자 그는 그녀가 자기 목소리 쪽을, 마치 그 자신의 모습이 보이기라도 하는 것처럼 보고 있다고 깨달았다. 그녀의 목소리는 지금 정말 조용하고 고요하고 거의 부드러울 정도였다.

"당신은 부모가 누군지 조금도 생각나는 게 없어요?"

만약에 그녀가 그의 얼굴을 볼 수 있었다면 생각에 잠겨 있는 시무룩한 표정이라는 것을 알았을 것이다.

"두 사람 중 어느 쪽이 검둥이 피가 섞였다는 것밖에는 몰라요. 전에 말한 대로지, 뭐."

그녀는 여전히 그를 바라보고 있었다. 그녀의 음성으로 알 수 있었다. 그 음성은 고요하고 냉철하고 관심은 보이면서도 호기심에 사로잡힌 구석은 전혀 없었다. "그건 어떻게 알죠?"

그는 얼마 동안 대답하지 않았다. 그러다가 입을 열었다. "나도 잘 몰라." 다시금 그의 음성이 그쳤다. 그 소리로 미루어 보아 그는 문 쪽으로 시선을 돌리고 있음을 그녀는 알 수 있었다. 그의 얼굴은 침울하고도 고요했다. 잠시 뒤 그는 몸을 움직이면서 다시금 입을 열었다. 이번에는 그의 음성은 이중적이었는데, 기쁨은 없지만 장난기가 섞여 있었으며, 유머는 없으면서도 냉소적인 면이 있었다. "만약에 내게 검둥이 피가 없다면, 제기, 난 공연히 허송세월한 셈이지."

이번에는 그녀가 조용히 숨도 거의 쉬지 않고 명상에 잠기는 듯했다. 그래도 자기연민이나 회상에 빠지지는 않은 모양이었다. "나도 그 생각은 해 봤어요. 어째서 아버지가 사토리스 대령을 쏘지 않았는가 하는 문제 말이에요. 그건 아버지가 프랑스 혈통을 가지고 있기 때문이라고 난 생각해요."

"프랑스 혈통?" 크리스마스는 말했다. "자기 아버지와 아들을 한날에 잃어버리고도 프랑스 사람들은 성 한번 내 보지 못한다 이건가? 분명히 당신 아버지는 종교에 눈을 떴을 거야. 아마 썩은 설교사쯤 되었겠지."

그녀는 잠시 대답이 없었다. 반딧불이가 떠돌아다니고 있었다. 어딘가 먼 곳에서는 부드럽고도 구슬프게 개 짖는 소리가 들려왔다. "난 그 문제에 대해서 생각해 봤어요." 그녀는 말했다. "그때에는 무엇이든지 다 끝났었죠. 군복을 입고 군기를 들고 죽이던 일, 군복과 군기 없이 죽이던 일, 이런 것도 다 끝났어요. 그런 것은 아무 소용도 없었고 지금도 마찬가지예요. 정말 아무 소용도 없죠. 게다가 우리는 외국 사람, 낯선 사람, 이 지방 사람들과는 전혀 생각조차 다른 사람으로, 부탁이나 요청을 받은 일도 없이 이곳에 와서 사는 사람들이에요. 그리고 아버지는 절반은 프랑스 사람이었어요. 그는 프랑스 피를 받았기 때문에, 사람들이 자기와 자기 식구들이 태어난 곳에 대해서 느끼는 애착을 존중할 줄 알았죠. 그리고 사람은 자기가 태어난 고장에서 훈련을 받은 대로 행동할 수밖에 없으리라고 이해도 할 수 있었던 거예요. 난 바로 그 점이 아버지가 참은 이유라고 생각해요."

12

이런 식으로 제2의 국면이 시작되었다. 말하자면 그는 하수구에 빠져 들어간 격이었다. 이제 그는 현재와는 다른 생활을 바라보듯이 그 최초의 치열하고도 용감한 항복을 돌이켜 보는데, 그 정신의 골격이 붕괴되고 신경 섬유 하나하나가 뚝뚝 끊어지는 소리마저 실제로 귀에 들릴 정도였던 그 통렬하고도 격심했던 항복은 결국 용두사미 격이 되고 말았다. 그것은 마치 마지막 결전을 한 뒤 장군이 지난날의 수염을 깎고 장화의 진흙을 떨어내고, 그러고 나서 자기 검(劍)을 넘겨주면서 항복하는 것과도 거의 같은 것이었다.

그 하수구는 밤에만 물이 흘렀다. 낮에는 그들은 전과 다름없었다. 그는 오전 6시 반에 일터로 갔다. 그는 저택 쪽으로는 눈길도 돌리지 않고 자기 오두막집을 떠나곤 했다. 저녁 6시에 돌아올 때에도 역시 저택을 바라보는 일은 없었다. 그는 세수를 하고 흰 셔츠와 줄을 세운 꺼먼 바지로 갈아입고 부엌으로 간다. 식탁 위에 저녁 식사가 다 준비되어 있어서 그는 앉아 그것을 먹지만 여전히 그녀의 모습은 보지 못한 채였다. 그러나 그는 그녀가 집 안에 있음을 알고 있었고, 낡은 담벽 안쪽에 찾아든 밤의 어둠이 무엇인가를 부수고, 그것이 기다림에 지쳐 썩도록 내버려 두고 있음을 알고 있었다. 그는 그녀가 낮에는 어떻게 시간을 보내는지도 알고 있었다. 그 하루하루는 그의 경우처럼 전날의 양상과 별 차이가 없었고, 그녀의 경우에도 다른 사람이 낮 시간을 대신 살아 주기라도 하는 것 같았다. 그가 상상하고 있는 그녀는 온종일 집안일로 분주히 돌아다니다가 변함없이 일정한 시간에는 상처투성이 그 책상에 앉아 있기도 하고, 또는 흑인 여자들이 가로 왼쪽에서나 오른쪽에서나 나타나서, 이 집으로부터 자전거 바퀴살 모양으로 사방으로 내뻗은, 여러 해 동안 밟혀 어느새 생겨난 좁은 길을 따라 이쪽으로 걸어 들어오는 것을 상대로 말도 하고 듣기도 하는 존재였다. 흑인 여자들이 그녀에게 무슨 이야기를 하는지는 그도 알지 못했지만 그는 벌써 여러 번, 그 집에 찾아오는 흑인 여자들의 모습을 본 일은 있었다. 그들의 태도는 뭐 남의 눈을 슬슬 피하는 정도는 아니라고 해도 어딘지 특별한 목적이 있는 것 같았고, 두서넛씩 짝을 지어 오는 경우도 있었지만 대개는 혼자서 찾아왔으며, 앞치마를 두르고 머리에는 수건을 쓰고, 때로는 남자 옷을 어깨에 걸치고 집에 들어갔다. 그러고서 나올 때에는 서두르는 사람들의 걸음걸이는 아니지만 그렇다고 해서 한가히 산책하는 걸음걸이도 아닌 태도로 사방으로 뻗은 좁은 길 가운데 하나를 통해서 떠나가는 것이었다. 그들은 그의 마음에 잠시 머물러 있을 뿐으로, 그는 '지금 저 여자는 이것을 하고 있구나. 지금 저 여자는 저것을 하고 있구나'라고만 생각하지 그녀 자신에 대해서는 별로 생각하고 있지도 않았다. 낮에는 그녀도 자기에 대한 생각을 같은 정도로밖에는 하지 않을 것이라고 그는 믿고 있었다. 밤중에 어두운 침실에서 그녀가 낮에 일어났던 하잘것없는 일들을 지루하리만큼 자세히 들려주고 나서, 그가 지낸 하루 이야기도 들려 달라고 조를 때조차도 애인들의 태도에서 멀리 벗어나는 것은 아니었다. 즉 그녀는 두 사람의 낮 동안의 일들을 하찮은 것까지 세세하게 말로 다 들려주어야 한다고 고집스럽게 요구하지만, 이야기 자체에는 귀를 기울일 필요가 전혀 없다는 듯한 태도였다. 그는 저녁 식사를 끝마치고 나서는 그녀가 기다리고 있는 방으로 갔다. 종종 그는 서두르지도 않았다. 시간이 흘러 이 제2의 국면이 새 맛을 잃어버리고 습관이 되어 버림에 따라서, 그는 자주 부엌문에 서서 저녁 어스름 저편을 내다보면서, 아마 불길한 예감과 흥조에 휩싸인 채 과거에 자기 자신의 의지로 선택했던 냉혹하고도 쓸쓸한 가로를 지켜보곤 했다. 그 가로는 그를 기다리고 있었다. 그는 생각했다. '이건 내 생활이 아니야. 난 이런 곳에서 살 사람은 아니야.'

맨 처음에는 그것이 그에게 충격을 주었다. 즉 뉴잉글랜드의 청교도적인 공허한 격정이 뉴잉글랜드의 성서에 나오는 지옥의 화염에 돌연히 싸이게 된 것이다. 아마 그는 그 격정 속에서 자기부정의 태도를 발견했는지도 모른다. 그 태도는 회복할 수 없는 길고도 텅 빈 세월에 대한 숨김없는 절망을 감춘 강렬하고도 압도적인 절박감으로 나타났는데, 그 지난 세월을 그녀는 매일 밤 메우느라고 애쓰는 것 같았다. 마치 매일 맞닥뜨리는 그 밤이 지상에서의 마지막 밤이기라도 한 듯이, 그녀는 그녀 자신을 조상들이 믿던 지옥으로 떨어뜨리고 죄 속에서뿐만 아니라 치욕 속에서도 사는 것 같았다. 그녀는 더러운 말에 대해서 탐욕을 품고 있었다. 그리하여 그의 입과 그녀의 입에서 나오는 그런 말의 음향을 질리지도 않고 즐기며 송두리째 잡아먹으려 했다. 그녀는 금단의 화제나 대상에 어린애다운 천진난만한 강한 호기심을 나타냈고, 외과 의사처럼 인간의 육체와 그 가능성에 대해서도 열중하며 지칠 줄 모르는 순수한 흥미를 나타냈다. 그런데 낮에 그의 눈에 띄는 그녀는 고요하고도 냉정한 얼굴로 거의 남자처럼 생긴 중년 여자이며, 근처에 살고 있는 사람이라곤 흑인들뿐인 쓸쓸한 저택에서 여자로서 가질 법한 공포심도 없이 20년간 혼자서 살아온 여자이며, 매일 일정한 시간 동안 조용히 책상 앞에 앉아서 누가 보든지 태연한 태도로 성직자와 은행가와 간호사를 합친 실질적인 충고를 젊은이나 노인들을 위해서 써 주는 여자였다.

 그 기간 중(이걸 신혼기라고 할 수는 없었을 것이다) 크리스마스는 그녀가 연애에 빠져 들어간 여자의 온갖 특징을 다 실천하는 모습을 지켜보았다. 곧 그녀는 그에게 충격을 주었을 뿐만 아니라 그를 깜짝 놀라게도 하고 당황하게도 했다. 그녀는 갑자기 미칠 듯한 질투로 발작을 일으켜서 그에게 불의의 습격을 가했다. 그녀는 그런 경험을 해 보았을 리가 없고, 그런 소동을 일으킬 이유도 없었을 뿐만 아니라 질투의 대상조차도 없었다. 그녀 자신도 이런 걸 다 알고 있음을 그는 알고 있었다. 그것은 마치 그녀가 한 연극을 끝까지 해낼 목적으로 모든 일을 일부러 꾸며 놓기라도 한 것 같았다. 그런데도 그녀는 정말 맹렬하게 그야말로 확실한 설득력과 신념을 지니고서 그 연극을 했기 때문에 처음에는 그녀가 무슨 몽상에 사로잡혀 있다고 그는 느끼고, 세 번째에는 그녀가 미쳤다고 생각했다. 그녀는 뜻밖에도 정사(情事)에는 매우 뛰어난 본능을 가지고 있었다. 그녀는 쪽지나 편지를 어딘가에 감추어 두겠다고 우겼댔다. 그 장소는 썩어가고 있는 마구간 밑의 속이 텅 빈 울짱 속이었다. 그녀가 쪽지를 거기에 넣는 것을 그는 본 일이 없지만 그래도 그녀가 매일 거기에 가 보라고 성화를 하기에 가 보았더니 과연 편지가 있었다. 그가 가 보지도 않고 그녀에게 거짓말을 했을 때에는, 그녀가 미리 준비해 둔 함정 탓에 그 거짓말은 곧 발각이 나서 그녀는 몹시 울곤 했다.

때때로 그 편지는 어느 시각까지는 그녀의 집에 와서는 안 된다고 그에게 명령하는 내용이 적혀 있기도 했다. 벌써 여러 해 동안 크리스마스 이외의 백인은 한 사람도 찾아오지 않았고, 이미 20년 동안이나 밤을 그녀 혼자서 지내곤 한 그 집에 조심해서 오라는 것이었다. 때로는 일주일 내내 무조건 벽을 타고서 창문으로 기어 들어오라고 강요하는 수도 있었다. 그는 하라는 대로 했다. 또 때로는 캄캄한 집에서 그녀를 찾아다니기도 하고, 드디어는 그녀가 빈방의 벽장 안 어둠 속에 숨어서 고양이처럼 눈에 불을 켜고 씨근덕거리며 그를 기다리고 있는 것을 찾아내곤 했다. 이따금 밀회 장소를 뜰의 어떤 관목 밑으로 지정해 놓고는 찾아오라고 하여 그가 가보면, 그녀는 알몸으로 기다리기도 하고 또는 반쯤 찢긴 옷을 걸친 채 욕정에 몸을 떨며 그 하얗게 빛나는 육체를 아주 선정적으로, 마치 페트로니우스(고대 로마의 풍자 작가) 시대에 태어난 비어즐리(19세기 영국 화가)와도 같은 화가가 그렸음직한 자태로 비비 꼬이기도 했다. 그때면 그녀는 벽도 없는 어둠침침한 뜰 안에서 야생 동물같이 날뛰면서, 한 가닥 한 가닥 머리털을 오징어 다리처럼 꿈틀대고 두 손을 거칠게 흔들면서 헐떡거리며 말한다. "검둥이! 검둥이! 검둥이!"

6개월 안으로 그녀는 완전히 타락하고 말았다. 그가 그녀를 타락시켰다고 할 수는 없었다. 그 자신의 생활은 분명 이름 모를 여인들과 성관계를 거듭해 온 무궤도한 것이었다고는 해도, 건강한 정상적인 죄의 생활이 보통 그렇듯이 아주 인습적인 것이었다. 그녀의 타락은 그녀에게뿐만 아니라 그에게도, 아니 그에게는 더욱 이해할 수 없는 근원으로부터 생겨난 것이었다. 실상 그것은 공중에서 모은 타락처럼 보이기도 했고, 심지어 그녀는 그것을 가지고 그까지 타락시키려는 듯했다. 그는 점점 두려워졌다. 무엇이 두려운지는 말할 수가 없었을 것이다. 그러나 그는 자기 자신을 마치 멀찍이 떨어져서 보듯 들여다보았다. 그것은 밑도 없는 수렁 속에 빠져 들어가는 사람과도 같았다. 다만 그는 아직 그것을 확실히 생각하고 있지는 않았다. 그가 그때 보고 있던 것은 쓸쓸하고 잔혹하면서도 어딘지 선선한 그 가로뿐이었다. 그래, 바로 그것이었다. 선선한 가로. 그는 이따금 큰 소리로 혼잣말을 내뱉으며 생각에 잠기는 것이었다. '어디 다른 곳으로 가는 게 좋을 거야. 여길 떠나가는 것이 좋을 거야.'

그러나 무엇인지가 그를 붙들었다. 마치 숙명론자가 언제나 붙들리듯, 호기심인가 체념인가 또는 순연히 타성 때문에 그는 떠나지 못하고 있었다. 그러는 동안에도 그들의 정사는 더욱 진전되었고, 매일 밤의 유린하는 듯한 압도적인 격정은 그를 더욱더 깊은 곳으로 가라앉게 했다. 아마 그는 결국 피할 수 없음을 깨달았는지도 모른다. 하여간 그는 그대로 머물러 있으면서 두 마리 동물이 하나의 육체 안에서 싸우고 있는 모습을 지켜보고 있었다. 그것은 마치 기울고 있는 달빛 아래 검은 수면에서 달빛에 비친 두 마리 생물이 서로 싸우며 상대를 물속에 집어넣으면서 서로 죽음의 고통을 맛보고 있는 것과도 같았다. 비록 이미 지옥에 떨어져 버린 저주받은 몸이긴 했지만 신기하게도 여전히 확고부동한 면모를 남기고 있던 것은, 그 제1국면의 침착하고 냉정하고 고요한 여인의 모습이었다. 그리고 그 다음 모습, 즉 제2국면의 모습은 확고히 지켜 온 육체를 맹렬히 부정하고 자기 자신이 만들어 낸 검은 혼돈 속에 육체의 순결, 즉 너무 오래 보존해서 이제는 버릴 가치조차 없는 순결을 빠뜨려 버리려고 하는 여인의 모습이었다. 때때로 이 두 모습이 검은 수면에 자매처럼 꼭 끌어안고 나타나곤 했는데, 그러면 검은 물은 사라지고 마는 것이었다. 곧이어 일상적인 세계가 갑자기 되돌아오곤 했다. 방이나 벽 그리고 40년간이나 여름 창가에서 울어 온 곤충들의 평화롭고도 다채로운 소리가 되돌아왔던 것이다. 그녀는 낯선 사람처럼 차갑고도 절망적인 표정으로 그를 바라보곤 했다. 그럴 때면 그는 그녀를 마주 바라보며 자기에게 해설을 해 주었다. '저 여자는 기도를 하고 싶은 거야. 그렇지만 어떻게 기도를 해야 할지 자기도 모르고 있어.'

그녀는 배가 부르기 시작하고 있었다.

이 국면의 마지막은 맨 처음 국면처럼 뚜렷하지도 않았고 극적인 면도 없었다. 그것은 셋째 국면으로 너무 서서히 옮겨 갔기 때문에 그는 어디서 옛 것이 멎고 어디서 새것이 시작되었는지 분간할 수가 없었다. 그것은 마치 가을철로 접어들기 시작한 늦여름에 이미 서쪽으로 기울기 시작한 햇빛의 그림자처럼 차갑고도 무자비한 가을의 정취가 여름 위에 벌써부터 떠돌고, 쇠잔한 여름이 꺼져 가는 석탄처럼 가을 속에서 다시금 불붙어 오르는 것 같았다. 이 기간은 2년 넘게 이어졌다. 그는 제판공장에서 여전히 일을 하고 있었고, 그 밖에 위스키 밀매도 조금 하고 있었다. 그는 아주 현명하게 서로 연락이 거의 없는, 몇 안 되는 조심성 있는 고객만 상대했다. 그는 위스키를 저택 안에 감추어 두고 고객과는 목장 너머에 있는 숲 속에서 만났지만 그녀는 이 사실을 모르고 있었다. 하기야 알았다 해도 그녀는 반대하지는 않았을 것이다. 그러고 보면 매키천 부인도 그가 밧줄을 감추어 둔 것을 눈치챘어도 반대하지는 않았을 것이다. 아마 그는 매키천 부인에게 밧줄에 대해 말하지 않은 것과 꼭 같은 이유로 그녀에게 위스키 밀매를 알리지 않았는지도 모른다. 매키천 부인과 밧줄에 대해서, 또 어디서 벌었는지 말도 하지 않고 돈을 쥐어 주던 그 웨이트리스에 대해서, 그리고 또 그의 현재 애인과 위스키에 대해서 생각해 보다가, 그는 자기가 위스키를 파는 것도 별로 돈을 벌고 싶어서 하는 일이 아니라 자기를 둘러싼 여자들을 상대로 언제나 무슨 비밀을 만들 수밖에 없는 자기 운명 때문이라고 말하고 싶을 정도였다. 그러는 동안에 그는 멀리서 이따금 그녀의 모습을 낮에 보는 수도 있었다. 그녀는 깨끗하고 수수한 옷 아래, 마치 늪에서 자라는 식물처럼 건드리면 바로 썩어 문드러져 흘러가 버릴 듯한 다 썩어 가는 풍부함을 분명히 나타내면서, 저택 뒷면에서 오두막집 쪽이나 자기 쪽은 보지도 않고 왔다갔다 움직이고 있었다. 그리고 그가 또 하나의 모습, 즉 생생한 어둠 속에 나타나는 그 모습을 생각해 볼 때는, 대낮에 보고 있는 그녀의 모습은 밤에 나타나는 자매에게 살해를 당한 어떤 사람의 망령에 지나지 않고, 그것은 탄식할 힘마저 잃어버리고 목적도 없이 그저 평화로웠던 과거의 풍경 속을 돌아다니는 것이라고 그에게는 생각되었다.

 물론 제2국면 처음에 나타났던 격정은 오래 지속되지는 않았다. 처음에 그것은 급류였다. 그러나 지금은 간조·만조가 있는 조수로 변하고 말았다. 격정의 홍수가 밀어닥칠 때에는 그녀는 자기 자신과 그를 격정의 노예로 착각하게 만들 수 있을 지경이었다. 말하자면 그녀는 지금은 물이 들어차 있지만 곧 썰물이 될 것임을 알고 있는 것으로 말미암아 오히려 더 격렬한 파도를 일으킨 것이고, 이 맹렬한 격정은 부정하고자 하는 그녀 자신뿐만 아니라 그도 상상도 할 수 없는 육체적 실험으로 이끄는 엄청난 부정을 낳는데, 이 부정은 의지도 계획도 잃어버린 두 사람을 그저 타성처럼 어디까지나 밀고 나가는 것 같았다. 또 말하자면 그녀는 시간이 없다는 것, 가을의 정확한 의미는 모른다 치더라도 그것이 거의 눈앞에 닥쳐왔다는 것을 어쩐지 깨닫고 있는 듯했다. 이제 그녀에겐 본능만이 남아 있는 것 같았다. 육체적 본능과 허비한 세월에 대한 본능적인 부정만이 남아 있는 듯했던 것이다. 이윽고 조수는 물러가고 말았다. 그러자 그들은 차가운 북서풍이 약화된 뒤처럼 지치고 포만한 상태로 해변으로 흘러와서는 희망도 없는 꾸짖는 듯한(그는 지친 표정이고 그녀는 절망적인 표정이었지만) 눈초리로 상대를 낯선 사람 보듯이 바라보고 있었다.

그러나 가을의 그림자는 이미 그녀에게 걸려 있었다. 그녀는 마치 자기를 정당화하든가 죄를 보상하든가 해야 할 시간이 왔다고 본능이 경고를 하기라도 한 듯이 어린애에 대해서 이야기하기 시작했다. 그녀는 조수가 물러날 때에 그 이야기를 꺼냈다. 처음에는 밤의 시초는 언제나 홍수처럼 격렬하여, 마치 낮에 서로 헤어져 있을 때 헛되이 흘러가는 물이 모였다가 일시적이나마 시냇물을 급류로 변화시키는 것 같았다. 그러나 시간이 지나자 그 시냇물은 그런 것으로 어떻게 해 볼 수 없을 정도로 줄어들어서, 이제 그는 낯선 사람처럼 싫은 것을 억지로 그녀에게 가면서도 돌아올 생각에 사로잡힌 채 캄캄한 침실에 들어가 그녀와 함께 앉아, 이 또한 낯선 사람에 불과한 어린애에 대해 이야기를 나눈 다음 여전히 낯선 사람으로서 그 자리를 떠나오곤 하는 것이었다. 그는 그때 그들이 어느덧 정해진 일인 듯이 침실에서만 만나고 마치 결혼한 부부처럼 지내던 일을 새삼스럽게 깨닫게 되었다. 그는 여자를 찾아 집 안을 헤맬 필요가 없어졌다. 어두운 집 안이나 황폐한 정원의 관목숲 속에 숨어서 알몸으로 몹시 헐떡거리던 여자를 찾아 돌아다니던 밤의 기억은 이미 마구간 밑의 속이 텅 빈 울짱만큼이나 쇠퇴해 버리고 말았다.

그런 것은 모두 사라져 버리고 말았다. 은밀하고 추악한 희열과 질투의 정경, 완전하게 연출된 몇 가지 장면은 다 사라져 버리고 말았던 것이다. 사실 이제야말로 그녀에게 질투를 할 만한 이유가 생기긴 했지만 그녀는 그것조차 모르고 있었다. 그는 거의 매주 여행을 했는데, 무슨 사업 때문이라고 그녀에게 말했다. 그가 사업을 핑계로 멤피스에 가서 거기에서 돈으로 살 수 있는 여자들과 어울려 놀면서 자기를 배반하고 있다는 것을 그녀는 전혀 모르고 지냈다. 그런 것은 생각조차 하지 않았던 것이다. 그녀가 처해 있던 국면에서는 아마 그런 것을 알아도 절대로 믿지 않았을 것이고, 증거에도 귀를 기울이지 않았을 것이며 도대체 관심조차 가지지 않았을 것이다. 왜냐하면 그녀는 밤새도록 잠을 거의 자지 못하고 오후가 되어서야 잠을 보충하곤 했기 때문이다. 그렇다고 병에 걸린 것은 아니었다. 그것은 육체가 원인은 아니었다. 신체적인 조건은 전에 없이 양호했다. 식욕은 왕성했고 체중은 전에 가장 많이 나가던 때보다도 30파운드나 더 불었다. 그녀가 밤에 잠을 못 잔 것은 이런 외부적인 요인 탓은 아니었다. 그것은 어둠으로부터 나오는 어떤 것이었고 대지에서, 또는 사라져 가고 있던 여름 자체에서 나오는 어떤 것이었다. 그것이 그녀에게 위협적이요 두려웠던 것은, 그것이 그녀를 해치지는 않을 것이라고 본능이 보증을 해 주었기 때문이다. 그것은 뜻하지 않게 닥쳐와서 그녀를 압도하고 완전히 배반하기는 하지만 그녀는 결코 해를 받지 않을 뿐만 아니라, 그와는 정반대로 그녀는 구원을 받아서 생활의 공포를 느끼지 않고 전과 같은, 아니 전보다도 더 나은 삶을 영위케 될 것이었다. 다만 두려운 것은 그녀가 구원을 받기를 염원하지 않았다는 사실이었다. "난 아직 기도할 준비가 안 되었어요." 그녀는 딱딱하게 긴장한 채 소리 없이 누워서 눈을 크게 뜨고 고요히 중얼거렸다. 그러는 동안 달빛이 창문을 통해서 쏟아져 들어와 온 방을 차갑고, 돌이킬 수 없고, 후회로 미칠 듯한 무엇으로 가득 채우고 있었다. "하느님, 아직 제게 기도하지 않을 수 없는 순간을 주지 마옵소서. 하느님, 저를 조금만 더 지옥의 죄 속에 남겨 두옵소서." 그녀는 자기 옛 생활을 온통 다 보는 것 같았다. 사랑에 굶주렸던 기나긴 세월이 마치 회색 터널처럼 이어져 있어서, 그 출구는 돌이킬 수 없는 먼 곳에서 입을 벌리고, 거기에는 하나의 굴욕이 결코 사라지지 않도록, 불과 3년 전의 그녀의 유방이 가리개도 하지 않은 채 수난을 앞둔 그리스도처럼 번민을 하고 있기라도 한 듯이 순결하게 십자가에 달려 있는 것 같았다. "오, 하느님, 아직 좀 참아 주셔요. 아직 좀 참아 주셔요, 하느님."

　그래서 그가 그녀에게 와서 그저 습관적으로 피동적으로 차갑고도 그럴싸한 정사를 끝내면 그녀는 어린애 이야기를 시작했다. 그녀는 처음에는 남 애기를 하듯이 어린애에 대한 일반론을 펴며 그 이야기를 막연하게 시작했다.

아마 이것은 여성 특유의 본능적 교활성과 암시에서 우러나왔을 테지만, 혹 그렇지 않았을는지도 모른다. 하여간 그는 훨씬 뒤에야 그녀가 그것을 하나의 가능성으로서 실제적으로 생각하고 있음을 깨닫고 깜짝 놀랐다. 그는 안 된다고 그 자리에서 반대했다.

"어째서 안 돼요?" 그녀는 말하면서 탐색하는 듯이 그를 바라보았다. 그는 재빨리 생각했다. '이 여자는 결혼이 소원이야. 그렇고말고. 이 여자는 나와 마찬가지로 어린애가 소원은 아니야. 그건 수단에 지나지 않아.' 이렇게 그는 생각했다. '좀더 일찍 알았어야 했을 텐데. 당연히 이렇게 될 줄 좀더 일찍 예측했어야 했을 텐데. 1년 전에 여기서 깨끗이 떠났어야 했어.' 그러나 그는 이 말을 입 밖으로 내지는 못했다. 결혼이란 말이 그들 사이에 왔다갔다할까 두려웠다. 그는 다시금 생각을 이어갔다. '이 여자는 그런 것까지 생각하지는 않았는지도 몰라. 그러니 내가 섣불리 그런 말을 꺼냈다간 긁어 부스럼이 될 수도 있어.' 그녀는 그를 지켜보고 있었다. "어째서 안 돼요?" 그녀는 다시 추궁했다. 그러자 그의 머리에 섬광처럼 일어나는 생각이 있었다. '안 될 이유도 딱히 없지 않은가? 그것은 내 여생을 안락하게 안전하게 지낼 수 있게 해 주는 거야. 난 다시는 떠돌이 신세가 되지는 않을 테지. 게다가 이런 식으로 생활을 하는 것 자체가 이 여자와 결혼한 것이나 다름이 없지 않은가.' 그리고 또 생각한다. '아니야, 내가 여기서 항복하고 만다면 내가 원하는 사람이 되려고 지금까지 살아온 30년이란 세월을 부정하는 꼴이 될 거야.'

"만약에 어린애를 가질 생각이었다면 벌써 2년 전에 가질 수도 있었을 텐데." 그는 말했다.

"그때에는 어린애를 원치 않았어요. 당신이나 나나ㅡ."

"지금도 원치는 않지, 어느 편이나." 그는 말했다.

그것은 9월의 일이었다. 성탄절 직후에 그녀는 임신을 했다고 그에게 말했다. 그녀가 말을 끝마치기가 무섭게 그는 그녀가 거짓말을 하고 있다고 믿었다. 그 순간 그는 벌써 석 달 동안이나 그런 말이 언제 나올지 초조하게 기다리고 있었음을 깨달았다. 그러나 그녀의 얼굴을 쳐다보았을 때에 그는 그녀가 임신하지 않았음을 알았다. 그녀 자신도 임신하지 않았음을 알고 있다고 그는 믿었다. 그는 생각했다. '자, 올 것이 왔어. 이제 결혼하자는 말

이 나올걸. 그렇지만 나는 적어도 그 전에 이 집을 뛰쳐나갈 수 있단 말이야.'

그렇지만 그녀는 그런 말은 하지 않았다. 그녀는 침대 위에 조용히 앉아 두 손을 무릎에 올려놓고 뉴잉글랜드의 청교도풍 얼굴을(그것은 이 무렵에도 노처녀의 얼굴이었다―뼈가 두드러지고 길고 좀 여윈 품이 남자의 얼굴을 연상시켰고, 그와 대조적으로 그녀의 통통한 육체는 전보다도 더 풍부하고 부드럽게 동물적인 면모를 드러내고 있었다) 수그리고 있었다. 그녀는 생각에 잠긴 듯한 초연한 어조로 마치 남 얘기를 하듯이 말을 시작했다. "이젠 다 끝났어요. 검둥이 사생아래도 괜찮아요. 아버지 얼굴과 칼빈 얼굴이 보고 싶네요. 당신은 그럴 마음만 있다면 지금이야말로 도망가기 좋은 때지요." 그러나 그녀 자신도 자기 말을 듣지 않고 있었고, 그 말이 실제로 아무런 뜻도 없는 것 같았다. 그것은 죽어 가면서도 완고하게 항거하는 여름의 마지막 번쩍임이었고, 거기에 가을, 즉 반쯤 죽어 있는 계절의 여명이 어느 틈엔가 와 있었던 것이다. '이젠 다 끝났어.' 그녀는 조용히 생각했다. '끝장이 났어.' 그러나 확인하기 위해서는 아직도 한 달은 더 기다려야만 했다. 이런 일에 대해서는 전에 흑인 여자들에게서 두 달이 지나지 않으면 확실히 말하기 어렵다고 배운 바 있었다. 달력을 끊임없이 보면서 그녀는 또 한 달 기다려야만 했다. 그녀는 실수가 없도록 확실하게 하기 위하여 달력에다 표를 해 두고서는 침실 창문으로 밖을 내다보며 또 한 달이 지나가는 것을 지켜보고 있었다. 서리가 내렸다. 나뭇잎들이 더러는 물들어가고 있었다. 달력에 표를 해 두었던 날이 왔다가 지나가 버리고 말았다. 그녀는 좀더 신중을 기하기 위해 일주일 더 기다렸다. 그녀는 별로 놀라지도 않을 일이었으니 새삼스럽게 가슴이 뛰는 것도 느끼지 못했다. 그리고 고요히 소리내어 말했다. "난 애를 뱄어."

"내일 떠나야지." 바로 그날 그는 혼자 중얼거렸다. '아니, 일요일에 떠나야겠어.' 그는 생각했다. '기다렸다가 이번 주일 급료를 타야지. 돈 받으면 바로 떠나 버리자.' 그는 어디로 갈까 계획을 세우면서 토요일을 기다렸다. 그 주간에는 그녀를 전혀 보지 않았다. 그는 그녀가 무슨 기별을 해 줄 거라고 생각했다. 그는 오두막집에 들락날락할 때에, 여기에 왔던 첫 주간에 그랬던 것처럼 자기가 안채 쪽을 일부러 보지 않고 있음을 문득 깨달았다. 그녀는 전혀 나타나지 않았다. 때때로 흑인 여자들이 가을의 찬 공기 속에서 칙칙한 복장으로 반질반질 닳은 좁은 길을 지나서 저택에 드나드는 것을 그는 볼 수 있었다. 그러나 그뿐이었다. 그녀 모습은 보이지가 않았다. 토요일이 되었을 때에 그는 떠나지 않았다. '어차피 떠날 거면 돈벌이를 할 수 있을 만큼 하고서 떠나는 것이 좋겠지.' 그는 생각했다. '만약에 저 여자가 나를 내쫓으려고 안달하지 않는다면 자진해서 빨리 나갈 필요야 없지. 다음 토요일에 떠나기로 할까.'

그는 그냥 머물러 있었다. 날씨는 여전히 싸늘하여 맑고 추운 날이 이어졌다. 틈바람이 새어 들어오는 엉성한 오두막집에서 무명 담요 한 장 둘러쓰고 잠을 청할 때에는, 그는 따뜻한 난로와 솜을 채운 포근포근한 자수 이불이 몇 채나 있는 안채의 침실을 자주 떠올리곤 했다. 그는 전에 없이 자기연민에 빠져들고 있었다.

'그 여자가 담요 한 장쯤 더 보내 줘도 괜찮을 텐데.' 이렇게 그는 생각했다. 실상 그 자신이 사도 괜찮았을 것이다. 그러나 그는 사지 않았다. 그녀도 보내 주지 않았다. 그는 기다렸다. 그의 생각에 꽤 오랫동안 기다렸다. 그러다가 2월 어느 날 저녁 오두막집에 돌아와 보니까 침대 위에 그녀가 보낸 쪽지가 있었다. 내용은 간단했다. 거의 명령에 가까운 말투로 오늘 밤 안채로 좀 오라는 것이었다. 그는 놀라지 않았다. 무릇 여자는 다른 남자를 만들지 않는 한 반드시 고집을 꺾고 자기에게 돌아오게 마련임을 그는 경험으로 잘 알고 있었던 것이다. 그는 이튿날엔 꼭 떠나가야겠다고 다짐했다. '이게 바로 내가 기다리고 있던 것이로구나.' 그는 생각했다. '난 도망치는 것도 당연하다는 말을 할 수 있게 될 때를 지금까지 기다린 셈이야.' 그는 옷을 갈아입고 나서 수염도 깎았다. 자기도 모르는 사이에 신랑처럼 단장하고 있었다. 부엌에 들어가 보았더니 전처럼 식탁 위에 음식이 마련되어 있었다. 그가 그녀를 만나지 않는 동안도 내내 음식 준비는 꼬박꼬박 돼 있었던 것이다. 그는 저녁을 먹고 위층으로 올라갔다. 별로 서두르지도 않았다. '온 밤이 다 우리 것인데.' 그는 생각했다. '내일 밤이든 모레 밤이든, 오두막집이 빈 것을 알게 되면 그 여자도 조금쯤은 우울해하겠지.' 그녀는 난로 앞에 앉아 있었다. 그가 방에 들어섰을 때 그녀는 고개조차 돌리지 않았다. 그녀는 말했다. "저 의자를 갖고 이리 오세요."

 이렇게 해서 제3의 국면이 시작되었다. 이것은 우선 제1·제2의 국면을 맞이할 때보다도 더 그를 어리둥절케 했다. 그는 일종의 교묘한 변명이나 열정을 기대하고 있었다. 혹 그런 것이 없더라도, 오직 남자에게 사랑을 받고 싶어하는 수동적인 묵종의 태도 정도는 있을 것이라고 기대하고 있었다. 그런 정도는 응해 주겠다고 그는 마음먹고 있었다. 그러나 그가 발견한 것은 한 낯선 사람이고, 그 낯선 사람은 그가 머뭇거리면서도 어떻게 해서든지 옆으로 다가가 상대를 만져 보려고 내민 손을 남성적인 태도로 단호히 뿌리쳤던 것이다. "이봐." 그는 말했다. "뭐 얘기할 것이 있으면, 뒤로 미뤄 둬. 그 편이 얘기하기도 좋을 테니까. 애한테 해가 되지는 않을 테니 안심해. 뱃속의 애가 근심이라면 말이야."

 그녀는 단 한마디로 그를 제지했다. 그는 그때 비로소 그녀의 얼굴을 쳐다보았다. 그것은 냉정하고 낯설고 광신적인 얼굴이었다. "아직 몰라요?" 그녀는 말했다. "당신은 생을 낭비하고 있다는 것을." 그는 자기 귀를 믿을 수 없다는 듯이 돌처럼 굳은 채 그녀를 뚫어지게 바라보고 있었다.

 그녀의 말뜻을 알아차리기까지 시간이 꽤 걸렸다. 그녀는 그를 전혀 바라보지 않았다. 그녀는 냉정하고 고요하게 생각에 잠긴 표정으로 난로를 들여다보며 앉아서, 마치 그가 낯선 사람이기라도 한 듯이 그에게 말을 하고 있었고, 그러는 동안 그는 분노와 놀라움에 사로잡힌 채 듣고 있었다. 그녀는 그가 자기 모든 사업을, 즉 흑인 학교와 연락도 하고 정기적으로 방문도 하는 일들을 모두 도맡아 해 주었으면 좋겠다고 하였다. 그녀는 모든 계획을 세밀히 세워 놓고 있었다. 그가 분노와 놀라움으로 차차 흥분하면서 귀를 기울이고 있는 동안 그녀는 그 계획을 자세하게 암송하듯이 일러 주었다. 그가 모든 책임을 넘겨받고, 그녀는 그의 비서나 조수가 되어 둘이 함께 학교를 둘러보기도 하고 흑인 가정도 방문하자는 것이었다. 그 말을 들으며 분노에 싸여 있으면서도 그 계획이 미친 짓임을 그는 깨달았다. 그래도 그동안 내내 부드러운 난롯불에 비친 그녀의 고요한 옆모습은 액자에 넣은 초상화처럼 엄숙하고 침착해 보였다. 그는 그곳을 물러나올 때, 그녀가 한 번도 뱃속 어린애에 대해서는 언급하지 않았다는 것을 깨달았다.

 그래도 그는 아직도 그녀가 미쳤다고 생각하지는 않았다. 그녀가 임신을 했기 때문에 그러는 거라고 그는 생각했다. 그리고 그녀가 제 몸을 건드리지 못하게 하는 것도 그 때문이라고 믿었다. 그는 그녀와 이치를 따져 보려고 했지만 그것은 목석과 토론하는 것과 다름이 없었다. 그녀는 부정하느라고 야단하지도 않고 그저 조용히 귀를 기울였다가 마치 그의 말은 듣지도 않았다는 듯이 평탄하고 냉정한 어조로 자기 말을 되풀이하곤 했다. 결국 그가 자리에서 일어나 밖으로 나왔을 때에도, 자기가 가 버린 사실을 과연 그녀가 알았는지조차 확신할 수가 없다.

　다음 2개월 동안에 그는 그녀를 딱 한 번 만났다. 그는 매일같이 일정한 생활을 하고 있었다. 다만 안채에는 얼씬도 하지 않았다는 것이 전과는 다른 점이었다. 그는 맨 처음 공장에 일하러 가던 때처럼 다시 시내에서 식사를 했다. 그러나 그가 처음 일하러 가던 때에는 낮에는 그녀에 대해서 생각할 필요가 없었고, 실제로 그녀에 대한 생각을 한 일은 거의 없었다. 그러나 지금은 피할 도리가 없었다. 그의 마음속에 그녀가 너무나 줄기차게 자리잡고 있었기 때문에, 나중에는 도저히 벗어날 수 없는 존재로서 저택 안에서 참을성 있게 기다리고 있는 미친 듯한 그녀의 모습을 정말 눈앞에 보는 것 같았다. 그는 제1국면에 처해 있을 동안에는 마치 눈이 내려쌓인 밖에서부터 어느 집 안으로 들어가 보려고 애쓰기라도 하는 것 같았고, 제2국면에 처해 있을 때에는 열광적인 어둠에 뒤덮인 나락 밑에 빠져 들어가 있은 격이었고, 지금 제3국면에서는 집도 없고 눈이나 바람조차 없는 평원 한가운데 서 있는 것 같았다.

　지금까지 그가 느낀 것은 어리둥절함과 불길한 예감과 숙명이었지만 지금은 두려움을 갖기 시작했다. 그는 그때 위스키 밀매를 도와주는 동업자를 하나 얻었다. 그는 이른 봄 어느 날 일자리를 찾아 공장에 나타났던 브라운이라는 이름의 낯선 사람이었다. 이 사나이가 바보라는 것을 곧 알아차렸지만 그래도 처음에는 이렇게 생각했다. '적어도 내가 일러 주는 일을 할 만한 머리야 갖고 있겠지. 하여간 스스로 생각할 필요 따위는 전혀 없으니까.' 그리고 얼마 지난 뒤에는 이렇게 중얼거렸다. "과연 세상에 바보가 왜 생겨나는지 이제야 알겠군. 바보란 자기에게 유리한 충고조차 받아들일 능력이 없는 거야." 그가 브라운을 동료로 택한 이유는 브라운이 떠돌이 일꾼이고, 그의 명령에는 그것이 나쁜 짓이라도 유쾌하게 태연히 잘 복종했지만 자기의 일로는 그리 대단한 용기를 내지 못하는 위인임을 그는 알고 있었기 때문이다. 그리고 영리한 사람의 손아귀에 들어가면 이런 겁쟁이는 제 나름으로는 딴 사람에게 꽤 도움이 될 수도 있다고 판단했기 때문이다.

그가 두려워하던 것은, 브라운이 저택에 있는 여자에 대해서 뭐 좀 알아가지고 무모한 바보스러운 생각으로 무슨 돌이킬 수도 없는 일을 저지르지나 않나 하는 것이었다. 또한 그는 자기가 자꾸 여자를 피하고 있으니까 어느 날 여자가 직접 밤에 오두막집으로 찾아올 생각이라도 하지나 않을까 두려워했다. 그는 2월 이후로는 그녀를 한 번밖에는 만난 일이 없었다. 그것은 브라운이 오두막집에서 자기와 함께 살게 되었다고 그녀에게 말하러 갔던 때였다. 그날은 일요일이었다. 그는 뒤꼍 포치에 가서 그녀를 불렀다. 그랬더니 그녀가 나와 조용히 그의 말을 들었다. 그리고 그녀는 말했다. "그럴 필요까지는 없었는데요." 그때 그는 그 말이 무슨 뜻인지 알지 못했다. 한참 지나서야 비로소 생각이 다시금 번쩍이고, 이번에는 완전히 인쇄된 문장처럼 머리에 떠올랐다. '내가 브라운을 여기 데려온 것은 자기를 피하려고 그러는 줄 생각하나 봐. 그와 함께 있으면 저 여자도 설마 오두막집까지는 못 오겠지, 별수 없이 나를 내버려 둘 수밖에 없겠지 하고, 내가 생각하고 있다고 저 여자는 믿고 있는 모양이야.'

이와 같이 그녀에게 불필요한 것을 알려 주었다는 생각으로 그는 오히려 그녀가 그런 일을 하게 될 거라는 확신과 불안을 뿌리 깊게 갖기 시작했다. 그녀가 그런 생각을 떠올린 이상, 브라운이라는 존재는 그녀가 오두막집에 찾아오는 데 방해가 되기는커녕 오히려 자극제가 될 것이라고 그는 믿었다. 벌써 한 달 넘게 그녀가 아무것도 하지 않고 아무런 움직임도 보이지 않았다는 것은 언젠가는 그녀가 무슨 일을 하고 말 것이라는 생각을 그에게 품게 했다. 이제는 그도 잠을 못 자고 밤을 지새우게 되었다. 그러나 그는 생각하고 있었다. '어떻게든지 좀 해 봐야겠군. 무슨 방법이 있을 테지.'

그래서 그는 거짓말을 해서 브라운을 따돌리고 한발 앞서 오두막에 도착하곤 했다. 그럴 때마다 그는 그녀가 기다려 주기를 기대했다. 그가 오두막에 도착하여 아무도 없음을 알게 될 때에는 자신이 그렇게 초조하게 서둘렀던 일, 거짓말까지 하여 급히 돌아온 일을 생각해 보고, 또한 안채에서 혼자 하릴없이 온종일 지내면서 그를 당장에 배반할까, 그렇지 않으면 좀더 오래 그를 괴롭힐까 궁리만 하고 있을 그녀에 대한 생각을 해 보고는 일종의 무기력한 분노를 느끼곤 하는 것이었다. 보통 때 같으면 그는 브라운이 그들의 관계를 알건 모르건 상관하지 않았을 것이다. 그는 성격상 여자관계는 되도록 비밀로 한다든가 여자를 지켜 준다든가 하는 인간이 아니었던 것이다. 그저 실질적이고 물질적인 관심이 있을 뿐이었다. 그는 이 저택의 여주인이 그의 정부라는 사실을 모든 제퍼슨 시민들이 알고 있다 해도 아주 무관심했을 것이다. 다만 매주 30~40달러의 실리를 얻는 위스키를 여기에 숨겨 두었기 때문에 그는 자기 사생활에 대해서 아무도 흥미를 가져 주지 않기를 바랐던 것뿐이다. 그것이 한 가지 이유였다. 또 한 가지 이유는 허영심이었다. 그는 차라리 자살해 버리든가 그 사람을 죽여 버리든가 할지언정 그들의 관계가 지금 어떤 상태에 빠져 있는지를 딴 사람, 특히 딴 남자에게 알리고 싶지는 않았다. 즉 그녀가 생활태도를 완전히 바꾸어 버렸을 뿐만 아니라 그의 생활까지도 바꾸어 보려 하고 있고, 그를 흑인 사업을 하는 선교사나 수도사 비슷한 무엇으로 만들려고 한다는 사실을 누구에게도 알리고 싶지가 않았던 것이다. 만약에 브라운이 한쪽을 안다면 나머지 쪽도 틀림없이 알게 될 거라고 그는 믿었다. 그래서 그는 거짓말을 하여 서둘러서 오두막에 돌아와서는 손잡이를 쥐는 순간에, 헐레벌떡 돌아온 일을 돌이켜 보고 그럴 필요가 전혀 없었음을 곧 알게 되리라고 생각하면서도 동시에 이렇게 조심하는 일을 그만둘 만한 배짱이 자기에겐 없다는 생각을 하면서, 공포심과 무기력한 분노에서 급격히 솟아오르는 강한 반발심으로 그녀를 증오하곤 했다. 그러던 어느 날 저녁 그가 문을 열어 보니 침대 위에 편지가 한 장 놓여 있었다.

그는 방에 들어서자마자 그것을 발견했다. 꺼먼 담요 위에 네모진 흰 종이가 참으로 신비롭게 놓여 있었던 것이다. 그는 우뚝 서서 그 편지 내용이 무엇이며 무슨 약속을 하고 있는지 다 알고 있다고 생각하기까지 했다. 그러나 전혀 흥분되지는 않았다. 그저 마음이 놓였을 뿐이다. '이제는 다 끝났군.' 그는 이렇게 생각하면서도 접힌 종잇조각을 아직 집어 들지 않았다. '이것으로 모든 것은 본디대로 돌아갈 거야. 검둥이나 어린애 이야기는 더는 없을 테지. 저 여자도 드디어 마음을 고쳐먹은 거야. 어린애 생각은 지쳐서 그만둔 모양이야. 아무 소용 없는 일이었으니까. 정말 소용이 되고 필요한 것은 남자라는 것을 드디어 깨달은 모양이지. 저 여자는 밤에만 남자가 그리운 거야. 낮에 남자가 무엇을 하든 아무 관심도 없지.' 그는 그때 자기가 왜 떠나가지 않았는지 그 이유를 깊게 생각해 보아야 했을 것이다. 그 작으면서도 신비로운 네모진 종잇조각이 마치 자물쇠나 쇠사슬이나 되는 듯이 그를 단단히 포박하고 있다는 사실을 그는 깨달았어야 했을 것이다. 그러나 그는 그것을 생각하지 않았다. 그는 다만 자기 자신이 약속과 쾌락의 언저리에 다시 와 있는 것만 생각했던 것이다. 그래도 이번에는 전보다 일이 고요하게 되어 나가겠지. 그들은 모두 그런 걸 원하리라. 다만 이번에는 그가 고자세로 군림한다는 것이 좀 다를 뿐이었다. '정말 바보스러운 일이었지.' 그는 생각하면서 아직 펴 보지 않은 편지를 그냥 손에 쥐고 있었다. "그래, 그 빌어먹을 바보짓이라니! 그 여자는 여전히 그 여자고 나는 여전히 또 나야. 그런데 그 빌어먹을 바보짓은, 내 참. 이제는 다 끝났지.' 그리고 그들은 그날 밤 일이 끝난 뒤 조용히 정다운 이야기와 웃음을 나눌 때에 모든 것을, 서로서로를, 그들 자신을 비웃게 될 것이라고 그는 생각했다.

그는 결국 편지를 펴 보지 않았다. 그는 그것을 치워 버리고 세수를 하고 면도를 하고 옷을 갈아입는 동안 내내 휘파람을 불었다. 준비가 다 끝나지 않았는데 브라운이 들어왔다. "원, 저런." 브라운이 말했다. 크리스마스는 아무 말도 하지 않았다. 그는 벽에 못박아 둔 거울 조각을 들여다보며 넥타이를 매고 있었다. 브라운은 방 한가운데에 우뚝 섰다. 낡은 작업복을 입은 키 크고 좀 여윈 젊은이가 가무잡잡한 곱살한 얼굴에 호기심에 찬 눈을 굴리고 있었다. 그의 입가에는 침을 뱉을 때 늘어지는 실만큼이나 가느다란 흰 상처가 있었다. 잠시 뒤에 브라운이 말했다. "어디 외출이라도 하려는 것 같군."

"그래?" 크리스마스가 말했다. 뒤돌아보지는 않았다. 그는 단조롭지만 진실미가 느껴지는 휘파람을 계속 불고 있었다. 그것은 단조로 된 곡조로, 구슬픈 것이 흑인 노래 같았다.

"나야 뭐 이제 와서 멋부려 봤자 소용없을 테니 그만두겠어." 브라운이 말했다. "자넨 준비가 거의 다 된 것 같으니."

크리스마스는 그를 뒤돌아보았다. "준비는 무슨 준비?"

"시내에 나가는 거 아닌가?"

"언제 내가 시내에 간다고 그랬어?" 크리스마스가 반박했다. 그리고 다시 거울 쪽으로 몸을 돌렸다.
 "오." 브라운이 말했다. 그는 크리스마스의 뒤통수를 지켜보고 있었다. "그럼 남에게 들키면 안 될 볼일을 보러 나간다 이거구먼." 그는 크리스마스를 계속 지켜보았다. "하지만 오늘처럼 추운 밤은 젖은 땅바닥에서 여윈 계집애만 깔고 뭉개기에는 좀 나쁠 거야."
 "그럴까?" 크리스마스는 건성으로 말하고 여전히 휘파람을 불면서 천천히 자기 일에만 열중하고 있었다. 이윽고 그는 몸을 돌려 웃옷을 집어 들고는 브라운이 변함없이 지켜보는 가운데 그것을 입었다. 그는 문으로 가서 인사했다. "아침에 만나." 그는 밖으로 나가서 문도 닫지 않았다. 그는 브라운이 문간에 서서 자기를 바라보고 있음을 알고 있었다. 그러나 그는 자기 목적을 감추려 하지 않았다. 그는 그대로 안채를 향해 걸어갔다. '보려면 보라지.' 그는 생각했다. '따라오고 싶으면 따라오라지, 뭐.'
 부엌에는 그를 위해 저녁 준비가 되어 있었다. 자리에 앉기 전에 그는 호주머니에서 접힌 채로 있는 쪽지를 꺼내 접시 옆에 놓았다. 그것은 봉투 속에 들어 있지 않았고 더구나 봉해져 있지도 않았으므로 저절로 펴졌다. 마치 읽어 달라고 그를 유도하고 자꾸 재촉하는 것 같았다. 그러나 그는 그걸 보지 않았다. 그는 먹기 시작했다. 서두르지 않고 천천히 저녁을 먹었다. 식사가 거의 끝날 무렵 그는 갑자기 고개를 쳐들고 귀를 기울였다. 그 다음 그는 일어나 고양이처럼 소리를 내지 않고 조금 전에 들어온 문으로 다가가서는 그 문을 벌컥 열어 보았다. 브라운이 바로 밖에 서 있었다. 얼굴을 문에, 아니 문이 있던 곳에 바싹 붙인 채 서 있었다. 불빛이 그의 얼굴에 비쳤다. 맨 처음 거기에는 어린애다운 강한 관심이 깃들어 있었고, 그것은 크리스마스가 보고 있는 동안에 놀라움으로 변했다가 잠시 뒤에는 평소의 태연함을 되찾고 뒤로 움찔 물러섰다. 브라운의 음성은 고요하고 조심스럽고 공범자다운 면을 나타내려는 노력이 들어 있기는 했지만 아주 쾌활했다. 그것은 마치 특별히 부탁받지도 않았고 또 무슨 일이 일어날지 제대로 알아보려고 하지도 않으면서 자기 동료에 대한 충성심으로, 또는 모든 여성에 대해서 반항하는 남자들끼리라는 생각으로 이미 그가 크리스마스의 편이 되어 있기라도 한 것 같았다. "그래, 그랬군." 그는 말했다. "그래, 여기가 바로 자네가 매일 밤 제비 놀음을 하는 곳이군. 바로 코앞에 있었다 그 말이지—."

아무 말도 없이 크리스마스는 그를 패 주었다. 주먹이 심하게 떨어지지는 않았다. 브라운이 이미 천진난만하게 유쾌하게 키득키득 웃으면서 뒤로 물러선 뒤에 주먹이 떨어졌기 때문이다. 그래도 그 주먹은 그의 음성을 끊어 놓고 말았다. 그는 몸을 움직이는가 싶더니 뒤로 펄쩍 뛰어 달아나서 불빛이 닿는 곳을 벗어나 캄캄한 곳으로 사라져 버리고 말았다. 다만 목소리는 계속 들려왔는데, 그 목소리는 마치 지금도 동료의 청춘사업을 망쳐 놓지 않겠다는 듯한 태도로 여전히 높아지지는 않았지만, 그래도 놀라움과 불안으로 긴장되어 있기는 했다. "때리지 말란 말이야!" 그는 크리스마스보다 키가 큰 편이었는데 그 호리호리한 몸은 이미 급히 달아나느라 처량한 자세로 완전히 무너지고 마치 대지에 요란하게 나가넘어지기 직전에 놓여 있다고 할 정도였다. 그런데도 상대가 계속 말없이 한 걸음 한 걸음 다가오자, 그는 비틀거리면서 뒤로 도망갔다. 다시금 브라운의 목소리가 들려왔다. "때리지 말라니까!" 이렇게 외치는 그의 음성은 불안과 위협의 엄포로 가득 차 있었다. 이번에는 그의 주먹은 브라운이 몸을 돌릴 때 어깨에 떨어졌다. 브라운은 이제 뺑소니를 치고 있었다. 한 백 야드가량 달리고 나서야 속도를 늦추고 뒤돌아보았다. 드디어 멈추고 방향을 바꾸었다. 그리고 외쳤다. "빌어먹을 겁쟁이 놈팡이 같으니!" 그는 마치 시험하듯이 도발적인 어조로 외쳤는데, 이어서 목소리가 자기 생각보다도 더 크게 높게 울려서 당황한 듯이 머리를 홱 돌렸다. 안채에서는 아무런 소리도 들려오지 않았고, 부엌문은 다시금 닫히고 어두워졌다. 그는 목소리를 조금 높였다. "빌어먹을 겁쟁이 자식! 너 내가 누군 줄 알고 감히 건방을 떠는 거야!" 어디서도 들려오는 소리는 없었다. 좀 으스스했다. 그는 몸을 돌리고 혼자 중얼거리면서 오두막으로 돌아갔다.

크리스마스는 다시 부엌에 들어가서는 아직 읽지 않은 편지가 놓여 있는 식탁 쪽은 돌아보지도 않았다. 그는 집 내부로 이어지는 문을 지나 계단으로 갔다. 그리고 서두르지 않고 한 걸음씩 올라갔다. 유유히 한 발 한 발 디디며 이층으로 올라가 보니 그녀의 침실문이 보였다. 문 아래 가느다란 틈에서는 불빛이 새어 나오고 있었고, 난롯불 빛도 보였다. 그는 침착하게 한 발 한 발 걸어가 손잡이를 잡았다. 드디어 그는 문을 열었지만 그 자리에 딱 멈추어 서고 말았다. 그녀는 등불 밑 책상 앞에 앉아 있었다. 그는 자기가 알고 있던 하나의 모습을 보았다. 그가 알고 있던 수수한 옷, 마치 무신경한 남자가 주문해 지어서 오래 입은 듯한 옷을 입은 모양을 그는 보았던 것이다. 그 위에는 희끗희끗 희어지기 시작한 머리털을 뒤로 꼭 잡아매어 놓아서 마치 병든 가지에 돋은 혹처럼 보기 흉하고 거칠거칠해 보이는 머리가 자리잡고 있었다. 이윽고 그녀는 고개를 들어 그를 보았는데 그녀의 눈에는 그가 지금까지 본 일이 없는 강철테 안경이 끼어 있었다. 그는 손잡이에서 손을 떼지 않은 채 꼼짝도 않고 그저 문간에 서 있었다. 그는 머릿속에서 솟아오르는 말이 실제로 들려오는 기분이 들었다. '그 편지를 보았더라면 좋았을걸. 편지를 읽었어야 했는데.' 또 생각을 한다. '무슨 일인가 저지를 것 같아. 무슨 일인가 저지를 것 같아.'

책상 옆에 섰을 때에도 여전히 그는 그 소리를 듣고 있었다. 책상 위에는 서류가 널려 있었고, 그녀는 거기서 일어서지도 않고 냉정하고 침착한 목소리로 얼토당토않은 선언을 하고 있었다. 그는 흩어진 알쏭달쏭한 서류와 증서 따위를 내려다보면서, 입으로는 그녀의 말을 또박또박 되뇌면서 조용히 듣고 있었다. 그러는 동안 내내 생각은 매끄럽고도 헛되이 진행되어, 이 서류는 무슨 서류고 저 서류는 무엇하는 건지 의아해하는 것이었다. "학교에?" 그의 입은 반문했다.

"그래요." 그녀는 말했다. "받아 줄 거예요. 어디서나 입학시켜 주겠지요. 내 부탁이니까요. 어느 학교든지 마음에 드는 곳을 고르세요. 학비도 필요 없을 거예요."

"학교에?" 그의 입이 다시금 말했다. "검둥이 학교에, 내가!"

"그래요, 그리고 졸업하면 멤피스에 가는 거예요. 피블즈 사무소에서 법률 공부를 하면 돼요. 그분이 법률을 가르쳐 줄 테니까요. 그러면 모든 법률 사무를 다 맡아볼 수 있죠. 이 모든 일, 즉 피블즈가 하는 모든 일을 당신이 다 맡아 하는 거예요."

"그러면 검둥이 변호사 사무소에서 법률 공부를 하란 말이오?" 그는 물었다.

"그래요, 그러면 난 모든 일을 당신에게 맡길 거예요. 돈과 그 밖의 모든 걸 다. 그래서 당신이 돈이 필요할 때에는 언제든지…… 어떻게 하는지 다 알게 될 거예요. 변호사들은 그런 방법은 다 터득하고 있으니까…… 당신은 그들을 도와 어둠 속에서 꺼내 주는 입장이니까, 혹 당신이 한 일이 드러나

더라도 별 말썽은 없을 거고……설령 당신이 돈을 도로 채워 놓지 않더라도 …… 아니, 그렇지만 그 전에 돈을 채워 놓으면 아무도 모를 테지요……:"
 "그렇지만 검둥이 대학에 검둥이 변호사라." 그의 목소리가 말했지만 그것은 항의의 어조가 아니라, 그저 조용히 그녀의 확답을 재촉하는 것에 지나지 않았다. 그들은 서로 바라보지 않았다. 그녀는 그가 들어온 뒤로 한 번도 고개를 든 일이 없었다.
 "그들에게 말하세요." 그녀가 말했다.
 "나도 검둥이라고 검둥이들에게 말하란 말이지?" 그녀는 그제야 얼굴을 쳐들었다. 그녀의 얼굴은 아주 평온했다. 그것은 늙은 여자의 얼굴이었다.
 "그래요, 꼭 그렇게 해야 해요. 그래야 당신에게 돈을 내라고 하지 않을 테니까요. 나를 봐서라도요."
 그러자 갑자기 그는 자기 입한테 말하는 것처럼 외쳤다. "닥쳐, 그런 잠꼬대 같은 소리는 하지도 마. 내가 말할게." 그는 몸을 굽혔다. 그녀는 움직이지 않았다. 그들의 얼굴은 한 자도 떨어져 있지 않았다. 하나는 차갑고 창백하고 광신적이며 미친 듯한 면이 있었고, 또 하나는 양피지 빛깔인데 입술이 소리도 없는 딱딱한 조소의 표정으로 실쭉 올라가 있었다. 그는 조용히 말했다. "당신은 늙었어. 이제야 알았네. 늙은 할망구. 머리털이 다 희어졌는데." 그녀는 곧 손바닥으로 그를 후려갈겼다. 그러나 손 말고 다른 부분은 조금도 움직이지 않았다. 그녀의 손찌검은 찰싹 소리를 냈다. 다음 순간, 메아리치듯이 그가 내리치는 소리가 곧바로 울려 퍼졌다. 그는 주먹으로 내리쳤고, 이어서 그 기다란 바람이 불어와 그는 돌연 그녀를 붙들어 의자에서 일으켜 세워서, 꼼짝도 않고 무표정한 얼굴을 하고 있는 여자를 마주 보았다. 순간 그는 불현듯 모든 사정을 깨닫기 시작했다. "뭐 어린애가 생겼다고?" 그는 말했다. "어림도 없지. 처음부터 그런 일 따위 없었어. 너한테는 늙었다는 것밖에는 문제될 만한 일이 하나도 없어. 그저 늙어서, 그 뭐냐, 여자에게 매달 일어나는 그 일이 마침내 일어나지 않게 됐을 뿐이라고. 여자로서 아무 쓸모도 없는 주제에! 오직 그게 문제인 거야." 그는 그녀를 놓아주고 또 때렸다. 그녀는 침대에 쓰러져서 움츠린 채 그를 바라보고 있었다. 그러자 그는 그녀의 얼굴을 또 내리쳤다. 그리고 나서는 그녀 위에 버티고 서서, 한때는 그녀가 듣기 좋다고 하던 저속하고도 외설스럽고 어루만지는 듯한 말을 막 퍼부어 주었다. "그것뿐이야, 이젠 다 닳아서 망가졌어. 이제 여자로서 아무짝에도 소용이 없다니까. 그것뿐이야."

그녀는 침대 위에 옆으로 누워서 고개를 돌려 피투성이가 된 입을 드러내면서 그를 쳐다보고 있었다. 그녀는 탄식했다. "아마 우리 둘 다 죽는 편이 나을 텐데."

그는 문을 열자마자 담요 위에 놓여 있는 쪽지를 볼 수 있었다. 그러자 그는 그리로 걸어가 쪽지를 집어 들고 펴 보았다. 그는 그 속이 텅 빈 울짱 이야기를 떠올렸는데, 지금은 그것을 마치 어디선가 소문으로 들은 일, 자기 과거 속에서가 아니라 어딘가 다른 곳에서 일어났던 일처럼 생각하게 되었다. 왜냐하면 그 종이와 잉크와 형식과 모양이 다 꼭 같았기 때문이다. 쪽지 내용은 길었던 적이 없고 지금도 마찬가지였다. 그러나 지금은 예전과 달리, 입 밖에 낼 수 없는 넘치는 쾌락을 은근히 암시하는 무언의 약속은 그 편지에 전혀 나타나 있지 않았다. 그 내용은 비문(碑文)보다도 짧아졌고, 명령보다도 딱딱하고 간결해졌다.

처음에는 가지 않겠다는 충동을 느끼곤 했다. 그는 감히 갈 수가 없다고 생각했다. 그러나 이어서 그는 감히 안 갈 수도 없다는 것을 알았다. 이제는 옷도 갈아입지 않았다. 땀이 밴 작업복을 입은 채로 늦 오월의 땅거미를 가로질러서 그는 부엌에 들어가곤 했다. 이제는 식탁에 음식 준비가 돼 있지 않았다. 그곳을 지나갈 때에 그는 이따금 식탁을 바라보면서 생각하곤 했다. '원, 저런. 저기 앉아 평화롭게 음식을 먹던 때가 언제였더라?' 그러나 그는 기억해 낼 수가 없었다.

그는 집 안에 들어가 계단을 올랐다. 벌써부터 그녀의 목소리가 들려왔다. 그 소리는 그가 계단을 다 오른 뒤 침실 문에 가까워짐에 따라서 더 확실히 들리곤 했다. 문은 닫힌 데다가 잠겨 있었고, 문 저편에서는 단조로운 목소리가 끊임없이 들려왔다. 그러나 그것이 무슨 말인지는 확실히 분간할 수 없었다. 그것은 다만 끊임없이 들려오는 단조로운 소리에 지나지 않았던 것이다. 그는 굳이 말소리의 뜻을 알아보려고 하지 않았다. 그녀가 무엇을 하고 있는지 알아보고 싶은 생각이 나지 않았다. 그래서 그는 문 앞에 서서 기다리곤 했다. 잠시 뒤에 목소리가 그치고, 문이 열리게 되면 그제야 그는 안으로 들어갔다. 침대 곁을 지나갈 때 그 옆의 마루를 내려다보니까 무릎을 꿇었던 자국이 보이는 것 같아서, 그는 마치 죽음을 본 것같이 황급히 눈길을 돌리는 것이었다.

아직 등불이 켜 있지 않았다. 그들은 둘 다 그냥 서 있었다. 2년 전에 흔히 그랬듯이 그들은 선 채 말을 했다. 그녀는 황혼 속에 서서 같은 이야기를 되풀이하고 있었다. "……가고 싶지 않다면 학교엔 안 가도 좋아요……학교야 안 가도 그만이죠……당신 영혼을……속죄를……." 그리고 그가 냉정하게 잠자코 기다리고 있는 동안에 그녀는 다음과 같이 말을 끝마쳤다. "……지옥에……언제까지나 영원히……."

"아니." 그는 말한다. 그리고 이번에는 그녀가 똑같이 조용한 태도로 듣고 있었지만, 그렇다고 해서 자기주장에 굴복한 것이 아님을 그는 알고 있었고, 그녀도 그가 굽히지 않았음을 알고 있었다. 하여간 어느 쪽도 굽히지 않았다. 좀더 딱한 일은, 그들이 서로 간섭하지 않고 상대를 그냥 놓아주려 하지 않았다는 사실이다. 그는 떠나가지도 않았다. 그리고 그들은 저녁 어스름 속에서 좀더 오래 서 있었다. 마치 그들의 허리에서 나오기라도 한 것 같은, 이미 죽어 버린 무수한 죄와 쾌락의 망령들로 가득 찬 고요한 저녁 어스름 속에 선 채로, 그들은 지치고 기진하긴 했어도 굴하지 않으면서, 점점 꺼져 가는 상대의 무표정한 얼굴을 가만히 마주 바라보고 있는 것이었다.

그러고 나서 그는 떠나갔다. 그러면 문이 닫히고 빗장이 걸리기도 전에 그는 단조롭고도 고요한 절망적인 목소리를 다시금 듣게 되었다. 그 목소리가 무엇에 대해서 또는 누구에게 무슨 말을 하고 있는 것인지 그는 굳이 알려고도 하지 않았고 상상해 보려고도 하지 않았다. 그로부터 3개월이 지난 8월 어느 날 밤, 황폐한 정원 나무 그늘에 앉아 있다가 2마일 떨어진 곳에 있는 재판소 시계가 10시를 알려 주고 또 11시를 알려 주는 소리를 들었을 때에, 그는 자기가 믿고 있지 않다고 믿고 있던 숙명의 노예가 돼 버리고 말았다고, 숙명의 명령에 따를 수밖에 없는 존재가 되었다고 믿게 되었다. 그는 역설적으로 조용히 이 모순을 받아들였다. 그는 이미 과거형으로 '나는 그럴 수밖에 없었다.' 혼자 중얼거리고 있었다. '나는 그러지 않을 수가 없었어. 그 여자가 스스로 그렇게 말했는걸.'

그녀는 이틀 전 밤에 그런 말을 했다. 그는 편지를 발견하고 그녀에게 갔다. 그가 층계를 올라가고 있을 때에 그 단조로운 목소리는 보통 때보다도 더 크게 더 뚜렷하게 들리기 시작했다. 그는 층계 맨 위에 도달했을 때에 그 이유를 알 수 있었다. 이번에는 문이 열려 있었던 것이다. 그가 방에 들어갔을 때도 그녀는 침대 옆에 무릎을 꿇고 앉은 채 자리에서 일어나지 않았다. 그녀는 꼼짝도 하지 않았고, 목소리도 그치지 않았다. 그녀의 머리는 숙여 있지 않았다. 얼굴은 거의 자랑하는 듯한 태도로 들리어 있었다. 자기 죄를 뉘우치는 비참한 모습을 어느 정도 자랑으로 삼는 듯한 느낌까지 주었다. 그녀의 음성은 황혼 속에서 고요히 침착하게 자기 자신을 부정하는 듯한 느낌으로 흘러나왔다. 그가 들어온 것도 모르는지 기도 한 절을 다 끝마쳤다. 그러고 나서야 그에게 고개를 돌렸다. 그녀가 말했다. "나와 함께 무릎을 꿇어요."

"싫어." 그가 대답했다.

"무릎을 꿇으세요." 그녀는 다시금 말했다. "당신이 직접 주님께 말씀드릴 필요도 없어요. 그저 무릎만 꿇으세요. 그저 첫 동작만 취하세요."

"싫다니까." 그는 말했다. "난 이만 가 보겠어."

그녀는 움직이지 않았다. 다만 고개를 돌려 그를 쳐다볼 뿐이었다. "조." 그녀는 불렀다. "그대로 좀 있어 주지 않겠어요? 그만한 일도 못해 주겠어요?"

"그쯤이야." 그는 대답했다. "그럼 있어 주지. 그렇지만 빨리 끝내 줘."

그녀는 다시금 기도했다. 그 비참한 자부심을 드러내며 고요히 기도했다. 그가 가르쳐 준 외설스러운 말을 할 필요가 있을 때에는 조금도 서슴지 않고 또렷하게 발음을 했고, 마치 하느님이 한 남자이며 그 방에 현재 그녀와 두 남자가 함께 있기라도 한 듯이 하느님께 말을 했다. 그녀는 자기 자신과 그에 대한 일을, 마치 다른 사람에 대해서 말하듯이 조용히 단조롭게 중성적인 태도로 말했다. 드디어 그녀는 기도를 끝마쳤다. 조용히 몸을 일으켰다. 그들은 서로 얼굴을 맞대고 황혼 속에 서 있었다. 이번에는 그녀는 질문조차 하지 않았고, 따라서 그는 대답할 필요도 없었다. 잠시 뒤에 그녀는 조용히 말했다.

"그럼 할 일은 꼭 하나밖에 안 남았어요."

"할 일은 한 가지밖에 없지." 그도 말했다.

'그래 이제는 다 끝났어, 모두 다 끝이 났어.' 그는 조용히 생각하며, 빽빽한 관목숲 그림자 속에 앉아 멀리서 들려오는 시계의 마지막 소리가 멎으며 가느다랗게 사라져 가는 여운을 듣고 있었다. 그곳은 2년 전 밤마다 광란의 한때를 보내던 그 시절, 어느 밤에 그가 숨어 있던 그녀를 겨우 발견한 지점이었다. 그러나 그곳은 이미 다른 시간 다른 생활 속에 들어가 버리고 말았다. 지금은 고요할 뿐이었고, 풍요한 대지는 선선한 호흡을 하고 있을 뿐이었다. 주위의 어둠은 그가 살면서 맛보아 온 모든 소리, 수천수만의 소리로 가득 찼고, 마치 모든 과거가 아무런 변화 없는 하나의 형태를 이루기라도 한 것 같았다. 그리고 그 형태는 어디까지나 계속되고 있었다. 내일 밤, 또 앞으로 오는 모든 앞날의 밤도 그 일부가 되어 끊임없이 계속되고 있었다. 그는 그것을 생각해 보고는 고요한 놀라움에 사로잡혔다. 즉 수없이 많은 낯익은 것들이 끊임없이 계속되는 것이다. 과거에 존재하던 것은 앞으로 존재할 것과 똑같고, 앞날과 과거는 결국 일치하는 것일 테니까 말이다. 드디어 때는 오고야 말았다.

그는 일어섰다. 나무 그림자에서부터 나와 안채를 한 바퀴 둘러서 부엌으로 들어갔다. 집은 어두웠다. 그날은 이른 아침 오두막을 나온 뒤에 다시 들어가지 않았으니까 그녀가 혹시 쪽지를 남겨 놓았는지 않았는지, 자기를 기다리고 있는지 어떤지를 전혀 알 수가 없었다. 그래도 그는 애써 소리를 죽이거나 하지는 않았다. 마치 그는 잠에 대해서는, 그녀가 잠이 들었는지 어쨌는지에 대해서는 생각하지 않는 것 같았다. 그는 한 발 한 발 층계를 올라 침실에 들어갔다. 그와 거의 동시에 그녀가 침대에서 입을 열었다. "불을 켜요."

"불은 켜서 무엇 해." 그는 대꾸했다.

"불을 켜요."

"싫어." 그는 말했다. 그는 침대를 내리덮듯이 우뚝 섰다. 한 손에는 면도칼이 쥐어져 있었다. 그러나 그것은 아직 펴 있지는 않았다. 그녀도 다시는 입을 열지 않았다. 그러자 그의 몸이 그 자신에게서 떨어져 걸어 나가는 것 같았다. 그의 몸은 책상으로 가서 손에 들고 있던 면도칼을 거기에 놓아두고 등잔을 찾아 성냥을 그었다. 그녀는 침대에 일어나 앉았다. 등은 침대 머리판에 기대고 있었다. 잠옷 위로 가슴 밑에까지 내려오는 숄을 걸치고 있었다. 그녀는 숄 위로 팔짱을 끼고 있어서 그녀의 손은 가리어진 채 보이지가 않았다. 그는 책상 곁에 서 있었다. 그들은 서로 마주 쳐다보았다.

"나와 함께 무릎을 꿇겠어요?" 그녀는 말했다. "내가 그걸 청하는 건 아니에요."

"싫어." 그가 대답했다.

"내가 그걸 청하지는 않아요. 당신에게 그걸 청하는 것은 내가 아니란 말이에요. 자, 나와 함께 무릎을 꿇어요."

"싫다니까."

그들은 서로 마주 바라보았다. "조." 그녀는 말했다. "이게 마지막이에요. 내가 그걸 청하지는 않아요. 그걸 기억하세요. 자, 나와 함께 무릎을 꿇어요."

"싫어." 그는 대답했다. 그러자 그녀의 팔이 풀리더니 오른손이 숄 밑에서 불쑥 나오는 것을 그는 보았다. 그 손에는 구식 권총이 들려 있었다. 그것은 발사하기 전에 공이를 세워야 하는 총이었는데 길이는 거의 소형엽총만큼이나 길었고, 무게는 그보다도 더 나가는 것이었다. 그러나 벽에 비친 권총과 그녀의 팔과 손의 그림자는 조금도 흔들리지 않았다. 그 그림자들도 기괴했지만 당겨 일으켜진 공이의 그림자도 기괴하여, 권총이 공이를 일으켜 세운 채 악의에 가득 찬 태도로 멈추어 있는 모습은 마치 뱀이 사악하게 고개를 들고 있는 것 같았다. 하여간 그림자는 조금도 흔들리지 않았다. 그리고 그녀의 눈동자도 전혀 흔들리지 않았다. 그녀의 눈은 권총의 시커멓고 둥그런 총구 모양으로 조용했다. 그러나 거기에는 아무런 열도 없었고, 아무런 분노도 없었다. 그것은 모든 동정과 절망과 신념처럼 침착하고 고요했다. 그러나 그는 그녀의 눈을 보고 있지는 않았다. 그는 벽에 비친 권총 그림자를 보고 있었다. 세워진 공이의 그림자가 희미하게 움직이는 것이 보였다.

길 한가운데 서서 다가오고 있는 차의 눈부신 헤드라이트를 향하여 오른손을 번쩍 쳐들면서도 그는 차가 정말 멎어 주리라고는 기대하지 않았다. 그런데도 차는 거의 우스꽝스러울 정도로 갑자기 끼익 소리와 함께 비틀거리면서 급정거했다. 그것은 아주 낡은 상처투성이 소형차였다. 그가 다가가려니까 헤드라이트의 번쩍임에 반사된 속에 두 개의 젊은 얼굴이, 마치 어안이

벙벙해진 엷은 빛깔의 두 개의 풍선 모양으로 떠올랐고, 더 가까운 곳에 보이는 여자의 얼굴은 놀라움과 공포에 질린 모습으로 뒤로 물러나고 있었다. 그러나 크리스마스는 그때 이 사실을 미처 깨닫지 못했다. 그는 부탁했다. "당신네 가는 데까지 나 좀 태워다 줘요." 그들은 묵묵히 조용하고도 기묘한 공포의 표정으로 그를 바라보고만 있었으나 그는 그들이 왜 그러는지 이상하게 생각하지 않았다. 그래서 그는 문을 열고 뒷자리에 들어갔다.

그가 들어갔을 때에 소녀는 숨이 막힌 신음 비슷한 비명을 지르기 시작했는데 그것은 말하자면 두려움이 용기를 얻었을 때 순식간에 높아지는 것 같았다. 차는 이미 움직이기 시작했다. 그것은 앞으로 날뛰는 것 같았다. 소년은 핸들에서 손을 떼지도 않고 소녀에게로 고개도 돌리지 않은 채 나직이 말했다. "닥쳐! 쉿! 이 밖에 별도리가 없단 말이야! 조용히 하라니까!" 크리스마스는 이것도 듣지 못했다. 그는 등받이에 기대앉아서, 자기가 더할 수 없는 공포심 바로 뒤에 앉아 있다는 것은 전혀 생각지 않고 있었다. 그는 그저 그 작은 차가 좁다란 시골길을 몹시 무모한 속력으로 달리고 있다고 잠깐 생각했을 뿐이다.

"이 길은 어디까지 가지?" 그는 물었다.

3년 전 그가 처음으로 제퍼슨시를 본 그날 오후 흑인 소년이 그에게 알려준 바로 그 마을의 이름을 소년이 그에게 일러 주었다. 그의 음성은 메마른 가벼운 어조를 띠고 있었다. "거기 가고 싶으세요?"

"그래, 좋아." 크리스마스는 대답했다. "그래, 그래, 괜찮겠어. 그게 좋을 것 같군. 너희도 지금 거기 가는 길이냐?"

"그래요." 그 소년은 가볍고도 평범한 어조로 말했다. "어디든지 가라는 대로 가죠." 다시금 그의 옆에 앉아 있던 소녀가 그 숨막힌 듯한 작은 동물과도 같은 낮은 비명을 지르기 시작했다. 그러자 소년은 여전히 머리를 앞으로 곧게 세우고 작은 차를 날뛰듯이 몰아대면서 소녀에게 낮은 소리로 말했다. "입다물어! 쉿! 쉿! 입 좀 다물라니까!" 그러나 크리스마스는 이것도 알아차리지 못했다. 그는 그저 리본과도 같은 도로가 눈부신 자동차 불빛 속에 흔들리며 엄청난 기세로 날뛰듯이 달려드는 것과, 그 빛을 배경으로 떠오른 두 개의 젊은, 앞만 바라보고 있는 머리를 볼 뿐이었다. 그러나 그 두 개의 머리와 기세 좋게 달려드는 도로조차도 그는 무관심하게만 볼 뿐이었고,

소년이 자기에게 죽 말을 계속하고 있었음을 깨달았을 때에도 제대로 주의를 기울이지 않았다. 그는 얼마나 멀리 왔는지 어디에 와 있는지 전혀 알지 못했다. 소년의 어조는 이제는 느려지고 요점을 자꾸 되풀이하며, 한 마디 한 마디 외국인에게 들려주듯이 쉬운 말을 신중하게 골라서 천천히 명확하게 말하고 있었다. "이거 보세요, 여기서 방향을 돌릴 텐데요. 이쪽은 지름길이에요. 좀더 좋은 길로 가는 지름길이지요. 난 지름길로 갈 참이에요. 여기서 꺾어 지름길로 나서면 말이에요, 더 좋은 길로 가는 거죠. 그래야 거기 더 빨리 갈 수가 있을 테니까요. 아시겠죠?"

"좋아, 좋아." 크리스마스는 말했다. 차는 뛰어오르며 거침없이 나아가고 있었고, 온통 흔들리며 커브를 돌더니 고갯길을 올라갔다 다시 엄청난 속도로 내려왔는데, 마치 차 밑에 땅이 다 꺼져 버리기라도 한 것 같았다. 길가의 전봇대에 매달린 우체통이 헤드라이트 속에 뛰어들었다가 곧 뒤로 물러섰다. 때때로 그들은 등불이 꺼진 집을 지나갔다. 다시금 소년은 입을 열었다.

"자, 곧 지름길로 들어갑니다. 여기서 꺾어서 그리 들어갈 거예요. 그렇다고 해서 다른 길로 가려는 건 아닙니다. 좀더 좋은 길로 가기 위해서 곁길로 잠깐 간다 뿐이죠. 아시겠어요?"

"좋아, 좋아." 크리스마스가 말했다. 그러고 나서 아무런 이유도 없이 말했다. "여기 어디서 사는 모양이군."

이번에는 소녀가 입을 열었다. 그녀는 앉은 채로 빙그르 뒤를 돌아보며 작은 얼굴, 즉 불안과 공포와 궁지에 몰린 쥐 같은 맹목적인 절망감으로 창백해진 얼굴을 보이며 말했다. "예, 그래요!" 그녀는 소리쳤다. "우리 둘 다 이 근처에서 살아요! 바로 요 앞인걸요! 그러니까 우리 아빠와 오빠들이—." 그녀의 말은 멈춰지고 뚝 끊어지고 말았다. 크리스마스는 소년의 한 손이 소녀의 입언저리를 막고 있고, 그 손목을 소녀가 두 손으로 꽉 붙들어 치우려 하고 있는 모습을 보았다. 그 손 아래에서 소녀의 고통스런 숨막힌 소리가 가냘프게 새어 나왔다. 크리스마스는 앞으로 나앉았다.

"여기서 내려 줘." 그는 말했다. "여기서 내릴 테야. 여기서 나를 내려 줄 수 있겠지?"

"결국 일을 쳐 버렸어!" 이번에는 소년이 역시나 절망적인 분노에 사로잡혀 가늘게 부르짖었다. "네가 그저 잠자코 가만있었더라면—."

"차를 멈춰." 크리스마스가 말했다. "난 너희 가운데 누구에게도 해를 입힐 생각은 없다. 난 그저 내리고 싶단 말이야." 다시금 차는 갑작스럽게 멈추어 섰다. 그러나 엔진은 여전히 돌고 있었고, 그가 발판에서 내리기도 전에 차가 다시금 앞으로 달려 나갔다. 그는 균형을 잡으려고 앞으로 몇 걸음 달려나가야 했다. 이러는 동안에 무엇인가 무겁고 딱딱한 물건이 그의 옆구리를 찔렀다. 차는 마구잡이로 내달려 가장 빠른 속도로 사라져 갔다. 소녀의 날카로운 비명 소리가 다시 돌아왔다. 그리고 곧 그 소리도 사라지고 말았다. 어둠이, 이제는 보이지 않는 먼지가 다시금 지면에 내려오고, 여름의 별들 밑에 침묵이 또다시 깔렸다. 옆구리를 찌른 물건은 꽤 강한 아픔을 주었는데, 이윽고 그는 그 물건이 자기 오른손에 쥐어져 있음을 깨닫게 되었다. 손을 들어 보니 그것은 묵직한 구식 권총이었다. 그는 그것을 들고 있는 줄 미처 몰랐다. 그는 도대체 그걸 집어 든 생각이 나지 않았고, 또한 왜 그렇게 했는지 도무지 기억해 낼 수가 없었다. 그런데도 권총은 자기 손에 쥐어져 있었던 것이다. '그러면 바로 이 손으로 신호해서 그 차를 세웠던 거군.' 그는 생각했다. '그러니 그 계집애……그들이 놀란 것도……' 그는 권총을 거머쥔 오른손을 뒤로 잡아당겨 그것을 던져 버리려 했다. 그러나 그 동작을 멈추고 그는 성냥을 켜서 죽어 가는 그 연약한 빛으로 권총을 조사해 보았다. 성냥은 금세 다 타서 꺼지고 말았다. 그래도 그에게는 구식 권총의 탄환 두 발이 든 약실이 여전히 보이는 듯했다. 하나는 이미 공이가 떨어져 불발탄이 되어 있었고, 나머지 하나는 공이를 떨어뜨릴 심산이긴 했지만 떨어지지 않은 채 그대로 남아 있었다. "자기도 쏘고 나도 쏠 모양이었군." 그는 말했다. 그는 다시 팔을 뒤로 당겨 그것을 던져 버렸다. 권총이 무성한 풀숲 속에 떨어지는 소리가 한 번 들려왔다. 그리고 나서는 다시 아무런 소리도 들리지 않게 되었다. "자기도 죽고 나도 죽이려고 말이지."

13

그 시골 농부가 화재를 발견한 지 5분 만에 사람들이 몰려들기 시작했다. 그중에는 토요일을 시내에서 보내려고 마차를 타고 오다가 들른 사람들도 있었다. 어떤 사람들은 가까운 곳에 살고 있어서 한걸음에 달려오기도 했다. 이 지역엔 흑인들의 오두막과 황량한 불모의 농토가 있을 뿐이라서 평소에는 형사를 1개 분대나 풀어놓아도 남녀노소 다 합해서 열 명도 모으기 어려운데, 지금은 30분도 채 되지 않아 마치 하늘에서 쏟아져 내려오기라도 한 듯이 저 혼자 온 사람들과 식구 전체가 떼를 지어 온 사람들이 줄줄이 나타났던 것이다. 그 밖에 다른 사람들도 시내에서 소란스럽게 차를 몰아 현장에 나타났다. 이들 중에는 이 지방 보안관—단단하고 빈틈이 없는 듯한 머리에 인자로워 보이는 생김새를 지닌 뚱뚱한 낙천적인 인물—의 모습도 눈에 띄었는데, 그는 몰려든 사람들을 헤치고 앞으로 나갔다. 그들은 시트 위에 놓여 있는 시체를 마치 어른들이 그들 자신의 벗어날 수 없는 초상(肖像)이라도 보는 듯이 잠자코 어린애다운 놀라움으로 내려다보고 있었다. 그들 중에는 태연해 보이는 북부에서 온 사람과 가난한 백인 농부 외에, 북부에 산 적이 있는 남부 사람들도 있었다. 그들 남부 사람들은 이 알지 못할 흑인의 소행 같은 범죄가 단지 흑인 한 사람에 의해서 이루어졌다기보다는 '흑인 전체'에 의해서 행해졌다고 확신하고 있었고, 또 그녀는 강간도 당했다고, 적어도 그녀가 목을 잘리기 전에 한 번, 그리고 그 뒤에도 한 번은 더 욕을 당했다고 알고, 믿고, 또 그렇게 원하고 있었다. 보안관은 거기에 다가서더니 자기도 한 번 내려다보고, 그리고 나서는 사람들 눈에 띄지 않도록 그 참혹한 시체를 다른 곳으로 옮기도록 했다.

그러자 사람들이 구경할 것이라고는 시체가 놓여 있던 장소와 화재밖에는 아무것도 없었다. 잠시 뒤에는 시트가 깔려 있던 장소가 어딘지, 시트가 어느 지면을 뒤덮고 있었는지 아무도 정확하게 기억하지 못했다. 그리하여 거기에는 화재밖에는 구경할 것이 없게 되었다. 그래서 그들은 불구경을 시작했다—똑같이 둔감하고 고요한 놀라움의 표정, 즉 인간의 지혜가 태어난 무렵의 악취가 코를 찌르던 태곳적 동굴 생활부터 전해 내려온 그 표정으로, 마치 죽음과 마찬가지로 불도 생전 처음 본다는 듯한 모습으로 구경을 하고 있었다. 이윽고 소방차 한 대가 요란스럽게 경적과 경종을 울리며 멋지게 나타났다. 그것은 새 차로 빨간 칠이 되어 있었고, 가장자리는 금빛으로 둘려 있었다. 또한 수동식 경적과 금빛으로 칠해진 음색이 고운 경종도 달려 있어서 거만하게 자랑스럽게 소리를 냈다. 그 차 둘레에는 모자도 안 쓴 젊은 사람들이 마치 파리처럼 물리적 법칙을 놀랍도록 완전히 무시한 채 그냥 달라붙어 있었다. 거기에는 기계장치가 되어 있는 사다리도 몇 개 있어서 손으로 누르기만 하면 순식간에 오페라해트 모양으로 굉장히 높이 뻗어 올라가게 되어 있었지만, 지금은 올라갈 목표가 될 만한 것이라곤 아무것도 없었다. 또한 대중잡지에 종종 실리는 전화회사 광고를 연상시키는 새로 잘 감아 놓은 호스도 몇 개 있었으나, 그것을 연결할 만한 장소도 보이지 않았으며 그 것을 통해서 흘러나올 물도 전혀 눈에 띄지 않았다. 그래서 술집 카운터나 책상을 떠나 황급히 찾아온 이들 모자도 없는 사람들은 모두 차에서 뛰어내 렸다. 경적을 울리던 사람도 뛰어내렸다. 그들도 가까이 다가와서는 시트가 놓여 있던 자리가 여기다 저기다 일러 주는 말을 듣고 있었고, 그들 중 몇 사람은 호주머니에 있는 권총을 벌써부터 꽉 쥐면서 혼내 줄 범인을 찾아다 니기 시작했다.

  그러나 그런 사람은 보이지 않았다. 그녀는 너무나도 고요한 생활을 해 가며 자기 일에만 몰두했었기 때문에, 그녀가 외국인으로 이방인으로 태어나서 살다가 죽고 만 이 마을에 대해서 남겨 놓은 것이 있다면, 그것은 말하자면 놀라움과 분노밖에는 없었다. 비록 그녀가 마지막에 정서적 만족과 거의 잔혹한 쾌락이라고 할 만한 것을 시민들에게 제공하긴 했지만, 그런 것쯤으로는 그들은 그녀를 용서한다거나 평화롭게 고이 죽도록 내버려 둔다거나 하지 않았다. 바로 그렇다. 평화는 그렇게 쉽게 얻을 수 있는 것이 아니다. 그래서 그들은 여기저기서 뭉쳐 움직였다. 그들은 벌써 3년 전에 죽어 있던 육체와 피와 불꽃이 지금 되살아나 원수를 갚아 달라고 부르짖고 있다고 믿었고, 미친 듯이 성나 날뛰는 불꽃과 움직이지 않는 시체는 인간이 가할 위험과 해독을 멀리 떠난 영역에 그녀가 이미 들어가 있음을 확실히 증명해 주는 것이라고는 그들은 믿지 않았다. 바로 그렇다. 왜냐하면 똑같이 믿는다 해도 전자, 즉 복수의 외침이 더 가슴에 와 닿았기 때문이다. 그것은 상품을 진열해 둔 선반이나 카운터의 존재보다도 더 그들 가슴에 와 닿았다. 거기에는 주인이 원하거나 찬탄하거나 그런 걸 가짐으로써 무슨 쾌락을 얻을 수 있다거나 해서가 아니라, 다른 사람들에게 교묘하게 슬기롭게 팔아넘겨 돈을 벌기 위해서 오래전에 사 두었던 상품들이 가득 차 있었고, 주인은 때때로 그런 팔다 남은 상품들과, 살 수 있는데도 아직 사지 않는 손님들을 분노와 아마 굴욕감과 절망도 곁들여 뚫어지게 바라보게 되는데, 그런 선반이나 카운터보다도 더 강하게 사람들의 가슴을 쳤던 것이다. 또한 변호사가 지난날의 애욕이나 거짓이라 하는 낡아 빠진 망령의 무리 속에 숨어서 기다리고 있는 진부한 법률사무소보다도 더 강하게 와 닿았다. 또는 날카로운 메스와 독한 약품을 가지고 기다리고 있는 의사들, 즉 그들의 궁극적인 목적은 병자를 다 없애는 것인데 그 결과로 그들에게는 아무런 할 일이 남게 되지 않는다고 사람들에게 말하고 또 자기 자신에게도 비망록에 의지하지 않고 믿을 수 있게 하려는 의사들의 진부한 진료실보다도 더 강하게 사람들 가슴에 와 닿았다. 그리고 여자들도 나타났다. 그중에는 서둘러 옷을 갈아입은 사람도 있지만 어쨌든 다들 화려하게 차려입고 은밀한 정열로 얼굴을 빛내면서 유방 아래에는 좌절된 욕망을 감추고 있는 할 일 없는 여자들인데, (그들은 평화보다는 죽음을 언제나 더 사랑하던 패거리다) 그들은 끊임없이 속삭거리는 '누가 그 짓을 했지? 누가 그 짓을 했지?' 하는 말에 대해서 무수한 작은 견고한 발꿈치로 '그는 아직 잡히지 않았니? 아, 아직도 안 잡혔어?'라는 말을 지면에다 새겨 넣고 있었다.

  보안관도 격분과 놀라움의 표정으로 불꽃을 가만히 보고 있었다. 범죄 현장을 조사하고 싶어도 그럴 수 없었으니까 불구경밖에는 할 일도 없었을 것이다. 인간의 농간으로 자기가 좌절을 당하고 있다는 생각은 아직 하지 않고 있었다. 그것은 화재였다. 그에게는 자기를 좌절시킬 의도와 목적 때문에 화재가 저절로 일어난 듯이 생각되었다. 자기 자신을 이 세상에 태어나게 한 과거의 인과관계가 범죄 측에 가담하여 화재를 일으킨 듯이 그에게는 생각되었던 것이다. 그래서 그는 희망과 절망의 빛이 모두 뒤섞인 이 무정한 붉은 불꽃의 기념비 주위를 어리둥절하고도 초조한 걸음걸이로 걸어다니고 있었는데, 그때 보좌관 한 사람이 다가와 안채 뒤에 있는 오두막에서 최근에 사람이 산 듯한 흔적을 발견했다고 보고했다. 그러자 화재를 처음 발견한 시골 농부는(그는 아직도 시내에 들어가지 못했다. 두 시간 전에 그가 마차에서 내린 뒤로 마차는 1인치도 나아가지 못하고 있었다. 그리고 그는 얼굴에 둔하고 피곤하고 흥분한 표정을 띤 채 머리는 헝클어뜨리고 몸을 묘하게 움직이면서 사람들 사이를 돌아다니고 있었고, 그의 목소리는 쉬어서 거의 속삭임 정도로밖에 들리지 않았다) 곧이어 자기가 문을 부수고 집에 들어갔을 때에 어떤 사나이를 거기서 본 기억이 난다고 했다.

  "백인이었나?" 보안관이 물었다.

"그렇습니다, 나리. 층계에서 막 떨어져서 내려온 모양으로 현관홀에서 비틀비틀 걸어다니고 있었습니다. 그리고 내가 2층에 올라가려니까 막 방해 하더군요. 자기가 위에 올라가 봤는데 아무도 없더라고 하면서 말이에요. 그 뒤에 내가 올라갔다 내려와 보니까 그 녀석은 보이지 않습디다."

보안관은 사람들을 둘러보았다. "저 오두막에서는 누가 살고 있었지?"

"누가 사는 줄도 몰랐습니다." 보좌관이 말했다. "아마 검둥이들이 살았을 지도 모르지요. 그 여자는 아예 자기 집 안채에 검둥이들이 살도록 해 주었 는지도 몰라요. 소문이 그러니까 말이죠. 이렇게 오랫동안이나 그 여자가 검 둥이에게 당하지 않고 지냈다는 것이 오히려 이상할 정도입니다."

"검둥이를 데리고 와." 보안관이 명했다. 보좌관과 그 밖에 두서너 사람이 검둥이 한 사람을 데려왔다. "누가 저 오두막에서 살고 있었지?" 보안관이 물었다.

"몰라요, 와트 씨." 흑인이 대답했다. "그런 건 주의해서 보지도 않았거든 요. 도대체 누가 거기서 사는 줄도 몰랐어요."

"이 사람 저쪽으로 데려가." 보안관은 말했다.

사람들은 이번에는 보좌관과 흑인 주변에 몰려들었다. 그들은 불꽃이 그 저 계속 타오르기만 하는 것을 보고 이미 권태를 느끼기 시작한 눈을 탐욕스 럽게 빛내면서 서로서로 어슷비슷한 얼굴 모양들을 하고 있었다. 마치 그들 각자의 오관은 신을 찬양할 때처럼 모두 보는 일만 하는 한 가지 기관으로 화한 듯했고, 그들 사이에 공기로부터 또는 바람으로부터 생겨난 말이 떠돌 아다니는 것 같았다. '저 녀석인가? 저 녀석이 바로 그 짓을 했나? 보안관 은 범인을 잡았군. 보안관은 이미 범인을 잡아.' 보안관은 그들을 보았다. "자, 저리로들 가시오." 그는 말했다. "누구든지 다 가서 불구경이나 하시 오. 도움이 필요할 때에는 부르러 보낼 테니. 자, 빨리 가요." 그는 몸을 돌 리고 세 사람을 데리고 오두막으로 갔다. 그 뒤에서는 불만스러운 사람들이 떼지어 서서 백인 세 사람과 흑인 한 사람이 오두막으로 들어가 문을 닫는 것을 지켜보고 있었다. 한편 그들 뒤에서는 기운이 꺾인 불꽃이 하늘을 채우 며 포효하고 있었는데, 그 소리는 '제기랄, 만약에 저 녀석이 범인이라면 우 린 여기 서서 도대체 무얼 하는 거지? 저 빌어먹을 검둥이가 백인 여자를 죽였다는데'라는 사람들의 소리만큼 드높진 않으나 출처는 그보다 훨씬 확실했다. 그들 중에는 그 집에 들어가 본 일이 있는 사람은 하나도 없었다. 그녀가 살아 있을 동안에는 그들은 자기 아내를 결코 그 집에 드나들도록 내버려 두지 않았다. 그들이 더 어렸던 유년 시절에는(그들의 아버지 중 몇 사람도 그런 일을 했는데) 거리에서 그녀의 뒤를 따라다니며 소리를 지르곤 했었다. "검둥이 좋아하는 년! 검둥이 좋아하는 년!"

오두막에 들어가자 보안관은 간이침대 위에 무겁게 앉았다. 그는 한숨을 내쉬었다. 그는 술통처럼 생긴 사람으로 암석과도 같은 견고한 타성을 지니고 있었다. "자! 이제 이 오두막에 누가 살고 있는지 한번 들어 보실까." 그는 말했다.

"전 모른다고 말씀드렸는데요." 흑인이 대답했다. 그의 목소리는 좀 음울하였고, 은근하게 상당히 경계하는 태세였다. 그는 보안관을 바라보고 있었다. 나머지 두 백인은 그의 뒤에 있어서, 그는 그들을 볼 수가 없었다. 그는 그들을 뒤돌아보지도 않았고 힐끔힐끔 보려고도 하지 않았다. 그는 다만 거울 속 자기 모습을 보듯이 보안관의 얼굴만을 바라보고 있을 뿐이었다. 아마 그는 그 얼굴에 떠오른 것을 거울 속에서 보듯이 포착했는지도 모른다. 또는 그러지 못했는지도 모른다. 왜냐하면 보안관의 표정 속에 무슨 변화가 일어났다 해도 그것은 다만 번쩍 지나가는 섬광에 지나지 않았기 때문이다. 하여간 흑인은 뒤를 돌아다보지 않고 있었다. 그리고 뒤에서 가죽 채찍이 그의 등을 내리쳤을 때에도 그의 얼굴에는 돌연히 좀 주춤하는 빛이 잠깐 나타나고, 그는 날카롭게 재빠르게 양쪽 입가를 들어 올려 순간적으로 이를 드러내고 웃는 듯한 표정을 나타냈을 뿐이다. 그리고 나서 그의 얼굴은 곧 평온한 표정으로 돌아가 그 이상의 탐색은 불가능케 했다.

"아직 진심으로 기억을 더듬어 볼 생각은 없나 보군." 보안관이 말했다.

"알지도 못하는 일을 어떻게 기억하겠습니까?" 흑인은 반박했다. "난 이 근처에 살고 있지도 않습니다. 당신네 백인들은 내가 어디 살고 있는지 뻔히 다 아실 텐데요."

"버포드 씨가 그러는데 자네는 이 길 바로 저쪽에서 산다는데." 보안관이 말했다.

"이 길 바로 저쪽에서 사는 사람이 저 혼자뿐인가요? 버포드 씨는 제가 어디 살고 있는지 잘 아실 텐데요."

"이 녀석 거짓말하는 거예요." 보좌관이 말했다. 그의 이름은 버포드였다. 그가 바로 버클이 달린 끝을 앞으로 해서 혁대를 채찍 삼아 휘둘렀던 사람이다. 그는 또 휘두를 자세를 취했다. 그는 보안관의 얼굴을 지켜보고 있었다. 물속에 뛰어들라는 명령을 기다리고 있는 스패니얼 종 개 같았다.

"그럴는지도 모르고 그렇지 않을는지도 모르겠군." 보안관은 말했다. 그는 생각에 잠긴 듯 흑인을 뚫어지게 바라보았다. 육중한 거구를 침대에 올려놓고는 움직이지도 않고 스프링만 누르고 있었다. "이 녀석은 지금 내가 농담을 하고 있는 게 아니라는 것을 모르는 모양이야. 더구나 밖에서 기다리고 있는 사람들이 지금 농담할 기분이 아니라는 것은 더욱 모르고 있지. 만약 이놈에게 불리한 증거가 발견될 경우, 나와는 달리 그들은 이놈을 처넣을 정식 감방을 마련하지 못하고 있단 말이야. 하기야 그들은 혹 감방을 갖고 있다 해도, 증거만 나온다면 성가시게 이 녀석을 거기에 집어넣지도 않고 두들겨 패 버리겠지만." 아마 그의 눈에는 또다시 무슨 눈짓이나 신호가 있었을는지도 모르고 혹 없었을는지도 모른다. 아마 흑인은 그것을 보았을지도 모르고 보지 못했을지도 모른다. 아무튼지 채찍이 다시금 떨어져 버클이 흑인의 등에 부딪히는 소리가 들렸다. "아직도 생각이 안 나냐?" 보안관이 물었다.

"백인 두 사람이지요." 흑인이 말했다. 그의 음성은 냉정하고 무뚝뚝했지만 그 밖에는 아무런 감정도 섞이지 않았다. "그들이 누군지, 무얼 하는 사람인지 저는 조금도 모릅니다. 그건 제가 상관할 일이 아니니까요. 전 그들을 본 일도 없어요. 그저 백인 두 사람이 여기서 산다는 말만 들었을 뿐이에요. 그들이 누구건 상관할 필요도 없었습니다. 제가 아는 것은 그뿐이지요. 어디 피가 나오도록 때려 보세요. 그래도 제가 알고 있는 건 그뿐이니까요."

다시금 보안관은 한숨을 내쉬었다. "그래 됐어. 그 말이 맞겠지."

"그건 크리스마스라 하는 사람인데 전에 제관공장에서 일하고 있었구요, 또 한 사람은 브라운이란 놈입니다." 제3의 사나이가 말했다. "제퍼슨 거리에서 누구든지 술냄새가 좀 나는 사나이를 붙들어서 물어보면 그 정도는 다 알고들 있을 겁니다."

"그 말도 아마 맞겠지." 보안관은 말했다.

그는 시내로 돌아갔다. 보안관이 떠나가려는 것을 알자 군중도 일제히 발길을 돌리기 시작했다. 거기에는 이제 아무것도 볼 만한 것이 남아 있지 않기라도 한 것만 같았다. 시체도 이미 치워졌고 보안관도 돌아가고 있었던 것이다. 말하자면 그는 느릿느릿하고 탄식을 잘하는 육중하고 거대한 몸집 속에 비밀을 감추고 있어서, 그것이 음식물로 꽉 찬 내장과 단조로운 날들이 주는 것 이상의 무엇을 약속해 주는 것처럼 사람들의 마음을 움직이고 감정을 불러일으켰는데, 보안관은 그걸 가지고 떠나가고 말았던 것이다. 그래서 거기에는 화재 말고는 구경할 것이 아무것도 남지 않았는데, 불구경은 이미 세 시간이나 하고 있었다. 그들은 화재에 익숙해져서 더는 신기해하지도 않았고, 바람도 없는 하늘에 피어오른 연기는 언제든지 다시 와서 볼 수 있는 무슨 기념탑보다도 높고 또 견고하여, 그 밑에 서 있는 그들에게는 화재라는 것이 이제는 그들의 경험뿐만 아니라 생활에 대해서도 그 일부로서 깊은 연관성을 지니게 되었다. 그래서 한 떼가 대상(隊商) 모양으로 시내에 돌아갔을 때에는 그것은 마치 영구차 뒤에 거만한 예의를 갖춘 차량들의 행렬이 이어지는 듯하여, 보안관의 차를 선두로 그 뒤에는 다른 사람들의 차가 각각 일으키는 먼지구름 속에서 경적을 울리면서 소란스럽게 돌아왔다. 그 행렬은 광장 근처 네거리까지 왔을 때에 한 승객을 내려 주려고 서 있던 시골 짐마차의 방해를 받아서 잠깐 멈추었다. 목을 내민 보안관의 눈에는 만삭이 된 배를 부둥켜안은 어떤 젊은 여자가 참으로 조심스럽게 천천히 마차에서 내려오는 것이 보였다. 그리고 마차가 옆으로 비켜서자 행렬은 다시 움직이더니 광장을 가로질러 지나갔는데, 그 광장에 면한 은행의 지점장은 벌써 금고에서 봉투를 꺼내 놓고 있었다. 그것은 고인으로부터 맡아두었던 것으로, 겉봉에는 '내가 죽었을 때에 펴 볼 것. 조안나 버든'이라는 문구가 적혀 있었다. 보안관이 자기 사무실에 들어섰을 때에는 은행 지점장이 그 봉투와 내용물을 가지고 거기서 그를 기다리고 있었다. 봉투 속에 들어 있던 것은 종이 한 장뿐이었고, 거기에는 겉봉에 적힌 것과 꼭 같은 필적으로 다음과 같이 적혀 있었다. 'E. E. 피블즈 변호사—테네시주 멤피스시 빌 거리, 그리고 나다니엘 버링턴—뉴햄프셔주 엑세터시—이들에게 알릴 것.' 그것뿐이었다.

"이 피블즈라는 사람은 검둥이 변호사랍니다." 지점장이 말했다.

"그렇소?" 보안관이 응답했다.

"그렇습니다, 그럼 저는 어떻게 하는 것이 좋을까요?"

"당신은 이 유서에 적혀 있는 대로 좀 해 주었으면 좋겠는데." 보안관은

말했다. "아니, 내가 직접 하는 것이 나을는지도 모르겠군." 그는 전보를 두 통 쳤다. 그리고 30분 뒤에 멤피스시로부터 회전(回電)을 받았고, 나머지 하나는 두 시간 뒤에 받았다. 그로부터 10분도 채 지나기 전에, 뉴햄프셔주에 살고 있는 버든 양의 조카가 그녀의 살인범을 체포하는 사람에겐 1천 달러의 상금을 줄 것이라는 소문이 시내에 쫙 퍼져 나갔다. 그날 저녁 9시에는 그 시골 농부가 현관을 부수고 들어갔을 때에 불붙고 있는 집에 있던 사나이가 시내에 나타났다. 그때에는 그가 바로 그 사람이라는 것을 시민들은 모르고 있었다. 그는 그들에게 그런 말을 하지 않았다. 그래서 그들이 알고 있었던 것은 최근에 그 도시에 살기 시작한 밀주 판매인, 그것도 별 볼일 없는 밀주 판매인인 브라운이란 사내가 좀 흥분된 상태로 광장에 나타나 보안관을 찾고 있더라는 정도뿐이었다. 그 뒤에 여러 가지 사실들이 맞물리면서 사태가 차차 밝혀졌다. 보안관은 브라운이 무슨 이유로 해서 또 다른 외지인, 즉 크리스마스란 사나이와 관계를 맺고 있다는 것을 알게 되었다. 그런데 그 사나이는 이미 3년간이나 제퍼슨에서 살고 있었는데도 브라운보다도 더 알려지지 않았고, 보안관조차도 크리스마스라는 사나이가 버든 양 저택 뒤의 오두막에서 3년이나 살고 있었던 것을 까맣게 모르고 있었던 것이다. 브라운은 지껄이고 싶어했다. 열심히 큰 소리로 지껄이고 싶어했는데, 그것도 다 1천 달러의 상금이 탐나서 그러는 것이라고 곧 알려지게 되었다.

"너는 공범 증언을 하고 싶다는 거냐?" 보안관이 물었다.

"무엇인지는 몰라도, 난 그런 증언은 하고 싶지 않아요." 브라운은 이렇게 말하며 얼굴 표정을 좀 거칠게 했다. 그의 어조도 무척 거칠고 사나웠다. "난 누가 범인인지 알고 있어요. 상금만 주면 곧 말하죠."

"범인을 네가 잡기만 하면 상금은 네 것이야." 보안관이 말했다. 그리고 그는 브라운의 신병을 확보하기 위하여 그를 구금해 두었다. "하긴 구금해 둘 필요까지는 없을지도 모르지만." 보안관은 말했다. "하여간 1천 달러의 상금 냄새가 여기서 풍겨 나오는 한, 녀석은 쫓아 버려도 또 찾아올 텐데 뭐." 더욱 거칠게 격분해서 팔다리를 마구 휘저으며 쉰 소리로 계속 떠들어대면서 브라운이 끌려 나가자, 보안관은 두 마리 경찰견을 갖고 있는 이웃 도시에 전화를 걸었다. 그 개는 다음날 이른 아침 기차에 태워 보내 주겠다고 연락이 왔다.

일요일의 구슬픈 새벽에 쓸쓸한 정거장 플랫폼에는 3, 40명의 남자들이 기다리고 있었는데, 개를 태운 기차가 불이 켜 있는 창문들을 다 데리고 임시로 정거하기 위해서 요란한 소리를 내며 들어왔다. 그것은 급행열차여서 제퍼슨에서는 서지 않는 경우가 많았지만, 그날 아침에는 두 마리 개를 토해낼 만큼 짧은 시간만 정거했던 것이다. 복잡하고도 기묘한 천 톤이나 되는 값비싼 금속 덩어리가 빛을 내고 요란한 소리를 내면서 사람들의 연약한 소리로 가득 찬 가련한 침묵 속에 침입하여 여위고 쭈그러든 두 망령을 토해내자, 그 망령과도 같은 두 마리 개의 질린 듯한 온화한 얼굴은 구슬프리만큼 비굴한 태도를 보이면서 주변에 있는 사람들의 지치고 창백한 얼굴을 바라보았다. 지난밤 잠도 제대로 자지 못한 그들은 어딘지 모르게 무시무시하고 열성적이면서도 무력한 태도로 두 마리 개를 둘러싸고 있었다. 그것은 마치 그 살인사건에 대한 맨 처음 분노가 계속해서 꼬리를 물고 이어져서 그 뒤의 모든 행동이 이성과 자연에 어긋나는 추악한 것, 모순된 것, 잘못된 것 등으로 변해 버리기라도 한 것 같았다.

무장을 한 무리가, 다 타서 차가운 잔해가 되어 버린 저택의 뒤에 자리잡은 오두막에 도착한 것은 막 해가 떠오르고 있던 때였다. 개들은 태양 빛과 열기로 용기를 얻었는지, 또는 사람들의 극도로 긴장된 흥분을 감지했는지 오두막 주변에서 짖기도 하고 뛰어다니기도 했다. 요란스럽게 냄새를 맡고 돌아다니면서, 마치 두 마리는 한 마리 야수로 변하기라도 한 듯이 끈을 붙잡은 남자들을 한 방향으로 끌고 있었다. 개들은 나란히 백 야드쯤 달려가다가 갑자기 멈추더니 땅바닥을 맹렬하게 파헤치기 시작하여, 곧 최근에 누군가가 묻어 놓은 빈 음식 통조림통을 몇 개 파냈다. 그들은 힘을 다해 개들을 거기서 끌어냈다. 그리하여 오두막에서 좀 떨어진 곳으로 끌고 가서 다시금 수색을 시작했다. 잠깐 개들은 나지막하게 으르렁거리면서 여기저기 움직여 다니다가, 다시금 방향을 정해 떠났다. 사람들은 욕설을 퍼부으면서, 혀를 한 자나 내밀고 침을 질질 흘리며 달려가는 개들에게 이끌려 전속력으로 오두막까지 돌아왔다. 오두막에 도착하자 개들은 거기에 버티고 서서 머리를 발딱 젖히고 눈을 뒤룩거리면서, 이탈리아 오페라에서 노래를 부르는 두 바리톤 가수와도 같은 열렬한 태도로 텅 빈 입구를 향하여 막 짖어 댔다. 사람들은 개들을 차에 태워 시내로 돌아와 먹이를 주었다. 그들이 광장을 건너가려 할 때 교회당 종소리가 천천히 평화롭게 울려 퍼졌고, 거리에는 파라솔을 쓴 잘 차려입은 사람들이 성서와 기도서를 들고 조용히 걸어가고 있었다.

그날 밤 어느 시골 소년이 자기 아버지와 함께 보안관을 찾아왔다. 그 소년은 지난 금요일 밤, 차를 몰고 집으로 돌아오는 도중 살인사건이 일어난 현장으로부터 1, 2마일 떨어진 곳에서 손에 권총을 든 사나이가 자기 차를 억지로 세우더란 이야기를 했다. 그 소년은 강도를 당하고 심지어는 살해까지 당할지도 모른다고 생각해서, 일단 어떻게든 그 차를 집 바로 앞까지 몰고 가서는 밖으로 튀어나와 사람 살리라고 고함을 질러야지 마음먹고서 그를 속이려 했으나, 그 사나이는 무슨 눈치를 챘는지 중간에 억지로 차를 멈추게 한 다음 내려 버렸다고 말했다. 그의 아버지는 그 1천 달러 상금 중에서 자기네가 받을 몫은 얼마쯤이나 되는지 알고 싶어했다.

"범인을 잡으시오, 그러면 생각해 보지요." 보안관은 말했다. 그리고 그들은 개를 깨워 다른 차에 태우고 출발하여 그 젊은이가 알려준 장소, 즉 그 사나이가 내렸다는 곳에 닿자 개를 풀어서 다시금 탐색을 시작했다. 개들은 곧 숲 속으로 뛰어들어가 어떤 형태의 금속이든지 틀림없이 찾아내는 능력을 발휘하여 그야말로 곧바로 두 개의 총알이 장전된 낡은 권총을 찾아냈다.

"매번 공이를 세워서 쏴야 하는 방식이니까 이건 남북전쟁 시대의 낡은 권총입니다." 보좌관이 말했다. "뇌관 하나에 공이가 닿은 흔적이 있긴 하지만 격발이 안 되었군요. 그놈은 이걸 가지고 무슨 짓을 하려고 했을까요?"

"개들을 놓아주게." 보안관이 말했다. "끈 때문에 마음대로 활약을 못할지도 모르니까." 그들은 명령대로 했다. 개들은 완전히 자유롭게 되었지만, 30분 뒤에는 길을 잃어버리고 말았다. 사람들이 개를 잃어버린 것이 아니라, 개들이 사람을 잃어버린 것이었다. 개들은 시냇물을 지나 언덕 바로 건너편에 있어서 사람들은 그 끙끙거리는 소리를 확실히 들을 수가 있었다. 개들은 더는 자만이나 확신이나 기쁨을 가지고 짖어 대는 것은 아니었다. 그 우는 어조에는 길게 끌리는 절망적인 애통한 맛이 섞여 있었고, 한편 사람들은 소리 나는 쪽을 향해서 줄곧 개를 부르고 있었다. 그러나 개들은 어느 놈도 부르는 소리를 듣지 못하는 모양이었다. 개들의 소리는 각각 뚜렷이 들려왔지만, 그래도 종소리 비슷한 애통한 울음소리는 하나의 목으로부터 나오는 것 같아서, 마치 두 마리 동물은 몸을 딱 붙이고서 웅크리고 있는 듯이 생각되었다. 잠시 뒤에 사람들은 실제로 개들이 도랑에 웅크리고 있는 것을 발견했지만 그때에는 그 울음소리가 거의 어린애 목소리와도 비슷해져 있었다. 사람들은 거기에 쪼그리고 앉아서, 차에 돌아갈 길을 찾을 수 있을 만큼 주위가 밝아질 때까지 기다렸다. 그러자 월요일 아침이 되었다.

월요일에는 기온이 오르기 시작했다. 화요일에는 더운 낮이 지나고 찾아온 캄캄한 밤이 바람 한 점 없이 답답할 만큼 무더웠다. 바이런은 그 집에 들어가자마자 고리타분한 짙은 남자 냄새로 그의 콧구멍이 딱딱해지고 희어지는 것을 느낀다. 그리고 하이타워가 다가오면 그 목욕을 잘 안 하는 비대한 살 냄새, 오래 입은 옷 냄새—깔끔하지 못한 은거 생활과 목욕을 자주 하지 않는 움직임이 적은 비대한 몸에서 나는 악취—가 거의 그를 압도할 지경이다. 그 집에 들어서며 바이런은 전에도 그랬던 것처럼 생각에 잠긴다. '이것은 그의 권리야. 이건 내 방법은 아니지만 그의 방식이며 또한 그의 권리이기도 하지.' 그리고 그는 언젠가 마치 영감(靈感)이나 예언을 얻기라도 한 듯이 그 해답을 터득했다고 느낀 일이 있었던 것을 기억한다. '이건 선(善)의 냄새야. 그러니 악하고 죄 많은 나 같은 사람에게는 당연히 악취로 느껴질 수밖에 없겠지.'

두 사람은 또다시 서재에서 책상과 등불을 사이에 두고 서로 마주 바라보며 앉는다. 바이런은 다시금 딱딱한 의자에 앉아 조용히 고개를 숙이고 있다. 그의 목소리는 냉정하며 완고하다. 그 소리는 상대에게 유쾌하지 않을 뿐만 아니라 믿기지도 않을 이야기를 하려는 듯한 사람의 어조를 갖고 있다. "그 여자를 위해서 다른 장소를 찾아볼 생각입니다. 좀더 눈에 띄지 않는 장소 말입니다. 그런 곳이라면 그 여자도⋯⋯."

하이타워는 상대의 숙인 얼굴을 지켜본다. "어째서 그 여자는 거처를 옮겨야 하는가? 지금 있는 곳에서 꽤 편히 지낼 수 있고, 또 여차하면 도와줄 여자도 곁에 있는데." 바이런은 대답하지 않는다. 그는 눈을 내리깐 채 꼼짝도 않고 앉아 있다. 그의 얼굴은 고요하고 완고하다. 그걸 바라보며 하이타워는 생각한다. '너무 많은 일이 생겨나기 때문이야. 지나칠 만큼 많이 일어나니까. 그래, 바로 그거야. 인간은 자기가 감당할 수 있는 것 이상으로, 아니면 그렇게까지 감당할 필요는 없다 싶은 것 이상으로 정말 많은 일들을 하기도 하고 하려고도 한단 말이야. 그래서 인간은 자기가 무엇이든지 감당할 수 있다고 생각하는 모양이지. 바로 그렇대두. 그게 바로 무서운 점이지. 무엇이든지 자기가 감당해 낼 수 있다는 생각이 무서운 거야.' 그는 바이런을 지켜본다. "그 여자가 거처를 옮기려는 것은 비어드 부인 때문인가? 그 밖에 다른 이유는 없나?"

그래도 바이런은 고개를 숙인 채 여전히 고요하고 완고한 음성으로 말을 잇는다. "그 여자는 자기 집처럼 마음을 푹 놓을 수 있는 곳이 필요합니다. 이제 별로 시간이 없습니다. 그런데 하숙집에서는 거의 남자들만 들끓고 있고…… 해산할 때가 되면 조용히 누워 있을 수 있는 곳이 필요해요. 말장수나 재판에 불려 온 배심원들이 복도를 부산하게 지나다니는 그런 곳이 아니라……."

"그렇겠지." 하이타워가 말한다. 그는 바이런의 얼굴을 살펴본다. "그래 자네는 그 여자를 여기에 두고 싶다 그 말이지?" 바이런은 말을 하려 하지만 상대는 말할 틈을 주지 않는다. 그의 어조도 냉정하고 굴곡이 없다. "그렇게는 안 될 거야, 바이런. 글쎄 이 집에 다른 여자가 혹 살고 있다면 몰라도……하기야 여기엔 방이 이렇게 많은데, 더구나 조용한 방이 많은데 안 된다는 건 유감스러운 일이지만. 알겠나, 나는 그 여자를 생각해서 이러는 거야. 나 자신이 아니라. 나 자신이야 무슨 소문을 듣든 어떻게 생각이 되든 아무런 상관도 없어."

"전 그런 걸 부탁하지는 않습니다." 바이런은 고개를 들지 않는다. 그는 상대가 자기를 지켜보고 있음을 느낀다. 그는 생각한다. '내가 그런 뜻으로 그렇게 말한 건 아니라는 것을 그도 알고 있어, 알고말고. 그는 그저 말로만 그렇게 말했을 뿐이야. 난 그가 지금 생각하고 있는 것이 무엇인지 알고 있어. 그런 대답을 할 줄은 미리부터 짐작했지. 그는 내 일에 대해서도 보통 사람들과는 달리 생각지 않는 것 같아.' "목사님께서는 잘 알고 계실 것이라고 생각하는데요." 아마 하이타워는 분명히 알고 있을 것이다. 그러나 바이런은 그걸 확인하느라고 얼굴을 쳐드는 일은 하지 않는다. 그는 여전히 고개를 숙인 채로 그 둔하고도 평탄한 목소리로 말을 계속하고 있고, 책상 맞은편에서는 하이타워가 좀 기우뚱한 자세로 앉아 자기 앞에 앉은 사내의 노동과 기후로 단련된 여윈 얼굴을 지켜보고 있다. "아무런 상관이 없는 목사님을 이 일에 말려들게 할 생각은 없습니다. 목사님께서는 그 여자를 보신 일도 없고 앞으로도 보실 일이 없을 것입니다. 또한 목사님께서는 그 남자도 만나 보신 적이 없을 테니까 사정은 아실 리 없을 거라고 저는 생각합니다. 그저 저는 혹시나 하고 생각한 것뿐이지요……." 그의 목소리는 끊어졌다. 책상 맞은편에서는 굽히지 않는 태도로 목사가 그를 지켜보며 도움의 손길도 내밀지 않고 그저 기다리고 있다. "무엇인가 하지 말라는 일에 부닥치게 될 때에는 누구든지 자기 혼자서 생각해 처리해도 되겠지요. 그렇지만 무엇인가 해야 할 일이 눈앞에 닥치면 얻을 수 있는 모든 충고에 귀를 기울이는 것이 좋다고 저는 생각합니다. 그렇지만 목사님까지 이 일에 말려들게 하지는 않겠습니다. 이 일 때문에 근심을 끼쳐 드리고 싶지는 않습니다."

"그건 나도 알고 있네." 하이타워가 말한다. 그는 상대의 숙인 얼굴을 지켜본다. '나는 이제는 현세에 살고 있지 않아.' 그는 생각한다. '그러니 현실에 끼어들어서 도움을 주려 해 봤자 아무런 소용도 없는 거야. 내가 현실 생활로 돌아가려 애쓴다 해도 그는 내게 관심이나 주의를 기울이지도 않겠지. 마치 그 남자나 그 여자가(심지어는 그 어린애까지도) 내 말은 들은 척도 하지 않을 것과 꼭 마찬가지로 말이야.' "그런데 그 여자는 그가 이 도시에 있다는 것을 알고 있다고 자네는 말하지 않았나?"

"예, 그랬습니다." 바이런은 생각에 잠기면서 말한다. "남자나 여자나 어린애에게도 해를 끼칠 일 따위 절대 없으리라 믿었던 그 공장에서 그 말을 해 버렸습니다. 저는 그 여자가 거기에 오자마자 이것저것 모두 말해 버리고 말았습니다."

"내 말은 그게 아니야. 당시엔 자네도 뭐가 뭔지 잘 몰랐어. 내 말은 그 뒤의 일이야. 그와 또 한 사람……아 인젠 사흘이나 됐군. 자네가 말했든 안 했든 그 여자는 틀림없이 알고 있을 텐데. 지금쯤은 이미 다 들어서 알고 있겠지."

"크리스마스에 대한 이야기 말이죠?" 바이런은 고개를 들지 않는다. "그 여자에게 브라운의 입가에 하얀 작은 상처가 있느냐고 질문을 당한 다음부터는 전 아무런 말도 하지 않았습니다. 그날 저녁 함께 시내로 들어오는 동안 내내 저는 그 여자가 뭐를 더 물어보지나 않을까 떨었습니다. 그 여자에게 뭐를 더 물어볼 틈을 주지 않으려고 저는 이것저것 다른 화제를 쥐어짜

가며 끊임없이 입을 놀리고 있었지요. 그런데 저는 브라운이 임신한 그 여자를 버리고 도망쳤을 뿐 아니라 붙잡히지 않으려고 이름까지 바꿔 버린 일과, 이제 겨우 그를 찾아냈더니 그는 밀주 판매인이 되어 있더라는 일을 그 여자에게 어떻게든 끝까지 잘 숨긴 줄 알았는데, 사실 그 여자는 처음부터 모든 것을 다 알고 있었습니다. 브라운이 변변찮은 인간이라는 것을 다 알고 있었습니다." 그는 지금 생각 끝에 깜짝 놀랐다는 태도로 말을 계속한다. "뭐 그런 것을 숨긴다든가 번지르르한 거짓말로 속인다든가 할 필요도 없었습니다. 그 여자는 제가 말하려던 것을, 거짓말을 하려던 것을 미리 다 아는 것 같았습니다. 그 여자는 마치 그런 것은 이미 다 생각해 보기라도 한 듯이 제가 말하기 전부터 그 말을 믿으려 하지 않았던 것 같습니다. 하기야 뭐 그런 것쯤은 별 상관이 없었지요. 그렇지만 그 여자의 일부는 사실을 알고 있었고, 제가 도저히 속여 넘길 수가 없었던 그 일부는······." 그는 말을 더듬으며 뭐라고 표현해야 할지 몰라 애쓰고 있지만, 책상 맞은편의 억세고 고집스러운 사람은 도우려고도 하지 않고 상대를 그저 지켜만 보고 있다. "그 여자는 마치 두 부분으로 구성이 되어 있어서, 그중 한 부분은 그가 악당이라는 것을 알고 있는 것 같습니다. 그러나 나머지 부분은 남자와 여자가 어린애를 갖게 되면 주님께서 적절한 시기에 두 사람을 결합시켜 주신다고 믿고 있습니다. 마치 하느님께서는 언제나 여자들을 돌보아 주셔서 남자들로부터 그들을 보호해 주시기나 하는 것처럼 그 여자는 생각하는 모양입니다. 그러니까 만약에 주님께서 아직 적절한 시기가 아니라고 생각하셔서 두 사람을 만나게 하거나 비교하게도 안 하신다면, 저도 그럴 생각은 들지 않을 겁니다."

"말도 안 되는 소리." 하이타워는 말한다. 그는 책상 너머로 바이런의 고요하고 완고하고 금욕적인 얼굴을 바라본다. 그것은 모래바람이 부는 공허한 고장에 오래 살아온 은둔자의 얼굴이다. "할 일이 있다면, 그 여자가 꼭 한 가지 해야 할 일이 있다면 그것은 앨라배마로 돌아가는 거야. 자기 친척에게로 말이야."

"저는 그렇게 생각지 않습니다." 바이런은 말한다. 그는 그 말을 재빠르게 딱 잘라 한다. 마치 그런 말이 나오기를 아까부터 계속 기다리기라도 한 듯이. "그 여자는 그럴 필요가 없을 겁니다. 그럴 필요가 없을 거라고 저는 생각합니다." 그러나 그는 고개를 들지 않는다. 그는 상대가 자기를 지켜보고 있음을 느낀다.
 "그 브—브라운은 그 여자가 제퍼슨에 와 있는 걸 알고 있나?"
 순간적으로 바이런은 거의 미소까지 짓는다. 그의 입술은 위로 말려 올라간다. 거의 그림자와도 같은 희미한 동작으로 기쁨이 섞인 미소는 아니다. "그는 요즘 너무나 바쁩니다. 그 1천 달러라는 상금을 얻고 싶어서 말이에요. 그가 노는 꼴을 보면 웃음이 절로 난답니다. 음악의 음 자도 모르는 사람이 되는 대로 나팔을 빽빽 불어 대며, 곧 오묘한 음악이 생겨나리라고 헛된 희망을 품고 있는 것과 꼭 같습니다. 열두 시간이나 열다섯 시간마다 수갑을 찬 채 광장을 지나 끌려다니지만, 혹 그들이 경찰견을 부추겨 위협한다 해도 그를 쫓아 버릴 수는 없는 모양입니다. 그는 토요일 밤에 감방에 들어갔는데 거기서도 내내 경찰이 자기를 살인자 크리스마스의 공범으로 몰아 그 1천 달러 상금을 등쳐먹으려 한다고 떠들어 대어, 나중에는 버크 코너가 감방으로 찾아가 다른 죄수들이 잘 수 있도록 입을 다물지 아니한다면 입에다 재갈을 물리겠다고 막 야단을 했답니다. 그래서 그는 겨우 입을 다물었지만, 일요일 밤에 그들이 개를 데리고 탐색을 나가려 하자 또다시 너무 요란스럽게 떠들어 대서 그들은 할 수 없이 그를 감방에서부터 끌어내어 함께 데리고 갔다지요. 그렇지만 개들은 움직이려 하지 않았답니다. 그래서 그는 개가 도망친 흔적을 찾아내지 못한다고 해서 고함도 지르고 욕설도 퍼붓고 개를 때려 주려고도 하면서, 한편으로는 모든 사람에게 크리스마스의 일을 누구보다도 먼저 신고한 것은 자기라느니, 자기는 그저 정의를 바랄 뿐이라느니 하며 지껄여 댔다지요. 그래서 나중에는 보안관이 그를 옆으로 끌고 나와 그에게 무언가 일러 준 모양입니다. 그들은 보안관이 그에게 무슨 말을 했는지 몰랐습니다. 아마 보안관은 그를 감방에 처넣어 놓고 다음 탐색 때에는 데리고 나오지 않겠다고 협박을 했겠지요. 하여간 그는 좀 조용해져서 그들은 일을 계속했답니다. 그들은 월요일 밤늦게까지 시내로 돌아오지 못했다더군요. 그는 그때까지도 조용했답니다. 아마 지쳤던 모양이지요. 얼마 동안 그는 잠을 자지 못했다니까요. 그리고 사람들 얘기로는, 그는 개보다도 앞서 나가려고만 해서 보안관은 마침내 개들이 그놈 냄새 말고는 다른 걸 맡지 못할 지경이니 그를 보좌관 손에 수갑으로 연결하여 억지로 뒤에 남겨 놓겠다고 협박을 했답니다. 그들이 토요일 밤에 감방에 가두어 넣을 때 그는 이미 수염이 길게 자랐으니, 그때쯤엔 수염이 온 얼굴을 뒤덮어 버렸지요. 그래서 크리스마스보다는 그가 살인범으로 보였을 겁니다. 그런데 그는 이번에는 또 크리스마스를 막 욕하기 시작했지요. 마치 크리스마스가 심술사납게 숨어서 일부러 그에게 1천 달러 상금을 타지 못하게 하고 있다는 투로 막 야단을 부렸답니다. 그래서 그들은 그날 밤도 그를 감방으로 데려가 가두어 버리고 말았답니다. 그리고 오늘 아침 또 그를 끌어내다가 개들과 더불어 새로운 단서를 찾아 추적하러 간 모양이에요. 그들이 완전히 시내를 벗어나기까지 그가 떠들어 대며 야단하는 소리를 모두 들을 수 있었다고들 하더군요."

"그런데도 그 여자는 그런 일을 모른다고 자네는 말한다 이거지. 그 여자에게 그런 소리가 들리지 않게 했다고 말한다 이거지. 그러니까 자네는 그가 바보라기보다는 악당이라는 것을 그 여자가 알아주기를 바란단 말이지? 안 그런가?"

바이런의 얼굴은 다시금 고요해지고 미소가 사라지며 아주 냉정해진다. "글쎄요, 전 잘 모르겠습니다. 지난 일요일 밤의 일이었지요. 제가 여기 와서 목사님과 이야기를 하다가 집으로 돌아갔을 때 말입니다. 전 그 여자가 잠이 들어 있으리라고 생각했지만 아직 휴게실에 그대로 앉아 있다가 저를 보고 이렇게 말하더군요. '무슨 일이지요? 이 동네에 무슨 사건이라도 일어났어요?' 저는 그 여자를 바라보지도 않았지만 그 여자가 저를 바라보고 있다는 것을 느낄 수는 있었습니다. 어떤 검둥이가 백인 여자를 죽였다고 저는 일러 주었지요. 저는 거짓말을 하지는 않았습니다. 그때만은 거짓말을 하지 않아도 괜찮았기 때문에 그만 마음이 풀어졌지요. 그러다 보니 무심결에, '그리고 그 집에 불까지 질렀지요' 하고 말해 버리고 말았습니다. 그러니까 어떻게 돌이킬 수가 없더군요. 저는 연기를 가리키며 그곳에 크리스마스와 브라운이란 남자가 둘이서 살고 있다는 말까지 입 밖에 내고 말았으니까요. 그러자 지금 목사님께서 저를 뚫어지게 바라보시듯 그 여자가 저를 지켜보는 것을 저는 느낄 수가 있었어요. 그 여자는 이렇게 말했습니다. '그 검둥이 이름은 무엇이죠?' 마치 하느님께서 그렇게 조처해 놓으신 것처럼, 여자는 남자가 하는 거짓말로부터 알 필요가 있는 것을 묻지도 않고 알아내고 맙니다. 또한 동시에 알 필요가 없는 것은 그것이 무엇인지 알지도 못하면서 가려내어 그냥 놔두고 말지요. 그래서 저는 그 여자가 무엇을 알고 있는지,

무엇을 알지 못하고 있는지 확실히 모릅니다. 그저 저는 그 여자가 찾고 있는 남자가 살인범을 경찰에 밀고한 일이라든가, 그가 지금은 감방에 있으면서 때때로 밖으로 끌려 나와, 자기를 동료로 삼아 주고 또 돌봐 주기도 했던 그 살인범을 개들과 함께 잡으러 다닌다는 일만은 말하지 않고 있습니다. 그 말만은 그 여자에게 한마디도 하지 않았지요."

"그러면 자네는 이제 어쩔 셈인가? 그 여자는 어디로 옮기고 싶어하지?"

"그 여자는 거기 가서 그를 기다리고 싶어합니다. 그는 보안관과 무슨 일이 있어서 출타 중이라고 전 말해 두었지요. 그러니까 전 전적으로 거짓말을 한 것은 아닙니다. 그 여자는 벌써 그의 거처를 물은 일이 있고, 저도 이미 그 여자에게 모두 알려 주었답니다. 그랬더니 그곳이 그의 집이라면 그가 돌아올 때까지 거기에 가 있어야 하겠다고 그 여자는 말하더군요. 그도 그렇게 해 주기를 틀림없이 바랄 거라고 그 여자는 말합니다. 저도 그 오두막이야말로 그가 그 여자를 피하기 위해서 살고 있는 곳이라고 말할 수는 없더군요. 그 여자는 제가 오늘 저녁 공장에서 하숙집으로 돌아오자 곧 그곳으로 가고 싶어했습니다. 보따리도 모두 챙겨 가지고 모자까지 쓴 채 제가 돌아오길 기다리고 있었습니다. 그 여자는 말하더군요. '저 혼자서 떠나가다가 길을 확실히 몰라서 되돌아왔어요.' 그래서 제가 '좋아요, 하지만 오늘은 늦었으니 내일 그곳으로 떠나기로 합시다' 하고 제안을 하니까, 그 여자는 '아직 어두워지기까지 한 시간은 더 남았는데요. 거기까지는 2마일밖에 안 된다면서요?' 하고 말합니다. 그래서 저는 먼저 상의를 해야 하니까 좀 기다려 달라고 했더니, 그 여자는 이렇게 물었습니다. '누구와 상의를 해요? 그곳은 루카스의 집이 아닌가요?' 저는 그 여자가 저를 지켜보고 있는 것을 느낄 수가 있었습니다. '그곳에 루카스가 살고 있다고 당신이 말씀하시지 않았나요?' 그렇게 말하면서 저를 또 지켜보더니, '도대체 제 문제를 가지고 상의하러 가신다는 그 목사님은 누구시죠?' 하고 묻더군요."

"그래 자네는 그 여자를 그곳에 가서 살도록 할 셈인가?"

"그러는 것이 가장 좋을지도 모르겠다는 생각이 들어서요. 거기라면 사람들 눈에도 띄지 않고, 그 일이 끝나기까지 시끄러운 세간의 구설에도 시달리지 않고 지낼 수 있을 테니까요."

"그렇다면 그 여자는 이미 그런 결심을 하고 있고 자네는 말리지 않을 거라 그 말이지? 말릴 생각이 없군그래."

　바이런은 고개를 쳐들지 않는다. "어떤 의미로는 그 오두막은 그의 집이니까요. 더구나 앞으로 그는 그만큼 집다운 집은 가질 수 없을 테니까요. 게다가 그는 그 여자의……."

　"어린애를 곧 낳을 텐데 거기 혼자 가서 살겠다는 건가? 가장 가까운 민가라 해도 반 마일이나 떨어진 흑인촌밖에 더 있는가?" 그는 바이런의 얼굴을 지켜본다.

　"그 점도 생각해 보았습니다. 하지만 이럭저럭 할 수 있는 방안이 있을 것……."

　"무슨 방안이 있단 말이야? 그 여자를 그런 곳에서 자네가 무슨 수로 보호한단 말인가?"

　바이런은 곧 대답하지는 않는다. 고개를 치켜들지도 않는다. 그가 입을 열었을 때 그 음성은 굽히지 않는 어조를 띠고 있다. "목사님, 죄악을 저지르지 않고도 비밀히 할 수 있는 일이 있습니다. 다른 사람들 눈에는 어떻게 비칠지 상관할 것 없이 말입니다."

　"난 자네가 매우 사악한 짓을 저지르리라고는 생각지 않네, 바이런. 사람들에게 어떻게 보이든 간에 상관할 것 없이 말이야. 그렇지만 자네는 진정한 죄악이 얼마만큼까지 표면적인 죄악 속에 스며드는지 스스로 알고 있다고 감히 말할 셈인가? 실제 죄악과 표면적인 죄악을 어떤 점에서 구별할 수 있는지 말할 수 있겠나?"

　"아니요." 바이런은 대답한다. 그리고 몸을 좀 움직인다. 그는 마치 잠이 막 깬 사람 모양으로 말을 한다. "그렇지는 않습니다. 그저 제 양심에 비추어서 올바른 일을 하려고 합니다."—'그런데' 하이타워는 생각한다. '이것은 그가 내게 처음으로 한 거짓말이다. 그가 다른 사람에게, 남자에게나 여자에게, 또는 자기 자신에게도 처음 해 보는 거짓말일 거야.' 그는 책상 건너편에 앉아 아직 고개를 수그리고 있는, 완고하고 끈덕지고 냉정한 사람의 얼굴을 넘겨다본다. '혹 이것은 아직 거짓말이라고 할 수 없는지도 모르지. 이게 거짓말인지를 자기 자신이 모르고 있을 테니까.' 그는 다음과 같이 말한다.

　"그래." 하이타워는 지금 겉으로는 퉁명스럽게 말하고 있지만 그 태도는 축 늘어진 볼과 어두운 동굴과도 같은 눈을 지니고 있는 그의 얼굴에 어울리지 않는다. "이것으로 다 해결이 된 셈이군. 자네는 그 여자를 그곳으로 데리고 간다, 즉 그의 집으로 말이야. 그리고 그 여자에게 아무런 불편이 없도록 돌봐 주어서 무사히 조용하게 해산을 할 수 있게 해 준단 말이지. 그러고 나서 자네는 그 사나이—버취, 아니 브라운—에게 그 여자가 여기 와 있다는 것을 알려 주겠다 그 말이겠군."

"그러면 그는 도망쳐 버리고 말 거예요." 바이런은 말한다. 그는 고개를 들지 않는다. 그런데도 그의 몸에는 환희의 파도가, 승리의 파도가 지나가는 듯이 보여서 그가 그걸 억눌러 숨기려 해도 때가 이미 늦은지라 어쩔 도리가 없는 모양이다. 그 순간 그는 억누르려 하지 않고 딱딱한 의자에 앉은 채 몸을 뒤로 젖히면서, 확신으로 가득 찬 홍조를 띤 대담한 얼굴로 비로소 목사를 바라본다. 상대는 그의 시선을 물끄러미 맞아 주고 있다.

"자네는 그가 그렇게 해 주기를 바라는 거지?" 하이타워는 말한다. 그들은 등불 속에 그저 앉아 있다. 열린 창문으로 숨막히는 밤의 열기 띤 무수한 침묵이 숨어 들어온다.

"자네가 무슨 짓을 저지르려는지 생각해 보게. 자네는 남편과 아내 사이에 끼어들어 가려 하는 거야."

바이런은 제정신으로 돌아왔다. 그의 얼굴은 이제는 의기양양하지가 못하다. 그러나 그는 줄기차게 자기보다 나이가 든 사람을 바라본다. 아마 그는 목소리도 되찾으려고 했을 것이다. 그러나 아직 그러지는 못한다. 그는 말한다. "그들은 아직 남편과 아내 사이가 아닙니다."

"그 여자는 그렇게 생각하나? 그 여자가 그런 말을 하리라고 자네는 믿고 있는가?" 그들은 서로 마주 바라본다. "아, 바이런, 바이런. 하느님 앞에서 맹세하는 짧은 말을 아직 중얼거리지 않았다 한들 그게 다 무슨 의미가 있나, 여자의 한결같은 마음 앞에서? 곧 태어날 어린애 앞에서?"

"저, 그는 도망가지 않을지도 모릅니다. 만약에 그가 그 상금, 그 돈을 벌게 된다면 말입니다. 1천 달러로 잔뜩 취해서 무슨 일이든지 못할 것이 없어지고, 심지어는 결혼까지도 하게 될지도 모르지요."

"아, 바이런, 바이런."

"그렇다면 목사님께서는 우리가—제가 어떻게 해야 한다고 생각하십니까? 무어라고 충고해 주시겠습니까?"

"떠나가게. 제퍼슨을 떠나란 말일세." 그들은 서로 마주 바라본다. "아니." 하이타워는 말한다. "자네는 내 도움이 필요 없네. 자네는 이미 나보다도 더 강한 자의 도움을 받고 있으니까."

잠시 바이런은 입을 열지 않는다. 그들은 서로 끈기 있게 마주 바라보고 있다. "누구의 도움을 받아요?"

"악마의 도움을 받지." 하이타워는 말한다.

'게다가 악마는 '그 남자'도 돌봐 주고 있군그래.' 하이타워는 생각한다. 그는 물건이 가득 든 조그만 시장바구니를 팔에 걸고 천천히 집으로 돌아가는 길이다. '그 남자도 말이야. 그 남자도 말이야.' 그는 이렇게 생각하면서 걸어간다. 뜨거운 날이다. 셔츠만 입은 그는 키가 크며 검정 바지 속 다리는 가늘고 또 팔도 어깨도 살집이 없이 말랐는데, 배는 임신한 여자의 보기 흉한 배처럼 뚱뚱하게 살이 쪄 있다. 셔츠는 흰빛이지만 새것은 아니다. 그리고 옷깃은 더러워진 것이 마치 되는대로 목에 두른 하얀 면포 넥타이와도 같고, 얼굴은 이틀이나 사흘쯤 수염을 깎지 않은 모양새다. 그의 파나마모자는 더러워져 있고, 그 밑으로부터는 더위를 피하려고 머리에 덮어쓴 손수건 끝이 튀어나와 있다. 그는 일주일에 두 번씩 하는 쇼핑을 하러 시내에 나온 길이었는데 회색 수염, 캄캄한 안경 안쪽의 희미해진 눈, 검은빛이 도는 손을 하고, 잘 씻지 않은 몸에서 나는 지독한 남자 냄새를 풍기며 여위고도 볼품없는 모습으로, 자기가 단골로 드나들면서 구입한 물건 값을 현금으로 지불하는, 냄새가 나는 상품으로 가득 찬 상점에 들어갔던 것이다.

"글쎄, 그 검둥이의 도망간 자취를 드디어 알아낸 모양이에요." 주인이 말했다.

"흑인이라고?" 하이타워는 물었다. 그는 물건을 사고 나서 받은 잔돈을 호주머니에 넣으려 하다가 그대로 딱 굳어졌다.

"그 자식—그 녀석—살인범 말입니다. 난 전부터 그 녀석이 제대로 된 놈이 아니라고 말하곤 했었지요. 그는 백인이 아니었습니다. 그에게는 어딘지 괴상한 데가 있었습니다. 그렇지만 내가 아무리 말해 봤자 남들은 좀처럼—."

"그를 발견했나요?" 하이타워는 물었다.

"예, 그랬습니다. 정말 그 바보는 다른 지방으로 달아날 생각도 못한 모양입니다. 보안관은 전국적으로 전화 연락을 하여 그를 수배하며 야단이었지만 그 검둥이 녀석은—어, 바로 그의 코앞에 내내 있었던 거죠."

"그래서 이미 잡혔다고……." 그는 물건을 사 넣은 바구니 위로 몸을 내밀다시피 하여 카운터에 기댔다. 그는 복부에 카운터 모서리를 느낄 수가 있었다. 그것은 견고하고 안정된 느낌이었다. 아니, 오히려 대지가 가느다랗게 흔들리며 움직일 준비를 하고 있는 것 같았다. 그러자 곧 대지는 움직이는 듯이 보였다—그것은 천천히 서두르지 않고 점차로 강하게 풀려나오는 무엇과 같았고, 또한 파리똥이 앉은 깡통이 진열된 더러운 선반도 또 카운터 뒤에 서 있는 상인 자신도 전혀 움직이지 않는다고 생각하도록 그의 눈이 농락을 당하고 있었으니, 대지가 교묘하게 움직이고 있다고 생각하지 않을 수가 없었던 것이다—참으로 뜻밖이고 어리둥절한 기분이었다. 그는 생각에 잠긴다. '나는 안 할 테야! 그러지 않을 테야! 나는 삶의 책임에서부터 벗어나는 면죄부를 이미 비싼 값에 샀는걸. 나는 다 치렀어, 값을 다 치렀어.'

"그 녀석을 아직 잡지는 못했어요." 상점 주인이 말했다. "그렇지만 잡히긴 잡히겠지요. 오늘 아침 해도 뜨기 전에 보안관은 교회 쪽으로 개들을 이끌고 갔죠. 그 녀석보다 여섯 시간도 늦지 않았습니다. 나 참, 그 바보는 이 고장에서 빠져나갈 생각도 못한 모양이죠……녀석이 역시 검둥이라는 유력한 증거입니다……비록 그 밖에 아무런 증거도……." 그리고 상점 주인은 이어서 말했다. "오늘은 그것뿐입니까?"

"뭐라고요?" 하이타워는 되물었다. "뭐라고요?"

"오늘 필요한 건 그것뿐이어요?"

"아, 예, 예. 이거면 됐어요……." 그는 호주머니를 뒤지기 시작했다. 상점 주인은 그의 거동을 지켜보고 있었다. 조금 뒤 그의 손이 나왔지만 여전히 무엇인가를 찾고 있었다. 이윽고 카운터를 찾아내서는 거기에다 동전을 쏟아 놓았다. 상점 주인은 그중 두세 개가 굴러떨어지려는 것을 잡았다.

"이건 무슨 돈이죠?" 상점 주인은 물었다.

"저……." 하이타워의 한 손은 물건이 든 바구니를 뒤적이고 있었다. "그것은 저—."

"당신은 이미 돈을 다 치렀어요." 상점 주인은 의아하다는 듯이 그를 지켜보고 있었다. "그 돈은 당신 거스름돈이에요. 제가 조금 전에 거슬러 드렸죠. 1달러를 내지 않았어요?"

"아." 하이타워는 탄성을 질렀다. "그렇군요. 나는 그만……나는 그저—." 상점 주인은 동전을 쓸어모아 그에게 돌려주었다. 손님의 손을 만져 보니 얼음장처럼 싸늘했다.

"날씨가 너무 더운 탓이지요." 상점 주인이 말했다. "누구든지 정신을 차릴 수가 없어요. 좀 앉아 쉬었다 가시지 않겠습니까?" 그러나 하이타워는 그의 말이 들리지 않는 모양이었다. 그는 상인이 지켜보는 가운데 이미 문 쪽으로 움직여 나가고 있었다. 그는 문을 빠져나가 거리로 나섰다. 바구니는 팔에 끼고 마치 얼음 위로 걸어가는 사람처럼 조심조심 뻣뻣하게 걸어갔. 무더운 날이었다. 열기가 아스팔트로부터 아지랑이처럼 올라오고 있어서 광장 근처의 낮익은 건물들은 일종의 후광(後光)과도 같은 특질, 즉 살아서 호흡하는 흑화식(黑畫式)이라 할 만한 특질을 지니고 있었다. 어떤 사람이 지나가다가 그에게 말을 건넸지만 그에게는 들리지조차 않았다. 그는 계속 걸어가며 생각했다. '그리고 그 남자도야, 그 남자도야.' 그 무렵엔 좀 빨리 걸어가고 있었기 때문에 드디어 모퉁이를 돌아서 죽은 듯한 공허한 그의 집이 기다리는, 죽은 듯한 공허한 거리에 접어들었을 때에는 그는 헐떡거리고 있었다. '너무 더워서 그래.' 그의 마음의 표면은 그에게 변명조로 자꾸 되풀이해서 말하고 있었다. 그러나 이제는 가던 길을 멈추고 그의 간판을 바라보거나 기억해 주는 사람도 없는 조용한 거리에 들어서서 그의 피난처인 자기 집이 눈에 보이기 시작한 때에도, 자기를 속이고 위로해 주던 겉마음보다 깊은 마음속에서는 여전히 다음과 같은 말이 되풀이된다. '난 그러지 않을 테야. 그러고 싶은 생각은 없어. 난 비싼 값을 치르고 면죄부를 샀는데.' 그것이 점점 커져 입으로 말하는 것만큼 크게 들리게 되자 반복하며 끈기 있고 변명하는 듯한 말이 된다. '나는 값을 다 치렀는데. 가격을 속이지는 않았어. 아무도 그런 말을 할 수 있는 사람은 없겠지만. 나는 그저 평화를 바랐을 뿐이야. 나는 꾀를 부리지 않고 그들이 부르는 가격대로 값을 치렀어.' 거리는 번쩍번쩍 빛이 나고 흔들흔들 흔들린다. 그는 땀을 흘리고 있었지만 지금 이 낮 공기도 그에게는 차게 느껴진다. 다음 순간 땀·열기·환각 등 모든 것이 갑자기 하나로 혼합이 되어, 모든 논리와 자기 정당화를 다 파기하고 불꽃처럼 말살해 버리는 최종적인 것으로 변해 버린다. '나는 절대로 안 하겠어. 나는 절대로 그러지 않겠어!'

어두워졌을 무렵 서재 창가에 앉아 있다가 바이런이 가로등 불빛 속으로 들어갔다 다시 나오는 모습을 보았을 때 하이타워는 앉은 채로 갑자기 몸을 앞으로 내밀었다. 그것은 그가 그런 시각에 바이런을 거기서 보아서 놀란 까닭이 아니었다. 처음에 바이런의 모습을 알아보았을 때에 그는 생각했다. '아아, 오늘 밤 그가 올 줄 알았지. 그에게는 죄악 비슷한 것조차 깃들어 있지 않아.' 그렇게 생각하고 있는 동안에 그는 갑자기 몸을 쑥 내민 것이다. 다가오고 있는 사람 그림자가 밝은 가로등 불빛 속에 들어와 그것을 확실히 인지한 뒤에도 혹 잘못 보지나 않았나 순간 망설였다. 물론 한편으로는 잘못 보았을 리가 없고, 이미 문 쪽으로 방향을 돌렸으니 바이런 외에 다른 사람일 수가 없다는 것을 잘 알면서도 의혹을 품어 본 것이다.

오늘 밤 바이런은 태도가 완전히 변했다. 그것은 그의 걸음걸이, 그의 자세에도 나타나 있다. 앞으로 몸을 내민 채 하이타워는 혼자 중얼거린다. '마치 자존심이나 반항심을 배우기라도 한 것 같군.' 바이런은 머리를 곤추 세우고 똑바로 빨리 걸어온다. 갑자기 하이타워는 거의 들릴 만한 소리로 말한다. "무슨 일을 저질렀구나. 벌써 한 걸음 발을 들여놓았구나." 그는 혀를 차며 어두워진 창가에 몸을 기댄 채 바이런의 모습이 창문 너머 시야로부터 포치 쪽으로, 현관으로 사라져 가는 것을 지켜보다가, 다음 순간 거기에서 그의 발소리와 이어서 문을 두드리는 소리를 듣는다. '그런데 그는 내게 말하려고 하지 않았어.' 그는 생각한다. '그가 말했더라면 난 기꺼이 그의 말을 들어 주었을 텐데—그가 소리내어 생각하는 것을 묵묵히 들어 줄 수 있었을 텐데.' 그는 이미 방을 가로질러 오다가 책상에서 불을 켜려고 걸음을 멈춘다. 그러고서 앞문으로 간다.

"목사님, 저예요." 바이런은 말한다.

"벌써 알고 있었네." 하이타워가 말한다. "오늘 저녁에는 입구의 계단 맨 밑에서 자네가 넘어지지는 않았지만 말이야. 자네는 일요일 저녁에 여러 번 여기에 왔었지만, 계단 맨 밑에서 넘어지지 않은 것은 오늘 밤이 처음이군그래, 바이런." 바이런의 방문은 대체로 이런 식으로 맞아졌다—주인이 상대의 기분을 평온하게 해 주려고 이렇게 좀 과장된 경박성과 따뜻함을 풍기며 맞이하면, 방문자는 제 나름대로 예의를 지키느라고 둔한 시골뜨기의 겸양을 표시하였다. 때로는 하이타워는 자기가 바이런을 마치 돛을 올린 배처럼 입김만 가지고 교묘하게 집 안으로 불어 넣은 듯한 기분이 될 적도 있었다.

그러나 오늘 밤에는 바이런은 하이타워가 말을 끝마치기도 전에 이미 들어오고 있다. 그는 확신과 반발 사이의 어느 지점에서 생겨난 새로운 태도를 보이면서 곧장 들어온다. "그리고 목사님께서는 제가 넘어질 때보다도 넘어지지 않을 때에 짜증이 더 난다는 걸 알고 계시겠지요." 바이런은 말한다.

"그건 희망인가, 그렇지 않으면 협박인가, 바이런?"

"뭐, 협박으로 말씀드리는 것은 아닙니다." 바이런은 대답한다.

"아아." 하이타워는 말한다. "바꾸어 말하자면 자네는 아무런 희망도 제공할 수 없단 말이지. 그래도 적어도 나는 미리 경고는 받은 게로군. 난 가로등에 비친 자네 모습을 보는 순간 경고를 받은 셈이지. 그렇지만 적어도 자네는 그 이야기를 내게 해 주겠지. 자네가 이미 한 일을 말이야. 비록 미리 말하는 것은 적절하지 못하다고 자네는 생각했겠지만." 그들은 서재의 문 쪽으로 움직이고 있다. 바이런은 걸음을 멈춘다. 그는 고개를 돌리고 자기보다 키가 큰 상대의 얼굴을 쳐다본다.

"그럼 목사님께서는 알고 계시겠군요." 그는 말한다. "이미 다 들으셨군요." 그 다음 그의 머리는 움직이지 않고 그대로 있었지만 그는 상대를 더 바라보고 있지는 않는다. "그래." 그는 이어서 말한다. "그래, 뭐 누구든지 혀를 놀릴 자유는 있죠. 여자도 마찬가집니다. 그렇지만 누가 목사님께 그런 말을 했는지 가능하면 알고 싶군요. 뭐 부끄러워서 그런 건 아니었습니다. 목사님께 감추어 두려는 마음이 있었던 건 아닙니다. 이제는 때가 되었기 때문에 직접 말씀드리러 찾아온 겁니다."

그들은 불이 켜진 방 바로 문밖에 서 있다. 하이타워는 지금 바이런의 양팔에 식료품이 들어 있을 것 같은 꾸러미와 봇짐이 안겨 있는 것을 본다. "무엇을?" 하이타워는 말한다. "무엇을 내게 말하려고 왔지?—하여간 들어오게. 어쩌면 이미 다 알고 있는 일인지도 모르지. 그렇지만 난 그 말을 하는 자네의 얼굴 표정을 보고 싶네. 바이런, 나도 미리 자네에게 경고해 두었어." 그들은 불이 켜진 방으로 들어간다. 꾸러미에는 식료품이 들어 있다.

하이타워는 그 자신도 그런 꾸러미를 몇 번이나 사다 나른 터라서 금세 알아차린다. "앉게나." 하이타워는 말한다.

"아니요, 그렇게 오래 있지는 않으렵니다." 바이런은 냉정하게 자신을 억누른 듯한 태도로 서 있다. 거기에는 여전히 친절미가 있지만 또한 뻔뻔하지 않은 결의와 독단적이지 않은 확신이 가득 차 있는데, 그것은 그와 절친한 사람이 이해도 인정도 안 해 줄 것을 실행하려는 인간의 태도이고, 또한 자기는 정당하다고 믿고 있지만 상대는 전혀 그렇지 않음을 아는 것을 실천에 옮겨 보려는 사람의 태도이다. 그는 다음과 같이 말한다. "목사님께서는 그걸 좋아하지 않으실 거예요. 그렇지만 그밖에는 다른 방도가 없는걸요. 목사님께서도 그 점을 이해해 주셨으면 좋겠습니다. 그렇지만 아마 그렇게는 안 되겠지요. 뭐 어쩔 수 없는 노릇이죠."

책상 맞은편에 다시금 자리를 잡고 하이타워는 그를 심각하게 지켜본다. "바이런, 자네 무슨 일인가 저질렀군그래?"

바이런은 새로운 음성으로 말한다. 간결하고도 거친 목소리로, 한 마디 한 마디 뚜렷한 뜻을 나타내고 조금도 더듬거리지 않는다. "오늘 저녁 그 여자를 그리로 데리고 갔습니다. 제가 먼저 가서 오두막을 정돈하고 청소도 다 했죠. 그 여자는 이제는 자리를 잡았습니다. 그런 식으로 살고 싶었던 겁니다. 그곳이야말로 그 남자가 지금까지 가져 본, 또 앞으로 가지게 될 어떤 것보다도 가장 집다운 집이겠지요. 그래서 그 여자는 그곳에 머물 자격이 있다고 생각합니다. 특히 주인이 그곳을 지금 비워놓고 있으니까요. 말하자면 볼일이 있어 바깥에 붙들려 있는 거지요. 목사님 마음에는 들지 않으리라 전 알고 있습니다. 여러 가지 이유를, 그것도 타당한 이유를 말씀하실 수 있겠죠. 우선 그곳은 그의 오두막이 아니니까 그 여자에게 줄 수 없다고 말씀하시겠지요. 예, 그건 사실입니다. 그렇지만 이 고장이나 이 나라에서 사는 어느 남자나 여자도 그 여자가 그곳에 머물 수 없다고 말하는 사람은 없을 겁니다. 또 그 여자는 지금 상태로 봐선 누군가 다른 여자와 함께 있어야 한다고 목사님께서는 말씀하시겠죠. 옳습니다. 그래서 한 흑인 여자에게 부탁을 해 놨습니다. 분별력이 있을 만큼 나이가 든 여자로, 오두막에서 2백 야드도 떨어져 있지 않은 곳에 살고 있습니다. 그러니까 그 여자는 의자에서나 침대에서 일어나지 않고도 사람을 부를 수가 있어요. 그래도 백인 여자의 간호는 받지 못한다고 말씀하시겠지요. 그렇지만 막상 해산할 때가 오면 제퍼슨에서 어느 백인 여자가 그 여자를 도와줄 수 있겠어요? 그 여자가 제퍼슨에 온 지 아직 일주일도 채 지나지 않았는데, 그 여자와 말을 해 본 여자들은 모두 그 여자가 결혼하지 않은 처녀라고 알고 있고, 그리고 그 악당이 때때로 그 여자의 눈과 귀에 어른거릴 만한 곳에 나돌아다니고 있는 한 그 여자는 결혼을 할 수가 없습니다. 이런 상황에서 중요한 순간에 백인 여자들로부터 그 여자가 무슨 도움을 받을 수 있겠습니까? 그야 물론 그들도 그 여자가 누울 침대나, 한길에서 들여다보이지 않을 벽 정도는 제공해 주겠지요. 하지만 저는 그런 걸 얘기하자는 건 아닙니다. 또 어떤 사람은 그 여자가 그런 꼴이 된 것도 벽 속에서 이루어진 일은 아닐 테니까, 그 정도만 있으면 충분하다고 말할지도 모르겠습니다. 그렇지만 태어날 어린애에게는 아무런 책임도 없죠. 혹 책임이 있다손 치더라도 이 세상의 온갖 괴로운 현실을 몸소 겪어 보려고 그 가엾은 어린애가 나오는 이상, 그보다는 더 나은—더 좋은—저, 목사님께서는 제 말의 뜻을 잘 아시지요. 더 잘 표현하실 수 있겠지요." 책상 맞은편에서 하이타워가 지켜보고 있는 동안, 그는 평탄하고도 억제된 어조로 조금도 더듬거리지 않고 말을 계속하고 있었지만, 여기서 비로소 그는 느끼는 것보다 더 새롭고도 막연한 무엇에 부딪쳤다. "그리고 셋째 이유로서는 그런 곳에 백인 여자가 혼자 산다는 것을 드시겠죠. 목사님께서는 전혀 찬성하지 않으실 겁니다. 이 점이야말로 가장 마음에 안 들어하실 테죠."

"아, 바이런, 바이런."

바이런의 목소리는 지금 아주 고집스러워진다. 그래도 그는 고개를 여전히 쳐들고 있다. "저는 그 오두막에서 그 여자와 함께 살지는 않습니다. 천막을 하나 쳐 놓았어요. 심지어 아주 가까운 곳도 아닙니다. 그저 필요할 때에 그 여자가 부르는 소리를 겨우 들을 수 있을 정도의 거리에 있습니다. 그리고 오두막 문에는 빗장까지 달아 놓았습니다. 누가 언제 제 천막을 보러 와도 상관없습니다."

"아, 바이런, 바이런."

"목사님께서는 세상 사람들 대부분이 생각하는 것과, 아니, 생각하고 있는 것과 같은 생각은 안 하시리라고 전 알고 있습니다. 목사님께서는 더 잘 이해하시리라는 것을 전 알고 있어요—비록 이것이—비록 그 여자의 해산 때문이 아니었다 해도—목사님께서 반대하시는 것은 그저 세상 사람들이 어떻게 생각할지를 잘 알고 계시기 때문이지요."

하이타워는 이때도 다시금 의자 팔걸이에 두 팔을 나란히 올려놓고 동양의 우상과도 같은 태도로 앉아 있다. "떠나가게, 바이런. 떠나가. 지금 당장에 말이야. 이곳을 영원히 떠나게. 이 무시무시한 고장을. 이 무시무시하고 또 무시무시한 고장을 떠나란 말일세. 나는 자네 마음을 알겠네. 자네는 지금 사랑이란 것을 배웠다고 말하고 싶겠지. 그렇지만 나는 자네가 단지 희망을 배웠다고 말하고 싶네. 그것뿐이야. 희망뿐이지. 그 대상은 문제가 아니야. 대상은 희망에 대해서나 자네에 대해서나 큰 문제가 될 것은 아니야. 자네가 지금 걷고 있는 길에는 도달점이 하나밖에는 없지. 간통죄를 짓느냐, 그렇지 않으면 결혼을 하느냐, 둘 중 하나야. 자네는 죄악을 거부하겠지. 그렇지, 그게 문제야. 딱하게도 말이지. 자네에게는 결혼을 하느냐 그렇지 않으면 아무것도 하지 않느냐 하는 것 외에는 다른 도리가 없어. 그런데 자네는 결혼만을 주장하겠지. 그 여자를 설복할 수 있을 거야. 아니, 벌써 설복해 놓았는지도 모르지. 그 여자는 아직 눈치를 못 챘고 또 인정하지도 않을지 모르지만—그렇지 않다면 어째서 그 여자는 여기 머물면서도 자기가 찾아 헤매던 남자를 만나러 가지 않는단 말인가? 나는 자네에게 죄악을 선택하라고 말할 수는 없어. 왜냐하면 자네는 나를 미워하게 될 뿐만 아니라, 그 증오심을 곧장 그 여자에게로 가지고 갈 테니까. 그래서 나는 자네에게 떠나가라고 말하는 거야. 지금 당장에 말이야. 자, 저쪽으로 고개를 돌리고 다시는 뒤돌아보지 말게. 하여튼 지금 하고 있는 일은 그만둬. 바이런."

그들은 서로 마주 바라본다. "목사님께서 마음에 들어하지 않으실 줄 저는 알고 있었어요." 바이런은 말한다. "제가 여기 앉아서 손님의 태도를 취하지 않은 것은 옳은 일이었군요. 그렇지만 참으로 뜻밖입니다. 목사님까지도 배반당하고 학대받은 여자를 외면하다니—."

"어린애를 가진 여자는 배반당하는 일이란 없는 법이야. 오히려 어린애를 가진 여자를 아내로 맞이한 남자야말로, 그 어린애의 아버지이건 아니건 상관할 것 없이 이미 간부의 남편인 셈이지. 바이런, 적어도 열 가지 중에서 남은 단 한 가지만이라도 자기의 가능성을 생각해 봐. 꼭 결혼을 해야 하겠다면 상대는 독신 여성·소녀·처녀 등 얼마든지 있지. 이미 저 스스로 몸을 버렸다가 지금 와서 재출발하려는 여자 때문에 자네가 희생한다는 것은 공평하지 못한 일이야. 옳지 않은 일이야. 정당하지 못해. 하느님께서 결혼이란 것을 만들어 내셨을 때에 그런 의도는 조금도 안 가지셨어. 하느님께서 만들어 내셨다? 아니, 여자들이 결혼이란 걸 만들어 냈지.”

“희생이라니요? 제가 뭐 희생을 한다구요? 제게는 오히려 희생은—.”

“희생을 하더라도, 그런 여자를 위해서 희생하지는 말게. 리나 그로브 형(型)의 여자에 대해서는 세상에는 언제나 두 종류의 남자가 있지. 그것도 헤아릴 수 없이 많은 수효가 있는데, 루카스 버취 형과 바이런 번취 형의 두 종류야. 그렇지만 어떤 리나도, 어떤 여자도 그런 남자를 둘이나 차지할 자격은 없어. 어떤 여자도 모두 마찬가지지. 물론 야수와 같은 남자에게, 이를테면 그가 술에 취했을 때 괴로움을 받는 선량한 여자도 예로부터 있기는 있었지. 그렇지만 어떤 여자도 선량하건 사악하건 간에, 남자가 선량한 여자 때문에 고통을 당하는 것만큼 괴로움을 당하지는 않지. 어떤가 바이런?”

그들은 조용히 열을 띠지 않고 계속해서 말을 한다. 이미 각자의 확고한 확신 속에서 흔들리지 않는 태도를 가진 사람들처럼, 이따금 서로서로의 말을 곰곰이 생각하느라고 말을 끊으면서 천천히 입을 연다. “목사님 말씀이 옳겠지요.” 바이런은 말한다. “하여간 저는 목사님 말씀이 틀렸다고 말할 처지가 못 됩니다. 그리고 목사님께서도 제가 혹 잘못되었다 해도 그렇다고 말씀하실 처지는 못 될 거라고 전 생각합니다.”

“바로 그대로야.” 하이타워는 말한다.

“만약 제가 잘못됐다 해도 말입니다.” 바이런은 말한다. “그러니 저는 이만 돌아갈까 합니다.” 그는 차분하게 말한다. “거기까지 가려면 꽤 오래 걸어가야 하니까요.”

“그렇겠지.” 하이타워는 말한다. “나도 이따금 거기까지 걸어다니곤 했어. 거리가 3마일쯤 되지.”

“2마일입니다.” 바이런이 바로잡아 준다. “자, 그럼.” 그는 몸을 돌린다. 하이타워는 움직이지 않는다. 바이런은 끝내 내려놓지도 않았던 꾸러미를 다시 잘 붙든다. “안녕히 주무세요.” 그는 문으로 걸어가면서 말한다. “머지않아 곧 또 찾아뵙도록 하겠습니다.”

"그래." 하이타워가 말한다. "내가 뭐 도울 일이라도 있나? 뭐 필요한 건 없나? 침대 시트 같은 건 충분한가?"

"고맙습니다. 그건 충분한 것 같습니다. 그런 건 거기에 이미 좀 있더군요. 고맙습니다."

"자네, 나에게도 알려 주겠지? 무슨 일이 일어난다면 말이야. 만약에 어린애가—그런데 의사와는 미리 다 연락이 되었나?"

"곧 다 해 두겠습니다."

"아직 의사를 만나 보지 않았나? 이야기를 해 두지 않은 건가?"

"그런 것도 다 빈틈없이 준비하도록 하겠습니다. 그리고 나서 목사님께 꼭 알려 드리지요."

그리고 그는 떠나갔다. 창문으로 하이타워는 바이런이 한길을 향해 걸어가고 있는 것을 다시금 지켜본다. 그는 식료품을 싼 종이 꾸러미를 몇 개나 들고 한길에서 마을 변두리로 향하는 2마일 길을 걸어가기 시작한다. 그는 시야에서 사라졌다. 그의 걸음걸이는 곧은 자세로 성큼성큼 걷는 빠른 걸음걸이여서 살이 너무 쪄서 숨가쁜 노인에게는, 너무 오래 앉아서만 살아온 노인에게는 도저히 흉내조차 내 볼 수 없는 것이었다. 그리고 하이타워는 창가에 기댄 채 8월의 열기 속에서 그를 둘러싸고 있는 냄새를 잊어버리고—이미 이 세상에 살고 있지 않은 사람의 냄새, 무덤의 전조 같은, 말라비틀어져 생명력을 잃어버린 너무 비대한 몸뚱이와 낡은 속옷의 냄새—그것을 잊어버리고 그의 발소리에 귀를 기울이고 있었다. 그 소리가 이미 들리지 않게 된 것을 안 뒤에도 죽 귀를 기울이고 생각에 잠겨 있었다. '하느님께서 도와주시기를! 그에게 축복이 임하기를!' 또 생각한다. '젊다는 것, 젊다는 것. 그에 비할 것이 달리 있을 수가 없지. 이 세상에 달리 있을 수가 없어.' 그는 조용히 생각하고 있다. '난 기도하는 습관을 버리지 말았어야 했어.' 이윽고 그의 귀에는 발소리가 더 들려오지 않는다. 들려오는 것은 수없이 많은 곤충의 끊임없는 울음소리뿐인데, 그는 창가에 기댄 채 대지의 뜨겁고도 고요하고 풍부하고 더러운 냄새를 맡으면서 그가 젊었을 때에는 얼마나 어둠을 좋아했는지 떠올려 보고, 또한 밤중에 홀로 숲 속을 거닐거나 거기에 앉아 있던 일도 생각했다. 그때에는 대지와 나무껍질이 잔인한 현실적인 존재가 되어 기쁨과 공포가 뒤섞인 기묘하고도 불길한 기분으로 가득 찼던 것이다. 그는 그것을 두려워했다. 그는 공포를 느꼈고, 공포 속에 빠져 들어가는 것을 좋아했다. 그러자 어느 날 그가 아직 신학교에 있을 때에 그는 자신이 더는 두려워하지 않는다는 것을 깨달았다. 마치 어디선가 문이 하나 닫히기라도 한 것 같았다. 그는 어둠을 조금도 두려워하지 않게 되었다. 그는 그저 어둠을 미워할 뿐이었다. 그리고 어둠으로부터 도피하여 벽 속으로, 인공적인 광선 속으로 들어가는 것이었다. '암, 그렇지.' 그는 생각한다. '난 기도하는 습관을 그렇게 쉽게 버리도록 하지 말았어야 했어.' 그는 창가에서 물러선다. 서재 한쪽 벽엔 책이 가득히 꽂혀 있다. 그는 그 앞에 서서 한동안 살펴보더니 자기가 원하는 책을 찾아내고야 만다. 그것은 테니슨이다. 책장 귀퉁이가 군데군데 접혀 있다. 그는 신학교 시절부터 그 책을 갖고 있다. 그는 등불 밑에 앉더니 책을 편다. 시간이 많이 걸리지는 않는다. 이윽고 질주하는 아름다운 말이, 시든 나무와 생명력을 잃은 욕정의 공허하고 정신이 아득해지는 생각이 매끄럽게 재빠르게 평화롭게 흘러나오기 시작한다. 그것은 기도하는 것보다 더 낫다. 일부러 소리내어 생각할 필요는 전혀 없으므로. 그것은 성당에서, 내시가 자기는 이해할 필요조차 없는 말로 부르는 성가에 귀를 기울이는 것과도 같다.

14

"저기 오두막에 누군가 살고 있어요." 보좌관이 보안관에게 말했다. "저 안에 숨어 있는 것이 아니라 살고 있습니다."

"가서 보고 오게." 보안관이 말했다.

보좌관은 갔다가 돌아왔다.

"여자가 살고 있어요. 젊은 여자예요. 한동안 저기 눌러앉아 있을 작정으로 모든 준비를 다 해 놓은 것 같습니다. 그리고 바이런 번취가 오두막 근처에 천막을 치고 있더군요. 여기서 우체국 정도의 거리에다 말입니다."

"바이런 번취가?" 보안관은 묻는다. "여자는 누구지?"

"모르겠어요. 낯선 여자더군요. 젊은 여자예요. 그 여자는 모든 이야기를 다 해 줍디다. 제가 오두막에 들어가기 전부터 벌써 말을 시작하는데 꼭 연설이라도 하는 것 같았습니다. 마치 그 말을 하는 데 익숙해진 모양으로 거의 버릇이 된 것 같더군요. 그 여자는 앨라배마주 어디선가 길을 떠나 여기까지 남편을 찾아온 모양인데요. 남편은 일자리를 구하러 여자보다 먼저 떠났나 본데, 이어서 여자도 그 뒤를 따라나서서 여기저기 수소문한 결과 사람들이 그가 여기 있다고 알려 준 모양입니다. 여기까지 듣고 있느라니까 바이런 번취가 들어와서 그 이야기는 자기가 다 해 줄 수 있다고 하더군요. 보안관님께도 말씀드릴 생각이라나요."

"바이런 번취라." 보안관은 말한다.

"예." 보좌관은 말한다. 그리고 이어서 말했다. "그 여자는 어린애를 낳으려고 하더군요. 해산할 날이 멀지 않은 것 같습니다."

"어린애라고?" 보안관은 깜짝 놀란다. 그는 보좌관을 바라본다. "그 녀석도 앨라배마에서 왔나? 아니, 어디서 왔건 상관없지. 바이런 번취가 그랬다니, 나는 못 믿겠는데."

"저도 뭐 그렇게 말하려는 건 아닙니다." 보좌관은 말한다. "바이런의 애라고는 말하지 않겠습니다. 적어도 바이런은 자기 애라고 하지는 않았습니다. 저는 그저 그에게서 들은 말만 하는 것입니다."

"오." 보안관은 말한다. "그래, 어째서 그 여자가 그런 곳에 있는지 알겠군. 그렇다면 그 두 사람 중 한 사람이란 말이지? 그럼 크리스마스겠네. 그렇지 않은가?"

"아니요, 바이런이 얘기해 준 바로는 이렇습니다. 그는 저를 밖으로 데리고 나가 그 여자가 들을 수 없는 곳에서 제게 얘기해 주었습니다. 그는 보안관님에게 직접 와서 말씀드릴 생각이었다고 말하더군요. 그 애는 브라운의 애랍니다. 단 그의 진짜 이름은 브라운이 아니라 루카스 버취지요. 바이런이 다 얘기해 주더군요. 어떻게 브라운인지 버취인지가 앨라배마 어딘가에 그 여자를 남겨 두고 왔는지 말이에요. 그는 일자리를 찾아 나서서 집을 준비하고는 당장 그 여자를 부르겠다고 약속했던 모양입니다. 그렇지만 해산할 날은 가까워 오는데도 그는 어디서 무엇을 하고 있는지 아무런 기별이 없어서 그 여자는 더 기다리고 있을 수만은 없다고 결심했다지요. 그 여자는 도보로 길을 떠나 길에서 만나는 사람마다 루카스 버취라는 사람을 알지 못하느냐고 물으면서, 때로는 여기저기서 공짜로 짐마차를 얻어 타기도 하며 혹 그를 모르느냐고 물었답니다. 그러던 중 어떤 사람이 버취인지 번취인지 하는 사나이가 제퍼슨에 있는 제판공장에서 일을 하고 있다고 그 여자에게 알려 주어서 그녀는 드디어 여기까지 찾아온 거죠. 그 여자는 짐마차를 타고 토요일에 여기 왔는데, 마침 우리가 그 살인사건으로 다 나가 있을 때였습니다. 그 여자는 제관공장에 가 보았지만 버취라는 사람은 없고 그 대신 번취라는 사람이 있음을 알았지요. 그런데 바이런은 자기도 모르는 사이에 그 여자의 남편이 제퍼슨에 있다고 말해 버렸답니다. 그리고 그 여자에게 추궁을 받아 브라운이 살고 있는 곳이 어딘지도 말해 주지 않을 수가 없었다는군요. 그렇지만 그는 브라운인지 버취인지가 이 살인사건에 크리스마스와 더불어 관련이 있다는 말만은 하지 않았답니다. 그는 그저 브라운이 무슨 일로 출타 중이라고만 그 여자에게 말한 모양입니다. 확실히 그건 무슨 일이라고 할 수가 있겠지요. 하여간 일은 일입니다. 1천 달러를 벌어 보려고 그 녀석만큼 애쓰고 정신이 팔린 사람은 본 일이 없습니다. 어쨌든 그래서 그 여자는 브라운의 집이야말로 루카스 버취가 그 여자와 함께 살기 위하여 마련해 놓겠다고 약속했던 그 집임에 틀림없다고 확신하면서, 브라운이 일을 다 마치고 돌아올 때까지 기다릴 마음으로 거기에 옮겨 갔다는군요. 바이런은 그 여자에게 일단 거짓말을 해 버렸기 때문에 새삼스럽게 진실을 말할 수도 없고 해서 그 여자를 말리지 못했다는 것입니다. 그는 보안관님을 벌써 찾아뵙고 말씀을 드리려 했지만, 먼저 그 여자의 거처를 다 정돈해 준 다음에 그러려던 것이 그만 보안관님보다 한 걸음 늦었다고 말을 합디다."

"루카스 버취?" 보안관은 물어본다.

"저도 좀 놀랐습니다." 보좌관은 말한다. "이 일에 대해서는 어떻게 하실 작정이십니까?"

"아무것도 할 게 없지." 보안관은 대답한다. 두 사람이 거기 있다 해도 별로 해로울 것은 없겠지. 또 그 여자더러 나가라고 그러지도 못할 것이, 그건 내 집이 아니니까. 그리고 바이런이 그 여자에게 말한 것과 같이, 버취인지 브라운인지 하는 그 남자는 앞으로도 당분간은 일하느라 꽤 분주할 게 아닌가!"

"브라운에게 그 여자 이야기를 하시렵니까?"

"아니, 그럴 생각은 없어." 보안관은 대답한다. "그건 내가 상관할 일이 아니니까. 그가 앨라배마인지 어딘지에 남겨 두고 온 아내에 대해서는 나는 아무런 흥미도 없어. 그보다도 나는 그가 제퍼슨에 와서 맞이한 듯한 그의 남편에 더 관심이 있군."

보좌관은 허허 웃는다. "예, 바로 그렇습니다." 그는 말한다. 그러고 나서 진지해지더니 생각에 잠긴다. "만약에 그 1천 달러를 놓치는 날이면 그 녀석은 죽어 버리고 말겠지요."

"그대로 죽진 않을걸." 보안관은 말한다.

수요일 새벽 3시에 어떤 흑인이 안장도 없는 노새를 타고 시내로 들어왔다. 그는 보안관의 집에 가서 그를 깨웠다. 그는 20마일 떨어진 흑인 교회에서 곧장 오는 길이었다. 거기에서는 부흥회가 매일 밤 열렸는데, 그 전날 밤 찬송가를 부르는 도중에 교회당 출입구 쪽에서 큰 소리가 들려왔다. 그래서 회중들이 뒤돌아보니 문간에 한 사나이가 서 있었다. 그 문은 잠기지도 않았고 심지어 닫혀 있지도 않았지만 그래도 그 사나이는 손잡이를 움켜잡고는 벽 쪽으로 문을 힘껏 열어 버렸기 때문에, 그 부딪치는 소리가 권총이라도 쏜 것처럼 회중의 합창 소리를 세차게 갈랐던 것이다. 그리고 그 사나이는 통로로 재빨리 걸어 들어와 합창 소리가 뚝 끊어진 속을 통과하여, 강단 위에서 아직 두 손을 들고 입을 연 채 몸을 내밀고 있는 목사에게 다가갔다. 그때 모든 사람들은 그가 백인이란 것을 깨달았다. 두 개의 석유등은 이 동굴과도 같은 어둠 침침한 교회당 속을 한층 더 어둡게 하는 구실밖에 하지 못했기 때문에, 모두 그가 통로를 절반 넘게 걸어 나오기까지는 어떤 사람인지조차 모르고 있었다. 이윽고 그들은 그의 얼굴이 검지 않다는 것을 깨달았고, 어떤 여자는 비명을 지르기 시작했다. 그리고 뒷좌석에 앉아 있던 사람들은 벌떡 일어나서 문을 향해 달려나갔다. 또한 맨 앞 참회자의 좌석에 앉아 있던 또 한 여자는 이미 반쯤 히스테리 상태에 빠져 있었는지, 벌떡 일어나 몸을 휙 돌리더니 흰 눈을 굴리며 그를 쳐다보기가 무섭게 소리를 질러댔다. "이건 악마다! 사탄이야, 사탄 자신이야!" 곧이어 그녀는 맹목적으로 달려나갔다. 곧장 그에게로 달려갔다. 그러자 그는 멈추지도 않고 그녀를 때려눕힌 다음 그 위를 넘어 그대로 나아가서, 소리를 지르느라 입을 벌린 얼굴들 사이를 통과하여 마침내 강단 위에까지 올라가 목사에게 한 손을 가져다 댔다.

"그때만 해도 아무도 그를 붙잡는 사람이 없었습니다." 메신저는 말했다. "눈 깜짝할 사이에 모든 일이 일어났고, 그가 누구이며 무엇을 하러 왔는지 아무도 아는 사람이 없었습니다. 여자들은 소리소리 지르며 야단이었고, 그는 강단으로 올라가더니 베덴베리 목사님의 목을 붙잡고 그분을 강단에서 끌어내리려고 했지요. 베덴베리 목사님은 그를 타일러 가라앉히려고 했지만 글쎄 그 녀석은 오히려 베덴베리 목사님을 힘껏 잡아당기더니 손으로 따귀를 갈기는 것이 아니겠습니까! 여자들이 너무 요란스럽게 비명을 질러 대며 야단이니 베덴베리 목사님이 무어라고 말씀하시는지 들을 수가 있어야지요. 하여간 목사님은 그에 맞서 주먹질은 하지 않으셨습니다. 그건 확실해요. 그러자 나이가 좀 많은 사람들, 즉 집사님들이 그에게로 다가가서 말을 붙이려고 하니까 그는 베덴베리 목사님을 놓아주고 몸을 휙 돌리더니, 일흔 살이나 된 톰슨 할아버지에게 달려들어 그분을 참회자의 자리에 때려 넘어뜨리고 말았습니다. 그러고는 자기도 뛰어내리더니 의자를 하나 붙잡고 휘두르며 나머지 사람들에게 덤볐기 때문에 어르신들은 뒤로 물러섰습니다. 한편 다른 사람들은 여전히 소란스럽게 비명을 지르면서 밖으로 나가려고 했지요. 그러자 그 녀석은 몸을 돌려 강단으로 올라갔지만 베덴베리 목사님은 이미 반대쪽으로 내려오고 말았던 겁니다. 그래서 그는 강단에 서서—그는 온통 진흙투성이였습니다. 바지도 그랬고 셔츠도 그랬는데 턱은 또 시커멓게 수염투성이였죠—설교하는 목사처럼 두 손을 높이 들어 올렸습니다. 그러고는 고함을 지르면서 사람들을 향해 하느님을 저주하기 시작했습니다. 여자들 비명보다도 더 요란하더군요. 한쪽에서는 다른 남자들이 로즈 톰슨을 꽉 붙들고 있었는데, 그는 톰슨 할아버지의 외손자로 키가 여섯 자나 되고 한 손에는 면도칼을 쥔 채 소리지르고 있었습니다. '저 자식 죽여 버릴 테야. 놔줘요, 제발. 저 녀석이 할아버지를 때렸다고요. 죽여 버리고 말겠어. 놔줘요. 제발 좀 놔줘요.' 그리고 모두들 밖으로 나가려고 통로와 입구로 몰려들고 있는 동안에 그 녀석은 여전히 강단에서 하느님을 저주하고 있었고, 남자들은 로즈 톰슨을 끌어당겨 뒷문 밖으로 데리고 나가려 하고, 로즈는 그래도 계속 놓아 달라고 애원하고 있었습니다. 그렇지만 겨우 로즈를 끌어내어 모두들 뒤편 덤불 속으로 들어갔지만, 그 녀석은 여전히 강단에서 소리소리 지르면서 저주를 퍼붓고 있었습니다. 그러다 얼마 뒤에 그 녀석도 말을 멈추고 문 밖으로 나와 서 있는 것이 보이더군요. 그래서 다들 다시금 로즈를 붙드는 수밖에 없었습니다. 그 녀석도 그 소동을 들었는지 큰 소리로 웃음을 터

뜨렸습니다. 그 녀석은 불빛을 등지고 큰 소리로 웃으면서 문간에 서 있다가 다시금 하느님을 저주하기 시작하더군요. 그러면서 긴 의자 다리 하나를 잡아 뜯더니 그것을 마구 휘둘러댔습니다. 이어서 우리는 첫 등불이 깨지는 소리를 들었습니다. 그러자 예배당은 어둠침침하게 되더군요. 잠시 뒤에는 나머지 등불이 깨지는 소리가 들리더니 예배당은 아주 캄캄해지고 그 녀석도 보이지가 않았습니다. 그리고 로즈를 붙잡고 있던 곳에서 큰 소란이 일어나 사람들이 '붙들어! 꽉 붙들어! 잡아! 잡으란 말이야!' 하고 부르짖는 듯한 속삭임 소리를 내고 있었습니다. 그러자 그중 어떤 사람이 부르짖었지요. '도망쳤어!' 우리는 로즈가 예배당으로 달려가는 소리를 들을 수 있었는데 바인즈 집사님이 제게 말씀하시더군요. '로즈는 그를 죽일 거야. 빨리 노새를 타고 보안관님에게 달려가 보게. 그에게 자네가 본 대로 말씀드리란 말이야.' 하여간 나리, 우리는 아무도 그에게 성가시게 굴지 않았습니다." 이렇게 그 흑인은 말했다. "우리는 그 녀석을 뭐라고 불러야 할지 이름조차 모릅니다. 전에 본 일도 없구요. 우리는 로즈를 붙들려고 무척 애를 썼습니다. 그렇지만 로즈는 굉장히 큰 사내인데 그 녀석이 로즈의 일흔 살이나 먹은 할아버지를 때려눕혔으니, 로즈는 서슬 퍼런 면도칼을 휘두르면서 방해하는 사람들을 다 잘라 버릴 태세로 그 백인이 있던 예배당으로 막 달려간 것이랍니다. 그렇지만 우리는 정말 로즈를 붙들려고 노력은 했습니다."

이것이 바로 메신저가 이야기한 내용이었다. 그는 더는 아는 것이 없었기 때문이다. 그는 곧 떠나왔었다. 그래서 지금 이렇게 말하고 있는 동안에, 그 흑인 로즈는 머리가 깨져서 정신을 잃고 근처의 오두막에 누워 있다는 것을 그는 까맣게 모르고 있었다. 로즈가 예배당으로 달려 들어갔을 때 크리스마스는 컴컴한 입구 바로 안쪽에 서 있다가 의자 다리로 그를 때렸던 것이다. 크리스마스는 달려오는 발소리를 듣고는 겨냥을 하였다가, 입구로부터 사납게 들이닥친 검은 사람 형체를 단 한 번 무섭게 용서없이 내리쳐서, 그 형체가 멈추질 않고 뒤집어진 긴 의자 사이로 요란하게 돌진해 들어가더니 그대로 잠잠해지는 것을 귀담아듣고 있었다. 다시금 크리스마스는 지체하지 않고 뛰어나가 땅을 밟고 여전히 긴 의자 다리를 쥔 채 거기 서 있지만 냉정한 마음을 잃지 않고 숨결조차 고요했다. 그는 조금도 흥분하지 않고 땀조차 흘리지 않았다. 어둠이 그의 몸을 냉랭하게 감싸고 있었다. 예배당 뜰은 창백한 초승달 모양의 평평하게 다져진 지면으로 그 주위에는 덤불과 나무가 무성해 있었다. 그 덤불 속에 흑인들이 잔뜩 숨어 있다는 것을 그는 잘 알고 있었다. 그들의 시선을 느낄 수가 있었다. '자꾸 보고 있군, 보고 있어.' 그는 생각했다. '내 모습이 보이지 않는다는 것도 모르는 모양이군.' 그는 심호흡을 했다. 문득 자신이 긴 의자 다리를, 마치 무게를 달아 보기라도 하는 듯이, 지금 처음 만져 본다는 듯이 묘하게 들고 있는 것을 그는 깨달았다. '내일 여기에다 저울눈을 하나 파 놓아야지.' 이렇게 그는 생각했다. 그는 옆에 있는 벽에 그 의자 다리를 조심스럽게 세워 놓고 셔츠에서 담배와 성냥을 꺼냈다. 성냥불을 켰을 때에 그는 동작을 잠깐 멈추고, 성냥의 노란 불꽃이 연약하게 타오르는 모습을 보면서 고개를 좀 돌리고 서 있었다. 말발굽 소리가 들려왔기 때문이다. 그것은 별안간 생겨나 점점 힘차게 빨라졌다가 다시금 멀어져 가고 있었다. "노새로군." 그는 크지는 않았지만 들릴 만하게 말했다. "좋은 소식을 가지고 시내로 가는 모양이야." 그는 담배에 불을 붙이고 성냥을 집어던진 다음, 그 작은 불티에 흑인들의 눈초리가 집중되는 것을 느끼면서 거기 선 채 담배를 피웠다. 그는 거기서 그렇게 담배가 다 타도록 빨고 있었지만, 실제로는 무척 예민한 경계를 하고 있었다. 벽에 등을 기대고 오른손으로는 다시 의자 다리를 움켜쥐고 있었다. 그는 담배를 다 피우고 나서 깜박거리는 꽁초를 되도록 멀리, 흑인들이 숨어 있다고 생각되는 덤불 속으로 날려 보냈다. "꽁초라도 피워, 자식들아." 그는 내뱉었다. 그 소리는 정적 속에서 돌연히 확실히 울렸다. 덤불 속에 숨어 있던 흑인들은 담배꽁초가 깜박거리면서 땅에 떨어지고, 거기서 그대로 빨갛게 빛나는 것을 지켜보고 있었다. 그러나 그들은 그가 언제 사라졌는지, 어느 방향으로 가 버렸는지 전혀 알 수 없었다.

  이튿날 아침 8시 보안관은 경관 한 무리와 개들과 더불어 도착했다. 그들은 곧 한 가지 증거품을 손에 넣었다. 다만 그때 개들은 아무 도움도 되지 않았다. 예배당에는 한 사람도 없었다. 한 사람의 흑인도 눈에 띄지 않았다. 경관들이 예배당에 들어가서 파괴의 현장을 조용히 살펴보았다. 그러고 나서 그들은 밖으로 나왔다. 개들은 곧 무엇인가 냄새를 맡고 움직이기 시작했는데, 모두들 추적하러 떠나기 전에 보좌관이 예배당의 벽판 사이에 끼어 있는 종잇조각을 발견했다. 분명히 누군가의 손에 의해 거기 끼워진 모양이었는데 그것을 펴 보니, 그것은 빈 담뱃갑을 뜯어 펼쳐 놓은 것이었고 그 안쪽의 흰 부분에는 연필로 적은 메시지가 있었다. 마치 글자를 잘 모르는 사람이 적었거나 어둠 속에서 적은 것처럼 무척 삐뚤게 적힌 글자로서 문장 자체도 길지 않았다. 수신인으로서는 보안관의 이름이 적혀 있었고, 그 내용은 옮겨 적을 수가 없는 더러운 한마디 말이었고 서명도 되어 있지 않았다. "내가 그러지 않았습니까?" 그중 한 사람이 말했다. 그도 수염을 깎지 않았고 진흙투성이여서 그들이 아직 보지도 못한 범인과 아주 비슷했으며, 그의 얼굴은 실망과 분노로 긴장했고 약간 비정상이었다. 그의 목소리는 최근에 헛되이 외치기도 하고 지껄이기라도 한 듯이 쉬어 있었다. "내가 처음부터 말했죠! 보안관님께 말하지 않았어요?"

"내게 무슨 말을 했다고?" 보안관은 냉철하고도 평범한 목소리로 말하면서 연필로 글귀가 적힌 종잇조각을 손에 쥔 채 차갑고도 평평한 눈초리로 그 사나이를 바라보고 있었다. "언제 무슨 말을 했다는 거야?" 그 사나이는 골이 잔뜩 난 채 절망해서는, 참을 수 없을 정도로 짜증이 난 듯한 태도로 보안관을 바라보았다. 이 모습을 보고 보좌관은 생각했다. '만약에 상금 1천 달러를 타지 못한다면 그는 죽고 말 거야.' 당혹감과 회의감이 뒤섞인 일종의 놀라움의 표정으로 보안관을 쏘아보던 그의 입은 벌어져 있었지만 말은 나오지 않았다. "그래, 나도 자네에게 말했었단 말이야." 보안관은 예의 차갑고도 고요한 목소리로 말했다. "만약에 내가 일 처리하는 방법이 싫다면 자네는 시내로 돌아가 기다려도 괜찮아. 거기에는 자네가 들어가서 기다리기에 더할 수 없이 알맞은 곳이 있어. 시원한 곳이지. 여기처럼 뙤약볕에 나와 땀을 흘리지 않아도 되는 곳이야. 자, 내가 자네에게 말하지 않았나? 어때? 말해 보지."

그 사나이는 입을 다물었다. 그리고 억지로 애써 그렇게 되기라도 한 듯이 말했다. "알았어요." 그 목소리는 바싹 메마른 숨막히는 것이었다.

보안관은 종잇조각을 꾸기면서 몸을 무겁게 돌렸다. "그렇다면 방금 그 말을 다시는 잊어버리지 않도록 해 봐." 그는 말했다. "너에게 뭘 잊어버릴 만한 머리가 있다면 말이야." 사람들은 고요하고도 흥미진진한 얼굴들을 아침 햇빛에 비치며 두 사람 주위에 모여 있었다. "거기에 대해서는 자네나 어느 다른 사람이 알고 싶어한다 해도 나는 짙은 의혹을 갖고 있어." 어떤 사람이 한 번 바보처럼 웃었다. "시끄러워." 보안관이 말했다. "자, 가자. 뷰프, 개들을 출발시켜."

 개들은 아직도 끈에 매인 채 추적을 시작했다. 도주 흔적은 곧 발견되었다. 냄새는 꽤 강했고 이슬 때문에 발자국을 추적하기가 쉬웠다. 도망자는 도주 흔적을 없애려고 하지도 않은 것 같았다. 그가 샘 옆에서 물을 떠먹을 때에 남긴 무릎과 양손의 자국조차 발견되었다. "자기를 추적하는 사람들을 위해 이렇게까지 궁리를 해 주는 살인자는 처음 봅니다." 보좌관이 말했다. "그래도 이 등신 바보는 우리가 개들을 쓸 줄은 생각조차 못한 모양이군요."
 "그래도 우리가 일요일부터 매일같이 하루 한 번씩 개를 써서 추적했는데도 아직 그를 체포하지 못하고 있어." 보안관은 말했다.
 "지금까진 냄새가 약했던 거지요. 오늘까지는 강한 냄새를 만나지 못했던 거예요. 오늘은 아마 체포할 수 있겠지요. 점심시간 전에 잡을 수 있을지도 모르죠."
 "어디 두고 보기로 할까?" 보안관이 말했다.
 "그래 보세요." 보좌관이 말했다. "오늘 냄새의 흔적은 마치 철로처럼 똑바로 나 있습니다. 저 혼자서도 더듬어 갈 수 있을 지경이지요. 여기 좀 보세요. 그의 발자국까지도 볼 수가 있습니다. 이 얼간 등신은 개가 냄새를 잘 맡을 수 없는, 다른 사람들이 많이 다닌 먼지투성이 도로로 나갈 만한 머리조차 없는가 봐요. 개들은 이 발자국의 끝을 10시 전에 발견하고 말 거예요."
 정확히 그 말 그대로였다. 이윽고 흔적은 날카롭게 오른쪽으로 구부러졌다. 개들은 자국을 따라 도로로 나섰다. 다시 개들이 머리를 낮추고 신중하게 자취를 밟아 가니, 그것은 크게 휘어 샛길로 들어가 근처 밭 속에 있는 솜창고까지 이어져 있었다. 개들은 빙빙 돌고 끈을 잡아당기면서 짖어 대기 시작했고 그 소리는 높이 요란하게 퍼졌으며, 흥분한 개들은 으르렁대며 높이 뛰어오르기도 했다. "아니, 저 바보 자식 좀 봐!" 보좌관이 말했다. "자식은 여기 앉아서 쉬었군그래. 이거 봐, 발자국이 있어. 똑같은 고무창이야. 그렇다면 바보 녀석은 여기서 1마일도 떨어지지 않은 곳에 있겠군! 자, 모두 가자!" 개들은 짖어 대며 끈을 팽팽하게 잡아당기고 있었고, 남자들은 구보로 달리고 있었다. 보안관은 수염투성이 그 사나이를 뒤돌아보았다.
 "자, 이제는 자네가 앞장서서 달려가 그 녀석을 붙잡게. 1천 달러를 탈 수 있는 기회가 왔군." 그는 말했다. "자네 뭘 꾸물거리고 있나?"
 그 사나이는 대답하지 않았다. 다들 숨이 하도 가빠서 말을 할 여유가 없었다. 특히 1마일 넘게 달리고서도 개들이 여전히 끈을 끌어당기고 짖으며 도로에서부터 구불구불한 좁은 길로 접어들어 언덕으로 올라갔을 때에는 더욱더 그랬다. 그러자 그들은 옥수수밭에 나섰다. 여기서 개들은 으르렁대던 것은 그쳤지만 그래도 열성과 흥분은 한층 더 늘어가는 것만 같았고, 사나이들도 이제는 막 달리고 있었다. 사람 키만큼 높은 옥수수밭 너머에는 흑인 오두막이 한 채 있었다. "그는 저 안에 있어." 보안관이 권총을 꺼내면서 말했다. "자, 조심들 해. 그는 지금 총을 가지고 있을지도 모르니까."
 공격은 교묘하고 훌륭하게 이루어졌다. 사나이들은 저마다 권총을 들고 오두막을 포위해 숨었고, 보좌관을 동반한 보안관은 커다란 몸집인데도 재빠르게 또 멋지게 어느 창문으로부터도 사각(死角)이 되어 있는 오두막의 벽에 몸을 납작 붙였다. 여전히 몸을 납작 벽에 붙인 채 그는 모퉁이를 빠른 걸음으로 돌아 문을 발길로 차서 열고 권총을 방으로 들이밀고 뛰어 들어갔다. 거기에는 검둥이 어린애가 하나 있었다. 그 어린애는 아주 발가벗고 있었고 난로의 식은 재 속에 앉아 뭔가 먹고 있었다. 그 애 혼자밖에 아무도 없는 듯이 보였지만, 곧이어 안쪽 입구로부터 여자가 한 사람 나타났다. 그녀는 입을 쩍 벌린 채 들고 있던 프라이팬을 떨어뜨릴 듯이 놀라는 기색이었다. 그녀는 남자 신발을 신고 있었는데 경관 한 사람이 그것을 도주한 범인의 것이라고 단정했다. 그녀의 말에 따르면, 아침 일찍 큰길에서 만난 백인 남자가 그녀에게 신발을 바꾸자고 야단을 해서 그녀는 그때 신고 있던 남편의 작업화와 교환했다는 것이다. 보안관은 잠자코 듣고만 있었다. "그 사나이와 만난 것은 솜창고가 있는 곳에서였지?" 그는 추궁했다. 그녀는 그렇다고 대답했다. 그는 자기 부하들이 있는 곳으로, 끈에 묶인 채 열을 올리고 있는 개들이 있는 곳으로 돌아갔다. 그는 개들을 내려다보고 있었다. 부하들은 뭔가 자꾸 물어보다가 질문을 그치고 그를 지켜보고 있었다. 그렇게 보고 있으려니, 그는 권총을 다시금 호주머니 속에 집어넣고 몸을 돌려 개들의 옆구리를 각각 한 차례씩 힘껏 걷어찼다. 그리고 그는 말했다. "이 바보 등신 개새끼들을 시내로 돌려보내."
 그러나 보안관은 뛰어난 경관이었다. 그는 자기 부하들과 마찬가지로 틀림없이 크리스마스가 죽 숨어 있었으리라고 생각되는 솜창고로 돌아가겠다고 결심했다. 물론 이제 와서 돌아가 봤자 크리스마스는 이미 거기에 없으리라는 것은 그도 다 알고 있었지만. 개들이 그 오두막에서 떠나지 않으려 해서 그것들을 잡아당기느라고 시간이 좀 걸려, 그들이 솜창고로 돌아왔을 때에는 이미 햇볕이 뜨겁게 내리쬐기 시작하는 10시 무렵이었다. 그들은 솜창고 주위를 조심스럽고 교묘하게 조용히 포위한 다음에, 쓸데없는 일인 줄은 알면서도 그저 형식대로 권총을 들고 급습하여 혼비백산이 된 들쥐 한 마리를 발견했다. 그래도 보안관은 개들을 여기까지 끌고 왔다. 두 마리는 처음에는 솜창고에 접근하는 것을 아주 거부하고, 도로에서 떠나가지 않으려고 목걸이를 잡아당기는 끈에 반항하면서, 머리는 조금 전에 본의 아니게 떠나 온 흑인 오두막이 있는 도로 저편으로 향한 채 있는 힘을 다하여 버티고 서 있었다. 개들을 끌고 오느라고 장정 두 사람이 땀을 뻘뻘 흘렸지만, 거기 도착해서 끈을 좀 늦추자마자 두 마리는 하나가 되어 솜창고 주변을 뛰어다니다가, 창고 그림자 때문에 아직 이슬이 마르지 않은 잡초 속에 뚜렷이 남아 있는 도망자의 발자국을 발견하고도 그대로 그 사이를 지나 달려갔다. 그리하여 남자 둘을 끌면서 다시금 도로 쪽으로 50야드나 계속해서 달려 돌아가 나무가 자란 곳까지 갔다. 거기서 두 남자는 끈을 나무에 묶어서 겨우 개들을 멈춰 세울 수 있었다. 이번에는 보안관도 개들을 걷어차지 않았다.

마침내 그를 추적하는 소란과 경악과 헛된 소동은 점점 멀어져 가고 그의 귀에는 들리지 않는다. 그는 보안관이 믿었던 대로 경관들과 개들이 지나갔을 때 그 솜창고에 숨어 있지는 않았다. 그는 거기에서는 그저 흑인 냄새가 나는 검정 신발, 즉 그 작업화의 끈을 묶기 위해서 잠깐 머물러 있었을 뿐이다. 그 신발은 무딘 도끼로 철광석으로부터 되는대로 깎아 낸 것과도 같아 보였다. 그 투박하고도 거칠고 볼품이 없는 모양을 내려다보면서 그는 이빨 사이로 "아아" 하고 말했다. 그것은 말하자면 자기가 백인들에게 쫓겨서 빠져 들어갈 수밖에 없는 검은 심연을 상징하는 것 같았다. 그 심연은 그를 끌어들여서 삼켜 버리려고 30년간 기다리고 있었는데, 지금 그는 마침내 그 속에 발을 들이기 시작한 것이다. 그 증거로 그의 복숭아뼈까지 결코 씻어 버릴 수 없는 검은 물건이 끼어, 그것이 점점 위로 올라오려 하고 있었던 것이다.
 마침 동이 터서 날이 희멀겋게 밝아 오고 있다. 그것은 조용히 겨우 눈을 뜬 새들로 가득 차 있는 시간, 완전히 날이 밝기 전의 쓸쓸한 회색 시간이다. 공기는 들이마시면 꼭 샘물과도 같다. 그는 깊숙이 천천히 호흡을 한다. 그리고 호흡을 할 때마다 그는 중성적인 회색 세계에 녹아 들어가 분노도 절망도 모르는 고독한 정적과 일치되는 기분을 느낀다. '이것이 내가 원했던 거란 말인가.' 그는 고요하고도 느릿한 놀라움 속에서 생각한다. '30년 동안이나 구해 온 것이 이거였단 말인가! 이건 뭐 30년이나 구해 다닐 만한 것이 못 되는 것 같은데.'
 그는 수요일 이래로 제대로 잠을 자지 못했다. 그런데 지금 그가 알지도 못한 사이에 또다시 수요일은 찾아왔다가 사라져 버리고 만 것이다. 시간에 대해서 생각해 볼 때에 그는 지난 30년이라는 세월 동안 요일과 날짜가 확실한 하루하루가 무슨 울타리 모양으로 질서 있게 세워져 있는 그 속에서 살고 있다가, 어느 날 밤에 잠에서 깨어 보니 자기는 어느새 그 밖에 나와 있음을 깨닫게 되는 것 같기도 했다. 그 금요일 밤에 도망치기 시작한 뒤 얼마 동안 그는 옛 습관에 따라서 날짜를 기억해 두려고 했다. 언젠가는 건초 더미에서 잠을 잔 다음 아침 일찍 눈을 떠 보니까 마침 농가에서도 사람들이 하나 둘 깨어나는 때였다. 그는 동이 완전히 트기 전에 부엌에 노란 등불이 켜지는 것을 보았다. 그리고 아직 어슬어슬한 속에서 들려오는 천천히 때리는 듯한 도끼 소리와, 가까운 축사에서 깨어나는 가축들의 소리에 뒤섞인 사람의 움직임 소리를 들었다. 그 다음에 그는 연기 냄새, 음식 냄새, 코를 찌르는 따뜻한 음식 냄새를 맡을 수가 있어서 여러 번 반복해서 중얼거렸다. '마지막으로 식사했던 게 언제였더라. 마지막으로 식사했던 게.' 그는 제퍼슨시에서 금요일이면 언제나 음식을 사 먹던 음식점에서 식사를 해 본 지가 얼마나 오래되었는가 생각해 보려고 하다가, 나중에는 남자들이 식사를 끝마치고는 밭으로 나가 버리기까지 기다리면서 여전히 누워 있는 자세로, 오늘이 무슨 요일인지 아는 것이 먹는 것보다도 더 중요하다고 생각하기에 이르렀다. 왜냐하면 남자들이 드디어 다 나가고 난 뒤에 그가 땅바닥으로 내려와서 노란 수선화 빛깔의 비스듬한 햇빛 속으로 나타나 부엌문 쪽으로 갔을 때에도 그는 음식을 달라고는 전혀 한마디도 안 했기 때문이다. 본디 그는 음식을 청할 생각이었다. 그의 입 바로 뒤에서는 마음속에서 생각해 낸 말들의 쓰라린 맛을 이미 느낄 수 있었다. 그때 피부가 손질된 가죽처럼 단단하고 여위어 빠진 여자가 문에 나타나 그를 보았다. 그리하여 그는 그녀의 눈동자에 놀라움과 인식과 공포가 뚜렷이 나타나는 것을 보고 생각에 또 잠기는 것이었다. '이 여자는 나를 알고 있구나. 이 여자도 이미 소문을 들었어.' 생각하는 동안에 그는 자기 입술이 조용히 말하고 있는 것을 들었다. "오늘이 무슨 요일인지 알려 줄 수 있겠습니까? 오늘이 무슨 요일인지 좀 알고 싶군요."

"오늘이 무슨 요일이냐구요?" 그녀의 얼굴은 그의 얼굴처럼 바짝 말라 있었고, 몸도 피곤을 모를 만큼 혹사되어서 수척한 모습이었다. "여기서 빨리 나가 줘요! 오늘은 화요일이에요! 빨리 나가 줘요! 남편을 부르겠어요!"

문이 쾅 닫힐 때에 그는 조용히 말했다. "고맙습니다." 그 다음엔 그는 달렸다. 그는 언제 달리기 시작했는지 기억할 수가 없었다. 얼마 동안 그는 달리고 있는 것 자체가, 갑자기 떠올린 어떠한 목적지가 있기 때문이라고 생각하고, 따라서 자기가 달리고 있는 이유를 구태여 무리하게 생각해야 할 필요를 느끼지 않았다. 또한 실상은 달린다는 것이 그에게는 별로 어려운 일도 아니었던 것이다. 아니, 오히려 쉬운 일이었다. 그는 몸이 몹시 가볍고 경쾌한 기분이었다. 성큼성큼 전속력으로 달리고 있을 때에도 그의 두 다리는 천천히 경쾌하게 부드러운 대지 위를 일부러 정처도 없이 방황하는 것 같았지만 드디어 그는 넘어지고 말았다. 무엇에 걸려 넘어진 것은 아니었다. 그저 갑자기 풀썩 넘어졌을 뿐이고 한동안은 아직도 그냥 서서 달리고 있다고 믿기까지 했다. 그러나 그는 지금 잘 갈아 놓은 밭 가장자리의 얕은 도랑 속에 고꾸라져 있었다. 그러자 그는 갑자기 말했다. "일어나는 것이 좋겠군." 그가 일어나 앉았을 때 태양은 아직도 하늘에 비스듬히 걸려 있긴 했지만 반대 방향으로부터 빛이 비쳐 오고 있었다. 처음에는 자기가 몸을 돌렸기 때문이라고 생각했다. 이어서 그는 날이 저물어 가고 있음을 깨달았다. 달리다가 넘어진 것은 아침의 일이었지만, 그리고 자기는 곧 일어났다고 생각했지만 알고 보니 벌써 저녁이었다. '잠이 들어 있었던 모양이군.' 그는 생각했다. '여섯 시간 넘게 잠을 잤어. 알지도 못하는 사이에 달리면서 잠이 들었던 모양이야. 그래, 그래, 바로 그랬어.'

그는 별로 놀라지도 않았다. 시간, 즉 밝음과 어둠의 세계는 이미 그 규칙성을 잃은 지 오래였다. 이제는 얼핏 눈을 감고 일순간이라고 생각되는 시간만큼 지난 다음에 다시 떠 보면 예고도 없이 밝음과 어둠이 뒤바뀌어 있었다. 그 둘이 언제 뒤바뀌었는지 그는 알 수가 없었고, 자기가 누운 것조차 알지 못한 채 잠이 들었던 것이 언젠가, 또한 깨어난 것도 의식하지 못하고 걸어가기 시작한 것이 언젠가 전혀 알 수가 없는 노릇이었다. 때로는 건초더미에서나 도랑 속에서, 또는 폐가의 지붕 밑에서 하룻밤을 지낼 때도 있었다. 그것은 도망치는 모습을 볼 수 있는 광명도 주간도 없이 곧 다음 밤으로 이어지는 듯이 보였고, 또 그와 정반대로 하룻낮은 도망과 긴박감에 넘치는 다음 낮으로 바로 이어지고, 그 사이에는 밤도 휴식도 없고 태양은 마치 저물지 않고 지평선에 이르기 전에 다시금 뒷걸음질치는 듯이 생각되었다. 그는 걸어갈 때에나 심지어는 샘물가에서 물을 마시려고 무릎을 꿇었을 때에도 깜빡 잠이 들었다. 그러다 눈을 뜨게 되면 자기가 햇빛을 보고 있는지 별빛을 보고 있는지 도무지 분간할 수 없었다.

얼마 동안은 끊임없이 배고픔을 느꼈다. 그는 썩어 가고 있는 벌레투성이 과일을 따서 먹었다. 때로는 밭으로 기어 들어가 옥수수를 따서 감자 강판처럼 단단한 옥수수 알맹이를 씹기도 했다. 그는 끊임없이 먹을 것만 생각하고 요리와 음식에 대해서 공상했다. 3년 전 그를 위해서 부엌 식탁에 차려져 있던 그 음식을 생각하고, 또한 일부러 천천히 팔을 뒤로 뻗쳐 그 접시를 하나하나 벽으로 내던지던 자신을 생각하고 몸이 뒤틀리고 장이 비틀어지는 듯한 격렬한 회한과 후회와 분노를 느끼는 것이었다. 그러다가 어느 날, 그는 더는 배고픔을 느끼지 않았다. 그 느낌은 갑자기 온화하게 닥쳐왔다. 그는 냉철하고도 고요한 느낌을 느꼈다. 그래도 그는 먹어야 한다는 것을 알고 있었다. 애써서 썩은 과일과 딱딱한 옥수수를 먹었다. 아무 맛도 나지 않았지만 천천히 씹어 먹었다. 그는 그런 것들을 닥치는 대로 주워 먹어서 마침내 혈변까지 누게 되었다. 그런데도 곧이어 그는 먹지 않으면 안 된다는 충동에 다시금 사로잡혔다. 지금 그를 사로잡고 있는 강박관념은 음식물 자체가 아니라 음식을 먹어야 할 필요성이었다. 그는 자기가 요리를 한 정상적인 음식을 먹어 본 지 얼마나 오랜 세월이 흘렀는지 기억해 보려고 했다. 그는 어딘가의 집과 오두막을 느끼고 기억할 수 있었다. 하지만 집인지 오두막인지, 백인지 흑인인지는 잘 기억할 수가 없었다. 그러자 그는 여위고도 쇠약한 수염투성이 얼굴에 멍하니 도취된 표정을 띤 채 꼼짝 않고 앉아 있다가 흑인 냄새를 맡았다. (그때 그는 샘 옆 나무에 기대앉아 있었다—머리를 뒤로 젖히고 두 손을 무릎 위에 올려놓고 있었고, 그의 얼굴은 고단해 보이기도 했지만 평화로웠다.) 그는 흑인의 요리와 흑인의 음식을 냄새맡고 또 보았다. 그것은 어느 방 안에 있었다. 그는 어떻게 거기에 들어가게 되었는지 기억하지 못했다. 다만 그 방은 거기서 바로 조금 전에 갑작스럽게 공포에 질려 사람들이 도망치기라도 한 듯이 막 뒤죽박죽이 되어 있었다. 그는 식탁 앞에 앉아서 공허 속에서, 도망으로 가득 찬 침묵 속에서 아무 생각 없이 기다리고 있었다. 그러자 그의 앞에는 음식이 있었다. 길고도 유연한 검은 손 사이에서 갑자기 나타났는데, 그 손은 접시를 놓고 있는 동안에도 도망치려는 듯한 태도였다. 그는 씹기도 하고 삼키기도 하는 소리와 더불어 주변에서 나는 한숨보다도 더 고요한 공포와 비탄의 탄성을 귀를 기울이지 않고도 들을 수가 있었다. '그때는 오두막이었지.' 그는 생각했다. '그들은 두려워했어, 자기들의 형제인 나를.'

그날 밤 기묘한 생각이 떠올랐다. 그는 잠을 자려고 누워 있었지만 자지 않았고 또 잘 필요도 없었다. 그것은 마치 그가 원치도 않고 필요도 없어 보이는 음식을 자기 밥주머니에 꾸역꾸역 집어넣으려 하는 것과도 같았다. 그것이 기묘하다고 하는 것은 그 원인도 동기도 설명도 발견이 되지 않는다는 점 때문이었다. 문득 그는 그날이 무슨 요일인지를 알아보려 하고 있다는 사실을 깨달았다. 그것은 마치 지금에 와서 그의 마음이 무슨 목적, 무슨 결정적인 날이나 행위를 완수할 일수를 남지도 모자라지도 않게 정확히 계산하고 싶어져서 그 실제적인 강한 욕구에 사로잡히기라도 한 것 같았다. 이런 마음의 욕구와 더불어 어느새 그는 혼수상태에 빠져 잠이 들고 말았다. 이슬이 맺힌 잿빛 새벽녘에 눈을 떴을 때에 그 욕구는 그의 내부에 선명하게 결정(結晶)이 되어 있어서 더는 기묘하게 느껴지지 않았다.

마침 동이 틀 무렵이다. 그는 일어나 샘터로 내려가서 호주머니에서 면도칼과 솔과 비누를 꺼낸다. 그러나 수면에 자기 얼굴을 확실히 비추기에는 아직 너무 어둡다. 그래서 그는 샘 옆에 앉아 더 잘 보이게 될 때까지 기다린다. 그리고 나서 그는 찬물로 얼굴에 비누 거품을 끈기 있게 낸다. 손이 떨린다. 마음은 초조한데 몸이 나른하여 스스로 기운을 북돋아 줘야 한다. 면도날은 아주 무디다. 그는 작업화 옆쪽에다 면도칼을 갈아 보려고 하지만 가죽은 강철처럼 굳을 뿐만 아니라 이슬에 젖어 있기까지 하다. 하여간 이럭저럭 그는 수염을 깎는다. 손이 떨린다. 수염이 잘 깎이지가 않는다. 그래서 세 번인가 네 번 살을 벤다. 피가 멎을 때까지 찬물로 식힌다. 그는 면도 도구를 다 치우고 걸어가기 시작한다. 그는 밭두렁으로 더 쉽게 걸어갈 생각은 전혀 하지 않고 그냥 앞으로 쭉 걸어간다. 얼마 걸어가지 않아서 도로에 나서게 되자 그는 길 옆에 앉는다. 참으로 조용한 길로서 조용히 나타났다가 조용히 사라져 가는데, 희끄무레한 먼지 위에는 가느다란 몇 안 되는 바큇자국과, 말이나 나귀의 발자국과 드문드문 사람의 발자국이 찍혀 있다. 그는 길 옆에 앉았지만 웃옷도 입지 않고, 한때 하얗던 셔츠와 한때 줄이 서 있던 바지는 진흙이 묻어 더럽고, 마른 얼굴에는 깎다 남은 수염과 말라붙은 피가 여기저기 얼룩져 있다. 해가 떠서 점점 따뜻해지자 그는 피로와 냉기로 천천히 몸을 떤다. 얼마 뒤에 흑인 어린애 둘이 모퉁이를 돌아 나타나 다가온다. 그들은 그가 말을 건네기까지는 그를 보지 못한다. 말을 건네자 그들은 딱 멈춰 서더니 흰자위를 굴리면서 그를 쳐다본다. "오늘이 무슨 요일이지?" 그는 여러 번 반복한다. 그들은 그를 뚫어지게 바라볼 뿐 아무런 말도 하지 않는다. 그는 머리를 조금 움직인다. "가 봐." 그는 말한다. 그들은 걸음을 계속한다. 그는 그들을 지켜보지 않는다. 그는 앉은 채로 그들이 서 있던 지점으로 눈초리를 돌리고 생각에 잠겨 있다. 그에게는 그 두 어린애들이 마치 조개껍데기에서 빠져나와 걸어가 버리고 만 것처럼 생각되는 모양이다. 그는 그들이 달려가고 있음을 눈치채지 못한다.

햇볕이 몸을 천천히 녹여 주는 대로 거기 그저 앉아 있다가, 그는 저도 모르게 그만 잠이 들어 버린다. 왜냐하면 다음에 그가 의식한 것은 나무와 금속이 맞닿는 떨거덕거리는 소음과 요란한 말발굽 소리였기 때문이다. 그가 눈을 떴을 때에는 이미 그 짐마차는 저쪽 커브길을 힘차게 돌아 사라지려는 찰나였다. 거기 타고 있는 사람들은 어깨 너머로 그를 뒤돌아보고 있었고, 채찍을 휘두르는 마부의 손은 올라갔다 내려왔다 하고 있었다. '저 녀석들도 나를 알아보았군.' 그는 생각한다. '저 녀석들, 그리고 그 백인 여자도 말이야. 그리고 그날 내가 얻어먹은 오두막집에 있던 검둥이들도 그렇고. 어느 녀석도 그럴 생각만 있었다면 나를 붙잡을 수 있었을 거야. 그야 다들 내가 붙잡히기를 바라긴 하지. 그렇지만 녀석들은 하나같이 먼저 도망부터 친단 말이야. 녀석들은 모두 내가 붙잡히기를 바라면서도 정작 내가 옆에 가서 나 여기 있다고 말하려 하면, '그렇지 나는 여기 있다, 나는 지쳤어, 나는 계란 바구니 옮기듯이 벌벌 떨면서 내 생명을 부지하기 위해서 도망 다니는 일엔 질렸어 하고 말해 주어야지.' 녀석들은 모두 도망치고 말거든. 마치 나를 체포하는 데는 한 가지 규칙이라도 있는 모양이야. 나를 그런 식으로 체포하면 규칙 위반이 되는 모양이지.'

그는 덤불 속으로 숨는다. 이번에는 그도 신중히 기다린다. 그래서 다음 짐마차가 시야에 들어오기도 전에 그 소리를 듣는다. 그리고 마차가 그가 있는 곳에 오기까지는 모습을 나타내지 않는다. 그때가 돼야 그는 앞으로 불쑥 나타나서 말을 건넨다. "이봐." 마차는 삐꺽 소리를 내며 급정거한다. 흑인 마부의 머리도 끄떡 움직인다. 그의 얼굴에도 먼저 놀라움이 떠오르고 그를 알아본 순간 공포의 빛이 나타난다. "오늘이 무슨 요일이지?" 크리스마스는 묻는다.

흑인은 입을 쩍 벌린 채 그를 뚫어지게 바라본다. "뭐, 뭐라구요?"

"오늘이 무슨 요일이냐고. 목요일인가, 금요일인가? 거, 무슨 요일이야? 자네에게 나쁘게 굴 생각은 없네."

"금요일이에요." 흑인은 대답한다. "예, 틀림없이 금요일이에요."

"금요일이라." 크리스마스는 중얼거린다. 다시금 그는 머리를 흔든다. "가 봐." 채찍이 떨어진다. 노새들은 부리나케 앞으로 달려간다. 이 마차도 역시 맹렬한 속도로 채찍이 올라갔다 내려왔다 함과 동시에 시야에서 멀리 사라져 버리고 만다. 그러나 크리스마스는 이미 몸을 돌려 다시금 숲 속으로 들어가 버렸다.

이번에도 그는 측량사의 줄처럼 똑바르게 언덕이든 골짜기든 습지든 모두 무시하고 곧장 앞으로 나아간다. 그래도 그는 뭐 급히 서두르고 있는 것은 아니다. 그는 마치 자기가 어디 있는지를 알고 또 어디에 가고 싶은지, 거기에 가려면 시간이 얼마나 걸리는지 정확하고 세밀하게 알고 있는 사람 같다. 그는 마치 자기가 태어난 대지의 모든 양상을 처음으로 보고 있거나 또는 마지막으로 보고 싶어하기라도 하는 것 같다. 그는 이 나라에서 자라 성인이 되었지만, 수영을 할 줄 모르는 수병의 경우처럼 그의 육체도 사고방식도 그저 이 땅의 강압과 위협으로 말미암아 형성된 것이지, 이 나라의 실제 모습과 감정에 대해서는 그는 아는 바가 없는 형편이다. 지금까지 일주일 동안 그는 그 비밀 장소를 여기저기 유랑하고 숨어 다녔지만, 그래도 그는 대지의 추종해야만 하는 불변의 법칙 자체에 대해서는 거기에 동화하지 못하고 아직도 국외자로 남아 있는 것이다. 얼마 동안 그는 한 발 한 발 계속해서 걸어가며, 때때로 이것이 내 나라라고 생각하고—그 모습과 그 광경—그것이 그에게 평화와 여유와 안정을 가져다준다고 생각하기도 했지만, 드디어 돌연히 진정한 답변이 그에게 닥쳐온다. 그는 상쾌하고도 경쾌한 느낌을 느낀다. '이 이상 뭘 먹어야 한다는 생각 때문에 마음을 앓을 필요는 없겠지.' 그는 생각한다. '분명히 그럴 거야.'

정오까지 그는 8마일이나 걸었다. 그는 지금 널따란 자갈길에 나선다. 간선도로였다. 그가 손을 드니까 이번에는 짐마차가 조용히 와서 멎는다. 마차를 몰고 오던 젊은 흑인의 얼굴에는 놀라움이나 알아보았다는 듯한 표정은 떠오르지 않는다. "이 길은 어디 가는 길이지?" 크리스마스가 묻는다.

"모츠타운으로 가죠. 내가 바로 거기 가는 길입니다."

"모츠타운이라! 자넨 제퍼슨에도 가나?"

젊은이는 머리를 긁는다. "그런 동네는 어디 있는지 모르겠는데요. 나는 모츠타운으로 가는 길입니다."

"오, 그래." 크리스마스가 말한다. "알겠어, 그렇다면 자네는 이 근처에 살고 있지 않군."

"그렇습니다. 난 두 군(郡)이나 떨어진 데서 살고 있는데요. 길에 나선 지 사흘이나 되었어요. 아빠가 사 놓은 송아지를 데리러 모츠타운에 가는 길이에요. 당신도 모츠타운에 가고 싶어요?"

"그래." 크리스마스는 대답한다. 그는 마차에 올라가 젊은이 옆에 앉는다. 마차는 움직이기 시작한다. '모츠타운이라.' 그는 생각한다. 제퍼슨시는 20마일밖에 떨어져 있지 않다. '뭐, 이제는 얼마 동안은 마음을 놓을 수가 있겠지.' 그는 생각한다. '일주일 동안이나 난 마음을 놓지 못하였지. 그러니 이쯤에서 당분간 긴장을 풀어 보세.' 아마도 그는 마차에 앉아서 그 흔들림에 몸을 내맡기고 있으면 잠이 올 거라고 생각한다. 그러나 잠은 오지 않는다. 그는 졸립지도 않고 시장하지도 않고 고단하지도 않다. 졸리움과 시장함과 고단함 이 세 가지 중간이나 또는 그중 어느 두 가지 중간에 처해 있어서, 그는 축 늘어진 채 마차의 흔들림에 몸을 맡기고서 아무런 생각도 느낌도 가지지 않고 있다. 그는 시간과 거리의 개념을 잃고 있다. 아마도 한 시간 뒤, 아니, 어쩌면 세 시간 뒤인지도 모르겠다. 그때 젊은이가 말한다.

"자, 모츠타운에 다 왔습니다."

눈을 들어 보니 다른 모퉁이들과 분간할 수 없는 작은 모퉁이에 낮은 연기가 하늘을 뒤덮고 있는 것이 눈에 들어온다. 그는 그 거리로 다시금 들어가고 있다. 30년간이나 계속해서 달린 가로로 다시금 들어가고 있는 것이다. 과거에 그것은 포장된 도로라서 빨리 걸어 지나갈 수 있었다. 그것은 원을 그리며 이어졌고 그는 그 원 밖으로 나가지 못하고 있다. 지난 일주일 동안 그는 포장된 도로를 거닐어 보지는 못했지만, 그래도 과거 30년간 여행한 것보다 훨씬 더 멀리 여행을 한 셈이다. 그런데도 그는 여전히 그 원 밖으로 나서지 못하고 있다. '그래도 나는 과거 30년 동안 나다닌 것보다도 요새 이레 동안에 더 멀리 나와 보았어.' 그는 생각한다. '그렇지만 결국 원 밖으로 나오지는 못했군. 나는 내가 이미 만들어 놓은 원을 깨뜨린 일도 없고 또 지워 버릴 수도 없어.' 그는 조용히 생각을 하면서 자리에 앉아 있다. 그는 자기 앞 발판에 구둣발을 올려놓고 있었는데 그 구두는 흑인 냄새를 풍기는 검정 구두였다. 그것은 그의 두 발목에 새겨진 결코 지울 수 없는 명확한 증거로서, 죽음이 움직임에 따라서 그의 발로부터 정강이를 타고 점점 위로 올라오고 있는 검은 물결이다.

15

모츠타운에서 크리스마스가 체포되던 금요일에 그 마을에는 하인즈라는 늙은 부부가 살고 있었다. 그들은 상당히 나이가 많은 부부였다. 그들은 흑인촌에서 멀지 않은 곳에 자리잡은 조그마한 단층 목조건물에서 살고 있었지만, 어떻게 무슨 수로 살아가고 있는지 마을 사람들은 전혀 알지 못했다. 하인즈 부부는 지독하게 가난하면서도 아주 게으름뱅이였던 모양으로, 마을 사람들이 알고 있는 한 하인즈는 지난 25년간 뚜렷한 직업은 전혀 가진 적이 없었던 것이다.

그들은 모츠타운에 온 지가 30년이나 되었다. 어느 날 마을 사람들은 그 여자가 그 작은 집(그때부터 죽 그들은 그곳에서 살았는데)에서 살림을 하고 있는 것을 발견했다. 한편 그녀의 남편인 하인즈는 그 뒤 5년 동안은 한 달에 한 번씩 주말에만 집에 오곤 했다. 얼마 오래지 않아서 그가 멤피스시에서 어떤 일을 하고 있다는 사실이 알려졌다. 그러나 그가 확실히 무슨 일을 하고 있는지는 아무도 몰랐다. 왜냐하면 그때에도 그는 서른다섯으로도 쉰으로도 보이는 묘한 인물로서, 눈초리는 냉기가 서리고 거칠고 광신적인 것이 좀 비정상적으로 보여서 사람들의 질문이나 호기심을 허락지 않았기 때문이다. 마을 사람들은 그 두 사람을 좀 돈 사람으로 생각했다―고독하고 음울하고, 대부분의 평범한 남자나 여자들보다도 몸집이 좀 작아서 마치 그들은 다른 인종 다른 종족에 속하기라도 한 것 같았다―그래도 그 남편이 아내가 살고 있는 작은 집에 정착하여 모츠타운에서 죽 머물러 살 태세를 나타낸 다음부터 5, 6년간은 마을 사람들은 그가 할 수 있는 일이라고 생각되는 여러 가지 자질구레한 일을 하도록 그를 고용해 주었다. 그러나 얼마 지나서 그는 이것도 그만두어 버리고 말았다. 마을 사람들은 한동안은 그들이 어떻게 해서 생계를 유지하고 있는지 의아하게 생각했지만, 이윽고 그런 걸 생각하는 것조차 잊어버리고 있었다. 그런 점으로 말하자면 뒷날 하인즈가 도보로 그 지방 곳곳을 돌아다니면서 흑인 교회에서 부흥회를 하고 있다는 것을 알았을 때에도, 또 때때로 흑인 여자가 음식이 가득 든 접시라고 생각되는 물건을 들고 두 사람이 살고 있는 집 뒤꼍으로 들어갔다가 빈손으로 나온다는 것을 알았을 때에도 역시나 마을 사람들은 잠시 의아하다는 생각을 좀 하다가 곧 잊어버리고 말았다. 오래지 않아 마을 사람들은 잊어버렸든가 그렇지 않으면 관대하게 넘어가 주었든가 한 모양이다. 왜냐하면 하인즈는 노인이었고 전혀 해롭지 않은 존재였기 때문이다. 만약 그가 젊은 사람이었더라면 그들은 절대로 그냥 보아 넘기지 않았을 것이다. 마을에서는 다만 이렇게 말했을 뿐이다. "그들은 머리가 좀 돌았어. 흑인들 때문에 머리가 이상해진 모양이야. 아마 북쪽 사람인지도 몰라." 그리고 그대로 내버려 두었다. 또는 어쩌면 마을 사람들이 너그럽게 보아 넘긴 것은 흑인들의 영혼을 구원하고자 하는 그의 헌신적 노력이 아니라, 오히려 그 둘이 흑인들로부터 자선을 받고 있다는 사실을 모르는 척하고 있는 마을 사람들의 무관심한 태도였는지도 모른다. 왜냐하면 인간의 마음은 양심이 받아들일 수 없는 것을 튕겨

내 버리는 멋진 기능을 지니고 있기 때문이다.
 그래서 25년간이나 그 노부부는 이렇다 할 생업도 없이 살아왔으며, 마을은 마을대로 뚜껑이 덮인 접시나 냄비를 든 흑인 여자들을 보고도 못 본 체했는데, 특히 이런 접시나 냄비를 흑인 하녀들이 그들이 요리하는 백인 부엌에서 그대로 날라 가는 것처럼 생각이 되니 더욱더 너그럽게 보아 넘기지 않을 수가 없었던 것이다. 아마 이것도 쓸데없는 것은 튕겨내 버리는 심리적 작용의 일부였는지도 모른다. 하여간 마을 사람들은 눈여겨보지를 않았고, 이 부부는 25년간 마치 북극에서부터 길을 잃고 내려온 두 마리 사향소나, 빙하시대부터 대열에서 낙오가 되어 살아남아 유랑하고 있는 두 마리 짐승처럼 쓸쓸하고도 고독한 웅덩이 속에서 살아왔던 것이다.
 여자는 거의 모습을 나타내지 않았지만 남편은—그는 '독 아저씨'로 알려졌다—거리의 광장에서는 언제나 볼 수 있었는데 좀 누추한 작은 노인이었다. 그 얼굴은 전에는 용감했던가 사나웠던 모습을 보여 주었고—즉 공상가거나 지독한 이기주의자거나 했을 것이다—옷깃도 없는 셔츠와 더러워진 푸른 바지를 입고 있었고, 묵직한 수제 히코리 지팡이를 짚고 있었는데 그것은 손잡이가 닳아 호두나무처럼 검은빛으로 변해 있었고 유리처럼 반들반들했다. 처음 그가 아직도 멤피스에서 일자리를 가지고 있을 동안 한 달에 한 번씩 집으로 돌아오곤 했을 때에는 그는 자기에 대한 이야기도 조금씩은 입 밖에 내곤 했다. 자기는 그저 독립한 완전한 인간이었던 정도가 아니라 과거에는 훨씬 더 유능한 인간이었고, 그 과거란 것이 또한 과히 오래전 일이 아니었다는 듯이 자신만만한 투로 말하는 것이었다. 그의 태도에는 좌절감 비슷한 것도 없었다. 오히려 그것은 옛날에는 부하들을 많이 거느린 신분이었는데, 남들이 궁금히 여겨 봤자 이해할 수도 없는 어떤 사정으로 말미암아 자발적으로 자기 생활을 변화시킨 인간의 자신감을 보여 주고 있었다. 그러나 그가 자기 자신에 대해서 또 현직에 대해서 말한 것은 겉으로는 그럴싸해도 실은 앞뒤가 맞지 않는 말이었다. 그래서 그들은 그때에도 그가 좀 돌았다고 믿고 있었다. 그렇다고 그가 거짓말을 함으로써 어떤 일을 감추려고 하는 것 같지는 않았다. 그저 그의 말과 그의 이야기가 듣는 사람 입장에서는, 한 사람의 인간으로서 할 만한 (또한 할 수밖에 없는) 범위로 미루어 본다면 아무래도 앞뒤가 안 맞는다는 말이다. 한때 마을 사람들은 그가 퇴직 목사라고 믿기도 했다. 그러자 다음에는 그는 멤피스시에 대해서 애매하지만 호화로운 태도로 말을 하여, 마치 그가 죽 거기서 무엇인가 중요한 일이지만 그래도 잘 알 수 없는 직분을 맡아 오기라도 한 것 같았다. "그렇고말고." 모츠타운 사람들은 그의 등 뒤에서 말했다. "그는 거기서 철도 감독 노릇을 한 거야. 건널목 한가운데 서서 기차가 올 때마다 붉은 기를 흔들면서 말이야." "그는 굉장한 신문인이지, 공원 벤치 밑에서 신문을 주워 모으는 게 그의 일이야." 그들은 이런 말을 하인즈 앞에서는 하지 않았다. 그들 중에서 가장 담이 큰 사람도, 말재주가 특히 많다고 이름이 난 사람도 그렇게 하지는 않았던 것이다.

얼마 지나서 그는 멤피스에서 직업을 잃어버리고 말았다. 어쩌면 사직을 했는지도 모른다. 어느 주말에 그는 집에 돌아왔다가 월요일이 되었는데도 떠나가지 않았다. 그 뒤로 그는 온종일 번화가 광장 근처에 자리를 잡고 시무룩하고 더러워진 모습으로 눈에는 예의 격렬한 분노를 담은 채 거부의 표정을 짓고 있었다. 사람들은 그것을 광기라고 단정지었다—그는 말하자면 희미한 냄새나 향기와 같은 다 써 버린 폭력이라고 할 만한 성질을 지니고, 쇠퇴하여 꺼지기 시작한 불티와도 같은 열광성 또는 4분의 1이 강력한 신념이고 4분의 3은 강건한 육체로 되어 있던 두 주먹의 복음주의라고 할 만한 것을 지니고 있었다. 그래서 그가 흔히 도보로 그 지방을 돌아다니며 흑인 교회에서 설교를 한다는 사실을 알았을 때에도 그들은 조금도 놀라지 않았다. 그리고 1년 뒤에 그가 무슨 주제로 설교를 하는지 알았을 때에도 마찬가지였다. 자기 살림을 거의 흑인들의 자비심과 선심에 의지하고 있는 이 백인이 혼자서 먼 곳에 있는 흑인 교회에 찾아가, 예배를 중단시키고 스스로 단상으로 올라가 거기서 거칠고도 냉랭한 음성으로 때로는 지독한 음담패설까지 섞어 가면서, 회중을 향해 그들보다도 연한 빛깔의 피부를 가진 모든 인종에 대해서는 순종해야 한다고 역설하고, 열광에 사로잡혀 스스로 깨닫지도 못하는 모순 속에 빠진 채 자기 자신을 그 견본의 으뜸이라 칭하며 백인종의 우월성을 설파하는 것이었다. 흑인들은 그가 미쳤다고 믿었다. 하느님에 의해 실성했거나 그 스스로 하느님에 접한 적이 있거나 해서 미친 것이라고 믿었다. 그들은 아마 그가 하는 말에 귀를 기울이지도 않았을 것이고 혹 들었다 해도 잘 이해할 수도 없었을 것이다. 어쩌면 그들은 그를 하느님 자신이라고 생각했을지도 모른다. 왜냐하면 그들에게는 하느님이란 백인이었고 하느님의 행위는 좀 이해할 수가 없는 것이기 때문이었다.

그날 오후 크리스마스의 이름이 처음으로 거리에 떠돌기 시작하여 소년들과 성년들—상인들·점원들·한가한 사람들과 호기심이 많은 사람들, 그리고 대부분 작업복을 입고 있는 시골 사람들—이 모두 달리기 시작했을 때에 하인즈는 번화가에 있었다. 그도 역시 달렸다. 그러나 그는 빨리 달릴 수는 없었다. 그리고 목적지에 닿았을 때에도 몰려든 사람들의 어깨 너머로 넘겨다 볼 만큼 키도 크지 못했다. 그래도 그는 단념하지 않고 거기 있던 어느 누구 못지않게 열심히 지독하게 동요하는 인파 속에 뚫고 들어갔다. 마치 그의 얼굴에 흔적이 남아 있던 왕년의 난폭성이 되살아나기라도 한 것처럼 그는 다른 사람들의 등을 할퀴며 나중에는 지팡이로 그들을 후려치기까지 했다. 그러자 사람들도 고개를 돌려 그를 알아본 다음 그를 꽉 붙들고 말았지만, 그는 여전히 발버둥을 치면서 무거운 지팡이를 휘둘러 대고 있었다. "크리스마스라고?" 그는 외쳤다. "크리스마스라고 그랬나?"

"크리스마스야!" 그를 억누르고 있던 남자들 중 한 사람이 소리를 질렀다. 그의 얼굴도 긴장하여 눈에서 빛이 나오고 있었다. "크리스마스야! 지난주 제퍼슨에서 살인을 한 그 하얀 검둥이 말이야!"

하인즈는 그 사나이를 노려보았고 이가 없는 입에서는 침 거품이 좀 일었다. 그리고 그는 다시금 욕설을 퍼부으면서 맹렬히 몸부림을 쳤다. 어린애만큼 나약한 골격의 자그마한 노인은 자기를 붙들고 있는 손을 지팡이로 후려치려고 하면서, 체포된 자가 얼굴에 피를 흘리면서 서 있는 가운데로 지팡이를 휘두르며 억지로 뚫고 나가려 애썼다. "자, 독 아저씨!" 그들은 그를 말리면서 말했다. "자, 독 아저씨, 녀석은 잡혔어요. 이젠 도망칠 수 없어요. 자, 진정하세요."

그러나 그는 여전히 버둥거리고 날뛰면서 가늘게 쥐어짠 소리로 욕설을 퍼붓고 있었다. 그 입에서는 침이 흘러내려 왔고, 그를 붙잡고 있던 사나이들도 버둥거리기 시작하여 마치 가느다란 호스에 그 용량 이상의 압력이 들어온 것을 억누르려 하고 있는 것과도 같은 꼴이었다. 거기 모였던 모든 사람들 중에서 오직 체포된 사람만이 조용했다. 자기를 붙잡으려고 애쓰고 있는 사람들에게 욕설을 퍼붓고 있던 하인즈는 나약한 골격과 끈처럼 가느다란 근육에 어울리지 않게 그때만은 미친 듯이 날뛰는 족제비같이 유연하고 자유롭게 움직였다. 그는 그들로부터 풀려나와 굴을 파듯이 헤치며 나아가 사람들의 벽을 뚫고서 마침내 체포된 자와 얼굴을 불쑥 마주하더니, 그 얼굴을 노려보면서 잠깐 걸음을 멈추었다. 그는 확실히 걸음을 멈추었다. 그러나 사람들이 다시 그를 붙들기 전에 그는 지팡이를 들어 올려 포박된 자를 후려갈겼다. 그리고 다시 한 번 갈기려고 했을 때 그들은 간신히 그를 붙들어 억눌렀지만, 그동안에 그는 꼼짝도 못하게 되자 광분하여 몸부림치며 입가에 엷은 거품을 뿜고 있었다. 그들은 그의 입까지 막지는 못했다. "저 후레자식을 죽여 버려!" 그는 소리쳤다. "저 자식을 죽여. 죽여!"

30분 뒤에 두 남자가 그를 차에 태워 집으로 데려다 주었다. 한 사람은 운전을 하고 나머지 한 사람은 뒷자리에서 하인즈를 꽉 붙들고 있었다. 그의 얼굴은 깎지도 않은 수염과 진흙 밑에서 창백한 빛을 띠었고 눈은 감기어 있었다. 그들은 그를 몸째로 들어 올려 대문을 거쳐 낡은 벽돌과 콘크리트 파편으로 만든 길을 지나 층계까지 날라 갔다. 그때 겨우 그는 눈을 떴지만 그 눈은 아주 공허해 보였고, 안쪽으로 쑥 들어가 더럽고도 푸르스름한 흰자위만이 보였다. 아직 축 늘어져 있어서 그는 자기 몸을 마음대로 움직일 수가 없었다. 그들이 포치에 가 닿기 직전에 앞문이 열리고, 그의 아내가 밖으로 나와 문을 닫고 그들을 지켜보면서 서 있었다. 노인이 살고 있는 집이라고 알려진 장소에서 그녀가 나왔기 때문에 그들은 그녀가 그의 아내임을 알 수가 있었다. 그중 한 사람은 그 마을 사람이긴 했지만 아직까지 한 번도 그녀를 본 일이 없었다. "무슨 일이지요?" 그녀가 물었다.

"그는 괜찮아요." 첫 사람이 말했다. "시내에서는 굉장한 소동이 일어났거든요. 게다가 날씨도 이렇게 덥다 보니, 어르신께서 좀 지치셨나 봐요." 그녀는 마치 그들이 들어오는 것을 막아 버리기라도 하려는 듯이 문 앞에 버티고 서 있었다. 시무룩한 표정의 뚱뚱하고 작은 여인으로, 둥근 얼굴은 구워내기 전에 반죽을 한 더러운 밀가루 같았고, 머리에는 많지 않은 머리털을 꽉 동여매고 있었다. "크리스마스라는 검둥이가 막 잡혔지요. 지난주 제퍼슨에서 그 부인을 죽인 놈 말입니다." 이렇게 그는 말했다. "독 아저씨는 그것 때문에 좀 흥분했을 뿐이에요."

하인즈 부인은 문을 열기라도 하려는 듯이 이미 몸을 돌리고 있었다. 나중에 첫 남자가 동료에게 말했던 바에 따르면, 그 순간 그녀는 몸을 돌리는 동작을 도중에 그쳐 버렸지만 그것은 마치 누군가가 던진 돌멩이에 맞기라도 한 것 같았다. "누가 잡혔다구요?" 그녀는 물었다.

"크리스마스가 잡혔지요." 그는 대답했다. "그 검둥이, 살인죄를 저지른 크리스마스입니다."

그녀는 포치 끝에 서서 회색빛 고요한 얼굴로 그들을 내려다보고 있었다. "마치 그 여자는 내가 말할 내용을 미리 알고 있기라도 한 것 같았어." 나중에 그들이 차 있는 데로 돌아갈 적에 한 사람이 동료에게 말했다. "그래도 그 여자는 체포된 사람이 그 사람이겠지만 그 사람이 아니라고 말해 주기를 바라는 눈치였어."

"그는 어떻게 생긴 사람이죠?" 그녀는 물었다.

"자세히 보지는 못했어요." 그 사람이 대답했다. "그를 붙잡을 때에 좀 상처를 내서 피가 났지요. 젊은 녀석이에요. 그리고 나랑 비슷하게 생겨서 검둥이 티가 전혀 나지 않더군요." 그 여자는 그들을 내려다보았다. 그 두 사람 사이에는 하인즈가 이제는 제 발로 서서 마치 잠을 자다가 깨어난 사람 모양으로 뭐라고 중얼거리고 있었다. "독 아저씨를 어떻게 해 드릴까요?" 그 사람이 물었다.

그녀는 그 물음에 아무런 대답도 하지 않았다. 마치 자기 남편의 존재도 깨닫지 못하는 것 같았다고 뒤에 그 사람은 동료에게 말했다. "그들은 그를 어떻게 할 작정인가요." 그녀는 물었다.

"그요?" 그 사람은 말했다. "아, 그 검둥이 말이에요? 그거야 제퍼슨에서 결정할 문제죠. 녀석은 그곳 경찰이 관할할 범인이니까요."

그녀는 회색빛 고요한 얼굴로 막연하게 그들을 내려다보았다. "다들 제퍼슨 측이 결정을 내릴 때까지 기다리고 있을 참인가요?"

"다들?" 그 사람은 말했다. "아." 그는 또 탄성을 질렀다. "그렇지요. 만약에 제퍼슨 경찰이 지나치게 우물쭈물하지 않는다면 말입니다." 그는 노인의 팔을 고쳐 잡았다. "이분을 어디로 모셔다 드릴까요?" 그러자 그 여자는 겨우 몸을 움직였다. 그녀는 층계를 내려와 다가왔다. "우리가 이분을 집 안으로 모셔다 드리겠습니다." 그 사람은 말했다.

"내가 할 수 있습니다." 그녀는 말했다. 그녀와 하인즈는 키가 거의 비슷했지만 무게는 여자 쪽이 더 많이 나갔다. 그녀는 남편을 양팔 밑에서 붙들었다. "유퓨즈." 그녀는 크지 않은 목소리로 말했다. "유퓨즈." 그러고 나서 그녀는 두 남자에게 조용히 말했다. "이제 놓으세요, 내가 붙들었으니까." 그들은 그를 놓아주었다. 노인도 지금은 제 발로 조금 걷고 있었다. 그들은 그녀가 그를 부축해서 층계를 올라가 문을 열고 안으로 들어가는 것을 지켜보았다. 그녀는 뒤돌아보지 않았다.

"그 할멈은 우리에게 감사조차 하지 않았어." 둘째 사나이가 말했다. "그냥 영감을 데리고 가서 그 검둥이와 함께 구치소에 수감하는 것이 좋았을지도 모르겠네. 그 녀석을 아주 잘 아는 눈치였으니까 말이야."

"유퓨즈라." 첫째 사나이가 말했다. "유퓨즈, 15년간이나 그의 이름이 무엇일까 여러 가지로 생각했는데 유퓨즈라고!"

"자, 빨리 가세, 돌아가잔 말이야. 좋은 구경거리를 놓칠지도 모르겠어."

첫째 사나이는 그 집을 돌아보았고, 또 그 부부가 사라진 닫힌 문을 바라보았다. "그 할멈도 알고 있던데."

"누구를 안단 말이야?"

"그 검둥이, 크리스마스 말이야."

"자, 가세." 그들은 자동차 있는 곳으로 왔다. "그 바보 같은 녀석은 어떻게 생각하지? 범행 장소에서 20마일도 안 떨어진 이 마을에 들어와서는 큰길을 마음놓고 어슬렁거리다가 드디어 누구에게 발각을 당하고 말다니! 내가 그 자식을 눈치챘더라면 좋았을 것을! 그 1천 달러를 좀 써 볼 수도 있었을 텐데. 하여간 나는 운이 없단 말이야." 자동차는 달리기 시작했다. 첫째 사나이는 노부부가 사라진 아무 장식도 없는 문을 또다시 뒤돌아보고 있었다.

동굴처럼 어둡고 비좁고도 불쾌한 냄새가 나는 그 조그만 집의 현관홀에 늙은 부부는 서 있었다. 노인의 녹초가 된 몸은 아직 실신상태에서 조금 회복되었다는 정도였고, 아내가 그를 이끌어 의자에 앉힌 것은 편의와 근심 때문이었을 것이다. 그러나 현관으로 돌아가서 문을 잠글 필요가 전혀 없었는데도 그녀는 그 일을 했다. 그러고는 다시 돌아와 잠깐 남편 곁에 서서 그를 내려다보고 있었다. 처음에 그녀는 근심과 걱정 때문에 그를 지켜보는 것처럼 보였다. 그러나 제삼자가 보았다면 그녀가 몹시 떨고 있다는 것을 깨달았을 것이다. 그녀가 그를 의자에 앉힌 것도 그대로 있다가는 그를 마루에 떨어뜨릴 것 같았기 때문이든가, 또는 그와 이야기를 할 수 있게 될 때까지 그를 놓치고 싶지 않았기 때문이었을 것이다. 그녀는 노인에게 몸을 굽혔다. 그녀의 얼굴은 음울하고 살이 찌고 회색빛이며 물에 빠진 시체와도 같은 인상을 풍겼다. 그녀가 입을 열자 그 음성은 떨렸으나 그래도 그녀는 목소리를 쥐어짜고 몸을 떨면서, 두 손으로는 남편이 반쯤 잠든 듯이 비스듬히 누운 의자의 팔걸이를 꽉 붙들고 떨리는 소리를 겨우 억누르며 입을 열었다. "유퓨즈, 내 말 좀 들어 봐요. 내 말 좀 들어야 해요. 나는 지금까지 당신에게 근심 끼쳐 드린 일은 없었어요. 30년 동안 단 한 번도. 그렇지만 이제는 좀 그래야 되겠어요. 나도 좀 알아야 하겠으니 얘기해 줘요. 당신은 밀리의 갓난애를 어떻게 했죠?"

그 기나긴 오후 내내 마을 사람들은 광장 주변에, 또 유치장 앞에 몰려 있었다—점원들도, 할 일 없는 자들도, 작업복 차림의 시골 사람들도. 그리고 자자한 소문. 그 소문은 거리 여기저기에 퍼져 나가 바람이나 불처럼 꺼졌다가는 또 일어나곤 했다. 그러나 드디어 그림자가 길어지는 늦은 오후가 되자 시골 사람들은 마차나 먼지투성이 자동차로 떠나기 시작했고, 시내에 살고 있는 사람들도 저녁을 먹으려고 집을 향해 움직이기 시작했다. 그러자 소문은 전등이 켜진 방 안에서 또는 먼 언덕의 석유 등불로 밝혀진 오두막에서 저녁상을 둘러싸고 앉은 아낙네와 가족들의 입에 다시금 피어올랐다. 그리고 이튿날 그 느릿느릿한 기분좋은 시골 일요일에는 남자들은 깨끗한 셔츠 위에 장식이 붙은 멜빵을 늘어뜨리고 평화롭게 파이프 담배를 피우며 시골 교회당 주변이나 주택가의 그늘진 문간에 쪼그리고 앉아 있었고, 그 근처에는 찾아온 손님들의 말이나 자동차가 울타리 옆에 묶여 있든가 주차하고 있든가 하였고, 여자들은 부엌에서 요리를 준비하면서 그 이야기를 다시금 했다. "그는 아무리 봐도 나처럼 백인이지 검둥이 같아 보이지는 않아요. 그렇지만 그의 몸속에 흐르는 검둥이 피 때문에 그가 그랬던 것이겠지요. 마치 그는 결혼하러 밖으로 나오는 사람처럼 어정어정 나와서는 붙잡히고 말았잖아요. 그는 일주일이나 감쪽같이 숨어 있었어요. 만약에 그가 그 저택에 불을 지르지 않았더라면 한 달 동안은 살인사건 자체가 발견되지 않았을 거예요. 또 브라운이라는 사나이만 아니었다면 아무도 그를 의심하지 않았을 테지요. 하지만 그 검둥이는 백인인 척하면서 위스키를 몰래 파는 데 이용해 먹던 브라운에게 그 위스키 밀매 건과 살인사건을 모조리 뒤집어씌우려고 했으니까, 결국 브라운이 다 불어 버린 거죠."

"그러다가 어제 오전, 그러니까 토요일이라 마을 사람들이 다 몰려나와 있는데 그는 환한 대낮에 모츠타운으로 들어왔지요. 그는 백인처럼 백인 이발소에 들어갔어요. 그런데 그는 백인 같아 보였기 때문에 조금도 의심을 받지 않았습니다. 구두닦이가 그의 신발을 보고 너무 크고 낡은 작업화라고 생각했을 때에도 조금도 의심이 가지 않았던 것입니다. 그는 이발소에서 머리와 수염을 깎고 나서 돈을 치른 다음 밖으로 나와서는 상점으로 곧장 들어가 새로운 셔츠와 넥타이와 밀짚모자를 샀지요. 그것도 자기가 죽인 여자에게서 훔친 돈으로 말입니다. 그리고 나서는 환한 대낮에 뻔뻔스런 얼굴로 거리를 쏘다녔지요. 천천히 왔다갔다 거닐면서 수많은 사람과 스치고 지나갔지만 아무도 그를 알아보는 사람이 없었어요. 그러다가 마침내 헬리데이가 그를 보고 달려가서는 붙잡고 물었죠. '당신 이름이 크리스마스가 아니오?' 그러자 그 검둥이는 그렇다고 대답했답니다. 그는 부정도 하지 않았어요. 뭐 아무 일도 한 게 없구요. 그의 행동은 검둥이 같지도 않았고 백인 같지도 않았어요. 바로 그거라니까요. 그래서 모두들 화통이 터진 거랍니다. 살인범이 옷을 차려입고는 어디 한 번 잡아 보라는 듯이 거리를 활보하고 나다니다니요! 보통은 숲 속으로 살금살금 숨어 다니면서 흙투성이가 되어 도망을 했어야 마땅하잖아요. 마치 그는 자기가 흑인이라는 것을 모를 뿐만 아니라 살인범이란 것조차 모르는 것 같았지요."

"그래서 헬리데이가(그는 흥분했죠, 그 상금 1천 달러를 생각해서 말이에요. 그래서 재빨리 그 검둥이의 얼굴을 두서너 차례 갈기니까 그때 처음으로 녀석은 검둥이답게 행동을 해서 아무 말 없이 맞고만 있었다더군요. 그저 침통하게 입을 다문 채 피만 흘리면서 말이에요)—헬리데이가 그를 붙들고 소리지르고 있으려니까 독 하인즈 아저씨라고 불리는 늙은이가 다가와서 자기 지팡이로 검둥이를 때리기 시작했죠. 그러자 두 사나이가 겨우 그를 말리고 진정시켜 차에 태워서 집으로 돌려보냈답니다. 독 아저씨가 그 검둥이를 정말 알고 있었는지 어쨌는지 아무도 몰라요. 그는 그저 비틀비틀 다가와서

‘그 자식 이름이 크리스마스인가? 크리스마스라고 그랬어?’ 하고 고함을 지르면서 인파를 헤치고 다가가 그 검둥이를 노려보더니 곧장 지팡이로 막 두들겨 팼어요. 그는 마치 최면술에라도 걸린 것 같았어요. 사람들이 달려들어서 겨우 그를 붙들었는데 그는 눈알을 뒤집으면서 입에는 거품을 물고 지팡이를 휘두르며 닥치는 대로 갈기다가 마침내 갑자기 폭삭 주저앉아 버리고 말았습니다. 두 사나이가 그를 차에 태워 집에 날라다 주었더니, 마누라가 나와서 그를 집으로 데리고 들어가더라는군요. 그래서 그들은 다시금 시내로 돌아왔는데요. 그 검둥이가 붙잡혔다 해서 그 영감님이 무엇 때문에 그렇게 흥분했는지 알 수 없었지만, 하여간 그들은 이것으로 다 됐겠거니 생각을 했대요. 그런데 반 시간도 지나지 않아서 그 영감쟁이가 다시금 시내에 나타나지 않았겠습니까! 그는 그야말로 미치광이였어요. 모퉁이에 서서 지나가는 사람들에게 일일이 소리를 지르면서, 제퍼슨이고 뭐고 상관할 것 없이 녀석을 유치장에서 끌어내 바로 거기서 당장에 목을 매지 않는 걸 보니 모두들 겁쟁이라고 막 야단을 치더군요. 얼굴도 미치광이 얼굴이었고, 마치 정신병원에서 탈출해 나온 환자가 곧 붙잡혀서 끌려갈 것을 알고 허둥거리는 것과도 같은 꼬락서니였답니다. 끝에 전에는 목사였다지요.”

“그는 자기가 그 검둥이를 죽일 권한을 갖고 있다고 말합디다. 그는 그 이유를 전혀 입 밖에 내지 않았고, 누가 물어보았다고 해도 그렇게 흥분하여 사납게 날뛰어서는 이치에 맞는 답변은 할 수도 없었겠죠. 하여튼 그러는 새에 그의 주위에는 사람들이 구름같이 몰려들었는데, 그는 한가운데 서서 그 검둥이를 살려 줄지 죽여 버리고 말지를 결정짓는 것은 자기 권리라고 고함을 질렀답니다. 모두들 그 영감님도 검둥이와 같이 유치장에 가두어 버리는 편이 아마 좋을 것 같다고 생각하고 있는데 마침 그의 마누라가 다가오더군요.

“모츠타운에서 30년이나 살아왔는데도 그 마누라를 보지 못한 사람이 많이 있죠. 그 여자가 옆에 와서 그에게 말을 하기까지는 아무도 그 여자가 그의 마누라라는 것을 깨닫지 못했답니다. 그도 그럴 것이 누가 전에 그녀를 본 일이 있었다 해도 언제나 검둥이 마을에 있는 자기 작은 집 근처에서 대체로 기다란 가운을 입고 영감님의 해진 모자를 쓰고 다니는 모습을 보았을 뿐인데, 그때에는 그녀가 아주 잘 차려입은 모습으로 나타났기 때문이죠. 그 여자는 자주색 비단옷을 입고 깃이 달린 모자를 쓰고 양산도 손에 쥐고, 자기 남편이 고함치는 것을 보고 있는 사람들 틈에 나타나서 '유퓨즈' 하고 부르더군요. 그러자 그는 고함을 멈추고 자기 마누라를 바라보았지만 여전히 지팡이를 들어 올린 채 좀 떨고 있었고, 입을 쩍 벌리고 침을 질질 흘리고 있었습니다. 그 여자는 그의 팔을 잡았죠. 그때까지는 다들 지팡이가 무서워서 그의 근처에도 가 보지 못했죠. 그가 당장에라도 무턱대고 그 지팡이를 휘두를 것 같았으니까요. 그렇지만 그 여자는 그 지팡이 밑으로 파고들어서 그에게 다가가 그의 팔을 붙잡더니, 그대로 끌고 가서 맞은편 가게 앞 의자에 앉혀 놓고는 이렇게 말하더군요. '내가 돌아올 때까지 여기서 기다려요. 움직이면 안 돼요. 그리고 고함도 지르지 말아요.'"

"그러니까 그는 그대로 합디다. 신통하게도 입을 다물고 마누라 말대로 제자리에 앉은 채 얌전해졌는데 그 여자는 뒤돌아보지도 않더군요. 모든 사람은 그 장면을 보고 어리둥절해졌어요. 아마 그들이 그 여자를 자기 집 근처에서밖에는 본 일이 없었기 때문인지도 모르죠. 그리고 그 영감은 늙긴 했어도 난폭한 사람이라고 생각했기 때문이죠. 하여간 모두들 깜짝 놀랐답니다. 그들은 영감쟁이가 누구의 명령에 복종하리라고는 꿈에도 생각하지 못했거든요. 마치 그 여자는 그의 약점이라도 쥐고 있어서 자기 마음대로 그를 좌지우지하는 것 같았습니다. 글쎄 그 영감님이 자기 마누라의 명령대로 조용히 의자에 앉아서 큰소리도 치지 않고, 고함도 지르지 않으며, 그 굵은 지팡이를 떨리는 두 손으로 쥔 채 머리를 수그리고 침을 질질 셔츠에 흘리고만 있더라니까요."

"그 여자는 곧장 유치장으로 달려갔습니다. 그때에는 제퍼슨 경찰서에서 그 검둥이를 넘겨받으러 오는 길이라고 알려져서 유치장 앞에는 엄청난 군중이 몰려 있었죠. 그 여자는 군중을 헤치고 유치장으로 가서 메트카프에게 말했습니다. '붙잡힌 사람을 좀 보고 싶습니다.'"

"'무엇 때문에 보려고 하죠?' 메트카프가 물었죠."

"'성가시게 굴지 않을 테니 그저 좀 보여 주세요.' 그 여자는 다시 간청했답니다."

"그리고 싶어하는 사람이 얼마든지 많이 있고 또 그 여자가 뭐 범인을 도주시킬 생각은 없는 줄을 알지만, 자기는 일개 교도관일 뿐이니 보안관의 허락 없이는 아무도 면회를 시킬 수가 없다고 메트카프가 그 여자에게 말했다더군요. 그러자 그 여자는 자색 옷을 입고서 꼿꼿한 모자 깃을 조금도 움직이지 않고 조용히 그대로 서 있었지요. '보안관은 어디 있어요?' 그 여자가 물었답니다."

"'사무실에 있을지도 모릅니다.' 메트카프는 그렇게 대답했어요. '보안관을 찾아서 허락을 받도록 하세요. 그러면 그 검둥이를 볼 수 있습니다.' 메트카프는 일이 그것으로 다 끝났다고 생각했더랍니다. 그는 그 여자가 몸을 돌려 유치장 앞의 군중을 헤치고 광장 쪽으로 돌아가는 모습을 지켜보았지요. 이번에는 모자 깃털이 흔들렸다더군요. 그는 그것이 울타리 위로 흔들리며 지나가는 모양을 보았답니다. 그 다음에는 그 여자가 광장을 지나 재판소로 들어가는 것도 보았다지요. 사람들은 그 여자가 무엇하러 거기에 가는지 알지 못했다더군요. 메트카프가 그 여자에 대해서 모두에게 이야기해 줄 틈이 없었기 때문이죠. 그래서 그들은 그저 그 여자가 재판소에 들어가는 모습을 지켜보았을 뿐이지만, 안에 있던 러셀의 말에 따르면, 그가 사무실에서 얼핏 고개를 드니까 카운터 건너편 창구 바로 앞에 깃털 달린 모자가 눈에 띄었다더군요. 그 여자가 얼마나 오래 거기 서 있으면서 그가 고개를 들기를 기다리고 있었는지 그는 알지 못했답니다. 그 여자는 카운터 위에 간신히 턱을 괼 만한 키밖에 되지 않아서 마치 몸이 없는 사람처럼 보였다더군요. 누군가가 몰래 숨어 들어와서 얼굴을 그린 장난감 풍선에다 우스꽝스런 모자를 씌워 놓은 것을 카운터에다 올려놓은 듯이 보였다지요. 그건 꼭 만화에 나오는 장난꾸러기와 흡사하더라는군요. 그 여자가 입을 열었답니다. '보안관 좀 만나고 싶어요.'"

"'그는 여기 없는데요.' 러셀은 말합니다. '나는 그의 보좌관이오. 무슨 용건이시죠?'"

"그 여자는 잠시 거기 그냥 서서 대답을 하지 않더랍니다. 그러더니 이렇게 물었다지요. '어디 가야 그분을 만날 수 있어요?'"

"'아마 댁에 계실지도 모릅니다.' 러셀이 대답했죠. '그는 금주 내내 아주 바빴습니다. 제퍼슨 경관을 도와서 밤을 샌 일도 있으니까요. 아마 댁에서 낮잠을 주무시는지도 모릅니다. 그렇지만 대신에 내가—' 그런데 그 여자는 이미 자리를 뜨고 없었다는군요. 그가 창밖을 내다보았더니 그 여자는 광장을 건너서 모퉁이를 돌아 보안관 저택 쪽으로 가고 있더랍니다. 그때에도 그는 그 여자가 도대체 누군지 열심히 생각하고 있었답니다."

"그 여자는 보안관을 만나지는 못했어요. 게다가 어차피 너무 늦었죠. 왜냐하면 보안관은 처음부터 유치장에 와 있었는데도 메트카프가 그녀에게 알려 주지 않았던 것이니까요. 그뿐만 아니라 그 여자가 유치장을 떠나서 별로 멀리 가지도 않는데 제퍼슨시의 경관들이 차 두 대에 나눠 타고 유치장에 다다랐습니다. 그들은 재빨리 닥쳐와서 눈 깜짝할 사이에 들어가 버리고 말았죠. 그런데도 이미 그들이 왔다는 소문이 좍 퍼져 나가 유치장 앞에는 남녀노소 할 것 없이 2백 명은 되는 무리가 몰려들었어요. 그때 두 보안관이 포치에 나타나 우리 마을 보안관이 연설을 했답니다. 시민들에게 법을 잘 지켜 달라고 부탁하면서, 자기와 제퍼슨의 보안관은 이 검둥이에게 빠르고도 공정한 재판을 받게 하기로 약속했다고 말을 했죠. 그러자 군중 속에서 어떤 사람이 말했어요. '공정이고 뭐고 다 집어치워. 녀석은 그 백인 여자에게 공정한 처사를 했나?' 그러자 군중은 밀거니 밀리거니 하면서 마치 두 보안관에게 소리지르는 것이 아니라 그 죽은 여자에게 소리를 지르기라도 하는 듯이 소란을 떨었답니다. 그렇지만 보안관은 여전히 조용히 사람들을 타이르면서 자기는 여러분이 자기를 뽑아 준 날에 여러분에게 맹세한 사항을 지금도 지키고 싶다고 말했죠. '난 저 검둥이 살인범에게 아무런 동정심도 갖고 있지 않소. 그 점에서는 이 마을의 모든 백인들과 조금도 다를 것이 없소.' 이렇게 보안관이 말합니다. '그렇지만 나는 여러분께 맹세한 말이 있소. 그래서 나는 신께 맹세코 그 선서를 지키려고 하오. 그렇다고 해서 여러분과 옥신각신하고 싶지는 않지만 불가피할 경우엔 할 수 없지요. 그 점 명심해 주기 바라오.' 그런데 핼리데이도 보안관들과 함께 있었죠. 그는 누구보다도 먼저 질서를 유지하는 데 찬성했습니다. 그러자 누군가가 소리를 지릅니다. '아, 그래. 자넨 그 녀석이 린치를 당하지 않기를 원하지! 그렇지만 그 녀석은 우리에게는 1천 달러는커녕 천 개의 다 쓴 성냥개비만 한 가치도 없단 말이야.' 그러자 보안관은 재빨리 그 말을 받아 말했어요. '핼리데이가 그의 피살을 원치 않는 게 뭐가 어떻단 말이오? 우린 모두 같은 마음이 아니겠소? 상금을 타는 것은 우리 마을 사람이오. 그 돈은 우리 모츠타운에서 모두 쓰일 거요. 반대로 제퍼슨시의 사람이 상금을 탄다고 생각해 봐요. 그래 그게 될 말이오? 그래 내 말이 틀렸소?' 그의 음성은 무슨 인형의 목소리 모양으로 작게 나왔죠. 그것은 잘 들어줄 사람들에게가 아니라 듣기도 전에 반대할 결심을 반쯤 하고 있는 사람들에게 말할 때에 나오는 그런 기운없는 소리였답니다."

"하여간 다들 그 말을 듣고 납득했던 모양입니다. 물론 핼리데이가 그 돈을 쓸 사람인 이상, 모츠타운이나 어느 다른 곳도 그 천 달러의 혜택을 받을 리가 없다는 사실을 사람들이 알고는 있었을 테지만요. 그렇지만 그 말이 효과가 있었지요. 대중이란 참 묘한 거랍니다. 그들은 같은 일을 반복해서 할 때에는 그럴 만한 이유가 필요한데, 그게 없으면 하나의 생각이나 행동 방식을 유지하질 못합니다. 그리고 새 이유를 얻게 되면 그들은 곧 행동을 바꾸어 버리고 싶어하죠. 그래서 그들도 이때 완전히 물러선 것은 아니었는데, 말하자면 군중의 소란이 전에는 내부에서 밖으로 뻗어 나오는 격이었지만 지금은 외부에서 안으로 기어 들어온다고나 할까요. 그리고 보안관들도 이런 것은 알고 있었고, 이 같은 변화가 오래 지속되지는 못한다는 것도 잘 알고 있었지요. 그래서 두 보안관은 황급히 유치장으로 들어갔다가 몸을 돌릴 사이도 없을 만큼 재빠르게 그 검둥이를 가운데 끼고 다시 나왔습니다. 뒤에 대여섯 명의 보좌관을 거느리고 말이에요. 그들은 그 검둥이를 바로 유치장 문 안쪽에 대기시켰던 모양이에요. 그렇지 않고서야, 어떻게 그렇게 재빨리 그 검둥이를 가운데 끼고서—얼굴은 뚱했고 제퍼슨의 보안관에게 수갑 찬 팔목을 붙들리고 있었는데—다시 나타날 수가 있었겠어요. 그러자 군중은 '아이아이아이아이아' 소리를 질렀지요."

"그들은 좌우로 갈라져 도로까지 좁은 길을 내 주었는데 도로에서는 제퍼슨 경찰서의 자동차가 시동을 걸어 놓은 채 운전사가 운전할 태세를 갖추고 기다리고 있었답니다. 두 보안관은 신속히 그쪽으로 가고 있었는데 바로 그때 그 여자가, 하인즈 부인이 다시 나타났어요. 그 여자는 인파를 헤치며 앞으로 나오고 있었지만 키가 하도 작아서, 주변 사람들의 눈에 띈 것은 그저 깃털이 천천히 흔들리면서 앞으로 나아가는 모양뿐이었답니다. 그것은 무슨 트랙터 모양으로 아무런 방해도 받지 않아도 그보다 더 빨리는 움직일 수가 없고, 그 반면에 결코 멈추어질 수도 없는 것처럼 보였죠. 그 여자는 이럭저럭 무리 사이를 뚫고서 사람들이 터놓은 좁은 길까지 나왔지요. 그러자 검둥이를 사이에 끼고 걸어오는 두 보안관과 정면으로 맞서게 되었기 때문에 그들도 그 여자를 밟고 지나갈 수는 없어서 걸음을 멈추고 말았어요. 그 여자의 얼굴은 커다란 퍼티(석고를 아마기름에 개어서 유리를 창문에 붙이는 데 쓰는 반죽) 덩어리처럼 보였고, 모자는 옆으로 비뚤어져서 깃털이 그 여자의 얼굴을 가리게 되니 앞을 보기 위해서는 모자를 밀어 올릴 수밖에 없었지요. 그렇지만 그 여자는 아무것도 하지 않았어요. 그저 세 사람을 잠깐 꼼짝없이 멈추게 하고 그 앞에 서서 그 검둥이를 쳐다보았을 뿐이랍니다. 그 여자는 아무 말도 안 했는데, 마치 그 이상의 일은 하고 싶지 않고 단지 그 때문에 사람들을 성가시게 했을 뿐이며, 그렇게 잘 차려입고 시내에 나온 것도 그 검둥이 얼굴을 한번 보기 위한 것이기라도 한 것 같았죠. 그래서인지 그 여자는 몸을 돌리곤 다시금 군중 속으로 뚫고 들어가기 시작했답니다. 그리고 자동차가 그 검둥이와 제퍼슨 관리들을 싣고 떠난 다음에 사람들이 돌아보았더니 그 여자는 이미 눈에 띄지 않았다더군요. 그리고 그들이 광장에 돌아가 보니 독 아저씨도 마누라 말대로 앉아서 기다리고 있던 의자에서 이미 사라졌더라지요. 그렇지만 모든 사람이 다 광장으로 돌아갔던 것은 아니랍니다. 아직도 많은 사람이 유치장 앞에 서성거리면서 마치 검둥이의 그림자만이 사라지고 그는 여전히 거기 갇혀 있기라도 한 듯이 유치장을 들여다보고 있었지요."

"그들은 그 여자가 독 아저씨를 집으로 데리고 갔다고 생각했어요. 거기가 바로 달러네 가게 앞이었는데, 달러는 그 여자가 군중보다 앞서서 거리로 돌아오는 것을 보았다고 말했습니다. 그의 말에 따르면 독 아저씨는 마치 최면술에라도 걸린 사람 모양으로 마누라가 앉혀 주고 간 그 의자에 꼼짝도 않고 앉아 있다가, 드디어 그 여자가 나타나 어깨를 가볍게 치니까 일어서서 둘이 함께 달러의 시선을 받아 가며 사라지고 말았다는군요. 그리고 독 아저씨의 얼굴 표정을 보니 당연히 집으로 돌아갔을 거란 생각이 들더랍니다."

"그런데 그 여자는 그를 집으로 데려가지 않았어요. 잠시 뒤에 사람들은 그 여자가 집은커녕 그를 어디로도 데려가고 있지 않다는 것을 알았지요. 마치 그 둘은 서로 똑같은 일을 하고 싶어하는 것 같았습니다. 같은 일이지만 목적은 서로 다르고, 또한 각자가 상대의 목적이 다르다는 것도 알고 있고, 만약에 상대가 그 목적대로 실행한다면 자기에게는 중대한 결과를 가져오리라는 것도 다 알고 있는 것 같았죠. 마치 그 두 사람은 말하지 않아도 그런 것을 깨닫고 있는 모양으로 서로 감시하고 있었는데, 다만 그 여자가 행동을 개시하는 것이 적절하다는 사실은 둘 다 알고 있는 것 같았다더군요."

"그들은 새먼이 차를 빌려 주는 곳으로 곧장 갔습니다. 교섭은 그 여자가 도맡아했지요. 제퍼슨에 가고 싶다고 그 여자가 말했답니다. 아마 그들은 새먼이 차비로 한 사람에 25센트 이상 요구할 줄은 꿈에도 몰랐던 모양인지, 그가 3달러를 요구했을 때에 그 여자는 자기 귀를 믿을 수 없다는 듯이 다시금 물어보았다죠. '3달럽니다.' 새먼이 말합니다. '그보다 싸게는 차를 빌려 드릴 수 없습니다.' 그들은 거기 우두커니 서 있었는데, 독 아저씨는 아무런 말도 하지 않고 그저 기다리면서, 자기와는 아무런 상관도 없으니 괜히 나설 필요도 없고 어쨌든 자기 마누라가 그리로 데려다 주겠지 하는 표정을 짓더랍니다."

"'그렇게는 낼 수가 없어요.' 그 여자가 말합니다."

"'더 싸게는 빌릴 수가 없을 거예요.' 새먼이 말합니다. '기차로 가시죠. 그러면 한 사람에 52센트로 거기 가실 수 있습니다.' 그렇지만 그 여자는 이미 밖으로 나가고 있었고 독 아저씨는 마치 개처럼 그 뒤를 따라갔다지요."

"그게 4시 무렵이었죠. 6시까지는 그들이 재판소 뜰에 있는 벤치에 앉아 있는 모습을 사람들은 볼 수 있었답니다. 그들은 아무도 입을 열지 않았는데, 마치 상대가 옆에 있는지 없는지 알지도 못하는 것 같더라는군요. 그들은 그저 거기에 나란히 앉아 있었을 뿐이고, 그 여자는 나들이 차림으로 있었답니다. 아마 그 여자는 일요일 저녁에 잘 차려 입고 시내에 나와 있는 것이 무척 좋았던 모양입니다. 아마 그 여자에게는 다른 사람들이 온종일 멤피스에 가서 노는 것만큼이나 그렇게 하고 있는 것이 즐거웠는지도 모르지요."

"두 사람은 재판소 시계가 여섯 번 울릴 때까지 거기 앉아 있었어요. 그러고 나서 일어섰답니다. 그 모습을 본 사람들 얘기로는, 그 여자는 그에게 아무 말도 하지 않았는데도 두 사람은 마치 두 마리 새가 한 나뭇가지에서 날아오르듯이 동시에 일어나서, 대체 누가 신호를 했는지 아무도 알 수가 없더라는 것입니다. 걸을 때에는 독 아저씨가 그 여자 조금 뒤에서 걸었다더군요. 그들은 광장을 가로질러 정거장 쪽으로 가는 길로 돌아들더랍니다. 다음 기차는 세 시간 뒤에나 떠난다는 것을 그들은 알고 있었기 때문에 그 노부부가 정말 어디로 기차 여행을 할 작정인지 어떤지 의아하게 생각하고 있었지만, 그 다음에 노부부가 한 일을 알게 되었을 때에는 한층 더 놀라고 말았다지요. 글쎄 두 사람은 정거장 옆에 있는 작은 식당에 들어가 저녁을 먹었대요. 그들이 제퍼슨('모츠타운'을 잘못 쓴 듯하다)에 온 이래로 함께 시내에 나온 일도 없었는데 식당에서 음식까지 사 먹었다니 참 놀랍지요! 하여간 그 여자는 그를 그곳으로 데려간 겁니다. 아마 번화가에서 저녁을 먹으면 기차 시간에 늦을까 걱정스러웠던 모양이죠. 6시 반이 되기 전에 이미 그곳으로 들어가서 카운터 앞 둥근 의자에 앉자 그 여자는 독 아저씨에게는 아무런 상의도 하지 않고 음식을 주문하더니 그냥 먹어 대더라니까요. 그 여자가 식당 사람에게 제퍼슨으로 가는 기차에 대해 물으니까 그는 새벽 2시에 기차가 떠난다고 대답했답니다. '제퍼슨에서는 오늘 밤 대단한 소란이 벌어질 겁니다.' 이렇게 그는 말합니다. '시내에 나가서 자동차를 빌리시면 45분이면 제퍼슨에 닿을 수가 있는데요. 기차를 타시겠다고 2시까지 기다릴 필요는 없습니다.' 아마 그는 그들이 타관 사람인 줄 안 모양이지요. 그래서 시내로 들어가는 길까지 가르쳐 줬답니다."

"그렇지만 그 여자는 아무 대답도 하지 않고 음식을 다 먹고 나서는, 양산에서 꽉 졸라맨 주머니를 끄집어내더니 5센트 하나와 10센트 하나를 꺼내 저녁 값을 치렀지요. 그러는 동안 독 아저씨는 마치 몽유병자처럼 멍한 표정으로 그저 앉아서 기다린 모양입니다. 그러고 나서 그들은 식당을 나섰는데 식당 사람은 그들이 자기 충고대로 자동차를 세내기 위해 시내로 가겠지 생각하며 창밖을 내다보니까, 기찻길을 건너 정거장 쪽으로 가는 것이 보이더라는군요. 그는 그들을 부를까 하다가 그만두었답니다. '내가 잘못 들었는지도 몰라.' 이런 생각이 들더라는군요. '아마 그들은 9시에 떠나는 남행열차를 탈 생각인지도 모르지.'"

"두 사람은 대합실 벤치에 앉아 있었는데 행상인과 떠돌이 등 잡다한 사람들이 모여들더니 남행열차 차표를 사기 시작했지요. 매표원의 이야기로는, 그가 7시 반에 저녁식사를 끝내고 돌아왔을 때 대합실에 누가 있는 것은 알았지만 별로 신경쓰지 않았다더군요. 그러자 그 여자는 창구에 와서 제퍼슨으로 가는 기차가 언제 떠나느냐고 물은 모양입니다. 그는 그때 바빠서 일손을 멈추지 않은 채 고개만 조금 쳐들고 '내일'이라고 말했지요. 그러다가 잠시 뒤에 묘한 느낌이 들어서 얼굴을 들어 보니 그 둥근 얼굴이 자기를 지켜보고 있었고, 그 새 깃털도 여전히 창구 너머로 보인 모양입니다. 그 여자는 또 입을 열더랍니다."

"'그 차표 두 장만 주세요.'"

"'그 기차는 새벽 2시에나 오는데요.' 매표원은 그렇게 대답했는데, 상대가 누군지 알지 못했다더군요. '좀더 빨리 제퍼슨에 가시려면 시내에 들어가셔서 자동차를 빌리는 것이 좋을 겁니다. 시내로 들어가는 길은 알고 계십니까?' 그렇지만 그 여자는 여전히 거기 서서 그 졸라맨 주머니에서 5센트며 10센트 동전들을 꺼내 세고 있더랍니다. 그래서 그는 차표를 두 장 내주었는데, 그때 그 여자 뒤편에 독 아저씨가 있는 것을 보고서 비로소 그 여자가 누군지 깨달았다지요. 노부부는 거기 그저 앉아 있었어요. 그러는 동안에 남행열차에 탈 사람들이 몰려오고, 기차가 왔다가 떠난 뒤에도 두 사람은 여전히 거기 앉아 있었답니다. 독 아저씨는 무슨 수면제라도 먹은 사람처럼 잠을 자고 있는 듯이 보이더라는군요. 남행열차가 떠났는데도 거기 그냥 남아 있는 사람들도 꽤 있더랍니다. 그들은 밖에서 창문으로 들여다보기도 하고 종종 안에 들어와서 독 아저씨와 그 마누라가 벤치에 앉아 있는 모습을 힐끔힐끔 바라보기도 했답니다. 그러다가 드디어 매표원은 대합실 전등을 꺼 버리고 말았답니다."

"그런데도 몇 사람은 거기 그냥 남아 있었다지요. 그들이 창문으로 들여다보니 어둠 속에서 노부부는 그저 앉아 있더랍니다. 아마 그들은 그 새 깃털과 독 아저씨의 흰 머리털을 볼 수 있었겠지요. 이윽고 독 아저씨가 잠을 깼답니다. 그래도 자기가 어디 있는지를 알고 놀랐다든가, 이런 곳에 있기 싫다고 생각하든가 하는 것 같지는 않았다는군요. 그는 그저 오랫동안 타성에 젖어 달리고 있었으나 이제는 힘을 내어 달릴 때라고 느끼는 듯 기운을 차리더랍니다. 그들은 그 여자가 '쉬—쉬—' 하고 그에게 말하는 소리를 들을 수 있었어요. 그러자 갑자기 그가 크게 떠드는 소리도 들려오더랍니다. 매표원이 다시 나타나 전등을 켜면서 2시 차가 온다고 말했을 때에 노부부는 여전히 벤치에 앉아 있었다는군요. 그 여자는 갓난애한테 말하는 듯이 '쉬—쉬—' 하고 있을 때, 독 아저씨가 고함을 지르더랍니다. '음탕과 모독의 극치야! 모독의 극치와 음탕이야!'"

16

　문을 두드려도 아무런 반응이 없자 바이런은 포치를 떠나 집 뒤로 돌아가서 담으로 둘러친 작은 뒤뜰로 들어간다. 그는 뽕나무 아래에 있는 의자를 곧 발견한다. 그것은 즈크 천을 댄 해변용 의자로서 깁고 낡고 우므러진 꼴이 하도 오래도록 하이타워의 체격으로 짓눌려 있었기 때문에, 비어 있을 때에도 그것은 혼백이라도 있는 듯이 주인의 뚱뚱한 볼모없는 몸을 껴안고 있는 것 같았다. 가까이 다가가면서 바이런은 쓸모없고 무기력하고 세상과 동떨어져 있는 듯한 느낌을 주는 그 말 없는 의자가 어느 정도는 주인 자신을 상징하고, 심지어 그 존재 자체와 같다고 생각한다. '또 성가시게 해 드리겠구나.' 그는 버릇처럼 윗입술을 조금 들어올리며 생각한다. '또 그래? 지금까지 그를 괴롭혀 온 일은 지금 것과 비교하면 아무것도 아니란 것을 그도 알겠지. 게다가 또 일요일이군. 하지만 생각해 보면 일요일은 세상 사람들이 만든 것이니까. 일요일마저 그에게 못살게 굴려는가 보지.'
　그는 의자 뒤로 와서 그 속을 들여다본다. 하이타워는 잠이 들어 있다. 낡아 빠진 검정 바지 위로 부풀어 나온 배를 흰 셔츠(오늘은 아주 희고 깨끗하다)가 뒤덮고 있었는데 그 위에는 펴진 책이 엎어져 있다. 책 위에는 하이타워의 포갠 손이 성자처럼 평화롭고 자애로운 모습으로 놓여 있다. 셔츠는 구식으로 만들어진 것으로 가슴에는 주름이 잡혀 있는데 다림질이 잘되지 않았고 또 옷깃도 없다. 그의 입은 벌어져서 축 늘어진 부은 입술에 둘러싸인 채 둥근 동굴을 이루고 있으며 더러워진 아랫니가 그 사이로 드러나 보이지만, 코만은 오랜 참패의 세월에도 변하지 않은 늠름한 모습을 유지하고 있다. 아무런 의식도 없이 잠들어 있는 그 얼굴을 내려다보니까 그 코는 마치 섬멸당한 요새에 잊힌 채 버려진 깃발과도 같이, 그 몸에 있는 다른 모든 부분이 패퇴하고 말았는데도 홀로 비참한 항복을 거절하고 아직도 용기와 자존심을 조금이나마 품고 있는 듯한 느낌이 바이런에게는 들었다. 다시금 뽕나무 잎 위의 하늘에서 쏟아지는 빛이 안경 렌즈에 반사되어 번쩍번쩍 빛난다. 따라서 바이런은 하이타워가 언제 눈을 떴는지 확실히 알지 못한다. 그는 그저 그 입이 다물어지고 하이타워가 일어나면서 포갠 손을 움직이는 동작을 볼 뿐이다. "그래." 그는 말한다. "그래, 누구지? 응—아, 바이런이군."

바이런은 제법 엄숙한 얼굴로 그를 내려다본다. 그러나 그 얼굴은 동정을 느끼는 따뜻한 표정은 아니다. 그 표정은 아무것도 아니고 그저 침착하고 확고할 뿐이다. 그는 아무런 억양도 없이 말을 한다. "그는 어제 붙잡혔어요. 아마 목사님은 그 살인사건과 마찬가지로 이 소식도 모르고 계셨겠지요."

"그가 붙잡혔다고?"

"예, 크리스마스 말입니다. 모츠타운에서 잡혔어요. 그는 시내에 들어가, 제가 들은 얘기로는, 대담하게 거리에서 어슬렁거리다가 결국 누구에게 들킨 모양입니다."

"그가 붙잡혔단 말이지." 하이타워는 의자에 똑바로 일어나 앉아 있다. "그래서 자네 이야기는―그가―그들에게……."

"아니요, 아무도 아직 그에게 무슨 일을 저지른 사람은 없습니다. 그는 아직 죽지 않았어요. 그는 유치장에 갇혀 있습니다. 무사하지요."

"무사하다! 그가 무사하단 말이지? 그가 무사하다고 바이런이 말을 한다! 바이런 번취는 그 여자의 정부가 1천 달러에 그의 친구를 팔아 버리는 것을 모른 척했는데, 그러고서도 그가 무사하다고 말을 한다. 그 여자를 그 여자의 아기 아버지한테는 숨겨 둔 채 그 사이에 그―또 다른 정부라고 불러도 괜찮을까, 바이런? 그런 말을 해서는 안 될까? 바이런 번취가 모른 척하고 있으니 진실을 나도 숨겨 두어야 마땅할까?"

"만약에 세상에 떠도는 말이 진실을 만든다면 그걸 진실이라고 쳐도 된다고 저는 생각합니다. 특히 제가 그 두 사람을 다 감방에 가둬 버렸다고 사람들이 생각한다면 말입니다."

"두 사람 다?"

"브라운도 갇혔지요. 하기야 그 살인범을 체포하는 일에서나 그 일을 돕는 일에서나 무능을 여지없이 드러냈다는 점으로 보아, 브라운은 살인자는커녕 방조자도 될 수 없었을 거라고 대부분의 사람들은 생각하고 있을 테지만요. 그래도 바이런 번취가 그를 도망 못 가도록 감방에 가두어 버렸다고 사람들이 말하고 싶다면 그럴 수도 있겠지요."

"아, 그렇군." 하이타워의 목소리는 좀 높고 가느다랗게 떨려서 나온다. "바이런 번취, 공중도덕과 복지의 수호자. 상금 수혜자이자 계승자―왜냐하면 그 수여 대상인 신분이 낮은 아내의 남편은―그런 말을 해도 괜찮을까?

바이런을 그렇게 이해해도 괜찮을까?" 그러고 나서 그는 우묵 들어간 의자에 커다란 몸을 푹 파묻고 앉아 울음을 터뜨린다. "진심으로 말하는 건 아니야. 자네도 알겠지? 그렇지만 부디 나를 고민하고 괴로워하게 만들지 말게. 아무래도 나는—나는 나서지 말라고 자신에게 명령했거든—나서지 말라고 사람들한테서 지시를 받은 사람이야—이렇게 나이가 든 뒤에, 이제 와서 이런 일이 나한테 일어나다니, 나는 다 감수하고서 사람들의—" 언젠가 한 번 바이런은 하이타워가 앉은 채로 땀을 눈물처럼 흘리는 것을 본 일이 있었다. 그런데 이번에는 진짜 눈물이 그 처진 뺨으로 땀처럼 흘러내리고 있다.

"알고 있습니다. 죄송합니다. 목사님을 괴롭혀 드릴 생각은 없었습니다. 전 알지 못했어요. 처음 그 일에 관계할 때에는 이렇게 되리라고는 생각도 못했거든요. 이럴 줄 알았으면 저도……그래도 목사님께서는 하느님의 사자십니다. 그 일을 회피하실 수는 없습니다."

"난 하느님의 사자가 아니야. 물론 내가 원해서 하느님의 일을 멀리한 건 아니지만. 그 점을 기억해 주게. 내가 하느님의 사자 직분에서 떠난 것은 내 의사는 아니었어. 그것은 자네나 그 여자나 저 구치소에 갇혀 있는 자나, 그를 그곳에 집어넣은 무리가, 그들과 같은 하느님에 의해 창조됐으면서 그들에게 강요를 받아 한 짓 때문에 지금은 그들에게서 박해를 받고 있는 사람들에게, 나에게 한 것과 마찬가지로 모욕과 폭력을 가해서 자기 의지를 억지로 관철시키려 하고 있는, 저 명령보다도 더한 의지에 강제되어서 그랬던 거야. 아니야, 내가 선택해서 이렇게 된 건 아니야. 그 점은 잊지 말아 줘."

"그건 잘 알고 있습니다. 사람에게는 그렇게 많은 선택의 기회가 부여되는 것은 아니니까요. 목사님께서는 그 전에 자신의 사명을 선택했지요." 하이타워는 그를 바라본다. "목사님께서는 제가 세상에 태어나기도 전에 그 사명을 택할 기회를 갖고 계셨고, 저나 그 여자나 그가 태어나기 전에 그 사명을 받으셨습니다. 그게 바로 목사님 자신의 선택이었지요. 그리고 저는 선한 사람도 나쁜 사람과 마찬가지로 자기가 뿌린 씨는 자기가 거두어야 한다고 생각합니다. 그 여자와 그 남자와 저와 꼭 마찬가지로 말입니다. 그리고 또 다른 사람들, 또 다른 여자와 꼭 마찬가지로."

"또 다른 여자? 다른 여자? 바이런, 내 생활은 50년이 지난 지금에 와서 길 잃은 두 여자 때문에 망가져야 하고 내 평화는 교란당해야만 하는 걸까?"

"또 다른 여자는 지금 길을 잃고 있는 것은 아닙니다. 30년간 길을 잃고 있었지만 지금은 길을 찾았습니다. 그 여자는 그의 할머니지요."
"누구 할머니라고?"
"크리스마스의 할머니입니다." 바이런은 대답했다.

컴컴한 서재 창문에서 한길과 대문을 바라보며 기다리고 있던 하이타워의 귀에 먼 데서 음악 소리가 들려오기 시작한다. 그는 자기가 그 음악을 기대하고 있음을 깨닫지 못한다. 수요일과 일요일 저녁에는 컴컴한 창가에 앉아 그것이 시작하기를 기다리지만 그걸 의식하지 못하고 있다. 그것이 언제부터 들리기 시작하는지 손목시계나 벽시계에 의존하지 않고도 그는 거의 초까지 정확하게 알고 있다. 그는 벌써 25년간이나 아무 시계도 이용하지 않았고, 또 필요성도 느끼지 않았다. 그는 기계적인 시간과는 무관하게 살고 있다. 그래도 그 때문에 오히려 시간을 잊어버리는 일이 사라졌다. 마치 과거에 현세에서 그의 생활을 지배하고 또 규정하고 있던 몇 가지 정해진 일들의 결정(結晶)을, 그가 저도 모르는 새에 의식 깊숙한 곳에서 끄집어내는 것만 같았다. 시계를 보지 않고도 그는 옛날 바로 이 순간에는 무엇을 하고 있었는지 곧 생각해 낼 수 있다. 즉 일요일 아침 예배와 저녁 예배, 그리고 수요일 저녁 기도회의 시작과 종료를 알리는 정해진 두 시각, 그 사이에 자기가 어디 있으며 하는 일이 무엇인지, 자기가 교회당에 들어가게 될 시간은 언제인지, 또 마음속에 정해 놓은 기도나 설교를 끝내는 시간은 언제인지 곧 생각해 낼 수 있는 것이다. 그래서 황혼이 완전히 깃들기 전에 그는 속으로 중얼거리고 있다.
'지금은 마을 사람들이 거리로 모여들고 있다. 천천히 이쪽으로 다가오며 교회당 안으로 들어가면서 서로 인사를 나누고 있다. 가족들도 있고 부부도 있고 독신자도 있군. 교회당 안에서도 멋대로 소곤거리는 소리가 들린다. 부인들은 끊임없이 소곤거리면서 부채 소리를 내며 통로를 지나 들어오는 친구들에게 매번 고개를 끄덕이고 있다. 캐러더스 양(그 여자는 그의 교회에서 오르간을 연주해 주던 사람으로, 지금은 죽은 지 20년이나 지났다)도 그들 사이에 있다. 곧 일어나서 오르간이 있는 곳에 오르겠지.'
일요일 저녁 기도회. 그에게는 그때야말로 인간이 신에게 가장 가까이 접근하는 때라고 여겨졌다. 일주일 중 어느 시간보다 더 신에게 가까이 갈 수 있는 시간이다. 교회의 많은 집회 중에서도 이때는 교회의 약속이자 목적인 그 평화가 그곳에 깃들어 있다. 마음과 정신이 깨끗해지는 시간이 있다면 바로 그때다. 그 주간의 모든 죄와 재화는 엄숙하고도 엄격한 형식에 따른 아침 예배로 심판되고 정화되어 사라진다. 그리고 다음 주간의 모든 재화는 아직 태어나지 않았으니까 마음은 당분간 신앙과 희망의 선선한 산들바람을 받아 무척 평온하다.

컴컴한 창가에 앉아 있으려니 사람들 모습이 눈에 보이는 듯싶다.

'지금 그들은 모여서 문으로 들어오고 있구나. 이제는 거의 다 모였군.'

그리고 나서 그는 몸을 앞으로 좀 구부리고 말한다. "자, 이제는." 그러자 마치 그의 신호를 기다리고 있기라도 했던 듯이 음악이 시작된다. 오르간 가락이 여름 밤공기를 통해서 윤택하게 울려 퍼진다. 그리고 그와 섞여서 저 비참함과 고매함을 지닌 음조가 높이 울려서, 마치 해방된 소리 자체가 저마다 그리스도의 십자가형의 모습과 태도를 지니기라도 한 듯이 열광적이고 장엄하고 깊은 소리를 점점 드높이고 있다. 그래도 그 음악은 어딘지 냉혹하고 신중하고 집요한 울림을 가지고 있고, 희생에 도달할 만한 열정도 없이 탄원하고 간청하고 있지만 그것은 사랑과 삶을 원하는 것이 아니라 죽음을 원하고 있다. 사랑과 삶을 다른 사람에게도 금지하면서 죽음이 무슨 은혜나 되는 것처럼 높은 곡조로 죽음을 원한다—모든 신교도의 음악이 그렇듯이. 마치 그 가르침을 받아들여 찬양의 소리를 높이는 그들은, 그 음악이 찬미하고 상징하는 가르침으로 말미암아 현재의 가련한 모습이 되어 버렸으니까 이번에는 찬미라는 수단을 통해서 그런 모습이 된 것에 대하여 복수를 하고 있는 것 같았다. 귀를 기울이니 그는 그 속에서 자기 자신의 역사와 자기 자신의 나라와 자기 자신의 환경을 이룬 피의 찬가를 듣는 듯한 느낌이 든다—그가 태어나 살아온 고장 사람들은 싸움을 하지 않고서는 쾌락도 파멸도 도피도 불가능한 사람들이다. 쾌락과 황홀은 그들에게는 견딜 수 없는 것처럼 보이고, 거기서부터 도피하기 위해서는 폭력과 술과 싸움과 기도가 불가피하며, 또한 파멸에도 마찬가지로 피할 수 없는 폭력을 사용하게 된다.

'그러니까 그들의 종교가 그들 자신을 내몰고 서로 상대를 내몰아서 서로 서로를 십자가에 매다는 것은 당연한 일이 아닌가?' 이렇게 그는 생각한다.

그는 그 음악 속에 그들이 결국 하지 않으면 안 될 줄로 알고 있는 것에 대한 선언과 헌신을 맹세하는 소리를 듣는 듯한 느낌이 든다. 또한 지난주는 급류처럼 사라져 버리고 내일부터 시작될 새로운 한 주는 심연인데, 지금 폭포 가장자리에 서서 들으니 급류의 소음은 단 하나의 조화된 무시무시한 울림을 높이고 있는 것처럼 그에게는 생각된다. 그것은 정의의 증거가 아니라 스스로 떨어지기에 앞서 죽기 전에 하는 인사로서, 신에 대한 인사가 아니라 철창으로 된 감방에서 죽음을 기다리는 그 숙명의 사나이에 대한 인사요, 또한 그 합창뿐만 아니라 다른 두 교회당에서 울리는 음악까지 들리는 감방에 있는 그 사나이를 못박으려고 그들은 십자가를 세워 놓을 것이다. "그래, 그들은 기쁘게 그런 일을 할 거야." 그는 컴컴한 창가에 앉아 중얼거린다. 그는 무슨 예감 같은 무엇이, 웃음보다도 무서운 무엇이 자기 입과 그 언저리를 팽팽하게 잡아당김을 느낀다. "그를 동정한다는 것은 그들 자신의 의심을 스스로 인정하고 그들 자신에 대한 동정의 필요를 느낀다는 것이 되니 말이야. 그들은 기뻐서 십자가를 세워 놓을 거야. 그러니까 무시무시하지. 무서워, 무서워." 그때 그는 앞으로 몸을 굽혀 세 사람이 다가오는 것을 본다. 그들은 어둠 속에서 가로등을 등지고 검은 그림자가 되어 대문을 들어선다. 그는 이미 바이런을 알아보고 그를 따르고 있는 두 사람을 바라본다. 두 사람이 남자와 여자라는 것은 그도 알고 있다. 그래도 그중 한 사람이 입고 있는 치마를 제외하면 두 사람은 서로 맞바꿀 수도 있을 것 같다. 키는 같지만 여자의 등 넓이가 보통 남녀의 두 곱절은 되어서, 그들은 꼭 두 마리 곰 같아 보인다. 그는 멈출 사이도 없이 웃음을 터뜨린다. '만약에 바이런이 머리에다 수건을 쓰고 귀걸이를 단다면.' 이렇게 그는 생각하며 소리 죽여 웃어 댄다. 그러면서도 바이런이 문을 두드릴 때에 나가서 열어 주려면 웃음을 그쳐야 한다고 그는 애쓰고 있다.

바이런은 그들을 서재로 인도한다—몽톡한 여자는 자주색 옷을 입고 머리에는 새 깃털이 달린 모자를 쓰고 손에는 양산을 들고 있으며, 아주 무표정한 얼굴을 하고 있다. 그리고 남자는 놀라울 정도로 더럽고 무척 늙어 보이는데, 담배 물이 든 염소수염을 기르고 있고 미치광이 같은 눈을 가지고 있다. 그들은 주저하지 않고 들어오기는 하지만 그 동작은 마치 불량품 태엽 인형처럼 어색하다. 두 사람 중에서는 여자 쪽이 좀더 자신이 있어 보이고, 적어도 정신은 또렷해 보인다. 그리고 보면 얼어붙은 기계적인 둔한 동작임에도 그 여자는 어떤 확고한 목적을 가지고, 또는 적어도 막연한 희망을 가지고 온 것같이 보인다. 그러나 남자 쪽은 거의 혼수상태에 빠져 있음을 그는 곧 알아차린다. 자기가 어디 있는지도 모르고 전혀 무관심한 모양으로 보이면서도 어디엔가 무슨 숨은 폭발력을 지니고 있어서, 모순된 이야기지만 꿈을 꾸면서도 동시에 깨어 있는 듯한 인상을 주는 인물이다.

"이분이 바로 그분입니다." 바이런은 조용히 말한다. "하인즈 부인입니다."

그들은 꼼짝도 않고 거기 서 있다. 여자는 긴 여행을 끝마치고 낯선 땅에서 낯선 사람들에 둘러싸인 채 고요히 빙하처럼, 돌로 만들어져 색을 칠한 무엇처럼 기다리고 있다. 또 한 사람은 고요하고 망연하면서도 분노를 속에 품고 있는 더러운 노인이다. 호기심이 있는지 없는지 이 두 사람은 그를 거들떠보지도 않는 성싶다. 그는 의자를 가리킨다. 바이런이 인도해 주자 그 여자는 양산을 손에 꼭 쥐고 조심스럽게 앉는다. 남자도 곧 앉는다. 하이타워는 책상 건너편에 자리잡은 자기 의자에 앉는다.

"이 부인이 내게 무슨 용건이 있으신지?" 그는 묻는다.

여자는 움직이지 않는다. 아무 말도 듣지 못한 모양이다. 그 여자는 약속에 의지하여 오랜 수고스러운 여행을 끝마치고 지금은 그저 멈춰 서서 기다리는 사람과도 같다.

"이분이 바로 그분입니다." 바이런은 말한다. "이분이 하이타워 목사님이십니다. 말씀드려 보십시오. 하고 싶은 이야기를 하세요."

그 여자는 바이런이 말을 할 동안 무표정한 얼굴로 그를 바라본다. 그 얼굴 뒤에 말로 나타내고자 하는 무엇이 있다 해도 그 말이 얼굴 자체의 무표정 때문에 흐려져서 소리가 되지를 못한다. 희망이나 갈망이 있다 해도 그 어느 것도 겉으로는 나타나지 않는다.

"말씀해 보세요." 바이런은 재촉한다. "왜 오셨는지 말씀하세요. 제퍼슨에 오신 목적을 말씀하세요."

"그것은 내가……." 그 여자는 말을 시작한다. 불쑥 튀어나온 그 목소리는 요란하지는 않지만 굵고 거칠다. 그 여자가 말을 시작했을 때에는 그런 소리를 낼 생각은 없었던 모양이다. 그 여자는 자기 음성에 깜짝 놀라기라도 한 듯이 두 사람의 얼굴을 번갈아 보면서 말을 뚝 그친다.

"말씀하세요." 하이타워가 말한다. "말씀해 보세요."

"그것은 내가······." 다시금 목소리가 끊기고, 아직 높아지지도 않았는데 마치 자기 음성에 깜짝 놀라기라도 한 듯이 거친 소리를 남기고는 갑자기 죽고 만다. 마치 이 첫마디 말이 자동 방음장치가 되어서 그 여자의 목소리는 그것을 좀처럼 통과할 수 없는 듯한데, 그 여자가 지금 그 방음장치를 슬쩍 피해 나가는 모습이 두 사람 눈에는 보이는 것 같다. "그 애가 걸음마를 하기 전부터 한 번도 만나지 못했어요." 그 여자는 말을 한다. "30년 동안이나 한 번도 만나 보지 못했어요. 한 번도 그 애가 자기 발로 걷고 자기 이름을 부르는―."

"음탕과 모독의 극치야!" 남자가 돌연히 말한다. 그의 목소리는 높고 날카롭고 세다. "음탕과 모독의 극치야!" 그러고 나서 그는 말을 멈춘다. 꿈을 꾸는 듯한 상태에서 느닷없이 그는 그 말을 분노에 가득 찬 예언자처럼 재빠르게 쏟아놓고는 더는 말하지 않는다. 하이타워는 그를 바라보고 그 다음에 바이런을 바라본다. 바이런은 침착하게 말한다.

"그는 이 두 분 딸의 소생입니다. 이 사람은―" 바이런은 머리를 조금 움직여 노인 쪽을 가리켰지만, 그 노인은 지금 빛나는 광기 어린 눈으로 하이타워를 노려보고 있다. "이 사람은 그 애가 태어나자마자 들고 나가 버렸습니다. 부인은 남편이 그 애를 어떻게 했는지 전혀 몰랐다지요. 아직까지도 그 애가 살아 있는지 죽었는지조차 모르고 있었대요. 그런데―."

이때 노인은 그 깜짝 놀라게 하는 돌연한 태도로 다시금 말을 막는다. 그러나 이번에는 고함을 지르지는 않는다. 그의 음성은 바이런의 음성만큼이나 침착하고 논리적이다. 그는 좀 떨리는 목소리로 똑똑하게 말한다.

"그렇지, 이 늙은 독 하인즈가 그 녀석을 데리고 갔어. 하느님께서 늙은 독 하인즈에게 기회를 주시니 늙은 독 하인즈도 하느님께 그 보답을 해 드린 거지. 그래서 작은 어린애들의 입을 통해서 하느님께서는 당신의 뜻을 행하신 거야. 작은 어린애들이 그 애더러 검둥아! 검둥아! 하고 소리를 질러 신과 인간에게 다 들리게 한 것은 하느님의 뜻을 잘 나타낸 일이야. 그리고 늙은 독 하인즈는 하느님께 말씀드렸지. '그렇지만 그것만으론 모자랍니다. 어린애들은 서로 욕지거리를 할 때 검둥이란 말보다 더 나쁜 말을 합니다.' 그러자 하느님께서 말씀하시더군. '너는 기다리고 지켜보라. 지금 나에게는 이 세상의 타락이나 음탕을 처벌할 시간이 없다. 나는 그 애에게 이미 표를 해놓았지만 이번에는 그것을 깨닫게 해 주마. 나는 너를 시켜 그 자리에서 지켜보게 하고 내 뜻을 지키게 하겠다. 이 일을 잘 보살펴 감독하는 것이 네 임무니라.'"

거기서 그의 목소리는 그쳤지만 그 어조는 약해지지 않는다. 마치 어떤 사람이 음악을 듣지 않고 있다가 레코드에서 바늘을 들어 올린 것같이 목소리가 뚝 끊긴 것이다. 하이타워는 마찬가지로 거의 노려보는 듯한 눈초리로 그에게서 바이런으로 시선을 돌린다.

"이건 뭔가? 이건 무엇이지?" 그는 묻는다.

"저는 영감님은 제쳐 놓고 부인만 모셔다가 말씀드리게 할 생각이었습니다." 바이런은 대답한다. "그렇지만 그를 남겨 둘 만한 장소가 없었습니다. 부인이 그를 꼭 감시해야 한다고 하시니까요. 그는 어제 모츠타운에서 스스로 무슨 짓을 하는지도 모르면서 군중을 선동해 크리스마스에게 린치를 가하게 하려고 했답니다."

"린치를 가한다고?" 하이타워는 묻는다. "자기 손자한테 린치를 가해?"

"부인이 그렇게 말씀하십니다." 바이런은 침착하게 대답한다. "그가 여기 온 것도 그런 목적 때문이랍니다. 그래서 그러지 못하도록 그도 같이 데려올 수밖에 없었지요."

여자는 다시금 입을 연다. 아마 계속해서 듣고 있었을 것이다. 그러나 그 여자의 얼굴은 여기 들어올 때의 모습과 똑같이 무표정하고, 그 목석과도 같은 표정을 그대로 유지하며 억양이 전혀 없는 목소리로 자기 남편에게 지지 않을 만큼 돌연히 말을 시작한다.

"이 사람은 50년 동안 늘 이 모양이었습니다. 아니 50년 이상이었지만, 그 50년 동안 나는 꾹 참아 왔어요. 우리가 결혼을 하기 전에도 이 사람은 늘 싸움만 해 댔어요. 밀리가 태어난 날 밤에 이이는 싸움을 하고서 유치장에 들어가 있었지요. 그런 일을 나는 내내 견디고 참아 왔습니다. 이 사람은 몸집이 남보다 작기 때문에 사람들이 자기를 깔보니까 싸우지 않을 수 없다고 말을 하더군요. 그것이 바로 이 사람의 허영이요, 자존심이었습니다. 그렇지만 나는 악마가 마음속에 들어 있어서 그러는 것이라고 말했지요. 언젠가는 악마가 이 사람을 확 덮쳐서, 정신 차릴 사이도 없이 '유퓨즈 하인즈, 나는 세금을 받으러 왔네' 하고 말할 것이라고 일러 주었어요. 바로 밀리가 태어난 이튿날, 내가 아직 고개를 들 기운도 없고 이이가 유치장에서 막 풀려나온 때에 난 그렇게 말해 줬어요. 하느님께서 징조와 경고를 주셔서 자기 딸이 태어날 바로 그 시간에 유치장에 갇혀 있었으니, 당신은 딸을 기를 자격이 없다고 하느님께서 생각하신다는 증거가 명확하게 나타난 셈이 아니냐고 나는 말했습니다. 하느님의 징조대로 그 동네에서는(이 사람은 거기서 철도 제동수(制動手) 노릇을 했습니다) 손해나는 일만 일어났지요. 그래서 이 사람도 그것은 하느님의 징조라고 생각하게 되어서 우리는 그 동네를 떠나게 되었습니다. 그리고 얼마 동안 그는 제재소의 인부 감독으로 일을 꽤 잘했습니다. 그때에는 자기 마음속에 있는 악마를 정당화하느라고 하느님의 이름을 헛되게 외람되게 부르지는 않았지요. 그래서 렘 부쉬의 마차가 그날 밤 서커스에서 돌아오면서 집 앞에서 멈춰 밀리를 내려 주어야 할 것을 그냥 지나쳐 버리고 말자, 유퓨즈가 집 안에 뛰어 들어와 서랍을 온통 뒤져서 마침내 권총을 들고 나오기에 난 이렇게 말했지요. '유퓨즈, 그게 악마의 짓이에요. 당신은 밀리의 안전 때문에 날뛰고 있는 게 아니에요.' 그러자 이 사람은 '악마건 아니건 무슨 상관이야' 하고 말하면서 나를 막 때리더군요. 나는 침대에 넘어져서 그를 지켜보고 있었지요—."

그 여자는 말을 멈춘다. 그러나 그 여자의 어조는 점점 낮게 내려가는 것이, 마치 레코드가 돌아가는 도중에 축음기가 멎어 버리기라도 한 것 같다. 다시금 하이타워는 기가 막힌다는 듯한 얼굴로 눈을 빛내면서 그 여자에게서 바이런에게로 시선을 돌린다.

"저도 그렇게 들었습니다." 바이런은 말한다. "맨 처음에는 저도 줄거리를 더듬기가 어려웠습니다. 그들은 아칸소주 어떤 제재소에서 살았는데 그는 인부 감독 노릇을 했다더군요. 그때 딸은 열여덟 살가량이었답니다. 어느 날 밤 서커스단이 시내로 들어가는 도중에 제재소 앞을 지나갔다지요. 12월에 일어난 일인데 비가 억수같이 내렸대요. 서커스단의 마차 한 대가 제재소 근처 다리를 지나다가 다리가 무너지는 바람에 강에 빠졌답니다. 그래서 남자들이 집에 찾아와 그를 깨우며 마차를 끌어낼 목재 활차를 좀 빌려 달라고—."

"그건 여자의 육체에 대한 하느님의 증오야!" 노인은 갑자기 소리질렀다. 그 한마디를 끝으로 그의 음성은 떨어지고 낮아진다. 단지 주의를 끌기 위해서 그렇게 말한 것처럼. 그러나 그는 다시금 재빨리 그럴듯한 어조로, 막연하게 열광적으로 자기 자신을 삼인칭으로 가리키면서 지껄이기 시작한다. "그는 알고 있었어. 늙은 독 하인즈는 알고 있었단 말이야. 이미 그 계집애 육체 위에 하느님 증오의 표지가 새겨진 것을 보았어. 밀리의 옷 밑에 말이야. 그래서 그가 가서 비옷을 입고 등불을 붙이고 돌아와 보니까 밀리도 비옷을 입고 문간에 와 있었지. '넌 잠자리에 돌아가.' 그가 말하니까 '나도 가고 싶어요.' 밀리가 대답했어. '저 방 안으로 들어가라니까.' 그가 명령을 하니까 밀리는 방으로 들어가고 그는 제재소에서 커다란 활차를 내다가 마차를 꺼내주었지. 새벽녘까지 그는 일을 했지만 그동안에 딸은 주님께서 주신 자기 아버지의 명령을 잘 순종하는 줄 믿고 있었단 말이야. 그러나 그는 알고 있어야만 했어. 여자의 육체는 하느님께서 증오하시는 것임을, 또 이미 하느님 앞에서 음탕과 모독의 극치가 계집의 모습으로 나타나 악취를 풍기면서 걸어다니고 있음을 알아 두었어야 했어. 그랬더라면 늙은 독 하인즈는 그 놈팡이가 멕시코 사람이라는 것을 말하던 일을 분명히 알았을 텐데. 늙은 독 하인즈는 전능하신 하느님의 검은 저주를 그 놈팡이의 얼굴에서 깨달을 수 있었는데 말이야. 척 보면—."

"뭐?" 하이타워는 말한다. 그는 마치 음량만으로 상대의 말을 삼켜 버릴 수 있기를 기대하기라도 하는 듯이 요란한 소리로 말한다. "이건 무슨 이야기지?"

"서커스단에 있던 남자 말입니다." 바이런은 설명한다. "딸은 아버지에게 그 남자는 멕시코 사람이라고 말했답니다. 아버지에게 붙잡혔을 때 딸이 그렇게 말한 모양입니다. 그 남자가 처녀에게 그렇게 말했겠지요. 그렇지만 저 노인은."—다시금 그는 늙은 하인즈를 가리키며—"그 남자가 검둥이 피를 갖고 있다는 것을 이럭저럭 알아냈습니다. 아마 서커스단 사람들이 그런 말을 해 주었겠지요. 전 잘 모르겠습니다. 그는 그런 것은 아무래도 좋다는 듯이 그 사실을 알게 된 경위는 전혀 설명을 하지 않습니다. 하기야 그 다음날 밤의 일을 생각한다면 그런 것은 아무래도 좋을 일이겠지요."

"그 다음날 밤의 일?"

"서커스단의 마차가 사고가 난 그날 밤에 처녀는 집을 빠져나온 모양입니다. 그가 그렇다고 말하더군요. 하여간 그는 그렇게 생각했나 봅니다. 만약에 처녀가 집을 나가지 않고 또 그가 그 사실을 몰랐다면 그는 그런 일을 하지는 않았을 것입니다. 다음 날 처녀는 몇몇 이웃 사람들과 서커스 구경을 갔어요. 그 전날 밤에 딸이 빠져나갔다는 것을 그때는 몰랐기 때문에 그는 딸을 보내 줬습니다. 딸이 나들이옷을 입고 이웃 사람의 마차에 올라탈 때에도 아무런 의심조차 하지 않았습니다. 그렇지만 그날 밤 마차가 돌아올 때에 그는 기다리면서 귀를 기울이고 있었는데도 마차는 이쪽으로 다가오더니 멈춰서 딸을 내려 주지도 않은 채 집 앞 도로를 지나가 버리는 것 같았다더군요. 그래서 그가 밖으로 뛰어나와 소리를 질러서 이웃 사람은 마차를 멈추어 주긴 했지만 처녀는 보이지 않더랍니다. 그 사람은 말하기를 처녀와는 서커스장에서 헤어졌는데, 6마일 떨어진 곳에 살고 있는 자기 여자 친구네 집에 가서 묵고 올 작정이라고 하는 말을 그녀에게서 들었다고 했습니다. 처녀가 마차를 탈 때부터 옷가방을 갖고 있었으나 아버지는 그걸 모르고 있었다니 이상하다고 그 이웃은 말했습니다. 하인즈는 옷가방을 보지 못했어요. 그리고 이 부인은—." 이번에는 그는 돌처럼 무표정한 늙은 여자를 가리킨다. 그 여자는 그의 말을 듣고 있는 것 같기도 하고 아닌 것 같기도 하다—"이 부인은 그를 이끈 것은 악마라고 합니다. 딸의 행방을 전혀 모르는 것은 부인이나 꼭 마찬가지였는데도 그는 집으로 들어오더니만 권총을 꺼내 들고, 막으려는 부인을 때려서 침대에 넘어뜨린 채 말에 안장을 올리고 달려갔다는 것입니다. 대여섯 개나 되는 길 중에서 간신히 그들을 따라잡을 수 있는 유일한 지름길을 그는 캄캄한 밤중에 달려간 모양입니다. 그들이 어느 길로 가고 있는지 그는 알 도리가 없었답니다. 그렇지만 놀랍게도 그는 알고 있었지요. 그는 마치 그들이 어디 있을지 전부터 알고 있기라도 했던 듯이, 또한 멕시코 사람이라고 딸이 말하는 그 남자와 그가 만날 장소를 미리 약속이라도 해 놓았던 것처럼 두 사람을 쉽게 찾아냈답니다. 마치 처음부터 다 알고 있었던 것처럼 말이지요. 칠흑처럼 캄캄한 밤이어서 혹 마차 한 대를 따라잡았다 해도 그것이 그가 목표로 삼았던 바로 그 마차인지는 분간할 길이 없었지요. 그런데도 그는 바로 그 마차 뒤로 따라붙었어요. 심지어 그것은 그날 밤 그가 처음으로 본 마차였답니다. 그는 그 마차 오른쪽으로 나란히 달리게 되자 몸을 구부리더니 여전히 칠흑 같은 어둠 속에서 한마디 말도 없이 말을 멈추지도 않고, 아무리 눈을 빛내고 귀를 기울여 봤자 상대가 낯선 사람인지 이웃 사람인지 알 수 없었는데도 그 사람을 용케 덮쳤습니다. 그 사나이를 한 손으로 붙잡고 또 한 손으로는 권총을 들이대 쏘아 죽이고서는 딸을 자기 말 뒤에 태우고 집으로 돌아왔다지요. 그는 그 사나이의 시체와 마차를 길에 그대로 내버려 두고 왔습니다. 그때 비가 다시 오기 시작한 모양입니다."

그는 말을 그친다. 곧바로 그 여자는 말하기 시작한다. 마치 바이런이 말을 그쳐 주기를 안달복달하며 기다리고 있기라도 한 것 같았다. 그 여자는 여전히 감정이 없는 평범한 어조로 말한다. 그 두 음성은 그리스극 합창대가 좌우에서 번갈아 부르는 노래처럼 단조롭게 실체도 없이 울려 나오면서, 차원도 없는 세계에서 피도 없는 사람들에 의해서 이루어지는 꿈과도 같은 일을 말하고 있는 것 같다.

"나는 침대에 넘어진 채 그가 나가는 소리를 들었고, 또 마구간에서 말이 나와 집 앞을 지나 벌써 달려가는 소리도 들었지요. 나는 옷도 벗지 않고 거기 누워서 등불만 바라보고 있었습니다. 기름이 거의 다 떨어졌기에 잠시 뒤에는 일어나 등을 들고 부엌으로 가서 기름을 넣은 다음 심지 청소를 했어요. 그러고 나서 옷을 갈아입고 등불을 켜 놓은 채 누워 있었어요. 비는 자꾸 내립디다. 으스스하기도 하더군요. 잠시 뒤에 말이 뜰로 들어와 포치에서 멈추는 소리가 들렸지요. 그래서 나는 일어나 숄을 걸치고 있노라니까 두 사람이 집으로 들어오는 소리가 들렸습니다. 유퓨즈의 발소리, 그리고 밀리의 발소리가 들렸어요. 그들은 복도를 지나 문간까지 왔지요. 밀리는 얼굴과 머리에서 흐르는 빗물을 닦을 생각도 하지 않고 새 옷은 진흙투성이가 된 채 눈을 감고 서 있었어요. 유퓨즈는 딸을 두들겨 패서 마룻바닥에 쓰러뜨렸습니다. 그런데 딸의 얼굴은 서 있을 때나 넘어졌을 때나 별로 달라진 것이 없었어요. 유퓨즈는 마찬가지로 함빡 젖은 채 진흙투성이가 되어 문에 서서 말했습니다. '뭐, 내가 악마의 일을 하고 있다고 했지! 자, 그 악마가 뿌린 씨를 추수해 갖고 왔어. 저년이 배 속에 무엇을 품고 있는지 한번 물어봐. 물어보란 말이야.' 난 피곤하고 추웠어요. 하여간 입을 열었지요. '무슨 일이에요?' 그러니까 그가 대답하더군요. '저기로 가서 진탕 속을 들여다보면 다 알게 될 거야. 그놈은 자기가 멕시코 사람이라고 저년을 속일 순 있었을지도 모르지. 그렇지만 나를 속여? 아니, 그 놈팡이는 저년을 속이지도 않았어. 그럴 필요가 있어야지. 당신도 언젠가 악마가 세금을 재촉하러 올 거라고 말한 일이 있지 않나? 암, 바로 그대로야. 내 여편네는 갈보를 낳아. 그렇지만 적어도 악마는 세금을 거둘 때에는 일을 잘해 주었지. 악마는 내게 정확한 길을 알려 주었고 권총을 꽉 붙들어 주었어.'"

"그래서 나는 악마가 하느님을 이길 수도 있구나 하고 생각도 해 보았습니다. 밀리가 애를 밴 일을 곧 알게 되었고, 유퓨즈는 치다꺼리를 해 줄 의사를 찾기 시작했으니까요. 꼭 그가 의사를 구할 수 있을 것이라고 난 믿었습니다. 그리고 이 세상에 남자와 여자가 인간으로서 살기로 되어 있는 한 그렇게 되는 편이 낫겠다고도 생각해 봤지요. 또 공판이 끝났을 때 난 지쳐 빠져 있었기 때문에 그가 의사를 구해 주었으면 하고 바랐습니다. 그러던 중에 서커스단장이 와서, 그 남자는 멕시코 사람이 아니라 정말은 검둥이 피가 좀 섞였다고 말했어요. 유퓨즈가 늘 말하던 대로, 또한 그가 악마에게 들은 대로 되고 말았지요. 그러자 유퓨즈는 권총을 다시 꺼내 들고 의사를 꼭 구해 오겠다고, 죽여서라도 구해 오고 말겠다고 입버릇처럼 말하고는 집을 나가서 일주일이나 돌아오지 않았어요. 동네 사람들도 그 일을 다 알아버려서 나는 유퓨즈의 마음을 움직여 이사를 갈 생각을 했어요. 그가 검둥이라고 말한 사람은 그저 서커스단장뿐이었고 또 그 말이 사실인지 아닌지 확실한 증거도 없고, 더구나 그 사람도 이미 떠나 버렸으니 다시 만나게 될 것 같지도 않았으니까요. 그런데도 유퓨즈는 떠날 생각도 안 하고, 밀리의 해산달이 가까워지자 또다시 권총을 들고 치다꺼리를 해 줄 의사를 찾으러 갔습니다. 그러다가 그가 유치장에 갇혔다는 소식이 들려왔습니다. 그는 의사를 만날 만한 곳을 찾아 여기저기 헤매던 중 교회당과 기도회에도 드나들다가, 어느 날 밤 기도회 도중에 일어서서 강단으로 올라가 설교를 시작했답니다. 검둥이에게 욕설을 퍼부으면서, 백인들은 힘을 합하여 그들을 모두 죽여 버려야 한다고 고함을 지르니까 사람들이 그를 강단에서 끌어내리려고 했던 모양입니다. 그랬더니 그는 예배당 한가운데에 권총을 꺼내 들고 사람들을 협박했대요. 마침내 경찰이 출동해서 그를 체포했지만, 그는 한동안 아주 미친 사람같이 몸부림치더랍니다. 그리고 경찰에서는 그전에 그가 다른 동네에서 의사를 한 사람 때려눕히고는 붙잡히기 전에 도망친 일이 있는 것도 알았지요. 그가 풀려나와 집에 돌아왔을 때에는 밀리는 해산하기 직전이었습니다. 나는 그가 다 포기하고 드디어 하느님의 뜻을 깨달았다고 생각했지요. 그는 집에서 조용히 지내고 있었고, 밀리와 내가 해산 준비로 몰래 장만해 둔 물건이 어느 날 그의 눈에 띄었을 때에도 별말 없이 그저 해산 예정일이 언제쯤 되느냐고만 묻고 말았으니까요. 매일 그가 같은 질문만 하기에 이제는 포기했구나 나는 생각했습니다. 교회당에 드나들고 유치장 신세를 지는 동안에, 전에 밀리가 태어나던 날 밤과 마찬가지로 그의 마음이 가라앉은 것 같았습니다. 그러다가 때가 차서, 어느 날 밤에 밀리가 나를 깨우면서 산통이 시작됐다고 했어요. 내가 옷을 입고 유퓨즈에게 의사를 불러 달라고 하니까 그는 옷을 입고 나가더군요. 난 모든 준비를 다 해 놓고 기다리고 있었지요. 유퓨즈가 의사를 데리고 돌아올 시간이 되었는데도, 또 시간이 지났는데도 유퓨즈는 돌아오지 않았습니다. 나는 늦어도 지금쯤은 의사가 오겠지 생각하며 현관 앞 포치로 나가 보았습니다. 그랬더니 유퓨즈가 엽총을 무릎 위에 놓고 계단 맨 꼭대기에 앉아 있다가 소리를 버럭 지르더군요. '집에 들어가 있어, 갈보 어미 같으니라구!' 그래서 내가 '유퓨즈' 하고 부르니까 그는 엽총을 들어 올리면서 말했습니다. '집에 들어가 있으라니까. 악마더러 자기 수확을 거둬들이게 하란 말이야. 씨를 뿌린 놈은 악마니까.' 그래서 나는 뒷문으로 나가려고 했지만 그는 어느새 알아차리고 총을 들고서 뒤로 달려와 나를 총대로 막 팼습니다. 하는 수 없이 나는 밀리에게로 돌아갔지만 그는 현관 밖에 지키고 서서 밀리가 죽을 때까지 지켜보고 있었지요. 그리고 밀리가 죽자, 그는 방으로 들어와 침대 곁으로 와선 갓난애를 내려다보더니 등불보다도 높이 들어 올렸어요. 악마가 이겼는지 주님이 이겼는지 알아보기라도 하는 것 같았습니다. 나는 너무 피곤해서 침대 옆에 앉아 벽에 비친 그의 그림자와, 그보다 높이 걸린 그의 팔과 강보의 그림자를 보았습니다. 그때에 나는 주님께서 이기셨다고 생각했지요. 그렇지만 지금은 잘 모르겠습니다. 그는 갓난애를 밀리 옆 침대에 내려놓더니 나가 버리고 말았으니까요. 난 그가 현관으로 나가는 발소리를 듣고 일어나 난로에 불을 피우고 우유를 좀 데웠지요." 그 여자는 말을 그친다. 그 거칠고 단조로운 목소리가 사라진다. 책상 맞은편에서는 하이타워가 그 여자를 바라보고 있다. 이 방에 들어온 다음부터 몸 하나 움직이지도 않고 돌처럼 무표정한 얼굴을 하고 자줏빛 옷을 입은 그 여자는 이윽고 다시금 말을 시작한다. 이번에도 몸을 움직이지 않고 입술의 동작마저 없는 품이 마치 그 여자는 꼭두각시 인형으로 변한 것 같고 그 목소리는 옆방에 있는 복화술자의 음성이나 되는 것 같다.

"그렇게 유퓨즈는 모습을 감추고 말았습니다. 제재소 주인도 그가 어디로 갔는지 알지 못했지요. 그래서 주인은 새로운 인부 감독을 채용했지만 우리를 그곳에서 당장 쫓아내지는 않았습니다. 유퓨즈가 어디 갔는지도 모르겠고, 또 겨울은 다가오고 있는데 나는 갓난애를 돌봐 주어야 할 딱한 처지였으니까요. 나도 길맨 씨도 유퓨즈가 어디 있는지 전혀 모르고 있었어요. 그 때 드디어 편지가 한 장 왔습니다. 그것은 멤피스에서 온 것이었지요. 속에는 우편환이 들어 있었을 뿐 그 밖엔 아무것도 없었지요. 그래서 나는 그의 소식을 전혀 몰랐습니다. 그러자 11월에 또 수표가 한 장 왔지만 편지 같은 건 들어 있지 않았어요. 나는 막 지쳐서 죽을 지경이었지요. 크리스마스가 되기 이틀 전에 뒤뜰에서 장작을 패고 있다가 집으로 돌아와 보니 갓난애가 온데간데없었습니다. 나는 한 시간도 밖에 나가 있지 않았으니 그가 집에 들어왔다가 나가는 것을 보았을 법도 합니다. 그렇지만 사실은 보질 못했습니다. 그저 갓난애가 침대에서 떨어지지 않도록 내가 침대 가장자리에 놓아두었던 베개 위에서 유퓨즈가 남겨 놓은 편지를 발견했을 따름입니다. 난 참으로 고단했답니다. 그래도 기다리며 사노라니까 크리스마스가 지나고 나서 유퓨즈는 돌아왔지만, 아무것도 말해 주지 않더군요. 그가 그저 이사를 가게 될 거라고 말하기에 나는 그가 이미 갓난애를 거기에 갖다 놓고 나를 데리러 온 거라고 생각했지요. 그런데 그는 어디로 이사를 가는지 아무 말도 하지 않고 그리 멀리 가지는 않을 것이라고만 말을 하여, 나는 갓난애가 어떻게 지낼까 미칠 지경으로 걱정을 했습니다. 그런데도 그는 한마디 언질도 주지 않아서 나는 그곳에 영영 못 가는 줄 알았습니다. 그러다가 드디어 그곳에 가게 되었지만 갓난애가 눈에 띄지 않아 나는 물었지요. '여보, 조이를 어떻게 했죠? 빨리 말해 봐요.' 그러자 그는 마치 밀리가 누워서 죽던 날 밤에 그 애를 내려다보던 때와도 같은 눈초리로 나를 바라보면서 대답하더군요. '그건 주님이신 하느님께서 미워하시는 물건이야. 그래서 나는 하느님의 뜻을 이루는 도구가 되었단 말이야.' 그리고 이튿날 그는 나가 버리고 말았으나 나는 그이가 어디로 갔는지 몰랐습니다. 며칠 지나니까 수표가 한 장 또 날아 들어왔고, 다음 달에 그는 집으로 돌아와 멤피스에서 일자리를 구했다고 말하더군요. 그래서 나는 그가 조이를 멤피스 어디엔가 숨겨 두었음을 깨닫고, 그렇다면 비록 내가 할 수는 없어도 그가 그 애를 돌볼 수 있을 테니 좀 마음이 놓였습니다. 그리고 나는 유퓨즈가 마음을 돌리고 사정을 말해 줄 때까지 기다릴 수밖에 없다는 것을 알고서, 늘 이다음에야말로 그가 나를 멤피스로 데리고 가겠지 생각했지요. 이런 식으로 나는 줄곧 기다렸습니다. 바느질도 하여 조이의 옷을 만들어 놓고 유퓨즈가 돌아올 때마다 그런 옷이 조이에게 맞을지 어떨지, 또 조이가 잘 있는지 어떤지 그에게 말을 시키려고 해보았지요. 그렇지만 다 헛일이었답니다. 그는 언제나 그저 앉아서 성서를 읽었어요. 나밖에는 아무도 들을 사람이 없는데도 요란한 소리를 지르며, 마치 내가 그 말씀을 믿지 않으리라고 확신하기라도 하는 것같이 크게 읽었지요. 그렇게 5년 동안이나 그는 아무것도 털어놓지 않고 있어서, 내가 만든 옷을 과연 그가 조이에게 갖다 주었는지 어쨌는지조차 나는 전혀 모르고 지냈습니다. 나는 자꾸 귀찮게 굴 수도 없어서 조이에 대해 묻기를 꺼렸습니다. 비록 나는 못 가지만 그는 조이가 있는 곳에 갈 수가 있으니 그나마 안심이라고 생각했으니까요. 그러자 5년 뒤 어느 날 집에 돌아오더니 유퓨즈는 말했습니다. '자, 이사를 갑시다.' 그래서 나는 드디어 때가 왔다고, 조이를 다시 만날 수 있다고 생각했지요. 혹 그것이 죄였다면 이제는 죗값을 다 치른 것이라고 생각하여 유퓨즈가 한 짓을 용서하기까지 했습니다. 드디어 우리는 멤피스에 가게 되었다고 생각했으니까요. 그렇지만 이사를 간 곳은 멤피스가 아니었습니다. 우리는 모츠타운에 오게 된 것입니다. 도중에 멤피스를 거쳐야 했으므로 나는 유퓨즈에게 애원도 해 보았지요. 그것이 처음으로 해 보는 애원이었습니다. 그저 일 분, 아니 일 초 정도만 만나겠다는 것이었고, 절대로 애를 만지거나 말을 걸거나 하지는 않겠다는 것이었습니다. 그런데도 유퓨즈는 들은 척도 하지 않았답니다. 우리는 정거장 밖으로 나와 보지도 못했지요. 기차에서 내려서 일곱 시간이나 정거장을 떠나지 않고 기다렸다가 드디어 다른 차가 와서 갈아타고 모츠타운에 온 것입니다. 그런데 유퓨즈는 더는 멤피스에 일하러 돌아가지 않게 되었습니다. 얼마 지나서 내가 말했지요. '유퓨즈.' 그러니까 그는 내 얼굴을 쳐다보기에 말을 이었습니다. '난

5년이나 기다리며 당신을 성가시게 한 일은 없어요. 그러니 조이가 죽었는지 살았는지 한마디만 말해줄 수 없어요?' '죽었어.' 그렇게 그가 대답하기에 나는 또 물었지요. '이 세상에서 아주 죽고 말았단 말이에요, 아니면 그저 나한테는 죽은 거나 마찬가지란 말이에요? 혹 그가 내게서만 죽었다면 그거라도 좋으니 말해 줘요. 5년 동안이나 당신에게 성가시게 군 일이 없었으니까 하는 말이에요.' 그러자 그는 대답했습니다. '그 애는 당신에게서와 내게, 하느님께와 또 하느님의 모든 세계에 대해서 영원히 죽고 만 거야.'"

그 여자는 다시금 말을 끊는다. 책상 맞은편에서 하이타워가 그 고요하면서도 진지한 놀라움의 표정으로 그 여자를 지켜보고 있다. 바이런 또한 고개를 좀 숙인 채 꼼짝도 않고 있다. 노인을 제외한 세 사람은 물이 빠진 뒤 바닷가에 꼼짝도 않고 남아 있는 세 개의 바위와도 같았다. 지금 노인은 진지하게 이야기에 귀를 기울이는 듯하지만, 그는 듣지 않는 것처럼 보이면서도 실은 온몸으로 귀를 기울이는가 싶다가 다음 순간에는 잠들기라도 한 양으로 방심상태에 빠지는 능력을 지니고 있었다. 정신 내부를 가만히 바라보는 듯한 그의 눈으로 응시를 당하면 마치 응시당하는 두 사람은 손에 꽉 눌리는 듯이 불안을 느끼는 것이다. 그는 갑자기 유쾌하면서도 요란하게 미칠 듯이 웃어 댄다. 그는 믿을 수 없을 정도로 늙은 티를 내며 믿을 수 없을 정도로 더러운 목소리로 지껄인다.

"그건 주님이었어. 바로 주님이 거기 계셨거든. 늙은 독 하인즈가 하느님께도 기회를 드린 거야. 주님께서는 늙은 독 하인즈에게 '제대로 감시하게. 내 뜻이 작용하는 것을 잘 봐 둬' 하고 말씀하셨어. 그래서 늙은 독 하인즈는 감시를 하며 하느님의 작은 어린애들이 말하는 소리를 들은 거야. 아비도 없고 어미도 없고 아직 죄가 무엇인지 모르는 사내애들뿐만 아니라, 아직 죄와 음행을 모르는 계집애들의 입에도 하느님께서는 신의 말씀과 지식을 불어넣어 주셨어. 죄 없는 작은 어린애들이 검둥이! 검둥이! 떠들어 대더란 말이야. '내가 말했지?' 하느님께서는 늙은 독 하인즈에게 말씀하셨지. '자, 나는 내 뜻을 작용해 놓았으니 이젠 간다. 여기에는 이제 내가 분주히 서두를 만한 죄가 없다. 음탕한 여인의 간통은 내 목적의 일부니까 나는 크게 생각하지 않는다.' 그래서 늙은 독 하인즈는 물었지. '어떻게 음탕한 여인의 간통이 주님 목적의 일부란 말입니까?' 그러니까 하느님께서는 대답해 주시더군. '기다려 보면 안다. 그 크리스마스 밤에 담요에 싸여서 문간에 놓여 있던 내 증오가 젊은 의사의 눈에 띄게 된 것이, 그저 우연에 지나지 않는 줄 아느냐? 그날 밤 원장이 외출을 하고 있었기 때문에 음탕한 젊은 것들이 내 아들을 모독하는 크리스마스라는 이름을 그에게 붙여 주게 된 것도 그저 우연이라고만 생각하느냐? 이제는 내 뜻이 작용하기 시작했고 너를 여기 남겨 두어 감시를 하게 했으니 난 떠나간다.' 그래서 늙은 독 하인즈는 그곳에서 감시하며 기다렸지. 하느님께서 내려 주신 보일러실에서 애들을 지켜보았더니, 그 악마의 씨가 그들 사이에서 알려지지 않은 채 돌아다니며 그 저주의 말씀을 짊어지고 대지를 더럽히고 있었단 말이야. 그 녀석은 다른 애들과는 놀지를 않게 되었으니까. 자기 혼자 조용히 서 있는 것을 보고 늙은 독 하인즈는 그 녀석이 하느님의 은밀한 심판의 말씀을 듣고 있다고 생각했지. 그래서 늙은 독 하인즈는 그 녀석에게 물었단 말이야. '넌 왜 전처럼 다른 애들과 놀지 않냐?' 그 녀석은 아무런 대답이 없었지. 늙은 독 하인즈가, '애들이 너보고 검둥이라고 그래서 그러냐?' 또 묻는데도 대답이 없더군. 그래서 늙은 독 하인즈는 또 물었지. '하느님이 네 얼굴에 표를 해 놓았기 때문에 네가 검둥이라고 생각하냐?' 그러니까 그 녀석은 말하더군. '그럼 하느님도 검둥이에요?' 늙은 독 하인즈는 이렇게 대답했지. '그분은 진노의 군대를 거느리신 주 하느님이시다. 그분의 뜻이 이루어질 게다! 네 뜻과 내 뜻이 아니란 말이다. 너나 나나 그분의 목적과 복수의 일부에 지나지 않거든.' 그러자 그 녀석은 가 버리고 늙은 독 하인즈는 감시하고 있었어. 그 녀석은 주님의 분노의 뜻을 알아듣는지 귀를 기울이고 있었지. 그러던 중 늙은 독 하인즈는 눈치를 챘어. 그 녀석이 뜰에서 일을 하고 있는 검둥이 뒤를 쫓아다니며 그 모습을 지켜보더군. 그러자 마침내 그 검둥이는 '왜 나를 자꾸 쳐다보는 거야?' 하고 물었지. '너는 어떻게 검둥이가 되었냐?' 하고 그 녀석이 물으니까, '내가 검둥이라고 누가 그래? 이 아비도 없는 흰둥이 거지새끼 같으니!' 하고 그 검둥이가 야단하지 않겠나! '난 검둥이는 아니야' 하고 그 녀석이 말하니까, 그 검둥이는 '넌 검둥이보다 더 나빠. 넌 네가 뭣인지도 모르잖아? 그것뿐인 줄 아니? 영영 모르고 말 거야. 넌 그냥 태어나서 죽을 뿐 영영 모르고 만단 말이야' 하고 말하더군. 그 녀석이 '하느님은 검둥이는 아니야' 하고 말하자 검둥이는 '넌 하느님이 뭔지 알겠구나. 네가 뭔지 아는 사람은 하느님밖에 없으니 말이야' 하고 대꾸했다. 그렇지만 대답해 주실 하느님께서는 그곳에 안 계셨지. 그분의 뜻이 작용하도록 해 놓으시고 늙은 독 하인즈에게 감시 역을 맡겨 놓으셨으니까. 바로 그 첫날 밤, 그분의 거룩한 아드님이 탄생한 날을 고르셔서 섭리의 작용을 설정해 놓으신 때부터 하느님께서는 늙은 독 하인즈를 감시인으로 세워 놓으셨단 말이야. 아주 추운 밤이었는데 늙은 독 하인즈는 문간에서 하느님의 섭리가 성취되는 장면을 볼 수 있는 모퉁이의 컴컴한 곳에 숨어 있었다. 그러자 그 음욕과 간음으로 더러워진 젊은 의사가 다가와서 걸음을 멈추고 몸을 굽히더니 하느님 증오의 대상을 들어 올려서 집 안으로 들어가더군. 그래서 늙은 독 하인즈는 그 뒤를 따라가서 보고 들었어. 젊은 탕아와 창녀가 원장이 없는 틈을 타서 달걀술과 위스키로 주님의 거룩한 날을 모독하고 있다가 그 담요를 열어 보는 것을 말이야. 그러자 의사와 내통하던 그 간부가 하느님의 섭리에 따라 말했지. '이 애를 크리스마스라고 부를까?' 그러자 사내는, '성을 크리스마스라 할까, 그렇지 않으면 이름을 크리스마스라고 할까?' 물었다. 하느님께서는 늙은 독 하인즈에게 '그들에게 일러 주어라' 말씀하시더군. 그들이 더러운 냄새를 풀풀 풍기면서 늙은 독 하인즈를 발견하고 이렇게 외쳤지. '독 아저씨 아니세요? 산타클로스가 우리한테 주는 선물로 무엇을 문간에 놓고 갔는지 보세요.' 그래서 늙은 독 하인즈는 말했어. '그 애 이름은 조셉이야.' 그러니까 그들은 웃음을 그치고 늙은 독 하인즈를 뚫어지게 보더니 그 음녀가 물어보더군. '어떻게 아시죠?' 그래서 독 하인즈는 대답했다. '하느님께서 그렇게 말씀하시는군.' 그들은 다시금 웃더니, '성서에 그렇게 쓰여 있단 말씀이죠? 크리스마스는 조의 아들이고, 조는 조의 아들이라! 그러면 조 크리스마스로군요' 하고 나서는, '자, 조 크리스마스를 위해서!' 하고 축배를 들었어. 그들은 늙은 독 하인즈에게도 하느님께서 증오하시는 것을 축하하라고 축배를 권했지만 그는 그 잔을 옆으로 밀어냈지. 그 뒤부터 그는 그저 감시만 하고 기다리면 되었기에 그렇게 하고 있었더니, 드디어 하느님께서 정하신 때가 오고야 말았어. 악은 악에서부터 나왔지. 그 의사의 정부가 그 색욕의 침대로부터 죄와 공포의 악취를 풍기면서 달려 나와서는 이렇게 말했지. '그 애가 침대 뒤에 숨어 있었어요.' 그래서 늙은 독 하인즈는 대답해 주었지. '당신은 스스로를 타락하게 만든 비누를 써서 주님의 분노와 증오를 산 거야. 그 대가를 치러 봐.' 그러니까 그 여자는 애원하더군. '그 애한테 말 좀 해 주세요. 나는 봐서 알고 있어요. 아저씨는 그 애를 타이를 수 있을 거예요.' 그래서 늙은 독 하인즈는 선언했지. '나도 당신의 간통에 대해서는 하느님과 마찬가지로 관심이 없단 말이야.' 그 여자는 또 말하더군. '그 애는 다 일러바칠 거예요. 그러면 난 쫓겨나고 창피를 막 당할 거라고요.' 그 여자는 음욕과 색정으로 더럽운 냄새를 풍기며, 하느님께서 부모 없는 애들을 수용하신 그 집을 더럽힌 모습으로 늙은 독 하인즈 앞에 서 있었지. 그때 그 여자에게는 하느님의 섭리가 작용하고 있었어. '당신은 아무것도 아니야.' 늙은 독 하인즈는 말했어. '당신뿐만 아니라 당신같은 음탕한 자들 전부가 그렇지. 당신들은 모두 한 마리 참새의 날고 떨어지는 것까지도 주관하시는 무서운 하느님의 목적의 앞잡이란 말이야. 조 크리스마스나 늙은 독 하인즈와 마찬가지로 하느님의 앞잡이란 말이야.' 그러자 그 여자는 가 버렸고 늙은 독 하인즈는 기다리고 감시하고 있었지. 오래지 않아 그 여자는 다시 돌아왔어. 그런데 그 얼굴이 사막에 사는 굶주린 맹수 같더군. '그 애를 정리했어요.' 그 여자는 말했지. '정리는 무슨.' 그렇게 늙은 독 하인즈가 말했지만, 실상 하느님께서는 뜻을 실행하는 수단을 그에게 숨기시는 일이 없었기 때문에 늙은 독 하인즈가 알지 못하는 것은 아무것도 없었지. 그래서 늙은 독 하인즈는 말했어. '당신은 하느님께서 전부터 정해 놓으셨던 뜻을 실행한 거야. 이제는 마음 편하게 마지막 심판 날까지 하느님을 모독하는 일을 하라고.' 그 여자의 얼굴은 사막에 사는 굶주린 맹수와 같았고, 그 썩은 빛깔의 입을 벌리고 하느님을 비웃었어. 그러자 그들이 와서 그 애를 데리고 갔지. 늙은 독 하인즈는 그 애가 마차에 올라타 떠나는 것을 보고 나서 돌아가 하느님을 기다렸어. 그러고 있노라니까 하느님께서 오셔서 늙은 독 하인즈에게 말씀하셨다. '자네도 이젠 가도 좋네. 자네는 내가 맡긴 일을 다 이루었어. 여기에는 여자의 음행밖에는 더 악한 일이 남은 것이 없지만, 그런 것은 내가 택한 감시원에게 감시시킬 만한 가치조차 없는 거야.' 늙은 독 하인즈는 하느님의 말씀을 듣고 물러갔지. 그렇지만 그는 계속 하느님과 연락을 하여 밤에 하느님께 말씀드렸어. '주님, 그 아비 없는 자식은?' 그러니까 하느님께서는, '그 애는 아직도 내 땅을 밟고 다니지' 하고 말씀하시더군. 늙은 독 하인즈는 계속해서 하느님과 연락을 하고 있다가 어느 날 밤에 몸부림을 치고 날뛴 끝에 큰 소리로 외쳤어. '주님, 그 아비 없는 자식! 저는 느낍니다! 저는 악의 이빨을, 송곳니를 느낍니다!' 그러니까 하느님께서는 응답하시더군. '그 사생아다. 네 일은 아직 끝나지 않았어. 그 애는 내 땅을 더럽히는 증오스러운 자다.'"

 멀리 떨어진 교회당에서 들려오던 음악 소리는 이미 그친 지 오래되었다. 열린 창문에서는 지금 여름밤의 오만 가지 평화로운 벌레 소리가 들려올 뿐이다. 책상 저쪽에는 하이타워가 도망쳐야 하는데 덫에 걸려서 도망도 못 가게 된 꼴사나운 짐승과도 같은 모양새로, 그 덫을 놓은 사람에게 으르렁대기라도 할 듯한 모습을 보이며 앉아 있었다. 그와 마주 앉아 있는 나머지 세 사람은 무슨 배심원과도 같다. 그들 중 두 사람은 꼼짝도 안 하고 있다. 여자는 석상과 같은 얼굴로 끈기 있게 기다리고 있고, 노인은 세찬 바람에 불꽃이 단숨에 꺼진 촛불의 타다 남은 심지와도 같이 사그라진 모습을 나타내고 있다. 바이런만이 생명을 품고 있는 것 같다. 얼굴은 수그리고 있다. 무릎에 얹어 놓은 한 손을 사색에 잠긴 표정으로 가만히 보면서, 엄지손가락과 집게손가락을 마치 반죽이라도 하는 듯이 서로 천천히 비벼 대며 그 움직임에 열중하고 있는 것 같다. 하이타워가 입을 열었을 때에 바이런은 그 말이 자기에게 하는 말은 아니라고, 또 그 방에 있는 누구에게 하는 말도 아니라고 깨닫는다.

 "그들은 내가 무엇을 해 주기를 원하는가?" 그는 말한다. "그들은 내가 무엇을 할 수 있다고 생각하고 희망하고 또한 믿고 있는 것인가?"

 그 말을 끝으로 다시 아무런 소리도 없다. 남자도 여자도 그 말을 못 들은 모양이다. 바이런도 그 노인이 들으리라고는 기대하지 않는다.

 '그는 아무런 도움도 필요하지 않다.' 그는 생각한다. '그에게는 필요 없어. 오히려 방해가 필요할 거야.' 열두 시간 전에 그와 만나고 나서 죽 여자 뒤를 따라 여기저기 걸어다닌 노인의 꿈꾸는 듯하면서도 집념에 사로잡힌 채 의식이 멈춰 버린 혼수상태를 그는 떠올린다. '그에게 필요한 것은 방해야. 그가 완전히 힘을 잃는 것은 부인에게뿐만 아니라 다른 사람들에게도 좋은 일이라고 생각되는군.' 바이런은 그 여자를 지켜본다. 그는 조용히 거의 부드러울 정도로 말한다.

"자, 소원을 말씀하세요. 목사님께서는 당신이 무엇을 원하시는지 알고 싶어하십니다. 말씀드리세요."

"나는 생각하기를—." 그 여자는 말한다. 조금도 움직이지 않고 말한다. 그 음성은 쭈뼛거리고 있다기보다는 마치 소리내어 말할 수 있는 영역 밖에 있는 무엇, 즉 느끼고 알 수 있는 것 말고 다른 무엇인가를 억지로 말하려고 애쓰는 상태라서 음성이 그녀의 말을 듣지 않는 것 같다. "번취 씨가 말하기를 아마—."

"뭐라구요?" 하이타워가 말한다. 그는 음성을 좀 높이며 날카롭게 짜증스럽게 말한다. 그도 의자에 등을 기대고 팔걸이에 두 팔을 올려놓은 채 꼼짝도 하지 않는다. "뭐라구요? 뭐라고 말했다구요?"

"실은……." 그 음성은 다시금 사라진다. 창문 너머로는 벌레 우는 소리가 여전히 들린다. 그러자 음성이 평범하게 굴곡이 없이 이어진다. 그 여자도 고개를 좀 수그리고 앉아 있다. 마치 자기 자신도 그 음성을 똑같이 고요히 귀기울여 듣고 있기라도 한 것 같다. "그는 내 손자예요. 내 딸의 아들이지요. 난 그저 생각하기를, 만약…… 그가…….." 바이런은 고요히 귀를 기울이며 생각에 잠긴다. '거참 우스운데. 둘이서 어디선가 서로 바꿔치기를 한 것 같네. 교수형을 기다리고 있는 검둥이 손자를 가진 사람은 오히려 남자 쪽 같은데.' 음성은 계속된다. "모르는 분께 폐를 끼치는 것이 도리가 아닌 것은 잘 알고 있어요. 그렇지만 당신은 운이 좋아요. 사랑의 절망을 느끼지 않고 늙어 갈 수 있는 독신자, 총각이시니까요. 내가 아무리 말을 잘한다 해도 당신은 내 심정을 깨닫지 못할 테지요. 나는 그저 단 하루라도 그 사건이 일어나지 않은 것과 같을 수는 없을까 생각해 보았어요. 마치 모든 사람들이 그가 살인자라는 것을 모르고 있었을 때처럼 말입니다……." 음성은 다시금 중단된다. 그 여자는 조금도 움직이지 않는다. 그 여자는 그것이 시작됐을 때와 똑같은 흥미와 똑같은 고요한 예사로운 태도로 자기 음성이 그치는 것에 귀를 기울이고 있는 것 같다.

"계속하세요." 하이타워는 높은 짜증스러운 소리로 말한다. "계속하세요."

"나는 그 애가 걸어다니고 말을 할 수 있게 되었을 때에는 만나 본 일이 없습니다. 30년 동안 한 번도 만난 일이 없는걸요. 모두들 그 애가 했다고 말하는 일을 그 애가 하지 않았다고 말할 생각은 없어요. 사랑하고 잃어버린 사람들을 괴롭혔으니 그 애가 그 벌을 받지 않아도 된다고는 생각지 않습니다. 그렇지만 사람들이 단 하루라도 좋으니 혹시 참아 줄 수는 없을까요. 그런 일이 일어나지 않았던 것처럼 말이에요. 아직 이 세상 사람들이 그 애에게 아무런 미움도 품지 않았던 것처럼. 그러면 그 애는 그저 여행을 하고서 어른이 되어 돌아올 수도 있을 테지요. 단 하루라도 좋으니 그렇게 되었으면! 그 뒤에는 나도 더는 방해하지 않겠습니다. 만약에 그 애가 그런 일을 했다면 나는 그 애와 그 애가 받아야 할 처벌 사이에 끼어들지 않겠습니다. 그저 하루면 족합니다. 마치 그 애가 여행을 떠났다가 돌아와 세상 사람 누구와도 아직 적대관계에 있지 않고 기분 좋게 여행 이야기를 내게 들려주는 것 같다면 좋겠는데요."

"아." 하이타워는 날카롭고 높은 목소리로 말한다. 그는 움직이지 않았지만, 그리고 의자 팔걸이를 붙잡은 손가락 관절은 힘이 잔뜩 들어가 새하얗게 되었지만, 그의 옷 밑으로부터는 지금까지 억눌러 왔던 경련이 느릿느릿 일기 시작한다. "아, 그래." 그는 말한다. "그저 그게 전부라! 그럼 간단하지. 간단하고말고." 확실히 그는 쏟아져 나오는 말을 멈출 수가 없는 모양이다. "간단해, 간단해." 그는 나지막한 어조로 말하고 있었지만 이제는 그의 음성이 높아진다. "그들이 내게 원하는 것은 뭐지? 내가 지금 해야 할 일이 뭐야? 바이런! 바이런? 그게 뭐야? 지금 사람들이 내게 원하는 것이 뭐지?" 바이런은 일어섰다. 그는 지금 책상 옆에 서서 두 손을 책상 위에 올려놓고 하이타워를 마주 보고 있다. 그래도 여전히 하이타워는 점차로 심해져 가는 떨림 말고는 그 늘어진 몸을 조금도 움직이지 않고 있다.

"아, 그래. 뻔한 얘기지! 나한테 부탁할 사람은 바이런이군. 그래, 뻔한 얘기야. 그건 바이런과 내가 할 일이지! 자, 자, 빨리 말하게. 이제 와서 무엇 때문에 주저하고 있나?"

바이런은 책상 위에 두 손을 올려놓은 채 책상을 내려다본다. "죄송합니다. 죄송해요."

"아, 동정하나? 이 오랜 시간을 보낸 끝에? 나에 대한 동정인가? 그렇지 않으면 자네에 대한 동정인가? 자, 어서 털어놓게. 나더러 뭘 하라는 건가? 일을 꾸민 건 자네니까. 나는 알고 있단 말이야. 내내 알고 있었는걸. 아, 바이런, 바이런. 자네는 굉장한 극작가가 되겠군!"

"아마 행상인이나 외무원이나 외판원을 뜻하시는 거겠지요." 바이런은 말한다. "죄송합니다. 저는 알고 있어요. 목사님께서는 제게 말할 필요도 없으십니다."

"그렇지만 나는 자네 같은 천리안은 아니야. 자네는 내가 무슨 말을 할지 이미 다 알고 있는 모양이지만, 아직도 자네는 내게 알려 주겠다고 생각한 일을 다 말하지 않았지. 자넨 내가 무얼 해 주었으면 좋겠나? 내가 살인죄를 저질렀다고 나서 달라 이 말인가? 바로 그건가?"

바이런의 얼굴은 희미하고 덧없는, 냉소적인, 쓸쓸한, 구슬픈 웃음으로 일그러졌다. "그 비슷한 겁니다." 이어서 그의 얼굴은 정색을 한다. 그것은 아주 엄숙하다. "부탁 드리기조차 거북한 일입니다. 그건 저도 잘 알고 있습니다." 그는 자기 손이 책상 위에서 생각에 골몰한 듯 이유도 없이 조금씩 천천히 움직이는 것을 지켜보고 있다. "전에 악한 사람과 마찬가지로 선한 사람도 꼭 갚아야 할 빚이 있다고 목사님께 말씀드린 일이 있지요. 그런데 빚의 청구서가 왔을 때에 선한 사람은 도저히 그 지불을 거부할 수가 없습니다. 정직한 사람이 도박을 하는 경우와 마찬가지로, 상대가 자기에게 억지로 지불하게 할 방도가 없기 때문에 오히려 선한 사람은 지불을 거부할 수가 없는 것입니다. 악한 사람은 모른 척할 수가 있습니다. 그래서 세상 사람들은 악한 사람이 빚을 갚지 않는 것을 당연한 일로 생각합니다. 그 자리에서든지 다른 어느 때에든지. 그렇지만 선한 사람은 그럴 수가 없습니다. 아마도 악한 사람보다는 선한 사람이 지불하는 데 시간이 더 많이 걸릴 것입니다. 목사님께서는 전에도 그 지불을 안 하신 것은 아니겠지요. 전에도 그런 경험을 하셨지 않습니까. 이번에는 전보다 훨씬 쉬울 것입니다."

"그래 계속하게, 계속해 보게. 내가 해야 할 일이 무엇이라?"

바이런은 느릿느릿 끊임없이 움직이는 자기 손을 지켜보며 생각에 잠기고 있다. "그는 자기가 그 여자를 죽였다고 고백하지는 않았습니다. 그에게 불리한 증언은 모두 브라운의 입에서 나온 것이지요. 그런 증언은 없는 거나 다를 것 없습니다. 그가 그날 밤 당신 집에 있었다고 말해 주십시오. 브라운의 말을 빌린다면 크리스마스가 매일 밤 그 저택에 들어가곤 했다지만 사람들은 오히려 목사님 말씀을 믿을 것입니다. 하여간 그들은 그의 말보다는 목사님을 더 믿을 것 같습니다. 크리스마스가 그 여자와 부부처럼 살다가 그 여자를 죽여 버렸다는 말보다는 목사님과 함께 있었다는 말을 더 믿고 싶어 할 것입니다. 게다가 목사님은 나이가 드셨습니다. 그들은 목사님께 해가 되는 일은 전혀 하지 않겠지요. 그리고 목사님께서는 그들의 소행에는 이미 익숙해지셨지요."

"아." 하이타워는 말한다. "아, 그래, 그래, 그들은 믿겠지. 그거야 뭐 아주 간단한 일이지. 모두에게 다 좋겠군. 그렇게 되면 그는 그 때문에 괴로움을 당한 조부모에게로 돌아가고, 브라운은 상금도 못 탄 채 위협을 당해 갓난애를 입적시키고는 다시금 도망을 쳐서 이번에는 영원히 자취를 감추고 말겠지. 그리하여 마침내 그 여자와 바이런만 남게 되는 거겠군. 나야 뭐 운 좋게도 사랑의 괴로움을 맛보는 일도 없이 나이만 자꾸 먹어 온 늙은이에 지나지 않으니까." 그는 끊임없이 몸을 떨고 있다가 고개를 든다. 등불에 비친 그의 얼굴은 기름을 바른 것처럼 매끈매끈해 보인다. 일그러지고 뒤틀린 그 얼굴은 등불에 번쩍번쩍 빛나고 있다. 오늘 아침 산뜻한 느낌을 주던 깨끗하게 세탁된 누르스름한 셔츠가 지금은 땀에 흥건히 젖어 있다. "내게는 불가능하다든가 할 만한 용기가 없다든가 해서 그러는 건 아니지만." 그는 말을 잇는다. "나는 그럴 생각이 없어. 그러고 싶지 않단 말이야! 내 말 알겠나?" 그는 의자 팔걸이에서 두 손을 들어 올린다. "그러고 싶지 않기 때문이야!" 바이런은 움직이지 않는다. 책상 위에서 움직이던 그의 손은 동작을 멈추었다. 그는 상대를 바라보며 생각에 잠긴다. '그가 소리를 지르는 상대는 내가 아니야. 저렇게 해서 그는 나보다도 더 가까운 존재를 설복하고 싶은 모양이군.' 실제로 하이타워는 지금 막 고함을 지르고 있다. "나는 절대로 안 하겠어! 안 한다니까!" 그는 두 주먹을 불끈 쥐어 들어올리고 얼굴에는 땀을 흘리고 있고, 입술은 뒤집어져 썩어가는 이를 악문 꼴을 보여 주고 있고 그 주위에는 흙빛 두툼한 살이 축 늘어져 있다. 갑자기 그의 목소리는 한층 더 높아진다. "나가!" 그는 고함을 지른다. "이 집에서 나가란 말이야! 이 집에서 나가!" 그러고 나서 그는 앞으로 몸을 내밀어 주먹을 쥔 두 손을 책상 위에 내던지고 그 사이에 얼굴을 묻어 버린다. 두 늙은이가 앞장 서서 나가고 바이런이 뒤따라 가다가 입구에서 뒤돌아보니 하이타워는 꼼짝도 않고 있고, 갓이 달린 등불에서 비치는 빛 속에 그의 벗겨진 머리와 주먹을 쥔 채 뻗친 두 팔이 그대로 놓여 있다. 열린 창문 너머로는 벌레 소리가 그치지 않고 줄기차게 들려온다.

17

　그것은 일요일 밤의 일이었다. 리나의 어린애는 그 이튿날 아침 태어났다. 바이런이 그곳을 떠난 지 여섯 시간도 못 되어서 나귀를 마구 몰아 그 집으로 다시 돌아와 보니 동이 틀 무렵이었다. 나귀에서 뛰어내리기가 무섭게 달음박질을 시작하여 그는 컴컴한 현관으로 통하는 좁은 길을 달려 올라갔다. 그렇게 급히 서두르고 있으면서도 동시에 마음은 초연하게 조금 떨어진 곳에서 자기를 관찰하고 있는 듯했다. 그는 기분 나쁠 정도로 둔감한 태도로 생각하고 있다. '바이런 번취가 해산을 돕다니! 두 주일 전에 지금 내 꼴을 볼 수 있었으면 나도 내 눈을 믿지 않았을 거야. 내 눈이 나한테 거짓말을 하고 있다고 생각했을 텐데.'
　여섯 시간 전에 목사를 남겨 놓고 물러갔던 방의 창문은 캄캄했다. 달리면서 그는 그 벗겨진 머리, 주먹을 쥔 두 손, 책상 위에 엎드려 있는 그 살찐 몸을 생각해 보았다. '그렇지만 목사님은 제대로 주무시지 못했을 거야.' 그렇게 생각했다. '비록 목사님이 그 일을 해 주시지 않더라도, 그 일을—' 그는 산파라는 말, 즉 하이타워가 반드시 썼을 말을 알고 있으면서도 생각해 낼 수가 없었다. '굳이 생각할 필요도 없겠지.' 그는 생각했다. '대포를 향해 돌진하든가 그곳으로부터 도망을 치든가 하는 사람에게는, 자기 행동을 표현할 말이 용기인지 두려움인지 생각해 볼 여유가 없다. 꼭 그런 처지니까.'
　문은 잠겨 있지 않았다. 그는 그 문이 잠겨 있지 않을 것이라고 알고 있었던 것 같다. 그는 길을 더듬어 복도로 들어갔지만 조용하게 걷지도 않았고 그럴 생각도 없었다. 그는 얼마 전에 밝은 등불 아래에서 책상 위에 주인이 몸을 길게 엎드린 것을 본 그 방보다 더 안으로는 들어가 본 일이 없었다. 그런데도 그는 알고 있었거나 앞이 보이기라도 하는 듯이, 또는 누구의 인도를 받기라도 하는 듯이, 정확히 목표로 삼고 있던 그 문으로 똑바로 갔다. '목사님이 그것이라고 부르시곤 하는 바로 그것이지.' 그는 어둠 속에서 서둘러 길을 더듬으면서 생각했다. '그리고 그 여자도 그렇게 부르곤 했지.' 그것은 저 건너 오두막에 누워서 이미 진통을 겪기 시작한 리나를 두고 하는 말이었다. '다만 나를 인도해 준 것이 무엇인지, 그 둘은 거기에 각각 다른 명칭을 붙이고 있긴 하지만.' 그는 방에 들어가기 전에 벌써 하이타워가 코고는 소리를 들을 수 있었다. '결국 목사님도 그렇게 야단을 하시지 않는 걸지도 몰라.' 그는 생각했다. 다음 순간 곧 그는 생각을 달리했다. '아니, 그런 생각은 옳지 않아. 그건 아니야. 나도 그건 믿지 않으니 말이야. 목사님이 저렇게 주무시고 나는 잠을 못 자는 이유는, 그가 노인이고 나만큼은 견디어 낼 수가 없기 때문이야.'

그는 침대에 다가갔다. 그곳에 있는 사람은 아직 눈에 보이지 않았지만, 깊이 잠을 자면서 코를 고는 소리가 들렸다. 거기에는 심오하고 완전무결한 항복의 기미가 서려 있었다. 그것은 기진맥진의 기미가 아니라 완전한 항복, 즉 자존심과 희망과 허영심과 공포의 혼합체를 꽉 움켜잡았던 것을 아주 포기하고 놓아준 듯한 기미가 있었고, 또 패배나 승리에 달라붙는 힘, 즉 그것을 포기하는 것은 흔히 곧 죽음을 의미하는 '나는 존재한다'는 입장을 완전히 포기하고 놓아 버린 듯한 느낌이었다. 침대 옆에 서서 바이런은 또 생각했다. '죄송한 일이야. 죄송한 일이야.' 지금 그에게는 이렇게 잠든 노인을 깨우는 것이 자기가 지금까지 해 온 일 중에서 가장 잔인한 일이라는 생각이 들었다. '그렇지만 기다리고 있는 것은 내가 아니야.' 그는 생각했다. '하느님께서도 그걸 아실 거야. 요즘에는 하느님께서도 내가 다음엔 무슨 일을 할지 다른 사람들 모양으로 죽 나를 지켜보고 계시니 말이야.'

그는 잠자고 있는 사람에게 손을 갖다 댔다. 난폭하지는 않았지만 힘 있는 동작이었다. 하이타워는 코골이를 그쳤다. 바이런의 손 밑에서 그는 몸을 크게 흔들더니 갑자기 눈을 떴다. "응?" 그는 말했다. "뭐야? 거 누구지? 누가 거기 왔지?"

"저예요." 바이런이 대답했다. "바이런이 또 왔어요. 목사님, 이제는 깨셨어요?"

"그래, 무슨—."

"예." 바이런이 말했다. "그 부인이 그러는데 멀지 않았답니다. 때가 되었다는군요."

"그 부인?"

"등이 어디 있는지 알려 주세요…… 하인즈 부인 말입니다. 그 여자가 거기 와 있어요. 저는 의사를 부르러 가는 길입니다. 하지만 시간이 좀 걸릴 것 같아요. 그러니 목사님께서 제 나귀를 타고 가십시오. 거기까지는 타고 가실 수 있겠지요. 아직 그 책을 갖고 계십니까?"

하이타워가 움직이자 침대는 삐꺽거렸다. "책? 그 책?"

"검둥이 애가 태어날 때에 사용하시던 책 말이에요. 목사님께서 그걸 가져가시는 편이 좋지 않을까 생각해서 여쭈어 본 것뿐이에요. 혹 제가 의사를 데리고 제때에 돌아오지 못할지도 모르니까요. 나귀는 대문 밖에 있습니다. 그놈이 길을 알지요. 전 걸어서 시내에 들어가 의사를 데려오겠습니다. 되도록 빨리 그곳으로 돌아가겠습니다." 그는 몸을 돌리고 방을 다시 가로질렀다. 그는 하이타워가 침대에 일어나 앉는 것을 들을 수 있었고 느낄 수도 있었다. 그는 방 한가운데 서서 천장에 매달린 등을 찾아내어 불을 켰다. 불이 켜졌을 때에는 그는 이미 문 쪽으로 걸어가고 있었다. 그는 뒤돌아보지도 않았다. 등 뒤에서 하이타워의 목소리가 들려왔다.

"바이런! 바이런!" 그는 걸음을 멈추지도 않았고 대답도 하지 않았다.

날은 희미하게 밝아 오고 있었다. 간격을 두고 늘어서 있는 가로등의 약해진 빛 속에서는 벌레들이 아직도 뱅뱅 돌며 서로 부딪쳐 대고 있다. 바이런은 그 아래에서 아무도 없는 텅 빈 길을 재빠르게 걸어갔다. 그러나 날은 점점 밝아오고 있었다. 광장에 다다르자 동쪽 주택들은 정면 모습이 하늘을 배경으로 뚜렷이 나타나 있었다. 그는 다급히 생각하고 있었다. 의사는 전혀 찾아 두지 않았던 것이다. 이런 때에는 아무리 경험이 없는 젊은 아버지라도 자기가 어리석고 게으른 탓으로 이렇게 되었다고 생각하며 분노와 공포가 뒤섞인 기분에 가득 차게 되는 것처럼, 그는 걸어가면서 자기 자신을 꾸짖고 있었다. 그래도 그것은 단순히 경험이 없는 아버지의 근심만은 아니었다. 그 배후에 무엇인가 있었지만 그는 한참 뒤에야 비로소 그것을 깨달았던 것이다. 이를테면 그의 마음속에 무엇인가 스며들어서 지금 당장에라도 그에게 달려들 것 같은 상황이었으나, 지금 그는 너무 바빠서 그것을 제대로 깨닫지 못했다. 그리고 실제로 그는 이런 생각을 하고 있었다. '빨리 결정을 지어야겠어. 목사님은 그 검둥이 애를 잘 받으셨다지. 그렇지만 이번 경우는 좀 달라. 지난주에 손을 써 놓았어야 했는데. 멍하니 기다리고 있지만 말고 재빠르게 의사를 찾아 두었더라면, 지금 이렇게 한 집 한 집 찾아다니며 의사를 구하느라고 야단법석은 하지 않아도 되었을 텐데. 내 거짓말을 믿어 줄 의사를 찾느라고 애쓰지 않아도 괜찮았을 텐데. 나 참, 요새 나처럼 거짓말을 많이 하며 돌아다니는 사람이라면 남자나 여자를 막론하고 누구든지 믿어 줄 만한 거짓말을 한다 해도 뭐 이상할 거야 없지. 그렇지만 난 해낼 것 같지도 않네. 그럴듯한 거짓말을 해서 감쪽같이 속인다는 것은 나와는 거리가 먼 이야기야.' 그는 재빨리 걸었다. 그 발소리는 빈 거리에서 공허하고 쓸쓸하게 울렸다. 그의 결심은 자기가 깨닫기도 전에 이미 굳어져 있었다. 그런 것은 그에게는 모순도 아니오, 희극도 아니었다. 그가 의식했을 때에 그 결심은 벌써 순식간에 그의 마음속에 들어와 확고하게 자리잡고 있었고, 그의 다리는 이미 그 결심에 복종해 움직이고 있었다. 그의 다리는 바로 그 의사, 흑인 애가 태어날 때에 불려 오긴 했지만 도착이 너무 늦어져서 하이타워가 면도칼과 책의 도움으로 산파 노릇을 했던 바로 그 의사의 집으로 그를 이끌고 있었다.

이번에도 의사는 너무 늦게 도착했다. 바이런은 그가 옷을 입는 동안 기다려야만 했다. 그는 이제는 노령에 가까웠고 잔소리가 많았으며, 이른 새벽에 잠을 깨운 것이 몹시 못마땅한 모양이었다. 그 다음에는 그는 자동차 열쇠를 찾기 시작했다. 그것이 작은 금속 금고에 들어 있는 것까지는 알았지만 그 금고의 열쇠를 찾는 데도 시간이 또 걸렸다. 바이런은 그 금고를 부수고 싶었지만 허락을 받지 못했다. 그래서 그들이 드디어 오두막에 도착했을 때에는 동쪽 하늘엔 이미 누런빛이 감돌았고 여름의 빠른 해가 조금씩 고개를 내밀고 있었다. 그리고 이제는 나이가 든 두 사람이 방 하나밖에 없는 오두막 문에서 서로 다시 만나게 되었지만, 그때 이미 갓난애의 울음소리가 들려왔으므로 의사는 이번에도 비전문가에게 일을 빼앗겼다고 깨달았다. 의사는 짜증스럽게 목사를 흘끗 보았다. "아, 선생이 계셨구려." 그 의사는 말했다. "당신을 이미 불러들였다고 바이런이 말을 해 주었더라면 좋았을 텐데요. 나는 공연히 잠만 밑졌군요." 그는 목사를 밀어 버리며 들어왔다. "당신은 이번에는 전보다도 더 운이 좋았던 모양입니다. 그런데 의사는 오히려 당신에게 필요하지 않습니까? 아니, 커피 한 잔이 당신에게 필요한지도 모르겠군요." 하이타워는 무언가 말을 했지만 의사는 들으려고도 하지 않고 그냥 안으로 들어갔다. 그가 방에 들어가 보았더니 거기에는 좁다란 군대식 침대에 처음 보는 젊은 여자가 창백한 얼굴로 지쳐서 누워 있었고, 그 옆에는 역시 처음 보는 늙은 부인이 자줏빛 옷을 입고 갓난애를 무릎 위에 안고 있었다. 어두컴컴한 구석에 자리잡은 또 다른 침대에는 어떤 노인이 잠을 자고 있었다. 의사는 그 노인을 발견했을 때 그가 죽은 것 같이 보인다고 생각했다. 그 노인은 그렇게도 조용히 깊은 잠을 자고 있었던 것이다. 그러나 의사는 그 노인을 곧 들여다본 것은 아니었다. 그는 갓난애를 안고 있는 늙은 부인에게로 먼저 갔다. "저런, 저런." 그는 말했다. "바이런은 아주 흥분했었나 보군. 할머니 할아버지까지 가족이 다 와 있었는데도 그런 말은 전혀 하지도 않았으니." 늙은 부인이 그에게 고개를 쳐들었다. 그는 생각했다. '이 부인은 앉아 있긴 하지만 노인만큼이나 죽은 것 같군. 자기가 할머니가 된 것은 커녕 자기에게 딸이 있다는 것조차 전혀 모르고 있는 눈치야.'

"그래요." 부인은 말했다. 그 여자는 갓난애 위로 몸을 웅크리면서 그를 쳐다보았다. 그때에 의사는 그 여자의 얼굴이 바보스럽지도 않고 공허하지도 않다고 깨달았다. 그와 동시에 그 얼굴은 평화롭기도 하고 무시무시하기도 하다고 느꼈다. 마치 평화와 공포가 오래전에 사라졌다가 이제 동시에 되살아나 다시 깃들이게 되었다는 듯한 느낌이었다. 그러나 그는 바위 같으면서 또 웅크리고 있는 짐승 같은 그 여자의 태도를 주로 주목하고 있었다. 그 여자가 노인에게로 고개를 돌렸을 때에야 비로소 의사는 또 다른 침대에 누워 잠자고 있는 사람을 똑바로 들여다보게 되었다. 그 부인은 사라져 가는 공포가 남긴 긴장과 계교가 섞인 어조로 속삭였다. "그를 속였어요. 이번에는 당신이 뒷문으로 올 거라고 그래 줬죠. 그를 속였어요. 자, 정말로 잘 오셨어요, 선생님. 이제는 밀리를 좀 봐 주세요. 조이는 내가 돌볼 테니까요." 그러다가 그 표정은 희미해졌다. 의사가 바라보고 있는 동안에 늙은 부인의 잔잔하면서 아무런 감정도 나타낼 것 같지 않은 얼굴에 떠오른 생기와 활기는 점점 희미해지더니 갑자기 흔적도 없이 사라져 버렸고, 그 여자는 두 눈에 망연히 어리둥절한 표정을 띠고 의심스러운 듯이 그를 바라보며 그가 빼앗아 갈 염려라도 있는 듯 갓난애 위로 몸을 굽혔다. 그 동작이 갓난애를 깨웠는지 아기는 잠깐 울었다. 그러자 그 어리둥절한 표정도 사라졌다. 그림자처럼 미끈하게 사라져서 그 여자는 생각에 잠긴 듯이 무표정한 바보스러운 얼굴로 갓난애를 내려다보았다. "이 애는 조이지요." 그 여자는 말했다. "내 딸 밀리의 아들이에요."

그리고 의사가 들어간 뒤로 문밖에 서 있던 바이런은 갓난애의 울음소리를 듣고 무시무시한 일이 그에게 일어났다고 느꼈다. 지난밤 하인즈 부인이 텐트에 있는 그를 불러냈었다. 그 음성이 심상치 않았기 때문에 그는 거의 달리듯이 빨리 걸으면서 바지를 입었다. 그리고 아직 잠옷으로 갈아입지도 않은 채 오두막 입구에 서 있는 하인즈 부인의 옆을 스치고 지나가 방으로 달려 들어갔다. 그때에 그는 그 여자를 보고 꼼짝도 못하게 되었다. 하인즈 부인은 바로 옆에 와서 무엇인가 말을 건넸다. 그는 대답도 하고 그 말에 따르기도 했을 것이다. 하여간 그는 나귀에 안장을 놓고 시내를 향하여 달리고 있던 때에도 여전히 얼굴은 그녀를 향해 있었고, 그의 눈에는 그 여자가 보이는 것 같았다. 침대 위에서 양팔로 몸을 지탱하고 일어나 앉아 시트 밑의 자기 몸을 애통한 절망적인 공포의 표정으로 내려다보고 있는 그 여자의 얼굴이 눈에 떠올랐다. 하이타워를 깨우고 있을 때에도 또 의사의 준비를 기다리고 있을 때에도, 내내 그는 자기 마음 어느 구석엔가 손톱을 세운 어떤 것이 스며들어 기다리고 있다는 것을 눈치채고 있었지만, 그의 머리는 너무나 복잡하여 생각할 여유가 없었다. 바로 그랬다. 머리가 너무 복잡하여 그가 의사와 함께 오두막으로 돌아오기까지는 생각할 여유가 없었던 것이다. 그러고 나서 그는 오두막 문밖에 서 있었다. 갓난애가 한 번 우는 소리를 듣는 순간 무언가 무시무시한 일이 그에게 일어났다.

그가 제때 구해 놓지 않았던 의사를 구하러 텅 빈 광장을 건너갈 때 마음 한구석에 손톱을 세우고 숨어서 기다리는 것처럼 생각되던 것이 대체 무엇이었는지, 그는 이제 깨닫게 되었다. 그는 자기가 좀 빨리 의사를 예약해 두지 않았던 이유를 알게 되었다. 실상 하인즈 부인이 그를 텐트에서 불러낼 때까지 그는 그에게(그 여자에게) 의사가 필요할 거라고는, 그럴 필요가 있으리라고는 생각지도 않았던 것이다. 말하자면 일주일 동안 그는 눈으로는 그 여자의 불룩한 배를 기정사실로 생각하고 있으면서도 마음으로는 그것을 믿지 않았던 것이다. '그래도 난 알고는 있었지. 믿기도 하고.' 그는 생각을 했다. '이리저리 뛰어다니며 거짓말을 하고 사람들에게 근심을 시켰으니 내가 알고 있었던 것은 사실이야.' 그러나 그는 하인즈 부인 옆을 지나 오두막 속을 들여다보기까지는 자기가 믿지 않고 있었다는 것을 비로소 깨달았다. 하인즈 부인의 음성이 처음 그의 잠 속에 들어왔을 때에 그것이 무엇인지 무슨 일이 일어났는지 그는 잘 알았다. 벌떡 일어나 급히 작업복을 입으면서 동시에 서두를 필요도 몸에 지녔는데 이는 그래야 하는 이유와, 닷새 동안이나 자기가 매일 밤 그것을 기다리고 있었다는 것을 그는 잘 알았기 때문이다. 그런데도 그는 아직 믿지 않았다. 오두막으로 달려와 방 안을 들여다보면 그 여자가 일어나 있는 것이 보이리라고 그는 기대했다. 아마 전처럼 침착하고 변함이 없는 영원한 모습으로 문까지 자기를 맞이하러 나온 그 여자를 만나게 될지도 모른다고 그는 생각했다. 그러나 그가 문을 열자마자 일찍이 들어 본 일이 없는 소리를 듣게 된 것이다. 그것은 요란하고 애통한 신음 소리로서 정열적이고도 처참한 맛이 뒤섞여 있었다. 자기뿐만 아니라 다른 어떤 남자도 알아들을 수 없는 말로 무엇에겐가 확실히 말을 걸고 있는 것 같았다. 그 뒤에 그는 하인즈 부인을 스치고 지나가 문으로 들어가서, 침대에 누워 있는 그 여자를 보았다. 그 여자가 침대에 누워 있는 모습을 보기는 이번이 처음이었다. 그래서 만약에 그런 경우가 생긴다면 그때 그 여자는 긴장하여 신경을 곤두세우고, 아마 미소도 좀 띤 채 그를 제대로 의식하고서 대하리라고 그는 생각했다. 그러나 그가 방에 들어갔을 때에는 그 여자는 그를 쳐다보지도 않았다. 그 여자는 문이 열린 것도 의식하지 못하는 것 같았고, 방 안에는 그저 그 여자 자신과, 남자로선 알아들을 수 없는 말로 신음하며 외쳐 부르는 무엇인가 말고는 아무것도 없다고 느끼는 것 같았다. 그 여자는 턱까지 시트를 덮고 있었지만 상체는 양팔로 지탱하여 세우고 있었고, 고개는 수그리고 있었다. 머리는 느슨하게 풀어져 있었고, 두 눈은 두 개의 시커먼 구멍 같았고, 입은 그 뒤의 베개만큼이나 핏기가 없었다. 그리고 시트 아래의 자기 몸의 모습을 놀라고 당황한 태도로 전혀 믿지 않는다는 듯이 화난 눈으로 바라보는가 싶더니, 다시금 드높은 처참한 신음 소리를 질렀다. 하인즈 부인은 벌써 그 여자에게로 몸을 굽히고 있었다. 부인은 그 무표정한 얼굴을 자줏빛 옷을 걸친 어깨 너머로 그를 향해 돌렸다. "가서 의사를 구해 와요. 때가 됐으니까."

그는 마구간에 갔던 기억이 전혀 없었다. 그래도 그는 어느새 거기 들어가 나귀를 붙잡고 안장을 꺼내다가 그 위에 올려놓았다. 그는 무척 서둘러 움직이고 있었지만 생각은 느리게 하고 있었다. 그는 이제야 그 이유를 알았다. 그는 생각이 느릿느릿 미끄러지듯 제 길을 찾아, 마치 폭풍이 불기 직전에 수면에 뿌려진 기름이 천천히 퍼져 나가듯이 움직이는 것을 알았다. '그때 알았더라면.' 그는 생각했다. '그때 알았더라면, 그때 확실히 알아챘더라면.' 그는 견딜 수 없는 절망과 후회를 느끼면서 조용히 이런 생각을 하고 있었다. '그렇다, 그랬더라면 나는 등을 돌리고 반대 방향으로 나귀를 몰았을 거야. 사람들의 눈과 기억이 영원히 미치지 못할 곳으로 나귀를 몰았을 텐데.' 그러나 실제로는 그렇게 하지는 않았다. 그는 나귀를 타고 오두막을 빨리 지나가며 생각을 천천히 미끈하게 줄기차게 하면서도, 아직 그 이유를 모르고 있었다. '그 여자가 다시 부르짖기 전에 소리가 들리지 않는 곳으로 지나가 버릴 수가 있으면.' 이렇게 그는 생각했다. '그 소리를 다시 듣기 전에 그저 지나쳐 버릴 수가 있다면.' 이런 생각을 하며 그는 얼마 동안 나아가 큰길에 나섰다. 다리가 튼튼한 작은 나귀가 이제는 제법 빨리 달리고 있는 동안 그는 기름이 물에 자꾸 느리고 매끄럽게 퍼져 나가듯이 생각의 범위를 넓혔다. '하이타워 목사님께 먼저 가야지. 나귀는 목사님을 위해서 두고 가는 것이 좋겠어. 그 의학 서적을 잊지 말고 귀띔해 드려야지. 그걸 잊어서는 안 돼.' 그 기름과도 같은 생각을 하면서 그는 거기까지 달려가, 아직 멈추지도 않은 나귀에서 뛰어내려 하이타워의 집으로 들어갔던 것이다. 그 다음 그는 다른 일에 착수했다. '자, 이 일은 끝났군' 하는 생각에서, '혹 진짜 의사를 구할 수 없다 해도' 하는 생각으로 넘어오면서 그는 광장까지 나왔지만 결국 배반을 당해 버렸다. 그는 날카로운 손톱을 세우고 숨어 있는 그것을 느꼈던 것이다. 그는 생각한다. '혹 진짜 의사를 구하지 못한다 해도 별수 없는 일이야. 나는 그런 게 필요하리라고는 생각도 한 적이 없었으니까. 생각도 하지 않았으니까.' 이런 생각이 서두를 필요와 서로 격렬하게 충돌하면서도 하나로 연결이 된 채 마음속에서 요동을 하고 있는 동안, 그는 자동차 열쇠를 꺼내려고 금고 열쇠를 그 늙은 의사와 함께 찾느라고 야단법석이었다. 그러자 마침내 두 사람은 그것을 찾아냈고, 잠깐 서두를 필요라는 것이 자동차의 움직임과 속력과 손을 맞잡고 공허한 새벽하늘 아래 텅 빈 가로를 달리고 있었다—그랬지만, 혹시 그게 아니었다면 그는 누구나 그러는 것처럼 모든 현실을, 모든 공포와 불안을 옆에 있는 의사에게 모두 내맡겨 버렸는지도 모른다. 하여간 그것은 그를 오두막까지 날라다 주어서 그들 두 사람은 차에서 내려 아직 등불이 켜 있는 오두막 문으로 다가갔다. 그러는 동안 그는 마지막으로 평화롭고 무심한 마음으로 달렸다. 그 다음 순간에 그는 타격을 받아 등 뒤에서 그 손톱을 세운 것에게 덜미를 잡혀 버렸던 것이다. 그때 그는 갓난애의 울음소리를 들었다. 그제야 그는 깨달았다. 날은 점점 빠르게 밝아오고 있었다. 그는 싸늘한 평화 속에 고요히 서서 조용히 각성하고 있었다—어디서든지 누구도 두 번 다시 돌아보려 하지 않을 그런 모습으로 아주 작게 눈에 띄지 않게 서 있었다. 지금 그는 믿는다는 것이 그를 보호해 주었을 뿐만 아니라 믿는다는 것으로부터 그를 보호해 준 무엇이 죽 있었다는 사실을 깨달았다. 가혹하리만치 엄숙한 놀라움으로 그는 생각했다. '하인즈 부인에게 불려 가서 리나의 신음 소리를 듣고 그 얼굴을 보고 그 순간 그녀에게는 바이런 번취가 참으로 아무것도 아닌 존재라는 것을 알았는데, 그때 비로소 나는 그 여자가 처녀가 아니란 것을 깨달은 모양이야.' 그리고 그는 그건 아주 지독한 일이라고 생각했지만 그것이 전부는 아니었다. 그 밖에도 또 무엇이 있었다. 날이 점점 밝아오는 가운데 그는 꼼짝도 않고 서서 조용히 생각에 잠겼다. '그리고 하이타워 목사님의 말씀대로 이것 또한 내게 주어진 숙명이었던 거야. 이제는 그에게 말해야 하겠군. 루카스 버취에게 말해 줘야 하겠어.' 전처럼 태연히 있을 수는 없었다. 그것은 청춘기에 느끼는 무슨 애통하고도 돌이킬 수 없는 절망에 가까운 것이었다. '정말 지금 이 순간까지는 결국 그가 그런 존재였다는 것을 난 믿지 않고 있었지. 하기야 뭐 나뿐만 아니라 그 여자나 나와 관련된 다른 사람들도 다 아무런 뜻도 없는 말들이 모인 덩어리에 지나지 않는단 말이야. 우리 자신이 아닌데도, 그런데도 우리라는 덩어리는 말이 모자라다는 것도 눈치채지 못하고 그냥 자꾸 전진만 하고 있었지. 그렇지, 그가 루카스 버취라는 사실을 난 이제야 믿게 되었어. 루카스 버취라는 남자가 있다는 사실을.'

"운이란 말인가?" 하이타워는 말한다. "운이라! 나는 그런 걸 갖고 있는지 어떤지도 모르겠는데." 그러나 의사는 오두막 안으로 그냥 들어갔다. 하이타워는 살짝 몸을 되돌려 침대 둘레에 있는 사람들을 지켜보며 의사의 유쾌한 음성에 귀를 기울이고 있다. 늙은 부인은 지금 조용히 앉아 있지만, 그래도 그 여자를 바라보고 있으려니까 조금 전에 그 여자가 말도 못할 만큼 미칠 듯한 공포에 사로잡혀서 갓난애를 떨어뜨릴 것 같았기 때문에 갓난애를 빼앗으려고 그 여자와 다투던 일이 생각났다. 말을 잃은 만큼 더욱더 심하게 광란하는 모습이 되어서 그 여자는 갓난애를 산모의 몸에서부터 낚아채듯이 들어 올리고 침대에 누워 잠들어 있는 노인을 노려보고 있었다. 그것은 꼭 뚱뚱한 곰이 몸을 웅크리고 있는 것 같았다. 하이타워가 이곳에 도착했을 때에도 그 노인은 그렇게 잠들어 있었다. 그가 방에 들어갔을 때 노인은 전혀 숨을 쉬지 않는 것 같았고, 그 옆 의자에는 그 여자가 웅크리고 앉아 있었다. 그 여자는 절벽에서 막 굴러떨어지려는 커다란 바위와도 같았고, 하이타워는 그 순간 생각에 잠겼다. '저 여자는 벌써 저 노인을 죽였구나. 이번에는 저 여자도 처음부터 미리 조심하고 있었던 모양이군.' 그 다음 그는 몹시 분주해졌다. 그 늙은 부인이 어느덧 그의 바로 옆에 와 있는 것조차 모를 정도였다. 이제 그녀는 아직 숨도 쉬지 않는 갓난애를 낚아채어 드높이 쳐들며 다른 침대에 누워 잠들어 있는 노인을 호랑이 같은 표정으로 노려보고 있었다. 그러자 갓난애는 숨을 쉬며 울기 시작했다. 그 여자는 아무도 알아들을 수 없는 거친 말로 의기양양하게 대답하는 것 같았다. 떨어뜨리지 않도록 그가 억지로 갓난애를 빼앗은 때에는 그 여자의 얼굴에는 거의 광기가 서려 있었다. "자." 그는 말했다. "봐요! 저 노인은 얌전히 자고 있어요. 이번에야 뭐, 이 애를 빼앗아 가지는 않겠죠." 그래도 그 여자는 마치 영어를 알아듣지 못하는 것처럼 묵묵히 짐승 모양으로 그를 노려보고 있었다. 그러나 그 열광, 그 승리의 표정은 얼굴에서 사라지고 다만 갓난애를 그에게서 다시 빼앗으려고 흐느끼는 듯한 쉰 소리만 내고 있었다. "이젠 조심해요." 그는 말했다. "조심하겠소?" 그 여자는 흐느끼면서 끄덕이더니 갓난애를 투박한 손길로 조금 쓸어 주었다. 그러나 그 여자의 손은 가라앉은 느낌이었다. 그래서 그는 갓난애를 그 여자에게 넘겨주었다. 지금 그 여자는 갓난애를 무릎에 안은 채 자리에 앉아 있고, 침대 옆에서는 뒤늦게 온 의사가 유쾌하고 성급한 목소리로 지껄이면서 양손을 분주히 움직이고 있다. 하이타워는 몸을 돌려 밖으로 나가 망가진 층계를 참으로 노인답게 천천히 조심스럽게 내려가 땅바닥에 내려선다. 마치 그 축 늘어진 배 속에 무슨 폭약같이 굉장히 위험한 물건을 넣어 두기라도 한 듯이. 이제는 새벽이 아니라 아침이다. 해가 이미 높이 떠 있다. 그는 걸음을 멈추고 두리번거리면서 부른다. "바이런." 아무런 대답이 없다. 그러자 그는 가까운 울짱에 매 두었던 나귀가 눈에 띄지 않음을 의식한다. 그에게서는 한숨이 나온다. '이거 참.' 그는 생각한다. '하여간 바이런 때문에 성가신 일도 많았지만 이제 그것도 모자라서 집까지 2마일 길을 걸어가야 한단 말인가. 바이런답지 않은 짓이군, 증오 때문에 그랬다고 해도. 하기야 우리 인간의 행위란 다 그저 이런 정도가 아니겠는가. 게다가 인간은 대체로 자기 행위에 알맞지 않은 사람들뿐이거든.'

그는 천천히 걸어서 마을로 돌아온다—더러워진 파나마모자를 쓰고, 볼품없고 거친 무명으로 지은 파자마 자락을 검은 바지 속에 쑤셔 넣고 배만 튀어 나온 마른 몸을 이끌고서 걸어간다. '구두를 신을 여유가 있었던 것만 해도 운이 좋았다고 해 둘까.' 그는 생각한다. '아, 고단해.' 그는 짜증스럽게 생각한다. '아, 고단해. 잠도 못잘 것 같군.' 그는 짜증스럽고 피곤하게 느릿느릿한 걸음걸이에 맞춰 생각하며 자기 집 대문으로 돌아 들어간다. 태양은 벌써 높이 떠 있고, 동네 사람들도 다 깨어났고, 여기저기서 아침을 준비하는 냄새가 풍겨 오고 있다. '바이런은 어떻게 그럴 수가 있었을까?' 그는 생각한다. '나귀를 내게 남겨 두지 않을 거면 하다못해 여기 먼저 달려와서 난로에 불이라도 피워 줄 법한데. 나의 식욕을 위해서는 식전에 2마일이나 산책하는 것이 좋다고 생각하고 있다면 말이야.'

그는 부엌으로 가서 천천히 투박하게 난로에 불을 피운다. 그의 투박함은 25년 전 첫날 이 난로에 처음 불을 피웠을 때와 조금도 달라진 것이 없다. 그는 커피를 끓인다. '그럼 잠자리에 돌아가야지.' 그는 생각한다. '그렇지만 어차피 잠은 잘 수 없을 거야.' 그러나 그는 자기 생각이 투덜대기 잘하는 여자의 낙천적인 푸념처럼 들린다고 깨닫는다. 그리고 그는 늘 하던 대로 기름진 아침을 준비하고 있음을 깨닫고 불만스럽기라도 한 듯이 혀를 차며 일손을 멈춘다. '사실은 지금보다 더 기분이 나빠야 할 텐데.' 이렇게 그는 생각한다. 그러나 실제로는 그런 기분이 아님을 시인하지 않을 수 없다. 쓸쓸하고 어지러운 부엌에서 쓸쓸하게 볼품없이 똑바로 서서 어제 쓴 기름이 아직 더덕더덕 붙어 있는 철제 프라이팬을 손에 들고 있으려니까, 그의 온몸에는 거의 뜨겁다고 할 만한 승리감과 같은 것이 빛나고 물결치고 넘쳐 흐르는 것 같다. '난 그들에게 보여 줬지!' 그는 생각한다. '그들이 어슬렁어슬렁 오고 있는 동안에 노인은 생명을 얻은 셈이야. 바이런의 말투대로 하자면 그들은 그가 먹다가 남긴 것을 얻으려고 거기 갔단 말이지.' 그러나 이것은 허영이요 공허한 자존심이다. 그래도 그 불꽃은 천천히 식어 가면서도 비난을 물리치고 무시한다. 그는 생각한다. '그런들 어떠랴? 승리와 자랑스러움을 느낀들 어떻단 말이야? 그런들 어떻단 말이야?' 그러나 그 뜨거운 불꽃은 별로 무슨 지지물을 찾거나 구하지도 않는다. 또한 오렌지와 달걀과 토스트와 같은 현실에 의해서 꺼져 없어질 것도 아니다. 이윽고 그는 식탁에 놓여 있는 더러워진 빈 접시를 내려다보며 큰 소리로 말한다. "에라, 접시 따위는 닦아서 뭐하겠어!" 그는 잠을 청해 보려고 침실에도 가지 않는다. 그 방문까지 가서 안을 들여다보더니 그 찬란한 결심과 자존심을 가지고 생각에 잠긴다. '내가 지금 여자였다면. 여자라면 그렇게 하겠지. 침대에 가서 쉴 것 아닌가!' 그는 서재로 간다. 과거 25년 동안 기상시간과 취침시간 사이에 전혀 아무것도 하지 않던 사람이 새삼스럽게 무슨 결심이라도 한 듯이 행동을 한다. 그가 지금 고른 책은 테니슨이 아니다―다만 이번에도 사람에게 영양이 될 만한 책을 골랐지만. 그것은 〈헨리 4세〉였다. 그는 뒤뜰로 나가 뽕나무 아래에 있는 움푹 들어간 헝겊 의자에 털썩 무거운 몸을 던진다. '그렇지만 잠을 잘 수 있을 것 같진 않군.' 그는 생각한다. '또 바이런이 곧 와서 나를 깨울 테니까. 그래도 바이런이 나에게 그 일 말고 무슨 다른 일을 부탁할 생각을 할 수가 있을까? 그걸 알아내는 것만 해도 깨어 있을 가치야 있겠지.'

그는 거의 곧바로 잠이 들어서 코까지 골고 있다. 누구든지 걸음을 멈추고 그 의자 속을 들여다보는 사람은, 두 안경알이 하늘의 빛을 반사하는 밑에서 천진난만하고 평화롭고 만족스러운 얼굴을 볼 수 있을 것이다. 그러나 아무도 오지 않는다. 그런데도 거의 여섯 시간쯤 지나서 눈을 떴을 때 그는 누군가가 자기를 불렀다고 생각하는 모양이다. 그는 의자에서 삐걱 소리를 내면서 갑자기 일어나 앉는다. "응?" 그는 말한다. "응, 무슨 일이지?" 그러나 거기엔 아무도 없다. 그래도 그는 잠깐 그 자신 있는 듯한 기운찬 태도로 대답을 기다리기라도 하는 듯이 둘러보고 있다. 마음속에 타오르는 불꽃은 아직 사라지지 않았다. '잠이 들면 사라지리라고 바라고 있었는데.' 그는 생각을 하다가 곧 또 고쳐 생각한다. '아니야. 바라고 있지는 않았지. 실상은 두려워하고 있었던 거야. 나 역시 항복하고 만 셈이지.' 그는 고요히 생각한다. 그는 처음에는 가볍게 좀 쑥스러운 듯이 두 손을 비비기 시작한다. '나도 또한 항복했어. 그거야 나도 인정해야지. 그래, 이것도 내게 주어진 숙명인지도 모르지. 그렇다면 하는 수 없지.' 그러고 나서 그는 그 말을 하고 그 생각을 한다. '내가 받아 준 그 갓난애. 내겐 대를 이을 아들 하나 없지. 그렇지만 애어머니가 감사하는 마음으로, 애를 받아 준 의사한테서 애 이름을 붙여 받는 일이 전부터 있었지. 그래도 바이런이 있군. 바이런은 물론 나보다 선수를 쓰겠지. 그 여자는 다른 애들도 많이 낳을 거야. 더 많이.' 산고 중에도 태연하게 두려움 없는 빛나는 태도를 보여 주던 그 젊고도 강한 육체를 떠올리면서 또 생각한다. '더 많이, 훨씬 더 많이 말이야. 그게 그 여자의 인생이고 숙명이지. 그 숙명에 고요히 순종해서 강인한 종족을 이 땅에 낳아 주는 거야. 그 억센 허리에서부터 서두르지도 않고 당황하지도 않은 채 어머니나 딸이 될 존재들이 태어나는 거지. 그렇지만 다음에는 바이런의 애를 낳겠지. 가련한 녀석, 나를 집까지 걸어 돌아오게 했지만 골을 낼 순 없군.'

그는 집으로 들어간다. 면도를 하고 잠옷을 벗어 던지고 어제 입었던 셔츠를 걸치고 나서 옷깃과 엷은 무명 타이를 맨 다음 파나마모자를 쓴다. 좀 걷기 어려운 숲길로 해서 그 오두막까지 힘들게 걸어갔지만 그래도 집으로 돌아올 때만큼 시간이 걸리지는 않았다. '이곳으로 걸어다니는 일이 더 잦아지겠지.' 그는 생각하면서 나무 사이로 새어 들어오는 뜨거운 햇볕을 느끼고, 대지와 숲의 고요함이 지닌 풍부한 야생의 냄새를 맡으며 걸어간다. '이런 습관도 잊어버리지 않았어야 했는데. 이건 기도와 같다고 할 수 없을지는 몰라도, 아마 기도도 산책도 언젠가 내게 되돌아올 날이 있겠지.'

그는 숲을 빠져나와 오두막 뒤에 있는 목장 한끝에 나선다. 오두막 건너편에는 전에 불탄 집이 서 있던 근처의 숲이 좀 보이긴 하지만 타다 남은 판자랑 들보가 여기서는 보이지 않는다. '불쌍한 여자야.' 그는 생각한다. '가련하게도 자식도 없는 여자지. 일주일만 더 살았어도 행운이 여기에 돌아오는 걸 보았을 텐데! 이 불모의 파멸된 땅에 이제 행운과 생명이 되돌아왔는데!' 그는 자기 주변에서 풍요한 들과, 풍요하고 다산한 흑인들의 생명력과, 유쾌하게 부르짖는 소리와 자녀 복이 많은 여자들의 모습과, 문 앞에서 흙투성이가 되어 놀고 있는 벌거벗은 수많은 애들과, 여러 세대가 함께 부르짖는 드높은 소리로 가득 차 다시금 소란스러운 그 저택이, 환영으로 그의 주위에 나타나는 것을 보고 느끼는 듯한 기분이 든다. 그는 오두막에 닿는다. 문을 두드리지도 않고 한 손으로 벌써 문을 열면서 잘 울리는 기운찬 소리로 부른다. "의사가 들어가도 괜찮을까?"

오두막에는 산모와 갓난애밖에는 아무도 없다. 그 여자는 침대에 일어나 앉아 갓난애에게 젖을 먹이고 있다. 하이타워가 들어갔을 때에 그 여자는 알몸으로 드러난 가슴에 시트를 끌어 올리려고 했지만, 문 쪽을 바라보는 얼굴에는 불안은 전혀 없고 다만 기대가 깃들어 있으며, 그 표정에는 따뜻함과 온화함이 떠돌아 막 빙그레 웃을 것 같은 느낌을 준다. 그는 그 표정이 차츰 사라지는 것을 본다. "전 혹시나 하고 생각했는데요―." 그 여자는 말한다.

"누가 왔다고 생각했지?" 그는 물어본다. 기운찬 소리이다. 그는 침대 곁에 와서 그 여자를 내려다보고 또 젖꼭지를 문 채 잠이 들어 마치 육체가 없는 것처럼 가슴에 매달려 있는 듯한 갓난애의 작은 주름투성이 적갈색 얼굴을 내려다본다. 그 여자는 다시금 조용하고 얌전하게 시트를 가슴으로 끌어 올리고 있고, 그 위에는 수척하지만 배가 불룩 튀어나온 대머리 노인이 상냥하고 기쁨에 넘치는 자랑스러운 표정을 짓고 서 있다. 그 여자는 어린애를 내려다보고 있다.

"이 애는 아무리 먹어도 부족한가 봐요. 잠이 들었다고 생각하고 내려 눕히면 막 울어 대고―또 젖을 물려 줘야 한다니까요."

"여기 혼자 있어서는 안 되겠는데." 그는 말한다. 그리고 방을 둘러본다. "어디에―."

"부인도 가셨어요. 시내로 말이에요. 그런 말을 하진 않았지만 시내로 간 것이 틀림없어요. 영감님이 빠져나가셨어요. 그 뒤 부인이 깨어나시자 곧 제게 그가 어디 계시냐고 물으시기에 나가셨다고 대답했지요. 그랬더니 곧 따라 나가더군요."

"시내로? 빠져나갔다고?" 그리고 그는 "아." 조용히 탄식한다. 그의 얼굴은 이제 심각해진다.

"부인은 그를 온종일 감시하고 있었어요. 그리고 그도 부인의 눈치를 살피고 있었지요. 난 다 알고 있었어요. 그는 잠자는 척을 했어요. 부인은 그가 정말로 잠을 자는 줄 생각했지요. 그래서 저녁을 먹은 뒤에는 마음을 좀 놓았어요. 어젯밤 잠도 못 주무셨으니까 그만 식사 뒤에는 의자에 앉은 채 끄떡끄떡 졸았지요. 그런데 그는 부인의 눈치만 살피고 있다가 저기 저 침대에서 살짝 일어나 내게 눈짓 얼굴짓을 하면서 문으로 걸어가더니 여전히 어깨 너머로 내게 눈짓 얼굴짓을 하면서 살금살금 빠져나갔습니다. 전 그를 막을 생각도 안 하고 부인을 깨울 생각도 안 했지요." 그 여자는 눈을 엄숙하게 크게 떠 하이타워를 바라본다. "그러는 것이 겁이 났으니까요. 그는 이상한 말만 하구요. 저를 바라보는 눈초리도 이상했어요. 그 눈짓이며 얼굴을 찡그리는 품도 부인을 깨우지 말라는 신호 같은 게 아니라, 만약에 깨우면 자기가 무슨 짓을 할지 모른다는 협박 같았어요. 그래서 전 겁이 났어요. 애기하고 여기 그냥 누워 있었더니만 부인도 얼마 안 지나서 벌떡 일어나더군요. 그 모양을 보니 부인이 잠을 잘 생각은 없었던 것이라고 깨달았지요. 부인은 일어나기가 무섭게 그가 잠들어 있던 침대로 달려갔어요. 그가 없어진 것이 믿어지지 않았던 모양입니다. 글쎄 부인은 침대 옆에 서서 마치 그가 담요 속 어딘가 숨어 있다고 생각이라도 하는 듯이 여기저기 찔러 보지 않겠어요! 그러고 나서 단 한 번 저를 바라보더군요. 부인은 눈짓을 하거나 얼굴을 찡그리지는 않았지만 저는 좀 그래 줬으면 하고 바랄 지경이었어요. 그러고서 제게 물어보기에 대답을 해 주었더니 부인은 허겁지겁 모자를 쓰고 나갔지요." 그 여자는 하이타워를 바라본다. "부인이 가 버리니까 안심이 되더군요. 그렇게 제 시중을 들어 주신 분에게 그런 말을 해서는 안 되겠지만……."

하이타워는 침대 위로 몸을 구부리고 있으면서도 그 여자를 보지 않는 것 같다. 그의 얼굴은 무척 엄숙하다. 거기에 서 있는 동안 거의 10년이나 더 늙은 것 같다. 또는 그 얼굴은 본디부터 조금도 변함이 없고 들어올 때의 그 얼굴이 오히려 생소한 사람의 것이었는지도 모른다. "시내로." 그는 말한다. 그러자 그의 눈이 잠에서 깨어나고 다시 보기 시작한다. "그렇군. 이제 와선 별수가 없지." 그는 말한다. "게다가 시내에 사는 남자들은 온전한 정신을 가진 사람이……그래도 조금은 있겠지……그들이 가 버려서 안심했다니 왜 그렇지?"

그 여자는 눈을 내리깐다. 한 손은 갓난애의 머리 둘레를 어루만질 듯이 움직인다. 그것은 본능적이며 의미 없는 것으로, 움직이고 있는 일조차 의식하지 못하는 동작이다. "부인은 친절했어요. 아니, 친절 이상이었지요. 제가 쉴 수 있도록 갓난애를 안아도 주었지요. 저 의자에 자리를 잡고 언제까지나 애를 안아 주고 싶어했어요—아이, 참, 용서하세요. 앉으시란 말씀도 못 드렸군요." 그 여자는 그가 의자를 침대 가까이 끌어다 앉는 것을 지켜본다.

"……저기 침대에 누워 있는 노인을 감시할 수 있는 곳에 자리를 잡고 그가 잠이 든 것을 확인하며 부인은 앉아 있었답니다." 그 여자는 하이타워를 바라본다. 속내를 살피는 듯한 진지한 눈초리이다. "부인은 애를 조이라고 자꾸 불렀어요. 애 이름은 조이가 아닌데요. 그래도 계속해서……." 그 여자는 하이타워를 지켜본다. 그 여자의 눈은 불안하게 질문을 던지는 듯한 어리둥절한 표정이다. "부인은 내내 이야기를 계속하고 있었지요—무언가 혼동하고 있었어요. 듣고 있노라니까 저도 때로는 혼동이 되곤 했어요. 아무래도……." 그녀의 눈도 말도 더듬더듬한다.

"혼동하다니?"

"부인은 마치 그가 애 아빠나 되는 것처럼 자꾸 말을 했어요. 감옥에…… 갇힌 그 크리스마스라는 남자 말이에요. 그런 말만 자꾸 하니까 저도 가끔은 혼동이 되어 애 아빠가 저—크리스마스 씨라는 생각이 들지 뭐예요." 그 여자는 그를 지켜본다. 무슨 굉장한 노력을 하고 있는 듯이 보인다. "그렇지만 그건 사실이 아니라고 저도 알고 있습니다. 어리석은 얘기라고 잘 압니다. 다만 부인이 너무 여러 번 반복해서 그런 말을 해 대니까, 또 제 건강이 회복되지 않았으니까 저도 그만 혼동이 된 모양이지요. 그렇지만 저는 두려워요……."

"무엇이 두렵나?"

"저는 혼란에 빠지고 싶지는 않아요. 그래도 그 부인 탓에 저는 말려 들어갈 것만 같아요. 그게 무섭습니다. 흔히들 말하기를 한 번 넘어가기만 하면 다시 돌이킬 수가 없다고 하잖아요. 그렇게 될까 봐……." 그 여자는 그를 바라보는 것을 멈추고 움직이지도 않는다. 그 여자는 그가 자기를 지켜보고 있음을 느낄 수 있다.

"갓난애 이름이 조이가 아니라고 했는데 그럼 애 이름이 뭐지?"

잠시 그 여자는 여전히 하이타워를 바라보지 않는다. 드디어 고개를 든다. 그리고 너무 당돌하게 너무 쉽사리 말을 한다. "아직 이름을 짓지 않았어요."

그것으로 그의 의문도 풀린다. 그가 들어오고 나서 지금 처음으로 그 여자를 보는 것 같다. 그는 비로소 그 여자의 머리가 빗겨진 것을 깨닫는다. 게다가 얼굴도 말끔히 씻은 것 같고, 그가 들어올 때 황급히 집어넣은 듯한 빗과 거울 조각이 시트 밑으로 살며시 드러나 보이기도 한다. "내가 들어올 때에 누군가 기다리고 있던 것 같던데. 나는 물론 아니겠고, 그래 누구를 기다리고 있었지?"

그 여자는 눈을 돌리지 않는다. 그 얼굴은 천진스럽지도 않고 간사하지도 않다. 그렇다고 온화하지도 않고 침착하지도 않다. "기다리고 있었다니요?"

"기다리고 있던 사람이 바이런 번취는 아니었나?" 그래도 그 여자는 눈을 돌리지 않는다. 하이타워의 얼굴은 진지하고 착실하고 부드럽다. 그래도 거기에는 그 여자가 지금까지 알고 있던 몇몇 선량한 사람들, 대체로 남자들 얼굴에 잘 나타나는 그런 엄격함이 깃들어 있다. 그는 앞으로 몸을 굽히고 갓난애를 안고 있는 여자의 손에 자기 손을 얹는다. 그리고 말한다. "바이런은 좋은 남자지."

"저도 그건 알고 있어요. 다른 분들처럼 알지요. 아니, 그보다 더 잘 알고 있습니다."

"그리고 당신도 좋은 여자야. 그렇게 되겠지. 뭐 그렇다고 해서 내 말은, 지금 당신이─." 그는 재빨리 말한다. 그러고는 곧 말을 멈춘다. "내 말은─."

"무슨 말씀인지 알아듣겠어요." 여자는 말한다.

"아니, 그게 아니야. 그게 문제가 아니지. 아직 그건 뭐 중요하지 않아. 앞으로 당신이 어떻게 처리를 하느냐가 문제지. 자기 자신의 일을, 또 다른 사람들의 일을 말이야." 그는 그 여자를 바라본다. 그 여자는 눈길을 돌리지 않는다. "그를 내버려 둬. 떠나보내고 말란 말이야." 그들은 서로 바라본다. "그와 헤어져. 아마 당신 나이는 그의 나이의 절반밖에는 안 되겠지. 그래도 인생 경험은 당신이 그보다 갑절이나 더 쌓았어. 그는 결코 당신을 따라잡지는 못할 거야. 쫓아오지도 못할걸. 그는 너무 많은 시간을 낭비했으니 말이야. 또 그것 역시, 즉 그의 허무도 당신의 알참만큼이나 고칠 수 없는 거야. 그는 뒤로 돌아가 그 허무를 채울 수는 없지. 그건 당신이 뒤로 돌아가 공허하게 될 수 없는 거나 마찬가지야. 당신은 그의 애가 아닌 사내애를 갖고 있지. 그가 아닌 다른 남자 사이에서 얻은 애를 말이야. 당신은 그의 생활에 남자 둘과 여자 하나의 3분의 1만을 밀어 넣는 격이지만, 35년이나 허비해 온 그의 공허한 생활방식을 그런 식으로 파괴한다는 것은 잔인한 일이지. 만약 그렇게 파괴하지 않을 수 없다면 적어도 두 사람의 증인이 없는 곳에서 해야겠지. 그를 보내 버려.”

"그건 제가 할 일이 아니에요. 그는 자유니까요. 그에게 물어보세요. 전 한 번도 그를 붙들어 두려고 한 적은 없었어요.”

"그래, 바로 그거야. 그럴 생각이 있었다 해도 당신은 아마 그를 붙들어 둘 수 없었을 거야. 바로 그거지. 설령 붙들어 둘 방법을 알고 있었다 해도 말이야. 그렇지만 당신이 그걸 알고 있었다면 이렇게 이 침대에서 갓난애를 가슴에 안고 누워 있지는 않았을 테지. 그래 당신은 그를 보내 버릴 생각이 없단 말이지? 그런 말도 하지 않을 작정인가?”

"이미 말한 이상의 말은 할 수가 없어요. 나는 닷새 전에 그에게 안 된다고 그랬는데요.”

"안 된다고?”

"그이는 저보고 결혼해 달라고 했어요. 기다릴 것 없이 당장 말이에요. 그래서 저는 안 된다고 했죠.”

"지금도 안 된다고 할 생각이야?”

그 여자는 그를 뚫어지게 바라본다. "그럼요, 지금도 그렇게 말할 참입니다.”

그는 멋없이 크게 탄식을 한다. 그의 얼굴은 다시금 맥이 빠지며 피곤한 표정이 된다. "나는 당신을 믿어. 계속해서 그런 말을 하겠지. 하지만 그러다 그를 만나면…….” 그는 또 그 여자를 바라본다. 그의 눈초리는 또 강렬하고 진지하다. "참, 그는 어디 있지? 바이런 말이야.”

그 여자는 그를 바라본다. 잠시 뒤에 조용히 입을 연다. "몰라요.” 그녀는 그를 바라본다. 순간 갑자기 그 얼굴은 완전히 공허해진다. 마치 지금까지 그 얼굴에 확고한 현실성을 주고 있던 무엇이 거기에서 흘러 떨어져 나가기라도 한 것 같다. 그 얼굴에는 아무런 거짓이나 날카로움이나 경계하는 태도가 보이지 않는다. "오늘 아침 10시쯤에 그는 돌아왔어요. 그런데 방에 들어오진 않더군요. 그저 문에 서서 저 있는 쪽을 볼 뿐이었어요. 어제저녁 이후 그를 만난 일도 없고, 또 그도 갓난애를 본 일이 없기에 저는 '들어와 애를 좀 봐요' 하고 말했지요. 그러나 그는 여전히 문에 서서 저를 보며 '당신이 그를 언제쯤 만나기를 원하는지 알려고 왔어요' 하더군요. 그래서 제가

'누구를 만나요?' 물었더니 그는, '거기서는 그에게 경관을 딸려 보낼지도 모르지만, 내가 케네디에게 부탁해서 그를 오게 할 수 있어요' 하고 말합디다. '누구를 오게 한단 말이에요?' 또 물으니까, '루카스 버취지요' 하고 대답하더군요. 그래서 제가 '그래요' 하고 말하자 그는 '오늘 저녁이면 괜찮을까요?' 하기에 '예' 대답했더니만 그는 가 버리고 말았습니다. 그는 거기 서 있기만 하다가 가 버렸습니다." 여자가 눈물을 흘릴 때에 뭇 남성이 그러하듯이 하이타워가 몹시 당황한 태도로 그 여자를 지켜보고 있으려니, 그 여자는 울기 시작한다. 갓난애를 가슴에 안은 채 똑바로 앉아서 크지도 않게 심하지도 않게 그저 절망적인 처절함을 나타내면서 꾹 참는 듯이, 우는 얼굴을 가리지도 않고 그 여자는 울고 있다. "그런데도 목사님께서는 제가 거절했는지 어쨌는지 그런 것만 걱정하시며, 제가 이미 안 된다고 말해 버렸는데도 그런 것만 걱정하고 또 걱정하시지만 그는 가 버리고 말았어요. 다시는 만날 수 없을 거예요." 그는 거기에 계속 앉아 있다. 그 여자는 마침내 고개를 숙인다. 그러자 그는 일어나 그 여자의 숙인 머리에 한 손을 얹고 생각한다. '하느님, 감사합니다. 하느님, 감사합니다.'

그는 크리스마스가 전에 제판공장에 다닐 때 걷곤 하던 숲 속 오솔길을 발견했다. 그는 그런 길이 있는 줄을 모르고 있었지만 그것이 어느 방향으로 나 있는지를 깨달았을 때, 매우 기쁜 나머지 그것이 좋은 조짐처럼 생각되었다. 그는 그 여자를 믿고 있다. 그러나 그것을 다시 한 번 더 귀로 듣고 기뻐하기 위해서도 그 진실 여부를 확인하고 싶은 마음이 일어난다. 그가 공장에 도착한 것이 꼭 4시. 그는 사무실에서 물어본다.

"번취요?" 사무원이 말한다. "여기엔 없어요. 오늘 아침 그만뒀습니다."

"아 그래, 그렇군." 하이타워는 말한다.

"7년간이나 이 회사에 근무하면서 토요일 저녁에도 일을 했는데 오늘 아침 사무실에 들어오더니 그만둔다잖아요. 아무 이유도 없이 말입니다. 시골뜨기라 뭐 별수 없더군요."

"그래, 그래." 하이타워는 말한다. "그래도 그들은 좋은 사람들이지. 남자 여자 할 것 없이 말이야." 그는 사무실을 떠난다. 시내로 나가는 길은 바이런이 일하고 있던 제판 작업장 옆을 지나간다. 그는 현장감독인 무니라는 사람을 안다. "바이런 번취는 이젠 여기 있지 않다면서?" 그는 걸음을 멈추며 말을 건넨다.

"그렇습니다." 무니는 대답한다. "오늘 아침 그만두었어요." 그러나 하이타워는 듣고 있지 않다. 작업복 차림의 사나이들이 주시하는 가운데 몸매가 괴상하고 볼품이 없는 또 과히 낯이 익지도 않은 이 인물은, 묘하게 즐거운 듯이 깊은 호기심을 보이며 공장 벽이랑 판자랑 또 자기는 그 존재도 목적도 이해하지 못하고 알 수도 없는 신비한 기계류를 둘러보고 있다. "그를 만나고 싶거들랑." 무니가 말한다. "시내에 들어가서 재판소에 가 보면 될 겁니다."

"재판소에?"

"예, 그렇습니다. 대배심원회가 오늘 열리거든요. 특별소집이라더군요. 뭐 그 살인자를 기소한다나요."

"아, 그래, 그래." 하이타워가 말한다. "그래서 그곳에 갔단 말이지. 그렇군. 참 좋은 청년이야. 자, 그럼 다들 안녕히들 계시게." 그가 걸어 나가자 작업복을 입은 사나이들이 한동안 그 뒷모습을 바라본다. 그의 두 손은 뒷짐을 지고 있다. 그는 계속해서 걸어간다. 고요하게 평화롭게 구슬프게 생각을 한다. '불쌍한 인간, 가련한 녀석. 누구도 사람의 생명을 빼앗고서 용서받는 사람은 없지. 또 용서받을 수도 없는 일이고. 더구나 시민을 위해서 일하겠다고 맹세를 한 관리는 더욱 그렇지. 그런데도 선거로 뽑힌 관리는 악인이라고 할 만한 피고인에게서 직접 피해를 입은 사람도 아닌데 그 피고인을 죽일 권리가 공공연하게 인정되어 있거든. 그렇다면 사건의 피고로부터 직접 고통을 겪었다고 믿고 있는 사람이 그 피고를 죽이려고 하는 것을 어떻게 막을 수 있지?' 그는 계속해서 걷는다. 그는 자기가 사는 거리에 들어서 있다. 그는 곧 자기 집 울타리랑 간판이랑, 8월의 무성한 나무 위로 자기 집이랑 다 보게 될 것이다. '그렇다면 그는 내게 작별인사도 않은 채 가 버리고 말았구나. 그렇게 나한테 있는 힘을 다하고서는. 일을 가져다주고서는. 그래, 결국 그는 나를 위해 일을 주고 본분에 돌아가게 해 주었어. 이것도 역시 나에게 주어진 숙명인지도 몰라. 그렇지만 이것으로 끝이 나겠지.'

그러나 이것으로 끝나진 않는다. 그에게는 주어진 숙명이 한 가지 더 남아 있다.

18

바이런이 시내에 도착해 보니 보안관을 만나려면 정오까지 기다려야 한다는 것을 알게 되었다. 오전 중에는 내내 특별 대배심원회에 참석한다는 것이었다. "기다려야 하겠군요." 경관들이 그에게 일러 주었다.

"그러지요." 바이런은 대답했다. "사정을 알겠어요."

"사정을 알다니 무슨 사정 말이오?" 그러나 그는 대답하지 않았다. 그는 보안관 사무실을 나와 광장 남쪽에 접한 입구의 콜로네이드 포치에 섰다. 포석(鋪石)이 깔린 낮은 테라스로부터는 돌기둥이, 비바람에 깎이고 또 여러 해 동안 사람들이 되는대로 뱉은 담배 찌꺼기 때문에 더러워진 채 우뚝 솟아 아치형을 이루고 있었다. 그 밑에서는 별반 할 일도 없으면서 엄숙한 얼굴로 꾸준히 침착하게(그리고 여기저기에 가만히 서 있거나 입을 움직이지 않고서 소곤소곤 서로 말을 주고받고 있는 좀 젊은 동네 사람들, 그중에는 바이런도 알고 있는 사무원이랑 젊은 변호사랑 상인도 있었다. 이들은 모두 변장한 경관이나 되는 듯 빼기고 있었고, 게다가 그 변장이 탄로가 나도 상관이 없다는 듯한 태도였다) 작업복을 입은 농부들이 돌아다니면서 수도원의 수도사 모양으로 서로서로 돈이랑 추수에 대한 이야기를 조용히 주고받으며, 때때로 천장 위를 슬쩍 쳐다보고 있었다. 그 천장 너머에서는 엄중히 차단된 방에서 대배심원회가 한 여자의 생명을 빼앗은 죄로 한 남자의 생명을 빼앗을 준비를 하고 있었지만, 시골에서 온 그들은 그 남자를 만난 일이 거의 없었고 더구나 살해된 백인 여자를 알고 있는 사람은 더 적었다. 그들이 시내까지 타고 온 마차와 먼지투성이 자동차는 광장 주위나 도로변에 늘어서 있고, 그 주변 상점엔 그들과 함께 온 아낙네들이 가축이나 구름과도 같은 움직임으로 천천히 떼를 지어 들락날락하고 있었다. 바이런은 거기에 꽤 오랫동안 움직이지도 않고 어디에 기대지도 않은 채 서 있었다─이 조그만 남자는 이 동네에서 7년이나 살고 있었지만, 농부들의 일부밖에 모르는 살인자나 피살자보다 더 그 이름과 성격이 알려지지 않고 있었다.

바이런은 자기가 미미한 존재라는 것을 의식하지 못했다. 일주일 전에는 좀 달랐을 테지만 지금은 그런 문제엔 별반 관심을 두지도 않았다. 일주일 전이라면 그는 이렇게 누구든지 그를 바라볼 수 있고 그를 알아볼 사람도 있는 곳에 서 있지는 않았을 것이다. '바이런 번취, 저 녀석은 다른 남자가 씨를 뿌려 놓은 것을 수확해 주고서 아무런 대가도 받지 않은 녀석이야. 그 다른 사나이가 1천 달러를 버느라고 분주하게 지내고 있는 동안 그의 애인을 돌봐 준 녀석이야. 그런데도 얻은 것은 아무것도 없지. 여자도, 또 그녀가 몸을 맡겼던 남자도 사회적 체면 따위는 옛날에 내다 버렸건만, 바이런 번취는 여자의 체면을 지켜 줬대. 또 다른 사나이의 사생아를 제 돈을 써 가며 무사히 잘 낳게 해 주었지만 그 보답으로 갓난애 울음소리 한 번 들어 본 것이 고작이었대. 그렇게까지 해 주고선 그 답례로, 다른 사나이가 1천 달러를 다 벌고 나면 그를 곧 여자에게 데려다 줘도 괜찮다는 허가를 얻었을 뿐이라나. 그것으로 다 끝난 거지. 아무도 바이런 따위한테는 더는 볼일이 없다고. 그게 바로 바이런 번취란 말이야.' '자, 이젠 가도 괜찮겠지.' 바이런은 생각했다. 그는 심호흡을 시작했다. 그는 호흡을 할 적마다 자기 내장이 다음 호흡을 충분히 못하고 무슨 무시무시한 일이 일어날 것이라고 두려워하기라도 하는 듯이 자기의 심호흡을 느낄 수가 있었다. 심호흡을 할 때 자기 가슴팍을 내려다보면 아무런 움직임도 없다. 마치 다이너마이트가 막 점화되었을 때, 그 둥근 표면에 아무런 변화도 보이지 않지만 지금 **지금 지금** 폭발할 순간을 향해 점점 치닫고 있는 것과 같다. 지나가던 사람들은 그에게서 아무런 변화도 알아채지 못했을 것이다―너무 미미한 존재라 아무도 두 번 다시 돌아보지 않을 남자가 설마 그런 짓을 하고 그런 것을 느낄 수 있으리라고는 누구 하나 믿지 못했을 것이다. 게다가 그 자신도 토요일 오후에 혼자 공장에 있으면 사람들로부터 마음에 상처를 입을 일은 없을 것이라고 믿고 있던 터였다.

그는 사람들 사이를 거닐고 있었다. '어딘가 가야 하겠군.' 그는 생각했다. '어딘가 가야 하겠군' 하는 그 생각으로 그는 한동안 걸을 수 있었다. 그 생각만 가지고도 그는 떠나갈 수 있을 것이다. 그는 하숙집에 다다랐을 때에도 그 말을 되풀이하고 있었다. 그의 방은 거리 쪽으로 자리잡고 있었다. 그쪽으로 고개를 돌리기 시작했다는 것을 깨달을 사이도 없이 이미 그는 다른 곳으로 고개를 돌리고 있었다. '누군가가 창가에서 책을 읽거나 담배를 피우고 있는 것이 보일지도 모르지.' 그렇게 그는 생각했다. 그는 홀에 들어갔다. 너무 밝은 햇빛 아래 걸어온 직후라서 주위를 바로 알아볼 수가 없었다. 그는 젖은 리놀륨과 비누 냄새는 맡을 수가 있었다. '아직 월요일인가.' 그는 생각했다. '나는 그것도 잊어버렸었군. 혹 내주 월요일인지도 모르겠는데. 아니, 꼭 그런 것 같은데.' 그는 소리를 내지 않았다. 잠시 뒤에 그는 주위를 좀더 잘 볼 수 있었다. 복도 안쪽 또는 부엌 쪽에서 걸레질하는 소리가 들려왔다. 그러자 열린 뒷문으로부터 직사각형으로 보이는 빛을 등지고 비어드 부인의 머리가 불쑥 나오는 것이 눈에 띄었고, 이어서 그 여자의 온몸이 검은 윤곽을 드러내며 복도를 지나 다가오는 모습이 보였다.

"아." 그 여자는 말했다. "바이런 번취 씨로군. 바이런 번취 씨야."

"그렇습니다." 그는 말하고 생각에 잠긴다. '고작해야 걸레 물통 하나 수준의 근심밖에 해 본 적이 없는 뚱뚱보 아주머니가, 뭐 그런……' 다시금 그는 하이타워라면 잘 알고 있어서 생각도 해 보지 않고 척척 쓸 수 있는 용어를 생각해 낼 수가 없었다. '난 뭐 목사님을 끌어들이지 않고서는 아무것도 할 수 없을 뿐만 아니라 목사님의 도움이 없이는 제대로 생각도 할 수 없는가 봐'—"그렇습니다." 그는 말했다. 그리고 그는 자기가 작별인사를 하러 온 것이라는 말도 못하고 그냥 서 있기만 했다. '아니, 아니야.' 그는 생각했다. '이럭저럭 7년간이나 같은 방에서 지내 온 사람은 하루 사이에 옮겨 갈 수 없을지도 몰라. 그렇다고 해서 아주머니가 그 방을 다른 사람에게 빌려 주는 일을 방해할 생각은 없지만'—"저, 아직 방세가 밀린 것이 좀 있는 것 같은데요." 그는 말했다.

그 여자는 그를 바라보았다. 좀 뚱한 얼굴이지만 불친절하지는 않은 표정이었다. "밀린 방세라니?" 그 여자는 반문했다. "난 바이런 씨가 벌써 다 결정한 줄 알았는데. 여름 동안 텐트 생활을 할 것이라고 말이야." 그 여자는 그를 바라보았다. 그러고 나서 그에게 말했다. 그 여자는 그 말을 점잖게 부드럽게 생각 깊게 해 주었다. "난 그 방의 방세는 이미 다 받았는걸."

"오, 그래요?" 그는 말했다. "참, 그렇군요." 그는 조용히 눈을 들어 리놀륨이 깔린 반들반들한 층계—그의 발로도 닳아 온 층계—를 쳐다보았다. 3년 전 새로 리놀륨을 깔았을 때 그는 숙소에서 가장 먼저 그 층계를 올라갔던 것이다. 그는 말했다. "그렇다면 슬슬……"

그 여자는 곧바로 불친절하지 않게 그 대답도 해 주었다. "그건 내가 다 해 놓았지. 남겨 놓은 물건을 모조리 가방 속에 넣었어. 저 뒤 내 방에 있지. 그래도 혹시 직접 올라가 보고 싶다면……"

"아니오, 아주머니께서 다 잘해 주셨겠……그럼 전 슬슬…….."
 그 여자는 그를 지켜보고 있었다. "남자들이란 참." 그 여자는 말했다. "여자들이 참다 참다 남자들에게 짜증을 내는 것도 무리는 아니야. 자기가 저지르는 나쁜 짓이 어느 정도인지도 모르다니, 내 참. 그런 것쯤이야 난 뭐 척 보면 알 수 있는데. 만약 여자가 끼어 당신네 남자들을 도와주지 않는다면, 남자들은 열 살도 먹기 전에 죄다 천국으로 끌려 올라가고 말 거요."
 "그 여자를 두고 무슨 숙덕공론이라도 하지는 않았겠지요?" 그는 물었다.
 "그런 일은 없어. 그럴 필요가 있어야지. 다른 여자들도 그럴 필요가 없긴 마찬가지지. 그야 뭐 여자들이 말이 많다는 것을 부인할 생각은 없어. 그래도 당신이 그저 보통 남자보다 좀더 생각이 있는 사람이라면 여자의 쑥덕공론은 아무런 뜻도 없다는 것을 알았을 텐데. 남자들이나 심각하게 말을 하는 법이지. 당신이나 그 여자에게 나쁜 생각을 품는 여자는 하나도 없어요. 그도 그럴 것이, 그 여자가 갓난애 일은 별문제로 치고라도 별로 뭐 당신에게 나쁘게 굴 리가 없다는 것쯤은 여자라면 누구나 다 잘 알 수 있으니까. 아니, 지금 당장에는 당신뿐만 아니라 어떤 다른 남자에게도 그럴 수 없을 테고, 그 여자는 처음부터 나쁜 짓은 할 리가 없었어. 당신과 그 목사님과 또 그 여자의 사정을 아는 모든 남자들이 그 여자에게 필요한 것을 거의 다 해 주지 않았어? 그런데 무엇 때문에 그 여자가 나쁘게 굴 수가 있겠나? 그렇지 않아?"
 "옳습니다." 바이런은 말한다. 그는 더는 그 여자를 바라보고 있지 않다. "제가 온 것은, 저저……."
 그 여자는 상대의 말이 끝나기도 전에 그 말에도 대답해 주었다. "아마 바이런 씨는 여기서 곧 떠날 모양이지." 그 여자는 그를 지켜보고 있다. "오늘 아침 재판소에서는 무슨 일이 있었어?"
 "저도 잘 모르겠어요. 아직도 회의가 끝나지 않았는걸요."
 "하기야 뻔하지. 그 사람들은 우리 여자들이 토요일 저녁에 10분이면 깨끗이 해낼 수 있는 일을 해결하는 데 시간이며 수고며 공금이며 다 쓸데없이 퍼부어 대는 사람들이니까. 그런 바보짓을 한 녀석을 위해서 말이야. 그 녀석이 없어졌다 해서 제퍼슨시가 섭섭히 생각할 것도 없지 않우? 그 녀석이 없어지면 큰일 날 것도 아니고. 정말 바보 같지 않나, 남자가 여자를 죽여도, 여자가 남자를 죽여도, 뭐가 어떻게 되는 건……경찰은 나머지 한 남자는 놓아주겠지."

"예, 그렇습니다. 그럴 거라고 생각됩니다."

"그런데도 경찰은 처음에는 그가 공범이라고 생각했어. 지금은 좀 안됐다고 생각하는지 그 1천 달러를 그에게 줄 모양이지. 그러면 그 두 사람은 결혼할 수 있겠군. 대충 그런 거지, 그렇지 않나?"

"그렇습니다." 그는 그 여자가 자기를 지켜보고 있는 품이 불친절한 태도는 아니라고 느낄 수 있었다.

"그래서 바이런 씨는 떠날 거라 그 말이지. 아마 제퍼슨시에 염증을 느낀 모양이군. 안 그래?"

"글쎄요. 그럴지도 모르죠. 하여간 전 슬슬 다른 데로 갈 작정입니다."

"제퍼슨은 좋은 고장이야. 다만 아무리 좋은 고장이어도, 당신처럼 손쉽게 어디든지 갈 수 있는 사람이 다른 곳에서 찾아볼 수 있는 못된 심심풀이 짓이나 소동은 여기엔 없지……원한다면 떠날 준비가 다 될 때까지 가방을 여기 맡겨 두어도 괜찮아요."

그는 대낮이 지나도록 기다렸다. 보안관이 분명히 식사를 끝냈으리라고 생각되는 시간까지 기다렸다. 그리고 나서 보안관의 집으로 찾아갔다. 그는 그 집에 들어가지는 않고 보안관이 나오기까지 문간에서 기다렸다. 보안관은 조용한 얼굴에 돌비늘 조각 같은 작고 영리해 보이는 눈을 심어 놓은 듯한 살찐 인물이었다. 그들은 집 옆으로 돌아서 뜰의 나무 그늘 속으로 걸어 들어갔다. 거기에는 의자도 없었다. 평소라면(둘 다 농촌 출신이므로) 쪼그리고 앉아서 이야기를 했을 테지만 그러지도 않았다. 보안관은 바이런의 말을 조용히 듣고 있었다. 이 자그맣고 조용한 사나이는 7년간 이 동네에서는 과히 알려진 존재도 아니었지만 최근 일주일간은 동네 사람들의 노여움과 반발을 살 정도의 존재가 되어 있었다.

"알겠어." 보안관은 말했다. "그들이 결혼해야 할 때가 왔다고 생각한다 그 말이지."

"글쎄요. 그건 그들의 문제입니다. 그래도 그가 가서 그 여자를 만나는 것이 좋으리라고 생각합니다. 지금이 바로 그럴 때라는 생각이 듭니다. 그에게 보좌관을 딸려 보내셔도 좋습니다. 그 여자에게는 그가 오늘 저녁에 찾아갈 거라고 말해 두었습니다. 그 다음 일은 두 사람이 알아서 할 일입니다. 제게는 아무 관계가 없습니다."

"물론이지." 보안관은 말했다. "자네가 관여할 일이 아니지." 그는 상대의 옆얼굴을 바라보고 있었다. "바이런, 자네는 앞으로 어떻게 할 작정인가?"

"모르겠습니다." 그의 한쪽 발이 천천히 땅 위에서 움직였다. 그는 그것을 눈으로 쫓고 있었다. "멤피스시로 가 볼까 생각하고 있습니다. 한 2년쯤 전부터 그런 생각을 해 보았지요. 그편이 좋을 것 같습니다. 이 작은 동네에서는 별반 할 일이 없으니까요."

"그렇지, 멤피스는 도시생활을 좋아하는 사람에게는 나쁜 곳은 아니지. 더구나 자네는 거추장스러운 가족한테 얽매일 일도 없으니까. 나도 10년 전에 홀몸이었다면 그렇게 살았을지도 모르지. 아마 지금보다 더 잘살았을 거야. 그런데 자네, 곧 떠날 건가?"

"예, 곧 떠나겠습니다." 그는 고개를 들었다가 또 떨어뜨렸다. 그리고 말했다. "오늘 아침 공장을 그만두었습니다."

"그래." 보안관이 말했다. "자네가 12시에 거기서 걸어왔다 치면 1시까지 다시 거기 돌아갈 생각은 없을 것이라고 나도 짐작했지. 자, 그럼―." 그는 말을 멈춘다. 그는 밤까지는 대배심원회가 크리스마스를 기소할 것이며, 또 브라운―아니, 버취는 다음 달 공판 때 법정에 증인으로 출두할 의무 말고는 전혀 자유로운 몸이 될 것이라는 사실을 알고 있었다. 어쩌면 그의 출두조차 절대 필요한 일이라곤 할 수 없을는지도 몰랐다. 왜냐하면 크리스마스는 아무런 부인도 하지 않고 있고, 또 그가 폭도들에게 린치를 당하지 않기 위해서라도 죄를 시인하리라고 보안관은 믿고 있었기 때문이다. '또한 일생에 한 번만이라도 하느님은 두려운 분이라는 생각을 그놈한테 집어넣어 주는 것도 나쁘지는 않을 거야.' 그는 그렇게 생각하고는 말했다. "자, 그러면 그렇게 하기로 하지. 물론 자네 말대로 난 그에게 보좌관을 딸려 보내야겠어. 뭐 그 상금을 조금이라도 손에 넣을 가능성이 있는 한 그놈은 도망을 가지는 않겠지만 말이야. 또 그는 거기 가서 무슨 일을 당하게 될지 모르고 있다지만. 그는 아직 모르고 있지?"

"그렇습니다." 바이런은 대답했다. "그는 아직 모릅니다. 그 여자가 제퍼슨에 와 있다는 것도 모르고 있습니다."

"그렇다면 그저 보좌관을 딸려서 그를 거기로 보내기로 하지. 이유는 말하지 말고, 그저 그를 거기로 보내자고. 자네가 직접 그를 데리고 나간다면 얘기가 달라지지만."

"아닙니다." 바이런은 말했다. "아니에요, 아니에요." 그러나 그는 전혀 움직이지 않았다.

"그럼 그렇게 하지. 그땐 이미 자네는 사라진다 그 말이지. 나는 그저 그놈한테 보좌관을 딸려 보내기로 하겠어. 4시쯤이면 괜찮을까?"

"예, 좋겠습니다. 잘 봐주셔서 정말 고맙습니다."

"천만에, 나 말고도 많은 사람들이 그 여자가 제퍼슨에 온 이래로 친절을 베풀어 왔지. 자, 나는 자네에게 작별인사는 하지 않을 테야. 언젠가는 제퍼슨에서 다시 만날 날이 있겠지. 여기서 조금이라도 살던 사람 중에 영영 가버리고 오지 않은 사람은 없었다네. 하긴 저기 유치장에 갇혀 있는 녀석은 좀 다를지도 모르지. 그렇지만 그는 아마 자기 죄를 인정할 거야. 린치를 당하지 않기 위해서도 말이야. 하여간 제퍼슨을 떠나가게 되겠지. 그가 자기 손자라고 생각하고 있는 그 늙은 부인에게는 참 가혹한 일이야. 늙은 할아버지는 내가 집에 돌아올 때에는 시내에서 큰 소리로 부르짖고 고함을 지르며 그를 당장 유치장에서 끌어내어 린치를 가하지 못하다니 모두 겁쟁이뿐이라고 막 야단이더군." 그는 무겁게 킬킬거리며 웃기 시작했다. "그 할아버지는 좀 조심했으면 좋겠어. 그렇지 않으면 퍼시 그림이 부하들을 끌고 와서 그를 해치울지도 몰라." 그는 웃음을 그쳤다. "그 할머니에겐 가혹한 일이야. 여자들에겐 참 가혹한 일이지." 그는 바이런의 옆얼굴을 보았다. "그건 우리 대부분에게도 참 가혹한 일이었어. 자, 그럼 곧 다시 돌아오게나. 다음번에는 제퍼슨도 자네를 지금보다는 잘 맞아 주겠지."

그날 오후 4시에 바이런이 숨어서 보니 차 한 대가 와서 멎는다. 거기서 브라운이라는 이름으로 알려진 그 사나이와 보좌관이 나오더니 오두막으로 다가간다. 브라운은 이제 수갑이 채워져 있지 않다. 바이런은 그들이 오두막에 다다라 보좌관이 브라운을 밀어서 방 안으로 들여보내는 모습을 지켜본다. 그러자 문은 닫히고 보좌관은 계단에 앉아 호주머니에서 담배쌈지를 꺼낸다. 바이런은 일어선다. '이젠 가도 괜찮겠지.' 그는 생각한다. '이젠 갈 수 있겠어.' 그가 숨어 있던 장소는, 전에는 그 저택이 있었던 잔디밭의 관목

덤불이다. 오두막에서도 길에서도 전혀 보이지 않는 덤불 맞은편에는 나귀가 매여 있다. 닳아서 해어진 안장에는 가죽 제품도 아닌 낡은 누런 가방이 끈에 묶여 있다. 그는 나귀에 올라타 큰길로 향한다. 그리고 뒤돌아보지도 않는다.

붉은빛이 감도는 완만한 도로는 기울어 가는 조용한 오후의 햇빛을 받아가며 언덕으로 올라간다. '언덕쯤은 견뎌 낼 수 있지.' 그는 생각한다. '언덕쯤은 견뎌 낼 수 있어. 인간이라면 누구나.' 7년간이나 친숙했던 언덕은 고요하고 평화롭다. '인간이라면 웬만한 일은 다 견뎌 낼 수 있는 것 같아. 자기가 하지 않은 일조차도 견뎌 낼 수 있어. 도저히 견뎌 낼 수 없는 일이 있다는 생각조차 견뎌 낼 수 있지. 더는 견디지 않고 울어도 좋을 때에 꾹 참을 수도 있지. 되돌아보건 되돌아보지 않건 자기에게 아무런 상관이 없는 줄 알 때에도 돌아보지 않고 견딜 수가 있어.'

언덕은 꼭대기로 점점 솟아오른다. 그는 바다를 본 일이 없다. 그래서 생각한다. '이 앞에는 꼭 아무것도 없는 것 같군. 여기를 한 번 넘어서기만 하면 곧 허무 속으로 떨어져 내려갈 것만 같아. 거기에서는 나무가 나무처럼 보이기는 하지만 나무 아닌 어떤 다른 이름으로 불리고, 사람이 사람처럼 보이기는 하지만 사람 아닌 다른 이름으로 불릴 것이다. 바이런 번취는 바이런 번취가 되어도 좋고 되지 않아도 좋아. 바이런 번취와 나귀는 함께 떨어져 내려가 마침내 불에 타 사라져 버리고 말겠지. 언젠가 하이타워 목사님이 말씀하신 것처럼 바위가 우주 공간을 너무 빨리 날아가기 때문에 그만 불이 붙어, 지구에는 재 한 줌도 떨어지기 전에 다 타 버리는 거나 마찬가지로 말이야.'

그러나 그때 언덕 꼭대기 너머에는 나무들이 그대로 나무들로 서 있는 세계가 솟아오르기 시작한다. 그곳에 그 세계가 있음을 그는 알고 있다. 그것은 무섭게 염증 나는 공간이지만 그는 피로 말미암아 움직여지고 있는 이상, 비정한 대지에 자리잡은 두 개의 절대적인 지평선 사이를 언제까지나 영원히 지나가야만 한다. 그 나무들은 꾸준히 뻐기지도 않고 협박도 안 하면서 솟아오르고 있다. 바로 그렇다. 그들은 그에게는 무관심하다. '알 수도 없고 또 관심도 없어.' 그는 생각한다. '마치 이렇게 말하고 있는 것 같군. 좋아, 자네는 괴롭다고 그러는군. 좋단 말이야. 그렇지만 첫째로 그 증거란 것은 오직 자네가 하는 말뿐이야. 둘째로 자네는 스스로를 바이런 번취라고 말한 것에 지나지 않아. 셋째로 오늘 지금 이 순간에 자네를 바이런 번취라고 부르는 사람은 자네밖에 없어……' '그렇군.' 그는 생각한다. '만약에 그것이 전부라면 뒤돌아보지 않고 꾹 참을 이유도 없겠지.' 그는 나귀를 멈추고 안장에서 몸을 돌린다.

그는 자기가 그렇게 멀리 떠나오고 또 언덕이 그렇게까지 높은 줄은 깨닫지 못했었다. 70년 전에는 어떤 농장 주인의 영지였던 광대한 토지가 얕은 사발 모양으로 눈 아래 널리 퍼져서, 저쪽 제퍼슨이 자리잡고 있는 언덕까지 다다르고 있다. 그러나 그 농장은 지금 다 황폐하여 흑인들이 살고 있는 오두막이랑 채소밭이 여기저기 흩어져 있고, 버려진 밭의 폐허에는 신갈나무·녹나무·감나무·찔레 등이 무성해 있다. 그러나 바로 한가운데에는 과거에 집이 서 있을 때와 똑같이 참나무들이 우뚝 솟아 있다. 다만 그 사이에 집이 없는 것이 유감이다. 여기서는 불탄 흔적도 보이지 않는다. 만약에 참나무 숲과 무너진 마구간과 그 건너에 있는 오두막이 보이지 않았다면 그 집의 위치조차 분간하기 어려울 것이다. 그는 지금 그 오두막을 내려다보고 있다. 그것은 저녁 햇빛을 양껏 받으면서 조용하게 장난감 집처럼 서 있고, 또 보좌관도 장난감처럼 계단에 앉아 있다. 그 순간 바이런이 지켜보고 있는 가운데 어떤 사나이가 마치 무슨 마술처럼 오두막 뒤쪽으로 거의 뛰쳐나오듯이 나타나 부리나케 달리고 있다. 보좌관은 아무것도 모르는 채 앞 계단에 꼼짝도 않고 앉아 있다. 한동안 바이런도 안장 위에서 반쯤 몸을 돌린 채 꼼짝도 않고 앉아서 그 작은 모습이 오두막 뒤로부터 황량한 비탈을 지나 숲 속으로 달아나는 것을 지켜보고 있다.

그러자 차고도 세찬 바람이 불어와 그의 몸속을 꿰뚫는 것 같다. 그것은 세차기도 하고 동시에 평온하기도 하여 마치 겨나 종잇조각이나 낙엽처럼 모든 희망도 절망도 실망도 구슬픈 허망한 생각도 다 불어 날려 버리고 마는 것이다. 그렇게 불어 대는 바람과 더불어 그는 다시금 돌아와서 공허해진 자아를 느끼고, 2주일 전에 처음 그 여자를 만나고 나서부터 생겨난 것이 이제는 다 없어진 듯한 허전한 기분을 느낀다. 이 순간의 욕망은 욕망 이상의 것이고, 조용하고도 확고한 신념이다. 자기 두뇌가 양손에 그런 신호를 보냈다는 의식을 갖기 전에 그는 나귀의 방향을 도로에서 돌리고 그 사나이가 숲 속으로 달려 들어간 방향과 나란히 선 언덕 위로 내닫기 시작한다. 그는 그 사나이의 이름을 자기 자신에게 들려주지도 않는다. 그 사나이가 어디로 또 무슨 이유로 가고 있는지 그는 전혀 억측조차 하지 않는다. 그가 예측했던 대로 브라운이 또 도망치고 있다는 생각도 그의 머리에 떠오르지 않는다. 만약 뭔가를 생각할 여유가 있었다면 그는 달려가고 있는 브라운이 리나와의 재출발을 위해서 그 나름의 방식에 따라 무슨 합법적인 일을 보러 나갔다고 믿었을 것이다. 그러나 사실 그는 그런 것에 대해서는 전혀 생각하지 않고 있었다. 그는 리나에 대해서도 전혀 생각하지 않고 있었다. 그 여자의 얼굴을 보거나 이름을 들어 본 일이 없기라도 한 듯이, 그녀의 존재는 그의 머릿속에서 쑥 빠져나와 있었다. 그는 생각에 잠기고 있다. '나는 그를 위해서 그의 애인을 돌봐 주었고 그의 애까지 대신 받아 주었다. 그런데 지금 그를 위해 할 수 있는 일이 한 가지 더 있군. 나는 목사가 아니니까 그들을 정식으로 결혼시킬 수는 없어. 또 그를 따라잡을 수도 없을 거야. 그가 나보다 먼저 출발했으니까. 또 혹 내가 따라잡는다 해도 그를 두들겨 패 줄 수도 없을 거야. 그는 나보다 몸집이 크니까. 그래도 해볼 수야 있겠지. 해볼 수는 있을 거야.'

보좌관이 유치장에서 브라운을 불러냈을 때에 브라운은 어디로 가는 거냐고 곧 물었다. 방문을 간다고 보좌관은 대답했다. 브라운은 겉으로 보기엔 대담한 표정을 지은 잘생긴 얼굴로 보좌관을 바라보면서 꽁무니를 뺐다.
"나는 아무도 방문하고 싶지 않아요. 나는 여기서는 타관 사람이니까."
"자네는 어딜 가나 타관 사람이겠지." 보좌관은 말했다. "자기 집에서도 그럴걸. 자, 가세."
"나는 미국 시민이오." 브라운이 말했다. "내겐 권리가 있단 말이에요. 비록 멜빵에 양철로 만든 별을 달지는 못했지만."
"그렇고말고." 보좌관이 말했다. "그게 바로 지금 내가 하려는 일이야. 자네 권리를 찾아 주는 일 말이야."
브라운의 얼굴이 밝아졌다. 빛이 번뜩였다. "그럼—정말 나한테 상을—."
"그 상금? 물론이지. 내가 지금 자네를 그리로 데리고 갈 참이야. 무슨 상금을 탈 거라면 거기서 타 보게나."

8월의 빛 719

브라운은 침착해졌다. 그러나 아직도 보좌관을 의심스럽게 바라보면서 따라 움직였다. "여기 이 동네에서는 이상스럽게 일을 처리해요." 그는 말했다. "상금을 가로채려고 나를 유치장에 가두어 두는 놈이 다 있으니."

"자네 것을 뭐든지 가로챌 수 있는 놈은 아직 태어나지 않은 것 같던데." 보좌관은 말했다. "자, 가세. 거기서는 우리를 기다리고 있을 테니까."

그들은 유치장에서 나왔다. 밝은 햇빛 속에서 브라운은 이리저리 둘러보며 눈을 깜빡거렸다. 그러고 나서 그는 고개를 확 쳐들더니 말과도 같은 동작으로 어깨 너머로 뒤를 돌아보았다. 길가에는 차가 기다리고 있었다. 브라운은 차를 바라보고 그 다음 아주 침착하고 조심스럽게 보좌관을 바라보았다. "차까지 타고 어딜 가는 거지요?" 그는 물었다. "오늘 아침 재판소까지 걸어가 보니 그리 멀지는 않았는데."

"와트가 차를 보내 줬어. 자네가 상을 받아 가지고 오도록 도와주라나!" 그렇게 보좌관은 맞받았다. "자, 들어가."

브라운은 툴툴댔다. "그 인간이 갑자기 내 편리를 다 봐주다니 아주 이상하군. 타고 갈 차까지 보내 주고 수갑까지 벗겨 주고, 게다가 내가 도망치지 못하게 감시하는 녀석은 겨우 하나뿐이라!"

"나는 자네가 도망칠까 봐 감시하는 건 아닐세." 보좌관이 말했다. 그리고 시동을 걸던 손을 잠깐 멈췄다. "왜, 지금 도망가고 싶은가?"

브라운은 불평과 분노와 의혹이 온통 뒤섞인 눈초리로 보좌관을 노려보았다. "알겠소." 그는 대답했다. "그게 바로 그 녀석의 계교로군. 나를 속여서 도망치게 한 다음 그 1천 달러를 자기 혼자 차지하려는 거야! 당신한텐 얼마나 준다고 약속했지요?"

"내게? 나야 뭐 자네하고 한 푼도 틀리지 않게 받게 되겠지."

한동안 더 브라운은 보좌관을 노려보았다. 그는 연약하면서도 맹렬하게 씨도 안 먹힐 욕설을 퍼부었다. "자, 갑시다." 그는 말했다. "가야 하는 길이라면 어서 떠납시다."

그들은 화재와 살인의 현장으로 차를 몰고 나갔다. 그동안 마치 재기라도 한 것처럼 거의 일정한 간격을 두고 그는 끊임없이 머리를 확 쳐들고 뒤를 돌아보았다. 그것은 좁은 길에서 차 앞을 달려가는 나귀의 동작과도 같았다. "여긴 무엇 때문에 오는 거지요?"

"자네 상을 타기 위해서." 보좌관이 대답했다.

"상은 어디서 타게 되는데요?"

"저기 오두막 안에서. 상이 거기서 자네를 기다리고 있네."

브라운은 주변을 둘러보았다. 전에 저택이 서 있던 곳에 남은 꺼멓게 탄 흔적이랑, 자기가 넉 달 동안이나 살아온 비바람에 상처입은 오두막이 햇빛을 받아 고요히 쓸쓸하게 자리잡고 있는 것을 보았다. 그의 얼굴은 아주 엄숙하고 아주 조심스러웠다. "아무래도 좀 이상한데. 만약에 케네디가 그까짓 양철 별 쪼가리를 달고 있다 해서 내 권리를 짓밟을 수 있다고 생각한다면……."

"자, 가게." 보좌관이 말했다. "자네가 상을 타고 싶지 않다면 자네 좋은 시간에 언제든지 유치장으로 데려다 주겠네. 언제든지 자네 좋은 시간에 말이야." 그는 브라운을 밀어 올리고는 오두막의 문을 연 다음 그를 안으로 밀어 넣고 문을 닫아 주고 나서 계단에 자리잡고 앉았다.

브라운은 자기 뒤에서 문이 닫히는 소리를 들었다. 그는 더 앞으로 움직여 나가고 있었다. 그때 그는 마치 눈으로 방 전체의 정경을 천천히 볼 여유가 전혀 없기라도 한 듯이 재빨리 분주하게 눈을 굴려 단숨에 전부 다 보려고 했는데, 그러다 갑자기 뚝 멈춰 버리고 말았다. 침대에 누워 있던 리나는 그의 입언저리에 나 있는 하얀 흉터가 완전히 사라지는 것을 눈여겨보고 있었다. 마치 핏기가 가시고 그 흉터에 흐르던 피가 빠지면서, 빨랫줄에서 헝겊을 걷어치우는 것처럼 그 흉터를 탈취해 가 버리기라도 하는 것 같았다. 그 여자는 아무 말도 하지 않았다. 그저 거기서 가만히 베개에 의지하여 몸을 조금 일으킨 채 누워서 침착한 눈초리로 그를 지그시 바라보고 있었지만, 그 눈에는 기쁨이나 놀라움이나 비난이나 사랑이나 아무런 감정도 떠오르지 않았다. 한편 그의 얼굴에는 충격과 경악과 분노가, 그리고 숨길 수 없는 공포가 차례로 나타났다 사라지면서 그때마다 저절로 드러나는 작은 흰 흉터를 조소하는 듯 보였다. 그동안에도 그의 겁에 질린 필사적인 눈은 끊임없이 두리번거리며 그 방을 여기저기 둘러보고 있었다. 그 여자는 그가 자기 양쪽 눈을 마치 겁먹은 두 마리 짐승처럼 억지로 한곳으로 몰아넣어 겨우 그 여자의 눈동자와 마주치게 하는 모습을 지켜보았다. "아니, 아, 아, 리나 아니야?" 그 여자는 그가 무슨 짐승이나 되는 것처럼 도망가려는 그의 눈을 그녀의 눈과 마주 보도록 억지로 붙들고 있는 것을 지켜보았다. 마치 그것은 이번에 도망가기만 하면 다시는 붙잡을 수 없고 또 자기 자신까지도 어떻게 해 볼 수 없는 존재가 돼 버릴지도 모른다고 생각하는 것 같았다. 그의 마음이 끊임없이 이리저리 갈팡질팡하고 겁을 집어먹고 괴로워하며 공포에 질려서 자기 음성이 자기 혀가 말할 수 있는 말을 찾고 있는 꼴을, 그 여자는 생생히 볼 수 있는 것 같았다. "리나 아니야? 아, 확실히 리나로군. 그래 당신은 내 편지를 받았군. 나는 여기 오자마자, 그러니까 지난달 자리를 잡자마자, 편지를 냈지만 못 받을 줄 알았지—이름도 모르는 어떤 녀석이 가져다 준다기에 과히 믿을 만한 녀석은 못 되지만 별수 없었지. 그 녀석에게 당신 여비로 10달러를 줬는데, 그 녀석이……." 그의 음성은 그의 필사적인 눈 뒤의 어디선가 꺼져 버리고 말았다. 그래도 여전히 그 여자에게는 그의 마음이 여기저기 날아다니는 것이 환히 보였고, 동정도 없이 아무런 감정도 없이 그 여자는 그 진지한 깜빡거리지도 않는 견디기 어려운 시선을 끊임없이 던지며 그를 지켜보고 있었다. 그동안 그의 마음은 찾아보기도 하고 도망가기도 하고 비껴가기도 했는데 마침내 마지막까지 남아 있던 자존심, 자기를 정당화하고자 하는 보잘것없는 자존심마저 그에게서 도망쳐서 그를 알몸으로 남겨 놓고 말았다. 그러자 그 여자는 비로소 입을 열었다. 그 음성은 고요하고 흔들리지 않고 침착했다.

"이리 가까이 와요." 그 여자는 말했다. "자, 와요. 이 애가 당신을 물어뜯지는 않을 거예요." 그는 겨우 몸을 움직여 조심조심 발끝걸음으로 다가갔다. 그 여자는 그를 더 눈여겨보지는 않았지만 그의 행동은 잘 알고 있었다. 또한 지금 그가 자기와 잠들어 있는 어린애 옆에 겁에 질려 움츠러든 자세로 서 있는 것을 알고 있었다. 그러나 그 여자는 그의 그런 조심스러운 행동이 어린애에게 또 어린애 때문에 취해진 것은 아니라고 알고 있었다. 그는 그런 의미로는 아직 애를 보지도 않은 것을 그 여자는 잘 알고 있었다. 그 여자는 그의 마음이 자꾸 도망가고 있는 것을 아직도 눈으로 보고 느낄 수가 있었다. '그는 무서워하지 않는 척할 생각이야.' 그 여자는 생각했다. '거짓말을 하고도 조금도 창피하게 생각하지 않았으니 무서워하고 있는 것을 거짓으로 숨기고도 부끄러워하지는 않을 거야.'

"아, 이거 참." 그가 말했다. "그래, 아이로군. 확실해."

"그럼요." 그 여자는 말했다. "앉지 않으실래요?" 하이타워가 끌어다 놓았던 의자는 아직 침대 옆에 있었다. 그는 이미 그것을 눈여겨보았던 것이다. '의자 준비까지 해 놓고서 기다리고 있었군.' 그는 생각했다. 다시금 그는 말없이 괴로워하며 골이 나서 욕설을 퍼부었다. 개새끼들! 개새끼들! 그러나 그가 앉았을 때에 그의 얼굴은 제법 미끈했다.

"그렇지, 우리 한 식구가 여기 모였군. 내가 계획했던 그대로야. 사실은 당신을 맞이할 준비를 좀 잘할 생각이었지만 요새 너무 바빠서 그만⋯⋯아, 그러고 보니 생각이 나는데—." 다시금 그는 갑자기 나귀처럼 고개를 뒤로 돌렸다. 그 여자는 그를 보고 있지 않았다. 그 여자는 말을 했다.

"이 동네에는 목사님이 계셔요. 그분이 여기 와 주셨어요."

"그거 잘됐군." 그는 대답했다. 그의 목소리는 크고 기운찼다. 그래도 그 기운찬 소리도 음색도 말의 음처럼 일시적이고 곧 사라져 버린 뒤에는 아무것도 남는 것이 없었으며, 귀에도 마음속에도 확실히 전달했을 그 의미가 전혀 남지 않았다. "그거 아주 잘됐네. 내가 지금 하는 일을 다 마무리하면 곧—." 그는 그 여자를 바라보면서 팔을 뻗어 막연하게 포옹하려는 듯한 시늉을 했다. 그의 얼굴은 무표정하고 담담했다. 눈은 온화하고 조심스럽고 은밀하였는데 그 배후에는 여전히 그 겁에 질린 듯한 필사적인 표정이 깃들어 있었다. 그러나 그 여자는 그를 바라보고 있지는 않았다.

"지금 어떤 일을 하고 있지요? 제판공장 일이에요?"

그는 그 여자를 지켜보았다. "아니, 거기는 그만두었어." 그의 눈동자는 그 여자를 똑바로 바라보고 있었다. 그러나 그의 눈은 그의 것이 아니며 그와는 아무런 상관도 없고 그가 하는 일과 말과도 전혀 무관하기라도 한 것 같았다. "빌어먹을 검둥이처럼 하루 열 시간이나 혹사를 당했거든. 요새는 좀 돈이 벌리는 일을 얻게 되었어. 뭐 한 시간에 15센트짜리 싸구려 일은 아니야. 좀 자질구레한 일들만 다 해결지으면 당장 그 돈이 손에 들어올 테고, 그러면 우린⋯⋯." 끈기 있고 심각하고 은밀하게 그의 눈은 그 여자의 수그린 옆얼굴을 지켜보았다. 다시금 그 여자는 그가 고개를 갑자기 쳐들고 뒤돌아볼 때 내는 가냘픈 소리를 문득 들었다. "그래서 갑자기 생각이 나는데—."

그 여자는 조금도 움직이지 않고 물었다. "그건 언제 일이죠, 루카스?"

그러자 그 여자는 철저한 침묵과 철저한 정적을 듣고 느낄 수가 있었다.
"무엇이 언제 일이라고?"
"다 아시면서. 당신이 그러지 않았어요? 집에 돌아가는 것 말이죠. 나 혼자라면 괜찮았을 거예요. 나야 뭐 아무래도 상관없으니까. 그렇지만 이젠 사정이 좀 달라요. 이제는 좀 걱정을 할 권리가 생겼다고 생각해요."
"오, 그것 말이야?" 그는 말했다. "그거야 뭐, 걱정하지 마. 그저 이번 일을 마무리해서 돈을 손에 쥘 때까지 기다려 줘. 그 돈은 당연히 내가 차지할 권리가 있거든. 절대로 그따위 개새끼들한테—." 그는 말을 멈추었다. 그의 음성은 어느새 높아지기 시작했었다. 마치 그가 지금 어디 있는지조차 잊어버리고 요란하게 소리내어 생각이라도 하고 있는 것 같았다. 그는 음성을 낮추고 말을 계속했다. "그 문제는 내게 맡겨 줘. 아무 걱정도 말고 말이야. 지금까지 내가 뭐 당신에게 걱정을 끼친 일이 있어? 없지? 어디 말해 봐."
"그래요, 나는 걱정해 본 일이 없어요. 나는 당신에게 의지할 수 있다고 믿고 있었어요."
"그렇고말고, 당신도 그걸 잘 알고 있었군. 그런데 이 동네 개새끼들은— 그—." 그는 의자에서 일어나 있었다. "그러니까 생각이 나는데—." 그가 일어서서 고뇌에 가득 찬 필사적이고 간절한 표정을 눈에 떠올리고 있는 동안 그 여자는 고개를 들지도 않고 말도 하지 않았다. 마치 그 여자는 그를 거기다 붙들어 두고 그 붙들어 둔 사실을 잘 알고 있기라도 한 것 같았다. 그리고 다음에는 자기 뜻대로 일부러 그를 놓아주기라도 한 것 같았다.
"그럼 지금은 굉장히 바쁘겠네요."
"맞아, 참 바빠. 성가신 일이 태산 같은데 글쎄 그 개새끼들이—." 그 여자는 지금 그를 바라보고 있다. 그가 뒷벽에 있는 창문을 바라보고 있는 동안 그 여자는 그에게서 눈길을 떼지 않는다. 그러자 그는 자기 뒤에 닫힌 문을 돌아다보았다. 다음에는 여자의 공허해 보이는 얼굴을, 아니 어떻게 보면 전지전능해 보이는 얼굴을 바라보았다. 그는 음성을 낮추었다. "여긴 내 원수들이 있어. 내 차지가 된 돈을 빼앗으려는 놈들이지. 그래서 난—." 다시금 그 여자가 그를 억압하여 마치 시험을 하듯이 강제로 그에게서 마지막 거짓말, 즉 그에게 남은 찌끼와도 같은 가련한 자존심마저 상하게 하는 그 거짓말을 끌어낸 듯했다. 그렇다고 해서 그녀는 몽둥이나 밧줄을 이용해 그를 억압한 것도 아니고 그저 그의 거짓말을 무슨 종잇조각이나 나뭇잎이나 되는 것처럼 불어 날려 버리고 말았던 것이다. 그러나 그 여자는 아무 말도 하지 않았다. 그 여자는 그가 발끝걸음으로 창문에까지 가서 소리도 없이 창문을 여는 것을 지켜보았을 뿐이다. 그러자 그는 그 여자를 바라보았다. 아마 그는 안전하다고 생각했을 것이고, 그 여자가 손을 내밀어 자기를 잡기 전에 창문으로 빠져나갈 수 있다고 생각했을 것이다. 또는 조금 전까지만 해도 자존심이었던 것이 지금은 비참한 치욕 쪼가리가 되었는지도 모른다. 왜냐하면 그는 그 순간 쓸데없는 말이나 거짓을 다 벗어 버리고 적나라한 눈으로 그 여자를 바라보았기 때문이다. 그의 목소리는 속삭임보다 더 크게 들리지는 않았다. "밖에 원수 놈이 있어. 입구에서 나를 기다리고 있단 말이야." 다음 순간 그는 소리도 내지 않고 기다란 뱀이 단숨에 매끄럽게 움직이듯이 창문 밖으로 나가 버리고 말았다. 창 너머로는 그가 달리기 시작했는지 가냘픈 소리가 한 번 그녀에게 들려왔다. 그러자 그 여자는 비로소 좀 움직여 보았다. 그녀는 그저 깊은 탄식을 했다.

"자, 다시 일어나야 하겠군." 그 여자는 큰 소리로 말했다.

브라운은 숲 속에서 나와 기찻길에 올라서면서 허덕거리고 있다. 지쳤기 때문에 그러는 것은 아니다. 그가 20분 동안 달려온 거리는 거의 2마일이나 되었고 길도 좋지 않았지만, 그의 허덕임은 오히려 도망가는 짐승의 부르짖음 같은 흉악한 호흡이라고 하는 편이 더 나을 것이다. 그는 지금 선 채로 텅 빈 기찻길 양쪽을 바라보고 있다. 그 얼굴 표정은 함께 도망갈 동료도 원치 않고 자기 근육만을 의지하고 혼자서 도망가는 한 마리 짐승의 표정이고, 그가 숨을 쉬려고 걸음을 멈추었을 때에는 눈에 띄는 모든 나무랑 풀을 살아 있는 원수처럼 미워하며 자기가 밟고 있는 대지 자체를, 그리고 자기 호흡을 회복시키기에 필요한 공기 자체를 미워하는 것 같다.

그가 닿은 기찻길부터 목표로 삼고 있던 지점까지는 수백 야드밖에 떨어져 있지 않다. 거기는 비스듬히 올라가는 지면의 맨 꼭대기로서 거기에서는 북쪽으로 가는 화물열차가 속력을 늦추어서 거의 사람이 걷는 것보다도 느린 속도로 기어간다. 앞쪽에 얼마 멀지 않은 곳에서 빛나는 두 줄기 선로는 마치 가위로 싹둑 잘려 버린 것처럼 보인다.

잠시 그는 철도 용지를 따라서 병풍처럼 펼쳐진 숲 바로 안쪽에 숨은 채 그냥 서 있다. 그는 마치 이미 승부가 거의 난 내기에서 마지막 필사적인 반격을 펼치기라도 하려는 듯이, 절망적인 계산과 심사숙고에 빠진 사람 모양으로 서 있다. 귀를 기울이는 태도로 잠시 더 서 있다가 그는 몸을 돌려 철로와 나란히 숲 속을 다시금 내닫기 시작한다. 그는 자기 갈 곳이 어딘지 확실히 아는 것 같다. 이윽고 좁은 길에 나서게 되어 그 길로 한참 달리다가 흑인의 오두막이 서 있는 숲 속 공터로 들어선다. 그는 천천히 걸어서 그 집 앞에 다가간다. 포치에는 늙은 흑인 여자가 흰 수건을 머리에 두르고 담배를 피우며 앉아 있다. 브라운은 달리고 있지는 않지만 숨이 몹시 가쁘다. 그는 숨결을 좀 가라앉히고서 말한다. "안녕하세요, 아주머니? 누가 여기 있어요?"

그 늙은 흑인 여자는 담뱃대를 입에서 뺀다. "내가 여기 있지, 무슨 볼일인가?"

"시내에 뭐 좀 전할 게 있는데요. 급히 말이에요." 그는 호흡을 억누르고 말한다. "돈은 드려요. 누군가 그 일을 좀 해 줄 사람이 없을까요?"

"그렇게 급하면 자기가 할 일이지."

"돈은 드리겠다고 그러잖아요!" 그는 골이 나는 것을 애써 참고 목소리와 숨소리조차 죽여 가며 말을 한다. "빨리 전해 주기만 하면 1달러 드리겠어요. 1달러 벌고 싶은 사람이 여긴 없어요? 남자애도 없어요?"

늙은 여자는 그를 지켜보면서 담배만 피운다. 나이가 든 한 치 앞도 알아볼 수 없는 깊은 밤과도 같은 얼굴 표정으로 그 여자는 거의 신처럼 초연하게, 그러면서 온화한 면은 조금도 보이지 않으면서 그를 자세히 들여다보고 있는 것 같다. "현금 1달러?"

그는 뭐라고 확실히 표현할 수 없는 몸짓을 한다. 그것은 조급함과 억누른 분노와 절망 비슷한 것을 나타낸다. 그가 몸을 돌려 떠나려고 하는데 그 흑인 여자는 다시금 말을 한다. "여긴 나하고 조그만 놈 하나밖엔 없소. 아마 그놈은 당신 일을 하기에는 너무 작겠지."

브라운은 다시 돌아선다. "얼마나 작아요? 난 그저 편지 한 장을 보안관에게 급히 전해 줄 사람만 있으면 되겠는데요—."

"보안관? 그렇다면 잘못 찾아왔구먼. 우리 식구를 보안관이랑 얽히게 할 순 없으니까. 언젠가 보안관을 잘 안다고 믿고 있던 검둥이가 그를 만나 보러 갔지만 영영 돌아오지 않는걸. 어디 다른 곳에 가 보구려."

브라운은 이미 걸어 나가고 있다. 그는 곧 달리지는 않는다. 그는 다시금 달려갈 생각도 하지 않았다. 도대체 아무 생각도 할 수 없기 때문이다. 그의 분노와 무기력함은 치솟을 대로 치솟아, 그는 지금 거의 방심 상태에 빠져 있다. 그가 겪는 예측할 수 없는 좌절감 속에서 그는 이 좌절이 말하자면 시간을 초월한 아름다우리만치 절대적인 숙명이라도 되는 듯이 상상하고 있는 것 같다. 마치 그가 언제나 이런 실망과 좌절을 당한다는 사실 자체가 그를 고양시켜 인간의 보잘것없는 희망과 욕망 위로 밀어 올리고, 그런 희망과 욕망을 거부하고 부정해 버리기라도 하는 것 같다. 그러므로 흑인 여자가 두 번이나 크게 소리지르고 나서야 그는 겨우 알아듣고 몸을 돌린다. 그 여자는 무슨 말을 한 것도 아니고 움직이지도 않았다. 다만 고함만 지를 뿐이었다. 그 여자는 말한다. "당신 일을 해 줄 사람이 여기 있군."

어느새 포치 옆에는 바보스럽게 보이는, 어른 같기도 하고 덩치 큰 청년 같기도 한 흑인이 마법처럼 허공에서 나타나 서 있다. 그의 얼굴은 검고 조용하며 또 전혀 속을 알 수 없는 표정을 짓고 있다. 두 사람은 서로서로 마주 바라보고 서 있다. 아니, 정확히는 브라운이 그 흑인을 바라보고 있다. 그 흑인이 그를 보고 있는지 어떤지는 그는 알 수가 없다. 그리고 그것 또한 각본대로 실패할 것같이 느껴진다―그가 마지막 희망을 걸 대상이 하필이면 보안관은 둘째치고, 그가 있는 시내까지 찾아갈 능력도 없어 보이는 바보스러운 사람이라니! 다시금 브라운은 형용할 수 없는 묘한 몸짓을 한다. 그러고 나서 거의 달리다시피 포치로 돌아가며 셔츠 주머니를 뒤적이고 있다. "이 편지 좀 시내에 갖다 주고 답장을 받아 왔으면 좋겠어." 그는 말한다. "할 수 있겠어?" 그러나 그는 답변을 기다리지 않는다. 그는 이미 셔츠 주머니 속에서 더러워진 종잇조각과 물어뜯은 몽당연필을 꺼내 포치 가장자리에 몸을 굽힌 채 애쓰며 서둘러 글을 쓰고 있다. 한편 그 흑인 여자는 그를 지켜보고 있다.

'와트 케네디 나리, 살인자 크리스마스를 알려 준 내 상금을 이 편지를 가지고 간 사람에게 종이에 잘 싸서 보내 주십시오 안녕.'

8월의 빛 727

그는 서명은 하지 않는다. 편지를 들어 올리고 뚫어지게 들여다본다. 한편 흑인 여자는 여전히 그를 지켜보고 있다. 그는 더우면서도 죄없는 그 종이를 바라본다. 잠깐이긴 하지만 자기의 온 영혼과 생명을 들여, 황급히 애써서 적어 놓은 연필 자국을 뚫어지게 들여다본다. 그 다음 순간 그는 그것을 탁 내려놓고 '서명은 안 했지만 누가 보내는지 알겠죠. 아는 사람으로부터' 하고 거기에다 더 적어 넣고는 접어서 흑인에게 넘겨준다. "이것을 보안관에게 갖고 가. 다른 사람에게 주면 안 돼. 보안관을 찾을 수 있겠어?"

"보안관이 그를 먼저 찾지 않는다면야 문제없지." 늙은 흑인 여자가 말한다. "그에게 줘. 보안관이 땅 위에 살고 있는 한 찾을 수 있을 테니까. 애, 너 1달러 받아 가지고 얼른 가 봐."

흑인은 이미 달려가고 있었으나 걸음을 멈춘다. 그는 아무 말도 없이 아무것도 보지 않으며 그저 거기 서 있을 뿐이다. 포치에서는 그 흑인 여자가 담배를 피우면서 그 백인의 기운 없는 여우 같은 얼굴을 내려다보며 앉아 있다. 그 얼굴은 남자답고 잘났지만 지금은 비단 몸뿐만 아니라 마음까지 피로하여 완전히 지친 여우 같은 모양새가 되어 있다. "몹시 바쁜 모양이던데." 그 여자는 말한다.

"그래요." 브라운이 대답한다. 그는 호주머니 속에서 돈을 하나 꺼낸다. "자, 여기 있다. 한 시간 안에 답장을 갖고 돌아오면 이런 거 다섯 개 더 줄게."

"애, 얼른 가 봐." 그 여자는 말한다. "꾸물거리다간 해 지겠다. 답장은 여기로 가져오면 되나?"

한동안 더 브라운은 그 여자를 바라본다. 그러자 다시금 경계심과 염치가 모두 그에게서 사라진다. "아니, 여긴 안 돼. 저 언덕 꼭대기로 가져와 줘. 기찻길로 걸어 올라오면 부르지. 내내 감시를 하고 있을 테니까. 그걸 잊지 마, 알아듣겠어?"

"걱정 말라니까." 흑인 여자는 말한다. "저 애는 무슨 방해만 없다면 틀림없이 편지를 갖고 가서 답장까지 받아 돌아올걸. 애, 빨리 가 봐."

흑인은 떠나간다. 그러나 반 마일도 못 가서 여자 말마따나 그를 방해하는 자가 나타난다. 그것은 나귀를 끌고 가는 또 다른 백인이다.

"어디야?" 바이런이 물어본다. "어디서 그를 만났지?"

"바로 지금 저기 집에서요." 백인은 나귀를 끌고 계속해서 걸어간다. 흑인은 그 뒷모습을 바라본다. 그는 그 백인이 편지를 보자고 하지 않았기 때문에 그것을 보여 주지는 않았다. 아마 그 백인이 편지를 보여 달라고 하지 않은 이유는 그가 그것을 갖고 있는 걸 몰라서 그랬나 보다고 흑인은 생각하고 있는지도 모른다. 흑인의 얼굴에는 한순간, 마음속에 숨겨진 무시무시한 것이 드러난다. 그러나 곧 그 표정은 사라진다. 그는 소리를 지른다. 백인은 걸음을 멈추고 뒤돌아본다.
"그 사람은 거기 없어요." 흑인은 외친다. "저 기찻길 위 언덕에 올라가서 기다린다고 했어요."
"고마워." 백인은 말한다. 흑인은 계속해서 걸어간다.

브라운은 기찻길로 되돌아왔다. 더는 달리고 있지는 않았다. 그는 혼자 중얼거리고 있었다. "그놈은 못할 거야. 도대체 할 수가 없을걸. 그를 만나지도 못하고 그걸 받아 가져오지도 못할 거야." 그는 아무 이름도 부르지 않았고 아무 이름도 생각하지 못했다. 지금 그에게는 그 모든 것이—흑인·보안관·상금—그저 장기짝 같은 모양으로 생각되었다. 그 장기 시합에서는 상대는 자유롭지만 자기만은 상대가 멋대로 만든 규칙을 지켜야 하며, 또한 상대는 이쪽의 수를 먼저 알아차려서 모든 것을 이리저리 조종하여 예상 밖의 묘한 움직임을 보이고 있는 것 같았다. 당분간 그는 절망조차 초월한 상태에 깊게 빠져들면서 기찻길에서 벗어나 언덕 꼭대기에 가까운 풀숲에 들어섰다. 지금은 초조해하지도 않고 마치 이 세상에는, 아니 적어도 자기 생에는 그 밖에 아무 목적도 없다는 듯이 그는 거리를 눈대중하고 있었다. 그는 자리를 골라 앉았다. 그곳은 기찻길에서는 가려져 있었지만 자기 편에서는 기찻길을 잘 볼 수 있었다.

'뭐 그 녀석은 그 일을 못할 거야.' 그는 생각한다. '나는 기대하지도 않아. 만약 그가 손에 돈을 쥐고 돌아오는 모습이 내 눈에 띈다 해도 난 믿지 않을 테야. 그건 내 차지가 아닐 테니까. 나는 알아. 그게 잘못이란 걸 알아. 그 녀석에겐 이렇게 말해야지. 그냥 가 보게. 자넨 나 말고 어떤 다른 사람을 찾고 있는 거겠지. 자넨 루카스 버취를 찾고 있지는 않아. 그럼. 루카스 버취는 그 돈, 그 상금을 받을 자격이 없어. 상금을 받을 만한 일을 한

것이 없는걸. 그럼.'

그는 꼼짝도 않고 쪼그리고 앉아 지친 얼굴을 숙인 채 하하 웃기 시작했다. '그렇고말고. 루카스 버취가 원한 것은 정의뿐이었다. 옳은 것 말이야. 그 살인자의 이름이랑 숨어 있는 장소를 그 빌어먹을 녀석들에게 알려 준 것은 뭐 돈이 탐이 나서 그러지는 않았는데, 그 녀석들은 정의를 실현하려고 하지 않았지. 하기야 그렇게 했다면 그 녀석들이 루카스 버취에게 상금을 줬어야 했을 테니까. 정의.' 그리고 나서 그는 거친 눈물 어린 목소리로 크게 말한다. "정의면 그만이야. 그저 내 권리만 주장할 뿐이지. 그런데도 양철 조각으로 별을 만들어 붙인 그 녀석들, 미국 시민들을 보호하겠다고 하나하나 서약한 그 녀석들은." 그의 음성은 더욱 거칠어지고 분노와 절망과 피로로 말미암아 거의 울음소리처럼 된다. "그래, 이 꼴을 당하고도 과격파가 안 된다면 개돼지나 마찬가지지." 이렇게 혼자 떠드느라고 그는 바이런이 바로 뒤에서 소리를 낼 때까지 아무것도 듣지 못하고 있다.

"일어서."

그것은 오래 계속되지는 않는다. 바이런은 그렇게 되리라고 잘 알고 있었다. 그러나 그는 주저하지 않았다. 그는 그저 살금살금 기어 올라와 상대가 보이는 곳에서 멎었다. 그리고 웅크린 채 아무런 경계도 하지 않고 있는 남자를 지켜보고 있었다. '넌 나보다 몸뚱이가 크구나.' 바이런은 생각했다. '그렇지만 상관없어. 넌 모든 점에서 나보다는 유리한 처지야. 그래도 그런 게 문제가 되지는 않아. 내가 35년이나 걸려서도 갖지 못했던 것을 너는 아홉 달 동안에 두 번이나 내던졌어. 자, 이제 내가 묵사발이 되도록 얻어맞는다 해도 아무 상관이 없단 말이야.'

그것은 오래 계속되지는 않는다. 브라운은 몸을 홱 돌려 자기가 깜짝 놀란 일까지 이용한다. 그의 생각으로는 어떤 남자든지 앉아 있는 자기 적을 공격할 때에는 적에게 일어설 기회를 주어서는 안 되는 것이고, 혹 적이 자기보다 작을 때에도 원칙은 같은 것이다. 브라운은 이 원칙을 지켰을 것이다. 그런데 자기라면 절대로 안 했을 짓을 자기보다도 작은 남자가 했다는 것은 모욕 이상의 지독한 모멸이고 비웃음이었다. 그래서 그는 바이런이 예고 없이 등 뒤에서 그에게 달려들었을 경우에 그랬을 것보다도 훨씬 격렬한 분노를 느끼며 싸웠다. 아사 직전의 궁지에 몰린 쥐처럼 결사적인 용기를 가지고 그는 마구 싸웠던 것이다.

그 싸움은 2분도 계속되지 않았다. 바이런은 꺾이기도 하고 밟히기도 한 풀숲 속에 누워서 얼굴 언저리에 조용히 흘러내리는 피를 닦을 생각도 않고, 풀을 밟는 소리가 났다 끊어졌다 이윽고 잠잠해지는 것을 듣고 있었다. 이제 그는 홀로 남아 있다. 무슨 특별한 고통도 느끼지 않는다. 한층 더 좋게 그는 무엇을 할까, 어디로 갈까 하는 서두름도 긴박감도 느끼지 않는다. 그는 얼마 뒤에는 다시 세계와 시간 속에 돌아갈 수 있고 그때까진 시간이 충분히 있다는 것을 알았으므로, 지금은 그저 고요히 피를 흘리며 누워 있을 뿐이다.

그는 브라운이 어디 갔을까 의아하게 생각지도 않는다. 그는 더는 브라운 생각을 할 필요가 없다. 다시금 그의 머리는 벽장 속에 한꺼번에 쑤셔 넣고서 잊어버린 바람에 조용히 먼지투성이가 된 어린 시절의 장난감과도 같은 꼼짝 않는 영상들로 가득 찬다—브라운·리나 그로브·하이타워·바이런 번취—하나도 살아 있는 것은 없고 자기가 어린 시절에 가지고 놀다가 망가뜨려 잊어버리고 말았던 작은 장난감과도 같다. 이렇게 그가 누워 있으려니까 반마일 떨어진 곳의 건널목에서 기적을 울리는 기차 소리가 들려온다.

이 소리를 듣고 그는 깨어난다. 다시 이 세상과 시간 속으로 돌아온다. 그는 먼저 천천히 조심조심 일어나 본다. '하여간 뭐 망가진 데는 없군.' 그는 생각한다. '즉 내게 속한 것 가운데 그가 못쓰게 만든 것은 없단 말이야.' 점점 날이 저문다. 다시금 시간이 돌아오고 동시에 공간적 거리가, 움직임이 시간 속에서 시작된다. '그렇다, 이제는 움직여 봐야 하겠군. 어디 좀 가서 무슨 일이든 해 봐야 하겠어.' 기차는 점점 더 가까이 다가오고 있다. 이미 기관차는 언덕길에 걸린 모양으로 회전이 느려지고 움직임이 둔해져 있다. 이윽고 연기가 보인다. 그는 호주머니에 손을 넣어 손수건을 찾는다. 그러나 찾지 못한다. 그래서 셔츠 자락을 뜯어 얼굴에 가만히 갖다 댄다. 그때 기관차가 고개를 넘느라고 짤막한 맹렬한 연기 소리를 내고 있는 것이 귀에 들어온다. 그는 풀숲 가장자리에, 기찻길이 보이는 데까지 움직여 나온다. 기차는 지금 그의 시야에 들어오고 있다. 때때로 기세 좋게 검은 연기를 토해 내며 그를 향해 똑바로 달려오고 있다. 그것은 얼핏 보면 무시무시한 부동의 인상을 준다. 그래도 그것은 실제로 움직이고 있고 고개를 열심히 기어오르고 있다. 그는 풀숲 언저리에 서서 기관차가 괴로운 듯이 기어오르며 가까이

다가왔다가 지나가는 모습을 시골 소년처럼 황홀과 열심(그리고 아마 동경)을 가지고 지켜보고 있다. 기관차가 지나가자 그의 눈도 함께 움직여서 화물차가 하나하나 고개를 넘어 지나가는 모양을 지켜본다. 그때 그는 그날 오후에 두 번째로 한 남자가 하늘에서 뚝 떨어진 듯 홀연히 나타나 달리는 것을 보게 된다.

그때에도 그는 브라운이 무엇을 하려고 하는지 깨닫지 못한다. 그런 것은 생각할 여지가 없을 정도로 평화와 고독 속에 깊이 들어가 있다. 그는 그저 거기 서서 브라운이 화물차에 올라타는 모습을 지켜보고 있을 뿐이다. 브라운은 화물차로 달려가며 몸을 굽혔다가 달려들어 화물차 맨 끝에 있는 쇠사다리를 붙잡고 위로 뛰어올라 진공 속에 빨려 들어가기라도 하는 듯이 시야에서 사라지고 만다. 기차는 속도를 더 내기 시작한다. 그는 브라운이 사라져 버리고 만 그 화물차가 다가오는 것을 지켜보고 있다. 그것이 지나간다. 그 뒤 화물차와의 연결 부분에 달라붙듯이 선 채로 브라운은 얼굴을 내밀고 풀숲 쪽을 바라보고 있다. 두 사람은 동시에 마주 바라본다. 온화한 평범한 피가 묻은 얼굴과, 차가 울리는 소리에 맞서 들리지도 않는 고함을 지르느라 일그러진 여위고도 거친 필사적인 얼굴이, 환상이나 망령과도 같은 효과를 가지고 서로 다른 궤도를 달리는 별처럼 스치고 지나간다. 아직도 바이런은 생각하고 있지 않다. "원, 저럴 수가 있나?" 그는 어린애다운 거의 황홀경에 빠진 듯한 놀라움을 느끼며 말한다. "제법 화물차에 뛰어올라 탈 줄도 아네. 그래 본 경험이 있는가 봐." 그는 전혀 아무 생각도 하지 않는다. 마치 더러운 화물차의 움직이는 벽은 제방과도 같아서 그 건너편에서는 세계, 시간, 믿을 수 없을 정도의 희망, 이론의 여지가 없을 만큼 확실히 엄존하는 것이 그에게 평화를 좀더 주려고 기다리고 있는 것 같기도 하다. 하여간 마지막 화물차가 점점 빨리 움직이면서 통과해 버리고 말면 세계는 그의 위에 홍수나 해일처럼 밀어 닥치게 마련이다.

세계는 거리와 시간으로 따지자면 엄청나게 거대하고 빠르다. 그래서 나귀를 한참 끌고 가고 나서야 비로소 타고 갈 생각이 난다 해도 뒤로 되돌아갈 길은 없다. 그는 마치 이미 오래전에 자기 자신을 추월하여 오두막집에 먼저 도착해서 자기가 따라잡아 안으로 들어가길 기다리고 있기라도 하는 것 같다. '그러면 난 거기 서서 꼭……' 그는 다시 한 번 시도해 본다. '그러면 난 거기 서서 꼭……' 그러나 그는 그 이상은 나아갈 수가 없다. 그는 다시금 도로에 나와서 시내에서 집으로 향하여 가는 짐마차에 다가가고 있다. 시간은 오후 6시 무렵이다. 그러나 그는 포기하지는 않는다. '만일 내가 그 이상 나아갈 수 없다 해도 말이야. 그래도 나는 문을 열고 거기에 들어가 서 있을 테지. 그러면 그 여자를 바라보고. 그 여자를 바라보고. 그 여자를 바라보고—' 음성은 다시금 말한다.

"—엄청난 소동이군."

"뭐라구요?" 바이런은 묻는다. 마차는 벌써 멈추어 있었다. 그는 바로 그 옆에 있고, 나귀도 걸음을 멈추고 있다. 마차 좌석에 앉아 있는 남자는 다시금 그 평범한 소리로 불평스레 말한다.

"더럽게도 운이 나쁘군. 막 집에 돌아가려고 했는데. 이미 늦었어."

"뭐, 소동이요?" 바이런이 묻는다. "무슨 소동인데요?"

그 사람은 바이런을 바라보고 있다. "당신 얼굴을 보니 당신이야말로 한바탕 소동을 겪은 것 같군."

"넘어졌어요." 바이런은 말한다. "오늘 저녁 시내에서 무슨 소동이 있었나요?"

"당신은 아직 듣지 못한 모양이군. 한 시간쯤 전 일인데. 그 검둥이 크리스마스를 사람들이 죽였다니까!"

19

그 월요일 밤에 식탁에 마주 앉은 마을 사람들은 누구든지 의아한 생각을 주고받았는데, 그것은 크리스마스가 어떻게 탈출했느냐 하는 것보다는, 오히려 탈출한 뒤에 꼭 쫓겨서 다시 잡히리라는 것을 알면서도 왜 그런 장소에 숨어 있었는지, 또 실제로 추격당했을 때에는 왜 항복도 안 하고 반항도 안 했는가 하는 것이었다. 마치 그는 계획을 세워 스스로 자살한 것이나 다름없었다.

왜 그가 마지막에 하이타워네 집으로 도망갔는지 하는 문제에 대해서 여러 가지 이유와 의견이 나왔다. "유유상종이지." 이렇게 경쾌하게 즉답을 하는 사람들은 그 목사의 예전 사건을 생각하고 있었다. 어떤 사람은 정말 우연한 일이라고 믿고 있었다. 또 어떤 사람은 그가 영리했기 때문에 거기 들어간 것이라고 말했다. 만약 그가 뒤뜰을 지나 부엌에 달려 들어가는 모습을 들키지만 않았던들 아무도 그가 목사의 집에 숨었다고는 생각하지 못했을 것이기 때문이다.

그래도 게빈 스티븐즈는 다른 의견을 갖고 있었다. 그는 그 지방 검사로, 하버드 대학 출신에 우등생 동우회 회원이었다. 그는 키가 컸고 체격이 느슨한 호남아였는데 입에서는 곰방대를 떼지 않았으며, 청회색 머리털은 부스스했고 늘 헐렁한 주름투성이 암회색 양복을 입고 있었다. 그의 집안은 제퍼슨에서는 꽤 오래된 것이고, 조상들이 그곳에서 노예를 부리고 살았으며, 그의 할아버지는 버든 양의 할아버지와 오빠를 알고 있었다. (그리고 미워하기도 하였다. 그래서 그들이 살해되었을 때에는 사토리스 대령을 공공연하게 축복했다) 그는 시골 사람들과 유권자들, 배심원들과 조용하고 가볍게 접촉했다. 때로는 여름 오후 내내 시골 상점의 포치에서 작업복을 입은 시골 사람들과 어울려 쪼그리고 앉아 시골 사람들 말투로 잡담하는 그의 모습이 눈에 띄곤 했다.

이 월요일 밤 9시 도착인 남행 열차에서 대학교수 한 사람이 내렸는데, 그는 스티븐즈와는 하버드 대학 동창으로서 근처에 있는 주립 대학에서 가르치다가 휴가를 얻어 며칠 동안 친구와 함께 지내려고 오는 길이었다. 기차에서 내렸을 때에 그는 곧 친구의 모습을 발견하였다. 그는 스티븐즈가 자기를 맞으러 나온 것이라고 생각했지만 자세히 보니까 스티븐즈는 상태가 이상한 늙은 부부를 기차에 태워 주고 있었다. 교수의 눈에 띈 것은 간질병에 걸린 듯한 짧은 염소수염을 기른 자그마하고 지저분한 인상을 주는 노인과 그의 마누라로 보이는 늙은 부인이었다. 부인은 밀가루 반죽과도 같은 얼굴을 한 음산한 여자로, 더러워진 흰 모자 깃털을 얼굴 앞에 늘어뜨리고 유행에 뒤떨어진 색이 바랜 자줏빛 비단옷을 단정치 못하게 입고 있었다. 잠시 교수는 의외의 광경에 흥미를 느끼며 멈추어 서서, 스티븐즈가 늙은 부인의 손에 마치 어린애 손에 쥐어 주듯이 차표 두 장을 쥐어 주는 것을 지켜보고 있었다. 그는 다시 움직여 친구의 눈에 띄지 않은 채 다가가서, 늙은 부부가 신호수의 인도를 받아 객차 발판에 오르고 있을 때에 스티븐즈가 그들에게 마지막 말을 하고 있는 소리를 엿들었다. "예, 맞아요." 스티븐즈는 이야기의 요점을 반복하듯이 상냥한 어조로 말하고 있었다. "그는 내일 아침 기차를 탈 겁니다. 제가 책임지고 태우지요. 부인께서는 그저 장례식과 무덤 준비만 하시면 됩니다. 할아버지는 댁에 데려가셔서 침대에 뉘어 드리십시오. 그 애는 내일 아침 차에 꼭 태워 주겠습니다."

그러자 기차는 천천히 움직였고, 스티븐즈는 몸을 돌려 교수와 마주치게 되었다. 그들이 자동차를 타고 시내로 들어올 때에 스티븐즈는 그 이야기를 시작하여 그의 집 베란다에 앉을 때까지 그 이야기를 다 끝냈다. 그는 다시금 이야기의 요점을 되풀이하였다. "그가 왜 그런 일을 했는지, 왜 마지막 피난처로 하이타워의 집을 골라서 뛰어 들어갔는지 나는 알 것 같아. 자기 할머니 때문이지. 그가 다시 재판소로 끌려가기 전에 그 부인이 독방에 찾아와 잠깐 그와 함께 있었거든. 그의 할아버지와 함께 말이야. 그런데 그 노인은 머리가 좀 돌아서 크리스마스에게 린치를 가할 생각으로 모츠타운에서 여기까지 왔지. 늙은 부인이 여기 올 때에는 뭐 그를 구할 실현성이 있는 희망을 갖고 있지는 않았다고 난 생각해. 부인의 말을 빌린다면, 부인은 그저 그가 '훌륭하게' 죽어 주기를 바랐을 뿐이라고 할 수 있지. 법률의 권위에 의해서 원칙에 의해서 정당하게 교수형을 당하는 것은 괜찮지만, 오합지졸에 질질 끌려다니면서 찢기든가 태워져 죽는 것은 안 된단 말이지. 그 부인이 여기 온 것도 그 노인을 감시하기 위함이지. 감시하지 않으면 노인은 큰 소동을 일으킬 불씨가 될지도 모르니까. 그래서 부인은 노인에게서 한순간도 눈을 뗄 수가 없었던 거야. 그렇다고 부인은 크리스마스가 자기 손자라는 것을 의심한 것은 아니지. 그저 그에 대한 희망을 가질 수 없었던 것뿐이야. 어떻게 희망을 가지기 시작해야 할지도 몰랐거든. 뭐 30년이나 지났으니 희망을 품는 기구도 녹이 슬어서, 새삼스럽게 그리 간단히 24시간 만에 다시 활동을 개시하기는 어려웠던 모양이지."

"그러나 노인의 광기와 확신의 물결을 타고 움직이는 동안에 그 부인 자신도 어느덧 거기에 휩쓸리고 말았다고 할 수 있어. 그래서 그들은 여기에 온 거야. 그들은 일요일 새벽 3시쯤에 야간열차로 여기 도착했어. 부인은 무리하게 크리스마스를 만날 생각은 없었지. 어쩌면 노인을 감시하고 있었는지도 모르지만, 난 그렇게 생각하지 않아. 그때에는 희망을 품는 기구가 아직도 작동하지 않고 있었단 말이야. 그게 겨우 움직이기 시작한 것은 오늘 아침 거기서 어린애가, 말하자면 부인 눈앞에서 태어났을 때부터였다고 말할 수 있어. 게다가 그 애는 사내아이였으니까. 그리고 그 여자는 그 아이의 어머니를 전에 본 일이 없었고 그 아버지는 전혀 보지 못했지. 또한 그 손자로 말하자면 성인이 된 모습을 보인 일이 없기 때문에 그 부인에 대해서는 30년이란 세월이 그냥 사라져 버린 셈이야. 그 어린애가 울기 시작할 때에 사라지고 만 거야. 더는 존재하지 않았어."

"그것은 단번에 너무 빨리 부인에게 닥쳐왔지. 부인의 손과 눈으로서는 도저히 부인할 수 없는 커다란 현실, 부인의 손과 눈으로서는 증명할 수 없으나 당연히 존재할 수밖에 없는 현실, 부인의 손과 눈이 증거도 없이 대뜸 받아들이고 믿도록 요구를 받은 참으로 이해할 수 없는 현실이 갑자기 생겨난 셈이야. 30년이란 세월이 지난 뒤에, 말하자면 지금까지 혼자서 우물쭈물하다가 갑자기 낯선 사람들이 가득 모여 지껄이고 있는 방에 들어간 사람 모양으로 그 부인은 어떻게든 자기 힘으로 확실히 행할 수 있는 것을 골라 정신을 차려 보겠다고 필사적으로 주변을 살피고 있었던 셈이지. 그런데 그 어린애가 태어나자 그 부인은 자기 스스로의 힘만으로 해 나갈 방도를 발견한 거야. 말하자면 그때까지 그 부인은 저 번취라는 사나이가 끄는 마차를 타고 기계장치대로 음성을 내는 꼭두각시로서, 그가 신호를 하면 말을 하는 정도에 지나지 않았다고 할 수 있어. 그런 식으로 그에게 이끌려 그 부인은 전날 밤에 하이타워 목사에게 가서 자기 이야기를 털어놓았지."

"그때도 그 부인은 아직 모색하고 있었지. 30년간 제대로 움직여 본 일이 없는 부인의 머리가 현실로서 확실히 실재하는 것으로 믿고 인정할 수 있는 것을 좀 찾아보려고 애쓰고 있었단 말이야. 그런데 그것을 거기 하이타워의 집에서 처음으로 발견한 모양이야. 부인은 자기 이야기를 들려줄 수 있는 상대, 자기 이야기를 들어 줄 만한 상대를 발견한 셈이지. 아마 부인은 처음으로 그 이야기를 남에게 들려주었을 거야. 그리고 부인 자신도 그때 처음으로 하이타워와 함께 이 과거를 전체로서 현실로서 보았을 테지. 그러니까 부인이 그 갓난애뿐만 아니라 그 애의 부모에 대해서까지 한동안 혼동을 일으키고 있었던 것은 내 생각엔 별로 이상할 것이 없지. 그 오두막집에서 부인의 30년간이란 세월은 사라지고 말았으니까. 갓난애, 부인이 본 일도 없는 그 애 아버지, 그리고 지금 거기 있는 애와 똑같은 갓난애 때밖에는 보지 못한 자기 손자, 또한 애아버지가 누군지도 모르는 형편, 이런 모든 것이 혼란스럽게 뒤섞여서 거기서 비로소 현실이 되어 버리고 말았지. 부인은 마음속에서 드디어 희망이 움직이기 시작했을 때에 우선 목사에게 의지하게 된 거야. 이런 여자는 자진해서 기도의 노예가 되고 절대복종을 하는 사람에게 숭고하고도 무한한 신뢰를 품는 법이거든."

"부인이 오늘 감방에서 크리스마스에게 말하고 있었던 것은 그런 것이었지만, 그동안에 노인은 기회를 노리고 있다가 틈을 보아 살짝 빠져나갔지. 그래서 부인이 그 뒤를 따라 거리에 나가 보니까 그는 다시금 길모퉁이에 서서 미친 듯이 목쉰 소리로 린치를 가하라고 하며, 자기는 악마의 자식을 기르면서 이날이 오기를 얼마나 고대했는지 모른다고 말하였다는군. 어쩌면 부인은 오두막을 나와 감방에 크리스마스를 보러 가던 도중에 그 광경을 보았는지도 모르지. 하여간 부인은 군중이 감동을 받기보다는 그저 흥미롭게 듣고만 있는 모습을 보고 그를 내버려 둔 채 보안관을 만나러 갔어. 보안관은 식사를 끝내고 막 돌아온 길이었는데 얼마 동안은 부인이 무엇을 원하는지 전혀 몰랐다더군. 부인이 그 기가 막히게 고상한 나들이옷을 차려입고서 그런 이야기를 하는 것을 보고 보안관은 부인이 미쳐서 탈옥 계획이라도 세우는 줄 알았을 테지. 그러나 그는 부인을 유치장에 보내 주었어. 보좌관을 딸려서 말이야. 부인은 거기 감방에서 크리스마스에게 하이타워 이야기를 해 주었을 거야. 하이타워는 그를 살려 줄 거라고, 분명히 살려 줄 거라고 말이야."

"그러나 물론 나는 부인이 그에게 무슨 말을 했는지 몰라. 아마 그 장면을 그대로 다시 말할 수 있는 사람은 없을 거야. 부인 자신도 무슨 말을 하겠다고 계획을 세운 것도 아니고 잘 알고 있던 것도 아닐 테지. 그 말은 부인이 크리스마스의 어머니를 낳은 밤에 이미 기록되었고 또 형성되었으며, 이제는 그것이 너무 오래전 일이라 부인은 그것을 잊을 수 없이 머릿속에 깊숙이 넣어 두긴 했지만 그 말은 잊어 먹고 말았을 거야. 아마 바로 그래서 크리스마스는 아무런 의심도 없이 부인을 믿었을 테지. 다시 말하자면 부인은 자기가 무슨 말을 해야 할는지, 이야기의 앞뒤를 어떻게 맞춰야 할지, 그가 과연 믿어 줄지 믿어 주지 않을지에 대해서는 전혀 근심하지 않았단 말이야. 그리고 저 추방된 늙은 목사의 육체와 그 존재 속에는 어딘지 무슨 신성한 은신처라 할 만한 것이 있어서 그곳은 경찰이나 폭도는 물론이고, 돌이킬 수 없는 과거로부터도 침범을 받지 않을 뿐만 아니라, 그라는 인간을 빚어 만들어 내 마지막에는 앞날의 사형집행인의 그림자와 더불어 감방에 홀로 집어넣어 버린 저 과거의 어떠한 죄악도 그 성역만은 침범할 수가 없다고 부인은 일러주었을 거야."

"그리고 그는 부인을 믿었지. 믿었던 덕택으로 용기보다는 오히려 견딜 수 있는 수동적인 인내심, 즉 기회를 계속 기다리다가 재빨리 포착하여 붙잡는 인내심을 얻은 그는, 복잡한 광장에서 그 유일한 기회를 살려 수갑을 찬 채로 달아난 것이야. 그러나 그의 도망에는 지나치게 많은 장애가 걸음을 옮길 적마다 붙어다녔지. 그 장애물은 추격자가 아니라 자기 자신이었어. 세월과 행동, 저지르기도 하고 저지르지 않기도 한 행위가 그와 보조를 맞추어 한 발자국 뗄 적마다, 숨을 쉴 적마다 같은 심장을 사용하여 고동까지 같이 하며 움직이고 있었지. 그것은 부인이 알지 못했던 그의 30년이란 세월뿐만은 아니었고, 그 이전부터 30년으로 이어져 온 모든 세월로서 이미 그의 검은 핏줄이나 흰 핏줄을 더럽히고 있다가 결국은 그를 죽여 버린 것까지도 포함하는 그런 것이었어. 그러나 그는 얼마 동안은 믿음을 갖고 달려갔을 거야. 적어도 희망을 갖고 말이야. 그런데도 그의 피는 고요해지지도, 그를 구하려고도 하지 않았지. 그의 희고 검은 어느 핏줄도 자기 자신을 구원하려 하지 않았거든. 검은 핏줄이 그를 우선 흑인 오두막으로 몰아넣었지. 그 다음 그의 흰 핏줄이 그를 거기서 내쫓았어. 마치 권총을 빼앗은 것은 검은 핏줄이었지만 그것을 발사하지 않은 것은 흰 핏줄이었던 것과 같지. 그를 그 목사에게 보낸 것도 흰 핏줄이었는데, 그것은 마지막 결정적인 순간에 그의 속에서 끓어올라 모든 이성과 현실을 물리치고 그를 환상의 품속으로, 성서에서 읽은 무엇인가에 대한 맹목적인 신앙 속으로 던져 넣었어. 그러자 그 흰 핏줄은 잠시 그를 떠났던 모양이야. 그저 눈 깜빡할 동안 검은 핏줄이 그의 속에서 마지막 발악처럼 끓어올라서, 자기가 구원의 희망을 걸었던 바로 그 대상에 맞서 그를 반항하게 했지. 어떤 사람의 도움도 뿌리치고 그를 자기 욕망에 휩쓸리게 내버려 둔 것은 그의 검은 핏줄이었어. 그를 충동질해서 도취경에 몰아넣은 것은, 말하자면 심장이 멎기도 전에 이미 생명이 끊어져 죽음에 대한 욕망과 충족을 느끼게 하는 검은 밀림에서 생겨난 것이야. 그러자 또 그 검은 핏줄은 그의 삶에서 위기가 생겼을 때에는 언제나 그랬듯이

그를 배신하고 그에게서 빠져나가 버리고 말았지. 그는 목사를 죽이지는 않았어. 그저 권총으로 그를 때리고 달려가서 식탁 뒤에 숨었을 뿐, 30년간 그가 해 온 것과 마찬가지로 마지막 순간에는 검은 핏줄을 거부했지. 그는 뒤집어진 식탁 뒤에 웅크리고 앉아 탄약이 들어 있는 권총을 한 번 쏘지도 않고 그냥 손에 쥔 채 사살되고 말았어."

그때 이 동네에는 퍼시 그림이라는 젊은 청년이 살고 있었다. 그는 스물다섯 살쯤 난 젊은이로, 주 방위군 대위였다. 그는 이 동네 출신이었고, 여름철 야영 생활을 제외하면 줄곧 마을에서 살아왔다. 그는 제1차 세계대전에 출전하기에는 나이가 너무 어렸다. 그래서 1921년인가 22년에는 자기 부모를 원망까지 하였다. 철물상을 하고 있던 그의 아버지는 이 일을 이해하지 못했다. 그는 자기 아들이 그저 게으른 놈에 지나지 않는다고 생각하여 이러다가는 완전히 날건달이 될 것이라고 걱정하고 있었다. 한편 아들은 자기가 전쟁 시기에 알맞게 태어나지 못했을 뿐만 아니라, 조금만 일찍 태어났어도 어른이 됐을 거라는 유감스런 기분을 맛보기에는 또 너무나 알맞게 태어났다는 이중의 비극을 아주 못마땅하게 생각하고 있었다. 이제 전시의 애국적인 흥분이 사라지고, 그 소동의 선두에 섰던 남자들이랑 영웅들, 참전하여 고초를 겪은 귀환병들까지도 서로서로 묘한 눈초리로 바라보게 되자, 그는 마음을 툭 터놓을 만한 상대조차 찾을 수 없게 되었다. 실상 그가 처음으로 심각하게 싸운 상대는 귀환병이었다. 그 사나이는 만약 다시 출전하게 된다면 이번에는 독일 편을 들어서 프랑스와 싸우고 싶다는 뜻의 말을 지껄였던 것이다. 그러자 퍼시 그림이 곧바로 그에게 대들었다. "미국하고도 싸울 건가?" 그렇게 퍼시 그림은 추궁했다.

"미국이 멍청이처럼 프랑스를 다시 편들어 준다면 별수 없지." 귀환병은 말했다. 그 말이 떨어지기가 무섭게 그림은 그를 때렸다. 그림은 그 군인보다 작았고 아직 10대 소년이었다. 결과는 뻔했고, 그림 자신도 그것은 잘 알고 있었다. 그러나 그는 아무리 심하게 맞아도 굽히지 않아서, 드디어 그 군인은 구경꾼들에게 그 소년을 말려 달라고 애원하였던 것이다. 그는 그 싸움에서 얻은 상처를 자랑스럽게 보이고 다녔다. 그에게는 그것이 나중에 맹목적으로 열망하던 군복을 입은 것만큼이나 자랑스럽게 느껴졌다.

그를 구한 것은 새로운 민병대 법안이었다. 그는 오랫동안 암흑이나 수렁 속에 빠져 헤매고 있던 사람 같았다. 자기 앞길을 전혀 볼 수 없을 뿐만 아니라, 길이 없는 것조차 모르는 사람 같았다. 그러다가 갑자기 그의 삶은 명확하고도 뚜렷하게 열렸다. 학교에서 그가 아무런 능력도 과시하지 못하고 태만하고 반항적이고 야망도 없는 소년이라고 평가받던 그 무익한 세월은 이제 흘러서 사라지고 망각에 묻혔다. 그는 자기 앞에 자기 인생이 텅 빈 복도처럼 명백하게 결정적으로 펼쳐지는 것을 보았다. 이미 생각하거나 결심하거나 할 필요도 없고, 현재 자기가 지는 책임은 그의 놋쇠 계급장처럼 빛나고, 경쾌하며 용맹스러운 것으로 여겨졌다. 즉 육체적인 용기와 맹목적인 복종에 대한 엄숙하고도 절대적인 충성, 그리고 백인종은 다른 어떤 인종보다도 우월하고, 또 미국 사람은 어느 백인종보다도 우월하며, 미국 군인은 모든 인간보다도 우월하다는 신념을 그는 갖게 되었고, 이 신념, 이 특권에 대해서 그가 바쳐야 할 것은 자기 생명뿐이라고 그는 생각했다. 조금이라도 군사적인 냄새가 나는 경축일에는 그는 항상 대위 군복을 입고 중심가로 나갔다. 그가 명사수 기장(記章)과(그는 확실히 사격의 명수였다) 계급장을 달고 꼿꼿한 자세로 엄숙하게 동네 사람들 사이를 누비고 다니면, 그 반쯤 도전적이고 반쯤 남을 의식하고 있는 자부심에 찬 어린애 같은 태도를 본 사람들은 그가 그 귀환병과 싸우던 때의 일을 떠올리는 것이었다.

그는 미군 재향군인회 회원은 아니었다. 그러나 그것은 부모의 잘못이지 그의 잘못은 아니었다. 그래도 크리스마스가 토요일 오후에 모츠타운으로부터 연행되어 왔을 때에 그는 이미 그 지방 재향군인회의 지부장한테 다녀왔다. 그의 생각과 그의 말은 아주 단순하고 직접적이었다. "우리는 질서를 유지해야 합니다." 그는 말했다. "우리는 법에 따라야 합니다. 법에, 국가에 말입니다. 민간인이 마음대로 사람을 사형에 처할 권리는 없습니다. 그러니 제퍼슨에 있는 우리 군인들이 그걸 막아야 합니다."

"어떤 사람이 무슨 변이라도 계획하고 있다는 건가?" 재향군인회 지부장이 물었다. "무슨 소문이라도 들었나?"

"전 모릅니다. 그런 말을 들은 일은 없으니까요." 그는 거짓말을 하지는 않았다. 민간인이 무슨 말을 했든 안 했든 도대체 그런 것에 대해선 거짓말을 할 가치가 없다고 그는 생각하는 모양이었다. "그것이 문제가 아닙니다.

우리가 제복을 입고 있는 군인으로서 우리 입장을 우선 확실히 하느냐 못하느냐가 오히려 문제입니다. 우리나라 정부가 이런 경우 어떤 태도를 취하는지, 정부의 소신을 민간인들에게 확실히 보여 줄 필요가 있습니다. 그들은 이러쿵저러쿵 말할 필요도 없다는 것을 알려 줘야 합니다." 그의 계획은 아주 단순했다. 그것은 재향군인회 지부에서 한 소대를 편성하고 현역 장교로서 그를 소대장으로 임명한다는 것이었다. "그러나 모두들 제게 지휘권을 주고 싶지 않다면 그것도 상관없습니다. 그럴 경우 저는 부관 노릇을 해도 좋습니다. 아니면 상사도 좋고 하사도 좋습니다." 그는 진심이었다. 그가 원하는 것은 헛된 명성은 아니었다. 그의 태도는 너무나 진지하였다. 너무나 진지하고 너무나 열심이었기 때문에 재향군인회 지부장은 막 입 밖으로 튀어나오려 하던 농담 섞인 거절의 말만은 꾹 삼켰다.

"그래도 아직은 그럴 필요까지는 없을 것 같은데. 혹 그럴 필요가 있다 해도 우린 모두 민간인으로서 행동을 해야 하지 않을까? 우리 재향군인회를 그런 식으로 쓸 수는 없을 것 같아. 결국 우린 지금 군인은 아니니까. 글쎄, 혹 할 수 있는 일이라 해도 난 그렇게 하고 싶진 않은데."

그림은 성을 내지는 않고 다만 상대를 무슨 벌레나 보듯이 바라봤다. "그런데도 당신은 전에 군복을 다 입으셨군요." 그는 감정을 억누르며 말했다. "제가 모든 사람에게 말하는 것을 당신께서는 직권으로 방해하지는 않으시겠지요? 개인 자격으로 접촉하는 일 말입니다."

"아니, 하여간 내겐 그런 일을 할 권한이 없어. 하지만 어디까지나 자네 개인 자격으로 말하는 걸세. 알아듣겠나? 내 이름을 써서는 절대로 안 되네."

그러자 그림은 제 입장이 나빠질 것을 각오하고 한마디 쏘아붙였다. "난 그런 일을 할 사람은 아니오." 그러고 나서 그는 나갔다. 그날은 토요일이었고, 시간은 오후 4시 정도였다. 그날 오후 나머지 시간을 이용해서 그는 재향군인회 회원들이 일하고 있는 상점이랑 사무실을 돌아다녔다. 그리하여 밤이 되기까지 자기 혼자 힘으로 한 소대를 구성하기에 충분한 동조자를 모집하였다. 그는 지칠 줄을 몰랐고 자제력이 있으면서도 억셌다. 그에게는 어딘지 항거할 수 없는 예언자 같은 데가 있었다. 그런데 소집된 사람들은 한 가지 점에서 지부장의 의견과 일치하고 있었다. 즉 재향군인회의 공식적인 임명은 꺼리고 있는 것이다. 그리하여 그는 별반 책략을 쓰지 않고서도 처음의 목적을 이루었다. 즉 지휘관이 된 것이다. 그는 저녁 먹기 바로 전에 대원들을 모아 놓고 몇 개 분대로 나눈 다음 분대장과 간부를 임명했다. 종군한 적이 없는 젊은이들도 그때쯤엔 기합이 잔뜩 들어가 있었다. 그는 그들에게 간단하게 냉철하게 연설을 하였다. "……질서……정의의 길……민중으로 하여금 우리가 미국 군복을 입고 있다는 사실을 인식하게 하자……그리고 한 가지 더." 여기서 그는 조금 친밀하게 말투를 바꿨다. 말하자면 자기 부하의 세례명까지 다 알고 있는 연대장이나 된 것처럼. "난 이 문제를 자네들에게 맡기네. 난 자네들 의견대로 하겠네. 다만 나로서는 이 일이 끝날 때까지는 군복을 입고 있는 편이 좋을 것같이 생각되는군. 그러면 사람들이 미국 정부가 정신적으로보다도 현실적으로 존재한다는 것을 깨달을 수 있을 테니까."

"난 반대하네." 한 사람이 곧바로 말했다. 그는 이 자리에는 참석하지 않은 지부장과 같은 부류의 사람이었다. "이 일은 아직 정부와 무슨 상관이 있는 소동은 아니니까. 케네디가 불평할지도 몰라. 이 일은 제퍼슨에서 관여할 일이지 워싱턴에서 책임질 일은 아니야."

"불평 못하게 하면 될 거 아니야?" 그림이 말했다. "재향군인회가 미국과 미국 사람들을 보호하기 위해 싸우지 않는다면, 대체 뭘 위해 싸운다는 거지?"

"그래도 말이야." 상대가 말을 받았다." 너무 설치고 다니지 않는 편이 좋을 것 같아. 그렇게 하지 않아도 우리 목적은 이룰 수 있을 테니까. 오히려 잘 이룰 수 있지. 그렇지 않을까?"

"좋아, 그럼." 그림이 대답했다. "너희 말대로 하자. 그렇지만 누구나 권총은 필요하겠지. 한 시간 뒤에 여기서 간단한 무기 검열을 하기로 하자. 모두 다 이 자리에 모여야 해."

"권총 때문에 케네디가 말썽을 부리지나 않을까?" 어떤 사람이 걱정했다.

"그건 내가 어떻게 해 보지." 그림이 말했다. "꼭 한 시간 뒤에 무기를 가지고 여기 집합해." 그는 해산시켰다. 그리고 조용한 광장을 지나 보안관 사무실을 찾아갔다. 보안관은 집에 있다고 사무원이 말했다. "집에?" 그는 되풀이했다. "지금 말이야? 집에서 지금 뭐하고 있지?"

"아마 저녁을 먹고 있겠지. 보안관만큼 몸집이 큰 사람은 하루 몇 차례나 잘 먹어야 하거든."

"집에 있다고!" 그림은 되풀이했다. 그는 상대를 노려보지는 않았다. 그 표정은 다시금 재향군인회 지부장을 바라보던 때와 똑같이 싸늘하고도 감정을 억누른 것이었다. "먹고 있다니." 그렇게 말하고서 그는 밖으로 나와 어느덧 빨리 걷고 있었다. 그는 사람이 없는 광장을 다시 건너갔다. 사람들은 모두 광장을 떠나 저마다 평화로운 시골 농가나 평화로운 시내 집에서 가족과 더불어 평화롭게 저녁을 먹고 있었던 것이다. 그는 보안관의 집으로 갔다. 보안관은 그 자리에서 안 된다고 말하였다.

"열다섯 명, 아니 스무 명이나 되는 사람들이 허리에 권총을 차고 광장을 돌아다니겠다? 안 돼, 절대로 안 돼. 그럴 순 없지. 그런 허락은 해 줄 수 없어. 그건 안 돼, 이 일은 내게 맡겨 둬."

그러고도 한동안 그림은 보안관을 쳐다보았다. 그러고 나서 몸을 돌리자 이미 빠른 걸음으로 걸어 나가고 있었다. "좋아요." 그는 말했다. "꼭 그래야 되겠다 그 말씀이지요? 좋습니다. 전 당신 일에 간섭하지 않을 테니까 당신도 내 일에는 간섭하지 말아 주세요." 그 말은 위협조로 들리지는 않았다. 그저 너무 평탄하고 결정적이고 이상하게 냉철하였을 뿐이다. 그는 재빨리 걸음을 옮겼다. 보안관은 그저 뒷모습을 지켜보다가 그를 불렀다. 그림은 몸을 돌아보았다.

"자네 권총도 집에 놔 둬." 보안관은 일렀다. "알아듣겠지?" 그림은 대답하지 않았다. 그냥 걸어갔다. 보안관은 얼굴을 찌푸리며 그가 사라질 때까지 그의 뒷모습을 지켜보고 있었다.

그날 저녁 식사를 마치자 보안관은 시내로 돌아갔다—꽤 긴급한 중요한 사태가 일어났을 때 말고는 최근 수년간 이런 일을 한 적은 거의 없었다. 돌아온 그는 유치장 주변을 그림의 부하들이 경비하고 있는 것을 보았다. 뿐만 아니라 재판소 주변에도 한 떼가 있었고, 광장과 그 주변 거리에는 또 다른 떼가 순찰을 하고 있었다. 비번으로 쉬고 있는 대원들은 그림이 근무하고 있는 솜공장 사무실에 있다고 보안관은 들었다. 그들은 그곳을 소대 본부 사무실로 쓰고 있었다. 보안관은 거리에서 순찰하고 있던 그림과 마주쳤다. "여보게, 이리 좀 오게." 보안관이 말했다. 그림은 걸음을 멈추기는 했지만 가까이 오지는 않았다. 하는 수 없이 보안관이 그에게 다가갔다. 그는 그림의 궁둥이를 살찐 손으로 툭툭 치더니 말했다. "그 물건은 집에 놔두라고 했는데." 그림은 아무런 대꾸도 하지 않았다. 그저 보안관을 똑바로 바라보고 있을 뿐이었다. 보안관은 탄식했다. "내 참, 자네가 내 말을 정말 안 듣겠다면 특별 보좌관으로 채용해야 되겠군. 그렇지만 내 허락 없이는 그 권총은 누구에게도 보이지 말아. 알아들었지?"

"물론이지요." 그림은 대답했다. "필요도 없는데 권총을 빼 들어서는 안 된다 그 말씀이지요?"

"내 말은, 내 허락이 내리기까지는 그러지 말라는 말이야."

"알겠어요." 그림은 곧 감정을 누르며 냉담하게 대답했다. "저도 바로 그런 뜻으로 말씀드린 겁니다. 걱정하지 마세요. 주의할 테니까요."

얼마 뒤 거리는 밤의 정적에 휩싸이고, 영화관이 관객을 쏟아 내고, 상점문이 하나하나 닫히게 되자 그림의 대원들도 흩어지기 시작했다. 그는 그것을 막으려고도 않고 다만 그들을 냉정하게 쳐다볼 뿐이었다. 그들은 조금 멋쩍어지고 어색하게 되었다. 다시금 그는 자기도 모르는 사이에 비장의 수단을 쓰고 있었던 것이다. 그들은 왠지 멋쩍은 느낌을 느꼈고 또 그의 냉철한 열성에는 도저히 미치지 못한다고 느끼고 있는 것이 분명하니까, 그에게 미안해서라도 내일 다시 얼굴을 내밀 것이었다. 몇 사람은 남아 있었다. 마침 그날은 토요일이었으니까, 그중 어떤 사람이 어디선가 의자를 더 가지고 와서 그들은 포커놀이를 시작했다. 때때로 그림이 광장으로 순찰을 보내기는 하였지만 그들은 밤새도록 그 놀이를 계속했다(그림은 그 놀이에 끼지 않았고 부지휘관도 거기에 끼지 못하게 했다. 그 부지휘관은 그림을 제외하고는 거기 남아 있던 유일한 장교였다). 나중에는 야간순찰을 하던 경관도 포커놀이는 하지 않았지만 그들 사이에 끼여 있었다.

일요일은 조용했다. 포커놀이는 이따금 나가는 순찰 때문에 중단되기도 했지만 그래도 조용히 죽 계속되었고, 그동안 교회의 종이 은은히 울려 퍼지는 가운데 교인들은 여름옷을 색색으로 잘 차려입고서 예배당에 모여들고 있었다. 광장 근처에서는 특별 대배심원회가 내일 열리리라는 소문이 벌써 파다하게 떠돌았다. 은밀하고도 확고한 암시력을 가진 대배심원회란 그 단어의 음향 자체가, 숨어서 잠도 자지 않고 인간의 행동을 지켜보고 있는 전능한 눈과도 같은 그 무엇이, 어느덧 그림의 부하들에게 그들의 몽상을 현실이라고 믿게 하였다. 사람이란 정말 재빠르게 뜻밖에 생각지도 않은 방향으로 마음이 움직이기가 쉬운 법이다. 그리하여 어느 틈엔지 동네 사람들은 그림을 존경하고 좀 두려워하면서 커다란 신뢰감을 가지고 바라보고 있었다. 마치 이 동네와 이번 사건에 대한 그림의 통찰력과 애국심과 자존심은 자기들 것보다 훨씬 정확하고 진실한 것이었다고 동네 사람들은 생각하기라도 하는 것 같았다. 하여간 적어도 그의 부하들은 그런 식으로 생각하고 그런 식으로 받아들였다. 밤새도록 잠을 자지 않고 긴장한 채로 휴일을 지내고, 자아 의지를 버린 순직 상태를 경험한 뒤여서, 그들은 경우에 따라서는 그림을 위해서 목숨이라도 버릴 수 있다는 기분에 사로잡히게 되었다. 그들은 지금 제법 엄숙하고 위압적인 태도로 움직이고 있었으며, 그림의 위광을 반영한 그 모습은 그림이 입히고 싶어했던 군복을 입었을 경우와 똑같이 눈에 띄었다. 실상 소대 사무실에 돌아올 때마다 그들은 그의 환상 속의 화려한 군복을 멋지고 엄숙하게 입고 있는 듯했다.

이런 투가 일요일 밤에도 계속되었다. 포커놀이도 그대로 이어졌다. 그것을 감싸고 있던 조심성과 은밀성은 사라지고 없었다. 그 분위기 속에는 허세에 가까운 자신과 자족이라고 할 만한 것이 있었다. 그날 밤 야간순찰을 돌던 경관의 발소리가 계단에서 났을 때에 그들 중 한 사람은 말했다. "헌병들을 조심해!" 그리고 한순간 그들은 냉엄한 빛나는 대담한 눈초리로 마주 바라보았다. 그러자 한 사람이 꽤 큰 소리로 말했다. "그런 개자식은 던져 버려!" 또 한 사람은 입을 삐죽거리며 이상한 불쾌한 소리를 냈다. 그런 식으로 그 다음날 아침, 즉 월요일에는 시골서 올라온 첫 자동차와 마차가 몰려들기 시작할 때에도 이 소대는 흩어지지 않은 채 그대로 남아 있었다. 게다가 그들은 군복까지 입고 있었다. 그것이 그들의 얼굴이었다. 그들은 대부분 동년배로서 같은 세대에 속하고 같은 경험을 지니고 있었다. 그러나 지금은 그뿐만이 아니었다. 군중이 몰려 있는 곳에 서 있는 그들의 모습은 심각하고도 쓸쓸한 엄숙함을 갖고 있었고, 진지하고 엄격하고 초연한 모습으로 군중의 느린 동작을 보는 그들의 눈초리는 공허하고 쓸쓸했다. 한편 군중은 알지도 못하면서 느끼는 바가 있는지 걸음을 늦추고 그들을 바라보며 그 앞을 지나갔다. 그래서 그들은 소의 얼굴처럼 멍하니 공허하고 변화가 없는 얼굴에 둘러싸였는데, 그 얼굴은 다가왔다가는 물러갔고 또 다른 얼굴이 그 자리를 메우는 것이었다. 그리고 오전 내내 몇몇 음성이 고요한 질문과 답변 형식으로 여기저기서 들려왔다 사라졌다. "저기 그가 가는군. 자동식 권총을 가진 저 젊은 사람 말이야. 그가 바로 저 사람들의 대장이지. 정부에서 파견된 특별 장교야. 이 모든 일의 책임자거든. 오늘은 보안관도 별수가 없는 모양이지."

나중에 일이 돌이킬 수 없게 되었을 때에 그림은 보안관에게 말했다. "제 말을 들어주기만 했더라면 그렇게 되지는 않았을 텐데요. 그 녀석을 감방에서 끌어낼 때에 제게 부탁을 하셨더라면 제 부하들을 쓸 수도 있지 않았겠어요? 그런데도 보좌관 혼자서, 그것도 수갑조차 연결하지 않고 그놈을 데리고 복잡한 광장을 가로지르려 했다니요! 그 빌어먹을 버포드 녀석은 마구간 문이라면 쏠 수 있을까, 그런 인파 속에서는 감히 쏠 생각도 못했겠지요."

"그 녀석이 탈주할 생각을 하다니, 그것도 그런 곳에서 불현듯이 하다니, 그걸 내가 어떻게 알 수 있었겠나?" 보안관은 말했다. "게다가 스티븐즈가 말하길, 그는 죄를 인정하고 종신형을 받을 거라고 하지 않았나."

그러나 그때에는 그 일은 돌이킬 수가 없었다. 모든 게 이미 끝이 나 있었다. 그 일이 일어났던 곳은 광장 한복판 보도와 재판소 사이였고, 무슨 경축일처럼 사람들이 붐비는 속에서 그 일은 감행되었다. 그러나 그림은 보좌관이 권총을 두 방 공중에 대고 쏘는 소리를 들었을 때에야 비로소 그 일을 알았다. 그는 그때 재판소 안에 있었지만 무슨 일이 일어났는지는 곧 알아차릴 수 있었다. 그의 반응은 즉각적이고 명명백백했다. 그는 어느새 총소리가 나는 방향으로 달리면서 어깨 너머로 한 사람에게 소리쳤다. "화재경보를 울려!" 그 사람은 벌써 거의 47시간이나 그림을 따라다니면서 부관 겸 전령 노릇을 하고 있었다.

"화재경보요?" 부관은 물었다. "무슨 일로—."

"화재경보를 울리라니까!" 그림은 다시 소리쳤다. "사람들이 놀라도 괜찮아. 그러면 그들도 무슨 일……." 그는 끝까지 말도 못하고 황급히 사라졌다.

그는 달리고 있는 사람들 사이를 달려가며 그들을 따라잡고 앞지르고 있었지만 그것은 그가 목표를 가지고 있는 반면에 그들에게는 목표가 없었기 때문이다. 그들은 그저 달리기만 하고 있었다. 그 속에서 시꺼멓고 둔중하고 큰 자동식 권총이 마치 땅을 쟁기로 갈듯이 그에게 길을 열어 주었다. 그들은 창백한 얼굴로 이빨이 난 둥근 구멍을 쩍 벌리고 그의 긴장되고 견고한 젊은 얼굴을 바라보며 낮은 탄식과도 같은 소리를 길게 내고 있었다. "저런…… 저리로 가는군……." 그러나 그림은 이미 보좌관이 머리 위로 권총을 쳐들고 달려가고 있는 모습을 보았다. 그림은 주변을 한 번 휙 둘러본 다음 앞으로 또 뛰어나갔다. 광장을 가로질러 죄수와 보좌관의 뒤를 따르던 군중 속에는 우체국 제복을 입은 건장한 젊은이도 섞여 있었다. 그는 온순한 소나 되는 것처럼 핸들을 붙들고 자전거를 끌고 가고 있었다. 그림은 권총을 권총집에 도로 집어넣고 그 젊은이를 옆으로 밀어 버리고는 그의 자전거에 올라탔다. 이런 동작은 한 번도 끊김 없이 미끈하게 이어졌다.

자전거에는 경적도 경종도 없었다. 그래도 사람들은 어찌 된 셈인지 그의 존재를 인식하고 그에게 길을 내주었다. 여기서도 그의 행동의 정당성과 합법성에 대한 사람들의 맹목적이고도 순진한 신용이 그를 도와준 것 같았다. 보좌관을 따라잡았을 때에 그는 자전거의 속도를 늦췄다. 보좌관은 달리느라 또 소리지르느라 입을 크게 벌리고 허덕거리며 땀이 뚝뚝 떨어지는 얼굴을 그에게 돌렸다. "들어갔어!" 보좌관은 외쳤다. "저 골목길로—."

"알았어." 그림은 말했다. "그 녀석에게 수갑을 채웠나?"

"그래!" 보좌관은 대답했다. 자전거는 돌진했다.

'그렇다면 그리 빨리 달릴 수는 없겠군.' 그림은 생각했다. '곧 어딘가로 숨어들걸. 하여간 남들 눈에 안 띄는 곳으로 도망가겠지.' 그는 골목길로 빨리 돌아 들어갔다. 그 길은 두 집 사이로 뚫려 있었고 한쪽엔 판자 울타리가 죽 이어져 있었다. 바로 그 순간 처음으로 화재경보가 울렸다. 낮은 소리로 시작하여 줄기차게 비명을 지르는 듯이 점점 높아졌다가 나중에는 귀에 들리는 영역을 초월하여 마치 소리도 없는 진동처럼 감각의 영역으로 들어가는 듯이 생각되었다. 그림은 맹렬한 환희를 억누르며 자전거 페달을 계속해서 밟으면서 재빠르게 논리적으로 생각하고 있었다. '우선 녀석이 바랄 것은 몸을 감추는 일이야.' 그렇게 생각하면서 주변을 둘러보았다. 골목길 한쪽은 트였지만 맞은쪽은 여섯 자 높이의 판자 울타리로 막혀 있었다. 막다른 곳은 나무 대문으로 길이 막혀 있었으며 그 너머에는 목장이 있었고, 또 그 너머에는 마을의 경계선인 깊은 냇물이 흐르고 있었다. 거기에 자라고 있는 높은 나무 꼭대기만이 가장자리에 조금 보일 뿐이다. 거기라면 한 연대가 숨어서 전개라도 할 수 있을 것 같았다. "아." 그는 큰 소리로 말했다. 자전거를 멈추거나 속도를 늦추지도 않고 그는 자전거를 빙그르 돌려 지금까지 오던 길로 되돌아가기 시작했다. 사이렌 소리는 지금은 좀 기운이 없어져서 다시 귀로 들을 수 있는 소리로 낮아져 있었다. 자전거를 돌려 거리로 다시 나오자 달리고 있는 사람들과 자동차 한 대가 자기 쪽으로 다가오는 것이 보였다. 아무리 페달을 힘껏 빨리 밟아도 자동차한테는 따라잡히는 수밖에 없었다. 그 차에 타고 있던 사람들은 창밖으로 몸을 내밀더니, 앞만 바라보고 있는 그를 향해 소리를 질렀다. "여기 타!" 그들은 외쳤다. "여기에!" 그는 아무런 대답도 하지 않았다. 눈도 돌리지 않았다. 차는 그를 앞질러 달리다가 속도를 늦추었다. 그는 빠른 속도를 유지하여 차를 추월했다. 그러자 차는 다시금 속도를 빨리하여 몸을 내밀고 앞을 바라보고 있는 사람들을 실은 채 그를 앞질렀다. 그도 또한 묵묵히 유령처럼 놀랍도록 빠르게 움직이면서, 인도의 크리슈나 신상이나 그리스 신화 속 운명의 여신처럼 용서 없이 똑바로 질주했다. 그의 뒤에서는 사이렌 소리가 다시금 높이 울리기 시작했다. 차에 타고 있던 사람들이 다음에 고개를 돌려 보았을 때에는 그의 모습이 어디 갔는지 전혀 보이지 않았다.

　그는 전속력으로 다른 골목길로 접어들었다. 그의 얼굴은 바위처럼 고요하면서도, 엄숙하고 맹렬한 기쁨과 만족감을 나타내는 표정으로 여전히 빛나고 있었다. 이 골목길은 아까 것보다 더 울퉁불퉁하고 더 깊었다. 그는 이 길로 자전거를 달려 드디어 황량한 작은 언덕에 다다르게 되었다. 거기서 자전거에서 뛰어내리자 자전거는 그냥 굴러가다 넘어지고 말았다. 거기에서는 마을 변두리에 뻗어 있는 계곡의 전경이 보였고, 시야를 가리는 것은 냇가에 서 있는 두세 채의 흑인 오두막뿐이었다. 그는 고요히 혼자서 숙명적으로, 거의 무슨 이정표 모양으로 꼼짝 않고 서 있었다. 다시금 그의 등 뒤에서는 사이렌의 비명 소리가 점점 약해져갔다.

　이윽고 그는 크리스마스를 보았다. 그는 그 사나이가 두 손을 맞잡고 개천에서 올라오는 모습을 멀리 어렴풋이 보았다. 그림이 지켜보고 있노라니까 햇빛이 수갑에 비쳐서 도망자의 두 손은 한 번 일광 반사 신호기처럼 번쩍 빛났다. 그는 그렇게 멀리 떨어진 곳에서도 아직 자유의 몸이 되지 않은 사나이의 필사적인 호흡이 들리는 듯이 느껴졌다. 그러자 그 작은 모습은 다시금 달리기 시작하여 가까운 곳에 있는 흑인 오두막 너머로 사라졌다.

이제는 그림도 달리고 있었다. 그는 빨리 달리고 있었지만 그에겐 서두르는 빛이나 애쓰는 모습이 보이지 않았다. 그에게는 광분이나 분노나 원한 같은 것도 없었다. 크리스마스도 제 눈으로 그것을 보았다. 그들은 순간적으로나마 거의 대면하다시피 했기 때문이다. 그것은 그림이 달려가다가 오두막 모퉁이를 꺾어 지나가려고 하던 때의 일이었다. 그 찰나에 크리스마스가 오두막 뒤창으로부터 마술처럼 재빨리 뛰어 내려왔으며, 드높이 들어 올린 그의 두 손에 꼭 낀 수갑은 불이라도 붙은 듯이 밝게 빛났던 것이다. 일순간 두 사람은 서로 노려보았다. 한 사람은 막 뛰어내려서 엉거주춤한 자세를 그대로 가지고 있었고, 또 한 사람은 오두막 모퉁이를 빠르게 지나가던 타성으로 막 달리는 자세를 그대로 지니고 있었다. 바로 그 순간에 그는 크리스마스가 육중한 니켈 도금이 된 권총을 가지고 있는 것을 보았다. 그림은 빙그르르 방향을 바꾸어 자동식 권총을 뽑아 들면서 오두막 모퉁이로 달려 돌아왔다.

그는 그 고요한 환희와 더불어 재빨리 냉정하게 생각하고 있었다. '녀석은 딱 두 가지 일을 할 수가 있어. 다시 개천에 뛰어들 수가 있고 그렇지 않으면 모퉁이를 돌아와서 누가 먼저 총에 맞을지 승부를 걸 수도 있지. 그런데 개천은 녀석이 있는 오두막 저편에 있단 말이야.' 그는 곧 행동을 개시했다. 그는 전속력으로 지금 막 돌아온 모퉁이를 돌았다. 그것은 마치 그가 마술이나 신의 섭리에 보호를 받고 있기라도 한 것 같았고, 그는 모퉁이 저쪽에서 크리스마스가 권총을 겨눈 채 기다리고 있지 않다고 예견이라도 하고 있는 것 같았다. 그는 다음 모퉁이에서도 멎지 않고 그냥 계속해서 내달렸다.

그는 벌써 개천 옆에 와 있었다. 달려온 자세대로 걸음을 멈추고 꼼짝 않고 있었다. 둔한 차가운 자동식 권총을 비스듬히 꼬나들고 있는 그의 얼굴에는 교회당 창문에 그려져 있는 천사들의 그 고요하고도 초탈한 광채가 떠돌았다. 어느덧 그는 또다시 움직이고 있었다. 그 재빠르고도 맹목적인 묵묵한 순종의 동작은 마치 장기판 위에서 조종자의 조종대로 움직이는 말과도 같았다. 그는 개천으로 달려갔다. 그러나 그 급경사면에 꽉 들어찬 덤불 속에 뛰어든 순간 그는 뒤로 팔을 뻗쳐 돌아가려고 허우적거렸다. 그는 그제야 그 오두막이 땅에서 두 자나 높이 띄워서 지어진 것임을 깨달았다. 너무 서두르느라고 미처 그것을 보지 못했던 것이다. 그는 우선 실점을 했다는 것을 알았다. 크리스마스가 집 아래서 내내 그의 다리를 지켜보고 있었다는 것도 알았다. 그는 말했다. "전술이 좋은데."

　세차게 뛰어든 탓에 꽤 앞으로 나간 다음에야 비로소 멈춰 선 그는 다시 기어 올라오고 있었다. 그는 피와 살로 된 존재가 아니라 지칠 줄 모르는 불사신과도 같았다. 그를 말처럼 조종하고 있던 조종자가 그의 호흡마저 가다듬어 주는 것같이 보였다. 그는 쉬지도 않고 자기 몸을 개천으로부터 밀어올린 그대로의 기운으로 다시 달려나갔다. 그가 재빨리 오두막 모퉁이를 돌았을 때에 마침 3백야드쯤 떨어진 곳에서 크리스마스가 울타리를 뛰어넘는 것이 보였다. 크리스마스가 좁은 뜰을 가로질러 집 쪽으로 곧장 달리고 있었기 때문에 그는 권총을 쏘지는 않았다. 달려가면서 그는 크리스마스가 뒷계단을 뛰어올라 집 안으로 들어가는 모습을 보았다. "아하." 그림은 말했다. "저건 목사네 집이구나. 하이타워의 집이야."

　그는 속도를 늦추지 않고 방향을 바꿔 그 집을 둘러서 거리에 나섰다. 그를 앞질러 갔다가 그만 그를 놓쳐 버리고 말았던 차가 다시 나타나서, 마치 조종자가 원해서 갖다 놓기라도 한 것 같은 지점에 있었다. 그 차는 그림의 신호를 받지 않았건만 멈추어 섰고 세 사나이가 거기서 내렸다. 아무 말도 하지 않고 그림은 몸을 돌려 앞뜰을 지나 그 불명예스러운 늙은 목사가 홀로 살고 있는 집으로 들어갔다. 그러자 그 뒤로는 세 사나이가 따라 들어가 현관 안으로 침입하다가 문득 걸음을 멈추었다. 그때 그들은 이 괴괴한 수도원 같은 어둠침침한 실내에 좀 전까지 그들이 뒤집어쓰고 있던 야만스러운 여름 햇빛을 조금 갖고 들어와 있었다.

　그 빛은, 그 파렴치한 잔인성은 그들 위에 쏟아지고 그들에게서도 흘러나오고 있었다. 그 가운데서 그들의 얼굴은 마치 후광에서 떠오르기라도 하는 듯이 실체도 없이 떠올라 빛나기 시작했지만, 그런 얼굴로 그들은 몸을 굽히고 하이타워를 마룻바닥에서 안아 일으켰다. 하이타워는 조금 전에 크리스마스가 현관으로 달려 들어오면서 권총과 수갑으로 번갯불처럼 빛나는 양손을 들어 올려 운명을 선고하는 무시무시한 복수의 신과 같은 모습으로 내리친 타격을 정면으로 받고 머리에서 피를 흘리며 쓰러졌던 것이다. 그들은 노인을 일으켜 세웠다.

"어느 방이죠?" 그림은 하이타워를 흔들면서 물었다. "어느 방이에요, 이보쇼?"

"여러분!" 하이타워가 말했다. 그리고 또 입을 열었다. "제군! 제군!"

"어느 방이에요?" 그림은 고함을 질렀다.

그들은 하이타워를 일으켜 세웠다. 밝은 빛 속에 있다가 이 어둠침침한 방에 들어온 그들의 눈에는 창백한 얼굴이 피투성이가 된 이 대머리 노인이 아주 무섭게 보였다. "제군!" 그는 외쳤다. "내 말을 들어 보게. 그는 그날 밤 여기 와 있었네. 그 살인사건이 일어나던 그날 밤에 나와 함께 있었단 말이야. 하느님께 맹세하지만—."

"제기랄!" 그림은 젊은 목사의 목소리와도 같이 맑으면서도 분노에 가득 찬 소리로 내뱉었다. "제퍼슨에 있는 목사란 목사, 노처녀란 노처녀는 다 저 개자식 같은 겁쟁이한테 넘어가고 말았단 말인가?" 그는 노인을 밀어제치고 달려갔다.

마치 그는 다시금 그 조종자의 조종을 기다리고 있기라도 한 것 같았다. 왜냐하면 조금도 정신을 팔거나 헤매지 않고 정확하게 곧장 부엌으로 가서 문 안으로 들어서기가 무섭게 권총을 쏘아 댔기 때문이다. 어쩌면 그 동작은 부엌 구석에 식탁이 뒤집어져 있는 모양이랑 그 뒤에 웅크리고 앉은 사나이의 두 손이 식탁 위 가장자리에서 빛나고 있는 것을 보기 전에 이미 취해졌는지도 모른다. 그림은 그 식탁에 대고 권총 탄창에 든 탄환을 모두 쏘았다. 나중에 누군가가 그 다섯 방의 탄흔을 손수건 하나로 덮었을 만큼 그의 조준은 정확했다.

그러나 조종자는 그것으로 끝을 내지는 않았다. 다른 사람들이 부엌에 가 보니 식탁은 옆으로 치워져 있고, 그림은 시체 위에 몸을 굽히고 있었다. 그가 무엇을 하고 있는지 알아보러 그에게 다가섰을 때에 그들은 크리스마스가 아직 죽지 않았음을 알았고, 그림이 하고 있던 일을 보는 순간 그들 중 한 사람은 목이 멘 부르짖음을 쏟아 놓고 비틀거리며 벽 쪽으로 물러나더니 그만 토악질을 했다. 그러자 그림도 피투성이가 된 칼을 뒤로 던지더니 물러서고 말았다. "자식, 이쯤 되면 지옥에 가서도 백인 여자한테는 감히 손을 대지 못하겠지." 그렇게 그는 말했다. 그러나 마루에 나가넘어진 사나이는 이미 움직이지 않았다. 아직 의식만은 남아 있으나 완전히 공허해진 눈을 뜨고 입언저리에 무엇인지 그림자 같은 것을 드리운 채 그저 거기 넘어져 있을 뿐이었다. 잠시 그는 그들을 평화로운, 헤아릴 수 없는 참기 어려운 눈초리로 쳐다보고 있었다. 그러자 그의 얼굴과 몸과 모든 것이 허물어지는 듯이 보였고, 안쪽으로 푹 꺼지는 듯이 보였다. 그리고 그의 궁둥이와 허리 근처의 찢어진 옷 사이로는 괴어 있던 검은 피가 깊은 탄식처럼 왈칵 쏟아져 나왔다. 그것은 높이 치솟고 있는 로켓으로부터 터져 나오는 섬광처럼 그 창백한 몸에서 분출한 듯 보였고, 그 검은 분류를 타고 이 사나이는 그들의 기억 속으로 영원히 언제까지나 치솟아 올라가는 것 같았다. 그들은 아무리 평화로운 골짜기에서 살게 된다 해도, 아무리 평온무사한 노령의 시냇물 가에 있게 된다 해도, 또 어떤 아이들의 거울 같은 얼굴에다 옛 참사와 새 희망을 비춰 본다 해도, 그 광경을 잊지 않을 것이다. 그것은 언제나 그들과 함께 있을 것이고 그 자체로서 침착하고 의기양양하여 퇴색하지도 않고, 그렇다고 위협을 주지도 않으면서 조용히 줄기차게 존재할 것이다. 다시금 시내에서는 담에 가려서 조금 완화되기는 했지만 사이렌 소리가 귀에 들리지 않는 영역으로까지 점점 더 높아져 가고 있었다.

20

지금 오후의 마지막 태양의 구릿빛 광선이 어두워지고 있다. 낮은 단풍나무와 낮은 간판 너머로 보이는 거리는 무슨 무대처럼 서재 창문으로 테두리가 둘러쳐져 인기척 없이 준비가 되어 있다.

그는 신학교를 나와 처음으로 제퍼슨에 왔던 젊은 시절에 이 어두워져 가는 구릿빛 광선을 어떤 기분으로 바라보았는지 아직 생각해 낼 수가 있지만, 그 빛은 그대로 소리가 되어 거의 귀에 들릴 듯이 생각되었으며, 마치 트럼펫의 노란 음색이 점차 침묵 속에 빠져 들어가기라도 하는 것 같았다. 그리고 잠깐 기다리면 그 침묵으로부터 그 음향이 다시 울려 나오는 것 같았다. 그 트럼펫 소리가 그치기 전부터 이미 그는 공중 어디선가 우렁찬 뇌명이 속삭임이나 소문같이 가느다랗게 시작되는 것이 들리는 듯이 생각되었다.

그러나 그는 아무에게도 그런 말을 한 적은 없었다. 아내에게조차도 말한 일이 없었다. 아직 두 사람이 밤중에 사랑을 속삭이던 무렵, 아직 치욕과 불화가 닥쳐오지 않았던 시절에도 아내에게조차 그런 말을 하지 않았던 것이다. 그 여자는 그가 어째서 창가에 앉아서 밤이 찾아오는 그 한순간을 기다리고 있는지 알았을 때에는 불화와 후회와, 다음에는 절망으로 고민했었다. 그런데도 그는 그 여자에게 그런 말을 하지 않았다. 그녀에게조차, 여자에게는. '여자'. 여자(그가 언젠가 믿고 있던 것과는 달리 신학교가 아니라)야말로 하느님께서 창조하신 수동적인 존재인 동시에 무명의 존재이고, 그의 육체의 씨뿐 아니라 정신의 씨, 참된 진리이거나 그가 가장 쉽게 접근할 수 있는 진리인 그의 정신의 씨까지 받아들이는 그릇이다.

그는 외아들이었다. 그가 태어났을 때 그의 아버지는 나이 50이었고 어머니는 거의 20년간이나 앓고 있었다. 남북전쟁 당시 마지막 해에 어머니는 먹을 것이 없어 고생한 결과 이렇게 몸이 약해진 것이라고 그는 믿으면서 자랐다. 아마 그것은 사실이었는지도 모른다. 그의 아버지는 노예소유자의 아들로 태어났지만 그 자신은 노예를 갖지는 않았다. 그는 노예를 가지려면 얼마든지 가질 수 있었다. 그러나 노예를 갖는 것이 갖지 않는 것보다 싸게 먹히는 시대와 고장에 태어나고 자라고 살았는데도, 그는 흑인 노예가 기르고 장만해 준 음식을 먹지 않았고 노예가 정돈해 준 침대에서 잠도 자지 않았다. 그래서 전쟁 중에나 그가 출타했을 동안에 그의 아내는 자기 힘으로, 혹은 이웃 사람들이 이따금 도와주어서 돌보고 있던 채소밭에 전적으로 의지하는 수밖에 없었다. 또한 이웃의 그런 도움조차도 갚을 방도가 없다는 이유로 남편은 아내에게 거절하게 했다. 그는 말했다. "하느님께서 주실 거야."

"무엇을요? 민들레하고 냇가의 잡초를 주셔요?"

"그렇다면 하느님께서는 그런 것들을 소화할 수 있는 위장을 주시겠지."

그는 목사였다. 1년 동안 그는 일요일 아침이 돌아오면 자기 아버지보다 먼저 집을 나서곤 했다. (이것은 아들이 결혼하기 전의 일이었다) 그의 아버지는 성공회의 훌륭한 교인이었지만, 그가 기억할 수 있는 한도 내에서는 교회에 한 번도 참석한 일이 없었다. 그의 아버지는 드디어 아들이 어디를 가곤 했는지 알아냈다. 스물한 살밖에 나지 않은 아들이 일요일마다 16마일을 말을 타고 달려서 산속에 있는 작은 장로교회에 설교하러 다닌다는 사실을 아버지는 알아냈던 것이다. 아버지는 웃었다. 아들에게는 그 웃음이 고함이나 욕설로 들렸지만 그는 그저 냉철하고 공손하게 거리를 둘 뿐 말대꾸는 하지 않았다. 그 다음 일요일 그는 자기 회중에게로 돌아갔다.

남북전쟁이 시작되었을 때 그 아들은 맨 처음 출정한 사람들 틈에 끼지는 않았다. 그렇다고 마지막 무리 속에 낀 것도 아니었다. 그는 4년간 군대에서 지냈지만 그동안 총 한 번 쏘지 않고, 군복 대신에 결혼용으로 사서 설교할 때 쓰던 수수한 프록코트를 입고 다녔다. 1865년, 그가 집에 돌아올 때에도 그는 그 옷을 입고 있었다. 그러나 그날 마차가 현관 계단 앞에 와서 멎고 두 사람이 그를 집 안으로 날라다 침대에 뉘인 뒤로는 다시 그 옷을 입어 본 일은 없었다. 그의 아내는 그 프록코트를 벗겨 지붕밑 다락방의 트렁크 속에 집어넣었다. 그것은 25년간 거기에 있었지만, 드디어 어느 날 그의 아들은 트렁크를 열고 그 옷을 꺼내, 그때에는 이미 저세상에 가 있던 사람이 정성스럽게 개어 놓은 것을 펴 보았다.

하이타워는 조용한 서재의 어두운 창가에 앉아서 저녁 어스름이 사라지고 밤이 되기를, 또 달리는 말굽 소리가 들려오기를 기다리면서 그 일을 떠올리고 있다. 이미 구릿빛 광선은 완전히 사라졌다. 온 누리는 스테인드글라스를 통해 들어오는 빛과 같이 색깔도 알맹이도 초록색으로 물들어 공중에 걸려 있었다. '머지않아 그때가 온다. 곧 그때가 돼.' 이렇게 말하기 시작할 때다. '그때 난 여덟 살이었지.' 그는 생각한다. '비가 오고 있었어.' 그에게는 아직도 그 비의 냄새, 한탄하는 10월의 대지에서 나는 습기 찬 냄새, 트렁크가 입을 쩍 벌리던 순간에 물씬 풍기던 곰팡이 냄새를 맡을 수 있을 것같이 생각된다. 그 다음에는 그 옷과 단정하게 개어진 접음새가 떠오른다. 처음에는 그는 그 접음새에 남아 있는 죽은 어머니의 손길을 추억하고 거기에 온 마음을 빼앗겨 그 옷이 무엇인지 알 수가 없었다. 그러자 그 옷은 천천히 펼쳐졌다. 아직 어린애였던 그에게는 그 옷은 거인을 위해서 만들어진 것처럼 믿을 수 없을 정도로 커다랗게 보였다. 그 옷은 마치 거인 중 한 사람이 입었던 듯했다. 그래서 지금은 밤낮으로 그의 생활을 가득 채우고 있는 저 뇌명과 초연과 찢어진 군기 등을 배경으로 하여 웅대하게 커다란 모습을 드러내는 망령들과도 같은 성질을, 그 옷 자체가 지니고 있는 듯싶었다.

그 옷은 여러 조각이 나서 거의 본디 모습을 알아볼 수가 없었다. 남자의 손으로 어설프게 기워 놓은 가죽 조각, 본디는 회색이었지만 지금은 낙엽 빛깔이 된 남군(南軍)의 군복에서 떼어낸 천 조각, 그리고 그의 심장을 덜컥 멈추게 한 천 조각—그것은 푸른색, 짙은 푸른색으로 북군(北軍)의 군복 빛깔이었다. 이 말없는 무명의 천 조각을 바라보고서 소년은—자기 어머니와 아버지의 늘그막에 태어나 이미 그 몸의 기관은 스위스 시계처럼 늘 세심한 주의를 필요로 하던 이 소년은, 일종의 엄숙하고도 압도적인 공포를 경험했고 그 때문에 메스꺼운 기분을 느꼈다.

 그날 저녁 그는 음식을 먹을 수가 없었다. 60이 가까운 아버지가 눈을 들어 보니 아들은 공포와 두려움과, 또 다른 무엇이 뒤섞인 눈초리로 그를 바라보고 있었다. 그래서 아버지가 "무슨 일이지?" 물었지만 아들은 대답을 할 수가, 말을 할 수가 없었다. 그저 그 어린 얼굴에 지옥 바닥이라도 엿보는 듯한 표정을 띠고 아버지의 얼굴을 뚫어지게 바라볼 뿐이었다. 그날 밤 그는 잠자리에 눕긴 하였지만 잠은 잘 수가 없었다. 자기 아버지요 남아 있는 유일한 혈육인 그 사람, 자기 자신과는 나이 차가 너무 벌어져서 그 세대를 잴 수 없고 따라서 몸에 서로 닮은 데가 없는 그 사람이 여러 벽과 마루 너머 저쪽에서 잠을 자고 있는 동안, 그는 어두운 침대에 떨지도 못할 만큼 긴장해서 뻣뻣하게 누워 있었다. 그 이튿날 아들은 종종 앓던 장 경련을 일으켰다. 그러나 그는 그것을 아무에게도 알리지 않았다. 집안일을 모두 도맡아 자기 어머니 노릇을 하며 돌보아 주던 흑인 여자에게도 말하지 않았다. 점차 기운이 되돌아왔다. 그러자 어느 날 그는 다시금 지붕 밑 다락방으로 숨어 들어가 트렁크를 열고 프록코트를 꺼내어 공포가 뒤섞인 승리감과 구역질 나는 기쁨을 느끼면서 그 푸른 천 조각을 만져 보았다. 아버지는 사람을 죽이고 그 사람의 푸른 군복에서 그 천 조각을 떼어 낸 것이 아닐까 생각했다. 알고 싶은 욕망과 공포가 깊고 강한 가운데 더욱 큰 공포를 느끼고 있었다. 그래도 바로 그 다음날에는 아버지가 시골 환자들에게 불려 가 어두워질 때까지는 돌아오지 못하리라는 것을 그는 알고 부엌으로 달려가 흑인 여자에게 말을 하는 것이었다. "할아버지 이야기를 다시 해 줘. 양키를 몇이나 죽였어?" 이제는 이야기를 들어도 무섭지가 않았다. 그것은 승리감이 아니었다. 그것은 자랑이었던 것이다.

 이 할아버지는 그의 아들 편에서는 단 하나의 가시였다. 아들 편에서는 그런 말을 입 밖에 내려 하지 않았을 뿐만 아니라 그런 생각조차 하지 않았으며, 그런 점에서는 아버지와 아들 양측이 다 자기에게 다른 아비가, 또는 다른 자식이 있으면 얼마나 좋을까 하고 바라는 일은 전혀 없었을 것이다. 그들의 관계는 겉보기에는 제법 평온하여서, 아들 편에서는 좀 냉정하고 무뚝뚝하고 기계적으로 정중한 겸양의 태도를 보였고, 아버지 편에서는 엉뚱하다기보다는 기지가 부족한, 거칠고 상스러우면서 위세가 있는 퉁명스럽고도 솔직한 유머를 보여 주었다. 그들은 시내에 자리잡은 이층집에서 사이좋게 살고 있었다. 그래도 아들은 그때에 벌써 얼마 동안 자기를 길러 준 여자 노예가 만든 음식을 말없이 단호히 거절해 왔던 것이다. 그 흑인 여자를 발칵 성나게 하면서도 그는 부엌에서 제 음식을 준비하고 그것을 직접 식탁에 옮겨다가 아버지와 마주 앉아 먹고 마셨지만, 아버지 편에서는 반드시 예의를 갖춰서 버번 위스키 잔을 들어 그를 맞아 주곤 했다. 그러나 아들은 위스키에도 손을 대지 않았고 맛조차 본 일이 없었다.

  아들의 결혼식 날 아버지는 집을 비워 줬다. 신랑과 신부가 도착했을 때에 그는 그 집 열쇠를 손에 쥐고 현관에서 기다리고 있었다. 그는 모자를 쓰고 망토를 입고 있었다. 옆에는 그의 물건이 든 가방이 쌓여 있었고, 뒤에는 그의 소유인 두 노예가 서 있었다. 하나는 요리를 해 주던 흑인 여자였고, 또 하나는 그 여자의 남편으로, 주인보다도 나이가 많아 머리털 한 오라기 남지 않았지만 언제나 '보이'라는 명칭으로 통하던 흑인이었다. 아버지는 농장 주인은 아니었고 변호사였다. 아들이 나중에 의학 공부를 한 것처럼 그는 이럭저럭 법률 공부를 했는데, 그의 표현을 빌리자면 '굉장한 정력과 엉뚱한 행운으로 말미암아' 공부하게 되었던 것이다. 그는 2마일쯤 떨어진 시골에 작은 집을 이미 사 두었다. 현관 앞에는 그의 사륜마차와 거기에 연결된 두 말들이 기다리고 있었고, 그는 모자를 뒤로 조금 젖혀 쓴 채 두 다리를 벌린 자세로 서 있었다—산적 두목 같은 콧수염을 기른 건장하고 무뚝뚝한 빨간 코의 노인—그러는 동안에 그가 아직 한 번도 만나 본 일이 없는 신부를 데리고 아들이 문으로 들어왔다. 그는 몸을 굽혀 며느리를 맞아 주었는데 그때 그 여자는 위스키와 여송연 냄새를 맡았다. "당신이라면 넉넉히 해낼 것 같군." 그는 말했다. 그의 눈은 퉁명스럽고 뻔뻔해 보였지만 친절하기도 했다. "어차피 참으로 성인(聖人) 같으신 이 녀석은 장로파 찬송가를 알토로 부를 수 있는 상대가 있다면 뭐 더 바랄 게 없을 테니까. 하느님 자신께서도 도저히 부를 수 없는 찬송가를 말이야."

　그는 술 장식이 달린 사륜마차에 자기 개인 물건들—의복과 술병과 노예들—을 싣고 떠나갔다. 노예 요리사는 신혼부부의 첫 음식을 차려 주지도 않고 떠나갔다. 그 여자의 손이 요구된 일이 없으니까 거절도 당했다고 할 수 없는 일이었다. 아버지는 그 뒤 두 번 다시 그 집을 찾지 않았다. 가기만 했더라면 환영을 받았을 것이다. 그런 것은 입 밖에 내지 않아도 아버지와 아들은 잘 알고 있었다. 그리고 며느리는—그 여자는 상류 계급에 속하는 자녀 복이 터진 집안에서 태어났지만 그 집은 돈과는 인연이 없어서, 식탁에서 부족한 것을 교회당에서 보충하려는 생활태도를 갖고 있었다—시아버지를 좋아했고, 그의 뻐기는 태도와 허세와 단순한 철칙을 단순하고 소박하게 신봉하는 태도에 호감을 느껴, 묵묵히 놀라면서도 그를 존경하고 있었다. 그들 부부의 귀에 아버지의 거동이 전해지는 일도 있었다. 예를 들면 그는 시골로 옮겨 간 다음 해 여름, 가까운 숲에서 열리고 있던 장기 전도집회에 침입하여 그것을 일주일에 걸친 아마추어 경마 대회로 바꾸어 놓고 말았기 때문에, 수척하고 광신적인 얼굴 모습의 시골 목사들이 통나무 강단에서 불같이 화를 내며, 줄어드는 군중에게 파문이라며 저주를 퍼붓는 사건이 벌어진 일도 있었다. 그래도 그는 못 들은 척 조금도 뉘우치지 않았다고 한다. 그는 아들과 며느리를 찾아가지 않은 이유를 이렇게 밝힌다. "넌 내가 지루하게 느껴질 것이고, 난 네가 지루하게 생각될 거야. 또 누가 알겠니? 네가 나를 타락시킬 수도 있지 않겠니? 이 늙은이가 타락해서 천국에라도 가면 어쩌라고!" 그러나 이것이 진짜 이유는 아니었다. 아들은 그것이 진짜 이유가 아님을 잘 알고 있었다. 그러므로 혹시 누군가 다른 사람이 그런 중상을 했더라면, 아들은 누구보다도 먼저 반대하고 나서서 싸웠을 것이다. 그는 노인의 행동과 생각에 섬세한 면이 있음을 알고 있었다.

　아들은 노예폐지론자였다. 그것도 그런 풍조가 하나의 말이 되어서 북부로부터 침투해 오기 전부터 그랬다고 할 수 있다. 다만 그는 공화당이 그 운동에 명칭을 부여한 것을 알고서는, 자기 사상과 행동은 조금도 바꾸지 않은 채 자기 신념을 나타내는 명칭만 완전히 바꾸어 버리고 말았다. 그때 아직 30도 안 되었는데 그는 나이에 어울리지 않게 엄격한 금욕주의자였으니, 도박과 술의 적절한 지배를 받는 사람의 후예 중에는 곧잘 이런 인물이 나오는 법이다. 아마 그래서 그는 전쟁이 끝날 때까지 어린애를 낳지 않았을 테지만, 전쟁터에서 돌아온 그는 전적으로 변화하여, 죽은 아버지가 본다면 목사 '냄새가 빠졌다'고 평가했을 것이다. 그 4년 동안 그는 총을 쏘아 본 일은 없지만, 그의 일은 그저 일요일 아침 병사들에게 기도와 설교만 해 주는 것으로 끝나는 것은 아니었다. 그가 부상을 당하고 집으로 돌아와 건강을 회복한 뒤 의사로서 자리를 잡았을 때 그는 전선에서 군의관을 돕는 동안 우군과 적군의 몸을 가지고 실습해서 익혀 두었던 외과와 약품에 관한 일만을 맡아보았다. 아마 아들이 한 모든 일 중에서도 이것이 아버지를 가장 기쁘게 했을 것이다. 아들은 자기 고장을 침범하고 파괴한 자들을 이용해서 자기 직업을 닦은 셈이니까.

'그렇지만 목사 냄새가 난다는 말은 아버지에게 맞지 않았어.' 이번에는 아들의 아들이 생각한다. 그는 바깥 세계가 사라져 가는 트럼펫 소리 너머로 녹색 공중에 걸려 있는 동안 컴컴한 창가에 앉아서 생각에 잠기고 있다. '그런 말을 하는 사람이 있었다면 누구보다도 먼저 할아버지 자신이 반대하고 나섰을걸.' 그런 태도는 말하자면 그리 먼 옛날도 아니고 기억에서 사라지지도 않은 냉엄한 시대로 역행하는 것이었다. 즉 이 나라 남자들이 자기 힘을 제멋대로 낭비할 수 있는 시간과 여지가 조금밖에는 남아 있지 않고, 그 근소한 것이나마 자연뿐만 아니라 인간에게서도 보호해야 하는데, 그렇게 해도 평생토록 안락이라는 보수조차 보장되어 있지 않은 상태에서 그저 참고 견디어 나가야 하는 그런 시대로 역행하는 것이었다. 그런 점에서 그는 노예제도에 반발을 느끼게 되었고, 자기 아버지의 사치스럽고도 신성모독적인 생활태도에 혐오를 느끼게 되었던 것이다. 단 그가 노예폐지 사상을 가지고 있으면서도 노예제도를 고수하려던 남군 측에 가담하여 참전한 사실, 또 거기서 아무런 모순을 찾지도 느끼지도 못했던 사실은 그가 두 가지 완전히 다른 인격으로 구성되어 있음을 잘 증명하는 것이지만, 그중 하나는 현실성 없는 세계에서 평온한 신조에 따라 살아가고 있는 것이었다.

그러나 현실 세계에서 살고 있는 그의 또 다른 부분은 누구에게 떨어지지 않게 훌륭한 수완을 발휘했다. 평화로운 때에는 그는 자기 생활원칙에 따라 살았고, 전시에도 그 원칙을 전쟁 속에 가지고 들어가 그 원칙대로 살았다. 전투가 없는 일요일에 고요한 숲에서 설교하게 되었을 때는 특별한 준비도 없이 그저 자기 의지와 신념과 그 밖에 어느새 몸에 익힌 방법만 가지고 해 치웠고, 포화 밑에서 부상자들을 구한다든가 적당한 도구도 없이 그들을 치료한다든가 할 경우에도 역시 자기 힘과 용기와 그 밖에 어느새 몸에 익힌 방법만 가지고 그럭저럭 해치웠던 것이다. 그리고 전쟁이 패배로 끝나고 다른 사람들은 이미 사멸된 세계를 믿으려 하지 않으면서 고집스레 눈을 뒤로 돌리고 집으로 돌아갔는데도, 그는 앞을 향한 채 패배를 이용하여 그 속에서 배운 바를 실용화했다. 그는 의사가 되었다. 그의 첫 환자 중 하나는 자기 아내였다. 아마 그의 덕으로 아내는 생명을 부지했을 것이다. 적어도 그는 아내에게 생명을 생산해 낼 수 있게는 해 주었다. 아들이 태어난 것은 그가 50세, 아내가 40이 지난 때였다. 그 아들은 몇 가지 환상 속에서 유령과 나란히 성장하여 성년에 이르렀다.

그 환상은 그의 아버지와 어머니, 그리고 늙은 흑인 여자였다. 교회가 없던 목사요 적군이 없는 군인이었던 아버지, 그리고 패전 뒤 그 두 가지를 결합하여 의사 즉 외과의가 된 아버지, 그것은 말하자면 청교도와 왕당파 사이에서 그를 똑바로 지탱해 준 매우 엄격하고도 타협을 모르는 신념이 패배하지도 않고 좌절하지도 않은 채 오히려 더 현명해지기라도 한 것 같았다. 그것은 마치 포화의 연기 속에서 그 신념이 눈을 떠서, 안수(按手)라는 것이 글자 그대로 손대어 낫게 하는 것임을 깨닫기라도 한 것 같았다. 또 그는 영혼의 치유만을 바라는 자는 구제를 받을 가치가 없다는 것이 그리스도의 참뜻이라고 돌연 믿게 되기라도 한 것 같았다. 그것이 첫 번째 환상이었다. 제2의 환상은 어머니로서, 그가 어머니에 대해 맨 처음 또 마지막에 기억하고 있는 것은, 그 여자는 여윈 얼굴에 몹시 커다란 눈을 지니고 있었고, 베개에는 검은 머리털을 흩어 놓곤 했고, 양손은 푸르고 고요하고 거의 해골처럼 보였다는 것뿐이었다. 어머니가 침대 아닌 다른 곳에 있는 것을 그가 본 일이 있다고 혹 어떤 사람이 그의 어머니가 돌아가신 날 말해 줬다 해도 그는 그 말을 믿지 않았을 것이다. 나중에는 그도 기억을 달리하게 되어, 어머니는 확실히 집안일을 하느라고 여기저기 움직여 다녔다고 생각했다. 그러나 여덟 살, 아홉 살, 열 살 적에는 그는 어머니는 다리도 발도 없는 존재로서 그녀에겐 그 여윈 얼굴과 두 눈밖에 없고, 그 커다란 눈이 날마다 커지고 또 커져서 좌절과 고뇌와 예견에 가득 찬 마지막 무시무시한 광채를 가지고, 당장에라도 모든 것을 꿰뚫어 보고 모든 생명을 감싸 버리기라도 할 것 같다고 여겼다. 그 일이 드디어 생겨나는 날에는 그는 소리를 들을 수 있을 것이라고, 무슨 부르짖음처럼 소리가 날 것이라고 생각할 지경이었다. 어머니가 죽기 전부터 이미 그는 모든 담을 통해서 그 두 눈을 감지할 수 있었다. 그 두 눈이 곧 집이었다. 그는 그 속에서 살았다. 육체가 사멸하고 나서도 검게 빛나면서 모든 것을 포용하며 끈질기게 살아남아 있는 그 눈 속에서 살았다는 말이다. 그와 그의 어머니는 동굴 속에 있는 두 마리 연약한 동물 모양으로 그 속에서 살고 있었는데, 그곳으로 이따금 아버지가 들어오곤 하였다. 그 아버지라는 존재가 그들 모자에게는 낯선 사람이고 이방인이고 거의 협박자이며, 육체의 행복을 곧바로 바꾸어 버리고 정신을 암담하게 하는 것이었다. 그는 낯선 사람 정도가 아니라 원수처럼 생각되었다. 그는 그들과는 냄새도 달랐다. 다른 음성으로 말하고 거의 다른 언어로 말했다. 마치 평소에는 다른 세계에서, 다른 환경에 젖어 사는 사람 같았다. 이 사람 자신도 그 모자 못지않게 좌절감과 무력감에 사로잡혀 있었는데, 침대 곁에 웅크린 어린애는 이 사람이 거친 건강과 무의식적인 모멸로써 온 방을 가득 채우고 있음을 느끼는 것이었다.

제3의 환상은 흑인 여자, 즉 아들과 신부가 집에 온 날 아침 사륜마차에 타고 사라져 간 그 노예였다. 그 여자는 노예로서 가 버렸다가 1866년에 다시 돌아왔을 때에도 노예였는데, 그때에는 걸어서 돌아왔다—몸집이 큰 여자로서 골을 잘 낼 듯하면서도 고요한 얼굴을 가지고 있었고, 막간의 검은 비극에 나오는 주인공 같았다. 주인이 죽은 뒤에도 자기 남편—주인을 따라 전쟁에 나갔다가 마찬가지로 돌아오지 않은 그 보이—을 다시는 만날 수 없게 되었다는 것을 결정적으로 깨닫기까지는, 그 여자는 주인이 출정할 때에 그 여자에게 관리를 맡긴 시골 집을 그대로 지키고 앉아서 떠나려고 하지 않았다. 아버지가 죽은 뒤에 아들이 와서 그 집을 치우고는 아버지의 사유물을 날라 가고 그 여자에게는 생활비를 주겠다고 했다. 그러나 그 여자는 거절하였다. 집을 떠나는 것도 거절했다. 그 여자는 작은 채소밭을 가꾸면서 거기 혼자 살며 남편을 기다렸다. 남편이 죽었다는 소문이 들려와도 믿으려 하지 않았다. 그것은 그저 막연한 소문에 지나지 않았다. 남군 밴 돈 장군의 기병대가 제퍼슨에 있는 북군 그랜트 장군의 창고를 습격했을 때에 주인은 죽고 흑인인 그는 그 슬픔에서 헤어나질 못했다는 이야기였다. 어느 날 밤 그는 야영지로부터 자취를 감추었다. 얼마 뒤에 정신이 나간 흑인 이야기가 들려오기 시작했는데 그 이야기에 의하면, 그는 적진 가까이에 있던 남군의 보초에게 정지를 당했을 때에 행방불명된 자기 주인이 북군에게 인질로 잡혀 있다는 아리송한 이야기를 여러 번 반복했다는 것이다. 그 주인은 죽었는지도 모르겠다고 아무리 일러 주어도 그는 들은 척도 안 하더라는 것이다. "그렇지 않다니까요." 그는 우겨댔다. "게일 나리는 안 돌아가셨어요. 돌아가실 리가 없죠. 하이타워 집안사람을 죽일 놈이 감히 어디 있겠소? 그런 짓은 감히 못하지요. 놈들은 주인을 어디다 숨겨 두고 한껏 괴롭혀서, 나와 주인이 마님의 커피 주전자와 금접시를 어디다 치웠는지 알아내려고 그러겠지요. 놈들이 원하는 건 그것뿐이지요." 그리고 번번이 그는 도망쳤다. 그런데 어느 날 북군의 전선에서 전해 온 이야기에 의하면, 어떤 흑인이 삽을 휘두르며 북군 장교에게 달려들어서, 그 장교는 자기 목숨을 지키기 위하여 그를 쏠 수밖에 없었다는 것이다.

그 흑인 여자는 오랫동안 이 말을 믿지 않았다. "그 사람은 그런 바보짓을 할 리 없어요." 그 여자는 말했다. "그 사람이 혹 북군을 만났다 해도 그것이 삽으로 쳐도 괜찮을 양키라는 것을 알 만큼 영리하지는 못하거든요." 그 여자는 이 말을 1년 넘게 되풀이했다. 그러나 어느 날 그 여자는 주인의 아들 집, 즉 자기가 10년 전에 떠난 뒤로 한 번도 들어가 본 일이 없는 집 문 앞에 자기 사유물을 손수건에 싸 들고서 나타났다. 그리고 집 안으로 서슴없이 걸어 들어와 말했다. "자, 내가 돌아왔네. 저녁 음식을 준비할 장작은 상자 속에 충분히 넣어 두었나?"

"당신은 이미 자유의 몸이야." 아들은 알려 주었다.

"뭐, 자유?" 그 여자는 말했다. 조용하고 무뚝뚝한 경멸의 어조가 섞여 있었다. "자유라고? 자유가 한 짓이란 그저 게일 나리를 죽여 놓고 폼프를 하느님도 어쩌실 수 없는 바보로 만든 일밖에 더 없지 않아? 자유? 자유란 말은 내겐 하지 말아 줘."

이것이 셋째 환상이었다. 이 환상과 더불어 그 애는('그리고 그 무렵엔 그 아이도 환상이나 다름없었다'고 생각하면서 그 아이는 현재 저물어 가는 창가에 앉아 있다) 그 망령에 대해서 말하곤 했다. 그들은 싫증이 나지 않았다. 애는 불안과 기쁨이 뒤섞인 황홀한 기분으로 눈을 크게 떴고, 늙은 여자는 명상하는 듯한 거친 비애와 자만심을 보이며 이야기했다. 그러나 이것은 어린애에게는 그저 기쁨으로부터 오는 평화로운 전율을 줄 뿐이었다. 그는 자기 할아버지가 무려 '수백 명씩'이나 적을 죽였다는 말을 듣고 믿었을 때에도, 또 흑인 폼프가 죽을 적에 사람을 죽이려 했다는 말을 들었을 때에도 공포는 조금도 느끼지 않았다. 아무런 공포를 느끼지 않은 것은 그런 인물들이 모두 그저 망령에 지나지 않고 육체를 가진 모습으로는 본 일이 없기 때문이었다. 그들은 그저 영웅적이고 소박하고 따뜻한 존재였을 뿐이다. 그러나 그가 잘 알고 있고 무서워하고 있던 아버지는 결코 사라지지 않는 환상이었다. '그러니 이상할 것도 없지.' 그는 생각한다. '내가 한 세대를 뛰어넘어 버린 것도. 내게는 아버지가 없고 내가 빛을 보기 20년 전 어느 날 밤에 나는 이미 죽어 버린 셈이지만, 그것도 이상할 건 없어. 그러니 나 자신을 구원하는 유일한 방도는 내 생명이 시작하기 전에 이미 끝나 있던 그곳으로 되돌아가서 거기서 죽는 것이라고 생각한들 이상할 건 없지.'

　신학교에 다니기 시작한 초기에는 그는 이 이야기를 어떻게 하면 좋을까 궁리해 보았다. 그가 스스로 몸을 던진 교회의 운명을 좌우하는 고결하고도 거룩한 장로들에게 가서 그 이야기를 할 생각이었다. '제 말 좀 들어 보세요. 하느님께서는 저를 제퍼슨으로 부르실 것이 틀림없어요. 제 생명이 거기서 끊어졌으니까요. 제가 태어나기 20년 전 어느 날 밤 제 생명은 제퍼슨 거리를 말을 타고 달리다가 그만 사살되고 말았습니다.' 처음에는 그런 말을 할 수 있을 거라고 그는 생각했다. 그들이 그 말을 이해해 주리라고 생각했다. 그는 그것을 목적으로 삼고 사명감을 가지고 신학교에 갔던 것이다. 그러나 그는 그 이상의 것도 믿고 있었다. 교회 자체를 믿었고, 또한 교회가 널리 퍼져서 일으키는 모든 영향을 믿고 있었다. 인간에게 피난처가 있다면 그것은 교회이고, 진리가 알몸으로 수치나 공포 없이 걸어다닐 수 있는 곳이 있다면 그것은 신학교뿐이라고 그는 고요한 기쁨 속에서 믿고 있었다. 신께서 내리신 소명을 들었다고 믿었을 때 그는 자기 앞날과 자기 삶이 온전히 완성된 모습으로, 마치 훌륭한 골동품처럼 눈앞에 떠오르는 것을 느꼈다. 그 골동품 속에서는 영혼이 세상의 질풍으로부터 보호가 되어서 새롭게 태어나고, 또 죽을 때에도 평화로워서 들리는 것은 그저 멀리 감도는 고요한 바람

소리뿐이며, 남는 것이라고는 한 줌 썩은 흙밖에는 없다. 신학교라는 말의 뜻은 그런 것이었다. 고요하고도 안전한 벽 안쪽에서는 족쇄와 옷에 구속을 당해 괴로워하던 영혼이 새롭게 아무런 공포나 불안도 없이 자기 알몸의 존재에 대해서 조용히 명상할 수 있는 것이었다.

 '그러나 천국에는, 아니 지상도 마찬가지지만, 진리 말고도 많은 것들이 있지.' 그는 생각한다. 그의 되씹는 태도는 고요하고, 빈정댐과 우스꽝스러움은 엿보이지 않는 것 같지만 전혀 없지도 않은 모양이다. 저물어 가는 저녁 어스름 속에서 흰 붕대가 감긴 머리만을 점점 더 크게 유령 같은 모습으로 만들면서 앉은 채로 그는 생각에 잠긴다. '더 많은 것이 있지.' 그는 인간이 영리하게 머리를 쓸 줄 아는 능력을 받은 것은 위기에 처했을 때에 온갖 형태와 음향을 전해서 자기 자신을 진리로부터 방어하기 위함이라고 생각한다. 그는 적어도 한 가지만은 후회하지 않아도 괜찮았다. 즉 그는 장로들에게 자기가 말하려 했던 것을 말해 버리는 실수를 저지르지 않았던 것이다. 신학교에서 1년도 채 살기 전에 이미 그는 그만한 분별을 얻었다. 더구나 그런 분별을 얻음과 동시에 그는 손에 넣은 무엇인가를 잃어버리지 않았을 뿐 아니라 무엇인가로부터 도피해 버렸다. 그리고 그 손에 넣은 것이 바로 사랑의 얼굴 형상마저 바꿔 놓았다.

 그 여자는 그 학교에서 교편을 잡고 있는 목사의 딸이었다. 그와 마찬가지로 그 여자도 형제자매가 없었다. 그는 그 여자를 만나기 전부터 그 여자의 소문을 듣고 있어서 아름다운 여자라고 곧 믿어 버렸다. 실제로 그 여자를 만났을 때에도, 그는 이미 자기 마음에 그 얼굴을 그려 놓고 있었으므로 그 여자의 진짜 얼굴을 볼 수가 없었던 것이다. 또한 그녀가 그런 곳에 죽 살고 있으면서 아름다운 얼굴을 갖지 못한다는 것은 있을 수 없는 일이라고 그는 믿었다. 그는 무려 3년간 그 여자의 진짜 얼굴을 보지 않았다. 그러는 동안에 2년간이나 그들은 나무 구멍에 사랑의 편지를 남겨 두곤 했다. 그런 생각은 어느 쪽이 먼저 입 밖에 내어 말했는지는 제쳐 두고서 어느덧 두 사람 사이에 자연스럽게 생겨난 것이었다. 적어도 그는 진심으로 그렇게 믿고 있었다. 그러나 사실 이 생각은 그 여자에게서도 아니고 자기 자신에게서도 아니라 그가 본 책에서 나온 것이었다. 그는 그 여자의 얼굴을 전혀 보지 않았다. 턱이 뾰족한 달걀형 작은 얼굴, 채워지지 않은 욕망으로 불타는 그 얼굴을 전혀 보지 않았던 것이다. (그 여자는 그보다 한 두서너 살 더 많이 먹었지만 그는 그 사실을 몰랐다. 도대체 알 것 같지가 않았다.) 그는 3년 동안이나 그 여자의 눈이 위기에 처한 도박사 모양으로 필사적인 계산을 하면서 자기를 지켜보고 있었다는 것을 미처 몰랐다.

그러나 어느 날 밤 그는 그 여자를 보았다. 정말 본 것이다. 그 여자는 갑자기 거칠게 결혼 이야기를 꺼냈다. 미리 귀띔을 해 주었다든가 예고를 해 준 일도 없었다. 그런 말은 도대체 그들 사이에 오고간 일조차 없었다. 그는 그런 일은 생각도 안 해 봤고 그런 말을 떠올린 적도 없었다. 그가 그것을 받아들인 까닭은 신학교에서 일하는 대부분의 목사들이 결혼을 하고 있었기 때문이다. 그러나 그에게는 결혼이란 것이 남자와 여자가 신성한 살아 있는 육체로서 친밀하게 맺어지는 것으로 반영되지 않고, 죽은 상태가 산 사람에게 옮겨져 와서 두 개의 그림자가 쇠사슬 그림자로 매인 듯이 살아가는 것으로 생각되었다. 그는 그런 것에는 익숙했다. 그는 유령과 더불어 자라났던 것이다. 그런데 어느 날 저녁 그 여자가 느닷없이 거칠게 말을 꺼냈다. 그 여자가 말하는 현재생활로부터의 도피라는 것이 무슨 뜻인지를 그는 결국 깨달았지만 그때에도 별로 놀라지 않았다. 그는 너무나 순진했던 것이다. "도피?" 그는 물었다. "무엇으로부터 도피한다지?"

"이것으로부터요!" 그 여자는 말했다. 그는 처음으로 그 여자의 얼굴을 살아 있는 얼굴로서 바라보았다. 욕정과 증오를 담은 얼굴, 정열로 일그러지고 맹목적이고 무모하게 된 얼굴을 비로소 바라보았다. 그 얼굴은 어리석지는 않고 그저 맹목적이고 무모하고 필사적일 뿐이었다. "모든 것으로부터! 모든 것! 모든 것!"

그는 놀라지 않았다. 그는 곧 그 여자가 옳다고, 자기는 생각이 부족했다고 믿어 버렸다. 그는 곧 자기가 지금까지 갖고 있던 신학교에 대한 신념이 처음부터 틀렸다고 믿었다. 심각하게 틀린 것이 아니라 거짓이고 부정확했다고 생각했다. 지금에야 비로소 안 일이지만, 아마 그는 전부터 이미 의심을 품기 시작했을 것이다. 아마 그래서 그는 장로들에게 자기가 제퍼슨에 꼭 가야만 하는 이유를 말하지 않았을 것이다. 그보다 1년 전에 그는 왜 그곳에 가고 싶은지, 가야만 하는지를 그 여자에게 말하고 그 이유를 장로들에게 말할 작정이라고 밝혔다. 그때 그 여자는 아직 그가 확실히 보지 못한 그 눈동자로 그를 지켜보고 있었다. 그는 말했다. "그러면 당신은 그 사람들이 나를 거기에 파견하지 않을 거란 뜻이지? 날 거기로 보낼 수속을 밟아 주지 않을 거란 말이지? 내가 말하는 이유는 충분치 않단 말이지?"

"물론 충분치 않죠." 그 여자는 말했다.

"그렇지만 왜 그렇지? 그건 진실인걸. 아마 어리석게 들릴지도 모르지만 진실은 진실이야. 그리고 어리석은 사람들이기는 하지만 진실을 원하는 사람들을 교회가 도와주지 않는다면 교회는 무엇 때문에 있는 거지? 왜 나를 안 보낸다는 거야?"

"내가 장로라 해도 당신의 그런 이유를 들었다면 보내 줄 마음이 안 나겠는데요."

"오, 그래?" 그는 말했다. "응, 알겠어." 그는 자기가 아마 잘못 생각했고 그 여자가 옳다고 믿기는 하였어도, 사태를 직시하지는 못했다. 그래서 1년 뒤에 그 여자가 결혼과 도피의 제안을 같은 말로 난데없이 불쑥 꺼냈을 때에도 그는 놀라지도 않았고 기분이 상하지도 않았다. 그는 그저 고요히 생각할 뿐이었다. '그래, 이게 바로 사랑이란 거군. 알겠어. 난 그것도 잘못 생각하고 있었구나.' 전에 생각한 것처럼, 앞으로 다시 생각할 것처럼, 그리고 다른 사람들이 또한 생각해 온 것처럼 그는 생각하고 있었다. 아무리 고매한 책이라 해도 실생활에 적용을 해 보면 얼마나 거짓된 것이 많은가 하고 그는 생각하고 있었다.

그는 완전히 변화했다. 그들은 결혼할 계획을 세웠다. 이제 와서 깨달았지만, 그는 그동안 내내 그 여자의 눈동자 속에 깃든 그 필사적인 계산을 보고 있었다. '그들이 사랑을 책으로 표현한 것은 아마 옳은 일이었을 거야.' 그는 조용히 생각했다. '아마 사랑은 어느 다른 곳에서도 살 수는 없을 테니까.' 그 필사적인 모습은 아직도 그 여자의 눈동자 속에 있었다. 그러나 이미 뚜렷한 계획이 세워졌고 날짜까지 확정이 된 이상 그것도 전보다는 누그러져서 이제는 계산의 빛만 남아 있었다. 그들은 이제 그의 성직수여식에 대한 이야기랑, 그가 어떻게 하면 제퍼슨으로 부임할 수 있을지 하는 이야기를 하고 있었다. "지금 당장 일을 시작하는 것이 좋겠어요." 그 여자는 말했다. 그는 네 살 때부터 이미 그런 일을 해 왔노라고 그녀에게 대답했지만, 그 속에는 해학적인 변덕스러운 어조가 담겨 있었다. 그 여자는 격렬하고도 여유가 없는 완고한 태도로 그의 말을 쓸어버리고 나서 거의 제멋대로, 마치 자기 자신에게 말하듯이 만나야 할 사람, 아양을 떨어 줘야 할 사람, 협박해야 할 사람의 이름을 늘어놓으며 비굴한 청탁운동과 계획의 개요를 설명했다. 그는 그저 듣고만 있었다. 그의 얼굴에는 변덕스러운 기묘한 웃음, 아마 절망을 나타내는 가냘픈 미소마저 머물러 있었다. 그는 그 여자가 말하는 동안 맞장구를 쳤다. "응, 그래, 알겠어, 알겠어." 그건 마치 이렇게 말하고 있는 것 같았다. '응, 그래, 이제는 알겠어, 그게 바로 모두가 하는 방식이야. 그래야 손에 넣을 수 있지, 그게 바로 법칙이지, 이제는 알겠어.'

이 맨 처음 자가 선전과 비방과 사소한 거짓말은 점점 퍼져서 또 다른 사소한 거짓말을 낳고, 더 나아가 청탁과 암시의 형식으로 교회 수뇌부 사이에 궁극적인 협박으로 파급되어서, 그는 마침내 제퍼슨으로 임명을 받아 가게 되었지만, 한동안은 자기가 어떻게 해서 그런 직위를 얻게 되었는지 잊어버리고 있었다. 그는 제퍼슨에 자리잡고 나서야 비로소 그 일을 돌이켜 보게 되었다. 기차가 그의 본향(本鄕)과 비슷한 땅을 지나고 두 사람의 여행이 그의 삶의 마지막 목적지에 다가갔을 무렵에는 아직 그런 생각을 전혀 하지 않고 있었다. 그러나 그 땅은 비슷하긴 해도 달라 보였다. 하기야 그 차이점은 차창 밖이 아니라 안쪽에 존재한다는 것을 그는 알고 있기는 했다. 그는 그 창문에 어린애처럼 자기 얼굴을 누르듯이 갖다 대고 있었고, 옆에 앉아 있던 그의 아내는 갈망과 절망 말고도 열망에 가까운 표정을 얼굴에 띠고 있었다. 그들은 결혼한 지 반년도 채 되지 않았었다. 그들은 그가 졸업한 직후에 결혼했던 것이다. 결혼 이후로 그는 그 여자의 얼굴에 필사적인 절망의 표정이 드러나는 것을 한 번도 본 일이 없었다. 또한 격렬한 표정도 본 일이 없었다. 그는 다시금 과히 놀라지도 않고 아마 별로 상심하지도 않은 채 조용히 생각에 잠겼다. '알겠어, 이런 거로군. 결혼은 말이지. 응, 이젠 알았어.'

기차는 계속해서 거침없이 나아갔다. 차창에 기대서 빠르게 지나가는 시골 풍경을 열심히 바라보며 그는 명랑하고도 즐거운 아이 같은 목소리로 말했다. "난 전에도 어느 때든지 제퍼슨에 갈 수 있었을 거야. 그러나 가지 않았지. 언제든지 갈 수가 있었을 텐데. 민간인의 홀가분함과 군인의 홀가분함 사이에는 차이점이 있지. 군인의 홀가분함? 아! 그것은 절망에서 오는 홀가

8월의 빛 767

분함이야. 몇 안 되는 남자들이(그는 장교는 아니었지. 오직 그 점에 대해서는 아버지와 신시 할멈의 의견이 일치했었어. 할아버지는 칼을 휘두르며 부하들의 선두에 서서 말을 달리지는 않았던 거지) 초등학생처럼 무섭도록 홀가분하게 마구 되는대로 놀았는데, 4년간이나 그들과 맞선 적군조차도 그렇게 마구잡이로 행동할 수는 없다고 생각할 정도였어. 수많은 숲과 마을에 북군 야영지가 있는 토지를 백 마일이나 말을 타고 달려서 주둔부대가 있는 거리로 들어가—그래, 나는 그들이 말을 타고 들어갔다가 나온 그 거리를 잘 알고 있지. 내가 직접 보지는 못했지만 어떤 모양인지는 확실히 알고 있어. 우리가 언젠가는 사서 살림을 차릴 집이랑 그 주변의 거리가 어떤 모양일지는 나도 확실히 알고 있단 말이야. 처음 얼마 동안은 거기에서 살 수는 없겠지. 처음에는 목사관에서 살아야 하니까. 그렇지만 곧, 되도록 빨리 창문 밖으로 그 거리가 보이는 곳에 가서 살 거야. 아마 거기에는 말발굽 자취랑 공중에 뜬 그들의 모습이 남아 있을지도 몰라. 먼지와 진흙은 사라졌을지 모르지만 그곳 공기는 똑같을 테니까—주리고 무시무시한 모습으로 소리를 지르며 면밀한 작전 계획에 따라 군수품 창고에 불을 지른 뒤 다시 말을 달려 빠져나왔어. 약탈은 안 했지. 신발이랑 담배 때문에 말을 멈춘 일이 없었다니까. 그렇지, 그들은 전리품이나 자기 영광 따위를 추구하던 소인들은 아니었어. 그들은 목숨을 건 생명의 엄청난 조류의 흐름을 타고 달리는 사나이들이었지. 그래, 사나이들이었어. 이 때문이지. 이것은 아름답지. 자, 들어 봐. 상상해 봐. 여기에 영웅을 창조하는 영원한 청년과 처녀의 욕망의 훌륭한 자태가 있어. 그것은 영웅들의 행위를 기적에 너무 가깝게 만들어 주어서, 그들의 행동이 때때로 연기 속에 번쩍이는 포화 모양으로 환하게 드러나고, 그들 육체의 죽음은 오히려 숨이 끊어지기 전에 수백 수천의 국면을 갖는 전설이 되고 말지. 그리하여 모순으로 가득 찬 진리가 자신을 배신하지 않도록 하는 거야. 신시는 바로 이런 말을 내게 해 주었지. 난 그 말을 믿어. 난 알고 있어. 너무 멋이 있어서 의심도 하지 않아. 흰둥이가 생각해서 발명했다고 하기에는 너무나 멋이 있고 또 너무나 단순해. 검둥이라면 만들어 냈을지도 모르지. 그러니 신시가 지어낸 얘기라고 해도 난 여전히 믿어. 사실조차도 거기에 맞설 수는 없으니까. 할아버지네 부대가 졌는지 이겼는지 난 몰라. 난 지진 않았다고 생각해. 그들이 적군의 창고에 불을 지른 뒤 기와 한 장, 손잡이 한 개도 약탈하지 않고 돌아오면서도 도망치는 중에 우군의 집에서는 사과를 좀 훔치려 했다 해도 그것은 일부러 한 짓이라고 나는 생각해. 그들은 배가 고팠던 거야. 3년 동안 내내 배가 고팠으니까. 아마 그들은 굶기를 밥 먹듯 했을 거야. 하여간 그들은 산더미처럼 쌓인 식량과 옷과 담배와 술에 불을 질렀어. 약탈금지령 같은 것은 포고된 일이 없었지만 그들은 아무것도 빼앗지 않고 등을 돌리고 말았지. 그들의 등 뒤에서는 큰 소동과 큰 화재가 뒤범벅이 되어 하늘이 온통 불이 붙은 것 같았을 거야. 눈에 보이는 것 같지, 귀에 들리는 것 같지. 그 고함 소리와 총소리가, 승리와 공포의 외침이, 대지를 울리는 말발굽 소리가, 공포에 사로잡혀 못박히기라도 한 듯이 붉게 물든 하늘에 우뚝 솟은 나무들이, 폭발하여 최후를 맞이한 대지의 꺼칠꺼칠한 가장자리와도 같은 집의 날카로운 처마들이…… 이젠 접전이 일어났어—어둠 속에서 말이 급히 멎는 소리랑 무기가 절그렁거리는 소리와 지나치게 큰 속삭임과 씨근거리는 숨소리와 아직도 승리에 도취한 소리와 그 뒤에서 집합을 고하는 나팔을 향해 달려가는 나머지 기병대 소리를 느낄 수도, 들을 수도 있어. 그 소리를 틀림없이 듣겠지. 느끼겠지. 그리고 또 보겠지. 그 총소리가 나기 전에 환하게 타오르는 붉은 불꽃 속에 나타나는 말들, 땀에 젖어 이리저리 흔들리는 말 대가리와 커다란 눈과 콧구멍, 금속의 번쩍임, 한 번도 배불리 먹어 본 일이 없는 살아 있는 허수아비들의 창백한 여윈 얼굴들을 볼 것이야. 아마 몇 사람은 이미 말에서 내렸을지도 모르고 한두 사람은 이미 닭장 속에 들어갔을지도 모르지. 이 모든 것들이 그 총소리가 울려 퍼지기 전에 보여. 그리고 다시 어둠이 오고 그 소리가 들리지. 꼭 한 방이었어. '물론 그분은 잘도 맞을 곳에 계셨지.' 그렇게 신시는 말했어. '닭을 훔치다니! 나이를 먹을 만큼 먹고 아들을 장가까지 보낸 사람이 북군을 죽이려고 전쟁터에 나가서는 남의 집 닭장에서 닭털을 한 아름 안은 채 맞아 죽는 꼴이 되어서야!' 닭을 훔치다니!" 그의 목소리는 드세었고 어린애 같았고 흥분되어 있었다. 아내는 그의 손을 붙잡고 있었다. "쉬—쉬—사람들이 당신을 보고 있어요!" 그러나 그는 아내의 말이 들리지 않는 모양이었다. 그의 여위고도 병색이 짙은 얼굴과 그의 눈은 어떤 빛을 내뿜는 것 같았다. "그래, 바로 그랬어. 그들은 누가 총을 쏘았는지 몰랐어. 끝내 알지 못했다니까. 알아내려고도 하지 않았지. 아마 여자였을지도 몰라. 남군 병사의 아내였을지도 모르지. 난 그렇게 생각하고 싶군. 그래야 멋지니까. 군인이 불을 뿜는 전투를 하다가 적군에게 맞아 죽는 것은 보통 있는 일이야. 그것도 전쟁 규칙을 만든 자들로부터 승인을 받은 무기로 말이야. 또 침실에서 여자에게 목숨을 빼앗기는 일도 있지. 그래도 닭장 속에서 엽총이나 새총에 맞아 죽지는 않아. 그러니 이 세상이 거의 죽은 자들의 망령으로 가득 차 있다고 해도 이상할 것은 없어. 그래, 그렇다 보니 죽은 자들의 후손들을 바라보셨을 때 하느님께서는 자기 아들을 우리에게 나누어 주시지 않을 수 없어."

"조용히 해요! 쉬—! 사람들이 우리를 보고 있어요!"

그러자 기차는 속도를 늦춰 천천히 거리로 들어섰다. 초라한 집들의 윤곽이 차창 너머로 미끄러지듯이 사라져 갔다. 그는 여전히 창밖을 내다보고 있었다—여위고 어딘지 모르게 말쑥하지 못한 그의 모습에는 소명감, 그의 천성인 맑은 빛이 아직 떠돌았다—밖을 내다보며 벅차게 빨리 뛰는 심장을 조용히 감싸고 둘러싸고 보호하면서 자기 머리로는 고요히, 신자가 자기 것이라고 믿는 마을 언덕 집과 그 빛깔도 모양도 흡사한 것이 천국에 분명히 있을 것이라고 생각하고 있었다. 기차는 멎었다. 그는 여전히 밖을 내다보면서 통로를 천천히 지나, 엄숙하고 점잖고 숙연한 얼굴의 군상 속으로 내려갔다. 음성·속삭임·다정스럽고도 판단을 삼가는 말 토막(굳이 말하자면), 편견을 나타내는 소리들이 그의 귓전을 스쳐 갔다. '나는 그것을 당연하게 받아들였지.' 그는 생각한다. '나는 틀림없이 그것을 인정했어. 그렇지만 내가 한 일이라곤 아마 그것밖에 없을 거야.' 이제 빛이 사라져서 대지는 거의 눈에 보이지 않는다. 이미 밤이라 해도 될 것이다. 붕대로 일그러진 그의 머리는 아무 깊이도 실체도 없이 다만 꼼짝도 않은 채 열린 창문가에 걸려 있는 것 같고, 그 아래 창틀에 놓인 두 손은 두 개의 연한 잉크 자국 같다. 그는 앞으로 몸을 내민다. 이미 그는 그 두 개의 순간이 막 스치려 함을 느낄 수가 있다—그중 하나는 매일 저녁 어스름과 어둠 사이에 반복되어 온 그의 삶의 총계의 순간이고, 나머지 하나는 '이윽고'라는 개념이 곧 시작되리라는 정지된 순간이다. 그가 아직 젊어서 그물코가 너무 촘촘하여 오래 기다릴 필요가 없을 때에, 그는 종종 자기 자신을 속여서 이미 그 시각이 되었다고 미리 알기 전에 확실히 그 소리를 들었다고 믿곤 하였다.

'아마 내가 한 일이라곤 그것밖에 없을 거야. 그렇고말고.' 그는 생각한다. 그는 그 얼굴들을 생각해 본다—그 노인들의 얼굴. 당연히 그의 젊음에 의심을 품고, 마치 아버지가 자기 딸을 사위에게 넘겨줄 때처럼 질투심을 품고서 그에게 교회를 넘겨주던 그 노인들의 얼굴, 그 주름살은 숱한 실망과 의혹의 퇴적물이고 건장하고도 존경을 받던 삶의 상상도의 이면이다—이 이면은 상상도의 주인공인 동시에 소유자인 사람도 보지 않을 수 없고 어차피 볼 수밖에 없는 것이다. '그들은 그들의 역할을 했어. 규칙대로 제 구실을 다 했지.' 그는 생각한다. '실패한 것은 나였어. 규칙을 범하고 말았으니까. 아마 그것은 사회에 대한 가장 중한 죄일 거야. 아니, 도덕적인 죄일지도 모르지.' 그의 사고는 조용히 평온하게 진행되고 계속 흘러서 이윽고 고요하고도 떠벌리지 않고 불평도 없고 별로 후회도 없는 형태를 띠어 간다. 그는 자기 자신이 그림자 중의 그림자 같은 존재가 되어 모순으로 가득 찬 거짓된 낙관론이나 이기주의 같은 것을 품고서, 지상의 교회가 벽을 둘러치고 신을 모시던 곳에서는 찾아낼 수 없었던 것을, 교회 안에서 많은 사람들이 꿈을 되찾으려고 하여 실수를 저지른 곳에서, 사람들의 맹목적인 열정이나 번쩍 들어올린 손이나 부르짖음 속에서 찾아낼 수 있다고 믿는 모습을 본다. 그는 이것을 지금까지 죽 보아 왔다는 느낌을 가진다. 교회를 파괴하는 것은 내부에서 밖을 향하여 손을 뻗치는 사람도 아니며, 밖에서 안을 향하여 손을 내미는 사람도 아니고, 오히려 교회를 지배하며 뾰족탑으로부터 종을 떼 버린 직업적 목사들이라고 그는 생각한다. 그에게는 이런 뾰족탑들이 끝없이, 무질서하게, 공허하게, 상징적으로 쓸쓸하게, 황홀이나 열정에 불타서가 아니라 탄원·위협·숙명의 상징으로서 하늘을 가리키고 있다는 생각이 든다. 또한 그에게는 속세의 교회가 성벽처럼, 끝이 뾰족한 말뚝을 즐비하게 박아 놓은 저 중세기 요새처럼 진리를 적으로 삼고, 또 죄와 용서야말로 곧 사람의 인생인 평화를 적으로 삼아 서 있는 모습이 눈에 보이는 듯하다.

'그리고 난 그것을 받아들였어.' 그는 생각한다. '난 묵인했지. 아니, 그보다 더 나쁘게 그것을 섬겼어. 나는 내 욕망을 채우려고 그것을 이용하기 위해서 섬겼지. 실의와 갈망과 열망으로 가득 찬 얼굴들이 신앙을 기대하며 나를 기다리고 있는 곳으로 나는 왔어. 그래도 내게는 그들이 보이지 않았지. 내가 가져다줄 것으로 믿고 그들이 두 손을 벌리고 있는 곳에 나는 왔지만 내게는 그들이 보이지 않았어. 나는 한 가지 책무를 가지고 왔지. 아마 그것은 인간의 첫 번째 책무라고 할 수 있는 것으로, 하느님 앞에서 내 자유의지를 가지고 받아들인 것이었어. 그 약속과 책무를 대수롭게 생각하지 않고 있었기 때문에 나는 그것들을 받아들인 사실조차 잊고 있었지. 그리고 내가 그 여자에게 해 준 것이 그것뿐이라면 내가 무엇을 기대할 수 있었겠는가? 치욕과 절망 외에, 또 너무 창피해서 고개를 돌려 버린 하느님의 얼굴 외에 무엇을 기대할 수 있었겠는가? 아마 그 순간 내가 내 굶주림의 깊이뿐만 아니라 그것을 채우는 데 그녀는 영원히 도움을 줄 수 없으리란 사실까지 다 그녀에게 말해 버렸을 때에, 나는 그 여자를 유혹에 빠뜨리고 죽여 버리는 역할을 한 것이지. 또 그 여자에게 치욕과 죽음을 가져다주고, 그 도구 노릇을 했단 말이야. 하여간 인간이 하느님께 비난과 책임을 뒤집어씌울 수 없는 무엇이 반드시 있는 모양이지. 틀림없이 있고말고.' 이제는 사고가 느려지기 시작한다. 그것은 마치 수레바퀴가 모래 속에 점점 빠져들면서도 굴대와 수레와 그 수레를 움직이는 원동력은 아직 그 모래를 의식하지 못하기라도 하는 듯이 속도가 느려진다.

 그는 얼굴들 사이에 있는 자기 자신을 지켜보고 있는 것 같다. 언제나 얼굴들에 둘러싸이고 갇혀 있다. 마치 그는 교회당 뒷면으로부터 강단에서 서 있는 자기 자신을 지켜보고 있기라도 한 것 같다. 또는 어항 속에 든 물고기와도 같다. 아니, 그뿐만 아니라 얼굴들은 그가 자신을 비춰 보는 거울이 되는 것 같다. 그는 그 얼굴들을 다 알고 있다. 그 속에서 자신의 소업을 다 알 수 있다. 그 거울에 희극배우같이 익살스럽고 좀 광신적인 사람의 모습이 비쳐 보이는 것 같다. 이단보다도 더 악한 것을 가르치고 있는 사이비 목사, 자기가 점거한 제단에 모셔진 신을 무시하고, 십자가에 걸린 형태의 연민과 사랑 대신에 허풍이 세고 죄 많은 폭한이 자기 자신의 살인업을 잠시 쉬던 중에 평화로운 닭장 속에서 엽총으로 살해된 것을 말하는 그의 모습이 떠오른다. 생각의 수레바퀴는 느려진다. 수레의 굴대는 그것을 의식하지만 수레 자체는 아직 의식하지 못하고 있다.

 그를 둘러싸고 있는 얼굴이 놀라움과 어리둥절함을 반영하고, 그 다음에는 분노와 또 공포를 반영하고 있는 것을 그는 본다. 그 얼굴들은 그의 미친 어릿광대짓을 초월하여 그의 등 뒤에서 그를 내려다보고 있는 것을 보는 것 같다. 그는 의식하지 못하지만 궁극적인 존재의 지고(至高)한 얼굴 자체가 전지(全知)의 초월성으로 말미암은 냉철하고 무시무시한 표정으로 보는 것 같다. 또한 그는 그 얼굴들이 그 이상의 것을 보고 있다는 것을 알고 있다. 즉 그가 책무에 어울리지 않는다고 판명이 되자 이제는 그 책무로 말미암아 견책을 받고 있다는 것을 그는 알고 있다. 지금 그는 그 얼굴에게 이렇게 말하고 있는 듯이 생각한다. '아마 나는 내가 할 수 있는 이상의 것을 받아들인 모양입니다. 그러나 그것이 범죄가 되겠습니까? 그것 때문에 내가 처벌을 받아야 하겠습니까? 내 능력 이상의 것 때문에 책임을 져야 하겠습니까?' 그러자 그 얼굴은 대답한다. '네가 그 여자를 받아들인 것은 그 약속을 성취하기 위한 것은 아니었다. 너는 너 자신의 이기적인 욕망을 채울 수단으로서 그 여자를 아내로 맞은 것이었어. 제퍼슨시에 자리를 얻는 도구로서 말이야. 내 목적이 아니라 너 자신의 목적 때문이었지.'

'그것이 사실인가?' 그는 생각한다. '그것이 정말로 사실이었을까?' 그는 치욕이 찾아왔을 때처럼 자기 자신을 다시금 들여다본다. 그는 그것이 현실로 일어나기 전부터 느끼고 있으면서도 스스로도 알지 못하도록 숨겨 왔던 것을 떠올린다. 인내와 관용과 존경을 이용해서 남에게 환심을 사고 순교자 같은 이유로 성직을 포기하는 체하는 자기 자신을 떠올린다. 동시에 그의 마음속에서는 그것을 부정하는 감정의 물결이 의기양양하게 날뛰며 흘러넘쳐서 감출 길 없이 얼굴에 나타나고 있다. 그는 그 얼굴을 높이 들어 올린 찬송가 책 뒤에 숨기고선 안전하다고 믿고 있다. 그리고 그때 사진사가 셔터를 눌렀다.

그는 자기 자신이 주의 깊으며 끈기 있고 교묘하게 일처리를 해서, 신학교에 입학하기 전부터 그가 하고자 했던 일을 그때도 그렇다고 인정하지 않고서, 다만 남들에게 강요를 받아 순순히 그 일을 하게 된 척하는 자기 자신을 지켜보고 있는 듯하다. 그리고 아직도 마치 돼지 떼 앞에 썩은 과일을 던지기라도 하는 것처럼 미끼를 던지면서, 그는 자기 아버지에게서 받은 얼마 안 되는 수입을 멤피스의 소녀 감화원에 계속 보내고, 그 스스로는 박해를 서슴지 않고 받으며 밤중에 잠자리에서 숲 속으로 끌려 나가 몽둥이찜질을 당하도록 내버려 두었다. 그러는 동안 내내 그는 동네 사람들의 시선과 소문을 잘 참으며 부끄러워하지도 않고, 예의 순교자 같은 인내와 육감적인 자아 의

8월의 빛 773

식을 지니고 '오, 주여, 얼마나 오래입니까'라는 태도를 보이며 그 어려움을 견디어 냈다. 그러다 드디어 그의 집 안에 다시 들어가서 문을 잠근 다음에는 육감적이고도 의기양양한 희열을 가지고 가면을 벗는 것이었다. '아, 이젠 다 끝났군. 이젠 다 지나갔어. 사들인 값을 다 치른 거야.'

'그러나 그때 난 젊었지.' 그는 생각한다. '나도 내가 할 수 있는 것보다는 알고 있는 것을 할 수밖에 없었지.' 생각은 지금 너무 무겁게 달리고 있다. 그는 그것을 알고 의식해야 할 것이다. 그래도 그 수레는 자신이 무엇에 접근하고 있는지 모르고 있다. '누가 뭐래도 나는 값을 다 치렀어. 내 인생을 가지고 그 값을 치른 셈이지만 하여간 나는 그 망령을 샀지. 그리고 누가 그 일을 방해할 수 있단 말이야? 어떤 사람이든지 다른 사람에게 해를 입히지 않는 한, 또 자기에게만 국한해서 살고 있는 한 자기 자신을 파멸시킬 권리를 가지고 있지—' 그는 갑자기 생각을 멈춘다. 지금은 꼼짝도 않고 숨도 안 쉬고 있는 그에게 진짜 공포로 화할 것 같은 경악이 엄습해 온다. 그도 이제는 발밑의 사막을 의식한다. 그것을 깨달음과 동시에 그는 자기 내부에서 무슨 엄청난 노력이 필요하기라도 한 듯이 힘이 모이는 것을 느낀다. 지금도 전진하기는 여전히 전진하지만 그것은 가까운 과거와 구별하기 어렵게 되어 있어, 이미 통과한 몇 인치 정도의 모래가 돌아가는 수레바퀴에 달라붙어 있다가 메마른 소리와 함께 튕겨 나간다. 그 소리를 듣고 그는 벌써부터 깨달았어야 했던 것이다. '……나의 갈망, 나의 자아를 아내에게 드러내고 말았지……그 여자의 실망과 수치의 도구……' 그리고 그가 전혀 생각도 하지 않고 있는데 문장 하나가 그의 두개골을 가로질러 눈 뒤에 갑자기 나타나는 것 같다. '난 이 생각은 하고 싶지 않아. 이 생각은 해서는 안 돼. 이 생각은 감히 할 수 없어.' 창가에 앉아 꼼짝도 안 하는 자기 두 손 위쪽으로 몸을 기울일 때에 땀이 그에게서 쏟아져 나오기 시작한다. 피가 솟아오르듯이 흘러나오고 쏟아져 나온다. 그 순간부터 모래를 꽉 물고 있는 생각의 수레바퀴는 무자비하게 돌아가는 중세기 고문 도구처럼 완만하게 움직이고 그 밑에서는 뒤틀리고 부서진 그의 영혼과 생명의 축받이가…… '그래, 그것이 그렇다면, 내가 아내의 절망과 죽음의 도구라면, 나는 나로서 나 이외의 어느 누군가의 도구란 뜻이지. 그리고 50년 동안 나는 인간의 빈껍데기조차 되지 못했다는 것을 알고 있어. 나는 말 한 필이 달리고 총 한 방이 발사되는 일

순간의 어둠에 불과했다고 할 수 있지. 만일 내가 임종의 순간에 처했을 때의 할아버지와 같은 존재라면 내 아내, 즉 그의 손자며느리를……타락시키고 죽여 버린 거야. 나는 내 손자를 살게 할 수도 없었고, 죽게 할 수도 없었으니까……'

수레바퀴는 자유롭게 구르기 시작하여 긴 탄식 소리와 더불어 거칠게 달려가는 모양이다. 그는 그 여세 속에서 식은땀을 펑펑 쏟고 또 쏟으며 꼼짝도 않고 앉아 있다. 수레바퀴는 계속해서 돌아간다. 이제는 빨리 순조롭게 돌아가고 있다. 그것은 지금 짐에서, 수레에서, 굴대에서, 모든 것에서 해방되었기 때문이다. 천천히 흔들리는 8월의 빛이 엷어지고 어둠이 세상을 완전히 뒤덮으려 하고 있는 가운데, 그 수레바퀴 주위에는 후광과 같은 희미한 광채가 나타나 자체를 감싸려는 것 같다. 그 후광은 얼굴들로 가득 차 있다. 그 얼굴들은 고뇌의 모양을 갖고 있지는 않다. 아무 모양도 갖고 있지 않다. 공포나 고통이나 비난의 빛도 없다. 그 얼굴들은 속세에서 벗어나 신의 찬양 속에 피신한 것처럼 평화에 넘치고 있다. 그 얼굴들 속에 그의 얼굴도 끼어 있다. 실상 그 얼굴들은 모두 비슷한 모습을 지니고 있다. 지금까지 그가 보아 온 얼굴들을 종합한 것이다. 그러나 그는 그 얼굴들을 하나하나 구별할 수 있다. 아내의 얼굴, 동네 사람들, 그를 거부한 교인들, 그날 열의와 갈망에 넘쳐서 정거장에서 그를 맞아 준 교인들, 바이런 번취의 얼굴, 애를 가진 그 여자, 그리고 크리스마스라 하는 그 사나이의 얼굴. 이 얼굴만은 명확하지 않다. 그것은 아주 최근에 종합된 거라서 혼란스러워 지금은 평화로운 진통을 겪고 있기라도 한 듯이, 어느 다른 얼굴보다도 더 혼탁하다. 그러자 그는 거기서 두 개의 얼굴이 서로 다투고 있음을 깨닫는다. (그러나 제멋대로 다투거나 욕심을 부리거나 하지 않는다. 그것은 그도 알고 있다. 오히려 수레바퀴 자체의 동작과 욕망 탓이다) 그 둘은 번갈아 상대로부터 자신을 벗어나게 하려고 애쓰다가 희미해져서 다시 뒤섞이고 만다. 그러나 그는 크리스마스의 얼굴이 아닌 다른 얼굴을 지금 보고 있다. '아니 저건……' 그는 생각한다. '최근에 저 얼굴을 보았는데…… 아니, 저건 저……젊은이로군. 저 검은 권총, 뭐 자동식 권총이라고들 하는 총을 가지고 있었지. 바로 그자야. ……부엌에 들어가서……죽였지……총을 쏘았어……' 그러자 마치 그의 내부에 있는 무슨 궁극적인 빌어먹을 홍수가 갑자기 터져 나오기라도 하는 것 같은 기분이었다. 그가 그것을 바라보고 있으려니, 자신이 대지와의 접촉을 잃고 점점 가벼워지다가 속이 비고 둥둥 뜨는 것 같다. '나는 죽어가고 있어.' 그는 생각한다. '나는 기도해야 해. 기도하도록 애써야겠어.' 그러나 그는 기도하지 않는다. 해 보려고도 않는다. '온 대기와 온 하늘이 전에 이 세상에 살아 있던 모든 생물의 공허한 쓸데없는 부르짖음으로 가득 차 있고, 차갑고도 무시무시한 별들 속에서 길 잃은 애들처럼 계속 울며불며 야단이군……내가 바라는 것은 거의 없었는데. 요구하는 것은 거의 없었고……마치……' 수레바퀴는 계속해서 돌아간다. 그것은 지금 빙글빙글 돌고 있지만 전진하지는 않고 점점 희미해진다. 마치 그것은 그의 내부에서 터져 나온 마지막 홍수의 흐름에 힘입어 돌아가고 있는 것 같다. 홍수 뒤에 남은 그의 몸은 공허하고, 낙엽보다도 가벼워지고, 보잘것없는 표류물보다도 작고 무력해져서 가만히 창틀에 기댄다. 창틀은 실체를 잃고, 거기에 놓인 두 손은 아무런 무게도 갖지 못하고 있다. 그러니 이것이 지금, '**지금**'이라고 할 수 있다.

 마치 그 망령들은 그가 명예와 자존심과 생명의 잔해를 가지고 겨우 숨을 쉴 수 있는 무엇, 승리와 욕망을 재확인할 수 있는 무엇을 발견할 수 있기까지 그저 기다리고 있기라도 한 것 같다. 그는 자기 심장 소리보다 더 높이, 뇌명이 점점 커지면서 수천만 개의 북소리처럼 울리는 것을 듣는다. 그것은 나무 사이에서 길게 꼬리를 끄는 바람 소리처럼 시작하고, 그 다음에는 그들이 허깨비 먼지구름을 타고 홀연히 나타난다. 그들은 돌진해서 지나간다. 그들은 안장에서 몸을 앞으로 굽히고 무기를 휘두르며, 비껴든 창 끄트머리의 술을 나부끼면서 밀치락달치락 소리 없는 부르짖음 속을 질주한다. 그것은 큰 물결과도 같고 그 정점은 날뛰는 말들의 머리와 휘두르는 사나이들의 팔로, 마치 온 지구의 폭발로 형성된 분화구처럼 치솟아 있다. 그들은 질주하며 사라진다. 먼지는 소용돌이쳐서 공중으로 빨려 들어가고 완전히 어두워진 밤의 장막 속으로 말려 들어가고 만다. 그래도 창가에 기대 있는 붕대를 두른 그의 머리는 거대하고 깊이가 없고, 창틀에 놓인 두 손은 두 개의 희미한 잉크 자국처럼 보이고, 그는 아직도 요란한 나팔 소리와 세차게 부딪치는 칼 소리와 사라져 가는 뇌명 같은 말발굽 소리를 듣는 모양이다.

21

　그 주의 동부에는 가구 수리 겸 판매점을 경영하는 사람이 살고 있었다. 최근에 그는 편지 거래로 구입한 낡은 가구 몇 점을 가져오려고 테네시주에 간 일이 있었다. 그는 손수 자기 트럭을 운전하며 여행을 했다. 그의 트럭(뒤에 문이 달린 집 모양의 트럭)은 새것이었고, 한 시간에 15마일 이상은 달리지 않을 생각이었기 때문에 그는 호텔 비용을 절약하려고 야영 도구를 다 갖추어 가지고 떠났던 것이다. 집에 돌아오자 그는 자기 아내에게 그가 여행 중에 겪은 일들을 들려주었다. 그는 그때 그것을 재미있다고 생각하고 또 집에 가서 아내에게 이야기할 만큼 흥미진진하다고 생각했던 것이다. 그가 그 일을 재미있다고 생각하고 자기 아내도 이야기를 들으면 재미있어할 거라고 느낀 이유는, 그가 일주일 넘게나 집을 떠나 있었기 때문이기도 하지만(실상 그는 안전을 생각하여 아주 천천히 차를 몰았던 것이다) 그보다도 그 부부는 아직 나이가 많이 들지 않았기 때문이기도 할 것이다. 그 이야기는 그가 도중에 태워 준 두 남녀에 대한 것이다. 그는 테네시주에 들어가기 전에 들렀던 미시시피주의 한 도시 이름을 댄다.
　"휘발유를 좀 넣으려고 말이야, 속력을 줄여서 주유소 쪽으로 천천히 차를 몰고 들어갔지. 바로 그때 길모퉁이에 인상이 좋은 젊은 여자가 하나 서 있는 것을 보았어. 마치 누군가가 다가와서 차에 태워 주기를 기다리기라도 하는 것 같더군. 그 여자는 두 팔에 무엇인가를 안고 있었어. 처음에는 그것이 무엇인가를 알아보려고도 하지 않았지. 뿐만 아니라 그 여자와 함께 있던 남자도 처음에는 눈에 띄지 않았어. 나한테 와서 말을 건넬 때야 비로소 깨달았구먼. 처음에 나는 아마 그 여자가 서 있던 곳에 그 남자가 서 있지 않았으니까 그를 보지 못한 거라고 생각했다가 잠시 뒤에 겨우 깨달았어. 그는 혼자서 텅 빈 콘크리트 수영장 밑바닥에 서 있어도 아무도 그 존재를 한눈에 알아보지 못할 그런 종류의 사람이라는 것을."
　"그래서 그가 오기에 재빨리 말해 줬지. '당신 목적지가 멤피스라면 안됐군요. 난 잭슨을 지나서 테네시주로 가니까요.' 그러니까 그는 이렇게 말하더군."
　"'그거 잘됐습니다. 우리에게 꼭 알맞습니다. 그야말로 하늘이 돕는 셈이군요.' 그래서 내가 이렇게 말했지."

"'당신들은 어디 가고 싶소?' 그러자 그는 나를 바라보는 거야. 그 모양은 마치 거짓말을 해 본 일이 거의 없는 사람이 황급히 말을 꾸며 대면서도 입을 열기 전부터 상대가 믿지 않을 것임을 알고 있는 듯하더군. 그래서 내가 말했지. '그저 구경이나 하며 돌아다닌다 이거군요?'"

"'그렇습니다' 하고 그는 대답했어. '그래요. 그저 여행을 하는 거지요, 뭐. 어디로 우리를 데려다 주시든 우리에겐 꼭 알맞을 것입니다.'"

"그래서 나는 타라고 했어. '당신들은 나를 털고 죽일 사람들로는 보이지 않는군요.' 그는 여자 있는 데로 가더니 데리고 돌아오더군. 그제야 그 여자가 안고 있던 것이 갓난애임을 알았지. 아직 한 살도 안 된 아주 조그만 아기였어. 그가 트럭 뒤로 그 여자를 태워 주려고 하기에 이렇게 말해 줬지. '누구 한 사람은 여기 앞자리에 앉아도 됩니다……' 그러니까 그들은 좀 의논을 하더니 그 여자가 앞자리에 와서 앉고 그는 주유소로 되돌아가서 모조 가죽 가방을 들고 와 트럭 뒤에 올려놓고 자기도 올라타더군. 그래서 우리는 출발했지. 내 옆자리에 앉아서 아기를 안고 있던 그 여자는 그 남자가 떨어지지나 않을까 이따금 뒤돌아보곤 했어."

"난 처음에는 그들이 부부인 줄 알았지. 그밖에 달리 생각할 도리가 없었거든. 다만 그 여자 같은 젊고도 건강한 아낙네가 어떻게 그런 남자에게 걸려들었나 의아했을 뿐이야. 뭐 그 남자에게 잘못이 있었다는 말은 아니지. 그는 선량한 사람 같아 보였고 일도 열심히 해서, 한 번 일자리를 얻으면 꾸준히 오랫동안 그 일을 잘해 나가며 급료 문제로 이러쿵저러쿵 불평하지도 않을 그런 종류의 인간이었어. 그는 바로 그런 사람 같았다니까. 일을 하고 있을 때 빼고는 주위에 굴러다니는 평범한 물건 같아 보였어. 그가 여자와 한자리에 눕는다는 것은 도저히 상상할 수가 없었지. 하물며 그가 여자와 한자리에 누웠다는 명백한 증거가 있다는 것은 정말 상상도 하기 어려웠지."

"창피하지도 않아요?" 그의 아내는 말한다. "숙녀 앞에서 그따위 말을 하다니." 그들은 어둠 속에서 말을 주고받고 있다.

"하여간 당신이 얼굴을 붉혀도 내 눈에는 보이지 않으니까." 그는 이렇게 대꾸하고서 말을 계속한다. "그런 일은 그날 밤 야영을 할 때까지 전혀 생각하지도 않았었지. 그 여자는 내 옆자리에 앉아 있었고 나는 이럴 때 흔히들 하듯이 그 여자에게 말을 건네고 있었어. 드디어 화제가 어떻게 그들이 앨라배마주에서 오게 되었는지, 하는 것에 이르렀지. 그 여자는 그저 '우리는 왔어요'라고만 되풀이해서 말하기에 나는 그 여자와 뒤에 있는 그 남자를 뜻하는 말이라고 생각했지. 뭐 길을 떠난 지 8주간이나 되었다더군. '내 눈이 틀림없다면, 저 애는 아직 난 지 8주간도 안 되어 보이는데요.' 내가 그렇게 말하니까, 그 여자는 3주일 전에 제퍼슨에서 그 애를 낳았다고 하더란 말이야. '오, 그래요. 그 흑인을 잡아서 린치를 한 도시 말이요.' 내가 말하니까 그 여자는 입을 꼭 다물었어. 마치 그가 그 여자에게 그런 말을 하지 말라고 명령이라도 한 것처럼 말이야. 아마 틀림없이 그랬을 거야. 우리는 계속해서 차를 몰았지. 밤이 가까워지자 나는 이렇게 말했지. '곧 거리에 들어가게 될 텐데 난 시내에서는 잠을 자지 않을 거요. 그러나 당신들이 내일도 나와 함께 가고 싶다면 아침 6시쯤에 호텔로 찾아가도록 하지요.' 그러자 그 여자는 마치 그 남자가 무슨 말을 하기를 기다리고 있는 모양으로 잠자코 앉아 있었는데 잠시 뒤에 그 남자가 입을 열더군."

"'이런 집 모양의 트럭을 몰고 오셨으니 당신은 숙박 걱정을 안 하셔도 되겠군요.' 나는 아무런 대답도 하지 않았지. 잠시 뒤 시내에 들어서자 그는 '이 마을은 꽤 큰가요?' 묻더군."

"'나도 잘 모르겠는데요' 나는 대답했어. '그래도 여인숙 정도는 여기에도 있을 걸요.' 그러니까 그는 이렇게 말하더군."

"'여행자 야영장이 혹 있는지 모르겠네요.' 내가 아무 말도 하지 않으니까 그는 말을 계속했지. '천막도 빌려 주는 곳 말이에요. 호텔 숙박비는 비싸고 가야 할 길은 멀어서요.' 그들은 그때에도 어디로 가는지 말하지 않았지. 그들 자신도 목적지가 어딘지 모르는 것 같더군. 그저 어디까지 갈 수 있는지 한번 보자는 태도였지. 그러나 그때는 나도 아직 사정을 몰랐어. 그래도 그가 내게 무슨 말을 시키고 싶어하는지는 알고 있었지. 또 그런 일을 그가 도저히 내게 대놓고 부탁할 수 없다는 것도 말이야. 그저 하느님의 뜻에 다 맡기겠다는 태도로, 내가 그 말을 해 주면 다행이고 그렇지 않으면 호텔에 가서 방값으로 3달러를 물어도 별수 없다는 듯한 표정을 짓고 있더군. 그래서 난 이렇게 말했지."

"'뭐, 오늘 밤은 따뜻하니까 당신네가 모기에 좀 물려도 상관없다면 트럭 판자 위에서 잠을 자는 것도 괜찮을 텐데—' 그러니까 그는 이렇게 말하더군."
　"'예, 좋습니다. 좋고말고요. 저 사람을 재워 주신다면 더 바랄 게 없겠습니다.' 나는 저 사람이라고 하는 그의 어조를 좀 이상하게 생각했어. 그러고 보니까 그의 태도에는 좀 이상한 데가 있고 긴장된 맛이 있었지. 무섭기는 하지만 한번 해 보고 싶은 것이 있어서 그것을 어떻게 해서든지 해 보려고 결심한 사람의 태도 같더군. 그렇다고 해서 자기에게 무슨 일이 일어날지 몰라서 무서워한다는 뜻은 아니야. 보통 때 같으면 생각만 해도 죽을 지경으로 무서운 것을 감행하는 건데, 그 밖의 것은 이미 다 시험해 보고 마지막으로 남은 그 일을 필사적으로 해 본다는 태도였다 그 말이지. 그래도 그때 난 아직 사정을 잘 몰랐어. 도대체 무슨 일인지 영 알 수가 없더군. 그날 밤 일어난 일이 아니었더라면 그들이 잭슨에서 나와 작별했을 때에도 난 진상을 전혀 몰랐을 거야."
　"그가 무슨 일을 하려 했기에요?" 아내가 묻는다.
　"이야기가 그 대목에 다다를 때까지 기다려요. 아마 나도 당신에게 해 보일 수 있을걸." 그는 말을 계속한다. "그래서 우리는 가게 앞에서 멎었지. 그는 트럭이 멎기 전에 벌써 뛰어내리고 있더군. 마치 내게 선수를 빼앗기면 안 되겠다는 듯한 태도로 즐거운 표정을 띤 채, 무엇인가 해 주겠다고 약속받은 일을 상대의 마음이 변하기 전에 실행시키려는 소년과 같았어. 그는 가게에 뛰어들어가더니 종이봉투랑 상자를 한 아름 안고 나오는데 그만 앞이 안 보이는 모양이더군. 그래서 나는 혼잣말로 '저런 녀석 봤나! 설마 이 트럭에다 영원히 자리잡고 살림을 차릴 생각은 아니겠지' 하고 중얼거렸지. 그러고 나서 우리는 차를 좀더 몰고 가다가 적당한 곳이 나타나기에 길에서 벗어나 트럭을 나무들 사이에 세웠어. 그러자 그는 뒤에서 뛰어내려 재빨리 앞으로 돌아오더니 그 여자와 어린애를 마치 유리나 계란으로 만들어지기라도 한 것처럼 깨질세라 조심스럽게 안아 내려 주더군. 그때에도 또 그는 그 필사적인 표정을 지었는데, 만약 나나 그 여자가 선수를 써서 방해하지 않는다면, 만약 자기의 필사적인 기분을 그 여자에게 들키지 않는다면, 어떻게 해서든지 그 필사적으로 하려던 것을 드디어 감행하려는 듯한 표정이었어. 하지만 그때에도 나는 그가 무엇을 하려는지 몰랐지."
　"그것이 무엇이었어요?" 아내가 묻는다.

"좀 전에 내가 당신한테 해 보이지 않았어? 다시 한 번 보여 달라는 건 아니겠지?"

"당신이 내키지 않는다면야 안 해 주셔도 돼요. 그런데 그 이야기의 어디가 재미있는지 난 아직 모르겠어요. 하여간 그 사람은 어째서 그렇게 애쓰며 야단한 거죠?"

"그야 뭐 그들이 아직 결혼을 안 했기 때문이지." 남편이 대답한다. "그 어린애는 그의 자식도 아니었어. 그런데도 난 그걸 몰랐어. 그날 밤 모닥불 옆에서 내가 엿듣는 줄도 모르고 그들이 말하는 소리를 들을 때까지 난 알지 못했지. 그가 필사적인 각오를 굳힐 때까지 말이야. 그러나 그는 아주 필사적이었지. 내 생각에 그는 그 여자에게 한 번 더 기회를 주려는 것 같더군." 그는 이야기를 계속한다. "그래서 그는 야영 준비를 하느라고 이리저리 돌아다니기 시작했는데 난 부아가 터져서 혼났다니까. 글쎄 어디서 어떻게 시작해야 할지도 모르면서 무엇이든지 자기가 하려 드니 말이야. 그래서 그에게 땔나무나 좀 모아 오라고 일러 주고는 나는 담요를 꺼내 트럭에다 깔았지. 그때 나는 내게 화가 좀 났어. 공연한 일에 말려들어 모닥불에 발이나 쬐며 아무것도 깔지 않은 땅바닥에서 잠을 자게 되었으니 말이야. 그래서 나는 좀 약이 올라 가지고 야영 준비를 하며 이리저리 돌아다니고 있었어. 그런데 그 여자는 나무에 기대앉아 숄로 몸을 가린 채 어린애에게 젖을 주면서 자꾸 내게 너무 폐를 끼쳐서 미안하다느니, 자기는 온종일 아무것도 하는 일 없이 자동차만 타서 전혀 피곤하지가 않으니 모닥불 가에 앉아 있을 거라느니 하며 입을 놀리고 있더군. 잠시 뒤 그는 소 한 마리도 통째로 구워 먹기에 충분할 만큼의 나무를 해 가지고 돌아왔지. 그 여자가 그에게 뭐라고 이르니까 그는 트럭 있는 데로 가더니 가방을 꺼내서 열고 거기서 담요 한 장을 끄집어냈어. 그때에 우리는 한바탕 소동을 겪었지. 만화에 흔히 나오는 두 사람 있잖아? 프랑스인 두 사람이 서로 양보하느라고 절을 한다, 손을 비빈다 하고 야단하는 거 말이야. 우린 꼭 그 꼴이었어. 우리가 집을 떠나 멀리 나온 것은 황송하게도 땅바닥에 그대로 뒹굴면서 잘 권리를 얻기 위한 것이기나 한 듯이, 다들 누가 먼저 엄청난 거짓말을 지어낼지 승부를 겨루기 시작한 셈이야. 처음 얼마 동안 나는 이런 말을 할 생각이었지. '좋소, 당신들이 땅바닥에서 자고 싶다면 그러슈. 난 그런 짓을 하고 싶지 않으니까.' 그러나 결국 내가 승부에서 이긴 모양이야. 아니면 나랑 그 남자가 이겼든지. 하여간 결국 그렇게 될 줄 처음부터 알고 있었지만, 그들의 담요는 트럭에다 깔고 나와 그는 모닥불 옆에다 내 담요를 깔고서 자기로 했으니까. 하여간 그도 어차피 그렇게 되리라고 알고 있었던 모양이야. 그 여자가 말하는 것처럼 머나먼 앨라배마주에서 죽 온 것이라면 별수 없겠지. 그러자 커피나 좀 끓이고 깡통이나 좀 데우겠다는데도 그렇게 많은 나무를 해 온 것이겠지. 그러고 나서 우리는 밥을 먹었고, 그 뒤에 나는 알아냈단 말이야."

"무엇을 알아냈어요? 그가 하고 싶어하는 것은 무엇이었어요?"

"아직 거기까지 안 왔어. 아마 그 여자가 당신보다는 좀더 참을성이 있었을 것 같군." 그는 말을 계속한다. "그래서 우리는 저녁을 먹어 치우고, 나는 담요에 누워 있었지. 고단했던 터라 팔다리를 뻗치니까 기분이 좋더군. 난 뭐 엿들을 생각도 없었고 자지 않으면서 자는 척할 생각도 없었어. 또 애초에 태워 달라 부탁한 것은 그쪽이었지 내가 꼭 타 달라고 우긴 것은 아니었지. 그러니까 그들이 남에게 들리지 않게 조심도 안 한 채 되는대로 지껄이는 소리를 들었다 해서 내 잘못은 아니야. 하여간 나는 그들이 누구를 찾으려 하고 있다는 것을, 누구 뒤를 쫓고 있다는 것을 알게 되었지. 또는 뒤쫓으려고 애쓰고만 있었는지도 모르지. 그들이라기보다는 그 여자가 그랬단 말이야. 그때 난 문득 생각했어. '아, 여기에 또 자기 어머니가 일요일까지 기다렸다가 목사님한테 부탁드릴 것을 토요일 밤에 벌써 경험해 버린 여자가 있군.' 그들은 그의 이름을 입 밖에 내지 않았어. 또한 그가 어느 쪽으로 도망갔는지도 모르더군. 그가 어디로 도망쳤는지 그들이 알았다 해도 그것은 도망친 녀석의 실수 때문에 그랬다고는 할 수 없을 거야. 난 그걸 재빨리 깨달았지. 그가 그 여자에게, 이런 식으로 이 차 저 차 얻어 타며 이 주에서 저 주로 평생 여행을 한다 해도 결국은 그 녀석의 발자취조차 찾아낼 수 없으리라고 말하는 소리를 난 들었어. 그런데 그 여자는 통나무에 앉아 어린애를 안은 채 돌처럼 말없이 유쾌하게 듣고 있으면서 돌만큼이나 움직이지도 않고 설복도 당하지 않을 자세더군. 그래서 나는 또 생각했지. '여보게 노형, 자네가 오늘 내 트럭 뒤에 앉아서 다리를 차체 밖으로 늘어뜨리고 있을 동안 그 여자는 앞자리에 앉아 있었는데, 가만보니 이번 여행에서는 언제나 그 여자가 주도권을 쥐고 앞장서 있는 것 같군.' 그러나 나는 아무 말도 하지 앉았어. 난 그저 거기 누워서 그들이 하는 말, 아니 그가 나지막하게 하는 말을 듣고 있었지. 그는 결혼이란 말은 꺼내지도 않더군. 그러나 그가 말하는 화제는 모두 결혼에 관한 것뿐이었지. 그리고 그 여자는 아주 침착하고도 고요한 태도로 그의 말을 듣고만 있었어. 전에 다 들은 이야기니 긍정적이거나 부정적인 답변도 할 필요 없다고 생각하는 것 같더군. 그 여자는 미소도 좀 지었지. 그러나 그는 그걸 볼 수 없었을 거야."

"이윽고 그는 포기하고 말았어. 그는 통나무에서 일어나더니 걸어가 버리고 말더군. 그러나 그가 얼굴을 돌릴 때에 힐끔 보았더니 포기한 표정은 아니던데. 그는 그 여자에게 기회를 한 번 더 주었다가 그만 모든 위험을 무릅쓰도록 필사적인 상태에 빠져 버렸고, 그 자신도 그것을 아는 모양이더군. 처음부터 그랬더라면 좋았을 걸, 아직까지 미루고 있다가 이제라도 해 보겠다고 결심한 모양이었어. 처음부터 그러지 그랬냐고 그에게 말해 주고 싶었지. 그러나 그에게는 자기 나름의 이유가 있었겠지. 하여간 그는 어둠 속으로 걸어 들어가 버렸고 그 여자만 홀로 거기 남아 있으면서 얼굴을 좀 숙인 채 미소를 띠고 있었어. 그의 뒷모습도 바라보지 않더군. 아마 그 여자는 그가 혼자 떨어져서 그 일을 감행할 용기를 북돋우려 하고 있다고 생각하는 모양이었어. 직접 그런 말을 입 밖에 내지는 않았지만 그녀도 처음부터 계속 그에게 권하고 있었던 그 일 말이야. 하기는 그런 말은 여자로서는 도저히 직접 말할 수 없는 것이지. 토요일 밤에 벌써 경험을 쌓은 여자라도 말이야."

"그런데 사정은 그렇지도 않았던 모양이야. 어쩌면 때와 장소가 여자에게 마땅하지 않았는지도 모르지. 게다가 구경꾼까지 있었으니. 잠시 뒤에 그 여자는 일어나더니 나를 보더군. 나는 꼼짝하지도 않았지. 그 여자는 트럭이 있는 곳으로 가서 올라탔는데 잠시 뒤에 움직이는 기척이 끊어진 것으로 보아 잠을 잘 태세를 갖춘 모양이더군. 난 거기 그냥 누워 있었는데—어찌 된 셈인지 잠이 깨어 있었지—꽤 오래 그 상태였지. 그러나 나는 그가 그 근처 어디에 있으면서 아마 불이 꺼지든가 내가 푹 잠들든가 하기를 기다리고 있을 것이라고 알고 있었어. 예상했던 대로 불이 꺼지자마자 그는 나 있는 데로 고양이처럼 살금살금 오더니 내 곁에 서서 가만히 귀를 기울이고 내려다보더군. 난 아무 소리도 내지 않았지. 혹 그를 속이느라고 코를 한두 번 골아 주었는지도 몰라. 하여간 그는 트럭 쪽으로 살금살금 갔는데 마치 계란 위를 걸어가는 것 같더군. 나는 거기 누운 채 그의 뒷모습을 지켜보며 생각했지. '여보게, 노형, 자네가 그 짓을 어젯밤에 했더라면 내 생각엔 자네는 지금 여기보다 60마일쯤 남쪽에 있을 텐데. 만약에 이틀 전에 그 짓을 했더라면 나는 아무도 만나지 못했을 테지.' 그러자 나는 좀 근심이 되었어. 난 그 여자가 원하지 않는 일을 그가 억지로 할까 봐 걱정한 것은 아니야. 실제로 난 그 조그만 남자를 응원하기까지 했는걸. 그래, 바로 그랬어. 만약에 그 여자가 소리를 지르면 난 어떻게 해야 좋을지 결정을 못하겠더군. 난 그 여자가 꼭 소리를 지를 줄 알고 있었어. 그런데 내가 벌떡 일어나 트럭으로 달려가면 그는 겁이 나서 도망을 갈 테지—또 내가 달려가지 않으면 내가 내내 깨어 있으면서 자기 거동을 다 보고 있었다는 것을 알게 되어 그는 더더욱 내빼게 될 테지. 그래서 근심을 하고 있었어. 그러나 그런 걱정은 할 필요가 없었지. 그들을 처음 보았을 때에 그걸 깨달았어야 했을 거야."

"당신이 처음부터 그런 근심은 할 필요가 없었다고 생각한 것은 그런 경우 여자가 어떻게 나올지 이미 잘 알고 있었기 때문이죠." 아내가 말한다.

"그렇지." 남편이 대답한다. "당신이 그걸 알아내게 할 생각은 없었는데. 그래, 맞았어. 이거 참, 이번에는 못 알아낼 만큼 이야기를 제대로 끌고 왔다고 생각했는데."

"그래서 어떻게 됐죠?"

"그래 무슨 일이 일어났을 것 같소? 한쪽은 그가 오리라는 것은 모르고 있지만 그래도 그렇게 크고 건장한 여자고, 또 한쪽은 어린애처럼 막 울어댈 듯한 아주 왜소한 사나이란 말이야." 그는 말을 계속한다. "비명이고 뭐고 아무런 소리도 없었어. 나는 그가 천천히 트럭 있는 데로 가서 쉽게 올라타고 사라지는 것을 보았는데, 천천히 열다섯쯤 셀 동안에는 아무런 일도 일어나지 않았어. 그러다가 그 여자가 깨어나서 깜짝 놀란 듯한 소리를 냈지만, 그것은 공포에서 우러나는 소리는 아니고 그저 좀 놀라서 얼떨결에 낸 소리였어. 그 여자는 나지막한 소리로 '아니, 번춰 씨. 부끄럽지도 않아요? 어린애까지 깨울 뻔했어요' 하고 타이르더군. 그러자 그는 트럭 뒷문으로 나왔지. 당황해하지도 않고, 또 제 발을 쓰지도 않았어. 그 어린애가 여섯 살쯤 나면 그녀는 애를 냉큼 들어 올릴 텐데, 바로 그 모양새로 그 여자가 그를 안아 내린 모양이야. 아니, 그건 틀림없어. 그러고는 이렇게 말하더군. '자, 가서 좀 누워 자도록 해요. 내일은 또 멀리 가야 하니까요.'"

"난 그를 보기가 참 부끄럽더군. 그런 꼴을 처음부터 끝까지 누가 보고 들었다는 것을 그에게 알린다는 것은 안될 일이지. 난 쥐구멍이라도 하나 찾아내서 그와 함께 기어 들어가고 싶은 심정이었어. 진짜라니까. 그런데 그는 그 여자가 내려 준 바로 그 자리에 그냥 서 있었지. 불도 이미 다 꺼져 가고 있어서 그의 모습은 전혀 보이지 않더군. 그러나 내가 그의 처지라면 거기에 그냥 서 있는 것이 어떤 기분일까 하는 것쯤은 알 수 있는 일이야. 말하자면 고개를 푹 숙이고 재판관이 '저놈을 빨리 끌어내다가 목매달아라' 호통치기만을 기다리는 심정이었겠지. 하여튼 난 조금도 소리를 내지 않았어. 잠시 뒤에 그가 걸어가는 소리가 들리더군. 덤불 가지가 때깍때깍 부러지는 소리가 난 것으로 미루어 보아 숲 속으로 맹목적으로 달려 들어간 모양이지. 날이 환히 밝을 때까지도 그는 돌아오지 않았어."

"하여간 난 아무 말도 하지 않았어. 뭐라고 말해야 할지 몰랐거든. 그는 꼭 나타날 것이고, 체면이고 뭐고 집어던지고 숲에서 걸어 나올 것이라고 나는 자꾸 믿고 있었어. 그래서 나는 불을 피우고 아침 준비를 하고 있었는데 얼마 있으려니까 트럭에서 그 여자가 내려오는 소리가 들려오더군. 난 돌아보지도 않았어. 그래도 그 여자가 거기 서서 모닥불이랑 담요의 모양으로 미루어 보아 그가 거기에 있는지 없는지 알아보려는 듯이 여기저기 둘러보는 기색이 느껴지더군. 그래도 나는 아무 말도 하지 않았고, 그 여자도 침묵을 지켰어. 난 짐을 다 꾸려서 출발하고 싶었지만 길 한가운데 그 여자를 버려 둘 수는 없다는 것을 알고 있었어. 또한 비록 그 여자가 남편을 찾으러, 이제는 두 남편을 찾으러 길을 떠났다고 말을 한다 해도, 내가 예쁜 시골 여자와 난 지 3주일이 된 어린애를 차에 태우고 돌아다닌다는 말을 당신이 듣는다면 어떻게 될지도 나는 알고 있었지. 아침 식사가 끝나자 나는 이렇게 말했지. '내 갈 길이 머니 출발하는 것이 좋을 것 같군요.' 그래도 그 여자는 전혀 아무 말도 하지 않더군. 그래서 그 여자를 보았더니 그 얼굴은 전과 꼭 마찬가지로 침착하고 고요했어. 뭐 놀라거나 겁내지도 않았어. 나는 그 여자를 어떻게 처치해야 할지 망설이고 있을 때, 그 여자는 재빨리 짐을 다 꾸려 놓고 고무나무 가지를 꺾어다가 트럭 바닥을 깨끗이 치웠지. 그리고 그 모조

가죽 가방을 들여놓고 뒤에다가는 담요를 접어서 깔개까지 만들어 놓더군. 그래서 나는 생각했지. '저 여자가 태연히 살아가는 것도 놀라운 일은 아니군. 사나이들이 버리고 달아나면 남은 것을 모아 가지고 그냥 여행을 계속한다 이 말이지.' 그 여자는 '전 여기 뒤에 앉겠어요' 하고 말했어."

"'거기 앉으면 애가 좀 흔들릴 텐데요.' 나는 말했지."

"'안고 있을 거니까 괜찮아요.' 그 여자가 대답하더군."

"'좋도록 하시우.' 나는 말했지. 그리고 우리는 출발했지만, 나는 그가 나타나지나 않을까 하고 첫 커브를 돌 때까지 운전석에서 몸을 내밀며 뒤돌아보곤 했지. 그러나 그는 그림자도 보이지 않더군. 어리석은 사나이가 정거장에서 알지도 못하는 어린애를 맡아 가지고 쩔쩔매는 일이 가끔 있지. 내가 꼭 그 꼴이었어. 낯선 여자와 어린애까지 떠맡아 버렸으니 원. 뒤에서 따라와 우리를 지나치는 차마다 정식 부부가 타고 있지나 않을까 싶어서 몹시 초조했지. 경관은 말할 것도 없고. 그때 우리는 테네시주 경계선 근처까지 갔는데, 나는 이 새 트럭을 엔진이 다 타 버리도록 전속력으로 몰든가, 제법 큰 거리에 들어가서 그 여자를 부인복지협회 같은 단체에 맡겨 버리든가 해야겠다고 마음먹고 있었단 말이야. 그래도 나는 때때로 뒤돌아보며 그가 혹 우리 뒤를 따라오지나 않나 기웃거렸지. 그러나 눈에 띄는 것은, 교회처럼 고요한 표정을 짓고 차의 진동을 막으면서 젖을 주느라고 어린애를 안은 채 앉아 있는 그 여자의 모습뿐이더군. 뭐 그런 여자한텐 도저히 당해 낼 수가 없어." 그는 침대에 누워서 웃는다. "그렇고말고. 당해 낼 수가 없단 말이야."

"그래서 어떻게 되었어요? 그 여자는 무슨 일을 했지요?"

"아무것도 안 했어. 그저 거기 앉아서 달리는 차를 탄 채 마치 시골을 처음 보는 사람처럼 바깥 풍경만 내다보고 있었지—길이랑 나무랑 밭이랑 전봇대랑—태어나서 처음 보는 것처럼 말이야. 그래서 그가 트럭 뒷문으로 돌아오고 나서야 그 여자는 그를 보았어. 그를 찾아볼 필요도 없었지. 그저 기다리고 있기만 하면 그만이었단 말이야. 그 여자는 그걸 다 알고 있었어."

"그를?"

"그래, 우리가 커브를 돌아가니까 그는 길가에 서 있더군. 초라해 보여도 나름 각오를 했는지 침착해져서 체면이고 뭐고 상관없이 거기 서 있었어. 마지막 기회를 붙잡으려고 최후의 필사적인 노력을 하는 것처럼 말이야. 그리고 다시는 그렇게까지 필사적인 노력은 하지 않아도 된다는 것을 알고 있는 것 같더군." 그는 말을 계속한다. "그는 나를 전혀 보지 않았어. 내가 트럭을 세우니까 그는 벌써 트럭 뒤 그 여자가 앉아 있는 곳으로 달려가고 있었지. 그가 뒤로 돌아가서 거기 우뚝 섰는데도 그 여자는 놀라지도 않았어. '난 너무 멀리까지 와 버리고 말았어' 하고 그가 말하더군. '이렇게 된 이상 포기할 순 없지.' 그 여자가 그를 바라보는 눈초리는 마치 전부터 죽 그가 무슨 일을 하려고 했는지 그 자신도 모르는 것을 그 여자는 잘 알고, 그가 무슨 일을 하든지 그 일은 그의 진의가 아니라는 것도 그녀는 잘 알고 있다는 듯한 표정이더군."

"'아무도 당신더러 포기하라고 그러지는 않았어요.' 그렇게 그 여자는 말했지." 그는 침대에 누운 채 웃는다. 웃으면서 말을 계속한다. "아, 그렇고말고. 여자를 당할 수야 있나! 내가 무슨 생각을 하는지 알아? 나는 그 여자가 그저 여행을 하고 있었다고 생각해. 그 여자는 자기가 쫓고 있는 남자가 누구든지 간에 그를 정말 찾을 생각은 조금도 없었던 거야. 그럴 생각은 처음부터 없었어. 다만 그 말을 아직 그에게 하지 않았다뿐이지. 이번 여행이 그 여자로선 태어난 지 처음으로 멀리 나와 본 일인가 봐. 전에는 그저 해지기 전에 걸어 돌아갈 정도만큼만 멀리 나갔는데. 그 여자는 사람들의 친절한 대접을 받아 가며 여기까지 무사히 여행을 한 거야. 그래서 이참에 좀더 멀리 가 보자고, 세상 구경을 되도록 많이 하자고 결심한 모양이야. 이번에 어디선가 자리를 잡게 되면 일생 동안 그곳을 뜰 것 같지 않다고 그 여자는 알고 있는 거지. 하여간 난 그렇게 생각해. 그 여자는 트럭 뒷자리에 의젓하게 앉아 있고, 이제는 옆에 그 남자도 앉아 있는 가운데 어린애는 계속해서 먹어 댔지. 10마일이나 달리는 동안 마치 기차의 식당차 모양으로 아침을 계속 먹어 댔어. 한편으로 그 여자는 전봇대랑 울타리를 마치 서커스단의 행진처럼 바라보고 있더군. 잠시 뒤에 내가 '자, 여기가 솔즈베리라는 곳이오' 하고 말했더니 그 여자가 말하더군."

"'네?' 그렇게 물었지."

그래서 나는, '테네시주의 솔즈베리에 왔다니까요' 하고 대답하며 뒤돌아 그 여자의 얼굴을 보았지. 그런데 그 얼굴은 이미 고정이 되어 가지고 놀라게 되기를 기다리고 있는 것 같더군. 또한 놀라움이 올 때에는 그것을 즐기게 되리라고 알고 있는 모양이었어. 드디어 놀라움이 다가와서 그 여자는 아주 신이 났지. 글쎄 그 여자는 이렇게 말하지 않겠어!"

"'저런, 저런, 사람들은 여기저기 돌아다니게 마련인가 봐요. 앨라배마를 떠난 지 두 달밖에 안 됐는데 지금은 벌써 테네시에 와 있으니 말이에요.'"

포크너의 사상과 작품세계

포크너의 사상과 작품세계

《음향과 분노》

이 작품은 1929년에 출판된 윌리엄 포크너의 《음향과 분노》 최신판 (William Faulkner, *The Sound and the Fury*, New York : Vintage International, 1984)을 완역한 것이다.

20세기 미국 최고의 작가라 평가받는 포크너와 그의 첫 번째 걸작인 이 작품은 우리나라에서도 일찍부터 알려져서 번역되고 온갖 토론을 불러일으켰으므로, 여기서 새삼 자세히 해설할 필요는 없을 것이다. 아니, 애초에 이만한 걸작에는 그 어떤 해설도 필요치 않을지도 모른다. "한 권의 소설이 독자의 인생을 바꾼다"는 좀 거창하고 시대착오적인 일이 오늘날에도 아직 일어날 수 있다면 《음향과 분노》야말로 그 한 권일지도 모른다는 생각에, 번역자는 자랑스러움과 책임을 깊이 느끼면서 이 작품을 되도록 원문에 충실하게 한국어로 옮기고자 노력했다. 이 정도만 말해도 충분하지 않을까.

이 작품의 그토록 특별한 힘은 대체 어디에서 나오는 것일까. 그것은 독자 한 사람 한 사람의 판단에 맡기고 싶다. 다만 그런 힘이 발동된 원인으로서, 포크너를 둘러싼 사회 환경과 문학 환경에 관하여 작가 본인의 말을 빌려 여기서 간단히 살펴보고자 한다. 그러면 처음 그의 작품을 접하는 독자의 흥미를 더욱 돋울 수 있으리라 믿는다.

《음향과 분노》 발표보다 약 2년 전인 1927년 초, 신진작가였던 포크너는 뒷날 《사토리스 *Sartoris*》란 이름으로 출판될 작품을 쓰기 시작했다. 《사토리스》는 그 뒤 그의 작가생활 대부분에 걸쳐서 무대와 제재를 제공하게 된 미시시피 주의 가공적 도시, 요크나파토파 군(郡) 제퍼슨을 무대로 삼은 첫 번째 작품이었다. 《사토리스》를 쓸 적에 포크너가 앞으로 차례차례 쓰게 될 작품의 제재 및 주제를 대충 예견해 버렸다고까지 말할 수는 없겠지만, 그래도 그는 푸고 또 퍼도 바닥나지 않는 끝없는 가능성을 이 남부의 무대에서 어렴풋이나마 발견했음에 틀림없다. 그 시점에서의 마음가짐에 대해 그는 뒷날 다음과 같은 유명한 말을 남겼다.

"《사토리스》를 쓰기 시작했을 때 나는 깨달았다. 작은 우표만 한 내 고향이 글의 소재로서 가치가 있으며 내가 아무리 오래 살아도 그것을 글로써 다 표현할 순 없을 것이고, 현실을 성서에서 말하는 정경(正經) 이외의 신화로 승화시킴으로써, 어느 정도인진 몰라도 내가 지닌 재능을 극한까지 활용할 완전한 자유를 손에 넣을 수 있으리라는 것을."(1955년 인터뷰에서)

위 인용문에서 보듯이 제퍼슨은 포크너가 어린 시절부터 만년까지 거의 평생토록 살았던 고장인 미시시피 주 옥스퍼드를 신화로 승화시킨 마을이다. 작가가 자기 고향에 특별한 감정을 품거나 거기서 주제를 찾아내는 것은 물론 자연스러운 일이다. 그러나 아무리 자연스럽다 해도, 그는 한평생 작품 대부분을 이 똑같은 시골 마을을 무대 삼아 쓴다는 것을, 작가 활동 초기의 이토록 빠른 시기에 결정하고 이를 실행했던 것이다. 대체 어떻게 이런 일이 가능했을까? 이 같은 작업을 한 작가는 포크너밖에 없다. 유독 포크너만이 그런 결정을 굳이 실행하고 더구나 성공하기까지 한 까닭은 무엇일까?

이러한 의문을 둘러싸고 많은 연구자와 비평가가 지금까지 온갖 토론을 벌여 왔다. 남북전쟁 패전을 비롯한 남부 역사가 중요한 주제를 제공했다는 의견도 있고, 또 백인과 흑인의 관계나 이른바 인종문제가 긴급한 과제임을 인식한 포크너가 이를 탐구하려 했다는 견해도 있다. 물론 모두 다 유력한 설이다. 그러나 최종적으로 일치된 의견에 따르면, 1920년대 말에 포크너한테 기적이 일어났다는 답밖엔 없는 모양이다. 어쩌면 그것 말고는 다른 해답이 없는지도 모른다.

어쨌든 그런 사정이 있었으므로 그가 《음향과 분노》를 집필하기 전부터, 그 무대가 제퍼슨이고 남부의 사상이나 역사나 백인과 흑인의 관계 등이 작품에서 어느 정도 묘사되리란 것은 처음부터 포크너의 마음속에선 결정된 일이었던 셈이다. 더 자세히 말하자면 이 작품의 중요한 등장인물인 퀜틴 콤프슨은 이 작품보다 전에 쓰였다고 추정되는 단편소설에도 나오며, 이 작품의 조연들 가운데 몇 명도 이미 포크너의 상상 속에서는 제퍼슨의 주민으로서 삶을 시작하고 있었다. 무대가 공통되기 때문에 등장인물은 때로는 주연이 되고 때로는 조연이 되면서 몇 번이나 작품에 등장할 수 있었던 것이다.

▲ 윌리엄 포크너 (1897~1962)

▶ 1930년부터 포크너가 지냈던 로원 오크의 집.

이것이 《사토리스》에 이어 두 번째 요크나파토파 작품이 된 《음향과 분노》의 전제 중 하나이다(사토리스 대령도 이 작품 제2장에 잠깐 등장한다).

한편 또 하나의 현실적인 상황이 포크너를 압박하고 있었다. 그의 작품은 《사토리스》보다 전에 출판된 두 권도 별로 호평을 받진 못했지만 세 번째인 《사토리스》는 특히 평가가 좋지 않아서, 간신히 출판사를 찾긴 했으나 작품 분량을 크게 줄일 수밖에 없었다. 그때 포크너는 작가로서의 자기 앞날을 깊이 비관하게 되었던 듯싶다. 요크나파토파 군이라는 무궁무진한 제재를 앞에 둔 들뜬 기분과 출판조차 제 마음대로 할 수 없는 소설가로서의 현재 상황. 그 뼈아픈 낙차가 그를 괴로운 고비에 처하게 했을 거라고 상상하기란 어렵지 않다. 여기서 그는—뒷날 쓴 초고에 따르면—다음과 같이 생각하여 아예 뻔뻔하게 행동함으로써 자기 자신을 해방했다.

"어느 날 나는 나 자신과 모든 출판사의 주소 및 서적 카탈로그 사이에 있는 문을 닫아 버린 기분이 들었다. 이제 글을 쓸 수 있다고 나는 스스로에게 들려 주었다. 이제 나는 고대 로마인이 침대 곁에 두고서 입맞춤을 반복하는 사이에 조금씩 가장자리를 깎아 완성해 갔던 저 애완용 항아리 같은 작품을, 나 자신을 위해서 만들 수 있을 거라고. 그리하여 누이동생을 둔 적이 없으며 또 이윽고 딸을 금세 잃어버릴 운명이었던 나는, 나를 위해서 아름다운 비극의 소녀를 만들기 시작했다. ……제1장에, 벤지의 말에, 모든 이야기가 담겨 있었다. 나는 일부러 애매하게 쓰려고 의도하진 않았다. 이 소설이 출판될 가능성이 있다고 깨달았을 때 비로소 나는 이야기를 알기 쉽게 만들기 위해, 저마다 벤지의 이야기보다 긴 세 장을 덧붙여 썼는데, 벤지의 장을 쓸 때에는 출판할 목적으로 글을 쓰진 않았다. ……"(1933년에 쓰였으나 출판되지 않은 《음향과 분노》 머리말)

이 글은 독자를 멀리하고 오로지 자기 자신을 위해 캐디를 중심으로 한 이야기에 열중했던 당시 그의 심정을 어떤 해설보다도 잘 보여 주고 있다. 실제로 평생 포크너는 《음향과 분노》를 쓴 경험만이 자기에게는 특별한 경험이었다고 말하면서 이 작품에 대한 예외적인 애착을 줄곧 드러냈다. 물론 그 애착의 중심에는 캐디라는 인물이 있었다. 인용문을 봐도 알 수 있듯이, 캐디는 그가 사랑하는 대상임과 동시에 고대 로마의 항아리에도 필적하는 고독한 예술의 상징이기도 했다.

게티즈버그 전투
남북전쟁(1861~1865) 중 가장 큰 전투가 1863년 7월 펜실베이니아 주 게티즈버그에서 벌어졌다. 여기서 리 장군이 통솔하던 남군이 그랜트 장군의 북군에 패배했다. 게티즈버그 군사공원 소장.

영화로 제작된 《음향과 분노》(1959)
영화에서는 장남 퀜틴이 자살하지 않고 알코올 중독에 걸린 채 살아간다.

이 인용문에서 말하듯이 애초 포크너가 제1장만 쓰고서 작품이 완성됐다고 정말로 믿었는지 어쨌는지는 분명치 않다. 그러나 어쨌든 출판사와의 불화, 그리고 캐디와 벤지를 둘러싼 이런 절박한 심정이 《음향과 분노》를 이루게 한 요인이었다는 점은 확실하다. 이리하여 포크너는 요크나파토파 군 제퍼슨 마을을 새로이 바라보면서, 건곤일척의 언어와 상상력의 모험에 나선 것이다.

특히 제1장과 제2장의 화자 및 서술 수법을 낳은 포크너의 언어적 모험에 관해 간단히 설명하자면, 이런 모험은 제임스 조이스(1882~1941)로부터 시작된 이른바 1920년대 모더니즘의 언어 실험 경향을 따른 것이다. 조이스에게서 깊은 영향을 받은 포크너는 주관적인 언어 표현, 시간에 따른 의식의 변화, 무의식의 갑작스런 표출, 그런 현대인의 심리와 표현을 둘러싼 주제를 대담하게 추구하려고 했다. 그러한 주제가 독자를 거부하면서 고대 항아리 같은 고독한 예술을 추구하던 그의 심정과 부합했다는 점은, 제1장과 제2장이 무척 읽기 어렵다는 사실에서도 명백히 드러나고 있다. 다만 결과적으로 포크너는 조이스의 뒤를 그대로 좇기만 하지는 않았다. 그도 그럴 것이 "말조차 모르는 인물이 화자가 된다면 대체 어떤 일이 일어날까?"란 문제에 정력을 쏟아부은 작가는 포크너밖엔 없었으니, 그 실험정신의 집중력은 보통이 아니었던 것이다.

그러나 동시에 잊어선 안 될 점이 있다. 포크너의 모험은 언어 표현의 쇄신 그 자체가 목적인 '순수한 실험'이 아니며, 그 배후에는 화자들을 포함한 가족의 깊은 인간관계와 더 나아가 미국 남부의 시간 및 공간이 확실하게 존재하고 있어, 최종적으로 이 이야기는 뚜렷한 행위의 윤곽을 그려 내면서 그 때 공간으로 되돌아간다는 점이다. 그러므로 결국 이 작품은, 또 포크너의 모든 작품은, 언어 실험 그 자체엔 별로 흥미가 없는 '줄거리가 있는 소설'의 팬들도 충분히 만족시킬 수 있을 것이다. 이런 묘한 이중성이야말로 모더니즘 시대가 완전히 끝나 버린 오늘날에도 여전히 포크너가 전 세계 독자에게 환영받고 있는 이유일지도 모른다.

그럼 작품의 줄거리는 어떨까. 캐디의 처녀성 상실과 임신, 출산, 이혼, 그리고 방랑이라는 거의 신문 사회면에 나올 법한 사건의 연속을 바탕으로 이 작품은 구성되어 있다. 화자이기도 한 세 형제들은 계속 변화하는 그녀에 대한 각자의 애증에 마구 휘둘리는데, 그 양상이 이 작품의 중심을 이룬다는 것은 두말할 나위 없다. 그런데 한편으로는 결국 그녀의 불행한 변화가, 한때는 남부 상류계급의 일익을 담당했던 콤프슨 집안의 몰락과 어딘가에서 겹쳐지거나, 또는 어딘가에서 서로 보강하여 몰락을 재촉한다는 식의 사회적인 파장도 이 작품에는 존재하고 있다. 가족이라는 것과 형제라는 것의 숙명을 묘사한 비극, 또 그 숙명이 동시에 남부의 숙명(이 점은 부록에서 다시금—어쩌면 필요 이상으로—강조된다)과도 호응하고 있는 비극이라고 말하면 될까. 그리고 그것이 요크나파토파 군의 다른 작품이 다른 형태로 그려내는 남부의 이야기, 역사, 비극을 향하여 마치 이중구조처럼 이어져 간다.

그러나 콤프슨 집안 비극의 토대가 된 캐디는 왜 괜히 나한테 그러냐고 말할지도 모른다. 왜 나만 나쁜 사람으로 몰아가느냐고. 실제로 그녀의 딸 퀜틴은 그런 식으로 항의했다. 남녀의 입장 차이를 고려하면 이 이야기의 모습은 절로 달라진다. 남자냐 여자냐에 따라서 사건의 모습이 달라진다는 것, 또한 백인이냐 흑인이냐에 따라서도 모습이 달라진다는 것이 남부의 현실인 동시에 소설의 재미이기도 하다는 점을 포크너는 잘 알고 있었을 것이다. 바로 그렇기에 그는 가장 사랑하는 캐디를 일부러 가장 비참한 처지로 만든 게 아닐까.

⟨부록―콤프슨 일족⟩

⟨부록―콤프슨 일족⟩은 《음향과 분노》가 발표되고 나서 약 15년 뒤에 쓰였다. 포크너 작품의 전모를 소개하는 앤솔러지 《쉽게 읽는 포크너 The Portable Faulkner》(1946년)가 기획됐을 무렵, 요크나파토파 군의 갖가지 시대와 측면이 수면에 떠오르는 가운데 포크너는 콤프슨 집안의 역사와 후일담을 써서 덧붙일 생각을 하게 되었다. 더욱이 그 뒤 《음향과 분노》를 새로 재판하자는 이야기가 나오자, 그는 이 부록을 머리말로 쓸 것을 제안하고 작품을 부분적으로 고쳐 썼다. 여기서 번역한 것은 흔히 모던 라이브러리판(版)이라고 불리는 이 개정판(1946년) ("Appendix : The Compson," *The Sound and the Fury*, New York : Norton, 1994)이다.

《압살롬, 압살롬》(1936)의 표지 그림

읽어 보면 알 수 있듯이 부록에서 중심이 되는 것도 역시 캐디다. 제2차 세계대전 무렵까지 그녀의 삶을 추적해 본 흥미로운 이야기는 그녀의 영상이 얼마나 오랫동안 포크너의 마음속에 살아 있었는가를 보여 줄 뿐만 아니라, 포크너의 입장에서 등장인물은 소설 바깥에서도 언제나 계속 살아가면서 성장하고 있었다는 점을 여실히 나타내고 있다.

다만 시간이 지나면서 등장인물에 대한 포크너의 해석과 기억이 예전과는 달라진 탓에, 부록에는 원작과 어긋나는 부분이 존재한다. 예를 들면 자살한 퀜틴이 부록에 나오듯이 가문의 명예를 중시하는 입장에서만 캐디의 성적 체험을 문제로 삼았는지, 또 제이슨이 과연 '논리적이고 이성적인' 인물인지, 부록을 읽고 나면 의문이 좀 남는다. 세부적인 사실이 모순되는 예를 하나 들자면, 제이슨의 직업 경력은 작품에서 드러나는 것과 부록의 설명이 서로 다르다. 따라서 부록이 작품을 이해하는 완벽한 모범답안이라고 생각할 필요는 전혀 없다. 실제로 지금까지 이 작품에 대한 연구자들의 논의에서 부록이 차지하는 비중은 그다지 크지 않았다.

그래도 이 부록은 재미있기도 하거니와, 15년이나 지난 뒤에 부록이 쓰였다는 사실 자체를 포함하여 포크너 상상력의 특질 및 특징을 생생하게 보여주고도 있다. 요컨대 이 원작과 부록의 모순이야말로 '살아 있는 상상력'의 증거인 셈이다. 어쨌든 이 작품에 매료된 독자가 나중에서야 이런 부록이 있었다는 사실을 알게 된다면, 아마 상당히 섭섭할지도 모를 일이다. 그런 노파심 때문에라도 여기서는 부록을 일부러 번역해서 실어 보았다.

콤프슨 집안의 역사에 관해 말하자면, 이것은 그 무렵 포크너가 요크나파토파 군 전체 역사가 시작되는 시기에 깊은 관심을 가졌다는 사실에 바탕을 두고 있다. 퀜틴과 캐디의 할아버지에 해당하는 콤프슨 장군은 후기 포크너 작품의 중요한 등장인물이기도 하다. 이 장군을 비롯하여 모든 콤프슨 집안 선조들이 패배와 도주의 숙명을 짊어지고 있는 것은, 《음향과 분노》에서도 일관되게 나타나는 포크너 특유의 역사관(이것은 이 작품 제2장에서 퀜틴의 아버지 콤프슨 씨가 냉소하는 투로 내비친 견해와도 비슷하다)이 반영된 결과이다. 그 반영이 너무 노골적인 듯도 하지만, 한편으로 그것은 포크너 한 사람만이 아니라 과거에 남북전쟁에서 패배하고 20세기 들어서도 산업 육성부터 인종차별 체제에 이르기까지 줄곧 패배만 겪어 온 남부의 역사 그 자체를 훨씬 강하게 반영하고 있다고도 볼 수 있다.

《8월의 빛》

포크너가 세 번째 장편 《사토리스》를 출판한 것은 1929년 1월이었다. 이어서 그는 같은 해 10월에 《음향과 분노》, 이듬해 1930년에 《임종의 자리에 누워서》, 1931년 《성역》, 1935년 《파일론》, 1936년 《압살롬, 압살롬》 등의 장편을 썼을 뿐만 아니라, 수많은 단편을 여러 잡지에 발표하기도 했다. 이처럼 1930년 전후 수년간은 포크너가 가장 충실하게 다작을 한 시기였다. 다만 이토록 많은 작품을 발표했는데도 수익은 별로 얻지 못했다. 그래서 돈을 벌기 위해 1932년 봄에는 할리우드에 가서 영화계 일에 종사해야 했을 정도였다. 그렇게 사정이 힘들었는데도 그 무렵 포크너는 악마에 홀린 듯이 펜을 놓지 않았다. 《8월의 빛》도 이 시기의 작품으로, 1931년 8월부터 이듬해 1932년 2월에 걸쳐 쓰였으며 같은 해 10월에 출판되었다. 그때 포크너는 35세였다. 다소 준비 기간이 있기는 했으나 포크너의 장편 중에서는 가장 길고 등장인물도 다채로운 이 작품을 겨우 반년 만에 쓴 것으로 보아, 그 무렵 포크너가 얼마나 강한 창작열에 사로잡혀 있었는지 쉽게 상상할 수 있다.

《8월의 빛》은 표면적으로는 금주법이 아직 시행되고 있던 1930년대 초 8월을 현재로 잡고, 어느 주 금요일에 시작되어 약 11일간 진행된 사건을 다룬 작품이다. 그러나 좀 읽다 보면 금세 알 수 있듯이 단순히 11일 동안 일어난 사건만 다루고 있는 것이 아니라, 11일간의

압살롬의 죽음
다비드 왕의 맏아들 암논을 살해한 셋째아들 압살롬은 아버지의 냉담한 태도에 모반하기로 결의하고 아버지를 공격한다. 그러나 압살롬 군대가 패배하고, 도주하던 그는 나뭇가지에 머리카락이 걸려 죽는다.

사건을 이야기하면서 동시에 많은 작중인물들의 과거에 대해 이야기하고 있다. 한 인물이 다른 사람에게서 들은 이야기라는 형식, 또 한 인물이 다른 사람에게 자기 신상 이야기를 하는 형식, 또 한 인물의 개인적인 회상이라는 형식 등등, 그 방법은 상황에 따라 다르지만, 곳곳에서 현재의 사건 속에 과거의 사건을 엮어 넣으면서 현재와 과거를 동시에 이야기하고 있는 것이다.

이유인즉 포크너는 '현재'라는 시간을 그런 식으로 바라보고 있기 때문인데, 다시 말해 모든 것은 포크너의 인간관에서 비롯된 것이다. 그는 질의응답을 모은 《대학에서의 포크너》(1959)에서 이렇게 말하고 있다. "사람은 누구나 현재 존재하는 자신 그 자체만이 아니다. 그 사람 자신의 과거 전체가 모여서 만들어진 존재이다. '있었던' 것은 무엇 하나 없다. 과거는 지금 현

재 '있기' 때문이다."

　작중인물도 마찬가지이다. 어떤 인물이 어떤 순간에 어떤 행동을 한다면, 그 행동은 그 순간 그 사람 자신에게서 생겨난 것이 아니다. 그것은 그 인물의 선조니 그 인물이 태어나고 자란 환경이니, 그 인물을 형성한 모든 것의 결과로서 생겨난 것이다. 이런 포크너의 생각에 따라 《8월의 빛》에 등장하는 대부분의 인물은 저마다 과거를 짊어지고서 현재를 살아가고 있다. 그러므로 작자는 현재를 이야기함과 동시에 과거도 이야기하지 않을 수 없었는데, 그 결과 단순히 11일간의 사건만을 다룬 경우와는 달리 작품 전체에 깊이가 생겨나게 되었다.

　그런데 현재와 더불어 과거를 이야기한다지만, 물리적인 시간의 흐름에 따라 서술을 진행하는 '일직선' 방식이 아니라 시간의 흐름을 중단하거나 순간적인 과거 회상을 삽입하는 방식을 쓰고 있으므로, 《8월의 빛》이 문학상의 실험 작품인 《음향과 분노》만큼은 아닐망정 상당히 알기 어려운 작품이 된 것은 사실이다. 그럼 여기서 이 작품의 구성을 한번 살펴보자. 《8월의 빛》은 세세한 점은 제쳐 둔다면 크게 두 가지 밝고 어두운 이야기로 구성되어 있다. 즉 리나 그로브를 중심으로 한 이야기와, 조 크리스마스를 중심으로 한 이야기이다. 이 점에서 보자면 이 작품을 쓰게 된 연유에 대해 작자 자신은 다음과 같이 말하고 있다. "그 작품은 리나 그로브, 즉 애를 밴 채 맨몸으로 자기 애인을 찾아 떠나기로 결심한 젊은 처녀를 떠올리고서 쓰게 되었다. 따라서 내가 여성에게 느끼는 감탄, 여성이 지닌 용기와 강한 인내에 대한 감탄에서 태어난 셈이다."(《대학에서의 포크너》) 그의 말처럼 《8월의 빛》은 앨라배마주 출신인 리나가 자기를 버리고 간 남자의 행방을 찾아 무거운 몸을 이끌고 약 4주 동안 여행하여 겨우 제퍼슨 근처까지 도달한 장면에서 시작된다. 그리고 제1장은 그녀가 버든 양의 저택이 불타는 장면을 목격하는 데서 끝난다. 이어 제2장에서는 독신자 바이런 번취를 통해 주로 조 크리스마스와 그의 동료 조 브라운에 대한 이야기가 나오는데, 이 장 끝부분에서 리나는 바이런과 만나 대화하는 동안 브라운이 자기가 찾고 있던 남자임을 직관한다. 제3장에서는 하이타워 목사의 과거가 나오고 리나 이야기는 나오지 않는다. 그러나 다음 제4장에서는 하이타워를 방문한 바이런이 살해된 버든 양과 불탄 저택에 대해 이야기하면서, 동시에 리나를 자기 하숙집에 데려갔다고 말한다.

이런 식으로 제4장까지는, 장마다 중점이 되는 사건은 다르지만 어쨌든 리나의 이야기가 계속 나오고 있다. 그런데 제5장에 들어서면 이야기가 바뀐다. 제5장부터 제12장까지 여덟 장에서는 주로 크리스마스와 버든 양의 과거사가 언급된다. 먼저 제5장에서는 버든 양을 죽이기 직전의 크리스마스가 묘사된다. 이어 제6장에서 제10장까지는 그가 어릴 때 고아원에서 지내다가 매키천 부부에게 입양되어 그 집에서 자라고, 18살 때 시내 식당 웨이트리스를 상대로 처음 여자를 알고서는 그 때문에 집을 떠나게 되고, 그 뒤 오랫동안 방랑생활을 하다가 마침내

《읍내》(1957) 표지 그림

버든 양이 있는 곳에 정착하게 된 사정이 서술되고 있다. 제11장에서는 버든 양과 그녀 집안의 과거에 대한 이야기가 나오고, 제12장에서는 크리스마스가 버든 양에게 신세를 지다가 어느 틈에 애욕의 늪에 빠져, 끝내 그녀를 죽이지 않을 수 없게 된 경위가 밝혀진다.

다음 제13장부터는 다시 시간이 현재로 돌아온다. 이 장에서는 크리스마스가 범인임이 드러나고 수사가 개시된 이야기 외에도, 오랜만에 리나에 대한 이야기가 나온다. 그녀를 버든 저택의 오두막에서 살도록 해 주었다고 바이런은 하이타워에게 말한다. 제14장에서는 크리스마스의 도주가 경찰 측과 그 자신의 입장에서 각각 서술되어 있다. 제15장에서는 크리스마스의 체포가 그의 조부모인 하인즈 노부부와 마을 사람들 양쪽 시점에서 묘사된다. 제16장에서는 하인즈 노부부를 통해 크리스마스의 어릴 적 일이 밝혀진다. 제17장에서는 하이타워가 애써 준 덕분에 리나가 무사히 아이를 낳는다. 제18장에서는 브라운이 보좌관과 함께 오두막에 와서 몇 달 만에 리나와 얼굴을 마주하지만, 약속을 지키지 않고 결국 그 자리에서 달아나 버린다. 제19장

에서는 퍼시 그림이 하이타워의 집으로 도망친 크리스마스를 잔혹하게 죽인다. 제20장에서는 하이타워의 개인적인 회상을 통해 그의 과거가 새롭게 드러난다. 마지막 제21장에서는 리나가 아이를 낳은 지 3주쯤 지난 뒤의 일이 어느 가구상의 입을 통해 서술되는데, 리나가 갓난애를 안고 바이런을 데리고서 다시 여행을 계속하는 장면에서 이 작품은 막을 내린다.

이렇게 크리스마스와 리나 두 사람은 바이런, 하이타워, 하인즈 부부 등 조연들을 사이에 두고서 관련을 맺고 있으나, 같은 제퍼슨에 있으면서도 결국 한 번도 직접 마주치진 않는다. 그러나 이 점에 대해서는 나중에 다시 말하겠지만, 크리스마스가 미국 각지를 방랑한 끝에 제퍼슨에 다다라 무참한 죽음을 맞이하여 그 삶을 마친 데 반해서, 리나가 크리스마스의 죽음에도 아랑곳없이 갓난애를 안고서 다시 여행을 떠나는 것은 명백히 삶을 긍정하는 것이다. 《8월의 빛》은 이처럼 정반대인 두 사람의 이야기를 하나로 엮었을 뿐만 아니라, 리나에게서 출발해 리나에게서 끝났다는 점에서 큰 의미가 있다.

그런데 《8월의 빛》에 나오는 주요인물은 대부분 사회에서 소외된 고독한 존재들이다.

이를테면 목사 하이타워는 작품 끝부분에서 리나의 아이를 받음으로써 스스로 거부하고 있던 현실생활에 눈뜨고, 이미 한 번 거절해 놓고서도 크리스마스에겐 알리바이가 있다고 소리치기까지 한다. 하지만 그 전까지는 남북전쟁에서 목숨을 잃은 조부의 망령에 홀려서 결국 아내를 죽게 하고 교회에서 쫓겨나, 바이런을 단 하나뿐인 말벗 삼아서 세상과는 동떨어져 살고 있었다.

또 바이런도 그렇다. 리나와 만나기 전까지 그는, 하이타워만큼은 아니더라도 주위 사람과 거의 어울리지 않는 인물이었다. 단지 일요일마다 시골 교회에 가서 성가대를 지휘하는 것을 유일한 낙으로 삼았을 뿐이다.

크리스마스와 관계를 맺었던 버든 양은 가족이 뉴잉글랜드 출신인 데다 그녀 자신이 평소 흑인 구제 사업에 열중하고 있었던 탓에, 마을 사람들에게는 이방인 취급을 받았다. 그녀가 흑인에게 살해됐다고 생각했을 때 마을 사람들은 처음으로 그녀를 가깝게 받아들인다.

크리스마스의 조부인 하인즈 노인은 그야말로 광신자였다. 그는 처음부터 마을 사람들의 생활 밖에 존재했다.

크리스마스를 학살한 퍼시 그림은 나이 탓에 제1차 세계대전에 참전하지 못했던 것이 콤플렉스가 되어 소외감에 시달리고 있었는데, 그 소외감 때문에 그는 크리스마스를 추적하는 데 앞장서게 된다.

이처럼 주요인물은 대부분 사회에서 소외된 사람들인데, 그중에서도 가장 비극적인 인물이 바로 크리스마스이다.

미국 남부 백인사회에서는 남부에 사는 사람

영화 〈리버스 *The Reivers*〉(1969)
포크너의 마지막 작품 《자동차 도둑》(1962)을 영화화한 작품.

들을 두 종류로 나눠서 사람은 누구나 백인이나 흑인 둘 중 하나에 속해야 하고, 동시에 백인은 흑인보다 훨씬 뛰어나다는 고정 관념이 옛날부터 뿌리내리고 있었다. 그런데 크리스마스는 남부에서 살아가려 하지만 자기가 백인인지 흑인인지 결정을 내리지 못하고 있다. 조부 하인즈 노인은 그의 아버지가 멕시코인이라는 이유로 크리스마스에겐 흑인의 피가 흐른다고 처음부터 단정짓고 있었다. 그리고 고아원에 있을 때 크리스마스는 같은 고아원 아이들로부터 흑인 소리를 듣는다. 그렇다면 크리스마스는 흑인인지도 모른다. 하지만 한편으로 그가 흑인 전도집회에서 소동을 일으켰을 때 "사람들은 그 사나이(크리스마스)가 백인임을 깨달았다."(제14장)고 하며, 크리스마스가 체포된 뒤 사람들은 "그 녀석은 나랑 똑 닮아서 전혀 검둥이처럼 보이지 않아"(제15장)라고 수군거린다. 그렇다면 적어도 겉보기엔 크리스마스는 백인이었던 셈이다. 하지만 그렇다고 크리스마스를 백인이라고 단정할 만한 증거는 어디에도 없다. 작자 자신도 이 점에 대해서는 단정적인 말은 전혀 하지 않았다.

이리하여 크리스마스는 자신이 백인인지 흑인인지 마지막까지 결정하지 못한다. 그 점을 결정할 수 없다는 것은 '자기가 누구이고 무엇인지' 모른다는 것이다. 이처럼 자기인식이 불가능한 이상, 그는 마음의 평화를 절대 얻을 수 없다. 실제로 그는 백인사회에서도 흑인사회에서도 안주하지 못한다. 버든 양을 죽이기 얼마 전에 그는 밤거리를 방황하면서 평화로운 백인 가정을 엿보고 '내가 바란 것은 저것뿐이다'(제5장)라고 생각하지만, 자기가 누구인지 알지 못하는 한 아무리 간절하게 바라도 그 바람은 결코 실현될 수 없다. 또한 그가 계속 도망치다가 무슨 요일인지 모를 어느 날 아침에 새벽 공기를 깊숙이 천천히 마셨을 때, 그는 "한 번 숨을 쉴 때마다 자신이 흐린 잿빛 속으로 녹아들어 분노도 절망도 전혀 경험한 적 없는 고독한 정적과 하나가 되는 것을 느끼고", "내가 바란 것은 이것뿐이다"(제14장)라고 생각한다. 그러나 이때 그가 잠깐이나마 마음의 평화를 얻은 것은, 그가 자연세계 속에 있었기 때문에 가능했던 것이지 인간세계 속에서는 절대로 불가능했을 것이다.

이리하여 크리스마스는 인간사회에서 고립되어 고독한 존재가 될 수밖에 없었다. 작자 포크너는 이런 크리스마스를 설명하면서 다음과 같이 말했다. "크리스마스는 자신이 누구인지 몰랐다. 자기가 누구인지 결코 알 수 없었고, 그런 자기 자신과 함께 살아갈 유일한 방법은 인간을 거부하고 인간사회 바깥에서 사는 것임을 알고 있었다. 그리고 그렇게 하려고 애써 보았다. 그러나 세상은 이를 허용하지 않았다. 인간 그 자체가 허용해 주지 않았던 것이다. 나는 그를 악인이라고는 생각지 않는다. 비극적인 인물이라고 생각한다. 그의 비극은 자신이 누구인지 모르고 언제까지나 결코 알 수 없다는 것이며, 나는 한 인간에게 이토록 비극적인 조건은 달리 없다고 생각한다."

확실히 작자의 말이 옳다. 그리고 작자가 작품 속에서 분명히 밝힌 적은 없지만, 크리스마스에게 동성애 경향이 있었다는 것이 그의 비극을 한층 심각하게 만들었다고 여겨진다. 그에게는 어릴 때부터 동성애 경향이 있었다. 그래서 그는 고아원 시절 그에게 친절을 베풀었던 여자애 앨리스만을 제외하고는, 여성의 세계 전체를 완전히 거부한다. 예를 들어 매키천 부부와 함께 살 때 그는 양아버지 매키천의 체벌을 감수하는 한편, 매키천 부인이 부드러운 여성적인 배려로써 차려 준 식사를 거부한다. 이는 물론 고아원에서 치약을 먹다가 우연히 영양사와 인턴의 정사를 보고 말았던 그의 체험이 무의식중에 작용했기 때문이기도 하지만, 역시 여기서 그의 동성애 경향을 무시할 순 없다. 또한 그가 얼간이 브라운을 위스키 밀매 사업의 동료로 받아들이고 심지어 자기 오두막에 같이 살게까지 해 준 것도 같은 맥락으로 볼 수 있다. 그가 버든 양과 관계를 맺게 된 것도, 그녀가 처음에 마치 남자처럼 저항했기 때문이다. 더구나 그는 버든 양을 살해하기 전에 마구간에서 잠깐 눈을 붙이는데(제5장), 그때 "대체 왜 나는 말 냄새 따위를 맡고 싶어하는 거지? 그놈들은 인간 여자가 아니니까 그렇지. 암말조차 남자 같으니 말이야" 하고 자문자답하는 대목도 그의 동성애 경향을 분명히 보여 주고 있다.

어쨌든 조 크리스마스는 작품의 배경이 된 미국 남부사회를 굳이 고려하지 않더라도, 포크너가 창조한—아니, 문학작품에 나타난—가장 고독하고 가장 비극적인 인물 중 한 사람이다.

그런 크리스마스와는 참으로 대조적인 인물이 리나 그로브였다. 리나가 어떤 인물인지에 대해서 작자는 《8월의 빛》이라는 제목과 관련지어 이야기한 적이 있다. 그럼 우선 이 제목이 무엇을 의미하는지 작자의 설명을 들어보자.

"미시시피 주에서는 매년 8월 중순이면 겨우 2~3일 정도지만 가을을 예고하듯이 갑자기 날씨가 서늘해진다. 그때는 햇빛의 느낌도 달라져서 왠지 부드럽게 빛나는 듯하다. 마치 오늘의 햇빛이 아니라 먼 옛날의 햇빛처럼 느껴진다……그리스 올림푸스 산에서 비쳐 오는 햇빛 같다. 이런 현상은 오래 가지는 않고 하루 이틀이면 끝나 버린다. 그런데 우리 고장에서는 8월이면 반드시 이 현상이 일어난다. 이 작품 제목이 의미하는 것은 고작 그런 거지만, 나에게는 상상력을 자극하는 재미있는 제목이다. 왜냐하면 그것은 그런 먼 옛날을, 우리 그리스도교 문명보다도 더 오래된 옛 시대의 밝은 빛을 연상시키기 때문이다."

이어서 포크너는 말한다. "작중인물 중에선 이교도 같은 면이 있는 리나 그로브와 그것을 관련지을 수 있을지도 모른다. 그녀는 모든 것을 순수하게 받아들일 줄 아는 여성으로, 자기 아이가 사생아든 아니든 부끄러워하지도 않고 그저 아이를 낳고 싶어한다. 그녀는 애아버지를 별로 필요로 하지 않는다. 마치 그 옛날 주피터의 아이를 낳았던 여인들이 가정이나 애아버지를 굳이 원하지 않았듯이."

 리나는 죄의식도 가지지 않고 의심도 하지 않는다. 순수한 시골 처녀에 지나지 않는다. 하지만 오히려 그렇기 때문에, 그녀를 만난 사람들은 그녀가 사생아를 배고 있다는 사실을 알면서도 저도 모르게 호의를 보이게 된다. 까다로운 암스티드 부인마저 푼푼이 모은 돈을 그녀에게 줬을 정도였다. 리나에게는 '어머니 같은 대지'를 연상시키는 구석이 있기 때문이다. 그리고《8월의 빛》은 이처럼 자연세계를 살아가는 한 시골 처녀의 이야기를 크리스마스의 이야기와 엮어서 보여 줌으로써, 우리가 자연세계에 등 돌리고 살아가려 한다면 어떤 비극이 일어날지 잘 가르쳐 주는 작품이라고도 할 수 있다.

 이 작품에는 인상적인 장면이 차례차례 나온다. 이를테면 크리스마스가 버든 양을 죽이기 전에 잡지를 읽는 장면, 목사 하이타워가 창가에 앉자 창밖에서 벌레 소리가 들려오는 반복적인 장면, 버든 양이 일가의 과거사를 이야기하는 장면, 고아원에서 크리스마스에게 친절을 베풀었던 앨리스가 갑자기 사라지는 장면, 하이타워의 회상 장면, 마지막 장에서 가구상이 잠자리에 누워 아내에게 들려주는 왠지 우습고도 조금 선정적인 장면 등등. 작자의 필력과 더불어 이런 장면들이 작품 전체의 효과를 높이는 데 얼마나 큰 공헌을 하고 있는지 모른다.
 또 당연한 이야기지만 작자가 문체에도 주의를 기울여, 그가 다루는 인물이나 제재에 따라 문체를 일일이 바꾸는 것도 주목할 만한 점이다. 예를 들어 리나를 다룬 부분에서는 읽기 쉬운 구어체를 쓰고 있으며 어조도 가볍다. 반면 하이타워가 등장하는 장면에서는 복잡한 수사법을 쓰고 있다. 특히 제20장의 회상 장면에서는 지금까지 자신이 살아왔던 방식을 재검토하는 하이타워의 괴로움을 표현하기 위해서인지 매우 복잡한 문체가 쓰이고 있다.
 《8월의 빛》은 요약하자면 위와 같은 작품이다. 그런데 소설의 재미 면에서는 숱한 포크너의 작품 중에서도 이 소설이 단연 으뜸일 것이다.

포크너 연보

1897년	윌리엄 포크너는 9월 25일 미국 남부 미시시피 주 북쪽의 뉴올버니에서 4형제 중 장남으로 태어나, 증조할아버지 윌리엄 커스버트 포크너(1825~89)의 이름을 물려받았다. 그 무렵 아버지 머리 포크너(1870~1932)는 할아버지가 지인과 공동 경영하던 철도 회사에서 근무하고 있었다. 참고로 이 집안의 성은 본디 Faulkner였지만 증조할아버지 대에서 어떤 사정으로 Falkner로 바뀐 듯하지만, 증손자 윌리엄이 그 Falkner 대신에 언제 왜 Faulkner를 쓰게 되었는지는 정확히 알 수 없다.
1898년(1세)	아버지가 철도 회사의 회계검사 및 수입을 관리하게 되자, 그들 가족은 리플리로 이사를 간다. 리플리는 증조할아버지가 한때 살았던 미시시피 주 북쪽 마을로서 포크너 집안과는 인연이 깊은 곳이었다.
1902년(5세)	할아버지가 철도에서 손을 떼자 그들 가족은 다시 이사한다. 리플리에서 약 60마일, 뉴올버니에서 약 35마일 떨어진 곳에 있는 군청 소재지 옥스퍼드로 옮겨간다. 그곳은 어머니의 고향이기도 했다. 이후 포크너는 삶의 대부분을 이곳에서 보내게 된다. 아버지는 옥스퍼드에 와서 우선 면실유 제조공장과 제빙소를 경영했다. 이어서 마차 대여소와 스탠더드 오일 회사 대리점과 철물점을 열기도 했다.
1905년(8세)	학교에 들어갔다.
1913년(16세)	포크너 본인이 기록한 바에 따르면 이해에 시인 스윈번을 알게 되었다. 이어 1920년대 초까지 몇 년에 걸쳐 E.A. 로빈슨, 로버트 프로스트, 콘래드 에이컨, A.E. 하우스먼, 셰익스피어, 셸리, 키츠 등의 시를 탐독했다. 그중에서도 하우스먼과

	키츠에게서는 특히 많은 것을 배웠다.
1914년(17세)	이때로 추정되는데, 학교 교육에 흥미를 잃고 고등학교를 중퇴했다. 그 무렵 같은 옥스퍼드에 살며 미시시피 대학 및 예일 대학에서 법률을 공부한 4살 연상인 필 스톤과 친해졌다. 스톤 집안은 옥스퍼드에서 널리 알려진 가문으로 포크너 집안과는 예전부터 친교를 맺고 있었다. 필 스톤은 포크너와 친해지고 나서부터 그에게 많은 도움을 주었다. 즉 장서를 빌려 주거나, 그 무렵 포크너가 일찍부터 쓰기 시작한 시나 산문을 읽고서 의견을 말해 주는 등, 문학상의 첫 조언자가 되었다. 뒷날 포크너는 스놉스 3부작을 그에게 헌정했다.
1916년(19세)	한동안 할아버지의 은행에서 일했다. 가까이 사는 소꿉친구 에스텔 올덤 양과 자주 데이트를 했다.
1917년(20세)	미시시피 대학 연보 〈올 미스〉에 펜화 한 장을 보낸 것을 계기로, 이후 몇 년 동안 미시시피 대학 신문이나 잡지에 그림과 시와 산문을 보내게 되었다. 4월 미국이 독일에 선전포고.
1918년(21세)	4월 예일 대학 소재지 뉴헤이븐으로 가서 필 스톤에게 신세를 지며 그 지역의 무기 제조회사에서 근무했으나 두 달 만에 그만뒀다. 7월 옥스퍼드를 떠나 캐나다 토론토로 갔다. 영국 공군에 입대해 항공대원으로서 훈련받았다. 그가 군대에 몸을 던진 것은 비행기 조종사가 되어 실전을 체험하고 싶었기 때문이기도 하지만, 애인이었던 에스텔 올덤 양이 다른 남자와 혼약하자 마음에 깊은 상처를 입었기 때문이기도 하다. 12월 명예 진급을 하여 소위로서 제대하고 고향으로 돌아왔다.
1919년(22세)	필 스톤의 말로는 봄부터 여름에 걸쳐 전보다 더 열심히 독서하는 한편, 5년 뒤에 출판될 시집 《대리석의 목신상》의 원고 대부분을 썼다고 한다. 한 편의 시 〈목신의 오후 *L'Apres-Midi d'un Faune*〉가 주간지 〈뉴리퍼블릭〉(8월 6일호)에 개재되었다. 현재까지 알려진 바로는 이것이 활자화된 그의 첫 작품이다. 9월 특별학생 자격으로 미시시피 대학에 입학하여

프랑스어, 영문학 등의 수업을 듣는다. 10월 미시시피 대학 주간 학생신문 〈미시시피안〉에 다소 어구를 고친 〈목신의 오후〉를 발표. 마찬가지로 〈미시시피안〉 11월 26일호에 첫 단편 〈운 좋은 착륙 Landing in Luck〉을 발표. 뒤에 이 작품은 1919~20년도 〈미시시피안〉에 실렸던 최우수 단편소설로서 상을 받았다. 포크너는 1925년까지 〈올 미스〉, 〈미시시피안〉 등 대학 신문 및 잡지에 십여 편의 시와 몇 편의 비평 등을 기고했다.

1920년(23세) 미시시피 대학에 입학한 지 얼마 안 되었을 때, 친구와 함께 만든 연극 동아리를 위해 단막극 〈꼭두각시 인형 The Marionettes〉을 썼다. 그것은 펜화 몇 장을 곁들인 55쪽짜리 자필 소책자였는데, 포크너 본인의 말에 따르면 같은 책을 6권 만들었다고 한다. 11월 미시시피 대학 중퇴.

1921년(24세) 필 스톤의 말로는 그래픽 아트를 공부하고 또 출판사에 다가갈 기회를 얻기 위해 뉴욕으로 가서 한동안 그곳 서점에서 일했다고 한다. 뉴욕에 체재할 때 그는 같은 미시시피 주 출신이며 전부터 알고 지냈던 작가 스타크 영을 통해, 같은 서점에서 일하던 엘리자베스 프롤 양을 소개받았다. 그녀는 뒷날 작가 셔우드 앤더슨과 결혼한다. 12월 뉴욕에서 돌아와 미시시피 대학 구내에 있는 우체국 임시 국장 자리에 앉았다.

1922년(25세) 3월 우체국장으로 정식 임명됐다. 뉴올리언스에서 발행되던 문예잡지 〈더블 딜러〉 6월호에 한 편의 시 〈초상 Portrait〉이 게재됐다.

1924년(27세) 10월 우체국 일을 게을리한 탓에 비난을 받게 되자, 애초에 내키지 않는 일이었으므로 국장 자리에서 물러났다. 12월 필 스톤의 크나큰 도움으로 어머니에게 바치는 첫 시집《대리석의 목신상 The Marble Faun》을 출판했다.

1925년(28세) 1월 뉴올리언스에 가서 약 반년 동안 머물렀다. 셔우드 앤더슨을 만나고, 또 한편으로는 화물선을 타고 유럽 여행을 하기 위해서라고 추측된다. 그 사이에 가끔 옥스퍼드로 돌아와 학생을 중심으로 한 유머잡지 〈스크림〉 발간을 돕기도 했지만, 〈스크림〉 5월호에 그림을 3장 실은 것을 마지막으로 미시시피 대학과의 문필 관계를 거의 끝냈다. 한편 편집자나 기고가와 알고 지낸 덕분에 집필 기회를 얻어 뉴올리언스에 머무르는 동안 그곳 신문 〈타임스 피카윤〉에 단편 스케치를 16편 발표했고, 〈더블 딜러〉지에 시와 평론, 〈댈러스 모닝뉴스〉지(4월 26일호)에 셔우드 앤더슨 평론을 발표했다. 셔우드 앤더슨과는 그의 부인 프롤 양을 통해서 알게 되었으며, 그의 평소 생활을 접하다 보니 "소설가의 생활이야말로 참 바람직한 생활이다"라고 생각하게 되어, 이미 작가의 길을 걷기로 결심했던 그는 여기서 새삼 그 결심을 굳히고 즉시 첫 소설 《병사의 보수》를 집필했다. 이때부터는 시도 썼지만 주로 소설을 쓰게 되었다. 7월 그의 친구이자 화가인 윌리엄 스프래틀링과 함께 화물선을 타고 유럽 여행을 떠났다. 이탈리아, 스위스를 거쳐 파리에 가서 한동안 머문 다음 연말에 귀국했다. 이 여행에서 얻은 것은 별로 없었다고 포크너는 말하지만, 파리에 머물 때 집필한 미완성 원고가 현재 남아 있다.

1926년(29세) 다시 뉴올리언스에 가서 한동안 체재. 그동안 제재소에서 일하거나 어선을 타는 등 잡다한 일을 했으며, 멕시코 만에 면한 미시시피 주 패스커굴라에서 두 번째 작품 《모기》를 집필했다. 2월 앤더슨의 도움으로 첫 소설 《병사의 보수 Soldiers Pay》를 뉴욕의 보니 앤 리버라이트 출판사에서 출판했다. 서평은 좋았지만 2500부 정도밖에 팔리지 않았다. 12월 뉴올리언스에 사는 작가, 음악가, 신문기자 등 40명쯤 되는 사람들의 캐리커처를 스프래틀링이 그리고, 거기에 포크너가 서문을 덧붙인 소책자 《셔우드 앤더슨 외 유명한 크리올 사람들 Sherwood Anderson & Other Famous Creoles: A Gallery of Contemporary New Orleans》를 한정 출판.

1927년(30세) 4월 두 번째 작품 《모기 *Mosquitoes*》를 출판. 이것도 서평은 좋았으나 1200부 정도만 팔렸다. 그래서 다음 작품도 출판해 주기로 약속했던 보니 앤 리버라이트는 그 계약을 파기했다.

1929년(32세) 1월 소설 《사토리스 *Sartoris*》를 출판. 셔우드 앤더슨에게 바친 이 세 번째 작품은 1927년 가을에 완성됐으나, 보니 앤 리버라이트가 출판을 거절하는 바람에 한동안 빛을 못 보다가, 뉴욕의 하코트 브레이스 출판사를 통해 드디어 출판되었다. 이는 이른바 요크나파토파 군을 무대로 한 첫 번째 작품이며, 그 뒤 포크너는 같은 계통의 장편 및 단편을 계속 써 나간다. 6월 이혼하여 자유로워진 옛 애인 에스텔 올덤 프랭클린과 결혼, 두 아이를 받아들인다. 10월 《음향과 분노 *The Sound and the Fury*》 출판. 보니 앤 리버라이트한테 《사토리스》의 출판을 거절당해 실의에 빠져 있던 시기에 쓴 작품으로, 포크너는 이 작품을 여러 출판사에 가져가 보지만 연거푸 거절만 당한다. 그러다 마지막에 뉴욕의 신생 출판사 조나단 케이프 앤 해리슨 스미스가 드디어 이 작품을 받아 주었다. 그러나 이 대표작도 일부 비평가들 사이에서 주목을 받았을 뿐, 판매 성적은 신통치 않았다.

1930년(33세) 단편 〈에밀리에게 장미를 *A Rose for Emily*〉을 잡지 〈포럼〉(4월호)에 발표. 유명한 잡지에 발표한 첫 단편이었다. 그 뒤 〈아메리칸 머큐리〉, 〈새터데이 이브닝 포스트〉, 〈스크리브너스 매거진〉, 〈하퍼스 매거진〉 등 잡지에 단편을 기고했다. 10월 《임종의 자리에 누워서 *As I Lay Dying*》 출판. 작자의 말로는 지난해 가을 미시시피 대학 교내 발전소에서 근무할 적에, 시간이 비는 한밤중부터 새벽 사이를 이용해서 6주일에 걸쳐 완성했다고 한다. 이해에 그는 저택을 사서 그곳으로 이사했다. 남북전쟁 전에 세워진 옥스퍼드에서 가장 오래된 저택들 중 하나였다. 그는 로원 오크라고 이름붙인 이곳에서 계속 살았다.

1931년(34세) 2월 《성역 *Sanctuary*》 출판. 작자의 말에 따르면 이미 소설을 두세 편 발표했지만 수익은 거의 없었으므로, 1929년《임종의 자리에 누워서》를 집필하기 전에 "이쯤에서 한몫 잡아볼 생각으로 내가 상상할 수 있는 한 가장 무시무시한 이야기"를 써서 재차 고쳐 쓴 것이 이 작품이다. 이를 통해서 그는 일시적으로나마 일반 독자들에게도 알려지게 되었다. 9월 〈에밀리에게 장미를〉을 비롯한 단편 13편을 모은 《이 열세 편 These 13》》출판. 10월 버지니아 대학에서 열린 남부작가 회의에 출석. 12월 단편《사막의 목가 Idyll in Desert》를 뉴욕 랜덤하우스에서 한정 출판. 처음으로 랜덤하우스와 인연을 맺는다.

1932년(35세) 2월(추정) 한 편의 시《이 대지 This Earth》출판. 4월 수필 세 편, 시 다섯 편을 모은 《모음 Salmagundi》을 한정 출판. 6월 단편《질피어 갠트 양 Miss Zilphia Gant》한정 출판. 10월《8월의 빛 Light in August》출판. 아버지 머리 포크너 사망. 향년 62세.

1933년(36세) 4월 시 44편을 모은 시집《녹색 가지 A Green Bough》를 출판. 그리고 전에 〈새터데이 이브닝 포스트〉에 발표했던 단편 〈방향전환 Turn About〉이 영화로 제작되었다. 영화계와의 인연은 지난해부터 시작됐으며 이후 그는 종종 할리우드에 가서 많은 영화 대본을 쓰게 되었다. 이는 주로 부족한 생활비를 벌기 위해서였다. 5월《성역》이 〈템플 드레이크 이야기 The Story of Temple Drake〉란 제목으로 영화화됐다.

1934년(37세) 4월 단편 14편을 모은 《마티노 박사와 그 외 단편들 Doctor Martino and Other Stories》출판.

1935년(38세) 3월《파일론 Pylon》출판. 11월 막내 동생 딘이 비행기 사고로 사망.

1936년(39세) 10월《압살롬, 압살롬 Absalom, Absalom!》을 랜덤하우스에서 출판. 이어 그의 작품 대부분이 랜덤하우스에서 출판된다.

1938년(41세) 2월《정복되지 않은 사람들 The Unvanquished》출판.

1939년(42세)　1월 미국 문예미술협회 회원으로 뽑혔다. 《야생의 종려 *The Wild Palms*》 출판.

1940년(43세)　2월 어릴 때부터 그의 가족을 위해서 일해 왔던 흑인 여성 마미 캐롤라인 바(《음향과 분노》에 나오는 딜시의 모델)가 노쇠하여 사망. 포크너는 그녀의 죽음을 슬퍼하여 장례식 때 고별사를 읊었고 단편집 《내려가라, 모세여, 그 외 단편들》을 그녀에게 헌정했다. 4월 스놉스 3부작 제1부 《마을 *The Hamlet*》 출판.

1942년(45세)　5월 《내려가라, 모세여, 그 외 단편들 *Go Down, Moses and Other Stories*》 출판.

1945년(48세)　1월 헤밍웨이의 소설 《가진 자와 못 가진 자》의 영화 대본을 공동 집필했다.

1946년(49세)　4월 비평가 말콤 카울리가 포크너의 작품들을 일정한 방침 아래 개작하고 여기에 서문과 해설을 덧붙여서 《쉽게 읽는 포크너 *The Portable Faulkner*》를 출판했다. 당시 그 작품 대부분이 절판되어 손에 넣기 어려웠다고 할 정도로 포크너의 작품은 대중적 인지도가 낮았으나, 카울리가 편찬한 이 책 덕분에 포크너에 대한 세간의 관심이 점차 높아졌다. 8월 추리작가 레이먼드 챈들러의 《커다란 수면(睡眠)》의 영화 대본을 공동 집필했다.

1947년(50세)　미시시피 대학에 초청받아 '강연' 명목으로 학생들을 상대로 질의응답 시간을 가졌다. 이후 포크너는 많은 기회에 같은 일을 반복했다.

1948년(51세)　9월 《무덤의 침입자 *Intruder in the Dust*》 출판. 11월 미국 예술원 회원으로 선출되었다.

1949년(52세)　11월 단편집 《기사의 갬비트 *Knight's Gambit*》 출판.

1950년(53세)　2월 《무덤의 침입자》가 영화화됐다. 8월 단편 42편을 모은 《윌리엄 포크너 단편 전집 *Collected Stories of William Faulkner*》 출판. 이 책은 이듬해 1951년 전미도서상을 수상했다. 11월 노벨문학상을 수상하여 12월 스톡홀름에서 열린 수상식에 참석. 그보다 앞서 미국 예술원이 그에게 윌리엄 딘 하월스 메달을 수여했다.

1951년(54세)　2월 뒷날 《우화》의 일부가 될 《말도둑에 관한 소고 Notes on a Horsethief》를 한정 출판. 3월 노벨문학상 수상식에서 했던 연설을 소책자로 출판. 9월 《성역》의 속편 《한 수녀를 위한 진혼곡 Requiem for a Nun》을 출판. 10월 프랑스 정부로부터 레지옹도뇌르 수상.

1952년(55세)　5월 작가회의에 출석하기 위해 파리로 갔다.

1953년(56세)　4월 단편 〈브로치 The Brooch〉를 에드 라이스 등의 협력을 얻어 TV용으로 각색. 이를 계기로 종종 그의 작품이 TV에 등장하게 된다. 〈셔우드 앤더슨 Sherwood Anderson: An Appreciation〉이란 수필을 잡지 〈애틀랜틱 먼슬리〉(6월호)에 발표. 6월 그의 딸 질이 졸업하자 파인 매너 주니어 칼리지를 방문해 연설을 했다. 11월 〈타임스 피카윤〉에 발표했던 단편 및 스케치 가운데 11편이 《샤르트르 거리의 거울 Mirrors of Chartres Street》로서 한정 출판됐다.

1954년(57세)　자전적 수필 〈미시시피 Mississippi〉를 잡지 〈홀리데이〉(4월호)에 발표. 4월 《포크너 독본 The Faulkner Reader》 출판. 8월 《우화 A Fable》 출판. 이 작품으로 이듬해 1955년 퓰리처상 및 전미도서상을 수상했다. 같은 달 브라질을 방문해 상파울루에서 열린 국제작가회의에 출석.

1955년(58세)　2월부터 4월까지 인종차별문제에 관해 일련의 글을 써서 멤피스 신문에 투고. 8월 나가노에서 열린 미국문학세미나에 참석하기 위해 일본을 방문. 약 3주간 머물고서 유럽을 통해 귀국. 10월 앞서 발표했던 사냥과 관련된 이야기들 4편을 모아서 《큰 숲 Big Woods》 출판.

1956년(59세)　9월 알베르 카뮈가 각색한 《한 수녀를 위한 진혼곡》이 파리에서 상연되었다.

1957년(60세)　2~6월 버지니아 대학에 체재하며 강의실 등지에서 질의응답을 했다. 그 뒤 수차례 같은 목적으로 같은 대학을 방문했다.

	이때 한 질의응답이 나중에 《대학에서의 포크너 Faulkner in the University》(1959)라는 제목으로 출판됐다. 5월 스놉스 3부작 제2부 《읍내 The Town》 출판.
1958년(61세)	〈타임스 피카윤〉에 발표한 단편과 스케치 및 〈더블 딜러〉에 발표한 스케치를 카블 콜린스 교수가 편집하여 《윌리엄 포크너—뉴올리언스 스케치 모음 William Faulkner: New Orleans Sketches》이란 제목으로 출판했다. 1월 《파일론》 영화화. 3월 《마을》 영화화.
1959년(62세)	2월 《한 수녀를 위한 진혼곡》이 브로드웨이에서 상연. 3월 《음향과 분노》 영화화. 11월 스놉스 3부작 제3부 《저택 The Mansion》 출판.
1960년(63세)	10월 어머니 모드 포크너 사망. 88세.
1961년(64세)	2월 《성역》과 《한 수녀를 위한 진혼곡》이 〈성역〉이란 제목으로 영화화됐다.
1962년(65세)	4월 웨스트포인트 육군사관학교를 방문해 학생들과 함께 질의응답 시간을 가졌다. 이때 한 질의응답은 나중에 《웨스트포인트에서의 포크너 Faulkner at West Point》(1964)로 출판됐다. 같은 달 케네디 대통령이 퓰리처상 수상자들을 관저에 초대해 만찬회를 열었을 때 포크너도 초대받았지만 참석하진 않았다. 6월 마지막 작품 《자동차 도둑 The Reivers》 출판. 이 작품은 이듬해 1963년에 퓰리처상을 받았다. 7월 6일 건강진단을 받으려고 옥스퍼드 병원에 입원해 있던 중 심장마비를 일으켜 사망. 유해는 포크너 가족 묘지가 있는 성 베드로 묘지에 묻혔다.
1967년	1920년대 초에 친구의 딸을 위해서 쓴 아동문학 《소원의 나무 The Wishing Tree》가 처음 출판됐다.

오정환(吳正煥)

미국 인디아나대학 수학. 동아일보 외신부장·동화통신 편집국장·미국번역문학학회 총무 역임. 옮긴책 서로이언《인간희극》포크너《압살롬 압살롬》마크 트웨인《톰소여의 모험·허클베리핀의 모험》헨리 밀러《북회귀선·남회귀선》카슨 매컬러스《마음은 외로운 사냥꾼·슬픈 카페의 노래》등이 있다.

139

William Cuthbert Faulkner
THE SOUND AND THE FURY
LIGHT IN AUGUST
음향과 분노/8월의 빛
포크너/오정환 옮김
1판 1쇄 발행/1987. 7. 1
2판 1쇄 발행/2010. 12. 1
2판 3쇄 발행/2015. 3. 1
발행인 고정일
발행처 동서문화사
창업 1956. 12. 12. 등록 16-3799
서울 강남구 도산대로 163 (신사동, 1층)
☎ 546-0331~6 (FAX) 545-0331
www.dongsuhbook.com

*

이 책은 저작권법(5015호) 부칙 제4조 회복저작물 이용권에 의해 중판발행합니다.
이 책의 한국어 문장권 의장권 편집권은 저작권 법에 의해 보호받으므로
무단전재 무단복제 무단표절 할 수 없습니다.
이 책의 법적문제는 「하재홍법률사무소 jhha@naralaw.net」에서 전담합니다.

*

사업자등록번호 211-87-75330
ISBN 978-89-497-0664-1 04080
ISBN 978-89-497-0382-4 (세트)